VOLUME 1

www.alfaconcursos.com.br

EDITORA
AlfaCon
Concursos Públicos

CRÉDITOS

Diretor Pedagógico
Evandro Guedes

Diretor de Operações
Javert Falco

Diretor de Marketing
Jadson Siqueira

Coordenadora Editorial
Wilza Castro

Tecnologia Educacional
Éder Magalhães Machado

Supervisor de Diagramação
Alexandre Rossa

Revisora de Texto
Juliany Zanella

Analista de Conteúdo
Mateus Ruhmke Vazzoller

Assistente Editorial
Heloísa Perardt
Mariana Castro

Revisão
Equipe AlfaCon

Capa
Alexandre Rossa

Projeto Gráfico e Diagramação
Alexandre Rossa
Mateus Ruhmke Vazzoller

AUTORES

Língua Portuguesa
Giancarla Bombonato
Glaucia Cansian

Redação
Giancarla Bombonato

Matemática
Daniel Lustosa

Noções de Informática
João Paulo Colet Orso

Ética no Serviço Público
Isabel Rossoni

Noções de Direito Constitucional
Daniel Sena
Gustavo Muzy

Noções de Direito Administrativo
Evandro Guedes
Thállius Moraes

Física Aplicada à Perícia de Acidentes Rodoviários
Daniel Lustosa

C35prf

CASTRO, Wilza (Org.) - **PRF - Policial Rodoviário Federal - Volume 1.** Cascavel: Editora AlfaCon, 2017.

704p 20,5 x 27,5

ISBN: 978-85-8339-285-9

1. Língua Portuguesa. 2. Redação. 3. Matemática. 4. Noções de Informática. 5. Ética no Serviço Público. 6. Noções de Direito Constitucional. 7. Noções de Direito Administrativo. 8. Física Aplicada à Perícia de Acidentes Rodoviários 9. Concurso Público.

CDU: 342.530

Impressão:

JAN./2017

Rua Paraná, 3193 - Centro | Cascavel- PR
www.alfaconcursos.com.br/apostilas

Proteção de direitos
Todos os direitos autorais desta obra são reservados e protegidos pela Lei nº 9.610/98. É proibida a reprodução de qualquer parte deste material didático, sem autorização prévia expressa por escrito do autor e da editora, por quaisquer meios empregados, sejam eletrônicos, mecânicos, videográficos, fonográficos, reprográficos, microfílmicos, fotográficos, gráficos ou quaisquer outros que possam vir a ser criados. Essas proibições também se aplicam à editoração da obra, bem como às suas características gráficas.

Atualizações e erratas
Esta obra é vendida como se apresenta. Atualizações - definidas a critério exclusivo da Editora AlfaCon, mediante análise pedagógica – e erratas serão disponibilizadas no site www.alfaconcursos.com.br/codigo, por meio do código disponível no final do material didático Ressaltamos que há a preocupação de oferecer ao leitor uma obra com a melhor qualidade possível, sem a incidência de erros técnicos e/ou de conteúdo. Caso ocorra alguma incorreção, solicitamos que o leitor, atenciosamente, colabore com sugestões, por meio do setor de atendimento do AlfaCon Concursos Públicos.

APRESENTAÇÃO

Fazer parte do serviço público é o objetivo de muitas pessoas. Por esse motivo, os processos seletivos relacionados a essa área de atuação costumam ser muito concorridos. Desse modo, é de suma importância que a preparação ocorra antes da publicação de um edital, para que o candidato tenha um excelente desempenho nas provas e, consequentemente, fique bem classificado.

Nesse sentido, a presente obra reúne os conteúdos atualizados referentes ao cargo de **Policial Rodoviário Federal - Volume 1**. Na elaboração deste material, a Editora AlfaCon teve o cuidado de trazer as indicações mais importantes dos tópicos que fazem parte do conteúdo programático desse concurso. Além disso, também há dicas (chamadas de "Fique Ligado"), questões comentadas e exercícios gabaritados de concursos anteriores a cada capítulo. Toda essa disposição de assuntos foi pensada para auxiliar o concursando na melhor compreensão e fixação do conteúdo.

Além disso, os assuntos estão organizados de acordo com a etapa relativa à prova objetiva, conforme orientações previstas em edital. Portanto, trata-se de um material de excelência, resultado da experiência e da competência da Editora AlfaCon e dos autores, que são especializados nas respectivas disciplinas.

Com isso, além de conteúdos de qualidade, o leitor perceberá como são organizadas as questões. O objetivo maior é auxiliar o concursando para que ele aprenda de forma didática e eficaz, adquirindo um conhecimento amplo sobre o conteúdo programático.

Você tem em mãos um material que é um facilitador para seus estudos e vai ajudá-lo a alcançar a aprovação.

Bons estudos e rumo à sua aprovação!

Entre agora no site
www.alfaconcursos.com.br

TUDO SOBRE O MATERIAL

A Editora AlfaCon, que integra a empresa AlfaCon, tem como intenção primordial produzir materiais didáticos voltados para concursos públicos. Em todas as ações realizadas, há uma preocupação com os nossos clientes, pois acreditamos que muitos concursandos podem mudar de vida por causa da estabilidade do serviço público.

Nossa missão é primar por qualidade em relação ao material disponibilizado a esses alunos. Com essa responsabilidade, buscamos, a todo instante, inovar para aumentar a qualidade de nossos produtos, com o intuito de contribuir numa preparação que possa garantir o sucesso profissional do concursando que adquire nossos produtos. A nossa proposta é oferecer ao estudante da carreira pública um produto eficaz que, somado à dedicação, à persistência e ao foco, só trará bons resultados: ou seja, a aprovação.

Editora AlfaCon

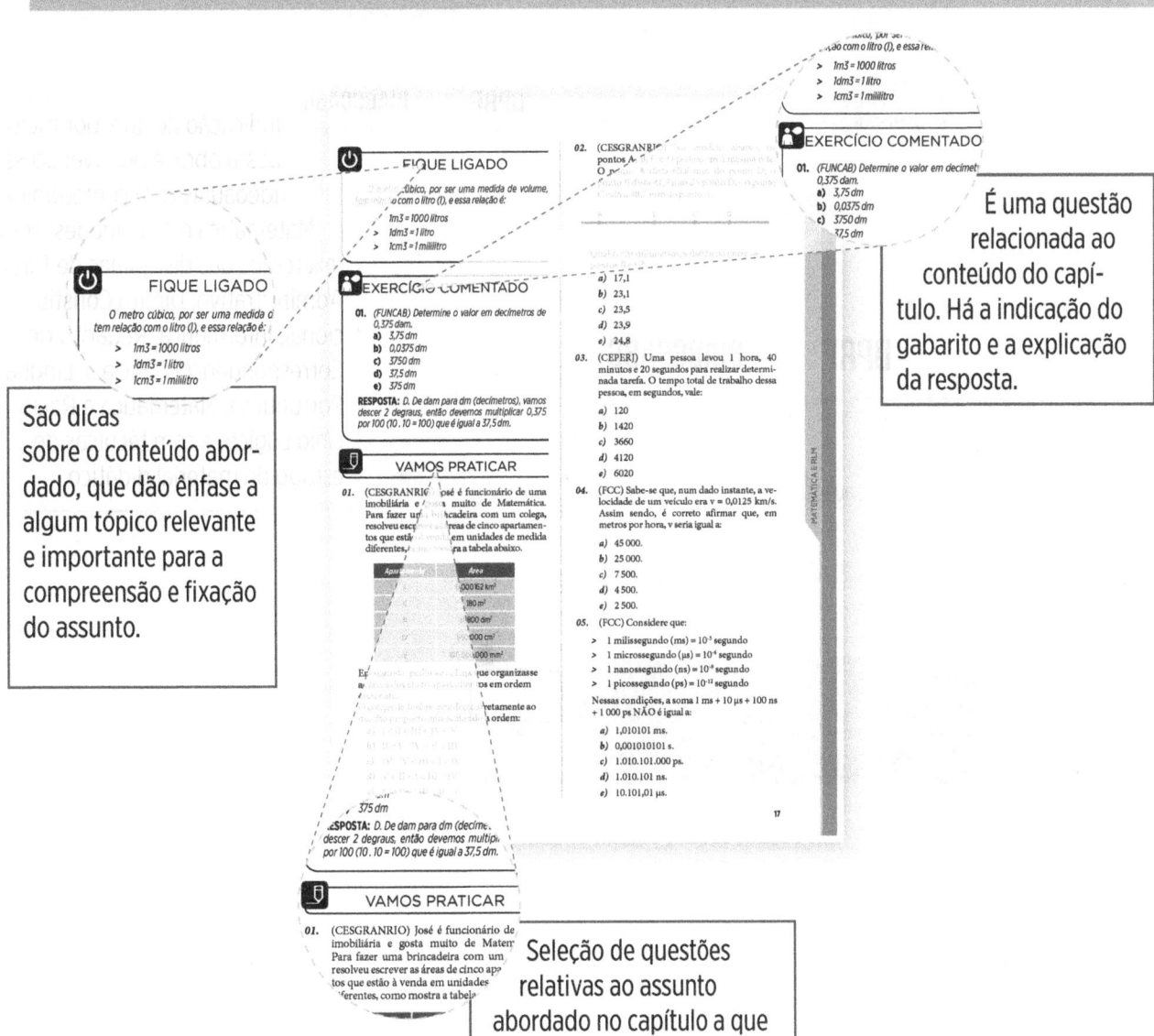

São dicas sobre o conteúdo abordado, que dão ênfase a algum tópico relevante e importante para a compreensão e fixação do assunto.

É uma questão relacionada ao conteúdo do capítulo. Há a indicação do gabarito e a explicação da resposta.

Seleção de questões relativas ao assunto abordado no capítulo a que pertence esta seção, com o gabarito de cada exercício.

TUDO SOBRE O MATERIAL

CÓDIGO DE ACESSO

ESTÁ DISPONÍVEL PARA VOCÊ

Este é o código do seu material

DPRF   BIABCCABG   CÓDIGO

Entre agora no site
www.alfaconcursos.com.br/codigo
e utilize o código.

Para utilizá-lo, é preciso estar cadastrado no site.

Com esse código será possível acessar:
- Videoaulas ON-LINE GRATUITAS*, de caráter exclusivo.
- Atualizações por meio digital, se forem necessárias.

ON-LINE GRÁTIS VIDEOAULAS

* O código de acesso terá validade de 6 (seis) meses para uso, considerando a data da compra.
* Cada videoaula pode ser visualizada 5 (cinco) vezes.
** As atualizações serão a critério exclusivo do AlfaCon, mediante análise pedagógica.

> Indicação de que, por meio desta obra, é possível acessar videoaulas com conteúdo de Matemática e Atualidades; com exercícios das disciplinas de Direito Administrativo, Direito Constitucional, Informática, Redação de Correspondências Oficiais, Língua Portuguesa, Matemática e Raciocínio Lógico; e com técnicas de estudo do material didático.

ATUALIZAÇÕES, ERRATAS E MATERIAL COMPLEMENTAR

1 ACESSE O SITE:
www.alfaconcursos.com.br/codigo
CLIQUE **ENTRAR** PARA EFETUAR SEU **LOGIN**

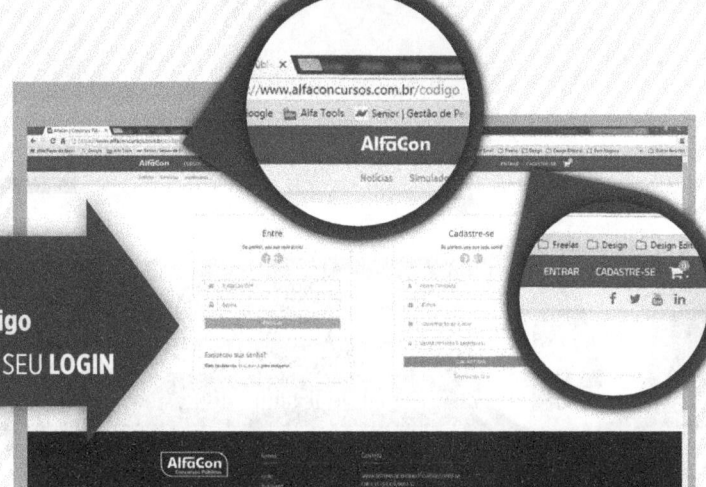

2 DIGITE O CÓDIGO:
Insira o **código** que se encontra na **última página** do material didático

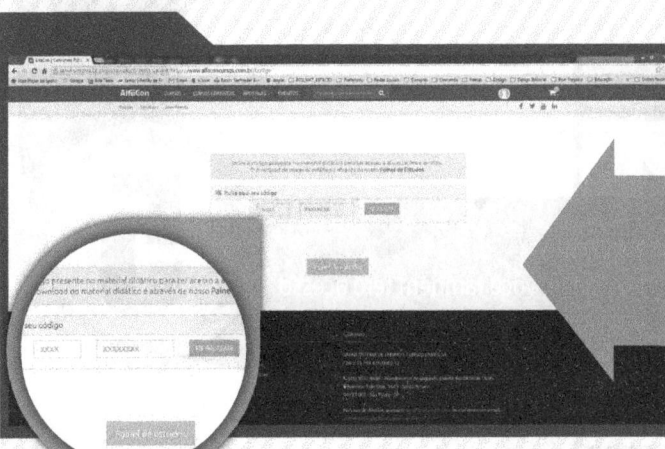

3 VISUALIZE SEUS MATERIAIS:
Você será redirecionado para a página onde constam os seus materiais

ATUALIZAÇÕES, ERRATAS E MATERIAL COMPLEMENTAR

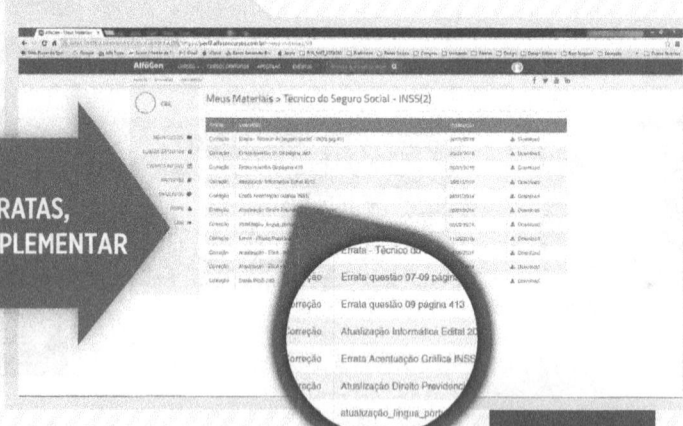

CLIQUE:
Nessa tela você terá acesso a ERRATAS, ATUALIZAÇÕES e MATERIAL COMPLEMENTAR dos materiais adquiridos

NAVEGUE
Nessa tela você também terá acesso aos seus **cursos gratuitos**

PRONTO!
Bons estudos e ...
Alô, você!

COMO ESTUDAR

COM SEU MATERIAL DIDÁTICO

INTRODUÇÃO

Com a profissionalização das formas de preparar-se para um concurso público, não basta simplesmente estudar o conteúdo. É preciso que sejam usadas ferramentas, como o plano de estudo, que ajudem o concurseiro na organização e manutenção do que foi visto. Por isso, organizamos esta seção, que traz indicações de como estudar para concursos. Vale destacar que as informações aqui disponibilizadas são o produto de muitos anos de experiência nessa area. Além disso, estudar de forma direcionada traz ótimos resultados para o aluno.

CARREIRA

Escolher a carreira certa é fundamental para que uma pessoa se sinta motivada a estudar. O serviço público oferece várias áreas de atuação, e encontrar a aquela com a qual você se identifica é de suma importância. Após fazer essa escolha, deve-se montar um plano de estudo que mais se encaixa à carreira escolhida.

ORGANIZAÇÃO

A organização é fundamental e começa pelo conhecimento do edital que regrará o concurso público. Geralmente, os concursos seguem uma tendência e as matérias são previsíveis. Por isso, conhecer o conteúdo programático é essencial para um estudo eficiente. Usar o edital anterior como base é uma boa maneira de nortear os estudos; afinal, há um núcleo de matérias comuns que englobam 85% dos editais. Dessa maneira, quem estuda com base em um núcleo comum precisa somente ajustar os estudos quando os editais são publicados. Eis o segredo de uma preparação eficiente e, sobretudo, eficaz.

O PLANO DE ESTUDO

Organizar um plano de estudo é fundamental para que se estude corretamente e se tenha um aprendizado uniforme, seguindo o conteúdo programático do edital.

Depois de conhecer as disciplinas, as regras determinadas para seu concurso e as características das bancas examinadoras, é preciso construir uma tabela de horários, em que todas as matérias e atividades desenvolvidas na fase preparatória estejam dispostas.

PASSO A PASSO
ABAIXO, VOCÊ CONFERE OS PASSOS FUNDAMENTAIS PARA SUA ORGANIZAÇÃO

PASSO 1	PASSO 2	PASSO 3	PASSO 4	PASSO 5
Selecionar as disciplinas que serão estudadas.	Organizar sua rotina diária: marcar pontualmente tudo o que é feito durante 24 horas, inclusive o tempo que é destinado para dormir, por exemplo.	Organizar a tabela semanal: dividir o horário para que você estude duas matérias por dia e também destine um tempo para a resolução de exercícios e/ou revisão de conteúdos.	Seguir rigorosamente o que está na tabela. Ou seja, destinar o mesmo tempo de estudo para cada matéria. Por exemplo: 2 horas diárias para cada disciplina.	Reservar um dia por semana para fazer exercícios, redação e também simulados.

Esta tabela é uma sugestão de como você pode organizar seu plano de estudo. Para cada dia, você deve reservar um tempo para duas disciplinas e também para a resolução de exercícios e/ou revisão de conteúdos. Fique atento ao fato de que o horário precisa ser determinado por você. Ou seja, a duração e o momento do dia em que será feito o estudo é você quem escolhe.

TABELA SEMANAL

SEMANA	SEGUNDA	TERÇA	QUARTA	QUINTA	SEXTA	SÁBADO	DOMINGO
1							
2							
3							
4							

SUMÁRIO

Língua Portuguesa 13
   1. Interpretação e Compreensão de Texto 17
   2. Gêneros Textuais 23
   3. Reescritura de Frases e Parágrafos do Texto 32
   4. Formação de Palavras 39
   5. Emprego das Classes de Palavras 45
   6. Sintaxe 72
   7. Pontuação 94

Redação 100
   1. Redação para Concursos Públicos 101
   2. Dissertação Expositiva e Argumentativa 112

Matemática 130
   1. Proposições 135
   2. Argumentos 145
   3. Psicotécnicos 153
   4. Análise Combinatória 160
   5. Probabilidade 167
   6. Teoria dos Conjuntos 174
   7. Conjuntos Numéricos 179
   8. Sistema Legal de Medidas 186
   9. Razões e Proporções 189
   10. Porcentagem e Juros 195
   11. Sequências Numéricas 198
   12. Matrizes, Determinantes e Sistemas Lineares 205
   13. Funções, Função Afim e Função Quadrática 214
   14. Função Exponencial e Função Logarítmica 220
   15. Trigonometria 224
   16. Geometria Plana 230
   17. Geometria Espacial 239

Ética no Serviço Público 254
   1. Ética no Serviço Público 255
   2. Resoluções 1 a 10 da Comissão de Ética Pública da Presidência da República 266

Noções de Informática 286
   1. Windows 290
   2. Sistema Windows 10 296
   3. Redes de Computadores 313
   4. Arquitetura de Redes 323
   5. Segurança da Informação 331
   6. Cloud Computing 337

SUMÁRIO

    7. BrOffice Writer – Editor de Texto 341
    8. BrOffice Calc – Editor de Planilhas 354
    9. BrOffice Impress - Editor de Apresentação 364
    10. Glossário 372

Noções de Direito Constitucional **376**
    1. Princípios Fundamentais da República Federativa do Brasil 383
    2. Teoria Geral da Constituição 390
    3. Direitos e Garantias Fundamentais 397
    3.1. Direitos e Garantias Individuais e Coletivos 398
    3.2. Direitos Sociais 419
    3.3. Direitos de Nacionalidade 430
    3.4. Direitos Políticos e Partidos Políticos 437
    4. Organização Político- -Administrativa do Estado 444
    5. Administração Pública 455
    6. Poder Legislativo, Executivo e Judiciário 476
    7. Funções Essenciais à Justiça 503

Noções de Direito Administrativo **518**
    1. Introdução ao Direito Administrativo 524
    2. Administração Pública 528
    3. Órgão Público 537
    4. Agentes Públicos 540
    5. Princípios Fundamentais da Administração Pública 543
    6. Poderes e Deveres Administrativos 549
    7. Ato Administrativo 557
    8. Improbidade Administrativa 564
    9. Serviços Públicos 569
    10. Controle da Administração Pública 582
    11. Responsabilidade Civil do Estado 590
    12. Processo Administrativo Federal 593
    13. Lei nº 8.112, de 11 de Dezembro de 1990 600

Física Aplicada à Perícia de Acidentes Rodoviários **654**
    1. Cinemática 656
    2. Dinâmica 666
    3. Estática 675
    4. Ondulatórias 682
    5. Óptica 691

Língua Portuguesa

ÍNDICE

1. Interpretação e Compreensão de Texto 17
    O que é Interpretar Textos? 17
    Ambiguidade 18
    Coesão e Coerência 18
2. Gêneros Textuais 23
    Tipologia Textual 23
        Narração 23
        Descrição 23
        Dissertação 23
        Injunção/Instrucional 23
        Predição 23
        Dialogal/Conversacional 23
    Gêneros Textuais 24
        Gêneros Textuais e Esferas de Circulação 24
        Exemplos de Gêneros Textuais 25
3. Reescritura de Frases e Parágrafos do Texto 32
    Substituição de Palavras ou de Trechos de Texto 32
        Locuções x Palavras 32
        Significação das Palavras 32
        Conectores de Mesmo Valor Semântico 33
        Paralelismo 33
    Retextualização de Diferentes Gêneros e Níveis de Formalidade 34
        Linguagem Formal x Linguagem Informal 34
        Tipos de Discurso 34
        Voz Verbal 34
        Oração Reduzida x Oração Desenvolvida 35
        Inversão Sintática 35
        Dupla Regência 36
4. Formação de Palavras 39
    Processos de Formação de Palavras 39
        Derivação 39
        Composição 39
        Hibridismo 39
        Onomatopeia 39
    Acentuação 40
        Regras de Acentuação 40
        Acento Diferencial 41
    Ortografia 41
        Emprego de G ou J 41
        Emprego de X ou CH 41
        Emprego de S ou Z 42
        Hífen 42
        Porquê, Por Quê, Porque e Por Que 42
5. Emprego das Classes de Palavras 45

Língua Portuguesa

- 5.1. Substantivo 45
  - Comum 45
  - Próprio 45
  - Concreto 45
  - Abstrato 45
  - Coletivo 45
  - **Flexão do Substantivo** **47**
    - Formação do Feminino 47
    - Substantivos Uniformes 48
- 5.2. Artigo 48
- 5.3. Adjetivo 49
  - **Formação do Adjetivo** **49**
    - Primitivo 49
    - Derivado 49
    - Simples 49
    - Composto 49
- 5.4. Interjeição 50
  - **Locução Interjetiva** **50**
- 5.5. Numeral 50
  - Cardinal 51
  - Ordinal 51
  - Multiplicativo 51
  - Fracionário 51
- 5.6. Advérbio 55
  - **Locução Adverbial** **55**
  - **Adjetivos Adverbializados** **55**
- 5.7. Conjunção 55
  - **Classificação das Conjunções** **55**
    - Coordenativas 55
    - Subordinativas 56
- 5.8. Preposição 56
- 5.9. Pronome 57
  - **Classificação dos Pronomes** **57**
    - Pronomes Pessoais 57
    - Pronomes de Tratamento 58
    - Pronomes Possessivos 58
    - Pronomes Demonstrativos 58
    - Pronomes Indefinidos 59
    - Pronomes Interrogativos 59
    - Pronomes Relativos 59
    - Pronomes Substantivos 59
    - Pronomes Adjetivos 59
- 5.10. Palavra QUE 60
  - Substantivo 60
  - Pronome 60
  - Interjeição 60

Língua Portuguesa

Preposição	60
Advérbio	60
Conjunção	60
Conjunção Subordinativa	60
Partícula Expletiva (de Realce)	60
5.11. Palavra SE	**60**
Partícula Apassivadora	60
Pronome Reflexivo	60
Pronome Recíproco	60
Partícula Expletiva (de Realce)	61
Pronome Indeterminador do Sujeito	61
Parte do Verbo Pronominal	61
Conjunção	61
5.12. Verbo	**67**
Conjugações do Verbo	**67**
Tempos e Modos Verbais	67
Flexão do Verbo	**68**
Locução Verbal	**69**
Tipos de Verbo	**69**
Intransitivo	69
Transitivo	69
Verbo de Ligação	69
Verbo Auxiliar	69
Vozes Verbais	**69**
6. Sintaxe	**72**
6.1. Frase	**72**
Classificação da Frase	**72**
Nominal	72
Verbal	72
6.2. Oração	**72**
Período	72
6.2.1. Termos Essenciais da Oração	**73**
Sujeito	73
Predicado	74
6.2.2. Termos Integrantes da Oração	**74**
Objeto Direto	74
Objeto Indireto	75
Complemento Nominal	75
Agente da Passiva	75
6.2.3. Termos Acessórios da Oração	**75**
Adjunto Adnominal	75
Adjunto Adverbial	75
Aposto	75
Vocativo	76
6.3. Período Composto	**80**

Língua Portuguesa

6.3.1. Período Composto por Coordenação 80
    Aditivas 80
    Alternativas 80
    Adversativas 80
    Explicativas 80
    Conclusivas 80
6.3.2. Período Composto por Subordinação 80
    Oração Subordinada Substantiva 80
    Subjetiva 81
    Objetiva Direta 81
    Objetiva Indireta 81
    Completiva Nominal 81
    Predicativa 81
6.4. Sintaxe de Concordância 84
6.4.1. Concordância Nominal 84
6.4.2 Concordância Verbal 84
6.5. Colocação Pronominal 85
    Próclise 85
    Mesóclise 85
    Ênclise 85
6.6. Sintaxe de Regência 85
6.6.1. Regência Nominal 85
6.6.2. Regência Verbal 86
6.6.3. Crase 88
7. Pontuação 94
    Ponto (.) 94
    Ponto de Interrogação (?) 94
    Ponto de Exclamação (!) 94
    Reticências (...) 94
    Parênteses ( ) 94
    Aspas (" ") 94
    Travessão (-) 95
    Dois Pontos (:) 95
    Ponto e Vírgula (;) 95
    Vírgula 95
        Casos em Que a Vírgula é Empregada 95
        Casos em que a Vírgula não é Empregada 96

1. Interpretação e Compreensão de Texto

O que é Interpretar Textos?

Interpretar textos é, antes de tudo, compreender o que se leu. Para que haja essa compreensão, é necessária uma leitura muito atenta e algumas técnicas que veremos no decorrer dos textos. Uma dica importante é fazer o resumo do texto por parágrafos.

 EXERCÍCIOS COMENTADOS

Causas da infidelidade partidária no Brasil

A infidelidade partidária é uma peculiaridade da política brasileira. Não é raro observar parlamentares migrarem de uma legenda para outra durante o mandato. Entre 1985 e 1998, por exemplo, cerca de 30% dos deputados federais mudaram de sigla ao longo da legislatura. O fenômeno, pouco comum em qualquer democracia, é recente no Brasil. No intervalo entre 1946 e 1964, não houve muitos casos de mudança de partido.

Identificar os motivos da infidelidade partidária foi o objetivo da tese de doutorado de Carlos Ranulfo Félix de Melo, cientista político da Universidade Federal de Minas Gerais (UFMG). A pesquisa, realizada sobretudo junto à Câmara dos Deputados, contou também com outras fontes, como artigos da imprensa. Ranulfo limitou o estudo ao período da democracia recente (entre 1985 e 1998) e constatou duas causas principais para a inconstância dos parlamentares.

Em primeiro lugar, o cientista verificou que a maioria das trocas de legenda tem por trás a busca de maior expressão. "O chamado 'baixo clero' procede desse modo para ampliar seu poder no estado de origem, adquirir cargos e recursos ou simplesmente prolongar a carreira, pois no Brasil, a renovação da câmara chega a ser de 40%, contra uma média de 5% dos Estados Unidos". Em segundo lugar, a infidelidade interessa aos líderes dos partidos, pois permite que aumentem suas bancadas e, portanto, seu poder. "A tendência é que o partido em voga cresça", constata Ranulfo. O PSDB, por exemplo, começou o ano de 1994 com 62 deputados federais e terminou 1998 com 96.

Ranulfo identifica ainda um outro tipo de político que costuma flutuar entre os partidos: os chamados 'caciques'. Nem sempre se pode ligar uma única legenda a nomes como Jânio Quadros, Itamar Franco, Fernando Collor ou César Maia. Segundo o cientista, o fenômeno é típico da política brasileira, que personaliza a figura do 'salvador da pátria' em detrimento da linha do partido.

A infidelidade partidária é vista por Ranulfo como prejudicial para o processo democrático. A troca de legenda reflete uma alteração no comportamento do eleitor: um político com perfil de 'esquerdista' que se transfere para uma agremiação de 'direita' desgasta a significação do partido e enfraquece a representação política.

Para Ranulfo, uma solução possível para o fim da infidelidade partidária poderia ser o uso de mecanismos como o sistema de listas, praticado na Europa. "Mas a alternativa mais simples seria a adoção de uma nova legislação", avalia. A lei poderia, por exemplo, obrigar o deputado a permanecer na mesma legenda até o fim do mandato. Já existe um projeto de lei para combater a infidelidade partidária, que está em trâmite há algum tempo e nunca foi votado. "Evidentemente, por trás disso, há um interesse dos próprios deputados".

(FERREIRA, Pablo Pires. Ciência Hoje, mar. 2001.)

01. (UFPR) Indique a alternativa em que a expressão entre colchetes pode substituir o trecho grifado, mantendo o mesmo sentido da expressão original.
a) A infidelidade partidária <u>é uma peculiaridade</u> da política brasileira. [é uma idiossincrasia]
b) (...) cerca de 30% dos deputados federais mudaram de sigla <u>ao longo da legislatura</u>. [através da legislação]
c) Ranulfo (...) constatou duas causas principais <u>para a inconstância</u> dos parlamentares. [para a inconsistência]
d) Já existe um projeto de lei para combater a infidelidade partidária, que <u>está em trâmite</u> (...). [está em transe]
e) <u>O chamado 'baixo clero'</u> procede desse modo para ampliar seu poder no estado de origem (...). [O grupo de políticos mais expressivos]

RESPOSTA: A. *Este exercício exige do candidato conhecimento de vocabulário. Da segunda até a quinta alternativa, observa-se que os termos entre colchetes alteram o significado dos períodos. Idiossincrasia é a disposição de um indivíduo para reagir de maneira especial à influência de certos agentes. "Ao longo da legislatura" não condiz com "através da legislação", assim como inconstância (volubilidade, instabilidade) não tem o mesmo significado de inconsistência (incoerente, sem fundamento); estar em trâmite (estar a caminho) não é o mesmo que estar em transe (estar em crise) e "baixo clero" não tem relação com o grupo de políticos mais expressivos.*

02. (UFPR) Pode-se inferir, a partir das informações do texto, que a motivação para o crescimento da bancada do PSDB no período de 1994 a 1998 foi:
a) A mobilização dos líderes do partido governista para aumentar sua bancada.
b) A ausência de "caciques" no partido.
c) O enfraquecimento da oposição ao presidente Fernando Henrique Cardoso.
d) A mudança na legislação eleitoral.
e) A dificuldade de sobrevivência dos partidos pequenos.

RESPOSTA: A. *O que justifica a marcação da primeira alternativa como correta é o excerto: ...a infidelidade* *interessa aos líderes dos partidos, pois permite que aumentem suas bancadas e, portanto, seu poder. "A tendência é que o partido em voga cresça", constata Ranulfo. O PSDB, por exemplo, começou o ano de 1994 com 62 deputados federais e terminou 1998 com 96.*

Ambiguidade

Ambiguidade ou anfibologia é a falta de clareza em um enunciado que lhe permite mais de uma interpretação. É conhecida, também, como duplo sentido. Observe os exemplos a seguir:

Exs.: *Maria disse à Ana que sua irmã chegou. (A irmã é de Maria ou Ana?)*

A mãe falou com a filha caída no chão. (Quem estava caída no chão?)

Está em dúvida quanto à configuração da sua máquina? Então, acabe com ela agora mesmo! (Acabe com a dúvida, com a configuração ou com a máquina?)

Em alguns casos, especialmente na publicidade e nos textos literários, a ambiguidade é proposital; mas, para que ocorra a compreensão necessária, é preciso que o leitor tenha conhecimento de mundo suficiente para interpretar de maneira literal e não literal.

No entanto, ela se torna um problema nos textos quando causa dúvidas em relação à interpretação. Ela também pode gerar problemas e fazer com que o autor seja mal interpretado, como na frase "Sinto falta da galinha da minha mãe".

Ao escrever, para que não haja problemas relacionados à ambiguidade, é necessária atenção do autor e uma leitura cuidadosa.

FIQUE LIGADO

É importante observar que os textos não são estáticos e dificilmente apresentarão apenas uma tipologia. É comum que o texto seja, por exemplo, dissertativo-argumentativo, narrativo-descritivo ou descritivo-instrucional. É importante, portanto, identificar a tipologia que predomina.

Coesão e Coerência

Observe as orações a seguir:

Mariana estava cansada. Viajou a noite toda. Foi trabalhar no dia seguinte.

Perceba que a relação entre elas não está clara. Agora, veja o que acontece quando são inseridos **elementos de coesão**:

Mariana estava cansada porque viajou a noite toda. Mesmo assim, foi trabalhar no dia seguinte.

Os elementos de coesão são responsáveis por criar a relação correta entre os termos do texto, tornando-o coerente.

Os elementos de coesão são representados pelas conjunções. As principais relações estabelecidas entre eles são:

Concessão	embora – ainda que – se bem que – mesmo que – por mais que.
Adversidade	mas – contudo – no entanto – todavia – se bem que – porém – entretanto.
Conclusão	dessa forma – logo – portanto – assim sendo – por conseguinte
Causa	Porque – pois – já que – visto que – uma vez que
Tempo	quando – na hora em que – logo que – assim que

Leia o trecho a seguir, publicado no jornal Correio Popular:

"Durante a sua carreira de goleiro, iniciada no Comercial de Ribeirão Preto, sua terra natal, Leão, de 51 anos, sempre impôs seu estilo ao mesmo tempo arredio e disciplinado. Por outro lado, costumava ficar horas aprimorando seus defeitos após os treinos. Ao chegar à seleção brasileira em 1970, quando fez parte do grupo que conquistou o tricampeonato mundial, Leão não dava um passo em falso. Cada atitude e cada declaração eram pensadas com um racionalismo típico de sua família, já que seus outros dois irmãos são médicos."

Correio Popular, Campinas, 20 out. 2000.

Observe que neste trecho há problemas de coerência.

"(...) costumava ficar horas **aprimorando seus defeitos** (...)"

Entende-se o que o redator do texto quis dizer, mas a construção é indevida, uma vez que a definição para aprimorar, segundo o dicionário, é *aperfeiçoar, melhorar a qualidade de*. Portanto, se interpretada seguindo esta definição, entender-se-ia que o jogador *melhorava seus defeitos*.

Além da escolha inadequada do vocábulo, há também um problema causado pelo uso indevido dos elementos de coesão. Observe o uso da expressão "Por outro lado", que deveria indicar algo contrário ao que foi dito anteriormente, mas neste caso precede uma afirmação que confirma o que foi dito no período anterior, deixando o texto confuso.

Perceba, portanto, que:

Coesão é a relação entre as afirmações do texto, de maneira a deixá-lo claro e fazer sentido:

*Ontem o dia foi bom **porque** vi Lucas.*

*Ontem o dia foi bom **apesar de** eu ter visto Lucas.*

A relação de sentido estabelecida pela conjunção fará o sentido do texto.

Coerência é o sentido do texto, é o fato de o texto fazer sentido e ser compreendido pelo leitor em uma primeira leitura. O que torna um texto coerente, entre outras coisas, é a escolha correta das conjunções. Por isso, a coesão e a coerência do texto andam juntas e muitas vezes se confundem.

VAMOS PRATICAR

Os exercícios a seguir são referentes ao conteúdo: Interpretação e Compreensão de Texto.

É justo que as mulheres se aposentem mais cedo?

A questão acerca da aposentadoria das mulheres em condições mais benéficas que aquelas concedidas aos homens suscita acalorados debates com posições não somente técnicas, mas também com muito juízo de valor de cada lado.

Um fato é certo: as mulheres intensificaram sua participação no mercado de trabalho desde a segunda metade do século 20.

Há várias razões para isso. Mudanças culturais e jurídicas eliminaram restrições sem sentido no mundo contemporâneo: um dos maiores e mais antigos bancos do Brasil contratou sua primeira escriturária em 1969 e teve sua primeira gerente em 1984.

Avanços no planejamento familiar e a disseminação de métodos contraceptivos permitiram a redução do número de filhos e liberaram tempo para a mulher se dedicar ao mercado de trabalho.

Filhos estudam por mais tempo e se mantêm fora do mercado de trabalho até o início da vida adulta. Com isso, o custo de manter a família cresce e cria a necessidade de a mulher ter fonte de renda para o sustento da casa.

A tecnologia também colaborou: máquinas de lavar roupa, fornos micro-ondas, casas menores e outras parafernálias da vida moderna reduziram a necessidade de algumas horas nos afazeres domésticos e liberaram tempo para o trabalho fora de casa.

A inserção feminina no mercado de trabalho ocorreu, mas com limitações. Em relação aos homens, mulheres têm menor taxa de participação no mercado de trabalho, recebem salários mais baixos e ainda há a dupla jornada de trabalho. Quando voltam para a casa, ainda têm que se dedicar à família e ao lar.

Essas dificuldades levam algumas pessoas a defender formas de compensação para as mulheres por meio de tratamento previdenciário diferenciado. Já que as mulheres enfrentam dificuldades de inserção no mercado de trabalho, há de compensá-las por meio de uma aposentadoria em idade mais jovem.

A legislação brasileira incorpora essa ideia. Homens precisam de 35 anos de contribuição para se aposentar no INSS; mulheres, de 30. No serviço público, que exige idade mínima, as mulheres podem se aposentar com cinco anos a menos de idade e tempo de contribuição que os homens.

(Marcelo Abi-Ramia Caetano, Folha de São Paulo, 21/12/2014.)

01. (FGV) O tema contido na pergunta que serve de título ao texto

a) é defendido por uma opinião pessoal do autor.

b) é contestado legalmente no corpo do texto.

c) é visto como uma injustiça em relação ao homem.

d) é tido como legal, mas moralmente injusto.

e) é observado de forma técnica e legal.

02. (FGV) "A questão acerca da aposentadoria das mulheres em condições mais benéficas que aquelas concedidas aos homens suscita acalorados debates com posições não somente técnicas, mas também com muito juízo de valor de cada lado."

Ao dizer que há "muito juízo de valor de cada lado", o autor do texto diz que na discussão aparecem

a) questões que envolvem valores da Previdência.

b) problemas que prejudicam economicamente os empregadores.

c) posicionamentos apoiados na maior experiência de vida.

d) opiniões de caráter pessoal.

e) questionamentos injustos e pouco inteligentes.

03. (FGV) Dizer que as mulheres intensificaram sua participação no mercado de trabalho desde a segunda metade do século XX equivale a dizer que

a) o trabalho feminino não existia antes dessa época.

b) a atividade de trabalho até essa época apelava para a força física.

c) as mulheres entraram no mercado de trabalho há pouco tempo.

d) os homens exploravam as mulheres até a época citada.

e) as famílias passaram a ter menos filhos desde o século XX.

04. (FGV) "Mudanças culturais e jurídicas eliminaram restrições sem sentido no mundo contemporâneo: um dos maiores e mais antigos bancos do Brasil contratou sua primeira escriturária em 1969 e teve sua primeira gerente em 1984."

Os exemplos citados nesse segmento do texto

a) comprovam as mudanças citadas.

b) contrariam as modificações culturais e jurídicas.

c) demonstram o atraso cultural das mulheres.

d) indicam a permanência de determinadas restrições.

e) provam o despreparo das mulheres para o mercado de trabalho masculino.

05. (FGV) Segundo o texto, a necessidade ou possibilidade de a mulher trabalhar se prende a diferentes motivos.

As opções a seguir apresentam motivos presentes no texto, à exceção de uma. Assinale-a.

a) Aumento do tempo livre, em função da redução do número de filhos.
b) O desenvolvimento tecnológico, que auxilia nos trabalhos domésticos.
c) A manutenção dos filhos por mais tempo.
d) O desequilíbrio econômico da Previdência.
e) Os métodos contraceptivos, que limitam o número de filhos.

06. (FGV) Assinale a opção que indica duas razões que mostram as limitações femininas no mercado de trabalho.

a) Dupla jornada de trabalho / tecnologia de apoio doméstico.
b) Tecnologia de apoio doméstico / necessidade de força física.
c) Necessidade de força física / interrupções legais do período de trabalho.
d) Interrupções legais do período de trabalho / salários mais baixos.
e) Salários mais baixos / dupla jornada de trabalho.

Árvores de Araque

1 — Você está vendo alguma coisa esquisita nessa paisagem? — perguntou o meu amigo Fred Meyer. Olhei em torno. Estávamos no jardim da residência da Embaixada do Brasil no Marrocos, onde ele vive — é o nosso embaixador no país — cercados de tamareiras, palmeiras e outras árvores de diferentes tipos. Um casal de pavões se pavoneava pelo gramado, uma dezena de galinhas d'angola ciscava no chão, passa-
5 rinhos iam e vinham. No terraço da casa ao lado, onde funciona a Embaixada da Rússia, havia um mar de parabólicas, que devem captar até os suspiros das autoridades locais. Lá longe, na distância, mais tamareiras e palmeiras espetadas contra um céu azul de doer. Tudo me parecia normal.

— Olha aquela palmeira alta lá na frente.

Olhei. Era alta mesmo, a maior de todas. Tinha um ninho de cegonhas no alto.

10 — Não é palmeira. É uma torre de celular disfarçada.

Fiquei besta. Depois de conhecer sua real identidade, não havia mais como confundi-la com as demais; mas enquanto eu não soube o que era, não me chamara a atenção. Passei os vinte dias seguintes me divertindo em buscar antenas disfarçadas na paisagem. Fiz dezenas de fotos delas, e postei no Facebook, onde causaram sensação. A maioria dos meus amigos nunca tinha visto isso; outros já conheciam de longa data, e mencionaram até
15 espécimes plantados no Brasil. Alguns, como Luísa Cortesão, velha amiga portuguesa que acompanho desde os tempos do Fotolog, têm posição radicalmente formada a seu respeito: odeiam. Parece que Portugal está cheio de falsas coníferas. [...]

A moda das antenas disfarçadas em palmeiras começou em 1996, quando a primeira da espécie foi plantada em Cape Town, na África do Sul; mas a invenção é, como não podia deixar de ser, Made in USA.
20 Lá, uma empresa sediada em Tucson, Arizona, chamada Larson Camouflage, projetou e desenvolveu a primeiríssima antena metida a árvore do mundo, um pinheiro que foi ao ar em 1992. A Larson já tinha experiência, se não no conceito, pelo menos no ramo: começou criando paisagens artificiais e camuflagens para áreas e equipamentos de serviço.

Hoje existem inúmeras empresas especializadas em disfarçar antenas de telecomunicações pelo mundo
25 afora, e uma quantidade de disfarces diferentes. É um negócio próspero num mundo que quer, ao mesmo tempo, boa conexão e paisagem bonita, duas propostas mais ou menos incompatíveis. Os custos são elevados: um disfarce de palmeira para torre de telecomunicações pode sair por até US$ 150 mil, mas há fantasias para todos os bolsos, de silos e caixas d'água à la Velho Oeste a campanários, mastros, cruzes, cactos, esculturas.

30 A Verizon se deu ao trabalho de construir uma casa cenográfica inteira numa zona residencial histórica em Arlington, Virgínia, para não ferir a paisagem com caixas de switches e cabos. A antena ficou plantada no quintal, pintada de verde na base e de azul no alto; mas no terreno em frente há um jardim sempre conservado no maior capricho e, volta e meia, entregadores desavisados deixam jornais e revistas na porta. A brincadeira custou cerca de US$ 1,5 milhão. A vizinhança, de início revoltada com a ideia de ter uma antena enfeiando a
35 área, já se acostumou com a falsa residência, e até elogia a operadora pela boa manutenção do jardim.

Claro que, a essa altura, já existem incontáveis projetos artísticos sobre as antenas que não ousam dizer seu nome. O que achei mais interessante foi o do fotógrafo sul-africano Dillon Marsh, que saiu catando árvores artificiais pelo seu país e fez um ensaio com doze imagens que dão, se não motivo para pensar, pelo
39 menos razão para umas boas risadas.

(O Globo, Economia, 22.3.2014)

07. (CESGRANRIO) No seguinte trecho do texto, a vírgula pode ser retirada mantendo-se o sentido e assegurando-se a norma-padrão:

a) "cercados de tamareiras, palmeiras" (l. 3)
b) "gramado, uma dezena de galinhas d'angola" (l. 4)
c) "o que era, não me chamara a atenção" (l. 12)
d) "fotos delas, e postei no Facebook" (l. 13)
e) "Luísa Cortesão, velha amiga portuguesa" (l. 15)

08. (CESGRANRIO) No trecho "casa ao lado, onde" (l. 5) a palavra onde pode ser substituída, sem alteração de sentido e mantendo-se a norma-padrão, por

a) que
b) cuja
c) em que
d) o qual
e) no qual

Os cientistas já não têm dúvidas de que as temperaturas médias estão subindo em toda a Terra. Se a atividade humana está por trás disso é uma questão ainda em aberto, mas as mais claras evidências do fenômeno estão no derretimento das geleiras. Nos últimos cinco anos, o fotógrafo americano James Balog acompanhou as consequências das mudanças climáticas nas grandes massas de gelo. Suas andanças lhe renderam um livro, que reúne 200 fotografias, publicado recentemente.

Icebergs partidos ao meio e lagos recém-formados pela água derretida das calotas de gelo são exemplos. Esse derretimento é sazonal. O gelo volta nas estações frias – mas muitas vezes em quantidade menor, e por menos tempo. Há três meses um relatório da Nasa, feito a partir de imagens de satélites, mostrou que boa parte da superfície de gelo da Groenlândia foi parcialmente derretida – transformada em uma espécie de lama de neve – em um tempo recorde desde os primeiros registros, feitos trinta anos atrás. Outro relatório, elaborado pela National Snow and Ice Data Center, mostra que o gelo do Ártico, durante o verão do hemisfério norte, teve a maior taxa de derretimento da história, superando o recorde anterior, de 2007.

Nem sempre, porém, menos gelo significa más notícias. A alta da temperatura na Groenlândia permitiu a volta da criação de gado leiteiro e o cultivo de vários tipos de vegetais, como batata e brócolis. Além disso, o derretimento do gelo no Ártico vai permitir a exploração de reservas de petróleo e abrir novas rotas de navegação. O que se vê nas fotos de James Balog é um mundo em transformação.

(Adaptado de Carolina Melo. Veja, 7 de novembro de 2012, p. 121-122)

09. (FCC) Percebe-se claramente no texto

a) a necessidade do desenvolvimento da agropecuária em uma região carente de recursos, submetida a condições de temperatura excessivamente baixa.
b) a ocorrência de fenômenos naturais que confirmam plenamente as análises de cientistas sobre as consequências da presença do homem em algumas regiões da Terra.
c) a importância das imagens obtidas por satélites, que permitem observação mais eficaz de fenômenos naturais ocorridos em regiões distantes, muitas vezes inacessíveis.
d) o papel fundamental dos relatórios feitos com base em estudos científicos, que propõem medidas de contenção do derretimento de geleiras em todo o mundo.
e) o emprego de recursos auxiliares, como o oferecido pela fotografia, nos estudos voltados para a preservação das belezas naturais existentes no mundo todo.

10. (FCC) O último parágrafo do texto expressa

a) as previsões alarmistas que, ao considerarem os dados resultantes das pesquisas sobre o aquecimento global, vêm confirmar os riscos de destruição do planeta.
b) a possibilidade de destruição total de uma vasta região do planeta, pondo em risco a sobrevivência humana, por escassez de água e de alimentos.
c) as conclusões dos cientistas a respeito das evidências do atual aquecimento mais rápido do planeta, fenômeno que prejudica a agricultura nas regiões polares.
d) um posicionamento otimista quanto às consequências de um fenômeno que, em princípio, é visto como catastrófico para o futuro do planeta.
e) uma opinião pouco favorável à exploração econômica, ainda inicial, de uma das regiões mais frias do planeta, coberta por geleiras.

GABARITO

01	E	06	D
02	D	07	D
03	C	08	C
04	A	09	C
05	D	10	D

ANOTAÇÕES

2. Gêneros Textuais

Neste capítulo, são apresentados alguns gêneros textuais que circulam na sociedade (artigo, ata, atestado, apostila, carta, charge, certidão, circular, declaração, editorial, entrevista, edital, gênero literário, história em quadrinhos, notícia, ofício, parecer, propaganda, poema, reportagem, requerimento, relatório, portaria). Sobre esse assunto, é importante saber que esses gêneros estão relacionados à tipologia textual. Portanto, vale a pena fazer uma síntese dessas tipologias antes de tratarmos diretamente dos gêneros.

Tipologia Textual

Um texto pode ter várias características. Entre elas, estão a tipologia e o gênero textual. A relação é a seguinte: cada tipologia textual possui diversos gêneros textuais. Além disso, geralmente um texto não é escrito com base em apenas uma tipologia, ou seja, podem ser encontradas várias tipologias num texto, mas sempre há alguma que se torna predominante.

As tipologias mais importantes que devemos estudar são: narração, descrição, dissertação, injunção, predição, dialogal.

Narração

Modalidade textual que tem o objetivo de contar um fato, fictício ou não, que aconteceu num determinado tempo e lugar, e que envolve personagens. Geralmente, segue uma cronologia em relação à passagem de tempo. Nesse tipo de texto, predomina o emprego do pretérito.

Os gêneros textuais mais comuns são: conto, fábula, crônica, romance, novela, depoimento, piada, relato, etc.

Descrição

A descrição consiste em fazer um detalhamento, como se fosse um retrato por escrito de um lugar, uma pessoa, um animal ou um objeto. O adjetivo é muito usado nesse tipo de produção textual. As abordagens podem ser tanto físicas quanto psicológicas (que envolvem sentimentos, emoções). Esse tipo de texto geralmente está contido em textos diversos.

Os gêneros textuais mais comuns são: cardápio, folheto turístico, anúncio classificado, etc.

Dissertação

Dissertar significa falar sobre algo, explicar um assunto, discorrer sobre um fato, um tema. Nesse sentido, a dissertação pode ter caráter expositivo ou argumentativo.

Dissertação-Expositiva

O texto expositivo apresenta ideias sobre um determinado assunto. Há informações sobre diferentes temas, em que o autor expõe dados, conceitos de modo objetivo. O objetivo principal é informar, esclarecer.

Os gêneros mais comuns em que se encontra esse tipo de texto são: aula, resumo, textos científicos, enciclopédia, textos expositivos de revistas e jornais, etc.

Dissertação-Argumentativa

Um texto argumentativo defende ideias ou um ponto de vista do autor. Além de trazer explicações, esse tipo de texto busca persuadir, convencer o leitor de algo. O texto, além de explicar, também persuade o interlocutor, objetivando convencê-lo de algo. O mais importante é haver uma progressão lógica e coerente das ideias, sem ficar no que é vago, impreciso.

É comum encontrar essa tipologia textual em: sermão, ensaio, monografia, dissertação, tese, ensaio, manifesto, crítica, editorial de jornais e revistas.

Injunção/Instrucional

Com uma linguagem objetiva e concisa, esse tipo de texto orienta como realizar uma ação. Predominantemente, os verbos são empregados no modo imperativo, todavia há também o uso do infinitivo e do futuro do presente do modo indicativo.

Temos como gêneros textuais mais comuns: ordens; pedidos; súplica; desejo; manuais e instruções para montagem ou uso de aparelhos e instrumentos; textos com regras de comportamento; textos de orientação (ex: recomendações de trânsito); receitas, cartões com votos e desejos (de natal, aniversário, etc.).

Predição

A predição tem por características a informação e a probabilidade. O intuito é predizer algo ou levar o interlocutor a crer em alguma coisa que ainda irá ocorrer.

Os gêneros em que mais são encontrados essa tipologia são: previsões astrológicas, previsões meteorológicas, previsões escatológicas/apocalípticas.

Dialogal/Conversacional

A base para esta tipologia textual é o diálogo entre os interlocutores. Nesse tipo de texto, temos um locutor (quem fala), um assunto, um receptor (quem recebe o texto). Ou seja, temos um diálogo entre os interlocutores (locutor e receptor).

Os gêneros em que essa tipologia ocorre são: entrevista, conversa telefônica, chat, etc.

Gêneros Textuais

Os gêneros textuais podem ser textos orais ou escritos, formais ou informais. Eles possuem características em comum, como a intenção comunicativa, mas há algumas características que os distinguem uns dos outros.

Gêneros Textuais e Esferas de Circulação

Cada gênero textual está vinculado a uma esfera de circulação, ou seja, um lugar comum em que ele pode ser encontrado.

Cotidiana

Exemplos: Adivinhas, Diário, Álbum de Família, Exposição Oral, Anedotas, Fotos, Bilhetes, Músicas, Cantigas de Roda, Parlendas, Carta Pessoal, Piadas, Cartão, Provérbios, Cartão Postal, Quadrinhas, Causos, Receitas, Comunicado, Relatos de Experiências Vividas, Convites, Trava-Línguas, *Curriculum Vitae*.

Literária/Artística

Autobiografia, Letras de Músicas, Biografias, Narrativas de Aventura, Contos, Narrativas de Enigma, Contos de Fadas, Narrativas de Ficção, Contos de Fadas Contemporâneos, Narrativas de Humor, Crônicas de Ficção, Narrativas de Terror, Escultura, Narrativas Fantásticas, Fábulas, Narrativas Míticas, Fábulas Contemporâneas, Paródias, Haicai, Pinturas, Histórias em Quadrinhos, Poemas, Lendas, Romances, Literatura de Cordel, Tankas, Memórias, Textos Dramáticos.

Científica

Artigos, Relato Histórico, Conferência, Relatório, Debate, Palestra, Verbetes, Pesquisas.

Escolar

Ata, Relato Histórico, Cartazes, Relatório, Debate, Regrado, Relatos de Experiências, Diálogo/Discussão Argumentativa Científicas, Exposição Oral, Resenha, Júri Simulado, Resumo, Mapas, Seminário, Palestra, Texto Argumentativo, Pesquisas, Texto de Opinião, Verbetes de Enciclopédias.

Jornalística

Imprensa: Agenda Cultural, Fotos, Anúncio de Emprego, Horóscopo, Artigo de Opinião, Infográfico, Caricatura, Manchete, Carta ao Leitor, Mapas, Mesa Redonda, Cartum, Notícia, Charge, Reportagens, Classificados, Resenha Crítica, Crônica Jornalística, Sinopses de Filmes, Editorial, Tiras, Entrevista (oral e escrita).

Publicidade: Anúncio, Músicas, Caricatura, Paródia, Cartazes, Placas, Comercial para TV, Publicidade Comercial, E-mail, Publicidade Institucional, Folder, Publicidade Oficial, Fotos, Texto Político, Slogan.

Política

Abaixo-Assinado, Debate Regrado, Assembleia, Discurso Político, Carta de Emprego, Fórum, Carta de Reclamação, Manifesto, Carta de Solicitação, Mesa Redonda, Debate, Panfleto.

Jurídica

Boletim de Ocorrência, Estatutos, Constituição Brasileira, Leis, Contrato, Ofício, Declaração de Direitos, Procuração, Depoimentos, Regimentos, Discurso de Acusação, Regulamentos, Discurso de Defesa, Requerimentos.

Social

Bulas, Relato Histórico, Manual Técnico, Relatório, Placas, Relatos de Experiências Científicas, Resenha, Resumo, Seminário, Texto Argumentativo, Texto de Opinião, Verbetes de Enciclopédias.

Midiática

Blog, Reality Show, Chat, Talk Show, Desenho Animado, Telejornal, E-mail, Telenovelas, Entrevista, Torpedos, Filmes, Vídeo Clip, Fotoblog, Videoconferência, Home Page.

EXERCÍCIO COMENTADO

01. (FEPESE) A invocação do passado constitui uma das estratégias mais comuns nas interpretações do presente. O que inspira tais apelos não é apenas a divergência quanto ao que ocorreu no passado e o que teria sido esse passado, mas também a incerteza se o passado é de fato passado, morto e enterrado, ou se persiste, mesmo que talvez sob outras formas. Esse problema alimenta discussões de toda espécie - acerca de influências, responsabilidades e julgamentos, sobre realidades presentes e prioridades futuras. Pouquíssima atenção tem sido dedicada ao papel privilegiado, no meu entender, da cultura na experiência moderna, e quase não se leva em conta o fato de que a extraordinária extensão mundial do imperialismo europeu clássico, do século XIX e começo do XX, ainda lança sombras consideráveis sobre nossa própria época. Em nossos dias, não existe praticamente nenhum norte-americano, africano, europeu, latino-americano, indiano, caribenho ou australiano - a lista é bem grande - que não tenha sido afetado pelos impérios do passado. [...] Esse tipo de domínio ou possessão lançou as bases para o que, agora, é de fato um mundo inteiramente global. As comunicações eletrônicas, o alcance mundial do comércio, da disponibilidade dos recursos, das viagens, das informações sobre padrões climáticos e as mudanças ecológicas unificaram até mesmo os locais mais remotos do mundo. Esse conjunto de padrões foi, a meu ver, possibilitado pelo imperialismo.

SAID, Edward. Cultura e Imperialismo. São Paulo: Companhia das Letras, 1995. p. 33-36. [Adaptado]

Identifique abaixo as afirmativas verdadeiras (V) e as falsas (F), conforme o texto.

( ) Trata-se de um texto predominantemente narrativo, o que se evidencia pelo uso de tempos verbais passados e pela espacialização do enredo.
( ) O texto traz elementos predominantemente argumentativos, com posicionamentos explícitos do autor em relação ao tema.
( ) Trata-se de um texto descritivo, neutro e relativista, em que predominam exemplos factuais e culturalmente contextualizados.
( ) O texto é anacrônico e generalista, não podendo ser tomado como referência explicativa para a conjuntura moderna.
( ) O uso de adjetivos como "pouquíssima", "privilegiado", "extraordinária" e "consideráveis" (segundo parágrafo) revela uma atitude avaliativa do autor.

Assinale a alternativa que indica a sequência correta, de cima para baixo.
a) V - V - V - F - F
b) V - F - F V - V
c) V - F - F - F - V
d) F - V - V - V - F
e) F - V - F - F - V

RESPOSTA: E. *O texto possui caráter argumentativo, o qual está predominante. Pode-se perceber que o autor tem posicionamentos explícitos, como exemplo "no meu entender". Além disso, o emprego dos adjetivos também deixa evidente a argumentação, porque essa classe de palavras também tem uma função avaliativa e pode revelar a opinião de alguém.*

Exemplos de Gêneros Textuais

Artigo

O artigo de opinião é um gênero textual que faz parte da esfera jornalística e tem por finalidade a exposição do ponto de vista sobre um determinado assunto. Assim como a dissertação, ele também se compõe de um título, uma introdução, um desenvolvimento e uma conclusão.

Ata

A ata tem como finalidade registrar ocorrências, resoluções e decisões de reuniões, sessões realizadas por algum órgão, setor, entidade, etc.

Estrutura da ata:

> dia, mês, ano e hora (por extenso)
> local da reunião
> pessoas presentes, devidamente qualificadas
> ordem do dia (pauta)
> fecho

Observações:

> não há disposição quanto à quantidade de pessoas que deve assinar a ata; pode ser assinada apenas pelo presidente e secretário.
> a ata deve ser redigida de modo que não sejam possíveis alterações posteriores à assinatura (há o emprego de expressões "digo" e "em tempo").
> não há parágrafos ou alíneas.
> a ata é o registro fiel.

Atestado

Atestado é o documento mediante o qual a autoridade comprova um fato ou situação de que tenha conhecimento em razão do cargo que ocupa ou da função que exerce. Destina-se à comprovação de fatos ou situações passíveis de modificações frequentes. É uma mera declaração, ao passo que a certidão é uma transcrição. Ato administrativo enunciativo, o atestado é, em síntese, afirmação oficial de fatos.

Partes:

> título ou epígrafe: denominação do ato (atestado).
> texto: exposição do objeto da atestação. Pode-se declarar, embora não seja obrigatório, a pedido de quem e com que finalidade o documento é emitido.
> local e data: cidade, dia, mês e ano da emissão do ato, podendo-se também citar, preferentemente sob forma de sigla, o nome do órgão em que a autoridade signatária do atestado exerce suas funções.
> assinatura: nome e cargo ou função da autoridade que atesta.

Apostila

Apostila é a averbação, feita abaixo dos textos ou no verso de decretos e portarias pessoais (nomeação, promoção, ascensão, transferência, readaptação, reversão, aproveitamento, reintegração, recondução, remoção, exoneração, demissão, dispensa, disponibilidade e aposentadoria), para que seja corrigida flagrante inexatidão material do texto original (erro na grafia de nomes próprios, lapso na especificação de datas, etc.), desde que essa correção não venha a alterar a substância do ato já publicado.

Tratando-se de erro material em decreto pessoal, a apostila deve ser feita pelo Ministro de Estado que o propôs. Se o lapso houver ocorrido em portaria pessoal, a correção por apostilamento estará a cargo do Ministro ou Secretário signatário da portaria. Nos dois casos, a apostila deve sempre ser publicada no Boletim de Serviço ou Boletim Interno correspondente e, quando se tratar de ato referente a Ministro de Estado, também no Diário Oficial da União.

A finalidade da correção de inexatidões materiais por meio de apostila é evitar que se sobrecarregue o Presidente da República com a assinatura de atos repetidos, e que se onere a Imprensa Nacional com a republicação de atos.

→ Forma e Estrutura

> título, em maiúsculas e centralizado sobre o texto:

APOSTILA;

> texto, no qual deve constar a correção que está sendo feita, a ser iniciada com a remissão ao decreto que autoriza esse procedimento;

> data, por extenso:

Brasília, em 12 de novembro de 1990;

> identificação do signatário, abaixo da assinatura:

NOME (em maiúsculas)

Secretário da Administração Federal

No original do ato normativo, próximo à apostila, deverá ser mencionada a data de publicação da apostila no Boletim de Serviço ou no Boletim Interno.

Carta

Pode ter caráter argumentativo quando se trata de uma carta aberta ou carta do leitor. Quando se trata de carta pessoa, há a presença de aspectos narrativos ou descritivos.

Charge

É um gênero textual em que é feita uma ilustração cômica, irônica, por meio de caricaturas, com o objetivo de satirizar, criticar ou fazer um comentário sobre algum acontecimento, que é atual, em sua grande maioria.

FIQUE LIGADO

A charge é um dos gêneros textuais mais cobrados em questões de concurso. Deve dar atenção à crítica feita pelo autor, a qual pode ser percebida pela relação texto verbal e não verbal (palavras e imagens).

Certidão

Certidão é o ato pelo qual se procede à publicidade de algo relativo à atividade Cartorária, a fim de que, sobre isso, não haja dúvidas. Possui formato padrão próprio, termos essenciais que lhe dão suas características. Exige linguagem formal, objetiva e concisão.

Termos essenciais da certidão:

> afirmação: certidão e dou fé que.
> identificação do motivo de sua expedição: a pedido da parte interessada.
> ato a que se refere: revendo os assentamentos constantes deste cartório, não logrei encontrar ação movida contra (nome).
> data de sua expedição:
> assinatura: O Escrivão.

Circular

É utilizada para transmitir avisos, ordens, pedidos ou instruções, dar ciência de leis, decretos, portarias, etc.

> destina-se a uma ou mais de uma pessoa/órgão/empresa. No caso de mais de um destinatário, todas as vias distribuídas devem ser iguais.

> a paragrafação pode seguir o estilo americano (sem entradas de parágrafo), ou estilo tradicional. No caso de estilo americano, todo o texto, a data e a assinatura devem ser alinhados à margem esquerda. No estilo tradicional, devem ser centralizados.

Partes:

> TIMBRE: impresso no alto do papel.
> TÍTULO E NÚMERO: cerca de três linhas do timbre e no centro da folha. O número pode vir seguido do ano.
> DATA: a data deve estar próxima do título e número, ao lado ou abaixo, podendo se apresentar de várias formas:

CIRCULAR Nº 01, DE 2 MARÇO DE 2002

CIRCULAR Nº 01

De 2 de março de 2002

CIRCULAR Nº 01/02 Rio de Janeiro, 2 de março de 2002

> EMENTA (opcional): deve vir abaixo do título e data, cerca de três linhas.

Ementa: Material de consumo.

Ref.: Material de consumo

> INVOCAÇÃO: cerca de quatro linhas do título. Dependendo do assunto e destinatários, a invocação é dispensável.

Excelentíssimo Senhor:

Senhor Prefeito:

Senhores Pais:

→ TEXTO: cerca de três linhas do título. Deve conter:
> exposição do assunto, desenvolvida a partir dos objetivos;
> a sensibilização do receptor/destinatário;
> convite a agir;
> CUMPRIMENTO FINAL:

Respeitosamente,

Atenciosamente,

> ASSINATURA: cerca de quatro linhas do cumprimento final. É composta do nome do emissor (só as iniciais maiúsculas) e cargo ou função (todo em maiúscula):

Herivelto Nascimento

DIRETOR

> ANEXOS: quando houver documentos a anexar, escreve-se a palavra anexo à margem esquerda, seguida da relação do que está anexado:

Anexo: quadro de horários.

Anexa: cópia do documento.

Anexas: tabela de horários e cópia dos documentos.

> INICIAIS: na última linha útil do papel, à esquerda, devemos escrever as iniciais de quem elaborou o texto (redator), seguido das iniciais de quem a datilografou/digitou (em maiúscula ou minúscula, tanto faz). Quando o redator e o datilógrafo forem a mesma pessoa, basta colocar a barra seguida das iniciais:

PPS/AZ

Pps/az

/pps

/PPS

Declaração

A declaração deve ser fornecida por pessoa credenciada ou idônea que nele assume a responsabilidade sobre uma situação ou a concorrência de um fato. Portanto, é uma comprovação escrita com caráter de documento.

A declaração pode ser manuscrita em papel almaço simples ou digitada. Quanto ao aspecto formal, divide-se nas seguintes etapas:

> timbre: impresso com cabeçalho, contendo o nome do órgão ou empresa. Nas declarações particulares, usa-se papel sem timbre.
> título: no centro da folha, em caixa alta.
> texto:
» identificação do emissor.
» o verbo atestar ou declarar deve aparecer no presente do indicativo, terceira pessoal do singular ou do plural.
» finalidade do documento: em geral, costuma-se usar o termo "para os devidos fins". Também se pode especificar: "para fins de trabalho", "para fins escolares", etc.
» nome e dados de identificação do interessado.
» citação do fato a ser atestado.
> local e data: deve-se escrevê-lo a cerca de três linhas do texto.

Editorial

É um gênero textual dissertativo-argumentativo que apresenta o posicionamento de uma empresa, revista, jornal sobre determinado assunto.

Entrevista

É um gênero textual em que aparece o diálogo entre o entrevistador e o(s) entrevistado(s), para obter informações sobre o entrevistado ou algum assunto. Podem aparecer elementos expositivos, argumentativos e narrativos.

Edital

É um documento em que são apresentados avisos, citações, determinações.

São diversos os tipos de editais, de acordo com o objetivo: pode comunicar uma citação, um proclame, um contrato, uma exoneração, uma licitação de obras, serviços, tomada de preço, etc.

Entre eles, os editais mais comuns são os de concursos públicos, que determinam as etapas dos processos seletivos e as competências necessárias para a sua execução.

Gêneros literários

Os gêneros literários costumam ser cobrados em algumas provas. É importante saber que há a presença tanto da linguagem denotativa quanto da conotativa. Geralmente, as provas trazem fragmentos de textos. Alguns gêneros mais cobrados são: novela, conto, fábula, crônica, ensaio.

• **Novela**

É um texto narrativo longo, em que são narradas várias histórias. Sempre há uma história principal que caracteriza esse gênero. Exemplos: O Alienista, de Machado de Assis, e A Metamorfose, de Kafka.

• **Conto**

É um texto narrativo curto, em que há, geralmente, um enredo (uma história) e poucos personagens.

• **Fábula**

É um texto narrativo em que há uma história curta que termina com uma lição de moral. Geralmente, há a personificação, pois há personagens que não são humanos (animais, objetos) que adquirem características humanas.

- **Crônica**

É uma narrativa breve, relacionada ao cotidiano. Pode ter um tom humorístico ou reflexivo (presença de críticas).

- **Ensaio**

É um texto com caráter também didático, em que são expostas ideias, críticas e reflexões morais e filosóficas a respeito de certo tema. É caracterizado pela defesa de um ponto de vista pessoal e subjetivo sobre um tema (humanístico, filosófico, político, social, cultural, moral, comportamental, etc.), sem a necessidade de comprovação científica.

História em quadrinhos

É um gênero narrativo que consiste em contar algo por meio de pequenos quadros. Pode haver diálogos diretos entre personagens. É caracterizado pela linguagem verbal e não verbal.

Notícia

É um texto em que podem aparecer características narrativas e descritivas. Conta-se como ocorreu um determinado fato. Aparecem as seguintes informações: o que ocorreu, como, quando, onde e quem estava envolvido.

Ofício

O ofício tem o objetivo de informar, propor convênios, ajustes, acordos, encaminhar documentos, solicitar providências e/ou informações.

É uma correspondência que pode ser dirigida tanto ao Poder Público quanto a particulares.

Formatação:
> Papel timbrado;
> Número de ordem na margem superior esquerda;
> Local e data na mesma linha do número de ordem, ao lado direito;
> Vocativo (a forma de se dirigir à pessoa a que se destina a correspondência);
> O texto pode ser dividido em parágrafos;
> Fecho;
> Assinatura e cargo do remetente;
> Endereçamento.

Parecer

O parecer é o pronunciamento fundamentado, com caráter opinativo, de autoria de comissão ou de relator, snobre matéria sujeita a seu exame.

Partes de um parecer:
> designação: número do processo, no centro superior do papel. Não é um item obrigatório.
> título: denominação do ato, seguido de numeração (Parecer nº).
> ementa: resumo do assunto do parecer, de maneira concisa, a dois espaços do título.
> texto: introdução (histórico); esclarecimentos (análise do fato); conclusão do assunto.
> fecho: compreende: local e/ou denominação do órgão (sigla);
  » data;
  » assinatura (nome e cargo de quem emite o parecer).

Propaganda

Caracterizado como um texto expositivo, o objetivo é propagar informações sobre algo, para influenciar o leitor com mensagens que despertam as emoções e a sensibilidade.

Poema

É um texto estruturado em versos (linhas) e pode também ter estrofes (conjunto de linhas). É muito comum haver a descrição e a narração.

Reportagem

É um gênero textual que pertence à esfera jornalística e tem um caráter dissertativo-expositivo. A reportagem tem, por objetivo, informar e levar os fatos ao leitor de uma maneira concisa, clara, e direta.

Requerimento

O requerimento é o instrumento por meio do qual o signatário pede, a uma autoridade, algo que lhe pareça justo ou legal. Qualquer pessoa que tenha interesse no serviço público pode valer-se de um requerimento, que será dirigido a uma autoridade competente para conhecer, analisar e solucionar o caso, podendo ser escrito ou datilografado (digitado).

Os elementos constitutivos do requerimento são:
> vocativo: indica a autoridade a quem se dirige a comunicação (alinhado à esquerda, sem parágrafo, identificando a autoridade e não a pessoa em si;
> texto: nome do requerente (letras maiúsculas), qualificação, objeto do requerimento;
> fecho: pede deferimento, espera deferimento, aguarda deferimento;
> local e data;
> assinatura.

Relatório

Relatório é um documento em que se faz uma descrição de fatos, analisados com o objetivo de orientar o serviço interessado ou o superior imediato para possíveis ações a serem tomadas.

É, em última análise, a exposição circunstanciada de atividades levadas a termo por funcionário, no desempenho das funções do cargo que exerce, ou por ordem de autoridade superior.

É geralmente feito para expor:

> situações de serviço;
> resultados de exames;
> eventos ocorridos em relação a planejamento;
> prestação de contas ao término de um exercício etc.

Suas partes componentes são:

1) Título (a palavra RELATÓRIO), em letras maiúsculas.
2) Vocativo: a palavra Senhor(a), seguida do cargo do destinatário, e de vírgula.
3) Texto paragrafado, composto de introdução, desenvolvimento e conclusão.

Introdução: enuncia-se o propósito do relatório;

Desenvolvimento: corpo do relatório - a exposição dos fatos;

Conclusão: o resultado ou síntese do trabalho, bem como a recomendação de providências cabíveis.

4) Fecho, utilizando as fórmulas usuais de cortesia, como as do ofício.
5) Local e data, por extenso.
6) Assinatura, nome e cargo ou função do signatário.
7) Anexos, complementando o Relatório, com material ilustrativo e/ou ocumental.

Classificação de Relatórios

> Informativo: aborda um problema ou situação e oferece informações.
> Reativo: aborda um problema, examina as causas e as consequências e oferece sugestões.
> Conclusivo: aborda um problema ou situação e oferece conclusões.

Portaria

É um ato pelo qual as autoridades competentes determinam providências de caráter administrativo, dão instruções sobre a execução de leis e de serviços, definem situações funcionais e aplicam medidas de ordem disciplinar.

Partes:

> numeração (classificação): número do ato e data de expedição.
> título: denominação completa de autoridade que expede o ato.
> fundamentação: citação da legislação básica em que a autoridade apoia sua decisão, seguida do termo resolve.
> texto: desenvolvimento do assunto.
> assinatura: nome da autoridade que expede o ato.

VAMOS PRATICAR

Os exercícios a seguir são referentes ao conteúdo: Gêneros Textuais.

01. (FEPESE) Analise as afirmativas abaixo sobre correspondência oficial e comercial.

1) Circular é uma correspondência dirigida a várias repartições ou pessoas.
2) Edital é um instrumento de notificação pública que se afixa em local para acesso por parte dos interessados, ou que se publica num órgão da imprensa.
3) Parecer é um documento específico de solicitação por meio do qual a pessoa física ou jurídica (ato administrativo) requer algo a que tem direito, concedido legalmente.

Assinale a alternativa que indica todas as afirmativas corretas.

a) É correta apenas a afirmativa 2.
b) São corretas apenas as afirmativas 1 e 2.
c) São corretas apenas as afirmativas 1 e 3.
d) São corretas apenas as afirmativas 2 e 3.
e) São corretas as afirmativas 1, 2 e 3.

02. (FUNCAB) É o documento de valor jurídico que consiste no resumo fiel dos fatos, ocorrências e decisões de sessões, reuniões ou assembleias. Essa é a definição de:

a) ata.
b) memorando.
c) parecer.
d) ofício.
e) carta.

03. (FUNIVERSA) A respeito de atas, assinale a alternativa correta.

a) Os componentes básicos de uma ata são o local da reunião, a data, o horário e a ordem do dia.
b) A ata, nos órgãos oficiais e nas empresas, segundo norma definida em estatuto, é sempre assinada por todos os participantes da reunião; caso contrário, as decisões registradas não têm valor.
c) A ata é regularmente redigida por um secretário efetivo. No caso da ausência deste,

nomeia-se um substituto, um secretário ad hoc, designado para a ocasião.

d) A ata de assembleia geral extraordinária é aquela destinada às comemorações de datas festivas dentro da instituição pública ou da organização.

e) O erro não é permitido em uma ata. Caso se cometa alguma falha no registro dos fatos, deve-se anular a ata, ou até mesmo destacar a folha do livro próprio.

04. (CESPE) O relatório, que deve ser reproduzido em tantas cópias quantos forem os destinatários, refere-se à correspondência oficial dirigida a pessoas ou unidades da instituição remetente, para a transmissão de comunicados, informações, ordens ou instruções gerais.

Certo ( )   Errado ( )

05. (CESPE) Julgue o item quanto à correção gramatical e à adequação para integrar a correspondência oficial indicada entre parênteses.

Além de revigorar o programa de educação de jovens e adultos, com currículos mais atraentes e alternativas de formação profissional, o país precisa fortalecer a visão de que a escola é o caminho mais adequado para o desenvolvimento individual e para a construção de um país melhor. Também é importante desenvolver a ideia de que educação não é apenas dever de governo, mas do Estado e da sociedade, sendo indispensável maior envolvimento das famílias com a escola. (Relatório)

Certo ( )   Errado ( )

06. (CESPE) O requerimento difere do aviso porque, naquele, situações ou fatos comunicados constam em arquivos da administração pública e podem ser requeridos por qualquer cidadão.

Certo ( )   Errado ( )

07. (CESGRANRIO)

IQUE. Jornal do Brasil, 25 mar. 2008.

Essa charge

a) compara a luta contra a dengue a uma situação de guerra.

b) coloca em situação de oposição o homem e a sociedade.

c) suaviza a gravidade da questão a partir do humor.

d) dá características humanas ao mosquito.

e) propõe que forças bélicas sejam usadas na prevenção da doença.

08. Analise a charge.

(Charge do "rolezinho". Folha de S.Paulo, 17.01.14)

A charge sugere que

a) os jovens acabam aceitando o convite do dono da loja.

b) o dono da loja teme que os jovens decidam fazer um "rolezinho" em seu estabelecimento.

c) os jovens não dão importância para a leitura de livros.

d) o dono da loja tem os mesmos interesses dos jovens.

e) o dono da loja fica triste por não ter sido convidado a participar do "rolezinho".

09. (VUNESP) Considere a charge.

(Arionauro da Silva Santos. http://www.orapois.com.br. Acesso em 11.11.2013)

A charge refere-se

a) à mensalidade cobrada pelas academias de artes marciais.

b) ao bem-estar decorrente da prática de atividades físicas.

c) ao desconhecimento dos jovens sobre as leis de trânsito.

d) ao desrespeito ao sistema de rodízio de carros.

e) à agressividade que alguns motoristas externam no trânsito.

10. (VUNESP – 2013) Considere a charge, em que os juros são representados pelo símbolo de porcentagem, numa ponta da gangorra, e a inflação, pelo dragão, na outra ponta. Para sua interpretação, não é necessário ter conhecimento de economia, basta atentar para a alternância entre juros e inflação sugerida pela gangorra.

(Alves, Folha de S.Paulo, 03.04.2013)

A charge sugere que:

a) os juros baixos contribuem para deixar a inflação alta.

b) inflação alta permite que os juros permaneçam altos.

c) os juros baixos são fundamentais para deixar a inflação baixa.

d) a inflação deverá permanecer alta se os juros subirem.

e) os juros deverão ficar inalterados se a inflação baixar.

GABARITO

01	B	06	ERRADO
02	A	07	A
03	C	08	C
04	ERRADO	09	E
05	CERTO	10	A

ANOTAÇÕES

3. Reescritura de Frases e Parágrafos do Texto

A reescrita ou reescritura de frases é uma paráfrase que visa à mudança da forma de um texto. Para que o novo período esteja correto, é preciso que sejam respeitadas a correção gramatical e o sentido do texto original. Desse modo, quando há qualquer inadequação do ponto de vista gramatical e/ou semântico, o trecho reescrito deve ser considerado incorreto.

Assim, para resolver uma questão que envolve reescritura de trechos ou períodos, é necessário verificar os aspectos gramaticais (principalmente, pontuação, elementos coesivos, ortografia, concordância, emprego de pronomes, colocação pronominal, regência, etc.) e aspectos semânticos (significação de palavras, alteração de sentido, etc.).

Existem diversas maneiras de se parafrasear uma frase, por isso cada Banca Examinadora pode formular questões a partir de muitas formas. Nesse sentido, é essencial conhecer e dominar as variadas estruturas que uma sentença pode assumir quando ela é reescrita.

Substituição de Palavras ou de Trechos de Texto

No processo de reescrita, pode haver a substituição de palavras ou trechos. Ao se comparar o texto original e o que foi reestruturado, é necessário verificar se essa substituição mantém ou altera o sentido e a coerência do primeiro texto.

Locuções x Palavras

Em muitos casos, há locuções (expressões formadas por mais de uma palavra) que podem ser substituídas por uma palavra, sem alterar o sentido e a correção gramatical. Isso é muito comum com verbos.

Exs.:

*Os alunos **têm buscado** formação profissional.*

(locução: têm buscado)

*Os alunos **buscam** formação profissional.*

(uma palavra: buscam)

Ambas as frases têm sentido atemporal, ou seja, expressam ações constantes, que não têm fim.

EXERCÍCIO COMENTADO

01. (FGV) Observe o seguinte trecho: "Surpreendentemente, houve entrevistado que opinou favoravelmente, valorizando Los Angeles – um caso típico de cidade rodoviária e dispersa."

No período "houve entrevistado que opinou favoravelmente", o segmento "que opinou favoravelmente" poderia ser reescrito "com opinião favorável".

A frase abaixo em que essa estratégia de redação foi empregada de forma idêntica é:

a) Anuncia-se que o projeto será votado brevemente / votado com brevidade;
b) Esse problema merece ser examinado minuciosamente / exame minucioso;
c) O problema precisa ser resolvido rapidamente / resolver-se com rapidez;
d) Acreditava-se que o projeto passaria facilmente / teria fácil passadiço;
e) A população luta bravamente por seus direitos / luta com bravura.

RESPOSTA: B. *No trecho original, o segmento é uma frase verbal (que opinou favoravelmente). Na reescrita, há uma frase nominal (com opinião favorável). Isso é possível porque a presença do pronome relativo (que) mostra que há uma oração com sentido adjetivo, o que é mantido na reescrita. O mesmo fenômeno ocorre na alternativa B (ser examinado minuciosamente/exame minucioso). Nas demais opções, a reescrita permanece com verbo.*

Significação das Palavras

Ao avaliarmos a significação das palavras, devemos ficar atentos a alguns aspectos: sinônimos, antônimos, polissemia, homônimos e parônimos.

Sinônimos

Palavras que possuem significados próximos, mas não são totalmente equivalentes.

Exs.:

Casa: lar - moradia – residência

Carro: automóvel

Para verificar a validade da substituição, deve-se também ficar atento ao significado contextual. Por exemplo, na frase "As fronteiras entre o bem e o mal", não há menção a limites geográficos, pois a palavra "fronteira" está em sentido conotativo (figurado).

Além disso, nem toda substituição é coerente. Por exemplo, na frase "Eu comprei uma casa", fica incoerente reescrever "Eu comprei um lar".

Antônimos

Palavras que possuem significados diferentes, opostos, contrários.

Exs.: *Mal / Bem*

Ausência / Presença

Subir / Descer

Cheio / Vazio

Possível / Impossível

Polissemia

Ocorre quando uma palavra apresenta mais de um significado em diferentes contextos.

Exs.:

Banco (instituição comercial financeira; assento)

Manga (parte da roupa; fruta)

FIQUE LIGADO

A polissemia está relacionada ao significado contextual, ou seja, uma palavra tem um sentido específico apenas no contexto em que está inserida. Por exemplo: A eleição foi marcada por debates explosivos (ou seja: debates acalorados, e não com sentido de explodir algo).

Homônimos

Palavras com a mesma pronúncia (algumas vezes, a mesma grafia), mas com significados diferentes.

Exs.:

*A*c*ender: colocar fogo. A*sc*ender: subir.*

*Con*c*erto: sessão musical. Con*s*erto: reparo.*

Homônimos Perfeitos

Palavras com a mesma grafia e o mesmo som.

Exs.:

*Eu **cedo** este lugar você.* (cedo = verbo)

*Cheguei **cedo** para jantar.* (cedo = advérbio de tempo)

Percebe-se que o significado depende do contexto em que a palavra aparece. Portanto, deve-se ficar atento à ortografia quando a questão é de reescrita.

Parônimos

Palavras que possuem significados diferentes, mas são muito parecidas na pronúncia e na escrita.

Exs.:

*Ab*s*olver: perdoar, inocentar. Ab*s*orver: aspirar.*

*Co*m*primento: extensão. C*u*mprimento: saudação.*

Conectores de Mesmo Valor Semântico

Há palavras, principalmente as conjunções, que possuem valores semânticos específicos, os quais devem ser levados em conta no momento de fazer uma substituição.

Logo, pode-se reescrever um período, alterando-se a conjunção. Para tanto, é preciso que a outra conjunção tenha o mesmo valor semântico. Além disso, é importante verificar como ficam os tempos verbais após a substituição.

Exs.:

***Embora** fosse tarde, fomos visitá-lo.* (conjunção subordinativa concessiva)

***Apesar de** ser tarde, fomos visitá-lo.* (conjunção subordinativa concessiva)

No exemplo acima, o verbo também sofreu alteração.

Exs.:

*Toque o sinal **para que** todos entrem na sala.*

(conjunção subordinativa final)

*Toque o sinal **a fim de que** todos entrem na sala.*

(conjunção subordinativa final)

No exemplo acima, o verbo permaneceu da mesma maneira.

Paralelismo

Ocorre quando há uma sequência de expressões com estrutura idêntica.

Paralelismo Sintático

É possível quando a estrutura de termos coordenados entre si é idêntica. Nesse caso, entende-se que "termos coordenados entre si" são aqueles que desempenham a mesma função sintática em um período ou trecho.

Ex.: *João comprou **balas** e **biscoitos**.*

Perceba que "balas" e "biscoitos" têm a mesma função sintática (objeto direto). Além disso, ambas são expressões nominais. Assim, apresentam, na sentença, uma estrutura sintática idêntica.

Os *formandos* **estão pensando na carreira, isto é, no futuro.**

Tanto "na carreira" quanto "no futuro" são complementos do verbo pensar. Ademais, as duas expressões são formadas por preposição e substantivo.

Paralelismo Semântico

Estrutura-se pela coerência entre as informações.

Ex.: *Lucélia **gosta de maçã e de pera**.*

Percebe-se que há uma relação semântica entre maçã e pera, pois ambas são frutas.

Ex.: *Lucélia **gosta de livros de ação e de pizza**.*

Observa-se que os termos "livros de ação" e "pizza" não possuem sentidos semelhantes que garantam a sequência lógica esperada no período.

Retextualização de Diferentes Gêneros e Níveis de Formalidade

Na retextualização, pode-se alterar o nível de linguagem do texto, dependendo de qual é a finalidade da transformação proposta. Nesse caso, são possíveis as seguintes alterações: linguagem informal para a formal; tipos de discurso; vozes verbais; oração reduzida para desenvolvida; inversão sintática; dupla regência.

Linguagem Formal x Linguagem Informal

Um texto pode estar escrito em linguagem coloquial (informal) ou formal (norma padrão). A proposta de reescrita pode mudar de uma linguagem para outra. Veja o exemplo:

Exs.:

Pra que serve a política?

(informalidade)

Para que serve a política?

(formalidade)

FIQUE LIGADO

A oralidade geralmente é mais informal. Portanto, fique atento: a fala e a escrita são diferentes, ou seja, a escrita não reproduz a fala e vice-versa.

Tipos de Discurso

Discurso está relacionado à construção de textos, tanto orais quanto escritos, portanto, ele é considerado uma prática social.

Em um texto, podem ser encontrados três tipos de discurso: o discurso direto, o indireto e o indireto livre.

Discurso Direto

São as falas das personagens. Esse discurso pode aparecer em forma de diálogos e citações, e vêm marcadas com alguma pontuação (travessão, dois pontos, aspas, etc.). Ou seja, o discurso direto reproduz fielmente a fala de alguém.

Ex.: *O médico disse à paciente:*

– Você precisa fazer exercícios físicos regularmente.

Discurso Indireto

É a reprodução da fala de alguém, a qual é feita pelo narrador. Normalmente, esse discurso é escrito em terceira pessoa.

Ex.: *O médico disse à paciente que ela precisava fazer exercícios regulamente.*

Discurso Indireto Livre

É a ocorrência do discurso direto e indireto ao mesmo tempo. Ou seja, o narrador conta a história, mas as personagens também têm voz própria.

No exemplo a seguir, há um discurso direto: "que raiva", que mostra a fala da personagem.

Ex.: *"Retirou as asas e estraçalhou-a. Só tinham beleza. Entretanto, qualquer urubu... que raiva..." (Ana Maria Machado)*

No trecho a seguir, há uma fala da personagem, mesclada com a narração: "Para que estar catando defeitos no próximo?".

Ex.: *"D. Aurora sacudiu a cabeça e afastou o juízo temerário. Para que estar catando defeitos no próximo? Eram todos irmãos. Irmãos." (Graciliano Ramos)*

FIQUE LIGADO

Nas questões de reescrita que tratam da transposição de discursos, é mais frequente a substituição do direto pelo indireto. Nesse caso, deve-se ficar atento aos tempos verbais.

Exemplo de uma transposição de discurso direto para indireto:

Ex.: *Ana perguntou:*

– Qual a resposta correta?

Ana perguntou qual era a resposta correta.

Voz Verbal

Um verbo pode apresentar-se na voz ativa, passiva ou reflexiva.

Ativa

Ocorre quando o sujeito é agente, ou seja, pratica a ação expressa pelo verbo.

Ex.: *O aluno resolveu o exercício.*

Passiva

Ocorre quando o sujeito é paciente, ou seja, recebe a ação expressa pelo verbo.

Ex.: *O exercício foi resolvido pelo aluno.*

Reflexiva

Ocorre quando o sujeito é agente e paciente ao mesmo tempo, ou seja, pratica e recebe a ação.

Ex.: *A criança feriu-se com a faca.*

FIQUE LIGADO

Não confunda o emprego reflexivo do verbo com a reciprocidade. Por exemplo:

Ex.: *Os lutadores de MMA feriram-se. (um ao outro)"*

Formação da Voz Passiva

A voz passiva pode ocorrer de forma analítica ou sintética.

Voz Passiva Analítica

Verbo SER + particípio do verbo principal.

Exs.: *A academia de polícia será pintada.*

O relatório é feito por ele.

A variação de tempo é determinada pelo verbo auxiliar (SER), pois o particípio é invariável.

Exs.: *João fez a tarefa.* (pretérito perfeito do indicativo)

A tarefa foi feita por João. (pretérito perfeito do indicativo)

João faz a tarefa. (presente do indicativo)

A tarefa é feita por João. (presente do indicativo)

João fará a tarefa. (futuro do presente)

A tarefa será feita por João. (futuro do presente)

EXERCÍCIO COMENTADO

01. (FCC) Transpondo-se para a voz passiva o segmento sublinhado na frase os partidários de quem subjuga <u>acabam por demonizar</u> a reação do subjugado, ele deverá assumir a seguinte forma:
a) acabam demonizando.
b) acabam sendo demonizados.
c) acabará sendo demonizada.
d) acaba por ter sido demonizado.
e) acaba por ser demonizada.

RESPOSTA: E. *Em "acabam por demonizar", há dois verbos (acabam: auxiliar; demonizar: principal). Na transposição, deve haver três verbos e o auxiliar é apenas repetido (fazendo a concordância verbal). Desse modo, temos: acaba por ser demonizada. O verbo ser (voz passiva) fica na mesma forma que "demonizar" (voz ativa).*

Voz Passiva Sintética

Verbo na 3ª pessoa, seguido do pronome apassivador SE.

Ex.: *Abriram-se as inscrições para o concurso.*

Transposição da Voz Ativa para a Voz Passiva

Pode-se mudar de uma voz para outra sem alterar o sentido da frase.

Exs.: *Os médicos brasileiros **lançaram** um tratamento para o câncer.*

*Um tratamento para o câncer **foi lançado** pelos médicos brasileiros.*

FIQUE LIGADO

Nas questões de concursos, costuma-se cobrar a transposição da voz ativa para a passiva, e da voz passiva sintética para a analítica.

Exs.:
A fiscalização exige o passaporte.
O passaporte é exigido pela fiscalização.
Exige-se comprovante de pagamento.
É exigido comprovante de pagamento.

Oração Reduzida x Oração Desenvolvida

As orações subordinadas podem ser reduzidas ou desenvolvidas. Não há mudança de sentido se houver a substituição de uma pela outra.

Exs.: *Ao terminar a aula, todos podem sair.* (reduzida de infinitivo)

Quando terminarem a prova, todos podem sair. (desenvolvida)

Os vizinhos ouviram uma criança chorando na rua. (reduzida de gerúndio)

Os vizinhos ouviram uma criança que chorava na rua. (desenvolvida)

Terminada a reforma, a família mudou-se para a nova casa. (reduzida de particípio)

Assim que terminou a reforma, a família mudou-se para a nova casa. (desenvolvida)

Inversão Sintática

Um período pode ser escrito na ordem direta ou indireta. Nesse caso, quando ocorre a inversão sintática, a correção gramatical é mantida. Apenas é necessário ficar atento ao sentido do período.

Ordem direta: sujeito – verbo – complementos/adjuntos adverbiais.

Exs.: *Os documentos foram levados para o gerente.* (direta)

Foram levados os documentos para o gerente. (indireta)

FIQUE LIGADO

Curiosidade: o Hino Nacional brasileiro é escrito em ordem indireta.

*"Ouviram do Ipiranga as margens plácidas
De um povo heroico o brado retumbante."*

As margens plácidas do Ipiranga ouviram o brado retumbante de um povo heroico.

Dupla Regência

Há verbos que exigem a presença da preposição e outros não. Deve-se ficar atento ao fato de que a regência pode influenciar no significado de um verbo.

Verbos Transitivos Diretos ou Indiretos

Sem alterar o sentido, alguns verbos admitem duas construções: uma transitiva direta e outra indireta. Portanto, a ocorrência ou não da preposição mantém um trecho com o mesmo sentido.

Almejar

Exs.: *Almejamos a paz entre os países que estão em guerra. / Almejamos pela paz entre os países que estão em guerra.*

Atender

Exs.: *O gerente atendeu os meus pedidos. / O gerente atendeu aos meus pedidos.*

Necessitar

Exs.: *Necessitamos algumas horas para organizar o evento. / Necessitamos de algumas horas para organizar o evento.*

Transitividade e Mudança de Significado

Existem alguns verbos que, conforme a mudança de transitividade, têm o sentido alterado.

Aspirar

Aspirar é transitivo direto no sentido de sorver, inspirar (o ar), inalar.

Ex.: *Aspirava o suave perfume. (Aspirava-o.)*

Aspirar é transitivo indireto no sentido de desejar, ter como ambição.

Ex.: *Aspirávamos ao cargo de diretor.*

VAMOS PRATICAR

Os exercícios a seguir são referentes ao conteúdo: Reescrita de Frases e Parágrafos do Texto.

01. (FGV) Em "procuramos construir caminhos para alcançar esse propósito"; a forma adequada da transformação da oração reduzida sublinhada em oração desenvolvida é:

a) para o alcance desse propósito;
b) para que alcançássemos esse propósito;
c) para alcançarmos esse propósito;
d) para que alcancemos esse propósito;
e) para que esse propósito fosse alcançado.

02. (FGV) "Felizmente, a inteligência permite encontrar soluções e nos possibilita criar alternativas"; a forma de reescrever-se o segmento sublinhado que respeita o paralelismo sintático é:

a) permite o encontro de soluções e nos possibilita que criemos alternativas;
b) permite o encontro de soluções e a possibilidade de criação de alternativas;
c) permite que encontremos soluções e nos possibilita que criemos alternativas;
d) permite que encontremos soluções e nos possibilita a criação de alternativas;
e) permite o encontro de soluções e a possibilidade de criarmos alternativas.

03. (Cesgranrio) O período "Terminada a aula, os meninos faziam fila junto à dona Clotilde, pedindo para carregar sua pasta." pode ser reescrito, mantendo-se o sentido original e respeitando-se os aspectos de coesão e coerência, da seguinte forma:

a) Quando terminava a aula, os meninos faziam fila junto à dona Clotilde e pediam para carregar sua pasta.
b) Porque terminava a aula, os meninos faziam fila junto à dona Clotilde, além de pedir para carregar sua pasta.
c) Ao terminar a aula, os meninos faziam fila junto à dona Clotilde, apesar de pedirem para carregar sua pasta.
d) Terminando a aula, os meninos faziam fila junto à dona Clotilde, que pedia para carregar sua pasta.
e) Embora terminada a aula, os meninos faziam fila junto à dona Clotilde, cujos pediam para carregar sua pasta.

04. (Vunesp) Assinale a alternativa em que a reescrita do texto altera o sentido original.

a) Secaram as pequenas folhas, pensei que fosse morrer. = Secaram as folhas pequenas, pensei que fosse morrer.

b) É alguma coisa de vivo que se afirma com ímpeto e certeza. = É algo de vivo que, com ímpeto e certeza, afirma-se.

c) ... em um monte de terra trazido pelo jardineiro... = ... em um monte de terra que o jardineiro trouxe.

d) Anteontem aconteceu o que era inevitável...= Aquilo que era inevitável anteontem aconteceu...

e) Sou um ignorante, um pobre homem da cidade. = Sou um ignorante, um homem pobre da cidade.

05. (FGV) "Se você às vezes mente para levar vantagem"; a reescritura adequada desse segmento desenvolvendo-se a oração reduzida, é:

a) Se você às vezes mente para que leve vantagem;

b) Se você às vezes mente a fim de levar vantagem;

c) Se você às vezes mente para que levasse vantagem;

d) Se você às vezes mente a fim de que levasse vantagem;

e) Se você às vezes mente para quando levar vantagem.

06. (Iades) De acordo com a norma-padrão, se, no lugar do verbo do período "A saúde pública necessita de profissionais competentes.", fosse empregado o verbo

a) **acreditar**, a nova redação deveria ser A **saúde pública acredita de profissionais competentes.**

b) **simpatizar**, a nova redação deveria ser A **saúde pública simpatiza-se com profissionais competentes.**

c) **lembrar**, a nova redação deveria ser A **saúde pública lembra de profissionais competentes.**

d) **clamar**, a nova redação deveria ser A **saúde pública clama por profissionais competentes.**

e) **acolher**, a nova redação deveria ser A **saúde pública acolhe a profissionais competentes.**

O texto a seguir refere-se às questões 7 a 10.

1   A ANATEL anunciou novas regras para os serviços de telefonia fixa e móvel, banda larga e televisão por assinatura, que buscam melhorar
4 a transparência das empresas com seus clientes e ampliar os direitos dos últimos em relação à oferta de serviços. Destacam-se, entre as novas
7 normas, aquelas que facilitam a vida do usuário e reduzem as barreiras de contato com a contratada, como a exigência de que haja uma
10 forma de cancelamento por meio da Internet, a obrigatoriedade de que a empresa retorne a ligação que caia durante um atendimento e a
13 necessidade de que o cliente receba retornos a suas solicitações em, no máximo, trinta dias. Além disso, as promoções devem ser mais
16 transparentes e ampliadas a todos os contratantes, estendendo-se aos que já possuem produtos e não usufruem de nenhuma condição
19 especial. A estratégia da agência reguladora de fato parece contribuir para que o consumidor seja mais bem atendido e tenha acesso a todos
22 os benefícios a que tem direito. No entanto, é necessário que a fiscalização seja estrita, uma vez e atualizadas e mesmo assim boa parte das
25 empresas permanece com práticas irregulares. A baixa competitividade do mercado faz com que a qualidade dos serviços e do atendimen-
28 to oferecidos deixe a desejar e permite que os preços cobrados por pacotes de canais, minutos para celular ou Internet assumam valores
31 altos, sobretudo quando comparados aos de outros países. É aconselhável que o usuário permaneça sempre atento às ofertas disponí-
34 veis não somente na empresa contratada como também em suas concorrentes, para aumentar seu poder de barganha em momentos
37 nos quais quiser negociar preços e condições melhores. A solicitação de portabilidade ou a demonstração da intenção de trocar os servi-
40 ços pelos oferecidos por uma concorrente que ofereça condições melhores têm-se mostrado boas estratégias, visto que as 34 empresas co-
43 mumente dispõem de vantagens para não perder seus consumidores.

Samy Dana. De olho em gastos com telefonia e direitos de consumidores. In: Folha de S.Paulo, 21/7/2014 (com adaptações).

Cada um dos itens subsequentes apresenta uma proposta de reescrita de trecho do texto. Julgue-os com relação à correção gramatical e à preservação da informação prestada no texto original.

07. "No entanto (...) irregulares" (R. 22 a 25): Todavia, é preciso que a fiscalização seja rigorosa, haja vista que as regras aplicáveis a esse setor são frequentemente atualizadas e ainda assim boa parte das empresas dá continuidade a práticas irregulares.

    Certo ( )   Errado ( )

08. "Para aumentar (...) melhores" (R. 35 a 38): com vistas a aumentar seu poder de barganha em ocasiões que desejar discutir preços e condições melhores.

    Certo ( )   Errado ( )

09. "Que buscam (...) serviços" (R. 03 a 06): as quais visam melhorar a transparência das empresas com seus clientes e ampliar os seus direitos no que refere-se à oferta de serviços.

    Certo ( )   Errado ( )

10. "Como a exigência (...) trinta dias" (R. 09 a 14): a exemplo da exigência de que exista uma forma de cancelamento por meio da Internet, uma obrigatoriedade da empresa retornar a ligação se ela cair durante um atendimento e o cliente deve retornar suas solicitações em um prazo máximo de trinta dias.

    Certo ( )   Errado ( )

GABARITO

01	D	06	D
02	C	07	CERTO
03	A	08	ERRADO
04	E	09	ERRADO
05	A	10	ERRADO

ANOTAÇÕES

4. Formação de Palavras

Processos de Formação de Palavras

Derivação

Processo pelo qual novas palavras são formadas a partir de uma palavra, denominada *primitiva*, pelo acréscimo de novos elementos que modificam ou alteram o sentido primitivo. As novas palavras, assim formadas, são chamadas *derivadas*.

Os processos de derivação podem ocorrer de diversas maneiras:

Derivação Prefixal: ocorre quando há o acréscimo de um **prefixo** ao radical.

Ex.: contrapor: contra   +   por
                  prefixo   radical

Derivação Sufixal: ocorre quando há o acréscimo de um **sufixo** ao radical.

Ex.: felizmente: feliz   +   mente
                   radical   sufixo

Derivação Prefixal e Sufixal: ocorre quando há o acréscimo *simultâneo* de um **sufixo e um prefixo** ao radical.

Ex.: infelizmente: in   +   feliz   +   mente
                     prefixo radical   sufixo

Derivação Parassintética: ocorre quando há o acréscimo *simultâneo* de um **sufixo e um prefixo** ao radical, *de forma que a palavra não exista só com o prefixo ou só com o sufixo:*

Ex.: empobrecer: em   +   pobre   +   cer
                   prefixo   radical   sufixo

FIQUE LIGADO

Note que a palavra infelizmente, formada por prefixo e sufixo, pode ser formada somente com prefixo ou somente com sufixo. Essa possibilidade não existe no caso de empobrecer. Essa é a diferença entre derivação parassintética e prefixal e sufixal.

Derivação Regressiva: ocorre quando há a eliminação de sufixos ou desinências. Na maioria das vezes, são substantivos formados a partir de verbos.

Ex.: *consumir – consumo*

Derivação Imprópria: ocorre quando há mudança na classe gramatical.

Exs.:

Temos que fechar bem os armários, pois nessa época aparecem **baratas**.
    substantivo

Compramos várias coisas, pois achamos que estavam muito **baratas**.
    adjetivo

A sala estava cheia de **crianças**.
    substantivo

Apesar de adulto, ele ainda é muito **criança**.
    substantivo adjetivado.

Uma palavra pode exercer diferentes funções em uma oração. Por isso, é importante observar o sentido do que ela representa para identificar a classe gramatical.

Ex.: *Eu amo meu **trabalho**!*
     *Eu **trabalho** muito!*

Composição

Processo pelo qual novas palavras são formadas através da união de dois radicais. A composição pode ser por aglutinação ou justaposição.

Composição por Justaposição: quando não há alteração fonética nos radicais.

Ex.: *Pontapé: ponta + pé*
     Pé-de-meia: pé + de + meia

Composição por Aglutinação: quando há alteração fonética nos radicais.

Ex.: *Planalto: plano + alto*
     Fidalgo: filho + de + algo

Hibridismo

As palavras formadas por elementos provenientes de diferentes línguas são denominadas *hibridismos*.

Ex.: **Bis** + *avô: bisavô*
     Radical latino

Ex.: **Crono** + *metro: cronômetro*
     Radical grego

Onomatopeia

São as palavras que imitam sons.

Exs.: *Tique-taque*
      Reco-reco
      Pingue-pongue

EXERCÍCIO COMENTADO

01. (TJ-SP) Desejava o diploma, por isso lutou para obtê-lo.

Substituindo-se as formas verbais de desejar, lutar e obter pelos respectivos substantivos a elas correspondentes, a frase correta é:

a) O desejo do diploma levou-o a lutar por sua obtenção.

b) O desejo do diploma levou-o à luta em obtê-lo.

c) O desejo do diploma levou-o à luta pela sua obtenção.

d) Desejoso do diploma, foi à luta pela sua obtenção.

e) Desejoso do diploma, foi lutar por obtê-lo

RESPOSTA: C. Desejo e lutam derivam de desejar e lutar, respectivamente, pelo processo de derivação regressiva; obtenção deriva de obter por derivação sufixal. Portanto, a alternativa correta é a letra C.

Acentuação

Observe a diferença entre as palavras a seguir:

Camelô - Camelo

Dúvida - Duvida

A diferença que essas palavras possuem é na **sílaba tônica**. No caso da palavra *camelo*, trata-se de uma paroxítona; já a palavra *camelô* é oxítona.

O mesmo acontece com dúvida e duvida: a primeira é proparoxítona e, portanto, acentuada. A segunda é paroxítona terminada em A.

Classificação das Sílabas Quanto à Intensidade

Tônica: sílaba pronunciada com maior intensidade.

Ex.: *ca* **fé**   *ru* **bi**   **mú** *si ca*

Átona: sílaba pronunciada com MENOR intensidade.

Ex.: **ca** *fé*   **ru** *bi*   *mú si* **ca**

No caso dos monossílabos, a classificação entre átono ou tônico está relacionada também ao sentido.

Os **monossílabos tônicos** são as palavras de apenas uma sílaba e com intensidade forte. São palavras com significado próprio, como substantivos, adjetivos, advérbios.

Já os **monossílabos átonos**, por terem uma intensidade sonora menor, apoiam-se nas palavras tônicas e precisam delas para garantir seu significado. É o caso das preposições, conjunções, artigos e alguns dos pronomes oblíquos.

Classificação das Palavras em Relação à Posição da Sílaba Tônica

Oxítonas: palavras cuja sílaba tônica é a última.

Ex.: *a* **té**   *ca* **fé**   *pa le* **tó**   *co ra* **ção**

Paroxítonas: palavras cuja sílaba tônica é a penúltima.

Ex.: *es* **co** *la*   **ál** *bum*   *a* **çú** *car*   **ba** *la*

Proparoxítonas: palavras cuja sílaba tônica é a antepenúltima.

Ex.: **lâm** *pa da*   *ham* **búr** *gue res*   **pú** *bli co*

Regras de Acentuação

Acentuam-se os *monossílabos tônicos* terminados em a(s), e(s), o(s) e em ditongos abertos éi(s), éu(s) e ói(s).

Ex.: *pá pé pó sóis céu véus*

Acentuam-se as palavras *oxítonas* terminadas em a(s), e(s), em(ens) e nos ditongos abertos éi(s), éu(s) e ói(s).

Ex.: *babá você capô armazéns anéis*

Acentuam-se as *paroxítonas* terminadas em l, n, r, x, ã(s), ão(s), i(s), ei(s), um(uns), us, ps.

Ex.: *dócil hífen fênix vírus tórax bíceps*

De acordo com a Nova Ortografia, os ditongos abertos **ei** e **oi** não são mais acentuados nas paroxítonas, como, por exemplo, em plateia, ideia e heroico.

Acentuam-se **todas** as *proparoxítonas*.

Ex.: *célula Drácula cócegas*

Acentuam-se as *vogais i(s) e u(s) tônicas dos hiatos* nas oxítonas e paroxítonas.

Ex.: *aí sanduíche país*

Quando é precedido por *nh*, a vogal i tônica não será acentuada: rainha, bainha.

> ## FIQUE LIGADO
>
> *Os encontros silábicos são divididos em:*
>
> **Ditongo**: *há uma vogal e uma semivogal e ficam na mesma sílaba quando ocorre divisão silábica: coração, água.*
>
> **Hiato**: *há duas vogais e ficam em sílabas diferentes quando ocorre divisão silábica: saúde, moeda.*
>
> **Tritongo**: *há uma vogal e duas semivogais que ficam, portanto, na mesma sílaba quando ocorre divisão silábica: Uruguai, quais.*

Acento Diferencial

Em alguns casos, o acento serve para diferenciar palavras com grafia semelhante. Observe os casos a seguir:

O verbo *pôr* é acentuado para diferenciar-se da preposição *por*.

Ex.: *Vou pôr minhas coisas no carro.*

A lista foi feita por mim.

A forma verbal pôde (pretérito imperfeito) é acentuada para diferenciar-se da forma verbal pode (presente do indicativo).

Ex.: *No ano passado ele não pôde comparecer ao evento.*

Se você quiser, pode ficar com esse vestido.

Os verbos *ter* e *vir*, na 3º pessoa do plural, são acentuadas para diferenciarem-se da 3ª pessoa do singular.

Ex.: *Ele vem almoçar mais cedo hoje.*

Eles vêm todo ano para as férias.

Ele tem medo do resultado dos exames.

Eles têm muita coisa para fazer.

> ## FIQUE LIGADO
>
> *Os verbos derivados de ter e vir, como deter, reter, manter, convir, intervir, etc., obedecerão às regras das oxítonas. No entanto, na 3º pessoa do plural, usa-se o acento circunflexo para diferenciar da 3ª pessoa do singular.*
>
> *Ele mantém um lindo jardim.*
>
> *Eles mantêm contato, mesmo à distância.*
>
> *Ele intervém com frequência na vida da filha.*
>
> *Eles intervêm nas nossas decisões.*

> ## EXERCÍCIO COMENTADO
>
> **01.** (Besc) Assinale a alternativa em que o termo não siga regra de acentuação idêntica à de "famílias":
> a) persistência
> b) período
> c) inadimplência
> d) contínuas
> e) dissídios
>
> **RESPOSTA: B.** *A palavra "famílias" é acentuada por ser paroxítona terminada em ditongo, processo idêntico ao que ocorre com persistência, inadimplência, contínuas e dissídios, enquanto a palavra "período" é acentuada por ser proparoxítona. A alternativa correta é, portanto, a letra b.*

Ortografia

Sabendo que há fonemas que podem ser representados por letras diferentes, é comum haver dúvidas em alguns casos.

Grafia: representação escrita de uma palavra.

Ortografia: conjunto de normas que estabelece a grafia correta de cada palavra.

Emprego de G ou J

Emprega-se a letra J

Nas palavras de origem árabe, africana ou indígena: *pajé, jiboia*.

Nas palavras derivadas de outras que possuam *j*: *laranjal, sujeira*.

Emprega-se a letra G

Nas palavras terminadas com ágio, égio, ígio, ógio, úgio: *pedágio, refúgio*.

Nas palavras terminadas em agem, igem e ugem: *garagem, vertigem*. Exceções: *pajem, lambujem*.

Emprego de X ou CH

Emprega-se a letra X

Depois de ditongo: *caixa, peixe, trouxa*. Exceções: *recauchutar, recauchutagem*.

Depois de **me**: *mexer, mexilhão*. Exceção: *mecha*.

Depois de **en**: *enxurrada, enxaqueca*. Exceção: quando o en é prefixo de palavra normalmente escrita com ch: *encher, encharcar*, etc.

Emprego de S ou Z

Emprega-se a letra S

Nos sufixos ês, *esa* e *isa*, quando usados na formação de palavras que indiquem nacionalidade, profissão, títulos, etc.: *chinês/ chinesa, português/ portuguesa, poetisa*.

Nos sufixos *oso* e *osa*: *receoso, gelatinosa*.

Emprega-se a letra Z

Nos sufixos *ez* e *eza*, usados para formar substantivos derivados de adjetivos: *beleza, insensatez*.

> **FIQUE LIGADO**
>
> *Os substantivos derivados de adjetivos são sempre grafados com z nas terminações: belo – beleza, tímido – timidez, insensato – insensatez.*

EXERCÍCIO COMENTADO

01. (Cespe) No tempo em que se andava a cavalo para entregar cartas, era preciso pôr arreios no cavalo, ou seja, era preciso:
a) arriar-se o cavalo.
b) arreiar o cavalo.
c) arreiar-se no cavalo.
d) arrear o cavalo.
e) arriar no cavalo.

RESPOSTA: D. *Os verbos arriar e arrear existem na Língua Portuguesa e possuem significados distintos: ariar significa abaixar, enquanto arrear significa colocar o arreio. Portanto, a alternativa correta é a letra D.*

Hífen

Existem várias regras de emprego do hífen. A fim de facilitar a memorização, estudaremos as regras principais e, em seguida, as regras impostas pela Nova Ortografia.

Usa-se o hífen:

Para ligar os elementos das palavras compostas por justaposição que não sofreram alterações na tonicidade ou grafia.

Ex.: *Beija-flor, cirurgião-dentista, guarda-chuva, sexta-feira*.

Para separar os elementos dos adjetivos compostos.

Ex.: *Azul-turquesa, latino-americano, cor-de-rosa*.

Nas palavras iniciadas pelos prefixos além, aquém, pós, ré, pró, recém, sem e vice.

Ex.: *Vice-reitor, sem-terra, pós-graduação, além-mar*.

Os prefixos *pré* e *pró*, quando assumem a forma átona, não exigem o uso do hífen: *premetidado, pospor*.

Para ligar os pronomes oblíquos aos verbos nos casos de ênclise e mesóclise.

Ex.: *Peça-lhe, saber-se-ia*.

EXERCÍCIOS COMENTADOS

01. (FGV) Assinale a opção em o emprego do hífen, segundo as regras do mais recente Acordo Ortográfico, está incorreto.
a) Vamos comprar um anti-inflamatório porque ela está superresfriada.
b) O quadro foi protegido com vidro antirreflexo.
c) Ele era corréu na acusação de ter assassinado o contrarregra
d) O grupo antissequestro já participa da investigação.
e) Trata-se de uma informação semioficial.

RESPOSTA: A. *O prefixo super, quando seguido de palavra iniciado por "r" ou "h", será separado por hífen.*

Porquê, Por Quê, Porque e Por Que

Embora na fala não seja possível identificar diferenças, existem quatro maneiras diferentes de escrever a mesma palavra. Cada uma delas é utilizada em um caso específico. Observe:

Por que

Utilizado nas orações interrogativas, sejam elas diretas ou indiretas.

Ex.: ***Por que*** *o resultado da prova demora tanto?*

*Gostaria de perguntar **por que** você não gosta dele.*

Sempre que depois da expressão puder ser empregada a palavra *motivo*.

Ex.: *Não sei **por que** cheguei atrasada.*

Quando a expressão puder ser substituída por *para que* ou *pelo qual*.

Ex.: *O caminho **por que** passei foi interditado.*

Por quê

Quando for a última palavra da frase, o pronome *que* deverá ser acentuado.

Ex.: *Ficou triste sem entender **por quê***.

*Você não vai à festa? **Por quê**?*

Porque

Utilizado quando a expressão puder ser substituída por *pois* ou *para que*.

Ex.: *Não falei nada **porque** sabia que não iria acreditar em mim.*

Porquê

Utilizado quando assumir o papel de substantivo, sendo precedido por artigo e puder ser substituída por *motivo*.

Ex.: *O candidato não quis explicar o **porquê** da renúncia.*

FIQUE LIGADO

Sempre que aparecer em final de frase, o pronome **que** *deverá ser acentuado:*

Por quê?

O quê?

EXERCÍCIO COMENTADO

01. (CESGRANRIO) A expressão em destaque está grafada de acordo com a norma-padrão da Língua Portuguesa em:
   a) A civilização maia e as grandes dinastias chinesas entraram em declínio por que sofreram efeitos de eventos climáticos.
   b) A humanidade precisa compreender a razão por que precisa evitar que os gases do efeito estufa aqueçam o planeta.
   c) Algumas civilizações antigas foram destruídas por quê eventos climáticos afetaram a produtividade agrícola.
   d) Os cientistas pesquisam as variações climáticas por que as consideram essenciais à previsão de desastres ambientais.
   e) Os resultados das pesquisas evidenciam o por quê do aumento do aquecimento global nas últimas décadas.

RESPOSTA: B. *Nas alternativas A e D, o "por que" pode ser substituído por "pois", portanto, deveria ser grafado junto e sem acento – "porque". Nas alternativas C e D, o uso da expressão acentuada é incorreto porque ela não aparece no final da frase. Portanto, está correta a alternativa B. Note que a expressão pode ser substituída por "pela qual".*

VAMOS PRATICAR

Os exercícios a seguir são referentes ao conteúdo: Formação de Palavras.

01. (ACAFE) A regra de acentuação usada na palavra público também deve ser usada nas palavras:
   a) inédita, psicológica, políticas, única
   b) impossível, ministério, dúvida, república
   c) âmbito, previsíveis, propósito, revólver
   d) pública, física, pôr, órgãos

02. (CESGRANRIO) acento diferencial é aquele utilizado para distinguir certas palavras homógrafas, ou seja, que têm a mesma grafia.

Ocorre esse tipo de acento em:
   a) é
   b) está
   c) fórmula
   d) pôr
   e) análise

03. (Cespe) Nas palavras "referência" e "espécie", o emprego do acento atende à mesma regra de acentuação gráfica.

Certo ( )   Errado ( )

04. (Cespe) As palavras "Único", "críticas" e "público" recebem acento gráfico porque têm sílaba tônica na antepenúltima sílaba.

Certo ( )   Errado ( )

05. (Cespe) A mesma regra justifica a acentuação dos vocábulos "amazônica" e "sustentável".

Certo ( )   Errado ( )

06. (Cespe) Na frase "Essas relações mantêm traços da escravidão", a correção gramatical seria mantida caso a forma verbal fosse grafada com acento agudo em lugar do acento circunflexo.

Certo ( )   Errado ( )

07. (Cespe) No trecho "As empregadas domésticas constituem um público que parece desprivilegiado pelas políticas públicas", as palavras acentuadas obedecem à mesma regra de acentuação gráfica.

Certo ( )   Errado ( )

08. (Cespe) A justificativa para o acento agudo nas palavras "sensíveis" e "visíveis" é o fato de elas terminarem em ditongo crescente

Certo ( )   Errado ( )

09. (ESAF) Estão destacados abaixo os elementos constituintes das palavras e indicados os processos de formação. Assinale a alternativa incorreta.

a) engordar = em + gordo + ar > derivação prefixal e sufixal

b) automóvel = auto (grego) + móvel (latino) > hibridismo

c) planalto = plano + alto > composição por aglutinação

d) malmequer = mal + me + quer > composição por justaposição

e) prazerosamente = prazerosa + mente > derivação sufixal

10. (ESAF) Em qual das séries uma das palavras não foi formada por prefixação?

a) remeter – conter – antegozar

b) readquirir – predestinado – propor

c) irregular – amoral – demover

d) dever – deter – antever

e) irrestrito – antípoda – prever

11. (FUNDATEC) Qual das palavras abaixo foi formada pelo mesmo processo de formação da palavra divertido?

a) Incapaz

b) Realizado.

c) Amaciar.

d) Pesca.

e) Envergonhada.

12. (Makiyama) A palavra "finalmente" foi formada pelo processo de:

a) Derivação prefixal

b) Derivação regressiva

c) Derivação Sufixal

d) Composição por Aglutinação

e) Composição por Justaposição

13. (CEPERJ) As palavras "consumismo" e "consumista" são exemplos do seguinte tipo de derivação:

a) prefixal

b) sufixal

c) regressiva

d) parassintética

e) reduplicativa

14. (FAURGS) Assinale a alternativa que contém apenas palavras formadas por derivação sufixal.

a) exaustivamente – infeliz – honestidade

b) perenemente – desprezo – objetivamente

c) desarmonia – perversidade – coletividade

d) superego – pressupõe – desconforto

e) fundamental – excessivamente – pontualidade

15. (COPESE) Em: "[...] '**Fuleco**'. Por quê? Futebol e ecologia. Nada contra os dois, mas 'fuleco' é de lascar. [...]", o processo de formação da palavra "Fuleco", negritada no texto, denomina-se:

a) justaposição

b) aglutinação

c) derivação

d) sufixação

16. (Cespe) Julgue se o trecho abaixo, adaptado de O Globo de 17/7/2012, está correto e adequado à língua escrita formal.

Esclarecemos, ainda, que a situação levou o presidente do Tribunal Regional Eleitoral do Rio de Janeiro (TRE/RJ) a constituir um grupo especial com a Secretaria de Segurança, a Polícia Federal, o Comando Militar do Leste e a Polícia Rodoviária Federal, para atuar na campanha deste ano. Neste contexto, de invasão do mundo político pelo crime organizado, a Lei da Ficha Limpa ganha ainda maior relevância.

Certo ( )   Errado ( )

GABARITO

01	A	09	A
02	D	10	D
03	CERTO	11	B
04	CERTO	12	C
05	ERRADO	13	B
06	ERRADO	14	E
07	CERTO	15	B
08	ERRADO	16	CERTO

5. Emprego das Classes de Palavras
5.1. Substantivo

Todos os seres recebem nomes, e este nome é a classe gramatical chamada substantivo. Os substantivos nomeiam os seres: pessoas, objetos, fenômenos, sentimentos, qualidades, lugares ou ações. Observe os exemplos:

Exs.:
O **carro** está estacionado na **rua**.
                                    objeto lugar
Estava cansada da **corrida**.
                        ação
A **sinceridade** é uma virtude desejável nos amigos.
   qualidade
A **chuva** nos obrigou a cancelar, com **tristeza**, a festa na piscina.
fenômeno   estado

EXERCÍCIO COMENTADO

01. (CESGRANRIO) No fragmento "fazer um safári, frequentar uma praia de nudismo, comer algo exótico (um baiacu venenoso, por exemplo), visitar um vulcão ativo", são palavras de classes gramaticais diferentes
a) "praia" e "ativo"
b) "venenoso" e "exótico"
c) "baiacu" e "nudismo"
d) "ativo" e "exótico"
e) "safári" e "vulcão"

RESPOSTA: A.

Alternativa A. Apresenta um substantivo – a praia – e um adjetivo – ativo.

Alternativas B e D. Apresentam termos que nomeiam características, portanto, adjetivos.

Alternativas C e E. Apresentam termos que nomeiam seres e que admitem a presença de artigo antes dele, portanto, substantivos.

Os substantivos são classificados em:

Comum

São os substantivos que indicam nomes comuns, como os que aparecem no início deste capítulo: casa, criança, sol. Não indicam nada específico.

Próprio

São os substantivos que individualizam os seres.

Nesta classe estão os nomes próprios:
> Maria Clara
> Porto Alegre
> Pernambuco
> Japão

Classificam-se, aqui, os nomes próprios de:
> Pessoas
> Cidades
> Estados
> Países
> Rios
> Ruas

FIQUE LIGADO

Os substantivos próprios se diferem dos comuns porque devem ser escritos com a inicial maiúscula.

Concreto

São os substantivos que indicam seres (reais ou imaginários) cuja existência é independente de outros seres.

Ex.: *Casa, Brasil, cama, fada.*

Abstrato

São os substantivos que indicam seres (reais ou imaginários) cuja existência depende de outros seres.

Exs.: *Banho:* **Alguém** *toma banho.*

Cansaço: **Alguém** *fica cansado.*

Felicidade: **Alguém** *fica feliz.*

Portanto, são abstratos os substantivos que indicam sentimentos, ações, estados e qualidades.

FIQUE LIGADO

Tradicionalmente, estuda-se a noção de substantivo concreto ou abstrato considerando abstratos os substantivos que indicassem seres invisíveis, como os sentimentos. Porém, é preciso atentar-se ao fato de que os fenômenos da natureza, como vento e calor, embora não sejam palpáveis, tem existência independente e, por isso, são substantivos concretos.

Coletivo

São substantivos comuns que, apesar de estarem no singular, indicam mais de um ser da mesma espécie.

Exs.: *Enxame: grupo de insetos.*

Manada: grupo de búfalos, elefantes ou cavalos.

Século: período de cem anos.

Relação de Alguns Substantivos Coletivos

- Acervo: bens patrimoniais, obras de arte;
- Alavão: ovelhas leiteiras;
- Álbum: fotografias, selos;
- Alcateia: lobos, feras;
- Antologia: reunião de textos literários;
- Armada: navios de guerra;
- Arquipélago: ilhas;
- Arsenal: armas;
- Assembleia: parlamentares, membros de associações;
- Atilho: espigas;
- Atlas: mapas reunidos em livros;
- Bagagem: objetos de viagem;
- Baixela: utensílios de mesa;
- Bandeira: garimpeiros, exploradores de minérios;
- Banca: examinadores, advogados;
- Banda: músicos;
- Bandeira: exploradores;
- Bando: aves, ciganos, crianças, salteadores;
- Batalhão: soldados;
- Bateria: peças de guerra ou de cozinha; instrumentos de percussão;
- Biblioteca: livros;
- Boiada: bois;
- Boana: peixes miúdos;
- Cabido: cônegos (conselheiros de bispo);
- Cacho: bananas, uvas, cabelos;
- Cáfila: camelos;
- Cainçalha: cães;
- Cambada: caranguejos, malandros, chaves;
- Cancioneiro: canções, de poesias líricas;
- Canzoada: cães;
- Caravana: viajantes, peregrinos, estudantes;
- Cardume: peixes;
- Casario: casas;
- Caterva: desordeiros, vadios;
- Choldra: assassinos, malfeitores, canalhas;
- Chusma: populares, marinheiros, criados;
- Cinemateca: filmes;
- Claque: pessoas pagas para aplaudir;
- Clero: a classe dos clérigos (padres, bispos, cardeais...);
- Clientela: clientes de médicos, de advogados;
- Código: leis;
- Conciliábulo: feiticeiros, conspiradores;
- Concílio: bispos em assembleia;
- Conclave cardeais para a eleição do Papa;
- Colmeia: cortiço de abelhas;
- Confraria: pessoas religiosas;
- Congregação: professores, religiosos;
- Conselho: vereadores, diretores, juízes, militares;
- Consistório: cardeais, sob a presidência do Papa;
- Constelação: estrelas;
- Corja: vadios, tratantes, velhacos, ladrões;
- Coro: anjos, cantores;
- Corpo: jurados, eleitores, alunos;
- Correição: formigas;
- Cortiço: abelhas, casas velhas;
- Elenco: atores, artistas;
- Enxame: abelhas, insetos;
- Enxoval: roupas e adornos;
- Esquadra: navios de guerra;
- Esquadrilha: aviões;
- Falange: soldados, anjos;
- Fato: cabras;
- Fauna: animais de uma região;
- Feixe: lenha, capim, varas;
- Filmoteca: filmes;
- Fornada: pães, tijolos;
- Frota: navios mercantes, ônibus;
- Galeria: quadros, estátuas;
- Girândola: foguetes, fogos de artifício;
- Grei: gado miúdo, paroquianos, políticos;
- Hemeroteca: jornais, revistas;
- Hostes: inimigos, soldados;
- Irmandade: membros de associações religiosas ou beneficentes;
- Junta: médicos, credores, examinadores;
- Júri: jurados;
- Legião: anjos, soldados, demônios;
- Magote: pessoas, coisas;
- Malta: desordeiros, ladrões, bandidos, capoeiras;
- Mapoteca: mapas;
- Matilha: cães de caça;
- Matula: desordeiros, vagabundos, vadios;
- Magote: pessoas, coisas;
- Manada: bois, búfalos, elefantes, porcos;
- Maquinaria: máquinas;
- Miríade: astros, insetos, anjos;
- Molho: chaves, verdura, capim;

- Multidão: pessoas;
- Ninhada: pintos;
- Nuvem: gafanhotos, mosquitos, poeira;
- Panapaná: borboletas em bando migratório;
- Pelotão: soldados;
- Penca: bananas, chaves, frutos;
- Pente: balas de arma automática;
- Pinacoteca: quadros, telas;
- Piquete: soldados montados, grevistas;
- Plantel: atletas, animais de raça;
- Plateia: espectadores;
- Plêiade: poetas, artistas;
- Pomar: árvores frutíferas;
- Prole: filhos de um casal;
- Quadrilha: ladrões, bandidos, assaltantes;
- Ramalhete: flores;
- Rancho: pessoas em passeio ou jornada, romeiros;
- Récua: cavalgaduras (bestas de carga);
- Rebanho: ovelhas, carneiros, cabras, reses;
- Renque: árvores, pessoas ou coisas enfileiradas;
- Repertório: peças teatrais ou musicais interpretadas por artistas;
- Resma: quinhentas folhas de papel;
- Réstia: cebolas, alhos;
- Revoada: aves voando;
- Ronda: grupo de soldados que percorre as ruas garantindo a ordem;
- Rol: lista, relação (de pessoas ou coisas);
- Ror: grande quantidade de coisas;
- Roda: pessoas, amigos;
- Romanceiro: conjunto de poesias narrativas;
- Súcia: pessoas desonestas, velhacos, patifes;
- Sínodo: párocos (sacerdotes, vigários);
- Tertúlia: amigos, intelectuais em reunião;
- Talha: lenha;
- Tríade: conjunto de três pessoas ou três coisas;
- Tríduo: período de três dias;
- Tripulação: aeroviários, marinheiros;
- Tropilha: cavalos;
- Tropa: muares;
- Trouxa: roupas;
- Turma: estudantes, trabalhadores;
- Vara: porcos;
- Vocabulário: palavras.

Flexão do Substantivo

O substantivo é uma classe variável. Ou seja: os nomes sofrem alterações (variações) para indicar gênero, número e grau.

Exs.:

gato (substantivo masculino)

gata (mudança de gênero: feminino)

gatinha (mudança de grau: diminutivo)

gatão (mudança de grau: aumentativo)

A alteração do substantivo para formar o feminino não ocorre em todos os casos e nem sempre da mesma maneira. Acontecerá nos substantivos biformes, que são os que apresentam uma forma para o masculino e outra para o feminino.

Formação do Feminino

Nos substantivos biformes, alguns casos, por indicarem nomes de seres vivos, geralmente indicam o sexo ao qual pertence o ser, apresentando uma forma para o masculino e outra para o feminino.

Exs.: menino – menina

leão – leoa

O feminino pode ser formado de diferentes formas:

Alterando a terminação o por a:

Ex.: *aluno – aluna.*

Alterando a terminação e por a:

Ex.: *mestre – mestra.*

Acrescentando a no final da palavra:

Ex.: *português – portuguesa.*

Alterando a terminação ão por ã, oa ou ona:

Exs.: *aldeão – aldeã;*

varão – varoa;

comilão – comilona.

Acrescentando esa, essa, isa, ina ou triz:

Exs.: *barão – baronesa;*

ator – atriz.

Em alguns casos, o feminino é indicado com uma palavra diferente:

Exs.: *homem – mulher;*

carneiro – ovelha.

Substantivos Uniformes

Em alguns casos, há apenas um substantivo para indicar tanto o sexo feminino quanto o masculino. Esses substantivos classificam-se em:

Epicenos

São os substantivos uniformes que indicam nomes de animais e para especificar o sexo, utiliza-se macho ou fêmea.

Exs.: *a girafa fêmea;*

a girafa macho.

Sobrecomuns

São substantivos uniformes que indicam tanto masculino quanto feminino. A identificação do sexo correspondente se dará através do contexto.

Ex.: *o indivíduo* (homem ou mulher).

Criança de oito anos comove público ao competir em triatlo carregando irmão deficiente.

Comovente a atitude de Noah Aldrich, de 8 anos, que não queria participar sozinho de uma competição de triatlo infantil nos Estados Unidos e resolveu levar o irmão caçula, Lucas, de 6 anos, com ele. Porém, Lucas sofre de deficiência cerebral, que o impede de andar ou falar. Noah se preparou durante três meses para as provas de natação, corrida e ciclismo e usou um carrinho, uma bicicleta e um pequeno bote adaptado para que Lucas pudesse acompanhá-lo.

Fonte: http://amazonrunners1.blogspot.com.br/2014/07/menino-de-oito-anos-comove-publico-ao.html (adaptado)

Comuns de dois gêneros

São substantivos que utilizam a mesma forma para indicar tanto o masculino quanto o feminino. A diferença, nesse caso, é o artigo, que será variável para indicar o sexo:

Exs.: *O colega;*

A colega;

O chefe;

A chefe.

Mudança de gênero com mudança de sentido

Em alguns casos, a mudança de gênero implicará na mudança de sentido do substantivo.

Exs.: *O moral:* ânimo;

A moral: caráter;

O capital: valores (bens ou dinheiro);

A capital: cidade;

O cabeça: líder;

A cabeça: parte do corpo;

O grama: unidade de medida de peso;

A grama: planta rasteira;

O rádio: aparelho sonoro;

A rádio: estação;

EXERCÍCIO COMENTADO

01. (TJ/DF) Assinale a opção que contém um substantivo do gênero feminino.
a) anátema, telefonema, teorema, trema
b) edema, ágape, caudaeclipse, champanha
c) eclipse, lança-perfume, dinamite, estratagema
d) alvará, guaraná, plasma, proclama
e) dó, cãtrema, fibroma, grama (unidade de peso)

RESPOSTA: C. *Embora muitas das palavras sejam desconhecidas pela maioria dos candidatos, ao observar a alternativa C, que contém a palavra "dinamite", que é feminina, identifica-se que esta é a alternativa correta.*

5.2. Artigo

Observe a oração a seguir:

Ex.: *Uma ligação mudou meu dia: era o médico de minha mãe, dizendo que eu podia buscá-la.*

O artigo é um nome que acompanha o substantivo, definindo-o. Observe que no primeiro caso destacado, o artigo indefine o substantivo, mostrando que é uma ligação como qualquer outra, nada específico. Já no segundo caso temos um artigo definido, especificando a pessoa: não era um médico indeterminado, mas o médico específico.

Observa-se, portanto, que o artigo classifica-se em definido ou indefinido.

Artigo definido: utilizado para especificar o substantivo - *o, a, os, as.*

Ex.: *A encomenda chegou.*

Artigo indefinido: utilizado para apresentar o substantivo como algo não específico, como parte de um grupo, e não um ser determinado.

Ex.: *Encontrei* **uma** *vizinha na festa.*

EXERCÍCIO COMENTADO

01. (IBFC) Assinale a alternativa em que o vocábulo "a", destacado nas opções abaixo, seja exclusivamente um artigo.
a) "conta **a** um jornal sua conversa com um índio jivaro,"
b) "desses que sabem reduzir **a** cabeça de um morto"
c) "Queria assistir **a** uma dessas operações"
d) "ele tinha contas **a** acertar com um inimigo"
e) "uma viagem de exploração **à** América do Sul"

RESPOSTA: B. *Os verbos contar, assistir, viajar e o termo "a acertar" são regidos pela preposição a. Portanto, nas alternativas A, C, D e E, o a tem a função de preposição, sendo artigo somente na alternativa B.*

Combinações e Contrações dos Artigos				
Preposições	Artigos			
	o, os	a, as	um, uns	uma, umas
a	ao, aos	à, às	-	-
de	do, dos	da, das	dum, duns	duma, dumas
em	no, nos	na, nas	num, nuns	numa, numas
por (per)	pelo, pelos	pela, pelas	-	-

5.3. Adjetivo

A palavra que caracteriza o substantivo é chamada adjetivo estas características, denominadas qualidades, podem ser positivas ou negativas.

FIQUE LIGADO

Todo adjetivo se relaciona a um substantivo.

Formação do Adjetivo

O adjetivo, assim como o substantivo, pode ser formado de diversas maneiras. Ele pode ser:

Primitivo

Quando não é derivado de nenhuma outra palavra:
Ex.: *A menina era tão **bonita**!*

Derivado

Quando deriva de outras palavras, como verbos ou substantivos:

Ex.: ***Rancorosa**, a avó não quis atender o neto.*
(derivado do substantivo rancor)

Simples

Assim como ocorre no substantivo, o adjetivo simples é aquele formado por apenas um radical:
Ex.: *As ruas da cidade estão **agitadas**.*

Composto

Assim como ocorre no substantivo, o adjetivo composto é aquele formado por mais de um radical:
Ex.: *A Literatura **afro-brasileira** vem ganhando destaque.*

FIQUE LIGADO

O adjetivo não aparece sozinho na oração, sem um substantivo que o complemente. Quando isso acontecer, ele assumirá a função de substantivo. Observe:

*Exs.: **O professor** carioca se adaptou bem ao Norte.*

*O **carioca** se adaptou bem ao Norte.*

No primeiro enunciado, o termo carioca expressa uma característica ao substantivo professor. No segundo caso, não há substantivo, e o termo carioca assume a função de substantivo, sendo precedido por um artigo.

EXERCÍCIO COMENTADO

01. (IF/SP)

1ª coluna	2ª coluna	3ª coluna
Eu tava triste Tristinho! Mais sem graça Que a top-model magrela Na passarela Eu tava só Sozinho Mais solitário Que um paulistano Que um canastrão Na hora que cai o pano Tava mais bobo Que banda de rock Que um palhaço Do circo Vostok	**Mas** ontem Eu recebi um telegrama Era você de Aracaju Ou do Alabama Dizendo: Nego, sinta-se feliz Porque no mundo Tem alguém que diz Que muito te ama!... Que tanto de ama! Que muito te ama Que tanto te ama!...	Por isso hoje acordei Com uma vontade danada De mandar flores ao delegado De bater na porta do vizinho E desejar bom-dia De beijar o português Da padaria... [...]

A intensificação é uma função típica da classe dos advérbios, porém esse efeito pode ser alcançado por outras palavras. Analise os seguintes trechos:

Eu tava triste | **Tristinho** (1ª coluna)

Com uma vontade **danada** | De mandar flores ao delegado (3ª coluna)

As palavras destacadas desempenham função intensificadora e pertencem, respectivamente, às seguintes classes:
a) substantivo e adjetivo.
b) adjetivo e substantivo.
c) advérbio e adjetivo.
d) adjetivo e adjetivo.
e) substantivo e substantivo.

RESPOSTA: D.

Triste e tristinho são características do sujeito da primeira oração – "Eu". Danada é uma característica do substantivo vontade. Portanto, ambos são adjetivos, sendo correta a alternativa D.

5.4. Interjeição

Observe o exemplo a seguir:

Exs.: *Cuidado! O piso está molhado.*

Algumas palavras são utilizadas para expressar advertência, surpresa, alegria, etc. Essas palavras são classificadas como interjeições. Geralmente, aparecem sozinhas na frase, podendo ser seguidas ou não por ponto de exclamação:

Exs.: *Parabéns! O trabalho ficou lindo!*

Adeus, meninas, foi um prazer conhecê-las.

Aleluia! Meu projeto ficou pronto!

Puxa! A festa foi maravilhosa!

Locução Interjetiva

Em alguns casos, a interjeição poderá ser formada por mais de uma palavra:

Exs.: *Meu Deus! Você viu essa notícia?*

Que pena, não conseguirei chegar a tempo.

Advertência	Calma! Olha! Cuidado! Atenção!
Agradecimento	Obrigado!
Alegria	Oh! Oba! Viva!
Alívio	Ufa!
Animação	Força! Coragem! Firme!
Apelo	Psiu! Hei! Socorro!
Aplauso	Parabéns! Ótimo! Viva! Bis!
Concordância	Pois não! Claro! tá!
Desejo	Tomara! Oxalá!
Dor	Ai! Ui! Que pena!
Admiração	Opa! Puxa!
Pena	Coitado!
Satisfação	Boa! Oba! Opa! Upa!
Saudação	Olá! Salve! Adeus! Viva! Alô!
Silêncio	Calada! Silêncio! Psiu!
Susto	Valha-me, Deus! Nossa!
Medo	Credo! Cruzes! Ui!

EXERCÍCIO COMENTADO

01. (PM/GO)

A interjeição "Vixe!!", no contexto, denota:
a) aceitação
b) surpresa.
c) animação
d) irritação
e) repreensão

RESPOSTA: B. *Ao ver o parceiro sem os trajes, a reação do personagem é de surpresa, utilizando a interjeição "Vixe" seguida da pergunta sobre o que houve.*

5.5. Numeral

Outra classe de palavras que se relaciona com o substantivo é o numeral. Observe as orações a seguir:

Exs.: *Comprei maçãs hoje cedo.*

Comprei quatro maçãs hoje cedo.

O numeral especifica o substantivo dando a ideia de quantidade, ordem, multiplicação ou fração. Observe os exemplos:

Exs.: *Encontrei dois amigos do tempo da faculdade.* (quantidade)

Ele foi classificado em segundo lugar na prova. (ordem)

O preço daqui é quase o dobro do que era no ano passado. (multiplicação)

Metade das contas foi paga com atraso. (fração)

De acordo com a ideia expressa pelo numeral é que se fará sua classificação. O numeral pode ser:

Cardinal

Quando expressa a ideia de quantidade: um, oito, trinta.

Ordinal

Quando expressa a ideia de ordem: primeiro, décimo, milésimo

Multiplicativo

Quando expressa a ideia de multiplicação: dobro, triplo, quádruplo.

Fracionário

Quando expressa a ideia de fração: terço, sexto, oitavo.

EXERCÍCIO COMENTADO

01. (FGV - Adaptada) A alternativa em que o termo sublinhado NÃO expressa quantidade é:
   a) "Há em nosso povo duas constantes que nos induzem a sustentar que o Brasil é o único país brasileiro de todo o mundo";
   b) "Adiamos tudo: o bem e o mal, o bom e o mau, que não se confundem, mas tantas vezes se desemparelham";
   c) "Só a morte e a promissória são mais ou menos pontuais entre nós";
   d) "encontrei no fim do volume algumas informações essenciais sobre nós e sobre a nossa terra";
   e) "Entre poucos endereços de embaixadas e consulados, estatísticas, indicações culinárias, o autor intercalou o seguinte tópico".

RESPOSTA: C. A expressão "mais ou menos" indica intensidade e possui a função de advérbio, podendo ser substituída por "muito" ou "pouco".

VAMOS PRATICAR

Os exercícios a seguir são referentes aos conteúdos: Substantivo, Artigo, Adjetivo, Interjeição e Numeral.

01. (TJ/SP - Adaptado) Na passagem: "... veio enriquecer nosso canteirinho vulgar...", o substantivo, empregado no diminutivo, contribui para expressar a ideia de
   a) exatidão.
   b) desprezo.
   c) simplicidade.
   d) soberba.
   e) abundância.

02. (CEFET/RJ) Em qual dos períodos abaixo, a troca de posição entre a palavra sublinhada e o substantivo a que se refere mantém o sentido?
   a) **Algum** autor desejava a minha opinião sobre o seu trabalho.
   b) O **mesmo** porteiro me entregou o pacote na recepção do hotel.
   c) Meu pai procurou uma **certa** pessoa para me entregar o embrulho.
   d) Contar histórias é uma **prazerosa** forma de aproximar os indivíduos.
   e) **Grandes** poemas épicos servem para perpetuar a cultura de um povo.

03. (VUNESP – Adaptada) Considere o seguinte trecho: Mas você não levou relógio nenhum, filha. Você esqueceu ele na mesinha de cabeceira.

O substantivo **mesinha** está empregado no diminutivo, com a intenção de mostrar que se trata de um objeto de
   a) grande valor estético.
   b) utilidade questionável.
   c) pequenas proporções.
   d) grande apreço.
   e) alto valor monetário.

04. (Petrobras - Adaptada) O fragmento do texto em que o vocábulo em destaque foi substantivado é:
   a) "sua **imagem** foi literalmente apagada de fotografias dos líderes da revolução"
   b) "A técnica usada para eliminar o **Trotsky**"
   c) "Existe até uma **técnica** para retocar a imagem em movimento"
   d) "Se a prova fotográfica não vale mais nada nestes novos tempos inconfiáveis, a **assinatura** muito menos"
   e) "E se eu estiver fazendo a barba e escovando os dentes de um impostor, de um **eu** apócrifo?"

05. (CRM/MS) Quanto ao gênero dos substantivos, assinale a frase em que a forma em destaque é atendida corretamente:
   a) Na última noite de festa, **a foliã** incansável amanheceu pulando o carnaval.
   b) A pessoa mais agradável durante o jantar foi, sem dúvida, **a anfitrioa**.
   c) Dentre as hortaliças, o **alface** foi o mais afetado pelo excesso de chuva.
   d) **A espécime** é um achado e tanto.

06. (CAIP/IMES) O substantivo e o adjetivo não se alteram, quando flexionados em gênero, na alternativa:

a) O sultão ladrão.
b) O etiope plebeu
c) O mártir suicida.
d) O maestro competente.

07. (Cespe) O termo "velho" constitui exemplo de adjetivo cujo sentido é alterado conforme a posição em relação ao substantivo que modifica no sintagma - velho servidor / servidor velho.

Certo ( )   Errado ( )

08. (AOCP) Todas as expressões destacadas a seguir funcionam como artigo definido, EXCETO

a) "...sendo **os** humanos do jeito que são..."
b) "...confrontarmos **os** desafios da vida..."
c) "...são **os** que tiveram que trabalhar..."
d) "...ensinar **os** menos habilidosos..."
e) "...são **os** ídolos de todos..."

09. (CESGRANRIO) O artigo definido em destaque tem papel de estabelecer retomada de expressão já citada anteriormente no texto em:

a) "'Num país em que **a** Justiça é caolha, não dá para liberar geral'"
b) "'O desprezo e **o** desrespeito pelos direitos humanos resultaram em atos bárbaros'"
c) "Naquela ocasião, percebi claramente que **os** fantasmas dos traumas"
d) "Segundo **a** declaração, são consideradas intoleráveis as interferências"
e) "**O** presidente do Supremo Tribunal Federal, Joaquim Barbosa, sugeriu"

10. (VUNESP) Malala vem fazendo campanha pelos direitos das meninas _____ educação desde os 11 anos, quando começou _____ escrever um blog para a BBC sobre a vida das meninas e mulheres no Paquistão sob o regime Taleban. Personalidades do mundo inteiro uniram-se _____ líderes mundiais que elogiam Malala devido _____ coragem que a caracteriza.

(http://www.cartacapital.com.br/sociedade/jovens-heroinasajudam-a-redefinir-a-infancia-como-uma-situacaode-forca-7401.htm 25.10.2013. Adaptado)

Segundo a norma-padrão da língua portuguesa, as lacunas da frase devem ser completadas, correta e respectivamente, por

a) à...à...a...a.
b) a...à...a...à
c) à...a...à...a.
d) à...a...a...à.
e) a...a...à...à.

11. (Cespe) No trecho "é devida a indenização por danos morais", a correção gramatical do texto seria mantida caso fosse suprimido o artigo que define "indenização".

Certo ( )   Errado ( )

12. (FUNCAB) Observe os pares de enunciados abaixo.

I. Houve UMA mulher que amou um amor de verdade./ A mulher foi ficando meio assustada com aquela agonia de gente [...]

II. [...] ela conheceu UM homem [...]/ O homem ficou muito triste é óbvio [...]

Por que, em cada par transcrito, a autora usa diferentes artigos para se referir ao homem e à mulher?

a) Em ambos os casos, a autora emprega, primeiramente, artigos definidos, porque se trata de seres determinados; depois, usa os artigos indefinidos, para apresentar personagens ainda não conhecidos.
b) Primeiramente, a autora particulariza homem e mulher, com clara intenção de caracterizá-los; em seguida, generaliza as ações, a fim de que o leitor se identifique comas personagens.
c) Em ambos os casos, a autora emprega, primeiramente, artigos indefinidos, porque se trata de seres ainda indeterminados; depois, usa os artigos definidos, para que o leitor possa fazer uma representação mais precisa de cada um deles.
d) No primeiro par, a autora faz referência genérica nas duas ocorrências do artigo; no segundo, particulariza, a fim de tornar clara e precisa a representação dos seres.

13. (PaqTcPB) Considerando seu uso em um texto, oral ou escrito, os artigos servem para sinalizar

a) partes do texto.
b) referentes dentro do texto.
c) informações extratexto.
d) ideias no texto.
e) sentidos no texto.

14. (FGV) Da mesma forma que temos o adjetivo composto "judaico-cristã", poderíamos ter outro adjetivo composto formado com os adjetivos "técnica e científica".

Nesse caso, assinale a opção que indica a forma correta desse adjetivo.

a) Técnico-científica.

b) Científica-técnica.

c) Científica-técnico.

d) Técnica-científica.

e) Técnico-científico.

15. (CESGRANRIO) No trecho "Ele me observa, **incrédulo**", a palavra que substitui o termo destacado, sem haver alteração de sentido, é

a) feliz

b) inconsciente

c) indignado

d) cético

e) furioso

16. (FGV) Assinale a alternativa em que o adjetivo sublinhado introduz uma opinião.

a) eficácia curativa.

b) consumo abusivo.

c) epidemia comportamental.

d) resultados desastrosos.

e) preços populares.

17. (FGV) Os adjetivos indicam qualidades, características, estados e relações.

Assinale a alternativa que apresenta o adjetivo que mostra uma qualidade, ou seja, é fruto da opinião do enunciador.

a) Trágico experimento.

b) Moderna civilização.

c) Racionalismo grego.

d) Pensamento europeu.

e) Mentalidade cristã.

18. (VUNESP) Leia a tirinha da Turma da Mônica para responder à questão:

(Estado de S.Paulo, 15.06.2007)

Na sequência dos quadrinhos, o personagem Cebolinha, por intermédio de expressões faciais, comunica ao leitor reações de

a) sossego e felicidade.

b) alegria e espanto.

c) raiva e tranquilidade.

d) indiferença e irritação.

e) susto e alívio.

19. (Cespe) Em "oxalá concluas a viagem", o vocábulo "oxalá" pode ser substituído por tomara que, mantendo-se, assim, o sentido do trecho em que se insere.

Certo ( )   Errado ( )

20. (FUNRIO) A canção composta por Cazuza diz: "Ideologia, eu quero uma pra viver!"

A frase é encabeçada pelo substantivo "ideologia", mas devemos observar que o verbo "querer" está acompanhado de seu complemento direto. Se considerarmos que "uma" é um numeral cardinal e não um pronome indefinido, estaremos levando em conta um contexto segundo o qual o enunciador quer "uma ideologia" e não.

a) outra ideologia

b) uma filosofia.

c) algumas ideologias.

d) a morte.

e) duas ou três

21. (CPTM) Somente **dois** atletas do Brasil conseguiram executar o salto **triplo**.

Os numerais em destaque na frase acima são classificados como, respectivamente:

a) Cardinal e multiplicativo

b) Ordinal e fracionário

c) Ordinal e multiplicativo

d) Cardinal e fracionário

e) Cardinal e ordinal

22. (FCC) ...... pessoas de fora, estranhas ...... cidade, a vida urbana exerce uma constante atração, apesar dos congestionamentos e dos altos índices de violência, inevitáveis sob ...... condições urbanas de alta densidade demográfica.

Preenchem corretamente as lacunas da frase acima, na ordem dada:

a) Às - à - as
b) As - à - às
c) As - a - às
d) Às - a - às
e) As - à – as

GABARITO

01	C	12	C
02	D	13	B
03	C	14	A
04	E	15	D
05	B	16	D
06	C	17	A
07	CERTO	18	E
08	C	19	CERTO
09	D	20	E
10	D	21	A
11	CERTO	22	A

ANOTAÇÕES

5.6. Advérbio

Observe os exemplos a seguir:

Ex.: *Pegamos nossas coisas **rapidamente**.*

Modo

Ex.: *Corremos muito **naquele dia**.*

Tempo

Ex.: *A menina caiu **na escada**.*

Lugar

O advérbio indica ou modifica a ação expressa pelo verbo. Pode indicar:

Tempo	Ontem, hoje, agora, já, sempre, etc.
Lugar	Aqui, lá, perto, longe, etc.
Modo	Rapidamente, tranquilamente (a maioria dos advérbios de modo terminará em –mente).
Intensidade	Muito, pouco, tão, tanto, etc.
Afirmação	Sim, certamente, etc.
Negação	Não, tampouco, etc.
Dúvida	Talvez, porventura, possivelmente, etc.

Locução Adverbial

Observe o exemplo:

Ex.: *Os netos foram almoçar **apressadamente**.*

Advérbio de modo

Ex.: *Os netos foram almoçar **com pressa**.*

Locução adverbial

Considera-se locução adverbial o conjunto de duas ou mais palavras que formam o advérbio, como no caso acima, em que "com pressa" é o advérbio de modo.

Exs.: *O casal se animou com o passeio **a cavalo**.*

*A entrevista foi feita **ao vivo**.*

*Os filhos almoçam com ele **de vez em quando**.*

Adjetivos Adverbializados

Observe a afirmação a seguir, que faz parte de uma crônica de Luis Fernando Veríssimo:

"A sintaxe é uma questão de uso, não de princípios. Escrever bem é escrever claro, não necessariamente certo. Por exemplo: dizer "escrever claro" não é certo mas é claro, certo?"

Escrever **claro** = escrever **claramente**.

Escrever **certo** = escrever **corretamente**.

Os adjetivos adverbializados são adjetivos empregados no lugar do advérbio. Normalmente isso ocorre na linguagem coloquial.

EXERCÍCIO COMENTADO

01. (PC/CE) Considere as frases do texto:
> As pessoas são **tão** egocêntricas.
> O mundo seria **bem** melhor se elas parassem de pensar nelas mesmas...

É correto afirmar que os advérbios destacados nas frases expressam circunstância de:
a) dúvida.
b) negação
c) intensidade.
d) modo.
e) afirmação.

RESPOSTA: C. *Ao afirmar que as pessoas são "tão egocêntricas", a ideia do autor é de dizer que são muito egocêntricas, portanto trata-se de um advérbio de intensidade. O mesmo acontece quando se diz que o mundo seria "bem melhor", ou seja, muito melhor.*

5.7. Conjunção

Conjunção é o elemento que liga duas orações ou dois termos em uma mesma oração.

Observe o exemplo a seguir:

Ex.: *Ela é uma menina doce, **mas** quando precisa, vira uma fera.*

*As aulas vão começar **logo que** o professor chegar.*

Ela pode ser:

Coordenativa: Quando liga duas orações independentes:

Ex.: *Vendeu tudo **e** mudou de cidade.*

Subordinativa: Quando liga duas orações dependentes:

Ex.: *Soube **que** a empresa vai fechar.*

Classificação das Conjunções

Coordenativas

Aditivas

E, nem, mas também, como também, bem como, mas ainda.

Adversativas

Mas, porém, todavia, contudo, pelo contrário, não obstante, apesar de.

Alternativas
Ou...ou, ora.... ora, quer.... quer.

Explicativas
Pois (antes do verbo), porque, que, porquanto.

Conclusivas
Pois (depois do verbo), logo, portanto, por conseguinte, por isso.

Subordinativas

Temporais
Quando, enquanto, logo que, desde que, assim que, até que.

> Mal será conjunção subordinativa temporal quando equivaler a logo que:

Ex.: *Mal cheguei e já me cobraram o projeto.*

Causais
Porque, visto que, já que, uma vez que, como, desde que.

Condicionais
Se, caso, contanto que, desde que, salvo se.

Proporcionais
À medida que, à proporção que, ao passo que.

Finais
A fim de que, para que.

Consecutivas
De modo que, de maneira que, de sorte que, que, para que.

Concessivas
Embora, conquanto, se bem que, ainda que, mesmo que.

Comparativas:
Como, tal qual, assim como, tanto quanto.

Conformativas:
Conforme, segundo, como.

Integrantes:
Que, se.

> As conjunções integrantes introduzem orações substantivas (que equivalem a substantivos):

Ex.: *Não sei se ele virá (não sei da sua **vinda**).*

EXERCÍCIO COMENTADO

01. (FGV) "Não se trata de idealismo: vontades que poderiam nos colocar uns contra os outros são freadas por um estranho dispositivo"; nesse segmento, os dois pontos poderiam ser adequadamente substituídos pela conjunção:
a) pois;
b) portanto;
c) mas;
d) no entanto;
e) visto que.

RESPOSTA: E.

A relação estabelecida entre as duas orações é de causa: a segunda oração explica a causa de não se tratar de um idealismo. Portanto, a conjunção adequada seria uma conjunção que expresse causa, como visto que, uma vez que, etc.

5.8. Preposição

Observe o exemplo a seguir:

Ex.: *Gosto muito das músicas **de** Chico Buarque; Chegou da viagem **com** febre.*

As palavras em destaque estabelecem uma relação entre outros termos. Elas são chamadas de preposição. São elas:

A, ante, após, até, com, contra, de, desde, em, entre, para, pelo, perante, por, sem, sobre, sob, trás.

FIQUE LIGADO

A preposição a, quando seguida de um substantivo feminino, portanto que exige o artigo a, ocasionará a crase. Observe:

> *Cheguei **ao** escritório.*
> *Cheguei **à** fazenda.*

Algumas palavras pertencentes a outras classes gramaticais podem, eventualmente, aparecer como preposição em alguns casos. Por exemplo: salvo, fora, durante, segundo, etc.

FIQUE LIGADO

As preposições podem ser:

> *Essenciais: quando são sempre preposição. São as palavras listadas acima;*
> *Acidentais: quando não são preposições essenciais mas em alguns casos exercem a função de preposição;*
> *Puras: quando não há junção com artigo;*
> *Contrações: quando aparecem junto com o artigo. Por exemplo: de+a, per+o, etc.*

Relação estabelecida pela preposição	
Assunto	Conversamos **sobre** a viagem.
Autoria	Apaixonei-me por um quadro **de** Picasso.
Causa	Foi preso **por** roubar dinheiro público.
Companhia	Fui jantar com meu marido.
Conteúdo	Traga, por favor, um copo **de** (com) água.
Destino	Vou **para** casa mais cedo.
Distância	A casa fica **a** duas quadras da praça.
Finalidade	Eles vieram **para** a palestra.
Instrumento	Ele abriu a embalagem **com** uma faca.
Limite	As meninas correram **até** a casa da tia.
Lugar	Gostava de ficar **em** casa. As coisas estão **sobre** a mesa.
Matéria	Comprei um brinco **de** ouro.
Meio	Tivemos que fazer a viagem **de** ônibus.
Modo	As coisas foram resolvidas **com** tranquilidade.
Oposição	O movimento do bar aumenta nos dias de jogos do Brasil **contra** a Argentina.
Origem	Eles vieram **do** interior.
Posse	Gostei da camiseta **de** Raul.
Preço	Estava feliz com meu livro **de** dez reais. Vendia as tortas **por** vinte reais.
Tempo	Tivemos que sair **após** a discussão. Chegaremos **em** uma hora.

EXERCÍCIO COMENTADO

01. (FGV) A preposição existente em "identificar uma mentira contada por e-mail" relaciona dois termos e estabelece entre eles determinada relação de sentido. Essa mesma ideia está presente em:

a) As histórias que nascem **por** mãos humanas são muitas vezes pura falsidade.
b) A pesquisa reforçou o que já se sabia: na internet, frequentemente, se vende gato **por** lebre.
c) Consumiu-o **por** semanas a curiosidade de estar cara a cara com sua amiga virtual.
d) Alguns deveriam ser severamente penalizados, **por** inventarem indignidades na rede.

RESPOSTA: A. *A relação estabelecida pela preposição no exemplo é de instrumento, ou seja, o e-mail foi o instrumento utilizado para contar a mentira. O mesmo ocorre na alternativa A: as mãos humanas são o instrumento para contar a história.*

5.9. Pronome

Observe o trecho a seguir:

Ex.: *O bebê de Daniela nasceu perfeito. O bebê de Daniela tem olhos azuis. As mãos do bebê de Daniela são fortes, e os cabelos do bebê de Daniela são claros.*

Para que não haja esta repetição desagradável durante a comunicação, utilizamos os pronomes:

Ex.: *O bebê de Daniela nasceu perfeito. Ele tem olhos azuis, suas mãos são fortes e seus cabelos são claros.*

Os pronomes são palavras que substituem ou acompanham os substantivos. Eles podem indicar qualquer uma das três pessoas do discurso:

1ª pessoa: quem fala;

2ª pessoa: com quem se fala;

3ª pessoa: de quem se fala.

Classificação dos Pronomes

Pronomes Pessoais

Pessoa do discurso	Retos	Oblíquos
1ª pessoa do singular	Eu	Me, mim, comigo
2ª pessoa do singular	Tu	Te, ti, contigo
3ª pessoa do singular	Ele/Ela	O, a, lhe, se, si, consigo
1ª pessoa do plural	Nós	Nos, conosco
2ª pessoa do plural	Vós	Vos, convosco
3ª pessoa do plural	Eles/Elas	Os, as, lhes, se, si, consigo

Os pronomes pessoais funcionam como **sujeito** da oração.

Ex.: *Eu estava cansada ontem.*

Os pronomes oblíquos funcionam como **complementos**.

Ex.: *Eu lhe escrevi uma carta.*

> **FIQUE LIGADO**
>
> *Observe que o verbo escrever é transitivo direto e indireto: quem escreve, escreve algo a alguém. O objeto direto, o que se escreveu, é "uma carta", e o objeto indireto, a quem se escreveu, é o pronome oblíquo **lhe**, que tem valor de objeto indireto porque possui a preposição a subentendida. Ou seja: **lhe** equivale a a ele/a ela.*

As formas o, a, os, as sofrem modificações dependendo da terminação do verbo que acompanham. Observe:

> Quando o verbo terminar em **r**, **s** ou **z**, ficarão **lo, la, los, las**:

Exs.: *Começar: começá-los;*

Celebramos: celebramo-lo.

Fiz: fi-lo.

> Quando o verbo terminar em som nasal, ficarão **no, na, nos, nas**:

Exs.: *Comemoram: comemoram-no;*

Viram: viram-no.

> **FIQUE LIGADO**
>
> *O pronome oblíquo jamais inicia frase. Por isso, ele aparecerá, em início de frase, depois do verbo, ou utiliza-se algum termo para que ele possa aparecer antes do verbo:*
>
> **Ex.: Eu** *te liguei.*
>
> *Liguei-**te**.*

Pronomes de Tratamento

São pronomes utilizados para dirigir-se ou referir-se a autoridades ou pessoas com quem se tem menos contato. Os mais utilizados são:

PRONOMES DE TRATAMENTO		USADOS PARA
Você		Usado para um tratamento íntimo, familiar.
Senhor, Senhora	Sr., Sr.ª	Pessoas com as quais mantemos um certo distanciamento mais respeitoso.
Vossa Senhoria	V. S.ª	Pessoas com um grau de prestígio maior. Usualmente, os empregamos em textos escritos, como: correspondências, ofícios, requerimentos, etc.
Vossa Excelência	V. Ex.ª	Usados para pessoas com alta autoridade, como: Presidente da República, Senadores, Deputados, Embaixadores, etc.
Vossa Alteza	V. A.	Príncipes e duques.
Vossa Santidade	V. S.	Para o Papa.
Vossa Magnificência	V. Mag.ª	Reitores de Universidades.
Vossa Majestade	V. M.	Reis e Rainhas.

> O pronome de tratamento concorda com o verbo na 3ª pessoa:

Ex.: *Vossa Excelência me **permite** fazer uma observação?*

> Quando o pronome for utilizado para referir-se à 3ª pessoa, o pronome **Vossa** será substituído por **Sua**:

Ex.: Sua *Alteza, o Príncipe William, casou-se com uma plebeia.*

Pronomes Possessivos

São pronomes que indicam posse. Observe os exemplos:

Exs.:

*Andei tanto que **meus** pés estão doendo.*

*Pegue **tuas** coisas e vamos embora.*

*Marina ficou feliz ao ver que **sua** mala não estava perdida.*

Os pronomes destacados indicam quem é o possuidor dos itens das orações: pés, coisas e malas. Observe que pelo pronome é possível identificar a pessoa. Isso acontece porque há um pronome possessivo específico para cada pessoa:

Pessoa do discurso	Pronomes possessivos
1ª pessoa do singular	Meu, minha, meus, minhas
2ª pessoa do singular	Teu, tua, teus, tuas
3ª pessoa do singular	Seu, sua, seus, suas
1ª pessoa do plural	Nosso, nossa, nossos, nossas
2ª pessoa do plural	Vosso, vossa, vossos, vossas
3ª pessoa do plural	Seu, sua, seus, suas

O pronome possessivo concorda:

> Em pessoa, com o possuidor:

Ex.: Meu *irmão chegou de viagem.*

1ª pessoa do singular

> Em número, com o que se possui:

Ex.: Teus filhos *são lindos!*

Masculino plural

Pronomes Demonstrativos

São os pronomes que indicam a posição de algo em relação à pessoa do discurso. Observe os exemplos:

Exs.: Este *mês está sendo ótimo para o comércio graças a Dia das Mães. (mês atual);*

Na última semana tivemos quatro provas. **Essa** *semana foi uma correria! (passado próximo);*

Quando meus filhos eram pequenos, viajamos para a Europa. **Aquela** *foi uma viagem inesquecível. (passado distante)*

O mesmo ocorre com os mesmos pronomes em relação à localização no espaço. Observe:

Exs.:

Acho que **esta** *camiseta ficou bem em mim. (próximo à pessoa que fala);*

Esse *chapéu ficou ótimo em você! (próximo à pessoa com que se fala);*

Você sabe de quem é **aquela** *pasta? (distante de quem fala e da pessoa com que se fala).*

Pronomes Demonstrativos	
Variáveis	Invariáveis
Este, estas, estes, estas	Isto
Esse, essa, esses, essas	Isso
Aquele, aquela, aqueles, aquelas	aquilo

Pronomes Indefinidos

São pronomes que se referem à 3ª pessoas mas sem a função de determinar ou definir. Pelo contrário: são pronomes que dão um sentido vago, impreciso sobre quem ou o que se fala.

Ex.: **Muitos** *querem sucesso, mas* **poucos** *estão dispostos a pagar pelo seu preço.*

Não se sabe sobre quem ou quantas pessoas se fala, por isso são utilizados pronomes que dão a ideia de quantidade indefinida.

Pronomes indefinidos	
Variáveis	Invariáveis
algum, alguns, alguma, algumas; certo, certos, certa, certas; nenhum, nenhuns, nenhuma, nenhumas; todo, todos, toda, todas; outro, outros, outra, outras; muito, muitos, muita, muitas; pouco, poucos, pouca, poucas; vário, vários, vária, várias; tanto, tantos, tanta, tantas; quanto, quantos, quanta, quantas.	Alguém Ninguém Outrem Tudo Nada Cada Algo Mais Menos

Pronomes Interrogativos

São os pronomes utilizados nas perguntas diretas e indiretas. Observe o exemplo:

Exs.:

Quantas *pessoas se matricularam no curso?*

Quem *estava aqui ontem?*

Gostaria de saber **que** *dia você viajará.*

Pronomes interrogativos
Quem, quanto, quantos, quanta, quantas, qual, quais, que

Pronomes Relativos

São pronomes que se relacionam com termos já citados na oração, evitando a repetição.

Exs.:

Trouxe um livro.

O livro que eu trouxe é o livro que você me pediu.

O pronome relativo que indica e especifica o livro ao qual o interlocutor se refere:

Ex.: *Trouxe o livro* **que** *você pediu.*

O pronome relativo concordará:

> Com o seu antecedente:

Ex.: *As* **ruas** *pelas quais passou traziam lembranças.*

Exceção: pronome cujo (e variações), que concorda com o consequente:

Ex.: *Estou lendo um livro cuja* **capa** *foi feita pelo meu irmão.*

> A regência do pronome relativo seguirá a regra da regência pedida pelo verbo:

Exs.:

É uma menina **de** *quem todos* **gostam**.
Era uma pessoa **a** *quem todos* **admiravam**.

Pronomes Substantivos

Em alguns casos, o pronome atuará como substantivo, substituindo-o. Observe:

Ex.: *Poucos conhecem o segredo de viver em paz.*

Pronome indefinido – substitui o substantivo

Pronomes Adjetivos

Em alguns casos, o pronome atuará como adjetivo, atribuindo uma característica ao substantivo. Observe:

Ex.: *Este quadro é* **meu**.

Pronome possessivo adjetivo

EXERCÍCIO COMENTADO

01. (TRT) É forçoso contatar os índios com delicadeza, para <u>poupar os índios</u> de um contato talvez mais brutal, em que exploradores <u>submetessem os índios</u> a toda ordem de humilhação, <u>tornando os índios</u> vítimas da supremacia das armas do branco.

Evitam-se as viciosas repetições do trecho acima substituindo-se os segmentos sublinhados, na ordem dada, por:

a) poupá-los - os submetessem - tornando-os
b) poupá-los - lhes submetessem - os tornando
c) poupar-lhes - os submetessem - tornando-lhes
d) os poupar - submetessem-nos - lhes tornando
e) poupar a eles - os submetessem - tornando-lhes

RESPOSTA: A. *Poupar os índios = poupar eles. O pronome oblíquo correspondente é os. Como o verbo poupar termina em r, será utilizada a forma los no primeiro caso, mantendo-se a forma os nos demais.*

5.10. Palavra QUE

A palavra "que" possui diversas funções e costuma gerar muitas dúvidas. Por isso, para entender cada função e identificá-las, observe os exemplos a seguir:

Substantivo

Ex.: *Senti um quê de falsidade naquela fala.*

Neste caso, o que está precedido por um determinante – um artigo, e é acentuado, pois assume o papel de um substantivo. Poderia ser substituído por outro substantivo:

Ex.: *Senti um ar de falsidade naquela fala.*

Quanto atua como substantivo, o quê será sempre acentuado e precedido por um artigo, pronome ou numeral.

Pronome

Exs.:

Que beleza de festa! (pronome exclamativo)

O livro que comprei estava em promoção. (pronome relativo)

Que dia é a prova? (pronome interrogativo)

Interjeição

Exs.: *Quê? Não entendi.*
Quê! Ela sabe sim!

Preposição

Ex.: *Temos que chegar cedo.*

Observe que a regência do verbo ter exige a preposição "de": *Temos de chegar cedo*. No entanto, na fala coloquial, já é aceito o uso do "que" como preposição.

Advérbio

Ex.: *Que bela está a casa!*

Neste caso, antecede um adjetivo, modificando-o: **como** a casa está bela!

Ex.: *Que longe estava da cidade!*

Neste caso, antecede um advérbio, intensificando-o: Estava **muito longe** da cidade.

Conjunção

Exs.:

Que gostem ou que não gostem, tomei minha decisão. (conjunção alternativa)

Pode entrar na fila que não será atendida. (conjunção adversativa)

Não falte à aula que o conteúdo é importante. (conjunção explicativa)

Conjunção Subordinativa

Exs.:

Estava tão cansada que não quis recebê-lo. (conjunção subordinativa consecutiva)

Gostei da viagem, cara que tenha sido. (conjunção subordinativa concessiva)

Não corra que o chão está molhado! (conjunção subordinativa causal)

Partícula Expletiva (de Realce)

Ex.: *Que bonito que está o seu cabelo!* (não tem função na oração, apenas realça o que está sendo falado)

5.11. Palavra SE

A palavra "se", assim como o "que", possui diversas funções e costuma gerar muitas dúvidas. Por isso, para entender cada função e identificá-las, observe os exemplos a seguir:

Partícula Apassivadora

Ex.: *Vendem-se plantas.* (É possível passar a oração para a voz passiva analítica: Plantas são vendidas)

Neste caso, o "se" nunca será seguido por preposição.

Pronome Reflexivo

Ex.: *Penteou-se com capricho.*

Pronome Recíproco

Ex.: *Amaram-se durante anos.*

Partícula Expletiva (de Realce)

Ex.: *Foi-se o tempo em que confiávamos nos políticos.* (não possui função na oração, apenas realça o que foi dito)

Pronome Indeterminador do Sujeito

Transforma o sujeito em indeterminado.

Exs.:

Precisa-se de secretária. (não se pode passar a oração para a voz passiva analítica)

Nessa casa, come-se muito.

Parte do Verbo Pronominal

Alguns verbos exigem a presença da partícula "se" para indicar que a ação é referente ao sujeito que a pratica:

Exs.: *Arrependeu-se de ter ligado.*

Outros exemplos de verbos pronominais: Lembrar-se, queixar-se, enganar-se, suicidar-se.

Conjunção

Exs.:

Vou chegar no horário se não chover. (conjunção condicional)

Não sei se dormirei em casa hoje. (conjunção integrante)

Se vai ficar aqui, então fale comigo. (conjunção adverbial causal)

Se queria ser mãe, nunca demonstrou amor pelas crianças. (conjunção concessiva)

EXERCÍCIO COMENTADO

01. (Noroeste Concursos) "Alugam-se quartos." Nessa oração, a partícula 'se' exerce função de pronome:
   a) indefinido.
   b) apassivador.
   c) reflexivo.
   d) pessoal recíproco.

RESPOSTA: B. *Oração pode ser passada para a voz ativa: "Quartos são alugados". Trata-se, portanto, de pronome apassivador.*

VAMOS PRATICAR

Os exercícios a seguir são referentes aos conteúdos: Advérbio, Conjunção, Preposição, Pronome, Palavra Que e Palavra Se.

Bem Tratada, Faz Bem

Sérgio Magalhães, O Globo

O arquiteto Jaime Lerner cunhou esta frase premonitória: "O carro é o cigarro do futuro." Quem poderia imaginar a reversão cultural que se deu no consumo do tabaco?

Talvez o automóvel não seja descartável tão facilmente. Este jornal, em uma série de reportagens, nestes dias, mostrou o privilégio que os governos dão ao uso do carro e o desprezo ao transporte coletivo. Surpreendentemente, houve entrevistado que opinou favoravelmente, valorizando Los Angeles – um caso típico de cidade rodoviária e dispersa.

Ainda nestes dias, a ONU reafirmou o compromisso desta geração com o futuro da humanidade e contra o aquecimento global – para o qual a emissão de CO_2 do rodoviarismo é agente básico. (A USP acaba de divulgar estudo advertindo que a poluição em São Paulo mata o dobro do que o trânsito.)

O transporte também esteve no centro dos protestos de junho de 2013. Lembremos: ele está inter-relacionado com a moradia, o emprego, o lazer. Como se vê, não faltam razões para o debate do tema.

01. (TJ/RJ) "Surpreendentemente, houve entrevistado que opinou favoravelmente"; nesse segmento do texto, os termos verbo + advérbio (opinou favoravelmente) poderiam ser substituídos por um só verbo como "concordou" ou "apoiou", reduzindo a extensão do texto. A frase abaixo em que essa mesma estratégia foi empregada de forma adequada é:

a) entregar-se totalmente ao estudo do problema / voltar-se para;

b) purificar integralmente a gasolina / deturpar a gasolina;

c) distinguir claramente a causa do problema / identificar;

d) providenciar urgentemente mudanças na lei / realizar;

e) apagar totalmente um texto / destruir.

02. (PM/SP)

(Fernando Gonsales, *Folha de S.Paulo*, 05.08.2013)

No último quadrinho, a forma como se grafa o advérbio muito (muuuito) indica que a personagem pretende

- a) atenuar a graça contida na palavra.
- b) aduzir sentido pejorativo à palavra.
- c) marcar a ambiguidade na palavra.
- d) ironizar o sentido da palavra.
- e) intensificar o sentido da palavra.

No imaginário **Livro das Espécies**, que, teimosamente, repousa na estante da história do futebol, os brasileiros figuram como macacos no mínimo há mais de noventa anos. Em 1920, ao disputarem o campeonato sul-americano no Chile, os integrantes da equipe nacional foram chamados de "macaquitos" por um jornal argentino. O Brasil se indignou, porém pelos motivos errados: para o governo, conforme se lê no apêndice do livro de Mario Filho (1908-1966), O Negro no Futebol Brasileiro, "a questão passava pela imagem que a República precisava construir de si própria, deixando para trás os vestígios ligados à escravidão e à miscigenação, em um momento em que os discursos em torno da eugenia eram imperativos". O escritor carioca Lima Barreto (1881-1922), mulato e pobre, para quem o futebol era "eminentemente um fator de dissensão", destacou, com ironia, em uma famosa crônica, que "a nossa vingança é que os argentinos não distinguem, em nós, cores; todos nós, para eles, somos macaquitos". No domingo, o tal Livro das Espécies ganhou, infelizmente, uma nova edição — mas, pelo menos, revista e atualizada. E, com isso, uma versão 2014 do "todos somos macaquitos".

Eram trinta minutos do segundo tempo do jogo Villareal versus Barcelona quando o brasileiro Daniel Alves, titular da equipe azul e grená, se encaminhou para bater um escanteio. Uma banana, então, foi atirada em sua direção. O lateral — um baiano de trinta anos de idade, pardo, como se diz nos censos, e de olhos verdes — reagiu de forma inesperada para o público e certamente também para o agressor: pegou a fruta, descascou-a e a pôs na boca. Aquele era o oitavo caso de racismo nos gramados espanhóis somente na atual temporada. Teria sido alvo de tímidos protestos não fosse a reação irreverente do jogador brasileiro — e a entrada em cena do craque Neymar, seu companheiro de Barcelona e da seleção brasileira. Na noite do próprio domingo, o atacante postou três imagens em sua conta no Instagram. Na última delas, aparecia empunhando uma banana ao lado de seu filho, Davi Lucca — que, por sua vez, segurava uma providencial banana de pelúcia. Na legenda, o ex-santista escreveu a hashtag #somostodosmacacos em quatro idiomas: português, inglês, espanhol e Catalão. Até a última quinta-feira, essa postagem havia recebido quase 580.000 curtidas, enquanto uma legião de celebridades — dos esportes, das artes, da política etc. — repetia o gesto em apoio a Daniel Alves.

Rinaldo Gama. Como Daniel Alves derrotou o racismo.
Internet: (com adaptações).

03. (Cespe) Considerando as ideias e estruturas linguísticas do texto acima, julgue.

O segmento 'eminentemente um fator de dissensão' (1º parágrafo) pode ser substituído, sem prejuízo de sentido, por: **sobremaneira um fator de disputa**.

Certo ( )   Errado ( )

04. (CETRO) Observe a oração abaixo e, em seguida, assinale a alternativa em que a conjunção destacada estabeleça o mesmo sentido e tenha a mesma classificação que a conjunção destacada na oração abaixo.

"**Portanto**, não basta reduzir a maioridade penal e instalar UPPs em áreas consideradas violentas."

- a) Ainda que medidas socioeducativas sejam implantadas, decisões mais rígidas devem ser tomadas.
- b) Desde que a polícia começou a agir naquela região, o índice de criminalidade diminuiu.
- c) O índice de roubo seguido de morte aumentou naquele bairro. Logo, medidas devem ser tomadas para garantir a segurança dos moradores.
- d) É preciso garantir educação de qualidade a fim de que o índice de criminalidade diminua.
- e) Conforme veiculado na mídia, houve rebelião.

O conceito de indústria cultural foi criado por Adorno e Horkheimer, dois dos principais integrantes da Escola de Frankfurt. Em seu livro de 1947, Dialética do esclarecimento, eles conceberam o conceito a fim de pensar a questão da cultura no capitalismo recente. Na época, estavam impactados pela experiência no país cuja indústria cultural era a mais avançada, os Estados Unidos, local onde os dois pensadores alemães refugiaram-se durante a Segunda Guerra.

Segundo os autores, a cultura contemporânea estaria submetida ao poder do capital, constituindo-se num sistema que englobaria o rádio, o cinema, as revistas e outros meios - como a televisão, a novidade daquele momento -, que tenderia a conferir a todos os produtos culturais um formato semelhante, padronizado, num mundo em que tudo se transformava em mercadoria descartável, até mesmo a arte, que assim se desqualificaria como tal. Surgiria uma cultura de massas que não precisaria mais se apresentar como arte, pois seria caracterizada como um negócio de produção em série de mercadorias culturais de baixa qualidade. Não que a cultura de massa fosse necessariamente igual para todos os estratos sociais; haveria tipos diferentes de produtos de massa para cada nível socioeconômico, conforme indicações de pesquisas de mercado. O controle sobre os consumidores seria mediado pela diversão, cuja repetição de fórmulas faria dela um prolongamento do trabalho no capitalismo tardio.

Muito já se polemizou acerca dessa análise, que tenderia a estreitar demais o campo de possibilidades de mudança em sociedades compostas por consumidores supostamente resignados. O próprio Adorno chegou a matizá-la depois. Mas o conceito passou a ser muito utilizado, até mesmo por quem diverge de sua formulação original. Poucos hoje discordariam de que o mundo todo passa pelo "filtro da indústria cultural", no sentido de que se pode constatar a existência de uma vasta produção de mercadorias culturais por setores especializados da indústria.

Feita a constatação da amplitude alcançada pela indústria cultural contemporânea, são várias as possibilidades de interpretá-la. Há estudos que enfatizam o caráter alienante das consciências imposto pela lógica capitalista no âmbito da cultura, a difundir padrões culturais hegemônicos. Outros frisam o aspecto da recepção do espectador, que poderia interpretar criativamente - e não de modo resignado - as mensagens que lhe seriam passadas, ademais, de modo não unívoco, mas com multiplicidades possíveis de sentido.

(RIDENTI, Marcelo. Indústria cultural: da era do rádio à era da informática no Brasil. In: Agenda brasileira. São Paulo: Cia das Letras, 2011, p. 292 a 301)

05. (FCC) No contexto, identifica-se relação de causa e consequência, respectivamente, entre

a) o fato de Adorno e Horkheimer terem concebido o conceito de indústria cultural e o modo como pensaram a questão da cultura no capitalismo recente.

b) o fato de tudo ter se transformado em mercadoria descartável no capitalismo recente e a arte ter sido desqualificada como tal.

c) o caráter alienante da cultura hegemônica no capitalismo e a interpretação criativa que o espectador crítico desenvolve.

d) a pequena amplitude da indústria cultural contemporânea e a resignação forçada dos consumidores diante da repetição de produtos e temas.

e) a repetição de fórmulas culturais já desgastadas e o tédio dos consumidores diante da falta de opções instigantes.

06. (FGV) "Ela é a capacidade de nos colocarmos no lugar do próximo e nos sensibilizarmos com o sofrimento a que nossos atos possam levá-lo."

No início da última oração, o texto empregou corretamente a preposição "a" antes do pronome relativo, pois assim o exigia a regência do verbo "levar". Mantendo-se a mesma estrutura, a frase abaixo em que a preposição está corretamente empregada é:

a) com que nossos atos possam livrar;

b) de que nossos atos possam ajudar;

c) a que nossos atos possam manter;

d) com que nossos atos possam informar;

e) contra que nossos atos possam chocar-se.

07. (VUNESP) Leia a tira de Alves

Em ambas as falas do personagem, o termo para apresenta a noção de

a) conformidade.

b) proporção.

c) alternância.

d) finalidade

e) quantidade.

08. (FCC) Ainda que já tivesse uma carreira solo de sucesso [...], sentiu que era a hora de formar seu próprio grupo.

Outra redação para a frase acima, iniciada por "Já tinha uma carreira..." e fiel ao sentido original, deve gerar o seguinte elo entre as orações:

a) de maneira que.

b) por isso.

c) mas.

d) embora.

e) desde que.

09. (CESGRANRIO) Pode-se retirar qual preposição ou par de preposições em destaque, de acordo com a norma-padrão, sem que o sentido fique prejudicado semântica ou sintaticamente?

a) "**para** lhe sentir o cheiro... **para** admirar"
b) "**de** canivete, **de** faca"
c) "gostava **de** dar"
d) "nos tempos **em** que fora"
e) "Passou **a** atribuir"

10. (TJ/RJ) Observe o emprego do demonstrativo "este" nos segmentos a seguir:

I. "O arquiteto Jaime Lerner cunhou esta frase premonitória";
II. "Este jornal, em uma série de reportagens,...";
III. "... nestes dias, mostrou o privilégio que os governos dão ao uso do carro e o desprezo ao transporte coletivo";
IV. "a ONU reafirmou o compromisso desta geração com o futuro da humanidade".

As frases acima que apresentam exatamente o mesmo motivo da utilização desse demonstrativo são:

a) I - II;
b) I - III;
c) II - IV;
d) III - IV;
e) II - III - IV.

11. (CESGRANRIO) Nos períodos abaixo, a expressão em destaque é substituída pelo pronome oblíquo as.

O período que mantém a posição do pronome de acordo com a norma-padrão é:

a) Meus amigos nunca viram **antenas disfarçadas** antes – Meus amigos nunca viram-**nas** antes
b) Meus amigos tinham visto **antenas disfarçadas** na África. – Meus amigos tinham visto-**as** na África
c) Meus amigos viam **antenas disfarçadas** pela primeira vez. – Meus amigos **as** viam pela primeira vez.
d) Meus amigos provavelmente verão **antenas disfarçadas** amanhã. – Meus amigos provavelmente verão-**nas** amanhã
e) Meus amigos teriam visto **antenas disfarçadas** se olhassem bem. – **As** teriam visto meus amigos se olhassem bem.

O Bicho

(Manuel Bandeira)

Vi ontem um bicho
Na imundície do pátio
Catando comida entre os detritos.

Quando achava alguma coisa,
Não examinava nem cheirava:
Engolia com voracidade.

O bicho não era um cão,
Não era um gato,
Não era um rato.

O bicho, meu Deus, era um homem.

(Disponível em: http://www.casadobruxo.com.br/poesia/m/bicho.htm, acesso em 10/09/2014)

12. (IBFC) Confrontando o primeiro verso do poema e seu título, nota-se que houve uma mudança do artigo que acompanha a palavra "bicho". Isso se explica porque:

a) o artigo definido do título justifica-se pela tentativa de evitar uma repetição desnecessária já que, no primeiro verso, ele se refere ao bicho novamente.
b) o artigo indefinido do primeiro verso indica que o eu-lírico pretende criar um efeito de nostalgia em torno do bicho em questão.
c) a mudança de artigo, do definido para o indefinido, reforça o efeito de surpresa causado no leitor pelo eu-lírico que, embora saiba de que bicho se trata desde o título, opta por não revelá-lo de imediato.
d) trata-se de um recurso gramatical que, embora não acarrete alterações semânticas, produz substanciais transformações sintáticas na estrutura do poema.
e) o eu-lírico pretendia chamar atenção para a importância do tema central do poema, por isso recorreu às alterações morfossintáticas.

13. (TJ/SP) Leia a charge.

A lacuna na fala da personagem deve ser preenchida, corretamente, com:

a) em cujo;
b) aonde;
c) em que;
d) que;
e) ao qual.

14. (VUNESP) Apesar das previsões_____ os próximos meses deverão ter chuvas dentro da média em São Paulo, isso não garante_____ o sistema Cantareira volte a ter níveis confortáveis de reserva de água até abril, segundo especialistas. Ainda que chova bem acima do esperado, a superfície seca e exposta do Cantareira terá maior dificuldade_____ reter a água.

(www.folha.uol.com.br.08.10.2014. Adaptado)

De acordo com a norma-padrão da língua portuguesa, as lacunas do texto devem ser preenchidas, respectivamente, com:

a) de que ... que ... em;
b) em que ... de que ... a;
c) de que ... de que ... de;
d) que ... em que ... para;
e) que ... de que ... para.

A Família Mudou

Teresinha Saraiva

Nasci e vivi minha infância numa família constituída por três gerações, vivendo sob o mesmo teto, harmoniosa e amorosamente: meus avós, meus pais, meus tios casados, minhas tias solteiras e nós, os oito netos. Éramos 20 pessoas. Os homens trabalhavam e as mulheres dedicavam-se à gerência da casa e à educação das crianças. Na minha família só havia, inicialmente, uma mulher que trabalhava fora, minha mãe, que era professora. Muitos anos depois, três de minhas tias solteiras foram trabalhar fora.

Lembro-me até hoje, embora muitas décadas tenham se passado, da enorme sala de jantar, com uma grande mesa retangular onde se sentavam 12 adultos, para as refeições e para as prolongadas conversas, e uma mesa oval, onde se sentavam as oito crianças e adolescentes – os netos.

Vivi uma infância tranquila numa família nuclear unida. Minha adolescência e juventude já foi passada numa família constituída por meus pais, ambos trabalhando e contribuindo para o sustento da família, meu irmão e eu. Todos os domingos nos reuníamos à família inicial, na enorme casa da Rua do Bispo, hoje integrando o espaço físico ocupado pela Universidade Estácio de Sá, em inesquecíveis almoços e ceias.

A família brasileira mudou.

15. (FGV) A autora do texto fala de três gerações em vida harmoniosa; essas três gerações são exemplificadas no texto por:

a) meus avós / meus pais / meus tios casados;
b) meus avós / meus pais / minhas tias solteiras;
c) meus pais / meus tios casados / minhas tias solteiras;
d) meus pais / meus tios casados / os oito netos;
e) meus avós / meus tios casados / os oito netos.

16. (FGV) "Sua vantagem é tanta que a prefeitura da Cidade do México lançou um programa de conservação hídrica que substituiu 350 mil vasos por modelos mais econômicos. As substituições reduziram de tal forma o consumo que seria possível abastecer 250 mil pessoas a mais. No entanto, muitas casas no Brasil têm descargas embutidas na parede, que costuma ter um altíssimo nível de consumo".

Sobre as ocorrências do vocábulo que presentes nesse segmento do texto, a afirmação correta é a de que:

a) a primeira e a terceira ocorrências pertencem à mesma classe gramatical;
b) a segunda ocorrência pertence à mesma classe da primeira;
c) as três últimas ocorrências pertencem à mesma classe;
d) a última ocorrência pertence à classe diferente de todas as demais;
e) a segunda e a quarta ocorrências pertencem a classes diferentes.

17. (CESGRANRIO) Para evitar a repetição do que, é possível chegar a uma solução que conserva as informações contidas no trecho "o Museu da Pessoa já realizou 220 projetos de memória que visam a multiplicar e democratizar sua metodologia e seu acervo, que inclui 15 mil histórias de vida e 72 mil documentos e fotos digitalizados", mantém a norma-padrão e o número de períodos.

Essa solução é:

a) o Museu da Pessoa realizou 220 projetos de memória visando a multiplicar e democratizar sua metodologia, incluindo 15 mil histórias de vida e 72 mil documentos e fotos digitalizados, e seu acervo.

b) Com um acervo incluindo 15 mil histórias de vida e 72 mil documentos e fotos digitalizados, o Museu da Pessoa já realizou 220 projetos de memória, multiplicando e democratizando sua metodologia.

c) o Museu da Pessoa já realizou 220 projetos de memória que visam a multiplicar e democratizar sua metodologia e seu acervo. Este, composto por 15 mil histórias de vida, é integrado também por 72 mil documentos e fotos digitalizados.

d) o Museu da Pessoa já realizou 220 projetos de memória visando a multiplicar e democratizar sua metodologia e seu acervo, composto por 15 mil histórias de vida e 72 mil documentos e fotos digitalizados.

e) o Museu da Pessoa já realizou 220 projetos de memória. Com isso, multiplicaram e democratizaram sua metodologia e seu acervo, que inclui 15 mil histórias de vida e 72 mil documentos e fotos digitalizados.

18. (Cespe) Com relação aos sentidos e aspectos linguísticos e textuais do texto acima, julgue os próximos itens.

A palavra "que", em todas as ocorrências no trecho "Direi somente que se há aqui páginas que parecem meros contos e outras que o não são", pertence a uma mesma classe gramatical.

Certo ( )   Errado ( )

19. (FGV)

(1) "Promete-se a simplificação das leis que regulam os tributos, e a cada ano eles ficam mais complicados."

(2) "Relaciona-se com o regime de cobrança de impostos de pequenas empresas, aquelas que faturam até R$ 3,6 milhões por ano (R$ 300 mil por mês)."

(3) "É o Simples – pode-se estimar que ele facilita a vida de algo como 3 milhões de empresas ativas."

Nesses segmentos ocorre a presença do vocábulo SE; quanto à classificação desse vocábulo nos três segmentos, pode-se afirmar corretamente que possuem:

a) a mesma classe em 1, 2 e 3;
b) diferentes classes em 1, 2 e 3;
c) a mesma classe em 1 e 2;
d) a mesma classe em 1 e 3;
e) a mesma classe em 2 e 3.

20. (CONSULPLAN) "É nocivo **se** escreve coisas inúteis, **se** deforma ou falsifica (mesmo inconscientemente) para obter um efeito ou um escândalo; **se se** conforma sem convicção a opiniões nas quais não acredita." A respeito das várias ocorrências do termo destacado "se", é correto afirmar que

a) em todas as ocorrências a função do termo "se" é a mesma.
b) entre as quatro ocorrências podem ser identificadas apenas duas funções distintas do "se".
c) a primeira ocorrência pode ser substituída por "já que", sem que haja alteração quanto ao sentido.
d) as duas últimas ocorrências representam ênfase quanto à condição para que haja nocividade no trabalho do escritor.

21. (Cespe) No trecho "dissipam-se para latitudes mais baixas", a partícula "se" tem função apassivadora.

Certo ( )   Errado ( )

22. (Cespe) No trecho "Eu, se retorquisse dizendo-lhe bem do tempo que se perde", a partícula "se" recebe classificação distinta em cada ocorrência.

Certo ( )   Errado ( )

GABARITO

01	C	12	C
02	E	13	C
03	CERTO	14	A
04	C	15	E
05	B	16	A
06	E	17	D
07	D	18	ERRADO
08	C	19	D
09	B	20	B
10	D	21	CERTO
11	C	22	CERTO

5.12. Verbo

Verbo é a palavra que exprime ação. Observe:

Ex.: *Corremos todos os dias naquelas ruas e praças.*

O verbo pode indicar, além de uma ação, um **estado** ou **fenômeno da natureza**. Observe:

Exs.: *Mariana era mais magra quando estava grávida.*
Durante semanas, choveu muito.

O verbo expressa o **tempo** e a **pessoa** da ação. Observe:

Ex.: *Nesta semana não terei aula de inglês.*

Tempo: futuro

Pessoa: 1ª do singular (eu)

Ex.: *Não sabes os caminhos que percorri.*

Tempo: presente Tempo: pretérito

Pessoa: 2ª do singular (tu) Pessoa: 1ª do singular (eu)

Conjugações do Verbo

Todos os verbos em Língua Portuguesa, quando no infinitivo, terminarão em *ar*, *er* ou *ir*. Essa classificação é chamada de **conjugação**:

1ª conjugação Verbos terminados em AR	2ª conjugação Verbos terminados em ER	3ª conjugação Verbos terminados em IR
Amar	Comer	Sair
Falar	Descer	Cair
Dançar	Fazer	Sorrir

Tempos e Modos Verbais

Todos os verbos apresentam formas, tempos e modos. São modos:

Indicativo

Expressa certeza.

Subjuntivo

Expressa dúvida.

Imperativo

Expressa uma ordem ou orientação.

Além disso, os verbos apresentam formas nominais. São elas:

- **Particípio**

Indica a ação que já foi totalmente concluída.

Também pode ser considerado adjetivo.

Ex.: *O texto lido foi emocionante.*

- **Gerúndio**

Indica a ação que ocorre no momento da elocução.

Também pode ser considerado advérbio.

Ex.: *Fiquei em casa lendo o livro novo.*

- **Infinitivo**

Indica a ação verbal sem flexão de pessoa, tempo ou modo.

Também pode ser considerado substantivo.

Ex.: *O entardecer foi lindo.*

EXERCÍCIO COMENTADO

01. (UNIMEP/SP) "Não fales! Não bebas! Não fujas!" Passando tudo para a forma afirmativa, teremos:
a) Fala! Bebe! Foge!
b) Fala! Bebe! Fuja!
c) Fala! Beba! Fuja!
d) Fale! Beba! Fuja!
e) Fale! Bebe! Foge!

RESPOSTA: A. *A questão costuma confundir os candidatos porque as formas do imperativo na 3ª pessoa são mais comuns e aparecem na alternativa D. Porém, pelo enunciado, percebe-se que trata da 2ª pessoa, portanto as formas corretas do imperativo afirmativo são: Fala tu, bebe tu e foge tu.*

Tempos Verbais

Os tempos verbais são classificados para definir a relação temporal entre a ação e o momento em que se fala sobre ela. São eles:

- **Presente**

Indica a ação que acontece no momento da elocução:

Ex.: *Eu estou em casa.*

- **Pretérito Perfeito**

Indica a ação concluída no passado:

Ex.: *Eu comi a torta de limão.*

- **Pretérito Imperfeito**

Indica uma ação que não foi plenamente concluída e que não tem limites claramente estabelecidos:

Ex.: *Ele me ligou enquanto eu comia.*

- **Pretérito mais-que-perfeito**

Indica uma ação que foi plenamente concluída antes de outra ação também concluída:

Ex.: *Meu irmão viajara muito antes de casar.*

- **Futuro do presente**

Indica a ação futura em relação ao momento da elocução:

Ex.: *Viajarei* na próxima semana.

- **Futuro do pretérito**

Indica a ação que, naquele momento era futura, mas no momento da elocução é passado:

Ex.: *Eu **perderia** o voo se ele não tivesse me dado carona.*

EXERCÍCIO COMENTADO

01. (CESGRANRIO) O período cujo verbo em destaque está usado de modo adequado à norma-padrão é:
a) **Haviam** muitas antenas naquela paisagem.
b) **Existe**, nos tempos de hoje, tecnologias impressionantes.
c) **Chegou**, depois de muito tempo de espera, meios para disfarçar antenas
d) Somente 4% das pessoas **reconhece** as antenas para celular disfarçadas
e) **Surgem**, a todo momento, invenções que não pensávamos ser possíveis.

RESPOSTA: E. *O verbo haver, quando indicar tempo, será sempre impessoal, ou seja, sempre será utilizado no singular, pois não terá pessoa com quem concordar. O mesmo não ocorre com os verbos existir, chegar e reconhecer, que nas alternativas B, C e D devem concordar com a pessoa a quem se refere.*

FIQUE LIGADO

Radical é a parte da palavra que não muda. No caso dos verbos, para encontrar o radical, basta considerar o verbo no infinitivo e retirar a terminação ar, er ou ir:

Cantamos – cantar – cant-

Batiam – bater – bat-

Agiríamos – agir – ag-

Flexão do Verbo

Observe o exemplo a seguir:
Comer

Eu **como**
Tu **comes**
Ele **come**
Nós **comemos**
Vós **comeis**
Eles **comem**

Observe que a primeira parte do verbo, *com-*, não é alterada, o que muda é o final. Isso significa que a primeira parte é o **radical**. Nos verbos regulares, o radical nunca muda. O que se altera são as terminações, indicando **tempo** e **pessoa**.

FIQUE LIGADO

Nem todos os verbos são regulares. Isso significa que em muitos casos, não será possível fazer a conjugação com o mesmo radical. Esses verbos são considerados irregulares:

Fazer

Radical: faz

Eu faço

Observe os verbos a seguir:

Falar

Radical: fal-

Eu falo

Tu falas

Ele fala

Nós falamos

Vós falais

Eles falam

Observe que o radical do verbo não muda. Quando isso acontece, o verbo recebe o nome de **regular**.

Quando ocorre mudança no radical ou quando a terminação não é a mesma dos demais verbos da mesma conjugação, o verbo é chamado **irregular**:

Ouvir

Radical: ouv-

Eu ou**ço**

Tu ouves

Ele ouve

Nós ouv**imos**

Vós ouv**ir**

Eles ouv**em**

Observe que na primeira pessoa houve alteração do radical.

Além de regulares e irregulares, os verbos também podem ser:

Abundantes

Quando há mais de uma forma de particípio:

Aceitar - aceito/aceitado

Expulsar - expulsado/expulso

Salvar - salvado/salvo

Anômalos

Quando há mais de uma mudança no radical. São verbos que não obedecem às regras de conjugação verbal dos demais:

Ser

Eu **sou**

Tu **és**

Ele **é**

Nós **somos**

Vós **sois**

Ele **é**

Locução Verbal

Observe o exemplo a seguir:

Ex.: *Estou fazendo um curso de Francês.*

O verbo principal nesta oração é *fazendo*, no gerúndio, mas vem acompanhado por um verbo auxiliar, *estou*.

Locução verbal é todo conjunto formado por um verbo principal + um verbo auxiliar. O verbo principal pode estar no gerúndio, particípio ou infinitivo:

Ex.: *Isso já foi feito antes.*

Verbo auxiliar + verbo principal no particípio

Ex.: *Vou falar com eles antes do fim da aula.*

Verbo auxiliar + verbo principal no infinitivo

Tipos de Verbo

Os verbos dividem-se em tipos, de acordo com o seu significado. São eles:

Intransitivo

Quando o sentido do verbo é completo e não exige complemento.

Ex.: *Meu vizinho morreu.*

Transitivo

Quando o sentido do verbo não é completo e é necessário um complemento para que faça sentido. Dentre os transitivos, pode ser:

Transitivo Direto

Quando exige um complemento que não é seguido por preposição (objeto direto):

Ex.: *Comprei uma bolsa.*

Transitivo Indireto

Quando exige um complemento que é seguido por preposição (objeto indireto):

Ex.: *Gosto de cantar.*

Transitivo Direto e Indireto (bitransitivo)

Quando exige dois complementos para fazer sentido:

Ex.: *Entreguei uma carta ao porteiro.*

Verbo de Ligação

Quando não exprime uma ação e sim uma característica do sujeito:

Ex.: *Marina é bonita.*

São verbos de ligação:

Ser

Estar

Continuar

Andar

Parecer

Permanecer

Ficar

> **FIQUE LIGADO**
>
> O verbo andar pode exprimir ação ou estado. Observe:
>
> **Andei** o dia inteiro.
>
> (ação)
>
> Lucas **anda** confuso.
>
> (estado)

Verbo Auxiliar

Nas locuções verbais, é o verbo que precede o verbo principal, normalmente identificando o sujeito e o tempo verbal:

Ex.: *Os convidados foram arrumar a mesa.*

Vozes Verbais

Os verbo possui diferentes vozes, que indicam quem pratica e quem recebe a ação:

Ativa

Quando o sujeito pratica a ação:

Ex.: *Coloquei um vaso na mesa.*

Passiva Analítica (verbo ser + verbo no particípio)

Quando o sujeito recebe a ação, praticada por outro elemento, o agente da passiva:

Ex.: *Um vaso* **foi colocado** *na mesa* **por mim**.

(sujeito paciente)   (agente da passiva)

Passiva Sintética (verbo na 3ª pessoa + pronome se)

Quando o sujeito recebe a ação, mas o agente não aparece:

Ex.: ***Colocou-se*** *um vaso na mesa.*

Reflexiva

Quando o sujeito pratica e recebe a ação ao mesmo tempo:

Ex.: *A menina* ***penteou-se*** *demoradamente.*

VAMOS PRATICAR

Os exercícios a seguir são referentes ao conteúdo: Verbo.

01. (FGV) É difícil imaginar como pode ser o mundo de um animal considerando que não só sua inteligência, mas também seus sistemas sensoriais são diferentes dos nossos. Todavia, os animais captam estímulos que nós não captamos. O ornitorrinco, por exemplo, percebe com seu bico, parecido com o dos patos, as descargas elétricas produzidas pelos camarões, a um metro de distância. As abelhas percebem as alterações elétricas causadas por uma tempestade distante e voltam para a colmeia; as serpentes detectam o calor de suas vítimas; os morcegos percebem o eco dos sons que lançam.

O biólogo alemão von Uexküll assinalou que cada espécie animal vive em um mundo próprio, ao que chamou Umwelt.

"É difícil imaginar como pode ser o mundo de um animal considerando que não só sua inteligência, mas também seus sistemas sensoriais são diferentes dos nossos." O comentário adequado sobre os componentes desse segmento do texto é:

a) o infinitivo "imaginar" pode ser substituído por "que se imaginasse";
b) o conector "mas também" equivale semanticamente a "porém";
c) os pronomes "sua" e "seus" possuem referenciais diferentes;
d) o termo "como" tem valor de interrogativo de modo;
e) "difícil", "animal" e "sensoriais" são exemplos de adjetivos.

02. (FCC) Quando visitou a Amazônia, Eliane Brum ...... com a índia Dorica, que, na ocasião, ... à jornalista que as parteiras realizavam um trabalho que ...... paciência. A alternativa que completa, correta e respectivamente, as lacunas da frase, preservando-se a correlação entre as formas verbais, é:

a) conversava - revelando - exigiu
b) tinha conversado - revelasse - exigira
c) conversa - tinha revelado - teria exigido
d) conversou - revelou - exigia
e) conversara - revelaria – exigisse

Texto para as questões de 03 a 06.

O Bicho

Manuel Bandeira

Vi ontem um bicho

Na imundície do pátio

Catando comida entre os detritos.

Quando achava alguma coisa,

Não examinava nem cheirava:

Engolia com voracidade.

O bicho não era um cão,

Não era um gato,

Não era um rato.

O bicho, meu Deus, era um homem.

(Disponível em: http://www.casadobruxo.com.br/poesia/m/bicho.htm, acesso em 10/09/2014)

03. (IBFC) Releia a terceira estrofe do poema de Bandeira: "O bicho não era um cão,

Não **era** um gato,

Não **era** um rato."

O correto comentário sobre a classificação do sujeito das formas verbais em destaque está expresso em:

a) Sujeito desinencial, com referente textual claramente expresso no poema.
b) Sujeito simples, representado pela palavra "não".
c) Oração sem sujeito, já que o verbo "ser" é impessoal.
d) Sujeito indeterminado, caracterizado pela utilização do infinitivo flexionado.
e) Sujeito oracional, representado pelo primeiro verso da estrofe em destaque.

04. (IBFC) Confrontando o primeiro verso do poema e seu título, nota-se que houve uma mudança do artigo que acompanha a palavra "bicho". Isso se explica porque:

a) o artigo definido do título justifica-se pela tentativa de evitar uma repetição desnecessária já que, no primeiro verso, ele se refere ao bicho novamente.

b) o artigo indefinido do primeiro verso indica que o eu-lírico pretende criar um efeito de nostalgia em torno do bicho em questão.

c) a mudança de artigo, do definido para o indefinido, reforça o efeito de surpresa causado no leitor pelo eu-lírico que, embora saiba de que bicho se trata desde o título, opta por não revelá-lo de imediato.

d) trata-se de um recurso gramatical que, embora não acarrete alterações semânticas, produz substanciais transformações sintáticas na estrutura do poema.

e) o eu-lírico pretendia chamar atenção para a importância do tema central do poema, por isso recorreu às alterações morfossintáticas.

05. (IBFC) A respeito do emprego do pretérito imperfeito, na segunda estrofe do texto, pode afirmar o seguinte:

a) Revela uma ação passada relacionada com um fato futuro.
b) Indica uma ação que se repetia no passado.
c) Aponta para um evento que ocorre no momento da enunciação.
d) Sinaliza uma ação pontual realizada uma única vez no passado.
e) Representa uma ação que ocorreu no passado e se estende até o presente.

06. (FGV - Adaptada) "*Há uma distorção generalizada considerando que o pecado original foi um ato sexual*".

No segmento sublinhado, a forma do gerúndio "considerando" pode ser corretamente substituída por

a) "quando se considera".
b) "ao considerar-se".
c) "que considera".
d) "caso se considere".
e) "à medida que se considera".

07. (FGV) A frase abaixo em que o sujeito do verbo sublinhado aparece posposto é:

a) "acompanhamos recentemente notícias na imprensa";
b) "três atos distintos ocorreram";
c) "por maior semelhança, carregam os registros características peculiares";
d) "mas que trazem e antecipam uma forte tendência";
e) "a evolução do formato da família brasileira força a necessidade de uma adequação".

08. (FGV - Adaptada) "Os homens trabalhavam e as mulheres dedicavam-se à gerência da casa e à educação das crianças".

As formas verbais sublinhadas indicam ação:
a) repetida e duradoura;
b) iniciada e terminada no passado;
c) ocorrida antes de outra ação passada;
d) iniciada no passado e mantida no presente;
e) iniciada no presente e continuada no futuro.

09. (FGV) Considerando os dois termos sublinhados, é correto afirmar que temos diferentes classes de palavras na seguinte opção:

a) "consomem de 30 a 50 vezes mais água que as dos países pobres. Mas as camadas mais ricas da população...";
b) "o ideal é substituí-las por outros modelos. O banho é outro problema";
c) "quem opta por uma ducha gasta até 3 vezes mais do que quem usa um chuveiro convencional";
d) "cerca de 40% da água captada e tratada para distribuição se perde no caminho até as torneiras, devido à falta de manutenção das redes, à falta de gestão adequada...";
e) "cerca de 40% da água captada e tratada para distribuição se perde no caminho até as torneiras, devido à falta de manutenção das redes, à falta de gestão adequada do recurso e ao roubo".

10. (CETRO) Observe o trecho transcrito do texto e, em seguida, assinale a alternativa que apresenta um sinônimo da palavra destacada de acordo com o contexto. "(...) a seus pais trabalho decente ou uma renda mínima para que possam **subsistir** com dignidade em caso de desemprego."

a) Trabalhar.
b) Progredir.
c) Aprimorar-se.
d) Sobreviver.
e) Encher-se.

GABARITO

01	D	06	A
02	D	07	C
03	A	08	A
04	C	09	A
05	B	10	D

6. Sintaxe

6.1. Frase

Observe os exemplos:

Ex.: *Cuidado!*

Estou cansada.

Passei no concurso!

Mentira!

Jura?

Anda logo!

Toda palavra ou conjunto de palavras organizada de maneira coerente e que transmita informações ou tenha sentido é considerada **frase**.

Classificação da Frase

De acordo com o seu **significado**, uma frase pode ser:

Declarativa ou afirmativa:

Ex.: *Eu gosto de você.*

Interrogativa:

Ex.: *Você sabe que dia é a prova?*

Exclamativa:

Ex.: *Mentira!*

Imperativa:

Ex.: *Fique onde está.*

Nominal

Quando não possui verbos:

Exs.:

Silêncio!

Bom dia!

Verbal

Quando possui verbos:

Exs.:

*João **gosta** de Química.*

*As crianças **brincavam** no quintal.*

*Os meninos **são** muito agitados.*

A frase verbal também é considerada *oração*.

6.2. Oração

Todo enunciado que faz sentido e que possui verbo é considerado oração.

Exs.:

Cansei de esperar.

*Eles **estão estudando** muito para a prova.*

*As meninas **passaram** horas se **arrumando** para a festa.*

FIQUE LIGADO

É preciso observar que:

> *Nem toda frase é oração*

Somente será oração quando houver verbo. Portanto, alguns enunciados serão apenas frases, pois terão sentido completo mas sem a presença de verbos:

Ex.: *Que calor!*

> *Nem toda oração é frase*

Em alguns casos, a oração não fará sentido sem um complemento. Portanto, haverá a presença de verbo, mas não será considerada uma frase:

Ex.: ***Gostei** / de você ter **falado** o que sentia.*

Observe que o primeiro verbo não faz sentido sem o complemento, sendo, portanto, uma oração, e não uma frase.

Período

Toda oração é chamada também de período, que pode ser:

Simples

Quando possui apenas um verbo, ou seja, apenas uma oração:

Exs.:

*Eles **gostaram** do bolo.*

*As roupas **secaram** no varal.*

Composto

Quando possui mais de um verbo, ou seja, mais de uma oração:

Exs.: *Queremos que as coisas sejam resolvidas logo.*

    1ª oração   2ª oração

Era tarde quando chegamos do trabalho.

1ª oração   2ª oração

Quando houver uma locução verbal, será contado apenas o verbo principal, ou seja, será apenas uma oração:

Ex.: *Vai ficar tarde para ligar para ela.*

    1ª oração   2ª oração

6.2.1. Termos Essenciais da Oração

Observe o trecho a seguir:

Ex.: *Os alunos gostam das aulas de Inglês.*

A oração faz sentido porque possui dois elementos essenciais: sujeito e predicado.

Sujeito é o termo sobre o qual a oração fala.

Predicado é o que se fala sobre o sujeito.

Ex.: *Os **alunos** <u>gostam das aulas de Inglês</u>.*
        Sujeito   Predicado

Sujeito

Núcleo do sujeito

É o termo essencial na identificação do sujeito:

Ex.: *Os alunos.*
    Artigo substantivo

Núcleo do sujeito: alunos

Tipos de sujeito

Determinado

Quando é possível identificar o sujeito, ele é chamado sujeito determinado. Ele pode ser:

- **Simples**

Quando possui apenas um núcleo:

Ex.: ***Meus filhos** gostam de almoçar aqui.*

Núcleo: *filhos*.

- **Composto**

Quando possui mais de um núcleo:

Ex.: ***Meus filhos e meus netos** gostam de almoçar aqui.*

Núcleo: filhos, netos.

- **Oculto**

Quando o sujeito não aparece na oração, mas é possível identificá-lo através do verbo:

Ex.: *Gostei de almoçar aqui.*
Sujeito: eu.

Ex.: *Fomos embora cedo.*
Sujeito: nós.

Indeterminado

Pode ser representado de duas maneiras:

01. Verbo na 3ª pessoa do plural.
    Chegaram atrasado.
    Falaram sobre ele.
    Reclamaram dos preços.
    Disseram que a fila estava enorme.

Note que nos períodos acima não é possível identificar o agente das ações. Por isso, é chamado sujeito indeterminado.

Observação: Dependendo do contexto, o verbo na 3ª pessoa não significará sujeito indeterminado.

Ex.: *Os meninos vieram do banco. Disseram que a fila estava enorme.*

Sujeito: os meninos – implícito na oração e identificado graças ao contexto.

02. Verbo + partícula "se"

Ex.: *Confia-se muito em medicamentos.*
Sujeito: ?

A partícula "se", nesse caso, atua como índice de indeterminação do sujeito. Essa construção ocorrerá com verbos transitivos indiretos, verbos intransitivos e verbos de ligação. Observe:

Precisa-se de vendedores.
verbo transitivo indireto

Quem precisa?
Sujeito indeterminado.

Vive-se melhor no campo.
verbo intransitivo

Quem vive?
Sujeito indeterminado.

> **FIQUE LIGADO**
>
> *Note que as orações anteriores não estão na voz passiva, pois não é possível convertê-las para a voz ativa:*
> *Vive-se melhor no campo.*
> *Precisa-se de vendedores.*
> *Diferentemente dos exemplos acima, a construção de "verbo + se" também pode indicar voz passiva sintética. Veja o exemplo a seguir:*
> *Vende-se terreno.*
> verbo transitivo direto
> *Nesse caso, a partícula "se" é pronome apassivador, e o sujeito é "terreno". A oração na voz ativa ficará: Terreno é vendido.*

Oração sem Sujeito

Em alguns casos, a ação expressa pelo verbo não terá sujeito. São eles:

Haver

Quando significar existir, acontecer, realizar:

Exs.:

Há muita gente passando fome. (existe)

O que houve? (aconteceu)

Houve uma cerimônia rápida em homenagem aos pais. (realizou-se)

Fazer, ser e estar

Quando significar tempo decorrido ou tempo decorrido de um fenômeno da natureza:

Exs.:

Faz dias que não a vejo.

Faz dias que chove.
Estava calor.

Verbos que expressam fenômenos da natureza

Ex.:

Amanheceu, embora ninguém tivesse dormido.
Choveu a noite inteira.
Faz anos que não neva aqui.

EXERCÍCIO COMENTADO

01. (CREA) Observe o início do Hino Nacional Brasileiro: Ouviram do Ipiranga as margens plácidas De um povo heroico o brado retumbante...
Na oração acima, o sujeito é:
a) indeterminado.
b) um povo heroico.
c) inexistente.
d) as margens plácidas do Ipiranga.
e) o brado retumbante.

RESPOSTA: D.

O trecho do Hino Nacional brasileiro pode confundir com facilidade o leitor em relação ao sujeito devido à distância entre o verbo e seu sujeito. Para resolver à questão, é necessário considerar o verbo – ouviram – e encontrar seu sujeito. Nesse caso, colocando a oração na ordem direta (sujeito – verbo – predicado), teremos:

As margens plácidas do Ipiranga ouviram o brado retumbante de um povo heroico.

Predicado

Embora seja possível existir oração sem sujeito, não existe oração sem predicado.

Ex.: *Faz duas semanas que não a vejo.*
            Predicado

Predicado verbal

É o predicado cujo verbo indica uma ação:

Ex.: *Os meninos levantaram com pressa.*

As águas correm depressa nessa parte do rio.

O núcleo do predicado verbal sempre será o verbo:

Ex.: *Os meninos levantaram cedo.*
       Sujeito   Predicado
                        Núcleo do predicado: *levantaram*

Predicado nominal

É o predicado cujo verbo indica um estado do sujeito:

Ex.: *Os alunos parecem cansados.*
Raul estava atrasado quando me encontrou.

Os verbos do predicado nominal são os **verbos de ligação**, que não indicam ação mas características do sujeito. Os principais verbos de ligação são:

Andar
Continuar
Estar
Ficar
Parecer
Permanecer
Ser

Assim como ocorre no predicado verbal, o núcleo do predicado nominal será o verbo de ligação:

Ex.: *Os alunos parecem cansados.*
       Sujeito   Predicado
                        Núcleo do predicado: parecem

Predicado verbo-nominal

Em alguns casos, o predicado verbal e o predicado nominal aparecerão juntos, ou seja, o predicado indicará uma *ação* e um *estado* do sujeito:

Ex.: *Os meninos subiram as escadas apressados.*
       Sujeito   Ação   Estado
                    (Estavam apressados.)

O predicado verbo-nominal apresentará dois núcleos: os verbo de ação e o verbo de ligação.

No exemplo apresentado acima, o núcleo será: *subiram* e *apressados*.

6.2.2. Termos Integrantes da Oração

Em alguns casos, o verbo ou nome expresso na oração não apresenta sentido completo, exigindo um complemento para que a informação seja transmitida. Estes complementos, por não serem opcionais mas obrigatórios, são chamados de termos integrantes da oração. Eles são divididos em: objeto direto, objeto indireto, complemento nominal e agente da passiva.

Objeto Direto

É o termo que completa o sentido do verbo transitivo direto. Observe o exemplo a seguir:

Ex.: **Compramos** frutas na feira.

O verbo comprar não possui sentido completo. Ou seja: é um verbo transitivo e exige um complemento para que a oração fique clara.

Como este complemento é ligado a ele de maneira direta, sem o auxílio de uma preposição, é chamado objeto **direto**.

Objeto Indireto

É o termo que completa o sentido do verbo transitivo indireto. Observe o exemplo a seguir:

Ex.: *Eu gostei da viagem.*

O verbo gostar não possui sentido completo. Ou seja: é um verbo transitivo e exige um complemento para que a oração fique clara.

Como este complemento é ligado a ele de maneira indireta, com o auxílio de uma preposição, é chamado objeto **indireto**.

Complemento Nominal

Em alguns casos, o termo que terá o sentido incompleto e exigirá um complemento será um nome (substantivo, adjetivo ou advérbio). Observe o exemplo a seguir:

Ex.:

A **saudade** <u>de casa</u> agitava a menina.

Substantivo   *complemento nominal*

EXERCÍCIO COMENTADO

01. (AOCP) A alternativa em que a expressão destacada **NÃO** funciona como objeto direto é:
Parte superior do formulário
a) "...vemos <u>grupos puristas</u>..."
b) "O leitor encontra <u>uma lista</u>..."
c) "Fedoroff antagoniza <u>os exageros</u>..."
d) "...deveria liderar <u>o mundo</u>..."
e) "Existem aqui <u>ecos</u>..."

RESPOSTA: E. *O verbo existir costuma confundir por ser um verbo intransitivo. Na alternativa e, ecos funciona como sujeito do verbo, e não como complemento, uma vez que o sentido do verbo já é completo – por isso, a denominação de verbo intransitivo. Nos demais casos, a expressão destacada funciona como objeto direto.*

Agente da Passiva

Quando o verbo aparece na voz passiva, ou seja, com sujeito paciente, o termo que pratica a ação verbal será chamado **agente da passiva**:

Ex.: *A festa foi paga pelos funcionários do banco.*

    Sujeito paciente   Agente da passiva

Se a oração for passada para voz ativa, o agente da passiva será sujeito:

Ex.: **Os funcionários do banco** pagaram a festa.
    sujeito

6.2.3. Termos Acessórios da Oração

Adjunto Adnominal

Assim como o complemento nominal, o adjunto adnominal completa o sentido de um nome, caracterizando-o.

Ex.: *As luzes **de Natal** enfeitavam a sala.*
    Adjunto adnominal

Os termos que completam o sentido de um nome podem ser artigos, adjetivos ou numerais:

Ex.: ***A** cidade inteira acordou com **uma** sensação **estranha**.*
Artigo   numeral   adjetivo

Diferença entre adjunto adnominal e complemento nominal

Considerando que ambos completam o sentido de um nome, é comum ter dúvidas entre o adjunto adnominal e o complemento nominal. Para distingui-los, é importante observar os critérios abaixo:

Complemento nominal	Adjunto adnominal
Sempre com preposição	Nem sempre com preposição
Relaciona-se com substantivo abstrato, adjetivo e advérbio	Se relaciona somente com substantivos, nunca com adjetivos ou advérbios
Nunca se relaciona com substantivos concretos	Se relaciona com substantivos concretos
	Transmite a ideia de **posse**

Adjunto Adverbial

São termos que completam o sentido de um verbo, adjetivo ou outro advérbio, modificando-os ou definindo-os:

Ex.: *Os mais novos **chegaram** <u>rapidamente</u>.*
                   verbo   adjunto adverbial

Aposto

Observe o exemplo a seguir:

Ex.: *João, **morador do térreo**, reclamou do barulho das crianças na garagem.*

O termo destacado acrescenta uma informação sobre o sujeito, identificando-o ou caracterizando-o. Este termo é chamado *aposto*.

Exs.:

*São Paulo, **maior cidade do país**, luta contra a poluição.*

Fascinadas com o parque, as meninas não queriam ir embora.

FIQUE LIGADO

Geralmente, o aposto aparece entre vírgulas. Entretanto, quando aparece sem elas, é chamado **aposto restritivo**. Observe a diferença:

Os alunos da tarde que vão viajar devem entregar a autorização até amanhã.

Os alunos da tarde, que vão viajar, devem entregar a autorização até amanhã.

No 1º caso, entende-se que apenas os alunos da tarde que vão viajar precisam entregar a autorização. Trata-se, portanto, de **aposto restritivo**.

No 2º caso, entende-se que TODOS vão viajar e o aposto, portanto, é uma informação que cabe a todos os alunos da tarde. Trata-se, portanto, de **aposto explicativo**.

Vocativo

Observe os exemplos a seguir:

Exs.:

Marina, você viu o edital do concurso?

Crianças, já bateu o sinal!

Corram, **meninas**, vocês vão se atrasar!

Observe que os termos assinalados não possuem relação sintática com os enunciados. Trata-se de uma **interlocução**, uma relação entre quem fala e quem ouve.

VAMOS PRATICAR

Os exercícios a seguir são referentes ao conteúdo: Frase.

01. (IPAD) Em que oração o sujeito não é posposto ao verbo?
a) "Sete quedas por mim passaram"
b) "Cessa o estrondo das cachoeiras"
c) "Aos mortos espanhóis, aos mortos bandeirantes, aos apagados fogos de Ciudad Real de Guaira vão juntar-se os sete fantasmas das águas assassinadas"
d) "Faz-se do movimento uma represa"
e) "da agitação faz-se um silêncio"

02. (Instituto INEAA) Assinale a alternativa constante de oração sem sujeito:
a) Ouve-se o relógio de hora em hora.
b) Houve por improcedente o pedido do funcionário.
c) Faltavam quatro dias para o casamento.
d) Há de conseguir a aprovação nos exames.
e) Houve aulas no final de semana.

03. (Instituto INEAA) Assinale a opção em que é indeterminado o sujeito da oração:
a) Trata-se definitivamente de versões infundadas.
b) Ouviram do Ipiranga as margens plácidas.
c) Não se dê atenção aos maledicentes.
d) Muito se discute atualmente a redução da maioridade penal.
e) Aqui outrora retumbaram hinos.

Internet e a importância da imprensa

Este artigo não é sobre a pornografia no mundo virtual nem tampouco sobre os riscos de as redes sociais empobrecerem o relacionamento humano. Trata de um dos aspectos mais festejados da internet: o empowerment ("empoderamento", fortalecimento) do cidadão proporcionado pela grande rede.

É a primeira vez na História em que todos, ou quase todos, podem exercer a sua liberdade de expressão, escrevendo o que quiserem na internet. De forma instantânea, o que cada um publica está virtualmente acessível aos cinco continentes. Tal fato, inimaginável décadas atrás, vem modificando as relações sociais e políticas: diversos governos caíram em virtude da mobilização virtual, notícias antes censuradas são agora publicadas na rede, etc. Há um novo cenário democrático mais aberto, mais participativo, mais livre.

E o que pode haver de negativo nisso tudo? A facilidade de conexão com outras pessoas tem provocado um novo fenômeno social. Com a internet, não é mais necessário conviver (e conversar) com pessoas que pensam de forma diferente. Com enorme facilidade, posso encontrar indivíduos "iguais" a mim, por mais minoritária que seja a minha posição.

O risco está em que é muito fácil aderir ao seu clube" e, por comodidade, quase sem perceber, ir se encerrando nele. Não é infrequente que dentro dos guetos, físicos ou virtuais, ocorra um processo que desemboca no fanatismo e no extremismo.

Em razão da ausência de diálogo entre posições diversas, o ativismo na internet nem sempre tem enriquecido o debate público. O empowerment digital é frequentemente utilizado apenas como um instrumento de pressão, o que é legítimo democraticamente, mas, não raras vezes, cruza a linha, para se configurar como intimidação, o que já não é tão legítimo assim...

A internet, como espaço de liberdade, não garante por si só a criação de consensos nem o estabelecimento de uma base comum para o debate.

Evidencia-se, aqui, um ponto importante. A internet não substitui a imprensa. Pelo contrário, esse fenômeno dos novos guetos põe em destaque o papel da imprensa no jogo democrático. Ao selecionar o que se publica, ela acaba sendo um importante moderador do debate público. Aquilo que muitos poderiam ver como uma limitação é o que torna possível o diálogo, ao criar um espaço de discussão num contexto de civilidade democrática, no qual o outro lado também é ouvido.

A racionalidade não dialogada é estreita, já que todos nós temos muitos condicionantes, que configuram o nosso modo de ver o mundo. Sozinhos, nunca somos totalmente isentos, temos sempre um determinado viés. Numa época de incertezas sobre o futuro da mídia, aí está um dos grandes diferenciais de um jornal em relação ao que simplesmente é publicado na rede.

Imprensa e internet não são mundos paralelos: comunicam-se mutuamente, o que é benéfico a todos. No entanto, seria um empobrecimento democrático para um país se a primeira página de um jornal fosse simplesmente o reflexo da audiência virtual da noite anterior. Nunca foi tão necessária uma ponderação serena e coletiva do que será manchete no dia seguinte.

O perigo da internet não está propriamente nela. O risco é considerarmos que, pelo seu sucesso, todos os outros âmbitos devam seguir a sua mesma lógica, predominantemente quantitativa. O mundo contemporâneo, cada vez mais intensamente marcado pelo virtual, necessita também de outros olhares, de outras cores. A internet, mesmo sendo plural, não tem por que se tornar um monopólio.

(CAVALCANTI, N. da Rocha. Jornal "O Estado de S. Paulo", 12/05/14, com adaptações.)

04. (FUNCAB) "Trata de um dos aspectos mais festejados da internet..." (§ 1)

De acordo com a sintaxe do texto, o termo em função de sujeito em relação ao verbo da oração transcrita acima é:

a) "o relacionamento humano."
b) "Este artigo."
c) "a pornografia."
d) "no mundo virtual."
e) "o empowerment."

05. (QUADRIX) Leia a charge para responder à questão.

Com relação ao texto da charge: "*Ainda bem que comprei este novo antivírus*", podemos afirmar que o sujeito da forma verbal "comprei" é:

a) composto.
b) desinencial.
c) indeterminado.
d) inexistente.
e) explícito.

Concha Acústica

Localizada às margens do Lago Paranoá, no Setor de Clubes Esportivos Norte (ao lado do Museu de Arte de Brasília - MAB), está a Concha Acústica do DF. Projetada por Oscar Niemeyer, foi inaugurada oficialmente em 1969 e doada pela Terracap à Fundação Cultural de Brasília (hoje Secretaria de Cultura), destinada a espetáculos ao ar livre. Foi o primeiro grande palco da cidade.

Disponível em: <http://www.cultura.df.gov.br/nossa-cultura/conchaacustica.html>. Acesso em: 21/3/2014, com adaptações.

06. (IADES) No período "Foi o primeiro grande palco da cidade." (linha 7-8), para retomar o termo "Concha Acústica do DF" (linha 3-4), sem repeti-lo, é correto afirmar que o autor fez uso do(a)

a) sujeito indeterminado.
b) oração sem sujeito.
c) sujeito representado por um pronome pessoal.
d) sujeito composto
e) sujeito oculto ou desinencial.

07. (IADES – Adaptada) A respeito das questões sintáticas do período "Para os menores, é exigida a certidão de nascimento e, para os idosos, a carteira de identidade.", é correto afirmar que

a) o sujeito é indeterminado.
b) o sujeito é composto, pois apresenta dois núcleos: "menores" e "idosos".

c) "a certidão de nascimento" é objeto direto.

d) "os" e "a", em todas as suas ocorrências, desempenham a mesma função.

e) "de identidade" é objeto indireto.

08. (IBFC) Em "faz dois meses que não piso na academia", o sujeito da primeira oração deve ser classificado como:

a) simples, "dois meses"

b) desinencial

c) indeterminado

d) inexistente

09. (FCC) *Aqui é que começa <u>a genialidade de Chaplin</u>*. O elemento que desempenha a mesma função sintática desempenhada pelo segmento grifado na frase acima está grifado em:

Parte superior do formulário

a) Chaplin <u>certa vez</u> lembrou-se de arremedar a mar- cha desgovernada de um tabético.

b) Chaplin eliminou imediatamente <u>a variante</u>.

c) ... uma criação em que <u>o artista</u> procedeu por uma sucessão de tentativas erradas.

d) ... o tipo de Carlito é uma dessas criações que, salvo idiossincrasias muito raras, interessam e agradam <u>a toda a gente</u>.

e) Carlito é <u>popular</u> no sentido mais alto da palavra.

10. (IBFC) "LI-HU ANG-PÔ, **vice-rei de Cantão**. **Império da China**. **Celeste Império**. **Império do Meio**, nome que lhe vai a calhar, notava que o seu exército provincial não apresentava nem garbo marcial, nem tampouco, nas últimas manobras, tinha demonstrado grandes aptidões guerreiras."

O sujeito da forma verbal "notava" tem sua correta classificação sintática indicada em:

a) Sujeito simples

b) Sujeito indeterminado

c) Sujeito composto

d) Sujeito desinencial

11. (FGV) Assinale a opção que indica a frase em que o sujeito aparece posposto ao verbo.

a) "Há uma distorção generalizada".

b) "a maçã ficou sendo um símbolo do sexo".

c) "Quando ocorreu o episódio narrado na Bíblia".

d) "A maçã de Steve Jobs não tem nada a ver com isso".

e) "O pecado original não foi o sexo"

12. (FUNDATEC) Considere as frases abaixo.

> "a tecnologia substitui a ação humana".
> "A percepção de risco está mantida".
> "Outro ponto relevante merece destaque".
> "representa o futuro da fiscalização de trânsito".

Analise as assertivas abaixo.

I. Apenas um verbo pode ser transposto para a voz passiva.

II. Apenas um verbo é intransitivo.

III. Uma das frases possui sujeito indeterminado.

IV. Em uma das frases, há predicativo do objeto.

Quais estão incorretas?

a) Apenas I e II.

b) Apenas II e III.

c) Apenas I, II e III.

d) Apenas II, III e IV

e) I, II, III e IV.

13. (IADES) A respeito das questões sintáticas referentes ao trecho "chegou a vez do engenheiro Frederico, que trabalha na manutenção e tira fotos do metrô como ninguém.", assinale a alternativa correta.

a) O sujeito da primeira oração é desinencial ou oculto.

b) "Frederico" é o sujeito de todas as orações.

c) "Tira" é o único verbo transitivo.

d) A segunda oração classifica-se como coordenada.

e) "Ninguém" é objeto indireto.

14. (FGV) A expressão sublinhada que exerce uma função sintática diferente das demais, por ser considerada um complemento, e não um adjunto é:

a) interesses <u>das crianças</u>.

b) autonomia <u>das mulheres</u>.

c) direitos <u>de homossexuais</u>.

d) teses <u>da esquerda</u>.

e) ampliação <u>das liberdades</u>.

15. (FGV) "Pouco importa que a prisão por dívidas represente um retrocesso de 2600 anos – uma das reformas de Sólon que facilitou a introdução da democracia em Atenas foi justamente o fim da servidão por dívidas – e que é quase certo que, encarcerado, o pai da criança terá muito menor probabilidade de honrar seus compromissos financeiros".

A alternativa em que a afirmação sobre um elemento do texto mostra adequação é:

a) o termo "por dívidas" traz uma ideia de consequência.

b) o adjetivo "encarcerado" contém uma ideia de tempo.

c) os travessões separam uma informação sobre quem foi Sólon.

d) o termo "da democracia" é complemento nominal de "introdução".

e) o possessivo "seus" se refere a "criança".

16. (FUNCAB) O termo oracional em destaque que funciona como objeto direto encontra-se em:

a) "Ela vem justamente do desconhecimento sobre com o funciona A CIÊNCIA ."

b) "Preocupa-me [...] A ROTULAÇÃO DO CIENTISTA COMO UM SUJEITO INFLEXÍVEL, BITOLADO [...]"

c) "[...] existem MUITO MAIS ASTRÓLOGOS do que astrônomos."

d) "[...] que caracteriza A SUA ATITUDE COM RELAÇÃO AOS PRÓPRIOS COLEGAS."

GABARITO

01	A	09	C
02	E	10	A
03	A	11	C
04	B	12	E
05	B	13	C
06	E	14	E
07	D	15	D
08	D	16	D

ANOTAÇÕES

6.3. Período Composto

Observe as orações a seguir:

Exs.:

Fui à fazenda.

Cheguei à fazenda e corri para ver o lago.

Gostei de andar pela fazenda.

A primeira oração possui apenas um verbo e o sentido completo. Trata-se, portanto, de um **período simples**, ou uma oração absoluta.

No segundo caso, temos duas orações, ou seja, dois verbos, com sentidos completos e independentes uma da outra.

Ex.: Cheguei à fazenda. Corri para ver o lago.

Cheguei à fazenda e corri para ver o lago.

Por possuir mais de um verbo, trata-se de um **período composto**.

Por serem as orações independentes, trata-se de um período composto por coordenação. As orações são **coordenadas**.

No terceiro caso, as duas orações não possuem sentido completo e independente:

Ex.: Gostei de andar pela fazenda.

As orações dependem uma da outra para ter sentido, não sendo, portanto, independentes. Neste caso, trata-se de um período composto por subordinação. Há uma oração principal e uma **oração subordinada**.

6.3.1. Período Composto por Coordenação

As orações coordenadas são aquelas que possuem sentido independente.

As orações coordenadas podem ser:

Sindéticas

Quando possuem elemento de ligação, normalmente representado pelas conjunções:

Ex.: *Cheguei tarde e logo dormi.*

Assindéticas

Quando não possuem elemento de ligação, normalmente representado pelas conjunções:

Ex.: Tentou, cansou, desistiu.

1ª oração 2ª oração 3ª oração

Aditivas

São as orações que dão a ideia de adição. Normalmente são ligadas por uma conjunção aditiva:

Ex.: Chegou cansada e logo foi dormir.

Alternativas

São as orações que dão a ideia de alternância. Normalmente são ligadas por uma conjunção alternativa:

Ex.: Ou *chega* atrasado **ou** *sai* mais cedo.

Adversativas

São as orações que dão a ideia de oposição. Normalmente são ligadas por uma conjunção adversativa:

Ex.: Chegou cansada, **mas** *deu* atenção aos filhos.

Explicativas

São as orações que dão a ideia de explicação. Normalmente são ligadas por uma conjunção explicativa:

Ex.: Estava chateado, **pois** não *conseguiu* o emprego que queria.

Conclusivas

São as orações que dão a ideia de conclusão. Normalmente são ligadas por uma conjunção conclusiva:

Ex.: Choveu o dia inteiro, **portanto** não *poderemos realizar* a reunião no gramado.

6.3.2. Período Composto por Subordinação

O período composto por subordinação é caracterizado pela presença de uma oração principal e uma a ela subordinada.

A classificação das orações subordinadas é semelhante à classificação dos termos no período simples. A diferença é que o termo será representado por uma oração.

Oração Subordinada Substantiva

As orações subordinadas substantivas classificam-se em:

Oração subordinada substantiva:	Função:
Subjetiva	Sujeito da oração principal
Objetiva direta	Objeto direto da oração principal
Objetiva indireta	Objeto indireto da oração principal
Completiva nominal	Complemento nominal (de um termo) da oração principal
Apositiva	Aposto da oração principal
Predicativa	Predicativo do sujeito da oração principal

As orações subordinadas substantivas exercem a mesma função sintática que os substantivos exerceriam na oração. Observe:

Ex.: Mariana *gosta* de doces.

Gostar: VTI

De doces: OI

Ex.: Mariana *gosta* de passear com o cachorro.

Gostar: VTI

de passear com o cachorro: por possuir verbo, é uma oração subordinada com função de OI. Portanto, trata-se de uma oração subordinada substantiva objetiva indireta.

Subjetiva

A oração subordinada substantiva subjetiva tem a função de sujeito da oração principal:

Exs.: *Não **convém** falar mal dos outros.*

*Foi **avisado** que a reunião ia demorar.*

Objetiva Direta

A oração subordinada objetiva direta tem a função de objeto direto da oração principal:

Ex.: *As meninas **falaram** que você gostou do presente.*

VTD

Objetiva Indireta

A oração subordinada objetiva indireta tem a função de objeto indireto da oração principal:

Ex.: *Os alunos **gostaram** de falar sobre as férias*

VTI

Completiva Nominal

A oração subordinada completiva nominal tem a função de complemento nominal de um nome da oração principal:

Ex.: *Nós ficamos **cansados** por viajar tanto tempo.*

nome incompleto

EXERCÍCIO COMENTADO

01. (UFGD) Em "...qualquer efeito obviamente nocivo à saúde humana...", a expressão destacada funciona, sintaticamente, como:
a) objeto indireto.
b) complemento nominal.
c) adjunto adnominal.
d) aposto.
e) predicativo do sujeito.

RESPOSTA: B. *Nocivo = adjetivo, portanto, só poderá ser complemento nominal, visto que o adjunto adnominal não se relaciona com adjetivos, não se trata de sujeito e nem de complemento de verbo transitivo indireto.*

Apositiva

A oração subordinada apositiva tem a função de aposto da oração principal:

Ex.: *Uma coisa era certa: **nada seria como antes**.*

Predicativa

A oração subordinada predicativa tem a função de predicado da oração principal.

Acontece quando a oração principal apresenta um verbo de ligação:

Meu medo *era* que ***chovesse no dia da viagem***.

VL

EXERCÍCIO COMENTADO

01. (FUNCAB) Assinale a alternativa em que o termo destacado introduz uma oração cuja função sintática é objeto direto.
a) "[...] a fim de esconder o revólver, um Colt Cobra 38, QUE usava sob o sovaco."
b) "[...] deram um grande destaque ao casamento da moça pobre QUE nunca saíra de casa [...]"
c) "[...] a cinderela órfã QUE se casara com o milionário Eugênio Delamare [...]"
d) "Houve um tempo em QUE os tiras usavam paletó, gravata e chapéu [...]"
e) " 'Para Delfina que sabe QUE a poesia é uma ciência tão exata quanto a geometria, G.F.'"

RESPOSTA: E. *O verbo saber, por ser transitivo direto, exige um complemento que é chamado de objeto direto. Na alternativa e, o complemento – o que se sabe – é representado por uma oração. Portanto, trata-se de oração subordinada substantiva objetiva direta.*

VAMOS PRATICAR

Os exercícios a seguir são referentes ao conteúdo: Período Composto.

01. (IDECAN) Relacione adequadamente a classificação das orações subordinadas substantivas às respectivas orações.

01. Subjetiva.
02. Objetiva direta.
03. Objetiva indireta.
04. Completiva nominal.
05. Predicativa.
06. Apositiva.

( ) Cada situação permite que se aprenda algo novo.
( ) Só quero uma coisa: que tires a tua carteira.
( ) Tenho esperança de que o trânsito melhore.
( ) É importante que todos colaborem.
( ) Meu desejo é que sejas classificado.
( ) Lembrei-me de que já estava errado.

A sequência está correta em

a) 1, 6, 3, 5, 2, 4.
b) 2, 6, 4, 1, 5, 3.
c) 1, 2, 3, 4, 5, 6.
d) 6, 5, 4, 3, 2, 1.
e) 2, 6, 4, 1, 3, 5.

02. (IADES) Quanto ao período "Só não conseguiu antecipar que", é correto afirmar que a conjunção "que" introduz uma oração

a) subordinada adverbial consecutiva.
b) coordenada sindética explicativa.
c) subordinada adjetiva restritiva.
d) subordinada substantiva objetiva direta.
e) coordenada sindética adversativa.

Fé - Esperança – Caridade

(Sérgio Milliet)

É preciso ter fé nesse Brasil
nesse pau-brasil
nessas matas despovoadas
nessas praias sem pescadores
É preciso ter fé
Nesse norte de secas
e de literatura
A esperança vem do sul
Vem de mansinho
contagiosa e sutil
vem no café que produzimos
vem nas indústrias que criamos
A esperança vem do sul
do coração calmo de São Paulo
É preciso ter caridade
e ter carinho
perdoar o ódio que nos cerca
que nos veste
e trabalhar para os irmãos pobres...

(Poetas do Modernismo. INL-MEC, Rio de Janeiro, 1972)

03. (IBFC) É recorrente, no poema, a construção "É preciso", sempre relacionada a uma outra oração. Sobre essa outra oração, é correto afirmar que se trata de:

a) uma oração subordinada adverbial.
b) uma oração coordenada assindética.
c) uma oração subordinada substantiva.
d) uma oração coordenada sindética.
e) uma oração subordinada adjetiva.

04. (IADES)

Quanto aos aspectos gramaticais, assinale a alternativa correta.

a) Em "Se eu ver você ameaçando alguém de novo", o verbo **ver** está flexionado no futuro do subjuntivo.

b) A oração "que você vem ameaçando o vizinho" exerce função de objeto direto.

c) A oração "que você vem ameaçando o vizinho" exerce a função de sujeito da oração.

d) Em "Ameaçar é muito feio, meu filho!", tem-se uma oração subordinada substantiva apositiva.

e) Em "Se eu ver você ameaçando alguém de novo", a substituição do verbo "ver" pela forma verbal **vir** causa prejuízo à correção gramatical.

05. (FUMARC) Em "É assustador **que ninguém tenha ouvido um termo desses.**", a oração destacada tem a função de

a) sujeito.
b) predicativo.
c) objeto direto.
d) complemento nominal.

06. (QUADRIX)

A oração "que fechou o corte com grampos" pode ser classificada como:

a) Coordenada sindética explicativa.
b) Subordinada substantiva objetiva direta.
c) Subordinada substantiva predicativa.
d) Subordinada adjetiva explicativa.
e) Subordinada adverbial causal.

07. (FUNCAB) A oração destacada em "Ela quer QUE EU A ESCUTE!" está corretamente classificada em:

a) subordinada adverbial consecutiva.
b) subordinada substantiva predicativa.
c) subordinada substantiva objetiva direta.

d) coordenada sindética explicativa.
e) subordinada adjetiva restritiva.

08. (FUNCAB) "Porque a verdade é que eu também não sei." A respeito desse período, analise as afirmativas a seguir.

I. O período é composto por coordenação.
II. O QUE é uma conjunção integrante.
III. A segunda oração é subordinada substantiva predicativa.

A alternativa que indica apenas a(s) afirmativa(s) correta(s) é:

a) II
b) II e III
c) III
d) I e III
e) I

09. (ESPCEX) No período: "... no fundo eu não estava triste com a viagem de meu pai, era a primeira vez que ele ia ficar longe de nós por algum tempo ...", a oração sublinhada é:

a) subordinada substantiva predicativa;
b) subordinada adjetiva restritiva;
c) subordinada adverbial de lugar;
d) subordinada substantiva subjetiva.

GABARITO

01	B	06	D
02	D	07	C
03	C	08	B
04	C	09	D
05	A		

ANOTAÇÕES

6.4. Sintaxe de Concordância
6.4.1. Concordância Nominal

Observe o exemplo a seguir:

Ex.: *As lindas* **flores** *foram colhidas pelo meu marido.*

Observe que o substantivo, em destaque, está no feminino plural. Portanto, todos os termos relacionados a ele devem ser flexionados, concordando com ele.

Os artigos, adjetivos e verbos sempre concordam com o substantivo a que se referem.

Quando houver mais de um substantivo, há duas opções:

> O adjetivo pode passar para o plural, concordando com todos os substantivos:

Ex.: *Era obrigatório usar calça, camisa e avental* **brancos***.*

> O adjetivo pode concordar apenas com o último substantivo:

Ex.: *Era obrigatório usar calça, camisa e avental* **branco***.*

> Se o último substantivo for feminino, o adjetivo pode concordar com ele em gênero e número, relacionando-se apenas com ele:

Ex.: *Era obrigatório usar calça, avental e camisa* **branca***.*

> Quando for precedido de vários substantivos, o adjetivo deverá concordar:
> Com o primeiro:

Ex.: *Eram boas casas, localização e infraestrutura.*

> Com todos, no plural:

Exs.: *Eram bons clientes, amigos e empresários.*

Eram boas mães, clientes e empresárias.

6.4.2 Concordância Verbal

Observe o exemplo a seguir:

Ex.: *Os funcionários da clínica* **gostaram** *do novo uniforme.*

O verbo deverá sempre concordar com o sujeito. Neste caso, *funcionários*, na terceira pessoa do plural.

Observe as demais regras de concordância verbal:

> Se o sujeito for um substantivo coletivo, embora expresse a ideia de plural, o verbo deverá permanecer no singular:

Ex.: **Foi** *o cardume mais lindo que já vi!*

> Se anv oração estiver na voz passiva, com sujeito indeterminado, o verbo ficará na terceira pessoa do singular:

Ex.: **Precisa-se** *de vendedores.*

> Se o verbo vier acompanhado do pronome apassivador "se", deverá concordar com o sujeito:

Ex.: **Alugam-se** *barcos.*

> Quando o sujeito for a expressão "a maioria", poderá ser utilizado no plural ou no singular:

Ex.: *A maioria dos funcionários* **utiliza** *vale-transporte.*

Os funcionários **utilizam** *vale-transporte.*

> Quando o sujeito for composto, o verbo ficará no plural quando aparecer depois do sujeito:

Ex.: *Filhos e netos* **aplaudiram** *o discurso do jardineiro.*

> Quando o verbo aparecer antes do sujeito composto, poderá aparecer no plural ou no singular concordando com o primeiro termo:

Ex.: **Chegaram** *a filha, o genro e os netos.*

Chegou *a filha, o genro e os netos.*

> O verbo "ser", quando indica tempo ou distância, concordará com o predicativo:

Ex.: *São seis quilômetros daqui até a cidade.*

> Verbos que indicam fenômenos da natureza, por não possuírem sujeito, ficarão sempre na terceira pessoa do singular:

Ex.: **Ventou** *a semana toda.*

Choveu *por três dias.*

> O verbo "haver", quando apresentar o sentido de "existir", será impessoal e ficará sempre na terceira pessoa do singular:

Ex.: *Há várias coisas para fazer aqui.*

Os verbos "haver" e "fazer", quando indicarem tempo, também serão impessoais e ficarão sempre na terceira pessoa do singular:

Exs.: **Faz** *duas semanas que não como doces.*

Há meses que não vou até lá.

EXERCÍCIO COMENTADO

01. (CESGRANRIO) A concordância verbal NÃO está em consonância com a norma-padrão em:
a) A maior parte dos alunos admiram seus professores.
b) Fazem anos que a educação brasileira tem buscado novos métodos.
c) Não sou dos que acreditam em uma educação tradicional.
d) Foi dona Clotilde quem despertou o desejo dos alunos por aprender.
e) Prezar e amar é fundamental para o processo de ensino-aprendizagem.

RESPOSTA: B. *O verbo fazer, quando indicar tempo decorrido, é impessoal e deve permanecer no singular.* **Faz anos** *que a educação brasileira tem buscado novos métodos.*

6.5. Colocação Pronominal

A colocação pronominal pode ocorrer de três formas:

Próclise	Antes do verbo	Eu **te** enviarei os documentos.
Ênclise	Depois do verbo	Ia enviar-**lhe** os documentos.
Mesóclise	Inserido no verbo	Enviar-**te**-ia os documentos.

Antes de estabelecer as regras de uso de cada caso acima, é importante ressaltar que os pronomes átonos não podem iniciar uma frase. Portanto, quando for inevitável seu uso, utiliza-se um recurso conhecido como "eufonia". Observe:

Ex.: *Não te vi ontem na festa.*

Se a oração for afirmativa, para que o pronome átono não inicie a oração, acrescenta-se o sujeito:

Ex.: *Eu te vi ontem na festa.*

Te amo.   *Eu te amo.*

Próclise

Alguns termos são chamados fatores de próclise por obrigar os pronomes oblíquos a se posicionarem antes do verbo. Quando estes fatores estão presentes, a estrutura da oração será, obrigatoriamente:

Fator de próclise + pronome + verbo

Fator de próclise	Exemplo	Exemplo de oração
Advérbios	Ontem, agora, felizmente, alegremente, etc.	Agora me agradece como se nada tivesse acontecido.
Conjunções subordinativas	Que, embora, se, etc.	Ele pediu que lhe entregasse a carta.
Palavras negativas	Não, nunca, nem, nada, etc.	Nunca me esqueci dos livros lidos na infância.
Pronomes indefinidos	Uns, alguém, ninguém, etc.	Ninguém me pediu ajuda.
Pronomes relativos	Que, qual, onde, quem, etc.	Este é o homem que me emprestou o casaco.

Mesóclise

A mesóclise só será obrigatória quando a oração possui, ao mesmo tempo, dois casos:

Verbo no futuro iniciando a oração	Falar-te-ia sobre meus sentimentos.
Ausência de palavra atrativa exigindo próclise	Mentir-lhes-emos se precisar.

Ênclise

A ênclise somente será obrigatória em dois casos:

Quando o verbo iniciar a oração	Contei-lhe toda a verdade.
Quando o verbo for precedido por pausa (sinalizada pela pontuação)	Se você for à biblioteca, traga-me o livro, por favor.

FIQUE LIGADO

Quando não for início de frase nem houver fator de próclise, o uso de uma forma de colocação ou outra é opcional:

Ex.: *Bons ventos a **trazem**.*

*Bons ventos **trazem-na**.*

EXERCÍCIO COMENTADO

01. (VUNESP) Assinale a alternativa correta quanto ao emprego e à colocação do pronome, conforme a norma-padrão da língua portuguesa.
   a) Os sem-teto depredaram oito condomínios, por isso foi necessário que reformassem-lhes.
   b) Os sem-teto depredaram oito condomínios, por isso foi necessário que reformassem eles.
   c) Os sem-teto depredaram oito condomínios, por isso foi necessário que lhes reformassem.
   d) Os sem-teto depredaram oito condomínios, por isso foi necessário que reformassem-nos.
   e) Os sem-teto depredaram oito condomínios, por isso foi necessário que os reformassem.

RESPOSTA: E. *O pronome relativo "que" é um fator de próclise, portanto atrai o pronome oblíquo, que por se referir à 3ª pessoa – os condomínios – deve concordar com ele.*

6.6. Sintaxe de Regência

6.6.1. Regência Nominal

Observe os exemplos a seguir:

Exs.: *Temos muito **admiração pelo** seu trabalho.*

*A atitude dele durante a reunião foi **contrária ao** esperado.*

*Tenho certeza de que você tem **capacidade para** fazer um ótimo trabalho.*

Observe que os nomes são acompanhados por preposições que lhes dão sentido. Estas preposições ligam os nomes ao termos de maneira coerente.

Cada nome possui um ou mais preposições específicas que devem acompanha-los. Esta colocação correta é chamada **regência nominal**.

Nomes e respectivas regências

Acessível: a	Contíguo: a	Imbuído: de, em	Preferível: a
Acostumado: a, com	Contrário: a	Impróprio: para	Prejudicial: a
Afável: com, para, a	Curioso: de	Imcompatível: com	Presente: a
Aflito: com, por	Descontente: com	Indeciso: em	Prestes: a
Agradável: a	Desejoso: de	Inepto: para	Propenso: a, para
Alheio: a, de	Devoto: a, de	Insensível: a	Propício: a
Alusão: a	Diferente: de	Liberal: com	Próximo: a, de
Ambicioso: de	Entendido: em	Medo: a, de	Relacionado: com, a
Análogo: a	Equivalente: a	Misericordioso: com, para, com	Residente, situado, sito, morador: em
Ansioso: de, para, por	Essencial: para	Natural: de	Respeito: a, com, para com
Apaixonado: de (entusiasmado), por (enamorado)	Fácil: de	Necessário: a	Satisfeito: com, de, em, por
Apto: a, para	Falho: de, em	Nocivo: a	Semelhante: a
Aversão: a, por	Fanático: por	Obediência: a	Sensível: a
Ávido: de, por	Favorável: a	Ódio: a, contra	Suspeito: de
Benéfico: a	Favorável: a	Ojeriza: a, por	União: a, com, de, entre
Capacidade: de, para	Generoso: com	Paralelo: a, com, entre	Único: a, em
Capaz: de, para	Grato: a	Parco: em, de	Útil: a, para
Compatível: com	Hábil: em	Parecido: a, com	Vazio: de
Conforme: a (semelhante), com (coerente), em (concorde)	Habituado: a	Passível: de	Versado: em
Constante: de, em	Horror: a	Possível: de	Vinculado: a
Conteporâneo: a, de	Idêntico: a	Possuído: de, por	

6.6.2. Regência Verbal

A relação correta entre o verbo e seus complementos, ou seja, os termos regidos por ele.

Os verbos que exigem complemento, chamados transitivos, se relacionam de duas maneiras com seus complementos:

> **Verbos transitivos diretos:**

São os verbos que exigem preposição antes de seus complementos:

Ex.: *Comprei frutas hoje cedo.*

> **Verbos transitivos indiretos:**

São os verbos que exigem preposição antes de seus complementos:

Exs.: *Os moradores gostaram da pintura do prédio.*
Fui à cidade de ônibus.

> **Verbos transitivos diretos e indiretos:**

São verbos que exigem dois complementos, sendo um ligado por preposição:

Ex.: *Entreguei a carta ao diretor.*

> Verbos intransitivos:

São verbos que não exigem complemento:

Ex.: *O vizinho do apartamento ao lado morreu.*

FIQUE LIGADO

Em alguns casos, o emprego ou não de preposição poderá alterar o sentido do verbo:

Assistir:

O médico assistiu os pacientes mesmo fora de seu horário.

Verbo transitivo direto quando tiver o sentido de ajudar.

Verbo transitivo indireto quando tiver o sentido de ver.

Ex.: *Assistimos ao filme na minha casa.*

Verbo	Sentido	Regência/Preposição	Pronomes	Exemplos
Chamar	convocar	TD (por)	o,s	O Diretor o chamou à sua presença Chamei por você. (ODp)
	apelidar	TD TI > a	o,a lhe	Chamaram-no (de) charlatão. (PO) Chamaram-lhe (de) charlatão. (PO)
Chegar, vir, ir		VI > a	-	Chegou ao Rio ontem
Custar	ser custoso/difícil	TDI > a	lhe	Custa ao homem o perdão
Implicar	acarretar	TD		Isso implica punição
Lembrar Esquecer		TD	o,a	Lembrou o fato Esqueceu a chave
Lembrar-se Esquecer-se		TI > de	dele	Lembrou-se do fato. Esqueceu-se da chave.
Namorar		TD	o,a	Ele namora minha irmã
Necessitar Precisar		TD TI > de	o, a dele	O País precisa (de) agrônomos. O País precisa deles. O País precisa-os.
(Des)obedecer		TI > a	lhe (pessoa)	Os filhos obedecem aos pais. Não devemos desobedecer-lhes.
Morar, residir		VI > em	-	Mora na Rua XV de Novembro
Pagar Perdoar	coisa	TD	o, a	Deus perdoe nossos pecados
	pessoa	TI > a	lhe	Perdoei aos meus devedores. Perdoei-lhes.
Preferir	algo a alguma coisa	TDI > a		Prefiro água a sucos.
Proceder	dar início, realizar	TI > a	a ele/ela	O professor procedeu-lhe.
Querer	desejar	TD	o,a	Ele não a quis para esposa.
	amar, ter afeto a	TI > a	lhe	Juro que lhe quero muito.
Referir-se		TI > a	a ele	Referiu-se à ajuda coletiva. (a ela)
Responder	dizer ou escrever em resposta	TI > a TDI	lhe	Respondeu ao telegrama. Respondeu-lhe que estava doente.
Visar	fazer pontaria pôr visto em	TD	o,a	Visou o alvo e atirou. O banco visou o cheque.
	pretender	TI > a	a ele	O vestiba visa a uma vaga na universidade. (a ela)
Agradar	causar agrado	TI > a	lhe	O vestibular agradou aos calouros.
Ajudar		TD	o,a	O filho ajudava o pai na roça.
Aludir	fazer, referência	TI > a TDI	a ele	Aludiu aos fatos acontecidos. (a eles) Aludiu os fatos aos ouvintes.
Ansiar	causar mal-estar, angustiar	TD	o,a	O cansaço ansiava-o.
	desejar ardentemente	TD TI > por	o, a por ele	Minha alfa anseia o infinito. Ansiava por me ver fora de casa.
	padecer ânsias	VI	-	Anseio em viagens.
Aspirar	sorver, respirar	TD	o, a	Aspirava o cheiro das rosas abertas.
	desejar, pretender	TI > a	a ele	O vestiba aspira a ser médio. (a isso)
Assistir	prestar assistência	TD	o, a	O médico assiste o doente. Os missionários são assistidos por Deus.
	presenciar, ver	TI > a	a ele	porque não assistes às aulas, vestiba? Tenho assistido a elas (às aulas)
	caber, ser de direito	TI > a	lhe	Não lhe assiste o direito de oprimir os vestibas.
	morar, residir	VI > em		Assistirei na capital enquanto estiver estudando.

EXERCÍCIO COMENTADO

Estamos no trânsito de São Paulo, ano 2030. E não é preciso apertar os cintos: nosso carro agora trafega sozinho pelas ruas, salvo de acidentes, graças a um sistema que o mantém em sincronia com os demais veículos lá fora. O volante, item de uso opcional, inclina-se de um lado para outro como se fosse manuseado por um fantasma. Mas ninguém liga pra ele - até porque o carro do futuro está cheio de novidades bem mais legais. Em vez dos tradicionais quatro assentos, o que temos agora é uma verdadeira sala de estar, com poltronas reclináveis, mesa no centro e telas de LED. As velhas carrocerias de aço foram substituídas por redomas translúcidas, com visibilidade total para o ambiente externo. Se você preferir, é possível torná-la opaca e transformar o carro em um ambiente privado, quase como um quarto ambulante. Como o sistema de navegação é autônomo, basta informar ao computador aonde você quer ir e ele faz o resto. Resta passar o tempo da forma que lhe der na telha: lendo, trabalhando, assistindo ao seu seriado preferido ou até dormindo. A viagem é agradável e silenciosa.
(Superinteressante, novembro de 2014).

01. (FGV) O segmento do texto 2 em que a preposição destacada faz parte de um adjunto e NÃO é solicitada obrigatoriamente por nenhum termo anterior é:
a) "Estamos no trânsito **de** São Paulo";
b) "salvo **de** acidentes";
c) "em sincronia **com** os demais veículos lá fora";
d) "assistindo **ao** seu seriado preferido";
e) "basta informar **ao** computador".

RESPOSTA: A.
Para que uma preposição seja solicitada pelo termo anterior, deve haver regência verbal ou nominal. Essa situação não ocorre apenas na alternativa A, porque o termo "trânsito" não tem regência. Já os outros termos possuem: quem está salvo está salvo de; quem está em sincronia está em sincronia com; quem assiste assiste a; quem informa informa a alguém.

6.6.3. Crase

Quando um termo exigir, pela regência, o uso da preposição **a**, e o termo seguinte for um substantivo feminino, precedido pelo artigo **a**, a fusão de ambos os termos será representada pelo uso da crase:

Fui a:
  Exs.: *Fui ao banco.*
  Fui à cidade.

Assistir a:
  Exs.: *Assisti ao filme pela segunda vez.*
  Assisti à missa emocionada.

FIQUE LIGADO

Quando houver dúvida sobre a regência do verbo para saber se deverá utilizar crase, substitui-se o termo regido por outro no masculino:
Ex.: *Eu me dirigi **a diretora** durante o discurso.*
*Eu me dirigi **ao diretor** durante o discurso.*
Observe que quando o termo regido está no masculino, obrigatoriamente utiliza-se "ao". Sendo assim, há a contração da preposição "a" + artigo "o".
Quando ocorre contração da preposição "a" + artigo "o", utiliza-se a crase:
*Eu me dirigi **à diretora** durante o discurso.*

A crase também será **obrigatória** quando indicar:
> Horário:
  O candidato chegou às 16 horas.
> Locuções adverbiais:
  à força, à vontade, à direita, à esquerda, etc.
> Locuções prepositivas:
  à espera de, à procura de, à frente de, etc.
> Quando a expressão "à moda de" estiver subentendida:
  bife à milanesa (à moda milanesa), cabelo à Roberto Carlos (à moda de Roberto Carlos)
> A contração entre a preposição "a" + o pronome demonstrativo "aquele":
  Eu me referi àquele material (nesse caso, não importa que o termo ao qual se refere for masculino, pois não há o artigo "a", e sim o pronome "aquele")

A crase é **facultativa** antes de:
> Pronome possessivo:
  Entregarei isso a minha mãe.
  Entregarei isso à minha mãe.
> Nome feminino:
  Entregarei isso a Tina.
  Entregarei isso à Tina.

A crase será **proibida** antes de:
> Verbos:
  A partir de amanhã, as aulas serão semanais.
> Substantivos masculinos:
  Foram a pé.
> Pronomes que não admitam o artigo "a" (pronomes pessoais, relativos, indefinidos e demonstrativos):
  Refiro-me a uma pessoa muito especial.
  Ele se dirigiu a qualquer aluno.
> Expressões com palavras repetidas:
  Cara a cara; palmo a palmo.

> Antes de "Nossa Senhora" e demais nomes de santas:
> Pedi a Nossa Senhora que o guiasse.
> Apelei a Santa Rita.
> Numerais cardinais:
> De 20 a 50 pessoas estudam nessas salas.
> De 2008 a 2012 eu morei naquela rua.
> Exceto antes de horário: Ele chegou às 14 horas.
> Depois de preposições:
> Pedi até a diretora.
> Quando a preposição "a" aparece sozinha antes de palavra no plural:
> Eu me refiro a obras de caridade.
> Ele pediu a pessoas importantes.

FIQUE LIGADO

Não haverá crase quando o termo for precedido pela preposição "de":
Atendimento de segunda a sexta.

Mas ela é obrigatória quando houver a preposição "da":
Da segunda à quarta fileira os lugares estão reservados.

Quando indicar lugar, a mesma regra é válida:
Voltei de São Paulo. Vou a São a Paulo.
Voltei da Bahia. Vou à Bahia.

VAMOS PRATICAR

Os exercícios a seguir são referentes ao conteúdo: Sintaxe.

01. (IBFC - Adaptada) A concordância empregada na oração "Já faz seis meses", ocorre em função de uma característica linguística do verbo. Essa mesma característica pode ser observada na seguinte opção:

    a) Organizaram-se reuniões periódicas na empresa.
    b) Há muitas questões pendentes ainda.
    c) O encontro ocorreu sem transtorno algum.
    d) Falhou o projeto e a experiência.
    e) Espera-se a ajuda do grupo.

02. (VUNESP) Os dados do Sistema de Seleção Unificada comprovam que a diferença de percentual entre os candidatos à medicina egressos tanto de escolas particulares quanto de escola públicas foi quase _____, pois eles tiveram desempenho _____.

    Em conformidade com a norma-padrão da língua portuguesa, as lacunas devem ser preenchidas, respectivamente, com:

    a) nula ... bastantes semelhantes
    b) nulo ... bastante semelhante
    c) nula ... bastante semelhante
    d) nula ... bastante semelhantes
    e) nulo ... bastante semelhantes

03. (FCC) As normas de concordância verbal acham-se plenamente respeitadas na construção da seguinte frase:

    a) Cabem às editoras zelar pela boa qualidade da literatura de cordel cuja publicação foi assumida.
    b) Não se privem os leitores de usufruir belas edições que perenizem em livro os grandes autores de cordel.
    c) Quanto às edições de literatura de cordel, não se tratam apenas de produzir bons livros, mas de saber trabalhar com eles.
    d) O fato de haverem muitos poemas de cordel não significa que a maioria dos brasileiros tenham dado por sua real importância.
    e) A um grande número de leitores interessam que os folhetos de cordel sejam dignamente publicados em livro.

04. (FGV) "Sua vantagem é tanta que a prefeitura da Cidade do México lançou um programa de conservação hídrica que substituiu 350 mil vasos por modelos mais econômicos. As substituições reduziram de tal forma o consumo que seria possível abastecer 250 mil pessoas a mais. No entanto, muitas casas no Brasil têm descargas embutidas na parede, que costuma ter um altíssimo nível de consumo. O ideal é substituí-las por outros modelos." Nesse segmento do texto, a forma verbal sublinhada que apresenta erro em relação à concordância é:

    a) lançou;
    b) substituiu;
    c) abastecer;
    d) têm;
    e) costuma.

05. (FGV)

Escovar os dentes ou se barbear com a torneira fechada geram economia de 79 litros

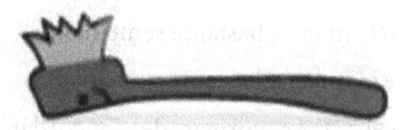

Na frase, o verbo está no plural por concordar com o sujeito composto "escovar os dentes ou se barbear"; a frase abaixo em que a forma verbal deveria estar no singular é

a) deixar a torneira aberta ou fechá-la fazem muita diferença na conta mensal de água;
b) lavar o carro com mangueira ou tomar banhos prolongados aumentam a despesa doméstica;
c) os adultos ou as crianças podem colaborar na economia doméstica;
d) o desperdício de água ou o desmatamento mostram descuido com o futuro do planeta;
e) cuidar dos encanamentos ou preocupar-se com vazamentos demonstram consciência cidadã.

06. (FCC) Considere o seguinte enunciado: A jornalista Eliane Brum aproximou-se das parteiras amapaenses e **entrevistou as parteiras amapaenses** para apresentar **as parteiras amapaenses** ao restante do Brasil.

Para eliminar as repetições viciosas, as expressões destacadas devem ser substituídas, de acordo com a norma-padrão da língua portuguesa, respectivamente, por:

a) as entrevistou - lhes apresentar
b) entrevistou-nas - as apresentar
c) entrevistou-as - apresentá-las
d) entrevistou-lhes - apresentar-lhes
e) lhes entrevistou - apresentar-nas

07. (VUNESP) Assinale a alternativa correta quanto à colocação pronominal, de acordo com a norma-padrão da língua portuguesa.

a) Se criou na China, com o acordo de transição, a fórmula "um país, dois sistemas".
b) Por um período de 50 anos, manteriam-se o arcabouço democrático e a livre-iniciativa.
c) O governo chinês recentemente se arrogou o direito de aprovação prévia dos candidatos.
d) Os chineses têm questionado-se se o país pretende intervir e ampliar seu controle sobre Hong Kong.
e) Não respeitaram-se os princípios que presidiram a passagem de Hong Kong à China.

08. (FCC) A substituição do elemento grifado pelo pronome correspondente foi realizada de modo INCORRETO em:

a) pôs em evidência o fator comum = pô-lo em evidência b) eliminou imediatamente a variante = eliminou-na imediatamente
b) arremedar a marcha desgovernada de um tabético = arremedá-la
c) trocou por outras as botinas escarrapachadas = trocou-as por outras
d) ela destruía a unidade física do tipo = ela a destruía

09. (FCC) As novas tecnologias estão em vertiginoso desenvolvimento, mas não tomemos as novas tecnologias como um caminho inteiramente seguro, pois falta às novas tecnologias, pela velocidade mesma com que se impõem, o controle ético que submeta as novas tecnologias a um padrão de valores humanistas.

Para evitar as viciosas repetições do texto acima é preciso substituir os segmentos sublinhados, na ordem dada, pelas seguintes formas:

a) lhes tomemos – lhes falta – as submeta
b) as tomemos – falta a elas – submeta-las
c) lhes tomemos – falta-lhes – submeta-lhes
d) tomemos a elas – lhes falta – lhes submeta
e) as tomemos – falta-lhes – as submeta

10. (FCC) A educação para a cidadania é um objetivo essencial, mas comprometem essa educação para a cidadania os que pretendem praticar a educação para a cidadania sem dotar a educação para a cidadania da visibilidade das atitudes públicas.

Evitam-se as repetições viciosas da frase acima substituindo-se os segmentos sublinhados, respectivamente, por:

a) comprometem-lhe – praticá-la – dotar-lhe
b) comprometem ela – praticar-lhe – dotá-la
c) comprometem-na – praticá-la – dotá-la
d) comprometem a mesma – a praticar – lhe dotar
e) comprometem a ela – lhe praticar – a dotar

11. (VUNESP) Assinale a alternativa em que a colocação do pronome destacado, na frase reescrita, está de acordo com a norma-padrão.

    a) os espanhóis massacravam-**no** e Garrincha sobrevivia ao próprio assassinato.

    b) Entre nós e a peleja ainda não erguiam-**se** os Andes.

    c) **O** caçaram a patadas, como uma ratazana.

    d) Mas ele ia passando, diria-**se** um maravilhoso ser incorpóreo.

    e) Ninguém sentiu-**se** direta e pessoalmente degradado

12. (CETRO) Nas orações abaixo, os pronomes estão empregados em próclise. Assinale a alternativa em que esse emprego esteja **incorreto**.

    a) Nada a deixa feliz.

    b) Ninguém o abandonou, foi ele que se isolou.

    c) Mesmo que se aborreça, é melhor ele saber a verdade.

    d) Fique tranquilo, garanto que lhe entrego o documento pessoalmente.

    e) Me enviarão o material por SEDEX.

13. (CESGRANRIO) O período no qual o acento indicativo da crase está empregado de acordo com a norma-padrão é:

    a) Começou à chover torrencialmente.

    b) Vamos encontrar-nos às três horas.

    c) Meu carro foi comprado à prazo.

    d) O avião parte daqui à duas horas.

    e) Ontem fui à uma apresentação de dança.

14. (CESGRANRIO) O período em que a palavra em destaque respeita a regência verbal conforme a norma-padrão é:

    a) Os jogadores não abraçaram **à** causa dos torcedores: vencer a competição.

    b) O goleiro ajudou **ao** time quando defendeu o pênalti.

    c) A população custou **com** se habituar aos turistas.

    d) Esquecemos **das** lições que aprendemos antes.

    e) Lembrar os erros só pode interessar **aos** adversários.

15. (VUNESP) ____ quebra do compromisso entre Hong Kong e China, que atinge ____ eleições marcadas para 2017, seguiram-se manifestações, pois, com o controle da cidade, haveria ameaça ____ garantia de plenas liberdades.

    As lacunas devem ser preenchidas, correta e respectivamente, com:

    a) A ... as ... à

    b) À ... às ... à

    c) A ... às ... a

    d) A ... às ... à

    e) À ... as ... a

Quase humanos
Superinteressante, edição 267-A

Nós, seres humanos, vivemos em sociedade. E, por definição de sociedade, cada um de nós coopera para a manutenção de uma mínima harmonia, sem a qual nossa espécie não sobreviveria. Não se trata de idealismo: vontades que nos poderiam colocar uns contra os outros são freadas por um estranho dispositivo: a empatia. Ela é a capacidade de nos colocarmos no lugar do próximo e nos sensibilizarmos com o sofrimento a que nossos atos possam levá-lo. Deixamos de prejudicar os outros, pois isso mesmo nos levaria a sofrer. E fazemos o bem, pois isso nos dá prazer.

Mas uma minoria da humanidade sobreviveu à evolução aleijada da empatia. São os psicopatas.

Eles são algo diferente dos humanos, embora dotados da mesma racionalidade que nos define como espécie. São seres mutilados da emoção e, por isso, incapazes de sentir pelos outros. Isso os levou a assumir o papel representado na ecologia por parasitas e predadores.

16. (FGV) "Ela é a capacidade de nos colocarmos no lugar do próximo e nos sensibilizarmos com o sofrimento a que nossos atos possam levá-lo."

    No início da última oração, o texto empregou corretamente a preposição "a" antes do pronome relativo, pois assim o exigia a regência do verbo "levar". Mantendo-se a mesma estrutura, a frase abaixo em que a preposição está corretamente empregada é:

    a) com que nossos atos possam livrar;

    b) de que nossos atos possam ajudar;

    c) a que nossos atos possam manter;

    d) com que nossos atos possam informar;

    e) contra que nossos atos possam chocar-se.

17. (FUNCAB) O verbo "haver" - empregado corretamente, como verbo impessoal, em "Havia provas escritas e orais." - flexiona-se, para concordar com o sujeito, apenas no contexto da seguinte frase:

    a) Alguns candidatos se houveram bem na prova.

    b) Haviam até candidatos que desmaiavam.

    c) Haveriam candidatos melhores em São Paulo?

d) Mestres como aqueles nunca mais houveram.

e) Era uma anástrofe, como muitas que haviam no Hino.

18. (VUNESP) Nas estações de transporte de massa ___ serem instaladas, é preciso que _____ comércio e serviços para dar atenção ___ necessidades diárias das pessoas, garantindo a elas oportunidades de resolverem suas questões quando em trânsito.

De acordo com a norma-padrão da língua portuguesa, as lacunas do enunciado devem ser preenchidas, respectivamente, com:

a) a ... misturem-se ... a

b) à ... misturem-se ... às

c) a ... se misturem-se ... à

d) à ... se misturem ... às

e) a ... se misturem ... às

19. (VUNESP) Além de mudanças no estilo de vida e nas condições sanitárias, as pessoas estão vivendo mais graças_____ boas perspectivas da medicina. A expectativa de vida hoje é de 74 anos. Ninguém tem dúvida da importância das atividades físicas na prevenção de doenças e no processo de um envelhecimento ativo. Mas hoje, mesmo tendo condições físicas, muitos idosos temem frequentar parques e praças devido_____ falta de segurança das grandes cidades.

(Folha de S.Paulo, 26.08.2014. Adaptado)

As lacunas do texto devem ser preenchidas, correta e respectivamente, com:

a) à ... a

b) às ... à

c) a ... a

d) às ... a

e) à ... à

20. (FUNDEP) Assinale a alternativa em que o acento indicador da crase foi usado **INCORRETAMENTE**.

a) Queria, antes de tudo, certificar-me das práticas dos fabricantes em relação às normas socioambientais.

b) As árvores que dão origem às tábuas demoram entre 15 e 20 anos para chegar à idade de corte.

c) A profissional chinesa à quem as empreendedoras recorreram selecionou dois fabricantes do produto.

d) O verniz que dá acabamento às tábuas é à base de água e não utiliza qualquer solvente.

21. (IADES) De acordo com o que prescreve a norma-padrão acerca do emprego do sinal indicativo de crase, assinale a alternativa correta.

a) O diretor do hospital referia-se à algumas enfermeiras que estiveram no plantão de ontem.

b) Cheguei à acreditar que a médica receitaria um analgésico à minha mãe.

c) O enfermeiro conduzirá à paciente até o ambulatório.

d) A doutora começa a atender às 8 horas.

e) Daqui a duas horas, retornarei a farmácia, que fica ao lado da pediatria.

Corrida contra o ebola

Já faz seis meses que o atual surto de ebola na África Ocidental despertou a atenção da comunidade internacional, mas nada sugere que as medidas até agora adotadas para refrear o avanço da doença tenham sido eficazes.

Ao contrário, quase metade das cerca de 4.000 contaminações registradas neste ano ocorreram nas últimas três semanas, e as mais de 2.000 mortes atestam a força da enfermidade. A escalada levou o diretor do CDC (Centro de Controle e Prevenção de Doenças) dos EUA, Tom Frieden, a afirmar que a epidemia está fora de controle.

O vírus encontrou ambiente propício para se propagar. De um lado, as condições sanitárias e econômicas dos países afetados são as piores possíveis. De outro, a Organização Mundial da Saúde foi incapaz de mobilizar com celeridade um contingente expressivo de profissionais para atuar nessas localidades afetadas.

Verdade que uma parcela das debilidades da OMS se explica por problemas financeiros. Só 20% dos recursos da entidade vêm de contribuições compulsórias dos países-membros – o restante é formado por doações voluntárias.

A crise econômica mundial se fez sentir também nessa área, e a organização perdeu quase US$ 1 bilhão de seu orçamento bianual, hoje de quase US$ 4 bilhões. Para comparação, o CDC dos EUA contou, somente no ano de 2013, com cerca de US$ 6 bilhões.

Os cortes obrigaram a OMS a fazer escolhas difíceis. A agência passou a dar mais ênfase à luta contra enfermidades globais crônicas, como doenças coronárias e diabetes. O departamento de respostas a epidemias e pandemias foi dissolvido e integrado a outros. Muitos profissionais experimentados deixaram seus cargos.

Pesa contra o órgão da ONU, de todo modo, a demora para reconhecer a gravidade da situação. Seus esforços iniciais foram limitados e mal liderados.

O surto agora atingiu proporções tais que já não é mais possível enfrentá-lo de Genebra, cidade suíça sede da OMS. Tornou-se crucial estabelecer um comando central na África Ocidental, com representantes dos países afetados.

Espera-se também maior comprometimento das potências mundiais, sobretudo Estados Unidos, Inglaterra e França, que possuem antigos laços com Libéria, Serra Leoa e Guiné, respectivamente.

A comunidade internacional tem diante de si um desafio enorme, mas é ainda maior a necessidade de agir com rapidez. Nessa batalha global contra o ebola, todo tempo perdido conta a favor da doença.

(Disponível em: http://www1.folha.uol.com.br/opiniao/2014/09/1512104-editorial-corrida-contra-o-ebola.shtml: Acesso em: 08/09/2014)

22. (IBFC) Os fragmentos "somente no ano de 2013" (5º§) e "cidade suíça sede da OMS" (8º§) estão marcados por vírgula pois:

   a) são adjuntos adverbiais empregados na ordem inversa.
   b) o primeiro é um adjunto adverbial deslocado e o segundo, um aposto.
   c) são exemplos de apostos com caráter explicativo.
   d) o primeiro é um aposto e o segundo adjunto adverbial deslocado.
   e) ambos são exemplos de adjuntos adnominais deslocados.

GABARITO

01	B	12	C
02	C	13	B
03	B	14	E
04	E	15	E
05	A	16	E
06	C	17	A
07	C	18	E
08	B	19	B
09	E	20	C
10	C	21	D
11	A	22	B

ANOTAÇÕES

7. Pontuação

Os sinais de pontuação são recursos gráficos utilizados na linguagem escrita. Sua finalidade é estruturar os textos e estabelecer as pausas e as entonações da fala. Vale destacar que alguns desses sinais server para assinalar as pausas e a entonação da voz na leitura; separar ou isolar termos sintáticos; e esclarecer o sentido de um enunciado, para afastar qualquer ambiguidade.

Por isso, no decorrer deste capítulo, serão apresentados os sinais de pontuação, bem como a função de cada um deles.

Ponto (.)

a) Indica o fim de um período simples, de uma frase com sentido completo.

Ex.: *Queremos mudar de vida.*

b) É usado em abreviações.

Exs.:

Sr. (Senhor)

a.C. (antes de Cristo)

num. (numeral)

ex. (exemplo)

etc. (et cetera)

FIQUE LIGADO

1) Etc. significa "e outras coisas". Não é necessário escrever "e etc.", nem precisa ser precedido por vírgula, embora seja aceito por alguns gramáticos.

Compramos livros, revistas, gibis etc.

Compramos livros, revistas, gibis, etc.

2) Uso de reticências com etc.: devemos optar.

Compramos livros, revistas, gibis etc.

Compramos livros, revistas, gibis...

3) "Etc." refere-se a "e outras coisas"; não use para pessoas. Para pessoas, utilize "et al." (significa "e outros").

Ponto de Interrogação (?)

a) Usado em perguntas.

Ex.: *Vocês precisam de algo?*

b) Indica diversos sentimentos (surpresa, indignação, expectativa).

Exs.:

Os acusados não foram presos? (indignação)

Você foi aprovado? (surpresa)

Saiu o resultado? (expectativa)

Ponto de Exclamação (!)

a) Expressa sentimentos: empolgação, súplica, reclamação, surpresa.

Exs.:

Vamos para a praia! (empolgação)

Por favor, façam silêncio! (súplica)

Que susto! (surpresa)

b) Emprega-se no final de interjeições e locuções interjetivas.

Exs.:

"Oh! Meu Deus!"

"Eu te amo!"

c) Usado depois de vocativos.

Ex.: *Você pode, garoto!*

FIQUE LIGADO

1) Pode-se usar interrogação e exclamação juntos.

Ex.: Que estranho, não?!

2) Pode-se repetir várias vezes estes sinais de pontuação.

Ex.:

-Você quer um bônus???

-Quero sim!!!

Reticências (...)

a) Suprime trechos.

Ex.: *Era uma vez (...)*

b) Marca continuidade de pensamento ou de enumerações.

Ex.: *Eu gostei dos atores, mas da história...*

Parênteses ( )

a) ndica uma explicação.

Ex.: *A ONU (Organização das Nações Unidas) atua em vários países.*

b) Fontes bibliográficas.

Ex.: *(SILVA, 2015)*

Aspas (" ")

a) Destaca transcrições, citações.

Ex.: *"É na subida que a canela engrossa."*

b) Mostra expressões estrangeiras, neologismos, arcaísmos, gírias, apelidos ou para dar ênfase a qualquer expressão.

Ex.: *"Let's go"!*

c) Indica ironia.

Ex.: *"Que anjinho". Não para quieto.*

d) Relativiza o sentido de uma expressão.

Ex.: *Os homens, que são "racionais", acabam com o meio em que vivem.*

Travessão (-)

a) Marca mudança de interlocutor em um diálogo.

Ex.:

- Oh, Zé! Você trouxe minha encomenda?

- Não, esqueci.

b) Separa orações intercaladas, como se fossem vírgulas.

Ex.: *Os animais – disse o biólogo – precisam de um ambiente adequado para viver.*

c) Expressa comentário ou opinião do autor do texto.

Ex.: *Os que já tiveram chance – e o privilégio – de serem aprovados podem contar como se prepararam.*

Dois Pontos (:)

a) Quando se faz uma citação ou introduzir uma fala.

Ex.:

O policial disse:

- Mãos para cima!

b) Indica explicação, esclarecimento ou resumo do que foi dito.

Ex.: *Os materiais são estes: caderno, lápis e borracha.*

c) Marca orações apositivas.

Ex.: *A ordem é esta: que todos estudem.*

d) Quando se quer indicar uma enumeração.

Ex.: *O Brasil é um país conhecido por: carnaval, futebol e corrupção.*

e) Na introdução de exemplos, notas e observações.

Ex.: *Obs.: A norma padrão deve ser seguida.*

f) Em invocações de correspondências.

Ex.: *Prezados Senhores:*

g) Em citações e referências.

Ex.: *Como diz um ditado popular: "Cego é aquele que não quer ver."*

Ponto e Vírgula (;)

a) Separa itens.

Ex.: *Em Português, deve-se estudar: morfologia; sintaxe; semântica.*

b) Pode ser usado para evitar o excesso de vírgulas.

Ex.: *Foram à feira de negócios. José comprou um carro; Paulo, uma moto; João, um barco.*

c) Separa antítese.

Ex.: *Uns mandam; outros obedecem.*

d) Dá maior pausa a conjunções adversativas (mas, porém, contudo, todavia, entretanto, etc.).

Ex.: *A equipe jogou certo; porém, perdeu o jogo.*

Vírgula

A vírgula é um dos sinais de pontuação que mais causam dúvidas quanto ao seu emprego. Para entender esse sinal, é preciso conhecer as regras em que se pode fazer emprego dela, e as regras em que o uso de vírgula é proibido.

Casos em Que a Vírgula é Empregada

Separa Vocativo

Ex.: *Venha, meu filho, que temos de chegar cedo.*

Separa Aposto Explicativo

Ex.: *Nós, brasileiros, precisamos lutar por justiça.*

Separa Palavras ou Expressões Explicativas, Conclusivas, Retificativas, Repetidas

Exs.:

Foram ao teatro, isto é, divertiram-se bastante.

As suas dicas, aliás, são perfeitas.

Corri na maratona de domingo, ou melhor, tentei correr.

Separa Termos Assindéticos Coordenados

Ex.: *Era uma mulher bonita, inteligente, decidida.*

Separa Termos Antepostos Desde Que Pleonásticos

Exs.:

Aos amigos, entreguei-lhes o convite.

As flores, eu as comprei.

Separa Conjunções Deslocadas

Ex.: *Ele é o diretor; obedeça, pois, suas determinações.*

Separa Locuções Adverbiais Antepostas ao Verbo

Exs.:

No aeroporto, esperavam-se os artistas.

A população, no ano passado, participou das eleições.

> **FIQUE LIGADO**
>
> *Advérbio ou locução adverbial deslocada/intercalada com até 3 palavras: emprego de vírgula é facultativo. Acima de 3, o emprego é obrigatório.*
>
> **Exs.:**
>
> *Em nossa formatura, haverá várias surpresas.*
>
> *Em nossa formatura haverá várias surpresas.*
>
> *Hoje, fomos ao circo.*
>
> *Hoje fomos ao circo.*
>
> *Haverá, durante toda a formatura, várias surpresas.*

Separa Predicativo do Sujeito

Ex.: *Vitor, entusiasmado, gritava muito.*

Separa Datas

Ex.: *Fortaleza, 01 de agosto de 2015.*

Indica Zeugma do Verbo

Ex.: *A primeira aula é sobre verbos; a segunda, sobre pronomes.*

Separa Orações Coordenadas Assindéticas e Sindéticas

Obs.: exceto as aditivas ligadas pela conjunção e, nem; e as ligadas pela conjunção ou.

Exs.:

Estude muito, logo sua aprovação virá.

Estava ansioso, ora andava, ora ficava quieto.

Usa-se Vírgula com a Conjunção e nos Seguintes Casos:

→ Em orações com sujeitos diferentes
Ex.: *O homem vendeu o carro, e a mulher não gostou.*

→ Com conjunção adversativa (e=mas)
Ex.: *Chegou a casa, e desistiu de entrar.*

→ No polissíndeto
Ex.: *Faltaram-lhe os amores, e a vida, e a felicidade.*

Separa Orações Adverbiais

→ Obrigatoriamente, quando deslocadas.
Ex.: *Quando sair o resultado, temos dois dias para os recursos.*

→ Facultativamente, quando pospostas (para dar ênfase)
Ex.: *Entreguei o relatório, conforme havia prometido.*

Separa Orações Adjetivas Explicativas

Ex.: *Os políticos, que são eleitos por meio do voto, devem representar a população.*

Separa Orações Interferentes

Ex.: *Nenhuma pesquisa, que tenhamos percebido, abordou tal assunto.*

> **FIQUE LIGADO**
>
> *Quando as vírgulas isolam termos que são acessórios, elas podem ser substituídas por travessões ou parênteses.*
>
> **Ex.:**
>
> *Nenhuma pesquisa - que tenhamos percebido - abordou tal assunto.*

Separa Orações Adverbiais Reduzidas

Ex.: *Ao terminar a prova, todos podem levar os gabaritos.*

Considerando o resultado, precisamos estudar mais.

Casos em que a Vírgula não é Empregada

Sujeito e Verbo

Ex.: *Os senadores amanhã votarão o projeto.*

Verbo Transitivo e Complemento Obrigatório (OD ou OI)

Exs.:

Alguns manifestantes não mostraram a cara.

Muitas pessoas já não confiam em políticos.

Objeto Direto e Objeto indireto

Ex.: *A banca divulgou o resultado aos inscritos.*

Nome e Adjunto Adnominal

Exs.:

A economia brasileira é muito vulnerável.

O carro de polícia está em frente à farmácia.

Nome e Complemento Nominal

Ex.: *Tenho esperança de que o edital seja publicado hoje.*

Verbo de Ligação e Predicativo do Sujeito

Ex.: *Os alunos parecem animados.*

Nome e Aposto Nominativo, Especificativo

Ex.: *O Rio Amazonas é um dos maiores do mundo.*

FIQUE LIGADO

Um erro muito comum em textos escritos é inserir uma vírgula após a conjunção que quando há oração subordinada substantiva. Somente será empregada vírgula se houver um termo intercalado após o "que".

As pessoas esperam que, os políticos cumpram as promessas. (errado)

As pessoas esperam que os políticos cumpram as promessas. (certo)

As pessoas esperam que, após as eleições, os políticos cumpram as promessas. (certo)

EXERCÍCIO COMENTADO

01. (Cespe) Acredito no que vejo e no que me contam pessoas fidedignas, por mais extraordinário que pareça. Sei que o poder do Criador é infinito e a arte do inimigo, vária.

A supressão da vírgula empregada no trecho "a arte do inimigo, vária" prejudicaria o sentido original do texto.

CERTO. *A vírgula após a palavra inimigo marca a elipse de "é" (chama-se de vírgula vicária). Pode-se perceber pela estrutura: [...] e a arte do inimigo é vária.*

02. (Vunesp) No período – O presidente dos Estados Unidos, Barack Obama, não consegue se explicar com velocidade suficiente. – as vírgulas são usadas pelo mesmo motivo que no seguinte enunciado:
a) Ao encontrar o novo diretor, disse-lhe: "Já lhe enviei, senhor diretor, o relatório".
b) Curitiba, cidade modelo, tem uma das maiores relações habitante/árvore do Brasil.
c) Salvador, por ser uma cidade turística, está sempre bastante movimentada.
d) Trouxe-lhe os documentos, a saber, a procuração e as escrituras dos imóveis.
e) Todos sabiam que, embora tímido, ele morria de amor pela bela vizinha.

RESPOSTA: C. O enunciado da questão traz um aposto isolado por vírgulas (Barack Obama). A mesma situação ocorre na alternativa C (cidade modelo).

VAMOS PRATICAR

Os exercícios a seguir são referentes ao conteúdo: Pontuação.

01. (Cespe) O dever anual de prestar contas é da pessoa física. Assim sendo, no nível municipal, esse dever é do prefeito, que, nesse caso, age em nome próprio, e não em nome do município. Tal obrigação se dá em virtude de força da lei.

A supressão da vírgula empregada logo após a expressão "Assim sendo" prejudicaria a correção do texto.

Certo ( )   Errado ( )

02. (Cespe) As audiências públicas constituem um importante instrumento de abertura participativa que proporciona legitimidade e transparência às decisões tomadas pelas diretentes esferas de poder.

Seria mantida a correção gramatical do texto, caso seu segundo parágrafo fosse reescrito do seguinte modo: Constituindo importante instrumento de abertura participativa, as audiências públicas tornam legítimas e transparentes as decisões tomadas pelas diferentes esferas de poder.

Certo ( )   Errado ( )

03. (Cespe) Nos útlimos anos, entretando, estão sendo desenvolvidos métodos analíticos mais precisos para avaliar a influência dos fatores econômicos, epidemiológicos e sociólogicos associados às raízes sociais da violência urbana: pobreza, impunidade, acesso a armamento, narcotráfico, intolerância social, ruptura de laços familiares, imigração, corrupção de autoridades ou descrédito na justiça.

Na linha 6, estaria gramaticalmente correta a inserção, entre a palavra "urbana" e o sinal de dois-pontos, de qualquer uma das seguintes expressões, antecedidas de vírgula: **como, tais como, quais sejam, entre as quais se destacam**.

Certo ( )   Errado ( )

04. (Cespe) Nos Estados Unidos, país com maior número de aparelhos por habitante, a autoridade máxima de saúde pública do país (*Surgeon General*) já afirmava em comunicação à nação, no ano de 1972: "A violência na televisão realmente tem efeitos adversos em certos membros de nossa sociedade".

As vírgulas imediatamente após "Estados Unidos" e "habitante" não podem ser eliminadas, porque têm a função de isolar um aposto explicativo.

Certo ( )   Errado ( )

05. (Cespe) No filme **justiça**, por meio da interação entre réus e magistrados, surge uma evidência importante, que é o papel ordenador da linguagem.

Ao se substituir o trecho "importante, que é" (L.2) por **importante:**, mantém-se a correção gramatical e a informação original do período.

Certo ( ) Errado ( )

06. (Cespe) Em relação ao tema da democracia e da cidadania no mundo grego não havia ambiguidades: cidadãos eram aqueles liberados do reino da necessidade, portadores de direitos e cumpridores de deveres, agindo no mundo por meio do discurso e da ação e gozando da liberdade.

A substituição do sinal de dois-pontos depois de "ambiguidades" (l.2-3) pela conjunção porque preserva a correção gramatical e as relações semânticas do texto.

Certo ( ) Errado ( )

07. (Cespe) Essas facetas implicam lidar com aspectos que permeiam as relações entre as pessoas – empatia, simpatia, desconsideração, estima, desconfiança, confiança, autoridade, desrespeito, respeito, crenças e valores, entre outros que apenas quem vive o cotidiano da sala de aula pode com propriedade relatar.

Na linha 2, o travessão pode ser substituído por sinal de dois-pontos sem prejuízo para a correção gramatical do período.

Certo ( ) Errado ( )

08. (Cespe) Identificar e atrair profissionais com voação e conhecimento necessários ao bom desempenho da tarefa doprofessor exige comprometimento de todo o setor educacional, considerando a valorização da profissão, as condições de trabalho, a qualidade de vida e uma remuneração que corresponda à importância da função.

As vírgulas após "profissão" (l.5) e após "trabalho" (l.6) justificam-se por isolar aposto explicativo.

Certo ( ) Errado ( )

09. (Vunesp)

(Folha de S.Paulo, 03.01.2014. Adaptado)

De acordo com a norma-padrão, no primeiro quadrinho, na fala de Hagar, deve ser utilizada uma vírgula, obrigatoriamente,

a) antes da palavra "olho".
b) antes da palavra "e".
c) depois da palavra "evitar"
d) antes da palavra "evitar".
e) depois da palavra "e".

10. (Cespe) **Texto CG1A01AAA**

O crime organizado não é um fenômeno recente. Encontramos indícios dele nos grandes grupos contrabandistas do antigo regime na Europa, nas atividades dos piratas e corsários e nas grandes redes de receptação da Inglaterra do século XVIII. A diferença dos nossos dias é que as organizações criminosas se tornaram mais precisas, mais profissionais.

Um erro na análise do fenômeno é a suposição de que tudo é crime organizado. Mesmo quando se trata de uma pequena apreensão de crack em um local remoto, alguns órgãos da imprensa falam em crime organizado. Em muitos casos, o varejo do tráfico é um dos crimes mais desorganizados que existe. É praticado por um usuário que compra de alguém umas poucas pedras de crack e fuma a metade. Ele não tem chefe, parceiros, nem capital de giro. Possui apenas a necessidade de suprir o vício. No outro extremo, fica o grande traficante, muitas vezes um indivíduo que nem mesmo vê a droga. Só utiliza seu dinheiro para financiar o tráfico ou seus contatos para facilitar as transações. A organização criminosa envolvida com o tráfico de drogas fica, na maior parte das vezes, entre esses dois extremos. É constituída de pequenos e médios traficantes e uns poucos traficantes de grande porte.

Nas outras atividades criminosas, a situação é a mesma. O crime pode ser praticado por um indivíduo, uma quadrilha ou uma organização. Portanto, não é a modalidade do crime que identifica a existência de crime organizado.

Guaracy Mingardi. Inteligência policial e crime organizado. In: Renato Sérgio de Lima e Liana de Paula (Orgs.). Segurança pública e violência: o Estado está cumprindo seu papel? São Paulo: Contexto, 2006, p. 42 (com adaptações).

No texto CG1A01AAA, isola um trecho de natureza explicativa a vírgula empregada logo após

a) "traficante" (l.17).
b) "vezes" (l.21).
c) "indivíduo" (l.24).
d) "remoto" (l.10).
e) "casos" (l.12).

11. (Vunesp) Assinale a alternativa em que a função dos dois-pontos na frase está corretamente indicada entre parênteses.

a) Escreve o cientista: "A capacidade de experimentar sentimentos significa que os cães têm um nível de sensibilidade muito grande. (introduzir uma indicação bibliográfica)

b) Cláudio me respondeu: "Estamos estudando beleza com um filósofo francês". (introduzir a fala de um interlocutor)

c) Uma amiga, aliás, contava-me há tempos uma história instrutiva: em três anos de maternidade, ela acumulara mais de mil fotos do primogênito. (introduzir uma enumeração)

d) Esse excesso não pode ser coisa boa: a facilidade com que hoje se tiram fotos é diretamente proporcional à facilidade com que nos esquecemos delas. (introduzir uma citação)

e) ... o mundo vai bater recordes no número de fotos tiradas: qualquer coisa como 3 trilhões. (introduzir a citação de um autor)

12. (Cespe) "No dia 3 de julho de 1950, a Coreia do Norte atacou e tomou Seul, a capital do Sul. (...) O conflito durou cerca de três anos e terminou com o país ainda dividido ao meio. O saldo? Três milhões e meio de mortos."

O emprego da interrogação é um recurso estilístico e retórico que confere ênfase à informação subsequente.

Certo ( )   Errado ( )

13. Assinale a série de sinais cujo emprego corresponde, na mesma ordem, aos parênteses indicados no texto:

"Pergunta-se ( ) qual é a ideia principal desse parágrafo ( ) A chegada de reforços ( ) a condecoração ( ) o escândalo da opinião pública ou a renúncia do presidente ( ) Se é a chegada de reforços ( ) que relação há ( ) ou mostrou seu autor haver ( ) entre esse fato e os restantes ( )".

a) , , ? ? ? , , , .
b) : ? , , ? , - - ?
c) - ? , , . - - - .
d) : ? , . - , , , ?
e) : . , , ? , , , .

14. "Entre esses dois tipos não há, em verdade, tanto uma oposição absoluta quanto uma incompreensão radical."

O emprego de vírgulas justifica-se por separar elementos de mesma função sintática.

Certo ( )   Errado ( )

15. (Cespe) "No dia 3 de julho de 1950, a Coreia do Norte atacou e tomou Seul, a capital do Sul. (...) O conflito durou cerca de três anos e terminou com o país ainda dividido ao meio. O saldo? Três milhões e meio de mortos."

O emprego da vírgula logo após "1950" justifica-se por isolar adjunto adverbial anteposto.

Certo ( )   Errado ( )

16. (Cespe) "No dia 3 de julho de 1950, a Coreia do Norte atacou e tomou Seul, a capital do Sul. (...) O conflito durou cerca de três anos e terminou com o país ainda dividido ao meio. O saldo? Três milhões e meio de mortos."

A expressão "a capital do Sul" vem antecedida de vírgula porque se trata de um vocativo.

Certo ( )   Errado ( )

GABARITO

01	CERTO	09	C
02	CERTO	10	A
03	CERTO	11	B
04	CERTO	12	CERTO
05	CERTO	13	B
06	CERTO	14	ERRADO
07	CERTO	15	CERTO
08	ERRADO	16	ERRADO

ANOTAÇÕES

Redação

ÍNDICE

1. **Redação para Concursos Públicos** 101
   - **Posturas em Relação à Redação** 101
     - Leitura 101
     - Produção do Texto 101
     - Escrita 101
     - Tema 101
     - Objetividade 101
   - **Apresentação do Texto** 101
     - Letra - Legibilidade 101
     - Respeito às Margens 101
     - Indicação de Parágrafos 101
     - Título 101
     - Erros na Versão Final 102
     - Translineação 102
     - Impessoalidade 102
     - Adequação Vocabular 102
     - Domínio da Norma Padrão da Língua 103
     - Repetição 103
     - Informações Óbvias 103
     - Generalização 103
     - Gerúndio 103
   - **O Texto Dissertativo** 103
     - Aspectos Gerais da Produção de Textos 103
     - Estrutura de um Texto Dissertativo 104
   - **Critérios de Correção da Redação para Concursos Públicos** 105
     - Conteúdo 105
     - Gênero 105
     - Coerência 105
     - Coesão e Gramática 106
   - **Critérios de Correção da Bancas** 106
     - Banca Cespe 106
     - Banca FCC 106
     - Banca Cesgranrio 106
     - Banca Esaf 106
   - **Propostas de Redação** 107
     - Proposta 01 107
     - Proposta 02 107
2. **Dissertação Expositiva e Argumentativa** 112
   - **Dissertação Expositiva** 112
     - Distinção entre Texto Expositivo e Descritivo 112
     - Partes do Texto Dissertativo-Expositivo 112
     - Propostas de Dissertação Expositiva 113
   - **Dissertação Argumentativa** 116
     - Estrutura 116
     - Parágrafo 116
     - Propostas de Dissertação Expositiva 116

1. Redação para Concursos Públicos

Os editais de concurso público disponibilizam o conteúdo programático das matérias que serão cobradas nas provas, mas nem sempre deixam explícito como se preparar para a prova discursiva, ou prova de redação – que, na grande maioria dos concursos, é uma etapa eliminatória.

Portanto, é necessário preparar-se com bastante antecedência, para que possa haver melhoras gradativas durante o processo de produção de um texto.

Posturas em Relação à Redação

Antes de começar a desenvolver a prática de escrita, é preciso que ter algumas posturas em relação ao processo de composição de um texto. Em posse dessas posturas, percebe-se que escrever não é tão complexo se você estiver orientado e fizer da escrita um ato constante.

Leitura

Apenas a leitura não garante uma boa escrita. Então, deve-se associar a leitura constante com a escrita constante, pois uma prática complementa a outra.

E o que ler?

Direcione sua prática de leitura da seguinte forma: fique atento às ATUALIDADES, que é um conteúdo geralmente previsto na prova de conhecimentos gerais. Ademais, conheça a instituição e o cargo a que você pretende candidatar-se, como as FUNÇÕES e RESPONSABILIDADES exigidas, as quais estão previstas no edital de abertura de um concurso. E, também, tenha uma visão crítica sobre os conhecimentos específicos, porque a tendência dos concursos é relacionar um tema ao contexto de trabalho.

Considere que, nas provas de redação, também podem ser abordados temas sobre algum assunto desafiante para o cargo ao qual o candidato está concorrendo. Uma dica é estar atento às informações veiculadas sobre o órgão público no qual pretende ingressar.

Produção do Texto

A produção de um texto não depende de talento ou de um dom. No processo de elaboração de um texto, pode-se dizer que um por cento (1%) é inspiração e noventa e nove por cento (99%) é trabalho. Escrever um excelente texto é um processo que exige esforço, planejamento e organização.

Escrita

O ato de escrever é sempre desta maneira: basta começar. Escrever para ser avaliado por um corretor é colocar pensamentos organizados e articulados, num papel, a partir de um posicionamento sobre um tema estabelecido na proposta de redação.

Tema

O seu texto deve estar cem por cento (100%) adequado à proposta exigida na prova, ou seja, você não pode escrever o que quer, mas o que a proposta determina. Desse modo, antes de começar a escrever, é necessário entender o TEMA da prova.

O tema é o assunto proposto que deve ser desenvolvido. Portanto, cabe a você entendê-lo, problematizá-lo e delimitá-lo, com base no comando da proposta.

Objetividade

Seu texto deve ser objetivo, isto é, o enfoque do assunto deve ser direto, sem rodeios. Além disso, as bancas dão preferência a uma linguagem simples e objetiva. E não confunda linguagem simples com coloquialismos, pois é necessário sempre manter a sua escrita baseada na norma padrão da língua portuguesa.

Além disso, é fundamental o candidato colocar-se na posição do leitor. É um momento de estranhamento do próprio texto para indagar-se: o que escrevi é interessante e de fácil entendimento?

Apresentação do Texto

Para que se consiga escrever um bom texto, é preciso aliar duas posturas: ter o hábito da leitura e praticar a escrita de textos. Além disso, é importante conhecer as propostas das bancas e saber quais são os critérios de correção previstos em edital.

Letra - Legibilidade

Escreva sempre com letra legível. Pode ser letra cursiva ou de imprensa. Tenha atenção para o espaçamento entre as letras/palavras e para a distinção entre maiúsculas e minúsculas.

Respeito às Margens

As margens (tanto esquerda quanto direita) existem para serem respeitadas, portanto, não as ultrapasse no momento em que escreve a versão definitiva. Tampouco deixe "buracos" entre as palavras.

Indicação de Parágrafos

É preciso deixar um espaço antes de iniciar um parágrafo (mais ou menos dois centímetros).

Título

Colocar título na redação vale mais pontos?

Se o título for solicitado, ele será obrigatório. Caso não seja colocado na redação, haverá alguma perda, mas não muito. Os editais, em geral, não informam pontuações exatas. No caso de o título não ser solicitado, ele se torna facultativo. Logo, se o candidato decidir inseri-lo, ele fará parte do texto, sendo analisado como tal, mas não terá um valor extra por isso.

O título era obrigatório, e não o coloquei... E agora?

Quando há a obrigatoriedade, a ausência do título não anula a questão, a menos que haja essa orientação nas instruções dadas na prova. Não há um desconto considerável em relação ao esquecimento do título, porque a maior pontuação, em uma redação para concurso, está relacionada ao conteúdo do texto.

É preciso pular linha após o título?

Em caso de obrigatoriedade do título, procure não pular linha entre o título e o início do texto, porque essa linha em branco não é contada durante a correção.

Quando se deve escrever o título?

O título é a síntese de sua redação, portanto, prefira escrevê-lo ao término da redação.

Erros na Versão Final

Quando você está escrevendo e, por distração, erra uma palavra, você deve passar um traço sobre a palavra e escrevê-la corretamente logo em seguida:

exeção exceção

FIQUE LIGADO

Não rasure seu texto.

Não escreva a palavra entre parênteses, mesmo se estiver riscada: (exeção) (exeção).

Não use a expressão "digo".

Translineação

Quando não dá para escrever uma palavra completa ao final da linha, deve-se escrever até o limite, sem ultrapassar a margem direita da linha, e o sinal de separação será sempre o hífen.

Sempre respeite as regras de separação silábica. Nunca uma palavra será separada de maneira a desrespeitar as sílabas:

tran-
sformação

Caso a próxima sílaba não caiba no final da linha, embora ainda haja um espaço, deixe-a e continue na próxima linha.

trans-
formação

FIQUE LIGADO

Em relação ao posicionamento do hífen de separação, deixe-o ao lado da sílaba. Nunca acima.

Quando a palavra for escrita com hífen e a separação ocorrer justo nesse espaço, você deve usar duas marcações. Por exemplo: entende-se

entende-
-se

Se a palavra não tiver hífen em sua estrutura, use apenas uma marcação:

apresen-
tação

Impessoalidade

O texto dissertativo (expositivo-argumentativo) é impessoal. Portanto, pode-se escrever com verbos em:

- **3ª pessoa:**

A qualidade no atendimento precisa ser prioridade.

Percebe-se que a qualidade no atendimento é essencial.

Notam-se várias mudanças no setor público.

- **1ª pessoa do plural:**

Observamos muitas mudanças e melhorias no serviço público.

FIQUE LIGADO

NÃO escreva na 1ª pessoa do singular: Observo mudanças significativas.

Adequação Vocabular

Adequação vocabular diz respeito ao desempenho linguístico de acordo com o nível de conhecimento exigido para o cargo/área/especialidade, e a adequação do nível de linguagem adotado à produção proposta.

Portanto, devem-se escolher palavras adequadas, evitando-se o uso de jargões, chavões, termos muito técnicos que possam dificultar a compreensão.

Domínio da Norma Padrão da Língua

Deve-se ficar atento aos aspectos gramaticais, principalmente:

> Estrutura sintática de orações e períodos.
> Elementos coesivos.
> Concordância verbal e nominal.
> Pontuação.
> Regência verbal e nominal.
> Emprego de pronomes.
> Flexão verbal e nominal.
> Uso de tempos e modos verbais.
> Grafia.
> Acentuação.

Repetição

Prejudica a coesão textual, e ocorre quando se usa muitas vezes a mesma palavra ou ideia, as quais poderiam ser substituídas por sinônimos e conectivos.

Informações Óbvias

Explicações que não precisam ser mencionadas, pois já se explicam por si próprias.

Generalização

É percebida quando se atribui um conceito que é específico de uma forma generalizada.

Exs.:

Os menores infratores saem dos centros de ressocialização e retornam ao o do crime. (isso ocorre com todos?)

É preciso que o governo tome medidas urgentes para resolver esse problema. (que medidas?)

Gerúndio

É muito comum usarmos o gerúndio na fala, mas não se usa com tanta recorrência na escrita.

O Texto Dissertativo

Dissertar é escrever sobre algum assunto e pressupõe ou defender uma ideia, analisá-la criticamente, discuti-la, opinar, ou apenas esclarecer conceitos, dar explicações, apresentar dados sobre um assunto, tudo de maneira organizada, quer dizer, com início, meio e fim bem claros e objetivos.

A dissertação pode ser classificada quanto à maneira como o assunto é abordado:

I - EXPOSITIVA: são expostos fatos (de conhecimento e domínio público, divulgados em diversos meios de comunicação), mas não é apresentada uma discussão, um ponto de vista.

> **FIQUE LIGADO**
>
> *A dissertação expositiva também é usada quando a proposta exige um texto técnico. Este tipo de texto pode ter duas abordagens: Estudo de Caso (em que é feito um parecer a partir de sua situação hipotética) e Questão Teórica (em que é preciso apresentar conceitos, normas, regras, diretrizes de um determinado conteúdo).*

II - ARGUMENTATIVA: há a exposição de pontos de vista pessoais, com juízos de valor sobre um fato ou assunto.

E qual a melhor maneira de abordar um assunto numa prova de redação para concursos públicos?

Para que seu texto seja MUITO BEM avaliado, o ideal é conseguir chegar a uma forma mista de abordagem, ou seja, escrever um texto dissertativo em que você expõe um assunto e, ao mesmo tempo, dá sua opinião sobre ele. Desse modo, os fatos que são conhecidos (domínio público) podem se transformar em exemplificação atualizada, a qual pode ser relacionada à sua argumentação de forma contextualiza e crítica.

Aspectos Gerais da Produção de Textos

Em face da limitação de espaço, é muito difícil apresentar muitos enfoques relativos ao tema. Por essa razão, dependendo do limite em relação à quantidade de linhas, a dissertação deve conter de 4 a 5 parágrafos, sendo UM para Introdução, DOIS a TRÊS para Desenvolvimento e UM para Conclusão.

Além disso, cada parágrafo deve possuir, no mínimo, dois períodos. Cuidado com as frases fragmentadas, ambiguidades e os erros de paralelismo.

Procure elaborar uma introdução que contenha, de maneira clara e direta, o tema, o primeiro enfoque, o segundo enfoque, etc. E mantenha sempre o caráter dissertativo. Por isso, no desenvolvimento, dê um parágrafo para cada enfoque selecionado, e empregue os articuladores adequados. Por fim, fundamente sempre suas ideias.

> **FIQUE LIGADO**
>
> *Nunca use frases feitas, chavões.*
>
> *Não repita palavras ou expressões. Use sinônimos.*
>
> *Jamais converse com o leitor: nunca use você ou tu. Não empregue verbos no imperativo.*

Quanto aos exemplos, procure selecionar aqueles que sejam de domínio público, os que tenham saído na mídia: jornais, revistas, TV. E nunca analise temas por meio de emoções exageradas – especialmente política, futebol, religião, etc.

Estrutura de um Texto Dissertativo

Para escrever uma dissertação, é preciso que haja uma organização do texto a fim de que se obtenha um texto claro e bem articulado:

I- INTRODUÇÃO: consiste na apresentação do assunto a fim de deixar claro qual é o recorte temático e qual a ideia que será defendida e/ou esclarecida, ou seja, a TESE.

II- DESENVOLVIMENTO: é a parte em que são elaborados os parágrafos argumentativos e/ou informativos, nos quais você explica a sua TESE. É o momento mais importante do texto, por isso, É NECESSÁRIO que a TESE seja explicada, justificada, e isso pode ser feito por meio de exemplos e explicações.

III- CONCLUSÃO: esta parte do texto não traz informações novas, muito menos argumentos, porque consiste no fechamento das ideias apresentadas, ou seja, é feita uma reafirmação da TESE. Dependendo do comando da proposta de redação e do tema, pode ser apresentada uma hipótese de solução de um problema apresentado na TESE.

TESE		
	Introdução	- Assunto - Recorte temático - TESE
	Desenvolvimento	- Tópico/TESE + justificativa
	Conclusão	- Retomada da introdução - Reafirmação da TESE

Introdução

É o primeiro parágrafo e serve de apresentação da dissertação, por essa razão deve estar muito bem elaborada, ser breve e apresentar apenas informações sucintas. Deve apenas apresentar o TEMA e os ENFOQUES e ter em torno de cinco linhas.

Desenvolvimento

É a redação propriamente dita. Deve ser constituído de dois a três parágrafos (a depender do tema da proposta), um para cada enfoque apresentado na Introdução. É a parte da redação em que argumentos são apresentados para explicitar, em um parágrafo distinto, cada um dos enfoques. Cada parágrafo deve ter de 5 a 8 linhas. Pode-se desenvolver os argumentos por meio de relações que devem ser usadas para deixar seu texto coeso e coerente.

- **Conectores**

As relações comentadas acima são estabelecidas com CONECTORES:

Prioridade, relevância: em primeiro lugar, antes de mais nada, antes de tudo, em princípio, primeiramente, acima de tudo, principalmente, primordialmente, sobretudo.

Tempo: atualmente, hoje, frequentemente, constantemente às vezes, eventualmente, por vezes, ocasionalmente, sempre, raramente, não raro, ao mesmo tempo, simultaneamente, nesse ínterim, enquanto, quando, antes que, depois que, logo que, sempre que, assim que, desde que, todas as vezes que, cada vez que, então, enfim, logo, logo depois, imediatamente, logo após, a princípio, no momento em que, pouco antes, pouco depois, anteriormente, posteriormente, em seguida, afinal, por fim, finalmente, agora.

Semelhança, comparação, conformidade: de acordo com, segundo, conforme, sob o mesmo ponto de vista, tal qual, tanto quanto, como, assim como, como se, bem como, igualmente, da mesma forma, assim também, do mesmo modo, semelhantemente, analogamente, por analogia, de maneira idêntica, de conformidade com.

Condição, hipótese: se, caso, eventualmente.

Adição, continuação: além disso, demais, ademais, outrossim, ainda mais, por outro lado, também, e, nem, não só ... mas também, não só... como também, não apenas ... como também, não só ... bem como, com, ou (quando não for excludente).

Dúvida: talvez, provavelmente, possivelmente, quiçá, quem sabe, é provável, não é certo, se é que.

Certeza, ênfase: certamente, decerto, por certo, inquestionavelmente, sem dúvida, inegavelmente, com toda a certeza.

Ilustração, esclarecimento: por exemplo, só para ilustrar, só para exemplificar, isto é, quer dizer, em outras palavras, ou por outra, a saber, ou seja, aliás.

Propósito, intenção, finalidade: com o fim de, a fim de, com o propósito de, com a finalidade de, com o intuito de, para que, a fim de que, para.

Resumo, recapitulação, conclusão: em suma, em síntese, em conclusão, enfim, em resumo, portanto, assim, dessa forma, dessa maneira, desse modo, logo, dessa forma, dessa maneira, assim sendo.

Explicação: por consequência, por conseguinte, como resultado, por isso, por causa de, em virtude de, assim, de fato, com efeito, tão (tanto, tamanho)... que, porque, porquanto, pois, já que, uma vez que, visto que, como (= porque), portanto, logo, que (= porque), de tal sorte que, de tal forma que, haja vista.

Contraste, oposição, restrição: pelo contrário, em contraste com, salvo, exceto, menos, mas, contudo, todavia, entretanto, no entanto, embora, apesar de, apesar de que, ainda que, mesmo que, posto que, conquanto, se bem que, por mais que, por menos que, só que, ao passo que, por outro lado, em contrapartida, ao contrário do que se pensa, em compensação.

Contraposição: É possível que... no entanto...

É certo que... entretanto...

É provável que ... porém...

Organização de ideias: Em primeiro lugar ..., em segundo ..., por último ...; por um lado ..., por outro ...; primeiramente, ...,em seguida, ..., finalmente, ...

Enumeração: É preciso considerar que ...; Também não devemos esquecer que ...; Não podemos deixar de lembrar que...

Reafirmação/Retomada: Compreende-se, então, que ...

É bom acrescentar ainda que ...

É interessante reiterar ...

Conclusão

É o último parágrafo. Deve ser breve, contendo em torno de cinco linhas. Na conclusão, deve-se retomar o tema e fazer o fechamento das ideias apresentadas em todo o texto e não somente em relação às ideias contidas no último parágrafo do desenvolvimento.

Pode-se concluir:

- Fazendo uma síntese das ideias expostas.

- Esclarecendo um posicionamento e/ou questionamento, desde que coerente, com o desenvolvimento.

- Estabelecendo uma dedução ou demonstrando uma consequência dos argumentos expostos.

- Levantando uma hipótese ou uma sugestão coerente com as afirmações feitas durante o texto.

- Apresentando possíveis soluções para os problemas expostos no desenvolvimento, buscando prováveis resultados.

- **Conectores**

Pode-se iniciar o parágrafo da conclusão com:

Assim; Assim sendo; Portanto; Mediante os fatos expostos; Dessa forma; Diante do que foi dito; Resumindo; Em suma; Em vista disso, pode-se concluir que; Finalmente; Nesse sentido; Com esses dados, conclui-se que; Considerando as informações apresentadas, entende-se que; A partir do que foi discutido.

Critérios de Correção da Redação para Concursos Públicos

Conteúdo

Neste critério, observa-se se há apresentação marcada do recorte temático, o qual deve nortear o desenvolvimento do texto; se o recorte está contextualizado no texto, por exemplo: quando a proposta propuser uma situação hipotética, ela deve estar diluída em seu texto.

Lembre-se: a proposta não faz parte de seu texto, ou seja, sua produção não pode depender da proposta para ter sentido claro e objetivo.

> **FIQUE LIGADO**
>
> *O único gênero textual que permite a referência ao texto motivador, bem como a cópia de alguns trechos, é o estudo de caso, pois é preciso fazer uma análise em relação a uma situação hipotética.*

Em outras palavras: se há algum texto ou uma coletânea de textos, eles têm caráter apenas motivador. Portanto, não faça cópias de trechos dos textos, tampouco pense que o tema da redação é o assunto desses textos. É preciso verificar o recorte temático, o qual fica evidente no corpo da proposta.

Gênero

Neste critério, verifica-se se a produção textual está adequada à modalidade redacional, ou seja, se o texto expressa o domínio da linguagem do gênero: narrar, relatar, argumentar, expor, descrever ações, etc.

Os concursos públicos, quase em sua totalidade, têm como gênero textual a dissertação argumentativa ou o texto expositivo-argumentativo. Desse modo, a banca avalia a objetividade e o posicionamento frente ao tema, a articulação dos argumentos, a consistência e a coerência da argumentação.

Isso significa que há uma valorização quanto do conteúdo do texto: a opinião, a justificativa dessa opinião e a seletividade de informações sobre o tema.

Coerência

Neste critério, avalia-se se há atendimento total do comando, com informações novas que evidenciam conhecimento de mundo e que atestam excelente articulação entre os aspectos exigidos pela proposta, o recorte temático e o gênero textual requisitado. Ou seja, é preciso trazer informações ao texto que não estão disponíveis na proposta. Além disso, é essencial garantir a progressão textual, quer dizer, seu texto precisa ter uma evolução e não pode trazer a mesma informação em todos os parágrafos.

Coesão e Gramática

Neste critério, percebe-se se há erros gramaticais; se os períodos estão bem organizados e articulados, com uso de vocabulário e conectivos adequados; e se os parágrafos estão divididos de modo consciente, a fim de garantir a progressão textual.

Critérios de Correção da Bancas

Cada Banca Examinadora delimita, na publicação do edital de abertura de um concurso, que critérios serão utilizados para corrigir as redações. Por isso, é essencial que se conheça quais são esses critérios e como cada Banca os organiza. A seguir, são apresentados critérios de algumas Bancas. Você perceberá que são predominantemente os mesmos itens; o que muda é a nota atribuída para cada um e como a proposta é organizada.

Banca Cespe

Aspectos Macroestruturais

1. Apresentação (legibilidade, respeito às margens e indicação de parágrafos) e estrutura textual (organização das ideais em texto estruturado).
2. Desenvolvimento do tema

Tópicos da proposta

Aspectos Microestruturais

Ortografia

Morfossintaxe

Propriedade vocabular

> **FIQUE LIGADO**
>
> *Quando forem apresentados tópicos, deve-se escrever 1 parágrafo para cada tópico.*

Banca FCC

O candidato deverá desenvolver texto dissertativo a partir de proposta única, sobre assunto de interesse geral. Considerando que o texto é único, os itens discriminados a seguir serão avaliados em estreita correlação:

Conteúdo – até 40 (quarenta) pontos:
> perspectiva adotada no tratamento do tema;
> capacidade de análise e senso crítico em relação ao tema proposto;
> consistência dos argumentos, clareza e coerência no seu encadeamento.

Obs.: A nota será prejudicada, proporcionalmente, caso ocorra abordagem tangencial, parcial ou diluída em meio a divagações e/ou colagem de textos e de questões apresentados na prova.

Estrutura – até 30 (trinta) pontos:
> respeito ao gênero solicitado;
> progressão textual e encadeamento de ideias;
> articulação de frases e parágrafos (coesão textual).

Expressão – até 30 (trinta) pontos:

A avaliação da expressão não será feita de modo estanque ou mecânico, mas sim de acordo com sua estreita correlação com o conteúdo desenvolvido. A avaliação será feita considerando-se:
> desempenho linguístico de acordo com o nível de conhecimento exigido para o cargo/área/especialidade;
> adequação do nível de linguagem adotado à produção proposta e coerência no uso;
> domínio da norma culta formal, com atenção aos seguintes itens: estrutura sintática de orações e períodos, elementos coesivos; concordância verbal e nominal; pontuação; regência verbal e nominal; emprego de pronomes; flexão verbal e nominal; uso de tempos e modos verbais; grafia e acentuação.

Banca Cesgranrio

A Redação será avaliada conforme os critérios a seguir:
> adequação ao tema proposto;
> adequação ao tipo de texto solicitado;
> emprego apropriado de mecanismos de coesão (referenciação, sequenciação e demarcação das partes do texto);
> capacidade de selecionar, organizar e relacionar de forma coerente argumentos pertinentes ao tema proposto; e
> pleno domínio da modalidade escrita da norma-padrão (adequação vocabular, ortografia, morfologia, sintaxe de concordância, de regência e de colocação).

Banca Esaf

A avaliação da prova discursiva abrangerá:
> **Quanto à capacidade de desenvolvimento do tema proposto**: a compreensão, o conhecimento, o desenvolvimento e a adequação da argumentação, a conexão e a pertinência, a objetividade e a sequência lógica do pensamento, o alinhamento ao assunto abordado e a cobertura dos tópicos apresentados, valendo, no máximo, 20 (vinte) pontos para cada questão, que serão aferidos pelo examinador com base nos critérios a seguir indicados:

Conteúdo da resposta (seguem os pontos a deduzir para cada questão):

Capacidade de argumentação (até 6)

Sequência lógica do pensamento (até 4)

Alinhamento ao tema (até 4)

Cobertura dos tópicos apresentados (até 6)

Quanto ao uso do idioma: a utilização correta do vocabulário e das normas gramaticais, valendo, no máximo, 10 (dez) pontos para cada questão, que serão aferidos pelo examinador com base nos critérios a seguir indicados:

Tipos de erro (seguem os pontos a deduzir):

Aspectos formais:

Erros de forma em geral e erros de ortografia (-0,25 cada erro)

Aspectos Gramaticais:

Morfologia, sintaxe de emprego e colocação, sintaxe de regência e pontuação (-0,50 cada erro)

Aspectos Textuais:

Sintaxe de construção (coesão prejudicada); concordância; clareza; concisão; unidade temática/estilo; coerência; propriedade vocabular; paralelismo semântico e sintático; paragrafação (-0,75 cada erro)

Cada linha excedente ao máximo exigido (-0,40)

Cada linha não escrita, considerando o mínimo exigido (-0,80).

Propostas de Redação

Proposta 01

As vendas de automóveis de passeio e de veículos comerciais leves alcançaram 340 706 unidades em junho de 2012, alta de 18,75%, em relação a junho de 2011, e de 24,18%, em relação a maio de 2012, segundo informou, nesta terça-feira, a Federação Nacional de Distribuição de Veículos Automotores (Fenabrave). Segundo a entidade, este é o melhor mês de junho da história do setor automobilístico.

Disponível em: <http://br.financas.yahoo.com>. Acesso em: 3 jul. 2012 (adaptado).

Na capital paulista, o trânsito lento se estendeu por 295 km às 19 h e superou a marca de 293 km, registrada no dia 10 de junho de 2009. Na cidade de São Paulo, registrou-se, na tarde desta sexta-feira, o maior congestionamento da história, segundo a Companhia de Engenharia de Tráfego (CET). Às 19 h, eram 295 km de trânsito lento nas vias monitoradas pela empresa. O índice superou o registrado no dia 10 de junho de 2009, quando a CET anotou, às 19 h, 293 km de congestionamento.

Disponível em: <http://noticias.terra.com.br>. Acesso em: 03 jul. 2012 (adaptado).

O governo brasileiro, diante da crise econômica mundial, decidiu estimular a venda de automóveis e, para tal, reduziu o imposto sobre produtos industrializados (IPI). Há, no entanto, paralelamente a essa decisão, a preocupação constante com o desenvolvimento sustentável, por meio do qual se busca a promoção de crescimento econômico capaz de incorporar as dimensões socioambientais.

Considerando que os textos acima têm caráter unicamente motivador, redija um texto dissertativo sobre sistema de transporte urbano sustentável, contemplando os seguintes aspectos:

> Conceito de desenvolvimento sustentável; (valor: 3,0 pontos)

> Conflito entre o estímulo à compra de veículos automotores e a promoção da sustentabilidade; (valor: 4,0 pontos)

> Ações de fomento ao transporte urbano sustentável no Brasil. (valor: 3,0 pontos)

Proposta 02

I

Venham de onde venham, imigrantes, emigrantes e refugiados, cada vez mais unidos em redes sociais, estão aumentando sua capacidade de incidência política sobre uma reivindicação fundamental: serem tratados como cidadãos, em vez de apenas como mão de obra (barata ou de elite).

(Adaptado de: http://observatoriodadiversidade.org.br)

II

A intensificação dos fluxos migratórios internacionais das últimas décadas provocou o aumento do número de países orientados a regulamentar a imigração. Os argumentos alegados não são novos: o medo de uma "invasão migratória", os riscos de desemprego para os trabalhadores autóctones, a perda da identidade nacional.

III

Ainda não existe uma legislação internacional sólida sobre as migrações internacionais. Assim, enquanto que os direitos relativos ao investimento estrangeiro foram se reforçando cada vez mais nas regras estabelecidas para a economia global, pouca atenção vem sendo dada aos direitos dos trabalhadores.

(II e III adaptados de: http://www.migrante.org.br)

Considerando o que se afirma em I, II e III, desenvolva um texto dissertativo-argumentativo, posicionando-se a respeito do seguinte tema:

Mobilidade Humana e Cidadania na atualidade.

1.	
2.	
3.	
4.	
5.	
6.	
7.	
8.	
9.	
10.	
11.	
12.	
13.	
14.	
15.	
16.	
17.	
18.	
19.	
20.	
21.	
22.	
23.	
24.	
25.	
26.	
27.	
28.	
29.	
30.	

1.
2.
3.
4.
5.
6.
7.
8.
9.
10.
11.
12.
13.
14.
15.
16.
17.
18.
19.
20.
21.
22.
23.
24.
25.
26.
27.
28.
29.
30.

2. Dissertação Expositiva e Argumentativa

Dissertação Expositiva

Na dissertação expositiva, o objetivo do texto é passar conhecimento para o leitor de maneira clara, imparcial e objetiva.

Nesse tipo textual, não se faz necessariamente a defesa de uma ideia, pois não há intenção de convencer o leitor, nem criar debate. Trabalha-se o assunto de maneira atemporal.

Distinção entre Texto Expositivo e Descritivo

É bastante comum que se confunda o texto dissertativo-expositivo com o texto descritivo. Vamos à distinção:

O texto expositivo tem por objetivo principal informar com clareza e objetividade. Predomina a linguagem impessoal e objetiva. De forma geral, segue a estrutura da dissertação (introdução, desenvolvimento, conclusão). Como exemplo desse tipo de texto, temos aqueles encontrados em livros didáticos, enciclopédias, jornais, revistas (científicas, informativas, etc.).

O tipo descritivo está relacionado à caracterização minuciosa de algo, sem, necessariamente, ter o objetivo de informar ao leitor. A linguagem utilizada na descrição nem sempre é objetiva ou impessoal, e sua estrutura não obedece necessariamente a regras.

> **FIQUE LIGADO**
>
> É bastante comum que um texto (um gênero textual) apresente diversos tipos textuais em sua estrutura, o que dificulta a diferenciação.

Partes do Texto Dissertativo-Expositivo

Tipos de Introdução

- **Introdução Simples**

É uma introdução direta, na qual é exposta apenas a delimitação do tema.

- **Introdução com Paráfrase**

A paráfrase é uma reescrita de frases sem que haja alteração de sentido. Para que essa reescrita seja coerente, é necessário que seja mantido o paralelismo semântico. Este tipo de introdução geralmente é usado quando o tema da redação é uma afirmação.

- **Introdução com Conceituação**

Neste tipo de introdução, a autor do texto apresenta seu ponto de vista ou a ideia central por meio da definição de algum conceito que tenha relação com o núcleo do tema.

- **Introdução com Indicação do Desenvolvimento**

São apresentados o tema e os tópicos que serão esclarecidos no desenvolvimento. Numa dissertação-expositiva enumeram-se os aspectos que serão relatadas ao longo do texto.

É muito importante ter atenção com a ordem dessa enumeração, pois é necessário que ela seja mantida no decorre do desenvolvimento para que se garanta conexão lógica e a progressividade textual. Além disso, todos os itens enumerados devem ser abordados no desenvolvimento.

É imprescindível, também, que se trate cada tópico em um parágrafo diferente, porque facilita, para o examinador, a identificação de que foi redigido tudo o que foi apresentado.

Tipos de Desenvolvimento

O desenvolvimento deve conter a exposição de cada um dos aspectos enumerados na introdução. Não há uma forma específica para se escrever esta parte da redação. A continuidade do texto será dada de acordo com a introdução. Ou seja, a sequência do desenvolvimento deve estar já delimitada no parágrafo introdutório.

> **FIQUE LIGADO**
>
> Procure escrever, em cada parágrafo, alguma palavra-chave sobre o tema e os fundamentos abordados na redação.

Nunca deixe mencionar tudo o que é solicitado na proposta. Se deixar em branco, será atribuída nota zero na correção da redação. Isso significa que você deve responder ao questionamento, sem se desviar do tema.

Tipos de Conclusão

- **Confirmação**

É a forma mais simples. É feita uma síntese do que foi escrito na redação ou uma confirmação (reforço) da tese que orientou o texto e foi afirmado na introdução.

- **Solução**

Este tipo é muito usado em pareceres e relatórios, pois há apresentação de solução ou soluções para a tese apresentada na introdução.

- **Expansão**

Neste tipo de conclusão, usa-se o melhor argumento ou a melhor ideia exposta (no desenvolvimento) e é feita uma conexão com o desenvolvimento, de forma encerrar a discussão ou o assunto.

- **Finalização do Desenvolvimento**

O parágrafo de conclusão também pode trazer algum aspecto relevante sobre o tema, em vez de expor uma "conclusão, síntese, expansão ou solução".

Para que a redação não fique sem fechamento, é recomendável que se use alguma expressão que indique conclusão, como: "por fim", "finalmente", "por último", "em último lugar", "em conclusão", etc.

Propostas de Dissertação Expositiva

Proposta 01

Convocada pela Defensoria Pública do Rio, a comunidade do Complexo do Alemão começou a chegar duas horas antes do combinado. Enfileiraram-se em busca, principalmente, de carteiras de identidade e de trabalho, ícones da entrada na sociedade formal. Houve duas dúzias de coleta de material genético para exames de comprovação de paternidade. Foram entrevistadas 180 moradoras sobre saúde, maternidade e violência doméstica. Uma cidadã transexual foi atrás de orientação para trocar de nome. Mães pediram tratamento psicológico para filhos com sintomas de síndrome do pânico. Segundo a presidenta da Associação de Defensores Públicos do Estado do Rio de Janeiro, "quando conversamos, percebemos que a violência permeia o discurso. Mas os moradores têm outras demandas. Denunciam a falta de alguma instituição que os defenda da vulnerabilidade". A agenda dos moradores do Alemão envolve cinco ações: moradia, saneamento, educação técnico-profissional, políticas para jovens e espaços de lazer, esporte e cultura.

Flávia Oliveira. Demanda cidadã. In: O Globo, 27/5/2015, p. 28 (com adaptações).

Considerando que o fragmento de texto acima tem caráter unicamente motivador, redija um texto dissertativo acerca do seguinte tema.

SEGURANÇA PÚBLICA: POLÍCIA E POLÍTICAS PÚBLICAS

Ao elaborar seu texto, faça o que se pede a seguir:

> Disserte a respeito da segurança como condição para o exercício da cidadania. [valor: 25,50 pontos]

> Dê exemplos de ação do Estado na luta pela segurança pública. [valor: 25,50 pontos]

> Discorra acerca da ausência do poder público e a presença do crime organizado. [valor: 25,00 pontos]

- **Padrão de Resposta da Banca**

Espera-se que, relativamente ao primeiro aspecto proposto (a segurança como condição para o exercício da cidadania), o candidato afirme a impossibilidade real e concreta do pleno exercício da cidadania em um cenário de dramática insegurança. Tal como dicionarizado, o conceito de cidadania remete ao "indivíduo que, como membro de um Estado, usufrui de direitos civis e políticos garantidos pelo mesmo Estado e desempenha os deveres que lhe são atribuídos". Viver em paz, sem o contínuo temor de ser vítima de agressão — venha de onde vier — passa a ser entendido como direito essencial à vida em comunidade assentada nos princípios da cidadania.

Em relação ao segundo aspecto (exemplos de ação do Estado na luta pela segurança pública), espera-se que o candidato seja capaz de apontar alguns exemplos da necessária ação do poder público para a conquista e a manutenção do clima de segurança coletiva nas mais diversas comunidades, sobretudo as mais vulneráveis. Nesse sentido, basta que o candidato se reporte ao próprio texto motivador, tendo em vista que policiamento adequado e atendimento às demandas básicas da sociedade são faces de uma mesma moeda.

Por fim, no que concerne ao terceiro aspecto (ausência do poder público e a presença do crime organizado), convém que o candidato faça referência a uma preocupante realidade, por todos sabida: onde há omissão do Estado, a tendência é que esse vazio seja ocupado por grupos criminosos no atendimento às demandas das comunidades. Essa realidade está presente, inclusive, em instituições penitenciárias.

Proposta 02

Um relatório do Conselho de Segurança da Organização das Nações Unidas constatou que 15 mil pessoas viajaram à Síria e ao Iraque para combater pelo Estado Islâmico e por grupos extremistas semelhantes. De acordo com o relatório, essas pessoas saíram de mais de 80 países, o que inclui um grupo de países que não havia enfrentado desafios anteriores com relação à Al Qaeda. Os números reforçam recentes estimativas dos serviços de inteligência dos Estados Unidos da América sobre o escopo do problema dos combatentes estrangeiros, que, conforme o relatório, se agravou apesar das ações agressivas das forças antiterroristas e das redes mundiais de vigilância. Os números referentes ao período iniciado em 2010 são superiores aos números referentes ao total de combatentes estrangeiros nas fileiras terroristas entre 1990 e 2010 — e continuam crescendo.

Folha de S.Paulo, 1.º/11/2014, p. 10, caderno Mundo 2 (com adaptações).

Considerando que o fragmento de texto acima tem caráter unicamente motivador, redija um texto dissertativo acerca do tema a seguir.

A CIVILIZAÇÃO CONTEMPORÂNEA E O TERRORISMO

Ao elaborar seu texto, aborde, necessariamente, os seguintes aspectos:

> o 11 de Setembro de 2001 e a nova escalada terrorista; [valor: 4,00 pontos]

> o Estado Islâmico: intolerância e agressividade; [valor: 4,00 pontos]

> a reação mundial ao terrorismo. [valor: 4,00 pontos]

• **Padrão de Resposta da Banca**

Espera-se que, relativamente ao primeiro aspecto (O 11 de setembro de 2001 e a nova escalada terrorista), o candidato mencione o impacto causado em todo o mundo pela ação do terror (Al Qaeda) em território norte-americano, atingindo o prédio do Pentágono, em Washington, e destruindo por completo as torres do World Trade Center, em Nova Iorque. A pronta e vigorosa reação dos EUA (governo Bush) alterou a legislação do país, com algum tipo de cerceamento das liberdades, e se estendeu por várias partes do mundo, a começar pela identificação de países considerados fontes permanentes de ações agressivas contra os EUA, definidos como "Eixo do Mal". Em verdade, o 11 de setembro de 2001 deu inédita visibilidade ao terrorismo impulsionado pelo fanatismo religioso, que se manifestou em outros locais, como, por exemplo, Londres e Madri.

Quanto ao segundo aspecto (Estado Islâmico: intolerância e agressividade), o candidato poderá destacar a intenção do grupo de instituir um califado muçulmano, com a conquista de territórios hoje integrantes da Síria e do Iraque, sua absoluta subordinação a uma visão estreita e radical do islã, além da chocante violência de seus atos, como a decapitação de prisioneiros, em cenas gravadas e divulgadas pelo mundo afora. Outro direcionamento para o segundo aspecto é o aliciamento de jovens para a luta armada por meio das redes sociais, por exemplo.

Por fim, o terceiro aspecto a ser focalizado (A reação mundial ao terrorismo) deverá levar o candidato a se referir às manifestações da opinião pública mundial, que tende a repudiar maciçamente atitudes dessa natureza, à ação de organismos internacionais (como a citada ONU) e à reação objetiva de muitos países (particularmente os ocidentais, à frente os EUA), agindo civil e militarmente para frear a ação terrorista. Além disso, ao abordar os aspectos citados no comando da prova, espera-se que o candidato mencione o interesse econômico subjante às atividades terroristas, o que decorre sobretudo do interesse por fontes naturais, tais como petróleo e gás natural.

Proposta 03

Em um lixão de Gana, carcaças de computadores espalhadas em meio a todo o tipo de dejetos chamam a atenção por etiquetas que identificam sua procedência: delegacias, conselhos públicos e até universidades britânicas. O mesmo acontece em lixões da China, com produtos oriundos da Europa ou dos Estados Unidos da América (EUA). Já na América Central, um navio saído dos EUA passa por países pobres tentando encontrar um terreno que aceite o depósito do que dizem ser fertilizante, mas que na verdade são cinzas de produtos eletrônicos. Parte do material, rico em arsênio, chumbo e outras substâncias tóxicas, é jogado em uma praia do Haiti, outra parte atirada no oceano. Não tão distante, 353 toneladas de resíduos de televisores são trazidos dos EUA em contêineres ao Porto de Navegantes, em Santa Catarina (carga devolvida à origem).

O Globo, 24/8/2015, p. 21 (com adaptações).

Considerando que o fragmento de texto acima tem caráter unicamente motivador, redija um texto dissertativo acerca do seguinte tema.

LIXO ELETRÔNICO: O PLANETA EM PERIGO

Ao elaborar seu texto, aborde os seguintes aspectos:

> lixo eletrônico: a outra face do desenvolvimento; [valor: 3,50 pontos]

> a globalização da rota do tráfico de resíduos eletrônicos; [valor: 3,00 pontos]

> os lucros gerados pelos resíduos e a ação do crime organizado. [valor: 3,00 pontos]

• **Padrão de Resposta da Banca**

Espera-se que, em relação ao primeiro tópico proposto (lixo eletrônico: a outra face do desenvolvimento), o candidato identifique nesses resíduos eletrônicos a outra e danosa face do desenvolvimento trazido pelo processo de transformação do sistema produtivo conhecido como Revolução Industrial. O certo é que, em muitos países, ainda não há legislação plenamente ativa para controlar o descarte de eletrônicos. No Brasil, verifica-se reiterada tentativa de burlar a legislação a respeito. Esse descarte, feito de modo inadequado, agride violentamente o meio ambiente.

Quanto ao segundo aspecto (a globalização da rota do tráfico de resíduos eletrônicos), espera-se que o candidato aponte a relação existente entre a globalização da economia e a do tráfico desses resíduos. Em geral, como indicado no texto motivador, esse descarte criminoso é feito pelas economias mais desenvolvidas na direção de países periféricos e mais pobres.

Relativamente ao terceiro ponto (os lucros gerados pelos resíduos e a ação do crime organizado), espera-se que o candidato lembre que, devido à falta de monitoramento e à fragilidade da fiscalização, essa atividade ilegal torna-se por demais atraente em termos financeiros, sem maiores riscos para quem dela se ocupa. É onde entra o crime organizado global, que tem se diversificado e investido em resíduos. O próprio texto motivador deixa transparecer que o descarte do lixo eletrônico, tal como visto nos exemplos citados, acaba sendo mais um ramo do crime organizado global, integrando a extensa teia que envolve lavagem de dinheiro, comércio de armas, tráfico humano, fraudes na área esportiva, avanço ilegal sobre a biodiversidade, entre tantos outros.

Proposta 04

Considerando que o contexto que envolve as drogas ilícitas, redija um texto dissertativo que atenda, necessariamente, ao que se pede a seguir:

AS DROGAS ILÍCITAS NA CONTEMPORANEIDADE

> O problema social das drogas ilícitas no mundo contemporâneo

> O fracasso da política antidrogas militarizada

> Alternativas à atual política antidrogas

- **Padrão de Resposta da Banca**

Espera-se que, em relação ao primeiro item ("O problema social das drogas ilícitas no mundo contemporâneo"), o candidato aponte as drogas como um grave problema social da contemporaneidade. Sem distinção de classes sociais e presente em todas elas, o uso de drogas ilícitas instalou-se no interior das sociedades, e é, sob muitos aspectos, elemento fundamental para a desestruturação familiar e para a exacerbação da violência. Além disso, contribui decisivamente para o adensamento do crime organizado, cuja atuação, cada vez mais, ocorre em escala global.

No que concerne ao segundo item ("O fracasso da política antidrogas militarizada"), espera-se que o candidato pondere, por exemplo, que o custo do combate às drogas é elevado, seja no que se refere a vidas humanas, seja no que se refere ao dinheiro nele aplicado. Em suma, pode-se afirmar que, se determinados instrumentos utilizados por cinco décadas não apresentaram resultados, esses métodos são ineficazes, o que leva à reflexão sobre a conveniência de substituí-los.

Por fim, em relação ao terceiro item ("Alternativas à atual política antidrogas"), espera-se que o candidato alegue que estão em marcha atitudes que podem ser uma alternativa interessante à atual política antidrogas militarizada, por exemplo, a rejeição à pulverização pura e simples dos campos de cultivo de coca, planta da qual é feita a cocaína; a permissão para o cultivo de pequenas plantações de coca; a plantação de maconha para fins medicinais e, sobretudo, ação de lideranças políticas (no Brasil, com destaque para o ex-presidente Fernando Henrique Cardoso), que defendem a descriminalização do uso da maconha, a qual distingue claramente o usuário e o traficante.

Proposta 05

Considerando o contexto que envolve as drogas ilícitas, redija um texto dissertativo que atenda, necessariamente, ao que se pede a seguir:

A MOBILIDADE HUMANA NA MODERNIDADE

> fatores que levam milhares de pessoas a enfrentar a perigosa travessia do Mediterrâneo

> o dilema moral vivido pela Europa entre receber ou rejeitar os imigrantes

> o papel da opinião pública internacional na sociedade contemporânea

- **Padrão de Resposta da Banca**

Espera-se que, ao abordar o primeiro item proposto (fatores que levam milhares de pessoas a enfrentar a perigosa travessia do Mediterrâneo), o candidato enfatize, no mínimo, dois aspectos determinantes para as atuais levas de milhares de imigrantes que buscam, na Europa, as condições elementares de uma vida razoavelmente digna que não mais encontram em seus países de origem. De um lado, a fome e a miséria, quadro que tão bem representa a situação vivida, em larga medida, por habitantes da África subsaariana. De outro, a ação truculenta de governos despóticos e corruptos, além da multiplicação de guerras civis, às vezes, ensejando autênticos genocídios. Especificamente em relação ao Oriente Médio, destaca-se a caótica realidade experimentada pela Síria, na qual se associam um governo ditatorial, rivalidades religiosas levadas ao extremo e a ação implacável do terrorismo.

Em relação ao segundo tópico (o dilema moral vivido pela Europa entre receber ou rejeitar os imigrantes), espera-se que o candidato se reporte ao intenso debate travado no âmbito da União Europeia, quando alguns membros compreenderam a imperiosa necessidade de se encontrarem meios para a recepção de certo número de imigrantes, como é o caso, por exemplo, da Alemanha, enquanto outros, particularmente na Europa do Leste, ofereciam resistência explícita ao acolhimento desses imigrantes.

Por fim, quanto ao terceiro ponto (o papel da opinião pública internacional na sociedade contemporânea), espera-se que o candidato lembre ser este um elemento definidor da contemporaneidade: milhares de pessoas saem às ruas e se manifestam, por todos os meios, em face de determinados acontecimentos, como atos terroristas e o desespero desses milhares de imigrantes. Esse fenômeno de participação cidadã tem forçado os governos a tomarem certas atitudes que, muitas vezes, não se situavam em seu campo de alternativas.

Dissertação Argumentativa

A dissertação argumentativa consiste na exposição de ideias a respeito de um tema, de forma técnica e impessoal, com base em raciocínios e argumentações. Tem por objetivo a defesa ou a contestação de um ponto de vista por meio da persuasão. Por isso, a coerência entre as ideias e a clareza na forma de expressão são elementos fundamentais.

Estrutura

A estrutura lógica da dissertação consiste em: introdução (apresenta o tema a ser discutido); desenvolvimento (expõe os argumentos e ideias sobre o tema, com fundamento em fatos, exemplos, testemunhos e provas do que se pretende demonstrar); e conclusão (traz o desfecho da redação, com a finalidade de reforçar a ideia inicial).

Parágrafo

O parágrafo é uma unidade do todo que é o texto. Perceba que a redação trata de um único assunto, que é aquele apresentado no comando. Assim, dividimos o texto em parágrafos para que a leitura seja fluida, de acordo com a abordagem reservada a cada um dos parágrafos.

Elementos Contidos em um Parágrafo

Todo parágrafo possui uma ideia central, que é o tópico principal. Geralmente, ela se encontra na introdução do parágrafo. Em torno dessa ideia central, temos ideias secundárias que dão desenvolvimento ao parágrafo. Vale ressaltar que muitos parágrafos ainda possuem uma conclusão, a qual tem como função sintetizar o conteúdo dele.

Outro elemento não obrigatório, mas de suma importância, é o termo que faz a relação entre os parágrafos. Geralmente se encontra do segundo parágrafo em diante e objetiva fazer a conexão lógica das ideais presentes em cada parágrafo. Logo, podemos afirmar que um parágrafo adequado possui clareza, objetividade, coerência, coesão e conteúdo adequado.

Quanto ao tamanho dos parágrafos, é importante que haja uma harmonia entre eles. Dessa forma, deve-se redigir parágrafos de tamanhos semelhantes, não necessariamente iguais. Ademais, é importante não fazer parágrafos muito grandes.

Como cada parágrafo possui uma ideia principal, não se recomenda escrever um parágrafo com apenas um período ou misturar ideias em um mesmo parágrafo. Dessa maneira, o ideal é reservar um parágrafo para cada ideia e(ou) argumentação abordada ou então daquelas contidas na enumeração feita na introdução.

> **FIQUE LIGADO**
>
> Cada assunto deve ser objeto de um parágrafo específico.

Por fim, vamos novamente às regrinhas básicas: não faça parágrafos excessivamente longos e confusos, pois o examinador se cansará facilmente e não compreenderá seu texto. Por outro lado, também não faça parágrafos excessivamente curtos, que não contenham o devido desenvolvimento da ideia principal.

Exemplos

A seguir, há dois parágrafos que podem servir como introdução de um texto. Pode-se perceber que há uma organização interna que garante uma leitura rápida e eficaz. Além disso, há dois elementos básicos: a apresentação do assunto e o objetivo do texto.

01. Considera-se a humanização no ambiente de trabalho uma das principais características com a qual a empresa deve preocupar-se a fim de que alcance bons resultados, afinal, o capital humano é o bem mais precioso de uma instituição e o responsável por mantê-la ativa no mercado em geral. Além disso, a CF tem como um de seus fundamentos a dignidade da pessoa humana, a qual garante aos indivíduos um tratamento justo e igualitário para uma vida com qualidade. Logo, por ser um fundamento básico e irradiante, e alcançar todas as áreas do Direito, precisa ser garantido nas relações trabalhistas.

02. A fim de alcançar a cidadania, que de certa forma é um meio para a busca da ordem e do progresso social, o Estado tem o dever, como cita a Constituição Federal, de promover a segurança pública. Por esse motivo, é coerente afirmar que é preciso ofertar, de forma homogênea, a possibilidade de "execução" da cidadania por todos do povo.

Propostas de Dissertação Expositiva

Proposta 01

Elabore um texto dissertativo-argumentativo abordando o seguinte tema: É *possível conciliar os interesses pessoais do trabalhador e os interesses da organização?*

Proposta 02

A internet é uma mídia que ainda vai provocar muitas modificações entre as pessoas. Estamos apenas adentrando essa nova era, que, no Brasil, teve início em 1996. Capistrano de Abreu dizia que os colonizadores portugueses ficaram, durante vários séculos, como caranguejos, apenas arranhando as costas do Brasil, sem adentrar seu território, nem dominar as regiões desconhecidas. Em relação à internet, somos os novos caranguejos do início do século XXI, sem desvendar com segurança as possibilidades desse meio de comunicação revolucionário na produção e propagação de saberes. Não sabemos ainda o que acontecerá e como se dará; por isso, não podemos fazer previsões estanques.

SHEPERD, T.; SALIÉS, T. In: Linguística da internet. São Paulo: Contexto, 2012. p.91

Redija um texto dissertativo-argumentativo em que se discuta *se o uso da internet trouxe mais benefícios ou mais malefícios ao indivíduo e à sociedade*. Apresente argumentos que fundamentem sua posição.

Proposta 03

Apesar da presunção de veracidade que confere autoridade, interesse e sedução a todas as fotos, a obra que os fotógrafos produzem não constitui uma exceção genérica ao comércio usualmente nebuloso entre arte e verdade. Mesmo quando os fotógrafos estão muito mais preocupados em espelhar a realidade, ainda são assediados por imperativos de gosto e de consciência. [...] O problema não é que as pessoas se lembrem através das fotografias, mas que se lembrem apenas das fotografias.

(SONTAG, Susan. "Na caverna de Platão", em Sobre a Fotografia, São Paulo, Companhia das Letras, 2008)

A partir do trecho acima, escreva um texto dissertativo-argumentativo sobre o seguinte tema: *A imagem como produtora de sentidos na modernidade*

Proposta 04

Epicuro havia percebido que as leis não educam: que não eram feitas para serem propriamente obedecidas, mas para garantir, sobretudo, a possibilidade de punição. Ele se deu conta, por um lado, de que a educação e as necessidades básicas do ser humano deveriam ser gerenciadas pela pólis (Estado); por outro lado, viu que era preciso, de algum modo, isolar para educar, porém, sem reclusão, porque a virtude do caráter político não se reduz, afinal, a um modelo ou teoria, tampouco ao recinto de uma instituição ou de uma pólis.

(Adaptado de: SPINELLI, Miguel. Epicuro e as bases do epicurismo, São Paulo, Paulus, 2013, p. 8)

Com base no excerto acima, escreva uma dissertação justificando amplamente seu ponto de vista.

Proposta 05

I

Para além da fidelidade e integridade da informação, problema que se impunha com os veículos tradicionais da mídia, hoje, com a internet, o homem enfrenta um novo desafio: distinguir, de uma profusão de informações supérfluas, as que lhe importam na formação de um pensamento que garanta sua identidade e papel social.

II

Ponto de vista não é apenas a opinião que desenvolvemos sobre determinado assunto, mas também o lugar a partir de onde consideramos o mundo e que influencia de maneira cabal nossas percepções e ações.

III

Todos os homens voltam para casa.

Estão menos livres mas levam jornais

e soletram o mundo, sabendo que o perdem.

(ANDRADE, Carlos Drummond de. "A flor e a náusea")

Redija um texto dissertativo-argumentativo a partir do que se afirma em I, II e III.

Proposta 06

As Olimpíadas eram uma série de competições esportivas que, de quatro em quatro anos, reuniam atletas das cidades-estado que formavam a Grécia Antiga. Surgiram em 776 a.C. na cidade de Olímpia e se realizaram até 393 d.C. Tinham grande importância por seu caráter religioso, político e esportivo, e buscavam a harmonia entre cidades, com a trégua entre conflitos e guerras, além da valorização da saúde e do corpo saudável. Ressurgiram em 1896, com o objetivo de retomar os ideais olímpicos na interação entre os povos, e estiveram sujeitas a interferências políticas no decorrer do tempo. Os Jogos Panamericanos, mais recentes, também realizados de quatro em quatro anos, são evento multiesportivo, que tem por base os Jogos Olímpicos e, como indica o próprio nome, reúne atletas dos países do continente americano. Na atualidade, no entanto, parece haver confluência de interesses bastante diversos na realização desses eventos, de modo a acirrar o espírito competitivo e a expor o poder, até mesmo financeiro, de alguns países.

Diante do que se expôs acima, redija um texto dissertativo-argumentativo sobre o seguinte tema:

As competições esportivas internacionais como instrumento de manutenção da paz e da igualdade no mundo moderno.

1.	
2.	
3.	
4.	
5.	
6.	
7.	
8.	
9.	
10.	
11.	
12.	
13.	
14.	
15.	
16.	
17.	
18.	
19.	
20.	
21.	
22.	
23.	
24.	
25.	
26.	
27.	
28.	
29.	
30.	

REDAÇÃO

1.
2.
3.
4.
5.
6.
7.
8.
9.
10.
11.
12.
13.
14.
15.
16.
17.
18.
19.
20.
21.
22.
23.
24.
25.
26.
27.
28.
29.
30.

REDAÇÃO

Matemática

ÍNDICE

1. **Proposições** 135
   - Definições 135
     - Valores Lógicos das Proposições 135
     - Sentenças Abertas e Quantificadores Lógicos 135
     - Negação de Proposição (Modificador Lógico) 135
     - Tipos de Proposição 136
   - Tabela Verdade e Conectivos Lógicos 136
   - Equivalências Lógicas 138
     - Negação de Proposição Composta 139
   - Tautologias, Contradições e Contingências 140
   - Relação entre Todo, Algum e Nenhum 140
2. **Argumentos** 145
   - Definições 145
     - Representação dos Argumentos 145
     - Tipos de Argumentos 145
     - Classificação dos Argumentos 145
   - Métodos para Classificar os Argumentos 146
3. **Psicotécnicos** 153
4. **Análise Combinatória** 160
   - Definição 160
   - Fatorial 160
   - Princípio Fundamental da Contagem (PFC) 160
   - Arranjo e Combinação 160
   - Permutação 161
     - Permutação Simples 161
     - Permutação com Elementos Repetidos 162
     - Permutações Circulares e Combinações com Repetição 163
5. **Probabilidade** 167
   - Definições 167
   - Fórmula da Probabilidade 167
   - Eventos Complementares 167
   - Casos Especiais de Probabilidade 168
     - Eventos Independentes 168
     - Probabilidade Condicional 168
     - Probabilidade da União de Dois Eventos 169
     - Probabilidade Binomial 169
6. **Teoria dos Conjuntos** 174
   - Definições 174
     - Representação dos Conjuntos 174
     - Elementos e Relação de Pertinência 174
     - Conjunto Unitário e Conjunto Vazio 174
   - Subconjuntos 174

Matemática

    Operações com Conjuntos.. 174
7. Conjuntos Numéricos 179
    Números Naturais.. 179
    Números Inteiros... 179
        Operações e Propriedades dos Números Naturais e Inteiros.. 179
    Números Racionais... 180
        Operações com os Números Racionais 180
        Transformando Dízima Periódica em Fração.. 181
        Transformando Número Decimal em Fração.. 181
    Números Irracionais... 181
    Números Reais 181
    Intervalos... 182
    Múltiplos e Divisores 182
    Números Primos 182
    MMC e MDC 183
    Divisibilidade 183
    Expressões Numéricas.. 183
8. Sistema Legal de Medidas 186
    Medidas de Tempo... 186
    Sistema Métrico Decimal... 186
9. Razões e Proporções 189
    Grandeza.. 189
    Razão.. 189
    Proporção.. 189
    Divisão em Partes Proporcionais.. 190
        Divisão em Partes Diretamente Proporcionais 190
        Divisão em Partes Inversamente Proporcionais 190
    Regra das Torneiras 190
    Regra de Três... 190
        Regra de Três Simples... 190
        Regra de Três Composta... 191
10. Porcentagem e Juros... 195
    Porcentagem... 195
    Lucro e Prejuízo 195
    Juros Simples.. 195
    Juros Compostos 195
    Capitalização 196
11. Sequências Numéricas 198
    Conceitos 198
    Lei de Formação de uma Sequência... 198
    Progressão Aritmética (P.A.) 198
        Termo Geral da P.A.. 198
        Propriedades das P.A. 198
        Interpolação Aritmética... 199

Matemática

  Soma dos Termos de uma P.A. 199
 Progressão Geométrica (P.G.) **199**
  Termo Geral da P.G. 200
  Propriedades das P.G. 200
  Interpolação Geométrica 200
  Soma dos Termos de uma P.G. 200
  Produto dos Termos de uma P.G. 201
12. Matrizes, Determinantes e Sistemas Lineares **205**
 Matrizes **205**
  Representação de uma Matriz 205
  Lei de Formação de uma Matriz 205
  Operações com Matrizes 206
 Determinantes **207**
  Cálculo dos Determinantes 208
  Propriedade dos Determinantes 209
 Sistemas Lineares **211**
  Representação de um Sistema Linear em Forma de Matriz 211
  Resolução de um Sistema Linear 211
13. Funções, Função Afim e Função Quadrática **214**
 Definições, Domínio, Contradomínio e Imagem **214**
 Plano Cartesiano **214**
  Raízes 214
 Funções Injetoras, Sobrejetoras e Bijetoras **215**
  Função Injetora 215
  Função Sobrejetora 215
  Função Bijetora 215
 Funções Crescentes, Decrescentes e Constantes **215**
  Função Crescente 215
  Função Decrescente 215
  Função Constante 215
 Funções Inversas e Compostas **215**
  Função Inversa 215
  Função Composta 215
 Função Afim **215**
  Gráfico 215
  Zero e Equação do 1º Grau 215
  Crescimento e Decrescimento 215
  Sinal 215
  Equações e Inequações do 1º Grau 216
14. Função Exponencial e Função Logarítmica **220**
 Equação e Função Exponencial **220**
  Função Exponencial 220
  Gráfico Cartesiano da Função Exponencial 220

  Inequações Exponenciais 220
 Equação e Função Logarítmica **220**
  Logaritmo 220
  Consequências da Definição 221
  Propriedades Operatórias dos Logaritmos 221
  Cologaritmo 221
  Mudança de Base 221
  Função Logarítmica 221
  Gráfico Cartesiano da Função Logarítmica 221
  Equações Logarítmicas 221
  Inequações Logarítmicas 221

15. Trigonometria 224
 Triângulos **224**
 Trigonometria no Triângulo Retângulo **224**
 Trigonometria num Triângulo Qualquer **224**
  Lei dos Senos 224
  Lei dos Cossenos 224
 Medidas dos Ângulos **225**
  Medidas em Grau 225
  Medidas em Radianos 225
 Ciclo Trigonométrico **225**
  Razões Trigonométricas 225
  Redução ao 1º Quadrante 226
 Funções Trigonométricas **226**
  Função Seno 226
  Função Cosseno 226
  Função Tangente 227
  Outras Funções 227
 Identidades e Operações Trigonométricas **227**

16. Geometria Plana 230
 Semelhanças de Figuras **230**
 Relações Métricas nos Triângulos **230**
  Teorema de Pitágoras 230
  Lei dos Cossenos 230
  Lei dos Senos 231
 Quadriláteros **231**
  Quadriláteros Importantes 231
 Polígonos Regulares **232**
  Diagonais de um Polígono 233
 Círculos e Circunferências **233**
  Círculo 233
  Circunferência 233
 Polígonos Regulares Inscritos e Circunscritos **234**
 Perímetros e Áreas dos Polígonos e Círculos **235**

  Perímetro 235
  Área 236
17. Geometria Espacial 239
 Retas e Planos 239
  Posições Relativas de Duas Retas 239
  Posições Relativas entre Reta e Plano 240
  Perpendicularismo entre Reta e Plano 240
  Posições Relativas de Dois Planos 240
 Prismas 241
  Elementos do Prisma 241
  Classificação 241
  Áreas 242
  Paralelepípedo 242
  Cubo 243
 Cilindro 244
  Elementos do Cilindro 244
  Classificação do Cilindro 244
  Seção 245
  Áreas 245
  Volume 245
 Cone Circular 246
  Elementos do cone Circular 246
  Cone Reto 246
  Seção Meridiana 246
  Áreas 247
  Volume 247
 Pirâmides 247
  Elementos da Pirâmide 247
  Classificação 247
  Áreas 247
  Volume 248
  Troncos 248
 Esfera 249
  Volume 249
  Partes da Esfera 249

1. Proposições

A matéria é fácil e, com um pouco de concentração, consegue-se aprendê-la e principalmente dominar a matéria e garantir sua aprovação.

Definições

Proposição é uma **declaração** (sentença declarativa, com sujeito "definido", verbo e sentido completo) que pode ser **classificada** em valores como verdadeiro e falso.

São exemplos de proposições:

p: Daniel é enfermeiro.

Q: Leo foi à Argentina.

a: Luiza adora brincar.

B: Rosário comprou um carro.

FIQUE LIGADO

Essas letras "p", "Q", "a", "B", servem para representar (simbolizar) as proposições.

Valores Lógicos das Proposições

Uma proposição só pode ser classificada em dois valores lógicos, que são o **Verdadeiro (V)** ou o **Falso (F)**, não admitindo outro valor.

As proposições têm três princípios básicos, sendo um deles o princípio fundamental que é:

Princípio da não contradição: diz que uma proposição não pode ser verdadeira e falsa ao mesmo tempo.

Os outros dois são:

Princípio da identidade: diz que uma proposição verdadeira sempre será verdadeira e uma falsa sempre será falsa.

Princípio do terceiro excluído: diz que uma proposição só pode ter dois valores lógicos, ou o de verdadeiro ou o de falso, **não existindo** um terceiro valor.

FIQUE LIGADO

*Interrogações, exclamações e ordens não são proposições. **Exs.:***

"Que dia é hoje?"

"Que maravilha!"

"Estudem muito."

Sentenças Abertas e Quantificadores Lógicos

Existem algumas "sentenças abertas" que aparecem com incógnitas (termo desconhecido), como por exemplo: "x + 2 = 5", não sendo consideradas proposições, já que não se pode classificá-las sem saber o valor de "x", porém, com o uso dos **quantificadores lógicos**, elas tornam-se proposições, uma vez que esses quantificadores passam a dar valor ao "x".

Os quantificadores lógicos são:

$\forall$: para todo; qualquer que seja; todo;

$\exists$: existe; existe pelo menos um; algum;

$\nexists$: não existe; nenhum.

Ex.:

x + 2 = 5 (sentença aberta - não é proposição)

p: $\exists$ x, x + 2 = 5 (lê-se: existe x tal que, x + 2 =5). Agora é proposição, uma vez que agora é possível classificar a proposição como verdadeira, já que sabemos que tem um valor de "x" que somado a dois é igual a cinco.

EXERCÍCIO COMENTADO

01. (ALFACON) Entre as frases apresentadas a seguir, identificadas por letras de A a E, apenas duas são proposições.
(A) Pedro é marceneiro e Francisco, pedreiro.
(B) Adriana, você vai para o exterior nessas férias?
(C) Que jogador fenomenal!
(D) Todos os presidentes foram homens honrados.
(E) Não deixe de resolver a prova com a devida atenção.

CERTO. *Nessa questão temos as frases B (interrogações), C (exclamação) e E (ordem) que não são proposições, já as frases A e D são, uma vez que tem sujeito, verbo e sentido e podem ser classificadas.*

Negação de Proposição (Modificador Lógico)

Negar uma proposição significa modificar o seu valor lógico, ou seja, se uma proposição é verdadeira, a sua negação será falsa, e se uma proposição for falsa, a sua negação será verdadeira.

FIQUE LIGADO

Os símbolos da negação são (~) ou (¬) antes da letra que representa a proposição.

Ex.: p: *3 é ímpar;*

~p: *3 não é ímpar;*

¬p: *3 é par (outra forma de negar a proposição).*

Lei da dupla negação:

~(~p) = p, negar uma proposição duas vezes significa voltar para própria proposição:

q: *2 é par;*

~q: *2 não é par;*

~(~q): *2 não é ímpar; portanto;*

q: *2 é par.*

Tipos de Proposição

As proposições são de apenas dois tipos, simples ou **compostas**. A principal diferença entre as proposições simples e as compostas é a presença do **conectivo lógico** nas proposições compostas; além disso, tem-se também que as proposições compostas podem ser divididas, enquanto as proposições simples não. Outro detalhe é que as proposições simples têm apenas um verbo enquanto as compostas têm mais de um verbo. Observe o quadro para diferenciar mais fácil os dois tipos de proposição.

Simples (atômicas)	Compostas (moleculares)
Não têm conectivo lógico	Têm conectivo lógico
Não podem ser divididas	Podem ser divididas
1 verbo	+ de 1 verbo

Conectivo Lógico

Serve para unir as proposições simples, formando proposições compostas. São eles:

e: conjunção (∧)

ou: disjunção (∨)

ou..., ou: disjunção exclusiva (⊻)

se..., então: condicional (→)

se..., e somente se: bicondicional (↔)

Alguns autores consideram a negação (~) como um conectivo, porém aqui não faremos isso, pois os conectivos servem para formar proposição composta, e a negação faz apenas a mudança do valor das proposições.

O "e" possui alguns sinônimos, que são: "mas", "porém", "nem" (nem = e não) e a própria vírgula. O condicional também tem alguns sinônimos que são: "portanto", "quando", "como" e "pois" (pois = condicional invertido. Ex.: A, pois B = B → A).

Ex.:

a: *Danilo foi à praia (simples).*

b: *Giovanna está brincando (simples).*

p: *Danilo foi a praia se, e somente se Giovanna estava brincando (composta).*

q: *se 2 é par, então 3 é ímpar (composta).*

EXERCÍCIO COMENTADO

01. (Cespe) Se P e Q representam as proposições "Eu estudo bastante" e "Eu serei aprovado", respectivamente, então, a proposição P → Q representa a afirmação "Se eu estudar bastante, então serei aprovado".

CERTO. *A questão está pedindo se a proposição representada está escrita corretamente. Simboliza "→" condicional (se, então).*

Tabela Verdade e Conectivos Lógicos

A tabela verdade nada mais é do que um mecanismo usado para dar valor às proposições compostas (que também serão ou verdadeiras ou falsas), por meio de seus respectivos conectivos.

A primeira coisa que precisamos saber numa tabela verdade é o seu número de linhas, e que esse depende do número de proposições simples que compõem a proposição composta.

Número de linhas = 2^n, em que "**n**" é o número de proposições simples que compõem a proposição composta. Portanto se houver 3 proposições simples formando a proposição composta então a tabela dessa proposição terá 8 linhas ($2^3 = 8$). Esse número de linhas da tabela serve para que tenhamos todas as relações possíveis entre "V" e "F" das proposições simples. Veja:

P	Q	R
V	V	V
V	V	F
V	F	V
V	F	F
F	V	V
F	V	F
F	F	V
F	F	F

Observe que temos todas as relações entre os valores lógicos das proposições, que sejam: as 3 verdadeiras (1ª linha), as 3 falsas (última linha), duas verdadeiras e uma falsa (2ª, 3ª e 5ª linhas), e duas falsas e uma verdadeira (4ª, 6ª e 7ª linhas). Nessa demonstração, temos uma forma prática de como se pode organizar a tabela, sem se preocupar se foram feitas todas relações entres as proposições.

Para o correto preenchimento da tabela, devemos seguir algumas regras:

> Comece sempre pelas proposições simples e suas negações, se houver;
> Resolva os parênteses, colchetes e chaves, respectivamente (igual à expressão numérica), se houver;
> Faça primeiro as conjunções e disjunções, depois os condicionais e por último os bicondicionais;
> A última coluna da tabela deverá ser sempre a da proposição toda, conforme as demonstrações adiante.

FIQUE LIGADO

O valor lógico de uma proposição composta depende dos valores lógicos das proposições simples que a compõem assim como do conectivo utilizado, e é o que veremos a partir de agora.

Valor lógico de uma proposição composta por conjunção (e) = tabela verdade da conjunção ($\wedge$).

Uma proposição composta por conjunção só será verdadeira se todas as suas proposições simples que a compõem forem verdadeiras, caso contrário, a conjunção será falsa.

Ex.: $P \wedge Q$

P	Q	P$\wedge$Q
V	V	V
V	F	F
F	V	F
F	F	F

Representando por meio de conjuntos, temos: $P \wedge Q$

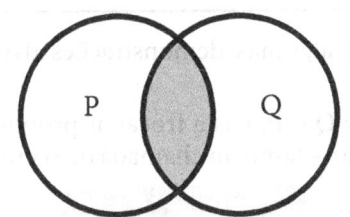

Valor lógico de uma proposição composta por disjunção (ou) = tabela verdade da disjunção ($\vee$).

Uma proposição composta por disjunção só será falsa se todas as suas proposições simples que a compõem forem falsas, caso contrário, a disjunção será verdadeira.

Ex.: $P \vee Q$

P	Q	P$\vee$Q
V	V	V
V	F	V
F	V	V
F	F	F

Representando por meio de conjuntos, temos: $P \vee Q$

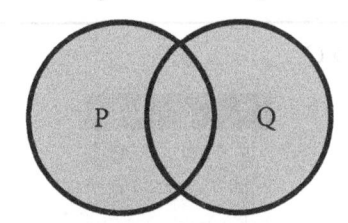

Valor lógico de uma proposição composta por disjunção exclusiva (ou, ou) = tabela verdade da disjunção exclusiva ($\underline{\vee}$).

Uma proposição composta por disjunção exclusiva só será verdadeira se as suas proposições simples que a compõem tiverem valores diferentes, caso contrário, a disjunção exclusiva será falsa.

Ex.: $P \underline{\vee} Q$

P	Q	P$\underline{\vee}$Q
V	V	F
V	F	V
F	V	V
F	F	F

Representando por meio de conjuntos, temos: $P \underline{\vee} Q$

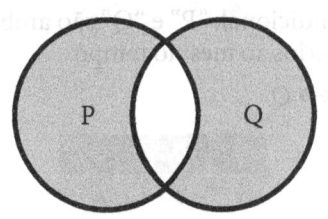

Valor lógico de uma proposição composta por condicional (se, então) = tabela verdade do condicional ($\rightarrow$).

Uma proposição composta por condicional só será falsa se a primeira proposição (também conhecida como antecedente ou condição suficiente) for verdadeira e a segunda proposição (também conhecida como consequente ou condição necessária) for falsa; nos demais casos, o condicional será sempre verdadeiro.

FIQUE LIGADO

Atente-se bem para esse tipo de proposição, pois é um dos mais cobrados em concursos.

Dicas:

> P é antecedente e Q é consequente = $P \to Q$
> P é consequente e Q é antecedente = $Q \to P$
> P é suficiente e Q é necessário = $P \to Q$
> P é necessário e Q é suficiente = $Q \to P$

Ex.: $P \to Q$

P	Q	P→Q
V	V	V
V	F	F
F	V	V
F	F	V

Representando por meio de conjuntos, temos: $P \to Q$

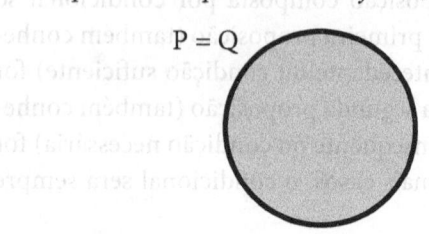

Proposição composta	Verdadeira quando...	Falsa quando...
P∧Q	P e Q são verdadeiras	Pelo menos uma falsa
P∨Q	Pelo menos uma verdadeira	P e Q são falsas
P⊻Q	P e Q têm valores diferentes	P e Q têm valores iguais
P→Q	P = verdadeiro, q = verdadeiro ou P = falso	P = verdadeiro e Q = falso
P↔Q	P e Q têm valores iguais	P e Q têm valores diferentes

EXERCÍCIO COMENTADO

01. (Cespe) Considerando que os símbolos "∨, ~, →, ↔, ∧" representem as operações lógicas "ou", "não", "condicional", "bicondicional" e "e", respectivamente, julgue o item a seguir.":

Acerca da proposição composta P: (p ∨ ~q)↔(~p ∧ r), em que p, q e r são proposições distintas. O número de linhas da tabela verdade de P é igual a 16.

ERRADO. *Para o cálculo do número de linhas de uma proposição composta, utilizamos a fórmula 2^n, em que "n" representa o número de proposições simples que compõem a proposição composta. Como na questão n = 3, então 2^3 = 8. Portanto, o número de linhas da tabela é 8.*

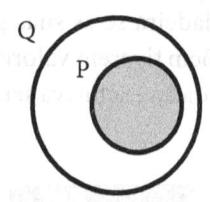

Valor lógico de uma proposição composta por bicondicional (se e somente se) = tabela verdade do bicondicional (↔).

Uma proposição composta por bicondicional é verdadeira sempre que suas proposições simples que a compõem têm valores iguais, caso contrário, ela será falsa.

No bicondicional, "P" e "Q" são ambos suficientes e necessários ao mesmo tempo.

Ex.: $P \leftrightarrow Q$

P	Q	P↔Q
V	V	V
V	F	F
F	V	F
F	F	V

Representando por meio de conjuntos, temos: $P \leftrightarrow Q$

P = Q

Equivalências Lógicas

Duas ou mais proposições compostas são ditas equivalentes quando são formadas pelas mesmas proposições simples e suas tabelas verdades (resultado) são iguais.

FIQUE LIGADO

Atente-se para o princípio da equivalência. A tabela verdade está aí só para demonstrar a igualdade.

Seguem algumas demonstrações das mais importantes:

P ∧ Q = Q ∧ P: basta trocar as proposições simples de lugar – também chamada de **recíproca**.

P	Q	P^Q	Q^P
V	V	V	V
V	F	F	F
F	V	F	F
F	F	F	F

P ∨ Q = Q ∨ P: basta trocar as proposições simples de lugar – também chamada de **recíproca**.

P	Q	PvQ	QvP
V	V	V	V
V	F	V	V
F	V	V	V
F	F	F	F

P ∨ Q = Q ∧ P: basta trocar as proposições simples de lugar - também chamada de **recíproca**.

P ⊻ Q = ~P ⊻ ~Q: basta negar as proposições simples – também chamada de **contrária**.

P ⊻ Q = ~Q ⊻ ~P: troca as proposições simples de lugar e negam-se – também chamada de **contra-positiva**.

P ⊻ Q = (P ∧ ~Q) ∨ (~P ∧ Q): observe aqui a exclusividade dessa disjunção.

P	Q	~P	~Q	P∧~Q	~P∧Q	P∨Q	Q∨P	~P∨~Q	~Q∨~P	(P∧~Q)∨(~P∧Q)
V	V	F	F	F	F	V	V	F	F	F
V	F	F	V	V	F	V	V	V	V	V
F	V	V	F	F	V	V	V	V	V	V
F	F	V	V	F	F	F	F	V	V	F

P ↔ Q = Q ↔ P: basta trocar as proposições simples de lugar - também chamada de recíproca.

P ↔ Q = ~P ↔ ~Q: basta negar as proposições simples – também chamada de contrária.

P ↔ Q = ~Q ↔ ~P: troca as proposições simples de lugar e negam-se – também chamada de contra-positiva.

P ↔ Q = (P → Q) ∧ (Q → P): observe que é condicional para os dois lados, por isso bicondicional.

P	Q	~P	~Q	P→Q	Q→P	P↔Q	Q↔P	~P↔~Q	~Q↔~P	(P→Q)∧(Q→P)
V	V	F	F	V	V	V	V	V	V	V
V	F	F	V	F	V	F	F	F	F	F
F	V	V	F	V	F	F	F	F	F	F
F	F	V	V	V	V	V	V	V	V	V

> ⏻ **FIQUE LIGADO**
>
> *A disjunção exclusiva e o bicondicional são as proposições com o maior número de equivalências.*

P → Q = ~Q → ~P: troca as proposições simples de lugar e nega-se – também chamada de **contra-positiva**.

P → Q = ~P ∨ Q: negam-se o antecedente ou mantém o consequente.

P	Q	~P	~Q	P→Q	~Q→~P	~P∨Q
V	V	F	F	V	V	V
V	F	F	V	F	F	F
F	V	V	F	V	V	V
F	F	V	V	V	V	V

Equivalências mais importantes e mais cobradas em concursos.

Negação de Proposição Composta

São também equivalências lógicas; vejamos algumas delas:

~(P ∧ Q) = ~P ∨ ~Q (Leis De Morgan)

Para negar a conjunção, troca-se o conectivo **e** (∧) por **ou** (∨) e negam-se as proposições simples que a compõem.

P	Q	~P	~Q	P∧Q	~(P∧Q)	~P∨~Q
V	V	F	F	V	F	F
V	F	F	V	F	V	V
F	V	V	F	F	V	V
F	F	V	V	F	V	V

~(P ∨ Q) = ~P ∧ ~Q (Leis De Morgan)

Para negar a disjunção, troca-se o conectivo **ou** (∨) por **e** (∧) e negam-se as proposições simples que a compõem.

P	Q	~P	~Q	P∨Q	~(P∧Q)	~P∧~Q
V	V	F	F	V	F	F
V	F	F	V	V	F	F
F	V	V	F	V	F	F
F	F	V	V	F	V	V

~(P → Q) = P ∧ ~Q (Leis De Morgan)

Para negar o condicional, mantém-se o antecedente e nega-se o consequente.

P	Q	~P	~Q	P∨Q	~(P∨Q)	~P∧~Q
V	V	F	F	V	F	F
V	F	F	V	V	F	F
F	V	V	F	V	F	F
F	F	V	V	F	V	V

~(P ⊻ Q) = P ↔ Q

Para negar a disjunção exclusiva, faz-se o bicondicional.

P	Q	P∨Q	~(P∨Q)	P↔Q
V	V	F	V	V
V	F	V	F	F
F	V	V	F	F
F	F	F	V	V

~(P ↔ Q) = (P ∨ Q).

Para negar a bicondicional, faz-se a disjunção exclusiva.

P	Q	P↔Q	~(P↔Q)	P∨Q
V	V	V	F	F
V	F	F	V	V
F	V	F	V	V
F	F	V	F	F

EXERCÍCIO COMENTADO

01. (Cesgranrio) A negação da proposição "Alberto é alto e Bruna é baixa" é:
a) Alberto é baixo e Bruna é alta.
b) Alberto é baixo e Bruna não é alta.
c) Alberto é alto ou Bruna é baixa.
d) Alberto não é alto e Bruna não é baixa.
e) Alberto não é alto ou Bruna não é baixa.

RESPOSTA: E. *A negação de (P ∧ Q) é (~P ∨ ~Q). Considerando: P = Alberto é alto; e Q = Bruna é baixa; temos: ~P = Alberto não é alto, e ~Q = Bruna não é baixa.*

Tautologias, Contradições e Contingências

Tautologia: proposição composta que é sempre verdadeira independente dos valores lógicos das proposições simples que a compõem.

(P ∧ Q) → (P ∨ Q)

P	Q	P∧Q	P∨Q	(P∧Q)→(P∨Q)
V	V	V	V	V
V	F	F	V	V
F	V	F	V	V
F	F	F	F	V

Contradição: proposição composta que é sempre falsa, independente dos valores lógicos das proposições simples que a compõem.

~(P ∨ Q) ∧ P

P	Q	P∨Q	~(P∨Q)	~(P∨Q)∧P
V	V	V	F	F
V	F	V	F	F
F	V	V	F	F
F	F	F	V	F

Contingência: ocorre quando não é tautologia nem contradição. ~(P ∨ Q) ↔ P

P	Q	P∨Q	~(P∨Q)	~(P∨Q)↔P
V	V	F	V	V
V	F	V	F	F
F	V	V	F	V
F	F	F	V	F

EXERCÍCIO COMENTADO

01. (Cespe) A proposição (A ∨ B) ∧ [(~A) ∧ (~B)] é sempre falsa.

CERTO. *A questão está pedindo, em outras palavras, se a proposição é uma contradição. Para isso basta desenhar a tabela verdade dessa proposição:*

A	B	~A	~B	A∨B	~A∧~B	(A∨B) ∧ [(~A) ∧ (~B)]
V	V	F	F	V	F	F
V	F	F	V	V	F	F
F	V	V	F	V	F	F
F	F	V	V	F	V	F

Observe que a proposição realmente é totalmente falsa (veja a última coluna da tabela).

Relação entre Todo, Algum e Nenhum

Também conhecidos como quantificadores universais (**quantificadores lógicos**), eles têm entre si algumas relações que devemos saber, são elas:

"**Todo A é B**" equivale a "**nenhum A não é B**", e vice-versa.

Ex.: *"todo amigo é bom = nenhum amigo não é bom."*

"**Nenhum A é B**" equivale a "**todo A não é B**", e vice-versa.

Ex.: *"nenhum aluno é burro = todo aluno não é burro."*

FIQUE LIGADO

Essas são as duas relações de equivalência mais comuns, porém há uma em que utilizamos o ALGUM.
"Todo A é B" equivale a "algum B é A".
"todo professor é aluno = algum aluno é professor."

"**Todo A é B**" tem como negação "**algum A não é B**" e vice-versa.

Ex.: ~(todo estudante tem insônia) = algum estudante não tem insônia.

"**Algum A é B**" tem como negação "**nenhum A é B**" e vice-versa.

Ex.: ~(algum sonho é impossível) = nenhum sonho é impossível.

Temos também a representação em forma de conjuntos, que é:

TODO A é B:

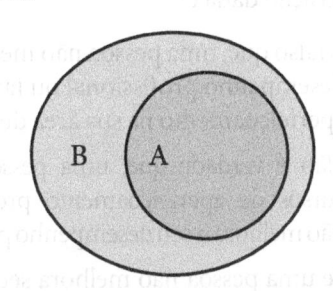

ALGUM A é B:

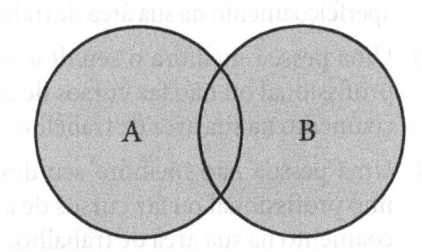

NENHUM A é B:

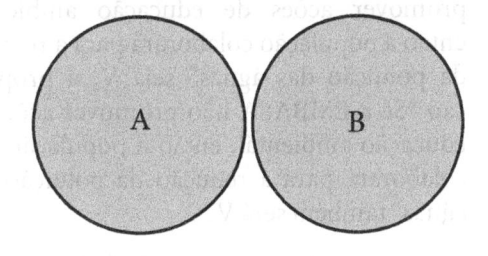

Por fim podemos representar as relações da seguinte forma:

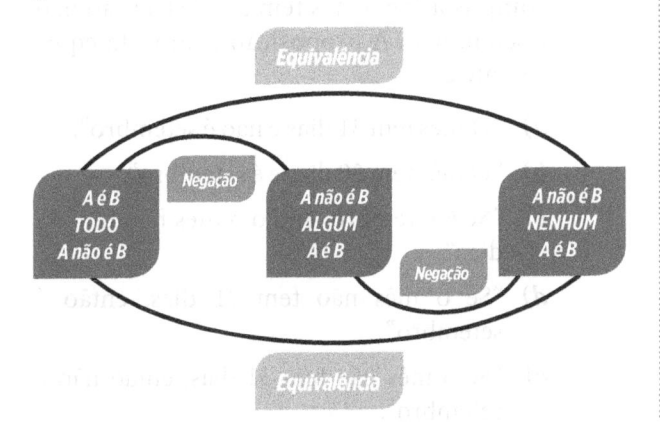

EXERCÍCIO COMENTADO

01. (Fumarc) Considere a seguinte proposição: Todos os alunos assistiram ao filme. A negação da proposição é:
a) Nenhum aluno assistiu ao filme.
b) Algum aluno não assistiu ao filme.
c) Alguns alunos assistiram ao filme.
d) Todos os alunos não assistiram ao filme.

RESPOSTA: B. *A negação de "todo A é B" é "algum A não é B".*

VAMOS PRATICAR

Os exercícios a seguir são referentes ao conteúdo: Proposições.

01. (Consulplan) Qual das proposições abaixo é verdadeira?

a) O ar é necessário à vida e a água do mar é doce.
b) O avião é um meio de transporte ou o aço é mole.
c) 6 é ímpar ou 2 + 3 ≠ 5.
d) O Brasil é um país e Sergipe é uma cidade.
e) O papagaio fala e o porco voa.

02. (Cesgranrio) Analise as afirmativas abaixo.

I. A parte sempre cabe no todo;
II. O inimigo do meu inimigo é meu amigo;
III. Um professor de matemática afirma que todos os professores de matemática são mentirosos.

Do ponto de vista da lógica, é(são) sempre verdadeira(s) somente a(s) afirmativa(s):

a) I.
b) I e II.
c) I e III.
d) II.
e) III.

03. (Cespe) A sentença "Maria é mais bonita que Sílvia, pois Maria é Miss Universo e Sílvia é Miss Brasil" é representada corretamente pela expressão simbólica (P ∧ Q) → R.

Certo ( )   Errado ( )

04. (Esaf) Assinale a opção verdadeira.

a) 3 = 4 ou 3 + 4 = 9

b) Se 3 = 3, então 3 + 4 = 9

c) 3 = 4 e 3 + 4 = 9

d) Se 3 = 4, então 3 + 4 = 9

e) 3 = 3 se e somente se 3 + 4 = 9

05. (Cespe) Para todos os possíveis valores lógicos atribuídos às proposições simples A e B, a proposição composta {[A ∧ (~B)] v B} tem exatamente 3 valores lógicos V e um F.

Certo ( )   Errado ( )

06. (Cespe) A negação da proposição "O presidente é o membro mais antigo do tribunal e o corregedor é o vice-presidente" é "O presidente é o membro mais novo do tribunal e o corregedor não é o vice-presidente".

Certo ( )   Errado ( )

07. (Cespe) A negação da proposição "estes papéis são rascunhos ou não têm mais serventia para o desenvolvimento dos trabalhos" é equivalente a "estes papéis não são rascunhos e têm serventia para o desenvolvimento dos trabalhos".

Certo ( )   Errado ( )

08. (Fepese) A afirmação condicional equivalente a "Todos os cangurus usam bolsa" é:

a) Se algo usa bolsa, então é um canguru.

b) Se algo não usa bolsa então não é um canguru.

c) Se algo é uma bolsa, então é usada por um canguru.

d) Se algo não é um canguru, então não usa bolsa.

e) Se algo não é um canguru, também não é uma bolsa.

09. (FGV) A negação da sentença "Se tenho dinheiro, então sou feliz" é:

a) Se não tenho dinheiro, então não sou feliz.

b) Se não sou feliz, então não tenho dinheiro.

c) Não tenho dinheiro e sou feliz.

d) Não tenho dinheiro ou sou feliz.

e) Tenho dinheiro, e não sou feliz.

10. (Cespe) A negação da proposição "se Paulo está entre os 40% dos homens com mais de 30 anos, então Luísa tem mais de 30 anos" é "se Paulo não está entre os 40% dos homens com mais de 30 anos, então Luísa não tem mais de 30 anos".

Certo ( )   Errado ( )

11. (FCC) Considere a seguinte proposição: "Se uma pessoa não faz cursos de aperfeiçoamento na sua área de trabalho, então ela não melhora o seu desempenho profissional." Uma proposição logicamente equivalente à proposição dada é:

a) É falso que, uma pessoa não melhora o seu desempenho profissional ou faz cursos de aperfeiçoamento na sua área de trabalho.

b) Não é verdade que, uma pessoa não faz cursos de aperfeiçoamento profissional e não melhora o seu desempenho profissional.

c) Se uma pessoa não melhora seu desempenho profissional, então ela não faz cursos de aperfeiçoamento na sua área de trabalho.

d) Uma pessoa melhora o seu desempenho profissional ou não faz cursos de aperfeiçoamento na sua área de trabalho.

e) Uma pessoa não melhora seu desempenho profissional ou faz cursos de aperfeiçoamento na sua área de trabalho.

12. (Cespe) Caso a proposição "Se a EMBASA promover ações de educação ambiental, então a população colaborará para a redução da poluição das águas" seja V, a proposição "Se a EMBASA não promover ações de educação ambiental, então a população não colaborará para a redução da poluição das águas" também será V.

Certo ( )   Errado ( )

13. (Cesgranrio) Considere a proposição composta "Se o mês tem 31 dias, então não é setembro". A proposição composta equivalente é

a) "O mês tem 31 dias e não é setembro".

b) "O mês tem 30 dias e é setembro".

c) "Se é setembro, então o mês não tem 31 dias".

d) "Se o mês não tem 31 dias, então é setembro".

e) "Se o mês não tem 31 dias, então não é setembro".

14. (FGV) Considere como verdadeira a declaração: "Ontem, nas cidades litorâneas do Brasil, as temperaturas aumentaram em até 10ºC". É correto concluir que ontem:

a) As temperaturas nas cidades do interior do Brasil não aumentaram.

b) As temperaturas nas cidades do interior do Brasil aumentaram mais do que 10ºC.

c) Em alguma cidade litorânea brasileira, a temperatura aumentou atingindo a temperatura de 10ºC.

d) Em alguma cidade litorânea brasileira, o aumento da temperatura não foi suficiente para atingir os 10ºC.

e) Em algumas cidades litorâneas brasileiras, a variação da temperatura foi menor do que 10ºC.

15. (Cespe) Proposições são sentenças que podem ser julgadas somente como verdadeiras ou falsas. A esse respeito, considere que p represente a proposição simples "É dever do servidor promover o atendimento cordial a clientes internos e externos", que q represente a proposição simples "O servidor deverá instruir procedimentos administrativos de suporte gerencial" e que r represente a proposição simples "É tarefa do servidor propor alternativas e promover ações para o alcance dos objetivos da organização". Acerca dessas proposições p, q e r e das regras inerentes ao raciocínio lógico, assinale a opção correta.

a) ~(p ∨ q ∨ r) é equivalente a ~p ∧ ~q ∧ ~r.

b) p → q é equivalente a ~p → ~q.

c) p ∧ (q ∨ r) é equivalente a p ∧ q ∧ r.

d) ~(~(~r)) ↔ r.

e) A tabela verdade completa das proposições simples p, q e r tem 24 linhas.

16. (FCC) Uma empresa mantém a seguinte regra em relação a seus funcionários: Se um funcionário tem mais de 45 anos de idade, então ele deverá, todo ano, realizar pelo menos um exame médico e tomar a vacina contra a gripe.

Considerando que essa regra seja sempre cumprida, é correto concluir que, necessariamente, se um funcionário dessa empresa:

a) Anualmente realiza um exame médico e toma a vacina contra a gripe, então ele tem mais de 45 anos de idade.

b) Tem 40 anos de idade, então ele não realiza exames médicos anualmente ou não toma a vacina contra a gripe.

c) Não realizou nenhum exame médico nos últimos dois anos, então ele não tem 50 ou mais anos de idade.

d) Tem entre 55 e 60 anos de idade, então ele realiza um único exame médico por ano, além de tomar a vacina contra a gripe.

e) Tomou a vacina contra a gripe ou realizou exames médicos nos últimos dois anos, então ele tem pelo menos 47 anos de idade.

17. (FCC) Considere a afirmação: Pelo menos um ministro participará da reunião ou nenhuma decisão será tomada. Para que essa afirmação seja FALSA:

a) É suficiente que nenhum ministro tenha participado da reunião e duas decisões tenham sido tomadas.

b) É suficiente que dois ministros tenham participado da reunião e alguma decisão tenha sido tomada.

c) É necessário e suficiente que alguma decisão tenha sido tomada, independentemente da participação de ministros na reunião.

d) É necessário que nenhum ministro tenha participado da reunião e duas decisões tenham sido tomadas.

e) É necessário que dois ministros tenham participado da reunião e nenhuma decisão tenha sido tomada.

18. (Cespe) A proposição Se x é um número par, então y é um número primo é equivalente à proposição Se y não é um número primo, então x não é um número par.

Certo ( )   Errado ( )

19. (Cespe) A negação da proposição "O juiz determinou a libertação de um estelionatário e de um ladrão" é expressa na forma "O juiz não determinou a libertação de um estelionatário nem de um ladrão".

Certo ( )   Errado ( )

20. (ESAF) X e Y são números tais que: Se X ≤ 4, então Y > 7. Sendo assim:

a) Se Y ≤ 7, então X > 4.

b) Se Y > 7, então X ≥ 4.

c) Se X ≥ 4, então Y < 7.

d) Se Y < 7, então X ≥ 4.

e) Se X < 4, então Y ≥ 7.

GABARITO

01	B	11	E
02	A	12	ERRADO
03	CERTO	13	C
04	D	14	E
05	CERTO	15	A
06	ERRADO	16	C
07	CERTO	17	A
08	B	18	CERTO
09	E	19	ERRADO
10	ERRADO	20	A

ANOTAÇÕES

2. Argumentos

Os argumentos são uma extensão das proposições, mas com algumas características e regras próprias. Vejamos isso a partir de agora.

Definições

Argumento é um conjunto de proposições, divididas em premissas (proposições iniciais - hipóteses) e conclusões (proposições finais - teses).

Ex.:

p_1: Toda mulher é bonita.

p_2: Toda bonita é charmosa.

p_3: Maria é bonita.

c: Portanto, Maria é charmosa.

p_1: Se é homem, então gosta de futebol.

p_2: Mano gosta de futebol.

c: Logo, Mano é homem.

> **FIQUE LIGADO**
>
> p_1, p_2, p_3, p_n, correspondem às premissas, e "c" à conclusão.

Representação dos Argumentos

Os argumentos podem ser representados das seguintes formas:

$$P_1$$
$$P_2$$
$$P_3$$
$$...$$
$$\underline{P_n}$$
$$C$$

ou

$$P_1 \wedge P_2 \wedge P_3 \wedge \cdots \wedge P_n \to C$$

ou

$$P_1, P_2, P_3, \cdots, P_n \vdash C$$

Tipos de Argumentos

Existem vários tipos de argumento. Vejamos alguns:

Dedução

O argumento dedutivo parte de situações gerais para chegar a conclusões particulares. Esta forma de argumento é válida quando suas premissas, sendo verdadeiras, fornecem uma conclusão também verdadeira.

Ex.:

p_1: Todo professor é aluno.

p_2: Daniel é professor.

c: Logo, Daniel é aluno.

Indução

O argumento indutivo é o contrário do argumento dedutivo, pois parte de informações particulares para chegar a uma conclusão geral. Quanto mais informações nas premissas, maiores as chances da conclusão estar correta.

Ex.:

p_1: Cerveja embriaga.

p_2: Uísque embriaga.

p_3: Vodca embriaga.

c: Portanto, toda bebida alcoólica embriaga.

Analogia

As analogias são comparações (nem sempre verdadeiras). Neste caso, partindo de uma situação já conhecida verificamos outras desconhecidas, mas semelhantes. Nas analogias, não temos certeza.

Ex.:

p_1: No Piauí faz calor.

p_2: No Ceará faz calor.

p_3: No Paraná faz calor.

c: Sendo assim, no Brasil faz calor.

Falácia

As falácias são falsos argumentos, logicamente inconsistentes, inválidos ou que não provam o que dizem.

Ex.:

p_1: Eu passei num concurso público.

p_2: Você passou num concurso público.

c: Logo, todos vão passar num concurso público.

Silogismos

Tipo de argumento formado por três proposições, sendo duas premissas e uma conclusão. São em sua maioria dedutivos.

Ex.:

p_1: Todo estudioso passará no concurso.

p_2: Beatriz é estudiosa.

c: Portanto, Beatriz passará no concurso.

Classificação dos Argumentos

Os argumentos só podem ser classificados em, ou válidos, ou inválidos:

Válidos ou Bem Construídos

Os argumentos são válidos sempre que as premissas garantirem a conclusão, ou seja, sempre que a conclusão for uma consequência obrigatória do seu conjunto de premissas.

Ex.:

p_1: *Toda mulher é bonita.*

p_2: *Toda bonita é charmosa.*

p_3: *Maria é mulher.*

c: Portanto, Maria é bonita e charmosa.

Veja que, se Maria é mulher, e toda mulher é bonita, e toda bonita é charmosa, então Maria só pode ser bonita e charmosa.

Inválidos ou Mal Construídos

Os argumentos são inválidos sempre que as premissas **não** garantirem a conclusão, ou seja, sempre que a conclusão **não** for uma consequência obrigatória do seu conjunto de premissas.

Ex.:

p_1: *Todo professor é aluno.*

p_2: *Daniel é aluno.*

c: Logo, Daniel é professor.

Note que, se Daniel é aluno, nada garante que ele seja professor, pois o que sabemos é que todo professor é aluno, não o contrário.

Alguns argumentos serão classificados apenas por meio desse conceito. Fique atento para não perder tempo.

EXERCÍCIO COMENTADO

01. (Cespe) *O sustentáculo da democracia é que todos têm o direito de votar e de apresentar a sua candidatura. Mas, enganoso é o coração do homem. Falhas administrativas e maior tempo no poder andam de mãos dadas. Por isso, todos precisam ser fiscalizados. E a alternância no poder é imprescindível.*

Considerando o argumento citado, julgue o item.

Esse é um argumento válido.

ERRADO. *Observe que não existe nenhuma garantia de que essas conclusões decorrem dessas premissas. Sem garantias, não há como dizer que o argumento é valido.*

Métodos para Classificar os Argumentos

Os argumentos nem sempre podem ser classificados da mesma forma, por isso existem os métodos para sua classificação, uma vez que dependendo do argumento, um método ou outro, sempre será mais fácil e principalmente mais rápido.

Falaremos dos métodos por ordem de facilidade:

1º método: diagramas lógicos (ou método dos conjuntos).

Utilizado sempre que no argumento houver as expressões: **todo**, **algum** ou **nenhum**, e seus respectivos sinônimos.

Representaremos o que for dito em forma de conjuntos e verificaremos se está correto ou não.

FIQUE LIGADO

Esse método é muito utilizado por diversas bancas de concursos e tende a confundir o concurseiro, principalmente nas questões em que temos mais de uma opção de diagrama para o mesmo enunciado. Lembrando que quando isso ocorrer (mais de um diagrama para o mesmo argumento), a questão só estará certa se todos os diagrama corresponderem à mesma condição.

As representações genéricas são:

TODO A é B:

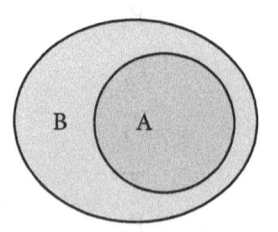

ALGUM A é B:

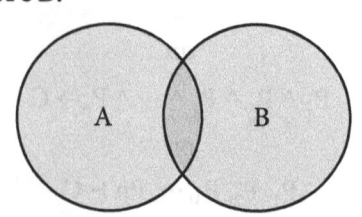

NENHUM A é B:

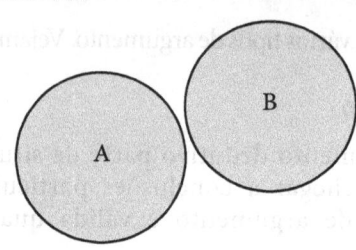

EXERCÍCIO COMENTADO

01. (Cespe) Suponha que um argumento tenha como premissas as seguintes proposições.

Alguns participantes da PREVIC são servidores da União.

Alguns professores universitários são servidores da União.

Nesse caso, se a conclusão for "Alguns participantes da PREVIC são professores universitários", então essas três proposições constituirão um argumento válido.

ERRADO. *Basta representar as premissas e verificar se a conclusão estará garantida por essas premissas.*
Alguns participantes da PREVIC são servidores da União.

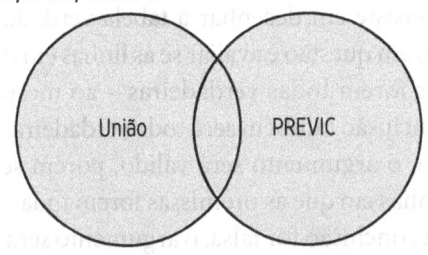

(diagrama: União ∩ PREVIC)

Alguns professores universitários são servidores da União.

(diagrama: Prof. Univ ∩ União)

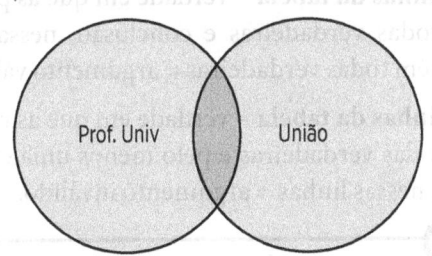

Conclusão: "alguns participantes da PREVIC são professores universitários"

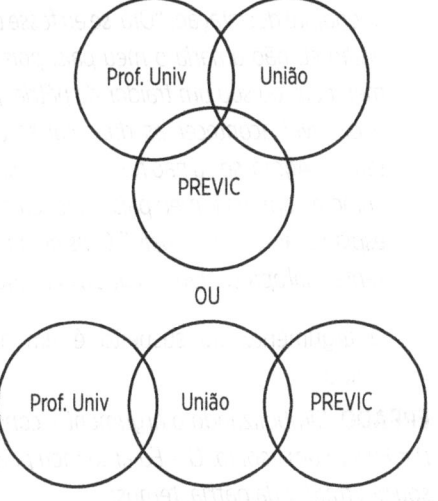

(diagrama: Prof. Univ, União, PREVIC)

OU

(diagrama: Prof. Univ — União — PREVIC)

Veja, pelos diagramas que representam a conclusão, que ela não está garantida, uma vez que podem ou não, os participantes da PREVIC serem professores universitários.

2º método: premissas verdadeiras (proposição simples ou conjunção).

Utilizado sempre que não for possível os diagramas lógicos e quando nas premissas houver uma proposição simples ou uma conjunção.

A proposição simples ou a conjunção serão os pontos de partida da resolução, já que teremos que considerar todas as premissas verdadeiras e elas – proposição simples ou conjunção – só admitem um jeito de serem verdadeiras.

O método consiste em, considerar todas as premissas como verdadeiras, dar valores às proposições simples que a compõem e no final avaliar a conclusão; se a conclusão também for verdadeira o argumento é válido, porém se a conclusão for falsa o argumento é inválido.

Premissas verdadeiras e conclusão verdadeira = argumento válido.

Premissas verdadeiras e conclusão falsa = argumento inválido.

EXERCÍCIO COMENTADO

01. (Cespe) É correto o raciocínio lógico dado pela sequência de proposições seguintes:

> Se Célia tiver um bom currículo, então ela conseguirá um emprego.
> Ela conseguiu um emprego.
> Portanto, Célia tem um bom currículo.

ERRADO. *Simbolizando o argumento, considerando: A = Célia tem um bom currículo, e B = Célia conseguirá um bom emprego; temos:*

$$P_1: A \to B$$
$$P_2: B$$
$$c: A$$

Como nas premissas temos uma proposição simples, podemos trabalhar com o método das premissas verdadeiras; e considerando B = V, não podemos garantir que A seja verdadeiro, nem falso.

$$P_1: A^* \to B^V$$
$$P_2: B = V$$
$$c: A^*$$

Portanto, o argumento é inválido.

Esses dois métodos (1º e 2º) são os mais utilizados para a resolução das questões de argumento. Cerca de 70% a 80% das questões serão resolvidas por um desses dois métodos.

3º método: conclusão falsa (proposição simples, disjunção ou condicional).

Utilizado sempre que não for possível um dos "dois" métodos citados anteriormente e quando na conclusão houver uma proposição simples, uma disjunção ou um condicional.

Pelo mesmo motivo do método anterior, a proposição simples, a disjunção ou o condicional serão os pontos de partida da resolução, já que teremos que considerar a conclusão como sendo falsa e elas – proposição simples, disjunção e condicional – só admitem um jeito de serem falsas.

O método consiste em: considerar a conclusão como falsa, dar valores às proposições simples, que a compõem, e supor as premissas como verdadeiras, a partir dos valores das proposições simples da conclusão. No final, se assim ficar – a conclusão falsa e as premissas verdadeiras – o argumento será inválido; porém se uma das premissas mudar de valor, então o argumento passa a ser válido.

Conclusão falsa e premissas verdadeiras = argumento inválido.

Conclusão falsa e pelo menos 1 (uma) premissa falsa = argumento válido.

PREMISSAS	CONCLUSÃO	ARGUMENTO
Verdadeiras	Verdadeira	Válido
Verdadeiras	Falsa	Inválido
Pelo menos 1 (uma) falsa	Falsa	Válido

4º método: tabela verdade.

Método utilizado em último caso, quando não for possível usar qualquer um dos anteriores.

Dependendo da quantidade de proposições simples que tiver o argumento, esse método fica inviável, pois temos que desenhar a tabela verdade. No entanto, esse método é um dos mais garantidos nas resoluções das questões de argumentos.

Consiste em desenhar a tabela verdade do argumento em questão e avaliar se as linhas em que as premissas forem todas verdadeiras – ao mesmo tempo – a conclusão também será toda verdadeira. Caso isso ocorra, o argumento será válido, porém se em uma das linhas em que as premissas forem todas verdadeiras e a conclusão for falsa, o argumento será inválido.

Linhas da tabela – verdade em que as premissas são todas verdadeiras e conclusão, nessas linhas, também todas verdadeiras = argumento válido.

Linhas da tabela – verdade em que as premissas são todas verdadeiras e pelo menos uma conclusão falsa, nessas linhas = argumento inválido.

EXERCÍCIO COMENTADO

01. (Cespe) Suponha que as proposições "Edu tem um laptop ou ele tem um celular" e "Edu ter um celular é condição necessária para Edu ter um laptop" sejam verdadeiras. Nesse caso, considerando essas proposições como premissas e a proposição "Edu tem um laptop" como conclusão de um argumento, então esse argumento é válido.

ERRADO. *Simbolizando o argumento, considerando: P = Edu tem um laptop, e Q = Edu tem um celular; temos:*

$$P_1: P \vee Q$$
$$P_2: P \to Q$$
$$c: P$$

Veja que é possível trabalhar com o método das premissas verdadeiras, pois não temos nas premissas nem proposição simples, nem conjunção. Na conclusão, porém, temos uma proposição simples, o que possibilita trabalhar como método da conclusão falsa. Partindo da conclusão falsa e supondo as premissas verdadeiras, temos P = F e Q = V (de P_1), então as premissas ficaram verdadeiras e a conclusão falsa. Quando isso acontece, temos um argumento inválido.

$$P_1: P^f \vee Q^v$$
$$P_2: P^f \to Q^v$$
$$c: P = F$$

Para esses dois métodos (2º método e 3º método), podemos definir a validade dos argumentos da seguinte forma:

EXERCÍCIO COMENTADO

01. (Cespe) *Um entrevistador obteve de um suspeito a seguinte declaração: "Ora, se eu fosse um espião, então eu não amaria o meu país, pois eu amo o meu país, ou sou um traidor da pátria, já que não é possível acontecer as duas coisas ao mesmo tempo. Agora, se eu não fosse um traidor da pátria, então eu amaria o meu país. Logo, eu não sou um espião e amo o meu país." Considerando a lógica sentencial apresentada, julgue o item subsequente.*

O argumento do suspeito é um argumento válido.

ERRADO. *Simbolizando o argumento, considerando: P = Eu sou um espião, Q = Eu amo meu país, e R = Eu sou um traidor da pátria; temos:*

$$P_1: (Q \veebar R) \to (P \to \sim Q)$$
$$P_2: \sim R \to Q$$
$$c: \sim P \wedge Q$$

Observe que não é possível trabalhar com as premissas verdadeiras nem com a conclusão falsa. Só nos resta fazer o método da tabela verdade. Desenhando a tabela:

P	Q	R	~P	~Q	~R	Q∨R	P→~Q	(Q∨R)→(P→~Q)	~R→Q	~P∧Q
V	V	V	F	F	F	V	F	F	V	F
V	V	F	F	F	V	V	F	F	V	F
V	F	V	F	V	F	V	V	V	V	F
V	F	F	F	V	V	F	V	V	F	F
F	V	V	V	F	F	V	V	V	V	V
F	V	F	V	F	V	V	V	V	V	V
F	F	V	V	V	F	V	V	V	V	F
F	F	F	V	V	V	F	V	V	F	F

Na 1ª, 3ª, 5ª, 6ª e 7ª linha temos todas as premissas como verdadeiras, observando a conclusão nessas mesmas linhas vemos que nem todas são verdadeiras.

Algumas questões de argumento não poderão ser feitas por nenhum desses métodos apresentados anteriormente, porém a questão não ficará sem resposta uma vez que conhecemos os princípios das proposições. Atribuiremos valor para as proposições simples contidas nas premissas (considerando todas as premissas como verdadeiras).

EXERCÍCIO COMENTADO

01. (ESAF) X, Y e Z são números inteiros. Um deles é par, outro é ímpar, e o outro é negativo. Sabe-se que: ou X é par, ou Z é par; ou X é ímpar, ou Y é negativo; ou Z é negativo, ou Y é negativo; ou Y é ímpar, ou Z é ímpar. Assim:
a) X é par, Y é ímpar e Z é negativo.
b) X é par, Y é negativo e Z é ímpar.
c) X é ímpar, Y é negativo e Z é par.
d) X é negativo, Y é par e Z é ímpar.
e) X é ímpar, Y é par e Z é negativo.

RESPOSTA: B. *Simbolizando as afirmações (premissas), considerando: A = X é par, B = Z é par, C = Y é negativo, D = Z é negativo, e E = Y é ímpar; temos:*

$$P_1: A \veebar B$$
$$P_2: \sim A \veebar C$$
$$P_3: D \veebar C$$
$$P_4: E \veebar \sim B$$

Perceba que aqui não temos conclusão e a questão quer saber apenas quem é par, quem é ímpar e quem é negativo. Considerando todas as afirmações (premissas) como verdadeiras, vamos atribuir valores para as proposições simples a partir do nosso conhecimento dos conectivos.

Começando do que é mais comum podemos considerar C = verdadeiro, ~A = falso e D = falso, sendo assim A = verdadeiro e B = falso, logo ~B = verdadeiro e E = falso. Veja que todas as premissas são verdadeiras, todas as proposições têm valor e não existem contradições. Agora é só ver que Y é negativo, X é par e Z é ímpar.

VAMOS PRATICAR

Os exercícios a seguir são referentes ao conteúdo: Argumentos.

01. (FCC) Um argumento é composto pelas seguintes premissas:
> Se as metas de inflação não são reais, então a crise econômica não demorará a ser superada.
> Se as metas de inflação são reais, então os superávits primários não serão fantasiosos.
> Os superavits serão fantasiosos.

Para que o argumento seja válido, a conclusão deve ser:
a) A crise econômica não demorará a ser superada.
b) As metas de inflação são irreais ou os superavits são fantasiosos.
c) As metas de inflação são irreais e os superavits são fantasiosos.
d) Os superávits econômicos serão fantasiosos.
e) As metas de inflação não são irreais e a crise econômica não demorará a ser superada.

02. (FCC) No Japão, muitas empresas dispõem de lugares para que seus funcionários se exercitem durante os intervalos de sua jornada de trabalho. No Brasil, poucas empresas têm esse tipo de programa. Estudos têm revelado que os trabalhadores japoneses são mais produtivos que os brasileiros. Logo, deve-se concluir que a produtividade dos empregados brasileiros será menor que a dos japoneses enquanto as empresas brasileiras não aderirem a programas que obriguem seus funcionários à prática de exercícios. A conclusão dos argumentos é válida se assumirmos que:

a) A produtividade de todos os trabalhadores pode ser aumentada com exercícios.
b) A prática de exercícios é um fator essencial na maior produtividade dos trabalhadores japoneses.

c) As empresas brasileiras não dispõem de recursos para a construção de ginásios de esporte para seus funcionários.

d) Ainda que os programas de exercícios não aumentem a produtividade dos trabalhadores brasileiros, estes programas melhorarão a saúde deles.

e) Os trabalhadores brasileiros têm uma jornada de trabalho maior que a dos japoneses.

03. (Cespe) Considere verdadeiras as duas premissas abaixo:

> O raciocínio de Pedro está correto, ou o julgamento de Paulo foi injusto.

> O raciocínio de Pedro não está correto. Portanto, se a conclusão for a proposição.

Portanto, se a conclusão for a proposição, O julgamento de Paulo foi injusto, tem-se uma dedução lógica correta.

Certo ( )   Errado ( )

04. (Cespe) Considere a seguinte sequência de proposições:

I. Se o crime foi perfeito, então o criminoso não foi preso.

II. O criminoso não foi preso.

III. Portanto, o crime foi perfeito.

Se (1) e (2) são premissas verdadeiras, então a proposição (3), a conclusão, é verdadeira, e a sequência é uma dedução lógica correta.

Certo ( )   Errado ( )

05. (FCC) Certo dia, cinco Agentes de um mesmo setor do Tribunal de Contas do Estado de São Paulo - Amarilis, Benivaldo, Corifeu, Divino e Esmeralda - foram convocados para uma reunião em que se discutiria a implantação de um novo serviço de telefonia. Após a realização dessa reunião, alguns funcionários do setor fizeram os seguintes comentários:

> "Se Divino participou da reunião, então Esmeralda também participou";

> "Se Divino não participou da reunião, então Corifeu participou";

> "Se Benivaldo ou Corifeu participaram, então Amarilis não participou";

> "Esmeralda não participou da reunião".

Considerando que as afirmações contidas nos quatro comentários eram verdadeiras, pode-se concluir com certeza que, além de Esmeralda, não participaram de tal reunião.

a) Amarilis e Benivaldo.
b) Amarilis e Divino.
c) Benivaldo e Corifeu.
d) Benivaldo e Divino.
e) Corifeu e Divino.

06. (Cesgranrio) Considere verdadeiras as proposições a seguir.

> Se Roberto casar, seu irmão Humberto será convidado.

> Humberto não fala com seu primo Gilberto. Por isso, se Gilberto for convidado para o casamento de Roberto, Humberto não irá.

> Gilberto é orgulhoso e, por isso, só comparece em casamentos quando é convidado.

Sabendo que Humberto compareceu ao casamento de Roberto, conclui-se que:

a) Gilberto foi convidado para o casamento. Por isso, compareceu.

b) Gilberto não foi convidado para o casamento. Por isso, não compareceu.

c) Gilberto não foi convidado para o casamento, mas, mesmo assim, compareceu.

d) Gilberto não compareceu, ainda que tenha sido convidado.

e) Humberto não foi convidado, ainda que tenha comparecido.

07. (Iades) Considere os argumentos a seguir.

I. Se nevar então vai congelar. Não está nevando. Logo, não vai congelar.

II. Se nevar então vai congelar. Não está congelando. Logo, não vai nevar.

Assim, é correto concluir que:

a) Ambos são falácias.
b) Ambos são tautologias.
c) O Argumento I é uma falácia e o Argumento II é uma tautologia.
d) O Argumento I é uma tautologia e o Argumento II é uma falácia.

08. (FCC) Considere as seguintes afirmações:

> Todo escriturário deve ter noções de Matemática.

> Alguns funcionários do Tribunal de Contas do Estado de São Paulo são escriturários.

Se as duas afirmações são verdadeiras, então é correto afirmar que:

a) Todo funcionário do Tribunal de Contas do Estado de São Paulo deve ter noções de Matemática.

b) Se Joaquim tem noções de Matemática, então ele é escriturário.

c) Se Joaquim é funcionário do Tribunal de Contas do Estado de São Paulo, então ele é escriturário.

d) Se Joaquim é escriturário, então ele é funcionário do Tribunal de Contas do Estado de São Paulo.

e) Alguns funcionários do Tribunal de Contas do Estado de São Paulo podem não ter noções de Matemática.

09. (Consulplan) Num restaurante são servidos pratos diferentes diariamente respeitando-se as seguintes condições: "Somente nos finais de semana não é servido carne de porco com salpicão. Se é servido peixe com batata frita, então não é servido frango com palmito. Ou servem frango com palmito, ou macarrão com almôndegas. Se bife de boi não é servido com purê de batata, então peixe é servido com batata frita. Somente nas segundas-feiras é servido macarrão com almôndegas." Jean almoçou neste restaurante num sábado, logo ele pode ter comido:

a) Macarrão com almôndegas e peixe com batata frita.

b) Frango com palmito e carne de porco com salpicão.

c) Bife de boi com purê de batata e frango com palmito.

d) Peixe com batata frita e bife de boi com purê de batata.

e) Frango com palmito e peixe com batata frita.

10. (FCC) Partindo das premissas:

> Todo advogado é sagaz.
> Todo advogado é formado em Direito.
> Roberval é sagaz.
> Sulamita é juíza.

Pode-se concluir que:

a) Há pessoas formadas em Direito que são sagazes.

b) Roberval é advogado.

c) Sulamita é sagaz.

d) Roberval é promotor.

e) Sulamita e Roberval são casados.

11. (FCC) Todos os macerontes são torminodoros. Alguns macerontes são momorrengos. Logo,

a) Todos os momorrengos são torminodoros.

b) Alguns torminodoros são momorrengos.

c) Todos os torminodoros são macerontes.

d) Alguns momorrengos são pássaros.

e) Todos os momorrengos são macerontes.

12. (FCC) Em certo planeta, todos os Aleves são Bleves, todos os Cleves são Bleves, todos os Dleves são Aleves, e todos os Cleves são Dleves. Sobre os habitantes desse planeta, é correto afirmar que:

a) Todos os Dleves são Bleves e são Cleves.

b) Todos os Bleves são Cleves e são Dleves.

c) Todos os Aleves são Cleves e são Dleves.

d) Todos os Cleves são Aleves e são Bleves.

e) Todos os Aleves são Dleves e alguns Aleves podem não ser Cleves.

13. (Cespe) O sustentáculo da democracia é que todos têm o direito de votar e de apresentar a sua candidatura. Mas, enganoso é o coração do homem. Falhas administrativas e maior tempo no poder andam de mãos dadas. Por isso, todos precisam ser fiscalizados. E a alternância no poder é imprescindível. Considerando o argumento citado, julgue o item subsequente.

A afirmação "E a alternância no poder é imprescindível" é uma premissa desse argumento.

Certo ( )   Errado ( )

14. (FCC) Considere um argumento composto pelas seguintes premissas:

> Se a inflação não é controlada, então não há projetos de desenvolvimento.
> Se a inflação é controlada, então o povo vive melhor.
> O povo não vive melhor.

Considerando que todas as três premissas são verdadeiras, então, uma conclusão que tornaria o argumento válido é:

a) A inflação é controlada.

b) Não há projetos de desenvolvimento.

c) A inflação é controlada ou há projetos de desenvolvimento.

d) O povo vive melhor e a inflação não é controlada.

e) Se a inflação não é controlada e não há projetos de desenvolvimento, então o povo vive melhor.

15. (FUNCAB) Todos que dirigem o carro A e o carro B gostam do carro B. Alguns que dirigem o carro B não gostam dele. Logo:

a) Todos que dirigem o carro B gostam dele.

b) Ninguém gosta do carro B.

c) Alguns que dirigem B não dirigem A.

d) Quem dirige A gosta de B.

e) Só quem dirige A e B dirige B.

16. (FCC) Paloma fez as seguintes declarações:

> "Sou inteligente e não trabalho."
>
> "Se não tiro férias, então trabalho."

Supondo que as duas declarações sejam verdadeiras, é FALSO concluir que Paloma:

a) É inteligente.
b) Tira férias.
c) Trabalha.
d) Não trabalha e tira férias.
e) Trabalha ou é inteligente.

17. (Fepese) Assinale a conclusão que torna válido o argumento: Todos os cronópios são ferozes. Todos os coelhos são cronópios. Logo.

a) Todos os coelhos são ferozes.
b) Todos os cronópios são coelhos.
c) Todos os animais ferozes são coelhos.
d) Existe um coelho que não é cronópio.
e) Nenhum cronópio é coelho e feroz.

18. (Cesgranrio) Toda afirmação de que várias proposições p (p1,p2,...,pn) têm por consequência uma outra proposição q constitui um argumento. Um argumento é válido quando

a) Para todas as linhas da tabela verdade em que as premissas forem verdadeiras a conclusão também for verdadeira.
b) Para todas as premissas falsas existir uma negação que gere uma conclusão verdadeira.
c) Para todas as conclusões falsas da tabela as premissas forem consideradas como verdadeiras.
d) Existirem apenas conclusões falsas, se e somente se as premissas forem verdadeiras.
e) Existirem apenas conclusões verdadeiras, independente do valor atribuído às premissas.

19. (ESAF) Há três suspeitos para um crime e pelo menos um deles é culpado. Se o primeiro é culpado, então o segundo é inocente. Se o terceiro é inocente, então o segundo é culpado. Se o terceiro é inocente, então ele não é o único a sê-lo. Se o segundo é culpado, então ele não é o único a sê-lo. Assim, uma situação possível é:

a) Os três são culpados.
b) Apenas o primeiro e o segundo são culpados.
c) Apenas o primeiro e o terceiro são culpados.
d) Apenas o segundo é culpado.
e) Apenas o primeiro é culpado.

20. (Cespe) Considerando que uma argumentação é correta quando, partindo-se de proposições presumidamente verdadeiras, se chega a conclusões também verdadeiras, julgue o próximo item.
Suponha-se que as seguintes proposições sejam verdadeiras.

I. Todo brasileiro é artista.
II. Joaquim é um artista.

Nessa situação, se a conclusão for "Joaquim é brasileiro", então a argumentação é correta.

Certo ( )   Errado ( )

GABARITO

01	A	11	B
02	B	12	D
03	CERTO	13	ERRADO
04	ERRADO	14	B
05	B	15	C
06	B	16	C
07	C	17	A
08	E	18	A
09	C	19	C
10	A	20	ERRADO

ANOTAÇÕES

3. Psicotécnicos

Questões psicotécnicas são todas as questões em que não precisamos de conhecimento adicional para resolvê-las. As questões podem ser de associações lógicas, verdades e mentiras, sequências lógicas, problemas com datas – calendários, sudoku, entre outras.

Neste capítulo, abordaremos inicialmente as questões mais simples do raciocínio lógico para uma melhor familiarização com a matéria.

Não existe teoria, somente prática e é com ela que vamos trabalhar e aprender.

EXERCÍCIOS COMENTADOS

01. (FCC) Considere que os dois primeiros pares de palavras foram escritos segundo determinado critério.

Temperamento → totem

Traficante → tetra

Massificar → ?

De acordo com esse mesmo critério, uma palavra que substituiria o ponto de interrogação é:

a) ramas.
b) maras.
c) armas.
d) samar.
e) asmar.

RESPOSTA: C. Analisando os dois primeiros pares de palavras, vemos que a segunda palavra de cada par é formada pela última sílaba + a primeira sílaba da primeira palavra do par, logo, seguindo esse raciocínio, teremos AR + MAS = armas.

02. (FCC) Observe atentamente a disposição das cartas em cada linha do esquema seguinte. A carta que está oculta é:

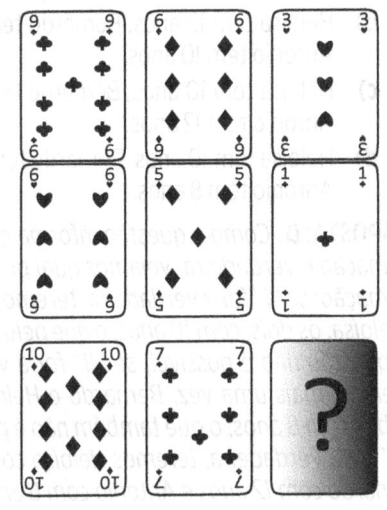

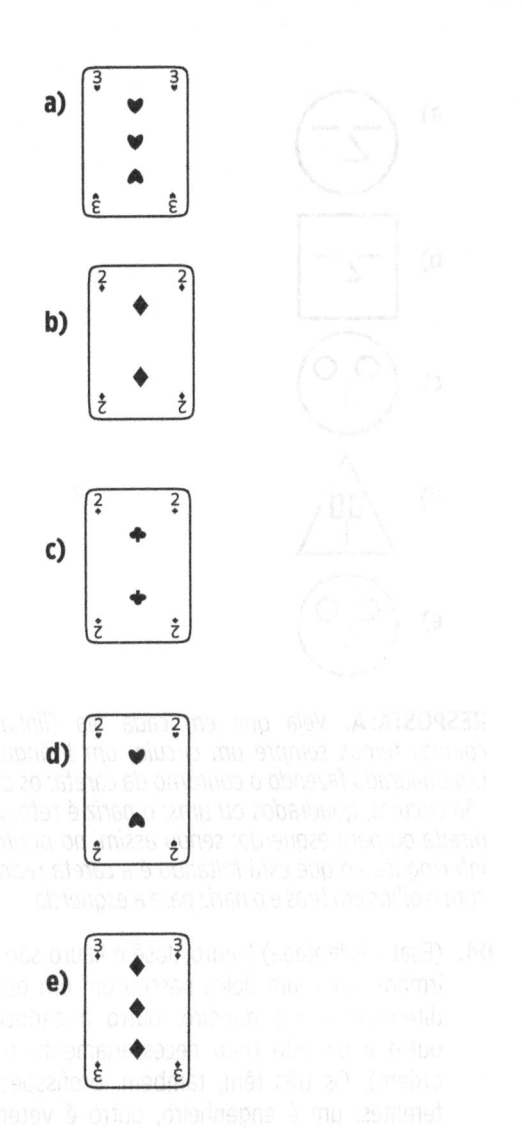

a) 3 de copas
b) 2 de ouros
c) 2 de paus
d) 2 de copas
e) 3 de ouros

RESPOSTA: A. Observando cada linha (horizontal), temos nas duas primeiras os três mesmos naipes (copas, paus e ouros, só mudando a ordem) e a terceira carta é o resultado da subtração da primeira pela segunda; portanto, a carta que está oculta tem que ser o "3 de copas", pois 10 – 7 = 3 e o naipe que não apareceu na terceira linha foi o de copas.

03. (FCC) Considere a sequência de figuras abaixo. A figura que substitui corretamente a interrogação é:

a) (caretа redonda com olhos em tiras e nariz reto)

b) (careta quadrada com olhos em tiras e nariz reto)

c) (careta redonda com olhos círculos e nariz reto)

d) (careta triangular com olhos quadrados e nariz reto)

e) (careta redonda com olhos círculos e nariz para a esquerda)

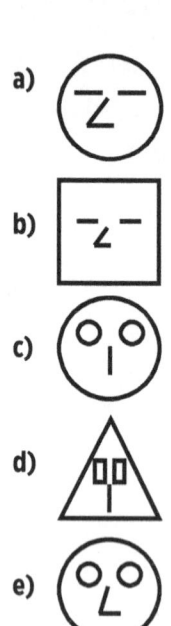

RESPOSTA: A. *Veja que em cada fila (linha ou coluna) temos sempre um círculo, um triângulo e um quadrado fazendo o contorno da careta; os olhos são círculos, quadrados ou tiras; o nariz é reto, para direita ou para esquerda; sendo assim, no ponto de interrogação o que está faltando é a careta redonda com o olhos em tiras e o nariz para a esquerda.*

04. (Esaf - Adaptada) Mauro, José e Lauro são três irmãos. Cada um deles nasceu em um estado diferente: um é mineiro, outro é carioca, e outro é paulista (não necessariamente nessa ordem). Os três têm, também, profissões diferentes: um é engenheiro, outro é veterinário, e outro é psicólogo (não necessariamente nessa ordem). Sabendo que José é mineiro, que o engenheiro é paulista, e que Lauro é veterinário, conclui-se corretamente que:
   a) Lauro é paulista e José é psicólogo.
   b) Mauro é carioca e José é psicólogo.
   c) Lauro é carioca e Mauro é psicólogo.
   d) Mauro é paulista e José é psicólogo.
   e) Lauro é carioca e Mauro não é engenheiro.

RESPOSTA: D. *É a única resposta possível após o preenchimento da tabela e análise das alternativas.*

Vamos construir uma tabela para facilitar a resolução da questão:

Nome	Estado	Profissão
José	Mineiro	Psicólogo
Mauro	Paulista	Engenheiro
Lauro	Carioca	Veterinário

De acordo com as informações:
> *José é mineiro;*
> *O engenheiro é paulista;*
> *Lauro é veterinário, note que Lauro não pode ser paulista, pois o paulista é engenheiro.*

05. (FGV) Certo dia, três amigos fizeram, cada um deles, uma afirmação:
> Aluísio: Hoje não é terça-feira.
> Benedito: Ontem foi domingo.
> Camilo: Amanhã será quarta-feira.

Sabe-se que um deles mentiu e que os outros dois falaram a verdade. Assinale a alternativa que indique corretamente o dia em que eles fizeram essas afirmações.
   a) Sábado.
   b) Domingo.
   c) Segunda-feira.
   d) Terça-feira.
   e) Quarta-feira.

RESPOSTA: C. *Baseado no que foi dito na questão, Benedito e Camilo não podem, os dois, estarem falando a verdade, pois teríamos dois dias diferentes. Então, conclui-se que Aluísio falou a verdade; com isso, o que Camilo esta dizendo é mentira e, portanto Benedito também está falando a verdade. Logo, o dia em que foi feita a afirmação é uma segunda-feira.*

06. (Fumarc) Heloísa, Bernardo e Antônio são três crianças. Uma delas tem 12 anos a outra tem 10 anos e a outra 8 anos. Sabe-se que apenas uma das seguintes afirmações é verdadeira:
   I. Bernardo tem 10 anos.
   II. Heloísa não tem 10 anos.
   III. Antônio não tem 12 anos.

Considerando estas informações é correto afirmar que:
   a) Heloísa tem 12 anos, Bernardo tem 10 anos e Antônio tem 8 anos.
   b) Heloísa tem 12 anos, Bernardo tem 8 anos e Antônio tem 10 anos.
   c) Heloísa tem 10 anos, Bernardo tem 8 anos e Antônio tem 12 anos.
   d) Heloísa tem 10 anos, Bernardo tem 12 anos e Antônio tem 8 anos.

RESPOSTA: D. *Como a questão informa que só uma afirmação é verdadeira, vejamos qual pode ser esta afirmação: se "I" for a verdadeira, teremos Bernardo e Heloísa, os dois, com 10 anos, o que pelo enunciado da questão não é possível; se "II" for a verdadeira, teremos, mais uma vez, Bernardo e Heloísa, agora ambos com 8 anos, o que também não é possível; se "III" for a verdadeira, teremos Heloísa com 10 anos, Bernardo com 12 anos e Antônio com 8 anos.*

07. (FCC) Na sentença seguinte falta a última palavra. Você deve escolher a alternativa que apresenta a palavra que MELHOR completa a sentença.

Devemos saber empregar nosso tempo vago; podemos, assim, desenvolver hábitos agradáveis e evitar os perigos da;

a) Desdita.
b) Pobreza.
c) Ociosidade.
d) Bebida.
e) Doença.

RESPOSTA: C. *Qual dessas alternativas tem a palavra que mais se relaciona com tempo vago? Agora ficou claro! Assim a palavra é OCIOSIDADE.*

08. (ESAF) Três meninos, Zezé, Zozó e Zuzu, todos vizinhos, moram na mesma rua em três casas contíguas. Todos os três meninos possuem animais de estimação de raças diferentes e de cores também diferentes. Sabe-se que o cão mora em uma casa contígua à casa de Zozó; a calopsita é amarela; Zezé tem um animal de duas cores - branco e laranja; a cobra vive na casa do meio. Assim, os animais de estimação de Zezé, Zozó e Zuzu são respectivamente:

a) Cão, cobra, calopsita.
b) Cão, calopsita, cobra.
c) Calopsita, cão, cobra.
d) Calopsita, cobra, cão.
e) Cobra, cão, calopsita.

RESPOSTA: A. *De acordo com as informações:*

> *A cobra vive na casa do meio;*
> *O cão mora em uma casa contígua à casa de Zozó; contígua quer dizer vizinha, e para isso Zozó só pode morar na casa do meio;*
> *A calopsita é amarela e Zezé tem um animal de duas cores - branco e laranja; com isso o cão só pode ser de Zezé;*

Vamos construir uma tabela para ficar melhor a resolução da questão:

Nome	Casa Zezé	Casa Zozó	Casa Zuzu
Animal	Cão	Cobra	Calopsita

*No livro **Alice no País dos Enigmas**, o professor de matemática e lógica Raymond Smullyan apresenta vários desafios ao raciocínio lógico que têm como objetivo distinguir-se entre verdadeiro e falso. Considere o seguinte desafio inspirado nos enigmas de Smullyan.*

Duas pessoas carregam fichas nas cores branca e preta. Quando a primeira pessoa carrega a ficha branca, ela fala somente a verdade, mas, quando carrega a ficha preta, ela fala somente mentiras. Por outro lado, quando a segunda pessoa carrega a ficha branca, ela fala somente mentira, mas, quando carrega a ficha preta, fala somente verdades.

Com base no texto acima, julgue o item a seguir.

09. (Cespe) Se a primeira pessoa diz "Nossas fichas não são da mesma cor" e a segunda pessoa diz "Nossas fichas são da mesma cor", então, pode-se concluir que a segunda pessoa está dizendo a verdade.

CERTO. *Analisando linha por linha da tabela, encontramos contradições nas três primeiras linhas, ficando somente a quarta linha como certa, o que garante que a segunda pessoa está falando a verdade.*

1ª pessoa: "Nossas fichas não são da mesma cor"	2ª pessoa: "Nossas fichas são da mesma cor"
Ficha branca (verdade)	Ficha branca (mentira)
Ficha branca (verdade)	Ficha preta (verdade)
Ficha preta (mentira)	Ficha branca (mentira)
Ficha preta (mentira)	Ficha preta (verdade)

10. (Cespe) O quadro abaixo pode ser completamente preenchido com algarismos de 1 a 6, de modo que cada linha e cada coluna tenham sempre algarismos diferentes.

1				3	2
		5	6		1
	1		6	5	
5	4			2	
	3	2	4		
4				2	3

CERTO. *Vamos preencher o quadro, de acordo com o que foi pedido:*

1	6	4	5	3	2
3	2	5	6	4	1
2	1	6	3	5	4
5	4	3	1	2	6
6	3	2	4	1	5
4	5	1	2	6	3

VAMOS PRATICAR

Os exercícios a seguir são referentes ao conteúdo: Psicotécnicos.

01. (FCC) Certo mês, três Técnicos Judiciários - Ivanildo, Lindolfo e Otimar fizeram 10 viagens transportando equipamentos destinados a diferentes unidades do Tribunal Regional do Trabalho. Sabe-se que:

> Os três fizeram quantidades diferentes de viagens e cada um deles fez pelo menos duas;
> Ivanildo fez o maior número de viagens e Lindolfo o menor.

Sobre o número de viagens que Otimar fez a serviço do Tribunal nesse mês,

a) Nada se pode concluir.
b) Foram 4.
c) Foram 3.
d) Excedeu em 2 unidades a quantidade de viagens feitas por Lindolfo.
e) Era igual a 30% da quantidade de viagens feitas por Ivanildo.

02. (FGV) Em cada uma de cinco portas A, B, C, D e E, está escrita uma sentença, conforme a seguir:

Porta A: "Eu sou a porta de saída."

Porta B: "A porta de saída é a porta C."

Porta C: "A sentença escrita na porta A é verdadeira."

Porta D: "Se eu sou a porta de saída, então a porta de saída não é a porta E."

Porta E: "Eu não sou a porta de saída."

Sabe-se que dessas cinco sentenças há uma única verdadeira e que há somente uma porta de saída. A porta de saída é a porta:

a) D
b) A
c) B
d) C
e) E

03. (FGV) Abel, Gabriel e Daniel são amigos. Um deles mora em uma casa branca, o outro, em uma casa azul e o terceiro, em uma casa amarela. Entre eles, um é pintor, o outro, escultor e o terceiro, professor. Abel não mora na casa azul. Gabriel é escultor e não mora na casa branca. O professor mora na casa azul.

A esse respeito, é correto afirmar que:

a) Abel mora na casa amarela.
b) Abel é pintor.
c) Daniel não é professor.
d) Daniel mora na casa branca.
e) Gabriel mora na casa azul.

04. (FCC) Ricardo, Mateus e Lucas são três amigos que cursam faculdades de medicina, engenharia e direito. Cada um dos três usa um meio diferente de transporte para chegar à faculdade: ônibus, automóvel e bicicleta. Para descobrir o que cada um cursa e o meio de transporte que utilizam, temos o seguinte:

> Mateus anda de bicicleta;
> Quem anda de ônibus não faz medicina;
> Ricardo não cursa engenharia e Lucas estuda direito.

Considerando as conclusões:

I. Lucas vai de ônibus para a faculdade de direito.
II. Mateus estuda medicina.
III. Ricardo vai de automóvel para a faculdade.

Está correto o que consta em:

a) I, apenas.
b) III, apenas.
c) II e III, apenas.
d) I e III, apenas.
e) I, II e III.

05. (FCC) A sentença seguinte é seguida de um número entre parênteses, que corresponde ao número de letras de uma palavra que se aplica à definição dada.

"Tudo aquilo que não é cópia ou imitação." (8)

A alternativa onde se encontra a letra inicial de tal palavra é:

a) A
b) O
c) P
d) Q
e) R

06. (Cesgranrio) Como o ano de 2009 não é bissexto, ou seja, tem 365 dias, houve um dia que caiu exatamente no "meio" do ano. Assim, as quantidades de dias do ano de 2009 antes e depois dessa data são iguais. Esse data foi:

a) 30 de junho.
b) 1 de julho.
c) 2 de julho.
d) 3 de julho.
e) 4 de julho.

07. (FGV) Daqui a 15 dias, Márcia fará aniversário. Paula fez aniversário há 8 dias. Júlia fará aniversário 6 dias antes de Márcia. Se Paula faz aniversário no dia 25 de abril, é correto concluir que:

a) Hoje é dia 02 de maio.

b) Hoje é dia 05 de maio.

c) Júlia fará aniversário no dia 09 de maio.

d) Júlia fará aniversário no dia 12 de maio.

e) Márcia fará aniversário no dia 15 de maio.

08. (FUNRIO) O próximo termo da sequência 0, 3, 8, 15, 24, 35, 48, ... é:

a) 60.

b) 68.

c) 75.

d) 57.

e) 63.

09. (FCC) A seguinte sequência de palavras foi escrita obedecendo a um padrão lógico:

PATA - REALIDADE - TUCUPI - VOTO - ?

Considerando que o alfabeto é o oficial, a palavra que, de acordo com o padrão estabelecido, poderia substituir o ponto de interrogação é

a) QUALIDADE

b) SADIA

c) WAFFLE

d) XAMPU

e) YESTERDAY

10. (FCC) Na sentença abaixo falta a última palavra. Procure nas alternativas a palavra que melhor completa essa sentença.

Estava no portão de entrada do quartel, em frente à guarita; se estivesse fardado, seria tomado por:

a) Comandante.

b) Ordenança.

c) Guardião.

d) Porteiro.

e) Sentinela.

Para as questões 11 e 12

Em um tribunal, tramitam três diferentes processos, respectivamente, em nome de Clóvis, Sílvia e Laerte. Em dias distintos da semana, cada uma dessas pessoas procurou, no tribunal, informações acerca do andamento do processo que lhe diz respeito. Na tabela a seguir estão marcadas com V células cujas informações da linha e da coluna correspondentes e referentes a esses três processos sejam verdadeiras. Por exemplo, Sílvia foi procurar informação a respeito do processo de sua licença, e a informação sobre o processo de demissão foi solicitada na quinta-feira. Uma célula é marcada com F quando a informação da linha e da coluna correspondente é falsa, isto é, quando o fato correspondente não ocorreu. Observe que o processo em nome de Laerte não se refere a contratação e que Sílvia não procurou o tribunal na quarta-feira.

	Demissão	Contratação	Licença	Terça-feira	Quarta-feira	Quinta-Feira
Clóvis						
Silva	F	F	V		F	
Laerte		F	F			
Terça-feira	F					
Quarta-feira	F					
Quinta-Feira	V	F	F			

Com base nessas instruções e nas células já preenchidas, é possível preencher logicamente toda a tabela. Após esse procedimento, julgue os itens a seguir:

11. (Cespe) O processo em nome de Laerte refere-se a demissão e ele foi ao tribunal na quinta-feira.

Certo ( )   Errado ( )

12. (Cespe) É verdadeira a proposição "Se Sílvia não tem processo de contratação, então o processo de licença foi procurado na quarta-feira".

Certo ( )   Errado ( )

13. (FUNIVERSA) Quatro músicos, ao término de uma apresentação, sentaram-se ao redor de uma mesa de bar. Alexandre é pianista. Os instrumentos que os outros três tocam são: flauta, violino e violoncelo. Breno está sentado à direita de Alexandre. Viana sentou-se à direita do flautista. Por sua vez, Hugo, que não é violinista, encontra-se à frente de Breno. Sabe-se que cada um desses músicos toca um único desses instrumentos. Assim, pode-se concluir corretamente que:

a) Breno é flautista, e Hugo é violoncelista.

b) Viana é violoncelista, e Hugo é flautista.

c) Viana é violinista, e Hugo é flautista.

d) Breno é violoncelista, e Hugo é flautista.

e) Breno é violinista, e Hugo é violoncelista.

14. (ESAF) Ana, Bia, Clô, Déa e Ema estão sentadas, nessa ordem e em sentido horário, em torno de uma mesa redonda. Elas estão reunidas para eleger aquela que, entre elas, passará a ser a representante do grupo. Feita a votação, verificou-se que nenhuma fora eleita, pois cada uma delas havia recebido exatamente um voto. Após conversarem sobre tão inusitado resultado, concluíram que cada uma havia votado naquela que votou na sua vizinha da esquerda (isto é, Ana votou naquela que votou na vizinha da esquerda de Ana, Bia votou naquela que votou na vizinha da esquerda de Bia, e assim por diante). Os votos de Ana, Bia, Clô, Déa e Ema foram, respectivamente, para:

a) Ema, Ana, Bia, Clô, Déa.

b) Déa, Ema, Ana, Bia, Clô.

c) Clô, Bia, Ana, Ema, Déa.

d) Déa, Ana, Bia, Ema, Clô.

e) Clô, Déa, Ema, Ana, Bia.

15. (FCC) Trocando a ordem das letras OEMTSIO obtém-se um adjetivo que é um sinônimo da palavra OBSTINADO. A letra central desse adjetivo é:

a) E

b) O

c) M

d) I

e) S

Para as questões 16 a 20

Na última corrida do campeonato anual de motocicleta, participaram 8 pilotos, numerados de 1 a 8. As cores dos capacetes dos pilotos são todas diferentes. De acordo com a acumulação de pontos nas corridas anteriores, se o piloto 8 terminasse essa corrida em pelo menos duas posições à frente do piloto 3, o piloto 8 seria o campeão do ano. Encerrada a corrida, observou-se que:

I. O piloto 1 chegou imediatamente depois do piloto de capacete prata e a seguir chegou o de capacete vermelho;

II. O piloto 4 venceu a corrida;

III. O piloto 3 terminou a corrida duas posições atrás do piloto 1 e uma posição à frente do piloto de capacete azul;

IV. O piloto de capacete prata cruzou a linha de chegada imediatamente após o piloto 2;

V. O piloto de capacete preto terminou a corrida em segundo lugar;

VI. O piloto de capacete verde, penúltimo colocado na corrida, chegou imediatamente após o piloto 6;

VII. O piloto de capacete amarelo chegou imediatamente depois do piloto de capacete preto;

VIII. O último piloto a terminar a corrida foi o de número 5;

IX. O piloto 2 terminou a corrida duas posições à frente do piloto de capacete branco e duas depois do piloto de capacete laranja;

X. O piloto 7 terminou a corrida duas posições atrás do piloto 8.

Com base nessas informações é correto afirmar que:

16. (Cespe) O piloto 1 ficou em sétimo lugar nessa corrida.

Certo ( )   Errado ( )

17. (Cespe) O piloto de capacete laranja venceu a corrida.

Certo ( )   Errado ( )

18. (Cespe) O último colocado nessa corrida foi o piloto de capacete azul.

Certo ( )   Errado ( )

19. (Cespe) O piloto 7 é o de capacete preto.

Certo ( )   Errado ( )

20. (Cespe) O piloto 8 venceu o campeonato.

Certo ( )   Errado ( )

GABARITO

01	C	11	CERTO
02	E	12	ERRADO
03	B	13	A
04	D	14	B
05	B	15	C
06	C	16	ERRADO
07	D	17	CERTO
08	E	18	CERTO
09	D	19	ERRADO
10	E	20	CERTO

ANOTAÇÕES

4. Análise Combinatória

Neste capítulo você verá as técnicas dos Arranjos, das Combinações e saberá quando usar cada uma.

Definição

A análise combinatória é utilizada para descobrir o **número de maneiras possíveis** de realizar determinado evento, sem que seja necessário demonstrar todas essas maneiras.

Ex.: *Quantos são os pares formados pelo lançamento de dois "dados" simultaneamente?*

No primeiro dado, temos 6 possibilidades – do 1 ao 6 – e, no segundo dado, também temos 6 possibilidades – do 1 ao 6. Juntando todos os pares formados, temos 36 pares (6 · 6 = 36).

(1,1), (1,2), (1,3), (1,4), (1,5), (1,6),

(2,1), (2,2), (2,3), (2,4), (2,5), (2,6),

(3,1), (3,2), (3,3), (3,4), (3,5), (3,6),

(4,1), (4,2), (4,3), (4,4), (4,5), (4,6),

(5,1), (5,2), (5,3), (5,4), (5,5), (5,6),

(6,1), (6,2), (6,3), (6,4), (6,5), (6,6);

*Logo, temos **36 pares**.*

Não há necessidade de expor todos os pares formados, basta que saibamos quantos pares são.

Imagine se fossem 4 dados e quiséssemos saber todas as quadras possíveis, o resultado seria 1296 quadras. Um número inviável de ser representado. Por isso utilizamos a Análise Combinatória.

Para resolver as questões de Análise Combinatória, utilizamos algumas técnicas, que veremos a partir de agora.

Fatorial

Fatorial de um número (natural e maior que 1) é a multiplicação desse número pelos seus antecessores em ordem decrescente (até o número 1).

Considerando um número "n" natural maior que 1, definimos o fatorial de "n" (indicado pelo símbolo **n!**) como sendo:

$$n! = n \cdot (n-1) \cdot (n-2) \cdot \ldots \cdot 4 \cdot 3 \cdot 2 \cdot 1; \text{ para } n \geq 2$$

Ex.: $4! = 4 \cdot 3 \cdot 2 \cdot 1 = 24$

$6! = 6 \cdot 5 \cdot 4 \cdot 3 \cdot 2 \cdot 1 = 720$

$8! = 8 \cdot 7 \cdot 6 \cdot 5 \cdot 4 \cdot 3 \cdot 2 \cdot 1 = 40320$

Observe que:

$6! = 6 \cdot 5 \cdot 4!$

$8! = 8 \cdot 7 \cdot 6!$

Para n = 0, teremos: 0! = 1.

Para n = 1, teremos: 1! = 1.

Princípio Fundamental da Contagem (PFC)

É uma das técnicas mais importantes e uma das mais utilizadas nas questões de Análise Combinatória.

O PFC é utilizado nas questões em que os elementos podem ser repetidos **ou** quando a ordem dos elementos fizer diferença no resultado.

> ### FIQUE LIGADO
> *Esses "elementos" são os dados das questões, os valores envolvidos.*

Consiste de dois princípios: o **multiplicativo** e o **aditivo**. A diferença dos dois consiste nos termos utilizados durante a resolução das questões.

Multiplicativo: usado sempre que na resolução das questões utilizarmos o termo "**e**". Como o próprio nome já diz, faremos multiplicações.

Aditivo: usado quando utilizarmos o termo "**ou**". Aqui realizaremos somas.

Ex.: *Quantas senhas são possíveis com os algarismos 1, 3, 5 e 7?*

Como nas senhas os algarismos podem ser repetidos, para formar senhas de 3 algarismos temos a seguinte possibilidade:

SENHA = Algarismo E Algarismo E Algarismo

Nº de SENHAS = 4 . 4 . 4 (já que são 4 os algarismos que temos na questão, e observe o princípio multiplicativo no uso do "e"). Nº de SENHAS = 64.

Arranjo e Combinação

Duas outras técnicas usadas para resolução de problemas de análise combinatória, sendo importante saber quando usa cada uma delas.

Arranjo: usado quando os elementos (envolvidos no cálculo) não podem ser repetidos e quando a ordem dos elementos faz diferença no resultado

A fórmula do arranjo é:

$$A_{n,p} = \frac{n!}{(n-p)!}$$

Sendo:

n = a todos os elementos do conjunto;

p = os elementos utilizados.

Ex.: *pódio de competição.*

Combinação: usado quando os elementos (envolvidos no cálculo) não podem ser repetidos e quando a ordem dos elementos não faz diferença no resultado.

A fórmula da combinação é:

$$C_{n,p} = \frac{n!}{p! \cdot (n-p)!}$$

Sendo:

n = a todos os elementos do conjunto;

p = os elementos utilizados.

Ex.: *salada de fruta.*

EXERCÍCIOS COMENTADOS

Considerando uma corrida de Fórmula 1 com a participação de 22 carros e 22 pilotos igualmente competitivos, julgue o item a seguir.

01. (Cespe) Se sete carros quebrarem durante a corrida e seus pilotos forem obrigados a abandoná-la antes da bandeirada final, então a quantidade de maneiras diferentes de se formar a dupla dos primeiros classificados será inferior a 200.

ERRADO. *Para 1º e 2º colocados a ordem faz diferença no resultado, assim como um mesmo piloto não pode ser 1º e 2º ao mesmo tempo, portanto, vamos trabalhar com arranjo. Na questão: n = 22 − 7 = 15, e p = 2; agora é só aplicar a fórmula.*

A questão fala em menos de 200.

02. (Cespe) Considere que seja possível chegar a uma pequena cidade por meio de carro, por um dos 5 ônibus ou por um dos 2 barcos disponíveis e que, dado o caráter sigiloso de uma operação a ser realizada nessa cidade, os agentes que participarão dessa operação devam chegar à referida cidade de maneira independente, em veículos distintos. Em face dessa situação, sabendo-se que o órgão de inteligência dispõe de apenas um carro e que os deslocamentos devem ocorrer no mesmo dia, é correto afirmar que o número de maneiras de o servidor responsável pela organização das viagens escolher os veículos para transporte de 3 agentes para essa missão é inferior a 50.

ERRADO. *De acordo com a questão, temos 8 meios de transporte, dos quais queremos utilizar 3. A ordem com que esses meios de transporte serão utilizados não fazem a menor diferença; como um meio de transporte não poderá ser usado por 2 ou mais agentes, temos aqui uma questão de combinação.*

$$C_{8,3} = \frac{8!}{3! \cdot (8-3)!}$$

$$C_{8,3} = \frac{8!}{3! \cdot (5)!}$$

$$C_{8,3} = \frac{8 \cdot 7 \cdot 6 \cdot 5!}{3 \cdot 2 \cdot 1 \cdot 5!} \text{ (simplificando 5!)}$$

$$C_{8,3} = \frac{336}{6}$$

$$C_{8,3} = 56$$

A questão traz um número inferior a 50 maneiras de organizar a missão.

Permutação

Permutação Simples

Usado quando os elementos (envolvidos no cálculo) não podem ser repetidos **e** quando a ordem dos elementos faz diferença no resultado **e** quando são utilizados todos os elementos do conjunto.

Nada mais é do que um caso particular de arranjo cujo p = n.

Logo:

$$A_{n,p} = \frac{n!}{(n-p)!}$$

$$A_{n,n} = \frac{n!}{(n-n)!}$$

$$A_{n,n} = \frac{n!}{(0)!}$$

$$A_{n,n} = \frac{n!}{1}$$

$$A_{n,n} = n!$$

Assim, a fórmula da permutação é:

$$P_n = n!$$

FIQUE LIGADO

As permutações são muito usadas nas questões de anagramas.

Anagramas: todas as palavras formadas com todas as letras de uma palavra, quer essas novas palavras tenham sentido ou não na linguagem comum.

Ex.: *Quantos anagramas têm a palavra prova?*

A palavra **prova** tem 5 letras, e nenhuma repetida, sendo assim **n = 5**, e:

$P_5 = 5!$

$P_5 = 5 \cdot 4 \cdot 3 \cdot 2 \cdot 1$

$P_5 = 120$ anagramas

Permutação com Elementos Repetidos

Na permutação com elementos repetidos, usa-se a seguinte fórmula:

$$P_n^{k,y,\ldots,w} = \frac{n!}{k! \cdot y! \cdot \ldots \cdot w!}$$

Resumo:

Sendo:

n = o número total de elementos do conjunto;

k, y, w = as quantidades de elementos repetidos.

Ex.: *Quantos anagramas têm a palavra concurso?*

Observe que na palavra **CONCURSO** existem duas letras repetidas, o "C" e o "O", e cada uma duas vezes, portanto n = 8, k = 2 e y = 2, agora:

$P_8^{2,2} = \dfrac{8!}{2! \cdot 2!}$

$P_8^{2,2} = \dfrac{8 \cdot 7 \cdot 6 \cdot 5 \cdot 4 \cdot 3 \cdot 2!}{2 \cdot 1 \cdot 2!}$ (Simplificando o 2!)

$P_8^{2,2} = \dfrac{20.160}{2}$

$P_8^{2,2} = 10.080$ anagramas

ANÁLISE COMBINATÓRIA → Os elementos podem ser repetidos?

- **SIM** → Princípio Fundamental da Contagem (P.F.C.) → e = multiplicação ou = adição
- **NÃO** → A ordem dos elementos faz a diferença?
  - **SIM** → Arranjo → São utilizados todos os elementos?
    - **SIM** → PERMUTAÇÃO → $P^n = n!$
    - **NÃO** → $A_{n,p} = \dfrac{n!}{(n-p)!}$
  - **NÃO** → Combinação → $C_{n,p} = \dfrac{n!}{p! \cdot (n-p)!}$

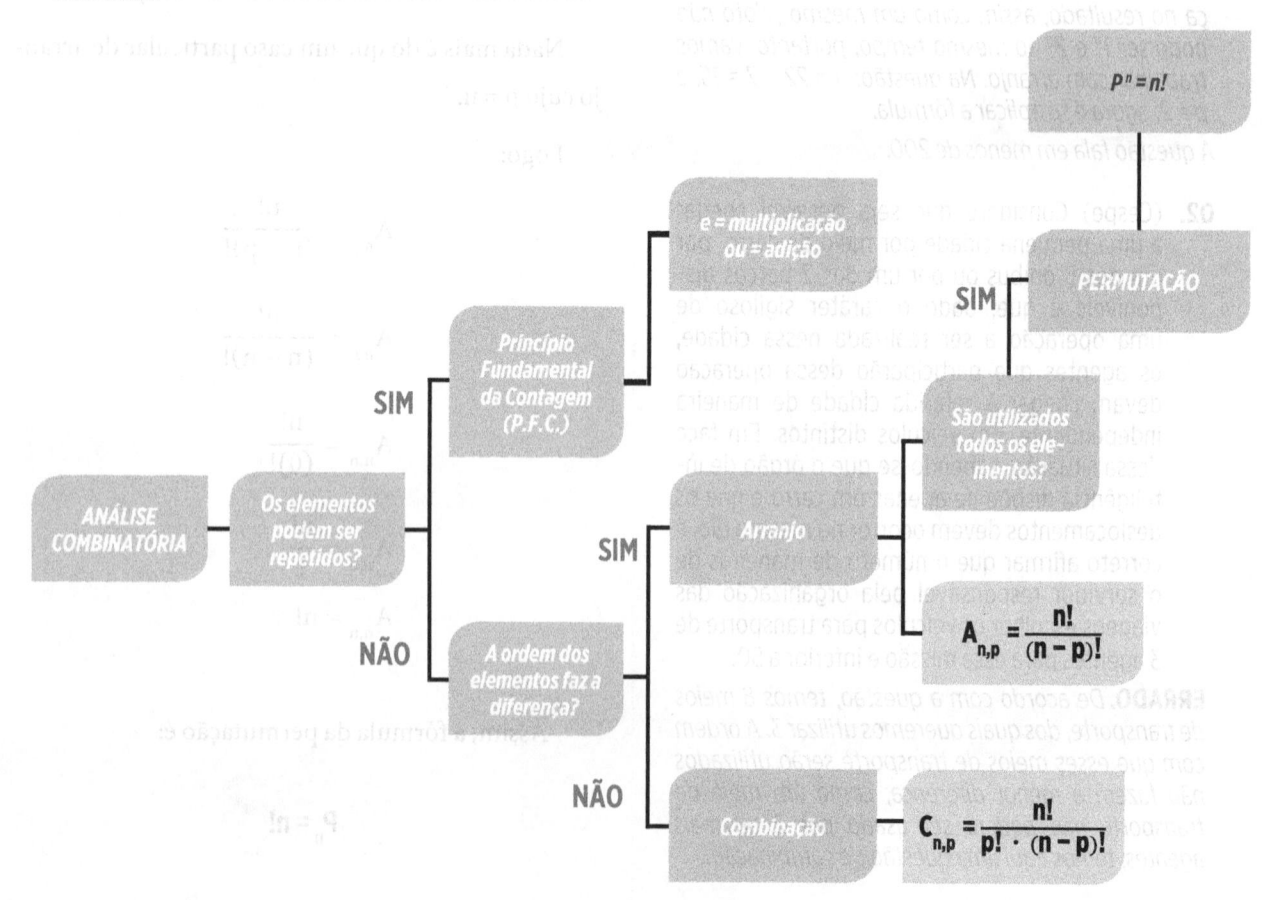

FIQUE LIGADO

Para saber qual das técnicas utilizar basta fazer duas, no máximo, três perguntas para a questão, veja:

Os elementos podem ser repetidos?

Se a resposta for sim, deve-se trabalhar com o PFC; se a resposta for não, passe para a próxima pergunta;

A ordem dos elementos faz diferença no resultado da questão?

Se a resposta for sim, trabalha-se com arranjo; se a resposta for não, trabalha-se com as combinações (todas as questões de arranjo podem ser feitas por PFC).

(Opcional): vou utilizar todos os elementos para resolver a questão?

Para fazer a 3ª pergunta, depende, se a resposta da 1ª for não e a 2ª for sim; se a resposta da 3ª for sim, trabalha-se com as permutações.

Permutações Circulares e Combinações com Repetição

Casos Especiais Dentro da Análise Combinatória

Permutação Circular: usada quando houver giro horário ou anti-horário.

$$Pc(n) = (n-1)!$$

Sendo:

n = o número total de elementos do conjunto;

Pc = permutação circular.

Combinação com Repetição: usada quando p > n ou quando a questão informar que pode haver repetição.

$$C_{r(n,p)} = C_{(n+p-1,p)} = \frac{(n+p-1)!}{p! \cdot (n-1)!}$$

Sendo:

n = o número total de elementos do conjunto;

p = o número de elementos utilizados;

Cr = combinação com repetição.

EXERCÍCIOS COMENTADOS

01. (Cesgranrio) Uma loja vende barras de chocolate de diversos sabores. Em uma promoção, era possível comprar três barras de chocolate com desconto, desde que estas fossem dos sabores ao leite, amargo, branco ou com amêndoas, repetidos ou não. Assim, um cliente que comprar as três barras na promoção poderá escolher os sabores de n modos distintos, sendo n igual a:
a) 20
b) 16
c) 12
d) 10
e) 4

RESPOSTA: A. *Note nessa questão que n = 4 (quatro sabores de chocolate) e p = 3 (três barras de chocolate), e a questão informa que os sabores podem ser repetidos; então vamos trabalhar com a combinação com elementos repetidos, pois a ordem em que as barras de chocolate são escolhidas não faz diferença para o resultado. Basta aplicar a fórmula:*

$$C_{r(4,3)} = C_{r(4+3-1,3)} = \frac{(4+3-1)!}{3! \cdot (4-1)!}$$

$$C_{r(4,3)} = C_{(6,3)} = \frac{(6)!}{3! \cdot (3)!}$$

$$C_{(6,3)} = \frac{6 \cdot 5 \cdot 4 \cdot 3!}{3! \cdot 3 \cdot 2 \cdot 1} \text{ (simplificando 3!)}$$

$$C_{(6,3)} = \frac{120}{6}$$

$$C_{(6,3)} = 20$$

02. (Cespe) O jogo de dominó tradicional é jogado com 28 peças, igualmente divididas entre 4 jogadores sentados face a face em torno de uma mesa retangular. As peças são retangulares e possuem uma marcação que as divide em duas metades iguais; em cada metade: ou não há nada gravado, ou está gravado um determinado número de buracos que representam números. As metades representam 7 números: 1, 2, 3, 4, 5, 6 e 0, sendo este último representado por uma metade sem marcação. Cada número ocorre em 7 peças distintas. Em 7 peças, denominadas buchas, o número aparece nas duas metades. Existe também uma variação de dominó conhecida como "double nine", em que as metades representam os números 0, 1, 2, 3, 4, 5, 6, 7, 8 e 9, em um total de 55 peças.

(M. Lugo. How to play better dominoes. New York: Sterling Publishing Company, 2002 "com adaptações").

No dominó tradicional, os 4 jogadores podem se sentar à mesa de 6 maneiras distintas.

CERTO. *Aqui nós temos a ideia dos giros pois, a mudança de lugar só ocorre quando 2 ou mais jogadores mudam efetivamente de posição.*

Se houver só um giro dos competidores na mesa, sem que os jogadores, dos lados direito e esquerdo de um jogador, mudem de lugar não haverá mudança efetiva. Assim, usaremos a fórmula da Permutação Circular:

$P_{c(4)} = (4-1)!$

$P_{c(4)} = (3)!$

$P_{c(4)} = 6$

03. (Comperve) Uma pessoa foi ao dentista e constatou que estava com cinco cáries, cada uma em um dente. Ficou decidido que seria restaurado um dente cada vez que ela voltasse ao consultório. O dentista combinou que marcaria as datas em cinco semanas seguidas, um dia a cada semana. Considerando-se apenas os dias úteis e sabendo-se que, nesse período, ocorreriam, ao todo, dois feriados, em semanas diferentes, o número de maneiras distintas para se programar o tratamento do paciente seria:

a) 3.125
b) 1.875
c) 1.600
d) 2.000

RESPOSTA: D. Como cada semana tem 5 dias, porém 2 dessas semanas tem feriados, então temos a seguinte conta:

Semanas sem feriados = 5 dias disponíveis (3 semanas)

Semanas com feriados = 4 dias disponíveis (2 semanas)

Multiplicando, já que será um dente por semana, fica:

5 . 5 . 5 . 4 . 4 = 2.000 (qualquer que seja a ordem dos números, o resultado sempre será 2.000).

VAMOS PRATICAR

Os exercícios a seguir são referentes ao conteúdo: Análise Combinatória.

01. (EsSA) Com os algarismos 1, 2, 3, 4, 5 e 6 sem repeti-los, podemos escrever "x" números de 4 algarismos, maiores que 3.200. O valor de "x" é:

a) 210
b) 228
c) 240
d) 300
e) 320

02. (EEAR) Uma urna contém uma bola vermelha (V), uma preta (P) e uma amarela (A). Extrai-se uma bola, observa-se sua cor e repõe-se a bola na urna. Em seguida, outra bola é extraída e sua cor é observada. O número das possíveis sequências de cores observadas nestas duas etapas consecutivas é:

a) 9
b) 10
c) 11
d) 12

03. (EsPCEx) Os alunos de uma escola realizam experiências no laboratório de Química utilizando 8 substâncias diferentes. O experimento consiste em misturar quantidades iguais de duas dessas substâncias e observar o produto obtido. O professor recomenda, entretanto, que as substâncias S1, S2 e S3 não devem ser misturadas entre si, pois produzem como resultado o gás metano, de odor muito ruim. Assim, o número possível de misturas diferentes que se pode obter, sem produzir o gás metano é:

a) 16
b) 24
c) 25
d) 28
e) 56

04. (EEAR) Considere todos os anagramas que podem ser formados com as letras da palavra COLHER. O número dos que começam com a letra C é:

a) 2
b) 6
c) 24
d) 120

05. (Cesgranrio) Certa empresa identifica as diferentes peças que produz, utilizando códigos numéricos compostos de 5 dígitos, mantendo, sempre, o seguinte padrão: os dois últimos dígitos de cada código são iguais entre si, mas diferentes dos demais. Por exemplo, o código "03344" é válido, já o código "34544", não. Quantos códigos diferentes podem ser criados?

a) 3.312
b) 4.608
c) 5.040
d) 7.000
e) 7.290

06. (Cesgranrio) Quantos anagramas de 5 letras distintas podem ser formados com as letras T, R, A, N e S se o R não pode preceder o T?

a) 24
b) 48
c) 60
d) 84
e) 120

07. (CEV) Em uma sala há "x" homens e 8 mulheres. Os homens cumprimentam-se entre si e cumprimentam todas as mulheres, mas as mulheres não se cumprimentam entre si. Houve 50 cumprimentos. Quantos homens havia na sala?

a) 6
b) 8
c) 4
d) 5
e) 7

08. (Cesgranrio) Pedrinho precisava inventar uma bandeira para representar seu grupo em um trabalho escolar. Ele criou uma bandeira simples, de quatro listras verticais, representada abaixo.

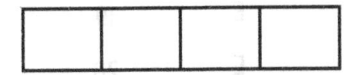

Pedrinho decidiu pintar sua bandeira utilizando as quatro cores da bandeira do Estado de Rondônia. De quantos modos essa bandeira poderá ser pintada, se duas listras seguidas devem, obrigatoriamente, ser de cores diferentes?

a) 24
b) 48
c) 72
d) 96
e) 108

09. (Cesgranrio) Um treinador de futebol dispõe de 3 goleiros, 5 atacantes, 6 jogadores de meio de campo e 4 zagueiros para compor um time de 11 jogadores. Se o time será composto por 1 goleiro, 3 atacantes, 5 jogadores de meio de campo e 2 zagueiros, de quantos modos diferentes esse time poderá ser montado?

a) 25
b) 120
c) 360
d) 745
e) 1080

10. (CEPERJ) Uma permutação de um número natural é um outro número natural que possui exatamente os mesmos algarismos em outra ordem. Se todas as permutações do número 31452 foram escritas em ordem crescente, o número que ocupará a 80ª posição nessa lista será:

a) 32154
b) 34251
c) 35142
d) 41352
e) 42153

11. (Cespe) Se os números das matrículas dos empregados de uma fábrica têm 4 dígitos e o primeiro dígito não é zero e se todos os números de matrícula são números ímpares, então há, no máximo, 450 números de matrícula diferentes.

Certo ( )   Errado ( )

12. (Cespe) Considere que, em visita a uma discoteca, um indivíduo escolheu 10 CDs de cantores de sua preferência. Todos os CDs tinham o mesmo preço, mas esse indivíduo dispunha de dinheiro suficiente para comprar apenas 4 CDs. Nesse caso, a quantidade de maneiras diferentes que esse indivíduo dispõe para escolher os 4 CDs que irá comprar é inferior a 200.

Certo ( )   Errado ( )

13. (Cespe) Uma moeda é jogada para o alto 10 vezes. Em cada jogada, pode ocorrer 1 (cara) ou 0 (coroa) e as ocorrências são registradas em uma sequência de dez dígitos, como, por exemplo, 0110011010. Considerando essas informações, julgue o próximo item.

O número de sequências nas quais é obtida pelo menos uma cara é inferior a 512.

Certo ( )   Errado ( )

14. (Cespe) Considere que três alunos tenham camisetas azuis, três tenham camisetas brancas, dois tenham camisetas vermelhas, um tenha camiseta verde e um tenha camiseta preta. Nessas condições, existem 72 · 5! maneiras diferentes de se colocarem os dez alunos em fila, de tal forma que alunos com camisetas de mesma cor fiquem sempre juntos.

Certo ( )   Errado ( )

15. (Cespe) Um correntista do BB deseja fazer um único investimento no mercado financeiro, que poderá ser em uma das 6 modalidades de caderneta de poupança ou em um dos 3 fundos de investimento que permitem aplicações iniciais de pelo menos R$ 200,00. Nessa situação, o número de opções de investimento desse correntista é inferior a 12.

Certo ( )   Errado ( )

16. (Cespe) O número de países representados nos Jogos Pan-Americanos realizados no Rio de Janeiro foi 42, sendo 8 países da América Central, 3 da América do Norte, 12 da América do Sul e 19 do Caribe. Com base nessas informações, julgue o item que se segue.
    Considerando-se que, em determinada modalidade esportiva, havia exatamente 1 atleta de cada país da América do Sul participante dos Jogos Pan-Americanos, então o número de possibilidades distintas de dois atletas desse continente competirem entre si é igual a 66.

    Certo ( )   Errado ( )

17. (Cespe) Sabe-se que no BB há 9 vice-presidências e 22 diretorias. Nessa situação, a quantidade de comissões que é possível formar, constituídas por 3 vice-presidentes e 3 diretores, é superior a 105.

    Certo ( )   Errado ( )

18. (Cesgranrio) Quantos números naturais de 5 algarismos apresentam dígitos repetidos?

    a) 27.216
    b) 59.760
    c) 62.784
    d) 69.760
    e) 72.784

19. (Cesgranrio) Uma mesa redonda apresenta lugares para 7 computadores. De quantos modos podemos arrumar os 7 computadores na mesa de modo que dois deles, previamente determinados, não fiquem juntos, considerando equivalentes disposições que possam coincidir por rotação?

    a) 120
    b) 240
    c) 480
    d) 720
    e) 840

20. (Cesgranrio) Um posto de combustível comprou 6 bombas (idênticas) de abastecimento, que serão pintadas, antes de sua instalação, com uma única cor, de acordo com o combustível a ser vendido em cada uma. O posto poderá vender etanol (cor verde), gasolina (cor amarela) e diesel (cor preta). De quantas maneiras as bombas podem ser pintadas, considerando a não obrigatoriedade de venda de qualquer tipo de combustível?

    a) 20
    b) 28
    c) 56
    d) 216
    e) 729

GABARITO

01	B	11	ERRADO
02	A	12	ERRADO
03	C	13	ERRADO
04	D	14	CERTO
05	E	15	CERTO
06	C	16	CERTO
07	D	17	CERTO
08	E	18	C
09	E	19	C
10	E	20	B

ANOTAÇÕES

5. Probabilidade

Neste capítulo, veremos como é fácil e interessante calcular probabilidade.

Definições

Disciplina que serve para calcular as **chances** de determinado evento ocorrer.

> **FIQUE LIGADO**
>
> *Maneiras possíveis de se realizar determinado evento (análise combinatória)*
>
> *≠ (diferente)*
>
> *Chance de determinado evento ocorrer (probabilidade).*

Para o cálculo das probabilidades, temos que saber primeiro 3 (três) conceitos básicos acerca do tema:

Experimento Aleatório: é o experimento em que não é possível garantir o resultado, mesmo que esse seja feito diversas vezes nas mesmas condições.

Ex.: *Lançamento de uma moeda: ao lançarmos uma moeda os resultados possíveis são o de cara e o de coroa, mas não tem como garantir qual será o resultado desse lançamento.*

Ex.: *Lançamento de um dado: da mesma forma que a moeda, não temos como garantir qual o resultado (1, 2, 3, 4, 5 e 6) desse lançamento.*

Espaço Amostral - (Ω) ou (U): é o conjunto de todos os resultados possíveis para um experimento aleatório.

Ex.: *Na moeda: o espaço amostral na moeda é $\Omega = 2$, pois só temos dois resultados possíveis para esse experimento, que é ou CARA ou COROA.*

Ex.: *No "dado": o espaço amostral no "dado" é $U = 6$, pois temos do 1 (um) ao 6 (seis), como resultados possíveis para esse experimento.*

Evento: é o acontecimento – dentro do experimento aleatório – que se quer determinar a chance de ocorrer. É uma parte do espaço amostral.

Fórmula da Probabilidade

A fórmula da probabilidade nada mais é do que uma razão entre o evento e o espaço amostral.

$$P = \frac{evento}{espaço\ amostral}$$

EXERCÍCIO COMENTADO

01. (Cespe) Considere que 9 rapazes e 6 moças, sendo 3 delas adolescentes, se envolvam em um tumulto e sejam detidos para interrogatório. Se a primeira pessoa chamada para ser interrogada for escolhida aleatoriamente, então a probabilidade de essa pessoa ser uma moça adolescente é igual a 0,2.

CERTO. *De acordo com o enunciado temos 15 pessoas ao todo, portanto esse é o espaço amostral. O evento é 3, pois queremos saber qual a probabilidade de a pessoa chamada ser uma das adolescentes.*

$$P = \frac{evento}{espaço\ amostral}$$

$$P = \frac{3}{15}$$

$$P = 0,2$$

Os valores da probabilidade variam de 0 (0%) a 1 (100%).

Quando a probabilidade é de 0 (0%), diz-se que o evento é impossível.

Ex.: *Chance de você não passar num concurso.*

Quando a probabilidade é de 1 (100%), diz-se que o evento é certo.

Ex.: *Chance de você passar num concurso.*

Qualquer outro valor entre 0 e 1, caracteriza-se como a probabilidade de um evento.

Na probabilidade também se usa o PFC, ou seja sempre que houver duas ou mais probabilidades ligadas pelo conectivo "e" elas serão multiplicadas, e quando for pelo "ou", elas serão somadas.

Eventos Complementares

Dois eventos são ditos **complementares** quando a chance do evento ocorrer somado à chance de ele não ocorrer sempre dá 1 (um).

$$P(A) + P(\bar{A}) = 1$$

Sendo:

$P(A)$ = a probabilidade do evento ocorrer;

$P(\bar{A})$ = a probabilidade do evento não ocorrer.

EXERCÍCIO COMENTADO

01. (FCC) Em um escritório trabalham 10 funcionários: 5 do sexo feminino e 5 do sexo masculino. Dispõe-se de 10 fichas numeradas de 1 a 10, que serão usadas para sortear dois prêmios entre esses funcionários e, para tal, cada mulher receberá uma ficha numerada de 1 a 5, enquanto que cada homem receberá uma numerada de 6 a 10. Se, para o sorteio, as fichas das mulheres forem colocadas em uma urna M e as dos homens em uma urna H, então, ao sortear-se uma ficha de cada urna, a probabilidade de que em pelo menos uma delas esteja marcado um número ímpar é de?

a) 24%
b) 38%
c) 52%
d) 68%
e) 76%

RESPOSTA: E. *Nessa questão, conseguiremos ver o conceito de probabilidade complementar, pois basta que se calcule primeiro a probabilidade dos dois números serem pares e depois diminuir do todo (100%). Eliminando a possibilidade de os dois números serem par, o restante terá pelo menos um ímpar.*

Calculando:

Probabilidade de M: $P = \dfrac{2}{5}$

Probabilidade de H: $P = \dfrac{3}{5}$

Probabilidade das duas urnas (um número de cada =

M e H): $P = \dfrac{2}{5} \cdot \dfrac{3}{5} = \dfrac{6}{25}$

Probabilidade Complementar:

$P(A) + P(\bar{A}) = 1$

$\dfrac{19}{25} + P(\bar{A}) = 1$

$P(\bar{A}) = 1 - \dfrac{6}{25}$

$P(\bar{A}) = \dfrac{19}{25} = 76\%$

Há 76% de chance de, ao menos, uma ficha ímpar ser sorteada.

Casos Especiais de Probabilidade

A partir de agora veremos algumas situações típicas da probabilidade, que servem para não perdermos tempo na resolução das questões.

Eventos Independentes

Dois ou mais eventos são independentes quando não dependem uns dos outros para acontecer, porém ocorrem simultaneamente. Para calcular a probabilidade de dois ou mais eventos independentes, basta multiplicar a probabilidade de cada um deles.

Ex.: *Uma urna tem 30 bolas, sendo 10 vermelhas e 20 azuis. Se sortearmos 2 bolas, 1 de cada vez e repondo a sorteada na urna, qual será a probabilidade de a primeira ser vermelha e a segunda ser azul?*

Sortear uma bola vermelha da urna não depende de uma bola azul ser sorteada e vice-versa, então a probabilidade da bola ser vermelha é $\dfrac{10}{30}$, e para a bola ser azul a probabilidade é $\dfrac{20}{30}$. Dessa forma, a probabilidade de a primeira bola ser vermelha e a segunda azul é:

$$P = \dfrac{20}{30} \cdot \dfrac{10}{30}$$

$$P = \dfrac{200}{900}$$

$$P = \dfrac{2}{9}$$

Probabilidade Condicional

É a probabilidade de um evento ocorrer sabendo que já ocorreu outro, relacionado a esse.

A fórmula para o cálculo dessa probabilidade é:

$$P_{\frac{A}{B}} = \dfrac{P_{(A \cap B)}}{P_B}$$

$$P = \dfrac{\text{probabilidade dos eventos simultâneos}}{\text{probabilidade do evento condicional}}$$

EXERCÍCIO COMENTADO

01. (Esaf) Maria ganhou de João nove pulseiras, quatro delas de prata e cinco delas de ouro. Maria ganhou de Pedro onze pulseiras, oito delas de prata e três delas de ouro. Maria guarda todas essas pulseiras - e apenas essas - em sua pequena caixa de joias. Uma noite, arrumando-se apressadamente para ir ao cinema com João, Maria retira, ao acaso, uma pulseira de sua pequena caixa de joias. Ela vê, então, que retirou uma pulseira de prata. Levando em conta tais informações, a probabilidade de que a pulseira de prata que Maria retirou seja uma das pulseiras que ganhou de João é igual a:
a) 1/3
b) 1/5
c) 9/20
d) 4/5
e) 3/5

RESPOSTA: A. Ao todo Maria tem 12 pulseiras de prata e, dessas, 4 foram dadas por João.

$$P = \frac{\text{probabilidade dos eventos simultâneos}}{\text{probabilidade do evento condicional}}$$

$$P = \frac{4}{12}$$

$$P = \frac{1}{3}$$

Probabilidade da União de Dois Eventos

Assim como na teoria de conjuntos, faremos a relação com a fórmula do número de elementos da união de dois conjuntos. É importante lembrar que "ou" significa união.

A fórmula para o cálculo dessa probabilidade é:

$$P(A \cup B) = P(A) + P(B) - P(A \cap B)$$

Ex.: *Ao lançarmos um dado, qual é a probabilidade de obtermos um número primo ou um número ímpar?*

Os números primos no dado são 2, 3 e 5, já os números ímpares no dado são 1, 3 e 5, então os números primos e ímpares são 3 e 5. Aplicando a fórmula para o cálculo da probabilidade fica:

$$P_{(A \cup B)} = \frac{3}{6} + \frac{3}{6} - \frac{2}{6}$$

$$P_{(A \cup B)} = \frac{4}{6}$$

$$P_{(A \cup B)} = \frac{2}{3}$$

EXERCÍCIO COMENTADO

01. (Cespe) Em uma urna há 100 bolas numeradas de 1 a 100. Nesse caso, a probabilidade de se retirar uma bola cuja numeração seja um múltiplo de 10 ou de 25 será inferior a 0,13: Inferior a 0,13.

CERTO. *De 1 a 100 temos 10 (10, 20, 30, 40, 50, 60, 70, 80, 90, 100) múltiplos de 10, 4 (25, 50, 75, 100) múltiplos de 25 e 2 (50, 100) múltiplos simultâneos de 10 e 25. Veja aqui o uso do "ou", que quando acontece já sabemos que faremos a probabilidade da união de dois eventos.*

Calculando:

$$P_{10} = \frac{10}{100} = \frac{1}{10}$$

$$P_{25} = \frac{4}{100} = \frac{1}{25}$$

$$P_{50} = \frac{2}{100} = \frac{1}{50}$$

$$P(A \cup B) = P(A) + P(B) - P(A \cap B)$$

$$P(A \cup B) = P_{10} + P_{25} - P_{50}$$

$$P(A \cup B) = \frac{10}{100} + \frac{4}{100} - \frac{2}{100}$$

$$P(A \cup B) = \frac{12}{100} = 0,12$$

Como a questão está falando em inferior a 0,13, a resposta está correta.

Probabilidade Binomial

Essa probabilidade será tratada aqui de forma direta e com o uso da fórmula.

A fórmula para o cálculo dessa probabilidade é:

$$P = C_{n,s} \cdot P_{sucesso}^{s} \cdot P_{fracasso}^{f}$$

Sendo:
C = o combinação;
n = o número de repetições do evento;
s = o números de "sucessos" desejados;
f = o número de "fracassos".

EXERCÍCIOS COMENTADOS

01. (Cesgranrio) Um torneio vai ser disputado por quatro tenistas A, B, C e D. Inicialmente, um sorteio dividirá os tenistas em dois pares, que se enfrentarão na primeira rodada do torneio. A probabilidade de que A e B se enfrentem na primeira rodada é:
a) 1/2
b) 1/3
c) 1/4
d) 1/6
e) 1/8

RESPOSTA: B. *Os pares que podem ser formadas inicialmente são A e B, A e C ou A e D (a ordem não importa já que A e B ou B e A é a mesma coisa). Se são 3 possibilidades e A e B representa uma delas, a chance de ser A e B será de 1/3 (calculando pela fórmula: probabilidade = evento/espaço amostral).*

02. (Cespe) A probabilidade de serem encontrados defeitos em uma casa popular construída em certo local é igual a 0,1. Retirando-se amostra aleatória de 5 casas desse local, a probabilidade de que em exatamente duas dessas casas sejam encontrados defeitos na construção é:
a) Inferior a 0,15.
b) Superior a 0,16 e inferior a 0,30.
c) Superior a 0,31 e inferior a 0,45.
d) Superior a 0,46.

RESPOSTA: A

$$P = C_{n,s} \cdot P_{sucesso}^{s} \cdot P_{fracasso}^{f}$$

Em que:

n = 5

s = 2

f = 3

$P_{sucesso}$ = 0,1 (casa com defeito)

$P_{fracasso}$ = 0,9 (casa sem defeito)

$$P = C_{5,2} \cdot 0,1^2 \cdot 0,9^3$$

$$P = 10 \cdot 0,01 \cdot 0,729$$

$$P = 0.0729$$

VAMOS PRATICAR

Os exercícios a seguir são referentes ao conteúdo: Probabilidade.

01. (EsSA) Em uma escola com 500 alunos, foi realizada uma pesquisa para determinar a tipagem sanguínea destes.

Observou-se que 115 tinham o antígeno A, 235 tinham o antígeno B e 225 não possuíam nenhum dos dois. Escolhendo ao acaso um destes alunos, a probabilidade de que ele seja do tipo AB, isto é, possua os dois antígenos são:

a) 15%
b) 23%
c) 30%
d) 45%
e) 47%

02. (Consulplan) Na Agência dos Correios de uma certa cidade trabalham 20 funcionários. Sabe-se que 12 desses funcionários jogam futebol, 8 jogam vôlei e 5 jogam futebol e vôlei. Escolhendo ao acaso um dos funcionários, qual a probabilidade dele não praticar nenhum desses esportes?

a) 12%
b) 5%
c) 25%
d) 50%
e) 75%

03. (FCC) Em uma prateleira há 16 pastas que contêm processos a serem arquivados e cada pasta tem uma etiqueta na qual está marcado um único número, de 1 a 16. Se as pastas não estão dispostas ordenadamente na prateleira e um Técnico Judiciário pegar aleatoriamente duas delas, a probabilidade de que nessa retirada os números marcados em suas respectivas etiquetas somem 13 unidades é de:

a) 4%
b) 4,2%
c) 4,5%
d) 4,8%
e) 5%

04. (UFPR) A figura abaixo mostra um trecho de uma malha rodoviária de mão única. Dos veículos que passam por A, 45% viram à esquerda, dos veículos que passam por B, 35% viram à esquerda. Daqueles que trafegam por C, 30% dobram à esquerda.

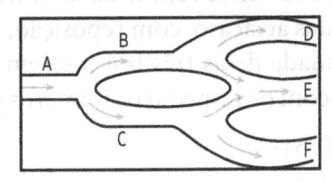

Qual é o percentual dos veículos que, passando por A, entram em E?

a) 57,50%
b) 45,75%
c) 38,60%
d) 29,85%

05. (Cespe) Um dado não viciado é lançado duas vezes. Nesse caso, a probabilidade de se ter um número par no primeiro lançamento e um número múltiplo de 3 no segundo lançamento é igual a 1/6.

Certo ( )   Errado ( )

06. (Cespe) De 100 processos guardados em um armário, verificou-se que 10 correspondiam a processos com sentenças anuladas, 20 estavam solucionados sem mérito e 30 estavam pendentes, aguardando a decisão de juiz, mas dentro do prazo vigente. Nessa situação, a probabilidade de se retirar desse armário um processo que esteja com sentença anulada, ou que seja um processo solucionado sem mérito, ou que seja um processo pendente, aguardando a decisão de juiz, mas dentro do prazo vigente, é igual a 3/5.

Certo ( )   Errado ( )

07. (Cespe) A diretoria da associação dos servidores de uma pequena empresa deve ser formada por 5 empregados escolhidos entre os 10 de nível médio e os 15 de nível superior.

A respeito dessa restrição, julgue o item seguinte.

Se a diretoria fosse escolhida ao acaso, a probabilidade de serem escolhidos 3 empregados de nível superior seria maior que a probabilidade de serem escolhidos 2 empregados de nível médio.

Certo ( )   Errado ( )

08. (Cespe) Considere-se que, das 82 varas do trabalho relacionadas no sítio do TRT da 9ª Região, 20 ficam em Curitiba, 6 em Londrina e 2 em Jacarezinho. Considere-se, ainda, que, para o presente concurso, haja vagas em todas as varas, e um candidato aprovado tenha igual chance de ser alocado em qualquer uma delas. Nessas condições, a probabilidade de um candidato aprovado no concurso ser alocado em uma das varas de Curitiba, ou de Londrina, ou de Jacarezinho é superior a 1/3.

Certo ( )   Errado ( )

09. (Cespe) Se, em um concurso público com o total de 145 vagas, 4.140 inscritos concorrerem a 46 vagas para o cargo de técnico e 7.920 inscritos concorrerem para o cargo de analista, com provas para esses cargos em horários distintos, de forma que um indivíduo possa se inscrever para os dois cargos, então a probabilidade de que um candidato inscrito para os dois cargos obtenha uma vaga de técnico ou de analista será inferior a 0,025.

Certo ( )   Errado ( )

10. (Cespe) Nas eleições majoritárias, em certo estado, as pesquisas de opinião mostram que a probabilidade de os eleitores votarem no candidato X à presidência da República ou no candidato Y a governador do estado é igual a 0,7; a probabilidade de votarem no candidato X é igual a 0,51 e a probabilidade de votarem no candidato Y é igual a 0,39. Nessa situação, a probabilidade de os eleitores desse estado votarem nos candidatos X e Y é igual a:

a) 0,19
b) 0,2
c) 0,31
d) 0,39
e) 0,5

11. (Cespe) Em uma pesquisa de opinião, foram entrevistados 2.400 eleitores de determinado estado da Federação, acerca dos candidatos A, ao Senado Federal, e B, à Câmara dos Deputados, nas próximas eleições. Das pessoas entrevistadas, 800 votariam no candidato A e não votariam em B, 600 votariam em B e não votariam em A e 600 não votariam em nenhum desses dois candidatos.

Com base nessa pesquisa, a probabilidade de um eleitor desse estado, escolhido ao acaso:

a) Votar em apenas um desses dois candidatos será igual a 0,5.

b) Não votar no candidato A será igual a 1/3.

c) Votar no candidato A ou no candidato B será igual a 0,75.

d) Votar nos candidatos A e B será igual a 0,2.

e) Votar no candidato B e não votar no candidato A será igual a 1/3.

12. (Cesgranrio) Dois dados comuns, "honestos", são lançados simultaneamente. A probabilidade do evento "a soma dos valores dos dados é ímpar e menor que 10" é igual a:

a) 4/11
b) 17/36
c) 4/9
d) 12/36
e) 3/8

13. (Cesgranrio) Pedro está jogando com seu irmão e vai lançar dois dados perfeitos. Qual a probabilidade de que Pedro obtenha pelo menos 9 pontos ao lançar esses dois dados?

a) 1/9
b) 1/4
c) 5/9
d) 5/18
e) 7/36

14. (Cesgranrio) Três dados comuns e honestos serão lançados. A probabilidade de que o número 6 seja obtido mais de uma vez é:

a) 5/216
b) 6/216
c) 15/216
d) 16/216
e) 91/216

15. (ESAF) Uma urna contém 5 bolas pretas, 3 brancas e 2 vermelhas. Retirando-se, aleatoriamente, três bolas sem reposição, a probabilidade de se obter todas da mesma cor é igual a:

a) 1/10
b) 8/5
c) 11/120
d) 11/720
e) 41/360

16. (ESAF) Em uma urna existem 200 bolas misturadas, diferindo apenas na cor e na numeração. As bolas azuis estão numeradas de 1 a 50, as bolas amarelas estão numeradas de 51 a 150 e as bolas vermelhas estão numeradas de 151 a 200. Ao se retirar da urna três bolas escolhidas ao acaso, com reposição, qual a probabilidade de as três bolas serem da mesma cor e com os respectivos números pares?

a) 10/512
b) 3/512
c) 4/128
d) 3/64
e) 1/64

17. (ESAF) Uma urna contém bolas vermelhas, azuis, amarelas e pretas. O número de bolas pretas é duas vezes o número de bolas azuis, o número de bolas amarelas é cinco vezes o número de bolas vermelhas, e o número de bolas azuis é duas vezes o número de bolas amarelas. Se as bolas diferem apenas na cor, ao se retirar ao acaso três bolas da urna, com reposição, qual a probabilidade de exatamente duas bolas serem pretas?

a) 100/729
b) 100/243
c) 10/27
d) 115/243
e) 25/81

18. (ESAF) As apostas na Mega-Sena consistem na escolha de 6 a 15 números distintos, de 1 a 60, marcados em volante próprio. No caso da escolha de 6 números tem-se a aposta mínima e no caso da escolha de 15 números tem-se a aposta máxima. Como ganha na Mega-Sena quem acerta todos os seis números sorteados, o valor mais próximo da probabilidade de um apostador ganhar na Mega-Sena ao fazer a aposta máxima é o inverso de:

a) 20.000.000
b) 3.300.000
c) 330.000
d) 100.000
e) 10.000

19. (ESAF) Em um experimento binomial com três provas, a probabilidade de ocorrerem dois sucessos é doze vezes a probabilidade de ocorrerem três sucessos. Desse modo, as probabilidades de sucesso e fracasso são, em percentuais, respectivamente, iguais a:

a) 80% e 20%
b) 30% e 70%
c) 60% e 40%
d) 20% e 80%
e) 25% e 75%

20. (FCC) Para disputar a final de um torneio internacional de natação, classificaram-se 8 atletas: 3 norte-americanos, 1 australiano, 1 japonês, 1 francês e 2 brasileiros. Considerando que todos os atletas classificados são ótimos e têm iguais condições de receber uma medalha (de ouro, prata ou bronze), a probabilidade de que pelo menos um brasileiro esteja entre os três primeiros colocados é igual a:

a) 5/14
b) 3/7
c) 4/7
d) 9/14
e) 5/7

GABARITO

01	A	11	C
02	C	12	C
03	E	13	D
04	B	14	D
05	CERTO	15	C
06	CERTO	16	A
07	ERRADO	17	B
08	CERTO	18	E
09	CERTO	19	D
10	B	20	D

ANOTAÇÕES

6. Teoria dos Conjuntos

Nesta seção, estão os principais conceitos sobre conjuntos e suas operações. Um assunto importante e de fácil aprendizagem.

Definições

O conceito de conjunto é redundante visto que se trata de um agrupamento ou reunião de coisas, que serão chamadas de **elementos** do conjunto.

Ex.: *Se quisermos montar o conjunto das vogais do alfabeto, os **elementos** serão a, e, i, o, u.*

> **FIQUE LIGADO**
>
> *A nomenclatura dos conjuntos é formada pelas letras maiúsculas do alfabeto.*
>
> ***Ex.:*** *Conjunto dos estados da região sul do Brasil: A = {Paraná, Santa Catarina, Rio Grande do Sul}.*

Representação dos Conjuntos

Os conjuntos podem ser representados tanto em **chaves** como em **diagramas**.

Representação em Chaves

Ex.: *Conjuntos dos estados brasileiros que fazem fronteira com o Paraguai:*

B = {Paraná, Mato Grosso do Sul}.

Representação em Diagramas

Ex.: *Conjuntos das cores da bandeira do Brasil:*

D: { Verde, Amarelo, Azul, Branco }

Elementos e Relação de Pertinência

Quando um elemento está em um conjunto, dizemos que ele pertence a esse conjunto. A relação de pertinência é representada pelo símbolo ∈ (pertence).

Ex.: *Conjunto dos algarismos pares: G = {2, 4, 6, 8, 0}.*

Observe que:

$4 \in G$

$7 \notin G$

Conjunto Unitário e Conjunto Vazio

Conjunto unitário: possui um só elemento.

Ex.: *Conjunto da capital do Brasil: K = {Brasília}*

Conjunto vazio: simbolizado por Ø ou {}, é o conjunto que não possui elemento.

Ex.: *Conjunto dos estados brasileiros que fazem fronteira com o Chile: M = Ø.*

Subconjuntos

Subconjuntos são partes de um conjunto.

Ex.: *Conjunto dos algarismos: F = {1, 2, 3, 4, 5, 6, 7, 8, 9, 0}.*

Ex.: *Conjunto dos algarismos ímpares: H = {1, 3, 5, 7, 9}.*

Observe que o conjunto **H** está dentro do conjunto **F** sendo, então, o conjunto **H** um subconjunto de **F**.

As relações entre subconjunto e conjunto são de: "está contido = ⊂" e "contém = ⊃".

Os subconjuntos **estão contidos** nos conjuntos e os conjuntos **contém** os subconjuntos. Veja:

$H \subset F$

$F \supset H$

> **FIQUE LIGADO**
>
> *Todo conjunto é subconjunto de si próprio (D ⊂ D);*
>
> *O conjunto vazio é subconjunto de qualquer conjunto (Ø ⊂ D);*
>
> *Se um conjunto A possui "p" elementos, então ele possui 2p subconjuntos;*
>
> *O conjunto formado por todos os subconjuntos de um conjunto A, é denominado conjunto das partes de A. Assim, se A = {4, 7}, o conjunto das partes de A, é dado por {Ø, {4}, {7}, {4, 7}}.*

Operações com Conjuntos

União de conjuntos: a união de dois conjuntos quaisquer será representada por "A ∪ B" e terá os elementos que pertencem a A "ou" a B, ou seja, todos os elementos.

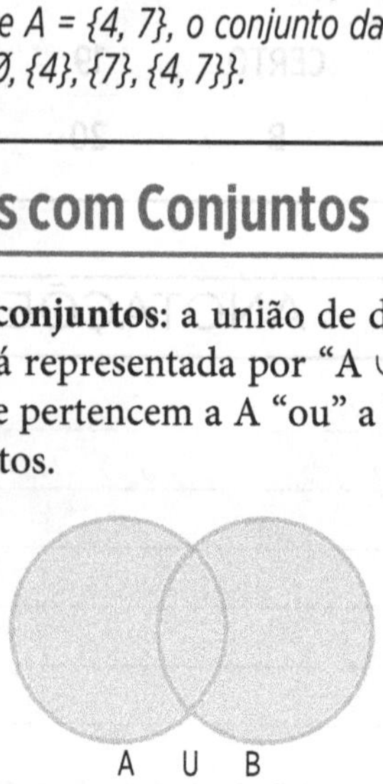

A ∪ B

Interseção de conjuntos: a interseção de dois conjuntos quaisquer será representada por "A ∩ B". Os elementos que fazem parte do conjunto interseção são os elementos comuns aos dois conjuntos.

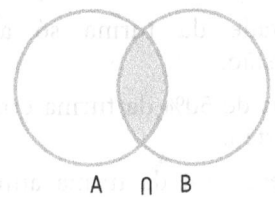

A ∩ B

EXERCÍCIO COMENTADO

01. (FCC) Duas modalidades de esporte são oferecidas para os 200 alunos de um colégio: basquete e futebol. Sabe-se que 140 alunos praticam basquete, 100 praticam futebol e 20 não praticam nenhuma dessas modalidades. O número de alunos que praticam uma e somente uma dessas modalidades é:
a) 120
b) 100
c) 80
d) 60
e) 40

RESPOSTA: A. *Representando o enunciado, temos:*

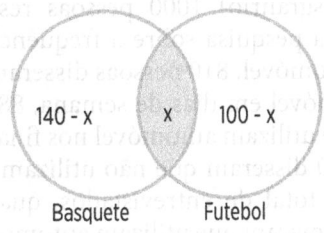

140 - x | x | 100 - x
Basquete   Futebol
20 não praticam nenhuma modalidade

Calculando o valor de "x":

$140 - x + x + 100 - x + 20 = 200$

$260 - x = 200$

$X = 260 - 200$

$X = 60$

Se x = 60, então 80 praticam somente basquete e 40 praticam somente futebol. Como a questão está pedindo o número de alunos que praticam somente uma modalidade, essa será de:

$$80 + 40 = 120.$$

Diferença de conjuntos: a diferença de dois conjuntos quaisquer será representada por "A – B" e terá os elementos que pertencem somente a A, mas não pertencem a B, ou seja, que são exclusivos de A.

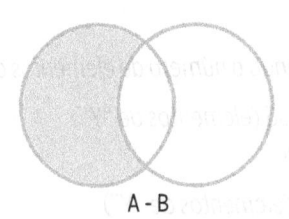

A - B

Complementar de um conjunto: se A está contido no conjunto universo U, o complementar de A é a diferença entre o conjunto universo e o conjunto A, será representado por "CU(A) = U – A" e terá todos os elementos que pertencem ao conjunto universo, menos os que pertencem ao conjunto A.

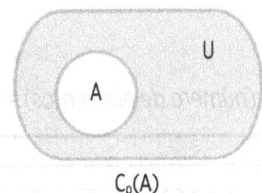

$C_p(A)$

EXERCÍCIOS COMENTADOS

01. (EsPCEx) Sejam os conjuntos A = {1, 3, 4}, B = {1, 2, 3} e X. Sabe-se que qualquer subconjunto de A∩B está contido em X, que por sua vez é subconjunto de A∪B. Quantos são os possíveis conjuntos de X?
a) 3
b) 4
c) 5
d) 6
e) 7

RESPOSTA: B. *O conjunto A∩B = {1, 3} tem como subconjuntos: {Ø, {1}, {3}, {1,3}}. Como a questão fala que qualquer subconjunto de A∩B está contido em X e que o conjunto X é um subconjunto de A∪B, então o conjunto X pode ser: X = {1, 3} ou X = {1, 2, 3} ou X = {1, 3, 4} ou X = {1, 2, 3, 4}. Portanto, a quantidade de conjuntos X pode ser igual a 4.*

02. (ESAF) X e Y são dois conjuntos não vazios. O conjunto X possui 64 subconjuntos. O conjunto Y, por sua vez, possui 256 subconjuntos. Sabe-se, também, que o conjunto Z = X ∩ Y possui 2 elementos. Desse modo, conclui-se que o número de elementos do conjunto P = Y - X é igual a:
a) 4
b) 6
c) 8
d) vazio
e) 1

RESPOSTA: B. *Calculando o número de elementos do conjunto "X", temos:*

$2n = 64$

$2n = 26$

$n = 6$ *(elementos de "X")*

Calculando o número de elementos de "Y", fica:

$2^n = 256$ *(elementos de "Y")*

$2^n = 2^8$

$n = 8$ *(elementos de "Y")*

Se $Z = X \cap Y = 2$ elementos, então temos a seguinte representação dos conjuntos, com a quantidade dos seus elementos:

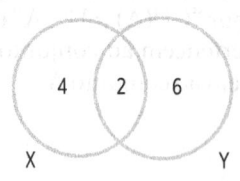

$$\underset{X}{\underbrace{4 \quad 2}} \quad \underset{Y}{\underbrace{6}}$$

Então P (número de elementos) = Y - X = 6.

VAMOS PRATICAR

Os exercícios a seguir são referentes ao conteúdo: Teoria dos Conjuntos.

01. Dados os conjuntos A = {1, 2, 3, 4, 6}, B = {1, 2, 3, 5, 7} e C = {3, 4, 5, 8, 9}, determine o conjunto X sabendo que $X \subset C$ e $C - X = B \cap C$.

a) X = {3, 5}
b) X = {1, 2, 7}
c) X = {2, 3, 4}
d) X = {3, 4, 7}
e) X = {4, 8, 9}

02. (Epcar) Para uma turma de 80 alunos do CPCAR, foi aplicada uma prova de Matemática valendo 9,0 pontos distribuídos igualmente em 3 questões sobre:

1ª FUNÇÃO
2ª GEOMETRIA
3ª POLINÔMIOS

Sabe-se que:

Apesar de 70% dos alunos terem acertado a questão sobre **função**, apenas 1/10 da turma conseguiu nota 9,0;

20 alunos acertaram as questões sobre **função** e **geometria**;

22 acertaram as questões sobre **geometria** e **Polinômios**;

18 acertaram as questões sobre **função** e **polinômios**.

A turma estava completa nessa avaliação, ninguém tirou nota zero, no critério de correção não houve questões com acertos parciais e o número de acertos apenas em **geometria** é o mesmo que o número de acertos apenas em **polinômios**.

Nessas condições, é correto afirmar que:

a) O número de alunos que só acertaram a 2ª questão é o dobro do número de alunos que acertaram todas as questões.
b) Metade da turma só acertou uma questão.
c) Mais de 50% da turma errou a terceira questão.
d) Apenas 3/4 da turma atingiu a média maior ou igual a 5,0.

03. (Upenet) Se A, B e C são conjuntos não vazios, sendo N(X) = número de elementos do conjunto X, é CORRETO afirmar que das afirmativas abaixo:

I. $A \cap (B \cup C) = (A \cap B) \cup (A \cap C)$;
II. $N(A \cap B) = N(A \cup B) - N(A) + N(B)$;
III. Se $A \cap B = \emptyset$, então, obrigatoriamente, $A = B = \emptyset$.

a) I é verdadeira.
b) I e II são verdadeiras.
c) III é verdadeira.
d) I, II e III são verdadeiras.
e) II e III são verdadeiras.

04. (Cesgranrio) 1000 pessoas responderam a uma pesquisa sobre a frequência do uso de automóvel. 810 pessoas disseram utilizar automóvel em dias de semana, 880 afirmaram que utilizam automóvel nos finais de semana e 90 disseram que não utilizam automóveis. Do total de entrevistados, quantas pessoas afirmaram que utilizam automóvel durante a semana e, também, nos fins de semana?

a) 580
b) 610
c) 690
d) 710
e) 780

05. (FCC) Dos 36 funcionários de uma agência bancária, sabe-se que: apenas 7 são fumantes, 22 são do sexo masculino e 11 são mulheres que não fumam. Com base nessas afirmações, é correto afirmar que o:

a) Número de homens que não fumam é 18.
b) Número de homens fumantes é 5.
c) Número de mulheres fumantes é 4.
d) Total de funcionários do sexo feminino é 15.
e) Total de funcionários não fumantes é 28.

06. (Cesgranrio) Considere os conjuntos A, B e C, seus respectivos complementares A^C, B^C e C^C e as seguintes declarações:

I. $A \cup (B \cap C) = (A \cap B) \cup (A \cap C)$;
II. $A \cap (B \cup C) = (A \cup B) \cap (A \cup C)$;
III. $(B \cap C)C = BC \cap CC$.

Para esses conjuntos e seus respectivos complementares, está(ão) correta(s) a(s) declaração(ões):

a) II, somente.
b) III, somente.
c) I e II, somente.
d) I e III, somente.
e) I, II e III.

07. (Fumarc) Em minha turma da Escola, tenho colegas que falam, além do Português, duas línguas estrangeiras: Inglês e Espanhol. Tenho, também, colegas que só falam Português. Assim:

4 colegas só falam Português;
25 colegas, além do Português, só falam Inglês;
6 colegas, além do Português, só falam Espanhol;
10 colegas, além do Português, falam Inglês e Espanhol.

Diante desse quadro, quantos alunos há na minha turma?

a) 46
b) 45
c) 44
d) 43
e) 42

08. (Cesgranrio) Em um grupo de 48 pessoas, 9 não têm filhos. Dentre as pessoas que têm filhos, 32 têm menos de 4 filhos e 12, mais de 2 filhos. Nesse grupo, quantas pessoas têm 3 filhos?

a) 4
b) 5
c) 6
d) 7
e) 8

09. (Cesgranrio) Se A e B são conjuntos quaisquer e C (A, B) = A - (A ∩ B) então C (A, B) é igual ao conjunto:

a) ∅
b) B
c) B - A
d) A - B
e) (A ∪ B) - A

10. (CEPERJ) Dois conjuntos B e C são subconjuntos de um conjunto A, porém A também é subconjunto de B e contém os elementos de C. Desse modo, pode-se afirmar que:

a) A = B e C ⊂ B
b) A ⊃ B e C ⊃ B
c) A ∈ B e C ⊃ B
d) A ∈ B e C = B
e) A = B e B = C

11. (Cespe) Sabendo-se que dos 110 empregados de uma empresa, 80 são casados, 70 possuem casa própria e 30 são solteiros e possuem casa própria, julgue o item seguinte.

Mais da metade dos empregados casados possui casa própria.

Certo ( )   Errado ( )

Texto para as questões 12 a 15

Considere que todos os 80 alunos de uma classe foram levados para um piquenique em que foram servidos salada, cachorro-quente e frutas. Entre esses alunos, 42 comeram salada e 50 comeram frutas. Além disso, 27 alunos comeram cachorro-quente e salada, 22 comeram salada e frutas, 38 comeram cachorro-quente e frutas e 15 comeram os três alimentos. Sabendo que cada um dos 80 alunos comeu pelo menos um dos três alimentos, julgue os próximos itens.

12. (Cespe) Quinze alunos comeram somente cachorro-quente.

Certo ( )   Errado ( )

13. (Cespe) Dez alunos comeram somente salada.

Certo ( )   Errado ( )

14. (Cespe) Cinco alunos comeram somente frutas.

Certo ( )   Errado ( )

15. (Cespe) Sessenta alunos comeram cachorro-quente.

Certo ( )   Errado ( )

16. (Cespe) Considere que os conjuntos A, B e C tenham o mesmo número de elementos, que A e B sejam disjuntos, que a união dos três possuía 150 elementos e que a interseção entre B e C possuía o dobro de elementos da interseção entre A e C. Nesse caso, se a interseção entre B e C possui 20 elementos, então B tem menos de 60 elementos.

Certo ( )   Errado ( )

17. (FCC) Do total de Agentes que trabalham em um setor da Assembleia Legislativa de São Paulo, sabe-se que, se fossem excluídos os:

- Do sexo feminino, restariam 15 Agentes;
- Do sexo masculino, restariam 12 Agentes;
- Que usam óculos, restariam 16 Agentes;
- Que são do sexo feminino ou usam óculos, restariam 9 Agentes.

Com base nessas informações, o número de Agentes desse setor que são do sexo masculino e não usam óculos é:

a) 5
b) 6
c) 7
d) 8
e) 9

18. (ESAF) Um colégio oferece a seus alunos a prática de um ou mais dos seguintes esportes: futebol, basquete e vôlei. Sabe-se que, no atual semestre.

> 20 alunos praticam vôlei e basquete;
> 60 alunos praticam futebol e 65 praticam basquete;
> 21 alunos não praticam nem futebol nem vôlei;
> o número de alunos que praticam só futebol é idêntico ao número dos alunos que praticam só vôlei;
> 17 alunos praticam futebol e vôlei;
> 45 alunos praticam futebol e basquete; 30, entre os 45, não praticam vôlei.

O número total de alunos do colégio, no atual semestre, é igual a:

a) 93
b) 110
c) 103
d) 99
e) 114

19. (FGV) Dado um conjunto A, chamamos subconjunto próprio não vazio de A a qualquer conjunto que pode ser formado com parte dos elementos do conjunto A, desde que: Algum elemento de A seja escolhido; Não sejam escolhidos todos os elementos de A. Sabemos que a quantidade de subconjuntos próprios não vazios de A é 14. A quantidade de elementos de A é igual a:

a) 4
b) 5
c) 6
d) 7
e) 8

20. (FCC) Em um grupo de 100 pessoas, sabe-se que:

- 15 nunca foram vacinadas;
- 32 só foram vacinadas contra a doença A;
- 44 já foram vacinadas contra a doença A;
- 20 só foram vacinadas contra a doença C;
- 2 foram vacinadas contra as doenças A, B e C;
- 22 foram vacinadas contra apenas duas doenças.

De acordo com as informações, o número de pessoas do grupo que só foi vacinado contra as doenças B e C é:

a) 10
b) 11
c) 12
d) 13
e) 14

GABARITO

01	E	11	ERRADO
02	C	12	ERRADO
03	A	13	ERRADO
04	E	14	CERTO
05	A	15	CERTO
06	B	16	ERRADO
07	A	17	E
08	B	18	D
09	D	19	A
10	A	20	C

ANOTAÇÕES

7. Conjuntos Numéricos

Os números surgiram da necessidade de contar ou quantificar coisas ou objetos. Com o passar do tempo, foram adquirindo características próprias.

Números Naturais

É o primeiro dos conjuntos numéricos. Representado pelo símbolo $\mathbb{N}$. É formado pelos seguintes elementos:

$\mathbb{N} = \{0, 1, 2, 3, 4, 5, 6, 7, 8, 9, 10, 11, 12, 13, ... +\infty\}$

FIQUE LIGADO

O símbolo ∞ significa infinito, o + quer dizer positivo, então $+\infty$ quer dizer infinito positivo.

Números Inteiros

Esse conjunto surgiu da necessidade de alguns cálculos não possuírem resultados, pois esses resultados eram negativos.

Representado pelo símbolo $\mathbb{Z}$, é formado pelos seguintes elementos:

$\mathbb{Z} = \{-\infty, ..., -3, -2, -1, 0, 1, 2, 3, ..., +\infty\}$

Operações e Propriedades dos Números Naturais e Inteiros

As principais operações com os números naturais e inteiros são: adição, subtração, multiplicação, divisão, potenciação e radiciação (as quatro primeiras são também chamadas operações fundamentais).

Adição

Na adição, a soma dos termos ou parcelas resulta naquilo que se chama **total**.

Ex.: $2 + 2 = 4$

As propriedades da adição são:

Elemento Neutro: qualquer número somado ao zero tem como total o próprio número.

Ex.: $2 + 0 = 2$

Comutativa: a ordem dos termos não altera o total.

Ex.: $2 + 3 = 3 + 2 = 5$

Associativa: o ajuntamento de parcelas não altera o total.

Ex.: $2 + 0 = 2$

Subtração

Operação contrária à adição, também conhecida como diferença.

Os termos ou parcelas da subtração, assim como o total, têm nomes próprios:

M − N = P; em que M = minuendo, N = subtraendo e P = diferença ou resto.

Ex.: $7 - 2 = 5$

Quando o subtraendo for maior que o minuendo, a diferença será negativa.

Multiplicação

Nada mais é do que a soma de uma quantidade de parcelas fixas. Ao resultado da multiplicação chama-se produto. Os símbolos que indicam a multiplicação são o **"x"** (sinal de vezes) ou o **"."** (ponto).

Ex.: $4 \times 7 = 7 + 7 + 7 + 7 = 28$

$7 \cdot 4 = 4 + 4 + 4 + 4 + 4 + 4 + 4 = 28$

As propriedades da multiplicação são:

Elemento Neutro: qualquer número multiplicado por 1 terá como produto o próprio número.

Ex.: $5 \cdot 1 = 5$

Comutativa: ordem dos fatores não altera o produto.

Ex.: $3 \cdot 4 = 4 \cdot 3 = 12$

Associativa: o ajuntamento dos fatores não altera o resultado.

Ex.: $2 \cdot (3 \cdot 4) = (2 \cdot 3) \cdot 4 = 24$

Distributiva: um fator em evidência multiplica todas as parcelas dentro dos parênteses.

Ex.: $2 \cdot (3 + 4) = (2 \cdot 3) + (2 \cdot 4) = 6 + 8 = 14$

FIQUE LIGADO

Na multiplicação existe "jogo de sinais", que fica assim:

Parcela	Parcela	Produto
+	+	+
+	−	−
−	+	−
−	−	+

Ex.: $2 \cdot -3 = -6$

$-3 \cdot -7 = 21$

Divisão

É o inverso da multiplicação. Os sinais que a representam são: "÷", ":", "/" ou a fração.

Ex.: $14 \div 7 = 2$

$25 : 5 = 5$

$36/12 = 3$

> **FIQUE LIGADO**
>
> *Por ser o inverso da multiplicação, a divisão também possui o "jogo de sinal".*

Números Racionais

Com o passar do tempo alguns cálculos não possuíam resultados inteiros, a partir daí surgiram os números racionais, que são representados pela letra $\mathbb{Q}$ e são os números que podem ser escritos sob forma de frações.

$\mathbb{Q} = \frac{a}{b}$ (com "b" diferente de zero → $b \neq 0$); em que "a" é o numerador e "b" é o denominador.

Fazem parte desse conjunto também as dízimas periódicas (números que apresentam uma série infinita de algarismos decimais, após a vírgula) e os números decimais (aqueles que são escritos com a vírgula e cujo denominador são as potências de 10).

> **FIQUE LIGADO**
>
> *Toda fração cujo numerador é menor que o denominador é chamada de fração própria.*

Operações com os Números Racionais

Adição e Subtração

Para somar frações deve-se estar atento se os denominadores das frações são os mesmos. Caso sejam iguais, basta repetir o denominador e somar (ou subtrair) os numeradores, porém se os denominadores forem diferentes é preciso fazer o M.M.C. (assunto que será visto adiante) dos denominadores, constituir novas frações equivalentes às frações originais e, assim, proceder com o cálculo.

$$\frac{2}{7} + \frac{4}{7} = \frac{6}{7}$$

$$\frac{2}{3} + \frac{4}{5} = \frac{10}{15} + \frac{12}{15} = \frac{22}{15}$$

Multiplicação

Para multiplicar frações basta multiplicar numerador com numerador e denominador com denominador.

$$\frac{3}{4} \cdot \frac{5}{7} = \frac{15}{28}$$

Divisão

Para dividir frações basta fazer uma multiplicação da primeira fração com o inverso da segunda fração.

$$\frac{2}{3} \div \frac{4}{5} = \frac{2}{3} \cdot \frac{5}{4} = \frac{10}{12} = \frac{5}{6} \text{ (Simplificando por 2)}$$

Toda vez que for possível deve-se simplificar a fração até sua fração irredutível (aquela que não pode mais ser simplificada).

Potenciação

Se a multiplicação é soma de uma quantidade de parcelas fixas, a potenciação é a multiplicação de uma quantidade de fatores fixos, tal quantidade indicada no expoente que acompanha a base da potência.

A potenciação é expressa por: $\mathbf{a^n}$, cujo "a" é a base da potência e o "n" é o expoente.

Ex.: $4^3 = 4 \cdot 4 \cdot 4 = 64$

As propriedades das potências são:

$a^0 = 1$

$3^0 = 1$

$a^1 = a$

$5^1 = 5$

$a^{-n} = 1/a^n$

$2^{-3} = \frac{1}{2^3} = 1/8$

$a^m \cdot a^n = a^{(m+n)}$

$3^2 \cdot 3^3 = 3^{(2+3)} = 3^5 = 243$

$a^m : a^n = a^{(m-n)}$

$4^5 : 4^3 = 4^{(5-3)} = 4^2 = 16$

$(a^m)^n = a^{m \cdot n}$

$(2^2)^4 = 2^{2 \cdot 4} = 2^8 = 256$

$a^{m/n} = \sqrt[n]{a^m}$

$7^{2/3} = \sqrt[3]{7^2} = \sqrt[3]{49}$

> **FIQUE LIGADO**
>
> *Não confunda: $(a^m)^n \neq a^{m^n}$*
>
> *Não confunda também: $(-a)^n \neq -a^n$.*

Radiciação

É a expressão da potenciação com expoente fracionário.

A representação genérica da radiciação é: $\sqrt[n]{a}$; cujo "n" é o índice da raiz, o "a" é o radicando e "$\sqrt{}$" é o radical.

Quando o índice da raiz for o 2 ele não precisa aparecer e essa raiz será uma raiz quadrada.

As propriedades das "raízes" são:

$\sqrt[n]{a^m} = (\sqrt[n]{a})^m = a^{m/n}$

$\sqrt[m]{\sqrt[n]{a}} = {}^m \cdot \sqrt[n]{a}$

$\sqrt[m]{a^m} = a = a^{m/m} = a^1 = a$

Racionalização: se uma fração tem em seu denominador um radical, faz-se o seguinte:

$\dfrac{1}{\sqrt{a}} = \dfrac{1}{\sqrt{a}} \cdot \dfrac{\sqrt{a}}{\sqrt{a}} = \dfrac{\sqrt{a}}{\sqrt{a^2}} = \dfrac{\sqrt{a}}{a}$

Transformando Dízima Periódica em Fração

Para transformar dízimas periódicas em fração, é preciso atentar-se para algumas situações:

> Verifique se depois da vírgula só há a parte periódica, ou se há uma parte não periódica e uma periódica.

> Observe quantas são as "casas" periódicas e, caso haja, as não periódicas. Lembrado sempre que essa observação só será para os números que estão depois da vírgula.

> Em relação à fração, o denominador será tantos "9" quantos forem as casas do período, seguido de tantos "0" quantos forem as casas não periódicas (caso haja e depois da vírgula). Já o numerador será o número sem a vírgula até o primeiro período "menos" toda a parte não periódica (caso haja).

Ex.: $0{,}6666\ldots = \dfrac{6}{9}$

$0{,}36363636\ldots = \dfrac{36}{99}$

$0{,}123333\ldots = \dfrac{123 - 12}{900} = \dfrac{111}{900}$

$2{,}8888\ldots = \dfrac{28 - 2}{9} = \dfrac{26}{9}$

$3{,}754545454\ldots = \dfrac{3754 - 37}{990} = \dfrac{3717}{990}$

Transformando Número Decimal em Fração

Para transformar número decimal em fração, basta contar quantas "casas" existem depois da vírgula; então o denominador da fração será o número 1 acompanhado de tantos zeros quantos forem o número de "casas", já o numerador será o número sem a "vírgula".

Ex.: $0{,}3 = \dfrac{3}{10}$

$2{,}45 = \dfrac{245}{100}$

$49{,}586 = \dfrac{49586}{1000}$

Números Irracionais

São os números que não podem ser escritos na forma de fração.

O conjunto é representado pela letra $\mathbb{I}$ e tem como elementos as dízimas não periódicas e as raízes não exatas.

Números Reais

Simbolizado pela letra $\mathbb{R}$, é a união do conjunto dos números racionais com o conjunto dos números irracionais.

Representado, tem-se:

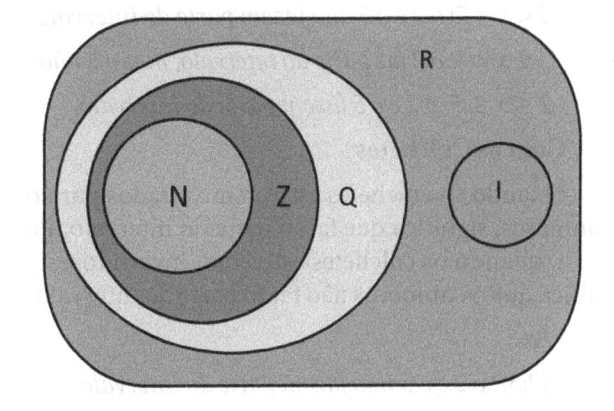

Colocando todos os números em uma reta, tem-se:

As desigualdades ocorrem em razão de os números serem maiores ou menores uns dos outros.

Os símbolos das desigualdades são:

≥ maior ou igual a;

≤ menor ou igual a;

> maior que;

< menor que.

Dessas desigualdades surgem os intervalos, que nada mais são do que um espaço dessa reta, entre dois números.

Os intervalos podem ser abertos ou fechados, depende dos símbolos de desigualdade utilizados.

Intervalo aberto ocorre quando os números não fazem parte do intervalo e os sinais de desigualdade são:

> maior que;

< menor que.

Intervalo fechado ocorre quando os números fazem parte do intervalo e os sinais de desigualdade são:

≥ maior ou igual a;

≤ menor ou igual a.

Intervalos

Os intervalos numéricos podem ser representados das seguintes formas:

Com os Símbolos <, >, ≤, ≥

Quando forem usados os símbolos < ou >, os números que os acompanham não fazem parte do intervalo real. Já quando forem usados os símbolos ≤ ou ≥ os números farão parte do intervalo real.

Ex.:

$2 < x < 5$: o 2 e o 5 não fazem parte do intervalo.

$2 \leq x < 5$: o 2 faz parte do intervalo, mas o 5 não.

$2 \leq x \leq 5$: o 2 e o 5 fazem parte do intervalo.

Com os Colchetes

Quando os colchetes estiverem voltados para os números, significa que farão parte do intervalo. Porém, quando os colchetes estiverem invertidos, significa que os números não farão parte do intervalo.

Ex.:

]2;5[: o 2 e o 5 não fazem parte do intervalo.

[2;5[: o 2 faz parte do intervalo, mas o 5 não faz.

[2;5]: o 2 e o 5 fazem parte do intervalo.

Sobre uma Reta Numérica

Intervalo aberto $2 < x < 5$:

Em que 2 e 5 não fazem parte do intervalo numérico, representado pela marcação aberta (sem preenchimento - O).

Intervalo fechado e aberto $2 < x < 5$:

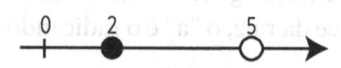

Em que 2 faz parte do intervalo, representado pela marcação fechada (preenchida - ●) em que 5 não faz parte do intervalo, representado pela marcação aberta (O).

Intervalo fechado $2 < x < 5$:

Em que 2 e 5 fazem parte do intervalo numérico, representado pela marcação fechada (●).

Múltiplos e Divisores

Os múltiplos são resultados de uma multiplicação de dois números naturais.

Ex.: *Os múltiplos de 3 são: 0, 3, 6, 9, 12, 15, 18, 21, 24, 27, 30... (os múltiplos são infinitos).*

> ### FIQUE LIGADO
>
> *Números quadrados perfeitos são aqueles que resultam da multiplicação de um número por ele mesmo.*
>
> **Ex.:** $4 = 2 \cdot 2$
> **Ex.:** $25 = 5 \cdot 5$

Os divisores de um "número" são os números cuja divisão desse "número" por eles será exata.

Ex.: *Os divisores de 12 são: 1, 2, 3, 4, 6, 12.*

Números Primos

São os números que têm apenas dois divisores, o 1 e ele mesmo (alguns autores consideram os números primos aqueles que tem 4 divisores, sendo o 1, o -1, ele mesmo e o seu oposto – simétrico).

Veja alguns números primos:

2 (único primo par), 3, 5, 7, 11, 13, 17, 19, 23, 29, 31, 37, 41, 43, 47, 53, 59, ...

Os números primos servem para decompor outros números.

A decomposição de um número em fatores primos serve para fazer o MMC (mínimo múltiplo comum) e o MDC (máximo divisor comum).

MMC e MDC

O MMC de um, dois ou mais números é o menor número que, ao mesmo tempo, é múltiplo de todos esses números.

O MDC de dois ou mais números é o maior número que pode dividir todos esses números ao mesmo tempo.

Para calcular, após decompor os números, o MMC de dois ou mais números será o produto de todos os fatores primos, comuns e não comuns, elevados aos maiores expoentes. Já o MDC será apenas os fatores comuns a todos os números elevados aos menores expoentes.

Ex.: $6 = 2 \cdot 3$

$18 = 2 \cdot 3 \cdot 3 = 2 \cdot 3^2$

$35 = 5 \cdot 7$

$144 = 2 \cdot 2 \cdot 2 \cdot 2 \cdot 3 \cdot 3 = 2^4 \cdot 3^2$

$225 = 3 \cdot 3 \cdot 5 \cdot 5 = 3^2 \cdot 5^2$

$490 = 2 \cdot 5 \cdot 7 \cdot 7 = 2 \cdot 5 \cdot 7^2$

$640 = 2 \cdot 2 \cdot 2 \cdot 2 \cdot 2 \cdot 2 \cdot 2 \cdot 5 = 2^7 \cdot 5$

MMC de 18 e 225 = $2 \cdot 3^2 \cdot 5^2 = 2 \cdot 9 \cdot 25 = 450$

MDC de 225 e 490 = 5

Para saber a quantidade de divisores de um número basta, depois da decomposição do número, pegar os expoentes dos fatores primos, somar "+1" e multiplicar os valores obtidos.

Ex.: $225 = 3^2 \cdot 5^2 = 3^{2+1} \cdot 5^{2+1} = 3 \cdot 3 = 9$

Nº de divisores = $(2 + 1) \cdot (2 + 1) = 3 \cdot 3 = 9$ divisores. Que são: 1, 3, 5, 9, 15, 25, 45, 75, 225.

Divisibilidade

As regras de divisibilidade servem para facilitar a resolução de contas, para ajudar a descobrir se um número é ou não divisível por outro. Veja algumas dessas regras.

Divisibilidade por 2: para um número ser divisível por 2 basta que o mesmo seja par.

Ex.: *14 é divisível por 2.*

17 não é divisível por 2.

Divisibilidade por 3: para um número ser divisível por 3, a soma dos seus algarismos tem que ser divisível por 3.

Ex.: *174 é divisível por 3, pois 1 + 7 + 4 = 12*

188 não é divisível por 3, pois 1 + 8 + 8 = 17

Divisibilidade por 4: para um número ser divisível por 4, ele tem que terminar em 00 ou os seus dois últimos números devem ser múltiplos de 4.

Ex.: *300 é divisível por 4.*

532 é divisível por 4.

766 não é divisível por 4.

Divisibilidade por 5: para um número ser divisível por 5, ele deve terminar em 0 ou em 5.

Ex.: *35 é divisível por 5.*

370 é divisível por 5.

548 não é divisível por 5.

Divisibilidade por 6: para um número ser divisível por 6, ele deve ser divisível por 2 e por 3 ao mesmo tempo.

Ex.: *78 é divisível por 6.*

576 é divisível por 6.

652 não é divisível por 6.

Divisibilidade por 9: para um número ser divisível por 9, a soma dos seus algarismos deve ser divisível por 9.

Ex.: *75 é não divisível por 9.*

684 é divisível por 9.

Divisibilidade por 10: para um número ser divisível por 10, basta que ele termine em 0.

Ex.: *90 é divisível por 10.*

364 não é divisível por 10.

Expressões Numéricas

Para resolver expressões numéricas, deve-se sempre seguir a ordem:

> Resolva os (parênteses), depois os [colchetes], depois as {chaves}, nessa ordem;
> Dentre as operações resolva primeiro as potenciações e raízes (o que vier primeiro), depois as multiplicações e divisões (o que vier primeiro) e por último as somas e subtrações (o que vier primeiro).

Calcule o valor da expressão:

Ex.: $8 - \{5 - [10 - (7 - 3 \cdot 2)] \div 3\}$

Resolução:

$8 - \{5 - [10 - (7 - 6)] \div 3\}$

$8 - \{5 - [10 - (1)] \div 3\}$

$8 - \{5 - [9] \div 3\}$

$8 - \{5 - 3\}$

$8 - \{2\}$

6

EXERCÍCIO COMENTADO

01. (FCC) Simplificando-se a expressão (12,15 + 3/40) ÷ (102/50 − 0,0025) obtém-se um número:
  a) Quadrado perfeito.
  b) Divisível por 5.
  c) Múltiplo de 6.
  d) Primo.
  e) Ímpar.

RESPOSTA: C.

12,15 = 1.215/100

0,0025 = 25/10.000

Somando:

1.215/100 + 3/40 = 2.445/200

102/50 25/10.000 = 20.375/10.000

Então:

2.445/200 ÷ 20.375/10.000 =

2.445/200 · 10.000/20.375 =

24.450.000/4.075.000 = 6

VAMOS PRATICAR

Os exercícios a seguir são referentes ao conteúdo: Conjuntos Numéricos.

01. (MB) Considere x = 10 e y = 20. Calcule o valor de $(x + y)^2 - 2xy$.
  a) 900
  b) 600
  c) 500
  d) 300
  e) 200

02. O conjunto A = {-4, -3, -2, -1, 0, 1} pode ser representado por:
  a) $\{x \in Z \mid -4 < x < 1\}$
  b) $\{x \in Z \mid -4 < x \leq 1\}$
  c) $\{x \in Z \mid -4 \leq x \leq 1\}$
  d) $\{x \in Z \mid -4 \leq x < 1\}$
  e) $\{x \in Z \mid +4 < x < 1\}$

03. (FCC) O valor da expressão $\dfrac{A^2 - B^3}{A^B + B^A}$, para A = 2 e B = -1 é um número compreendido entre:
  a) -2 e 1.
  b) 1 e 4.
  c) 4 e 7.
  d) 7 e 9.
  e) 9 e 10.

04. (TJ-PR) Um historiador comentou em sala de aula: "Meu tataravô nasceu no século 18. O ano em que nasceu era um cubo perfeito. O ano em que morreu era um quadrado perfeito. O quanto viveu, também era um quadrado perfeito." Quantos anos viveu o tataravô do historiador?
  a) 36
  b) 30
  c) 32
  d) 34
  e) 40

05. (Cefet) Os restos das divisões de 247 e 315 por x são 7 e 3, respectivamente. Os restos das divisões de 167 e 213 por y são 5 e 3, respectivamente. O maior valor possível para a soma x + y é:
  a) 36
  b) 34
  c) 30
  d) 25

06. (FCC) Sejam x e y números naturais, e △ e □ símbolos com os seguintes significados:

  – x △ y é igual ao maior número dentre x e y, com x ≠ y;

  – x □ y é igual ao menor número dentre x e y, com x ≠ y;

  – se x = y, então x △ y = x □ y = x = y.

  De acordo com essas regras, o valor da expressão [64 □ (78 △ 64) □ {92 △ [(43 □ 21) △ 21]} é:
  a) 92.
  b) 78.
  c) 64.
  d) 43.
  e) 21.

07. (PUC-MG) O valor exato de

$$\dfrac{0,2929\ldots - 0,222\ldots}{0,555\ldots + 0,333\ldots} \text{ é:}$$

  a) 3/25
  b) 3/28
  c) 4/34
  d) 6/58
  e) 7/88

08. Sejam x e y números reais dados por suas representações decimais:

$$\begin{cases} x = 0,111111\ldots \\ y = 0,999999\ldots \end{cases}$$

  Pode-se afirmar que:
  a) x + y = 1
  b) x - y = 8/9
  c) xy = 0,9
  d) 1/(x + y) = 0,9
  e) xy = 1

09. (ESPP) Sejam as afirmações:

I. A soma entre dois números irracionais é sempre um número irracional.

II. Toda dízima periódica pode ser escrita com uma fração de denominador e numerador inteiros.

III. $7\pi/4 > 11/2$

Pode-se dizer que:

a) São corretas somente I e II.
b) Todas são corretas.
c) Somente uma delas é correta.
d) São corretas somente II e III.

10. (FGV) Analise as afirmativas a seguir:

I. $\sqrt{6}$ é maior que $\frac{5}{2}$.

II. 0,555... é um número racional.

III. Todo número inteiro tem antecessor.

Assinale:

a) Se somente as afirmativas I e III estiverem corretas.
b) Se somente a afirmativa II estiver correta.
c) Se somente as afirmativas I e II estiverem corretas.
d) Se somente a afirmativa I estiver correta.
e) Se somente as afirmativas II e III estiverem corretas.

GABARITO

01	C	06	C
02	C	07	E
03	B	08	D
04	A	09	C
05	C	10	E

ANOTAÇÕES

8. Sistema Legal de Medidas

Medidas de Tempo

A unidade padrão do tempo é o segundo (s), mas devemos saber as seguintes relações:

1 min = 60 s
1h = 60 min = 3600 s
1 dia = 24 h = 1440 min = 86400 s
30 dias = 1 mês
2 meses = 1 bimestre
6 meses = 1 semestre
12 meses = 1 ano
10 anos = 1 década
100 anos = 1 século

FIQUE LIGADO

Cuidado com as transformações de tempo, pois elas não seguem o mesmo padrão das outras medidas.

Ex.: $15h47min18seg + 11h39min59s = 26h86min77s = 26h87min17s = 27h27min17s = 1dia3h27min17s$;

Ex.: $8h23min - 3h49min51seg = 7h83min - 3h49min51seg = 7h82min60seg - 3h49min51seg = 4h33min9seg$.

Sistema Métrico Decimal

Serve para medir comprimentos, distâncias, áreas e volumes. Tem como unidade padrão o metro (m). Veremos agora seus múltiplos, variações e algumas transformações.

Metro (m):

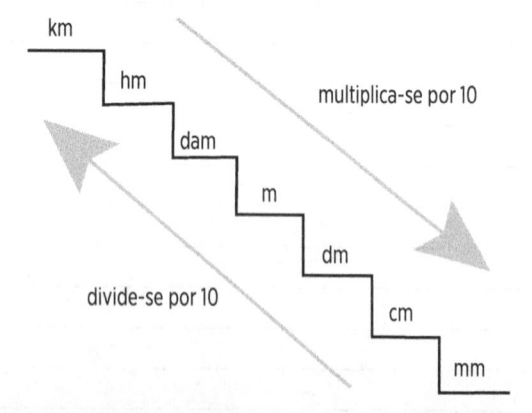

Para cada degrau descido da escada, multiplica-se por 10, e para cada degrau subido, divide-se por 10.

Ex.: *Transformar 2,98km em cm = 2,98 · 100.000 = 298.000cm (na multiplicação por 10 ou suas potências, basta deslocar a "vírgula" para a direita);*

Ex.: *Transformar 74m em km = 74 ÷ 1000 = 0,074km (na divisão por 10 ou suas potências, basta deslocar a "vírgula" para a esquerda).*

FIQUE LIGADO

O grama (g) e o litro (l) seguem o mesmo padrão do metro (m).

Metro quadrado (m^2):

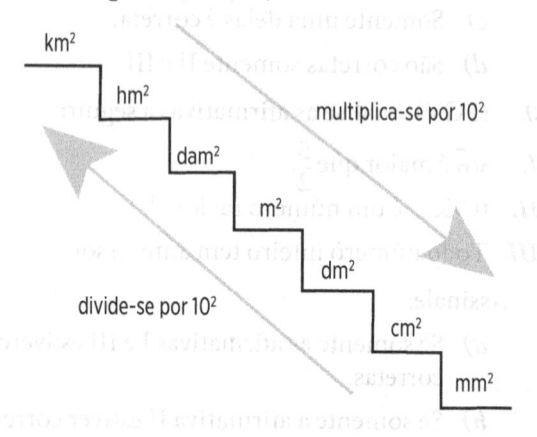

Para cada degrau descido da escada multiplica por 10^2 ou 100, e para cada degrau subido divide por 10^2 ou 100.

Ex.: *Transformar $79,11m^2$ em cm^2 = $79,11 \cdot 10.000 = 791.100cm^2$;*

Ex.: *Transformar $135m^2$ em km^2 = $135 \div 1.000.000 = 0,000135km^2$.*

Metro cúbico (m^3):

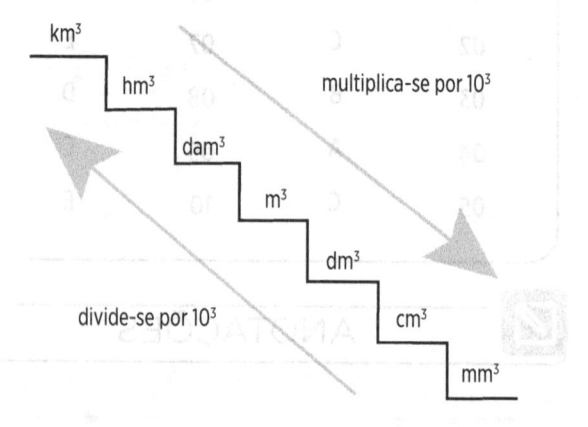

Para cada degrau descido da escada, multiplica-se por 10^3 ou 1000, e para cada degrau subido, divide-se por 10^3 ou 1000.

Ex.: *Transformar $269dm^3$ em $cm^3 = 269 \cdot 1.000 = 269.000cm^3$*

Ex.: *Transformar $4.831cm^3$ em $m^3 = 4.831 \div 1.000.000 = 0,004831m^3$*

FIQUE LIGADO

O metro cúbico, por ser uma medida de volume, tem relação com o litro (l), e essa relação é:

$1m^3 = 1000$ litros
$1dm^3 = 1$ litro
$1cm^3 = 1$ mililitro

EXERCÍCIO COMENTADO

01. (FUNCAB) Determine o valor em decímetros de 0,375 dam.
a) 3,75 dm
b) 0,0375 dm
c) 3750 dm
d) 37,5 dm
e) 375 dm

RESPOSTA: D. *De dam para dm (decímetros), vamos descer 2 degraus, então devemos multiplicar 0,375 por 100 (10 . 10 = 100) que é igual a 37,5 dm.*

VAMOS PRATICAR

Os exercícios a seguir são referentes ao conteúdo: Sistema Legal de Medidas.

01. (Cesgranrio) José é funcionário de uma imobiliária e gosta muito de Matemática. Para fazer uma brincadeira com um colega, resolveu escrever as áreas de cinco apartamentos que estão à venda em unidades de medida diferentes, como mostra a tabela abaixo.

Apartamento	Área
I	0,000162 km²
II	180 m²
III	12.800 dm²
IV	950.000 cm²
V	100.000.000 mm²

Em seguida, pediu ao colega que organizasse as áreas dos cinco apartamentos em ordem crescente.

O colega de José respondeu corretamente ao desafio proposto apresentando a ordem:
a) I < II < III < IV < V
b) II < I < IV < V < III
c) IV < V < III < I < II
d) V < II < I < III < IV
e) V < IV < III < II < I

02. (Cesgranrio) No modelo abaixo, os pontos A, B, C e D pertencem à mesma reta. O ponto A dista 65,8 mm do ponto D; o ponto B dista 41,9 mm do ponto D, e o ponto C está a 48,7 mm do ponto A.

Qual é, em milímetros, a distância entre os pontos B e C?
a) 17,1
b) 23,1
c) 23,5
d) 23,9
e) 24,8

03. (CEPERJ) Uma pessoa levou 1 hora, 40 minutos e 20 segundos para realizar determinada tarefa. O tempo total de trabalho dessa pessoa, em segundos, vale:
a) 120
b) 1420
c) 3660
d) 4120
e) 6020

04. (FCC) Sabe-se que, num dado instante, a velocidade de um veículo era v = 0,0125 km/s. Assim sendo, é correto afirmar que, em metros por hora, v seria igual a:
a) 45 000.
b) 25 000.
c) 7 500.
d) 4 500.
e) 2 500.

05. (FCC) Considere que:
> 1 milissegundo (ms) = 10^{-3} segundo
> 1 microssegundo (µs) = 10^{-6} segundo
> 1 nanossegundo (ns) = 10^{-9} segundo
> 1 picossegundo (ps) = 10^{-12} segundo

Nessas condições, a soma 1 ms + 10 µs + 100 ns + 1 000 ps NÃO é igual a:
a) 1,010101 ms.
b) 0,001010101 s.
c) 1.010.101.000 ps.
d) 1.010.101 ns.
e) 10.101,01 µs.

06. (CPCAR) Três alunos A, B e C participam de uma gincana e uma das tarefas é uma corrida em pista circular. Eles gastam para esta corrida, respectivamente, 1,2 minutos, 1,5 minutos e 2 minutos para completarem uma volta na pista. Eles partem do mesmo local e no mesmo instante. Após algum tempo, os três alunos se encontram pela primeira vez no local de partida. Considerando os dados acima, assinale a alternativa correta.

a) Na terceira vez que os três se encontrarem, o aluno menos veloz terá completado 12 voltas.

b) O tempo que o aluno B gastou até que os três se encontraram pela primeira vez foi de 4 minutos.

c) No momento em que os três alunos se encontraram pela segunda vez, o aluno mais veloz gastou 15 minutos.

d) A soma do número de voltas que os três alunos completaram quando se encontraram pela segunda vez foi 24.

07. (Cesgranrio) Aos domingos, é possível fazer um passeio de 7 km pela antiga Estrada de Ferro Madeira-Mamoré, indo de Porto Velho até Cachoeira de Santo Antônio. Esse passeio acontece em quatro horários: 9h, 10h30min, 15h e 16h30min. Um turista pretendia fazer o passeio no segundo horário da manhã, mas chegou atrasado à estação e, assim, teve que esperar 3 horas e 35 minutos até o horário seguinte. A que horas esse turista chegou à estação?

a) 10h 55min.
b) 11h 15min.
c) 11h 25min.
d) 11h 45min.
e) 11h 55min.

08. (FCC) A velocidade de 120 km/h equivale, aproximadamente, à velocidade de:

a) 33,33 m/s
b) 35 m/s
c) 42,5 m/s
d) 54,44 m/s
e) 60 m/s

09. (Cesgranrio) Certo nadador levou 150 segundos para completar uma prova de natação. Esse tempo corresponde a:

a) Um minuto e meio.
b) Dois minutos.
c) Dois minutos e meio.
d) Três minutos.
e) Três minutos e meio.

10. (Cesgranrio) Considere que 1 litro de óleo de soja pesa aproximadamente 960 gramas. Uma empresa exporta 6 contêineres contendo 32 toneladas de óleo de soja cada. Quantos metros cúbicos de óleo foram exportados por essa empresa?

a) 100
b) 200
c) 300
d) 400
e) 600

GABARITO

01	C	06	D
02	E	07	C
03	E	08	A
04	A	09	C
05	E	10	B

9. Razões e Proporções

Neste capítulo, estão presentes alguns assuntos muito incidentes em provas: razões e proporções. É preciso que haja atenção no estudo desse conteúdo.

Grandeza

É tudo aquilo que pode ser contado, medido ou enumerado.

Ex.: *Comprimento (distância), tempo, quantidade de pessoas e/ou coisas, etc.*

Grandezas Diretamente Proporcionais: são aquelas em que o aumento de uma implica o aumento da outra.

Ex.: *Quantidade e preço.*

Grandezas Inversamente Proporcionais: são aquelas em que o aumento de uma implica a diminuição da outra.

Ex.: *Velocidade e tempo.*

Razão

É a comparação de duas grandezas. Essas grandezas podem ser de mesma espécie (com a mesma unidade) ou de espécies diferentes (unidades diferentes). Nada mais é do que uma fração do tipo $\frac{a}{b}$, com $b \neq 0$.

Nas razões, os numeradores são também chamados de antecedentes e os denominadores de consequentes.

Ex.: *Escala: comprimento no desenho comparado ao tamanho real.*

Velocidade: distância comparada ao tempo.

Proporção

Pode ser definida como a igualdade de razões.

$$\frac{a}{b} = \frac{c}{d}$$

Dessa igualdade, tiramos a propriedade fundamental das proporções: "o produto dos meios igual ao produto dos extremos" (a chamada "multiplicação cruzada").

$$b \cdot c = a \cdot d$$

É basicamente essa propriedade que ajuda resolver a maioria das questões desse assunto.

FIQUE LIGADO

Dados três números racionais a, b e c, não nulos, denomina-se quarta proporcional desses números um número x tal que:

$$\frac{a}{b} = \frac{c}{x}$$

Proporção contínua é toda proporção que apresenta os meios iguais.

De um modo geral, uma proporção contínua pode ser representada por:

$$\frac{a}{b} = \frac{b}{c}$$

As outras propriedades das proporções são:

Numa proporção, a soma dos dois primeiros termos está para o 2º (ou 1º) termo, assim como a soma dos dois últimos está para o 4º (ou 3º).

$$\frac{a+b}{b} = \frac{c+d}{d} \text{ ou } \frac{a+b}{a} = \frac{c+d}{c}$$

Numa proporção, a diferença dos dois primeiros termos está para o 2º (ou 1º) termo, assim como a diferença dos dois últimos está para o 4º (ou 3º).

$$\frac{a-b}{b} = \frac{c-d}{d} \text{ ou } \frac{a-b}{a} = \frac{c-d}{c}$$

Numa proporção, a soma dos antecedentes está para a soma dos consequentes, assim como cada antecedente está para o seu consequente.

$$\frac{a+c}{b+d} = \frac{c}{d} = \frac{a}{b}$$

Numa proporção, a diferença dos antecedentes está para a diferença dos consequentes, assim como cada antecedente está para o seu consequente.

$$\frac{a-c}{b-d} = \frac{c}{d} = \frac{a}{b}$$

Numa proporção, o produto dos antecedentes está para o produto dos consequentes, assim como o quadrado de cada antecedente está para quadrado do seu consequente.

$$\frac{a \cdot c}{b \cdot d} = \frac{a^2}{b^2} = \frac{c^2}{d^2}$$

> **FIQUE LIGADO**
>
> A última propriedade pode ser estendida para qualquer número de razões.
>
> $$\frac{a \cdot c \cdot e}{b \cdot d \cdot f} = \frac{a^3}{b^3} = \frac{c^3}{d^3} = \frac{e^3}{f^3}$$

Divisão em Partes Proporcionais

Para dividir um número em partes direta ou inversamente proporcionais, basta seguir algumas regras:

Divisão em Partes Diretamente Proporcionais

Ex.: *Divida o número 50 em partes diretamente proporcionais a 4 e a 6.*

$4x + 6x = 50$

$10x = 50$

$x = \frac{50}{10}$

$x = 5$

x = constante proporcional

Então, $4x = 4 \cdot 5 = 20$ e $6x = 6 \cdot 5 = 30$

Logo, a parte proporcional a 4 é o 20 e a parte proporcional ao 6 é o 30.

Divisão em Partes Inversamente Proporcionais

Ex.: *Divida o número 60 em partes inversamente proporcionais a 2 e a 3.*

$\frac{x}{2} + \frac{x}{3} = 60$

$\frac{3x}{6} + \frac{2x}{6} = 60$

$5x = 60 \cdot 6$

$5x = 360$

$x = \frac{360}{5}$

$x = 72$

x = constante proporcional

Então, $\frac{x}{2} = \frac{72}{2} = 36$ e $\frac{x}{3} = \frac{72}{3} = 24$

Logo, a parte proporcional a 2 é o 36 e a parte proporcional ao 3 é o 24.

> **FIQUE LIGADO**
>
> Perceba que, na divisão diretamente proporcional, quem tiver a maior parte ficará com o maior valor. Já na divisão inversamente proporcional, quem tiver a maior parte ficará com o menor valor.

Regra das Torneiras

Sempre que uma questão envolver uma "situação" que pode ser feita de um jeito em determinado tempo (ou por uma pessoa) e, em outro tempo, de outro jeito (ou por outra pessoa), e quiser saber em quanto tempo seria se fosse feito tudo ao mesmo tempo, usa-se a regra da torneira, que consiste na aplicação da seguinte fórmula:

$$t_T = \frac{t_1 \cdot t_2}{t_1 + t_2}$$

Em que "t" é o tempo.

Quando houver mais de duas "situações", é melhor usar a fórmula:

$$\frac{1}{t_T} = \frac{1}{t_1} + \frac{1}{t_2} + \ldots + \frac{1}{t_n}$$

Em que "n" é a quantidade de situações.

Ex.: *Uma torneira enche um tanque em 6h. Uma segunda torneira enche o mesmo tanque em 8h. Se as duas torneiras forem abertas juntas quanto tempo vão levar para encher o mesmo tanque?*

$t_T = \frac{t_1 \cdot t_2}{t_1 + t_2}$

$t_T = \frac{6 \cdot 8}{6 + 8} = \frac{48}{14}$ = 3h 25min e 43s

Regra de Três

Mecanismo prático e/ou método utilizado para resolver questões que envolvem razão e proporção (grandezas).

Regra de Três Simples

Aquela que só envolve duas grandezas.

Ex.: *Durante uma viagem um carro consome 20 litros de combustível para percorrer 240km, quantos litros são necessários para percorrer 450km?*

Primeiro, verifique se as grandezas envolvidas na questão são direta ou inversamente proporcionais, e monte uma estrutura para visualizar melhor a questão.

Distância	Litro
240	20
450	x

Ao aumentar a distância, a quantidade de litros de combustível necessária para percorrer essa distância também vai aumentar, então, as grandezas são diretamente proporcionais.

$$\frac{20}{x} = \frac{240}{450}$$

Aplicando a propriedade fundamental das proporções:

$240x = 9000$

$x = \frac{9000}{240} = 37,5$ litros

Regra de Três Composta

Aquela que envolve mais de duas grandezas.

Ex.: *Dois pedreiros levam nove dias para construir um muro com 2m de altura. Trabalhando três pedreiros e aumentando a altura para 4m, qual será o tempo necessário para completar esse muro?*

Neste caso, deve-se comparar uma grandeza de cada vez com a variável.

Dias	Pedreiros	Altura
9	2	2
x	3	4

Note que, ao aumentar a quantidade de pedreiros, o número de dias necessários para construir um muro diminui, então as grandezas pedreiros e dias são inversamente proporcionais. No entanto, se aumentar a altura do muro, será necessário mais dias para construí-lo. Dessa forma as grandezas muro e dias são diretamente proporcionais. Para finalizar, basta montar a proporção e resolver, lembrando que quando uma grandeza for inversamente proporcional à variável sua fração será invertida.

$$\frac{9}{x} = \frac{3}{2} \cdot \frac{2}{4}$$

$$\frac{9}{x} = \frac{6}{8}$$

Ex.: *Aplicando a propriedade fundamental das proporções:*

$6x = 72$

$X = \frac{72}{6} = 12$ dias

EXERCÍCIO COMENTADO

01. (MB) Em um quartel, 7/9 dos militares são praças e existem 10 oficiais. Como o efetivo do quartel é composto de oficiais e praças, qual o número total de militares no quartel?
 a) 45
 b) 44
 c) 36
 d) 28
 e) 21

RESPOSTA: A. *Se 7/9 dos militares são praças, então 2/9 (1 – 7/9 = 2/9) são oficiais. Como 2/9 corresponde à fração dos oficiais e esse valor é igual a 10 oficiais:*

2x/9 = 10

2x = 90

X = 90/2

X = 45

Portanto o número de militares no quartel é igual a 45.

VAMOS PRATICAR

Os exercícios a seguir são referentes ao conteúdo: Razões e Proporções.

01. (EsSA) A proporção entre as medalhas de ouro, prata e bronze conquistadas por um atleta é 1:2:4, respectivamente. Se ele disputar 77 competições e ganhar medalhas em todas elas, quantas medalhas de bronze ele ganhará?

 a) 55
 b) 33
 c) 44
 d) 22
 e) 11

02. (MB) Devido à diferença de gravidade entre a Terra e a Lua, um astronauta de 150 Kg pesa na Lua apenas 25 Kg. Quanto pesa na Lua um homem que na Terra pesa 90 Kg?

 a) 10 Kg
 b) 15 Kg
 c) 20 Kg
 d) 25 Kg
 e) 28 Kg

03. (FCC) Uma torneira enche um tanque, sozinha, em 2 horas enquanto outra torneira demora 4 horas. Em quanto tempo as duas torneiras juntas encherão esse mesmo tanque?

a) 1h10min
b) 1h20min
c) 1h30min
d) 1h50min
e) 2h

04. (FCC) Um site da internet que auxilia os usuários a calcularem a quantidade de carne que deve ser comprada para um churrasco considera que quatro homens consomem a mesma quantidade de carne que cinco mulheres. Se esse site aconselha que, para 11 homens, devem ser comprados 4.400 gramas de carnes, a quantidade de carne, em gramas, que ele deve indicar para um churrasco realizado para apenas sete mulheres é igual a:

a) 2.100.
b) 2.240.
c) 2.800.
d) 2.520.
e) 2.450.

05. (EPCAR) Para a reforma do Ginásio de Esportes da EPCAR foram contratados 24 operários. Eles iniciaram a reforma no dia 19 de abril de 2010 (2ª feira) e executaram 40% do trabalho em 10 dias, trabalhando 7 horas por dia. No final do 10º dia, 4 operários foram dispensados. No dia seguinte, os operários restantes retomaram o trabalho, trabalhando 6 horas por dia e concluíram a reforma. Sabendo-se que o trabalho foi executado nos dois momentos sem folga em nenhum dia, o dia da semana correspondente ao último dia do término de todo o trabalho é:

a) Domingo.
b) Segunda-feira.
c) Terça-feira.
d) Quarta-feira.

06. (EPCAR) Um reservatório possui 4 torneiras. A primeira torneira gasta 15 horas para encher todo o reservatório; a segunda, 20 horas; a terceira, 30 horas e a quarta, 60 horas. Abrem-se as 4 torneiras, simultaneamente, e elas ficam abertas despejando água por 5 horas. Após esse período fecham-se, ao mesmo tempo, a primeira e a segunda torneiras. Considerando que o fluxo de cada torneira permaneceu constante enquanto esteve aberta, é correto afirmar que o tempo gasto pelas demais torneiras, em minutos, para completarem com água o reservatório, é um número cuja soma dos algarismos é:

a) Par maior que 4 e menor que 10
b) Par menor ou igual a 4
c) Ímpar maior que 4 e menor que 12
d) Ímpar menor que 5

07. (EPCAR) Trinta operários trabalhando 8 horas por dia, constroem 36 casas em 6 meses. O número de dias que deverão ser trabalhados no último mês para que 2/3 dos operários, trabalhando 2 horas a mais por dia, construam 0,75 das casas, considerando um mês igual a 30 dias, é:

a) 10
b) 12
c) 15
d) 16

08. (ESAF) A taxa cobrada por uma empresa de logística para entregar uma encomenda até determinado lugar é proporcional à raiz quadrada do peso da encomenda. Ana, que utiliza, em muito, os serviços dessa empresa, pagou para enviar uma encomenda de 25kg uma taxa de R$ 54,00. Desse modo, se Ana enviar a mesma encomenda de 25kg dividida em dois pacotes de 16kg e 9kg, ela pagará o valor total de:

a) 54,32.
b) 54,86.
c) 76,40.
d) 54.
e) 75,60.

09. (ESAF) Dois trabalhadores, fazendo a jornada de 8 horas por dia cada um, colhem juntos 60 sacos de arroz. Três outros trabalhadores, fazendo a jornada de 10 horas por dia cada um, colhem juntos 75 sacos de arroz em 10 dias. Quanto tempo um trabalhador do primeiro grupo é mais ou menos produtivo que um trabalhador do segundo grupo?

a) O trabalhador do primeiro grupo é 10% menos produtivo.
b) O trabalhador do primeiro grupo é 10% mais produtivo.
c) O trabalhador do primeiro grupo é 25% mais produtivo.

d) As produtividades dos trabalhadores dos dois grupos é a mesma.

e) O trabalhador do primeiro grupo é 25% menos produtivo.

10. (FCC) Uma pesquisa realizada pelo Diretório Acadêmico de uma faculdade mostrou que 65% dos alunos são a favor da construção de uma nova quadra poliesportiva. Dentre os alunos homens, 11 em cada 16 manifestaram-se a favor da nova quadra e, dentre as mulheres, 3 em cada 5. Nessa faculdade, a razão entre o número de alunos homens e mulheres, nessa ordem, é igual a:

a) 4/3
b) 6/5
c) 7/4
d) 7/5
e) 9/7

11. (Fumarc) Carlos recebeu 2/3 de uma barra de chocolate. Porém, Carlos deu 3/5 dos 2/3 que havia recebido para seu irmão. Considerando a informação acima, é CORRETO afirmar que Carlos ficou com:

a) 1/5 da barra de chocolate.
b) 2/5 da barra de chocolate.
c) 4/15 da barra de chocolate.
d) 2/15 da barra de chocolate.

12. (CESGRARIO) Uma herança no valor de R$ 168.000,00 foi dividida entre quatro irmãos em partes diretamente proporcionais às suas respectivas idades. Se as idades, em número de anos, são 32, 30, 27 e 23, a parte que coube ao mais novo dos irmãos é, em reais, igual a:

a) 23.000
b) 27.600
c) 28.750
d) 32.200
e) 34.500

13. (FCC) Ao serem contabilizados os dias de certo mês, em que três Técnicos Judiciários de uma Unidade do Tribunal Regional do Trabalho prestaram atendimento ao público, constatou-se o seguinte:

a razão entre os números de pessoas atendidas por Jasão e Moisés, nesta ordem, era 3/5;

o número de pessoas atendidas por Tadeu era 120% do número das atendidas por Jasão;

o total de pessoas atendidas pelos três era 348.

Nessas condições, é correto afirmar que, nesse mês:

a) Tadeu atendeu a menor quantidade de pessoas.
b) Moisés atendeu 50 pessoas a mais que Jasão.
c) Jasão atendeu 8 pessoas a mais que Tadeu.
d) Moisés atendeu 40 pessoas a menos que Tadeu.
e) Tadeu atendeu menos que 110 pessoas.

14. (FCC) Suponha que certo medicamento seja obtido adicionando-se uma substância "A" a uma mistura homogênea Ω, composta de apenas duas substâncias X e Y. Sabe-se que:

O teor de X em Ω é de 60%;

Se pode obter tal medicamento retirando-se 15 de 50 litros de Ω e substituindo-os por 5 litros de A e 10 litros de Y, resultando em nova mistura homogênea.

Nessas condições, o teor de Y no medicamento assim obtido é de:

a) 52%.
b) 48%.
c) 45%
d) 44%.
e) 42%.

15. (FCC) Do total de pessoas que visitaram uma Unidade do Tribunal Regional do Trabalho de segunda a sexta-feira de certa semana, sabe-se que: 1/5 o fizeram na terça-feira e 1/6 na sexta-feira. Considerando que o número de visitantes da segunda-feira correspondia a 3/4 do de terça-feira e que a quarta-feira e a quinta-feira receberam, cada uma, 58 pessoas, então o total de visitantes recebidos nessa Unidade ao longo de tal semana é um número:

a) menor que 150.
b) múltiplo de 7.
c) quadrado perfeito.
d) divisível por 48.
e) maior que 250.

16. (AOCP) Se dois números na razão 5:3 são representados por 5x e 3x, assinale a alternativa que apresenta o item que expressa o seguinte: "duas vezes o maior somado ao triplo do menor é 57".

a) 10x = 9x + 57; x = 57; números: 285 e 171
b) 10x - 57 = 9x; x = 3; números: 15 e 6
c) 57 - 9x = 10x; x = 5; números: 15 e 9
d) 5x + 3x = 57; x = 7,125; números: 35,62 e 21,375
e) 10x + 9x = 57; x = 3; números: 15 e 9

17. (CEPERJ) Sabe-se que 4 máquinas iguais, trabalhando o dia inteiro durante 4 dias, produzem 40 toneladas de fertilizante. Assim, a quantidade de fertilizante que 6 dessas máquinas, trabalhando o dia inteiro durante 6 dias, produzirão é de:

a) 60 toneladas
b) 75 toneladas
c) 90 toneladas
d) 120 toneladas
e) 150 toneladas

18. (FCC) O encarregado dos varredores de rua de uma determinada cidade começou um dia de serviço com novidade: quem tem menos que 25 anos vai varrer uma certa quantidade de metros de rua hoje; quem tem de 25 até 45 anos varre três quartos do que varrem esses mais jovens; aqueles com mais de 45 anos varrem dois quintos do que varrem aqueles que têm de 25 a 45 anos; e, para terminar, os que têm de 25 até 45 anos varrerão hoje, cada um, 210 metros. O grupo dos varredores era formado por dois rapazes de 22 anos, 3 homens de 30 e um senhor de 48 anos. Todos trabalharam segundo o plano estabelecido pelo encarregado. E, dessa maneira, o total em metros varrido nesse dia, por esses varredores, foi:

a) 952.
b) 1.029.
c) 1.132.
d) 1.274.
e) 1.584.

19. (FCC) Em fevereiro de 2012, quatro irmãos, todos nascidos em janeiro, respectivamente nos anos de 1999, 1995, 1993 e 1989, se reuniram para abrir o testamento do pai que havia morrido pouco antes. Estavam ansiosos para repartir a herança de R$ 85.215,00. O texto do testamento dizia que a herança seria destinada apenas para os filhos cuja idade, em anos completos e na data da leitura do testamento, fosse um número divisor do valor da herança. Os filhos que satisfizessem essa condição deveriam dividir igualmente o valor herdado. O que cada filho herdeiro recebeu foi:

a) R$ 85.215,00.
b) R$ 28.405,00.
c) R$ 42.607,50.
d) R$ 21.303,75.
e) R$ 0,00.

20. (FCC) Um casal de idosos determinou, em testamento, que a quantia de R$ 4.950,00 fosse doada aos três filhos de seu sobrinho que os ajudara nos últimos anos. O casal determinou, também, que a quantia fosse distribuída em razão inversamente proporcional à idade de cada filho por ocasião da doação. Sabendo que as idades dos filhos eram 2, 5 e x anos respectivamente, e que o filho de x anos recebeu R$ 750,00, a idade desconhecida é, em anos:

a) 4
b) 6
c) 7
d) 9
e) 8

GABARITO

01	C	11	C
02	B	12	E
03	B	13	E
04	B	14	B
05	D	15	D
06	B	16	E
07	B	17	C
08	E	18	D
09	D	19	B
10	A	20	E

ANOTAÇÕES

10. Porcentagem e Juros

O presente capítulo trata de uma pequena parte da matemática financeira, e também do uso das porcentagens, assuntos presentes no dia a dia de todos.

Porcentagem

É a aplicação da taxa percentual a determinado valor.

Taxa Percentual: é o valor que vem acompanhado do símbolo %.

Para fins de cálculo, usa-se a taxa percentual em forma de fração ou em números decimais.

Ex.: $3\% = 3/100 = 0,03$

$15\% = 15/100 = 0,15$

34% de $1200 = 34/100 \cdot 1200 = 40800/100 = 408$

65% de $140 = 0,65 \cdot 140 = 91$

Lucro e Prejuízo

Lucro e prejuízo são resultados de movimentações financeiras.

Custo (C): "Gasto".

Venda (V): "Ganho".

Lucro (L): Quando se ganha mais do que se gasta.

$$L = V - C$$

Prejuízo (P): Quando se gasta mais do que se ganha.

$$P = C - V$$

FIQUE LIGADO

Basta substituir no lucro ou no prejuízo o valor da porcentagem, no custo ou na venda.

Ex.: *Um computador foi comprado por R$ 3.000,00 e revendido com lucro de 25% sobre a venda. Qual o preço de venda?*

Como o lucro foi na venda, então $L = 0,25V$:

$L = V - C$

$0,25V = V - 3.000$

$0,25V - V = -3.000$

$-0,75V = -3.000 \cdot (-1)$

$0,75V = 3.000$

$V = \dfrac{3000}{0,75} = \dfrac{300000}{75} = 4.000$

Logo, a venda se deu por R$ 4.000,00 reais.

Juros Simples

Juros: atributos (ganhos) de uma operação financeira.

Juros Simples: os valores são somados ao capital apenas no final da aplicação. Somente o capital rende juros.

Para o cálculo de juros simples, usa-se a seguinte fórmula:

$$J = C \cdot i \cdot t$$

J = juros;

C = capital;

i = taxa de juros;

t = tempo da aplicação.

FIQUE LIGADO

Nas questões de juros, as taxas de juros e os tempos devem estar expressos pela mesma unidade.

Ex.: *Um capital de R$ 2.500,00 foi aplicado a juros de 2% ao trimestre durante um ano. Quais os juros produzidos?*

Em 1 ano há exatamente 4 trimestres, como a taxa está em trimestre, agora é só calcular:

$J = C \cdot i \cdot t$

$J = 2.500 \cdot 0,02 \cdot 4$

$J = 200$

Juros Compostos

Juros Compostos: os valores são somados ao capital no final de cada período de aplicação, formando um novo capital, para incidência dos juros novamente. É o famoso caso de juros sobre juros.

Para o cálculo de juros compostos, usa-se a seguinte fórmula:

$$M = C \cdot (1 + i)^t$$

M = montante;

C = capital;

i = taxa de juros;

t = tempo da aplicação.

Ex.: *Um investidor aplicou a quantia de R$ 10.000,00 à taxa de juros de 2% a.m. durante 4 meses. Qual o montante desse investimento?*

Aplicando a fórmula, já que a taxa e o tempo estão na mesma unidade:

Ex.: $M = C \cdot (1 + i)^t$

$M = 10.000 \cdot (1 + 0,02)^4$

$M = 10.000 \cdot (1,02)^4$

$M = 10.000 \cdot 1,08243216$

$M = 10.824,32$

Capitalização

Capitalização: acúmulo de capitais (capital + juros).

Nos **juros simples**, calcula-se por: $M = C + J$.

Nos **juros compostos**, calcula-se por: $J = M - C$.

Em algumas questões terão que ser calculados os montantes do juro simples ou os juros do juro composto.

EXERCÍCIO COMENTADO

01. Calcule os juros simples, em R$, produzidos por um capital de R$ 5.000,00 empregado à taxa de 90% ao ano, durante 2 anos.
a) 900,00
b) 1.800,00
c) 9.000,00
d) 9.900,00
e) 18.000,00

RESPOSTA: C. Aplicando a fórmula do juro simples (lembrando que taxa e tempo já estão na mesma unidade):

Ex.: $J = C \cdot i \cdot t$

$J = 5.000 \cdot 0,9 \cdot 2$

$J = 9.000,00$

VAMOS PRATICAR

Os exercícios a seguir são referentes ao conteúdo: Porcentagem e Juros.

01. (EsSa) Um par de coturnos custa na loja "Só Fardas" R$ 21,00 mais barato que na loja "Selva Brasil". O gerente da loja "Selva Brasil", observando essa diferença, oferece um desconto de 15% para que o seu preço se iguale ao de seu concorrente. O preço do par de coturnos, em reais, na loja "Só Fardas" é um número cuja soma dos algarismos é:
a) 9.
b) 11.
c) 10.
d) 13.
e) 12.

02. (EB) Um agricultor colheu dez mil sacas de soja durante uma safra. Naquele momento a soja era vendida a R$ 40,00 a saca. Como a expectativa do mercado era do aumento de preços, ele decidiu guardar a produção e tomar um empréstimo no mesmo valor que obteria se vendesse toda a sua produção, a juros compostos de 10% ao ano. Dois anos depois, ele vendeu a soja a R$ 50,00 a saca e quitou a dívida. Com essa operação ele obteve:
a) Prejuízo de R$ 20.000,00.
b) Lucro de R$ 20.000,00.
c) Prejuízo de R$ 16.000,00.
d) Lucro de R$ 16.000,00.
e) Lucro de R$ 60.000,00.

03. (EB) Um capital de R$ 1.000,00 foi aplicado a juros compostos a uma taxa de 44% a.a.. Se o prazo de capitalização foi de 180 dias, o montante gerado será de:
a) R$ 1.440,00.
b) R$ 1.240,00.
c) R$ 1.680,00.
d) R$ 1.200,00.
e) R$ 1.480,00.

04. (EsSA) O capital de R$ 360,00 foi dividido em duas partes, A e B. A quantia A rendeu em 6 meses o mesmo que a quantia B rendeu em 3 meses, ambos aplicados à mesma taxa no regime de juros simples. Nessas condições, pode-se afirmar que:
a) A = B
b) A = 2B
c) B = 2A
d) A = 3B
e) B = 3A

05. (EsSA) Uma loja de eletrodomésticos paga, pela aquisição de certo produto, o correspondente ao preço x (em reais) de fabricação, mais 5 % de imposto e 3 % de frete, ambos os percentuais calculados sobre o preço x. Vende esse produto ao consumidor por R$ 54,00, com lucro de 25 %. Então, o valor de x é:
a) R$ 36,00
b) R$ 38,00
c) R$ 40,00
d) R$ 41,80
e) R$ 42,40

06. (MB) Em um grupo de 20 pessoas, 40% são homens e 75% das mulheres são solteiras. O número de mulheres casadas é:

a) 3
b) 6
c) 7
d) 8
e) 9

07. (MB) Uma liga é composta por 70% de cobre, 20% de alumínio e 10% de zinco. Qual a quantidade, respectivamente, de cobre, alumínio e zinco em 800 g dessa liga?

a) 100 g, 250 g, 450 g
b) 400 g, 260 g, 140 g
c) 450 g, 250 g, 100 g
d) 560 g, 160 g, 80 g
e) 650 g, 100 g, 50 g

08. (MB) Qual das afirmativas é verdadeira?

a) Dois descontos sucessivos de 10% correspondem a um desconto de 20%.
b) Dois aumentos sucessivos de 15% correspondem a um aumento de 30%.
c) Um desconto de 10% e depois um aumento de 20% correspondem a um aumento de 8%.
d) Um aumento de 20% e depois um desconto de 10% correspondem a um aumento de 10%.
e) Um aumento de 15% e depois um desconto de 25% correspondem a um desconto de 5%.

09. (EPCAR) Lucas e Mateus ganharam de presente de aniversário as quantias x e y reais, respectivamente, e aplicaram, a juros simples, todo o dinheiro que ganharam, da seguinte forma:

Mateus aplicou a quantia y durante um tempo que foi metade do que esteve aplicado a quantia x de Lucas.

Mateus aplicou seu dinheiro a uma taxa igual ao triplo da taxa da quantia aplicada por Lucas.

No resgate de cada quantia aplicada, Lucas e Mateus receberam o mesmo valor de juros.

Se juntos os dois ganharam de presente 516 reais, então x – y é igual a:

a) R$ 103,20
b) R$ 106,40
c) R$ 108,30
d) R$ 109,60

10. (EPCAR) Um terreno que possui 2,5ha de área é totalmente aproveitado para o plantio de arroz. Cada m^2 produz 5 litros de arroz que será vendido por 75 reais o saco de 50 kg. Sabe-se que o agricultor teve um total de despesas de 60000 reais, que houve uma perda de 10% na colheita e que vendeu todo o arroz colhido. Se cada litro de arroz corresponde a 800 g de arroz, é correto afirmar que 20% do lucro, em milhares de reais, é um número compreendido entre:

a) 1 e 10
b) 10 e 16
c) 16 e 22
d) 22 e 30

GABARITO

01	B	06	A
02	D	07	D
03	D	08	C
04	C	09	A
05	C	10	B

ANOTAÇÕES

11. Sequências Numéricas

Neste capítulo, será possível verificar a formação de uma sequência e também do que trata a P.A. (Progressão Aritmética) e a P.G. (Progressão Geométrica).

Conceitos

Sequências: conjuntos de elementos organizados de acordo com certo padrão, ou seguindo determinada regra. O conhecimento das sequências é fundamental para a compreensão das progressões.

Progressões: as progressões são sequências numéricas com algumas características exclusivas.

Cada elemento das sequências e/ou progressões são denominados termos.

Sequência dos números quadrados perfeitos: (1, 4, 9, 16, 25, 36, 49, 64, 81, 100...);

Sequência dos números primos: (2, 3, 5, 7, 11, 13, 17, 19, 23, 29, 31, 37, 41, 43, 47, 53...).

Veja que na sequência dos números quadrados perfeitos a lei que determina sua formação é: $a_n = n^2$.

Lei de Formação de uma Sequência

Para determinarmos uma sequência numérica, precisamos de uma lei de formação. A lei que define a sequência pode ser a mais variada possível.

Ex.: *A sequência definida pela lei $a_n = n^2 + 1$, com "n" $\in$ N, cujo a_n é o termo que ocupa a n-ésima posição na sequência é: 0, 2, 5, 10, 17, 26... Por esse motivo, a_n é chamado de termo geral da sequência.*

Progressão Aritmética (P.A.)

Toda sequência na qual, a partir do segundo termo, a subtração de um termo por seu antecessor tem como resultado um valor fixo, que chamaremos de razão e representaremos pela letra "r", é chamada de progressão aritmética.

Ex.: *(2, 4, 6, 8, 10, 12, 14, ...); r = 2*

(5, 2, -1, -4, -7, -10, -13, ...); r = -3

FIQUE LIGADO

Uma P.A. pode ser crescente, decrescente ou constante:

Crescente: *é aquela que tem a razão positiva, r > 0;*

Decrescente: *é aquela que tem a razão negativa, r < 0;*

Constante: *é aquela que tem a razão nula, r = 0.*

Termo Geral da P.A.

Sabendo-se o primeiro termo de uma P.A. e sua razão, podemos determinar qualquer termo que quisermos, bastando para isso fazer uso da fórmula do termo geral, que é:

$$a_n = a_1 + (n-1) \cdot r$$

Sendo:

a_1 = o primeiro termo da P.A.;

a_n = o termo que se quer determinar;

n = o número do termo;

r = a razão da P.A.

Ex.: *Determine o 8º termo da P.A. (3, 7, 11, 15, ...)*

Resolução:

Sendo $a_1 = 3$, e r = 4 (7 - 3 = 4), aplicando a fórmula do termo geral, temos:

$a_n = a_1 + (n-1) \cdot r$

$a_8 = 3 + (8-1) \cdot 4$

$a_8 = 3 + 7 \cdot 4$

$a_8 = 3 + 28$

$a_8 = 31$

Portanto, o 8º termo da P.A. é 31.

Propriedades das P.A.

1ª propriedade: qualquer termo da P.A., a partir do segundo, é a média aritmética entre seu antecessor e seu sucessor.

$$a_p = \frac{a_{p-1} + a_{p+1}}{2}; p \geq 2$$

Ex.: *P.A. (3, 7, ?, 15, ...)*

$a_1 = 3; a_2 = 7; a_3 = ?; a_4 = 15$

$a_p = \dfrac{a_{p-1} + a_{p+1}}{2}$

$a_3 = \dfrac{a_2 + a_4}{2}$

$a_3 = \dfrac{7 + 15}{2}$

$a_3 = \dfrac{22}{2}$

$a_3 = 11$

2ª propriedade: a soma dos termos equidistantes aos extremos é igual à soma dos extremos.

$$a_1 + a_n = a_2 + a_{n-1} = a_3 + a_{n-2} = a_{1+p} + a_{n-p}$$

Ex.: *P.A. (3, 7, 11, 15, 19, 23, 27, 31)*

$a_1 = 3; a_2 = 7; a_3 = 11; a_4 = 15; a_5 = 19; a_6 = 23; a_7 = 27; a_8 = 31$

$a_1 + a_n = a_2 + a_{n-1} = a_3 + a_{n-2} = a_{1+p} + a_{n-p}$

$a_1 + a_8 = a_2 + a_7 = a_3 + a_6 = a_4 + a_5$

$3 + 31 = 7 + 27 = 11 + 23 = 15 + 19$

$34 = 34 = 34 = 34$

FIQUE LIGADO

Dois termos são equidistantes quando a distância entre um deles para o primeiro termo da P.A. é igual a distância do outro para o último termo da P.A.

Interpolação Aritmética

Interpolar significa inserir termos, ou seja, interpolação aritmética é a colocação de termos entre os extremos de uma P.A. Consiste basicamente em descobrir o valor da razão da P.A. e, com, isso inserir esses termos.

Utiliza-se a fórmula do termo geral para a resolução das questões, em que "**n**" será igual a "**k + 2**", cujo "**k**" é a quantidade de termos que se quer interpolar.

Ex.: *Insira 5 termos em uma P.A. que começa com 3 e termina com 15.*

Resolução:

$a_1 = 3; a_n = 15; k = 5$ e $n = 5 + 2 = 7$

$a_n = a_1 + (n - 1) \cdot r$

$15 = 3 + (7 - 1) \cdot r$

$15 = 3 + 6r$

$6r = 15 - 3$

$6r = 12$

$r = \dfrac{12}{6}$

$r = 2$

Então, P.A (3, 5, 7, 9, 11, 13, 15)

Soma dos Termos de uma P.A.

Para somar os termos de uma P.A. basta utilizar a seguinte fórmula.

$$S_n = \dfrac{(a_1 + a^n) \cdot n}{2}$$

Sendo:

a_1 = o primeiro termo da P.A.;

a_n = o último termo da P.A.;

n = o total de termos da P.A.

Ex.: *Calcule a soma dos temos da P.A. (1, 4, 7, 10, 13, 16, 19, 22, 25).*

Resolução:

$a_1 = 1; a_n = 25; n = 9$

$S_n = \dfrac{(a_1 + a^n) \cdot n}{2}$

$S_n = \dfrac{(1 + 25) \cdot 9}{2}$

$S_n = \dfrac{(26) \cdot 9}{2}$

$S_n = \dfrac{234}{2}$

$S_n = 117$

EXERCÍCIO COMENTADO

01. (FGV) Em uma fila, denominamos extremos o primeiro e o último elemento e equidistantes os elementos que estão à mesma distância dos extremos. A distância entre dois elementos consecutivos dessa fila é sempre a mesma, quaisquer que sejam esses dois elementos. Sabendo que essa fila é formada por 52 elementos, o 8º elemento é equidistante ao:
a) 44º elemento.
b) 45º elemento.
c) 46º elemento.
d) 47º elemento.
e) 48º elemento.

RESPOSTA: B. *Veja que se trata de uma questão bem simples, na qual trabalharemos com a propriedade dos termos equidistantes. O 8º elemento está a 7 termos distante do 1º (8 – 1 = 7), logo o termo equidistante ao 8º terá que estar 7 termos distante do último termo, que é o 52º termo, então 52 – 7 = 45. Portanto, o 8º termo é equidistante ao 45º termo.*

Progressão Geométrica (P.G.)

Toda sequência na qual, a partir do segundo termo, a divisão de um termo por seu antecessor tem como resultado um valor fixo, que chamaremos de **razão** e representaremos pela letra "**q**", é chamada de progressão geométrica.

Observe que os conceitos de P.A. e P.G. são muito parecidos, mas não iguais. Enquanto a P.A. usamos a adição na P.G. utilizamos a multiplicação.

Ex.: $(2, 4, 8, 16, 32, 64, ...); q = 2$

$(5, -25, 125, -625, 3125, ...); q = -5$

FIQUE LIGADO

Uma P.G. pode ser crescente, decrescente, constante ou oscilante:

Crescente (3, 9, 27, 81, 243, ...)

Decrescente (1296, 216, 36, 6, 1, ...)

Constante (7, 7, 7, 7, ...)

Oscilante (3, -12, 48, -192, ...)

Termo Geral da P.G.

Sabendo o primeiro termo de uma P.G. e sua razão, podemos determinar qualquer termo que quisermos, bastando para isso fazer uso da fórmula do termo geral:

$$a_n = a_1 \cdot q^{(n-1)}$$

Sendo:

a_1 = o primeiro termo da P.G.;

a_n = o termo que se quer determinar;

n = o número do termo;

q = a razão da P.G.

Ex.: *Determine o 5º termo da P.G. (3, 15, 75, ...)*

Resolução:

Sendo $a_1 = 3$, e $q = 5$ (15/3 = 5), aplicando a fórmula do termo geral, temos:

$a_n = a_1 \cdot q^{(n-1)}$

$a_5 = 3 \cdot 5^{(5-1)}$

$a_5 = 3 \cdot 5^4$

$a_5 = 3 \cdot 625$

$a_5 = 1875$

Propriedades das P.G.

1ª propriedade: qualquer termo da P.G., a partir do segundo, é a média geométrica entre seu antecessor e seu sucessor.

$$a_k^2 = a_{k-1} \cdot a_{k+1}; k \geq 2$$

2ª propriedade: o produto dos termos equidistantes aos extremos é igual ao produto dos extremos.

$$a_1 \cdot a_n = a_2 \cdot a_{n-1} = a_3 \cdot a_{n-2} = a_{1+k} \cdot a_{n-k}$$

FIQUE LIGADO

Dois termos são equidistantes quando a distância de um deles para o primeiro termo P.G. é igual a distância do outro para o último termo da P.G.

Interpolação Geométrica

Interpolar significa inserir termos, ou seja, interpolação geométrica é a colocação de termos entre os extremos de uma P.G. Consiste basicamente em descobrir o valor da razão da P.G. e, com isso, inserir esses termos.

Utiliza-se a fórmula do termo geral para a resolução das questões, em que "**n**" será igual a "**p + 2**", cujo "**p**" é a quantidade de termos que se quer interpolar.

Ex.: *Insira 4 termos em uma P.G que começa com 2 e termina com 2048.*

Resolução:

$a_1 = 2; a_n = 2048; p = 4$ e $n = 4 + 2 = 6$

$a_n = a_1 \cdot q^{(n-1)}$

$2048 = 2 \cdot q^{(6-1)}$

$2048 = 2 \cdot q^5$

$q^5 = \dfrac{2048}{2}$

$q^5 = 1024 \quad (1024 = 4^5)$

$q^5 = 4^5$

$q = 4$

P.G. (2, **8, 32, 128, 512,** 2048).

Soma dos Termos de uma P.G

Aqui temos duas situações: P.G. **finita** e **infinita**. Devemos ficar atentos, pois para cada tipo de P.G. temos uma fórmula correspondente.

P.G. finita:

$$S_n = \frac{a_n \cdot q - a_1}{q-1} \text{ ou } S_n = \frac{a_1 \cdot (q^n - 1)}{q-1}$$

P.G. infinita:

$$S_n = \frac{a_1}{1-q}$$

P.G. infinita é aquela que tem a razão: $-1 < q < 1$.
Sendo:

a_1 = o primeiro termo da P.G.;

a_n = o último termo da P.G.;

q = a razão da P.G.

Ex.: *Calcule a soma da P.G.:* $(-\frac{1}{3}, \frac{1}{9}, -\frac{1}{27} ...)$

Resolução:

Como $q = -1/3$, ou seja, $-1 < q < 1$, então:

$S_n = \frac{a_1}{1-q}$ e $a_1 = 1$

$S_n = \frac{a_1}{1-q}$; e $a_1 = 1$

$S_n = \frac{1}{1-(-1/3)}$

$S_n = \frac{1}{1+1/3}$

$S_n = \frac{1}{4/3}$

$S_n = \frac{3}{4}$

Produto dos Termos de uma P.G.

Para o cálculo do produto dos termos de uma P.G., basta usar a seguinte fórmula:

$$P_n = \sqrt{(a_1 \cdot a_n)^n}$$

Ex.: *Qual o produto dos termos da P.G. (5, 10, 20, 40, 80, 160).*

Resolução:

$a_1 = 5; a_n = 160; n = 6$

$P_n = \sqrt{(a_1 \cdot a_n)^n}$

$P_n = \sqrt{(5 \cdot 160)^6}$

$P_n = (5 \cdot 160)^3$

$P_n = (800)^3$

$P_n = 512000000$

EXERCÍCIOS COMENTADOS

01. (FMZ) Um fungo cresce de tal forma que dobra de tamanho a cada hora. Sabendo que em 30 horas o fungo atingiu 6m², quanto tempo o fungo levou para atingir 3m²?
a) 29 horas
b) 15 horas
c) 10 horas
d) 5 horas
e) 1 hora

RESPOSTA: A. *sabemos que o fungo dobra de tamanho a cada hora, como em 30 horas o fungo tem 6m² de tamanho, 1 hora antes ele tinha a metade desse tamanho, logo em 29 horas o fungo tinha 3m².*

02. (PUC-PR) O 6º termo de uma progressão geométrica é igual a 12.500. Se a razão é igual a 5, assinale a alternativa correspondente ao terceiro termo.
a) 100
b) 125
c) 150
d) 340
e) 300

RESPOSTA: A. *Se $a_6 = 12.500$ e $q = 5$, então a_1 será:*

$a_6 = a_1 \cdot q^{n-1}$

$12.500 = a_1 \cdot 5^5$

$12.500 = a_1 \cdot 3.125$

$a_1 = \frac{12.500}{3.125}$

$a_1 = 4$

Por fim:

$a_3 = a_1 \cdot q^2$

$a_3 = 4 \cdot 25$

$a_3 = 100$

VAMOS PRATICAR

Os exercícios a seguir são referentes ao conteúdo: Sequências Numéricas.

01. (EsSA) O número mínimo de termos que deve ter a P.A (73, 69, 65, ...) para que a soma de seus termos seja negativa é:

a) 18
b) 19
c) 20
d) 37
e) 38

02. (AFA) Sejam $(1, a_2, a_3, a_4)$ e $(1, b_2, b_3, b_4)$ uma progressão aritmética e uma progressão geométrica, respectivamente, ambas com a mesma soma dos termos e ambas crescentes. Se a razão r da progressão aritmética é o dobro da razão q da progressão geométrica, então, o produto r . q é igual a:

a) 15
b) 18
c) 21
d) 24
e) 26

03. (EsSA) Quantos múltiplos de 9 ou 15 há entre 100 e 1000?

a) 100
b) 120
c) 140
d) 160
e) 180

04. (ESPCEX) Um menino, de posse de uma porção de grãos de arroz, brincando com um tabuleiro de xadrez, colocou um grão na primeira casa, dois grãos na segunda casa, quatro grãos na terceira casa, oito grãos na quarta casa e continuou procedendo desta forma até que os grãos acabaram, em algum momento, enquanto ele preenchia a décima casa. A partir dessas informações, podemos afirmar que a quantidade mínima de grãos de arroz que o menino utilizou na brincadeira é:

a) 480
b) 511
c) 512
d) 1023
e) 1024

05. Numa P.A., o 2º termo é 1 e o 5º termo é 16. O termo igual a 31 é o:

a) 7º
b) 8º
c) 10º
d) 11º
e) 15º

06. (Cesgranrio) Álvaro, Bento, Carlos e Danilo trabalham em uma mesma empresa, e os valores de seus salários mensais formam, nessa ordem, uma progressão aritmética. Danilo ganha mensalmente R$ 1.200,00 a mais que Álvaro, enquanto Bento e Carlos recebem, juntos, R$ 3.400,00 por mês. Qual é, em reais, o salário mensal de Carlos?

a) 1.500,00
b) 1.550,00
c) 1.700,00
d) 1.850,00
e) 1.900,00

07. (Cesgranrio) Seja a progressão geométrica:

$\sqrt{5}, \sqrt[3]{5}, \sqrt[6]{5}, ...$ O quarto termo dessa progressão é:

a) 0
b) $5^{\frac{1}{6}}$
c) $5^{\frac{1}{9}}$
d) 1
e) 5

08. (CEPERJ) Em uma progressão geométrica, o segundo termo é 27^{-2}, o terceiro termo é 9^4, e o quarto termo é 3_n. O valor de n é:

a) 22
b) 20
c) 18
d) 16
e) 24

09. (Consulplan) Qual é a soma dos termos da sequência (x - 2, 3x - 10, 10 + x, 5x + 2), para que a mesma seja uma progressão geométrica crescente?

a) 52
b) 60
c) 40
d) 48
e) 64

10. (Vunesp) Os valores das parcelas mensais estabelecidas em contrato para pagamento do valor total de compra de um imóvel constituem uma P.A crescente de 5 termos. Sabendo que $a_1 + a_3 = 60$ mil reais, e que $a_1 + a_5 = 100$ mil reais, pode-se afirmar que o valor total de compra desse imóvel foi, em milhares de reais, igual a:

a) 200
b) 220
c) 230
d) 250
e) 280

11. (FGV) Considere a sequência numérica (1, 4, 5, 9, 14, 23, ...). O primeiro número dessa sequência a ter 3 algarismos é:

a) 157
b) 116
c) 135
d) 121
e) 149

12. (FCC) Considere que os números que compõem a sequência seguinte obedecem a uma lei de formação (120; 120; 113; 113; 105; 105; 96; 96; 86; 86; . . .). A soma do décimo quarto e décimo quinto termos dessa sequência é um número:

a) Múltiplo de 5
b) Ímpar
c) Menor do que 100
d) Divisível por 3
e) Maior do que 130

13. (FGV) Uma sequência numérica (a_1, a_2, a_3, a_4,...) é construída de modo que, a partir do 3º termo, cada um dos termos corresponde à média aritmética dos termos anteriores. Sabendo-se que $a_1 = 2$ e que $a_9 = 10$, o valor do 2º termo é:

a) 18
b) 10
c) 6
d) 5
e) 3

14. (FCC) Às 10 horas do dia 18 de maio de 2007, um tanque continha 9050 litros de água. Entretanto, um furo em sua base fez com que a água escoasse em vazão constante e, então, às 18 horas do mesmo dia restavam apenas 8.850 litros de água em seu interior. Considerando que o furo não foi consertado e não foi colocada água dentro do tanque, ele ficou totalmente vazio às:

a) 11 horas de 02/06/2007
b) 12 horas de 02/06/2007
c) 12 horas de 03/06/2007
d) 13 horas de 03/06/2007
e) 13 horas de 04/06/2007

15. (Cesgranrio) Qual é a soma dos múltiplos de 11 formados por 4 algarismos?

a) 4.504.500
b) 4.505.000
c) 4.505.500
d) 4.506.000
e) 4.506.500

16. (FCC) Considere que em 1990 uma Seção Eleitoral de certa cidade tinha apenas 52 eleitores inscritos – 18 do sexo feminino e 34 do sexo masculino – e que, a partir de então, a cada ano subsequente o número de mulheres inscritas nessa Seção aumentou de 3 unidades, enquanto que o de homens inscritos aumentou de 2 unidades. Assim sendo, o número de eleitores do sexo feminino se tornou igual ao número dos eleitores do sexo masculino em:

a) 2004
b) 2005
c) 2006
d) 2007
e) 2008

17. (FCC) Considere as progressões aritméticas: P: (237, 231, 225, 219, ...) e Q: (4, 9, 14, 19, ...). O menor valor de n para o qual o elemento da sequência Q localizado na posição n é maior do que o elemento da sequência P também localizado na posição n é igual a:

a) 22
b) 23
c) 24
d) 25
e) 26

18. (Consulplan) Qual é a soma dos termos da sequência (x - 2, 3x - 10, 10 + x, 5x + 2), para que a mesma seja uma progressão geométrica crescente?

a) 52
b) 60
c) 40
d) 48
e) 64

19. (CEPERJ) Em uma progressão geométrica, o segundo termo é 27^{-2}, o terceiro termo é 4^9, e o quarto termo é 3_n. O valor de n é:

a) 22
b) 20
c) 18
d) 16
e) 24

20. (Cesgranrio) Qual é o número que deve ser somado aos números 1, 5 e 7 para que os resultados dessas somas, nessa ordem, formem três termos de uma progressão geométrica?

a) -9
b) -5
c) -1
d) 1
e) 9

GABARITO

01	E	11	A
02	B	12	B
03	C	13	A
04	C	14	B
05	B	15	A
06	E	16	C
07	D	17	B
08	A	18	B
09	B	19	A
10	D	20	A

ANOTAÇÕES

12. Matrizes, Determinantes e Sistemas Lineares

Matrizes

Matriz: é uma tabela que serve para organizar dados numéricos em linhas e colunas.

Nas matrizes, cada número é chamado de elemento da matriz, as filas horizontais são chamadas **linhas** e as filas verticais são chamadas **colunas**.

Ex.:

$$\begin{bmatrix} 1 & 4 & 7 \\ 13 & -1 & 18 \end{bmatrix} \rightarrow \text{Linha}$$
$$\downarrow \text{Coluna}$$

No exemplo, a matriz apresenta 2 linhas e 3 colunas. Dizemos que essa matriz é do tipo 2x3 (2 linhas e 3 colunas). Lê-se dois por três.

Representação de uma Matriz

Uma matriz pode ser representada por parênteses ( ) ou colchetes [ ], com seus dados numéricos inseridos dentro desses símbolos matemáticos. Cada um desses dados, ocupam uma posição definida por uma linha e coluna.

A nomenclatura da matriz se dá por uma letra maiúscula. De modo geral, uma matriz A de m linhas e n colunas (m x n) pode ser representada da seguinte forma:

$$A = \begin{bmatrix} a_{11} & a_{12} & a_{13} & \cdots & a_{1n} \\ a_{21} & a_{22} & a_{23} & \cdots & a_{2n} \\ a_{31} & a_{32} & a_{33} & \cdots & a_{3n} \\ \vdots & \vdots & \vdots & & \vdots \\ a_{m1} & a_{m2} & a_{m3} & \cdots & a_{mn} \end{bmatrix}_{m \times n} \text{com m, n} \in \mathbb{N}^*$$

Abreviadamente:

$$A_{m \times n} = [a_{ij}]_{m \times n}$$

Com:

"i" $\in \{1, 2, 3, ..., m\}$ e "j" $\in \{1, 2, 3, ..., n\}$

No qual, "a_{ij}" é o elemento da "i" linha com a "j" coluna.

$$B_{3 \times 2} = \begin{pmatrix} 4 & 7 \\ 6 & 8 \\ 18 & 10 \end{pmatrix} \text{matriz de ordem 3x2}$$

$$C_{2 \times 2} = \begin{pmatrix} 2 & 13 \\ 18 & 28 \end{pmatrix} \text{matriz quadrada de ordem 2x2, ou somente 2}$$

Lei de Formação de uma Matriz

As matrizes possuem uma lei de formação que define seus elementos a partir da posição (linha e coluna) de cada um deles na matriz, e podemos assim representar:

$D = (d_{ij})_{3 \times 3}$ em que $d_{ij} = 2_i - j$

$$D = \begin{pmatrix} d_{11} = 2 \cdot (1) - 1 = 1 & d_{12} = 2 \cdot (1) - 2 = 0 & d_{13} = 2 \cdot (1) - 3 = -1 \\ d_{21} = 2 \cdot (2) - 1 = 3 & d_{22} = 2 \cdot (2) - 2 = 2 & d_{23} = 2 \cdot (2) - 3 = 1 \\ d_{31} = 2 \cdot (3) - 1 = 5 & d_{32} = 2 \cdot (3) - 2 = 4 & d_{33} = 2 \cdot (3) - 3 = 3 \end{pmatrix}$$

$$= \begin{pmatrix} 1 & 0 & -1 \\ 3 & 2 & 1 \\ 5 & 4 & 3 \end{pmatrix}$$

Logo:

$$D = \begin{pmatrix} 1 & 0 & -1 \\ 3 & 2 & 1 \\ 5 & 4 & 3 \end{pmatrix}$$

Tipos de Matrizes

Existem alguns tipos de matrizes mais comuns e usados nas questões de concursos:

Matriz Linha

É aquela que possui somente uma linha.

$$A_{1 \times 3} = \begin{bmatrix} 4 & 7 & 10 \end{bmatrix}$$

Matriz Coluna

É aquela que possui somente uma coluna.

$$B_{3 \times 1} = \begin{bmatrix} 6 \\ 13 \\ 22 \end{bmatrix}$$

Matriz Nula

É aquela que possui todos os elementos nulos, ou zero.

$$C_{2 \times 3} = \begin{bmatrix} 0 & 0 & 0 \\ 0 & 0 & 0 \end{bmatrix}$$

Matriz Quadrada

É aquela que possui o número de linhas **igual** ao número de colunas.

$$D_{3 \times 3} = \begin{bmatrix} 1 & 4 & 7 \\ 13 & 10 & 18 \\ 32 & 29 & 1 \end{bmatrix}$$

Características das Matrizes Quadradas:

Possuem diagonal principal e secundária.

$$A_{3x3} = \begin{bmatrix} 1 & 2 & 3 \\ 2 & 4 & 6 \\ 3 & 6 & 9 \end{bmatrix} \text{diagonal principal}$$

$$A_{3x3} = \begin{bmatrix} 1 & 2 & 3 \\ 2 & 4 & 6 \\ 3 & 6 & 9 \end{bmatrix} \text{diagonal secundária}$$

Matriz Identidade

É toda a matriz quadrada que os elementos da diagonal principal são iguais a um e os demais são zeros:

$$A_{3x3} = \begin{bmatrix} 1 & 0 & 0 \\ 0 & 1 & 0 \\ 0 & 0 & 1 \end{bmatrix}$$

Matriz Diagonal

É toda a matriz quadrada que os elementos da diagonal principal são diferentes de zero e os demais são zeros:

$$A_{3x3} = \begin{bmatrix} 1 & 0 & 0 \\ 0 & 4 & 0 \\ 0 & 0 & 7 \end{bmatrix}$$

Matriz Triangular

Aquela cujos elementos de um dos triângulos formados pela diagonal principal são zeros.

$$A_{3x3} = \begin{bmatrix} 2 & 5 & 8 \\ 0 & 6 & 3 \\ 0 & 0 & 9 \end{bmatrix}$$

Matriz Transposta (A^t)

É aquela em que ocorre a troca ordenada das linhas por colunas.

$$A = [a_{ij}]_{m \times n} = A^t = [a^t_{ji}]_{n \times m}$$

$$A_{2x3} = \begin{bmatrix} 1 & 4 & 7 \\ 6 & 8 & 9 \end{bmatrix} \rightarrow A^t_{3x2} = \begin{bmatrix} 1 & 6 \\ 4 & 8 \\ 7 & 9 \end{bmatrix}$$

Perceba que a linha 1 de A corresponde à coluna 1 de A^t e a coluna 2 de A corresponde à coluna 2 de A^t.

Matriz Oposta

É toda matriz obtida trocando o sinal de cada um dos elementos de uma matriz dada.

$$A_{2x2} = \begin{bmatrix} 4 & -1 \\ -6 & 7 \end{bmatrix} \rightarrow -A_{2x2} = \begin{bmatrix} -4 & 1 \\ 6 & -7 \end{bmatrix}$$

FIQUE LIGADO

Matriz simétrica: é toda a matriz quadrada que a $A^t = A$:

$$\left. \begin{array}{c} A \begin{bmatrix} 1 & 3 \\ 3 & 2 \end{bmatrix} \\ A_t \begin{bmatrix} 1 & 3 \\ 3 & 2 \end{bmatrix} \end{array} \right\} A = A^t$$

Operações com Matrizes

Vamos ver agora as principais operações com as matrizes; fique atento para a multiplicação de duas matrizes.

Igualdade de Matrizes

Duas matrizes são iguais quando possuem o mesmo número de linhas e colunas (mesma ordem), e os elementos correspondentes são iguais.

$$X = Y \rightarrow X_{2x2} = \begin{pmatrix} 1 & 0 \\ 3 & 2 \end{pmatrix} \text{ e } Y_{2x2} = \begin{pmatrix} 1 & 0 \\ 3 & 2 \end{pmatrix}$$

Soma de Matrizes

Só é possível somar matrizes de mesma ordem. Para fazer o cálculo, basta somar os elementos correspondentes.

Ex.: $S = X + Y$ (S = matriz soma de X e Y)

$$X_{2x3} = \begin{bmatrix} 6 & 8 & 9 \\ 10 & 13 & 4 \end{bmatrix} \text{ e } Y_{2x3} = \begin{bmatrix} 18 & 22 & 30 \\ 9 & 14 & 28 \end{bmatrix}$$

$$S = \begin{bmatrix} 6+18 & 8+22 & 9+30 \\ 10+9 & 13+14 & 4+28 \end{bmatrix}$$

$$S_{2x3} = \begin{bmatrix} 24 & 30 & 39 \\ 19 & 27 & 32 \end{bmatrix}$$

Produto de uma Constante por uma Matriz

Basta multiplicar a constante por todos os elementos da matriz.

Ex.: $P = 2Y$

$$Y_{2x2} = \begin{pmatrix} 7 & 4 \\ 13 & 25 \end{pmatrix}$$

$$P = \begin{pmatrix} 2 \cdot 7 & 2 \cdot 4 \\ 2 \cdot 13 & 2 \cdot 25 \end{pmatrix}$$

$$P_{2x2} = \begin{pmatrix} 14 & 8 \\ 26 & 50 \end{pmatrix}$$

Para multiplicar matrizes, devemos "multiplicar linhas por colunas", ou seja, multiplica o 1º número da linha pelo 1º número da coluna, o 2º número da linha pelo 2º número da coluna e assim sucessivamente para todos os elementos das linhas e colunas.

Esse procedimento de cálculo só poderá ser feito se o número de colunas da 1ª matriz for igual ao número de linhas da 2ª matriz.

$$(A_{mxn}) \cdot (B_{nxp}) = C_{mxp}$$

Ex.: $M = A_{2x3} \cdot B_{3x2}$

$$A_{2x3} = \begin{bmatrix} 1 & 2 & 4 \\ 5 & 7 & 6 \end{bmatrix} \text{ e } B_{3x2} = \begin{bmatrix} 2 & 3 \\ 8 & 1 \\ 4 & 9 \end{bmatrix}$$

$$M_{2x2} = \begin{bmatrix} m_{11} & m_{12} \\ m_{21} & m_{22} \end{bmatrix}$$

$$M_{2x2} = \begin{bmatrix} m_{11} = (1 \cdot 2 + 2 \cdot 8 + 4 \cdot 4) & m_{12} = (1 \cdot 3 + 2 \cdot 1 + 4 \cdot 9) \\ m_{21} = (5 \cdot 2 + 7 \cdot 8 + 6 \cdot 4) & m_{22} = (5 \cdot 3 + 7 \cdot 1 + 6 \cdot 9) \end{bmatrix}$$

$$M_{2x2} = \begin{bmatrix} m_{11} = 34 & m_{12} = 41 \\ m_{21} = 90 & m_{22} = 76 \end{bmatrix}$$

$$M_{2x2} = \begin{bmatrix} 34 & 41 \\ 90 & 76 \end{bmatrix}$$

Matriz Inversa (A^{-1})

Se existe uma matriz B, quadrada de ordem n, tal que $A \cdot B = B \cdot A = I_n$, dizemos que a matriz B é a inversa de A. Costumamos indicar a matriz inversa por A^{-1}. Assim $B = A^{-1}$.

Logo: $A \cdot A^{-1} = A^{-1} \cdot A = I_n$

Para melhor compreender essa definição, observe o exemplo:

Ex.: $A \cdot A^{-1} = In$

$$A_{2x2} = \begin{pmatrix} 1 & -2 \\ 3 & 1 \end{pmatrix} \text{ e } A^{-1}_{2x2} = \begin{pmatrix} a & b \\ c & d \end{pmatrix}$$

Logo:

$$\begin{pmatrix} 1 & -2 \\ 3 & 1 \end{pmatrix} \cdot \begin{pmatrix} a & b \\ c & d \end{pmatrix} = \begin{pmatrix} 1 & 0 \\ 0 & 1 \end{pmatrix}$$

$$\begin{pmatrix} 1a - 2c & 1b - 2d \\ 3a + 1c & 3b + 1d \end{pmatrix} = \begin{pmatrix} 1 & 0 \\ 0 & 1 \end{pmatrix}$$

$$\begin{cases} 1a - 2c = 1 \\ 1b - 2d = 0 \\ 3a + 1c = 0 \\ 3b + 1d = 1 \end{cases} \rightarrow \begin{cases} I \begin{cases} 1a - 2c = 1 \\ 3a + 1c = 0 \end{cases} \\ II \begin{cases} 1b - 2d = 0 \\ 3b + 1d = 1 \end{cases} \end{cases}$$

Resolvendo o sistema I:

$$I \begin{cases} 1a - 2c = 1 \\ 3a + 1c = 0 \; (\cdot 2) \end{cases}$$

$$I \begin{cases} 1a - 2c = 1 \\ 6a + 2c = 0 \end{cases} + \textit{(somando as equações)}$$

$$7a = 1$$
$$a = \frac{1}{7}$$

Substituindo-se "a" em uma das duas equações, temos:

$$3\left(\frac{1}{7}\right) + 1c = 0$$
$$\frac{3}{7} + 1c = 0$$
$$c = \frac{-3}{7}$$

Resolvendo o sistema II:

$$II \begin{cases} 1b - 2d = 0 \; (\cdot -3) \\ 3b + 1d = 1 \end{cases}$$

$$II \begin{cases} -3b + 6d = 0 \\ 3b + 1d = 1 \end{cases} + \textit{(somando as equações)}$$

$$7d = 1$$
$$d = \frac{1}{7}$$

Substituindo-se "d" em uma das duas equações, temos:

$$1b - 2\left(\frac{1}{7}\right) = 0$$
$$b - \frac{2}{7} = 0$$
$$b = \frac{2}{7}$$

$a = 1/7; b = 2/7; c = -3/7; d = 1/7$

Logo:

$$A^{-1}_{2x2} = \begin{pmatrix} 1/7 & 2/7 \\ -3/7 & 1/7 \end{pmatrix}$$

Determinantes

Determinante é um número real associado à matriz.

FIQUE LIGADO

Só há determinante de matriz quadrada. Cada matriz apresenta um único determinante.

Cálculo dos Determinantes

Determinante de uma Matriz de Ordem 1 ou de 1ª ordem

Se a matriz é de 1ª ordem, significa que ela tem apenas uma linha e uma coluna, portanto, só um elemento, que é o próprio determinante da matriz.

Ex.: $A_{1 \times 1} = [13]$

Det A = 13

$B_{1 \times 1} = [-7]$

Det B = -7

Determinante de uma Matriz de Ordem 2 ou de 2ª Ordem

Será calculado pela **subtração** do produto dos elementos da diagonal principal pelo produto dos elementos da diagonal secundária.

Ex.: $A_{2 \times 2} = \begin{bmatrix} 2 & 4 \\ 3 & 7 \end{bmatrix}$

Det A = (2 . 7) - (4 . 3)

Det A = (14) - (12)

Det A = 2

$B_{2 \times 2} = \begin{bmatrix} 6 & -1 \\ 8 & 9 \end{bmatrix}$

Ex.: Det B = (6 . 9) - (-1 . 8)

Det B = (54) - (-8)

Det B = 54 + 8

Det B = 62

Determinante de uma Matriz de Ordem 3 ou de 3ª Ordem

Será calculado pela **Regra de Sarrus**, que consiste em:

1º passo: repetir as duas primeiras colunas ao lado da matriz.

2º passo: multiplicar os elementos da diagonal principal e das outras duas diagonais que seguem a mesma direção, e somá-los.

3º passo: multiplicar os elementos da diagonal secundária e das outras duas diagonais que seguem a mesma direção, e somá-los.

4º passo: o valor do determinante será dado pela subtração do resultado do 2º com o 3º passo.

$A_{3 \times 3} = \begin{pmatrix} 2 & 4 & 7 \\ 3 & 5 & 8 \\ 1 & 9 & 6 \end{pmatrix} \begin{matrix} 2 & 4 \\ 3 & 5 \\ 1 & 9 \end{matrix}$

$A_{3 \times 3} = \begin{pmatrix} 2 & 4 & 7 \\ 3 & 5 & 8 \\ 1 & 9 & 6 \end{pmatrix} \begin{matrix} 2 & 4 \\ 3 & 5 \\ 1 & 9 \end{matrix}$

Ex.: Det A = (2 . 5 . 6 + 4 . 8 . 1 + 7 . 3 . 9) - (7 . 5 . 1 + 2 . 8 . 9 + 4 . 3 . 6)

Ex.: Det A = (60 + 32 + 189) - (35 + 144 + 72)

Det A = (281) - (251)

Det A = 30

> **FIQUE LIGADO**
>
> Se estivermos diante de uma matriz triangular ou matriz diagonal, o seu determinante será calculado, pelo produto dos elementos da diagonal principal, somente.
>
> **Matriz triangular**
>
> $A_{3 \times 3} = \begin{pmatrix} 2 & 4 & 7 \\ 0 & 5 & 8 \\ 0 & 0 & 6 \end{pmatrix} \begin{matrix} 2 & 4 \\ 0 & 5 \\ 0 & 0 \end{matrix}$
>
> $A_{3 \times 3} = \begin{pmatrix} 2 & 4 & 7 \\ 0 & 5 & 8 \\ 0 & 0 & 6 \end{pmatrix} \begin{matrix} 2 & 4 \\ 0 & 5 \\ 0 & 0 \end{matrix}$
>
> Det A = (2 . 5 . 6 + 4 . 8 . 0 + 7 . 0 . 0) - (7 . 5 . 0 + 2 . 8 . 0 + 4 . 0 . 6)
>
> Det A = (60 + 0 + 0) - (0 + 0 + 0)
>
> Det A = 60 (produto da diagonal principal = 2 x 5 x 6)
>
> **Matriz diagonal**
>
> $B_{3 \times 3} = \begin{pmatrix} 2 & 0 & 0 \\ 0 & 5 & 0 \\ 0 & 0 & 6 \end{pmatrix} \begin{matrix} 2 & 0 \\ 0 & 5 \\ 0 & 0 \end{matrix}$
>
> $B_{3 \times 3} = \begin{pmatrix} 2 & 0 & 0 \\ 0 & 5 & 0 \\ 0 & 0 & 6 \end{pmatrix} \begin{matrix} 2 & 0 \\ 0 & 5 \\ 0 & 0 \end{matrix}$
>
> Det B = (2 . 5 . 6 + 0 . 0 . 0 + 0 . 0 . 0) - (0 . 5 . 0 + 2 . 0 . 0 + 0 . 0 . 6)
>
> Det B = (60 + 0 + 0) - (0 + 0 + 0)
>
> Det B = 60 (produto da diagonal principal = 2 . 5 . 6)

Determinante de uma Matriz de Ordem Superior a 3

Será calculado pela **Regra de Chió** ou **Teorema de Laplace**.

- **Regra de Chió**

Escolha um elemento $a_{ij} = 1$.

Retirando a linha (i) e a coluna (j) do elemento $a_{ij} = 1$, obtenha o menor complementar (D_{ij}) do referido elemento – uma nova matriz com uma ordem a menos.

Subtraia de cada elemento dessa nova matriz menor complementar (D_{ij}) o produto dos elementos que pertenciam a sua linha e coluna e que foram retirados, formado outra matriz.

Ex.: *Calcule o determinante dessa última matriz e multiplique por $(-1)^{i+j}$, sendo que i e j pertencem ao elemento $a_{ij} = 1$.*

$$A_{3 \times 3} = \begin{pmatrix} 2 & 4 & 7 \\ 3 & 5 & 8 \\ 1 & 9 & 6 \end{pmatrix} (I)$$

Det. $A_{3 \times 3} = \begin{pmatrix} 2 & 4 & 7 \\ 3 & 5 & 8 \\ 1 & 9 & 6 \end{pmatrix} = \begin{pmatrix} 4 & 7 \\ 5 & 8 \end{pmatrix}$ (II)

Det. $A_{3 \times 3} = \begin{pmatrix} 2 & 4 & 7 \\ 3 & 5 & 8 \\ 1 & 9 & 6 \end{pmatrix} = \begin{pmatrix} 4 - (2 \cdot 9) & 7 - (2 \cdot 6) \\ 5 - (3 \cdot 9) & 8 - (3 \cdot 6) \end{pmatrix}$ (III)

Det. $A_{3 \times 3} = (-1)^{3+1} \cdot \begin{pmatrix} -14 & -5 \\ -22 & -10 \end{pmatrix}$ (IV)

Det. $A_{3 \times 3} = (1) \cdot (140 - 110)$

Det. $A = 30$

- **O Teorema de Laplace**

Primeiramente, precisamos saber o que é um cofator. O cofator de um elemento aij de uma matriz é: $A_{ij} = (-1)^{i+j} \cdot D_{ij}$.

Agora, vamos ao teorema:

Escolha uma linha ou coluna qualquer do determinante:

$$A_{3 \times 3} = \begin{pmatrix} 2 & 4 & 7 \\ 3 & 5 & 8 \\ 1 & 9 & 6 \end{pmatrix}$$

Calcule o cofator de cada elemento dessa fila:

$a_{11} = A_{11} = (-1)^{1+1} \cdot \begin{pmatrix} 5 & 8 \\ 9 & 6 \end{pmatrix} = (1) \cdot (-42)$

$a_{21} = A_{21} = (-1)^{2+1} \cdot \begin{pmatrix} 4 & 7 \\ 9 & 6 \end{pmatrix} = (-1) \cdot (-39)$

$a_{31} = A_{31} = (-1)^{3+1} \cdot \begin{pmatrix} 4 & 7 \\ 5 & 8 \end{pmatrix} = (1) \cdot (-3)$

Multiplique cada elemento da fila selecionada pelo seu respectivo cofator. O determinante da matriz será a soma desses produtos.

Det. $A_{3 \times 3} = a_{11} \cdot A_{11} + a_{21} \cdot A_{21} + a_{31} \cdot A_{31}$

Det. $A_{3 \times 3} = 2 \cdot (-42) + 3 \cdot 39 + 1 \cdot (-3)$

Det. $A_{3 \times 3} = (-84) + 117 + (-3)$

Det. $A_{3 \times 3} = 117 - 87$

Det $A = 30$

Propriedade dos Determinantes

As propriedades dos determinantes servem para facilitar o cálculo do determinante, uma vez que, com elas, diminuímos nosso trabalho nas resoluções das questões de concursos.

Determinante de Matriz Transposta

Se **A** é uma matriz de ordem "**n**" e A^t sua transposta, então: Det. At = Det. A

$$A_{2 \times 2} = \begin{bmatrix} 2 & 3 \\ 1 & 4 \end{bmatrix}$$

Det. $A = 2 \cdot 4 - 3 \cdot 1$

Det. $A = 8 - 3$

Det. $A = 5$

$$A^t_{2 \times 2} = \begin{bmatrix} 2 & 1 \\ 3 & 4 \end{bmatrix}$$

Det. $A^t = 2 \times 4 - 1 \cdot 3$

Det. $A^t = 8 - 3$

Det. $A^t = 5$

Determinante de uma Matriz com Fila Nula

Se uma das filas (linha ou coluna) da matriz A for toda nula, então: Det. A = 0

Ex.: $A_{2 \times 2} = \begin{bmatrix} 2 & 3 \\ 0 & 0 \end{bmatrix}$

Det. $A = 2 . 0 - 3 . 0$

Det. $A = 0 - 0$

Det. $A = 0$

Determinante de uma Matriz cuja Fila foi Multiplicada por uma Constante

Se multiplicarmos uma fila (linha ou coluna) qualquer da matriz A por um número k, o determinante da nova matriz será k vezes o determinante de A.

Det. A' (k vezes uma fila de A) = k · Det. A

Ex.: $A_{2 \times 2} = \begin{bmatrix} 2 & 1 \\ 3 & 2 \end{bmatrix}$

Det. $A = 2 . 2 - 1 . 3$

Det. $A = 4 - 3$

Det. $A = 1$

$A'_{2 \times 2} = \begin{bmatrix} 4 & 2 \\ 3 & 2 \end{bmatrix} \cdot 2$ (k = 2)

Det. $A' = 4 . 2 - 2 . 3$

Det. $A' = 8 - 6$

Det. $A' = 2$

Det. $A' = k . $ Det. A

Det. $A' = 2 . 1$

Det. $A' = 2$

Determinante de uma Matriz Multiplicada por uma Constante

Se multiplicarmos toda uma matriz A de ordem "n" por um número k, o determinante da nova matriz será o produto (multiplicação) de k^n pelo determinante de A.

$$\text{Det}(k \cdot A) = k^n \cdot \text{Det. } A$$

Ex.: $A_{2 \times 2} = \begin{bmatrix} 2 & 1 \\ 4 & 3 \end{bmatrix}$

Det. $A = 2 \cdot 3 - = 1 \cdot 4$

Det. $A = 6 - 4$

Det. $A = 2$

$3 \cdot A_{2 \times 2} = \begin{bmatrix} 6 & 3 \\ 12 & 9 \end{bmatrix}$

Det. $3A = 6 \cdot 9 - 3 \cdot 12$

Det. $3A = 54 - 36$

Det. $3A = 18$

Det $(k \cdot A) = k^n \cdot$ Det. A

Det $(3 \cdot A) = 3^2 \cdot 2$

Det $(3 \cdot A) = 9 \cdot 2$

Det $(3 \cdot A) = 18$

Determinante de uma Matriz com Filas Paralelas Iguais

Se uma matriz A de ordem $n \geq 2$ tem duas filas paralelas com os elementos respectivamente iguais, então: Det. $A = 0$

Ex.: $A_{2 \times 2} = \begin{bmatrix} 2 & 3 \\ 2 & 3 \end{bmatrix}$

Det. $A = 2 \cdot 3 - 3 \cdot 2$

Det. $A = 6 - 6$

Det. $A = 0$

Determinante de uma Matriz com Filas Paralelas Proporcionais

Se uma matriz A de ordem $n \geq 2$ tem duas filas paralelas com os elementos respectivamente proporcionais, então: Det. $A = 0$.

Ex.: $A_{2 \times 2} = \begin{bmatrix} 3 & 6 \\ 4 & 8 \end{bmatrix}$

Det. $A = 3 \cdot 8 - 6 \cdot 4$

Det. $A = 24 - 24$

Det. $A = 0$

Determinante de uma Matriz com Troca de Filas Paralelas

Se em uma matriz A de ordem $n \geq 2$ trocarmos de posição duas filas paralelas, obteremos uma nova matriz B, tal que:

Det. $A = -$ Det. B

Ex.: $A_{2 \times 2} = \begin{bmatrix} 5 & 4 \\ 2 & 3 \end{bmatrix}$

Det. $A = 5 \cdot 3 - 2 \cdot 4$

Det. $A = 15 - 8$

Det. $A = 7$

$B_{2 \times 2} = \begin{bmatrix} 4 & 5 \\ 3 & 2 \end{bmatrix}$

Det. $B = 4 \cdot 2 - 5 \cdot 3$

Det. $B = 8 - 15$

Det. $B = -7$

Det. $A = -$ Det. B

Det. $A = -(-7)$

Det. $A = 7$

Determinante do Produto de Matrizes

Se A e B são matrizes quadradas de ordem n, então:

$$\text{Det.}(A \cdot B) = \text{Det. } A \cdot \text{Det. } B$$

Ex.: $A_{2 \times 2} = \begin{bmatrix} 1 & 2 \\ 2 & 3 \end{bmatrix}$

Det. $A = 1 \cdot 3 - 2 \cdot 2$

Det. $A = 3 - 4$

Det. $A = -1$

$B_{2 \times 2} = \begin{bmatrix} 2 & 5 \\ 3 & 4 \end{bmatrix}$

Det. $B = 2 \cdot 4 - 5 \cdot 3$

Det. $B = 8 - 15$

Det. $B = -7$

$A \cdot B_{2 \times 2} = \begin{bmatrix} 8 & 13 \\ 13 & 22 \end{bmatrix}$

Det. $(A \cdot B) = 8 \cdot 22 - 13 \cdot 13$

Det. $(A \cdot B) = 176 - 169$

Det. $(A \cdot B) = 7$

Det. $(A \cdot B) = $ Det. $A \cdot$ Det. B

Det. $(A \cdot B) = (-1) \cdot (-7)$

Det. $(A \cdot B) = 7$

Determinante de uma Matriz Triangular

O determinante é igual ao produto dos elementos da diagonal principal.

Determinante de uma Matriz Inversa

Seja B a matriz inversa de A, então, a relação entre os determinantes de B e A é dado por:

$$\text{Det}(B) = \frac{1}{\text{Det}(A)}$$

Ex.: $A_{2\times2} = \begin{pmatrix} 1 & -2 \\ 3 & 1 \end{pmatrix}$

Det. $A = 1 \cdot 1 - (-2 \cdot 3)$

Ex.: Det. $A = 1 + 6$

Det. $A = 7$

$B = A^{-1}{}_{2\times2} = \begin{pmatrix} 1/7 & 2/7 \\ -3/7 & 1/7 \end{pmatrix}$

Det. $B = (1/7 \cdot 1/7) - (2/7 \cdot -3/7)$

Det. $B = 1/49 + 6/49$

Det. $B = 7/49$

Det. $B = 1/7$

$Det. B = \dfrac{1}{Det(A)}$

$Det. B = \dfrac{1}{7}$

$Det. B = \dfrac{1}{7}$

Sistemas Lineares

Equações Lineares: é toda equação do 1º grau com uma ou mais incógnitas.

Sistemas Lineares: é o conjunto de equações lineares.

Ex.: *Equação*: $2x + 3y = 7$

Sistema: $\begin{cases} 2x + 3y = 7 \\ 4x - 5y = 3 \end{cases}$

Equação: $x + 2y + z = 8$

Sistema: $\begin{cases} x + y - z = 4 \\ 2x - y + z = 5 \\ x + 2y + z = 8 \end{cases}$

Representação de um Sistema Linear em Forma de Matriz

Todo sistema linear pode ser escrito na forma de uma matriz.

Esse conteúdo será importante mais adiante para a resolução dos sistemas.

$\begin{cases} 2x + 3y = 7 \\ 4x - 5y = 3 \end{cases}$

Forma de Matriz

$\begin{bmatrix} 2 \text{ (coeficiente de x)} & 3 \text{ (coeficiente de y)} \\ 4 \text{ (coeficiente de x)} & -5 \text{ (coeficiente de y)} \end{bmatrix} \cdot \begin{bmatrix} x \\ y \end{bmatrix} = \begin{bmatrix} 7 \\ 3 \end{bmatrix}$

termos independentes

Matriz Incompleta

$\begin{bmatrix} 2 & 3 \\ 4 & -5 \end{bmatrix}$

Matriz de X

$\begin{bmatrix} 7 & 3 \\ 3 & -5 \end{bmatrix}$

Substituem-se os coeficientes de x pelos termos independentes.

Matriz de Y

$\begin{bmatrix} 2 & 7 \\ 4 & 3 \end{bmatrix}$

Substituem-se os coeficientes de y pelos termos independentes.

Resolução de um Sistema Linear

Resolvem-se os sistemas pelo método dos determinantes, também conhecido como **Regra de Cramer.**

> **FIQUE LIGADO**
>
> *A Regra de Cramer só é possível quando o número de variáveis for igual ao número de equações.*

A regra consiste em: o valor das variáveis será calculado dividindo-se o **determinante da matriz da variável** pelo **determinante da matriz incompleta**, do sistema.

Então:

O valor de x é dado por:

$x = \dfrac{\text{determinante da matriz de X}}{\text{determinante da matriz incompleta}}$

O valor de y é dado por:

$y = \dfrac{\text{determinante da matriz de Y}}{\text{determinante da matriz incompleta}}$

O valor de z é dado por:

$z = \dfrac{\text{determinante da matriz de Z}}{\text{determinante da matriz incompleta}}$

Se o determinante da matriz incompleta for diferente de zero (Det. In. ≠ 0), teremos sempre um sistema possível e determinado;

Se o determinante da matriz incompleta for igual a zero (Det. In. = 0), temos duas situações:

1ª: Se os determinantes de todas as matrizes das variáveis também forem iguais a zero (Det. X = 0 e Det. Y = 0 e Det. Z = 0), teremos um sistema possível e indeterminado;

2ª: Se o determinante de, pelo menos, uma das matrizes das variáveis for diferente de zero (Det. · ≠ 0 ou Det. Y ≠ 0 ou Det. Z ≠ 0), teremos um sistema impossível.

SISTEMAS LINEARES
- POSSÍVEL
  - DETERMINADO (SPD)
  - INDETERMINADO (SPI)
- IMPOSSÍVEL (SI)

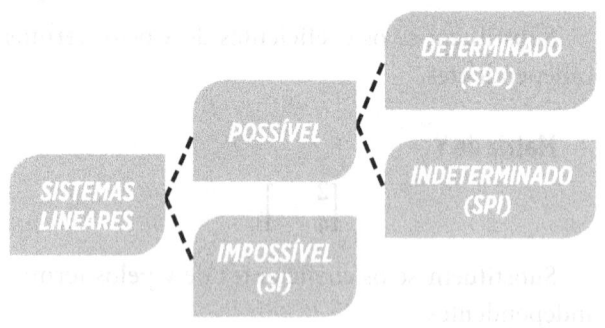

Ex.: SPD: sistema possível e determinado (quando Det. In. ≠ 0).

SPI: sistema possível e indeterminado (quando Det. In. = 0, e Det. . = 0 e Det. Y = 0 e Det. Z = 0).

SI: sistema impossível (quando Det. In. = 0, e Det. . ≠ 0 ou Det. Y ≠ 0 ou Det. Z ≠ 0).

Ex.: $\begin{cases} x + y - z = 4 \\ 2x - y + z = 5 \\ x + 2y + z = 8 \end{cases}$

Matriz incompleta: $\begin{bmatrix} 1 & 1 & -1 \\ 2 & -1 & 1 \\ 1 & 2 & 1 \end{bmatrix}$ det. In. = -9

Matriz de X: $\begin{bmatrix} 4 & 1 & -1 \\ 5 & -1 & 1 \\ 8 & 2 & 1 \end{bmatrix}$ det. X = -27

Matriz de Y: $\begin{bmatrix} 1 & 4 & -1 \\ 2 & 5 & 1 \\ 1 & 8 & 1 \end{bmatrix}$ det. Y = -18

Matriz de Z: $\begin{bmatrix} 1 & 1 & 4 \\ 2 & -1 & 5 \\ 1 & 2 & 8 \end{bmatrix}$ det. Z = -9

Valor de x é: $x = \dfrac{-27}{-9} = 3 = 3$

Valor de y é: $y = \dfrac{-18}{-9} = 2 = 2$

Valor de z é: $z = \dfrac{-9}{-9} = 1 = 1$

Solução: x = 3, y = 2 e z = 1

EXERCÍCIO COMENTADO

01. (ESAF) As matrizes A, B, C e D são quadradas de quarta ordem. A matriz B é igual a 1/2 da matriz A, ou seja: B = ½ . A. A matriz C é igual à matriz transposta de B, ou seja: C = B^t . A matriz D é definida a partir da matriz C; a única diferença entre essas duas matrizes é que a matriz D tem como primeira linha a primeira linha de C multiplicada por 2. Sabendo-se que o determinante da matriz A é igual a 32, então, a soma dos determinantes das matrizes B, C e D é igual a:
a) 6
b) 4
c) 12
d) 10
e) 8

RESPOSTA: E. Se B = ½ . A, então, det B = ½^4 . det A => det B = 1/16 . 32 => det B = 2.

Como C = B^t, então, det C = det B => det C = 2.

Já D = C (com a 1ª linha multiplicada por 2), daí det D = 2 det C => det D = 4.

Agora, somando esses determinantes, temos:

det B + det C + det D = 2 + 2 + 4 = 8.

VAMOS PRATICAR

Os exercícios a seguir são referentes ao conteúdo: Matrizes, Determinantes e Sistemas Lineares.

01. (ALFACON) O valor de **k real, para que o sistema**

$\begin{cases} kx + 2y - z = 2 \\ 2x - 8y + 2z = 0 \\ 2x + z = 4 \end{cases}$ **seja possível e determinado é:**

a) $k \neq -\dfrac{1}{2}$
b) $k = \dfrac{1}{2}$
c) $k \neq -\dfrac{1}{6}$
d) $k \neq -\dfrac{3}{2}$
e) $k \neq -\dfrac{7}{2}$

02. (ALFACON) Sendo m = $\begin{vmatrix} 0 & 2 \\ 4 & 6 \end{vmatrix}$ e n = $\begin{vmatrix} -1 & - \\ -5 & -7 \end{vmatrix}$ 3, pode-se afirmar que:
a) m = n
b) m = -n
c) m = 2n
d) n = 2m

03. (ALFACON) Seja a matriz $A = (a_{ij})_{3x3}$, tal que $a_{ij} = (-1)^{i+j}$. A soma dos elementos a_{12} e a_{31} é:

a) -2.
b) -1.
c) 0.
d) 1.

04. (ALFACON) Considerando a matriz quadrada A abaixo, e det(A) seu determinante, calcule o valor de $5 \cdot \det(A)$.

$$A = \begin{vmatrix} 7 & -13 \\ 2 & 4 \end{vmatrix}$$

a) 10
b) -140
c) 270
d) 130
e) -35

05. (CEPERJ) São dadas as matrizes $A = \begin{vmatrix} 2 & -1 \\ 1 & 0 \end{vmatrix}$ e $B = \begin{vmatrix} 3 & 1 \\ 1 & 2 \end{vmatrix}$ A matriz X é tal que $A \cdot X = B$.

A soma dos elementos da matriz X é:

a) 3
b) 5
c) 7
d) 9
e) 11

06. (COPEVE) Considere a seguinte matriz.

$$A = \begin{pmatrix} 1 & 2 & a \\ b & 4 & 5 \\ 3 & c & 6 \end{pmatrix}$$

Se a matriz A goza da seguinte propriedade: $A = A^t$, então a afirmativa incorreta é:

a) $a + b + c = 10$
b) $\det. A = -1$
c) $\det. (A \cdot A^t) = 1$
d) $\det. A = 1$
e) $\det. A^t = -1$

07. (ESAF) Sabendo-se que a matriz $A = \begin{bmatrix} 1 & 1 \\ 0 & 1 \end{bmatrix}$ e que $n \in \mathbb{N}$ e $n \geq 1$, então, o determinante da matriz $A^n - A^{n-1}$ é igual a:

a) 0
b) -1
c) 1
d) n
e) n-1

08. (FCC) Considere as matrizes:

$$M = \begin{bmatrix} \frac{1}{3} & \frac{1}{2} \\ \frac{1}{5} & \frac{1}{4} \end{bmatrix} \text{ e } P = \begin{bmatrix} \frac{2}{5} & \frac{2}{3} \\ 1 & \frac{5}{4} \end{bmatrix}$$

Sendo Q o produto das matrizes M e P, nessa ordem, ou seja, Q = MP, o determinante da matriz Q é igual a:

a) $\frac{1}{720}$
b) $\frac{1}{540}$
c) $\frac{1}{360}$
d) $\frac{1}{240}$
e) $\frac{1}{180}$

09. (Fepese) Encontre o valor de a para que o sistema linear

$$\begin{cases} ax + y + z = 15 \\ 2y + 8z = 17 \\ x + 4z = 19 \end{cases}$$

Não tenha solução:

a) $-\frac{3}{4}$
b) $3/4$
c) $-\frac{5}{4}$
d) $5/4$
e) $1/4$

10. (Cesgranrio) Para que o sistema linear

$$\begin{cases} 5x - 6y = 1 \\ ax + 4y = b \end{cases}$$ possua infinitas soluções, os valores de a e b devem ser tais que $\frac{a}{b}$ valha:

a) -5
b) -2
c) 0
d) 2
e) 5

GABARITO

01	D	06	D
02	A	07	A
03	C	08	C
04	C	09	A
05	B	10	E

13. Funções, Função Afim e Função Quadrática

Neste capítulo será abordado um assunto de grande importância para a matemática: as funções.

Definições, Domínio, Contradomínio e Imagem

A função é uma relação estabelecida entre dois conjuntos A e B, em que exista uma associação entre cada elemento de A com um único de B por meio de uma lei de formação.

Matematicamente, podemos dizer que função é uma relação de dois valores, por exemplo: $f(x) = y$, sendo que x e y são valores, nos quais x é o domínio da função (a função está dependendo dele) e y é um valor que depende do valor de x, sendo a imagem da função.

As funções possuem um conjunto chamado domínio e outro chamado de imagem da função, além do contradomínio. No plano cartesiano, que o eixo x representa o domínio da função, enquanto no eixo y apresentam-se os valores obtidos em função de x, constituindo a imagem da função (o eixo y seria o contradomínio da função).

Demonstração:

Com os conjuntos A = {1, 4, 7} e B = {1, 4, 6, 7, 8, 9, 12} cria-se a função f: A → B definida por $f(x) = x + 5$, que também pode ser representada por y = x + 5. A representação, utilizando conjuntos, desta função é:

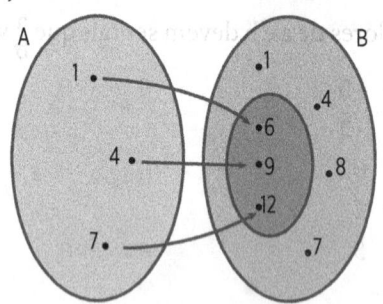

O conjunto A é o conjunto de saída e o B é o conjunto de chegada.

Domínio é um sinônimo para conjunto de saída, ou seja, para esta função o domínio é o próprio conjunto A = {1, 4, 7}.

Como, em uma função, o conjunto de saída (domínio) deve ter todos os seus elementos relacionados, não precisa ter subdivisões para o domínio.

O domínio de uma função também é chamado de campo de definição ou campo de existência da função, e é representado pela letra "D".

O conjunto de chegada "B", também possui um sinônimo, é chamado de contradomínio, representado por "CD".

Note que se pode fazer uma subdivisão dentro do contradomínio. Podemos ter elementos do contradomínio que não são relacionados com algum elemento do Domínio e outros que são. Por isso, deve-se levar em consideração esta subdivisão.

Este subconjunto é chamado de conjunto imagem, e é composto por todos os elementos em que as flechas de relacionamento chegam.

O conjunto Imagem é representado por "Im", e cada ponto que a flecha chega é chamado de imagem.

Plano Cartesiano

Criado por René Descartes, o plano cartesiano consiste em dois eixos perpendiculares, sendo o horizontal chamado de eixo das abscissas e o vertical de eixo das ordenadas. O plano cartesiano foi desenvolvido por Descartes no intuito de localizar pontos num determinado espaço.

As disposições dos eixos no plano formam quatro quadrantes, mostrados na figura a seguir:

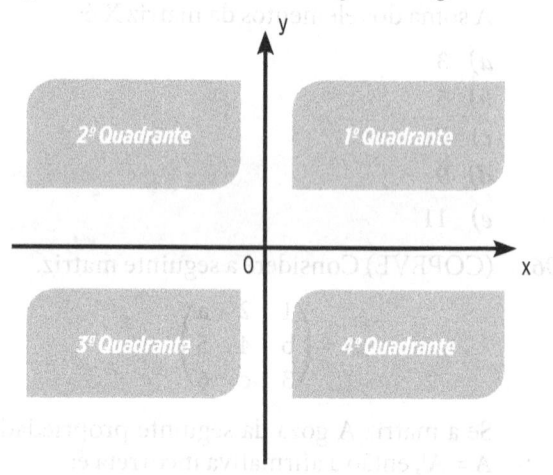

O encontro dos eixos é chamado de origem. Cada ponto do plano cartesiano é formado por um par ordenado (x, y), em que x: abscissa e y: ordenada.

Raízes

Em matemática, uma raiz ou "zero" da função consiste em determinar os pontos de interseção da função com o eixo das abscissas no plano cartesiano. A função f é um elemento no domínio de f tal que $f(x) = 0$.

Ex.: *Considere a função:*

$f(x) = x^2 - 6x + 9$

3 é uma raiz de f, porque:

$f(3) = 3^2 - 6 \cdot 3 + 9 = 0$

Funções Injetoras, Sobrejetoras e Bijetoras

Função Injetora

É toda a função em que cada x encontra um único y, ou seja, os elementos distintos têm imagens distintas.

Função Sobrejetora

Toda a função em que o conjunto imagem é exatamente igual ao contradomínio (y).

Função Bijetora

Toda a função que for Injetora e Sobrejetora ao mesmo tempo.

Funções Crescentes, Decrescentes e Constantes

Função Crescente

À medida que x "aumenta", as imagens vão "aumentando".

Com $x_1 > x_2$ a função é crescente para $f(x_1) > f(x_2)$, isto é, aumentando valor de x, aumenta o valor de y.

Função Decrescente

À medida que x "aumenta", as imagens vão "diminuindo" (decrescendo).

Com $x_1 > x_2$ a função é crescente para $f(x_1) < f(x_2)$, isto é, aumentando x, diminui o valor de y.

Função Constante

Em uma função constante qualquer que seja o elemento do domínio, eles sempre terão a mesma imagem, ao variar x encontra-se sempre o mesmo valor y.

Funções Inversas e Compostas

Função Inversa

Dada uma função $f: A \to B$, se f é bijetora, se define a função inversa f^{-1} como sendo a função de B em A, tal que $f^{-1}(y) = x$.

Ex.: *Determine a* **inversa** *da função definida por:*

$y = 2x + 3$

Trocando as variáveis x e y:

$x = 2y + 3$

Colocando y em função de x:

$2y = x - 3$

$y = \dfrac{x-3}{2}$, *que define a função inversa da função dada.*

Função Composta

Chama-se função composta (ou função de função) a função obtida substituindo-se a variável independente x por uma função.

Simbolicamente fica:

$f \circ g(x) = f(g(x))$ ou $g \circ f(x) = g(f(x))$

Ex.: *Dadas as funções* $f(x) = 2x + 3$ *e* $g(x) = 5x$, *determine* $g_o f(x)$ *e* $f_o g(x)$.

$g_o f(x) = g[f(x)] = g(2x + 3) = 5(2x + 3) = 10x + 15$

$f_o g(x) = f[g(x)] = f(5x) = 2(5x) + 3 = 10x + 3$

Função Afim

Chama-se função polinomial do 1º grau, ou função afim, a qualquer função f dada por uma lei da forma $f(x) = ax + b$, cujo a e b são números reais dados e $a \neq 0$.

Na função $f(x) = ax + b$, o número a é chamado de coeficiente de x e o número b é chamado termo constante.

Gráfico

O gráfico de uma função polinomial do 1º grau, $y = ax + b$, com $a \neq 0$, é uma reta oblíqua aos eixos x e y.

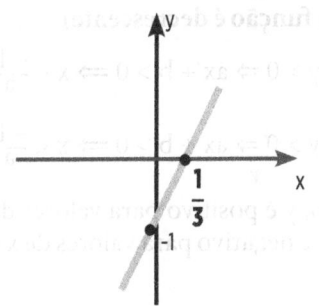

Zero e Equação do 1º Grau

Chama-se zero ou raiz da função polinomial do 1º grau $f(x) = ax + b$, $a \neq 0$, o número real x tal que $f(x) = 0$.

Assim: $f(x) = 0 \Rightarrow ax + b = 0 \Rightarrow x = \dfrac{-b}{a}$

Crescimento e Decrescimento

A função do 1º grau $f(x) = ax + b$ é crescente quando o coeficiente de x é positivo ($a > 0$).

A função do 1º grau $f(x) = ax + b$ é decrescente quando o coeficiente de x é negativo ($a < 0$).

Sinal

Estudar o sinal de qualquer $y = f(x)$ é determinar os valor de x para os quais y é positivo, os valores de x para os quais y é zero e os valores de x para os quais y é negativo.

Considere uma função afim $y = f(x) = ax + b$, essa função se anula para a raiz $x = \dfrac{-b}{a}$.

Há então, dois casos possíveis:

a > 0 (a função é crescente)

$y > 0 \Rightarrow ax + b > 0 \Rightarrow x > \dfrac{-b}{a}$

$Y < 0 \Rightarrow ax + b < 0 \Rightarrow x < \dfrac{-b}{a}$

Logo, y é positivo para valores de x maiores que a raiz; y é negativo para valores de x menores que a raiz.

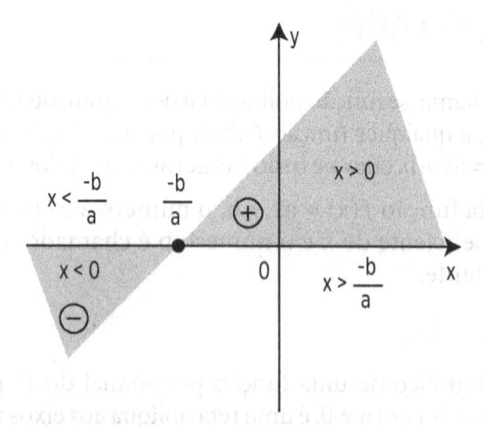

a < 0 (a função é decrescente)

$y > 0 \Rightarrow ax + b > 0 \Rightarrow x < \dfrac{-b}{a}$

$y > 0 \Rightarrow ax + b > 0 \Rightarrow x < \dfrac{-b}{a}$

Portanto, y é positivo para valores de x menores que a raiz; y é negativo para valores de x maiores que a raiz.

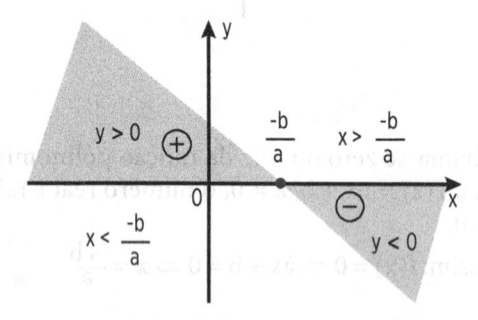

Equações e Inequações do 1º Grau

Equação

Uma equação do 1º grau na incógnita x é qualquer expressão do 1º grau que pode ser escrita numa das seguintes formas:

$$ax + b = 0$$

Para resolver uma equação, basta achar o valor de "x".

Sistema de Equação

Um sistema de equação de 1º grau com duas incógnitas é formado por: duas equações de 1º grau com duas incógnitas diferentes em cada equação.

Ex.:

$$\begin{cases} x + y = 20 \\ 3x + 4y = 72 \end{cases}$$

Para encontramos o par ordenado solução desse sistema, é preciso utilizar dois métodos para a sua solução. Esses dois métodos são: Substituição e Adição.

- **Método da Substituição**

Esse método consiste em escolher uma das duas equações, isolar uma das incógnitas e substituir na outra equação.

Dado o sistema $\begin{cases} x + y = 20 \\ 3x + 4y = 72 \end{cases}$ enumeramos as equações.

$$\begin{cases} x + y = 20 \quad \text{①} \\ 3x + 4y = 72 \quad \text{②} \end{cases}$$

Escolhemos a equação 1 e isolamos o x:

$x + y = 20$

$x = 20 - y$

Equação 2 substituímos o valor de $x = 20 - y$.

$3x + 4y = 72$

$3(20 - y) + 4y = 72$

$60 - 3y + 4y = 72$

$-3y + 4y = 72 - 60$

$y = 12$

Para descobrir o valor de x, basta substituir y por 12 na equação:

$x = 20 - y$.

$x = 20 - y$

$x = 20 - 12$

$x = 8$

Portanto, a solução do sistema é $S = (8, 12)$

- **Método da Adição**

Este método consiste em adicionar as duas equações de tal forma que a soma de uma das incógnitas seja zero. Para que isso aconteça, será preciso que multipliquemos algumas vezes as duas equações ou apenas uma equação por números inteiros para que a soma de uma das incógnitas seja zero.

Dado o sistema:

$$\begin{cases} x + y = 20 \\ 3x + 4y = 72 \end{cases}$$

Para adicionarmos as duas equações e a soma de uma das incógnitas de zero, teremos que multiplicar a primeira equação por - 3.

$$\begin{cases} x + y = 20 \ (-3) \\ 3x + 4y = 72 \end{cases}$$

Agora, o sistema fica assim:

$$\begin{cases} -3x - 3y = -60 \\ 3x + 4y = 72 \end{cases}$$

Adicionando as duas equações:

- 3x - 3y = - 60

+ 3x + 4y = 72

y = 12

Para descobrir o valor de x, basta escolher uma das duas equações e substituir o valor de y encontrado:

x + y = 20

x + 12 = 20

x = 20 - 12

x = 8

Portanto, a solução desse sistema é: S = (8, 12)

Inequação

Uma inequação do 1º grau na incógnita x é qualquer expressão do 1º grau que pode ser escrita numa das seguintes formas:

ax + b > 0

ax + b < 0

ax + b ≥ 0

ax + b ≤ 0

Cujo a, b são números reais com a ≠ 0.

Ex.: *-2x + 7 > 0*

x - 10 ≤ 0

2x + 5 ≤ 0

12 - x < 0

Resolvendo uma Inequação de 1º Grau

Uma maneira simples de resolver uma equação do 1º grau é isolarmos a incógnita x em um dos membros da igualdade. Observe dois exemplos:

Ex.: *Resolva a inequação -2x + 7 > 0:*

-2x > -7 · (-1)

2x < 7

x < 7/2

Logo, a solução da inequação é x < 7/2

Resolva a inequação 2x - 6 < 0

2x < 6

x < 6/2

x < 3

Portanto, a solução da inequação é x < 3.

Pode-se resolver qualquer inequação do 1º grau por meio do estudo do sinal de uma função do 1º grau, com o seguinte procedimento:

Iguala-se a expressão ax + b a zero;

Localiza-se a raiz no eixo x;

Estuda-se o sinal conforme o caso.

Ex.: *-2x + 7 > 0*

-2x + 7 = 0

x = 7/2

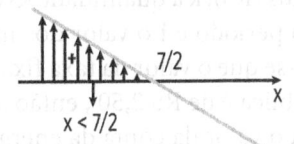

Ex.: *2x - 6 < 0*

2x - 6 = 0

x = 3

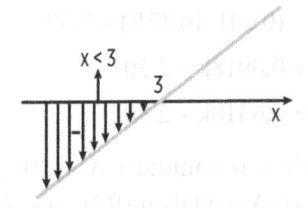

VAMOS PRATICAR

Os exercícios a seguir são referentes aos conteúdos: Funções, Função Afim e Função Quadrática.

01. Dada a função $f: N \to R$, onde N é o conjunto de números naturais e R é o conjunto de números reais, definida por $f(x) = 2x^2 - 7x + 5$, calcule o valor de x para $f(x) = 0$ e marque a opção correta.

a) 0

b) 1

c) 5/2

d) 5

e) 11

02. Se f é uma função real definida por $f(x) = 2x - 3$ e g é a inversa de f, o valor de g(1) é:

a) 0

b) 1

c) 2

d) 3

03. Dada a função $f(x) = 3x + k$, para que se tenha $f(2) = 5$, o valor de k deve ser:

a) 3
b) 0
c) -1
d) -2

04. (Copese) A medição do consumo de energia elétrica é feita em Quilowatt-hora (kWh). Em uma determinada cidade, o valor da conta da energia elétrica é composto por três valores, a saber: o de kWh consumidos, o dos impostos sobre o valor dos kWh consumidos e o da taxa fixa de iluminação pública. Os valores dos kWh consumidos e dos impostos são obtidos, respectivamente, pelas funções E = 0,54 k e I = 0,17 E onde E é o valor consumo em Reais (R$), k a quantidade kWh consumidos no período e I o valor dos impostos. Sabendo-se que o valor da taxa fixa de iluminação pública é de R$ 2,50, então a função que calcula o valor da conta da energia elétrica C nesta cidade pode ser representada por:

a) C = 0,54k - 0,17E + 2,50
b) C = 0,54k + 0,17 + 2,50
c) C = (0,54) · (0,17E) + 2,50
d) C = 0,0918k + 2,50
e) C = 0,6318k + 2,50

05. Considere o conjunto A = {0, 1, 2, 3} e a função $f: A \to A$ tal que $f(3) = 1$ e $f(x) = x + 1$, se $x \neq 3$. A soma dos valores de x para os quais $(f_o f_o f)(x) = 3$ é:

a) 2
b) 3
c) 4
d) 5

06. (CEPERJ) Se $f(x) = \dfrac{2}{x-1}$ a raiz da equação $f_o f = 10$ é:

a) 1/3
b) 4/3
c) 5/3
d) 7/3
e) 8/3

07. Para quais valores de $x \in R$ a função $f(x) = \dfrac{3x-4}{-x+3}$ é menor que 2?

a) 2 < x < 3
b) x < 2 ou x > 3
c) x < -2 ou x > 3
d) x > -3
e) -2 < x < 3

08. (Consulplan) Sejam $f(x) = 4x + 2$ e $g(x) = x - 5$. Qual é o valor da soma m + n para que $f(m) = n$ e $g(n) = m$?

a) 3
b) 8
c) 7
d) 4
e) 9

09. (Consulplan) Sejam $f(x) = 2x + 5$ e $g(x) = -x + 2$. Qual é o valor de x para que $f^{-1}(x) = g^{-1}(x)$?

a) 3
b) 5
c) 4
d) 2
e) 1

10. (Cesgranrio) A função geradora do gráfico abaixo é do tipo y = mx + n:

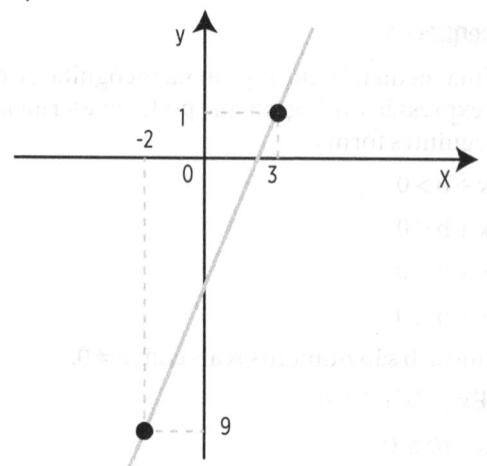

Então, o valor de $m^3 + n$ é:

a) 2
b) 3
c) 5
d) 8
e) 13

11. (AOCP) Seja f: $R_+ \to R$ dada por $f(x) = \sqrt{x}$ e g: $R \to R_+$ dada por $g(x) = x^2 + 1$. A função composta $(g \circ f)(x)$ é dada:

a) $\sqrt{x^2} + 1$
b) x + 1
c) $\sqrt{x^2 + 1}$
d) $\sqrt{x^2}$
e) $x^2 + 1$

12. (FCC) Sendo x e y números reais, admita que o símbolo ♠ indique a seguinte operação entre x e y:

$$X ♠ Y = \frac{\frac{X}{Y} + \frac{Y}{X}}{X \cdot Y}$$

De acordo com a definição dada, $\sqrt{2} ♠ 2$ é igual a:
a) 0,9
b) 0,75
c) 0,6
d) 0,45
e) 0,3

13. (ESAF) Se $\frac{x^2 + 2x - 200}{y - 200} = 0$, então é necessariamente verdade que:
a) $x^2 + 2x \neq 200$ e $y = 200$
b) $x^2 + 2x = 200$ e $y = 200$
c) $x^2 + 2x = 200$ e $y \neq 200$
d) $x = 0$ e $y \neq 0$
e) $x \neq 0$ e $y = 200$

14. (Consulplan) Sejam $f(x) = 2x + 5$ e $g(x) = -x + 2$. Qual é o valor de x para que $f^{-1}(x) = g^{-1}(x)$?
a) 3
b) 5
c) 4
d) 2
e) 1

15. (UNICENTRO) A equipe de teste de uma revista automobilística avaliou o consumo de combustível de um determinado modelo de automóvel. O teste consistia em cada membro da equipe percorrer, com o automóvel, um mesmo trecho de estrada cinco vezes, em velocidade constante, porém, cada vez a uma velocidade diferente. A equipe chegou à conclusão de que a velocidade econômica era de 60 km/h e de que o gráfico correspondente ao consumo era parte de uma parábola. Nessas condições, pode-se afirmar que o consumo de combustível, em litros, no teste feito, à velocidade de 120 km/h, foi de:

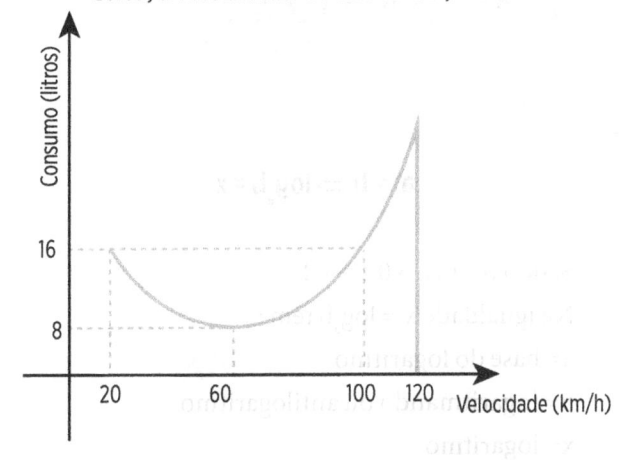

a) 27
b) 26
c) 25
d) 24
e) 22

16. (Cesgranrio) Uma loja de eletrodomésticos possui 1.600 unidades de liquidificadores em estoque. Uma recente pesquisa de mercado apontou que seriam vendidas 800 unidades a um preço de R$ 300,00, e que cada diminuição de R$ 5,00, no valor do produto, resultaria em 20 novas vendas. Qual valor de venda, em reais, permite que a receita seja máxima?
a) 230,00
b) 240,00
c) 250,00
d) 270,00
e) 280,00

17. (FCC) Para repor o estoque de sua loja, Salma compra certo artigo ao preço de R$ 28,00 a unidade. Suponha que Salma estime que, se cada artigo for vendido ao preço unitário de X reais, ela conseguirá vender (84 - X) unidades. De acordo com essa estimativa, para que seja obtido o maior lucro possível, o número de artigos que deverão ser vendidos é:
a) 84
b) 70
c) 56
d) 42
e) 28

GABARITO

01	B	10	B
02	C	11	B
03	C	12	B
04	E	13	C
05	B	14	A
06	E	15	B
07	B	16	C
08	C	17	E
09	A		

14. Função Exponencial e Função Logarítmica

Equação e Função Exponencial

Chama-se de equação exponencial toda equação na qual a incógnita aparece em expoente.

Para resolver equações exponenciais, devem-se realizar dois passos importantes:

Redução dos dois membros da equação a potências de mesma base;

Aplicação da propriedade:

$$a^m = a^n \Rightarrow m = n \ (a \neq 1 \ e \ a >)$$

Função Exponencial

Chamam-se de funções exponenciais aquelas nas quais temos a variável aparecendo em expoente.

A função $f: IR \to IR_+$, definida por $f(x) = a^x$, com $a \in IR+$ e $a \neq 1$, é chamada função exponencial de base a. O domínio dessa função é o conjunto IR (reais) e o contradomínio é IR_+ (reais positivos, maiores que zero).

Gráfico Cartesiano da Função Exponencial

Há 2 casos a considerar:

Quando a>1;

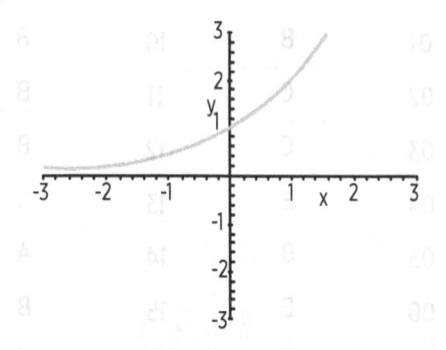

$f(x)$ é crescente e Im = IR_+

Para quaisquer x_1 e x_2 do domínio: $x_2 > x_1 \Rightarrow y_2 > y_1$ (as desigualdades têm mesmo sentido).

Quando 0 < a < 1.

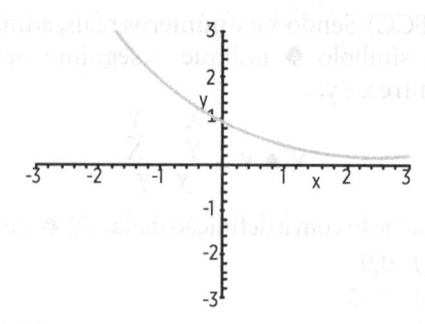

$f(x)$ é decrescente e Im = IR_+

Para quaisquer x_1 e x_2 do domínio: $x_2 > x_1 \Rightarrow y_2 < y_1$ (as desigualdades têm sentidos diferentes).

FIQUE LIGADO

Nas duas situações, pode-se observar que:

O gráfico nunca intercepta o eixo horizontal; a função não tem raízes; o gráfico corta o eixo vertical no ponto (0,1); os valores de y são sempre positivos (potência de base positiva é positiva), portanto, o conjunto imagem é Im = IR_+.

Inequações Exponenciais

Chama-se de inequação exponencial toda inequação na qual a incógnita aparece em expoente.

Para resolver inequações exponenciais, deve-se realizar dois passos:

Redução dos dois membros da inequação a potências de mesma base;

Aplicação da propriedade:

a > 1

$a^m > a^n \Rightarrow m > n$

(as desigualdades têm mesmo sentido)

0 < a < 1

$a^m > a^n \Rightarrow m < n$

(as desigualdades têm sentidos diferentes)

Equação e Função Logarítmica

Logaritmo

$$a^x = b \Leftrightarrow \log_a b = x$$

Sendo b > 0, a > 0 e a ≠ 1

Na igualdade $x = \log_a b$ tem :

a = base do logaritmo

b = logaritmando ou antilogaritmo

x = logaritmo

Consequências da Definição

Sendo b > 0, a > 0 e a ≠ 1 e m um número real qualquer, há, a seguir, algumas consequências da definição de logaritmo:

$\log_a 1 = 0$

$\log_a a = 1$

$\log_a a^m = m$

$a^{\log_a b} = b$

$\log_a b = \log_a c \Leftrightarrow b = c$

Propriedades Operatórias dos Logaritmos

$\log_a (x \cdot y) = \log_a x + \log_a y$

$\log_a \left(\dfrac{x}{y}\right) = \log_a x - \log_a y$

$\log_a x^m = m \cdot \log_a x$

$\log_a \sqrt[n]{x^m} = \log_a x^{\frac{m}{n}} = \dfrac{m}{n} \cdot \log_a x$

Cologaritmo

$\operatorname{colog}_a b = \log_a \dfrac{1}{b}$

$\operatorname{colog}_a b = -\log_a b$

Mudança de Base

$\log_a x = \dfrac{\log_b x}{\log_b a}$

Função Logarítmica

A função $f: \mathbb{R}_+ \to \mathbb{R}$, definida por $f(x) = \log_a x$, com a ≠ 1 e a > 0, é chamada função logarítmica de base a. O domínio dessa função é o conjunto $\mathbb{R}_+$ (reais positivos, maiores que zero) e o contradomínio é IR (reais).

Gráfico Cartesiano da Função Logarítmica

Há dois casos a se considerar:

Quando a>1;

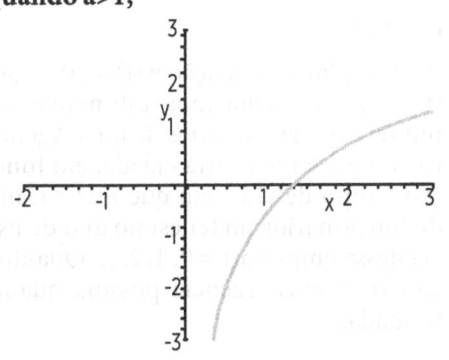

$f(x)$ é crescente e Im = IR

Para quaisquer x_1 e x_2 do domínio: $x_2 > x_1 \Rightarrow y_2 > y_1$ (as desigualdades têm mesmo sentido)

Quando 0<a<1.

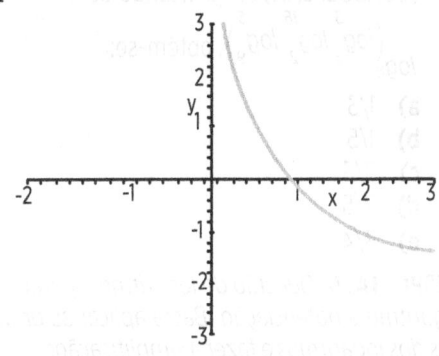

$f(x)$ é decrescente e Im = IR

Para quaisquer x_1 e x_2 do domínio : $x_2 > x_1 \Rightarrow y_2 < y_1$ (as desigualdades têm sentidos diferentes).

FIQUE LIGADO

Nas duas situações, pode-se observar que:
- *O gráfico nunca intercepta o eixo vertical;*
- *O gráfico corta o eixo horizontal no ponto (1,0);*
- *A raiz da função é x = 1;*
- *Y assume todos os valores reais, portanto, o conjunto imagem é Im = IR.*

Equações Logarítmicas

Chama-se de equações logarítmicas toda equação que envolve logaritmos com a incógnita aparecendo no logaritmando, na base ou em ambos.

Inequações Logarítmicas

Chama-se de inequações logarítmicas toda inequação que envolve logaritmos com a incógnita aparecendo no logaritmando, na base ou em ambos.

Para resolver inequações logarítmicas, deve-se realizar dois passos:

Redução dos dois membros da inequação a logaritmos de mesma base;

Aplicação da propriedade:

a > 1

$\log_a m > \log_a n \Rightarrow m > n > 0$

(as desigualdades têm mesmo sentido)

0 < a < 1

$\log_a m > \log_a n \Rightarrow 0 < m < n$

(as desigualdades têm sentidos diferentes)

EXERCÍCIO COMENTADO

01. (CONSULPLAN) Simplificando-se:

$\log_8 \left(\log_5 3 \cdot \log_2 16 \cdot \log_9 5 \right)$, obtém-se:

a) 1/3
b) 1/5
c) 2/3
d) 2/5
e) 3/4

RESPOSTA: A. Questão de logaritmo, operações com logaritmo e potenciação. Basta aplicar as propriedades dos logaritmos e fazer a simplificação:

$\log_2 16 = \log_2 2^4 = 4 \log_2 2 = 4$

$\log_9 5 = \dfrac{\log_5 5}{\log_5 9}$ (fazendo a mudança de base) $= \dfrac{1}{\log_5 9}$

$\log_5 9 = \log_5 3^2 = 2 \log_5 3$

Juntando: $\log_8 \left(\log_5 3 \cdot 4 \cdot \dfrac{1}{2 \log_5 3} \right)$ cortando $\log_5 3$ do numerador com o do denominador, temos:

$\log_8 2 = x$ (iguala-se o logaritmo a "x" para terminar a simplificação).

$8^x = 2$
$2^{3x} = 2$
$3x = 1$
$x = 1/3$

VAMOS PRATICAR

Os exercícios a seguir são referentes aos conteúdos: Função Exponencial e Função Logarítmica.

01. Se $2^x + 2^{-x} = 10$, então, $4^x + 4^{-x}$ vale:

a) 40
b) 50
c) 75
d) 98
e) 100

02. Se $(0,4)^{4x+1} = \sqrt[3]{\dfrac{5}{2}}$, então, "x" vale:

a) $-\dfrac{1}{3}$

b) $-\dfrac{1}{2}$
c) $\dfrac{1}{2}$
d) $\dfrac{1}{5}$
e) $-\dfrac{1}{6}$

03. (Consulplan) Qual é a soma dos valores de x que verifica a equação $3^{x^2-8x+12} = (9^{x+1})^{x-6}$?

a) 5
b) 2
c) 3
d) 8
e) 4

04. (Cesgranrio) Na igualdade $2^{x-2} = 1.300$, x é um número real compreendido entre:

a) 8 e 9
b) 9 e 10
c) 10 e 11
d) 11 e 12
e) 12 e 13

05. (Cesgranrio) Quando os alunos perguntaram ao professor qual era a sua idade, ele respondeu: "Se considerarmos as funções $f(x) = 1 + \log_3 x$ e $g(x) = \log_2 x$, e a igualdade $g(i) = f(243)$, i corresponderá à minha idade, em anos." Quantos anos tem o professor?

a) 32
b) 48
c) 56
d) 60
e) 64

06. (Cesgranrio) Sendo a função $f(x) = 2 \cdot \log_5 (3x/4)$, em que x é um número real positivo, $f(17)$ é um número real compreendido entre.

a) 1 e 2
b) 2 e 3
c) 3 e 4
d) 4 e 5
e) 5 e 6

07. (Consulplan) A equação $n(t) = 20 + 15\log_125(t + 5)$ representa uma estimativa sobre o número de funcionários de uma Agência dos Correios de uma certa cidade, em função de seu tempo de vida, em que n(t) é o número de funcionários no tenésimo ano de existência dessa empresa (t = 0, 1, 2...). Quantos funcionários essa Agência possuía quando foi fundada?

a) 105
b) 11
c) 45
d) 65
e) 25

08. Considere uma aplicação financeira denominada UNI que rende juros mensais de M = $\log_{27}^{196}$ e outra aplicação financeira denominada DUNI que rende juros mensais de N = $-\log_{\frac{1}{9}}^{14}$.

A razão entre os juros mensais M e N, nessa ordem, é:

a) 70%
b) 2/3
c) 4/3
d) 80%

09. (EsSA) Aumentando-se um número x em 75 unidades, seu logaritmo na base 4 aumenta em 2 unidades. Pode-se afirmar que x é um número:

a) Irracional
b) Divisor de 8
c) Múltiplo de 3
d) Menor que 1
e) Maior que 4

10. Uma das raízes da equação $2^{2x} - 8 \cdot 2^x + 12 = 0$ é x = 1. A outra raiz é:

a) $1 + \log_{10}\left(\frac{3}{2}\right)$

b) $1 + \dfrac{\log 103}{\log 102}$

c) $\log_{10} 3$

d) $\dfrac{\log 106}{2}$

e) $\log_{10}\left(\frac{3}{2}\right)$

GABARITO

01	D	06	C
02	A	07	E
03	B	08	C
04	E	09	E
05	E	10	B

ANOTAÇÕES

15. Trigonometria

Neste capítulo estudaremos sobre os triângulos e as relações que os envolvem.

Triângulos

O triângulo é uma das figuras mais simples e também uma das mais importantes da Geometria. O triângulo possui propriedades e definições de acordo com o tamanho de seus lados e medida dos ângulos internos.

Quanto aos lados, o triângulo pode ser classificado da seguinte forma:

Equilátero: possui os lados com medidas iguais.

Isósceles: possui dois lados com medidas iguais.

Escaleno: possui todos os lados com medidas diferentes.

Quanto aos ângulos, os triângulos podem ser denominados:

Acutângulo: possui os ângulos internos com medidas menores que 90°.

Obtusângulo: possui um dos ângulos com medida maior que 90°.

Retângulo: possui um ângulo com medida de 90°, chamado ângulo reto.

No triângulo retângulo existem importantes relações, uma delas é o **Teorema de Pitágoras**, que diz o seguinte: "A soma dos quadrados dos catetos é igual ao quadrado da hipotenusa".

$$a^2 = b^2 + c^2$$

FIQUE LIGADO

A condição de existência de um triângulo é: um lado do triângulo seja sempre menor do que a soma dos outros dois lados e seja sempre maior do que a diferença desses dois lados.

Trigonometria no Triângulo Retângulo

As razões trigonométricas básicas são relações entre as medidas dos lados do triângulo retângulo e seus ângulos. As três funções básicas mais importantes da trigonometria são: seno, cosseno e tangente. O ângulo é indicado pela **letra x**.

Função	Notação	Definição
seno	sen(x)	medida do cateto oposto a x / medida da hipotenusa
cosseno	cos(x)	medida do cateto adjacente a x / medida da hipotenusa
tangente	tan(x)	medida do cateto oposto a x / medida do cateto adjacente a x

Relação fundamental: para todo ângulo x (medido em radianos), vale a importante relação:

$$\cos^2(x) + \sen^2(x) = 1$$

Trigonometria num Triângulo Qualquer

Os problemas envolvendo trigonometria são resolvidos em sua maioria por meio da comparação com triângulos retângulos. Mas no cotidiano algumas situações envolvem triângulos acutângulos ou triângulos obtusângulos. Nesses casos, necessitamos do auxílio da Lei dos Senos ou dos Cossenos.

Lei dos Senos

A Lei dos Senos estabelece relações entre as medidas dos lados com os senos dos ângulos opostos aos lados. Observe:

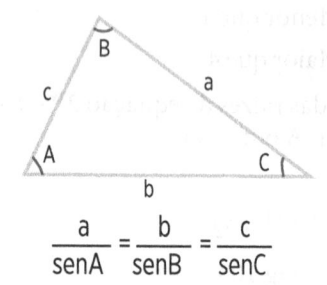

$$\frac{a}{\sen A} = \frac{b}{\sen B} = \frac{c}{\sen C}$$

Lei dos Cossenos

Nos casos em que não pode aplicar a Lei dos Senos, existe o recurso da Lei dos Cossenos. Ela permite trabalhar com a medida de dois segmentos e a medida de um ângulo. Dessa forma, se dado um triângulo ABC de lados medindo a, b e c, temos:

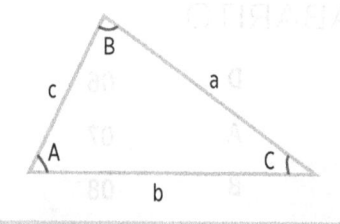

$$a^2 = b^2 + c^2 - 2 \cdot b \cdot c \cdot \cos A$$
$$b^2 = a^2 + c^2 - 2 \cdot a \cdot c \cdot \cos B$$
$$c^2 = a^2 + b^2 - 2 \cdot a \cdot b \cdot \cos C$$

Medidas dos Ângulos

Medidas em Grau

Sabe-se que uma volta completa na circunferência corresponde a 360°; se dividir em 360 arcos, haverá arcos unitários medindo 1° grau. Dessa forma, diz-se que a circunferência é simplesmente um arco de 360° com o ângulo central medindo uma volta completa ou 360°.

Também se pode dividir o arco de 1° grau em 60 arcos de medidas unitárias iguais a 1' (arco de um minuto). Da mesma forma podemos dividir o arco de 1' em 60 arcos de medidas unitárias iguais a 1" (arco de um segundo).

Medidas em Radianos

Dada uma circunferência de centro O e raio R, com um arco de comprimento s e α o ângulo central do arco, vamos determinar a medida do arco em radianos de acordo com a figura a seguir:

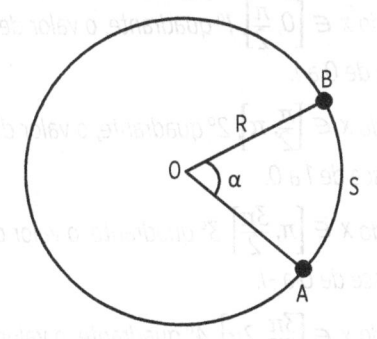

Diz-se que o arco mede um radiano se o comprimento do arco for igual à medida do raio da circunferência. Assim, para saber a medida de um arco em radianos, deve-se calcular quantos raios da circunferência são precisos para se ter o comprimento do arco. Portanto:

$$\alpha = \frac{s}{R}$$

Com base nessa fórmula, podemos expressar outra expressão para determinar o comprimento de um arco de circunferência:

$$s = \alpha \cdot R$$

De acordo com as relações entre as medidas em grau e radiano de arcos, vamos destacar uma regra de três capaz de converter as medidas dos arcos.

360° → 2π radianos (aproximadamente 6,28)

180° → π radiano (aproximadamente 3,14)

90° → π/2 radiano (aproximadamente 1,57)

45° → π/4 radiano (aproximadamente 0,785)

Medida em graus	Medida em radianos
180	π
x	a

Ciclo Trigonométrico

Considerando um plano cartesiano, representados nele um círculo com centro na origem dos eixos e raios.

Divide-se o ciclo trigonométrico em quatro arcos, obtendo quatro quadrantes.

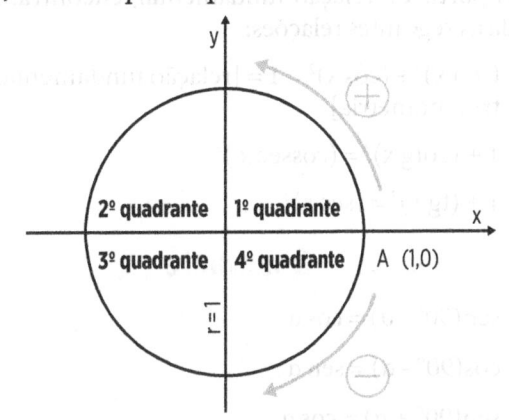

Dessa forma, obtêm-se as relações:

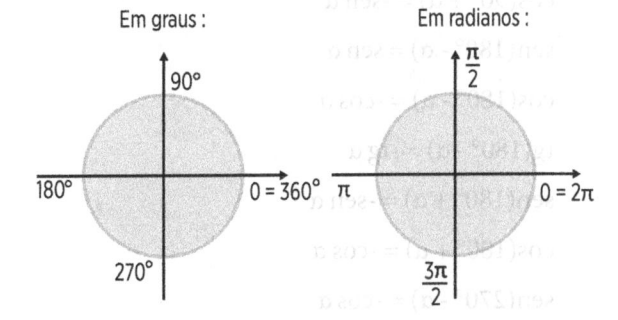

Em graus:

Em radianos:

Razões Trigonométricas

As principais razões trigonométricas são:

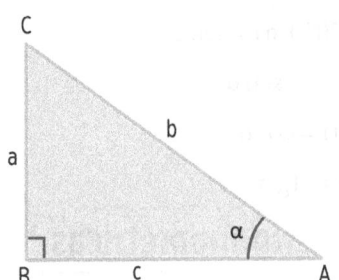

$$\text{sen } \alpha = \frac{\text{comprimento do cateto oposto}}{\text{comprimento da hipotenusa}} = \frac{a}{b}$$

$$\cos \alpha = \frac{\text{comprimento do cateto adjacente}}{\text{comprimento da hipotenusa}} = \frac{c}{b}$$

$$\text{tg } \alpha = \frac{\text{comprimento do cateto oposto}}{\text{comprimento do cateto adjacente}} = \frac{a}{c}$$

Outras razões decorrentes dessas são:

$$\operatorname{tg} x = \frac{\operatorname{sen} x}{\cos x}$$

$$\operatorname{cotg} x = \frac{1}{\operatorname{tg} x} = \frac{\cos x}{\operatorname{sen} x}$$

$$\sec x = \frac{1}{\cos x}$$

$$\operatorname{cossec} x = \frac{1}{\operatorname{sen} x}$$

A partir da relação fundamental, encontram-se ainda as seguintes relações:

$(\operatorname{sen} x)^2 + (\cos x)^2 = 1 = $ [relação fundamental da trigonometria]

$1 + (\operatorname{cotg} x)^2 = (\operatorname{cossec} x)^2$

$1 + (\operatorname{tg} x)^2 = (\sec x)^2$

Redução ao 1º Quadrante

$\operatorname{sen}(90° - \alpha) = \cos \alpha$

$\cos(90° - \alpha) = \operatorname{sen} \alpha$

$\operatorname{sen}(90° + \alpha) = \cos \alpha$

$\cos(90° + \alpha) = -\operatorname{sen} \alpha$

$\operatorname{sen}(180° - \alpha) = \operatorname{sen} \alpha$

$\cos(180° - \alpha) = -\cos \alpha$

$\operatorname{tg}(180° - \alpha) = -\operatorname{tg} \alpha$

$\operatorname{sen}(180° + \alpha) = -\operatorname{sen} \alpha$

$\cos(180° + \alpha) = -\cos \alpha$

$\operatorname{sen}(270° - \alpha) = -\cos \alpha$

$\cos(270° - \alpha) = -\operatorname{sen} \alpha$

$\operatorname{sen}(270° + \alpha) = -\cos \alpha$

$\cos(270° + \alpha) = \operatorname{sen} \alpha$

$\operatorname{sen}(-\alpha) = -\operatorname{sen} \alpha$

$\cos(-\alpha) = \cos \alpha$

$\operatorname{tg}(-\alpha) = -\operatorname{tg} \alpha$

Funções Trigonométricas

Função Seno

Chama-se função seno a função $f(x) = \operatorname{sen} x$.

O domínio dessa função é R e a imagem é Im [-1,1]; visto que, na circunferência trigonométrica, o raio é unitário.

Então:

Domínio de $f(x) = \operatorname{sen} x$; $D(\operatorname{sen} x) = R$.

Imagem de $f(x) = \operatorname{sen} x$; $\operatorname{Im}(\operatorname{sen} x) = [-1,1]$.

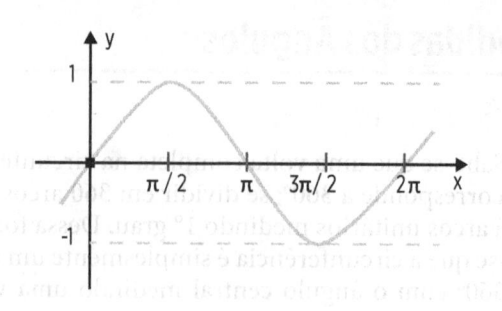

Sinal da Função

$f(x) = \operatorname{sen} x$ é positiva no 1° e 2° quadrantes (ordenada positiva);

$f(x) = \operatorname{sen} x$ é negativa no 3° e 4° quadrantes (ordenada negativa).

> **FIQUE LIGADO**
>
> Quando $x \in \left[0, \frac{\pi}{2}\right]$, 1º quadrante, o valor de sen x cresce de 0 a 1.
>
> Quando $x \in \left[\frac{\pi}{2}, \pi\right]$, 2º quadrante, o valor de sen x decresce de 1 a 0.
>
> Quando $x \in \left[\pi, \frac{3\pi}{2}\right]$, 3º quadrante, o valor de sen x decresce de 0 a -1.
>
> Quando $x \in \left[\frac{3\pi}{2}, 2\pi\right]$, 4º quadrante, o valor de sen x cresce de -1 a 0.

Função Cosseno

Chama-se função cosseno a função $f(x) = \cos x$.

O domínio dessa função também é R e a imagem é Im [-1,1]; visto que, na circunferência trigonométrica, o raio é unitário.

Então:

Domínio de $f(x) = \cos x$; $D(\cos x) = R$.

Imagem de $f(x) = \cos x$; $\operatorname{Im}(\cos x) = [-1,1]$.

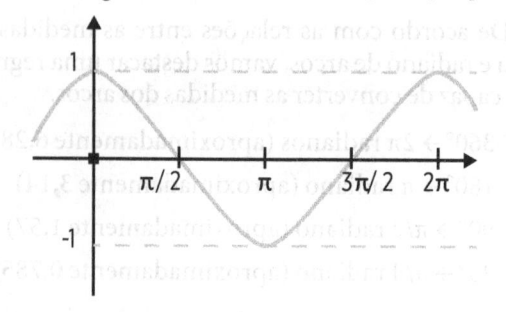

Sinal da Função

$f(x) = \cos x$ é positiva no 1º e 4º quadrantes (abscissa positiva);

$f(x) = \cos x$ é negativa no 2º e 3º quadrantes (abscissa negativa).

FIQUE LIGADO

Quando $x \in \left[0, \frac{\pi}{2}\right]$, 1º quadrante, o valor do cos x decresce de 1 a 0.

Quando $x \in \left[\frac{\pi}{2}, \pi\right]$, 2º quadrante, o valor do cos x decresce de 0 a -1.

Quando $x \in \left[\pi, \frac{3\pi}{2}\right]$, 3º quadrante, o valor do cos x cresce de -1 a 0.

Quando, $x \in \left[\frac{3\pi}{2}, 2\pi\right]$ 4º quadrante, o valor do cos x cresce de 0 a 1.

Função Tangente

Chama-se função tangente a função $f(x) = \text{tg } x$.
Então:

Domínio de $f(x)$: o domínio dessa função são todos os números reais, exceto os que zeram o cosseno, pois não existe $\cos x = 0$

Imagem de $f(x) = \text{Im} = \,]-\infty, \infty[$

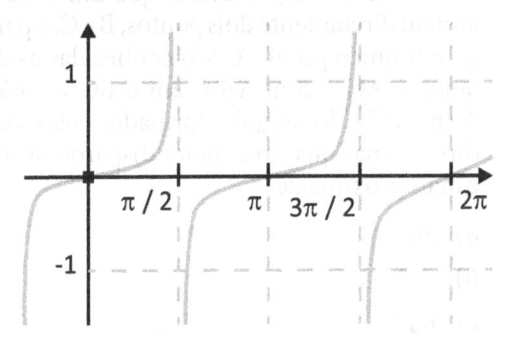

Sinal da Função

$f(x) = \text{tg } x$ é positiva no 1º e 3º quadrantes (produto da ordenada pela abscissa positiva);

$f(x) = \text{tg } x$ é negativa no 2º e 4º quadrantes (produto da ordenada pela abscissa negativa).

Outras Funções

Função Secante

Denomina-se função secante a função:

$$f(x) = \frac{1}{\cos x}$$

Função Cossecante

Denomina-se função cossecante a função:

$$f(x) = \frac{1}{\text{sen } x}$$

Função Cotangente

Denomina-se função cossecante a função:

$$f(x) = \frac{1}{\text{tg } x}$$

Identidades e Operações Trigonométricas

As mais comuns são as seguintes:

$\text{sen}(a + b) = \text{sen } a \cdot \cos b + \text{sen } b \cdot \cos a$

$\text{sen}(a - b) = \text{sen } a \cdot \cos b - \text{sen } b \cdot \cos a$

$\cos(a + b) = \cos a \cdot \cos b - \text{sen } a \cdot \cos b$

$\cos(a - b) = \cos a \cdot \cos b + \text{sen } a \cdot \cos b$

$$\text{tg }(a + b) = \frac{\text{tga} + \text{tgb}}{1 - \text{tga} \cdot \text{tgb}}$$

$$\text{tg }(a - b) = \frac{\text{tga} - \text{tgb}}{1 + \text{tga} \cdot \text{tgb}}$$

$\text{sen}(2x) = 2 \cdot \text{sen}(x) \cdot \cos(x)$

$\cos(2x) = \cos^2(x) - \text{sen}^2(x)$

$\text{tg}(2x) = \left(\frac{2 \cdot \text{tg}(x)}{1 - \text{tg}^2(x)}\right)$

$\text{sen}(x) + \text{sen}(y) = 2 \cdot \text{sen}\left(\frac{x+y}{2}\right) \cdot \cos\left(\frac{x-y}{2}\right)$

$\text{sen}(x) - \text{sen}(y) = 2 \cdot \text{sen}\left(\frac{x-y}{2}\right) \cdot \cos\left(\frac{x+y}{2}\right)$

$\cos(x) + \cos(y) = 2 \cdot \cos\left(\frac{x+y}{2}\right) \cdot \cos\left(\frac{x-y}{2}\right)$

$\cos(x) - \cos(y) = -2 \cdot \text{sen}\left(\frac{x+y}{2}\right) \cdot \text{sen}\left(\frac{x-y}{2}\right)$

EXERCÍCIO COMENTADO

01. (ESAF) Sabendo-se que $3\cos x + \sen x = -1$, então um dos possíveis valores para a tangente de x é igual a:

a) -4/3
b) 4/3
c) 5/3
d) -5/3
e) 1/7

RESPOSTA: A.

$3\cos x + \sen x = -1$

Elevando os dois membros ao quadrado:

$(3\cos x + \sen x)^2 = (-1)^2$

$9\cos^2 x + 6\sen x \cdot \cos x + \sen^2 x = 1$

Reorganizando:

$8\cos^2 x + 6\sen x \cdot \cos x + \cos^2 x + \sen^2 x = 1$

Aplicando a propriedade fundamental da trigonometria ($\sen^2\alpha + \cos^2\alpha = 1$):

$8\cos^2 x + 6\sen x \cdot \cos x + 1 = 1$

$8\cos^2 x = -6\sen x \cdot \cos x$ (simplificando tudo por $\cos x$)

$8\cos x = -6\sen x$ (dividindo tudo por $\cos x$)

$8 = -6\,\tg x$

$6\,\tg x = -8$

$\tg x = -8/6$

$\tg x = -4/3$

VAMOS PRATICAR

Os exercícios a seguir são referentes ao conteúdo: Trigonometria.

01. (MB) Em um triângulo retângulo, o seno de um de seus ângulos agudos é:

a) O inverso do cosseno desse ângulo.
b) O quadrado do cosseno desse ângulo.
c) A razão entre as medidas dos catetos do triângulo.
d) A razão entre a medida da hipotenusa e a medida do lado adjacente a esse ângulo.
e) A razão entre a medida do lado oposto a esse ângulo e a medida da hipotenusa.

02. (MB) Um triângulo possui as seguintes medidas de seus lados: 3, 12 e 14. Este triângulo possui:

a) Três ângulos obtusos.
b) Três ângulos agudos.
c) Um ângulo obtuso.
d) Um ângulo agudo.
e) Um ângulo reto.

03. Uma pessoa está na margem de um rio, onde existem duas árvores (B e C, na figura). Na outra margem, em frente a B, existe outra árvore, A, vista de C segundo um ângulo de 30°, com relação a B. Se a distância de B a C é 150m, qual é a largura do rio, aproximadamente, sendo $\sqrt{2} = 1,41$ e $\sqrt{3} = 1,73$?

	30°	45°	60°
sen	1/2	$\sqrt{2}/2$	$\sqrt{3}/2$
cos	$\sqrt{3}/2$	$\sqrt{2}/2$	1/2
tg	$\sqrt{3}/3$	1	$\sqrt{3}$

a) 129,75
b) 105,75
c) 100,25
d) 95,50
e) 86,50

04. Considerando $\tg 25° = 1/2$, o valor de $\tg 20°$ será:

a) 1/6
b) 1/5
c) 1/4
d) 1/3

05. (FUNIVERSA) Investigações de um crime com arma de fogo indicam que um atirador atingiu diretamente dois pontos, B e C, a partir de um único ponto A. São conhecidas as distâncias: AC = 3m, AB = 2m e BC = 2,65m. A medida do ângulo formado pelas duas direções nas quais o atirador disparou os tiros é mais próxima de:

a) 30°
b) 45°
c) 60°
d) 75°
e) 90°

06. (COPESE) Para que o telhado de uma casa possa ser construído deve-se levar em consideração alguns fatores de dimensionamento, dentre os quais as especificações relacionadas com a largura e o ângulo de elevação do telhado. Conforme exemplo ilustrado na figura a seguir:

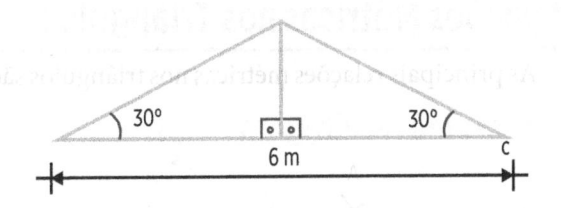

De acordo com as informações anteriormente indicadas no exemplo ilustrado, a medida da elevação do telhado é (considere duas casas decimais após a vírgula e tg 30° = 0,58)

a) 0,90m
b) 1,74m
c) 1,80m
d) 3,00m
e) 3,48m

07. Considerando-se que x é um arco com extremidade no segundo quadrante e que sen x = $\frac{4}{5}$, então pode-se afirmar que o valor de $5\cos^2 x - 3\text{tg } x$ é:

a) $-\frac{11}{5}$
b) $-\frac{29}{15}$
c) $\frac{11}{5}$
d) $\frac{45}{15}$
e) $\frac{29}{5}$

08. A figura representa parte do gráfico cartesiano da função $f(x)$ igual a:

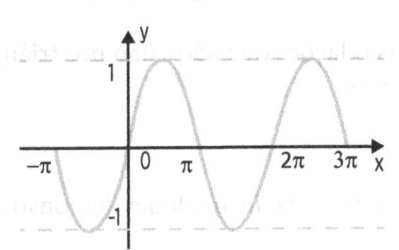

a) sen x
b) cos x
c) cotg x
d) tg x
e) tg² x

09. A expressão $y = \frac{1 - \cos x}{1 + \cos x}$ pode ser escrita como:

a) y = cos sec x - cotg x
b) y = sec x - cotg x
c) y = 1
d) y = (cos sec x - sen x)²
e) y = (cos sec x - cotg x)²

10. (FIP) Se sen x = 0,8 e $x \in = \left[0; \frac{\pi}{2}\right]$, então, quanto vale sen(2x)?

a) 0,65
b) 1,6
c) 0,55
d) 0,96
e) 0,72

GABARITO

01	E	06	E
02	C	07	C
03	E	08	E
04	D	09	D
05	C	10	C

ANOTAÇÕES

16. Geometria Plana

Neste capítulo serão abordados os principais conceitos de geometria plana e suas aplicações.

Semelhanças de Figuras

Duas figuras (formas geométricas) são semelhantes quando satisfazem a duas condições: os seus ângulos têm o mesmo tamanho e os lados correspondentes são proporcionais.

Nos triângulos existem alguns casos de semelhanças bem conhecidos;

1º caso: LAL (lado, ângulo, lado): dois lados congruentes e o ângulo entre esses lados também congruentes.

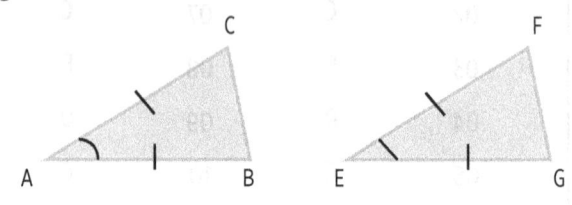

2º caso: LLL (lado, lado, lado): os três lados congruentes.

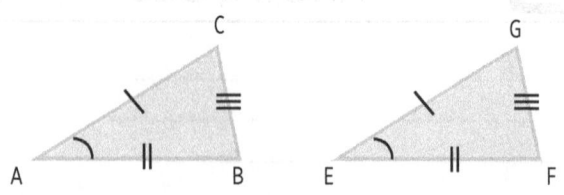

3º caso: ALA (ângulo, lado, ângulo): dois ângulos congruentes e o lado entre esses ângulos também congruente.

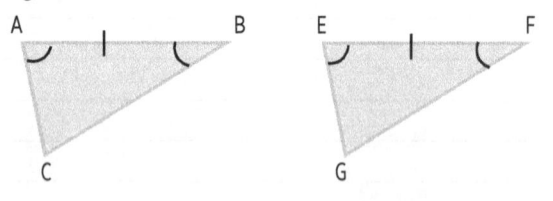

4º caso: LAA_o (lado, ângulo, ângulo oposto): congruência do ângulo adjacente ao lado, e congruência do ângulo oposto ao lado.

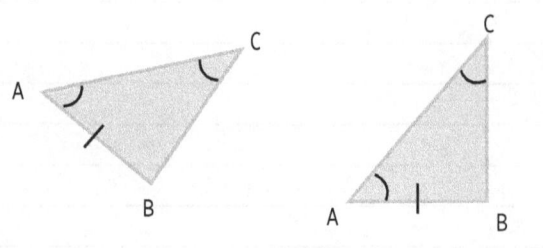

Relações Métricas nos Triângulos

As principais relações métricas nos triângulos são:

Teorema de Pitágoras

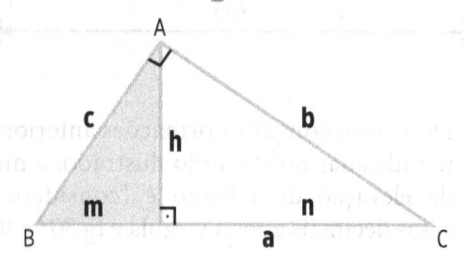

O quadrado da hipotenusa é igual a soma dos quadrados dos catetos.

$$a^2 = b^2 + c^2$$

Além das relações que decorrem do teorema de Pitágoras, o quadrado de um cateto é igual ao produto da hipotenusa pela projeção desse cateto sobre a hipotenusa.

$$b^2 = a \cdot n$$
$$c^2 = a \cdot m$$

O produto dos catetos é igual ao produto da hipotenusa pela altura relativa à hipotenusa.

$$b \cdot c = a \cdot h$$

O quadrado da altura é igual ao produto das projeções dos catetos sobre a hipotenusa.

$$h^2 = m \cdot n$$

Outras relações que não estão nos triângulos retângulos são:

Lei dos Cossenos

Para um triângulo qualquer demonstra-se que:

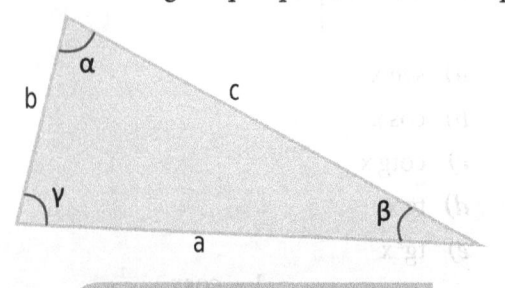

$$a^2 = b^2 + c^2 - 2 \cdot b \cdot c \cdot \cos\alpha$$

> **FIQUE LIGADO**
>
> *Note que o lado "a" do triângulo é oposto ao cosseno do ângulo α.*

Lei dos Senos

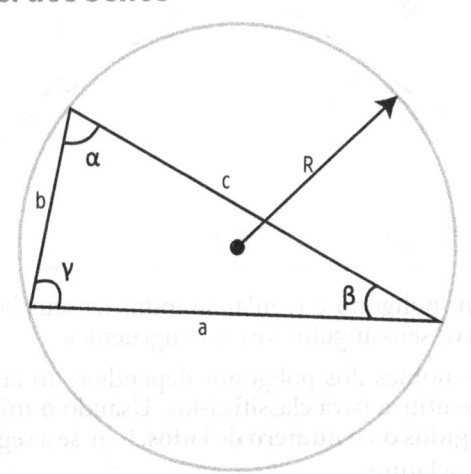

R é o raio da circunferência circunscrita a esse triângulo.

Neste caso, valem as seguintes relações, conforme a lei dos senos:

$$\frac{a}{\operatorname{sen}\alpha} = \frac{b}{\operatorname{sen}\beta} = \frac{c}{\operatorname{sen}\gamma} = 2R$$

Quadriláteros

Quadrilátero é um polígono de quatro lados. Eles possuem os seguintes elementos:

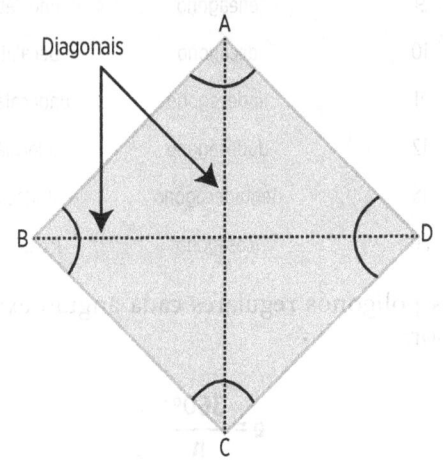

Vértices: A, B, C, e D.

Lados: AB, BC, CD, DA.

Diagonais: AC e BD.

Ângulos internos ou ângulos do quadrilátero ABCD: Â, B̂, Ĉ e D̂.

> **FIQUE LIGADO**
>
> *Todo quadrilátero tem duas diagonais.*
> *O perímetro de um quadrilátero ABCD é a soma das medidas de seus lados, ou seja: AB + BC + CD + DA.*

Quadriláteros Importantes

Paralelogramo

Paralelogramo é o quadrilátero que tem os lados opostos paralelos.

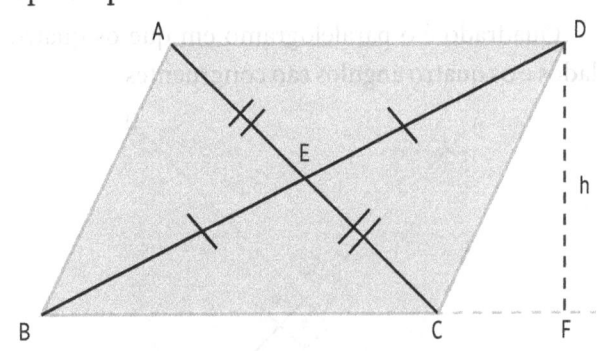

h é a altura do paralelogramo.

Num paralelogramo:

Os lados opostos são congruentes;

Cada diagonal o divide em dois triângulos congruentes;

Os ângulos opostos são congruentes;

As diagonais interceptam-se em seu ponto médio.

Retângulo

Retângulo é o paralelogramo em que os quatro ângulos são congruentes (retos).

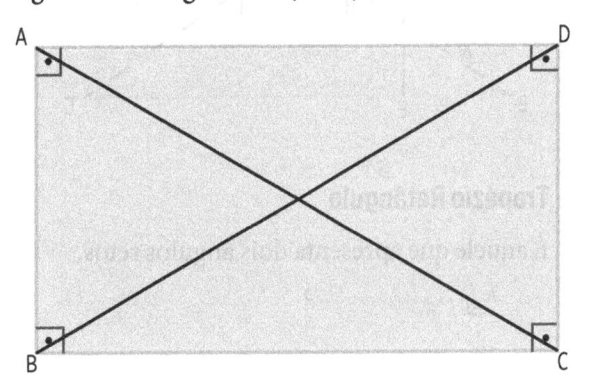

Losango

Losango é o paralelogramo em que os quatro lados são congruentes.

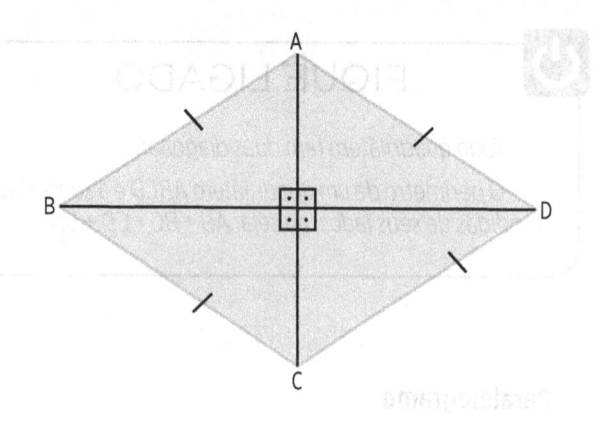

Quadrado

Quadrado é o paralelogramo em que os quatro lados e os quatro ângulos são congruentes.

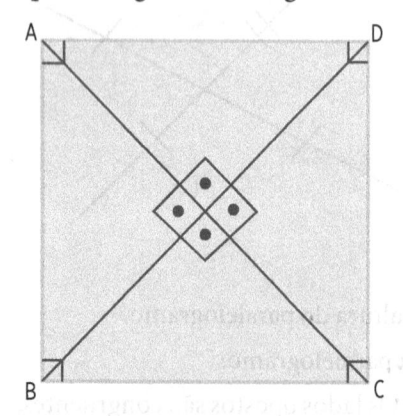

Trapézios

É o quadrilátero que apresenta somente dois lados paralelos chamados bases.

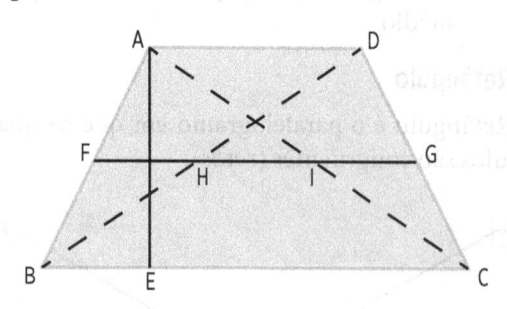

Trapézio Retângulo

É aquele que apresenta dois ângulos retos.

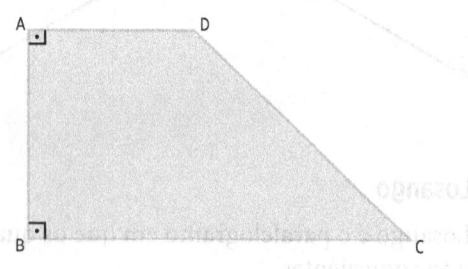

Trapézio Isósceles

É aquele em que os lados não paralelos são congruentes.

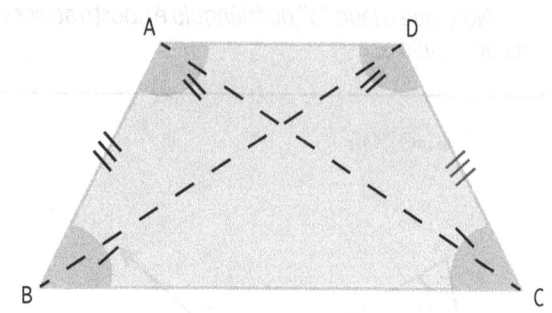

Polígonos Regulares

Um polígono é regular se todos os seus lados e todos os seus ângulos forem congruentes.

Os nomes dos polígonos dependem do critério que se utiliza para classificá-los. Usando **o número de ângulos** ou o **número de lados**, tem-se a seguinte nomenclatura:

Número de lados (ou ângulos)	Nome do Polígono	
	Em função do número de ângulos	Em função do número de lados
3	triângulo	trilátero
4	quadrângulo	quadrilátero
5	pentágono	pentalátero
6	hexágono	hexalátero
7	heptágono	heptalátero
8	octógono	octolátero
9	eneágono	enealátero
10	decágono	decalátero
11	undecágono	undecalátero
12	dodecágono	dodecalátero
15	pentadecágono	pentadecalátero
20	icoságono	icosalátero

Nos polígonos regulares cada ângulo externo é dado por:

$$e = \frac{360°}{n}$$

A soma dos ângulos internos é dada por:

$$S_i = 180 \cdot (n-2)$$

E cada ângulo interno é dado por:

$$i = \frac{180(n-2)}{n}$$

Diagonais de um Polígono

O segmento que liga dois vértices não consecutivos de polígono é chamado de diagonal.

O número de diagonais de um polígono é dado pela fórmula:

$$d = \frac{n \cdot (n-3)}{2}$$

Círculos e Circunferências

Círculo

É a área interna a uma circunferência.

Circunferência

É o contorno do círculo. Por definição, é o lugar geométrico dos pontos equidistantes ao centro.

A distância entre o centro e o lado é o raio.

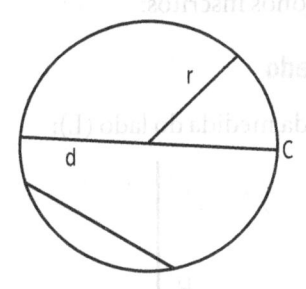

Corda

É o seguimento que liga dois pontos da circunferência.

A maior corda, ou corda maior de uma circunferência, é o diâmetro. Também dizemos que a corda que passa pelo centro é o diâmetro.

Posição Relativa entre Reta e Circunferência

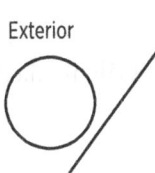

Secante Tangente Exterior

Uma reta é:

> **Secante**: distância entre a reta e o centro da circunferência é menor que o raio.
> **Tangente**: a distância entre a reta e o centro da circunferência é igual ao raio.
> **Externa**: a distância entre a reta e o centro da circunferência é maior que o raio.

Posição Relativa entre Circunferência

As posições relativas entre circunferência são basicamente 5.

- **Circunferência Secante**

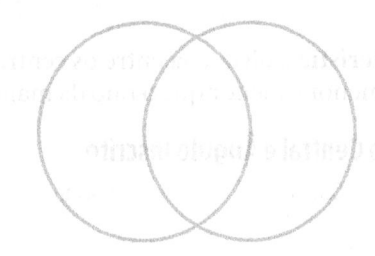

Característica: a distância entre os centros é menor que a soma dos raios das duas, porém, é maior que o raio de cada uma.

- **Externo**

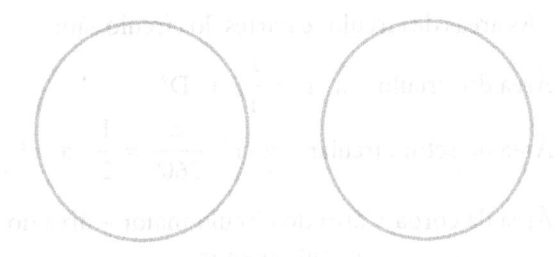

Característica: a distância entre os centros é maior que a soma do raio.

- **Tangente**

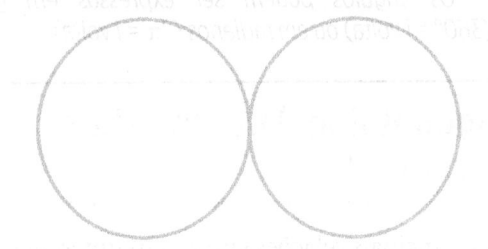

Característica: distância entre centro é igual à soma dos raios.

- **Interna**

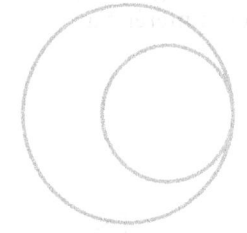

Característica: distância entre os centros mais o raio da menor é igual ao raio da maior.

- **Interior**

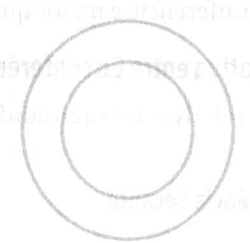

Característica: distância entre os centros menos o raio da menor é menor que o raio da maior.

Ângulo Central e Ângulo Inscrito

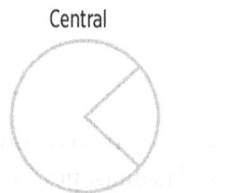

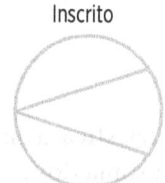

Central   Inscrito

Um ângulo central sempre é o dobro do ângulo inscrito de um mesmo arco.

As áreas de círculos e partes do círculo são:

Área do círculo = $\pi \cdot r^2 = \dfrac{1}{4} \cdot \pi \cdot D^2$

Área do setor circular = $\pi \cdot r^2 \cdot \dfrac{\alpha}{360º} = \dfrac{1}{2} \cdot \alpha \cdot r^2$

Área da coroa = área do círculo maior − área do círculo menor

> **FIQUE LIGADO**
>
> Os ângulos podem ser expressos em graus (360° = 1 volta) ou em radianos (2π = 1 volta)

Polígonos Regulares Inscritos e Circunscritos

As principais relações entre a circunferência e os polígonos são:

Qualquer polígono regular é inscritível em uma circunferência.

Qualquer polígono regular e circunscritível a uma circunferência.

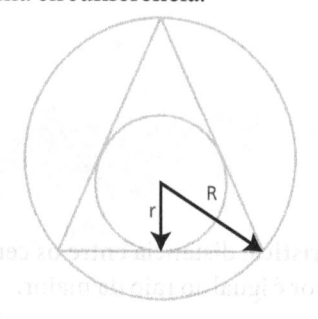

Polígono circunscrito a uma circunferência é o que possui seus lados tangentes à circunferência. Ao mesmo tempo, dizemos que esta circunferência está inscrita no polígono.

Já um polígono é inscrito em uma circunferência se cada vértice do polígono for um ponto da circunferência, e neste caso dizemos que a circunferência é circunscrita ao polígono.

Da inscrição e circunscrição dos polígonos nas circunferências podem-se ter as seguintes relações:

Apótema de um polígono regular é a distância do centro a qualquer lado. Ele é sempre perpendicular ao lado.

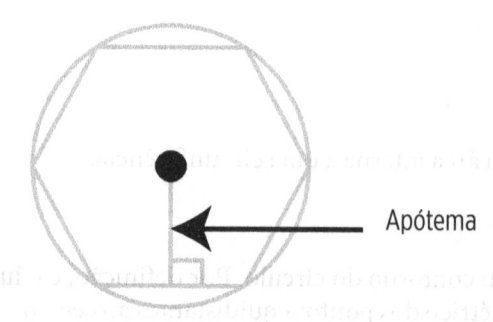

Nos polígonos inscritos:

No Quadrado

Cálculo da medida do lado (L):

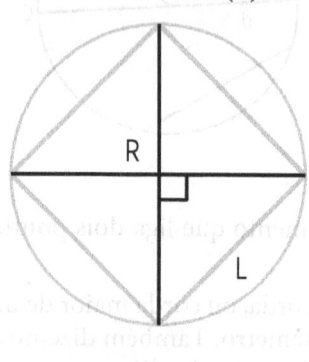

$$L = R\sqrt{2}$$

Cálculo da medida do apótema (a):

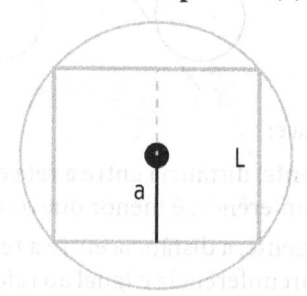

$$a = \frac{R\sqrt{2}}{2}$$

No Hexágono

Cálculo da medida do lado (L):

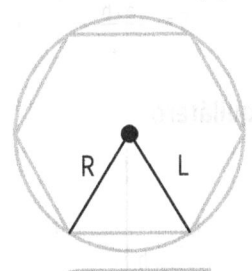

$$L = R$$

Cálculo da medida do apótema (a):

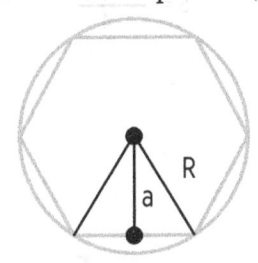

$$a = \frac{R\sqrt{3}}{2}$$

No Triângulo Equilátero

Cálculo da medida do lado (L):

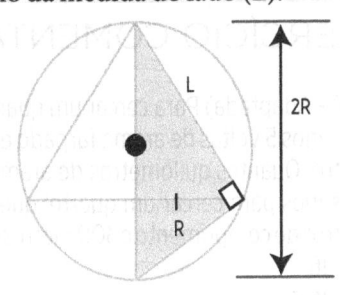

$$L = R\sqrt{3}$$

Cálculo da medida do apótema (a):

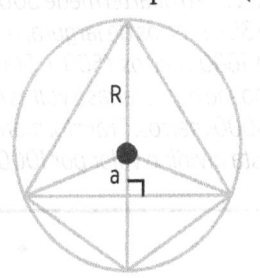

$$a = \frac{R}{2}$$

Nos polígonos circunscritos:

No Quadrado

Cálculo da medida do lado (L):

$$L = 2R$$

Cálculo da medida do apótema (a):

$$a = R$$

No Hexágono

Cálculo da medida do lado (L):

$$L = \frac{2R\sqrt{3}}{3}$$

Cálculo da medida do apótema (a):

$$a = R$$

No Triângulo Equilátero

Cálculo da medida do lado (L):

$$L = 2R\sqrt{3}$$

Cálculo da medida do apótema (a):

$$a = R$$

Perímetros e Áreas dos Polígonos e Círculos

Perímetro

Perímetro: É o contorno da figura ou seja, a soma dos lados da figura.

Para calcular o perímetro do círculo utilize: $P = 2\pi \cdot r$

Área

É o espaço interno, ou seja, a extensão que ela ocupa dentro do perímetro.

As principais áreas (S) de polígonos são:

Retângulo

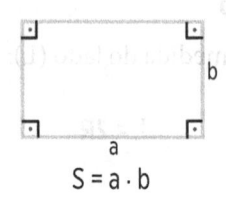

$$S = a \cdot b$$

Quadrado

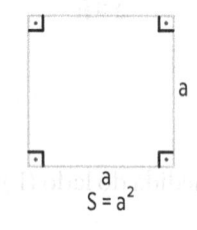

$$S = a^2$$

Paralelogramo

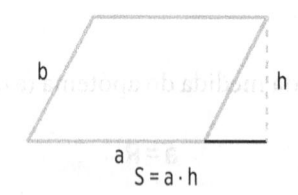

$$S = a \cdot h$$

Losango

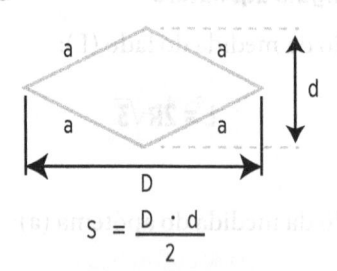

$$S = \frac{D \cdot d}{2}$$

Trapézio

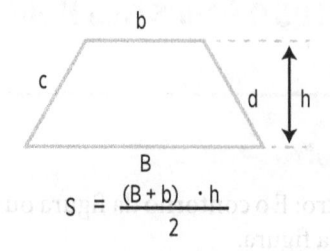

$$S = \frac{(B + b) \cdot h}{2}$$

Triângulo

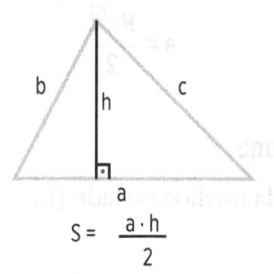

$$S = \frac{a \cdot h}{2}$$

Triângulo Equilátero

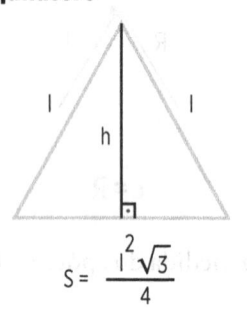

$$S = \frac{l^2 \sqrt{3}}{4}$$

Círculo

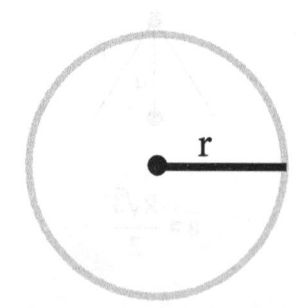

$$S = \pi \cdot r^2$$

EXERCÍCIO COMENTADO

01. (MB - Adaptada) Para cercar um quartel, são necessários 5 voltas de arame farpado em seu perímetro. Quantos quilômetros de arame serão necessários para cercar um quartel que mede 500 metros de comprimento e 300 metros de largura?
a) 16
b) 15,5
c) 12
d) 10,5
e) 8

RESPOSTA: E. *Se o quartel mede 500 metros de comprimento e 300 metros de largura, então seu perímetro será de 1600 metros (500 + 500 + 300 + 300 = 1600). Como são necessárias 5 voltas no terreno, então 1600 · 5 = 8000 metros. Transformando 8000 metros em km (basta dividir o valor por 1000), fica 8 km.*

VAMOS PRATICAR

Os exercícios a seguir são referentes ao conteúdo: Geometria Plana.

01. (EsSA) Um terreno de forma triangular tem frentes de 20 metros e 40 metros, em ruas que formam, entre si, um ângulo de 60°. Admitindo-se, a medida do perímetro do terreno, em metros, é:

a) 94
b) 93
c) 92
d) 91
e) 90

02. Um quadrado e um retângulo têm a mesma área. Os lados do retângulo são expressos por números naturais consecutivos, enquanto que o quadrado tem $2\sqrt{5}$ centímetros de lado. Assim, o perímetro, em centímetros, do retângulo é:

a) 12
b) 16
c) 18
d) 20
e) 24

03. (EsSA) As diagonais de um losango medem 48cm e 33cm. Se a medida da diagonal maior diminuir 4cm, então, para que a área permaneça a mesma, deve-se aumentar a medida da diagonal menor de:

a) 3cm
b) 5cm
c) 6cm
d) 8cm
e) 9cm

04. Qual o perímetro do polígono abaixo?

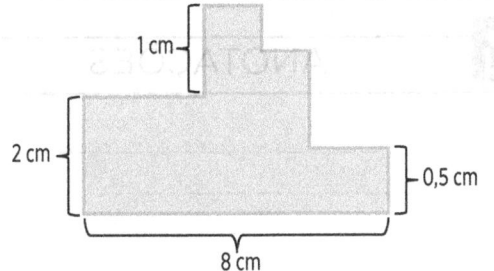

a) 15 cm
b) 18 cm
c) 20 cm
d) 22 cm
e) 23 cm

05. (Vunesp) Na figura, cujas dimensões estão em metros, a linha pontilhada representa uma grade que foi colocada em dois lados de um canteiro. A extensão total dessa grade é:

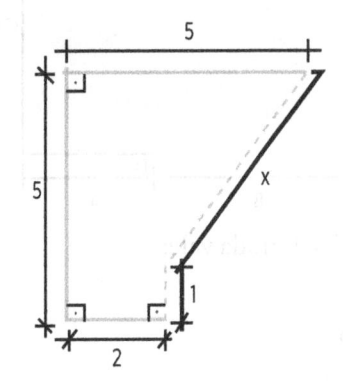

a) 6,00 m
b) 5,80 m
c) 5,75 m
d) 5,50 m
e) 5,00 m

06. (Cesgranrio) Abaixo, temos a planta de um terreno retangular, de 810 m² de área cercado por um muro. Note que o terreno tem 36 m de comprimento, e que há um único portão de acesso com 2,5 m de largura.

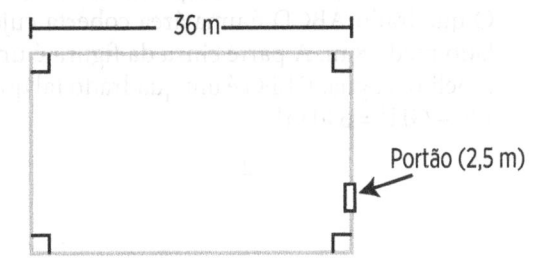

Qual é, em metros, o comprimento do muro que cerca esse terreno?

a) 113,0
b) 113,5
c) 114,5
d) 116,0
e) 117,0

07. (CEPERJ) Observe atentamente o retângulo abaixo, no interior do qual se encontra um polígono ABCD:

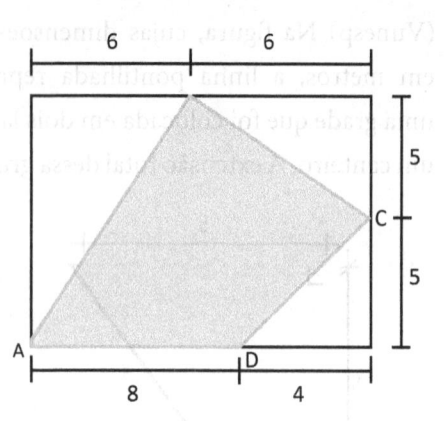

A área hachurada vale:

a) 55
b) 65
c) 90
d) 120
e) 150

08. (FUNCAB) A área de um triângulo isósceles cujos lados iguais medem 4, e dois de seus ângulos medem 45°, corresponde a:

a) 4 u.a.
b) 8 u.a.
c) 12 u.a.
d) 16 u.a.
e) 20 u.a.

09. (FUNIVERSA) A figura ilustra a planta, a vista superior, de um edifício. O quadrado CGHI corresponde ao corpo da edificação. O quadrado ABCD é uma área coberta cujo lado mede 8 m. A parte cinza da figura é um espelho d'água. DEFG é um quadrado tal que $EF^4 - GH^4 = 640\ m^4$.

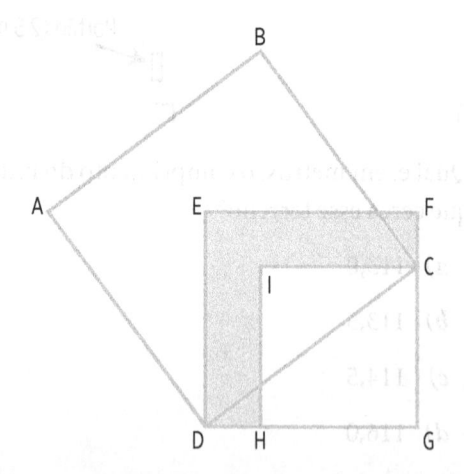

Qual é a medida da superfície do espelho d'água?

a) 80 m²
b) 64 m²
c) 18 m²
d) 10 m²
e) 8 m²

10. (FCC) Ultimamente tem havido muito interesse no aproveitamento da energia solar para suprir outras fontes de energia. Isso fez com que, após uma reforma, parte do teto de um salão de uma empresa fosse substituída por uma superfície retangular totalmente revestida por células solares, todas feitas de um mesmo material. Considere que células solares podem converter a energia solar em energia elétrica e que para cada centímetro quadrado de célula solar que recebe diretamente a luz do sol é gerada 0,01 Watt de potência elétrica;

A superfície revestida pelas células solares tem 3,5 m de largura por 8,4 m de comprimento.

Assim sendo, se a luz do sol incidir diretamente sobre tais células, a potência elétrica que elas serão capazes de gerar em conjunto, em Watts, é:

a) 294.000
b) 38.200
c) 29.400
d) 3.820
e) 2.940

GABARITO

01	A	06	C
02	C	07	B
03	A	08	B
04	D	09	D
05	A	10	E

ANOTAÇÕES

17. Geometria Espacial

Neste capítulo, serão abordados os principais conceitos de geometria espacial e suas aplicações.

Retas e Planos

Veja alguns conceitos:

A reta é infinita, ou seja, contém infinitos pontos.

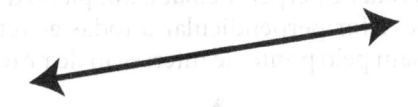

Por um ponto, podem ser traçadas infinitas retas.

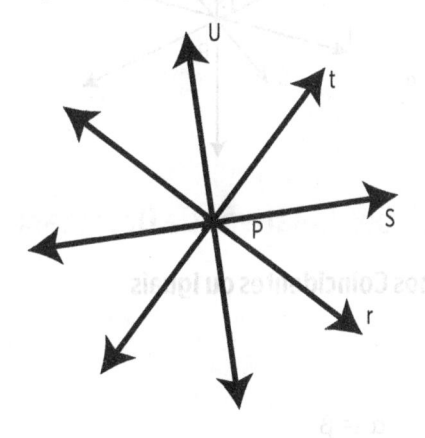

Por dois pontos distintos, passa uma única reta.

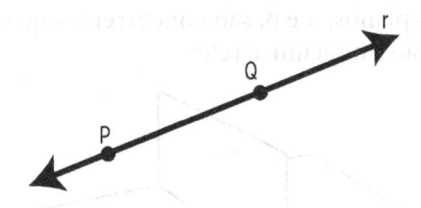

Um ponto qualquer de uma reta divide-a em duas semirretas.

Por três pontos não colineares, passa um único plano.

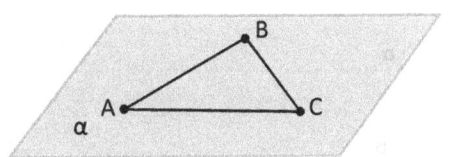

Por uma reta, pode ser traçada uma infinidade de planos.

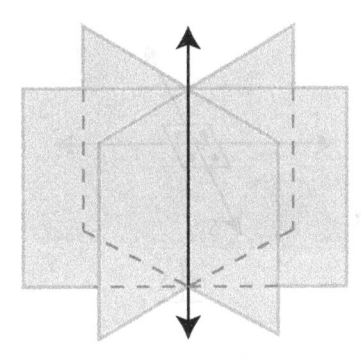

Posições Relativas de Duas Retas

No espaço, duas retas distintas podem ser concorrentes, paralelas ou reversas:

Concorrentes
$r \cap s = \{P\}$
$r \subset \alpha$
$s \subset \alpha$

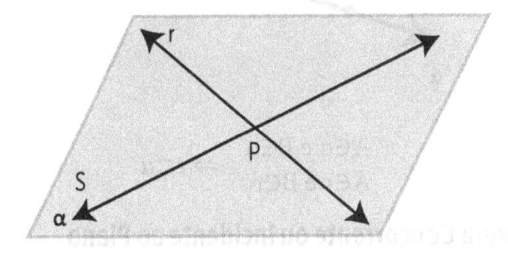

Paralelas
$r \cap s = \{\ \}$
$r \subset \alpha$
$s \subset \alpha$

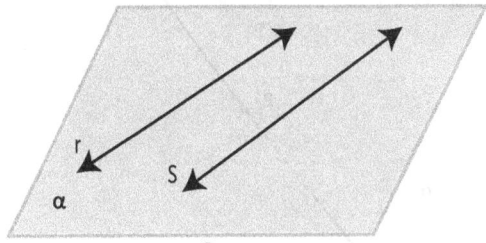

Concorrentes
$r \cap s = \{\ \}$

Não existe plano que contenha
r e s simultaneamente

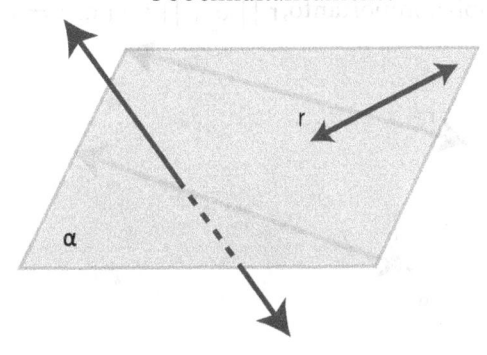

Em particular nas retas concorrentes, há aquelas que são perpendiculares.

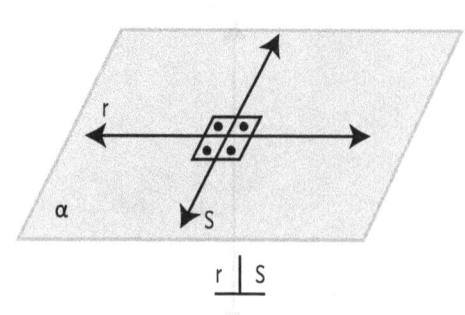

r ⊥ s

Posições Relativas entre Reta e Plano

Reta Contida no Plano

Se uma reta r tem dois pontos distintos num plano α, então, r está contida nesse plano:

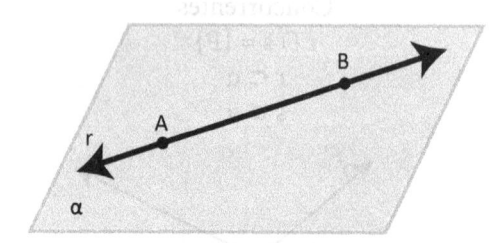

$$A \in \alpha \text{ e } B \in \alpha$$
$$A \in r \text{ e } B \in r$$
$$\Rightarrow r \subset \alpha$$

Reta Concorrente ou Incidente ao Plano

Dizemos que a reta r "fura" o plano α ou que r e α são concorrentes em P quando r ∩ α = {P}.

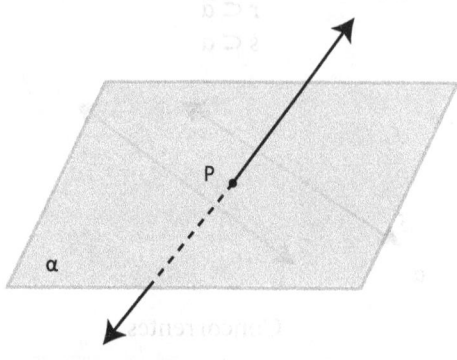

Reta Paralela ao Plano

Se uma reta r e um plano α não tem ponto em comum, então, a reta r é paralela a uma reta t contida no plano α; portanto, r || α, r || t e t ⊂ α ⇒ r || α

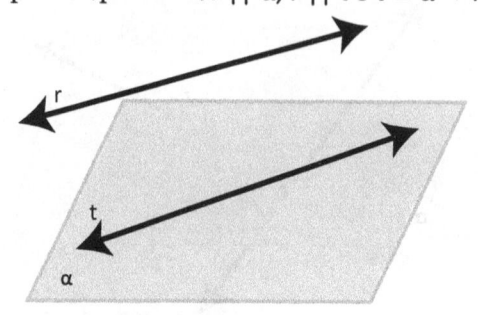

FIQUE LIGADO

Se dois planos distintos têm um ponto em comum, então, a sua interseção é dada por uma única reta que passa por esse ponto.

Perpendicularismo entre Reta e Plano

Uma reta r é perpendicular a um plano α se, e somente se, r for perpendicular a todas as retas de α que passam pelo ponto de interseção de r e α.

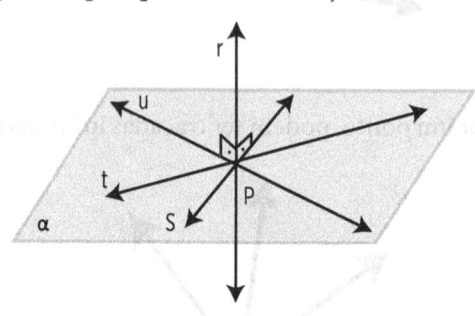

Posições Relativas de Dois Planos

Planos Coincidentes ou Iguais

α ≡ β

Planos Concorrentes ou Secantes

Dois planos, α e β, são concorrentes quando sua interseção é uma única reta:

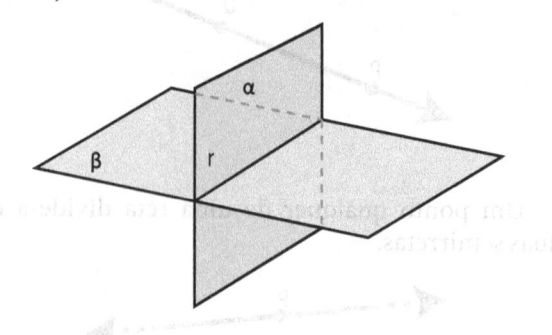

Planos Paralelos

Dois planos, α e β, são paralelos quando sua interseção é vazia:

Perpendicularismo entre planos

Dois planos, α e β, são perpendiculares se, e somente se, exista uma reta de um deles que seja perpendicular ao outro:

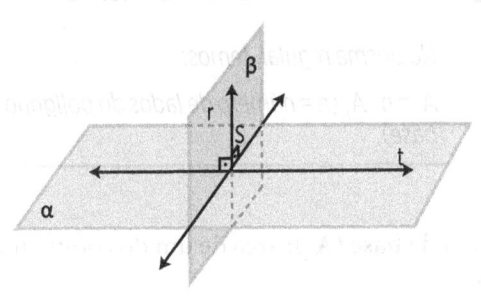

Prismas

Na figura abaixo, temos dois planos paralelos e distintos, α e β, um polígono convexo R contido em α e uma reta r que intercepta α e β, mas não R:

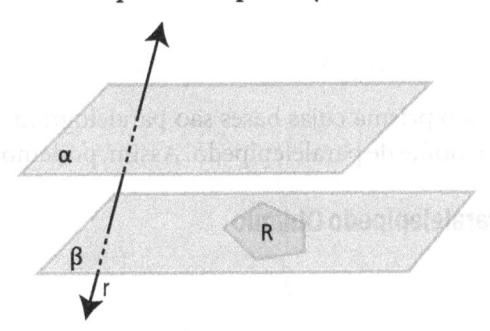

Para cada ponto P da região R, vamos considerar o segmento $\overline{PP'}$, paralelo à reta r (P linha, pertence a Beta.)

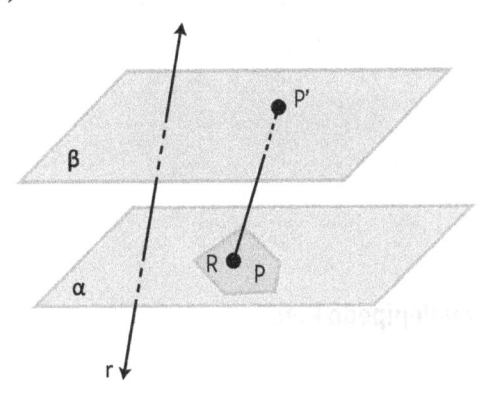

Assim, temos:

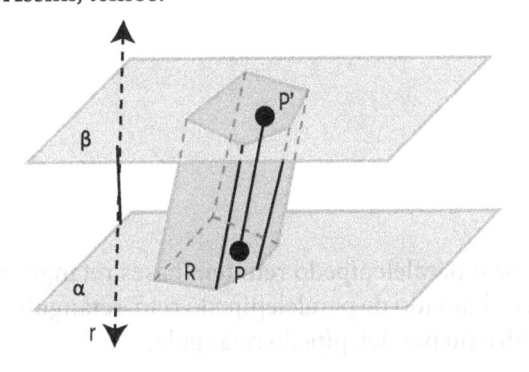

Chama-se de prisma ou prisma limitado o conjunto de todos os segmentos congruentes $\overline{PP'}$ paralelos a r.

Elementos do Prisma

Dado o prisma a seguir, considere os seguintes elementos:

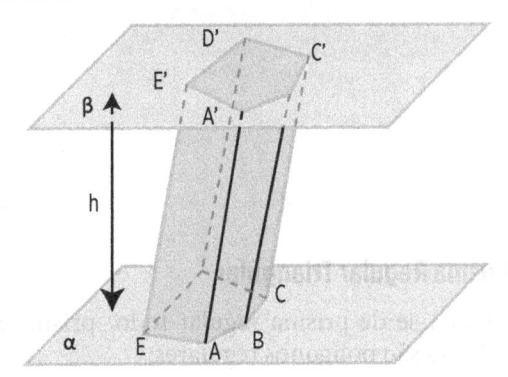

Bases: as regiões poligonais R e S

Altura: a distância h entre os planos α e β

Arestas das bases:

Lados $\overline{AB}, \overline{BC}, \overline{CD}, \overline{DE}, \overline{EA}, \overline{A'B'}, \overline{B'C'}, \overline{D'E'}, \overline{E'A'}$ (dos polígonos)

Arestas laterais:

Os segmentos $\overline{AA'}, \overline{BB'}, \overline{CC'}, \overline{DD'}, \overline{EE'}$

Faces laterais: os paralelogramos AA'BB', BB'C'C, CC'D'D, DD'E'E, EE'A'A

Classificação

Um prisma pode ser:

Reto: quando as arestas laterais são perpendiculares aos planos das bases;

Oblíquo: quando as arestas laterais são oblíquas aos planos das bases.

Prisma Reto

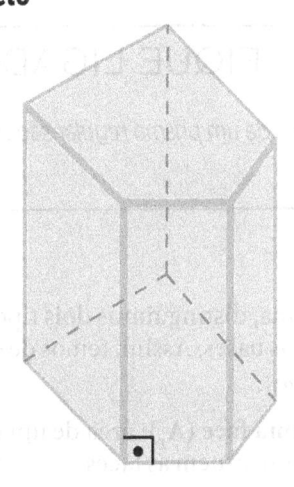

Prisma Oblíquo

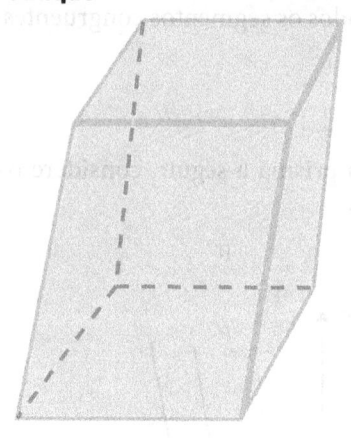

Prisma Regular Triangular

Chama-se de prisma regular todo prisma reto cujas bases são polígonos regulares:

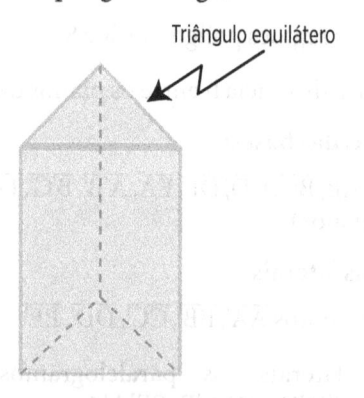

Triângulo equilátero

Prisma Regular Hexagonal

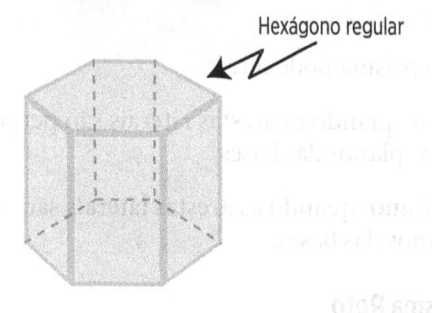

Hexágono regular

> **FIQUE LIGADO**
>
> As faces de um prisma regular são retângulos congruentes.

Áreas

Num prisma, distinguimos dois tipos de superfície: as faces e as bases. Assim, temos de considerar as seguintes áreas:

Área de uma face (A_F): área de um dos paralelogramos que constituem as faces.

Área lateral (A_L): soma das áreas dos paralelogramos que formam as faces do prisma.

> **FIQUE LIGADO**
>
> No prisma regular, temos:
>
> $A_L = n \cdot A_F$ (n = número de lados do polígono da base).

Área da base (A_B): área de um dos polígonos das bases.

Área total (A_T): soma da área lateral com a área das bases:

$$A_T = A_L + 2A_B$$

Paralelepípedo

Todo prisma cujas bases são paralelogramos recebe o nome de paralelepípedo. Assim, podemos ter:

Paralelepípedo Oblíquo

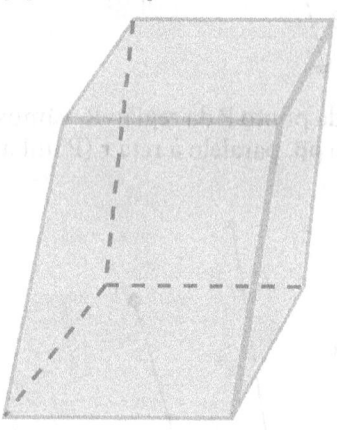

Paralelepípedo Reto

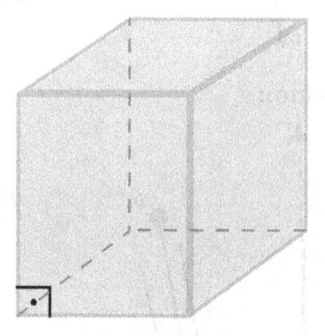

Se o paralelepípedo reto tem bases retangulares, ele é chamado de paralelepípedo reto-retângulo, ortoedro ou paralelepípedo retângulo.

Paralelepípedo Retângulo

Diagonais da base e do paralelepípedo:

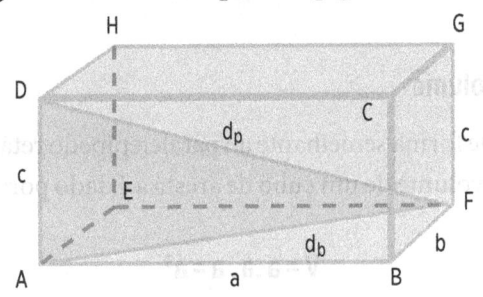

d_b = diagonal da base

d_p = diagonal do paralelepípedo

Na base, ABFE, tem-se:

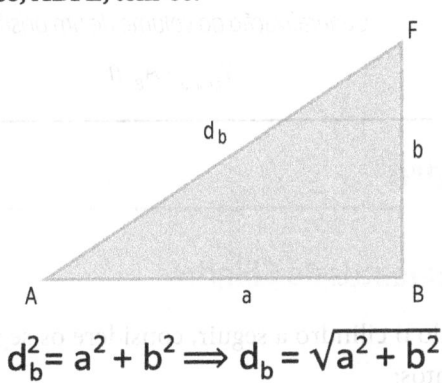

$$d_b^2 = a^2 + b^2 \Rightarrow d_b = \sqrt{a^2 + b^2}$$

No triângulo AFD, tem-se:

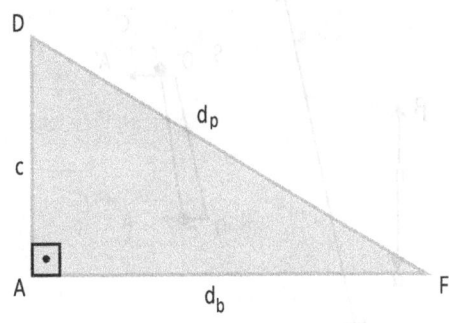

$$d_p^2 = d_b^2 + c^2 = a^2 + b^2 + c^2 \Rightarrow d_p = \sqrt{a^2 + b^2 + c^2}$$

Área Lateral

Sendo A_L a área lateral de um paralelepípedo retângulo, tem-se:

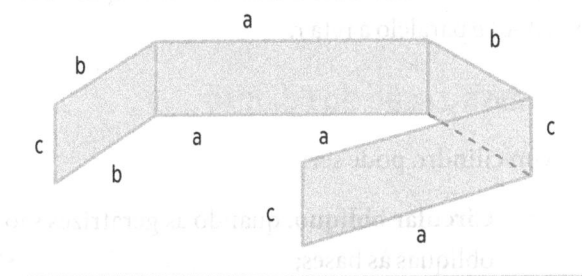

$$A_L = ac + bc + ac + bc = 2ac + 2bc = A_L = 2(ac + bc)$$

Área Total

Planificando o paralelepípedo, verificamos que a área total é a soma das áreas de cada par de faces opostas:

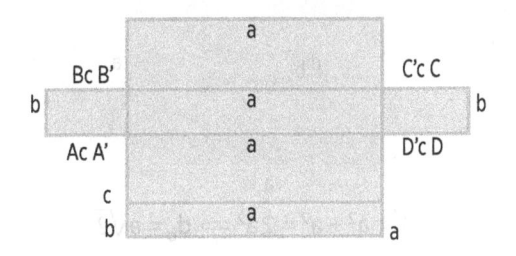

$$A_T = 2(ab + ac + bc)$$

Volume

O volume de um paralelepípedo retângulo de dimensões a, b e c é dado por:

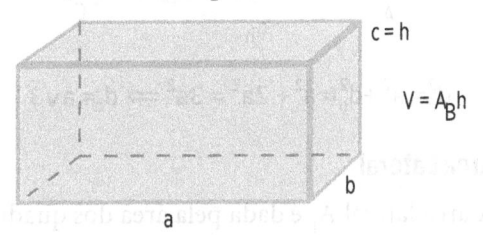

$V = A_B h$

$$V = a \cdot b \cdot c$$

Cubo

Um paralelepípedo retângulo com todas as arestas congruentes (a = b = c) recebe o nome de cubo. Dessa forma, cada face é um quadrado.

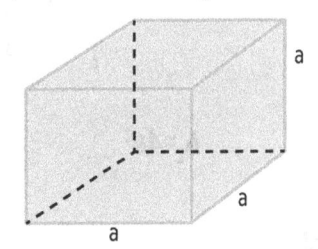

Diagonais da base e do cubo

Considere a figura a seguir:

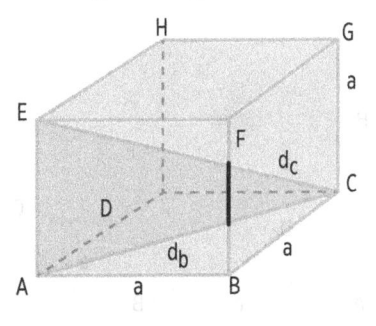

d_c = diagonal do cubo

d_b = diagonal da base

Na base ABCD, tem-se:

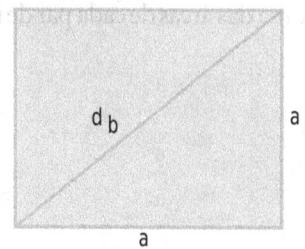

$d_c^2 = a^2 + a^2 = 2a^2 \Rightarrow d_b = a\sqrt{2}$

No triângulo ACE, tem-se:

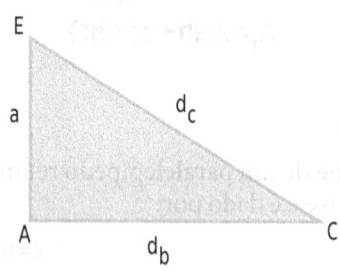

$d_c^2 = a^2 + d_b^2 = a^2 + 2a^2 = 3a^2 \Rightarrow d_c = a\sqrt{3}$

Área Lateral

A área lateral A_L é dada pela área dos quadrados de lado a:

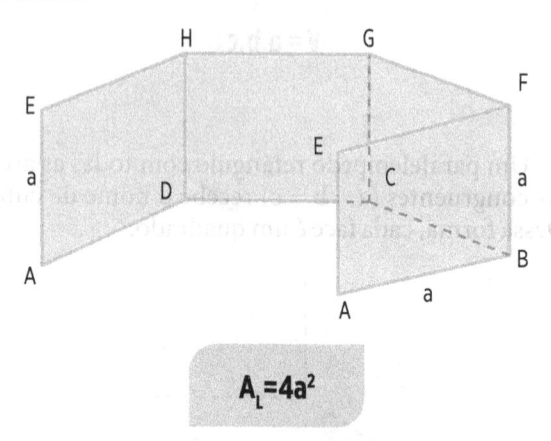

$$A_L = 4a^2$$

Área Total

A área total A_T é dada pela área dos seis quadrados de lado a:

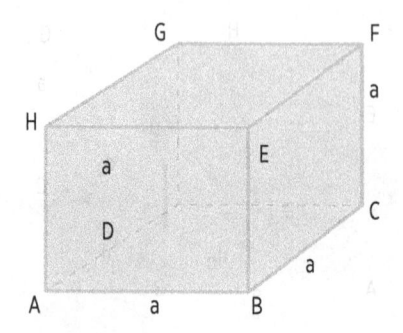

$$A_T = 6a^2$$

Volume

De forma semelhante ao paralelepípedo retângulo, o volume de um cubo de aresta a é dado por:

$$V = a \cdot a \cdot a = a^3$$

> **FIQUE LIGADO**
>
> Generalização do volume de um prisma:
>
> $V_{prisma} = A_B \cdot h$

Cilindro

Elementos do Cilindro

Dado o cilindro a seguir, considere os seguintes elementos:

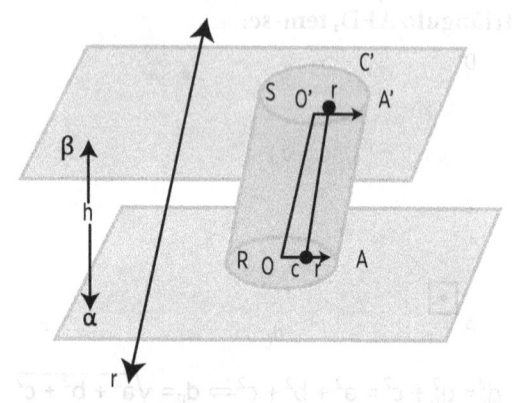

Bases: os círculos de centro O e O' e raios r.

Altura: a distância h entre os planos α e β.

Geratriz: qualquer segmento de extremidades nos pontos das circunferências das bases (por exemplo, $\overline{AA'}$) e paralelo à reta r.

Classificação do Cilindro

Um cilindro pode ser:

> **Circular oblíquo:** quando as geratrizes são oblíquas às bases;

> **Circular reto:** quando as geratrizes são perpendiculares às bases.

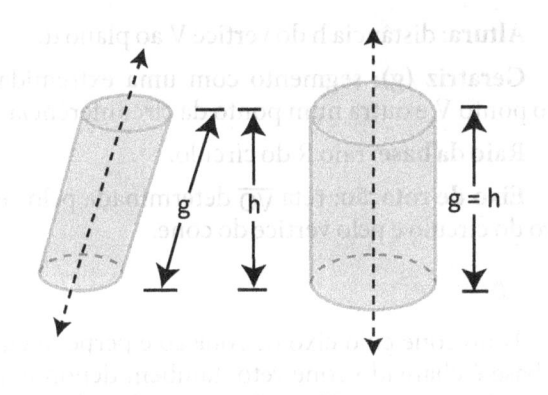

O cilindro circular reto é também chamado de cilindro de revolução, por ser gerado pela rotação completa de um retângulo por um de seus lados. Assim, a rotação do retângulo ABCD pelo lado $\overline{BC}$ gera o cilindro a seguir:

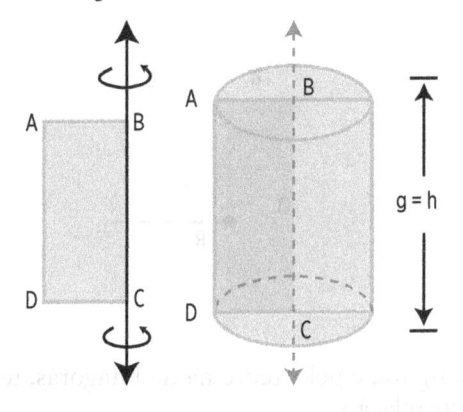

A reta $\overline{BC}$ contém os centros das bases e é o eixo do cilindro.

Seção

Seção transversal é a região determinada pela interseção do cilindro com um plano paralelo às bases. Todas as seções transversais são congruentes.

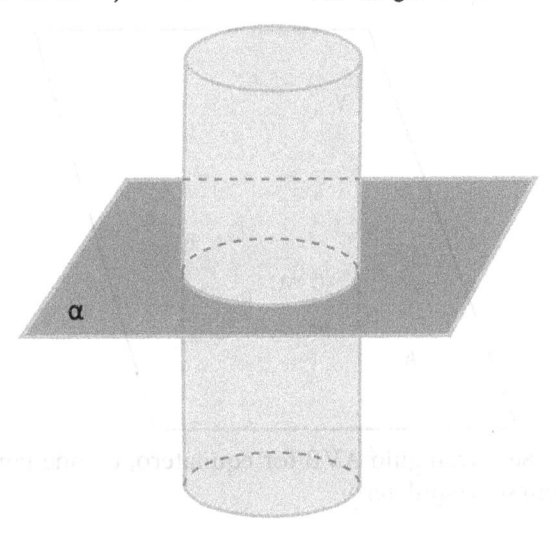

Seção meridiana é a região determinada pela interseção do cilindro com um plano que contém o eixo.

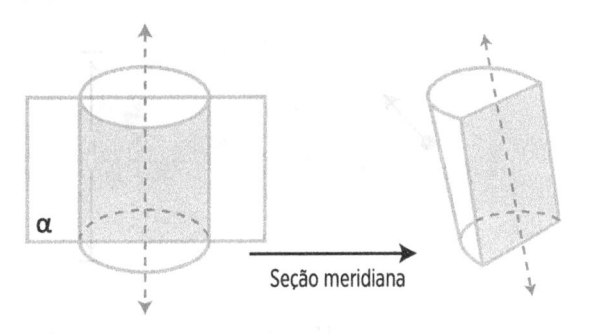

Áreas

Num cilindro, consideramos as seguintes áreas:

Área Lateral (A_L)

Pode-se observar a área lateral de um cilindro fazendo a sua planificação:

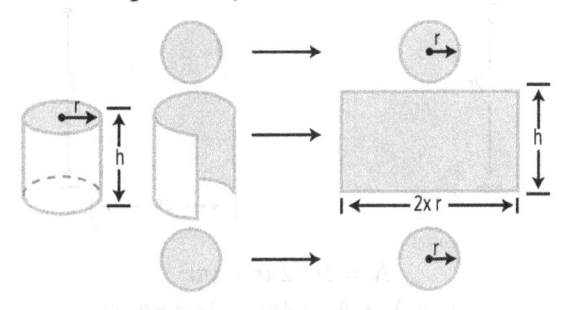

Assim, a área lateral do cilindro reto cuja altura é h e cujos raios dos círculos das bases são r é um retângulo de dimensões $2\pi r$ e h:

$$A_L = 2\pi r h$$

Área da base (A_B): área do círculo de raio r

$$A_B = 2\pi r^2$$

Área total (A_T): soma da área lateral com as áreas das bases

$$A_T = A_L + 2_{AB} = 2\pi r h + 2\pi r^2 = 2\pi r (h + r)$$

Volume

O volume de todo paralelepípedo retângulo e de todo cilindro é o produto da área da base pela medida de sua altura:

$$V_{cilindro} = A_B \cdot h$$

No caso do cilindro circular reto, a área da base é a área do círculo de raio r, $A_B = \pi r^2$; portanto, seu volume é:

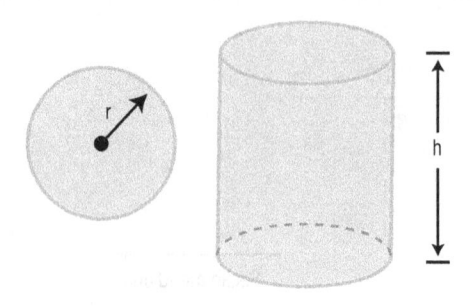

$$V = r^2 h$$

Cilindro Equilátero

Todo cilindro cuja seção meridiana é um quadrado (altura igual ao diâmetro da base) é chamado cilindro equilátero.

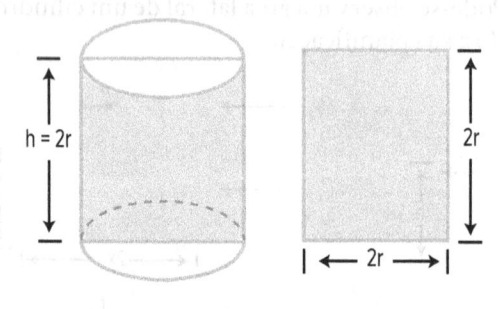

$$A_L = 2r \cdot 2\pi r = 4\pi r^2$$
$$A_T = A_L + A_B = 4\pi r^2 + 2\pi r^2 = 6\pi r^2$$

Cone Circular

Dado um círculo C, contido num plano α, e um ponto V (vértice) fora de α, chamamos de cone circular o conjunto de todos os segmentos $\overline{VP}$, $P \in C$.

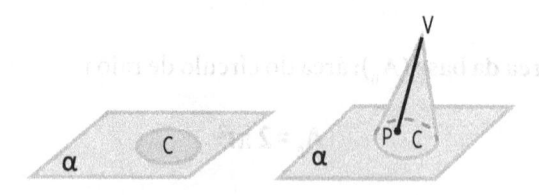

Elementos do cone Circular

Dado o cone a seguir, consideramos os seguintes elementos:

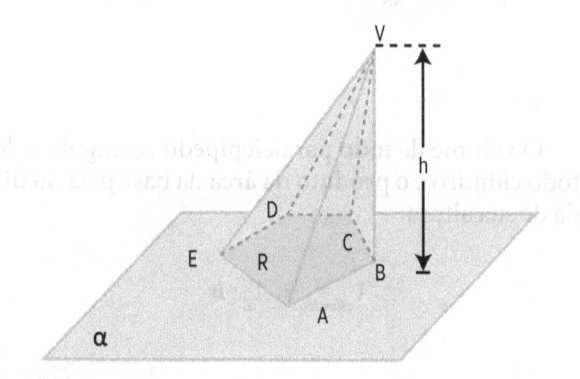

Altura: distância h do vértice V ao plano α.

Geratriz (g): segmento com uma extremidade no ponto V e outra num ponto da circunferência.

Raio da base: raio R do círculo.

Eixo de rotação: reta $\overline{VO}$ determinada pelo centro do círculo e pelo vértice do cone.

Cone Reto

Todo cone cujo eixo de rotação é perpendicular à base é chamado cone reto, também denominado cone de revolução. Ele pode ser gerado pela rotação completa de um triângulo retângulo em torno de um de seus catetos.

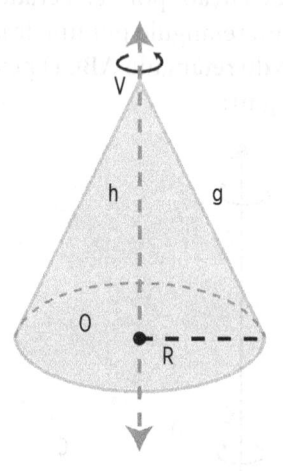

Da figura, e pelo Teorema de Pitágoras, temos a seguinte relação:

$$g^2 = h^2 + R^2$$

Seção Meridiana

A seção determinada, num cone de revolução, por um plano que contém o eixo de rotação é chamada seção meridiana.

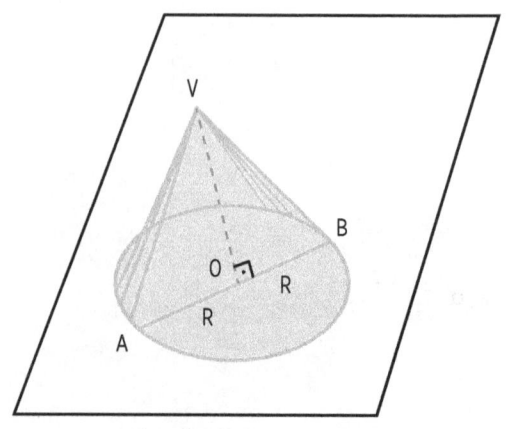

Se o triângulo AVB for equilátero, o cone também será equilátero:

$g = 2R$
$h = R\sqrt{3}$

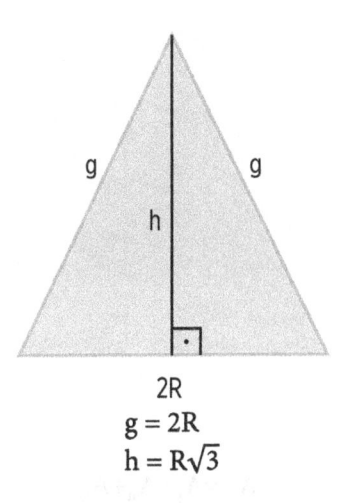

Áreas

Desenvolvendo a superfície lateral de um cone circular reto, obtemos um setor circular de raio g e comprimento $L = 2\pi R$

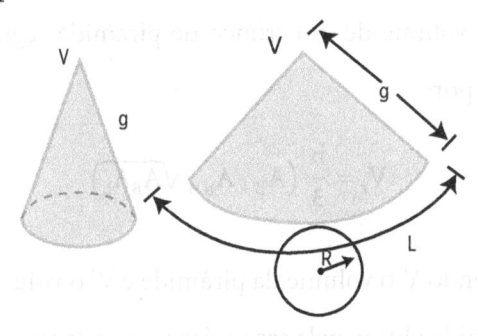

Assim, há de se considerar as seguintes áreas:

Área lateral (AL): área do setor circular

$$A_L = \frac{gl}{2} = \frac{g \cdot 2\pi R}{2} \Rightarrow A_L = \pi R g$$

Área da base (AB): área do círculo do raio R

$$A_B = \pi R^2$$

Área total (AT): soma da área lateral com a área da base

$$A_T = A_L + A_B = \pi R g + \pi R^2 \rightarrow A_T \pi R (g+R)$$

Volume

$$V_{cone} = 2\pi dS = 2\pi \cdot \frac{r}{3} \cdot \frac{rh}{2} \Rightarrow V_{cone} = \frac{1}{3} \cdot \pi r^2 h$$

Pirâmides

Dado um polígono convexo R, contido em um plano α, e um ponto V (vértice) fora de α, chamamos de pirâmide o conjunto de todos os segmentos $\overline{VP}$, $P \in R$.

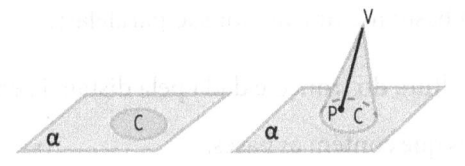

Elementos da Pirâmide

Dada a pirâmide a seguir, tem-se os seguintes elementos:

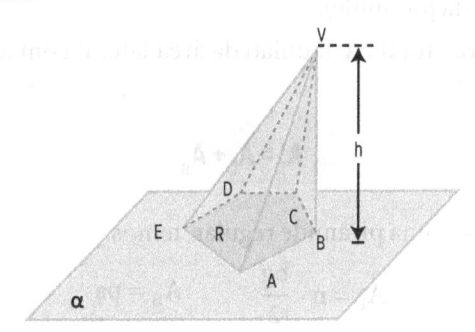

Base: o polígono convexo R.

Arestas da base: os lados $\overline{AB}$, $\overline{BC}$, $\overline{CD}$, $\overline{DE}$, $\overline{EA}$ do polígono.

Arestas laterais: os segmentos $\overline{VA}$, $\overline{VB}$, $\overline{VC}$, $\overline{VD}$, $\overline{VE}$..

Faces laterais: os triângulos VAB, VBC, VCD, VDE, VEA.

Altura: distância h do ponto V ao plano.

Classificação

Uma pirâmide é reta quando a projeção ortogonal do vértice coincide com o centro do polígono da base.

Toda pirâmide reta, cujo polígono da base é regular, recebe o nome de pirâmide regular. Ela pode ser triangular, quadrangular, pentagonal, etc., conforme sua base, seja, respectivamente, um triângulo, um quadrilátero, um pentágono, etc.

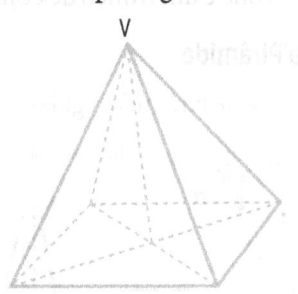

Pirâmide regular quadrangular

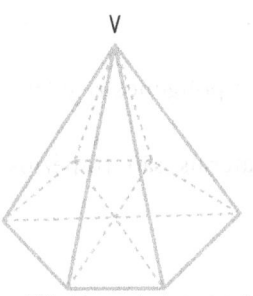

Pirâmide regular hexagonal

Áreas

Numa pirâmide, temos as seguintes áreas:

Área lateral (A_L): reunião das áreas das faces laterais.

Área da base (A_B): área do polígono convexo (base da pirâmide).

Área total (A_T): união da área lateral com a área da base.

$$A_T = A_L + A_B$$

Para uma pirâmide regular, temos:

$$A_L = n \cdot \frac{bg}{2} \qquad A_B = pa$$

Em que:

- **b** é a aresta;
- **g** é o apótema;
- **n** é o número de arestas laterais;
- **p** é o semiperímetro da base;
- **a** é o apótema do polígono da base.

Volume

$$V_{cone} = \frac{1}{3} \cdot \underbrace{\pi \cdot R^2 h}_{\text{Área da base}} \rightarrow \boxed{V_{pirâmide} = \frac{1}{3} \cdot ABh}$$

Troncos

Se um plano interceptar todas as arestas de uma pirâmide ou de um cone, paralelamente às suas bases, o plano dividirá cada um desses sólidos em dois outros: uma nova pirâmide e um tronco de pirâmide; e um novo cone e um tronco de cone.

Tronco da Pirâmide

Dado o tronco de pirâmide regular a seguir, tem-se:

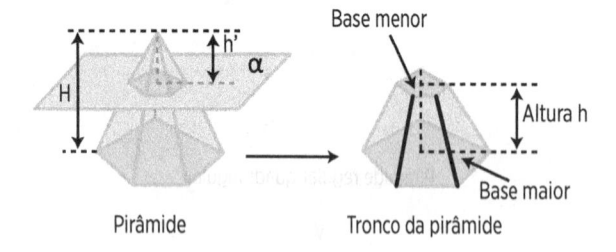

As bases são polígonos regulares paralelos e semelhantes;

As faces laterais são trapézios isósceles congruentes.

Áreas

Área lateral (A_L): soma das áreas dos trapézios isósceles congruentes que formam as faces laterais.

Área total (A_T): soma da área lateral com a soma das áreas da base menor (A_b) e maior (A_B).

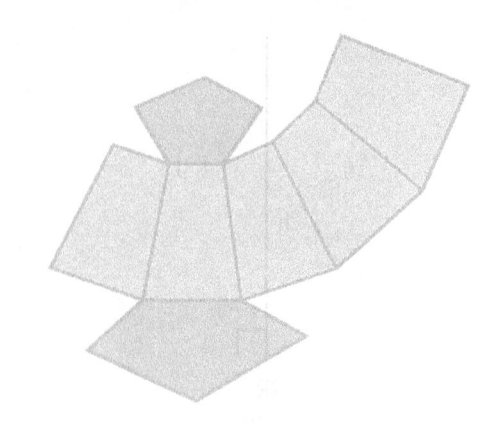

$$A_T = A_L + A_B + A_b$$

Volume

O volume de um tronco de pirâmide regular é dado por:

$$V_r = \frac{h}{3}\left(A_B + A_b + \sqrt{A_B A_b}\right)$$

Sendo V o volume da pirâmide e V' o volume da pirâmide obtido pela seção, é válida a relação:

$$\frac{V'}{V} = \left(\frac{h'}{H}\right)^3$$

Tronco do Cone

Sendo o tronco do cone circular regular a seguir, tem-se:

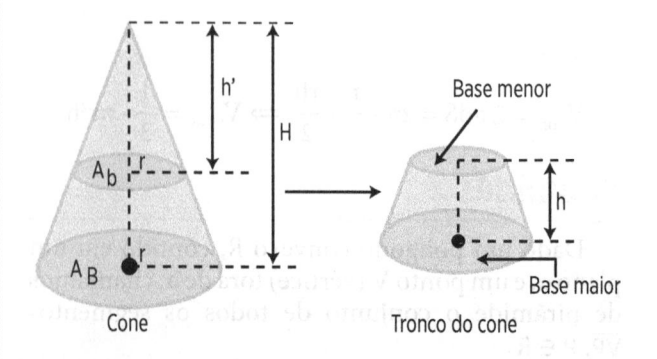

As bases maior e menor são paralelas;

A altura do tronco é dada pela distância entre os planos que contém as bases.

Áreas

Tem-se: área lateral

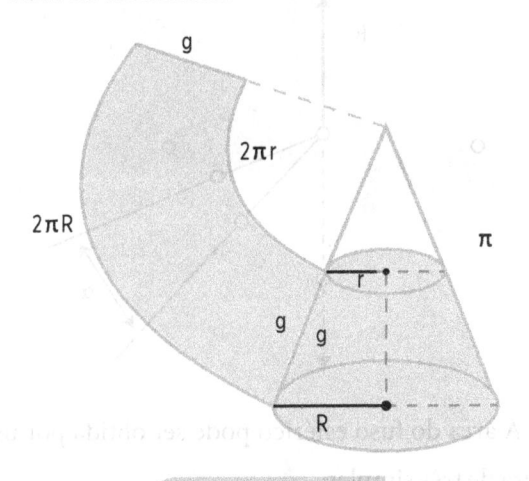

$$A_L = \pi(R + r)g$$

- **Área total**

$$A_T = A_L + A_B + A_b = \pi(R + r)g + \pi R^2 + \pi r^2$$
$$\Downarrow$$
$$A_T = \pi[(R + r)g + R^2 + r^2]$$

- **Volume**

$$V = \frac{h}{3}\left(A_B + A_b + \sqrt{A_B A_b}\right) = \frac{h}{3}\left(\pi R^2 + \pi r^2 + \sqrt{\pi R^2 \cdot \pi r^2}\right)$$
$$\Downarrow$$
$$V = \frac{\pi h}{3}(R^2 + r^2 + Rr)$$

Sendo V o volume do cone e V' o volume do cone obtido pela seção, são válidas as relações:

$$\frac{r}{r'} = \frac{H}{h'}$$

$$\frac{A_B}{A_b} = \left(\frac{H}{h'}\right)^2$$

$$\frac{V}{V'} = \left(\frac{H}{h'}\right)^3$$

Esfera

Chama-se de esfera de centro O e raio R o conjunto de pontos do espaço cuja distância ao centro é menor ou igual ao raio R.

Considerando a rotação completa de um semicírculo em torno de um eixo e, a esfera é o sólido gerado por essa rotação. Assim, ela é limitada por uma superfície esférica e formada por todos os pontos pertencentes a essa superfície e ao seu interior.

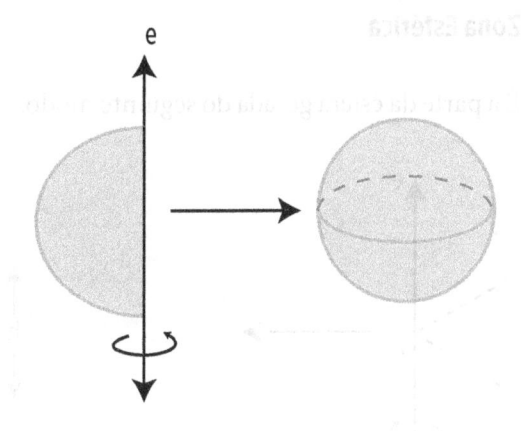

Volume

O volume da esfera de raio R é dado por:

$$V_e = \frac{4}{3} \cdot \pi R^3$$

Partes da Esfera

Superfície Esférica

A superfície esférica de centro O e raio R é o conjunto de pontos do espaço cuja distância ao ponto O é igual ao raio R.

Se considerar a rotação completa de uma semicircunferência em torno de seu diâmetro, a superfície esférica é o resultado dessa rotação.

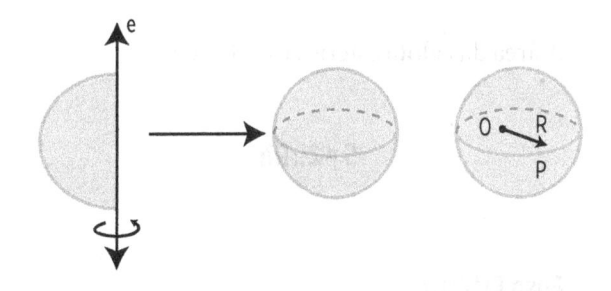

A área da superfície esférica é dada por:

$$A_s = 4\pi R^2$$

Zona Esférica

É a parte da esfera gerada do seguinte modo:

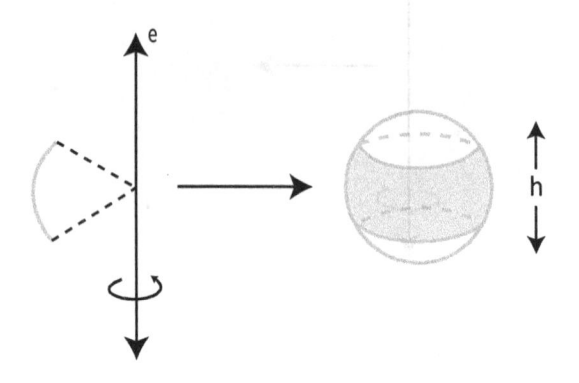

A área da zona esférica é dada por:

$$S = 2\pi Rh$$

Calota Esférica

É a parte da esfera gerada do seguinte modo:

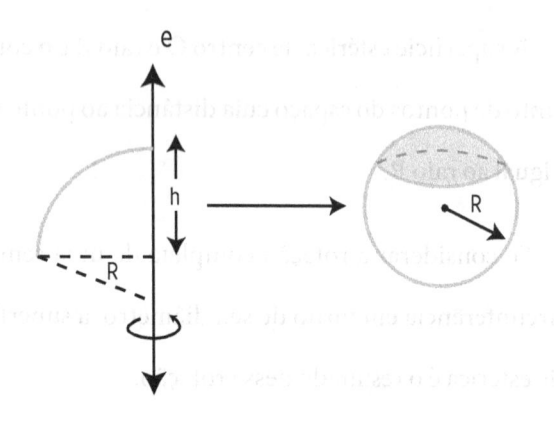

A área da calota esférica é dada por:

$$S = 2\pi Rh$$

Fuso Esférico

O fuso esférico é uma parte da superfície esférica que se obtém ao girar uma semicircunferência de um ângulo $\alpha(0 < \alpha < 2\pi)$ em torno de seu eixo:

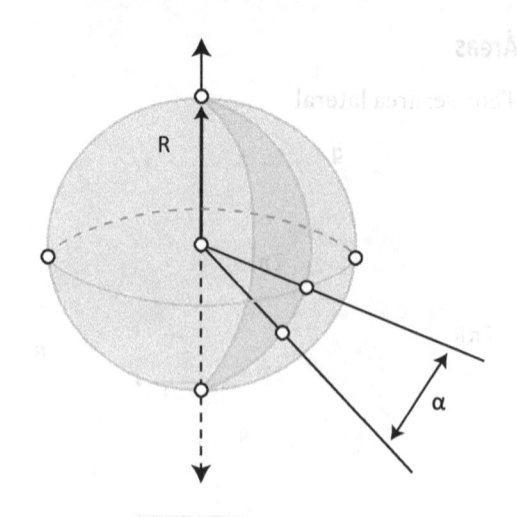

A área do fuso esférico pode ser obtida por uma regra de três simples:

$$\left.\begin{array}{l} A_S - 2\pi \\ A_F - \alpha \end{array}\right\} A_F = \frac{4\pi R^2 \alpha}{2\pi} \Rightarrow A_F = 2R^2\alpha \text{ (α em radianos)}$$

$$\left.\begin{array}{l} A_S = 360° \\ A_F - \alpha \end{array}\right\} A_F = \frac{4\pi R^2 \alpha}{360°} \Rightarrow A_F = \frac{\pi R^2 \alpha}{90°} \text{ (α em graus)}$$

Cunha Esférica

Parte da esfera que se obtém ao girar um semicírculo em torno de seu eixo de um ângulo $\alpha(0 < \alpha < 2\pi)$:

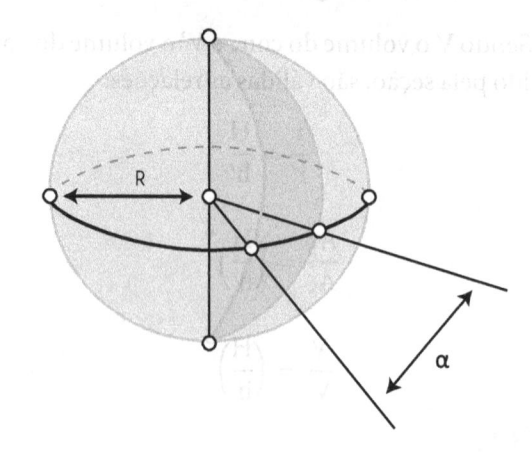

O volume da cunha pode ser obtido por uma regra de três simples:

$$\left.\begin{array}{l} V_e - 2\pi \\ V_c - \alpha \end{array}\right\} \Rightarrow V_c = \frac{\frac{4}{3}\pi R^3 \alpha}{2\pi} \Rightarrow V_c = \frac{2}{3} \cdot R^3 \alpha \text{ (α em radianos)}$$

$$\left.\begin{array}{l} V_e - 360° \\ V_c - \alpha \end{array}\right\} \Rightarrow V_c = \frac{\frac{4}{3}\pi R^3 \alpha}{360°} \Rightarrow V_c = \frac{\pi R^3 \alpha}{270°} \text{ (α em graus)}$$

EXERCÍCIO COMENTADO

01. (Vunesp) Uma barra de madeira maciça, com a forma de um paralelepípedo reto retângulo, tem as seguintes dimensões: 48 cm, 18 cm e 12 cm. Para produzir calços para uma estrutura, essa barra deve ser cortada pelo carpinteiro em cubos idênticos, na menor quantidade possível, sem que reste qualquer pedaço da barra. Desse modo, o número de cubos cortados será igual a:
a) 54
b) 52
c) 50
d) 48
e) 46

RESPOSTA: D. Como o cubo tem todas as suas arestas iguais, devemos inicialmente encontrar qual o valor da aresta do cubo, e esse valor será o MDC de 48, 18 e 12, ou seja, 6. Agora, dividindo cada uma das dimensões por 6, encontramos quantos cubos têm em cada lado, 48/6 = 8; 18/6 = 3; 12/6 = 2. Agora, é só multiplicar esses valores e encontrar quantos cubos há ao todo, ou seja, 8 x 2 x 3 = 48 cubos.

VAMOS PRATICAR

Os exercícios a seguir são referentes ao conteúdo: Geometria Espacial.

01. (Vunesp) Flávio ingeriu uma certa quantidade do suco contido em um recipiente no formato de um prisma reto, mostrado na figura, e o nível do suco no recipiente baixou 5 cm. A quantidade de suco ingerida por Flávio foi, em mL, igual a:

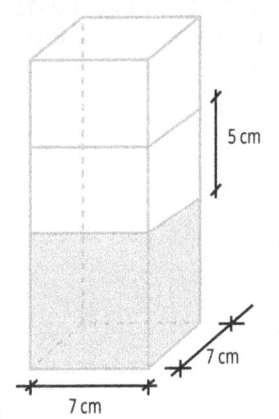

a) 185
b) 200
c) 210
d) 225
e) 245

02. (FIP) Ao aumentarmos a altura de um paralelepípedo retângulo em 2 unidades, em quanto aumenta a área total do paralelepípedo obtido?
a) Quatro vezes a soma das dimensões da base.
b) Três vezes a diferença das dimensões das arestas laterais.
c) Dobro das arestas.
d) Metade da soma das dimensões da base.
e) Um quinto da soma das arestas e das dimensões da base.

03. (FCC) Considere que a peça mostrada na figura abaixo foi obtida secionando-se obliquamente um prisma reto de base quadrada, feito de aço maciço.

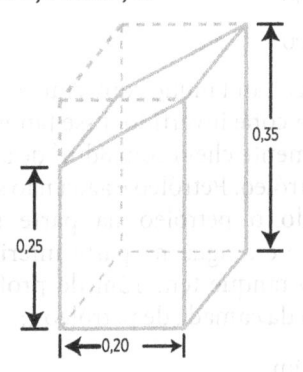

Se a unidade das medidas indicadas na figura é o metro e sabendo que a densidade do aço é 7,9 g/cm³, então, a massa da peça obtida, em quilogramas, é:
a) 8,76
b) 9,48
c) 87,6
d) 94,8
e) 125,6

04. (EsPCEx) A figura abaixo representa a planificação de um tronco de cone reto com a indicação das medidas dos raios das circunferências das bases e da geratriz. A medida da altura desse tronco de cone é:

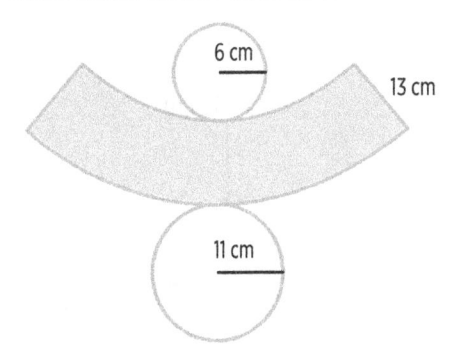

a) 13 cm
b) 12 cm
c) 11 cm
d) 10 cm
e) 9 cm

05. (EJA) A pirâmide de Quéops, em Gizé, no Egito, tem aproximadamente 90√2 metros de altura, possui uma base quadrada e suas faces laterais são triângulos equiláteros. Nessas condições, pode-se afirmar que, em metros, cada uma de suas arestas mede:

a) 90
b) 120
c) 160
d) 180
e) 200

06. (EsSA) Um tanque subterrâneo tem a forma de um cone invertido. Esse tanque está completamente cheio com 8dm³ de água e 56dm³ de petróleo. Petróleo e água não se misturam, ficando o petróleo na parte superior do tanque e a água na parte inferior. Sabendo que o tanque tem 12m de profundidade, a altura da camada de petróleo é:

a) 10m
b) 9m
c) 8m
d) 7m
e) 6m

07. (Comperve) Um recipiente cônico foi projetado de acordo com o desenho ao lado, no qual o tronco do cone foi obtido de um cone de altura igual a 18 cm.

O volume desse recipiente, em cm3, é igual a:

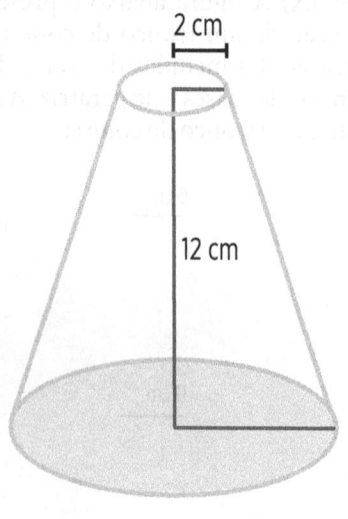

a) 216π
b) 208π
c) 224π
d) 200π

08. (FCC) A figura mostra os retângulos A e B, que representam, respectivamente, as planificações das superfícies laterais dos cilindros circulares retos A e B, ambos de mesma altura.

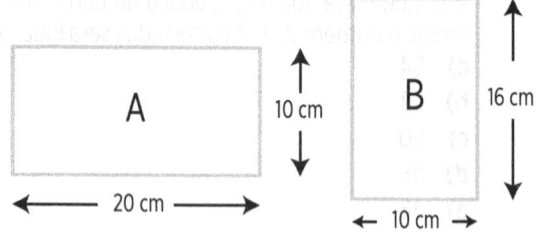

Em relação aos volumes dos dois cilindros, é correto afirmar que o volume do cilindro:

a) B supera em $\dfrac{390}{\pi}$ cm³ o volume do cilindro A.

b) B supera em $\dfrac{156}{\pi}$ cm³ o volume do cilindro A.

c) A supera em $\dfrac{144}{\pi}$ cm³ o volume do cilindro B.

d) A supera em $\dfrac{250}{\pi}$ cm³ o volume do cilindro B.

e) A supera em $\dfrac{360}{\pi}$ cm³ o volume do cilindro B.

09. (ALFACON) Em um cubo de aresta a, a distância entre um vértice e o centro da face oposta é igual a:

a) $\dfrac{a\sqrt{6}}{2}$

b) $\dfrac{a\sqrt{6}}{2}$

c) $\dfrac{a\sqrt{6}}{3}$

d) $\dfrac{a\sqrt{6}}{3}$

e) $\dfrac{a\sqrt{2}}{2}$

10. (FIP) O volume de uma pirâmide regular de base quadrada é igual a 8 cm3 e a aresta da base é igual a 2 cm. Aumentando a altura em 3 cm, qual é o valor da aresta lateral da pirâmide regular de base quadrada obtida?

a) $\sqrt{35}$ cm.
b) $\sqrt{51}$ cm.
c) $\sqrt{83}$ cm.
d) $\sqrt{91}$ cm.
e) $\sqrt{107}$ cm.

GABARITO

01	E	06	E
02	A	07	B
03	D	08	E
04	B	09	A
05	D	10	C

ANOTAÇÕES

Ética no Serviço Público

ÍNDICE

1. Ética no Serviço Público 255
   - Ética e Moral 255
     - Ética 255
     - Moral 256
   - Ética: Princípios e Valores 257
     - Princípios 257
     - Valores 257
   - Ética e Democracia: Exercício da Cidadania 258
     - Ética e Democracia 258
     - Exercício da Cidadania 258
   - Ética e Função Pública 258
     - Ética no Setor Público 259
   - Código de Ética Profissional do Serviço Público (Decreto nº 1.171/1994) 259
     - Capítulo I 260
     - Capítulo II 262
   - Decreto nº 6.029/2007 263
2. Resoluções 1 a 10 da Comissão de Ética Pública da Presidência da República 266
   - Resolução nº 01, de 13 de Setembro de 2000 266
     - Resolve 267
   - Resolução nº 02, de 24 de Outubro de 2000 267
     - Nota Explicativa 268
   - Resolução nº 03, de 23 de Novembro de 2000 269
     - Presentes 269
     - Brindes 269
     - Divulgação e Solução de Dúvidas 270
     - Nota Explicativa 270
   - Resolução nº 04, de 07 de Junho de 2001 271
     - Resolve 271
   - Resolução nº 05, de 07 de Junho de 2001 274
     - Resolve 274
   - Resolução nº 06, de 25 de Julho de 2001 274
     - Resolução 274
   - Resolução nº 07, de 14 de Fevereiro de 2002 274
   - Comissão de Ética Pública 275
   - Resolução nº 08, de 25 de Setembro de 2003 276
   - Resolução nº 09, de 20 de Maio de 2005 277
     - Resolve 277
   - Resolução nº 10, de 29 de Setembro de 2008 277
     - Resolve 277

1. Ética no Serviço Público

Nesta unidade, trabalharemos o seguinte conteúdo: Ética e moral; Ética, princípios e valores; Ética e democracia: exercício da cidadania; Ética e função pública; Ética no setor público: Código de Ética Profissional do Serviço Público (Decreto nº 1.171/1994). Acrescentamos, ao final, o Decreto nº 6.029/2007, que revogou o Decreto nº 1.171/1994 em parte, e que, muito embora não seja mencionado no edital, tem sido cobrado.

O Código de Ética Profissional do Serviço Público (Decreto nº 1.171/1994) contempla essencialmente duas partes.

A primeira, dita de ordem substancial (fundamental), fala sobre os princípios morais e éticos a serem observados pelo servidor, e constitui o Capítulo I, que abrange as regras deontológicas (Seção I), os principais deveres do servidor público (Seção II), bem como as vedações (Seção III).

Já a segunda parte, de ordem formal, dispõe sobre a criação e funcionamento de Comissões de Ética, e constitui o Capítulo II, que trata das Comissões de Ética em todos os órgãos do Poder Executivo Federal (Exposição de Motivos nº 001/94-CE).

Este conteúdo, referente ao Código de Ética Profissional do Serviço Público, considerando os últimos conteúdos cobrados, é um dos mais relevantes e que mais deve ser estudado.

Ética e Moral

Ética

A palavra "ética" vem do grego *ethos*, que significa "modo de ser" ou "caráter" (índole).

Ética → do grego *ethos* → caráter

A ética é a parte da filosofia que estuda a moralidade das ações humanas, isto é, se são boas ou más. É uma reflexão crítica sobre a moralidade.

A ética faz parte do nosso dia a dia. Em todas as nossas ações e também relações, em algum grau, utilizamos nossos valores éticos. Isso não quer dizer que o homem já nasça com consciência plena do que é bom ou mau. Essa consciência existe, mas se desenvolve a partir do relacionamento com o meio e do autodescobrimento.

FIQUE LIGADO

A ética pode ser definida como a teoria ou a ciência do comportamento moral, que busca explicar, compreender, justificar e criticar a moral ou as morais de uma sociedade. Compete à ética chegar, por meio de investigações científicas, à explicação de determinadas realidades sociais, ou seja, ela investiga o sentido que o homem dá a suas ações para ser verdadeiramente feliz. A ética é, portanto, filosófica e científica.

De acordo com o autor espanhol, Adolfo Vázquez, a ética representa uma abordagem científica sobre as constantes morais, ou seja, refere-se àquele conjunto de valores e costumes mais ou menos permanente no tempo e no espaço. Em outras palavras, a ética é a ciência da moral, isto é, de uma esfera do comportamento humano.

Mas a Ética não é puramente teoria; é um conjunto de princípios e disposições voltados para a ação, historicamente produzidos, cujo objetivo é balizar (limitar) as ações humanas.

Todavia, segundo Vázquez, não cabe à ética formular juízos de valor sobre a prática moral de outras sociedades, ou de outras épocas, em nome de uma moral absoluta e universal, mas deve antes explicar a razão de ser desta pluralidade e das mudanças de moral; isto é, deve esclarecer o fato de os homens terem recorrido a práticas morais diferentes e até opostas.

Em um sentido mais amplo, a ética engloba um conjunto de regras e preceitos de ordem valorativa, que estão ligados à prática do bem e da justiça, aprovando ou desaprovando a ação dos homens de um grupo social ou de uma sociedade.

Em suma, a ética é um conjunto de normas que rege a boa conduta humana.

Para que uma conduta possa ser considerada ética, três elementos essenciais devem ser ponderados: a ação (ato moral), a intenção (finalidade), e as circunstâncias (consequências) do ato. Se um único desses três elementos não for bom, correto e certo, o comportamento não é ético.

A norma ética é aquela que prescreve como o homem deve agir. Possui, como uma de suas características, a possibilidade de ser violada, ao contrário da norma legal (lei).

A ética não deve ser confundida com a lei, embora, com certa frequência, a lei tenha como base princípios éticos. Ao contrário da lei, nenhum indivíduo pode ser compelido, pelo Estado ou por outros indivíduos, a cumprir as normas éticas, nem sofrer qualquer sanção pela desobediência a estas.

Para o autor Lázaro Lisboa, a ética tem por objeto o comportamento humano no interior de cada sociedade, e o estudo desse comportamento com o fim de estabelecer níveis aceitáveis que garantam a convivência pacífica dentro das sociedades e entre elas, constitui o objetivo da Ética. (LISBOA; MARTINS, 2011).

O estudo da ética demonstra que a consciência moral nos inclina para o caminho da virtude, que seria uma qualidade própria da natureza humana. Logo, um homem para ser ético precisa necessariamente ser virtuoso, ou seja, praticar o bem usando a liberdade com responsabilidade constantemente.

Segundo a classificação de Eduardo Garcia Maýnez, são quatro as formas de manifestação do pensamento ético ocidental:

> Ética empírica.
> Ética dos bens.
> Ética formal.
> Ética de valores.

A Ética empírica está dividida em:

Ética Anarquista: só tem valor o que não contraria as tendências naturais.

Ética Utilitarista: é bom o que é útil.

Ética Ceticista: não se pode dizer com certeza o que é certo ou errado, bom ou mau, pois ninguém jamais será capaz de desvendar os mistérios da natureza.

Ética Subjetivista: "o homem é a medida de todas as coisas existentes ou inexistentes" (Protágoras).

Já a Ética dos bens divide-se em:

Ética Socrática: para Sócrates (469 - 399 a.C.), o supremo bem, a virtude máxima é a sabedoria. As duas máximas de Sócrates são: "Só sei que nada sei" e "Conhece-te a ti mesmo".

Ética Platônica: para Platão (427 - 347 a.C), todos os fenômenos naturais são meros reflexos de formas eternas, imutáveis, sugerindo o "mundo das ideias".

Ética Aristotélica: para Aristóteles (384 - 322 a.C.), a felicidade só pode ser conseguida com a integração de suas três formas: prazer, virtude (cidadania responsável), sabedoria (filosofia/ciência).

Ética Epicurista: para Epicuro (341 - 270 a.C.), o bem supremo é a felicidade, a ser atingido por meio dos prazeres (eudaimonismo hedonista) e os do espírito são mais elevados que os do corpo. Seu objetivo maior era afastar a dor e os sofrimentos.

Ética Estóica: Zenão (300 a.C.) fundou esta filosofia que ensina a ética da virtude como fim: o estóico não aspira ser feliz, mas ser bom.

Para a ética formal, segundo Kant, uma ação é boa, tem valor, deve ser feita, se obedece o "princípio categórico", que está baseado na ideia do dever (vale sempre e é uma ordem).

Por fim, para a ética de valores, uma ação é boa (e consequentemente é um dever) se estiver fundamentada em um valor.

Moral

Os romanos traduziram o *ethos* grego para o latim mos, de onde vem a palavra "moral".

O termo "moral", portanto, deriva do latim "*mos*" ou "*mores*", que significa "costume" ou "costumes (VÁZQUEZ, 2011).

Moral → do latin *MOS* ou *MORES* → Costume ou Costumes

A moral é definida como o conjunto de normas, princípios, preceitos, costumes, valores que norteiam o comportamento do indivíduo no seu grupo social. A moral é normativa.

Em outras palavras, a moral é um conjunto de regras de conduta adotadas pelos indivíduos de um grupo social e tem a finalidade de organizar as relações interpessoais segundo os valores do bem e do mal.

A moral é a "ferramenta" de trabalho da ética. Sem os juízos de valor aplicados pela moral seria impossível determinar se a ação do homem é boa ou má.

A moral ocupa-se basicamente de questões subjetivas, abstratas e de interesses particulares do indivíduo e da sociedade, relacionando-se com valores ou condutas sociais.

A moral possui, portanto, um caráter subjetivo, que faz com que ela seja influenciada por vários fatores, alterando, assim, os conceitos morais de um grupo para outro. Esses fatores podem ser sociais, históricos, geográficos etc. Observa-se, então, que a moral é dinâmica, ou seja, ela pode mudar seus juízos de valor de acordo com o contexto em que esteja inserida.

Sendo assim, para Vázquez a moral é mutável e varia historicamente, de acordo com o desenvolvimento de cada sociedade e, com ela, variam os seus princípios e as suas normas. Ela norteia os valores éticos na Administração Pública.

Aristóteles, em seu livro "A Política", assevera que "os pais sempre parecerão antiquados para os seus filhos". Essa afirmação demonstra que, na passagem de uma geração para outra, os valores morais mudam.

Para que um ato seja considerado moral, ou seja, bom, deve ser livre, consciente, intencional e solidário. O ato moral tem, em sua estrutura, dois importantes aspectos: o normativo e o factual. O normativo são as normas e imperativos que enunciam o "dever ser". Ex.: cumpra suas obrigações, não minta, não roube etc. O factual são os atos humanos que se realizam efetivamente, ou seja, é a aplicação da norma no dia a dia, no convívio social.

Apesar de se assemelharem, e mesmo por vezes se confundirem, ética e moral são termos aplicados diferentemente. Enquanto o primeiro trata o comportamento humano como objeto de estudo e normatização, procurando tomá-lo de forma mais abrangente possível, o segundo se ocupa de atribuir um valor à ação. Esse valor tem como referências as normas e conceitos do que vem a ser bom ou mau, baseados no senso comum.

No contexto da ação pública, ética e moral não são considerados termos sinônimos. Portanto, não devem ser confundidos.

Enquanto a ética é teórica e busca explicar e justificar os costumes de uma determinada sociedade, a moral é normativa. Enquanto a ética tem caráter científico, a moral tem caráter prático imediato, visto que é parte integrante da vida cotidiana das sociedades e dos indivíduos. A moral é a aplicação da ética no cotidiano, é a prática concreta. A moral, portanto, não é ciência, mas objeto da ciência; e, neste sentido, é por ela estudada e investigada.

Ética: Princípios e Valores

Princípios

Segundo o dicionário Houaiss, princípio pode ser considerado o primeiro momento da existência (de algo) ou de uma ação ou processo. Pode também ser definido como um conjunto de regras ou código de (boa) conduta, com base no qual se governa a própria vida e ações.

Dados esses conceitos, percebe-se que os princípios que regem a conduta em sociedade são aqueles conceitos ou regras que se aprendem por meio do convívio, passados de geração para geração.

Esses conhecimentos se originaram, em algum momento, no grupo social em que estão inseridos, convencionando-se que sua aplicação é boa, e assim aceita pelo grupo.

Quando uma pessoa afirma que determinada ação fere seus princípios, ela está se referindo a um conceito ou regra, que foi originado em algum momento em sua vida ou na vida do grupo social em que está inserida, e que foi aceito como ação moralmente boa.

Valores

O conceito de valor tem sido investigado e definido em diferentes áreas do conhecimento (filosofia, sociologia, ciências econômicas, "marketing" etc).

Os valores são as normas, princípios ou padrões sociais aceitos ou mantidos por indivíduos, classe ou sociedade. Dizem, portanto, respeito a princípios que merecem ser buscados.

O valor exprime uma relação entre as necessidades do indivíduo (respirar, comer, viver, posse, reproduzir, prazer, domínio, relacionar, comparar) e a capacidade das coisas, objetos ou serviços de satisfazê-las.

É na apreciação desta relação que se explica a existência de uma hierarquia de valores, segundo a urgência/prioridade das necessidades e a capacidade dos mesmos objetos para as satisfazerem, diferenciadas no espaço e no tempo.

Nas mais diversas sociedades, independentemente do nível cultural, econômico ou social em que estejam inseridas, os valores são fundamentais para se determinar quais são as pessoas que agem tendo por finalidade o bem.

O caráter dos seres, pelo qual são mais ou menos desejados ou estimados por uma pessoa ou grupo, é determinado pelo valor de suas ações.

Todos os termos que servem para qualificar uma ação ou o caráter de uma pessoa têm um peso bom e um peso ruim. Cite-se, como exemplo, os termos verdadeiro e falso, generoso e egoísta, honesto e desonesto, justo e injusto. Os valores dão "peso" à ação ou ao caráter de uma pessoa ou grupo.

Kant afirmava que toda ação considerada boa moralmente deveria ser universal, ou seja, ser boa em qualquer tempo e em qualquer lugar. Infelizmente o ideal kantiano de valor e moralidade está muito longe de ser alcançado, pois as diversidades culturais e sociais fazem com que o valor dado a determinadas ações mude de acordo com o contexto.

O complexo de normas éticas se alicerça em valores, normalmente designados valores do "bem".

"Valores éticos são indicadores da relevância ou do grau de atendimento aos princípios éticos". Por exemplo, a dignidade da pessoa sugere e exige que se valorize o respeito às pessoas.

Esses valores éticos só podem ser atribuídos a pessoas, pois elas são os únicos seres que agem com conhecimento de certo e errado, bem e mal, e com liberdade para agir. Algumas condutas podem ferir os valores éticos.

A prática constante de respeito aos valores éticos conduz as pessoas às virtudes morais." ALONSO, Felix Ruiz; LÓPEZ, Francisco Granizo; CASTRUCCI, Plínio de Laura – Curso de Ética em Administração. São Paulo: Atlas, 2008. (Adaptado).

Ética e Democracia: Exercício da Cidadania

Ética e Democracia

O Brasil ainda caminha a passos muito lentos no que diz respeito à ética, principalmente no cenário político.

Vários são os fatores que contribuíram para esta realidade, dentre eles, principalmente, os golpes de Estado, a saber, o Golpe de 30 e o Golpe de 64.

Durante o período em que o país vivenciou a ditadura militar e em que a democracia foi colocada de lado, tivemos a suspensão do ensino da filosofia e, consequentemente, da ética, nas escolas e universidades, e além disso, os direitos políticos do cidadão suspensos, a liberdade de expressão caçada e o medo da repressão.

Como consequência dessa série de medidas autoritárias e também arbitrárias, nossos valores morais e sociais foram perdendo espaço para os valores que o Estado queria impor, levando a sociedade a uma espécie de "apatia" social.

Nos dias atuais, estamos presenciando uma nova fase em nosso país, no que tange à aplicabilidade das leis e da ética no poder.

Os crimes de corrupção envolvendo desvio de dinheiro estão sendo mais investigados e a polícia tem trabalhado com mais liberdade de atuação em prol da moralidade e do interesse público, o que tem levado os agentes públicos a refletir mais sobre seus atos antes ainda de praticá-los.

Essa nova fase se deve principalmente à democracia, implantada como regime político com a Constituição de 1988.

Etimologicamente, o termo democracia vem do grego *demokratía*, em que *kratía* significa governo e *demo*, povo. Logo, a democracia, por definição, é o "governo do povo".

A democracia confere ao povo o poder de influenciar na administração do Estado. Por meio do voto, o povo é que determina quem vai ocupar os cargos de direção do Estado. Logo, insere-se nesse contexto a responsabilidade tanto do povo, que escolhe seus dirigentes, quanto dos escolhidos, que deverão prestar contas de seus atos no poder.

A ética exerce papel fundamental em todo esse processo, regulamentando e exigindo dos governantes comportamento adequado à função pública, que lhe foi confiada por meio do voto, e conferindo ao povo as noções e os valores necessários tanto para o exercício e cobrança dos seus direitos quanto para atendimento de seus deveres.

É por meio dos valores éticos e morais – determinados pela sociedade – que podemos perceber se os atos cometidos pelos ocupantes de cargos públicos estão visando ao bem comum e ao interesse público.

Exercício da Cidadania

Em se tratando do exercício da cidadania, podemos afirmar que todo cidadão tem direito a exercer a cidadania, isto é, seus direitos de cidadão; direitos esses garantidos constitucionalmente.

Direitos e deveres andam juntos no que tange ao exercício da cidadania. Não se pode conceber um direito que não seja precedido de um dever a ser cumprido; é uma via de mão dupla.

Os direitos garantidos constitucionalmente, individuais, coletivos, sociais ou políticos, são precedidos de responsabilidades que o cidadão deve ter perante a sociedade. Por exemplo, a Constituição garante o direito à propriedade privada, mas exige-se que o proprietário seja responsável pelos tributos que o exercício desse direito gera, como, por exemplo, o pagamento do Imposto Predial e Territorial Urbano (IPTU).

Exercer a cidadania, por consequência, é ser probo (íntegro, honrado, justo, reto), agir com ética assumindo a responsabilidade que advém de seus deveres enquanto cidadão inserto no convívio social.

Ética e Função Pública

Função pública é a competência, atribuição ou encargo para o exercício de determinada função. Ressalta-se que essa função não é livre, devendo, portanto, estar o seu exercício sujeito ao interesse público, ou seja, da coletividade.

No exercício das mais diversas funções públicas, os servidores devem respeitar, além das normatizações vigentes nos órgãos e entidades públicas que regulamentam e determinam a forma de agir dos agentes públicos, os valores éticos e morais que a sociedade impõe para o convívio em grupo. A não observação desses valores acarreta uma série de erros e problemas no atendimento ao público e aos usuários do serviço, o que contribui de forma significativa para uma imagem negativa do órgão ou entidade e também do serviço público.

O padrão ético dos servidores públicos, no exercício da função pública, advém de sua natureza, ou seja, do caráter público e de sua relação com o público.

O servidor deve estar atento a esse padrão não apenas no exercício de suas funções, mas também na vida particular. O caráter público do seu serviço deve se incorporar à sua vida privada, a fim de que os valores morais e a boa-fé, amparados constitucionalmente como princípios básicos e essenciais a uma vida equilibrada, sejam inseridos e se tornem uma constante em seu relacionamento com os usuários do serviço bem como com os colegas.

Os princípios constitucionais devem ser observados para que a função pública se integre de forma indissociável ao direito. Os princípios são:

Legalidade: todo ato administrativo deve seguir fielmente os meandros da lei.

Impessoalidade: aplicado como sinônimo de igualdade – todos devem ser tratados de forma igualitária e respeitando o que a lei prevê.

Moralidade: respeito ao padrão moral para não comprometer os bons costumes da sociedade.

Publicidade: refere-se à transparência de todo ato público, salvo os casos previstos em lei.

Eficiência: ser o mais eficiente possível na utilização dos meios que são postos a sua disposição para a execução do seu mister (cargo ou função).

Ética no Setor Público

As questões éticas estão cada vez mais em voga na cena pública brasileira, dada à multiplicação de casos de corrupção e, sobretudo, à reação da sociedade frente a um tal grau de desmoralização das relações políticas e sociais.

Com os escândalos e denúncias de corrupção expostas pela mídia, refletir sobre essas questões traz à tona os conceitos éticos que envolvem a busca por melhores ações tanto na vida pessoal como na vida pública.

A ética é pautada na conduta responsável das pessoas. Daí a importância da escolha de um político com esse caráter, a fim de diminuir o mau uso da máquina pública e evitar que se venha auferir ganhos e vantagens pessoais.

Porém, as normas morais apenas fornecem orientações, cabendo ao político determinar quais são as exigências e limitações e decidir pela melhor alternativa de ação, que detém a responsabilidade em atender as demandas, no papel de representantes democráticos, com integridade e eficiência.

Durante as últimas décadas, o setor público foi alvo, tanto por parte da mídia quanto do senso comum vigente, de um processo deliberado de formação de uma caricatura, que transformou sua imagem no estereótipo de um setor muito burocrático, que não funciona e custa caro à população.

O cidadão, mesmo bem atendido por um servidor público, não consegue sustentar uma boa imagem do servidor e também do serviço público, pois o que faz a imagem de um órgão ou entidade pública parecer boa diante da população é o atendimento de seus funcionários, e por mais que os servidores sérios e responsáveis se esforcem, existe uma minoria que consegue facilmente acabar com todos os esforços levados a cabo por aqueles bons funcionários.

Nesse ponto, a ética se insere de maneira determinante para contribuir e melhorar a qualidade do atendimento, inserindo no âmbito do poder público os princípios e regras necessários ao bom andamento do serviço e ao respeito aos usuários.

Os novos códigos de ética, além de regulamentar a qualidade e o trato dispensados aos usuários e ao serviço público e de trazer punições para os que descumprem as suas normas, também têm a função de proteger a imagem e a honra do servidor que trabalha seguindo fielmente as regras nele contidas, contribuindo, assim, para uma melhoria na imagem do servidor e do órgão ou entidade perante a população.

Em se tratando da ética no serviço público, destacamos o Código de Ética Profissional do Servidor Público do Poder Executivo Federal, aprovado pelo Decreto nº 1.171, de 22 de junho de 1994, que foi revogado em parte pelo Decreto nº 6.029, de 1º de fevereiro de 2007, que institui Sistema de Gestão da Ética do Poder Executivo Federal. Ambos os Decretos seguem na íntegra.

Código de Ética Profissional do Serviço Público (Decreto nº 1.171/1994)

DECRETO Nº 1.171, DE 22 DE JUNHO DE 1994. Aprova o Código de Ética Profissional do Servidor Público Civil do Poder Executivo Federal.

O PRESIDENTE DA REPÚBLICA, no uso das atribuições que lhe confere o art. 84, incisos IV e VI, e ainda tendo em vista o disposto no art. 37 da Constituição, bem como nos arts. 116 e 117 da Lei nº 8.112, de 11 de dezembro de 1990, e nos arts. 10, 11 e 12 da Lei nº 8.429, de 2 de junho de 1992,

Decreta

Art. 1º Fica aprovado o Código de Ética Profissional do Servidor Público Civil do Poder Executivo Federal, que com este baixa.

Art. 2º Os órgãos e entidades da Administração Pública Federal direta e indireta implementarão, em sessenta dias, as providências necessárias à plena vigência do Código de Ética, inclusive mediante a Constituição da respectiva Comissão de Ética, integrada por três servidores ou empregados titulares de cargo efetivo ou emprego permanente.

Parágrafo único. A constituição da Comissão de Ética será comunicada à Secretaria da Administração Federal da Presidência da

República, com a indicação dos respectivos membros titulares e suplentes.

Art. 3º Este decreto entra em vigor na data de sua publicação.

Brasília, 22 de junho de 1994, 173º da Independência e 106º da República.

ITAMAR FRANCO

Romildo Canhim

Este texto não substitui o publicado no DOU de 23.6.1994.

Anexo

Código de Ética Profissional do Servidor Público Civil do Poder Executivo Federal

Capítulo I

Seção I

→ **Das Regras Deontológicas**

I. A dignidade, o decoro, o zelo, a eficácia e a consciência dos princípios morais são primados maiores que devem nortear o servidor público, seja no exercício do cargo ou função, ou fora dele, já que refletirá o exercício da vocação do próprio poder estatal. Seus atos, comportamentos e atitudes serão direcionados para a preservação da honra e da tradição dos serviços públicos.

II. O servidor público não poderá jamais desprezar o elemento ético de sua conduta. Assim, não terá que decidir somente entre o legal e o ilegal, o justo e o injusto, o conveniente e o inconveniente, o oportuno e o inoportuno, mas principalmente entre o honesto e o desonesto, consoante as regras contidas no art. 37, caput, e § 4º, da Constituição Federal.

III. A moralidade da Administração Pública não se limita à distinção entre o bem e o mal, devendo ser acrescida da ideia de que o fim é sempre o bem comum. O equilíbrio entre a legalidade e a finalidade, na conduta do servidor público, é que poderá consolidar a moralidade do ato administrativo. (grifo da autora)

IV. A remuneração do servidor público é custeada pelos tributos pagos direta ou indiretamente por todos, até por ele próprio, e por isso se exige, como contrapartida, que a moralidade administrativa se integre no Direito, como elemento indissociável de sua aplicação e de sua finalidade, erigindo-se, como consequência, em fator de legalidade.

V. O trabalho desenvolvido pelo servidor público perante a comunidade deve ser entendido como acréscimo ao seu próprio bem-estar, já que, como cidadão, integrante da sociedade, o êxito desse trabalho pode ser considerado como seu maior patrimônio.

VI. A função pública deve ser tida como exercício profissional e, portanto, se integra na vida particular de cada servidor público. Assim, os fatos e atos verificados na conduta do dia a dia em sua vida privada poderão acrescer ou diminuir o seu bom conceito na vida funcional. (grifo da autora)

VII. Salvo os casos de segurança nacional, investigações policiais ou interesse superior do Estado e da Administração Pública, a serem preservados em processo previamente declarado sigiloso, nos termos da lei, a publicidade de qualquer ato administrativo constitui requisito de eficácia e moralidade, ensejando sua omissão comprometimento ético contra o bem comum, imputável a quem a negar.

VIII. Toda pessoa tem direito à verdade. O servidor não pode omiti-la ou falseá-la, ainda que contrária aos interesses da própria pessoa interessada ou da Administração Pública. Nenhum Estado pode crescer ou estabilizar-se sobre o poder corruptivo do hábito do erro, da opressão ou da mentira, que sempre aniquilam até mesmo a dignidade humana quanto mais a de uma Nação.

IX. A cortesia, a boa vontade, o cuidado e o tempo dedicados ao serviço público caracterizam o esforço pela disciplina. Tratar mal uma pessoa que paga seus tributos direta ou indiretamente significa causar-lhe dano moral. Da mesma forma, causar dano a qualquer bem pertencente ao patrimônio público, deteriorando-o, por descuido ou má vontade, não constitui apenas uma ofensa ao equipamento e às instalações ou ao Estado, mas a todos os homens de boa vontade que dedicaram sua inteligência, seu tempo, suas esperanças e seus esforços para construí-los.

X. Deixar o servidor público ou qualquer pessoa à espera de solução que compete ao setor em que exerça suas funções, permitindo a formação de longas filas, ou qualquer outra espécie de atraso na prestação do serviço, não caracteriza apenas atitude contra a ética ou ato de desumanidade, mas principalmente grave dano moral aos usuários dos serviços públicos.

XI. O servidor deve prestar toda a sua atenção às ordens legais de seus superiores, velando atentamente por seu cumprimento, e, assim, evitando a conduta negligente. Os repetidos erros, o descaso e o acúmulo de desvios tornam-se, às vezes, difíceis de corrigir e caracterizam até mesmo imprudência no desempenho da função pública.

XII. Toda ausência injustificada do servidor de seu local de trabalho é fator de desmoralização do serviço público, o que quase sempre conduz à desordem nas relações humanas.

XIII. O servidor que trabalha em harmonia com a estrutura organizacional, respeitando seus colegas e cada concidadão, colabora e de todos pode receber colaboração, pois sua atividade pública é a grande oportunidade para o crescimento e o engrandecimento da Nação.

Seção II
→ **Dos Principais Deveres do Servidor Público**

XIV. São deveres fundamentais do servidor público:

a) desempenhar, a tempo, as atribuições do cargo, função ou emprego público de que seja titular;

b) exercer suas atribuições com rapidez, perfeição e rendimento, pondo fim ou procurando prioritariamente resolver situações procrastinatórias, principalmente diante de filas ou de qualquer outra espécie de atraso na prestação dos serviços pelo setor em que exerça suas atribuições, com o fim de evitar dano moral ao usuário;

c) ser probo, reto, leal e justo, demonstrando toda a integridade do seu caráter, escolhendo sempre, quando estiver diante de duas opções, a melhor e a mais vantajosa para o bem comum;

d) jamais retardar qualquer prestação de contas, condição essencial da gestão dos bens, direitos e serviços da coletividade a seu cargo;

e) tratar cuidadosamente os usuários dos serviços aperfeiçoando o processo de comunicação e contato com o público;

f) ter consciência de que seu trabalho é regido por princípios éticos que se materializam na adequada prestação dos serviços públicos;

g) ser cortês, ter urbanidade, disponibilidade e atenção, respeitando a capacidade e as limitações individuais de todos os usuários do serviço público, sem qualquer espécie de preconceito ou distinção de raça, sexo, nacionalidade, cor, idade, religião, cunho político e posição social, abstendo-se, dessa forma, de causar-lhes dano moral;

h) ter respeito à hierarquia, porém sem nenhum temor de representar contra qualquer comprometimento indevido da estrutura em que se funda o Poder Estatal;

i) resistir a todas as pressões de superiores hierárquicos, de contratantes, interessados e outros que visem obter quaisquer favores, benesses ou vantagens indevidas em decorrência de ações imorais, ilegais ou aéticas e denunciá-las; (grifo da autora)

j) zelar, no exercício do direito de greve, pelas exigências específicas da defesa da vida e da segurança coletiva;

l) ser assíduo e frequente ao serviço, na certeza de que sua ausência provoca danos ao trabalho ordenado, refletindo negativamente em todo o sistema;

m) comunicar imediatamente a seus superiores todo e qualquer ato ou fato contrário ao interesse público, exigindo as providências cabíveis;

n) manter limpo e em perfeita ordem o local de trabalho, seguindo os métodos mais adequados à sua organização e distribuição;

o) participar dos movimentos e estudos que se relacionem com a melhoria do exercício de suas funções, tendo por escopo a realização do bem comum;

p) apresentar-se ao trabalho com vestimentas adequadas ao exercício da função;

q) manter-se atualizado com as instruções, as normas de serviço e a legislação pertinentes ao órgão onde exerce suas funções;

r) cumprir, de acordo com as normas do serviço e as instruções superiores, as tarefas de seu cargo ou função, tanto quanto possível, com critério, segurança e rapidez, mantendo tudo sempre em boa ordem;

s) facilitar a fiscalização de todos atos ou serviços por quem de direito;

t) exercer com estrita moderação as prerrogativas funcionais que lhe sejam atribuídas, abstendo-se de fazê-lo contrariamente aos legítimos interesses dos usuários do serviço público e dos jurisdicionados administrativos;

u) abster-se, de forma absoluta, de exercer sua função, poder ou autoridade com finalidade estranha ao interesse público, mesmo que observando as formalidades legais e não cometendo qualquer violação expressa à lei;

v) divulgar e informar a todos os integrantes da sua classe sobre a existência deste Código de Ética, estimulando o seu integral cumprimento.

Seção III
→ **Das Vedações ao Servidor Público**

XV. É vedado ao servidor público:

a) o uso do cargo ou função, facilidades, amizades, tempo, posição e influências, para obter qualquer favorecimento, para si ou para outrem;

b) prejudicar deliberadamente a reputação de outros servidores ou de cidadãos que deles dependam;

c) ser, em função de seu espírito de solidariedade, conivente com erro ou infração a este Código de Ética ou ao Código de Ética de sua profissão;

d) usar de artifícios para procrastinar ou dificultar o exercício regular de direito por qualquer pessoa, causando-lhe dano moral ou material;

e) deixar de utilizar os avanços técnicos e científicos ao seu alcance ou do seu conhecimento para atendimento do seu mister; (grifo da autora)

f) permitir que perseguições, simpatias, antipatias, caprichos, paixões ou interesses de ordem pessoal interfiram no trato com o público, com os jurisdicionados administrativos ou com colegas hierarquicamente superiores ou inferiores;

g) pleitear, solicitar, provocar, sugerir ou receber qualquer tipo de ajuda financeira, gratificação, prêmio, comissão, doação ou vantagem de qualquer espécie, para si, familiares ou qualquer pessoa, para o cumprimento da sua missão ou para influenciar outro servidor para o mesmo fim;

h) alterar ou deturpar o teor de documentos que deva encaminhar para providências; (grifo da autora)

i) iludir ou tentar iludir qualquer pessoa que necessite do atendimento em serviços públicos;

j) desviar servidor público para atendimento a interesse particular;

l) retirar da repartição pública, sem estar legalmente autorizado, qualquer documento, livro ou bem pertencente ao patrimônio público;

m) fazer uso de informações privilegiadas obtidas no âmbito interno de seu serviço, em benefício próprio, de parentes, de amigos ou de terceiros;

n) apresentar-se embriagado no serviço ou fora dele habitualmente;

o) dar o seu concurso a qualquer instituição que atente contra a moral, a honestidade ou a dignidade da pessoa humana;

p) exercer atividade profissional aética ou ligar o seu nome a empreendimentos de cunho duvidoso.

Capítulo II
→ **Das Comissões de Ética**

XVI. Em todos os órgãos e entidades da Administração Pública Federal direta, indireta autárquica e fundacional, ou em qualquer órgão ou entidade que exerça atribuições delegadas pelo poder público, deverá ser criada uma Comissão de Ética, encarregada de orientar e aconselhar sobre a ética profissional do servidor, no tratamento com as pessoas e com o patrimônio público, competindo-lhe conhecer concretamente de imputação ou de procedimento susceptível de censura.

XVII. *(Revogado pelo Decreto nº 6.029, de 2007)*

XVIII. À Comissão de Ética incumbe fornecer, aos organismos encarregados da execução do quadro de carreira dos servidores, os registros sobre sua conduta ética, para o efeito de instruir e fundamentar promoções e para todos os demais procedimentos próprios da carreira do servidor público.

XIX. *(Revogado pelo Decreto nº 6.029, de 2007)*

XX. *(Revogado pelo Decreto nº 6.029, de 2007)*

XXI. *(Revogado pelo Decreto nº 6.029, de 2007)*

XXII. A pena aplicável ao servidor público pela Comissão de Ética é a de censura e sua fundamentação constará do respectivo parecer, assinado por todos os seus integrantes, com ciência do faltoso.

XXIII. (Revogado pelo Decreto nº 6.029, de 2007)

XXIV. Para fins de apuração do comprometimento ético, entende-se por servidor público todo aquele que, por força de lei, contrato ou de qualquer ato jurídico, preste serviços de natureza permanente, temporária ou excepcional, ainda que sem retribuição financeira, desde que ligado direta ou indiretamente a qualquer órgão do poder estatal, como as autarquias, as fundações públicas, as entidades paraestatais, as empresas públicas e as sociedades de economia mista, ou em qualquer setor onde prevaleça o interesse do Estado

XXV. (Revogado pelo Decreto nº 6.029, de 2007)

Decreto nº 6.029/2007

Considerando que os incisos XVII, XIX, XX, XXI, XXIII e XXV, do Decreto nº 1.171/1994 foram revogados pelo Decreto nº 6.029/2007, e que, muito embora este último não tenha sido mencionado expressamente no edital, seu conteúdo tem sido cobrado, transcrevemo-lo na íntegra a seguir.

Decreto Nº 6.029, De 1º de Fevereiro de 2007

Institui Sistema de Gestão da Ética do Poder Executivo Federal, e dá outras providências.

O PRESIDENTE DA REPÚBLICA, no uso da atribuição que lhe confere o art. 84, inciso VI, alínea "a", da Constituição,

Decreta

Art. 1º Fica instituído o Sistema de Gestão da Ética do Poder Executivo Federal com a finalidade de promover atividades que dispõem sobre a conduta ética no âmbito do Executivo Federal, competindo-lhe:

I. integrar os órgãos, programas e ações relacionadas com a ética pública;

II. contribuir para a implementação de políticas públicas tendo a transparência e o acesso à informação como instrumentos fundamentais para o exercício de gestão da ética pública;

III. promover, com apoio dos segmentos pertinentes, a compatibilização e interação de normas, procedimentos técnicos e de gestão relativos à ética pública;

IV. articular ações com vistas a estabelecer e efetivar procedimentos de incentivo e incremento ao desempenho institucional na gestão da ética pública do Estado brasileiro.

Art. 2º Integram o Sistema de Gestão da Ética do Poder Executivo Federal:

I. a Comissão de Ética Pública - CEP, instituída pelo Decreto de 26 de maio de 1999;

II. as Comissões de Ética de que trata o Decreto nº 1.171, de 22 de junho de 1994;

III. as demais Comissões de Ética e equivalentes nas entidades e órgãos do Poder Executivo Federal.

Art. 3º A CEP será integrada por sete brasileiros que preencham os requisitos de idoneidade moral, reputação ilibada e notória experiência em administração pública, designados pelo Presidente da República, para mandatos de três anos, não coincidentes, permitida uma única recondução.

§ 1º A atuação no âmbito da CEP não enseja qualquer remuneração para seus membros e os trabalhos nela desenvolvidos são considerados prestação de relevante serviço público.

§ 2º O Presidente terá o voto de qualidade nas deliberações da Comissão.

§ 3º Os mandatos dos primeiros membros serão de um, dois e três anos, estabelecidos no decreto de designação.

Art. 4º À CEP compete:

I. atuar como instância consultiva do Presidente da República e Ministros de Estado em matéria de ética pública;

II. administrar a aplicação do Código de Conduta da Alta Administração Federal, devendo:

a) submeter ao Presidente da República medidas para seu aprimoramento;

b) dirimir dúvidas a respeito de interpretação de suas normas, deliberando sobre casos omissos;

c) apurar, mediante denúncia, ou de ofício, condutas em desacordo com as normas nele previstas, quando praticadas pelas autoridades a ele submetidas;

III. dirimir dúvidas de interpretação sobre as normas do Código de Ética Profissional do Servidor Público Civil do Poder Executivo Federal de que trata o Decreto nº 1.171, de 1994;

IV. coordenar, avaliar e supervisionar o Sistema de Gestão da Ética Pública do Poder Executivo Federal;

V. aprovar o seu regimento interno; e

VI. escolher o seu Presidente.

Parágrafo único. *A CEP contará com uma Secretaria-Executiva, vinculada à Casa Civil* da Presidência da República, à qual competirá prestar o apoio técnico e administrativo aos trabalhos da Comissão.

Art. 5º Cada Comissão de Ética de que trata o Decreto nº 1171, de 1994, será integrada por três membros titulares e três suplentes, escolhidos entre servidores e empregados do seu quadro permanente, e designados pelo dirigente máximo da respectiva entidade ou órgão, para mandatos não coincidentes de três anos.

Art. 6º É dever do titular de entidade ou órgão da Administração Pública Federal, direta e indireta:

I. assegurar as condições de trabalho para que as Comissões de Ética cumpram suas funções, inclusive para que o exercício das atribuições de seus integrantes não lhes resulte qualquer prejuízo ou dano;

II. conduzir em seu âmbito a avaliação da gestão da ética conforme processo coordenado pela Comissão de Ética Pública.

Art. 7º Compete às Comissões de Ética de que tratam os incisos II e III do art. 2º:

I. atuar como instância consultiva de dirigentes e servidores no âmbito de seu respectivo órgão ou entidade;

II. aplicar o Código de Ética Profissional do Servidor Público Civil do Poder Executivo Federal, aprovado pelo Decreto 1.171, de 1994, devendo:

a) submeter à Comissão de Ética Pública propostas para seu aperfeiçoamento;

b) dirimir dúvidas a respeito da interpretação de suas normas e deliberar sobre casos omissos;

c) apurar, mediante denúncia ou de ofício, conduta em desacordo com as normas éticas pertinentes;

d) recomendar, acompanhar e avaliar, no âmbito do órgão ou entidade a que estiver vinculada, o desenvolvimento de ações objetivando a disseminação, capacitação e treinamento sobre as normas de ética e disciplina;

III. representar a respectiva entidade ou órgão na Rede de Ética do Poder Executivo Federal a que se refere o art. 9º; e

IV. supervisionar a observância do Código de Conduta da Alta Administração Federal e comunicar à CEP situações que possam configurar descumprimento de suas normas.

§ 1º Cada Comissão de Ética contará com uma Secretaria-Executiva, vinculada administrativamente à instância máxima da entidade ou órgão, para cumprir plano de trabalho por ela aprovado e prover o apoio técnico e material necessário ao cumprimento das suas atribuições.

§ 2º As Secretarias-Executivas das Comissões de Ética serão chefiadas por servidor ou empregado do quadro permanente da entidade ou órgão, ocupante de cargo de direção compatível com sua estrutura, alocado sem aumento de despesas.

Art. 8º Compete às instâncias superiores dos órgãos e entidades do Poder Executivo Federal, abrangendo a administração direta e indireta:

I. observar e fazer observar as normas de ética e disciplina;

II. constituir Comissão de Ética;

III. garantir os recursos humanos, materiais e financeiros para que a Comissão cumpra com suas atribuições; e

IV. atender com prioridade às solicitações da CEP.

Art. 9º Fica constituída a Rede de Ética do Poder Executivo Federal, integrada pelos representantes das Comissões de Ética de que tratam os incisos I, II e III do art. 2º, com o objetivo de promover a cooperação técnica e a avaliação em gestão da ética.

Parágrafo único. Os integrantes da Rede de Ética se reunirão sob a coordenação da Comissão de Ética Pública, pelo menos uma vez por ano, em fórum específico, para avaliar o programa e as ações para a promoção da ética na administração pública.

Art. 10. Os trabalhos da CEP e das demais Comissões de Ética devem ser desenvolvidos com celeridade e observância dos seguintes princípios:

I. proteção à honra e à imagem da pessoa investigada;

II. proteção à identidade do denunciante, que deverá ser mantida sob reserva, se este assim o desejar; e

III. independência e imparcialidade dos seus membros na apuração dos fatos, com as garantias asseguradas neste Decreto.

Art. 11. Qualquer cidadão, agente público, pessoa jurídica de direito privado, associação ou entidade de classe poderá provocar a atuação da CEP ou de Comissão de Ética, visando à apuração de infração ética imputada a agente público, órgão ou setor específico de ente estatal.

Parágrafo único. Entende-se por agente público, para os fins deste Decreto, todo aquele que, por força de lei, contrato ou qualquer ato jurídico, preste serviços de natureza permanente, temporária, excepcional ou eventual, ainda que sem retribuição financeira, a órgão ou entidade da administração pública federal, direta e indireta. (grifo da autora)

Art. 12. O processo de apuração de prática de ato em desrespeito ao preceituado no Código de Conduta da Alta Administração Federal e no Código de Ética Profissional do Servidor Público Civil do Poder Executivo Federal será instaurado, de ofício ou em razão de denúncia fundamentada, respeitando-se, sempre, as garantias do contraditório e da ampla defesa, pela Comissão de Ética Pública ou Comissões de Ética de que tratam os incisos II e III do art. 2º, conforme o caso, que notificará o investigado para manifestar-se, por escrito, no prazo de dez dias.

§ 1º O investigado poderá produzir prova documental necessária à sua defesa.

§ 2º As Comissões de Ética poderão requisitar os documentos que entenderem necessários à instrução probatória e, também, promover diligências e solicitar parecer de especialista.

§ 3º Na hipótese de serem juntados aos autos da investigação, após a manifestação referida no caput deste artigo, novos elementos de prova, o investigado será notificado para nova manifestação, no prazo de dez dias.

§ 4º Concluída a instrução processual, as Comissões de Ética proferirão decisão conclusiva e fundamentada.

§ 5º Se a conclusão for pela existência de falta ética, além das providências previstas no Código de Conduta da Alta Administração Federal e no Código de Ética Profissional do Servidor Público Civil do Poder Executivo Federal, as Comissões de Ética tomarão as seguintes providências, no que couber:

   I. encaminhamento de sugestão de exoneração de cargo ou função de confiança à autoridade hierarquicamente superior ou devolução ao órgão de origem, conforme o caso;

   II. encaminhamento, conforme o caso, para a Controladoria-Geral da União ou unidade específica do Sistema de Correição do Poder Executivo Federal de que trata o Decreto nº 5.480, de 30 de junho de 2005, para exame de eventuais transgressões disciplinares; e

   III. recomendação de abertura de procedimento administrativo, se a gravidade da conduta assim o exigir.

Art. 13. Será mantido com a chancela de "reservado", até que esteja concluído, qualquer procedimento instaurado para apuração de prática em desrespeito às normas éticas.

§ 1º Concluída a investigação e após a deliberação da CEP ou da Comissão de Ética do órgão ou entidade, os autos do procedimento deixarão de ser reservados.

§ 2º Na hipótese de os autos estarem instruídos com documento acobertado por sigilo legal, o acesso a esse tipo de documento somente será permitido a quem detiver igual direito perante o órgão ou entidade originariamente encarregado da sua guarda.

§ 3º Para resguardar o sigilo de documentos que assim devam ser mantidos, as Comissões de Ética, depois de concluído o processo de investigação, providenciarão para que tais documentos sejam desentranhados dos autos, lacrados e acautelados.

Art. 14. A qualquer pessoa que esteja sendo investigada é assegurado o direito de saber o que lhe está sendo imputado, de conhecer o teor da acusação e de ter vista dos autos, no recinto das Comissões de Ética, mesmo que ainda não tenha sido notificada da existência do procedimento investigatório.

Parágrafo único. O direito assegurado neste artigo inclui o de obter cópia dos autos e de certidão do seu teor.

Art. 15. Todo ato de posse, investidura em função pública ou celebração de contrato de trabalho, dos agentes públicos referidos no parágrafo único do art. 11, deverá ser acompanhado da prestação de compromisso solene de acatamento e observância das regras estabelecidas pelo Código de Conduta da Alta Administração Federal, pelo Código de Ética Profissional do Servidor Público Civil do Poder Executivo Federal e pelo Código de Ética do órgão ou entidade, conforme o caso.

Parágrafo único. A posse em cargo ou função pública que submeta a autoridade às normas do Código de Conduta da Alta Administração Federal deve ser precedida de consulta da autoridade à Comissão de Ética Pública, acerca de situação que possa suscitar conflito de interesses.

Art. 16. As Comissões de Ética não poderão escusar-se de proferir decisão sobre matéria de sua competência alegando omissão do Código de Conduta da Alta Administração Federal, do Código de Ética Profissional do Servidor Público Civil do Poder Executivo Federal ou do Código de Ética do órgão ou entidade, que, se existente, será suprida pela analogia e invocação aos princípios da legalidade, impessoalidade, moralidade, publicidade e eficiência.

§ 1º Havendo dúvida quanto à legalidade, a Comissão de Ética competente deverá ouvir previamente a área jurídica do órgão ou entidade.

§ 2º Cumpre à CEP responder a consultas sobre aspectos éticos que lhe forem dirigidas pelas demais Comissões de Ética e pelos órgãos e entidades que integram o Executivo Federal, bem como pelos cidadãos e servidores que venham a ser indicados para ocupar cargo ou função abrangida pelo Código de Conduta da Alta Administração Federal.

Art. 17. As Comissões de Ética, sempre que constatarem a possível ocorrência de ilícitos penais, civis, de improbidade administrativa ou de infração disciplinar, encaminharão cópia dos autos às autoridades competentes para apuração de tais fatos, sem prejuízo das medidas de sua competência.

Art. 18. As decisões das Comissões de Ética, na análise de qualquer fato ou ato submetido à sua apreciação ou por ela levantado, serão resumidas em ementa e, com a omissão dos nomes dos investigados, divulgadas no sítio do próprio órgão, bem como remetidas à Comissão de Ética Pública.

Art. 19. Os trabalhos nas Comissões de Ética de que tratam os incisos II e III do art. 2º são considerados relevantes e têm prioridade sobre as atribuições próprias dos cargos dos seus membros, quando estes não atuarem com exclusividade na Comissão.

Art. 20. Os órgãos e entidades da Administração Pública Federal darão tratamento prioritário às solicitações de documentos necessários à instrução dos procedimentos de investigação instaurados pelas Comissões de Ética.

§ 1º Na hipótese de haver inobservância do dever funcional previsto no caput, a Comissão de Ética adotará as providências previstas no inciso III do § 5º do art. 12.

§ 2º As autoridades competentes não poderão alegar sigilo para deixar de prestar informação solicitada pelas Comissões de Ética.

Art. 21. A infração de natureza ética cometida por membro de Comissão de Ética de que tratam os incisos II e III do art. 2º será apurada pela Comissão de Ética Pública.

Art. 22. A Comissão de Ética Pública manterá banco de dados de sanções aplicadas pelas Comissões de Ética de que tratam os incisos II e III do art. 2º e de suas próprias sanções, para fins de consulta pelos órgãos ou entidades da administração pública federal, em casos de nomeação para cargo em comissão ou de alta relevância pública.

Parágrafo único. O banco de dados referido neste artigo engloba as sanções aplicadas a qualquer dos agentes públicos mencionados no parágrafo único do art. 11 deste Decreto.

Art. 23. Os representantes das Comissões de Ética de que tratam os incisos II e III do art. 2º atuarão como elementos de ligação com a CEP, que disporá em Resolução própria sobre as atividades que deverão desenvolver para o cumprimento desse mister.

Art. 24. As normas do Código de Conduta da Alta Administração Federal, do Código de Ética Profissional do Servidor Público Civil do Poder Executivo Federal e do Código de Ética do órgão ou entidade aplicam-se, no que couber, às autoridades e agentes públicos neles referidos, mesmo quando em gozo de licença.

Art. 25. Ficam revogados os incisos XVII, XIX, XX, XXI, XXIII e XXV do Código de Ética Profissional do Servidor Público Civil do Poder Executivo Federal, aprovado pelo Decreto nº 1.171, de 22 de junho de 1994, os arts. 2º e 3º do Decreto de 26 de maio de 1999, que cria a Comissão de Ética Pública, e os Decretos de 30 de agosto de 2000 e de 18 de maio de 2001, que dispõem sobre a Comissão de Ética Pública.

Art. 26. Este Decreto entra em vigor na data da sua publicação.

Brasília, 1º de fevereiro de 2007; 186º da Independência e 119º da República.
LUIZ INÁCIO LULA DA SILVA
Dilma Rousseff
Este texto não substitui o publicado no DOU de 2.2.2007

2. Resoluções 1 a 10 da Comissão de Ética Pública da Presidência da República

Resolução nº 01, de 13 de Setembro de 2000

Estabelece procedimentos para apresentação de informações, sobre situação patrimonial, pelas autoridades submetidas ao Código de Conduta da Alta Administração Federal.

A COMISSÃO DE ÉTICA PÚBLICA, no uso de suas atribuições, e tendo em vista o disposto no art. 4º do Código de Conduta da Alta Administração Federal,

Resolve

Art. 1º O cumprimento do disposto no art. 4º do Código de Conduta da Alta Administração Federal, que trata da apresentação de informações sobre a situação patrimonial das autoridades a ele submetidas, será atendido mediante o envio à Comissão de Ética Pública - CEP de:

I. lista dos bens, com identificação dos respectivos valores estimados ou de aquisição, que poderá ser substituída pela remessa de cópia da última declaração de bens apresentada à Secretaria da Receita Federal do Ministério da Fazenda;

II. informação sobre situação patrimonial específica que, a juízo da autoridade, suscite ou possa eventualmente suscitar conflito com o interesse público e, se for o caso, o modo pelo qual pretende evitá-lo.

Art. 2º As informações prestadas na forma do artigo anterior são de caráter sigiloso e, uma vez conferidas por pessoa designada pela CEP, serão encerradas em envelope lacrado.

Art. 3º A autoridade deverá também comunicar à CEP as participações de que for titular em sociedades de economia mista, de instituição financeira ou de empresa que negocie com o Poder Público, conforme determina o art. 6º do Código de Conduta.

Art. 4º O prazo de apresentação de informações será de dez dias, contados:

I. da data de publicação desta Resolução, para as autoridades que já se encontram no exercício do cargo;

II. da data da posse, para as autoridades que vierem a ser doravante nomeadas.

Art. 5º As seguintes autoridades estão obrigadas a prestar informações (art. 2º do Código de Conduta):

I. Ministros e Secretários de Estado;

II. titulares de cargos de natureza especial, secretários-executivos, secretários ou autoridades equivalentes ocupantes de cargo do Grupo-Direção e Assessoramento Superiores - DAS, nível seis;

III. presidentes e diretores de agências nacionais, autarquias, inclusive as especiais, fundações mantidas pelo Poder Público, empresas públicas e sociedades de economia mista.

Art. 6º As informações prestadas serão mantidas em sigilo, como determina o § 2º do art. 5º do referido Código.

Art. 7º As informações de que trata esta Resolução deverão ser remetidas à CEP, em envelope lacrado, localizada no Anexo II do Palácio do Planalto, sala 250 - Brasília-DF.

João Geraldo Piquet Carneiro
Presidente

Resolução nº 02, de 24 de Outubro de 2000

Regula a participação de autoridade pública abrangida pelo Código de Conduta da Alta Administração Federal em seminários e outros eventos

A Comissão de Ética Pública, com fundamento no art. 2º, inciso V, do Decreto de 26 de maio de 1999, adota a presente resolução interpretativa do parágrafo único do art. 7º do Código de Conduta da Alta Administração Federal.

1. A participação de autoridade pública abrangida pelo Código de Conduta da Alta Administração Federal em atividades externas, tais como seminários, congressos, palestras e eventos semelhantes, no Brasil ou no exterior, pode ser de interesse institucional ou pessoal.

2. Quando se tratar de participação em evento de interesse institucional, as despesas de transporte e estada, bem como as taxas de inscrição, se devidas, correrão por conta do órgão a que pertença a autoridade, observado o seguinte:

I. excepcionalmente, as despesas de transporte e estada, bem como as taxas de inscrição, poderão ser custeadas pelo patrocinador do evento, se este for:

a) organismo internacional do qual o Brasil faça parte;

b) governo estrangeiro e suas instituições;

c) instituição acadêmica, científica e cultural;

d) empresa, entidade ou associação de classe que não esteja sob a jurisdição regulatória do órgão a que pertença a autoridade, nem que possa ser beneficiária de decisão da qual participe a referida autoridade, seja individualmente, seja em caráter coletivo.

II. a autoridade poderá aceitar descontos de transporte, hospedagem e refeição, bem como de taxas de inscrição, desde que não se refira a benefício pessoal.

3. Quando se tratar de evento de interesse pessoal da autoridade, as despesas de remuneração, transporte e estada poderão ser custeadas pelo patrocinador, desde que:

I. a autoridade torne públicas as condições aplicáveis à sua participação, inclusive o valor da remuneração, se for o caso;

II. o promotor do evento não tenha interesse em decisão que possa ser tomada pela autoridade, seja individualmente, seja de caráter coletivo.

4. As atividades externas de interesse pessoal não poderão ser exercidas em prejuízo das atividades normais inerentes ao cargo.

5. A publicidade da remuneração e das despesas de transporte e estada será assegurada mediante registro do compromisso na respectiva agenda de trabalho da autoridade, com explicitação das condições de sua participação, a qual ficará disponível para consulta pelos interessados.

6. A autoridade não poderá aceitar o pagamento ou reembolso de despesa de transporte e estada, referentes à sua participação em evento de interesse institucional ou pessoal, por pessoa física ou jurídica com a qual o órgão a que pertença mantenha relação de negócio, salvo se o pagamento ou reembolso decorrer de obrigação contratual previamente assumida perante aquele órgão.

João Geraldo Piquet Carneiro
Presidente da Comissão de Ética Pública

Nota Explicativa

Participação de autoridades submetidas ao Código de Conduta da Alta Administração Federal em seminários, congressos e eventos semelhantes

O Código de Conduta da Alta Administração Federal estabeleceu os limites que devem ser observados para a participação de autoridades a ele submetidas em seminários, congressos e eventos semelhantes (art. 7º, parágrafo único).

A experiência anterior ao Código de Conduta revela um tratamento não uniforme nas condições relativas à participação das autoridades da alta administração federal nesses eventos. Com efeito, diante das conhecidas restrições de natureza orçamentária e financeira, passou-se a admitir que as despesas de viagem e estada da autoridade fossem custeadas pelo promotor do seminário ou congresso.

Tal prática, porém, não se coaduna com a necessidade de prevenir situações que possam comprometer a imagem do governo ou, até mesmo, colocar a autoridade em situação de constrangimento. É o que ocorre, por exemplo, quando o patrocinador tem interesse em decisão específica daquela autoridade.

Após o advento do Código de Conduta, diversas consultas sobre o tema chegaram à Comissão de Ética Pública, o que demonstrou a inequívoca necessidade de tornar mais clara e detalhada a aplicação da norma constante do Código de Conduta.

A presente Resolução, de caráter interpretativo, visa justamente afastar dúvidas sobre a maneira pela qual a autoridade pública poderá participar de determinados eventos externos, dentro dos limites éticos constantes do Código de Conduta. Os dois princípios básicos que orientam a resolução ora adotada são a transparência, assegurada pela publicidade, e a inexistência de interesse do patrocinador dos referidos eventos em decisão da autoridade pública convidada.

A Resolução, para fins práticos, distinguiu a participação da autoridade em dois tipos: a de interesse institucional e a de interesse pessoal. Entende-se por participação de interesse institucional aquela que resulte de necessidade e conveniência identificada do órgão ao qual pertença a autoridade e que possa concorrer para o cumprimento de suas atribuições legais.

Quando a participação for de interesse pessoal, a cobertura de custos pelos promotores do evento somente será admissível se: 1) a autoridade tornar pública as condições aplicáveis à sua participação; 2) o promotor do evento não tiver interesse em decisão da esfera de competência da autoridade; 3) a participação não resultar em prejuízo das atividades normais inerentes ao seu cargo.

Em se tratando de participação de autoridade em evento de interesse institucional, não é permitida a cobertura das despesas de transporte e estada pelo promotor do evento, exceto quando este for: 1) organismo internacional do qual o Brasil faça parte; 2) governo estrangeiro e suas instituições; 3) instituição acadêmica, científica ou cultural; 4) empresa, entidade ou associação de classe que não tenha interesse em decisão da autoridade. Da mesma forma, as despesas poderão ser cobertas pelo promotor do evento quando decorrente de obrigação contratual de empresa perante a instituição da autoridade.

Não será permitida, tampouco, a aceitação do pagamento ou reembolso de despesa de transporte e estada por empresa com a qual o órgão a que pertença a autoridade mantenha relação de negócio. É o caso, por exemplo, de empresa que forneça bens ou serviços ao referido órgão, a menos que tal pagamento ou reembolso decorra de obrigação contratual por ela assumida.

A publicidade relativa à participação das autoridades em eventos externos será assegurada mediante registro na agenda de trabalho da autoridade das condições de sua participação, inclusive remuneração, se for o caso. A agenda de trabalho ficará disponível para consulta por qualquer interessado. O acesso público à agenda deve ser facilitado.

Em síntese, por meio desta resolução interpretativa, a Comissão procurou fixar os balizamentos mínimos a serem observados pelas autoridades abrangidas pelo Código de Conduta, sem prejuízo de que cada órgão detalhe suas próprias normas internas sobre a participação de seus servidores em eventos externos

Resolução nº 03, de 23 de Novembro de 2000

Regras sobre o tratamento de presentes e brindes aplicáveis às autoridades públicas abrangidas pelo Código de Conduta da Alta Administração Federal

A Comissão de Ética Pública, com fundamento no art. 2º, inciso V, do Decreto de 26 de maio de 1999, e considerando que:

> De acordo com o art. 9º do Código de Conduta da Alta Administração Federal, é vedada a aceitação de presentes por autoridades públicas a ele submetidas;

> A aplicação da mencionada norma e de suas exceções requer orientação de caráter prático às referidas autoridades.

→ Resolve adotar a presente Resolução de caráter interpretativo:

Presentes

1. A proibição de que trata o Código de Conduta se refere ao recebimento de presentes de qualquer valor, em razão do cargo que ocupa a autoridade, quando o ofertante for pessoa, empresa ou entidade que:

I. esteja sujeita à jurisdição regulatória do órgão a que pertença a autoridade;

II. tenha interesse pessoal, profissional ou empresarial em decisão que possa ser tomada pela autoridade, individualmente ou de caráter coletivo, em razão do cargo;

III. mantenha relação comercial com o órgão a que pertença a autoridade; ou

IV. represente interesse de terceiros, como procurador ou preposto, de pessoas, empresas ou entidades compreendidas nos incisos I, II e III.

2. É permitida a aceitação de presentes:

I. em razão de laços de parentesco ou amizade, desde que o seu custo seja arcado pelo próprio ofertante, e não por pessoa, empresa ou entidade que se enquadre em qualquer das hipóteses previstas no item anterior;

II. quando ofertados por autoridades estrangeiras, nos casos protocolares em que houver reciprocidade ou em razão do exercício de funções diplomáticas.

3. Não sendo viável a recusa ou a devolução imediata de presente cuja aceitação é vedada, a autoridade deverá adotar uma das seguintes providências, em razão da natureza do bem:

I. tratando-se de bem de valor histórico, cultural ou artístico, destiná-lo ao acervo do Instituto do Patrimônio Histórico e Artístico Nacional-IPHAN para que este lhe dê o destino legal adequado;

II. promover a sua doação à entidade de caráter assistencial ou filantrópico reconhecida como de utilidade pública, desde que, tratando-se de bem não perecível, esta se comprometa a aplicar o bem ou o produto da sua alienação em suas atividades fim; ou

III. determinar a incorporação ao patrimônio da entidade ou do órgão público onde exerce a função.

4. Não caracteriza presente, para os fins desta Resolução:

I. prêmio em dinheiro ou bens concedido à autoridade por entidade acadêmica, científica ou cultural, em reconhecimento por sua contribuição de caráter intelectual;

II. prêmio concedido em razão de concurso de acesso público a trabalho de natureza acadêmica, científica, tecnológica ou cultural;

III. bolsa de estudos vinculada ao aperfeiçoamento profissional ou técnico da autoridade, desde que o patrocinador não tenha interesse em decisão que possa ser tomada pela autoridade, em razão do cargo que ocupa.

Brindes

5. É permitida a aceitação de brindes, como tal entendidos aqueles:

I. que não tenham valor comercial ou sejam distribuídos por entidade de qualquer natureza a título de cortesia, propaganda, divulgação habitual ou por ocasião de eventos ou datas comemorativas de caráter histórico ou cultural, desde que não ultrapassem o valor unitário de R$ 100,00 (cem reais);

II. cuja periodicidade de distribuição não seja inferior a 12 (doze) meses; e

III. que sejam de caráter geral e, portanto, não se destinem a agraciar exclusivamente uma determinada autoridade.

6. Se o valor do brinde ultrapassar a R$ 100,00 (cem reais), será ele tratado como presente, aplicando-se-lhe a norma prevista no item 3 acima.

7. Havendo dúvida se o brinde tem valor comercial de até R$ 100,00 (cem reais), a autoridade determinará sua avaliação junto ao comércio, podendo ainda, se julgar conveniente, dar-lhe desde logo o tratamento de presente.

Divulgação e Solução de Dúvidas

8. A autoridade deverá transmitir a seus subordinados as normas constantes desta Resolução, de modo a que tenham ampla divulgação no ambiente de trabalho.

9. A incorporação de presentes ao patrimônio histórico cultural e artístico, assim como a sua doação à entidade de caráter assistencial ou filantrópico reconhecida como de utilidade pública, deverá constar da respectiva agenda de trabalho ou de registro específico da autoridade, para fins de eventual controle.

10. Dúvidas específicas a respeito da implementação das normas sobre presentes e brindes poderão ser submetidas à Comissão de Ética Pública, conforme o previsto no art. 19 do Código de Conduta.

Brasília, 23 de novembro de 2000
João Geraldo Piquet Carneiro
Presidente da Comissão de Ética Pública
Publicado no Diário Oficial de 01 de dezembro de 2000

Nota Explicativa

Regras sobre o tratamento de presentes e brindes aplicáveis às autoridades públicas abrangidas pelo Código de Conduta da Alta Administração Federal.

A Resolução nº 3 da Comissão de Ética Pública (CEP) tem por objetivo dar efetividade ao art. 9º do Código de Conduta da Alta Administração Federal que veda à autoridade pública por ele abrangida, como regra geral, a aceitação de presentes.

A matéria é de inquestionável relevo tanto do ponto de vista da opinião pública quanto da própria Administração, pois tem a ver com a observância de regra ética fundamental, qual seja, a de que a capacidade decisória da autoridade pública seja livre de qualquer tipo de influência externa. Além disso, normas claras sobre presentes e brindes também darão mais segurança ao relacionamento de pessoas e empresas com autoridades governamentais, posto que todos saberão, desde logo, o que podem e não podem dar como presente ou brinde a autoridades públicas.

A Resolução está dividida em três partes principais: na primeira (itens 1 a 4) cuida-se de presentes, das situações em que estes podem ser recebidos e da sua devolução, quando for o caso; na segunda (itens 5 a 7) trata-se de brindes e sua caracterização; e na terceira (itens 8 a 10), regula-se a divulgação das normas da resolução e a solução de dúvidas na sua implementação.

A regra geral é que as autoridades abrangidas pelo Código de Conduta estão proibidas de receber presentes, de qualquer valor, em razão do seu cargo (item 1). A vedação se configura quando o ofertante do presente seja pessoa, empresa ou entidade que se encontre numa das seguintes situações:

> Esteja sujeita à jurisdição regulatória do órgão a que pertença a autoridade;

> Tenha interesse pessoal, profissional ou empresarial em decisão que possa ser tomada pela autoridade, em razão do cargo, seja individualmente, seja de forma coletiva;

> Mantenha relação comercial de qualquer natureza com o órgão a que pertence a autoridade (fornecedores de bens e serviços, por exemplo);

> Represente interesse de terceiros, na qualidade de procurador ou preposto, de pessoas, empresas ou entidades conforme especificados anteriormente.

O recebimento de presente só é permitido em duas hipóteses: a) quando o ofertante for autoridade estrangeira, nos casos protocolares, ou em razão do exercício de funções diplomáticas (item 2, inciso II); b) por motivo de parentesco ou amizade (item 2, inciso I), desde que o respectivo custo seja coberto pelo próprio parente ou amigo, e não por pessoa física ou entidade que tenha interesse em decisão da autoridade.

Quando não for recomendável ou viável a devolução do presente, como, por exemplo, quando a autoridade tenha que incorrer em custos pessoais para fazê-lo, o bem deverá ser doado à entidade de caráter assistencial ou filantrópico reconhecida como de utilidade pública que se comprometa a utilizá-lo ou transformá-lo em receita a ser aplicada exclusivamente em suas atividades fim. Se se tratar de bem de valor histórico ou cultural, será ele transferido para o Instituto do Patrimônio Histórico e Artístico Nacional, que lhe dará a destinação legal mais adequada (item 3, incisos I e II).

Não caracteriza presente (item 4) o recebimento de prêmio em dinheiro ou bens concedido por entidades acadêmicas, científicas ou culturais, em reconhecimento por contribuição intelectual. Da mesma forma, não se configura como presente o prêmio outorgado em razão de concurso para seleção de trabalho de natureza acadêmica, científica, tecnológica. Finalmente, podem ser aceitas bolsas de estudos vinculadas ao aperfeiçoamento acadêmico da autoridade, desde que a entidade promotora não tenha interesse em decisão de sua alçada. Está claro, portanto, que em nenhum caso prêmios ou bolsas de estudos poderão implicar qualquer forma de contraprestação de serviço.

A Resolução esclarece que poderão ser aceitos brindes (item 5), como tais considerados os que não tenham valor comercial ou cujo valor unitário não ultrapasse R$ 100,00. Na segunda hipótese, quando tiver valor inferior a R$ 100,00, o brinde deve ser distribuído estritamente a título de cortesia, propaganda, divulgação habitual ou por ocasião de eventos ou datas comemorativas de caráter histórico ou cultural (pode incluir, por exemplo, a distribuição de livros ou discos). Além disso, sua periodicidade não poderá ser inferior a um ano e o brinde deve ser de caráter geral, ou seja, não deve ser destinado exclusivamente a determinada autoridade.

Brindes que ultrapassem o valor de R$ 100,00 devem ser considerados presentes de aceitação vedada (item 6), salvo as exceções elencadas. Brindes sobre os quais persistam dúvidas quanto ao valor – se supera ou não R$ 100,00 – a recomendação constante do item 7 da Resolução é que sejam considerados presentes.

Tendo em vista o amplo interesse das normas sobre presentes e brindes, as autoridades deverão divulgá-las entre seus subordinados (item 8).

É importante observar que a destinação de presentes, que não possam ser recusados ou devolvidos, deve constar de registro a ser mantido pela autoridade, para fins de eventual controle (item 9).

É natural que possam surgir situações específicas que suscitem dúvidas quanto à correta conduta de autoridade, pois, afinal, as normas são sempre elaboradas para que tenham aplicação geral e nem sempre alcançam todos os casos particulares. Assim, é muito importante que, também nessa matéria, os abrangidos utilizem, sempre que necessário, o canal de consulta oferecido pela própria Comissão de Ética.

Finalmente, deve-se salientar que as normas da Resolução se aplicam tão somente às autoridades enumeradas no art. 2º do Código de Conduta. Caberá a cada órgão ou entidade da administração pública regular a matéria em relação a seus demais servidores e empregados.

Resolução nº 04, de 07 de Junho de 2001

Aprova o Regimento Interno da Comissão de Ética Pública:

A COMISSÃO DE ÉTICA PÚBLICA, com fundamento no art. 2º, inciso VII, do Decreto de 26 de maio de 1999

Resolve

Art. 1º Fica aprovado na forma desta Resolução o Regimento Interno da Comissão de Ética Pública.

Capítulo I

- **Da Competência**

Art. 2º Compete à Comissão de Ética Pública (CEP):

I. assegurar a observância do Código de Conduta da Alta Administração Federal, aprovado pelo Presidente da República em 21 de agosto de 2000, pelas autoridades públicas federais por ele abrangidas;

II. submeter ao Presidente da República sugestões de aprimoramento do Código de Conduta e resoluções de caráter interpretativo de suas normas;

III. dar subsídios ao Presidente da República e aos Ministros de Estado na tomada de decisão concernente a atos de autoridade que possam implicar descumprimento das normas do Código de Conduta;

IV. apurar, de ofício ou em razão de denúncia, condutas que possam configurar violação do Código de Conduta, e, se for o caso, adotar as providências nele previstas;

V. dirimir dúvidas a respeito da aplicação do Código de Conduta e deliberar sobre os casos omissos;

VI. colaborar, quando solicitado, com órgãos e entidades da administração federal, estadual e municipal, ou dos Poderes Legislativo e Judiciário; e

VII. dar ampla divulgação ao Código de Conduta.

Capítulo II

Da Composição

Art. 3º A CEP é composta por seis membros designados pelo Presidente da República, com mandato de três anos, podendo ser reconduzidos.

§ 1º Os membros da CEP não terão remuneração e os trabalhos por eles desenvolvidos são considerados prestação de relevante serviço público.

§ 2º As despesas com viagens e estada dos membros da CEP serão custeadas pela Presidência da República, quando relacionadas com suas atividades.

Capítulo III

• Do Funcionamento

Art. 4º Os membros da CEP escolherão o seu presidente, que terá mandato de um ano, permitida a recondução.

Art. 5º As deliberações da CEP serão tomadas por voto da maioria de seus membros, cabendo ao presidente o voto de qualidade.

Art. 6º A CEP terá um Secretário-Executivo, vinculado à Casa Civil da Presidência da República, que lhe prestará apoio técnico e administrativo.

§ 1º O Secretário-Executivo submeterá anualmente à CEP plano de trabalho que contemple suas principais atividades e proponha metas, indicadores e dimensione os recursos necessários.

§ 2º Nas reuniões ordinárias da CEP, o Secretário-Executivo prestará informações sobre o estágio de execução das atividades contempladas no plano de trabalho e seus resultados, ainda que parciais.

Art. 7º As reuniões da CEP ocorrerão, em caráter ordinário, mensalmente, e, extraordinariamente, sempre que necessário, por iniciativa de qualquer de seus membros.

§ 1º A pauta das reuniões da CEP será composta a partir de sugestões de qualquer de seus membros ou por iniciativa do Secretário-Executivo, admitindo-se no início de cada reunião a inclusão de novos assuntos na pauta.

§ 2º Assuntos específicos e urgentes poderão ser objeto de deliberação mediante comunicação entre os membros da CEP.

Capítulo IV

• Das Atribuições

Art. 8º Ao Presidente da CEP compete:

I. convocar e presidir as reuniões;

II. orientar os trabalhos da Comissão, ordenar os debates, iniciar e concluir as deliberações;

III. orientar e supervisionar os trabalhos da Secretaria-Executiva;

IV. tomar os votos e proclamar os resultados;

V. autorizar a presença nas reuniões de pessoas que, por si ou por entidades que representem, possam contribuir para os trabalhos da CEP;

VI. proferir voto de qualidade;

VII. determinar o registro de seus atos enquanto membro da Comissão, inclusive reuniões com autoridades submetidas ao Código de Conduta;

VIII. determinar ao Secretário-Executivo, ouvida a CEP, a instauração de processos de apuração de prática de ato em desrespeito ao preceituado no Código de Conduta da Alta Administração Federal, a execução de diligências e a expedição de comunicados à autoridade pública para que se manifeste na forma prevista no art. 12 deste Regimento; e

IX. decidir os casos de urgência, ad referendum da CEP.

Art. 9º Aos membros da CEP compete:

I. examinar as matérias que lhes forem submetidas, emitindo pareceres;

II. pedir vista de matéria em deliberação pela CEP;

III. solicitar informações a respeito de matérias sob exame da Comissão; e

IV. representar a CEP em atos públicos, por delegação de seu Presidente.

Art. 10. Ao Secretário-Executivo compete:

I. organizar a agenda das reuniões e assegurar o apoio logístico à CEP;

II. secretariar as reuniões;

III. proceder ao registro das reuniões e à elaboração de suas atas;

IV. dar apoio à CEP e aos seus integrantes no cumprimento das atividades que lhes sejam próprias;

V. instruir as matérias submetidas à deliberação;

VI. providenciar previamente à instrução de matéria para deliberação pela CEP, nos casos em que houver necessidade, parecer sobre a legalidade de ato a ser por ela baixado;

VII. desenvolver ou supervisionar a elaboração de estudos e pareceres como subsídios ao processo de tomada de decisão da CEP;

VIII. solicitar às autoridades submetidas ao Código de Conduta informações e subsídios para instruir assunto sob apreciação da CEP; e

IX. tomar as providências necessárias ao cumprimento do disposto nos arts. 8º, inciso VII, e 12 deste Regimento, bem como outras determinadas pelo Presidente da Comissão, no exercício de suas atribuições.

Capítulo V
Das Deliberações

Art. 11. As deliberações da CEP relativas ao Código de Conduta compreenderão:

I. homologação das informações prestadas em cumprimento às obrigações nele previstas;

II. adoção de orientações complementares:

a) mediante resposta a consultas formuladas por autoridade a ele submetidas;

b) de ofício, em caráter geral ou particular, mediante comunicação às autoridades abrangidas, por meio de resolução, ou, ainda, pela divulgação periódica de relação de perguntas e respostas aprovada pela CEP;

III. elaboração de sugestões ao Presidente da República de atos normativos complementares ao Código de Conduta, além de propostas para sua eventual alteração;

IV. instauração de procedimento para apuração de ato que possa configurar descumprimento ao Código de Conduta; e

V. adoção de uma das seguintes providências em caso de infração:

a) advertência, quando se tratar de autoridade no exercício do cargo;

b) censura ética, na hipótese de autoridade que já tiver deixado o cargo; e

c) encaminhamento de sugestão de exoneração à autoridade hierarquicamente superior, quando se tratar de infração grave ou de reincidência.

Capítulo VI
Das Normas de Procedimento

Art. 12. O procedimento de apuração de infração ao Código de Conduta será instaurado pela CEP, de ofício ou em razão de denúncia fundamentada, desde que haja indícios suficientes, observado o seguinte:

I. a autoridade será oficiada para manifestar-se por escrito no prazo de cinco dias;

II. o eventual denunciante, a própria autoridade pública, bem assim a CEP, de ofício, poderão produzir prova documental;

III. a CEP poderá promover as diligências que considerar necessárias, assim como solicitar parecer de especialista quando julgar imprescindível;

IV. concluídas as diligências mencionadas no inciso anterior, a CEP oficiará à autoridade para nova manifestação, no prazo de três dias;

V. se a CEP concluir pela procedência da denúncia, adotará uma das providências previstas no inciso V do art. 11, com comunicação ao denunciado e ao seu superior hierárquico.

Capítulo VII
Dos Deveres e Responsabilidade dos Membros da Comissão

Art. 13. Os membros da CEP obrigam-se a apresentar e manter arquivadas na Secretaria-Executiva declarações prestadas nos termos do art. 4º do Código de Conduta.

Art. 14. Eventuais conflitos de interesse, efetivos ou potenciais, que possam surgir em função do exercício das atividades profissionais de membro da Comissão, deverão ser informados aos demais membros.

Parágrafo único. O membro da CEP que, em razão de sua atividade profissional, tiver relacionamento específico em matéria que envolva autoridade submetida ao Código de Conduta da Alta Administração, deverá abster-se de participar de deliberação que, de qualquer modo, a afete.

Art. 15. As matérias examinadas nas reuniões da CEP são consideradas de caráter sigiloso até sua deliberação final, quando a Comissão deverá decidir sua forma de encaminhamento.

Art. 16. Os membros da CEP não poderão se manifestar publicamente sobre situação específica que possa vir a ser objeto de deliberação formal do Colegiado.

Art. 17. Os membros da CEP deverão justificar eventual impossibilidade de comparecer às reuniões.

Capítulo VIII
Das Disposições Gerais

Art. 18. O Presidente da CEP, em suas ausências, será substituído pelo membro mais antigo da Comissão.

Art. 19. Caberá à CEP dirimir qualquer dúvida relacionada a este Regimento Interno, bem como promover as modificações que julgar necessárias.

Parágrafo único. Os casos omissos serão resolvidos pelo colegiado.

Art. 20. Esta Resolução entra em vigor na data de sua publicação.

João Geraldo Piquet Carneiro
Presidente da Comissão
Este texto não substitui o publicado no D.O.U. de 8.6.2001

Resolução nº 05, de 07 de Junho de 2001

Aprova o modelo de Declaração Confidencial de Informações a ser apresentada por autoridade submetida ao Código de Conduta da Alta Administração Federal, e dispõe sobre a atualização de informações patrimoniais para os fins do art. 4º do Código de Conduta da Alta Administração Federal.

A COMISSÃO DE ÉTICA PÚBLICA, com fundamento no art. 2º, inciso V, do Decreto de 26 de maio de 1999, e nos termos do art. 4º do Código de Conduta da Alta Administração Federal,

Resolve

Art. 1º A autoridade pública nomeada para cargo abrangido pelo Código de Conduta da Alta Administração Federal, aprovado pelo Presidente da República em 21 de agosto de 2000, encaminhará à Comissão de Ética Pública, no prazo de dez dias da data de nomeação, Declaração Confidencial de Informações - DCI, conforme modelo anexo.

Art. 2º Estão obrigados à apresentação da DCI ministros, secretários de estado, titulares de cargos de natureza especial, secretários executivos, secretários ou autoridade equivalentes ocupantes de cargos do Grupo-Direção e Assessoramento Superiores - DAS, nível seis, presidentes e diretores de agências nacionais, autarquias, inclusive as especiais, fundações mantidas pelo Poder Público, empresas públicas e sociedades de economia mista.

Art. 3º A autoridade pública comunicará à CEP, no mesmo prazo, quaisquer alterações relevantes nas informações prestadas, podendo, para esse fim, apresentar nova DCI.

Art. 4º Dúvidas específicas relativas ao preenchimento da DCI, assim como sobre situação patrimonial que, real ou potencialmente, possa suscitar conflito com o interesse público, serão submetidas à CEP e esclarecidas por sua Secretaria Executiva.

João Geraldo Piquet Carneiro
Presidente da Comissão
Publicado no Diário Oficial de 08 de junho de 2001

Resolução nº 06, de 25 de Julho de 2001

Dá nova redação ao item III da Resolução nº 3, de 23 de novembro de 2000.

A COMISSÃO DE ÉTICA PÚBLICA, no uso de suas atribuições, e tendo em vista o disposto no art. 2º, inciso V, do Decreto de 26 de maio de 1999, que a instituiu, adotou a seguinte:

Resolução

Art. 1º O item 3 da Resolução nº 3, de 23 de novembro de 2000, passa a vigorar com a seguinte redação: "3. Não sendo viável a recusa ou a devolução imediata de presente cuja aceitação é vedada, a autoridade deverá adotar uma das seguintes providências:

II. promover a sua doação à entidade de caráter assistencial ou filantrópico reconhecida como de utilidade pública, desde que, tratando-se de bem não perecível, se comprometa a aplicar o bem ou o produto da sua alienação em suas atividades fim; ou

III. determinar a incorporação ao patrimônio da entidade ou do órgão público onde exerce a função."

Art. 2º Esta Resolução entra em vigor na data de sua publicação.

João Geraldo Piquet Carneiro
Presidente da Comissão

Resolução nº 07, de 14 de Fevereiro de 2002

Regula a participação de autoridade pública submetida ao Código de Conduta da Alta Administração Federal em atividades de natureza político-eleitoral.

A Comissão de Ética Pública, com fundamento no art. 2º, inciso V, do Decreto de 26 de maio de 1999, adota a presente resolução interpretativa do Código de Conduta da Alta Administração Federal, no que se refere à participação de autoridades públicas em eventos político-eleitorais.

Art. 1º A autoridade pública vinculada ao Código de Conduta da Alta Administração Federal (CCAAF) poderá participar, na condição de cidadão-eleitor, de eventos de natureza político-eleitoral, tais como convenções e reuniões de partidos políticos, comícios e manifestações públicas autorizadas em lei.

Art. 2º A atividade político-eleitoral da autoridade não poderá resultar em prejuízo do exercício da função pública, nem implicar o uso de recursos, bens públicos de qualquer espécie ou de servidores a ela subordinados.

Art. 3º A autoridade deverá abster-se de:

I. se valer de viagens de trabalho para participar de eventos político-eleitorais;

II. expor publicamente divergências com outra autoridade administrativa federal ou criticar-lhe a honorabilidade e o desempenho funcional (artigos 11 e 12, inciso I, do CCAAF);

III. exercer, formal ou informalmente, função de administrador de campanha eleitoral.

Art. 4º Nos eventos político-eleitorais de que participar, a autoridade não poderá fazer promessa, ainda que de forma implícita, cujo cumprimento dependa do cargo público que esteja exercendo, tais como realização de obras, liberação de recursos e nomeação para cargos ou empregos.

Art. 5º A autoridade, a partir do momento em que manifestar de forma pública a intenção de candidatar-se a cargo eletivo, não poderá praticar ato de gestão do qual resulte privilégio para pessoa física ou entidade, pública ou privada, situada em sua base eleitoral ou de seus familiares.

Art. 6º Para prevenir-se de situação que possa suscitar dúvidas quanto à sua conduta ética e ao cumprimento das normas estabelecidas pelo CCAAF, a autoridade deverá consignar em agenda de trabalho de acesso público:

I. audiências concedidas, com informações sobre seus objetivos, participantes e resultados, as quais deverão ser registradas por servidor do órgão ou entidade por ela designado para acompanhar a reunião;

II. eventos político-eleitorais de que participe, informando as condições de logística e financeiras da sua participação.

Art. 7º Havendo possibilidade de conflito de interesse entre a atividade político-eleitoral e a função pública, a autoridade deverá abster-se de participar daquela atividade ou requerer seu afastamento do cargo.

Art. 8º Em caso de dúvida, a autoridade poderá consultar a Comissão de Ética Pública.

Brasília, 14 de fevereiro de 2002
João Geraldo Piquet Carneiro
Presidente da Comissão de Ética Pública

Comissão de Ética Pública

O Presidente da República aprovou recomendação no sentido de que se regule a participação de autoridades submetidas ao Código de Conduta da Alta Administração Federal em atividades de natureza político-eleitoral.

A Resolução CEP Nº 7, publicada no Diário Oficial da União de 25.2.2002, é interpretativa das normas do Código de Conduta da Alta Administração Federal e tem duplo objetivo. Primeiro, reconhecer o direito de qualquer autoridade, na condição de cidadão-eleitor, de participar em atividades e eventos políticos e eleitorais; segundo, mediante explicitação de normas de conduta, permitir que as autoridades exerçam esse direito a salvo de críticas, desde que as cumpram adequadamente.

Para facilitar a compreensão do cumprimento das referidas normas, são prestados os esclarecimentos que seguem.

Art. 1º O dispositivo enfatiza o direito da autoridade de participar de eventos eleitorais, tais como convenções partidárias, reuniões políticas e outras manifestações públicas que não contrariem a lei. O importante é que essa participação se enquadre nos princípios éticos inerentes ao cargo ou função da autoridade.

Art. 2º A norma reproduz dispositivo legal existente, aplicando-o de maneira específica à atividade político-eleitoral. Assim, a autoridade pública, que pretenda ou não candidatar a cargo eletivo, não poderá exercer tal atividade em prejuízo da função pública, como, por exemplo, durante o honorário normal de expediente ou em detrimento de qualquer de suas obrigações funcionais.

Da mesma forma, não poderá utilizar bens e serviços públicos de qualquer espécie, assim como servidores a ela subordinados. É o caso do uso de veículos, recursos de informática, serviços de reprodução ou de publicação de documentos, material de escritório, entre outros. Especial atenção deve ser dada à vedação ao uso de funcionários subordinados, dentro ou fora do expediente oficial, em atividades político-eleitorais de interesse da autoridade. Cumpre esclarecer que esta norma não restringe a atividade político-eleitoral de interesse do próprio funcionário, nos limites da lei.

O dispositivo recomenda que a autoridade não se valha de viagem de trabalho para participar de eventos político-eleitorais. Trata-se de norma de ordem prática, pois seria muito difícil exercer algum controle sobre a segregação entre tais atividades e as inerentes ao cargo público.

Esta norma não impede que a autoridade que viajou por seus próprios meios para participar de evento político-eleitoral cumpra outros compromissos inerentes ao seu cargo ou função.

II. A autoridade não deve expor publicamente suas divergências com outra autoridade administrativa federal, ou criticar-lhe a honorabilidade ou o desempenho funcional. Não se trata de censurar o direito de crítica, de modo geral, mas de adequá-lo ao fato de que, afinal, a autoridade exerce um cargo de livre nomeação na administração e está vinculada a deveres de fidelidade e confiança.

III. A autoridade não poderá aceitar encargo de administrador de campanha eleitoral, diante da dificuldade de compatibilizar essa atividade com suas atribuições funcionais. Não haverá restrição se a autoridade se licenciar do cargo, sem vencimentos.

Art. 4º *É fundamental que a autoridade não faça promessa, de forma explícita ou implícita, cujo cumprimento dependa do uso do cargo público, como realização de obras, liberação de recursos e nomeação para cargo ou emprego. Essa restrição decorre da necessidade de se manter a dignidade da função pública e de se demonstrar respeito à sociedade e ao eleitor.*

Art. 5º *A lei já determina que a autoridade que pretenda se candidatar a cargo eletivo peça exoneração até seis meses antes da respectiva eleição. Porém, se ela antes disso manifestar publicamente sua pretensão eleitoral, não poderá mais praticar ato de gestão que resulte em algum tipo de privilégio para qualquer pessoa ou entidade que esteja em sua base eleitoral. É importante enfatizar que se trata apenas de ato que gere privilégio, e não atos normais de gestão.*

Art. 6º *Durante o período pré-eleitoral, a autoridade deve tomar cautelas específicas para que seus contatos funcionais com terceiros não se confundam com suas atividades político-eleitorais. A forma adequada é fazer-se acompanhar de outro servidor em audiências, o qual fará o registro dos participantes e dos assuntos tratados na agenda de trabalho da autoridade.*

O mesmo procedimento de registro em agenda deve ser adotado com relação aos compromissos político-eleitorais da autoridade. E, ambos os casos os registros são de acesso público, sendo recomendável também que a agenda seja divulgada pela internet.

Art. 7º *Se por qualquer motivo se verificar a possibilidade de conflito de interesse entre a atividade político-eleitoral e a função pública, a autoridade deverá escolher entre abster-se de participar daquela atividade ou requerer o seu afastamento do cargo.*

Art. 8º *A Comissão de Ética Pública esclarecerá as dúvidas que eventualmente surjam na efetiva aplicação das normas.*

João Geral Piquet Carneiro - Presidente
Adhemar Palladini Ghisi
Celina Vargas do Amaral Peixoto
João Camilo Pena
Lourdes Sola
Miguel Reale Júnior

Resolução nº 08, de 25 de Setembro de 2003

Identifica situações que suscitam conflito de interesses e dispõe sobre o modo de preveni-los

A COMISSÃO DE ÉTICA PÚBLICA, com o objetivo de orientar as autoridades submetidas ao Código de Conduta da Alta Administração Federal na identificação de situações que possam suscitar conflito de interesses, esclarece o seguinte:

1. *Suscita conflito de interesses o exercício de atividade que:*

a) em razão da sua natureza, seja incompatível com as atribuições do cargo ou função pública da autoridade, como tal considerada, inclusive, a atividade desenvolvida em áreas ou matérias afins à competência funcional;

b) viole o princípio da integral dedicação pelo ocupante de cargo em comissão ou função de confiança, que exige a precedência das atribuições do cargo ou função pública sobre quaisquer outras atividades;

c) implique a prestação de serviços à pessoa física ou jurídica ou a manutenção de vínculo de negócio com pessoa física ou jurídica que tenha interesse em decisão individual ou coletiva da autoridade;

d) possa, pela sua natureza, implicar o uso de informação à qual a autoridade tenha acesso em razão do cargo e não seja de conhecimento público;

e) possa transmitir à opinião pública dúvida a respeito da integridade, moralidade, clareza de posições e decoro da autoridade.

2. *A ocorrência de conflito de interesses independe do recebimento de qualquer ganho ou retribuição pela autoridade.*

3. *A autoridade poderá prevenir a ocorrência de conflito de interesses ao adotar, conforme o caso, uma ou mais das seguintes providências:*

a) abrir mão da atividade ou licenciar-se do cargo, enquanto perdurar a situação passível de suscitar conflito de interesses;

b) alienar bens e direitos que integram o seu patrimônio e cuja manutenção possa suscitar conflito de interesses;

c) transferir a administração dos bens e direitos que possam suscitar conflito de interesses à instituição financeira ou à administradora de carteira de valores mobiliários autorizada a funcionar pelo Banco Central ou pela Comissão de Valores Mobiliários, conforme o caso, mediante instrumento contratual que contenha cláusula que vede a participação da autoridade em qualquer decisão de investimento assim como o seu prévio conhecimento de decisões da instituição administradora quanto à gestão dos bens e direitos;

d) na hipótese de conflito de interesses específico e transitório, comunicar sua ocorrência ao superior hierárquico ou aos demais membros de órgão colegiado de que faça parte a autoridade, em se tratando de decisão coletiva, abstendo-se de votar ou participar da discussão do assunto;

e) divulgar publicamente sua agenda de compromissos, com identificação das atividades que não sejam decorrência do cargo ou função pública.

4. A Comissão de Ética Pública deverá ser informada pela autoridade e opinará, em cada caso concreto, sobre a suficiência da medida adotada para prevenir situação que possa suscitar conflito de interesses.

5. A participação de autoridade em conselhos de administração e fiscal de empresa privada, da qual a União seja acionista, somente será permitida quando resultar de indicação institucional da autoridade pública competente. Nestes casos, é-lhe vedado participar de deliberação que possa suscitar conflito de interesses com o Poder Público.

6. No trabalho voluntário em organizações do terceiro setor, sem finalidade de lucro, também deverá ser observado o disposto nesta Resolução.

7. As consultas dirigidas à Comissão de Ética Pública deverão estar acompanhadas dos elementos pertinentes à legalidade da situação exposta.

Brasília, 25 de setembro de 2003
João Geraldo Piquet Carneiro
Presidente

Resolução nº 09, de 20 de Maio de 2005

O PRESIDENTE DA COMISSÃO DE ÉTICA PÚBLICA, no uso de suas atribuições e tendo em vista o disposto no art. 2º, inciso V, do Decreto de 26 de maio de 1999, que cria a Comissão de Ética Pública, e nos termos do art. 4º do Código de Conduta da Alta Administração Federal.

Resolve

Art. 1º Fica aprovado o modelo anexo da Declaração Confidencial de Informações de que trata a Resolução nº 5, de 7 de junho de 2001.

Art. 2º A autoridade ocupante de cargo público vinculado ao Código de Conduta da Alta Administração Federal deverá apresentar a Declaração Confidencial de Informações, devidamente preenchida:

I. pela primeira vez, até dez dias após a posse; e

II. sempre que ocorrer alteração relevante nas informações prestadas, até trinta dias da ocorrência.

Art. 3º Esta Resolução entra em vigor na data de sua publicação.

Art. 4º Fica revogado o Anexo à Resolução nº 5, de 7 de junho de 2001.

FERNANDO NEVES DA SILVA
Presidente da Comissão de Ética Pública

Resolução nº 10, de 29 de Setembro de 2008

A COMISSÃO DE ÉTICA PÚBLICA, no uso de suas atribuições conferidas pelo art. 1º do Decreto de 26 de maio de 1999 e pelos arts. 1º, inciso III, e 4º, inciso IV, do Decreto nº 6.029, de 1º de fevereiro de 2007, nos termos do Decreto nº 1.171, de 22 de junho de 1994, Decreto nº 4.553, de 27 de dezembro de 2002 e tendo em vista a Lei nº 9.784, de 29 de janeiro de 1999,

Resolve

Art. 1º Ficam aprovadas, na forma desta Resolução, as normas de funcionamento e de rito processual, delimitando competências, atribuições, procedimentos e outras providências no âmbito das Comissões de Ética instituídas pelo Decreto nº 1.171, de 22 de junho de 1994, com as alterações estabelecidas pelo Decreto nº 6.029, de 1º de fevereiro de 2007.

Capítulo I

- **Das Competências e Atribuições**

Art. 2º Compete às Comissões de Ética:

I. atuar como instância consultiva do dirigente máximo e dos respectivos servidores de órgão ou de entidade federal;

II. aplicar o Código de Ética Profissional do Servidor Público Civil do Poder Executivo Federal, aprovado pelo Decreto nº 1.171, de 1994, devendo:

a) submeter à Comissão de Ética Pública - CEP propostas de aperfeiçoamento do Código de Ética Profissional;

b) apurar, de ofício ou mediante denúncia, fato ou conduta em desacordo com as normas éticas pertinentes;

c) recomendar, acompanhar e avaliar o desenvolvimento de ações objetivando a disseminação, capacitação e treinamento sobre as normas de ética e disciplina;

III. representar o órgão ou a entidade na Rede de Ética do Poder Executivo Federal a que se refere o art. 9º do Decreto nº 6.029, de 2007;

IV. supervisionar a observância do Código de Conduta da Alta Administração Federal e comunicar à CEP situações que possam configurar descumprimento de suas normas;

V. aplicar o código de ética ou de conduta próprio, se couber;

VI. orientar e aconselhar sobre a conduta ética do servidor, inclusive no relacionamento com o cidadão e no resguardo do patrimônio público;

VII. responder consultas que lhes forem dirigidas;

VIII. receber denúncias e representações contra servidores por suposto descumprimento às normas éticas, procedendo à apuração;

IX. instaurar processo para apuração de fato ou conduta que possa configurar descumprimento ao padrão ético recomendado aos agentes públicos;

X. convocar servidor e convidar outras pessoas a prestar informação;

XI. requisitar às partes, aos agentes públicos e aos órgãos e entidades federais informações e documentos necessários à instrução de expedientes;

XII. requerer informações e documentos necessários à instrução de expedientes a agentes públicos e a órgãos e entidades de outros entes da federação ou de outros Poderes da República;

XIII. realizar diligências e solicitar pareceres de especialistas;

XIV. esclarecer e julgar comportamentos com indícios de desvios éticos;

XV. aplicar a penalidade de censura ética ao servidor e encaminhar cópia do ato à unidade de gestão de pessoas, podendo também:

a) sugerir ao dirigente máximo a exoneração de ocupante de cargo ou função de confiança;

b) sugerir ao dirigente máximo o retorno do servidor ao órgão ou entidade de origem;

c) sugerir ao dirigente máximo a remessa de expediente ao setor competente para exame de eventuais transgressões de naturezas diversas;

d) adotar outras medidas para evitar ou sanar desvios éticos, lavrando, se for o caso, o Acordo de Conduta Pessoal e Profissional - ACPP;

XVI. arquivar os processos ou remetê-los ao órgão competente quando, respectivamente, não seja comprovado o desvio ético ou configurada infração cuja apuração seja da competência de órgão distinto;

XVII. notificar as partes sobre suas decisões;

XVIII. submeter ao dirigente máximo do órgão ou entidade sugestões de aprimoramento ao código de conduta ética da instituição;

XIX. dirimir dúvidas a respeito da interpretação das normas de conduta ética e deliberar sobre os casos omissos, observando as normas e orientações da CEP;

XX. elaborar e propor alterações ao código de ética ou de conduta próprio e ao regimento interno da respectiva Comissão de Ética;

XXI. dar ampla divulgação ao regramento ético;

XXII. dar publicidade de seus atos, observada a restrição do art. 14 desta Resolução;

XXIII. requisitar agente público para prestar serviços transitórios técnicos ou administrativos à Comissão de Ética, mediante prévia autorização do dirigente máximo do órgão ou entidade;

XXIV. elaborar e executar o plano de trabalho de gestão da ética; e

XXV. indicar por meio de ato interno, representantes locais da Comissão de Ética, que serão designados pelos dirigentes máximos dos órgãos ou entidades, para contribuir nos trabalhos de educação e de comunicação.

Capítulo II
- **Da Composição**

Art. 3º A Comissão de Ética do órgão ou entidade será composta por três membros titulares e respectivos suplentes, servidores públicos ocupantes de cargo efetivo ou emprego do seu quadro permanente, designados por ato do dirigente máximo do correspondente órgão ou entidade.

§ 1º Não havendo servidores públicos no órgão ou na entidade em número suficiente para instituir a Comissão de Ética, poderão ser escolhidos servidores públicos ocupantes de cargo efetivo ou emprego do quadro permanente da Administração Pública.

§ 2º A atuação na Comissão de Ética é considerada prestação de relevante serviço público e não enseja qualquer remuneração, devendo ser registrada nos assentamentos funcionais do servidor.

§ 3º O dirigente máximo de órgão ou entidade não poderá ser membro da Comissão de Ética.

§ 4º O Presidente da Comissão será substituído pelo membro mais antigo, em caso de impedimento ou vacância.

§ 5º No caso de vacância, o cargo de Presidente da Comissão será preenchido mediante nova escolha efetuada pelos seus membros.

§ 6º Na ausência de membro titular, o respectivo suplente deve imediatamente assumir suas atribuições.

§ 7º Cessará a investidura de membros das Comissões de Ética com a extinção do mandato, a renúncia ou por desvio disciplinar ou ético reconhecido pela Comissão de Ética Pública.

Art. 4º A Comissão de Ética contará com uma Secretaria-Executiva, que terá como finalidade contribuir para a elaboração e o cumprimento do plano de trabalho da gestão da ética e prover apoio técnico e material necessário ao cumprimento das atribuições.

§ 1º O encargo de secretário-executivo recairá em detentor de cargo efetivo ou emprego permanente na administração pública, indicado pelos membros da Comissão de Ética e designado pelo dirigente máximo do órgão ou da entidade.

§ 2º Fica vedado ao Secretário-Executivo ser membro da Comissão de Ética.

§ 3º A Comissão de Ética poderá designar representantes locais que auxiliarão nos trabalhos de educação e de comunicação.

§ 4º Outros servidores do órgão ou da entidade poderão ser requisitados, em caráter transitório, para realização de atividades administrativas junto à Secretaria-Executiva.

Capítulo III
- **Do Funcionamento**

Art. 5º As deliberações da Comissão de Ética serão tomadas por votos da maioria de seus membros.

Art. 6º As Comissões de Ética se reunirão ordinariamente pelo menos uma vez por mês e, em caráter extraordinário por iniciativa do Presidente, dos seus membros ou do Secretário-Executivo.

Art. 7º A pauta das reuniões da Comissão de Ética será composta a partir de sugestões do presidente, dos membros ou do Secretário-Executivo, sendo admitida a inclusão de novos assuntos no início da reunião.

Capítulo IV
- **Das Atribuições**

Art. 8º Compete ao presidente da Comissão de Ética:

I. convocar e presidir as reuniões;

II. determinar a instauração de processos para a apuração de prática contrária ao código de ética ou de conduta do órgão ou entidade, bem como as diligências e convocações;

III. designar relator para os processos;

IV. orientar os trabalhos da Comissão de Ética, ordenar os debates e concluir as deliberações;

V. tomar os votos, proferindo voto de qualidade, e proclamar os resultados; e

VI. delegar competências para tarefas específicas aos demais integrantes da Comissão de Ética.

Parágrafo único. O voto de qualidade de que trata o inciso V somente será adotado em caso de desempate.

Art. 9º Compete aos membros da Comissão de Ética:

I. examinar matérias, emitindo parecer e voto;

II. pedir vista de matéria em deliberação;

III. fazer relatórios; e

IV. solicitar informações a respeito de matérias sob exame da Comissão de Ética.

Art. 10. Compete ao Secretário-Executivo:

I. organizar a agenda e a pauta das reuniões;

II. proceder ao registro das reuniões e à elaboração de suas atas;

III. instruir as matérias submetidas à deliberação da Comissão de Ética;

IV. desenvolver ou supervisionar a elaboração de estudos e subsídios ao processo de tomada de decisão da Comissão de Ética;

V. coordenar o trabalho da Secretaria-Executiva, bem como dos representantes locais;

VI. fornecer apoio técnico e administrativo à Comissão de Ética;

VII. executar e dar publicidade aos atos de competência da Secretaria-Executiva;

VIII. coordenar o desenvolvimento de ações objetivando a disseminação, capacitação e treinamento sobre ética no órgão ou entidade; e

IX. executar outras atividades determinadas pela Comissão de Ética.

§ 1º Compete aos demais integrantes da Secretaria-Executiva fornecer o suporte administrativo necessário ao desenvolvimento ou exercício de suas funções.

§ 2º Aos representantes locais compete contribuir com as atividades de educação e de comunicação.

Capítulo V

- **Dos Mandatos**

Art. 11. Os membros da Comissão de Ética cumprirão mandatos, não coincidentes, de três anos, permitida uma única recondução.

§ 1º Os mandatos dos primeiros membros e dos respectivos suplentes serão de um, dois e três anos, estabelecidos em portaria designatória.

§ 2º Poderá ser reconduzido uma única vez ao cargo de membro da Comissão de ética o servidor público que for designado para cumprir o mandato complementar, caso o mesmo tenha se iniciado antes do transcurso da metade do período estabelecido no mandato originário.

§ 3º Na hipótese de o mandato complementar ser exercido após o transcurso da metade do período estabelecido no mandato originário, o membro da Comissão de Ética que o exercer poderá ser conduzido imediatamente ao posterior mandato regular de 3 (três) anos, permitindo-lhe uma única recondução ao mandado regular.

Capítulo VI

- **Das Normas Gerais do Procedimento**

Art. 12. As fases processuais no âmbito das Comissões de Ética serão as seguintes:

I. Procedimento Preliminar, compreendendo:

a) juízo de admissibilidade;

b) instauração;

c) provas documentais e, excepcionalmente, manifestação do investigado e realização de diligências urgentes e necessárias;

d) relatório;

e) proposta de ACPP;

f) decisão preliminar determinando o arquivamento ou a conversão em Processo de Apuração Ética.

II. Processo de Apuração Ética, subdividindo-se em:

a) instauração;

b) instrução complementar, compreendendo:

1. *a realização de diligências;*

2. *a manifestação do investigado; e*

3. *a produção de provas;*

c) relatório; e

d) deliberação e decisão, que declarará improcedência, conterá sanção, recomendação a ser aplicada ou proposta de ACPP.

Art. 13. A apuração de infração ética será formalizada por procedimento preliminar, que deverá observar as regras de autuação, compreendendo numeração, rubrica da paginação, juntada de documentos em ordem cronológica e demais atos de expediente administrativo.

Art. 14. Até a conclusão final, todos os expedientes de apuração de infração ética terão a chancela de "reservado", nos termos do Decreto nº 4.553, de 27 de dezembro 2002, após, estarão acessíveis aos interessados conforme disposto na Lei nº 9.784, de 29 de janeiro de 1999.

Art. 15. Ao denunciado é assegurado o direito de conhecer o teor da acusação e ter vista dos autos no recinto da Comissão de Ética, bem como de obter cópias de documentos.

Parágrafo único. As cópias deverão ser solicitadas formalmente à Comissão de Ética.

Art. 16. As Comissões de Ética, sempre que constatarem a possível ocorrência de ilícitos penais, civis, de improbidade administrativa ou de infração disciplinar, encaminhará cópia dos autos às autoridades competentes para apuração de tais fatos, sem prejuízo da adoção das demais medidas de sua competência.

Art. 17. A decisão final sobre investigação de conduta ética que resultar em sanção, em recomendação ou em Acordo de Conduta Pessoal e Profissional será resumida e publicada em ementa, com a omissão dos nomes dos envolvidos e de quaisquer outros dados que permitam a identificação.

Parágrafo único. *A decisão final contendo nome e identificação do agente público deverá ser remetida à Comissão de Ética Pública para formação de banco de dados de sanções, para fins de consulta pelos órgãos ou entidades da administração pública federal, em casos de nomeação para cargo em comissão ou de alta relevância pública.*

Art. 18. *Os setores competentes do órgão ou entidade darão tratamento prioritário às solicitações de documentos e informações necessárias à instrução dos procedimentos de investigação instaurados pela Comissão de Ética, conforme determina o Decreto nº 6.029, de 2007.*

§ 1º A inobservância da prioridade determinada neste artigo implicará a responsabilidade de quem lhe der causa.

§ 2º No âmbito do órgão ou da entidade e em relação aos respectivos agentes públicos a Comissão de Ética terá acesso a todos os documentos necessários aos trabalhos, dando tratamento específico àqueles protegidos por sigilo legal.

Capítulo VII

- **Do Rito Processual**

Art. 19. *Qualquer cidadão, agente público, pessoa jurídica de direito privado, associação ou entidade de classe poderá provocar a atuação da Comissão de Ética, visando a apuração de transgressão ética imputada ao agente público ou ocorrida em setores competentes do órgão ou entidade federal.*

Parágrafo único. *Entende-se por agente público todo aquele que por força de lei, contrato ou qualquer ato jurídico, preste serviços de natureza permanente, temporária, excepcional ou eventual, ainda que sem retribuição financeira, a órgão ou entidade da Administração Pública Federal direta e indireta.*

Art. 20. *O Procedimento Preliminar para apuração de conduta que, em tese, configure infração ao padrão ético será instaurado pela Comissão de Ética, de ofício ou mediante representação ou denúncia formulada por quaisquer das pessoas mencionadas no caput do art. 19.*

§ 1º A instauração, de ofício, de expediente de investigação deve ser fundamentada pelos integrantes da Comissão de Ética e apoiada em notícia pública de conduta ou em indícios capazes de lhe dar sustentação.

§ 2º Se houver indícios de que a conduta configure, a um só tempo, falta ética e infração de outra natureza, inclusive disciplinar, a cópia dos autos deverá ser encaminhada imediatamente ao órgão competente.

§ 3º Na hipótese prevista no § 2º, o denunciado deverá ser notificado sobre a remessa do expediente ao órgão competente.

§ 4º Havendo dúvida quanto ao enquadramento da conduta, se desvio ético, infração disciplinar, ato de improbidade, crime de responsabilidade ou infração de natureza diversa, a Comissão de Ética, em caráter excepcional, poderá solicitar parecer reservado junto à unidade responsável pelo assessoramento jurídico do órgão ou da entidade.

Art. 21. *A representação, a denúncia ou qualquer outra demanda deve conter os seguintes requisitos:*

   I. descrição da conduta;

   II. indicação da autoria, caso seja possível; e

   III. apresentação dos elementos de prova ou indicação de onde podem ser encontrados.

Parágrafo único. *Quando o autor da demanda não se identificar, a Comissão de Ética poderá acolher os fatos narrados para fins de instauração, de ofício, de procedimento investigatório, desde que contenha indícios suficientes da ocorrência da infração ou, em caso contrário, determinar o arquivamento sumário.*

Art. 22. *A representação, denúncia ou qualquer outra demanda será dirigida à Comissão de Ética, podendo ser protocolada diretamente na sede da Comissão ou encaminhadas pela via postal, correio eletrônico ou fax.*

§ 1º A Comissão de Ética expedirá comunicação oficial divulgando os endereços físico e eletrônico para atendimento e apresentação de demandas.

§ 2º Caso a pessoa interessada em denunciar ou representar compareça perante a Comissão de Ética, esta poderá reduzir a termo as declarações e colher a assinatura do denunciante, bem como receber eventuais provas.

§ 3º Será assegurada ao denunciante a comprovação do recebimento da denúncia ou representação por ele encaminhada.

Art. 23. *Oferecida a representação ou denúncia, a Comissão de Ética deliberará sobre sua admissibilidade, verificando o cumprimento dos requisitos previstos nos incisos do art. 21.*

§ 1º A Comissão de Ética poderá determinar a colheita de informações complementares ou de outros elementos de prova que julgar necessários.

§ 2º A Comissão de Ética, mediante decisão fundamentada, arquivará representação ou denúncia manifestamente improcedente, cientificando o denunciante.

§ 3º É facultado ao denunciado a interposição de pedido de reconsideração dirigido à própria Comissão de Ética, no prazo de dez dias, contados da ciência da decisão, com a competente fundamentação.

§ 4º A juízo da Comissão de Ética e mediante consentimento do denunciado, poderá ser lavrado Acordo de Conduta Pessoal e Profissional.

§ 5º Lavrado o Acordo de Conduta Pessoal e Profissional, o Procedimento Preliminar será sobrestado, por até dois anos, a critério da Comissão de Ética, conforme o caso.

§ 6º Se, até o final do prazo de sobrestamento, o Acordo de Conduta Pessoal e Profissional for cumprido, será determinado o arquivamento do feito.

§ 7º Se o Acordo de Conduta Pessoal e Profissional for descumprido, a Comissão de Ética dará seguimento ao feito, convertendo o Procedimento Preliminar em Processo de Apuração Ética.

§ 8º Não será objeto de Acordo de Conduta Pessoal e Profissional o descumprimento ao disposto no inciso XV do Anexo ao Decreto nº 1.171, de 1994.

Art. 24. Ao final do Procedimento Preliminar, será proferida decisão pela Comissão de Ética do órgão ou entidade determinando o arquivamento ou sua conversão em Processo de Apuração Ética.

Art. 25. Instaurado o Processo de Apuração Ética, a Comissão de Ética notificará o investigado para, no prazo de dez dias, apresentar defesa prévia, por escrito, listando eventuais testemunhas, até o número de quatro, e apresentando ou indicando as provas que pretende produzir.

Parágrafo único. O prazo previsto neste artigo poderá ser prorrogado por igual período, a juízo da Comissão de Ética, mediante requerimento justificado do investigado.

Art. 26. O pedido de inquirição de testemunhas deverá ser justificado.

§ 1º Será indeferido o pedido de inquirição, quando:

I. formulado em desacordo com este artigo;

II. o fato já estiver suficientemente provado por documento ou confissão do investigado ou quaisquer outros meios de prova compatíveis com o rito descrito nesta Resolução; ou

III. o fato não possa ser provado por testemunha.

§ 2º As testemunhas poderão ser substituídas desde que o investigado formalize pedido à Comissão de Ética em tempo hábil e em momento anterior à audiência de inquirição.

Art. 27. O pedido de prova pericial deverá ser justificado, sendo lícito à Comissão de Ética indeferi-lo nas seguintes hipóteses:

I. a comprovação do fato não depender de conhecimento especial de perito; ou

II. revelar-se meramente protelatório ou de nenhum interesse para o esclarecimento do fato.

Art. 28. Na hipótese de o investigado não requerer a produção de outras provas, além dos documentos apresentados com a defesa prévia, a Comissão de Ética, salvo se entender necessária a inquirição de testemunhas, a realização de diligências ou de exame pericial, elaborará o relatório.

Parágrafo único. Na hipótese de o investigado, comprovadamente notificado ou citado por edital público, não se apresentar, nem enviar procurador legalmente constituído para exercer o direito ao contraditório e à ampla defesa, a Comissão de Ética designará um defensor dativo preferencialmente escolhido dentre os servidores do quadro permanente para acompanhar o processo, sendo-lhe vedada conduta contrária aos interesses do investigado.

Art. 29. Concluída a instrução processual e elaborado o relatório, o investigado será notificado para apresentar as alegações finais no prazo de dez dias.

Art. 30. Apresentadas ou não as alegações finais, a Comissão de Ética proferirá decisão.

§ 1º Se a conclusão for pela culpabilidade do investigado, a Comissão de Ética poderá aplicar a penalidade de censura ética prevista no Decreto nº 1.171, de 1994, e, cumulativamente, fazer recomendações, bem como lavrar o Acordo de Conduta Pessoal e Profissional, sem prejuízo de outras medidas a seu cargo.

§ 2º Caso o Acordo de Conduta Pessoal e Profissional seja descumprido, a Comissão de Ética dará seguimento ao Processo de Apuração Ética.

§ 3º É facultada ao investigado pedir a reconsideração acompanhada de fundamentação à própria Comissão de Ética, no prazo de dez dias, contado da ciência da respectiva decisão.

Art. 31. Cópia da decisão definitiva que resultar em penalidade a detentor de cargo efetivo ou de emprego permanente na Administração Pública, bem como a ocupante de cargo em comissão ou função de confiança, será encaminhada à unidade de gestão de pessoas, para constar dos assentamentos do agente público, para fins exclusivamente éticos.

§ 1º O registro referido neste artigo será cancelado após o decurso do prazo de três anos de efetivo exercício, contados da data em que a decisão se tornou definitiva, desde que o servidor, nesse período, não tenha praticado nova infração ética.

§ 2º Em se tratando de prestador de serviços sem vínculo direto ou formal com o órgão ou entidade, a cópia da decisão definitiva deverá ser remetida ao dirigente máximo, a quem competirá a adoção das providências cabíveis.

§ 3º Em relação aos agentes públicos listados no § 2º, a Comissão de Ética expedirá decisão definitiva elencando as condutas infracionais, eximindo-se de aplicar ou de propor penalidades, recomendações ou Acordo de Conduta Pessoal e Profissional.

Capítulo VIII
- **Dos Deveres e Responsabilidades dos Integrantes da Comissão**

Art. 32. São princípios fundamentais no trabalho desenvolvido pelos membros da Comissão de Ética:

I. preservar a honra e a imagem da pessoa investigada;

II. proteger a identidade do denunciante;

III. atuar de forma independente e imparcial;

IV. comparecer às reuniões da Comissão de Ética, justificando ao presidente da Comissão, por escrito, eventuais ausências e afastamentos;

V. em eventual ausência ou afastamento, instruir o substituto sobre os trabalhos em curso;

VI. declarar aos demais membros o impedimento ou a suspeição nos trabalhos da Comissão de Ética; e

VII. eximir-se de atuar em procedimento no qual tenha sido identificado seu impedimento ou suspeição.

Art. 33. Dá-se o impedimento do membro da Comissão de Ética quando:

I. tenha interesse direto ou indireto no feito;

II. tenha participado ou venha a participar, em outro processo administrativo ou judicial, como perito, testemunha ou representante legal do denunciante, denunciado ou investigado, ou de seus respectivos cônjuges, companheiros ou parentes até o terceiro grau;

III. esteja litigando judicial ou administrativamente com o denunciante, denunciado ou investigado, ou com os respectivos cônjuges, companheiros ou parentes até o terceiro grau; ou

IV. for seu cônjuge, companheiro ou parente até o terceiro grau o denunciante, denunciado ou investigado.

Art. 34. Ocorre a suspeição do membro quando:

for amigo íntimo ou notório desafeto do denunciante, denunciado ou investigado, ou de seus respectivos cônjuges, companheiros ou parentes até o terceiro grau; ou

for credor ou devedor do denunciante, denunciado ou investigado, ou de seus respectivos cônjuges, companheiros ou parentes até o terceiro grau.

Capítulo IX
- **Disposições Finais**

Art. 35. As situações omissas serão resolvidas por deliberação da Comissão de Ética, de acordo com o previsto no Código de Ética próprio, no Código de Ética Profissional do Servidor Público Civil do Poder Executivo Federal, no Código de Conduta da Alta Administração Federal, bem como em outros atos normativos pertinentes.

Art. 36. O Regimento Interno de cada Comissão de Ética poderá estabelecer normas complementares a esta Resolução.

Art. 37. Fica estabelecido o prazo de seis meses para que as Comissões de Ética dos órgãos e entidades do Poder Executivo Federal possam se adequar ao disposto nesta Resolução.

Parágrafo único. O prazo previsto neste artigo poderá ser prorrogado, mediante envio de justificativas, nos trinta dias que antecedem o termo final, para apreciação e autorização da Comissão de Ética Pública.

Art. 38. Esta Resolução entra em vigor na data de sua publicação.

JOSÉ PAULO SEPÚLVEDA PERTENCE
Presidente da Comissão de Ética Pública

VAMOS PRATICAR

Os exercícios a seguir são referentes ao conteúdo: Ética no Serviço Público.

01. (Cespe) Devido à impossibilidade de relativização do direito constitucional à privacidade, considera-se que os atos praticados pelo servidor público no âmbito privado são dissociados de sua conduta pública, não influenciando, portanto, seu conceito funcional nem a prestação de serviços ao público.

Certo ( )   Errado ( )

02. (Cespe) No contexto da ação pública, ética e moral são considerados termos sinônimos, visto que ambos dizem respeito a um conjunto de normas, princípios, preceitos e valores que norteiam o comportamento de indivíduos e grupos, na distinção entre o bem e o mal, o legal e o ilegal.

Certo ( )   Errado ( )

03. (Cespe) O servidor público que age contra a injustiça, ainda que em prejuízo próprio, demonstra um comportamento ético.

Certo ( )   Errado ( )

04. (Cespe) Considera-se agente público o cidadão ou cidadã que exerça qualquer atividade pública remunerada, excluindo-se, portanto, dessa classificação, os que desempenham funções voluntárias e transitórias.

Certo ( )   Errado ( )

05. (Cespe) A garantia de direitos fundamentais, estabelecida na CF, é uma forma de promover a conduta ética do Estado e de seu povo.

Certo ( )   Errado ( )

06. (Cespe) Adota conduta ética, no exercício de seu cargo, o servidor público que preserva seus valores pessoais bem como os da organização onde atua.

Certo ( )   Errado ( )

07. (Cespe) A alteração do teor de documentos sob avaliação ou validação para providências deve ocorrer somente em situações em que a qualidade e a clareza das informações neles contidas estejam comprometidas.

Certo ( )   Errado ( )

08. (Cespe) De acordo com a ética individualista, as ações são consideradas morais quando promovem os interesses individuais ao longo do tempo.

Certo ( )   Errado ( )

09. (Cespe) De acordo com a abordagem utilitária, ética diz respeito ao cuidado do servidor público com a sua conduta, de modo a considerar sempre os efeitos desta na realização dos próprios interesses.

Certo ( )   Errado ( )

10. (Cespe) O servidor público que escolhe agir de acordo com os interesses coletivos e procura orientar seus esforços para a otimização da satisfação do maior número de pessoas manifesta conduta ética baseada na moral e nos direitos.

Certo ( )   Errado ( )

11. (Cespe) Os dirigentes de organizações públicas que estabelecem regras claramente explicitadas, consistentes e que sejam imparcialmente executadas manifestam conduta ética baseada nos princípios de justiça, equidade e imparcialidade.

Certo ( )   Errado ( )

Considerando o estabelecido no Código de Ética Profissional do Servidor Público Civil do Poder Executivo Federal, julgue os itens a seguir.

12. (Cespe) O estabelecimento de um código de ética para o exercício das funções públicas busca garantir que as diferenças individuais não sejam tratadas de modo particular, arbitrário, ou seja, com base na vontade do agente público que presta determinado serviço.

Certo ( )   Errado ( )

13. (Cespe) A moralidade dos atos do servidor público é consolidada quando ele, ao agir, considera a legalidade e a finalidade desses atos, tendo em vista o bem comum.

Certo ( )   Errado ( )

14. (Cespe) A honra e a tradição dos serviços públicos devem ser preservadas pela conduta ética dos servidores públicos, a qual fundamenta a confiança da sociedade nos serviços prestados pela administração pública.

Certo ( )   Errado ( )

15. (Cespe) Em toda e qualquer situação, o ato administrativo, para ser eficaz e moral, deve ser público.

Certo ( )   Errado ( )

Acerca da atuação do servidor público no que se refere à sua conduta, julgue os itens que se seguem.

16. (Cespe) Em casos de solicitações aéticas e amorais de sua chefia, o servidor público deve procrastinar o atendimento a esses pedidos, como uma forma efetiva de não cometer qualquer ação que atente contra o código de ética.

Certo ( )   Errado ( )

17. (Cespe) Na escolha entre duas opções, o servidor público que decide pela opção mais vantajosa para o bem comum demonstra conduta ética.

Certo ( )   Errado ( )

18. (Cespe) O servidor público deve atentar para as ordens de seus superiores, cumprindo-as sempre, sem hesitação e contestação, pois é o que recomenda um dos princípios éticos referentes à função pública.

Certo ( )   Errado ( )

19. (Cespe) Novos conhecimentos e habilidades ao seu alcance só devem ser utilizados pelo servidor público em situações complexas, que exijam raciocínio mais elaborado e soluções específicas.

Certo ( )   Errado ( )

20. (Cespe) A urbanidade e a cortesia são características exigidas do servidor público no exercício de suas atribuições funcionais.

Certo ( )   Errado ( )

GABARITO

01	ERRADO	11	CERTO
02	ERRADO	12	CERTO
03	CERTO	13	CERTO
04	ERRADO	14	CERTO
05	CERTO	15	ERRADO
06	CERTO	16	ERRADO
07	ERRADO	17	CERTO
08	CERTO	18	ERRADO
09	ERRADO	19	ERRADO
10	ERRADO	20	CERTO

ANOTAÇÕES

Noções de Informática

ÍNDICE

1. **Windows** 290
   - **Componentes** 290
     - Área de Trabalho 290
     - Meu Computador 290
     - Mapear Unidade de Rede 290
     - Windows Explorer 291
     - Operação com Arquivos e Pastas 291
     - Modos de Exibição 291
     - Lixeira 291
     - Painel de Controle 292
     - Acessórios 292
     - Ferramentas de Sistema 292
     - Monitor de Recursos 292
     - Limpeza de Disco 292
     - Desfragmentador 292
     - Informações do Sistema 293
     - Agendador de Tarefas 293
     - Transferência Fácil do Windows 293
     - Restauração do Sistema 293
     - Tipos de Backup 293

2. **Sistema Windows 10** 296
   - **Requisitos Mínimos** 296
   - **Novidades** 296
     - Área de Trabalho 296
     - Cortana 296
     - Continue de onde Parou 296
     - Desbloqueio Imediato de Usuário 297
     - Múltiplas Áreas de Trabalho 297
     - Botão Iniciar 297
     - Aplicativos 297
     - Acessórios 297
     - Facilidade de Acesso 300
     - Outras Ferramentas 300
     - Painel de Controle 301
     - Windows Defender 303
     - Estrutura de Diretórios 304
     - Ferramentas Administrativas 304
     - Configurações 306
     - Backup no Windows 10 308
     - Backup e Restauração (Windows 7) 308
     - Explorador de Arquivos 309

3. **Redes de Computadores** 313
   - **Paradigma de Comunicação** 313
   - **Dispositivos de Rede** 313

Noções de Informática

Topologia de Rede 313
    Barramento 313
    Anel 313
    Estrela 313
    Estrela Estendida 313
    Malha 314
    Pilhas de Protocolos 314
    Principais Protocolos 314
Firewall 315
Tipos de Redes 315
    Internet 315
    Intranet 315
    Extranet 315
    VPN 315
Padrões de Infraestrutura 315
Correio Eletrônico 315
    Formas de Acesso 315
URL (Uniform Resource Locator) 316
    Domínio 317
    Protocolo IP 317
    DNS (*Domain Name System*) 317
Navegadores 317
    Cache 317
    Cookies 317
    Dados de Formulários 317
Conceitos Relacionados à Internet 317
    Motores de Busca 318
    Chat 318
    Fórum 318
    Moodle 319

4. Arquitetura de Redes 323
    Modelo OSI 323
    Modelo TCP/IP 324
        Encapsulamento 325
        TCP 325
        UDP (*User Datagram Protocol* – Protocolo de Datagrama de Usuário) 325
        ARP (*Address Resolution Protocol*) 325
        Tabela NAT (*Network Address Translation*) 326
    Endereços 326
        Endereço Físico 326
        Endereço Lógico 326
    Endereçamento IPv4 326
        Classful 326
        Classless 328
        Conversão Binário → Decimal 329
        Conversão Decimal → Binário 329

Noções de Informática

5. Segurança da Informação 331
   Princípios Básicos da Segurança da Informação 331
      Disponibilidade 331
      Integridade 331
      Confidencialidade 331
      Autenticidade 331
   Criptografia 332
      Criptografia de Chave Simétrica 332
      Criptografia de Chaves Assimétricas 332
      Certificado Digital 332
      Assinatura Digital 332
   Ataques 333
      Phishing 333
      Pharming 333
      Negação de Serviço (DoS e DDoS) 333
6. Cloud Computing 337
   Características 337
      Processamento na Nuvem 337
      Armazenamento na Nuvem 338
7. BrOffice Writer – Editor de Texto 341
   Formatos de Arquivos 341
   Formatação de Texto 341
      Menu Formatar 342
   Ferramentas 344
      Formatar → Página 345
   Barra de Menus 345
      Menu Arquivo 346
      Menu Editar 347
      Menu Exibir 347
      Menu Tabela 350
      Menu Ferramentas 351
8. BrOffice Calc – Editor de Planilhas 354
   Planilha 354
   Célula 354
      Células de Absorção 354
      Modos de Endereçamento 355
   Operadores 355
      Operadores Aritméticos 355
      Operador de Texto 355
      Referência 356
   Elemento Fixador 356
   Alça de Preenchimento 357
   Funções 358
      Principais Funções 358
      Outras Funções Comuns 359
   Formatos de Células 359

Noções de Informática

Guia Números 360
Guia Alinhamento 360
Outras Ferramentas 360
9. BrOffice Impress - Editor de Apresentação 364
    Janela do Programa 364
    Mestre 364
    Layouts 365
    Formatos de Arquivos 365
    Modos de Exibição 365
        Normal 365
        Estrutura de Tópicos 365
        Notas 366
        Folhetos 366
        Classificador de Slides 366
    Inserir Slide 366
    Menu Apresentação de Slides 367
        Apresentação de Slides 367
        Configuração da Apresentação de Slides 367
        Cronometrar 367
        Interação 367
        Animação Personalizada 367
        Transição de Slides 368
    Impressão 368
10. Glossário 372
    A - D 372
    F - P 373
    S - V 374
    W 375

1. Windows

O Windows é o sistema operacional mais cobrado sobre ações e tarefas executadas pelo usuário. Nesta seção, serão abordadas algumas de suas ferramentas e características.

Componentes

Neste tópico, são apresentadas as principais opções do Windows que são cobradas nas provas dos concursos.

Área de Trabalho

A Área de Trabalho do Windows é composta pela Barra de Tarefas, Menu ou Botão Iniciar, ícones e papel de parede. A figura acima ilustra a área de trabalho do Windows 7.

Meu Computador

Na janela Computador são disponibilizadas informações sobre as unidades de disco e armazenamento que estão conectadas ao computador. Por meio dessa janela podemos obter a informação do tamanho das unidades e o quanto estão ocupadas.

A cada novo dispositivo que conectamos, observamos que uma nova letra é usada, por exemplo, a figura a seguir ilustrando a janela Computador do Windows 7. Ela indica a presença do HD primário C: e de uma unidade de CD no D:; se um pendrive for conectado a esse computador, então será atribuída a ele a letra E:.

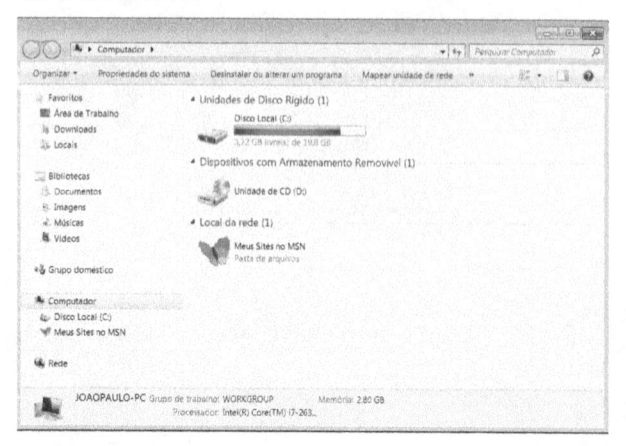

A opção Computador ou Meu Computador usa a janela do Windows Explorer.

Mapear Unidade de Rede

O recurso Mapear Unidade de Rede auxilia o acesso a uma pasta compartilhada na rede, criando uma espécie de atalho para ela na janela Computador, como se fosse mais uma unidade.

Para realizar esse procedimento, basta clicar com o botão direito do mouse sobre a opção Computador ou sobre a opção Rede e escolher a opção Mapear Unidade de Rede, como ilustra a figura a seguir:

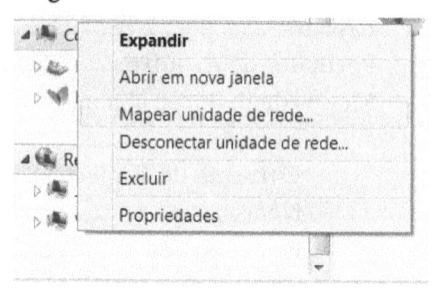

Após realizado esse passo, uma janela será aberta como a ilustrada a seguir, na qual o usuário pode navegar pela rede e escolher a pasta que deseja mapear e a letra que quer atribuir a esta unidade que será criada. Letras em uso não podem ser usadas, como o C:.

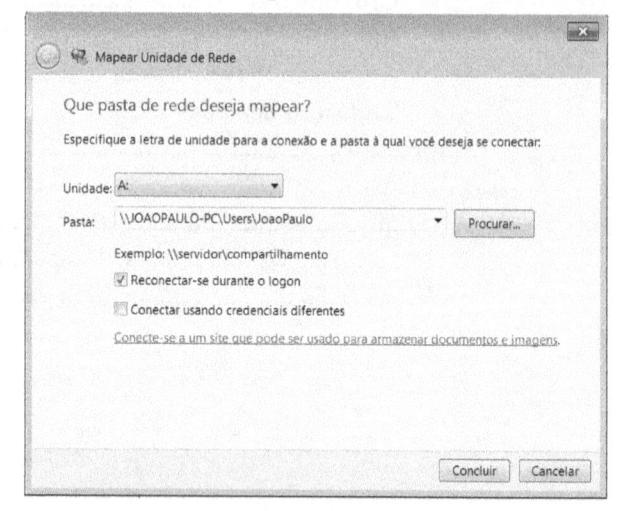

Findos esses passos, na janela Computador encontrar-se-á a pasta da rede mapeada para um acesso mais rápido a ela.

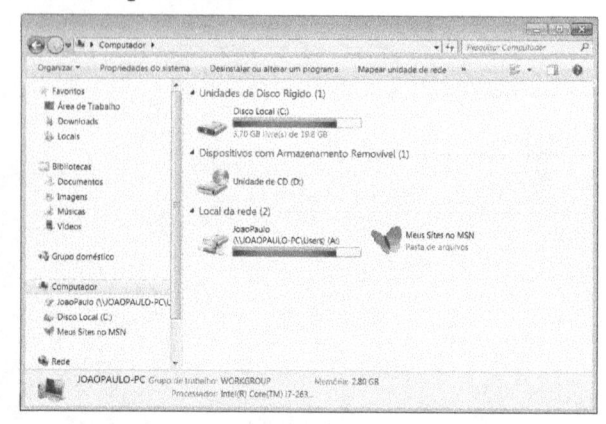

Windows Explorer

O Windows Explorer é um programa responsável por possibilitar a navegação entre as pastas e arquivos armazenados no computador. Por definição, ele é um Gerenciador de arquivos, mas por meio dele é possível acessar páginas na Internet, basta digitar o endereço desejado na barra de endereços do programa. Ao detectar que é o endereço de um site, ele abre o navegador com o site digitado.

Para abrir a janela Windows Explorer, podemos ir por meio do botão iniciar - Todos os Programas - Acessórios - e, por fim, Windows Explorer, ou podemos lançar mão do conjunto de teclas de atalho ⊞ Windows + E.

Operação com Arquivos e Pastas

Quando estamos em um gerenciador de arquivos, tanto no Windows quanto no Linux, podemos realizar algumas ações com os arquivos e pastas, como Copiar, Colar e Recortar. Contudo, esses procedimentos podem ser feitos com maior agilidade, utilizando o mouse combinado com o teclado.

Vamos tratar das situações em que o usuário clica, mantém clicado e arrasta um arquivo ou pasta.

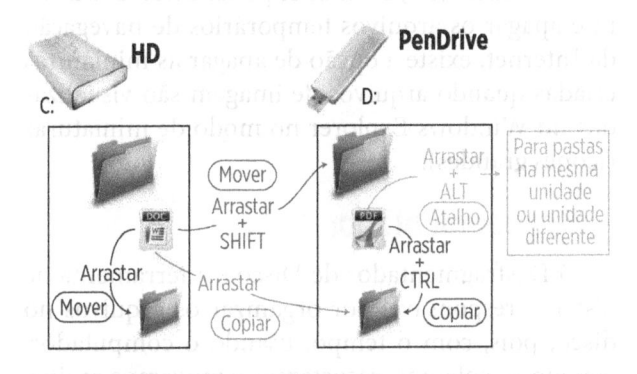

Na figura anterior temos duas unidades: **C: (HD)** e **D: (pendrive)**. Quando tratamos de clicar e arrastar, a regra é de acordo com as unidades. Se for clicado e arrastado um arquivo ou pasta de uma pasta para outra da mesma unidade, os arquivos ou pastas selecionados serão movidos. Porém, se a ação tivesse como destino outra unidade de armazenamento, então a ação padrão seria criar uma cópia dos arquivos ou pastas selecionados na pasta de destino.

Por outro lado, podemos inverter essas ações com o uso simultâneo de teclas de atalho. Quando formos arrastar um arquivo ou pasta dentro da mesma unidade com o intuito de criar apenas uma cópia, em vez de mover, devemos segurar pressionada a tecla CTRL. Já ao arrastarmos para uma pasta de unidade diferente sem que seja criada uma cópia, mas seja movido para a pasta de destino, devemos realizar o procedimento com a tecla SHIFT pressionada.

Outra situação é quando arrastamos com a tecla ALT pressionada. Neste caso, independentemente se for para uma pasta da mesma unidade ou de unidade diferente, o resultado será o mesmo: será criado um atalho.

Modos de Exibição

Por meio da janela do Windows Explorer também podemos optar entre alguns modos de exibição diferentes para visualizar os arquivos e pastas dispostos em uma pasta.

Para alterar entre os modos de exibição, podemos usar a tecla CTRL pressionada enquanto rolamos o Scrool do mouse (rodinha); e a barra à esquerda da figura abaixo é alterada de acordo com o zoom.

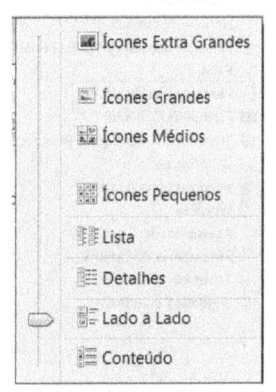

Ou podemos clicar no botão Modos de Exibição, que pode assumir a forma de qualquer um dos botões ilustrados nesta seção de acordo com o modo que estiver em exibição.

No Windows 7, está disponível o modo de exibição Conteúdo, que não existia no Windows XP.

O modo de exibição mais importante é o modo Detalhes, pois, por meio dele, podemos visualizar diversas informações sobre um arquivo sem abri-lo, além de permitir a organização dos dados por diversos critérios.

Lixeira

Por padrão, a Lixeira no Windows pode ocupar até 10% da capacidade da unidade, mas é possível alterar esse tamanho por meio das propriedades dela.

Nem todo arquivo que é deletado é enviado para a lixeira. Por exemplo, um arquivo apagado de um disquete ou pendrive não são enviados para a lixeira do computador, no caso dos pendrives é criado uma espécie de lixeira dentro do próprio pendrive, mas isto depende do driver do dispositivo.

Por outro lado, toda forma de remoção de um arquivo, quando combinada com a tecla SHIFT pressionada, remove o arquivo ou pasta sem enviar para a lixeira, ou seja, é uma remoção permanente.

Painel de Controle

O Painel de Controle é o local onde são concentradas as opções de configuração do sistema Windows.

Acessórios

O Windows conta com um conjunto de acessórios que são programas de uso geral que auxiliam tarefas do usuário. São os acessórios do Windows:

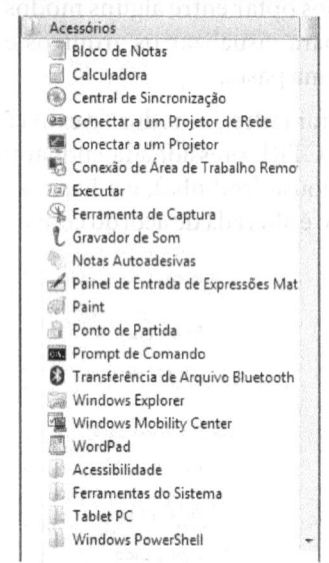

Ferramentas de Sistema

As Ferramentas de Sistema do Windows 7 têm sido muito cobradas nas últimas provas de concursos, por fornecerem um conjunto de opções e conceitos diferentes.

Nesta seção, faremos breves comentários sobre essas ferramentas e suas finalidades.

Monitor de Recursos

O Monitor de Recursos é uma ferramenta que nos permite verificar o desempenho do computador, visualizando o uso da memória e do processador, a banda de rede e o espaço em disco. A figura a seguir ilustra a visão do consumo do processador do meu computador no momento em que estava escrevendo este material. Na imagem são ilustrados até o CPU7, porque se trata de um processador i7 com 8 núcleos.

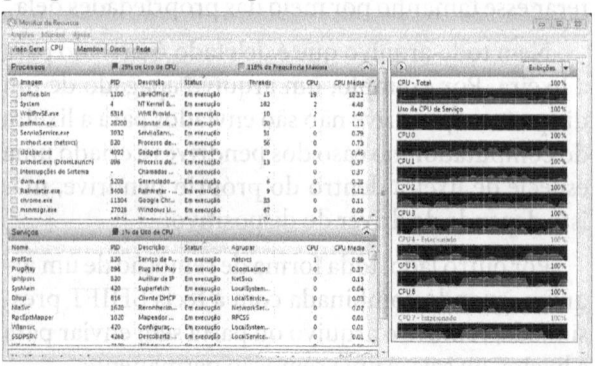

Limpeza de Disco

A Limpeza de Disco é uma ferramenta que permite limpar (apagar) os arquivos temporários do computador como forma de obter mais espaço livre. A figura a seguir ilustra a janela da Limpeza de Disco.

No Windows 7, além de se poder esvaziar a lixeira e apagar os arquivos temporários de navegação da Internet, existe a opção de apagar as miniaturas criadas quando arquivos de imagem são visualizados no Windows Explorer no modo de miniaturas (ícones grandes).

Desfragmentador

O Desfragmentador de Disco é a ferramenta de Sistema responsável por organizar os arquivos no disco, pois, com o tempo, usando o computador, copiamos, colamos, recortamos e movemos muitos arquivos criando fragmentos no HD. Um HD muito fragmentado se torna mais lento para ser lido.

O processo de Desfragmentação, por realizar uma leitura e escrita intensa no disco, torna-se um processo lento, portanto não se recomenda seu uso muito frequentemente. Deve-se obedecer a uma regularidade, mas nada exagerado.

Para que o desfragmentador seja executado, é necessário possuir espaço em disco. Caso não haja, será sugerido ao usuário que realize uma Limpeza de Disco a fim de liberar mais espaço.

Ao final do processo, os dados estarão organizados, a maioria, de maneira contígua para serem acessados mais rapidamente, bem como será organizado o espaço livre em disco de forma que fique contínuo também para minimizar futuras fragmentações.

FIQUE LIGADO

O Desfragmentador não corrige falhas de disco muito menos a Limpeza de Disco, essa tarefa é responsabilidade do ScanDisk.

Informações do Sistema

O recurso Informações do Sistema também pode ser acessado por meio das teclas de atalho ⊞ (Windows) + Pause.

A janela de Informações do Sistema exibe dados sobre o usuário e sobre a chave de ativação do Windows. No caso do Windows 7, também é exibida uma avaliação do hardware por parte do sistema, além de informação do tamanho da memória RAM e do nome do processador. A figura a seguir mostra a janela das Informações sobre o Sistema.

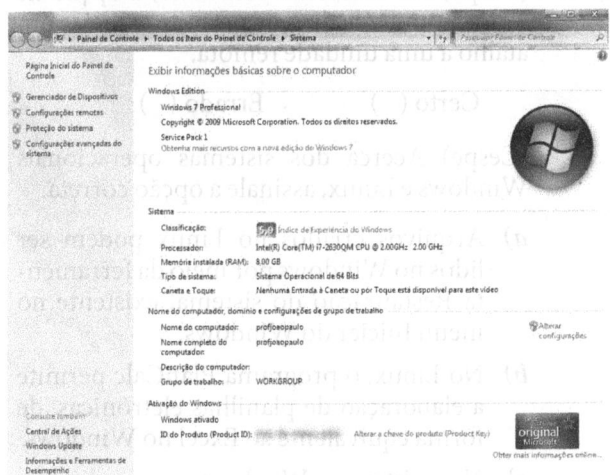

Agendador de Tarefas

O Agendador de Tarefas permite que você agende tarefas automatizadas para que realizem ações em um horário específico ou quando um determinado evento ocorrer.

Transferência Fácil do Windows

O recurso de Transferência Fácil do Windows é uma ferramenta criada para copiar as configurações e preferências de um usuário em um computador e passá-las para outro, não necessitando ao usuário reconfigurar todas suas preferências novamente quando trocar de computador.

Restauração do Sistema

A Restauração do Sistema permite retornar o estado do sistema a um ponto anterior no tempo, chamado de ponto de restauração, que é criado automaticamente pelo Windows quando um novo programa é instalado no sistema. Ele também pode ser criado manualmente pelo usuário.

A ferramenta restaura somente o sistema e a instalação dos programas. Os arquivos criados, alterados ou excluídos entre os pontos de restauração não são afetados, ou seja, a restauração do Sistema não recupera arquivos.

Tipos de Backup

Um backup, algumas vezes descrito como becape, nada mais é do que uma **cópia de segurança** dos dados. Essa cópia tem por finalidade manter os dados mais atuais salvos, de maneira que se porventura os dados originais sejam perdidos por falha ou exclusão, a perda não tenha um grande impacto, pois é possível restaurar a partir das versões salvas, minimizando assim a perda. Um backup não impede que os dados sejam acessados por terceiros.

Em um backup devem ser salvos os **dados do usuário**, ou seja, não é necessário, muito menos indicado, salvar os arquivos dos sistemas, como os que ficam na pasta Arquivos de Programas. Os dados devem ser salvos, preferencialmente, em outras unidades de armazenamento, diferentes de onde estão os dados originais como CD, DVD, BluRay, Pendrive, outro HD, disquetes e até mesmo fitas magnéticas.

A **frequência** de realização de uma cópia de segurança depende da importância dos dados, bem como da sua alteração, ou melhor, se os dados sofrem constante alteração, o backup deve ser realizado com maior regularidade. Já, se raramente sofrem alteração, a frequência de backup também cai.

Existem diversos tipos de backup, dos quais podemos destacar o **Backup Completo**, o **Backup Incremental** e o **Backup Diferencial**.

Backup Completo

Também chamado de Backup Total, é aquele em que todos os dados são salvos em uma única cópia de segurança. Ele é indicado para ser feito com menor frequência, pois é o mais demorado para ser processado como também para ser recuperado. Contudo, localizar um arquivo fica mais fácil, já que se tem apenas uma cópia dos dados.

Backup Incremental

Neste tipo de backup, são salvos apenas os dados que foram alterados após a última cópia de segurança realizada. Esse procedimento é mais rápido de ser processado, porém, leva mais tempo para ser restaurado, pois envolve restaurar todos os backups anteriores. Os arquivos criados são menores do que os gerados pelo backup diferencial.

Backup Diferencial

Este procedimento de backup grava os dados alterados desde o último backup completo; assim, no próximo backup diferencial, somente são salvos os dados modificados desde o último backup completo. No entanto, esse becape é mais lento de ser processado do que o incremental, porém é mais rápido de ser restaurado, pois é necessário apenas restaurar o último backup completo e o último backup diferencial.

EXERCÍCIO COMENTADO

01. (FCC) Em caso de instalação de software duvidoso, devem ser adotados, no Windows XP, procedimentos para garantir a recuperação do sistema, se necessário. Para atender à recomendação, deve-se optar pelo modo de exibição do Painel de controle por categoria; escolher Desempenho e manutenção e, após:
a) restauração do sistema, procedendo à opção Criar backup.
b) restauração do sistema, procedendo à opção Criar um ponto de restauração.
c) reestruturação do sistema, procedendo à opção Reparar o sistema.
d) reestruturação do sistema, procedendo à opção Reinstalar o Windows.
e) recuperação em caso de perda, procedendo à opção Criar um ponto de manutenção.

RESPOSTA: B.
A ferramenta que permite recuperar o sistema é a Restauração do Sistema, que propicia ao usuário criar seus próprios pontos de restauração, além dos que o sistema cria automaticamente.

VAMOS PRATICAR

Os exercícios a seguir são referentes ao conteúdo: Windows.

Julgue o item a seguir, a respeito de gerenciamento de informações, arquivos, pastas e programas.

01. (Cespe) A ferramenta Scandisk permite a formatação do disco rígido, por meio da leitura dos dados de setores defeituosos, transferindo-os para setores bons e marcando os defeituosos, de modo que o sistema operacional não os use mais.

Certo ( )   Errado ( )

02. (FCC) Considere:
I. Windows é software proprietário e Linux é software livre.
II. Windows é alvo de milhares de vírus e parasitas virtuais, enquanto que Linux é praticamente imune a vírus.
III. Apenas o Windows possui interface gráfica intuitiva.

Está correto o que consta em:
a) I, apenas.
b) II, apenas.
c) I e II, apenas.
d) II e III, apenas.
e) I, II e III.

Acerca dos conceitos do Windows 7 e das tecnologias aplicadas à Internet, julgue o item a seguir.

03. (Cespe) A restauração do sistema é uma forma de desfazer alterações do sistema do computador para um ponto anterior no tempo. A restauração do sistema, entretanto, não pode ser usada para recuperação de arquivos pessoais.

Certo ( )   Errado ( )

Acerca de conceitos básicos de Informática e sistemas operacionais, julgue o item a seguir.

04. (Cespe) No ambiente Windows, a opção de Mapear unidade de rede permite associar um atalho a uma unidade remota.

Certo ( )   Errado ( )

05. (Cespe) Acerca dos sistemas operacionais Windows e Linux, assinale a opção correta.
a) Arquivos criados no Linux podem ser lidos no Windows por meio da ferramenta Restauração do sistema, existente no menu Iniciar do Windows.
b) No Linux, o programa PlanCalc permite a elaboração de planilhas eletrônicas, de forma equivalente ao Excel no Windows.
c) No sistema Windows, o aplicativo Windows Explorer tem a função exclusiva de facilitar o gerenciamento das informações em um computador, permitindo criar, excluir e renomear arquivos e pastas; enquanto o Internet Explorer é um browser que permite a navegação na Internet.
d) Por ser software livre, o usuário tem a liberdade de copiar e modificar uma distribuição do Linux, sem solicitar qualquer tipo de permissão.
e) Por meio da opção Windows UpDate, é possível ajustar data, hora e fuso horário do computador.

A respeito dos ambientes Windows XP e Linux, julgue os itens a seguir.

06. (Cespe) O Windows 7 possui, por padrão, uma interface gráfica, enquanto o Linux tem disponíveis várias interfaces gráficas, que podem ser instaladas e customizadas segundo a necessidade do usuário.

Certo ( )   Errado ( )

07. (Cespe) Os sistemas Windows 7 e Linux têm kernel comum, aberto, que pode ser facilmente customizado pelo usuário.

Certo ( )   Errado ( )

Acerca de conceitos de informática e de segurança da informação, julgue o item a seguir.

08. (Cespe) Diferentemente do que ocorre no sistema Windows 7, no Linux, para se obter maior velocidade de acesso, os dados são armazenados diretamente em pastas, e não em subpastas.

Certo ( )   Errado ( )

Com relação aos ambientes Windows, Internet e Intranet, julgue o item a seguir.

09. (Cespe) O Windows Explorer é utilizado tanto para acesso aos diretórios e arquivos armazenados na máquina do usuário como para acesso a áreas de armazenamento na rede, caso o computador esteja conectado a um ambiente de rede ou à Internet.

Certo ( )   Errado ( )

10. (FCC) Em relação aos recursos comuns, tanto no Windows, quanto no Linux, é INCORRETO afirmar que possuem:

a) sistema operacional de código aberto.

b) sistema operacional multiusuário e multitarefa.

c) suporte a vários sistemas de arquivos.

d) restrição de acesso a usuários, arquivos e pastas (diretórios).

e) administração e assistência remotas.

GABARITO

01	ERRADO	06	CERTO
02	C	07	ERRADO
03	CERTO	08	ERRADO
04	CERTO	09	CERTO
05	D	10	A

ANOTAÇÕES

2. Sistema Windows 10

O Windows 10 é um sistema operacional da Microsoft lançado em 29 de julho de 2015. Essa versão trouxe inúmeras novidades, principalmente, por conta da sua portabilidade para celulares e também tablets.

Requisitos Mínimos

Para instalar o Windows 10, o computador deve possuir no mínimo 1 GB de memória RAM para computadores com processador 32 bits de 1GHz, e 2GB de RAM para processadores de 32bits de 1GHz. Todavia, recomenda-se um mínimo de 4GB.

A versão 32 bits do Windows necessita, inicialmente, de 16GB de espaço livre em disco, enquanto o Windows 64 bits utiliza 20GB. A resolução mínima recomendada para o monitor é de 1024 x 768.

Novidades

O Windows 10 nasce com a promessa de ser o último Windows lançado pela Microsoft. Isso não significa que não será atualizado. A proposta da Microsoft é não lançar mais versões, a fim de tornar as atualizações mais constantes, sem a necessidade de aguardar para atualizar junto de uma versão enumerada. Com isso, ao passar dos anos, a empresa espera não usar mais a referência Windows 10, mas apenas Windows.

O novo sistema trouxe inúmeras novidades como também alguns retrocessos.

O objetivo do projeto do novo Windows foi baseado na interoperabilidade entre os diversos dispositivos como tablets, smartphones e computadores, de modo que a integração seja transparente, sem que o usuário precise, a cada momento, indicar o que deseja sincronizar.

A barra Charms, presente no Windows 8 e 8.1, foi removida, e a tela inicial foi fundida ao botão (menu) Iniciar.

Algumas outras novidades apresentadas pela Microsoft são:

> Xbox Live e o novo Xbox app que proporcionam novas experiências de jogo no Windows 10. O Xbox, no Windows 10, permite que jogadores e desenvolvedores acessem à rede de jogos do Xbox Live, tanto nos computadores Windows 10 quanto no Xbox One. Os jogadores podem capturar, editar e compartilhar seus melhores momentos no jogo com Game DVR, e disputar novos jogos com os amigos nos dispositivos, conectando a outros usuários do mundo todo. Os jogadores também podem disputar jogos no seu computador, transmitidos por stream diretamente do console Xbox One para o tablet ou computador Windows 10, dentro de casa.

> Sequential Mode: em dispositivos 2 em 1, o Windows 10 alterna facilmente entre teclado, mouse, toque e tablet. À medida que detecta a transição, muda convenientemente para o novo modo.

> Novos apps universais: o Windows 10 oferece novos aplicativos de experiência, consistentes na sequência de dispositivos, para fotos, vídeos, música, mapas, pessoas e mensagens, correspondência e calendário. Esses apps integrados têm design atualizado e uniformidade de app para app e de dispositivo para dispositivo. O conteúdo é armazenado e sincronizado por meio do OneDrive, e isso permite iniciar uma tarefa em um dispositivo e continuá-la em outro.

Área de Trabalho

A barra de tarefas do Windows 10 apresenta como novidade a busca integrada.

Cortana

Tal recurso opera junto ao campo de pesquisa localizado na barra de tarefas do Windows.

Está é uma ferramenta de execução de comandos por voz. Porém, ainda não conta com versão para o Português do Brasil. Outro ponto importante é a privacidade, pois tal ferramenta guarda os dados.

Continue de onde Parou

Tal característica, presente no Windows 10, permite uma troca entre computador – tablet – celular, sem que o usuário tenha de salvar os arquivos e os enviar para os aparelhos; o próprio Windows se encarrega da sincronização.

Ao abrir um arquivo, por exemplo, em um computador e editá-lo, basta abri-lo em outro dispositivo, de modo que as alterações já estarão acessíveis (a velocidade e disponibilidade dependem da velocidade da conexão à Internet).

Desbloqueio Imediato de Usuário

Trata-se de um recurso disponível, após a atualização do Windows, que permite ao usuário que possua *webcam*, devidamente instalada, usar uma forma de reconhecimento facial para *logar* no sistema, sem a necessidade de digitar senha.

Múltiplas Áreas de Trabalho

Uma das novidades do Windows 10 é a possibilidade de manipular "múltiplas Áreas de Trabalho", uma característica que já estava há tempos presente no Linux e no MacOS. Ao usar o atalho Windows + Tab, é possível criar uma nova Área de Trabalho e arrastar as janelas desejadas para ela.

Botão Iniciar

Com essa opção em exibição, ao arrastar o mouse ligeiramente para baixo, são listados os programas abertos pela tela inicial. Programas abertos dentro do desktop não aparecem na lista, conforme ilustrado a seguir:

Aplicativos

Os aplicativos podem ser listados clicando-se no botão presente na parte inferior do Botão Iniciar, mais à esquerda.

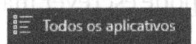

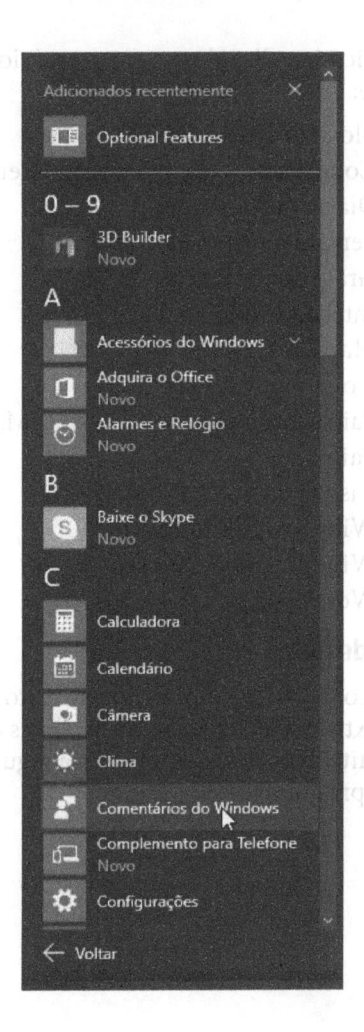

Acessórios

O Windows 10 reorganizou seus acessórios ao remover algumas aplicações para outro grupo (sistema do Windows).

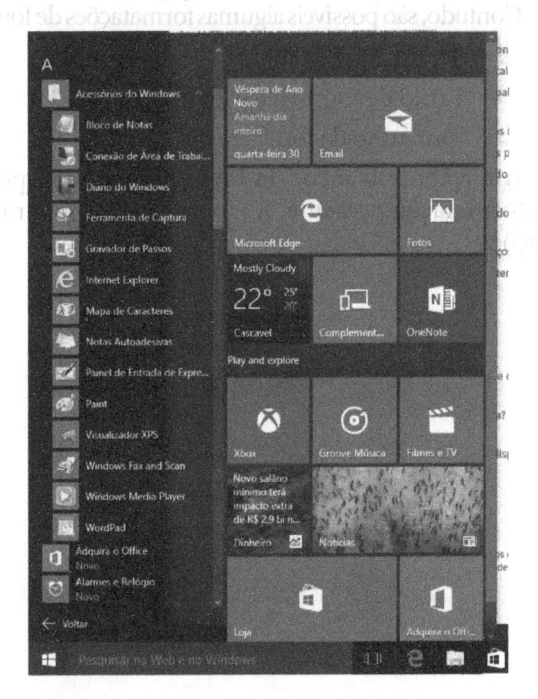

Os aplicativos listados como acessórios são, efetivamente:

> Bloco de Notas
> Conexão de Área de Trabalho Remota
> Diário do Windows
> Ferramenta de Captura
> Gravador de Passos
> Internet Explorer
> Mapa de Caracteres
> Notas Autoadesivas
> Painel de Entrada de Expressões Matemática
> Paint
> Visualizador XPS
> Windows Fax and Scan
> Windows Media Player
> Wordpad

Bloco de Notas

O Bloco de Notas é um editor de texto simples, e apenas texto, ou seja, não aceita imagens ou formatações muito avançadas. A imagem a seguir ilustra a janela do programa.

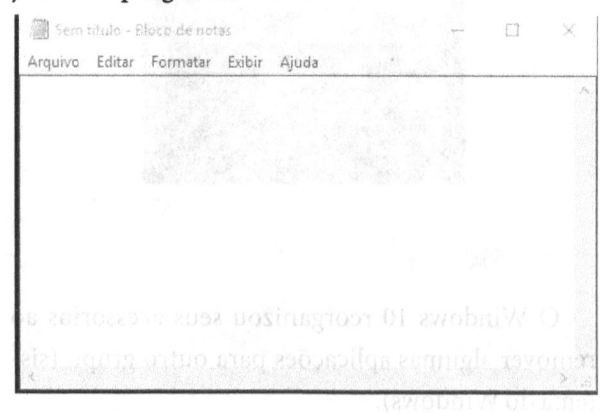

Contudo, são possíveis algumas formatações de fonte:
> Tipo/nome da fonte;
> Estilo de fonte (Negrito Itálico);
> Tamanho da fonte.

Atenção, pois a cor da fonte não é uma opção de formatação presente. A janela a seguir ilustra as opções.

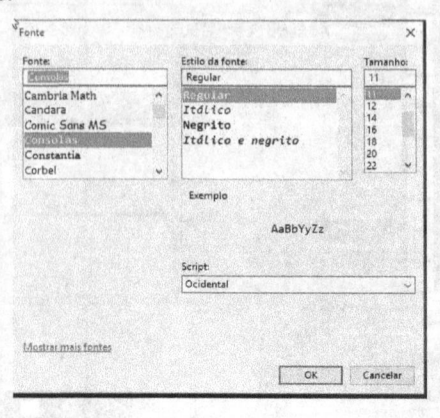

Conexão de Área de Trabalho Remota

A conexão remota do Windows não fica ativa por padrão, por questões de segurança.

Para habilitar a conexão, é necessário abrir a janela de configuração das Propriedades do Sistema, ilustrada a seguir. Tal opção é acessível pela janela Sistema do Windows.

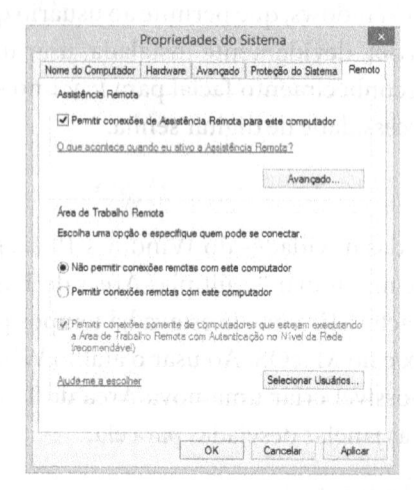

A conexão pode ser limitada à rede por restrição de autenticação em nível de rede, ou pela Internet usando contas de e-mail da Microsoft.

A figura a seguir ilustra a janela da Conexão de Área de Trabalho Remota.

Diário do Windows

A ferramenta Diário do Windows é uma novidade no Windows 8. Ela permite que o usuário realize anotações como em um caderno.

Os recursos de formatação são limitados, de modo que o usuário pode escrever manuscritamente ou por meio de caixas de texto.

Ferramenta de Captura

A ferramenta de captura, presente desde o Windows 7, permite a captura de partes da tela do computador. Para tanto, basta selecionar a parte desejada usando o aplicativo.

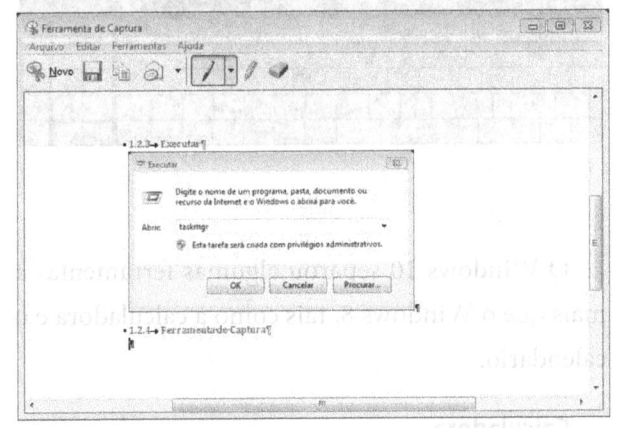

Gravador de Passos

O Gravador de Passos é um recurso novo do Windows 8, muito útil para atendentes de suporte que precisam apresentar o *passo a passo* das ações que um usuário precisa executar para obter o resultado esperado.

A figura a seguir ilustra a ferramenta com um passo gravado para exemplificação.

Mapa de Caracteres

Frequentemente, faz-se necessário utilizar alguns símbolos diferenciados. Esses símbolos são chamados de caracteres especiais. O Mapa de Caracteres permite listar os caracteres não presentes no teclado para cada fonte instalada no computador e copiá-los para a área de transferência do Windows.

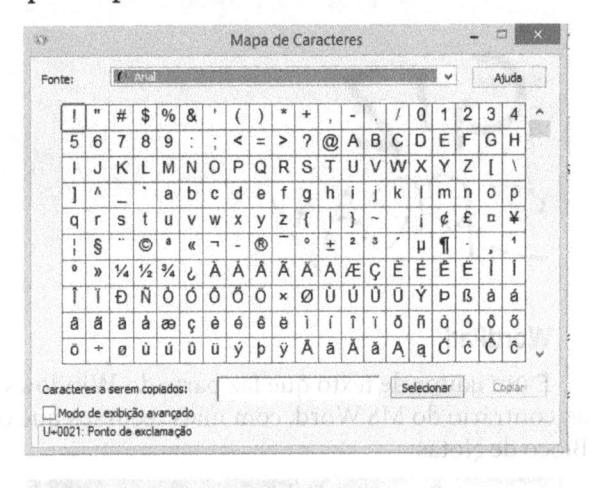

Notas Autoadesivas

Por padrão, as notas autoadesivas são visíveis na Área de Trabalho, elas se parecem com Post its.

Painel de Entrada de Expressões Matemáticas

Esta ferramenta possibilita o usuário de desenhar, utilizando o mouse ou outro dispositivo de inserção como *tablet canetas*, fórmulas matemáticas como integrais e somatórios, e ainda colar o resultado produzido em documentos.

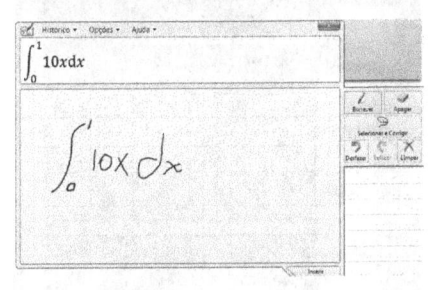

Paint

O tradicional editor de desenho do Windows, que salva seus arquivos no formato PNG, JPEG, JPG, GIF, TIFF e BMP (Bitmap), não sofreu mudanças em comparação com a versão presente no Windows 7.

WordPad

É um editor de texto que faz parte do Windows, ao contrário do MS Word, com mais recursos que o Bloco de Notas.

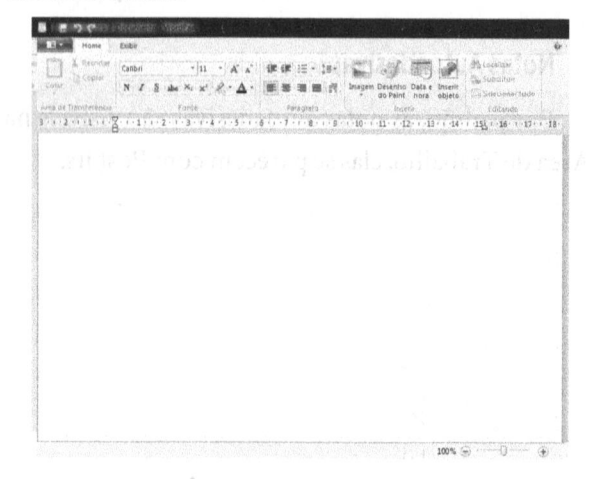

Facilidade de Acesso

Anteriormente conhecida como **ferramentas de acessibilidade**, são recursos que têm por finalidade auxiliar pessoas com dificuldades para utilizar os métodos tradicionais de interação com o computador.

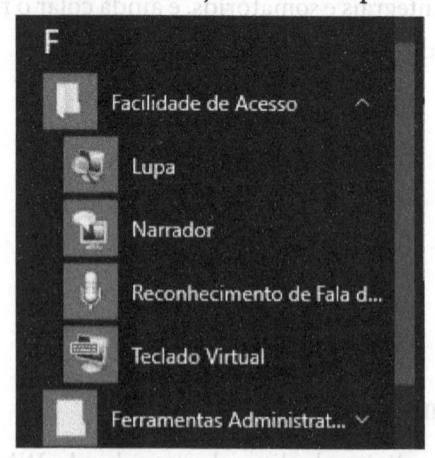

Lupa

Ao utilizar a lupa, pode-se ampliar a tela ao redor do ponteiro do mouse, como também é possível usar metade da tela do computador exibindo a imagem ampliada da área próxima ao ponteiro.

Narrador

O narrador é uma forma de leitor de tela que lê o texto das áreas selecionadas com o mouse.

Teclado Virtual

É preciso ter muito cuidado para não confundir o teclado virtual do Windows com o teclado virtual usado nas páginas de Internet Banking.

Outras Ferramentas

O Windows 10 separou algumas ferramentas a mais que o Windows 8, tais como a calculadora e o calendário.

Calculadora

A calculadora do Windows 10 deixa de ser associada aos acessórios. Outra grande mudança é o fato de que sua janela pode ser redimensionada, bem como perde um modo de exibição, sendo eles:

> Padrão;
> Científica;
> Programador;

Respectivamente ilustradas a seguir.

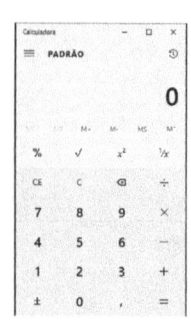

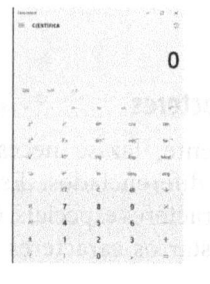

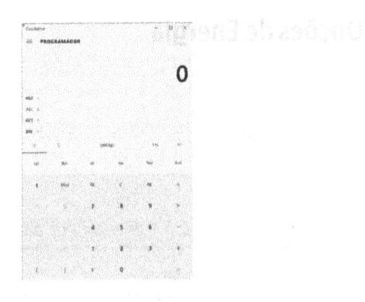

A calculadora do Windows 10 apresenta inúmeras opções de conversões de medidas, conforme ilustrado a seguir.

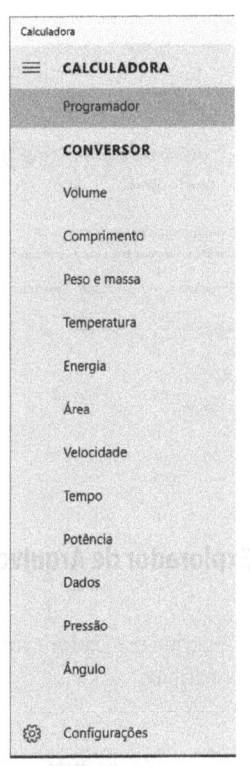

Painel de Controle

O Painel de Controle do Windows é o local onde se encontram as configurações do sistema operacional Windows.

Ele pode ser visualizado em dois modos: ícones ou categorias. As imagens a seguir representam, respectivamente, o modo ícones e o modo categorias.

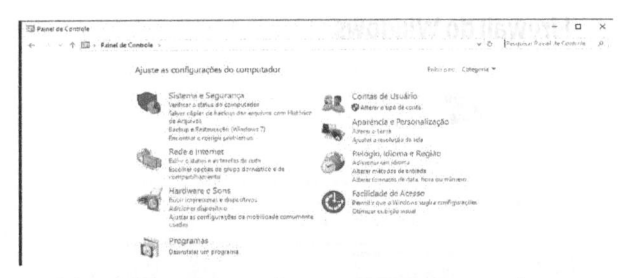

No modo **Categorias**, as ferramentas são agrupadas de acordo com sua similaridade, como na categoria Sistema e Segurança, que envolve o Histórico de Arquivos e a opção Corrigir Problemas.

A opção para remover um programa possui uma categoria exclusiva chamada de Programas.

Na categoria Relógio, Idioma e Região, temos acesso às opções de configuração do idioma padrão do sistema. Por consequência, é possível também o acesso às unidades métricas e monetárias, como também alterar o *layout* do teclado ou botões do mouse.

Algumas das configurações também podem ser realizadas pela janela de configurações acessível pelo botão Iniciar.

Segurança e Manutenção

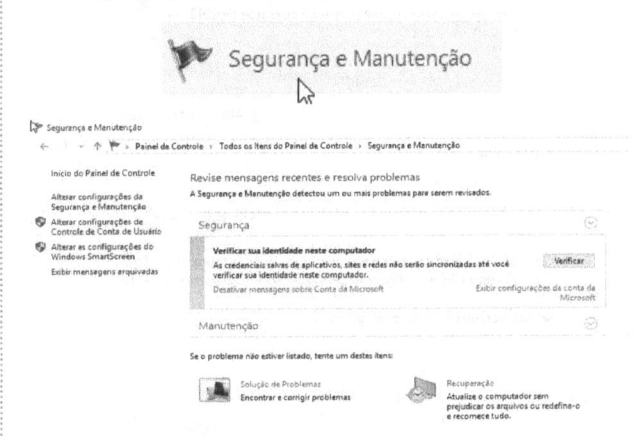

Dispositivos e Impressoras

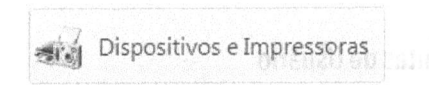

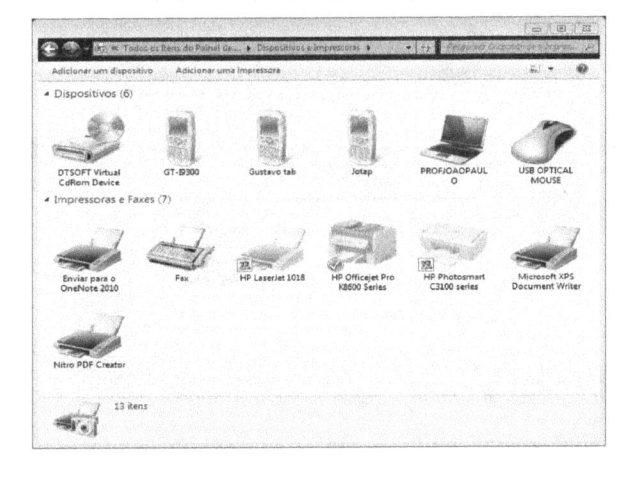

Firewall do Windows

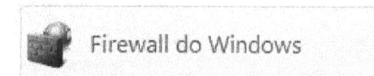

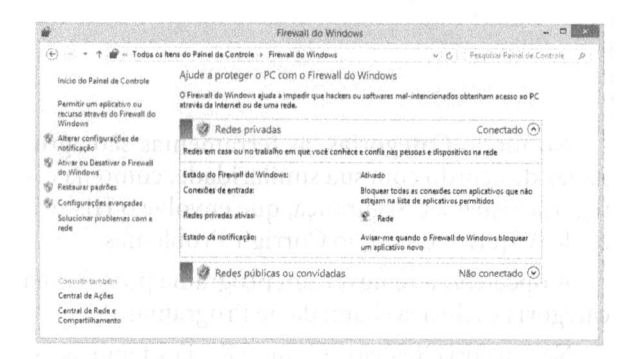

Data e Hora

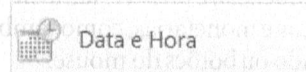

Contas de Usuário

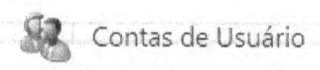

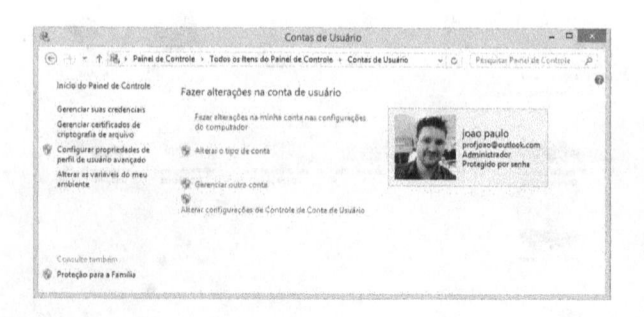

Opções de Energia

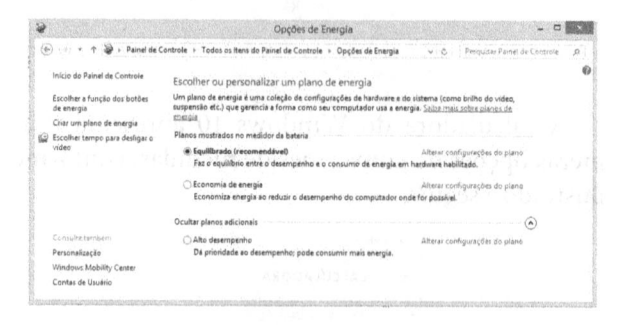

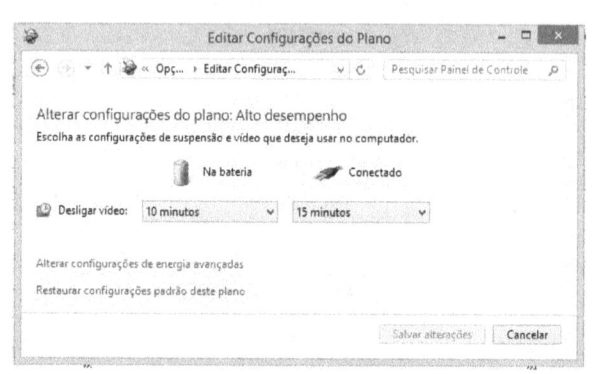

Opções do Explorador de Arquivos

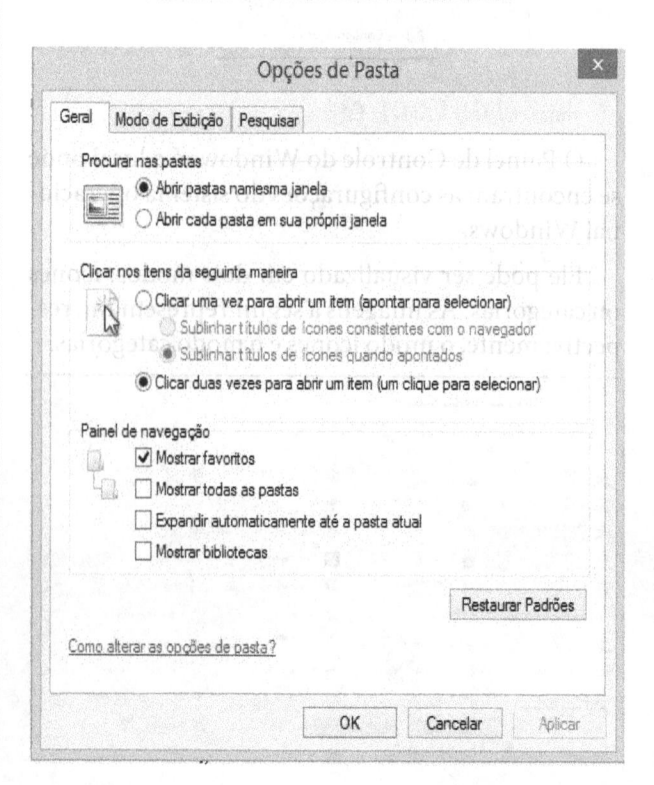

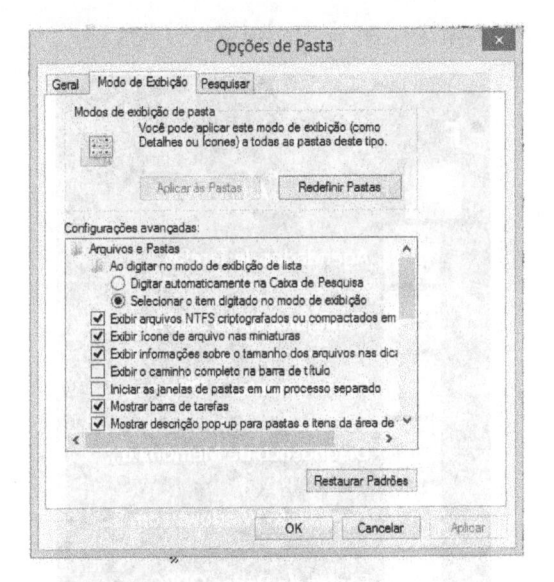

Programas Padrão

Programas e Recursos

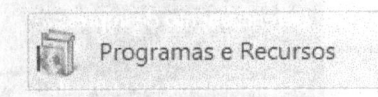

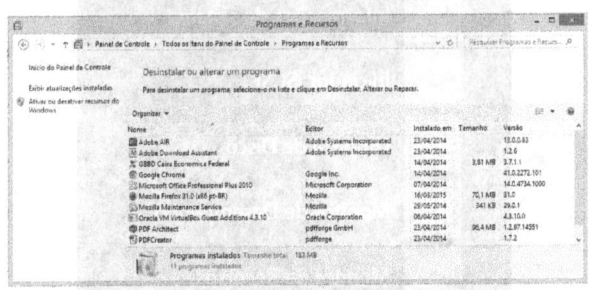

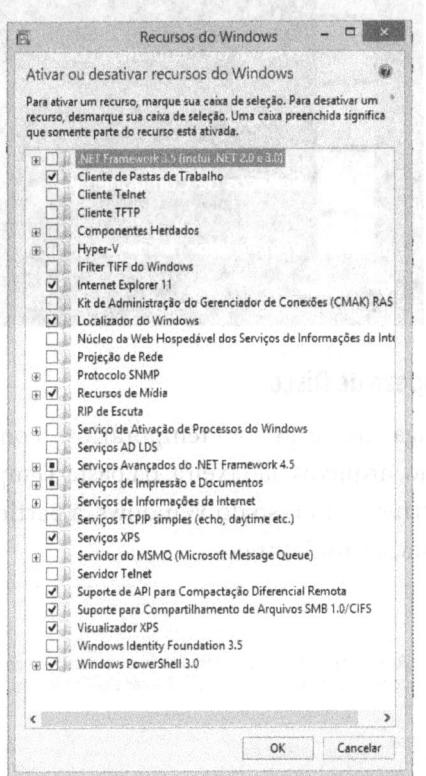

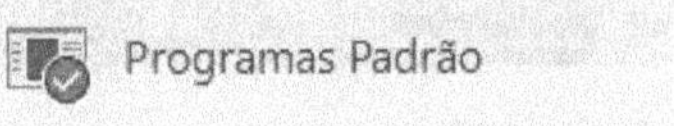

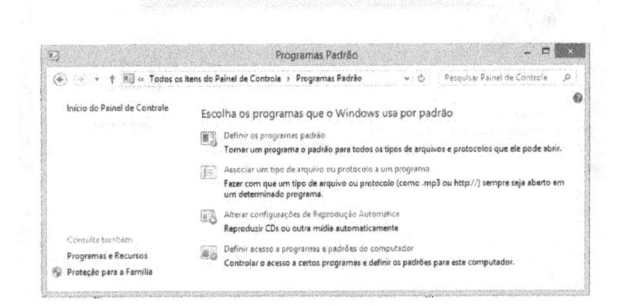

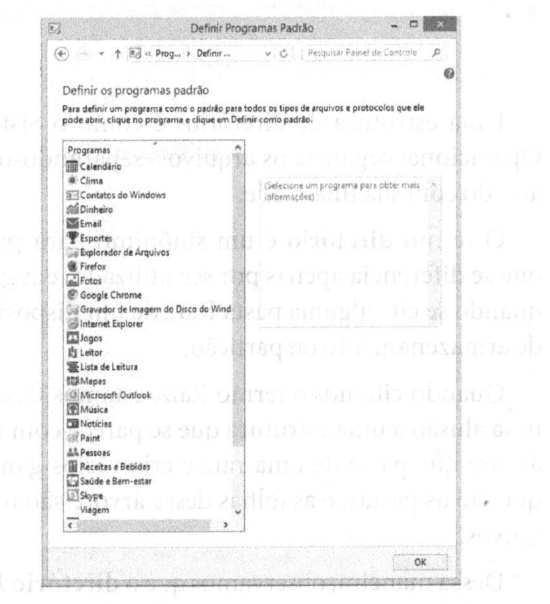

Sistema

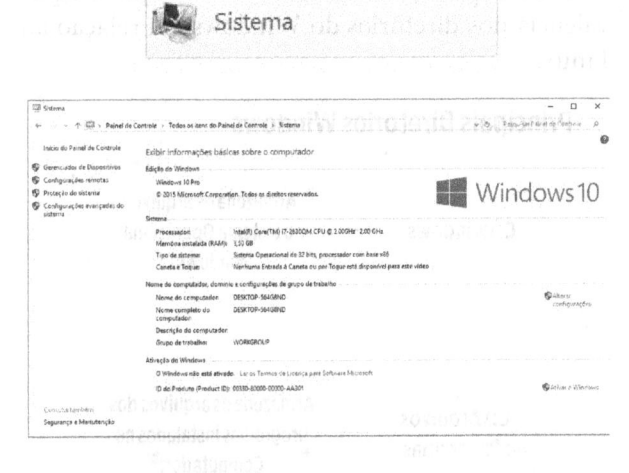

Windows Defender

No Windows 10, o Windows Defender passou a ser também antivírus além de ser antispyware.

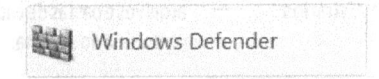

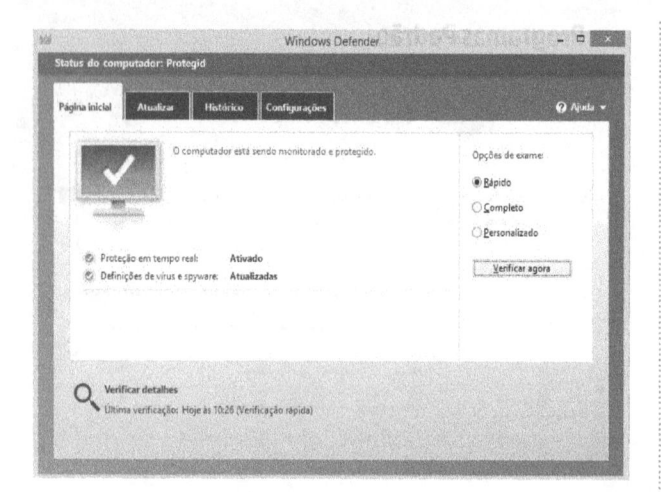

Estrutura de Diretórios

Uma estrutura de diretórios é como o Sistema Operacional organiza os arquivos, separando-os de acordo com sua finalidade.

O termo **diretório** é um sinônimo para **pasta**, que se diferencia apenas por ser utilizado, em geral, quando se cita alguma pasta **Raiz** de um dispositivo de armazenamento ou partição.

Quando citamos o termo Raiz, estamos fazendo uma alusão a uma estrutura que se parece com uma árvore que parte de uma raiz e cria vários ganhos, que são as pastas, e as folhas dessa árvore são os arquivos.

Dessa maneira, observamos que o **diretório Raiz do Windows** é o diretório **C:** ou **C:** enquanto que o **diretório Raiz do Linux** é o **/**.

Podemos ser questionados com relação à equivalência dos diretórios do Windows em relação ao Linux.

Principais Diretórios Windows

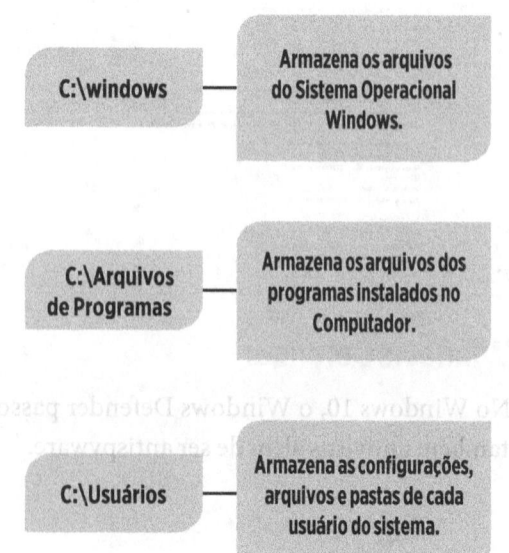

- **C:\windows** → Armazena os arquivos do Sistema Operacional Windows.
- **C:\Arquivos de Programas** → Armazena os arquivos dos programas instalados no Computador.
- **C:\Usuários** → Armazena as configurações, arquivos e pastas de cada usuário do sistema.

Ferramentas Administrativas

- Agendador de Tarefas
- Configuração do Sistema
- Desfragmentar e Otimizar...
- Diagnóstico de Memória d...
- Firewall do Windows com S...
- Fontes de Dados ODBC
- Gerenciamento de Impress...
- Gerenciamento do comput...
- Informações do sistema
- Iniciador iSCSI
- Limpeza de Disco
- Monitor de Desempenho
- Monitor de Recursos
- Política de Segurança Local
- Serviços
- Serviços de Componentes
- Visualizador de Eventos

Limpeza de Disco

Apaga os arquivos temporários, como, por exemplo, arquivos da Lixeira, da pasta Temporários da Internet e, no caso do Windows, a partir da versão Vista, as miniaturas.

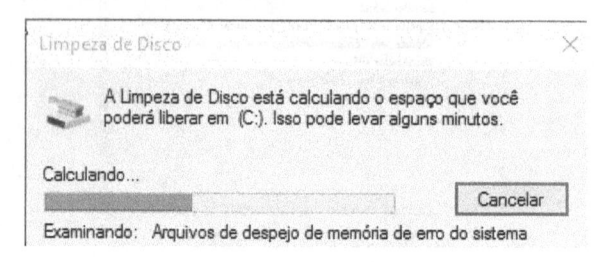

- **Lixeira**

A capacidade da Lixeira do Windows é calculada. Assim, para HDs de até 40GB, a capacidade é de 10%. Todavia, para discos rígidos maiores que 40GB, o cálculo não é tão direto. Vamos a um exemplo: caso um HD possua o tamanho de 200GB, então é necessário descontar 40GB, pois até 40GB a lixeira possui capacidade de 10%; assim, sobram 160GB. A partir desse valor, deve-se calcular mais 5%, ou seja, 8GB. Com isso, a capacidade total da lixeira do HD de 200GB fica com 4GB + 8GB = 12GB.

É importante, ainda, destacar que a capacidade da lixeira é calculada para cada unidade de armazenamento. Desse modo, se um HD físico de 500GB estiver particionado, é necessário calcular separadamente a capacidade da lixeira para cada unidade.

A Lixeira é um local, e não uma pasta. Ela lista os arquivos que foram excluídos, porém nem todos arquivos excluídos vão para a Lixeira. Vejamos a lista de situações em que um arquivo não será movido para a lixeira:

> Arquivos maiores do que a capacidade da Lixeira;
> Arquivos que estão compartilhados na rede;
> Arquivos de unidades removíveis;
> Arquivos que foram removidos de forma permanente pelo usuário.

Desfragmentar e Otimizar Unidades

É responsabilidade do Desfragmentador organizar os dados dentro do HD de forma contínua/contígua para que o acesso às informações em disco seja realizado mais rapidamente.

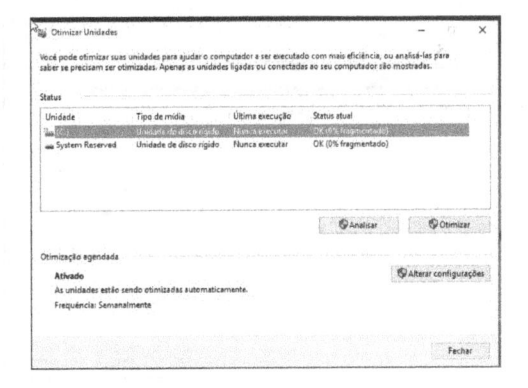

Configuração do Sistema

A Configuração do Sistema é também acessível ao ser digitado o comando **msconfig** na janela Executar. Permite configurar quais serviços serão carregados com o Sistema. No entanto, para configurar quais programas serão carregados junto com o sistema operacional, deve-se proceder ao acesso pelo Gerenciador de Tarefas.

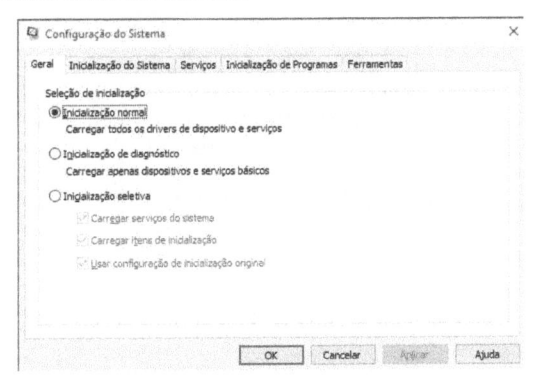

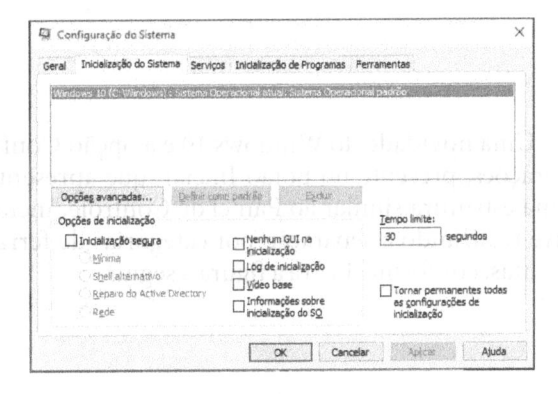

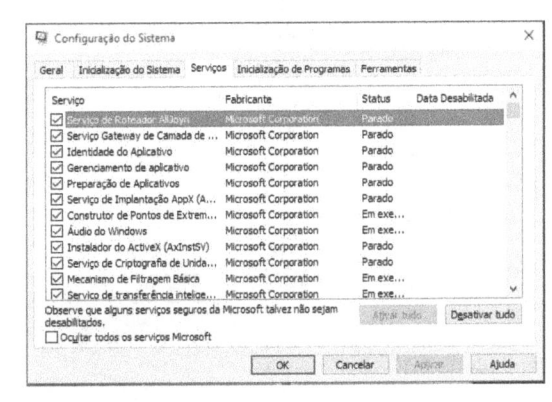

Monitor de Recursos

Permite monitorar os recursos do computador e qual o uso que está sendo realizado.

ScanDisk

O ScankDisk é o responsável por verificar o HD em busca de falhas de disco. Às vezes, ele consegue corrigi-las.

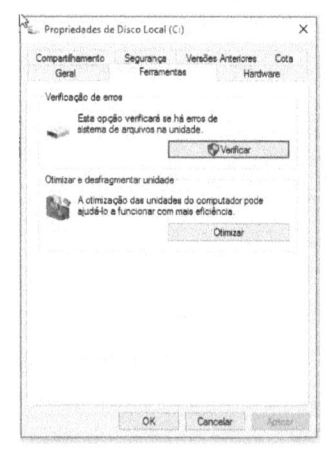

Configurações

Uma novidade do Windows 10 é a opção Configurações, presente no Botão Iniciar, que apresenta uma estrutura similar ao Painel de Controle, inclusive realizando a separação por categorias de ferramentas, conforme ilustra a figura a seguir.

Opção Sistema

Nesta opção, são apresentadas as ferramentas de configuração de resolução de tela, definição de monitor principal (caso possua mais de um), modos de gestão de energia (mais utilizados em *notebooks*).

Também é possível encontrar a opção Mapas Offline, que permite o download de mapas para a pesquisa e o uso por GPS, principalmente usado em dispositivos móveis ou dotados de GPS.

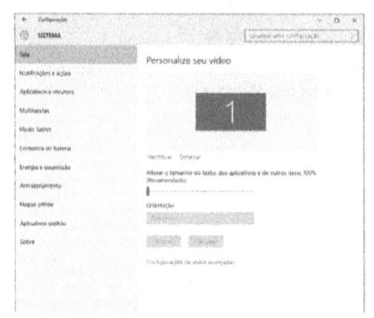

Opção Dispositivos

A opção Dispositivos lista os dispositivos que foram instalados em algum momento no sistema, como as impressoras.

Opção Rede e Internet

Para configurar rapidamente o proxy de uma rede, ou ativar/desativar a wi-fi, a opção Rede e Internet oferece tais opções com facilidade, inclusive a opção para configurar uma VPN.

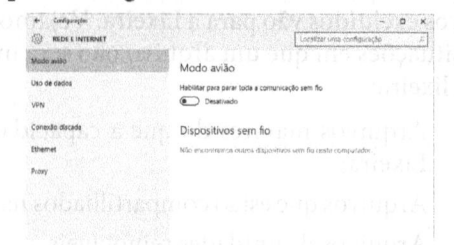

Opção Personalização

Para personalizar os temas de cores da Área de Trabalho do Windows e os papéis de parede, a opção de personalização pode ser acessada pelas Configurações. Também é possível clicar com o botão direito do mouse sobre uma área vazia da Área de Trabalho e selecionar a opção Personalizar.

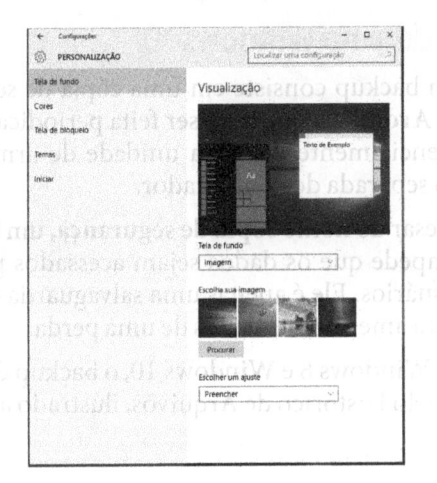

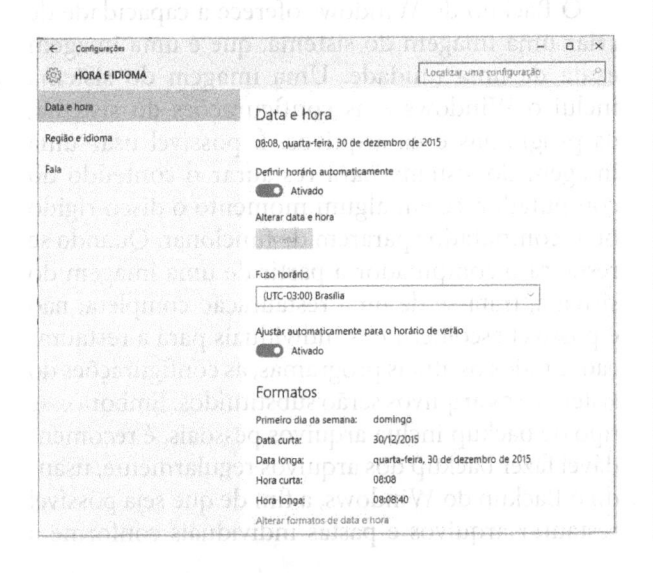

Opção Facilidade de Acesso

Além de contar com as ferramentas para acessibilidade, é possível configurar algumas características com Alto Contraste para melhorar o acesso ao uso do computador.

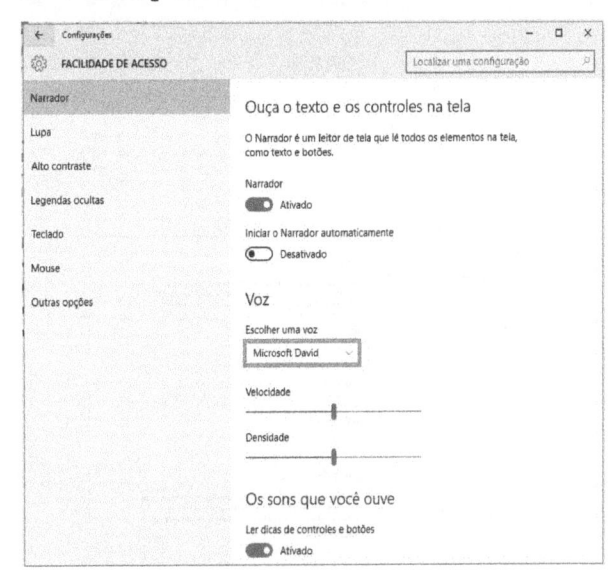

Opção Privacidade

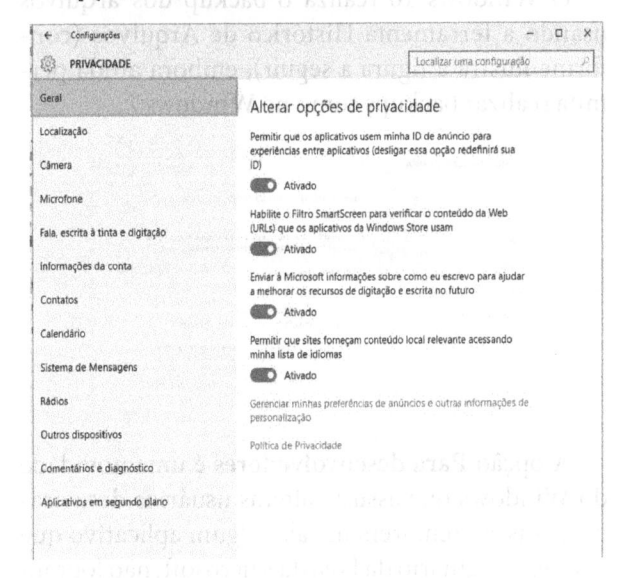

Opção Atualização e Segurança

A opção Atualização e Segurança talvez seja uma das principais opções da janela de configurações, pois, como necessidade mínima para a segurança, o Sistema Operacional deve estar sempre atualizado, assim como precisa possuir um programa antivírus que também esteja atualizado.

Vale lembrar que a realização periódica de backups também é considerada como um procedimento de segurança.

Opção Contas

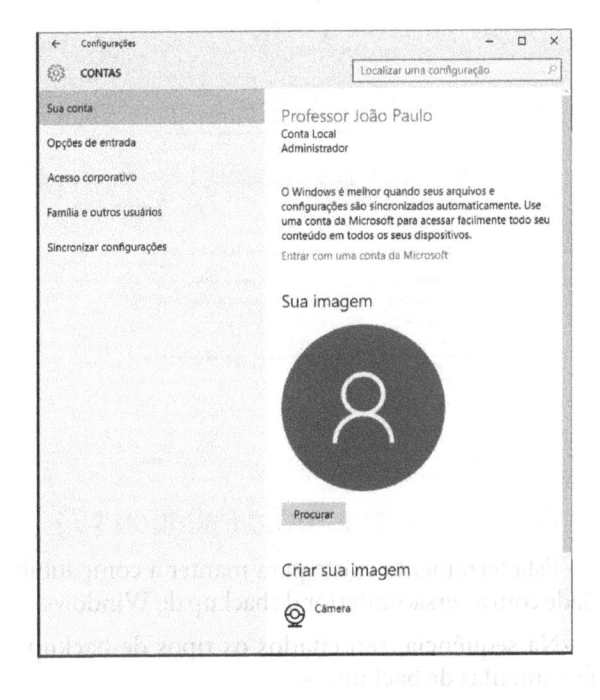

Opção Hora e Idioma

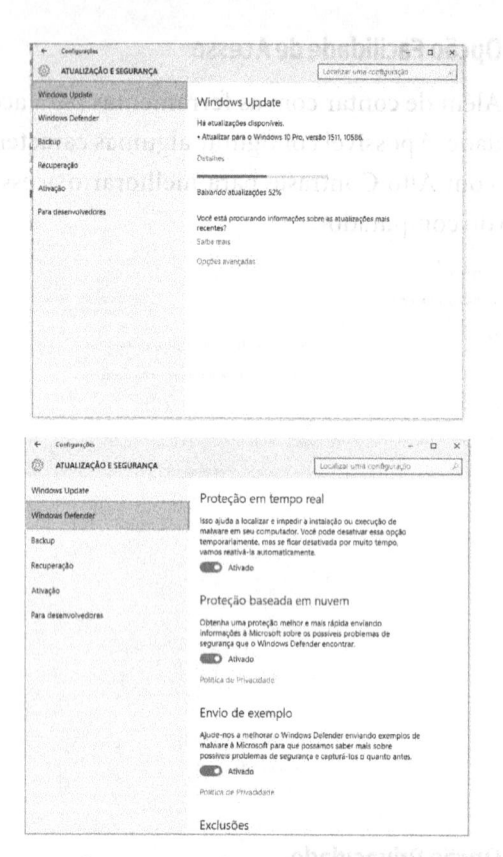

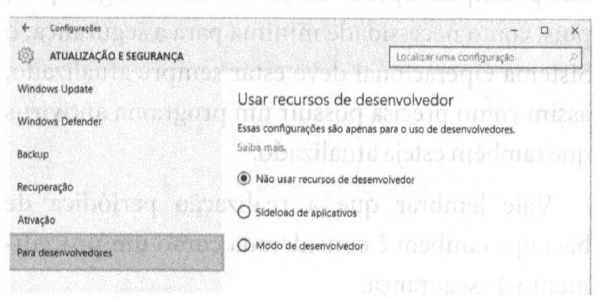

Backup no Windows 10

Um backup consiste em uma cópia de segurança dos **Arquivos**, que deve ser feita periodicamente, preferencialmente em uma unidade de armazenamento separada do computador.

Apesar do nome **cópia de segurança**, um backup não impede que os dados sejam acessados por outros usuários. Ele é apenas uma salvaguarda dos dados para amenizar os danos de uma perda.

No Windows 8 e Windows 10, o backup é gerenciado pelo Histórico de Arquivos, ilustrado a seguir.

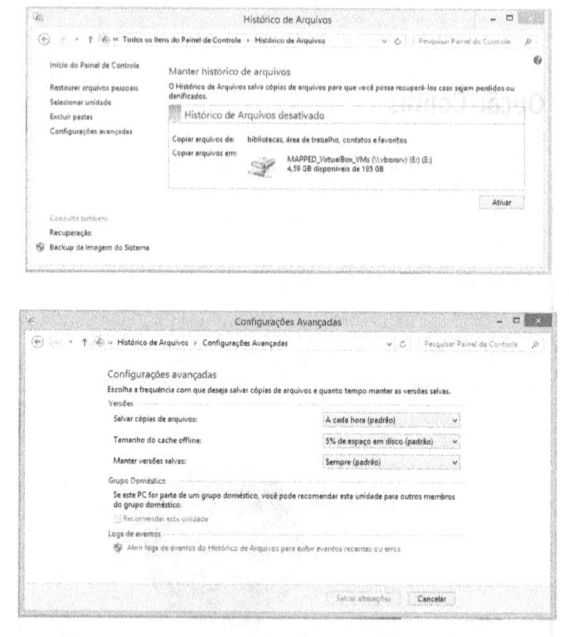

O Windows 10 realiza o backup dos arquivos usando a ferramenta Histórico de Arquivos (conforme ilustra a figura a seguir), embora ainda permita realizar backups como no Windows 7.

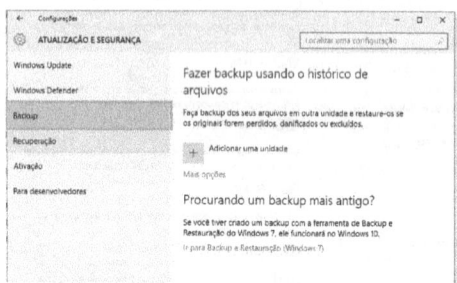

A opção **Para desenvolvedores** é uma novidade do Windows que assusta alguns usuários desavisados, pois, ao tentarem instalar algum aplicativo que não seja originário da Loja da Microsoft, não logram êxito. Esse impedimento ocorre por segurança. De qualquer forma, para poder instalar aplicativos "externos", basta selecionar a opção **Sideload** ou **Modo Desenvolvedor**.

Backup e Restauração (Windows 7)

Esta ferramenta existe para manter a compatibilidade com a versão anterior de backup do Windows.

Na sequência, são citados os tipos de backup e ferramentas de backup.

Backup da Imagem do Sistema

O Backup do Windows oferece a capacidade de criar uma imagem do sistema, que é uma imagem exata de uma unidade. Uma imagem do sistema inclui o Windows e as configurações do sistema, os programas e os arquivos. É possível usar uma imagem do sistema para restaurar o conteúdo do computador, se em algum momento o disco rígido ou o computador pararem de funcionar. Quando se restaura o computador a partir de uma imagem do sistema, trata-se de uma restauração completa; não é possível escolher itens individuais para a restauração, e todos os atuais programas, as configurações do sistema e os arquivos serão substituídos. Embora esse tipo de backup inclua arquivos pessoais, é recomendável fazer backup dos arquivos regularmente, usando o Backup do Windows, a fim de que seja possível restaurar arquivos e pastas individuais conforme a necessidade. Quando for configurado um backup de arquivos agendado, o usuário poderá escolher se deseja incluir uma imagem do sistema. Essa imagem do sistema inclui apenas as unidades necessárias à execução do Windows. É possível criar manualmente uma imagem do sistema, caso o usuário queira incluir unidades de dados adicionais.

Disco de Restauração

O disco de restauração armazena os dados mais importantes do sistema operacional Windows, em geral, o que é essencial para seu funcionamento. Esse disco pode ser utilizado quando o sistema vier a apresentar problemas, por vezes decorrentes de atualizações.

Tipos de Backup

- **Completo/Normal**

Também chamado de Backup Total, é aquele em que todos os dados são salvos em uma única cópia de segurança. Ele é indicado para ser feito com menor frequência, pois é o mais demorado para ser processado, como também para ser recuperado. Contudo, localizar um arquivo fica mais fácil, pois se tem apenas uma cópia dos dados.

- **Diferencial**

Este procedimento de backup grava os dados alterados desde o último backup completo. Assim, no próximo backup diferencial, somente serão salvos os dados modificados desde o último backup completo. No entanto, esse backup é mais lento de ser processado do que o backup incremental, porém é mais rápido de ser restaurado do que o incremental, pois é necessário apenas restaurar o último backup completo e o último backup diferencial.

- **Incremental**

Neste tipo de backup, são salvos apenas os dados que foram alterados após a última cópia de segurança realizada. Este procedimento é mais rápido de ser processado, porém leva mais tempo para ser restaurado, pois envolve restaurar todos os backups anteriores. Os arquivos gerados são menores do que os gerados pelo backup diferencial.

- **Backup Diário**

Um backup diário copia todos os arquivos selecionados que foram modificados no dia de execução do backup diário. Os arquivos não são marcados como arquivos que passaram por backup (o atributo de arquivo não é desmarcado).

- **Backup de Cópia**

Um backup de cópia copia todos os arquivos selecionados, mas não os marca como arquivos que passaram por backup (ou seja, o atributo de arquivo não é desmarcado). A cópia é útil caso o usuário queira fazer backup de arquivos entre os backups normal e incremental, pois ela não afeta essas outras operações de backup.

EXERCÍCIO COMENTADO

01. (AlfaCon) Assinale a alternativa que apresenta a combinação de atalhos para minimizar todas as janelas abertas na Área de Trabalho:
   a) CTRL + ESC
   b) ALT + TAB
   c) Windows + D
   d) Windows + L
   e) Windows + E

RESPOSTA: C. *O Atalho CTRL+ESC equivale a pressionar a tecla Windows; ALT+TAB alterna entre as janelas dos programas abertos; Windows + D exibe a área de trabalho; Windows + L bloqueia a sessão de usuário; e Windows + E abre o Explorador de Arquivos.z*

Explorador de Arquivos

Conhecido até o Windows 7 como Windows Explorer, o gerenciador de arquivos do Windows usa a chamada Interface Ribbon (por faixas) no Windows 8 e 10. Com isso, torna mais acessíveis algumas ferramentas como a opção para exibir as pastas e os arquivos ocultos.

A figura a seguir ilustra a janela **Este Computador** que apresenta os dispositivos e unidades de armazenamento locais como HDs e Drives de mídias ópticas, bem como as mídias removíveis.

Um detalhe interessante sobre o Windows 10 é que as bibliotecas, ilustradas na figura, não estão visíveis por padrão; o usuário precisa ativar sua exibição.

Na figura a seguir, é ilustrada a guia Exibir da janela Este Computador.

Ao selecionar arquivos ou pastas de determinados tipos, como imagens, algumas guias são exibidas como ilustra a série de figuras a seguir.

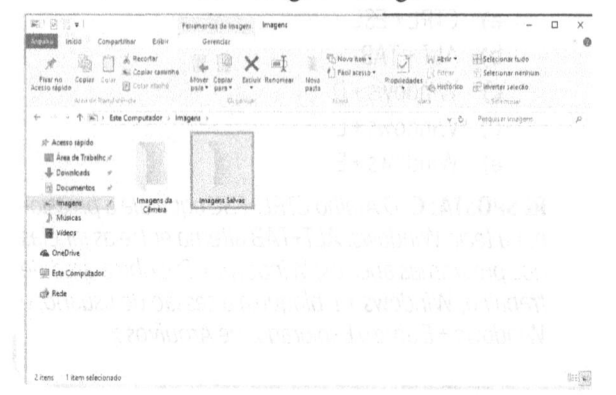

É possível notar que há opções específicas para facilitar o compartilhamento dos arquivos e pastas.

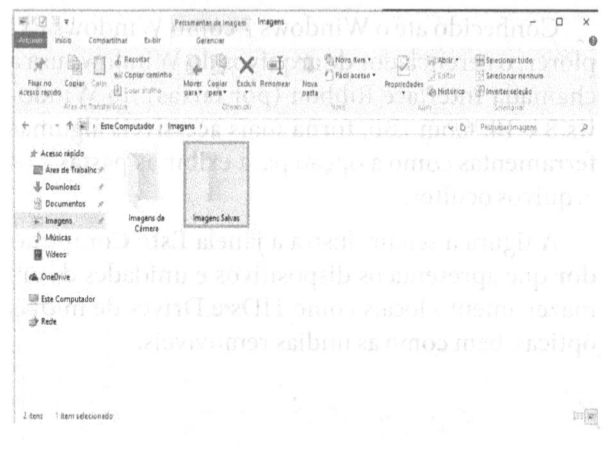

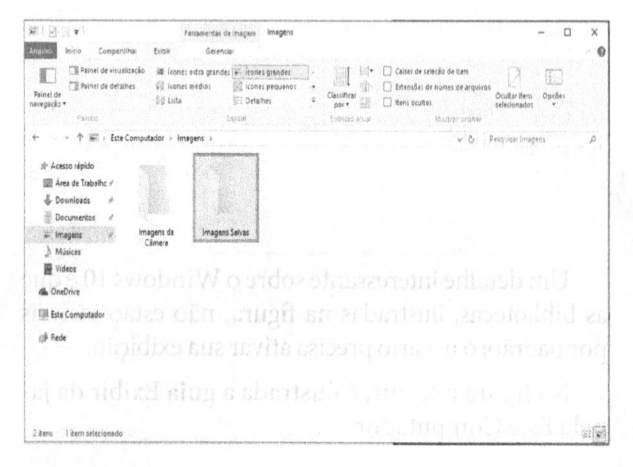

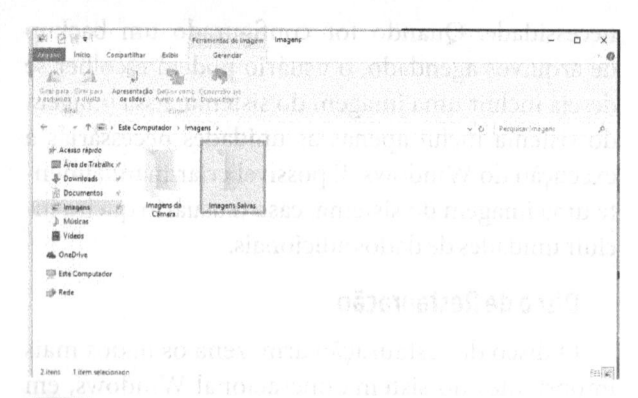

VAMOS PRATICAR

Os exercícios a seguir são referentes ao conteúdo: Sistema Windows 10.

Com relação aos conceitos de redes de computadores, julgue os próximos itens.

01. (Cespe) O armazenamento do arquivo de dados no computador e na nuvem é considerado um procedimento de backup.

Certo ( )   Errado ( )

02. (Cespe) Procedimentos de becape são essenciais para a recuperação dos dados no caso de ocorrência de problemas técnicos no computador.

Certo ( )   Errado ( )

03. (Ieses) Assinale a alternativa que diz respeito à seguinte definição:

Este tipo de backup fornece um backup dos arquivos modificados desde que foi realizado um backup completo. Normalmente, salva somente os arquivos que são diferentes ou novos, desde o último backup completo, mas isso pode variar em diferentes programas de backup. Juntos, um backup completo e um backup desse tipo incluem todos os arquivos no computador, alterados e inalterados.

a) Backup incremental.
b) Backup de referência.
c) Backup normal.
d) Backup diferencial.

04. (AlfaCon) O Windows 10 trouxe inúmeras novidades, bem como deixou de possuir outras. Assinale a alternativa que corresponda a recursos que não estão presentes no Windows 10.

a) Bibliotecas.
b) Botão Iniciar.
c) Calculadora.
d) Barra Charms.
e) Gerenciador de Arquivos.

05. (FMP/RS) O Sistema Operacional Windows possui um painel de controle que permite que se controlem dispositivos que ajudam na segurança do sistema, especialmente no acesso pela Internet. Entre esses dispositivos, estão o Firewall, atualizações automáticas e proteção contra vírus. Tal painel de controle é:

a) Ferramentas administrativas.
b) Opções de Internet.
c) Central de Ações.
d) Conexões de rede.
e) Opções de acessibilidade.

06. (TJ/SC) O Windows Defender é:

a) um software que verifica se a cópia do Windows instalada no computador é legítima.
b) uma versão do Windows.
c) um dispositivo de hardware que, instalado no computador, evita seu uso por pessoas não autorizadas.
d) um software antispyware incluído no Windows.
e) uma campanha de marketing da Microsoft incentivando os usuários a adquirirem cópias legítimas do Windows.

07. (FCC) Em uma repartição pública os funcionários necessitam conhecer as ferramentas disponíveis para realizar tarefas e ajustes em seus computadores pessoais.

Dentre estes trabalhos, tarefas e ajustes estão:

I. Utilizar ferramentas de colaboração on-line para melhoria do clima interno da repartição e disseminação do conhecimento.
II. Aplicar os conceitos de organização e de gerenciamento de informações, arquivos, pastas e programas a fim de possibilitar a rápida e precisa obtenção das informações, quando necessário.
III. Conhecer e realizar operações de inserção de elementos nos slides do PowerPoint, dentre outras.
IV. Conhecer as formas utilizadas pelo Excel para realizar cálculos e também operações de arrastar valores de uma célula para a outra.
V. Realizar pesquisas na Internet usando os sites de busca mais conhecidos.

Para atender ao item II, uma recomendação prática e geralmente aceita, é organizar as pastas de arquivos por tipo. Isso significa que os arquivos comuns dentro de uma mesma pasta possuirão

a) a mesma extensão.
b) a mesma data.
c) o mesmo tamanho.
d) o mesmo título.
e) o mesmo autor.

08. (Fafipa) Browser é um programa de computador que habilita seus usuários a interagirem com documentos virtuais da Internet. Assinale a alternativa que NÃO apresenta um browser.

a) Windows Explorer
b) Mozilla Firefox
c) Safari
d) Flock
e) GoogleChrome

09. (Fafipa) Sobre atalhos no Windows Explorer, assinale a alternativa INCORRETA.

a) A tecla F2 renomeia um arquivo selecionado.
b) A tecla F5 atualiza exibição.
c) A tecla Delete move um arquivo selecionado para a Lixeira.
d) As teclas Ctrl+T selecionam todo conteúdo do diretório atual.
e) As teclas Shift+Delete exclui permanentemente um arquivo selecionado.

10. (FAURGS) Assinale a alternativa correta a respeito da ferramenta de sistema identificada como Restauração do Sistema no Windows 10.

a) Não é possível desfazer as alterações que a restauração do sistema faz no Registro do sistema.
b) A operação padrão de restauração não atua sobre arquivos pessoais, não servindo para recuperar a última versão de um arquivo pessoal excluído.
c) A operação de restauração sempre retorna à configuração da primeira instalação do Windows 7.
d) Na instalação padrão do Windows 10, os pontos de restauração são criados apenas quando novos dispositivos, como impressoras e discos, são instalados no sistema.
e) Os pontos de restauração são sempre criados automaticamente pelo sistema, não sendo possível criar um ponto de restauração manualmente.

GABARITO

01	CERTO	06	D
02	CERTO	07	A
03	D	08	A
04	D	09	D
05	C	10	B

ANOTAÇÕES

3. Redes de Computadores

Dois computadores conectados entre si já caracterizam uma rede. Contudo, ela normalmente é composta por diversificados dispositivos como: celulares, smartphones, tablets, computadores, servidores, impressoras, roteadores, switches, hubs, modens, etc. Devido a essa grande variedade de dispositivos, o nome genérico HOST é atribuído aos dispositivos conectados na rede.

Todo Host possui um endereço que o identifica na rede, o qual é o endereço IP. Mas também cada peça possui um número único de fábrica que o identifica, o MAC Address.

Paradigma de Comunicação

Paradigma é um padrão a ser seguido e, no caso das redes, é o modelo Cliente/Servidor. Nesse modelo, o usuário é o cliente que envia uma solicitação ao servidor; ao receber a solicitação, o servidor a analisa e, se é de sua competência, provê a informação/dado.

Dispositivos de Rede

Os Dispositivos de Rede são citados até mesmo em provas cujo conteúdo programático não cita a matéria de Hardware. E na maioria das vezes em que aparecem questões sobre o assunto, se questiona em relação à finalidade de cada dispositivo na rede, portanto, nesta seção são descritos alguns dos principais dispositivos de rede:

Modem	Modulador/Demulador. Responsável por converter o sinal analógico da linha telefônica em um sinal digital para o computador e vice-versa.
Hub	Conecta vários dispositivos em rede, mas não oferece muita segurança, pois envia as informações para todos na rede.
Switch	É um dispositivo que permite interligar vários dispositivos de forma mais inteligente que o Hub, pois no switch os dados são direcionados aos destinos corretos.
Roteador	Um roteador já trabalha no nível de rede; em um mesmo roteador podemos definir várias redes diferentes. Ele também cria uma rota para os dados.
Access Point	Um Ponto de Acesso opera de forma similar a um Switch, só que em redes sem fio.
Backbone	É a estrutura principal dentro de uma rede, na Internet é a espinha dorsal que a suporta, ou seja, as principais ligações internacionais.

Topologia de Rede

Topologia diz respeito à estrutura de organização dos dispositivos em uma rede.

Barramento

Na Topologia de Barramento, todos os dispositivos estão conectados no mesmo canal de comunicação, o que torna o tráfego de dados mais lento e, se o barramento se rompe, pode isolar parte da rede.

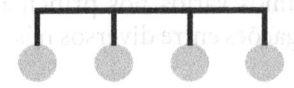

Anel

A estrutura em Anel conecta um dispositivo no outro; para que todos os computadores estejam conectados, é necessário que estejam ligados. Se o anel for simples, ou seja, de única via de dados, um computador desligado já é suficiente para tornar a rede inoperante para algum outro computador; o problema pode ser resolvido em partes, utilizando o anel duplo, trafegando dados em duas direções da rede, porém, se dois pontos forem desconectados, pode-se chegar à situação de duas redes isoladas.

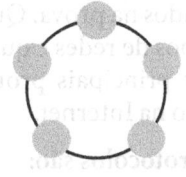

Estrela

Uma rede organizada em forma de estrela possui um nó centralizador. Esse modelo é um dos mais utilizados, pois um nó pode estar desconectado sem interferir no resto da rede, porém, o centro é o ponto crítico.

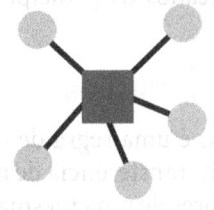

Estrela Estendida

A Estrela Estendida é utilizada em situações como, por exemplo, em uma universidade multicampi, em que um nó central é a conexão principal, a partir da qual se conecta com a Internet, enquanto que os outros campi possuem centrais secundárias como conexão entre seus computadores. A estrutura entre o nó principal e as centrais secundárias é o que chamamos de Backbone dessa rede.

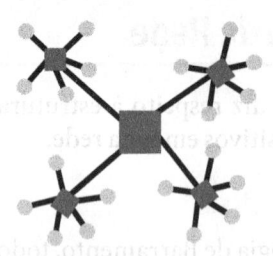

Malha

A conexão em malha é o modelo da Internet, em que encontramos vários nós principais, mas também várias ligações entre diversos nós.

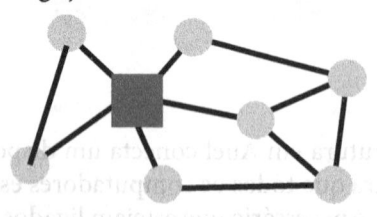

Pilhas de Protocolos

Também colocadas pelas bancas examinadoras como modelos, as pilhas de protocolos definem um conjunto de protocolos e em quais camadas de rede devem operar.

Neste tópico temos dois tipos de questões que podem ser associados na prova. Questões que fazem relação com os tipos de redes e questões que tratam da finalidade dos principais protocolos utilizados em uma navegação na Internet.

As pilhas de protocolos são:

TCP/IP	OSI

O modelo TCP/IP é o **padrão utilizado nas redes.** Mas, em redes privadas, mesmo o TCP/IP sendo padrão, pode ser implantado o modelo OSI.

Como o modelo TCP/IP é o padrão na seção seguinte são destacados os principais protocolos de navegação.

Principais Protocolos

Um protocolo é uma regra de comunicação em redes, portanto, a transferência de arquivos, mesmo entre computadores de uma mesma rede, utiliza um protocolo como forma de padronizar o entendimento entre os dois.

HTTP

HTTP (*Hyper Text Transport Protocol*) é o protocolo de transferência de hipertexto. É o mais utilizado pelo usuário em uma navegação pela Internet. Hipertexto **consiste em um arquivo no formato HTML** (*HyperText Markup Language*) - Linguagem de Marcação de Hipertexto.

HTML é um arquivo que pode ser gerado por qualquer editor de texto, pois, quando é aberto no bloco de notas ou wordpad, ele apresenta apenas informações de texto. No entanto, quando é aberto pelo navegador, este interpreta o código em HTML e monta o conteúdo **Multimídia** na página. Entende-se por conteúdo multimídia: textos, áudio, vídeos e imagens.

HTTPS

HTTPS (Hyper Text Transport Protocol Secure), também conhecido como HTTP Seguro, é um protocolo que tem como diferença entre o HTTP apenas a segurança que oferece, pois, assim como o HTTP, serve para visualizar o conteúdo multimídia.

O que se questiona em relação a sua segurança é como ela é feita. O protocolo HTTPS utiliza o processo de **Criptografia** para manter sigilo sobre os dados transferidos entre o usuário e o servidor, para isso, são utilizados os protocolos **TLS** ou **SSL**.

Um detalhe muito importante é o de saber identificar se a navegação está sendo realizada por meio do protocolo HTTP ou pelo protocolo HTTPS. A forma mais confiável é observar a barra de endereços do navegador:

Firefox 10.02

IE 9

Google Chrome

Logo no início da barra, observamos a indicação do protocolo HTTPS, que, sempre que estiver em uso, deverá aparecer. Porém, deve-se ter muita atenção, pois, quando é utilizado o HTTP, alguns navegadores atuais têm omitido a informação no começo da barra de endereços.

Outra informação que nos ajuda a verificar se o acesso é por meio de uma conexão segura é o símbolo do cadeado fechado.

FTP

FTP (*File Transport Protocol*) é o protocolo de transferência de arquivos utilizado quando um usuário realiza download ou upload de um arquivo na rede.

O protocolo FTP tem como diferencial o fato de operar sobre duas portas: uma para tráfego dos dados e outra para autenticação e controle.

Firewall

O Firewall pode ser Software, Hardware, ou ambos. Ele é o responsável por **monitorar as portas da rede/computador**, permitindo ou negando a passagem dos dados na rede, seja na entrada ou saída.

O Firewall é o monitor que fica na porta olhando para uma lista na qual contém as regras que um dado tem de cumprir para passar por ela. Essa lista são os protocolos, por exemplo, o Firewall monitorando a porta 80, relativa ao protocolo HTTP, o qual só trabalha com conteúdo multimídia. Então, se um arquivo .EXE tentar passar pela porta 80, ele deve ser barrado; essa é a função do Firewall.

Tipos de Redes

Podemos classificar as redes de acordo com sua finalidade; neste tópico expõe-se a diferença entre as redes: Internet vs Intranet vs Extranet.

Internet

É a rede das redes, também conhecida como rede mundial de computadores.

Muitas provas citam o sinônimo WWW (World Wide Web) para internet, ou por vezes apenas Web. Ela é definida como uma rede **Pública** a qual todos com computador e servidor de acesso podem conectar-se.

Intranet

É uma rede empresarial, também chamada de rede corporativa. Tem como principal característica ser uma rede **Privada**, portanto, possui controle de acesso, o qual é restrito somente a pessoas autorizadas.

Uma Intranet geralmente é constituída com o intuito de compartilhar recursos entre os funcionários de uma empresa, de maneira que pessoas externas não tenham acesso a eles. Os recursos compartilhados podem ser: impressoras, arquivos, sistemas, entre outros.

Extranet

É quando parte de uma Intranet é disponibilizada por meio da Internet.

Também dizemos que Extranet é quando duas empresas com suas distintas Intranets possuem um sistema comum que acessam apenas parte de cada uma das Intranets.

VPN

VPN é uma forma de criar uma Intranet entre localizações geograficamente distantes, com um custo mais baixo do que ligar cabos entre os pontos. Para isso, emprega-se o processo de criptografia nos dados antes de enviá-los por meio da Internet e, quando o dado chega na outra sede, passa pelo processo de descriptografia. Dessa maneira, quem está navegando na Internet não tem acesso às informações da empresa, que continuam restritas; esse processo também é chamado de tunelamento.

Padrões de Infraestrutura

São padrões que definem como deve ser organizada e quais critérios precisam ser seguidos para montar uma estrutura de rede de acordo com os padrões estabelecidos pelo IEEE (Instituto de Engenheiros Eletricistas e Eletrônicos).

O padrão Ethernet define as regras para uma infraestrutura cabeada, como tipos de cabos que devem ser utilizados, distância máxima, tipos e quantidade de dispositivos, entre outras. Já o padrão 802.11 define as regras para uma estrutura Wi-Fi, ou seja, para a rede sem fio.

Correio Eletrônico

O serviço de e-mail é outro ponto bastante cobrado nos concursos públicos. Em essência, o que se pede é se o concursando sabe sobre as diferentes formas de se trabalhar com ele.

O e-mail é uma forma de comunicação assíncrona, ou seja, no momento do envio apenas o emissor precisa estar conectado.

Formas de Acesso

Podemos ler e escrever e-mail utilizando duas formas diferentes. Na última década, o webmail ganhou mais espaço no mercado e se tornou majoritário no ramo de e-mails, mas muitas empresas utilizam ainda os clientes de e-mail:

Webmail

O Webmail é uma interface de acesso para o e-mail via Browser (navegador de Internet), ou seja, uma forma de visualizar o e-mail via uma página de web. Diante disso, é possível destacar que usamos os protocolos HTTP ou HTTPS para visualizar páginas da Internet. Dessa forma, ao acessar sites de e-mail como gmail.com, hotmail.com, yahoo.com.br e outlook.com, fazemos uso desses protocolos, sendo o HTTPS o mais usado atualmente pelos grandes serviços de e-mail, pois confere ao usuário maior segurança no acesso.

Dizemos que o webmail é uma forma de ler e escrever e-mails, dificilmente citado como forma de enviar e receber, uma vez que quem realmente envia é o servidor e não o computador do usuário.

Quando um e-mail é enviado, ele parte diretamente do servidor no qual o remetente possui conta para o servidor do serviço de e-mail do destinatário.

Cliente de E-mail

Um Cliente de E-mail é um programa específico para enviar e receber mensagens de e-mail e que é, necessariamente, instalado no computador do usuário.

Exs.:
Outlook;
Mozilla Thunderbird;
Eudora;
IncredMail;
Outlook Express;
Windows Live Mail.

Os programas clientes de e-mail usam protocolos específicos para envio e recebimento das mensagens de e-mail.

Protocolos utilizados pelos Clientes de E-mail

Para o envio, um cliente de e-mail utiliza o protocolo SMTP (Simple Mail Transport Protocol – Protocolo de transporte de mensagens simples). Como todo protocolo, o SMTP também opera sobre uma porta específica, que pode ser citada como sendo a porta 25, correspondente ao padrão, mas atualmente ela foi bloqueada para uso dos usuários, vindo a ser substituída pela 587.

Com isso, em questões de Certo e Errado, apenas a 587 é a correta, quando abordado sobre o usuário, pois entre servidores a 25 ainda é utilizada. Já nas questões de múltipla escolha, vale o princípio da menos errada, ou seja, se não tiver a 587, a 25 responde a questão.

Mesmo que a mensagem de e-mail possua arquivos anexos a ela, envia-se por SMTP; assim o protocolo FTP não é utilizado.

Já para o recebimento, o usuário pode optar em utilizar o protocolo POP ou o protocolo IMAP, contudo, deve ser observada a diferença entre os dois, pois essa diferença é ponto para muitas questões.

O protocolo POP tem por característica baixar as mensagens de e-mail para o computador do usuário, mas por padrão, ao baixá-las, elas são apagadas do servidor. Portanto, as mensagens que um usuário está lendo estão, necessariamente, em seu computador.

Por outro lado, se o usuário desejar, ele pode configurar o protocolo de forma que sejam mantidas cópias das mensagens no servidor, no entanto, a que o usuário está lendo, efetivamente, está em seu computador. Sobre essa característica são citadas questões relacionando à configuração a uma espécie de backup das mensagens de e-mail.

Atualmente o protocolo POP encontra-se na versão 3; dessa forma ele pode aparecer nos textos de questão como POP3, não afetando a compreensão da mesma. Uma vez que o usuário necessita conectar na internet apenas para baixar as mensagens, é possível que ele desconecte-se da internet e mesmo assim leia seus e-mails. E, uma vez configurado o SMTP, também é possível redigir as respostas off-line, sendo necessário, no entanto, conectar-se novamente para que as mensagens possam ser enviadas.

Ao invés de utilizar o POP, o usuário pode optar em fazer uso do protocolo IMAP, que é para acesso a mensagens de e-mail, as quais, por sua vez, residem no servidor de e-mails. Portanto, se faz necessário estar conectado à internet para poder ler o e-mail por meio do protocolo IMAP.

Spam

Spam é uma prática que tem como finalidade divulgar propagandas por e-mail, ou mesmo utilizar-se de e-mails que chamem a atenção do usuário e o incentivem a encaminhar para inúmeros outros contatos, para que, com isso, levantem uma lista de contatos que pode ser vendida na Internet ou mesmo utilizada para encaminhar mais propagandas.

Geralmente um spammer utiliza-se de e-mail com temas como: filantropia, hoax (boatos), lendas urbanas, ou mesmo assuntos polêmicos.

EXERCÍCIO COMENTADO

Julgue o próximo item, relativo aos modos de utilização de tecnologias, ferramentas, aplicativos e procedimentos associados à Internet.

01. (Cespe) O e-mail, tal como o serviço de correio convencional, é uma forma de comunicação síncrona.

ERRADO. *O serviço de e-mail, assim como os fóruns, é um serviço que funciona de maneira assíncrona, ou seja, não há a necessidade de ambos os interlocutores estarem on-line simultaneamente.*

URL (Uniform Resource Locator)

É um endereço que identifica um site, um serviço, ou mesmo um endereço de e-mail. Abaixo temos um exemplo de URL; observe que podemos dividi-la em várias partes.

http://www.site.com.br

↑ Protocolo   ↑ Pasta   ↑ Domínio

Domínio

É o nome registrado de um site para que possa ser acessado por meio da Internet. Assim como a URL, um Domínio também pode ser dividido em três partes, como ilustra a figura abaixo.

site.com.br

O .br indica que esse site está registrado no conjunto de domínios do Brasil, que é administrado e regulamentado pelo Registro.Br, componente do CGI (Comitê Gestor de Internet no Brasil).

O Registro.Br define várias normas em relação à criação de um domínio, como por exemplo o tamanho máximo de 26 caracteres, a limitação para apenas letras e números e recentemente a opção de criar domínios com letras acentuadas e o caractere ç.

Também compete ao Registro.Br a normatização da segunda parte do domínio, representado na figura pelo .com. Essa informação diz respeito ao ramo de atividade a que se destina o domínio, mas não nos garante qual a real finalidade do site. A última parte, por fim, é o próprio nome do site que se deseja registrar.

Protocolo IP

Cada equipamento na rede ganha o nome genérico de Host, o qual deve possuir um endereço para que seja localizado na rede. Esse é o endereço IP.

O protocolo IP é o responsável por trabalhar com essa informação, para tanto, um endereço IP possui versões: IPv4 e IPv6.

Um IP também é um endereço, portanto, pode ser inserido diretamente na barra de endereços de um navegador.

O IPv4 é composto por até quatro grupos de três dígitos que atingem valor máximo de 255 cada grupo, suportando, no máximo, cerca de 4 bilhões (4.294.967.296) de endereços.

Ex.: *200.201.88.30 endereço IP da Unioeste1.*

O IPv6 é uma proposta que está gradativamente substituindo o IPv4, justamente pela pouca quantidade de endereço que ele oferece. O IPv6 é organizado em 8 grupos de 4 dígitos hexadecimais, suportando cerca de $3,4 \times 10^{38}$, aproximadamente 3,6 undecilhões de endereços IP.

Ex.: *0123:4567:89AB:CDEF:1011:1314:5B-6C:88CC2*

---
1 Universidade Estadual do Oeste do Paraná
2 IP fictício.

DNS (*Domain Name System*)

O Sistema de Nomes de Domínios é o responsável por traduzir (resolver por meio de consultas aos servidores Raiz da Internet) um Domínio para o endereço IP do servidor que hospeda (armazena) o site desejado. Esse processo ocorre em questão de segundos e obedece uma estrutura hierárquica.

Navegadores

Navegadores são programas que permitem acesso às páginas da Internet, são muitas vezes citados em provas pelo termo em inglês Browser.

Internet Explorer

Mozilla Firefox

Opera

Google Chrome

Safari

Também são cobrados os conceitos dos tipos de dados de navegação que estão relacionados aos navegadores.

Cache

É um armazenamento temporário. No caso dos navegadores, trata-se de uma pasta onde são armazenados os conteúdos multimídias como imagens, vídeos, áudio e inclusive textos, para que, no segundo momento em que o mesmo conteúdo for acessado, ele possa ser mostrado ao usuário mais rapidamente.

Cookies

São pequenas informações que alguns sites armazenam no computador do usuário. Exemplos de informações armazenadas nos Cookies: Senhas, obviamente que são armazenadas criptografadas; também são muito utilizados em sites de compras, para armazenar o carrinho de compras.

Dados de Formulários

Quando preenchemos um formulário, os navegadores oferecem opção para armazenar os dados digitados em cada campo, assim, quando necessário preencher o mesmo formulário ou ainda outro formulário com campos de mesmo nome, o navegador sugere os dados já usados a fim de autocompletar o preenchimento do campo.

Conceitos Relacionados à Internet

Nesta seção são apresentados alguns conceitos, tecnologias e ferramentas relacionadas à Internet que são cobrados nas provas dos concursos.

Motores de Busca

Os Motores de Busca são normalmente conhecidos por buscadores e têm como representante mor o Google. Dentre os principais estão:

- Google;
- Yahoo;
- Cadê? - O primeiro buscador nacional (comprado pelo Yahoo), pode ser chamado de Yahoo! Cadê?;
- Aonde;
- Altavista;
- MSN transformado em Bing.

> **FIQUE LIGADO**
>
> É importante observar que, nos navegadores atuais, os motores de busca são integrados, com isso podemos definir qual se deseja utilizar, por exemplo: o Google Chrome e o Mozilla Firefox utilizam como motor de busca padrão o Google, já o Internet Explorer utiliza o Bing. Essa informação é relevante, pois é possível nesses navegadores digitar os termos buscados diretamente na barra de endereços, ao invés de acessar previamente o site do motor de busca.

Busca Avançada

Os motores de busca oferecem alguns recursos para otimizar a busca, como operadores lógicos, também conhecidos como operadores booleanos[3]. Dentre eles podemos destacar a negação (-). Ao realizar uma busca na qual se deseja encontrar resultados que sejam relacionados a determinado assunto, porém os termos usados são comuns a outro, podemos utilizar o sinal de menos precedendo o termo do assunto irrelevante, como o exemplo de uma questão que já caiu em prova: realizar a busca por leite e cão, contudo, se for inserido apenas estes termos na busca, muitos resultados serão relacionados a gatos e leite. Para que as páginas que contenham a palavra gato não sejam exibidas na lista de páginas encontradas, basta digitar o sinal de menos (-) antes da palavra gato (sem espaço entre o sinal e a palavra), assim a pesquisa a ser inserida no buscador fica **Cão Leite -Gato**.

Também é possível realizar a busca por uma frase exata, assim, somente serão listados os sites que contenham exatamente a mesma expressão. Para isso, basta digitar a frase desejada entre aspas duplas.

Busca por/em Domínio Específico: para buscar sites que possuam determinado termo em seu nome de domínio, basta inserir o texto **site:** seguido da palavra desejada, lembrando que não deve haver espaço entre site: e o termo desejado. De forma similar, também pode-se utilizar **inurl: termo** para buscar sites que possuam o termo na URL.

Quando o domínio já é conhecido, é possível realizar a busca por determinado termo apenas nas páginas do domínio. Para tanto, deve-se digitar **site:Dominiodosite termo**.

Calculadora: é possível, ainda, utilizar o Google como uma calculadora, bastando digitar a expressão algébrica que se deseja resolver como 2+2 e, como resultado da "pesquisa", é apresentado o resultado da operação.

Operador: quando não se sabe exatamente qual é a palavra para completar uma expressão, pode-se completar a lacuna com um asterisco, assim o motor de busca irá entender que naquele espaço pode ser qualquer palavra.

Busca por tipo de arquivo: podemos refinar as buscas a resultados que consistam apenas em determinado formato de arquivo. Para tanto, podemos utilizar o operador **filetype:** assim, para buscar determinado tema, mas que seja em PDF, por exemplo, pode-se digitar **filetype: pdf tema**.

Tipos de Busca

Os principais motores de busca permitem realizar as buscas de forma orientada a conteúdos gerais da web, como refinar a busca para exibir apenas imagens, vídeos ou mapas relacionados aos termos digitados.

Chat

Um chat é normalmente citado como um bate-papo em tempo real; é a forma de comunicação em que ambos os interlocutores estão conectados (on-line) simultaneamente. Muitos chats operam com salas de bate-papo. Um chat pode ser em um site específico como o chat do Uol. Conversas pelo MSN ou Facebook podem ser consideradas como Chat, desde que ambos interlocutores estejam conectados.

Fórum

Também conhecidos como Listas de Discussão, os fóruns funcionam como debates sobre determinados assuntos. Em um fórum não é necessário que os envolvidos estejam conectados para receberem os comentários, pois estes ficam disponíveis para acesso futuro pelo usuário ou mesmo por pessoas que não estejam cadastradas no fórum, contudo, existem muitos fóruns fechados, nos quais só se entra por convite ou mediante aquisição. A maioria deles vincula o e-mail dos envolvidos a uma discussão, alertando-os assim, caso um novo comentário seja acrescentado.

---

[3] Em referência à lógica de Boole, ou seja, a lógica que você estuda para o concurso.

Moodle

O Moodle é uma ferramenta fortemente utilizada pelo setor público, e também privado, para dar suporte ao Ensino a Distância (EAD).

EXERCÍCIOS COMENTADOS

Acerca das tecnologias e ferramentas utilizadas em ambientes de intranet e Internet, julgue.

01. (Cespe) O protocolo HTTP permite o acesso a páginas em uma intranet com o uso de um navegador.

CERTO. *Os protocolos são regras de comunicação usadas tanto na Internet como em Intranets. O protocolo HTTP é o responsável pelo tráfego do conteúdo multimídia, logo, a questão está correta.*

02. (FCC) Em relação à Internet, é INCORRETO afirmar:
a) Download é o processo de transferência de arquivos de um computador remoto para o computador do usuário.
b) URL é a página de abertura de um site, pela qual se chega às demais.
c) Html é a linguagem padrão de criação das páginas da Web.
d) Chat é um fórum eletrônico no qual os internautas conversam em tempo real.
e) Upload é o processo de transferência de arquivos do computador do usuário para um computador remoto.

RESPOSTA: B. *As operações de Download e Upload estão relacionadas à transferência de arquivos, normalmente utilizando, para isso, o protocolo FTP. HTML ou HTM são as linguagens de marcação de hipertexto, ou seja, formatos de arquivos padrões para páginas web. Chat é o serviço de bate-papo em tempo real. Uma URL é um endereço que pode ser um domínio, ou mesmo um IP dentre os demais conceitos vistos, assim, a alternativa incorreta é a B, pois aponta uma URL como sendo a página principal de um site, no entanto, uma URL é o caminho completo de algum arquivo ou serviço.*

VAMOS PRATICAR

Os exercícios a seguir são referentes ao conteúdo: Rede de Computadores.

01. (Cespe) Existem diversos dispositivos que protegem tanto o acesso a um computador quanto a toda uma rede. Caso um usuário pretenda impedir que o tráfego com origem na Internet faça conexão com seu computador pessoal, a tecnologia adequada a ser utilizada nessa situação será o
a) multicast.
b) instant message.
c) miniDim.
d) firewall.
e) IPv6.

02. (FCC) Uma barreira protetora que monitora e restringe as informações passadas entre o seu computador e uma rede ou a Internet, e fornece uma defesa por software contra pessoas que podem tentar acessar seu computador de fora sem a sua permissão é chamada de
a) ActiveX.
b) roteador.
c) chaves públicas.
d) criptografia.
e) firewall.

03. (Cesgranrio) O objetivo do firewall é:
a) possibilitar a conexão com a Internet.
b) configurar uma rede privada.
c) visualizar diversos tipos de arquivos.
d) permitir a edição de imagens.
e) realizar a segurança de redes privadas.

04. (Cespe) Um firewall pessoal instalado no computador do usuário impede que sua máquina seja infectada por qualquer tipo de vírus de computador.

Certo ( )   Errado ( )

05. (Unrio) Firewall é o nome dado ao dispositivo de uma rede de computadores que tem por objetivo:
a) atender requisições de outros computadores, obtendo recursos de servidores.
b) detectar programas maliciosos (malware) e oferecer alternativas de eliminação dos problemas causados por eles.
c) receber e distribuir as requisições provindas de fora da rede, encaminhando-as para os servidores da rede.
d) controlar e autorizar o tráfego de informações, estabelecendo filtros por meio de políticas de segurança.
e) gerenciar os recursos da rede, catalogando-os e disponibilizando-os para os usuários internos e externos autorizados.

06. (Cespe) Considerando o acesso a uma intranet por meio de uma estação Windows 7 para navegação e uso de correio eletrônico do tipo webmail, julgue os itens que seguem. Na utilização de uma interface webmail para envio e recebimento de correio eletrônico, é boa prática de segurança por parte do usuário verificar o certificado digital para conexão https do webmail em questão.

Certo ( )   Errado ( )

07. (Cespe) Por meio do software Microsoft Outlook pode-se acessar o serviço de correio eletrônico, mediante o uso de certificado digital, para abrir a caixa postal do usuário de um servidor remoto.

Certo ( )   Errado ( )

08. (FCC) É oferecida a um usuário de correio eletrônico a opção de acessar as suas mensagens por meio de um servidor POP3 ou um servidor IMAP. Ele deve configurar o seu programa leitor de correio para usar o servidor:

a) POP3, se precisar buscar mensagens de acordo com um critério de busca.

b) IMAP, caso esse programa suporte apenas o post office protocol.

c) POP3, se quiser acessar suas mensagens em vários servidores sem risco de perder ou duplicar mensagens.

d) POP3, se precisar criar e manter pastas de mensagens no servidor.

e) IMAP, se precisar criar e manter pastas de mensagens no servidor.

09. (FMP-RS) Num programa de Correio eletrônico, como MS-Outlook e similares, pode-se escolher mandar mensagens para um ou mais destinatários. Para tanto, usam-se os campos conhecidos como "To" (Para), "Cc" e "Bcc". Com relação ao funcionamento do destino da mensagem, assinale a opção correta.

a) Destinatários do campo "Cc" veem todos os demais destinatários desse campo, mas não veem os do campo "To".

b) Destinatários do campo "Cc" veem todos os demais destinatários desse campo, mas não veem os do campo "Bcc".

c) Destinatários do campo "To" veem todos os demais destinatários desse campo e também os do campo "Bcc".

d) Destinatários do campo "Bcc" veem todos os demais destinatários desse campo, mas não veem os do campo "To".

e) Destinatários do campo "To" veem todos os demais destinatários desse campo, mas não veem os do campo "Cc".

A respeito de navegadores de Internet e aplicativos de correio eletrônico, julgue o próximo item.

10. (Cespe) O programa Thunderbird não permite o envio de arquivos anexados às mensagens de e-mail.

Certo ( )   Errado ( )

11. (Cespe) Com relação a conceitos, tecnologias e serviços associados à Internet, assinale a opção correta.

a) O Mozilla Firefox é um navegador web que permite o acesso a conteúdo disponibilizado em páginas e sítios da Internet.

b) O Microsoft Office Access é um tipo de firewall que impede que redes de computadores que façam parte da Internet sejam invadidas.

c) Serviços de webmail consistem no uso compartilhado de software de grupo de discussão instalado em computador pertencente a uma rede local (LAN) para uso exclusivo, e em segurança, dos computadores pertencentes a essa LAN.

d) Na conexão denominada banda larga, para que usuários residenciais tenham acesso a recursos da Internet, exige-se o uso de cabos ópticos entre as residências dos usuários e seus provedores de Internet.

e) O protocolo TCP/IP é utilizado na Internet para operações de transferência de arquivos quando se deseja garantir segurança sem o uso de software antivírus.

12. (FCC) Em relação à Internet e correio eletrônico, é correto afirmar:

a) No Internet Explorer 7 é possível navegar entre sites, por meio de separadores conhecidos por abas, não necessitando, portanto, a abertura de várias janelas.

b) Redes wireless, embora permitam conexão à Internet, não são configuráveis no ambiente de Intranet.

c) Correios eletrônicos possuem recursos nativos que impedem a propagação de vírus enviados por e-mail.

d) Em Intranet não é permitido operações de download, dadas as facilidades oferecidas pela rede local.

e) Uma das vantagens do webmail é que as mensagens, ao chegarem, são imediatamente baixadas para o computador do usuário.

13. (FCC) A disponibilização de arquivos para a Intranet ou Internet é possível por meio de servidores especiais que implementam protocolos desenvolvidos para essa finalidade. Tais servidores possibilitam tanto o download (recebimento) quanto o upload (envio) de arquivos, que podem ser efetuados de forma anônima ou controlados por senha, que determinam, por exemplo, quais os diretórios o usuário pode acessar. Esses servidores, nomeados de forma homônima ao protocolo utilizado, são chamados de servidores

    a) DNS
    b) TCP/IP
    c) FTP
    d) Web Service
    e) Proxy

14. (FCC) Para a devida conexão à internet ou intranet, é necessário que o computador possua certos pré-requisitos que possibilitem tal acesso. São requisitos possivelmente necessários para que o computador se conecte à internet, EXCETO:

    a) modem
    b) firewall
    c) provedor
    d) placa de rede
    e) protocolo TCP/IP

Julgue os itens subsequentes, a respeito de segurança para acesso à Internet e a intranets.

15. (Cespe) No acesso a uma página na Internet com o protocolo HTTP, esse protocolo protege o endereço IP de origem e de destino na comunicação, garantindo ao usuário privacidade no acesso.

    Certo ( )   Errado ( )

16. (Cespe) Quando se usa o protocolo HTTPS para acessar página em uma intranet, o certificado apresentado é, normalmente, do tipo autoassinado com prazo de expiração ilimitado.

    Certo ( )   Errado ( )

17. (Cesgranrio) O envio e o recebimento de um arquivo de textos ou de imagens na internet, entre um servidor e um cliente, constituem, em relação ao cliente, respectivamente, um:

    a) download e um upload.
    b) downgrade e um upgrade.
    c) downfile e um upfile.
    d) upgrade e um downgrade.
    e) upload e um download.

Julgue os itens seguintes, relativos a sistemas operacionais, redes sociais e organização de arquivos.

18. (Cespe) Twitter, Orkut, Google+ e Facebook são exemplos de redes sociais que utilizam o recurso scraps para propiciar o compartilhamento de arquivos entre seus usuários.

    Certo ( )   Errado ( )

19. (FCC) A conexão entre computadores por meio de internet ou intranet é feita pela utilização de endereços conhecidos como endereços IP. Para que os usuários não precisem utilizar números e sim nomes, como por exemplo www.seuendereco.com.br, servidores especiais são estrategicamente distribuídos e convertem os nomes nos respectivos endereços IP cadastrados. Tais servidores são chamados de servidores

    a) FTP.
    b) DDOS.
    c) TCP/IP.
    d) HTTP.
    e) DNS.

20. (FCC) Em relação à tecnologia e aplicativos associados à internet, é correto afirmar.

    a) Navegação por abas, find as you type (mecanismo de busca interna na página) e motor de busca são recursos existentes tanto no Mozilla Firefox, quanto no Internet Explorer 8.
    b) A opção de bloqueio a pop-ups, um recurso presente no Mozilla Firefox, inexiste no Internet Explorer 8.
    c) No ambiente Web, o uso de teclado virtual em aplicativos tem como objetivo facilitar a inserção dos dados das senhas apenas com o uso do mouse.
    d) Em ambiente Wi-Fi, os elementos de rede que fazem a comunicação entre os computadores dos usuários utilizam fibras óticas conectadas a um hub.
    e) No Thunderbird 2, o acionamento do botão Encaminhar exibirá uma janela de opções, entre as quais a Lixeira de mensagens.

GABARITO

01	D	11	A
02	E	12	A
03	E	13	C
04	ERRADO	14	B
05	D	15	ERRADO
06	CERTO	16	ERRADO
07	CERTO	17	E
08	E	18	ERRADO
09	B	19	E
10	ERRADO	20	A

ANOTAÇÕES

4. Arquitetura de Redes

Uma rede consiste em uma forma de ligação e comunicação de dispositivos que utilizam regras, denominadas de protocolos, para estabelecer a organização e padronização da comunicação.

Existem vários protocolos em diferentes níveis de organização de comunicação. Estes protocolos são organizados em grupos denominados suítes de protocolos. Embora existam duas principais suítes de protocolos, foi preciso eleger uma como padrão para a comunicação de dados entre os dispositivos em rede.

Apesar de usarmos apenas uma suíte na prática, faz-se necessário conhecer as duas, pois cada uma das coleções organiza os protocolos em quantidades de camadas diferentes. As suítes são: TCP/IP, proposto pela empresa RAND Co, em 1964, e OSI (*Open Systems Interconnection*), proposto pela ISO (*Iternational Organization for Standarization*), em 1984. O modelo TCP/IP, também conhecido como Pilha TCP/IP, é o adotado como padrão atualmente, após padronização e implementação pela ARPAnet entre 1980 e 1985, enquanto o OSI é utilizado como modelo de referência para a criação de novos protocolos.

Antes de abordar as estruturas, é necessário entender alguns conceitos:

> Camada: é a forma encontrada para dividir os problemas de comunicação em redes, segmentando em níveis distintos de responsabilidade. Assim, os dados trafegam entre os equipamentos de rede sem que, necessariamente, tenham de acessar os dados transmitidos. Uma camada presta serviços para a camada superior a ela e usa serviços da camada inferior a ela; não é possível pular camadas.

> Interface: é parte que realiza a comunicação direta entre duas máquinas; dentre os níveis de camada, é uma das mais inferiores.

Modelo OSI

O modelo OSI foi proposto como um sistema aberto de regras. Para atender a objetivos como: Portabilidade da aplicação; Interoperabilidade; Interconectividade e Estabilidade. Assim, diferentes equipamentos, com sistemas operacionais distintos, podem se comunicar.

A organização do modelo OSI se divide entre 7 camadas:

Nº	Camada	Finalidade
7	Aplicação	Manipulação de conteúdo específico (conteúdo multimídia, acesso remoto, e-mail, transferência de Arquivos).
6	Apresentação	Formatar os dados e converter códigos e caracteres.
5	Sessão	Estabelecer uma sessão de comunicação com outros dispositivos, ou seja, gerencia a *conversa* entre os equipamentos.
4	Transporte	Estabelecer conectividade fim a fim entre as aplicações, além de oferecer métodos de entrega de dados com ou sem controle de entrega.
3	Rede	Realizar o endereçamento dos dados e roteamento das informações na rede.
2	Enlace de dados	Verificar se os dados trafegados estão livres de erros de comunicação antes de entregá-los à camada de rede.
1	Física	Especificação das interfaces físicas; responsável pela transmissão dos bits através do meio físico.

As três camadas de nível mais alto, 7, 6 e 5, representadas na tabela 1, não se preocupam em como os dados serão transmitidos pela rede, pois seu objetivo é manipular a informação para atender às necessidades do usuário e dos aplicativos. Além dos conceitos gerais apresentados na tabela 1, as provas de concursos costumam cobrar alguns conceitos mais específicos das principais camadas.

A **camada de Aplicação** é a de nível mais alto na organização de camadas, pois é a camada que, em níveis de abstração, mais se aproxima do usuário. Nesta camada encontram-se os protocolos que manipulam diretamente os dados das aplicações (programas). Pode-se dizer que ela usa os serviços prestados pela camada de Apresentação.

Os principais protocolos da camada de aplicação são: HTTP, RTP, SMTP, FTP, SSH, Telnet, IRC, SNMP, NNTP, POP3, IMAP, BitTorrent, DNS, Ping. O detalhamento dos protocolos é apresentado em outra seção deste material.

Na camada de transporte, podem-se destacar dentre os protocolos desta camada o **TCP** e o **UDP**, enquanto na **camada de Rede** destacam-se IP, IPsec, ICMP, NAT e ARP. A **camada de Enlace,** presente entre a camada de rede e física, é responsável, também, pela preparação dos dados para que sejam enviados para o meio físico. Para tanto, utiliza protocolos como: Ethernet, IEEE 802.1Q, Token Ring, PPP, Frame relay.

Já a **camada Física** é a de mais baixo nível por estar mais próxima ao *hardware*, sendo em alguns casos o próprio *hardware* de transmissão de dados. Ela é conhecida como camada 1, conforme classificado na tabela anterior.

Pode-se dizer que uma camada encapsula outra. Deste modo, a camada de nível inferior conterá os dados da superior a ela e ainda acrescentará alguns dados de cabeçalho, conforme ilustra o quadro a seguir.

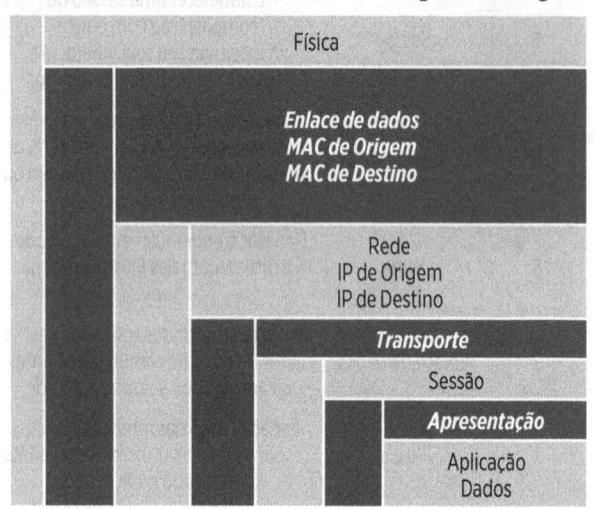

```
Física
  Enlace de dados
  MAC de Origem
  MAC de Destino
    Rede
    IP de Origem
    IP de Destino
      Transporte
        Sessão
          Apresentação
            Aplicação
            Dados
```

Os protocolos são divididos em camadas para que cada uma seja responsável por ações isoladas, que são utilizadas por vários protocolos da camada superior. Assim, a tabela a seguir, representa quais recursos conseguem acessar as camadas.

Camada	Usada por
Aplicação	Programas e aplicativos em nível do usuário
Apresentação	
Sessão	
Transporte	Sistema Operacional de Rede
Rede	
Enlace de dados	
Física	Hardware

Modelo TCP/IP

A arquitetura TCP/IP surge com os primórdios da Internet, ainda quando estava no *ventre acadêmico*, para interligar os centros de computação das universidades dos Estados Unidos. Seu nome origina-se dos principais protocolos usados na comunicação de redes o TCP (*Transport Control Protocol* – Protocolo de Controle de Transporte) e o IP (*Internet Protocol* – Protocolo de Internet).

Este modelo permite a interconexão de redes e sistemas heterogêneos, ou seja, redes em que existam diferentes tecnologias, equipamentos e *softwares* desenvolvidos por fabricantes diferentes.

Embora tenha uma origem comercial, a suíte TCP/IP pode ser (e é) utilizada livremente, tanto que é o atual modelo de organização de protocolos aplicados nas redes. Mesmo uma rede isolada da Internet utiliza por padrão o conjunto TCP/IP.

FIQUE LIGADO

Para conectar duas ou mais redes, é necessário utilizar um equipamento específico, denominado Roteador.

A arquitetura TCP/IP se divide em 4 camadas:

Nº	Camada	Finalidade
4	Aplicação	Manipulação de conteúdo específico (conteúdo multimídia, acesso remoto, e-mail, transferência de Arquivos)
3	Transporte	Estabelecer conectividade fim a fim entre as aplicações, além de oferecer métodos de entrega de dados com ou sem controle de entrega.
2	Rede (Rede Lógica)	Realizar o endereçamento dos dados e roteamento das informações na rede.
1	Interface de Rede (Rede Física)	Preparar e transmitir os dados.

Embora na prática o modelo TCP/IP seja o empregado, ele possui algumas relações e similaridades com a suíte OSI. A tabela 4 representada a seguir ilustra as camadas do modelo TCP/IP que agregam funcionalidades de diferentes camadas do modelo OSI.

Modelo OSI		Modelo TCP/IP	
Nº	Camada	Camada	Nº
7	Aplicação	Aplicação	4
6	Apresentação		
5	Sessão		
4	Transporte	Transporte	3
3	Rede	Rede	2
2	Enlace de dados	Interface de Rede	1
1	Física		

O modelo TCP/IP proposto inicialmente apresenta 4 camadas, conforme ilustra a tabela 3. Entretanto, na prática e nas provas, ele é considerado com 5 camadas (também conhecido como TCP/IP híbrido), conforme ilustrado na tabela anterior.

Nº	Camada
5	Aplicação
4	Transporte
3	Rede (Rede Lógica)
2	Enlace
1	Física

Para memorizar as camadas, podemos usar a mnemônica **OFERTA**:

O TCP/IP é dividido nas camadas:

F ísica

E nlace

R ede

T ransporte

A plicação

Convém notar que no modelo TCP/IP de 5 camadas, a camada de Interface de Rede se divide em camadas Física e de Enlace, como no modelo de referência OSI. Para o TCP/IP a camada física consiste no meio físico por onde são trafegados os dados.

Os principais protocolos do conjunto TCP/IP que devem ser estudados são listados a seguir.

Camada de Aplicação: DHCP, DNS, FTP, HTTP, HTTPS, IMAP, Ping, POP, SMTP, SNMP, SSH, Telnet, BitTorrent e TLS/SSL.

> Camada de Transporte: TCP e UDP.
> Camada de Rede: ARP, ICMP, NAT, IPv4 e IPv6.
> Camada de Enlace: MAC, Ethernet.
> Camada Física: Modem, Bluetooth, Cabos, Wi-fi.

Encapsulamento

Como já visto, o protocolo da camada de aplicação é que manipula os dados diretamente. Contudo, muitas vezes, os dados são grandes e é necessário segmentá-los para transmiti-los pela rede. Assim, as camadas dividem os dados em outros tipos de informação, além de acrescentar um *pedaço*, chamado de cabeçalho.

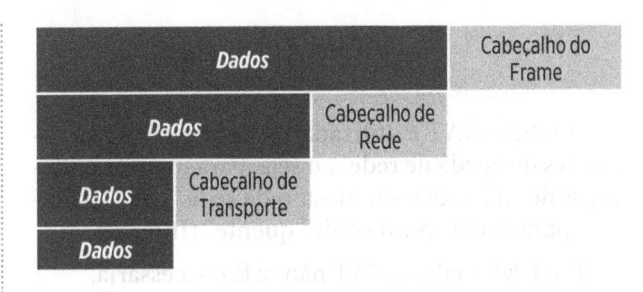

TCP

O protocolo TCP é um dos protocolos da família de protocolos do TCP/IP. Ele oferece um serviço **orientando a Conexão**, além de ser um serviço confiável que **garante a entrega dos dados** ao cliente.

Durante a fase de transferência, o TCP está equipado com vários mecanismos que asseguram confiabilidade e robustez:

> números de sequência que garantem **a entrega ordenada**;
> código detector de erros (***checksum***) para detecção de falhas em segmentos específicos;
> confirmação de recepção e temporizadores que permitem o ajuste e contorno de eventuais atrasos e perdas de segmentos.

UDP (*User Datagram Protocol* – Protocolo de Datagrama de Usuário)

É um protocolo simples da camada de transporte. Ele permite que a aplicação escreva um datagrama encapsulado em um pacote IPv4 ou IPv6, e então enviado ao destino. Mas **não garante se o segmento irá chegar** ou não. Este protocolo também **não** oferece **segurança** na comunicação, portanto **não é um serviço confiável**. Também dizemos que o UDP é um serviço **sem conexão**.

Este protocolo é utilizado pelos serviços de *Stream* e pelo DNS.

ARP (*Address Resolution Protocol*)

É um protocolo usado para mapear um endereço da camada de enlace (Ethernet, por exemplo) a partir do endereço da camada de rede (como um endereço IP).

A tabela ARP é a estrutura utilizada para mapear os endereços MAC dos dispositivos aos seus respectivos endereços IP.

Camadas						Dados
Aplicação					Cabeçalho protocolo de Aplicação	Dados
Transporte				Cabeçalho de Transporte	Dados	
Rede			Cabeçalho de Rede	Dados		
Enlace		Cabeçalho do Frame	Dados			
Física (bits)	010011001001010101011110101010010010110101010001111011					

Tabela NAT (Network Address Translation)

A tabela NAT é utilizada apenas no IPv4 nas conexões de borda de rede, ou seja, para mapear endereços de sub-redes, ou mesmo da rede "fria" (Intranet) para endereços da rede "quente" (Internet).

Em IPv6 a tabela NAT não se faz necessária.

Endereços

Em uma rede de computadores trabalhamos com endereços para os dispositivos. Estes dispositivos recebem endereços lógicos e endereços Físicos.

Endereço Físico

Um endereço Físico é um endereço original de fábrica, que é único no mundo. Tal endereço é controlado pela IANA, que distribui (vende) as faixas de endereços para as empresas fabricantes. Cada endereço é armazenado em uma memória do tipo ROM, ou seja, não alterável.

O MAC é o endereço Físico de uma rede. Ele identifica o equipamento, mas não a rede; assim, ele não é roteável; é descrito com 48 bits.

Endereço Lógico

Endereço lógico é o endereço IP, que pode ser definido por *software*. Ele é utilizado para identificar tanto a rede como também o *Host*. Este endereço é roteável.

Endereçamento IPv4

Um endereço IPv4 possui tamanho de 32 bits, o que viabiliza um total de 4.294.967.296 combinações possíveis, ou seja, pouco mais de 4 bilhões. Considerando que todo dispositivo em rede recebe um endereço IP que deve ser único para identificá-lo, rapidamente nota-se que não há endereços para todos os dispositivos conectados à rede, ainda mais se considerarmos um dispositivo para cada pessoa no mundo.

Inicialmente, o IPv4 foi organizado em classes de endereços (*Classful*) para que as redes locais não utilizassem endereços IPs reais nos seus dispositivos internos. Deste modo, se uma empresa possui uma rede com 100 computadores, para a Internet é como se todos eles fossem apenas um. Neste cenário a tabela NAT se torna necessária.

Porém, com o tempo, até mesmo essa proposta se mostrou ineficiente para atender à alta demanda de endereços. Logo, novas versões de protocolo IP foram apresentadas, mas até que estivessem aptas para uso no mercado outra solução provisória foi tomada: a criação do *Classless* para o gerenciamento de endereços de redes e sub-redes.

Classful

Na divisão *classful* foram apresentadas cinco classes distintas, sendo as mais usadas as classes A, B e C, pois D e E são classes de endereços reservados. Assim, na primeira concepção as classes eram tomadas pelo endereço IP, conforme ilustra a tabela a seguir.

Classe	Gama de Endereços
A	0.0.0.0 até 127.255.255.255
B	128.0.0.0 até 191.255.255.255
C	192.0.0.0 até 223.255.255.255
D	224.0.0.0 até 239.255.255.255
E	240.0.0.0 até 255.255.255.254

Classe	Nº de Endereços por Rede
A	16.777.216
B	65.536
C	256

Como identificado anteriormente, tal proposta logo se tornou obsoleta, e o emprego de máscaras foi utilizado para identificar as classes de rede. Na anterior são identificados quantos endereços cada classe (*classful*) suporta por rede. Contudo, destas quantias é necessário reduzir dois endereços (de rede e de *broadcast*) para saber quantos endereços poderão ser usados por dispositivos de rede. Desse modo, uma rede classe C suporta 256 endereços por rede dos quais 254 podem ser usados por *Hosts*, uma vez que dois são reservados.

Uma máscara é um número de estrutura similar ao endereço IP. Porém, relaciona-se a este por cálculos lógicos bit a bit para identificar o endereço que representa a rede e o endereço de *broadcast*.

Portanto, como o IP, cada grupo pode ter o valor máximo 255. Porém, no caso das máscaras, o mais comum é usar estes valores máximos, como identifica a tabela a seguir.

Classe	Máscara de Rede	CIDR
A	255.0.0.0	/8
B	255.225.0.0	/16
C	255.255.255.0	/24

Máscaras

O número que expressa uma máscara normalmente é alto, pois ele representa os bits mais à esquerda de um octeto marcados como 1 e os demais zeros. Com isso, as máscaras podem sumir apenas valores, como apresenta a tabela a seguir.

Octeto (8 bits)	Decimal
1000 0000	128
1100 0000	192
1110 0000	224
1111 0000	240
1111 1000	248
1111 1100	252
1111 1110	254
1111 1111	255

É importante lembrar que o IPv4 é composto por 4 grupos, chamados octetos quando trabalhados em binário. Por isso, cada grupo pode assumir valor máximo 255, pois é o maior valor possível de ser representado com 8 bits.

Uma máscara assumirá apenas os valores apresentados, postos à esquerda. No exemplo a seguir, a máscara é 255.0.0.0. Cumpre observar os respectivos octetos: os números identificados com 1 representam uma rede. Assim, se algum número deles for alterado no endereço IP de um *Host*, significa que este se encontra em uma rede diferente.

1111 1111	0000 0000	0000 0000	0000 0000
255	0	0	0

Caso 1:

Se um *Host* X possui endereço IP 10.0.0.0, um *Host* Y possui endereço IP 10.12.14.0 e um *Host* Z possui endereço IP 15.0.3.1 e os três pertençam ao *classful* A, ou seja, possuem a máscara 255.0.0.0, anteriormente representada, pode-se concluir que X e Y pertencem à mesma rede, uma vez que o primeiro grupo não tem seu valor alterado. Já o *Host* Z apresenta um número diferente para o primeiro grupo, indicando não pertencer à mesma rede que X e Y. Na prática, o computador realiza um AND bit a bit com o IP binário e a máscara para verificar se pertencem à mesma rede.

255	0	0	0	Máscara
1111 1111	0000 0000	0000 0000	0000 0000	Classe A
0000 1010	0000 0000	0000 0000	0000 0000	IP X
10	0	0	0	
0000 1010	0000 0000	0000 0000	0000 0000	Endereço Rede

255	0	0	0	Máscara
1111 1111	0000 0000	0000 0000	0000 0000	Classe A
0000 1010	0000 1100	0000 1110	0000 0000	IP Y
10	12	14	0	
0000 1010	0000 0000	0000 0000	0000 0000	Endereço Rede

255	0	0	0	Máscara
1111 1111	0000 0000	0000 0000	0000 0000	Classe A
0000 1111	0000 0000	0000 0011	0000 0001	IP Z
15	0	3	1	
0000 1111	0000 0000	0000 0000	0000 0000	Endereço Rede

Caso 2: Um exemplo Classful C

Se um *Host* X possui endereço IP 192.168.0.100, um *Host* Y possui endereço IP 192.168.0.250 e um *Host* Z possui endereço IP 192.168.5.120, sendo *classful* C possuem a máscara 255.255.255.0, pode-se concluir que X e Y pertencem à mesma rede, uma vez que o primeiro, o segundo e o terceiro octetos não têm seus valores alterados. Já o *Host* Z apresenta um número diferente para o terceiro grupo, assim o *Host* Z não pertence à mesma rede que X e Y.

255	255	255	0	Máscara
1111 1111	1111 1111	1111 1111	0000 0000	Classe C
1100 0000	1010 1000	0000 0000	0110 0100	IP X
192	168	0	100	
1100 0000	1010 1000	0000 0000	0000 0000	Endereço Rede

255	255	255	0	Máscara
1111 1111	1111 1111	1111 1111	0000 0000	Classe C
1100 0000	1010 1000	0000 0000	1111 1010	IP Y
192	168	0	250	
1100 0000	1010 1000	0000 0000	0000 0000	Endereço Rede

255	255	255	0	Máscara
1111 1111	1111 1111	1111 1111	0000 0000	Classe C
1100 0000	1010 1000	0000 0101	0111 1000	IP Z
192	168	5	120	
1100 0000	1010 1000	0000 0101	0000 0000	Endereço Rede

Observa-se que o endereço de rede obtido para X e Y é o mesmo, mas para Z é outro.

Para saber quantos são os endereços por rede, a máscara é de fundamental ajuda, principalmente se for dada pela questão na forma CIDR, como apresenta a tabela 8. Este é um dos tópicos mais cobrados nas provas.

Sabe-se que o endereço IPv4 possui 32 bits e que uma máscara identifica os bits à esquerda que serão usados para identificar a rede. Assim, os bits que sobram à direita (zerados) são usados para identificar endereços por rede. Um CIDR representa exatamente o total de bits da máscara que são marcados como 1, ou seja, o total de bits que representam redes.

Portanto, ao calcular pelo complemento, temos:

32 (tamanho do IPv4, portanto sempre será 32) – CIDR (normalmente informado pela questão) = X

Para calcular quantos são os endereços por rede, deve-se elevar 2 por X, ou seja, $2^X=Y$.

Já para identificar a quantidade de Host utilizáveis, basta calcular Y-2.

Deste modo, dado o exemplo:

Em uma rede classe C, quantos endereços IPs podem ser usados por *Hosts*?

Classe C = 255.255.255.0, ou seja, CIDR /24.

32-24=8

2^8=256 endereços por rede.

256-2 = 254 endereços para *Hosts*.

Classless

Como a proposta de divisão em *classful* também se mostrou limitada, surge a proposta *classless*, agora permitindo uma maior subdivisão, além de apresentar melhor aproveitamento das faixas de endereços IPs.

A lógica de trabalho e cálculo é similar ao *classful*, com a diferença de que agora parte de um octeto pode ser usada como máscara. Assim, os valores apresentados na tabela a seguir são mais presentes.

No exemplo a seguir, dado o endereço IP 192.168.1.0 e a máscara 255.255.255.240, quantos são os endereços por rede?

1100 0000	1010 1000	0000 0001	0000 0000	IP
192	168	1	0	
1111 1111	1111 1111	1111 1111	**1111** 0000	Máscara
255	255	255	240	

A forma mais simples vista até aqui é utilizar o CIDR. Mas é possível notar que nem sempre a questão o irá informar. Se o candidato possuir habilidades em converter decimais para binários ou mesmo se tiver decorado a tabela 9, então só resta contar os números 1, ou neste caso, usar o menor esforço e contar os zeros da máscara, que afinal é o que se deseja. Portanto, a máscara apresentada corresponde ao CIDR /28, ou seja, os 4 últimos dígitos são os endereços por rede. Calculando, temos:

256 – 240 = 16 endereços por rede

Ou

32 – 28 = 4

2^4=16 endereços por rede

Para a quantidade de *Hosts* utilizáveis, é importante lembrar-se de subtrair destes 16 os 2 endereços reservados.

Nota-se que as máscaras 255.255.255.254 e 255.255.255.255 não fazem muito sentido: a primeira por não existirem endereços para *Hosts*; e a segunda, além de não possuir endereços por rede, é um endereço reservado, utilizado para *broadcast*.

Vejamos, a seguir, as diferentes redes que podem ser criadas com o endereço 192.168.1.0/27, lembrando que o /27 é o CIDR, ou seja, os 27 bits à esquerda serão para rede, e os 5 bits que sobram são para cada rede. Verifica-se que ao mudar um dos três bits à esquerda do último octeto (em destaque) se tem uma rede distinta. À direita os valores indicam o primeiro endereço IP de cada rede, que é o endereço que a identifica.

0	23	27	31	
1100 0000 1010 1000 0000 0001	000	0 0000		192.168.1.0/27
1100 0000 1010 1000 0000 0001	001	0 0000		192.168.1.32/27
1100 0000 1010 1000 0000 0001	010	0 0000		192.168.1.64/27
1100 0000 1010 1000 0000 0001	011	0 0000		192.168.1.94/27
1100 0000 1010 1000 0000 0001	100	0 0000		192.168.1.128/27
1100 0000 1010 1000 0000 0001	101	0 0000		192.168.1.160/27
1100 0000 1010 1000 0000 0001	110	0 0000		192.168.1.192/27
1100 0000 1010 1000 0000 0001	111	0 0000		192.168.1.224/27

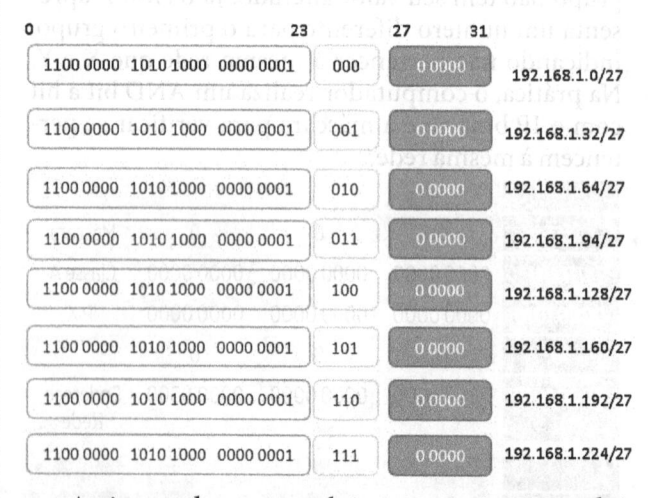

Assim, podemos concluir que a primeira rede/sub-rede que pode ser composta vai de 192.168.1.0/27 até 192.168.1.31/27, o endereço 192.168.1.32/27 marca o início da segunda rede/sub-rede. A tabela a seguir, destaca os intervalos de endereços e os respectivos endereços reservados.

Endereço de rede	Faixa de endereços utilizáveis por Hosts		Endereço de broadcast	Sub--rede
192.168.1.0	192.168.1.1	192.168.1.30	192.168.1.31	0
192.168.1.32	192.168.1.33	192.168.1.62	192.168.1.63	1
192.168.1.64	192.168.1.65	192.168.1.92	192.168.1.93	2
192.168.1.94	192.168.1.95	192.168.1.126	192.168.1.127	3
192.168.1.128	192.168.1.129	192.168.1.158	192.168.1.159	4
192.168.1.160	192.168.1.161	192.168.1.190	192.168.1.191	5
192.168.1.192	192.168.1.193	192.168.1.222	192.168.1.223	6
192.168.1.224	192.168.1.225	192.168.1.254	192.168.1.255	7

Conversão Binário → Decimal

A conversão de número binários para decimais é obtida somando-se potências de base 2, conforme ilustra a figura a seguir.

1001

$$1 \times 2^3 + 0 \times 2^2 + 0 \times 2^1 + 1 \times 2^0 = 9$$

Conversão Decimal → Binário

Para converter um número decimal para um número binário, devemos realizar divisões inteiras sucessivas por 2, ou seja, mantendo o resto. Ao final deve-se pegar do último resto ao primeiro. Vejamos o exemplo.

25 = 11001

ANOTAÇÕES

5. Segurança da Informação

A Segurança da Informação é um ponto crucial para o concurso público para muitas bancas examinadoras e também de interesse da instituição que irá receber os aprovados. Afinal, ao ser aprovado, o candidato estará compondo o quadro de uma instituição pública que possui uma Intranet e sistemas sobre os quais há necessidade de se manter uma boa política de segurança.

Segundo o CGI[1], para um sistema ser classificado como seguro, ele deve atentar a três requisitos básicos: confidencialidade, integridade e disponibilidade. Esses conceitos são abordados neste material no tópico de princípios básicos da segurança da informação.

Faz-se necessário que sejam atendidos alguns requisitos mínimos para uma segurança do microcomputador, que dependem tanto de recursos tecnológicos como de bom senso e discernimento por parte dos usuários.

Para manter um computador com o mínimo de segurança deve-se:

> Manter o **Sistema Operacional sempre atualizado**, pois a maioria dos malwares exploram as vulnerabilidades do SO.
> Possuir um sistema **Antivírus** e manter tanto o aplicativo quanto as assinaturas[2] de vírus atualizadas.
> Manter o Firewall sempre ativo.

Para se proteger contra os spywares também é indicada a instalação de um antispyware. Atualmente a maioria dos antivírus já possuem esse recurso integrado a eles.

Princípios Básicos da Segurança da Informação

Os Princípios Básicos de Segurança em TI[3] incluem os processos que devem ser garantidos para manter um sistema de informações seguro. Podemos destacar quatro conceitos como principais:

- **D** • Disponibilidade
- **I** • Integridade
- **C** • Confidencialidade
- **A** • Autenticidade

[1] Comitê Gestor de Internet no Brasil.
[2] Assinatura de vírus: é uma sequência de caracteres que identifica a presença do vírus em um arquivo.
[3] TI: Tecnologia da Informação.

Disponibilidade

O Princípio da Disponibilidade deve garantir que os serviços ou recursos que forem necessários para uma tarefa, principalmente relacionados ao próprio processo de segurança, estejam sempre disponíveis.

Podemos estreitar esse princípio sobre a garantia de que as chaves públicas do processo de Certificação Digital (estes conceitos são abordados na seção sobre Certificados Digitais) estejam sempre disponíveis para quem precisar delas.

Também é aplicado, por exemplo, na situação de entrega da declaração de imposto de renda, em que o serviço deve suportar a alta demanda que possa surgir sem afetar o usuário.

Integridade

A Integridade garante a **não alteração** de uma informação/dado tanto no armazenamento quanto durante a troca dessas informações por algum meio. Por meio da integridade, verificamos se, durante o tráfego de uma informação, ela não foi alterada por alguém ou mesmo por falhas do processo de transmissão. No armazenamento ela garante que o dado não foi corrompido.

O processo que protege a integridade consiste na geração de um código de cerca de 20 caracteres, o **código HASH**, também conhecido como **resumo** de um dado; um exemplo é o MD5. O processo é realizado em uma via única, em que, a partir de um dado, gera-se o resumo dele. Porém, a partir do resumo, não é possível gerar o dado novamente. Para verificar se houve alteração em um arquivo, deve-se comparar dois códigos HASH, um gerado por quem disponibiliza o dado e outro por quem o recebe. Se uma vírgula for diferente, os códigos gerados ficam completamente diferentes, é possível que dois dados diferentes gerem o mesmo HASH, mas é uma possibilidade ínfima.

Confidencialidade

O Princípio da Confidencialidade é a garantia de que há sigilo sobre uma informação, de forma que o processo deve garantir que um dado não seja acessado por pessoas diferentes daquelas às quais ele se destina.

Para garantir a confidencialidade, utilizamos algum processo de criptografia de informações.

Autenticidade

A Autenticidade garante o autor de uma informação, ou seja, por meio dela podemos confirmar se uma mensagem é de autoria de quem diz.

Assim como a confidencialidade, a autenticidade é garantida por meio de criptografia.

Criptografia

A Criptografia é a arte ou ciência de escrever em códigos, quer dizer, transformar um texto em algo ilegível de forma que este possa ser armazenado ou enviado por um canal de comunicação; sendo assim, se alguém interceptá-lo, não conseguirá entender o que está escrito e o destinatário, ao receber a informação, deve fazer o processo inverso: decifrar o dado, para que consiga lê-lo.

Temos dois principais métodos de criptografia: a de chave simétrica e a de chaves assimétricas.

Criptografia de Chave Simétrica

Uma chave de criptografia é uma informação a partir da qual seja possível transcrever uma mensagem criptografada.

A de chave simétrica é também conhecida como criptografia de chave única, em que a mesma chave é usada tanto para codificar uma mensagem quanto para decifrá-la. Um bom exemplo desse modelo é a criptografia maçônica.

A informação acima está criptografada. Para decifrar o que ela diz, precisamos da chave de criptografia que, na simétrica, é a mesma usada para gerar a mensagem. A seguir temos a chave que abre a mensagem.

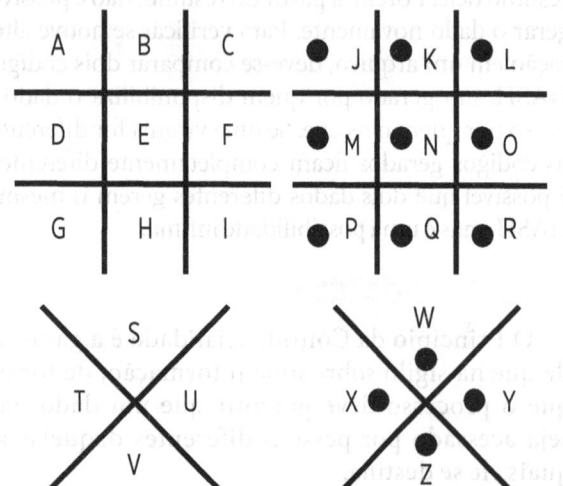

Ao substituirmos os símbolos pelas letras correspondentes, obtemos a palavra ALFA.

Criptografia de Chaves Assimétricas

Na Criptografia de Chaves Assimétricas, em vez de uma chave como na simétrica, são usadas duas chaves que são diferentes entre si. Elas são chamadas de **Chave Pública** e a outra de **Chave Privada**, por conta da característica de cada uma.

A Chave Pública é uma informação (código) que fica disponível em um servidor de Chaves Públicas na Internet, para quem precisar dela; enquanto que a Chave Privada é um código que somente o dono deve conhecer.

O par de Chaves é único e correspondente, ou seja, uma mensagem/dado cifrada pela chave pública de um usuário só pode ser aberta pela chave privada do mesmo usuário. E o inverso também, uma mensagem cifrada com a chave privada de um usuário só pode ser descriptografada pela chave pública dele próprio.

Certificado Digital

Um Certificado Digital é um documento eletrônico assinado digitalmente e cumpre o papel de associar um usuário a uma chave pública, pode ser comparado ao CPF ou CNPJ para empresas.

Ele também apresenta junto com a chave pública algumas informações essenciais como:

Nome do dono da chave pública;

Prazo de validade do certificado, que varia de 1 a 3 anos dependendo da classe contratada;

Um número de série, critério de correspondência para identificar o usuário;

E, juntamente, o certificado possui a assinatura da entidade de certificação, para comprovar sua validade.

Para adquirir um certificado digital, o usuário ou entidade deve procurar uma Autoridade Certificadora (AC) ou uma Autoridade de Registro (AR). Aquela é a responsável por criar o par de Chaves de um usuário, enquanto que esta é um intermediário entre o usuário e uma AC. Cabe a AR a responsabilidade de verificar os dados do usuário e encaminhar o pedido do certificado para a AC, entretanto, o usuário também pode se dirigir direto à AC. A Caixa Econômica Federal é a única instituição financeira que é uma AC.

Assinatura Digital

Uma Assinatura Digital é um procedimento similar a uma assinatura de um documento impresso. Quando assinamos um contrato, normalmente ele possui mais de uma página, rubricamos[4] todas elas exceto a última, pois a assinatura precisa ser completa. Mas qual o intuito de rubricar todas as páginas? A rubrica não prova que o documento foi lido, mas sim para que aquela folha não seja substituída. Além disso, é preciso recorrer a um cartório para reconhecer e certificar a assinatura na última página.

Esse procedimento realizado no papel, juntamente com as garantias, foi adaptado para o mundo digital, afinal, papel ocupa espaço.

---

4 Rubrica: assinatura abreviada.

Quando falamos sobre a rubrica garantir a não alteração de um documento, citamos o princípio da Integridade. Portando, uma assinatura digital deve garantir também esse princípio, enquanto que a certificação de quem assinou é o princípio da Autenticidade, que também deve ser garantido pela assinatura digital.

Assim temos que a assinatura digital garante os princípios da Autenticidade e da Integridade.

FIQUE LIGADO

Na Assinatura Digital somente o resumo é criptografado; a mensagem enviada é a original, que não é cifrada.

Ataques

Nem todos os ataques são realizados por malwares, atualmente existem duas práticas muito comuns utilizadas pelos criminosos cibernéticos para obter dados do usuário e realizar invasões.

Phishing

Phishing é uma expressão derivada do termo "pescar" em inglês, pois o que esse tipo de ataque faz é induzir o usuário a informar seus dados pessoais por meio de páginas da Internet ou e-mails falsos.

Podemos identificar a página do tipo Phishing pelo endereço do site na barra de endereços do navegador, porque a página de phishing possui um endereço parecido, mas diferente do que o endereço desejado. Por exemplo, você certamente já deve ter visto ou ouvido falar de alguém que teve sua conta do facebook[5] hackeada[6]; esse ataque procede a partir de um recado que o usuário recebe em sua conta.

Imagine o seguinte cenário: um usuário está navegando no site www.facebook.com.br, conectado em sua conta e clica no recado que normalmente traz um anúncio chamativo como "veja as fotos/vídeos do fim de semana passado", "cara, olha o que vc aprontou no fds", entre outros tantos. Quando clicado, uma nova aba ou janela é carregada no navegador, apenas como uma distração para o usuário, pois, enquanto ele fica vendo a nova aba carregar, a anterior muda, ligeiramente, para um endereço do gênero www.facebooks.com.br ou www.facebooki.com.br e mostra uma página idêntica à página de login de usuário do Facebook. Sem perceber, pensa que, ao clicar no recado, acabou saindo de sua conta e redigita seu usuário e senha novamente e é redirecionado novamente para sua conta, porém, o usuário em nenhum momento havia saído. A página de login que lhe foi mostrada era uma página falsa que capturou o seu usuário e senha; cerca de dois dias depois o perfil dele começa a enviar propagandas para os amigos e o mesmo recado e logo mais, em uma ou duas semanas, o usuário já não consegue mais entrar em sua conta.

Pharming

O Pharming é uma evolução do Phishing, uma forma de deixar este mais difícil de ser identificado. O Pharming, na maioria das questões, é cobrado com relação ao seus sinônimos: DNS Poisoning, Cache Poisoning, sequestro de DNS, sequestro de Cache, Envenenamento de DNS e Envenenamento de Cache.

Negação de Serviço (DoS e DDoS)

Um ataque de negação de serviço se dá quando um servidor ou serviço recebe mais solicitações do que é capaz de suprir.

DoS (Denial of Service) é um ataque individual, geralmente com o intuito de tornar um serviço inoperante para o usuário.

DDoS (Distributed Denial of Service) é um ataque realizado em massa; utiliza-se de vários computadores contaminados com um malware que dispara solicitações de acesso a determinados serviços ou sites, derrubando o serviço. Muitas vezes, enquanto o servidor tenta suprir a demanda, ele se torna vulnerável a inserções de códigos maliciosos. Um grupo intitulado Anonymous realizou vários ataques de DDoS em sites de governos em protesto às suas ações como, por exemplo, em retaliação à censura do portal WikiLeaks e também do WikiLeaks[7] e The Pirate Bay[8].

EXERCÍCIO COMENTADO

01. (FCC) Uma assinatura digital é um recurso de segurança cujo objetivo é:
   a) identificar um usuário apenas por meio de uma senha.
   b) identificar um usuário por meio de uma senha, associada a um token.
   c) garantir a autenticidade de um documento.
   d) criptografar um documento assinado eletronicamente.
   e) ser a versão eletrônica de uma cédula de identidade.

---

5 facebook: Mídia Social, definida erroneamente como rede social, assim como as demais.
6 Hackear: termo utilizado como sinônimo para invasão ou roubo.
7 WikiLeaks: portal com postagens de fontes anônimas com documentos, fotos e informações confidenciais, vazadas de governos ou empresas, sobre assuntos sensíveis.
8 The Pirate Bay: um dos maiores portais de compartilhamento Peer to peer.

RESPOSTA: C. *Por princípio, a assinatura digital é utilizada para garantir a Autenticidade e a Integridade de um documento, vale lembrar que durante o processo de assinatura apenas o resumo é cifrado, ou seja, o documento em si não é cifrado. A alternativa E, que talvez o tenha levado à confusão, pode ser assimilada ao Certificado Digital em si. Embora a assinatura use o certificado, seu objetivo é verificar tal identidade.*

VAMOS PRATICAR

Os exercícios a seguir referentes ao conteúdo: Segurança da Informação.

01. (FCC) O Mozilla Thunderbird 2 indica quando uma mensagem pode ser uma possível tentativa de golpe que tenta enganar o usuário para induzi-lo a fornecer dados pessoais por meio do recurso de segurança denominado proteção:

a) anti-cookies.

b) anti-spam inteligente.

c) anti-phishing.

d) de imagens remotas.

e) de privacidade.

02. (Cesgranrio) Firewall é um software ou hardware que verifica informações vindas da Internet ou de uma outra rede. Dentre os ataques que NÃO são neutralizados por um firewall, inclui-se o ataque de:

a) golpe de phishing.

b) ping of death.

c) rootkits.

d) hackers.

e) worms.

Julgue os itens subsequentes, acerca de segurança da informação.

03. (Cespe) As senhas, para serem seguras ou fortes, devem ser compostas de, pelo menos, oito caracteres e conter letras maiúsculas, minúsculas, números e sinais de pontuação. Além disso, recomenda-se não utilizar como senha nomes, sobrenomes, números de documentos, placas de carros, números de telefones e datas especiais.

Certo ( )   Errado ( )

04. (FCC) Evitar a abertura de mensagens eletrônicas não solicitadas, provenientes de instituições bancárias ou empresas, que possam induzir o acesso a páginas fraudulentas na Internet, com vistas a roubar senhas e outras informações pessoais valiosas registradas no computador.

A recomendação acima é para evitar um tipo de fraude conhecida por:

a) chat.

b) cracker.

c) spam.

d) hacker.

e) phishing scan.

05. (FCC - Adaptada) Ao enviar informações sigilosas via mensagem eletrônica, deve-se utilizar um sistema que faça a codificação (chave, cifra), de modo que somente as máquinas que conhecem o código consigam decifrá-lo.

O cuidado solicitado aplica o conceito de:

a) criptografia.

b) assinatura digital.

c) digitalização.

d) desfragmentação.

e) modulação/demodulação.

06. (Cesgranrio) Qual dos itens abaixo NÃO representa um mecanismo de segurança?

a) Assinatura digital.

b) Software anti-spyware.

c) Sistema biométrico.

d) Firewall.

e) Worm.

07. (FUNCAB) Para criar uma senha forte no seu aplicativo de correio eletrônico, algumas recomendações devem ser adotadas na composição da senha, EXCETO:

a) utilizar pelo menos oito caracteres.

b) não usar seu nome de usuário, nome verdadeiro ou o nome da sua empresa.

c) não usar palavras completas.

d) usar uma senha muito diferente das senhas anteriores e não usar a mesma senha para todas as suas contas.

e) evitar combinação de letras maiúsculas e minúsculas, números e símbolos como, por exemplo, !, #, *.

08. (FCC) Para evitar invasão aos sistemas de uma empresa, é recomendado que se use em cada máquina uma senha para o login, a qual para maior segurança, deve conter:

a) palavras estrangeiras e, de preferência, as que pertençam a algum dicionário.

b) variações do nome do usuário, como, por exemplo, a escrita do nome em ordem inversa.

c) sequência apenas de números ou formada apenas por letras repetidas.
d) letras, números e variações de letras maiúsculas e minúsculas.
e) palavras e números de fácil memorização, como placas de automóveis e datas de nascimento de familiares.

09. (Cesgranrio) Entre os grandes problemas da atualidade relacionados à confidencialidade das informações, um refere-se à prevenção da invasão dos computadores por pessoas mal-intencionadas. A principal forma de evitar danos causados por softwares espiões dos quais essas pessoas se utilizam para alcançarem seus objetivos é:

a) utilizar apenas webmail para leitura das correspondências eletrônicas.
b) efetuar rotinas de backup semanais no disco rígido do computador.
c) compartilhar os principais documentos com pessoas idôneas.
d) possuir software antivírus e mantê-lo sempre atualizado.
e) navegar na internet sempre sob um pseudônimo.

10. (TJ-SC) Assinale a alternativa que contém somente recursos de segurança que são verificados pela Central de Segurança do Windows XP:

a) E-mail, internet e processadores de texto.
b) Planilhas eletrônicas, firewall e bloqueador de pop-ups.
c) Antivírus, internet e Google.
d) Firewall, antivírus e atualizações automáticas.
e) Phishing scan, cookies e backup.

11. (Cespe) A assinatura digital consiste na criação de um código, de modo que a pessoa ou entidade que receber uma mensagem contendo esse código possa verificar se o remetente é mesmo quem diz ser e identificar qualquer mensagem que possa ter sido modificada.

Certo ( )   Errado ( )

12. (FCC) Mensagem não solicitada e mascarada sob comunicação de alguma instituição conhecida e que pode induzir o internauta ao acesso a páginas fraudulentas, projetadas para o furto de dados pessoais ou financeiros do usuário. Trata-se especificamente de:

a) keylogger.
b) scanning.
c) botnet.
d) phishing.
e) rootkit.

13. (Cespe) A confidencialidade, a integridade e a disponibilidade da informação, conceitos básicos de segurança da informação, orientam a elaboração de políticas de segurança, determinando regras e tecnologias utilizadas para a salvaguarda da informação armazenada e acessada em ambientes de tecnologia da informação.

Certo ( )   Errado ( )

14. (Cespe) Julgue o item abaixo, a respeito de mecanismos de segurança da informação, considerando que uma mensagem tenha sido criptografada com a chave pública de determinado destino e enviada por meio de um canal de comunicação.
A mensagem criptografada com a chave pública do destinatário garante que somente quem gerou a informação criptografada e o destinatário sejam capazes de abri-la.

Certo ( )   Errado ( )

15. (Cespe) O conceito de confidencialidade refere-se a disponibilizar informações em ambientes digitais apenas a pessoas para as quais elas foram destinadas, garantindo-se, assim, o sigilo da comunicação ou a exclusividade de sua divulgação apenas aos usuários autorizados.

Certo ( )   Errado ( )

16. (Cespe) A confidencialidade, um dos princípios básicos da segurança da informação em ambiente eletrônico, está relacionada à necessidade de não alteração do conteúdo de uma mensagem ou arquivo, o qual deve ser garantido por meio de uma política de cópia de segurança e redundância de dados.

Certo ( )   Errado ( )

17. (Cespe) De acordo com o princípio da disponibilidade, a informação só pode estar disponível para os usuários aos quais ela é destinada, ou seja, não pode haver acesso ou alteração dos dados por parte de outros usuários que não sejam os destinatários da informação.

Certo ( )   Errado ( )

18. (Cespe) Por princípio, considera-se que qualquer documento assinado digitalmente está criptografado.

Certo ( )   Errado ( )

GABARITO

01	C	10	D
02	A	11	CERTO
03	CERTO	12	D
04	E	13	CERTO
05	A	14	ERRADO
06	E	15	CERTO
07	E	16	ERRADO
08	D	17	ERRADO
09	D	18	ERRADO

ANOTAÇÕES

6. Cloud Computing

Em português, Computação na Nuvem é o nome usual para identificar o paradigma de computação em que as infraestruturas, serviços e aplicações ficam nas redes, principalmente na Internet. No entanto, também pode ser empregado para distinguir serviços de processamento dos serviços de armazenamento.

Pode-se dizer que a computação na nuvem é uma forma de evolução do conceito de Mainframes.

Os Mainframes são supercomputadores normalmente usados em redes privadas (intranets), os quais são responsáveis pelo trabalho pesado de processamento de informações. De forma geral, quando se emprega o uso de mainframes, associa-se o uso de thin clients pelos usuários, ou seja, terminais burros, apenas pontas para interação do usuário, pois os dados coletados e apresentados a ele são processados e armazenados nos mainframes.

A computação na nuvem é uma ideia similar a ser feito uso de computadores (servidores) localizados na Internet, otimizando assim seu uso, em vez de manter supercomputadores internamente na empresa.

A Figura 1 ilustra um serviço em que os dados são processados na nuvem e os resultados são exibidos no computador do usuário.

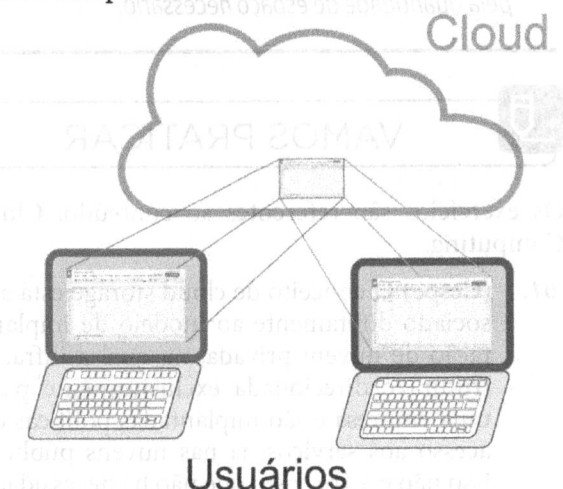

Figura 1: Cloud Computing

Características

Estuda-se, nesta seção, as características comuns tanto ao armazenamento quanto ao processamento de dados em nuvem.

Ao utilizar os serviços da nuvem não é preciso instalar aplicativos, porém, é possível. Ou seja, a instalação de aplicações relacionadas aos serviços da nuvem é apenas de caráter opcional.

Com isso, os serviços da nuvem se tornam uma prática alternativa, pois o usuário precisa do básico em seu computador para acessar aos serviços. Assim, basta ter um computador conectado à Internet e que seja dotado de um browser para utilizar os serviços da nuvem.

Contudo, uma característica negativa do serviço é a dependência frente aos servidores e provedores de serviço, pois, uma vez que não se tenha acesso à Internet ou o serviço esteja fora do ar, o usuário não tem condições de utilizar os serviços da nuvem, salvo exceção do modelo on premise.

É importante observar que, dentre os pré-requisitos básicos, o sistema operacional não foi citado, porque os serviços da nuvem independem do sistema instalado, pois normalmente são serviços que utilizam protocolos de navegação como HTTP e HTTPS, dentre outros.

Assim, como também não dependem de hardware específico para funcionar, podem inclusive ser citadas como multiplataforma, tanto no sentido de diferentes hardwares como no de diferentes sistemas operacionais. É comum usar serviços da nuvem também em tablets e smartphones, além dos computadores pessoais.

Outra característica dos serviços em nuvem diz respeito à segurança dos dados, em que o usuário não precisa se preocupar em fazer backups, controlar a segurança ou ter que realizar manutenção, pois essas são atribuições do fornecedor do serviço contratado.

A computação em nuvem também oferece praticidade no compartilhamento de informações, além de eximir o usuário de ter conhecimento sobre como funciona o serviço, possibilitando utilizá-lo sem preocupações.

Com todos esses detalhes, pode-se ainda destacar que a nuvem possibilita iniciar um trabalho em um computador e dar continuidade a ele por meio de outro computador.

Processamento na Nuvem

É o processamento realmente dito nos termos de Cloud Computing, em que os dados são processados na nuvem.

É bastante comum hoje nos aparelhos celulares, smartphones e tablets, em aplicações como o talk to text (fale para escrever). Lembre-se de que a instalação não é obrigatória, mas pode ser feita. Nos aparelhos em que o usuário pode simplesmente pronunciar próximo a eles o texto que deseja escrever, o recurso usado precisa que o aparelho esteja conectado à Internet para poder funcionar.

Isso ocorre porque os aparelhos atuais, por mais que possuam alta tecnologia e capacidade de processamento, ainda não são suficientes para processar dados como identificação de texto em falas. Com isso, a alternativa é usar servidores localizados na

Internet (nuvem) que recebem o áudio que os aparelhos gravam e processam a informação, oferecendo ao usuário o resultado na forma de texto.

Outro exemplo são os serviços do Google e da Microsoft, conhecidos respectivamente como Google Docs e Microsoft WebApps. Mas atenção às nomeclaturas, pois Google Drive/Disco ou Skydrive/OneDrive são serviços de outra natureza.

No Google Docs WebApps, o usuário encontra recursos como editores de texto, planilhas, apresentação, formulários e desenhos on-line usando a computação em nuvem. Ao utilizar esses serviços, o usuário não precisa possuir em seu computador editores similares, uma vez que basta executar o navegador de internet e nele acessar o site do serviço; ao logar, terá acesso aos recursos.

Armazenamento na Nuvem

Já o armazenamento na nuvem, em inglês Cloud Storage, identifica os serviços que têm por característica armazenar os dados do usuário, de modo que, para acessá-los, seja necessário apenas um dispositivo (computador, smartphone ou tablet) conectado à Internet e que possua um browser. Com a ascensão desse tipo de serviço, pode-se apostar na queda da venda de dispositivos para transporte de dados como os Pendrives.

São exemplos citados nas provas o Google Drive/Disco, o Microsoft Skydrive, atualmente chamado de OneDrive, o Dropbox, Mega, Minus e Copy. A maioria deles oferece contas gratuitas com limite de armazenamento, a fim de demonstrar seus serviços. Mas, caso o usuário deseje e/ou precise, ele pode adquirir mais espaço de armazenamento.

A grande maioria dos serviços de Storage possui uma aplicação (opcional) que o usuário pode instalar em vários dispositivos, com o intuito de manter seus dados sincronizados. Ao instalar o aplicativo, ele criará uma pasta no dispositivo que estará em sincronia com a pasta on-line do usuário. Desse modo, todo arquivo salvo na referida pasta automaticamente (quando conectado à Internet) será enviado para a pasta on-line.

FIQUE LIGADO

Pode-se então afirmar que possuir a pasta com os arquivos locais (no dispositivo) e on-line, simultaneamente, é uma forma de backup dos dados.

O Google Drive oferece gratuitamente aos usuários 15GB de espaço, no entanto, ele é compartilhado com a caixa de entrada de e-mails.

O One Drive também oferece 15GB, mas inicialmente são 7GB; para ganhar mais, o usuário deve enviar convites.

O Dropbox inicialmente oferece 2GB gratuitos, mas, por meio de convites, o usuário pode ter até 18GB; recebendo um convite, o usuário ganha 500MB.

Já o Copy oferece inicialmente 20GB gratuitos e, a cada convite enviado e recebido, o usuário ganha mais 5GB de espaço.

EXERCÍCIO COMENTADO

Com referência à segurança da informação, julgue os itens a seguir.

01. (Cespe) O cloudstorage é um serviço de aluguel de espaço em disco via Internet, no qual as empresas pagam pelo espaço utilizado, pela quantidade de dados trafegados, tanto para download como para upload, e pelo backup.

CERTO. *Os serviços da nuvem são criados para lucrar, não são iniciativas beneficentes. Na cloud computing o usuário paga pela transferência de dados, pelo volume de informações processadas e pelo suporte que deseja (capacidade de hardware), enquanto que, no armazenamento, o usuário paga pela quantidade de espaço necessário.*

VAMOS PRATICAR

Os exercícios são referentes ao conteúdo: Cloud Computing.

01. (Cespe) O conceito de cloud storage está associado diretamente ao modelo de implantação de nuvem privada, na qual a infraestrutura é direcionada exclusivamente para uma empresa e são implantadas políticas de acesso aos serviços; já nas nuvens públicas isso não ocorre, visto que não há necessidade de autenticação nem autorização de acessos, sendo, portanto, impossível o armazenamento de arquivos em nuvens públicas.

Certo ( )   Errado ( )

02. (Cespe) O Microsoft Office Sky Driver é uma suíte de ferramentas de produtividade e colaboração fornecida e acessada por meio de computação em nuvem (cloud computing).

Certo ( )   Errado ( )

A respeito da Internet, julgue os itens que se seguem, relativos a ferramentas de acesso e serviços disponibilizados nessa rede.

03. (Cespe) Em cloud computing, cabe ao usuário do serviço se responsabilizar pelas tarefas de armazenamento, atualização e backup da aplicação disponibilizada na nuvem.

Certo (   )   Errado (   )

04. (Cespe) O Cloud Storage, um serviço pago como o Google Drive e o Microsoft SkyDrive, possibilita ao usuário armazenar seus arquivos em nuvens, tornando esses arquivos acessíveis em sistemas operacionais diferentes. Por meio desse serviço, o usuário pode fazer backups de seus arquivos salvos no desktop, transferindo-os para nuvens, podendo, ainda, acessá-los mediante a utilização de um computador com plataforma diferente ou um celular, desde que estejam conectados à Internet.

Certo (   )   Errado (   )

05. (Cespe) Determinado técnico instalou um pequeno servidor capaz de compartilhar arquivos e conexão ADSL, utilizando um proxy transparente, em um computador com processador Pentium 133 com 32 MB de memória RAM, sem nobreak. Para um segundo servidor, Linux, o mesmo técnico utilizou um computador com processador Athlon 64 com 1 GB de RAM, com nobreak, e nele instalou o sítio de determinada empresa, <www.empresa.com.br>. Após sua instalação, esse sítio passou a receber a média de 300.000 visitas diárias e cerca de 700.000 visualizações de página (pageviews). Além disso, tal sítio possui fórum com 1,7 milhão de mensagens e 55.000 usuários registrados e sistemas de becape e indexação de conteúdo e correio eletrônico (e-mail).
Com base na situação hipotética acima apresentada, julgue o item que segue.

Devido ao grande volume de tráfego no sítio do servidor Linux, seus administradores poderão optar por armazenar os dados em local do tipo nuvem (cloud storage). Esse recurso proporciona melhora no compartilhamento de arquivos entre sistemas operacionais diferentes e possibilita a recuperação de arquivos, caso ocorram problemas inesperados no equipamento físico onde estiver instalado o servidor.

Certo (   )   Errado (   )

Com relação aos sistemas operacionais Linux e Windows e aos programas de navegação na Internet, julgue os itens a seguir.

06. (Cespe) Uma página web inserida nativamente em Favoritos, no Google Chrome 21, será inserida automaticamente, e sem a necessidade de configurações adicionais, na nuvem do Google (Google Cloud), o que possibilita que o usuário tenha acesso a essa página em outro computador.

Certo (   )   Errado (   )

07. (Cespe) A versão Microsoft Office 365, disponível na forma de serviço na nuvem (cloud), inclui o Word, o PowerPoint, o Excel, o Outlook e o OneNote, e permite criar, editar e compartilhar documentos e mensagens instantâneas online.

Certo (   )   Errado (   )

08. (Cespe) Cloud computing (computação em nuvem), um termo amplamente utilizado na área de tecnologia da informação, consiste em uma tecnologia de armazenamento e processamento de informações. A respeito dessa tecnologia, assinale a opção correta.

a) O armazenamento de dados em nuvem possibilita que um usuário acesse os dados armazenados de qualquer lugar, desde que seu computador esteja conectado à Internet, não havendo necessidade de os dados serem salvos no computador local.

b) Na computação em nuvem, a comunicação entre os pares é possível somente se os sistemas operacionais instalados e os softwares em uso em cada um dos computadores forem os mesmos.

c) Em virtude de a computação em nuvem não ser escalável, a administração do sistema, na perspectiva do usuário, é simples e eficiente.

d) Entre os exemplos de aplicações em nuvem, incluem-se os serviços de e-mail e compartilhamento de arquivos, que, mediante essa aplicação, são totalmente protegidos contra possíveis acessos indevidos.

e) Um arquivo armazenado em nuvem poderá ser acessado a partir de um único computador, previamente configurado para esse fim. Essa restrição deve-se à impossibilidade de se criar itens duplicados de usuários na nuvem.

09. (ESAF) É função da computação em nuvem:

a) cortar custos operacionais.

b) permitir que departamentos de TI se concentrem em projetos operacionais em vez de manter provedores funcionando.

c) cortar custos situacionais, associados a instabilidades.

d) desvincular a TI de esforços estratégicos de interesse da cúpula da organização.

e) otimizar acessos indexados

10. (Cespe) É possível criar e editar documentos de texto e planilhas em uma nuvem (cloud-computing) utilizando serviços oferecidos pelo Google Docs. Para isso, é obrigatório que tenham sido instalados, no computador em uso, um browser e o Microsoft Office ou o BrOffice, bem como que esse computador possua uma conexão à Internet ativa.

Certo ( )   Errado ( )

GABARITO

01	ERRADO	06	ERRADO
02	ERRADO	07	CERTO
03	ERRADO	08	A
04	ERRADO	09	A
05	CERTO	10	ERRADO

ANOTAÇÕES

7. BrOffice Writer – Editor de Texto

Formatos de Arquivos

Quando se fala nos editores do BrOffice (Libre Office), devemos conhecer seus formatos de arquivos padrões, ou seja, o formato com o qual será salvo um arquivo ao acionar a opção **Salvar Como.**

A suíte de aplicativos como um todo possui um formato genérico ODF (*Open Document File* – Formato de Documento Aberto). Assim, é, possível no editor de texto, salvar neste formato, bem como no Calc e Impress.

No entanto, o formato específico do Writer é o ODT (*Open Document Text*). As provas costumam relacionar os formatos com as versões dos editores. Então, vale lembrar que o Word2003 não consegue trabalhar com esse formato de arquivo. Mas, pelo Writer, é possível salvar um documento de modo que ele possa ser aberto pelo Word 2003, ou seja, é possível salvar nos formatos DOC e DOCX. Em relação ao Word 2007 e 2010, por padrão, esses programas conseguem abrir e salvar arquivos no formato ODT.

Formatação de Texto

A principal finalidade do Writer é editar textos. Portanto, suas principais ferramentas são para a formatação de documentos. Podemos encontrar essas opções de formatação por meio de quatro caminhos:

- **Barra de Ferramentas de Formatação**

- **Menu Formatar**

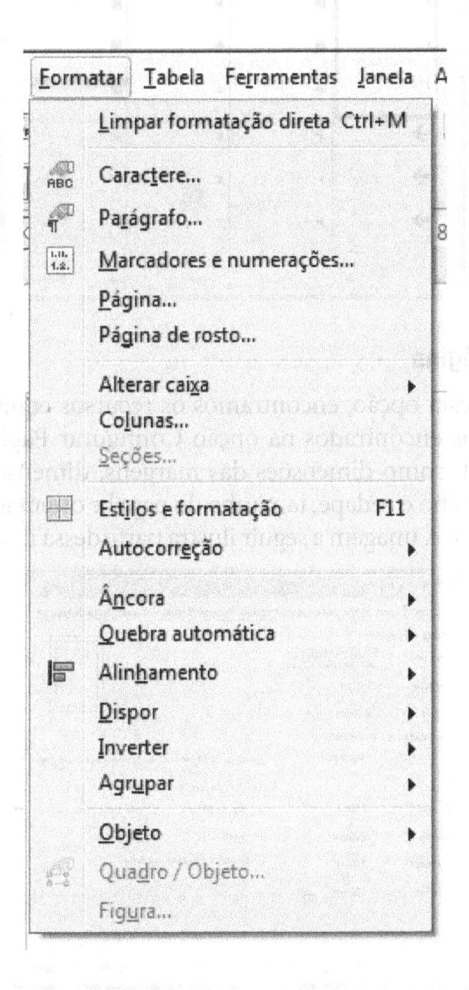

- **Atalhos**
- **Botão Direito do Mouse**

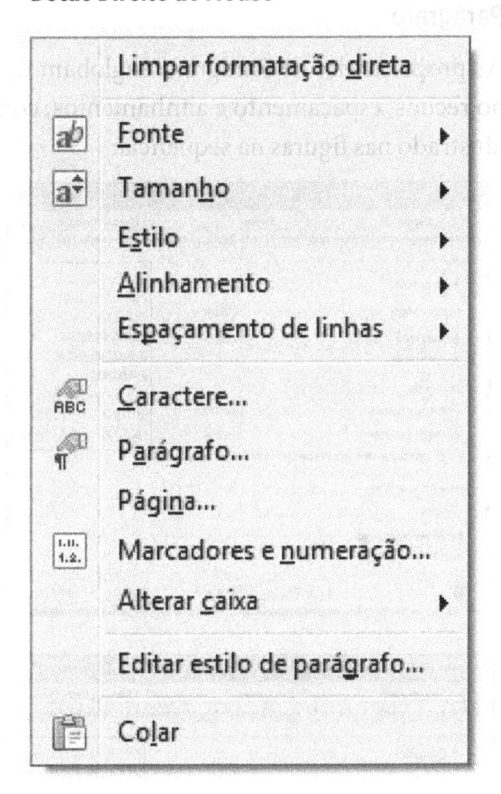

Menu Formatar

Caractere

Ao acionar esta opção, será aberta a janela ilustrada a seguir, por meio da qual podemos formatar as propriedades de fonte, como tipo/nome, estilo e tamanho e, pela aba Efeitos de Fonte, alterar a cor da fonte.

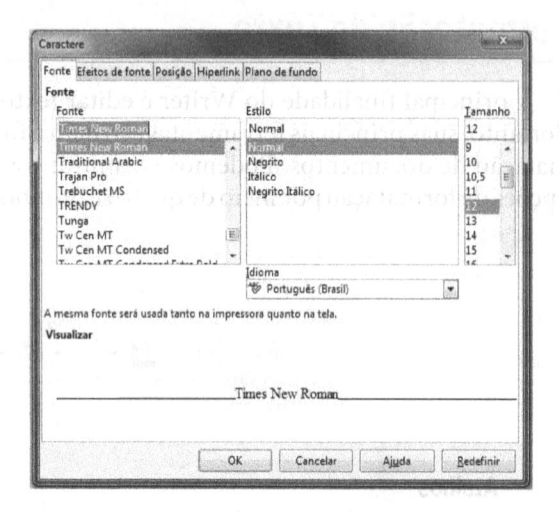

Parágrafo

As propriedades de Parágrafo englobam opções como recuos, espaçamento e alinhamentos, conforme ilustrado nas figuras na sequência:

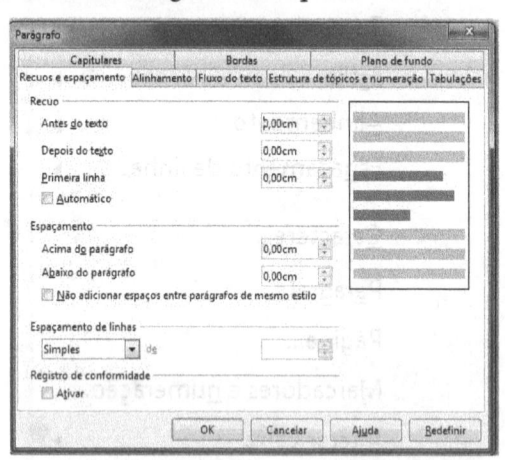

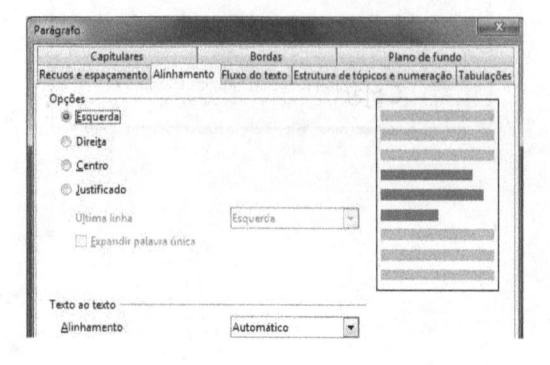

Marcadores e Numeração

Fique atento à identificação de uso deste recurso, pois, pelo menu Formatar, elas estão descritas em conjunto. Porém, na barra de Ferramentas padrão elas são apresentadas em dois botões separados.

Ao acionar a opção pelo menu Formatar, a janela aberta apresenta os Marcadores em uma guia e a numeração em outra, conforme ilustram as duas figuras da sequência:

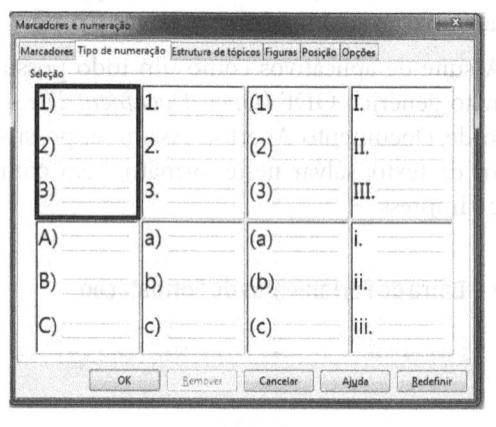

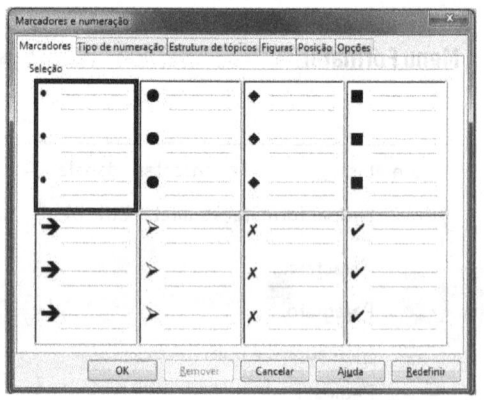

Página

Nesta opção, encontramos os recursos equivalentes aos encontrados na opção Configurar Página do Word, como dimensões das margens, dimensões de cabeçalho e rodapé, tamanho do papel e orientação da página. A imagem a seguir ilustra parte dessa janela:

Página de Rosto

Por meio deste recurso, é possível inserir páginas em uma seção separada, para que, de uma forma mais simples, sejam trabalhadas com cabeçalhos e rodapés diferentes em um mesmo documento, mais especificamente, no que tange à numeração de páginas.

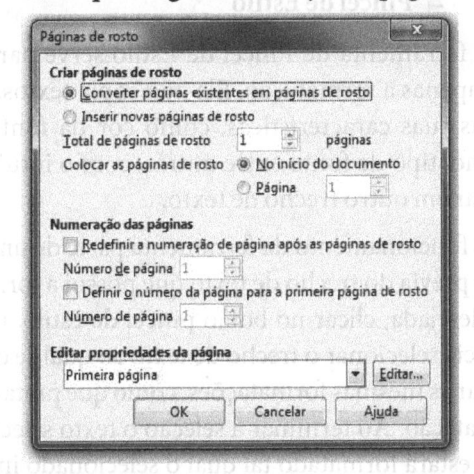

Alterar Caixa ▶

Equivalente à opção Maiúsculas e Minúsculas do Word, essa opção permite alterar a forma do caractere de texto. É importante conhecer as cinco opções desse recurso, conforme ilustrado a seguir:

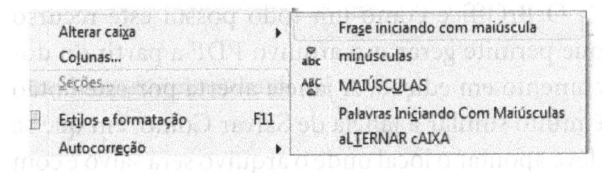

Estilos de Formatação (F11)

Por essa opção, podemos definir estilos de formatação para o texto selecionado, como título 1, título 2, título 3, entre outros, para que a edição do documento seja mais prática, além de favorecer a padronização.

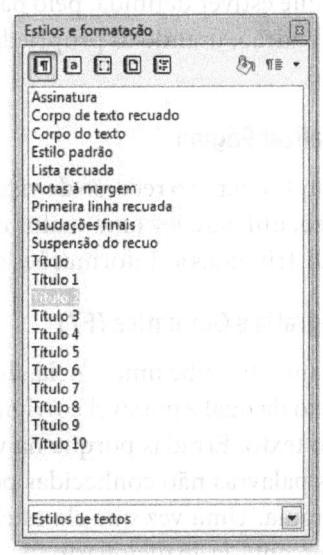

Ferramentas de Formatação

- **Caractere**

O campo descrito por Times New Roman define a grafia com que o texto será escrito, a exemplo: **ARIAL**, **TIMES**, *Vivaldi*. Este campo também é conhecido como Tipo/Nome da Fonte.

- Negrito (CTRL + B)
- Itálico (CTRL + I)
- Sublinhado (CTRL + U)
- Cor da Fonte
- Realçar (exemplo do efeito)

- **Parágrafo**

- Alinhamento à Esquerda (CTRL + L)
- Alinhamento Centralizado (CTRL + E)
- Alinhamento à Direita (CTRL + R)
- Alinhamento Justificado (CTRL + J)
- Ativar/Desativar Numeração (F12)
- Ativar/Desativar Marcadores (Shift + F12)
- Diminuir o Recuo
- Aumentar o Recuo

- **Tabulações**

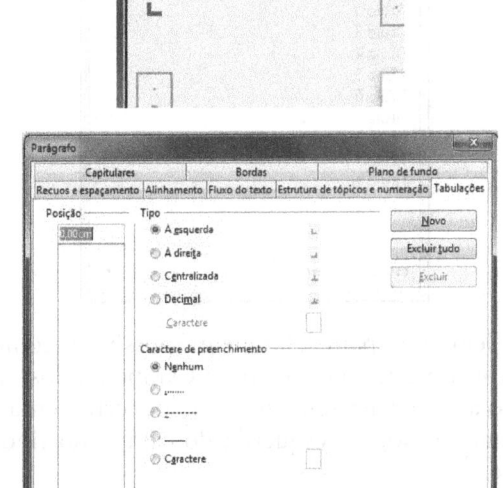

- **Caracteres não imprimíveis (CTRL + F10)**

Exibe as marcas de edição, que, como o próprio nome já informa, não aparecem na impressão. Essas marcações são úteis para um maior controle do documento em edição, como ilustrado a seguir. Os pontos à meia altura da linha representam um espaço e o mesmo símbolo do botão indica o final de um parágrafo. Assim, no exemplo a seguir, existem dois parágrafos.

```
Exemplo·de·exibição·de·caracteres·não·
imprimíveis·no·Writer¶
¶
```

- **Cor do Plano de Fundo**

Atenção para não confundir a cor do fundo do parágrafo com a ferramenta Realçar, pois a função Realçar aplica uma cor ao fundo do texto selecionado, enquanto que a opção do Plano de Fundo aplica ao parágrafo, mesmo que tenha sido selecionada apenas uma palavra.

- **Estilos e Formatação (F11)**

Por meio deste botão ou pela tecla de atalho, é exibido o painel de estilos que oferece diversos estilos para a formatação do texto, por exemplo: Título 1, título 2, título 3, entre outros. A imagem a seguir ilustra o painel:

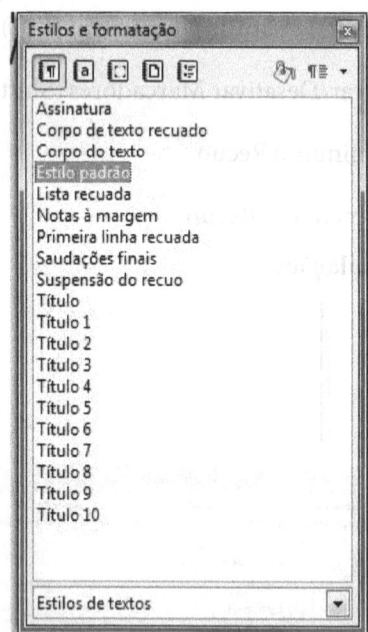

Além desse painel, também é possível escolher e aplicar um estilo por meio do Campo Estilos, ilustrado a seguir, presente na barra de ferramentas de formatação logo à esquerda do campo do tipo da fonte.

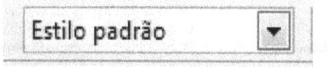

Os estilos de formatação são importantes estruturas na edição de um texto, principalmente se for necessário trabalhar com sumário, pois para utilizar o recurso de sumário, de forma que ele seja automático, é necessário utilizar os estilos de título.

- **Pincel de Estilo**

A ferramenta de Pincel de Estilo serve para copiar apenas a formatação. Ela não copia textos, apenas as suas características, como cor da fonte, tamanho, tipo de fonte entre outras, com o intuito de aplicar em outro trecho de texto.

O funcionamento da ferramenta parte de uma seleção prévia do trecho de texto que possui a formatação desejada, clicar no botão pincel de estilo, na sequência selecionar o trecho de texto ao qual se deseja aplicar as mesmas formatações, como que pintando a formatação. Ao terminar a seleção o texto selecionado já estará formatado tal qual o selecionado inicialmente, e o mouse volta ao normal para a edição.

Ferramentas

Exportar Diretamente como PDF

O BrOffice como um todo possui este recurso que permite gerar um arquivo PDF a partir do documento em edição. A janela aberta por este botão é muito similar à janela de Salvar Como, em que se deve apontar o local onde o arquivo será salvo e com qual nome se deseja salvá-lo.

Imprimir Arquivo Diretamente

Este é um recurso diferente da impressão habitual pelo atalho CTRL+P. Essa ferramenta de impressão direta manda o arquivo diretamente para a impressora que estiver definida, pelo painel de controle, como padrão, usando as propriedades padrão de impressão.

Visualizar Página

Este é simplesmente o recurso de visualizar o que será impresso, útil para ter uma maior noção de como ficarão distribuídas as informações no papel.

Ortografia e Gramática (F7)

Essa ferramenta exibe uma janela, ilustrada a seguir, por meio da qual é possível corrigir as palavras "erradas" no texto. Erradas porque na verdade, são indicadas as palavras não conhecidas pelo dicionário do programa. Uma vez que ela esteja correta, é possível acrescentá-la ao dicionário.

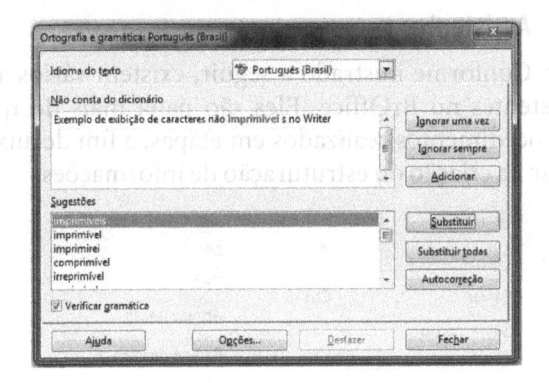

Autoverificação Ortográfica

A Autoverificação é uma ferramenta presente apenas no BrOffice, cuja finalidade é apenas habilitar ou desabilitar a exibição do sublinhado vermelho das palavras desconhecidas.

Navegador (F5)

O Navegador tem aparecido nas provas apenas a título de conhecimento de seu nome, associado ao símbolo e atalho. Essa ferramenta é um recurso para navegar no texto, a partir das suas estruturas, como títulos, tabelas, figuras e outros itens que podem ser visualizados na figura a seguir:

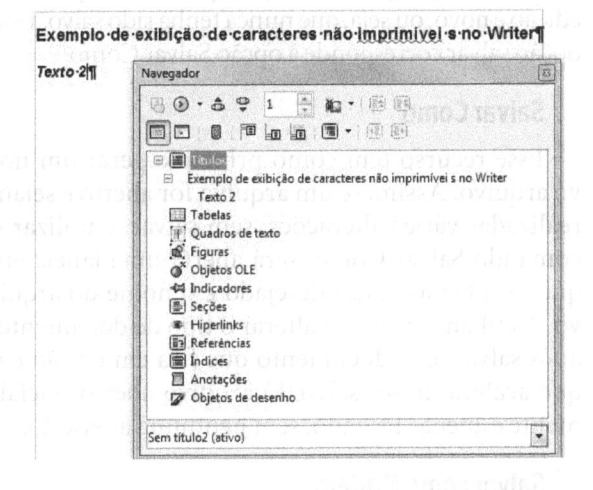

Galeria

O recurso Galeria tem peso similar ao Navegador nas provas. Acionar essa ferramenta resulta na exibição do painel ilustrado a seguir, por meio do qual é possível inserir, em meio ao documento, estruturas de navegação Web, como botões, sons e outros itens.

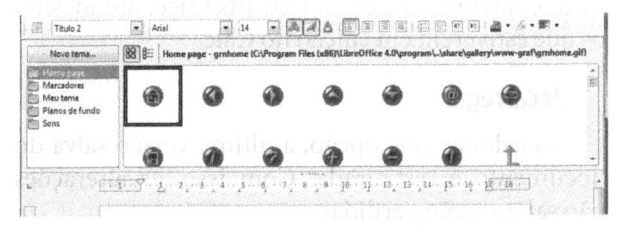

Tabela (CTRL + F12)

O botão Tabela pode ser usado de duas maneiras. Clicando no desenho da tabela, é aberta a janela ilustrada a seguir. Caso seja clicado na flecha, é exibido um reticulado, pelo qual é possível selecionar a quantidade de células que se deseja criar numa tabela.

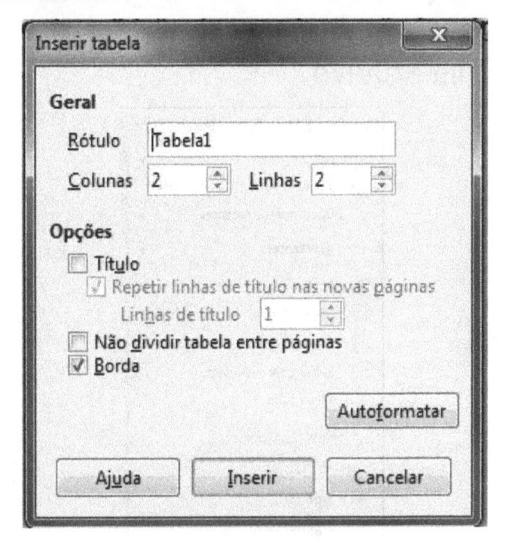

Formatar → Página

Aba Página

A aba Página é a principal da janela de formatação de página. A figura a seguir ilustra essa aba. Observe que as margens estão definidas por padrão em 2cm, e que o tamanho do papel padrão é o A4. Também é possível determinar a orientação da página. Vale lembrar que, em um mesmo documento, é possível intercalar páginas com orientações diferentes. Para isso, devem ser utilizadas seções.

Barra de Menus

A seguir, é ilustrada a Barra de Menus e, por meio dela, temos acesso a quase todas as funcionalidades do programa. Observe que cada menu possui uma letra sublinhada. Por exemplo, o menu Arquivo possui a letra A sublinhada, essa letra sublinhada é a letra que pode ser utilizada após pressionar a tecla ALT, com o intuito de abrir o devido menu. Não é uma combinação necessariamente simultânea. Ela pode ser sequencial, ou seja, teclar ALT soltar e então pressionar a letra.

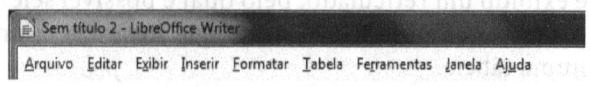

Menu Arquivo

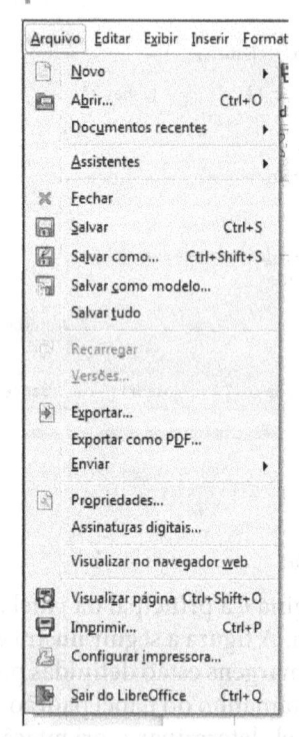

Novo ▶

Dentre as opções do menu Arquivo, damos destaque para a opção Novo. Ela aponta a característica do BrOffice de ser uma suíte de aplicativos integrada, pois, mesmo estando no Writer, é possível criar uma planilha do Calc. No entanto, ao escolher na opção Novo, uma planilha será criada no Calc. Porém, ao realizar o acesso por meio deste caminho, o Calc é carregado mais rapidamente do que se o BrOffice estivesse fechado.

Para criar um Novo Documento em Branco podemos também utilizar a opção do atalho CTRL + N.

Abrir (Ctrl + O)

Permite abrir um arquivo existente em uma unidade de armazenamento, navegando entre os arquivos e pastas.

Documentos Recentes ▶

Exibe a lista com os últimos documentos abertos, como também aqueles salvos, no Writer, com o intuito de fornecer um acesso mais rápido a eles.

Assistentes ▶

Conforme ilustrado a seguir, existem vários assistentes no BrOffice. Eles são nada mais do que procedimentos realizados em etapas, a fim de auxiliar na criação ou estruturação de informações.

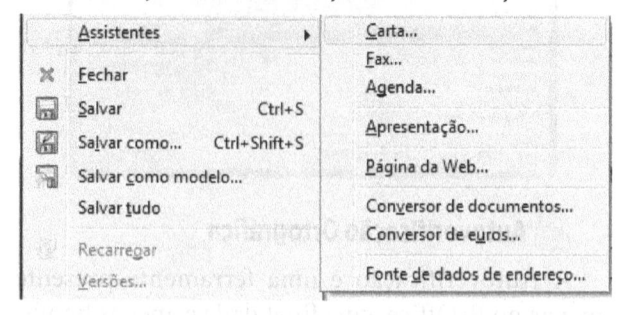

Fechar

A opção Fechar serve para fechar apenas o documento em edição, mantendo o programa aberto. Tem como teclas de atalho CTRL+W ou CTRL + F4.

Salvar

A opção Salvar apenas se preocupa em salvar as últimas alterações realizadas em um documento em edição. Seu atalho é CTRL + S no Writer. Mas essa opção possui uma situação de exceção, quando o arquivo em edição é novo, ou seja, que nunca tenha sido salvo. Essa opção salvar corresponde à opção Salvar Como.

Salvar Como

Esse recurso tem como princípio gerar um novo arquivo. Assim, se um arquivo for aberto e sejam realizadas várias alterações, sem salvar, e utilizar o comando Salvar Como, será aberta uma janela em que se solicita o local desejado e o nome do arquivo. Também é possível alterar o tipo de documento, após salvá-lo. O documento que fica em edição é o que acabou de ser salvo. O arquivo aberto inicialmente é apenas fechado, sem nenhuma alteração.

Salvar como Modelo

Podemos criar um documento-base para outros documentos, utilizando formatações específicas. Assim, essa opção é a utilizada para salvar este arquivo, de modo que possa ser utilizado para esse fim.

Salvar Tudo

Essa ferramenta aplica o comando salvar todos os documentos em edição no BrOffice, até mesmo os que estiverem em edição no Calc.

Recarregar

Ao acionar essa opção, a última versão salva do documento é restaurada. Com isso, as alterações não salvas serão perdidas.

Exportar

É possível pelo BrOffice exportar o documento de texto para outros formatos utilizados por outros programas como: XML, HTML, HTM, ou mesmo o PDF.

Exportar como PDF

A opção Exportar como PDF é basicamente um caminho mais curto e explícito para gerar um arquivo PDF, a partir do documento em edição.

Assinaturas Digitais

Assim como o Microsoft Office no BrOffice, é possível assinar um documento digitalmente. Claro que, para utilizar a funcionalidade por completo, é necessário possuir um certificado digital. Contudo, mesmo não possuindo um, é possível utilizar esse recurso para assinar um documento. Porém, apenas será garantida a integridade do mesmo e apenas no próprio computador do usuário.

Visualizar no Navegador Web

Já que podemos criar páginas da Internet, é interessante que, no mínimo, possamos visualizar como ela ficaria no navegador. Diante disso, ao acionar essa ferramenta, será aberto o navegador de Internet (Browser) padrão exibindo como página o documento em edição.

Sair

Em comparação com a opção Fechar, a opção Sair fecha o programa inteiro, podendo utilizar, para isso, os atalhos ALT+F4 ou CTRL + Q.

Menu Editar

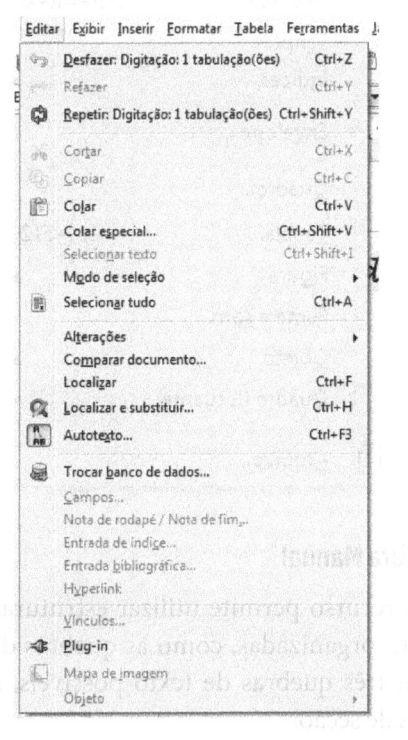

Do menu Editar anteriormente ilustrado, podemos destacar duas opções principais:

Colar Especial

Esse recurso permite colar um determinado dado de acordo com a necessidade de formatação, ou seja, é possível manter a formatação igual à do local de onde foi copiado ou não utilizar formatação.

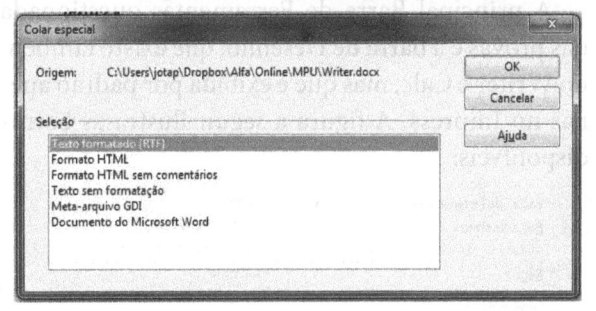

Selecionar Tudo

A opção Selecionar Tudo tem como observação a sua tecla de atalho CTRL + A, que é a mesma utilizada para selecionar todos os arquivos e pastas de um diretório por meio dos gerenciadores de arquivos.

Menu Exibir

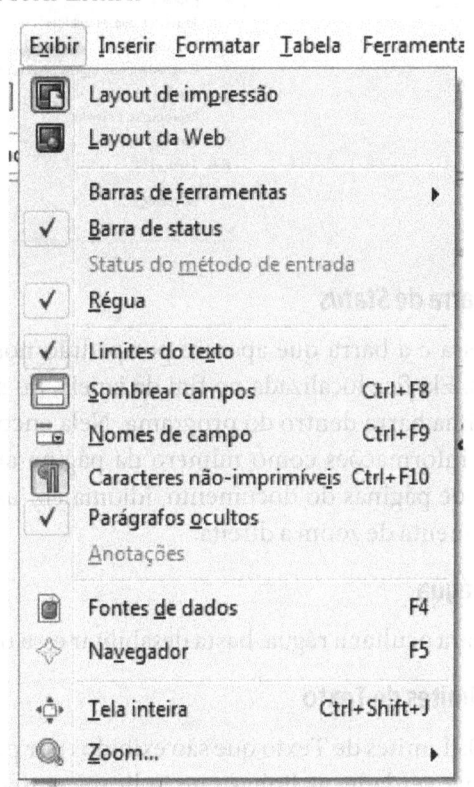

Do menu Exibir devemos conhecer os modos de exibição, bem como alguns itens importantes, listados a seguir. Mas, de modo geral, podemos pensar que as opções que normalmente encontramos nesse menu são coisas que não vemos e gostaríamos de ver, ou que estamos vendo, mas não desejamos mais ver.

347

Modos de Exibição

São dois os Modos de Exibição: Layout de Impressão (Padrão) e Layout da Web. Contudo, poderíamos até considerar, dependendo da situação, a opção Tela Inteira como um modo de exibição.

Barra de Ferramentas

A principal Barra de Ferramentas questionada nas provas é a barra de Desenho, que existe também no Writer e Calc, mas que é exibida por padrão apenas no Impress. A figura a seguir ilustra as barras disponíveis:

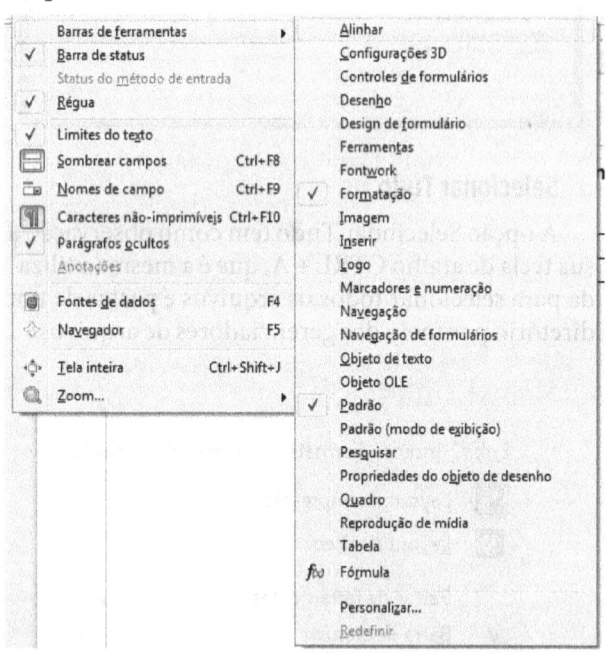

Barra de *Status*

Essa é a barra que aparece por padrão nos editores. Ela fica localizada no fim da janela, ou seja, é a última barra dentro do programa. Nela encontramos informações como número da página atual e total de páginas do documento, idioma em uso e a ferramenta de zoom à direita.

Régua

Para ocultar a régua, basta desabilitar essa opção.

Limites de Texto

Os Limites de Texto que são exibidos por padrão são, na verdade, as linhas que indicam as margens da página, ou seja, a área útil do documento.

Caracteres Não Imprimíveis (CTRL + F10)

Os caracteres não imprimíveis também podem ser ativados pelo menu Exibir, como pelas teclas de atalho.

Navegador (F5)

O Navegador, anteriormente citado, também é encontrado no menu Exibir.

Tela Inteira (CTRL + SHIFT + J)

Modo de exibição que oculta as barras e ferramentas, objetivando a leitura do documento.

Zoom

Também podemos alterar o zoom utilizando o scroll do mouse, combinado com a tecla CTRL.

Menu Inserir

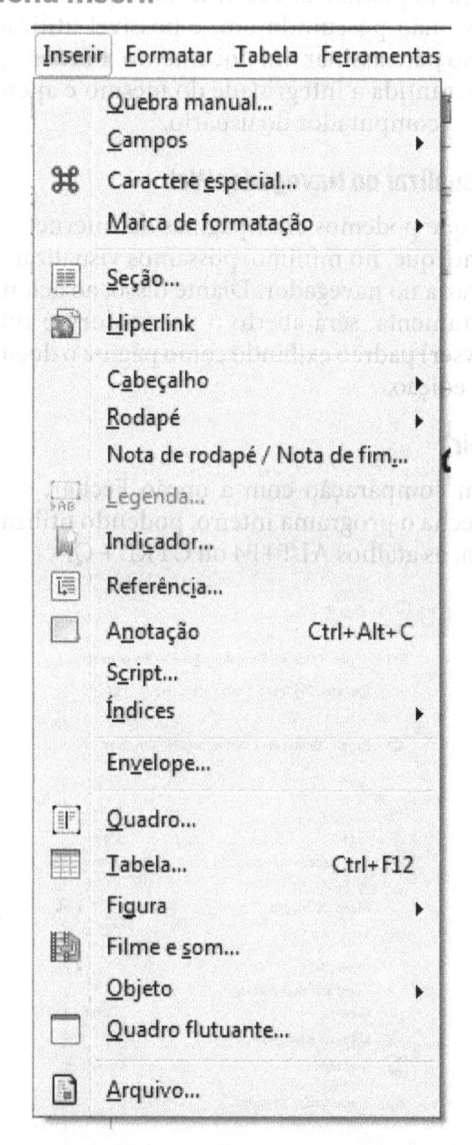

Quebra Manual

Este recurso permite utilizar estruturas que sejam auto-organizadas, como as quebras de página. Existem três quebras de texto possíveis, além das quebras de seção.

Quebra de Linha (SHIFT + ENTER)

Faz com que o conteúdo, após a quebra, seja iniciado na próxima linha.

Quebra de Coluna (CTRL + SHIFT + ENTER)

Faz com que o conteúdo, após a quebra, seja iniciado na próxima coluna.

Quebra de Página (CTRL + ENTER)

Faz com que o conteúdo, após a quebra, seja iniciado na próxima página.

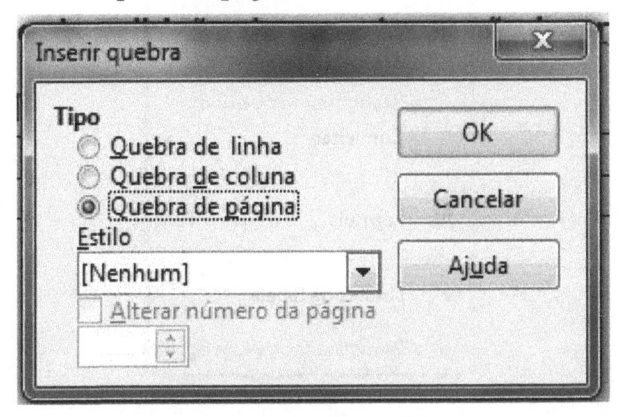

Campos ▶

Os Campos são estruturas de dados que utilizam propriedades do arquivo como nome do autor, título, dentre outras como Data e Hora do sistema.

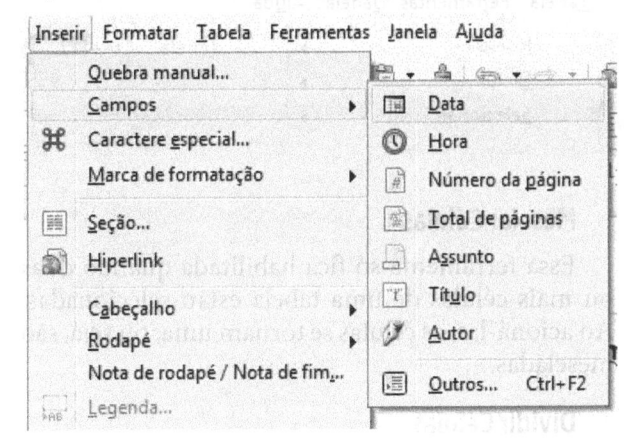

Caractere Especial

A opção Caractere Especial pode ser utilizada para inserir símbolos como este ▶ entre inúmeros outros possíveis.

Seção

Uma Seção é o recurso-base para poder, em um mesmo documento, trabalhar com páginas com cabeçalhos e rodapés distintos, ou mesmo configurações de páginas distintas, como intercalar páginas em retrato e paisagem.

Cabeçalho ▶

Rodapé ▶

As estruturas de cabeçalhos e rodapés têm por princípio poupar trabalho durante a edição, de modo que o que for inserido nestas estruturas se repete nas demais páginas, não necessariamente do documento como um todo, mas em todas as páginas da mesma Seção.

Hiperlink

Um link nada mais é do que um caminho, um atalho para algum lugar. Esse lugar pode ser uma página na Internet, ou computador, como um arquivo que esteja na Internet ou mesmo no computador local. Também é possível fazer com que um link aponte para algum ponto do mesmo documento, criando uma espécie de navegação. Contudo, para realizar esse procedimento, deve-se antes inserir Indicadores. A imagem a seguir ilustra a janela de inserir Hiperlink:

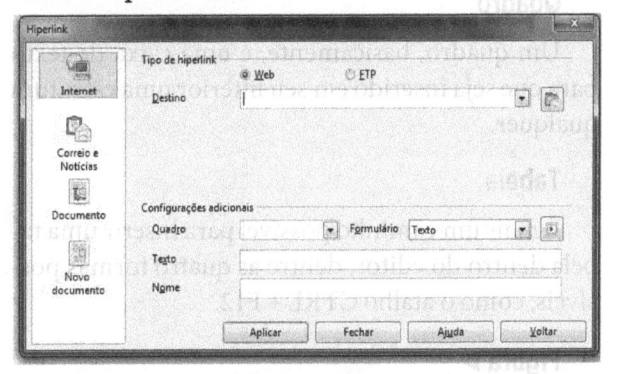

Nota de Rodapé/Nota de Fim

Notas de Rodapé e Notas de Fim são observações que, por vezes, utilizamos para explicar algo que fugiria ao contexto de uma frase[1]. A identificação ao lado da palavra/frase serve para que, no rodapé da mesma página ou ao final do documento, o leitor busque a devida explicação para a observação.

Legenda

Uma Legenda é um recurso que poderia ser utilizado neste documento para identificar as figuras e referenciá-las em meio ao texto, mas como a estrutura de apresentação do conteúdo é linear e procura ser direta, não utilizamos esse recurso.

Indicador

Um Indicador é um ponto de referência para ser apontado por um hiperlink.

---

1 Por exemplo, aqui falaria sobre o que é uma frase.

Referência

Uma Referência é uma citação pela qual utilizamos a ideia de informar algo do tipo, "conforme **Figura 1**". Em vez de escrever a palavra figura 1, estaria utilizando uma referência a ela, para que caso seja inserida uma nova figura antes da 1 no documento, os locais em que havia sido citado como figura 1 sejam refatorados para 2.

Anotação

É o recurso de comentário que pode ser inserido em um documento como uma anotação do que deve ser feito.

Índices ▶

Os Índices são os sumários e listas automáticas que podem ser inseridas em um documento, desde que se tenha utilizado os estilos de título e o recurso de legenda.

Quadro

Um quadro, basicamente, é uma caixa de texto para que seja inserido em seu interior uma estrutura qualquer.

Tabela

É mais um caminho possível para inserir uma tabela dentro do editor, dentre as quatro formas possíveis, como o atalho CTRL + F12.

Figura ▶

O recurso Figura permite inserir imagens de diferentes formatos (PNG, GIF, JPG) em um documento.

Filme e Som

É possível inserir uma música ou um vídeo em meio a um documento de texto.

Objeto ▶

Destaque para a opção Objeto OLE (*Object Linked Embeded*) pela qual podemos inserir uma Planilha do Calc dentro de um documento de texto e ainda utilizá-la com suas características de planilha.

Menu Tabela

O menu Tabela apresenta as opções próprias de trabalho com uma tabela, como inicialmente inserir uma tabela no documento em edição. Várias opções aparecem desabilitadas, isso ocorre porque uma tabela não foi selecionada.

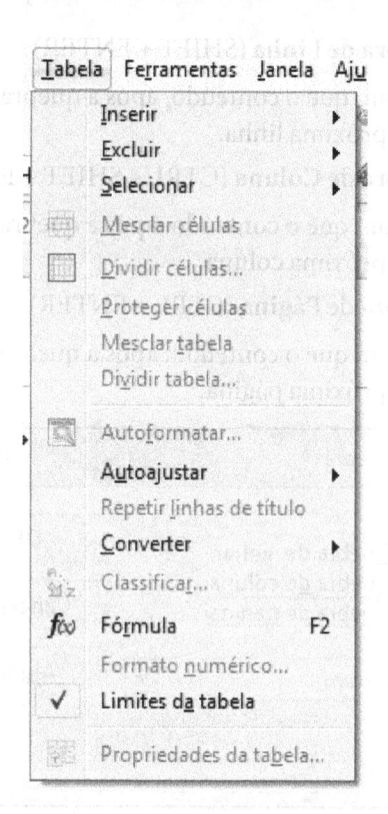

Outro caminho para se inserir uma tabela, além do menu Inserir e do atalho, dá-se por meio do menu Tabela opção Inserir e somente depois a opção Tabela.

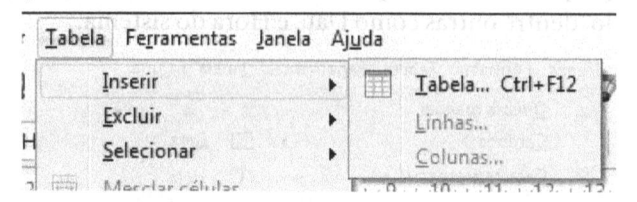

Mesclar Células

Essa ferramenta só fica habilitada quando duas ou mais células de uma tabela estão selecionadas. Ao acioná-las, as células se tornam uma, ou seja, são mescladas.

Dividir Células

Atente-se para esse recurso, pois somente em uma tabela é possível dividir células, ou seja, esse recurso não existe para planilhas.

Proteger Células

É um recurso que pode ser utilizado para bloquear as alterações em uma determinada célula e em uma tabela.

Dividir Tabela

Assim como é possível dividir uma célula, também podemos dividir uma tabela em duas ou mais, mas apenas tabelas.

Repetir Linhas de Título

Quando se trabalha com tabelas muito extensas, que se distribuem em várias páginas, é difícil manter a relação do que se tem em cada coluna e linha. Para não ter que copiar manualmente os títulos, podemos utilizar o recurso repetir linhas de título.

Converter ▶

É possível converter tanto um texto em tabela como uma tabela em texto, utilizando, para isso, alguns critérios como espaços entre palavras ou tabulações, entre outros.

Menu Ferramentas

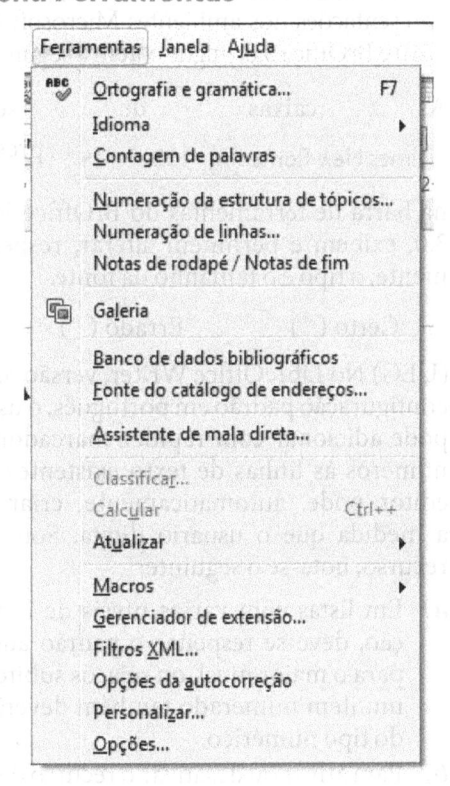

Ortografia e Gramática (F7)

Abre uma janela para verificar o documento em busca de palavras desconhecidas ao dicionário do programa.

Idioma ▶

No BrOffice Writer, podemos definir o idioma que está sendo trabalhado no texto selecionado, como no parágrafo e até para o documento de modo geral.

Contagem de Palavras

O Writer também possui recurso de contabilização de total de palavras que compõem o texto.

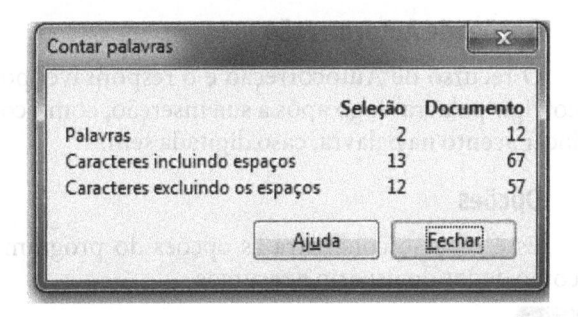

Numeração de Linhas

Este recurso é bastante utilizado nas provas de Língua Portuguesa, em que ao lado das linhas, nos textos apresentados, aparece uma numeração, que não necessita ser exibida em todas as linhas. Atenção às questões que o comparam com o recurso Numeração, usado para numerar parágrafos.

Uma forma de identificar a diferença é pela presença dos indicadores de fim de parágrafo, visíveis quando a ferramenta "caracteres não imprimíveis" está ativa.

Notas de Rodapé/Notas de Fim

Já vimos esse nome no menu Inserir. No entanto, são ferramentas distintas, mas relacionadas, pois esse recurso do menu Ferramentas abre a janela de configuração das notas, conforme ilustrado a seguir:

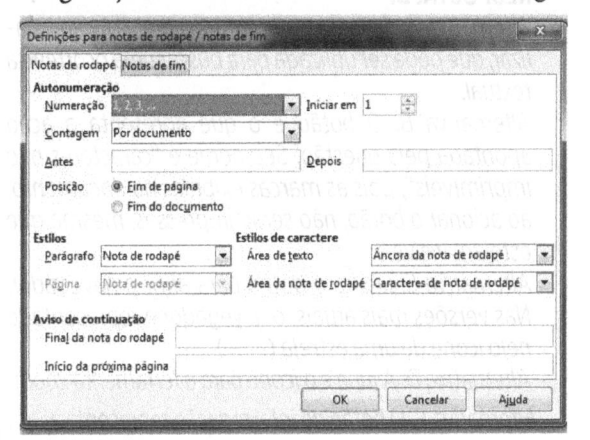

Galeria

A ferramenta que exibe a galeria também é encontrada no menu Ferramentas, além da barra de ferramentas padrão.

Assistente de Mala Direta

Uma ferramenta interessante para quem quer começar a entender o recurso de mala direta. Por meio dela, é possível criar uma mala direta passo a passo.

Macros ▶

De uma forma geral, as Macros são regras criadas para automatizar tarefas repetitivas. Por meio dessa ferramenta é possível executar as macros existentes.

Opções de Autocorreção

O recurso de Autocorreção é o responsável por corrigir palavras logo após a sua inserção, como colocar acento na palavra, caso digitada sem.

Opções

Esse recurso concentra as opções do programa como dados do usuário e recursos.

EXERCÍCIO COMENTADO

01. (UFRJ) Quando estamos editando um texto com o aplicativo BrOffce Writer e desejamos ver na tela as marcas de parágrafos e outros caracteres de formatação escondidos, devemos ativar na barra de ferramentas o ícone:

a) 🔍
b) ¶
c) ⊘
d) 🔍
e) ❓

RESPOSTA: B.
Alternativa A. O botão apresentado abre a opção localizar, que pode ser utilizada para buscar uma ocorrência textual.
Alternativa B. O botão é o que apresenta a ação apontada pela questão. Seu nome é "caracteres não imprimíveis", pois as marcas exibidas no documento, ao acionar o botão, não serão impressas, mesmo que estejam visíveis.
Alternativa C. Ilustra o botão para abrir o navegador. Nas versões mais atuais, o navegador é representado pelo ícone de uma estrela (✦).
Alternativa D. A lupa é o ícone para a ferramenta zoom.
Alternativa E. O botão de interrogação representa ajuda.

VAMOS PRATICAR

Os exercícios a seguir são referentes ao conteúdo: BrOffice Writer - Editores de Texto.

01. (FCC) Dentre três opções do BrOffice.org Writer 2.4, uma tabela pode ser inserida em um documento por meio da opção:

a) Tabela do menu Inserir ou Inserir do menu Tabela, apenas.
b) Inserir do menu Tabela, Tabela do menu Inserir ou Colunas do menu Formatar.
c) Inserir do menu Tabela, apenas.
d) Inserir do menu Tabela ou Colunas do menu Formatar, apenas.
e) Tabela do menu Inserir ou Colunas do menu Formatar, apenas.

02. (FCC) A barra de fórmulas permite criar e inserir cálculos em um documento de texto do BrOffice.org Writer 3.0. A barra Fórmula pode ser ativada:

a) selecionando-a apenas pelo menu Exibir;
b) selecionando-a apenas pelo menu Inserir;
c) pressionando-se a tecla F2;
d) pressionando-se a tecla F3;
e) pressionando-se a tecla F5.

03. (Cespe) Acerca de edição de textos, planilhas e apresentações nos ambientes Microsoft Office 2010 e BrOffice 3.0, julgue o item a seguir:

As caixas de seleção [Times New Roman ▼] [12 ▼], presentes na barra de ferramentas do BrOffice Writer 3.0, exibem e permitem alterar, respectivamente, o tipo e o tamanho da fonte.

Certo ( )   Errado ( )

04. (UEG) No LibreOffice Writer, versão 3.6.3.2, configuração padrão em português, o usuário pode adicionar com rapidez marcadores ou números às linhas de texto existentes, ou o editor pode, automaticamente, criar listas à medida que o usuário digita. Sobre esse recurso, nota-se o seguinte:

a) Em listas com vários níveis de indentação, deve-se respeitar o padrão adotado para o maior nível, ou seja, os subitens de um item numerado também deverão ser do tipo numérico.
b) Para ativar ou desativar o recurso de marcadores, o usuário pode fazer uso do ícone ▶≡ disponível na barra de ferramentas ou mesmo utilizar a tecla de atalho F11.
c) Para se criar mais de uma lista enumerada em um mesmo documento e reiniciar a numeração automaticamente, é necessário inserir uma quebra de seção.
d) Para ativar ou desativar o recurso de numeração automática, o usuário pode fazer uso do ícone [1/2] disponível na barra de ferramentas ou mesmo utilizar a tecla de atalho F12.

05. (PC-RJ) Um usuário do processador de textos BROffice.org 2.3.1 Writer digitou um trabalho no *software* e, ao final, realizou os ajustes de rotina e salvou-o na pasta Meus Documentos, existente no disco rígido C: do microcomputador. Para isso, ele dispõe de duas alternativas: Salvar e Salvar Como..., atividades executadas por meio do uso de dois atalhos de teclado.

Esses atalhos são, respectivamente:
a) Ctrl + B e Ctrl + Shift + B.
b) Ctrl + S e Ctrl + Alt + S.
c) Ctrl + S e Ctrl + Shift + B.
d) Ctrl + B e Ctrl + Alt + B.
e) Ctrl + S e Ctrl + Shift + S.

06. (FCC) No BrOffice.org Writer, versão 3.2, o botão que mostra ou oculta os caracteres não imprimíveis no texto é exibido normalmente na barra de ferramentas
a) padrão;
b) de formatação;
c) de objeto de texto;
d) de controles de formulários;
e) de marcadores e numeração.

Julgue o próximo item, referente aos aplicativos dos ambientes Microsoft Office e BrOffice.

07. (Cespe) No BrOffice Writer 3, é possível aplicar estilos de texto no documento em edição, como, por exemplo, título 1 e título 2, e, com esses estilos, criar sumários, por meio da opção Índices do menu Inserir ou, ainda, criar referências cruzadas, por meio da opção Referência, no mesmo menu.

Certo ( )   Errado ( )

08. (Ceperj) O Writer do pacote BROffice.org 3 oferece o recurso Formatar – Página que, ao ser acionado, abre uma janela. Nessa janela é possível definir o formato do papel na página, dimensões de altura e largura, além da orientação. Se largura = 21,00 cm e altura = 29,70 cm, pode-se concluir que o formato e a orientação do papel são, respectivamente:
a) A1 e vertical.
b) A4 e vertical.
c) A0 e retrato.
d) A4 e retrato.
e) A1 e retrato.

09. (Cespe) Por meio do botão 🗎, é possível exportar o documento em edição para um arquivo no formato PDF (*portable document format*). O pincel de estilo, acessado pelo botão 🖌, possibilita copiar a formatação de um objeto ou de uma seleção de texto e aplicá-la em outro objeto ou em outra seleção de texto.

Certo ( )   Errado ( )

10. (AlfaCon) Julgue o próximo item, referente aos aplicativos Microsoft Office e BrOffice.org.

No Br Office Writer, a ferramenta "assistentes" pode ser encontrada no menu:
a) Arquivo.
b) Editar.
c) Exibir.
d) Inserir.
e) Ferramentas.

GABARITO

01	A	06	A
02	C	07	CERTO
03	CERTO	08	D
04	D	09	CERTO
05	E	10	A

ANOTAÇÕES

8. BrOffice Calc – Editor de Planilhas

O BrOffice Calc é um editor de planilhas eletrônicas pelo qual pode-se estruturar um controle de livro-caixa ou estoque, dentre inúmeras outras estruturas para atender a necessidades básicas de um escritório, por exemplo, que deseja controlar suas atividades. A figura a seguir ilustra a janela principal desse programa.

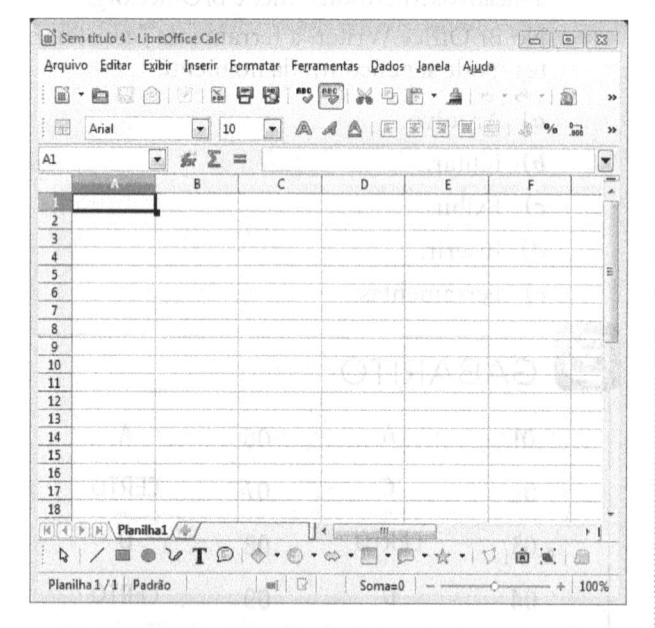

Para utilizar adequadamente esse programa, devemos entender as suas estruturas, com as quais iremos operar, como o formato de arquivo gerado.

Por padrão, um arquivo salvo no Calc é salvo no formato ODS (*Open Document Spreadsheet*), no entanto é possível por meio deste editor também salvar nos formatos padrões do Microsoft Office Excel, XLS (2003) e XLSX (2007 e 2010).

Vale lembrar que o formato ODF é o formato genérico do BrOffice, conhecido como *Open Document Format*, ou seja, Formato de Documento Aberto. Fique atento, pois o PDF (Formato de Documento Portátil) também e possível de ser gerado pelo Calc, porém por meio da opção Exportar como PDF.

Planilha

Uma planilha nada mais é do que um reticulado de linhas e colunas, as quais são preenchidas com dados e fórmulas com o intuito de se obter algum resultado ou estruturar alguma informação.

Por padrão, as linhas são identificadas por números enquanto que as colunas são identificadas por letras, conforme ilustrado na figura acima. Vale lembrar que, uma vez que existe um padrão, que existe também outra forma de se trabalhar, neste caso, é possível utilizar números para as colunas, mas é necessário alterar as opções do programa.

Uma planilha já possui um total de 1.048.576 linhas por 1024 colunas, contudo, como o alfabeto vai apenas até a letra Z, a próxima coluna é dada pela combinação AA, seguida por AB até chegar a AZ, seguida por BA, BB e assim por diante até completar as 1024 colunas, sendo a última representada pela combinação AMJ.

O mais importante a ser observado sobre essa característica é que esses valores são fixos, ou seja, uma planilha sempre terá essa estrutura, mas quando usado o recurso inserir Linhas ou Colunas, ocorre um deslocamento de conteúdo para baixo, no caso de linhas, e para a direita, no caso de colunas.

Célula

Uma célula é a menor unidade estrutural de um editor de planilhas, elas são dadas pelo encontro de uma coluna com uma linha. Assim são identificadas pelos títulos das colunas e das linhas que são exibidas.

A célula A1 é a primeira célula de uma planilha, ou seja, é a célula que se encontra na coluna A e na linha 1.

Células de Absorção

Dentre as características das células podemos citar as de Absorção, também conhecidas como células de resultado. Basicamente são aquelas que apresentam o resultado de algum cálculo.

Os indicadores de Células de Absorção são símbolos usados para identificar para o programa quais células devem ser calculadas. No Calc, são três os indicadores de células de absorção:

=	=5+5	10
+	+5+5	10
-	-5+5	0

Modos de Endereçamento

Os modos de endereçamento são formas de identificar o endereço de uma célula, contudo para fins de identificação os três modos de endereçamento não possuem diferença, sua aplicação é apenas para os procedimentos de copiar e colar uma célula cujo conteúdo é uma fórmula, por vezes citado pelo clicar e arrastar.

Relativo: no modo de endereçamento relativo apenas precisamos indicar a coluna e a linha de uma célula. Como o exemplo: B2, ou seja, a célula que se encontra na junção da linha 2 com a coluna B.

Misto: no modo de endereçamento misto é utilizado o símbolo $ (cifrão) para indicar que o dado que estiver imediatamente à sua direita será sempre o mesmo, ou seja, não poderá ser alterado.

Existem duas formas de endereçamento misto, em uma bloqueamos a coluna, enquanto que na outra a linha é que é bloqueada.

Quando desejamos travar a coluna, escrevemos o endereço da célula, =$B2, assim a linha pode ser alterada quando houver deslocamento, porém a coluna será sempre a coluna B.

Por outro lado, quando desejamos fixar uma linha, devemos escrever o $ antes da linha, exemplo, =B$2, dessa forma, a coluna pode ser alterada quando houver deslocamento em relação à coluna, contudo a linha será sempre a linha 2.

Absoluto: no endereçamento absoluto tanto a coluna quanto a linha são fixadas, assim podemos dizer que a célula será sempre a mesma.

Endereço da Planilha

<nome da Planilha>.<endereço da célula>

=Planilha1.B4+Planilha2.B4

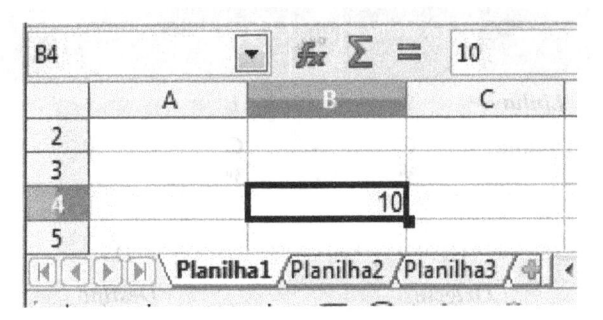

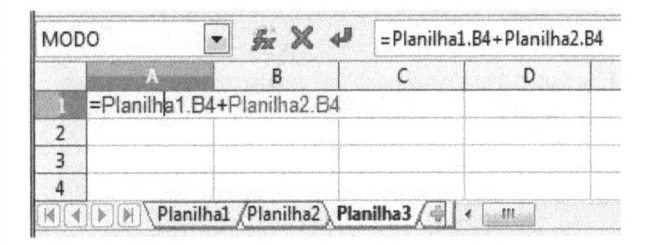

Operadores

No BrOffice Calc existem quatro tipos de operadores básicos: aritméticos, texto, referência e comparação, cada qual com suas peculiaridades.

Operadores Aritméticos

Sobre Operadores Aritméticos, assim como sobre Células de Absorção, a maioria das perguntas é direta, mas as questões são colocadas na matemática destes operadores, ou seja, as regras de prioridade de operadores devem ser observadas para que não seja realizado um cálculo errado.

Operador	Símbolo	Exemplo de uso	Resultado
Adição	+	=5+5	10
Subtração	-	=5-5	0
Multiplicação	*	=5*5	25
Divisão	/	=5/5	1
Potenciação	^	=5^2	25
Percentagem	%	=200*10%	20

Operador de Texto

Os editores também contam com um operador que permite atuar com texto. O operador de concatenação & tem a função de reunir o conteúdo das células na célula resultado. Atenção, nesse caso a ordem dos operadores altera o resultado.

A figura a seguir ilustra as células com operações de concatenação.

A figura a seguir mostra os resultados obtidos pelas fórmulas inseridas, atente aos resultados e perceba que a ordem dos fatores muda o resultado. Também observe que, por ter sido utilizado um operador de texto, o resultado por padrão fica alinhado à esquerda.

	A	B	C	D
1		3	4 43	51
2	ab	cd	abcd	
3	3abab3	3abab3		
4	ab3			
5				

Referência

Os operadores de referência são aqueles utilizados para definir o intervalo de dados que uma função deve utilizar.

; ~	E	União
:	Até	Intervalo
!		Interseção

Considere o seguinte conjunto de dados em uma planilha em edição no Calc:

	A
1	10
2	20
3	30
4	40
5	50
6	
7	
8	

=SOMA(A1 : A4)

A função é lida como Soma de A1 até A4, ou seja, todas as células que estão no intervalo de A1 até A4 inclusive. No caso de exemplo o resultado = 100.

De forma equivalente pode-se escrever a função como se segue:

=SOMA(A1 ; A2 ; A3 ; A4)

A qual se lê Soma de A1 e A2 e A3 e A4, assim é possível especificar células aleatórias de uma planilha para realizar um cálculo.

=SOMA(A1 ; A4)

Neste caso fique atento pois, a leitura é Soma de A4 e A1, ou seja, apenas estão sendo somadas as células A1 com A4 as demais não entram no conjunto especificado. Sendo assim, o resultado seria 50.

=SOMA(A1 : A4 ! A3 : A5)

Já nesta última situação apresentada, deseja-se somar apenas as células que são comuns ao intervalo de A1 até A4 com A3 até A5, que no caso são as células A3 e A4, assim a soma destas células resulta em 70.

Elemento Fixador

O $ (cifrão) é um símbolo usado para travar alguma informação, via de regra o que estiver vinculado à direita.

As questões normalmente descrevem uma planilha e citam que uma determinada fórmula foi inserida em uma célula. Na sequência, a célula é selecionada, copiada e colada em outra célula, ou mesmo clicado pela alça de preenchimento e arrastado para outra célula.

No caso a seguir, foi inserida na célula C1 a fórmula =A1+$A2+A$2, após foi arrastada pela alça de preenchimento desta célula para a célula C2, assim a fórmula presente em C2 será:

1º de C1 para C2 foi acrescido apenas uma linha, sem alterar a coluna, assim as letras não são alteradas, mas existem modos de endereçamento misto, em que aparece $2 significa que a linha será sempre a linha 2, não podendo modificá-la.

	A	B	C	D
1	10	100	=A1+$A2+A$2	
2	50	200	=A2+$A3+A$2	
3	=$A$1+A1			
4		=$A$1+B2		
5				=B5+$A6+B$2
6				

	A	B	C	D
1	10	100	110	
2	50	200	120	
3	20			
4		210		
5				200
6				

C1	→	C2
Origem		Destino

	Destino	Origem	Deslocamento
Linha	2	- 1	1
Coluna	C 3ª	- C 3ª	0

C1	→	D5
Origem		Destino

	Destino	Origem	Deslocamento
Linha	5	- 1	4
Coluna	D 4ª	- C 3ª	1

A3	→	B4
Origem		Destino

	Destino		Origem	Deslocamento
Linha	4	-	3	1
Coluna	B 2ª	-	A 1ª	1

Origem	→	Destino

	Destino	Origem	Deslocamento
Linha		-	
Coluna		-	

Alça de Preenchimento

A Alça de Preenchimento é um dos recursos que mais possui possibilidades de uso e por consequência respostas diferentes.

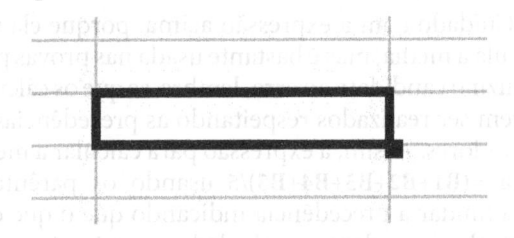

Observe que, quando uma ou mais células estão selecionadas, sempre no canto direito inferior é ilustrado um quadrado um pouco mais destacado, essa é a alça de preenchimento.

Ela possui esse nome porque é utilizada para facilitar o preenchimento de dados que obedeçam a uma regra ou padrão.

Quando uma única célula está selecionada e o seu conteúdo é um valor numérico. Ao clicar sobre a alça de preenchimento e arrastar seja na horizontal ou vertical, em qualquer sentido, exceto diagonal, será preenchido com uma Progressão Aritmética (PA) de razão 1, caso seja arrastado para esquerda ou para cima a razão é -1. A figura a seguir ilustra o comportamento.

Já na situação em que existem duas células adjacentes selecionadas contendo valores numéricos diferentes entre si, ao se arrastar pela alça de preenchimento as células serão preenchidas com uma PA cuja razão é a diferença entre os dois valores selecionados. A figura a seguir ilustra esse comportamento. Podemos observar que o valor que irá ser exibido na célula B6 será o número 30, com isso a célula B4 receberá o valor 20, enquanto que a B5 receberá 25, conforme vemos na figura da direita.

Quando o conteúdo de uma única célula selecionada for um texto esse, será copiado para as demais células. Mas se o conteúdo, mesmo sendo um texto, fizer parte de uma série conhecida pelo programa às células serão preenchidas com o próximo valor da série. Por exemplo, se Janeiro for o conteúdo inserido na célula então ao arrastar pela alça de preenchimento para a direita ou para baixo a célula adjacente será preenchida com Fevereiro, por outro lado se for arrastado para cima ou para a esquerda a célula adjacente será preenchida com Dezembro. O mesmo vale para as sequências Jan, Seg e Segunda-feira. Atenção: A, B, C não são conhecidos como série nos programas, mas o usuário pode criá-las.

Já na situação em que haja duas células que contenham textos diferentes selecionadas, ao arrastar será preenchido com o padrão encontrado, veja o exemplo abaixo.

Quando o conteúdo da célula for uma fórmula ao arrastar pela alça de preenchimento o resultado é o mesmo, ou seja, deverá ser calculada a nova fórmula de acordo com o deslocamento.

Funções

As Funções são estruturas prontas criadas para que o usuário não se preocupe em como elas funcionam, mas apenas com que informações devem descrever para obter o resultado. Contudo, para as provas de concurso precisamos saber como elas funcionam.

A figura acima ilustra a barra de fórmulas e funções do Calc, por meio dela podemos inserir as funções, além de poder digitá-las diretamente. Essa barra também tem importante informação, pois é nela que é exibido o real conteúdo de uma célula, ou seja, se o que foi inserido foi uma fórmula ou um dado (valor) direto.

Caso ainda não conheça muito bem as funções é possível contar com o assistente de funções, que pode ser acessado pelo ícone *fx* presente nessa mesma barra. À direita dele encontra-se o botão SOMA, que pode ser usado para inserir a função =SOMA( ) já o sinal de igual presente na sequência é o mesmo que digitar o símbolo na célula selecionada a fim de inserir uma fórmula ou função, tanto que seu nome é Função.

Principais Funções

=SOMA( )

=MÉDIA( )

=MED( )

=MÁXIMO( )

=MAIOR(;)

=MÍNIMO( )

=MENOR(;)

=MODO( )

	A	B	C	D
1	3	7	10	
2	7	3	20	
3		7	30	
4	3	3	40	
5		7	5	10
6				
7				

=MÉDIA(A1:A5)

Calcula-se a Média de A1 até A5. O cálculo da média é a soma de um conjunto de valores dividido pelo total de valores **somados**, assim para o caso apresentado na figura acima o resultado da média de A1 até A5 é 20/4 totalizando 5, ou seja, as células vazias são ignoradas. Caso a célula A3 possua o valor 0, o resultado seria 4, pois 0 (zero) é número.

=MÉDIA(A1;A2;A3;A4;A5)

Nesta segunda forma, apenas se mudou os operadores de referência, mas o resultado será o mesmo, pois o conjunto de dados é o mesmo.

=MÉDIA(B1:B5)

O conjunto apresentado também resulta em 5.

=SOMA(B1:B5)/5

Muito comum de ser usado nas provas as estruturas de funções combinadas com expressões aritméticas como somar o conjunto de B1 até B5 e na sequência dividir o resultado por 5. Atente-se, pois para o caso em questão a expressão acima calcula a média, porém não se pode dizer o mesmo para a frase, a função =SOMA(B1:B5)/5 **calcula a média dos valores de B1 até B5 qualquer que seja o valor nas células**, pois se alguma célula estiver vazia não será dividido por 5 o total somado, a fim de calcular a média.

=B1+B2+B3+B4+B5/5

Cuidado com a expressão acima, porque ela não calcula a média, mas é bastante usada nas provas para induzir o candidato ao erro, lembre-se que os cálculos devem ser realizados respeitando as precedências de operadores. Assim, a expressão para calcular a média seria =(B1+B2+B3+B4+B5)/5 usando os parênteses para mudar a precedência indicando que o que está entre eles é que deve ser calculado por primeiro.

=MED(B1:B5)

Atenção a essa função, pois as provas induzem o candidato a pensar que se trata da função que calcula a média, contudo o que ela calcula é a **Mediana**, que é o elemento central de um conjunto de elementos. Porém, outra questão recorrente pode ser apresentada: ocorre quando o conjunto de dados é similar ao apresentado, ou seja, com números repetidos e fora de ordem, devemos lembrar que a mediada leva em consideração os valores em ordem e que estes se repetem. Desse modo, na mediana de B1 até B5 devemos observar os valores (3, 3, 5, 7, 7), com base nesse conjunto tem-se que a mediana é 5, pois é o elemento central.

=MED(A1:A5)

Contudo, quando o conjunto possui uma quantidade par de elementos, a mediana é a média dos elementos centrais. Dado do conjunto (3, 3, 7, 7) a mediana é a média de 3 e 7, ou seja, 5.

=MÁXIMO(B1:B5)

Essa função retorna o valor mais alto do conjunto de dados especificado.

=MAIOR(B1:B5;3)

Em comparação com a função Máximo, é comum aparecer a função Maior que permite identificar o enésimo termo de um conjunto.

No exemplo anterior podemos ler como o terceiro maior número do intervalo de B1 a B5.

Neste caso, como se deseja o maior valor o conjunto, deve ser considerado em ordem decrescente (7, 7, 5, 3, 3), assim o terceiro maior número é 5.

=MÍNIMO(B1:B5)

Enquanto que o máximo traz como resposta o valor mais alto, o mínimo retorna o mais baixo.

Para o exemplo acima a resposta é 3.

=MENOR(B1:B5;1)

A função Menor exibe o enésimo menor número de um conjunto, desta forma, no exemplo dado, pede-se o primeiro menor número do intervalo de B1 a B5 (3, 3, 5, 7, 7), na função menor o conjunto de dados deve ser considerado em ordem crescente, assim o primeiro menor é 3, o mesmo que o mínimo de B1 até B5.

=MODO(A1:A5)

Esta função retorna o valor que aparece com maior frequência no conjunto especificado. No caso do exemplo, a resposta é 3.

=MODO(B1:B5)

Observe que o resultado será sempre o valor mais baixo que mais se repete, mesmo que outro valor apareça com a mesma frequência, como no segundo exemplo a resposta também é 3.

Outras Funções Comuns

	A	B	C	D	E
1	3	7	10	A	
2	7	3	20	B	
3		7	30	A	
4	3	3	40	A	
5	7	5	10	B	
6					

=SE(; ;)

A função SE é também conhecida como condicional, por meio dela é possível definir ações a serem executadas diante de determinadas situações (condições).

Sua sintaxe é composta por três campos sendo que no primeiro é colocado um teste lógico, após o ponto e vírgula temos o campo que contém a ação a ser executada, caso o teste lógico seja verdadeiro e na sequência. No último campo, contém a ação caso o teste lógico seja falso.

=CONT.NÚM( )

Esta função exibe o total de células de um intervalo que possui como conteúdo um valor numérico.

=CONT.SE(;)

Enquanto que a função CONT.SE retorna a quantidade de células que atendem ao critério estabelecido no segundo campo.

=SOMASE(; ;)

Já a função SOMASE, permite somar apenas o conteúdo das células de interesse ao montante.

Assim se aplicada a função =SOMASE(D1:D5;"=A";C1:C5) a resposta será o montante da soma das células da coluna C que estiverem na mesma linha das células da coluna D que possuírem a letra A como conteúdo. Assim a resposta é 80.

Exemplos:

=SE(C1>=10; "maior ou igual"; "Menor")

Se o valor contido na célula C1 for maior ou igual a 10, então será escrito na célula o texto expresso no segundo campo da função. Por ser um texto, a ação desejada ele obrigatoriamente deve ser expresso entre aspas, contudo as aspas não serão exibidas na resposta.

Mas se o valor da célula C1 for menor do que então será escrito como resposta o texto **Menor**.

=CONT.NÚM(A1:A5)

Como a célula A3 está vazia, a resposta desta função é 4, pois existem apenas 4 células cujo conteúdo é um número.

=CONT.SE(D1:D5; "=A")

Ao se aplicar a função acima, ela irá contar quantas células possuem o texto A, neste caso a resposta é 3.

Formatos de Células

Ao clicar com o botão direito do mouse sobre uma ou mais células selecionadas é aberto o menu suspenso, ilustrado a seguir. Neste momento nos interessa a opção Formatar Células que, ao ser acionada, abre a janela de formatação de células.

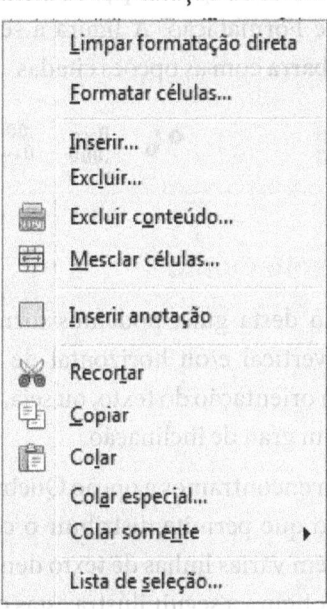

Guia Números

A figura a seguir ilustra a janela Formatar Células exibindo as opções da aba Números, as principais abas são as guias Número e Alinhamento.

Na figura abaixo estão listados os formatos de células e exibidas as células formatadas.

	A	B
1	Número	5,70
2	Porcentagem	500,00%
3	Moeda	R$ 50,00
4	Data	09/04/13
5	Hora	23:20:00
6	Científico	5,00E+000
7	Fração	3/4
8	Valor Lógico	VERDADEIRO
9	Texto	teste
10		

Os formatos Moeda e Percentagem também podem ser definidos pelas opções da barra de Ferramentas de Formatação. A figura a seguir ilustra parte desta barra com as opções citadas.

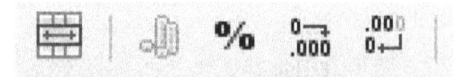

Guia Alinhamento

Por meio desta guia, podemos formatar o alinhamento vertical e/ou horizontal de uma célula bem como a orientação do texto, ou seja, sua direção aplicando um grau de inclinação.

Também encontramos a opção Quebra Automática de texto que permite distribuir o conteúdo de uma célula em várias linhas de texto dentro da mesma célula. A figura a seguir ilustra estas opções.

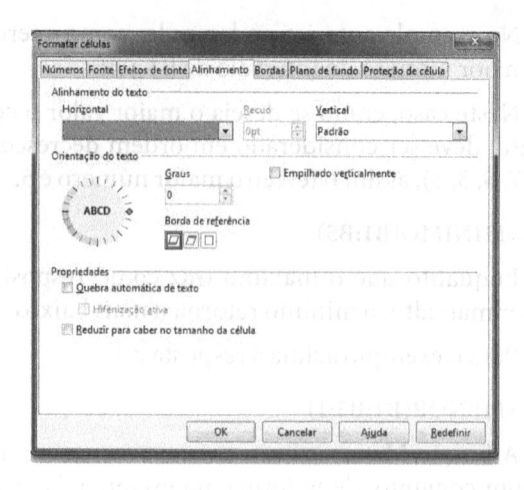

Outras Ferramentas

Mesclar e Centralizar

A opção Mesclar e Centralizar do Calc centraliza tanto na horizontal como na vertical. Porém, é possível exibir apenas o conteúdo da célula superior esquerda, como também se pode mover o conteúdo das células selecionadas que serão ocultas para a célula superior esquerda.

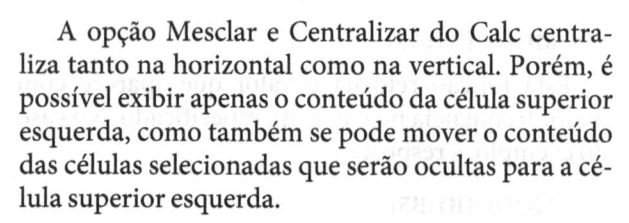

A sequência de imagens a seguir ilustra a operação de mesclar em que se opta por exibir apenas a célula superior esquerda, observe que as demais células são apenas ocultas, assim seus valores são mantidos e podem ser referenciados.

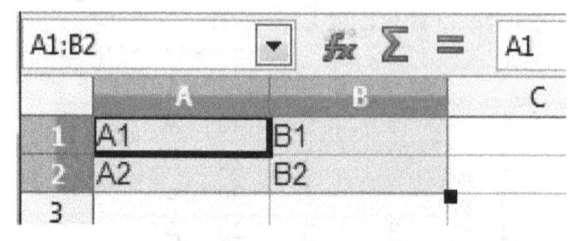

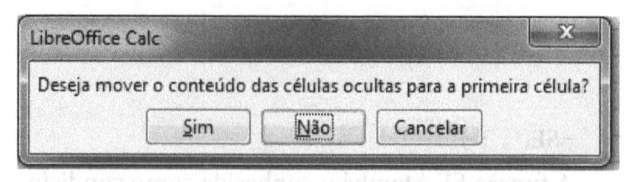

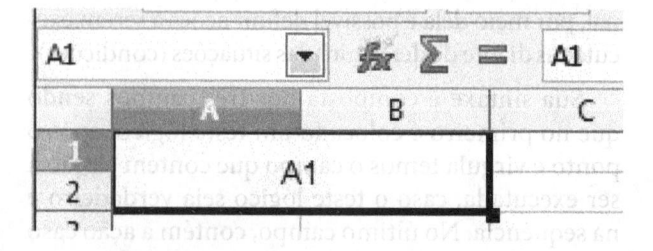

Nessa próxima sequência foi optado por mover o conteúdo para a célula superior esquerda, atente que a ordem dos dados é a mesma de leitura (esquerda para a direita e de cima para baixo).

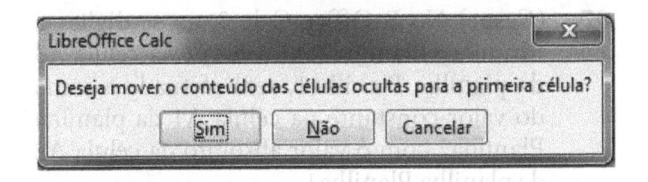

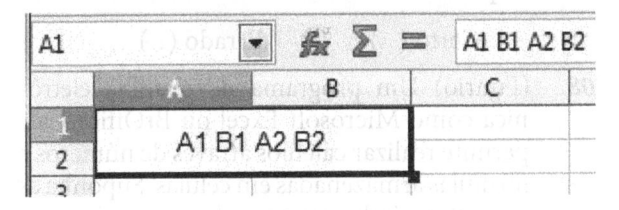

Bordas

Por padrão, em uma planilha, o que vemos são as linhas de grade e não as bordas das células, tanto que se realizarmos a impressão nenhuma divisão aparece. As bordas devem ser aplicadas manualmente de acordo com a necessidade, para isso, pode-se usar o botão Bordas presente na barra de ferramentas de formatação que, ao ser acionado, exibe as opções de bordas, como: bordas externas, internas, esquerda, direita, dentre as demais que podem ser visualizadas na figura abaixo.

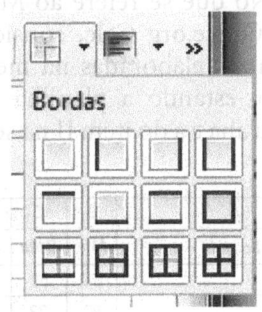

Classificar

Outra opção que podemos destacar é a de classificação de dados, pela qual podemos ordenar um conjunto de dados selecionados em ordem crescente ou mesmo decrescente, por meio dos ícones acima representados, respectivamente.

EXERCÍCIO COMENTADO

01. (COPEVE-UFAL) Numa planilha inicialmente vazia do BrOffice, na célula D8 foi escrito =B5+$C4; depois de arrastar essa célula pela alça de preenchimento, até atingirmos a célula E8, o valor da célula E8 será:
   a) =C5+$D4.
   b) =B5+$D4.
   c) =C5+$C5.
   d) =C5+$C4.
   e) =B5+$C4.

RESPOSTA: D. Ao arrastar pela alça de preenchimento, deve-se lembrar primeiramente que ela não pode ser usada na diagonal, apenas na horizontal ou vertical. Segundo, arrastar pela alça de preenchimento uma célula cujo conteúdo é uma fórmula apresentará o mesmo resultado que a operação copiar e colar. Assim, o deslocamento dado de D8 para E8 é de apenas uma coluna, não alterando-se a linha.

Com isso, ao acrescer à fórmula o devido deslocamento obtemos =C5+$C4, as linhas continuam as mesmas, pois, o deslocamento foi dado apenas na coluna, porém como a segunda parcela fora identificada com o modo de endereçamento misto, em que o cifrão ($) usado impede que a coluna C seja alterada, o endereço permanece $C.

VAMOS PRATICAR

Os exercícios a seguir são referentes ao conteúdo: BrOffice Calc – Editor de Planilhas.

01. (AlfaCon) Duas ou mais células de uma planilha do Microsoft Calc podem ser unidas de tal forma que passam a ser uma só célula. Assinale a alternativa que apresenta o nome desse recurso.
   a) Agrupar células.
   b) Mesclar células.
   c) Aglomerar dados.
   d) Agrupar dados.
   e) Consolidar dados

02. (Cespe - Adaptada) No Calc, por meio da ferramenta , é possível, entre outras tarefas, copiar o conteúdo da área de transferência do Windows e colá-lo na célula desejada, sendo possível, ainda, formatar o estilo de uma célula em moeda, por exemplo.

Certo ( )   Errado ( )

03. (FCC) Considere a planilha abaixo, exibida no primeiro momento, na Figura 1 e no segundo momento, na Figura 2.

Figura 1

	A	B
1	Tribunal	
2	Regional	
3	Eleitoral	
4		
5		

Figura 2

	A	B
1		
2		
3	Tribunal Regional Eleitoral	
4		
5		

Para obtenção do conteúdo apresentado na Figura 2:

- a) basta selecionar as células A1, A2 e A3 e utilizar o botão Mesclar células no BrOffice.org Calc e selecionar a opção SIM na janela que se abre.
- b) basta selecionar as células A1, A2 e A3 e utilizar o botão Mesclar e centralizar no Microsoft Excel.
- c) é necessário selecionar as células A1 e A2, utilizar o botão Mesclar células e copiar o conteúdo da célula A3, tanto no Microsoft Excel quanto no BrOffice.org Calc.
- d) basta selecionar as células A1, A2 e A3 e utilizar o botão Mesclar e centralizar, tanto no BrOffice.org Calc quanto no Microsoft Excel.
- e) é necessário mesclar as células A1, A2 e A3 e digitar as palavras Regional e Eleitoral, pois os conteúdos das células A2 e A3 serão perdidos, tanto no BrOffice.org Calc quanto no Microsoft Excel.

04. (NCE/UFRJ) Ao salvar-se um documento em um aplicativo do BrOffice, esse foi criado com a extensão padrão .ods. Pode-se afirmar que o documento é:

- a) uma fotografia editada;
- b) um arquivo texto;
- c) uma planilha;
- d) uma apresentação de slide;
- e) um banco de dados.

05. (ESAF) O BrOffice é uma suíte para escritório gratuita e de código aberto. Um dos aplicativos da suíte é o Calc, que é um programa de planilha eletrônica e assemelha-se ao Excel da Microsoft. O Calc é destinado à criação de planilhas e tabelas, permitindo ao usuário a inserção de equações matemáticas e auxiliando na elaboração de gráficos de acordo com os dados presentes na planilha. O Calc utiliza como padrão o formato:

- a) XLS.
- b) XLSX.
- c) ODF.
- d) PDF.
- e) DOC.

06. (Cespe) No BrOffice Calc 3.3, é possível salvar as planilhas em formato ODS ou XLS, sendo possível, ainda, sem a necessidade de instalação de componentes adicionais, exportar a planilha em formato PDF.

Certo ( )   Errado ( )

07. (Cespe) No BrOffice Calc 3, ao se digitar a fórmula =Planilha2!A1 + $A$2 na célula A3 da planilha Planilha1, será efetuada a soma do valor constante na célula A1 da planilha Planilha2 com o valor absoluto da célula A2 da planilha Planilha1.

Certo ( )   Errado ( )

08. (Funrio) Um programa de planilha eletrônica como Microsoft Excel ou BrOffice Calc permite realizar cálculos através de números e fórmulas armazenadas em células. Suponha as seguintes células preenchidas com números: A1=6, A2=5, A3=4, B1=3, B2=2, B3=1. Que valor será calculado e exibido na célula C3 caso esta tenha o conteúdo =SOMA(A2:B3)?

- a) 5
- b) 6
- c) 12
- d) 15
- e) 21

09. (FCC) No que se refere ao Microsoft Excel e ao BrOffice.org Calc, considere as planilhas abaixo, elaboradas na mesma pasta de trabalho, estando a planilha do item I na primeira aba e a do item II na segunda aba.

	A	B	C	D	E
1	Nº Inscrição	Alfa	Beta	Gama	Delta
2	AAS5689	100	59	150	79
3	JSP2560	90	22	75	39
4	LPM2891	55	70	45	26
5	TSD8500	128	130	200	50
6	Total (Beta + Delta)				475
7	Média Simples (Alfa + Gama)				105,4

II

	A	B	C
1	Nº Inscrição	Nome	Delta
2	AAS5689	Pedro Alvares Cabral	
3	JSP2560	Machado de Assis	
4	LPM2891	Deodoro da Fonseca	
5	TSD8500	Lineu de Paula Machado	

Considerando que, no Excel, o valor 475, apresentado na célula E6, resulta da aplicação da fórmula =SOMA(E2:E5;C2:C5), é correto afirmar que a seleção dos intervalos foi realizada pelo mouse com o auxílio.

- a) das teclas Ctrl + Alt.
- b) da tecla Shift.
- c) da tecla Ctrl.
- d) das teclas Ctrl + Shift.
- e) da tecla Alt.

10. (FCC) As células A1 até A3 de uma planilha BrOffice (Calc) contêm, respectivamente, os números: 2, 22 e 222. A célula A4 contém a fórmula =A$1*$A$2+A3 (resultado = 266) que arrastada pela alça de preenchimento para a célula A5 registrará, nesta última, o resultado (calculado)

a) 510
b) 5150
c) 6074
d) 10736
e) 63936

11. (Ceperj) Observe a planilha abaixo, no Calc do pacote BrOffice.org 3.0.

	A	B	C	D	E	F	G
1				CEDAE – 2012			
2							
3			#	Código	Nome	Leitura	Consumo
4			1	01-5009	Aldair	123	baixo
5			2	02-9876	Jussara	256	médio
6			3	03-4572	Luiz	478	alto
7			4	04-9036	Samuel	371	médio
8							

Nessa planilha foi inserida uma expressão em G4 que mostra uma mensagem, baseada no quadro a seguir.

Leitura	Consumo
Menor que 200	baixo
Maior ou igual a 200 e menor que 400	médio
Maior ou igual a 400	alto

Para finalizar, a expressão inserida na célula G4 foi copiada para G5, G6 e G7. Como consequência, em G7 foi inserida a seguinte expressão:

a) =SE(F7>=400;"alto";SE(F7<200;"baixo";"médio"))
b) =SE(F7>=400;"alto";SE(F7<200;"médio";"baixo"))
c) =SE(F7>=400;"baixo";SE(F7<200;"alto";"médio"))
d) =SE(F7>=400;"médio";SE(F7<200;"alto";"baixo"))
e) =SE(F7>=400;"médio";SE(F7<200;"baixo";"alto"))

12. (Cespe) No aplicativo BrOffice Calc 3.0, o valor da célula A2 poderá ser testado utilizando-se a função =SE(A2>1000;A2*0,15;A2*0,05); se o referido valor for maior que 1.000, deverá ser multiplicado por 0,05.

Certo ( )   Errado ( )

GABARITO

01	B	07	ERRADO
02	ERRADO	08	C
03	A	09	C
04	C	10	B
05	C	11	A
06	CERTO	12	ERRADO

ANOTAÇÕES

9. BrOffice Impress – Editor de Apresentação

É também conhecido como editor de slides. Fique atento com as palavras expressas em português como **eslaide**, que aparenta ser errada, pelo fato de não ser empregada com frequência, comumente usada para induzir o candidato ao erro.

Janela do Programa

Devemos, primeiramente, conhecer algumas funções da Janela do Editor para melhor entender seus recursos.

A primeira barra ao topo, onde encontramos os botões Fechar, Maximizar/Restaurar e Minimizar é a chamada Barra de Título, pois expressa o nome do arquivo e o programa no qual está sendo trabalhado.

A barra logo abaixo é a Barra de Menu, onde se encontram as ferramentas do programa. Observe, à direita do menu Ferramentas, a existência de um menu diferente dos encontrados no Writer e Calc, o menu Apresentação de Slides. Nele, são encontradas as opções específicas das operações com slides como Cronometrar, Transição e Apresentação de Slides.

Na sequência, são exibidas as duas barras de ferramentas (Padrão e de Formatação). Fique atento às divisões da janela. Na lateral esquerda, está o painel Slides, nele são exibidas as miniaturas dos slides a fim de navegação na apresentação, bem como de organização. Uma vez que, para deslocar o slide, basta clicar e arrastá-lo para o local desejado.

A última é a barra de Status, por meio dela podemos visualizar em qual slide estamos, além de poder alterar o zoom do slide em edição.

Acima da barra de Status está a barra de Desenhos, ilustrada a seguir. Essa barra é comum aos demais editores (Calc e Writer). Porém, ela só aparece por padrão no Impress. Para ocultá-la ou exibi-la, basta selecionar a barra no menu Exibir → Barras de Ferramentas → Desenho.

A área central da tela é onde fica o slide em edição, também conhecida como palco, quem sabe uma associação ao espaço onde o artista expõe a sua obra.

Já à direita, é exibido o Painel de Tarefas. Essa estrutura oferece diversas opções, conforme ilustrado a seguir:

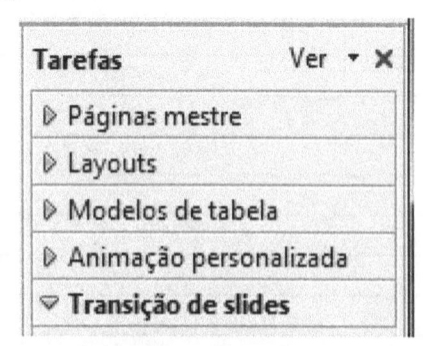

Acima do slide em edição, podem-se encontrar cinco opções, elas são modos de exibição que podem ser alternados.

Mestre

Um mestre é aquele que deve ser seguido, ou seja, uma estrutura base para a criação de um conjunto de slides. Por meio dele podemos criar um modelo no qual se definem estilos de título, parágrafo, tópicos, planos de fundo e os campos de data/hora, rodapé e número do slide, conforme pode ser visualizado na imagem a seguir:

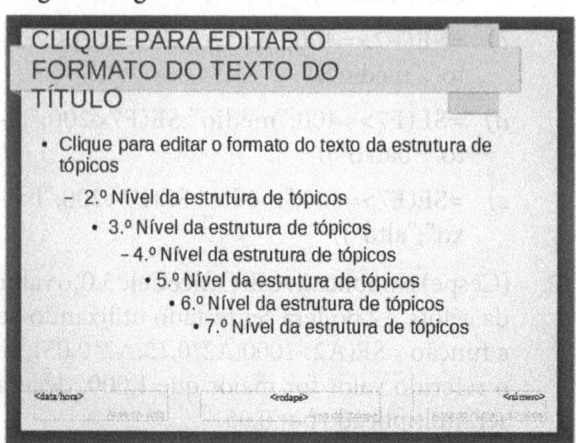

Para acionar o modo exibido, basta clicar no menu Exibir → Mestre → Slide Mestre.

A Nota Mestre serve para formatar as características das anotações (notas) que podem ser associadas a cada slide, conforme ilustrado a seguir.

Já o item Elementos do Slide Mestre, serve para indicar quais elementos devem aparecer nos slides ou notas.

No painel de Tarefas, a opção Páginas Mestre apresenta alguns modelos de Slides Mestres que podem ser utilizados pelo usuário.

Layouts

Também podendo ser citado como Leiaute, são as estruturas que um slide pode possuir, como slides de título, título e subtítulo, slide em branco entre outros.

A figura a seguir ilustra os diversos layouts disponíveis no Impress. Esses podem ser definidos a qualquer momento da edição, inclusive após o slide já ter sido inserido.

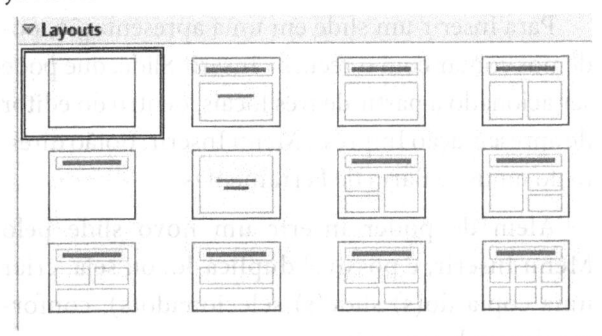

Por meio do botão Inserir Slide, presente na barra de ferramentas padrão, é possível escolher no momento da inserção o layout do slide. Após este já ter sido inserido, basta selecioná-lo no painel de slides, à esquerda, e escolher o novo layout desejado pelo botão de Layout do Slide ou pelo painel de Tarefas.

Formatos de Arquivos

O Formato de Arquivo salvo por padrão no BrOffice (LibreOffice) Impress é o ODP (*Open Document Presentation*). Contudo, é possível salvar uma apresentação no formato PTT do PowerPoint (2003) ou PTTX do PowerPoint 2007 e 2010.

Existe também um formato de arquivo PPS (2003) e PPSX (20007 e 2010). Ele é um formato de autoplay, ou seja, ao ser acionado o arquivo com esse formato ele automaticamente é exibido no modo de exibição de slides.

Modos de Exibição

Os Modos de Exibição refletem em diferentes estruturas e não apenas formas de visualizar os slides. No Impress existem cinco modos de exibição principais, mas pode-se acrescentar também o modo de Apresentação de Slides como sendo um modo de exibição.

Para alternar entre os modos de exibição, pode-se escolher o modo desejado pelo Menu Exibir ou pelas opções presentes no topo do palco de edição.

Normal

Este é o modo de exibição padrão para a edição dos slides, conforme ilustrado a seguir. Com esse modo, é possível alterar os textos do slide, bem como suas formatações de texto, layout e plano de fundo.

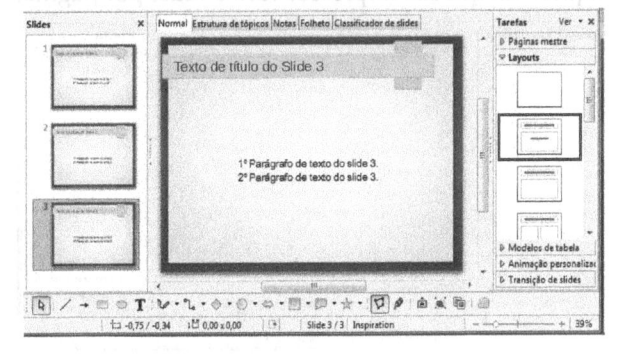

Estrutura de Tópicos

Já no modo de Estruturas de Tópicos, as características de formatação do slide não são exibidas, mas apenas o conteúdo do slide. Cada slide é indicado, bem como cada parágrafo de conteúdo, conforme ilustrado a seguir. Propriedades como o tamanho e o tipo da fonte, bem como negrito, sublinhado e itálico são aparentes neste modo de exibição, ao contrário da cor da fonte.

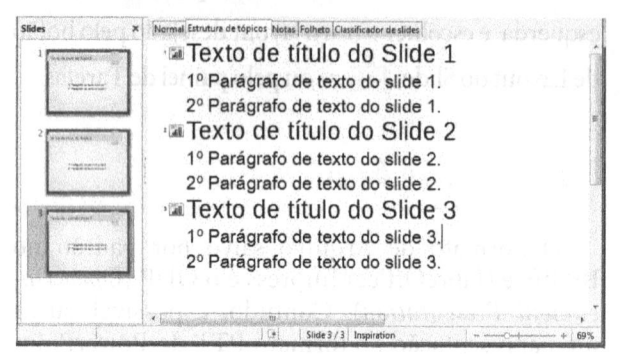

Notas

Este modo de exibição serve para que se possa inserir as anotações sobre um slide, muitas vezes usadas para descrever o assunto, ou conteúdo do slide, ou seja, são os tópicos a serem seguidos e apontados. Assim, as notas servem como um lembrete.

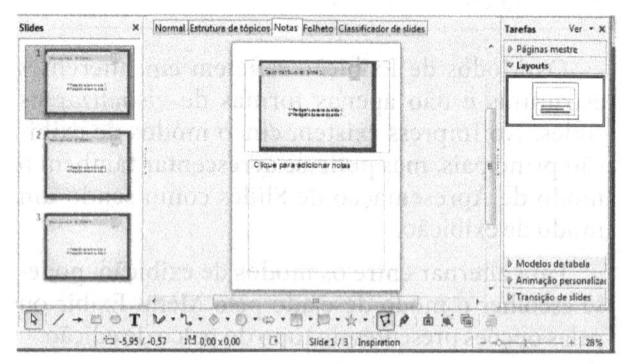

Folhetos

O modo de exibição de Folhetos, ilustrado a seguir, tem por objetivo as estruturas de cabeçalho e rodapé do modo de impressão de folhetos, ou seja, aquele em que são impressos vários slides por página.

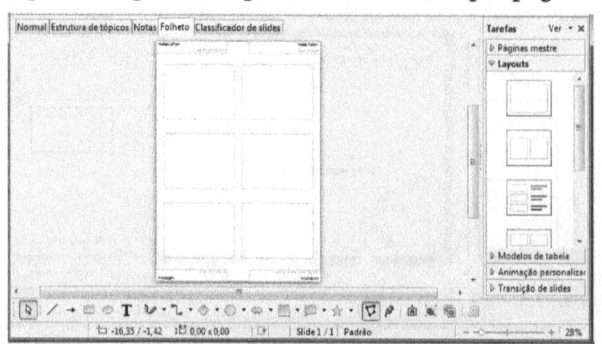

Também é possível dimensionar como ficaram os slides. Além do conteúdo do cabeçalho e rodapé, é possível inserir dados como data, hora e números de páginas. A figura a seguir ilustra com maior precisão os detalhes deste modo de exibição:

Classificador de Slides

O modo Classificador de Slides serve para organizar a sequência dos slides na apresentação, oferecendo uma interface onde são exibidas as miniaturas das telas para que, ao clicar e arrastar os slides, seja possível movê-los para às posições desejadas. Na imagem a seguir, pode-se observar sua disposição:

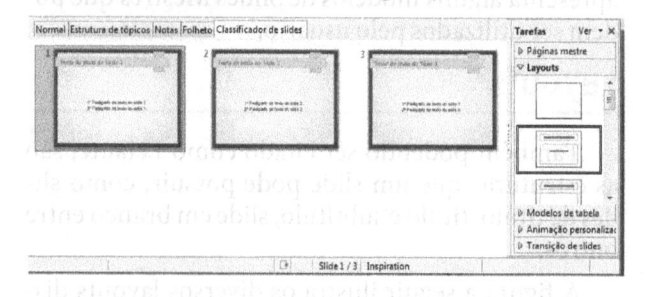

Inserir Slide

Para inserir um slide em uma apresentação, podemos contar com o recurso Inserir Slide, que pode ser acionado a partir de três locais, dentro do editor de apresentação Impress: Menu Inserir, Botão direito do mouse e Barra de Ferramentas.

Além de poder inserir um novo slide pelo Menu Inserir, é possível duplicá-lo, ou seja, criar uma cópia do(s) slide(s) selecionado(s), conforme ilustrado a seguir.

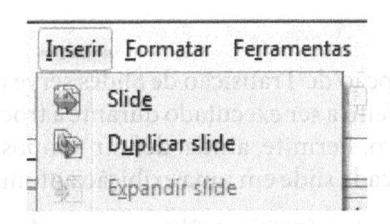

Com o clique do botão direito do mouse sobre um slide, é exibida a lista suspensa ilustrada a seguir, que possui tanto a opção de inserir novo slide, como duplicar o slide selecionado.

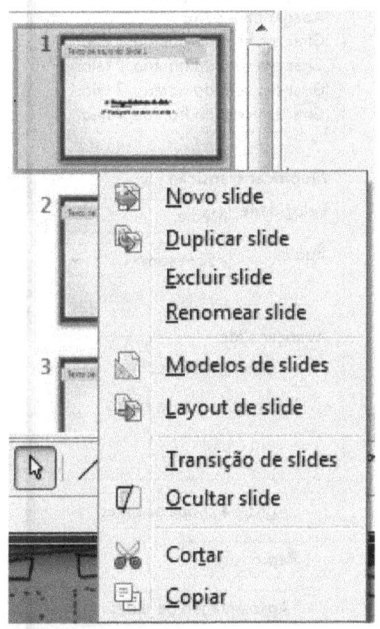

Caso o clique com o botão direito seja feito no espaço vazio, entre os slides é exibida apenas a opção Novo Slide, conforme ilustrado a seguir.

Já na barra de Ferramentas padrão, encontramos o ícone que permite a inserção de um slide. Caso seja clicado na seta à sua direita, é possível ainda escolher o layout do slide que está sendo inserido.

Menu Apresentação de Slides

Neste menu é que se encontram as opções específicas de uma edição de apresentação de slides, como os efeitos de animação e transição de slides. Assim, se a prova citar alguma opção solicitando o menu em que ela é apresentada, se a opção tiver relação à apresentação de slides, então provavelmente estará no menu Apresentação de Slides.

Dentre os itens deste menu, podem-se destacar:

Apresentação de Slides

É a opção que permite exibir a apresentação de slides em tela cheia, de forma a poder visualizá-la. Também é possível encontrar essa opção no Menu Exibir, assim como acioná-la por meio da tecla de atalho F5 que, no caso do Impress, sempre inicia a partir do slide selecionado.

Configuração da Apresentação de Slides

Por meio desta opção é possível configurar características da exibição da apresentação como tempo de transição de slides automática e também a possibilidade padrão de trocar de slide a cada clique do mouse ou com tecla do teclado. A figura a seguir ilustra a janela de configurações de apresentação:

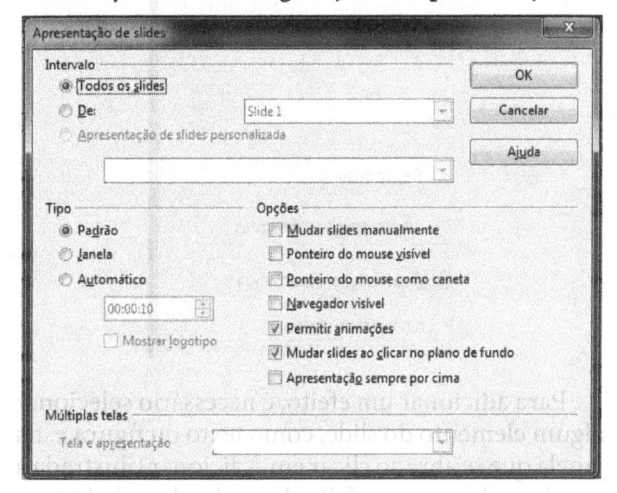

Cronometrar

A opção Cronometrar do Impress é muito inferior ao mesmo recurso no PowerPoint, se comparados. Em teoria, essa ferramenta deveria permitir marcar o tempo que seria gasto para explanar sobre uma apresentação. Contudo, o tempo é marcado por slide e exibido apenas enquanto este está sendo exibido, após, no próximo slide, o contador é novamente zerado.

Interação

Por meio deste recurso é possível modificar a sequência de exibição de uma apresentação, atribuindo a elementos do slide, como figuras e textos, ações como ir para determinado slide da apresentação, como que criando botões de navegação. Para isso, no entanto, faz-se necessário que algum elemento esteja selecionado.

Animação Personalizada

Esse recurso permite atribuir um efeito a um elemento no slide. Ao ser acionado, exibe suas opções no Painel de Tarefas à direita da tela, conforme ilustrado a seguir.

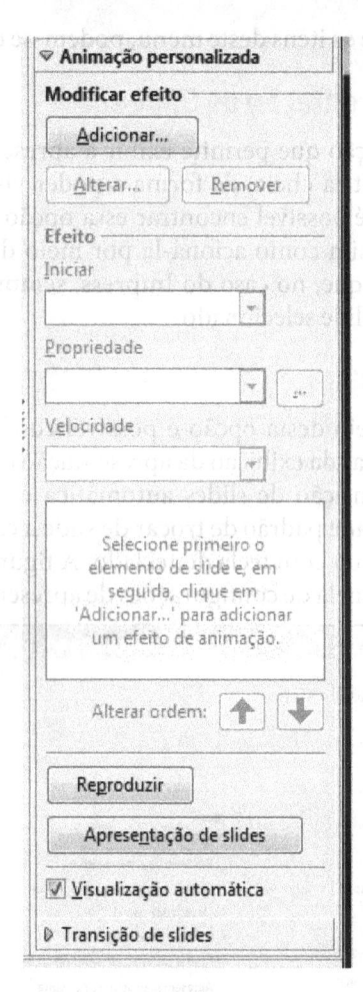

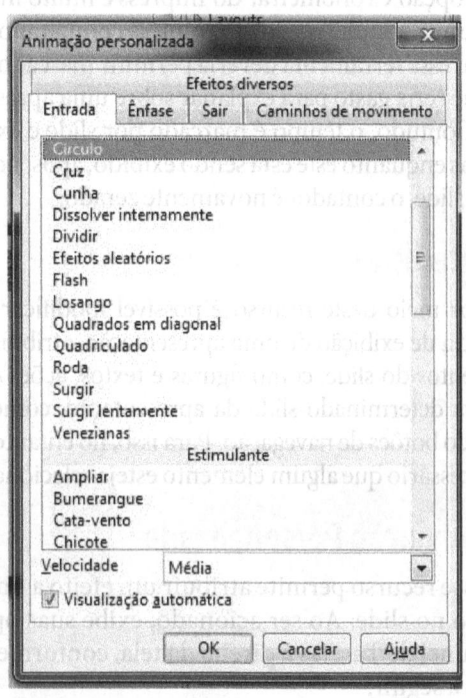

Transição de Slides

Já a opção de Transição de Slides serve para aplicar um efeito a ser executado durante a troca de slide para outro. Permite, ainda, definir tempos específicos para cada slide em uma exibição automática.

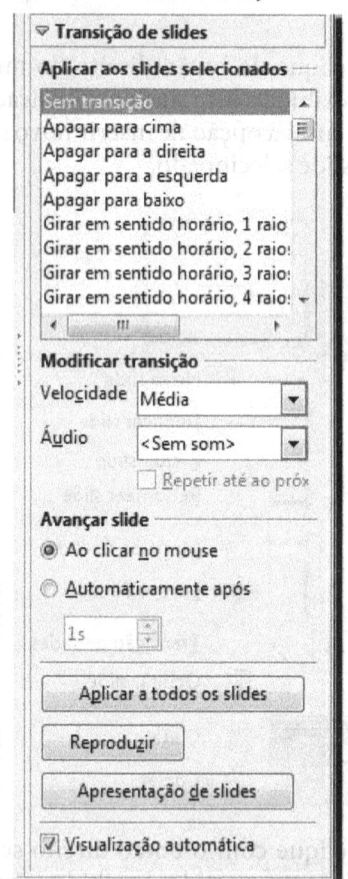

Para adicionar um efeito, é necessário selecionar algum elemento do slide, como texto ou figura e, na janela que se abre ao clicar em Adicionar (ilustrada a seguir), selecionar o efeito desejado, de acordo com categorias pré-definidas na forma de guias da janela, conforme ilustrado:

Impressão

É possível também imprimir a apresentação de slides de acordo com a necessidade, como imprimir um slide em cada página, como ilustrado na sequência, no modo Slide:

- **Slide**

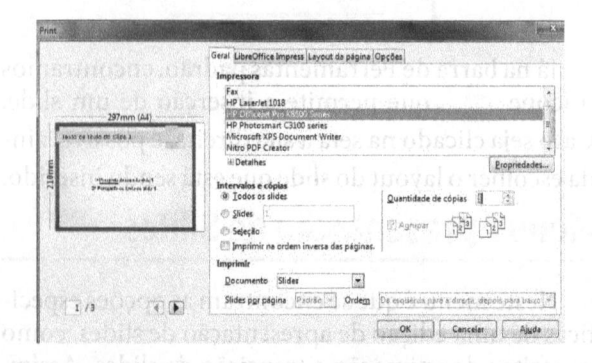

- **Folhetos**

Caso necessário, para imprimir mais de um slide por página, pode-se escolher a opção Folheto, no campo Documento:

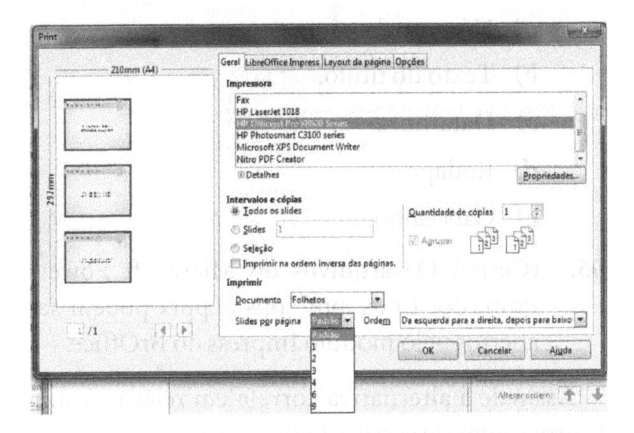

É importante observar que a janela anterior está com o número de três Slides por página, notando-se, assim, na pré-visualização à esquerda, que os slides ficam um abaixo do outro, nesta opção de impressão, enquanto que nas demais quantias os slides são distribuídos como representado a seguir, no modo de impressão de quatro slides por página:

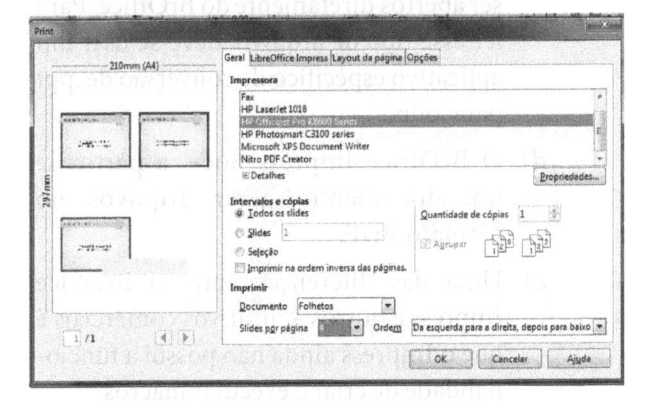

- **Notas**

No modo de impressão de Notas, cada folha recebe um slide e, abaixo dele, são impressas as anotações referentes a ele.

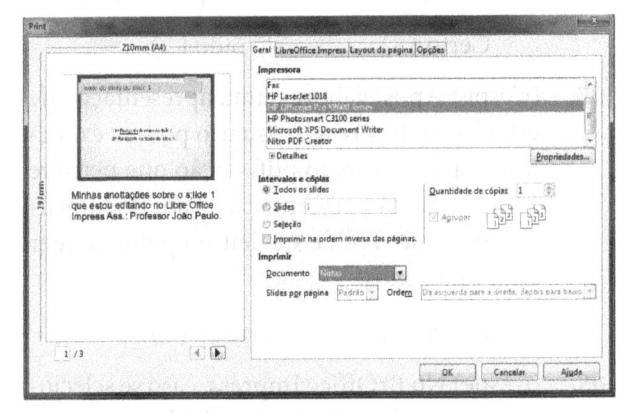

- **Estrutura de Tópicos**

Já na forma de impressão de Estrutura de Tópicos, a impressão fica tal qual ao modo de exibição.

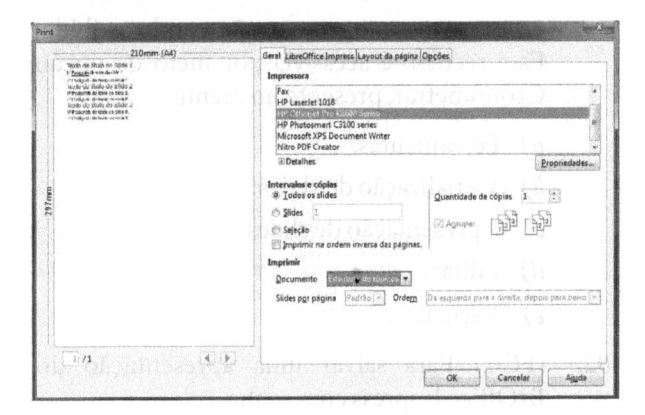

EXERCÍCIO COMENTADO

01. (FCC) Ao abrir o BrOffice.org Apresentação (Impress) será aberta a tela do Assistente com as opções: Apresentação vazia,
   a) usar meus templates e Abrir uma apresentação existente, apenas;
   b) a partir do modelo e Abrir uma apresentação existente, apenas;
   c) a partir do modelo, Abrir uma apresentação existente e Acessar o construtor on-line, apenas;
   d) usar meus templates Abrir uma apresentação existente e Acessar o construtor on-line, apenas;
   e) a partir do modelo, Usar meus templates Abrir uma apresentação existente e Acessar o construtor on-line.

RESPOSTA: B. *O Impress ao contrário do PowerPoint ainda possui o assistente de criação de apresentação, que auxilia passo a passo na criação de um slide. A figura a seguir ilustra a janela da referida questão.*

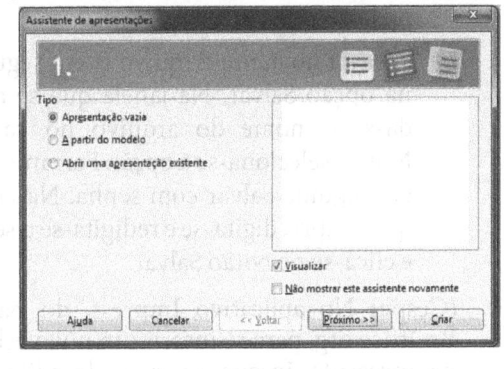

VAMOS PRATICAR

Os exercícios a seguir são referentes ao conteúdo: BrOffice Calc – Editor de Apresentação.

01. (FCC) Pela utilização do editor de apresentações Impress, do pacote BR Office, é possível cronometrar a apresentação sendo exibida. Este recurso é acessível por meio da opção Cronometrar, presente no menu:

a) Ferramentas.
b) Visualização de slides.
c) Apresentação de slides.
d) Editar.
e) Formatar.

02. (FCC) Para salvar uma apresentação do BrOffice Impress com senha,

a) clica-se no menu Arquivo e, em seguida, na opção Salvar como. Na janela que se abre, dá-se o nome ao arquivo no campo Nome, seleciona-se a opção Ferramentas, em seguida Opções Gerais e digita-se a senha. Para concluir, clica-se no botão Salvar;
b) pressiona-se a combinação de teclas Ctrl + Shift + S e na tela que se abre, digita-se o nome do arquivo no campo Nome, a senha no campo Senha e clica-se no botão Salvar:
c) clica-se no menu Arquivo e, em seguida, na opção Salvar. Na tela que se abre, digita-se o nome do arquivo no campo Nome, a senha no campo Senha e clica-se no botão Salvar:
d) pressiona-se a combinação de teclas Ctrl + S e na tela que se abre, digita-se o nome do arquivo no campo Nome, seleciona-se a caixa de combinação Salvar com senha e clica-se no botão Salvar. Para concluir, digita-se e redigita-se a senha e clica-se no botão OK;
e) clica-se no menu Arquivo e, em seguida, na opção Salvar. Na janela que se abre, dá-se o nome do arquivo no campo Nome, seleciona-se a opção Ferramentas, em seguida Salvar com senha. Na janela que se abre, digita-se e redigita-se a senha e clica-se no botão Salvar.

03. (Cespe) No aplicativo Impress, do pacote BrOffice.org, para se inserir um novo eslaide na apresentação que esteja sendo editada, é necessário realizar a seguinte sequência de ações: clicar o menu Arquivo; clicar a opção Novo e, por fim, clicar a opção Slide.

Certo ( )   Errado ( )

04. (FCC) Em um slide mestre do BrOffice.org Apresentação (Impress), NÃO se trata de um espaço reservado que se possa configurar a partir da janela Elementos mestres:

a) Número da página.
b) Texto do título.
c) Data/hora.
d) Rodapé.
e) Cabeçalho.

05. (Cespe) Os arquivos do Microsoft PowerPoint dos tipos .ppt, .pps e .pptx podem ser abertos pelo módulo Impress do BrOffice.

Assinale a alternativa correta em relação à suíte de programas de escritório BrOffice.

a) O BrOffice Impress é utilizado para criar e gerenciar bancos de dados.
b) O aplicativo Presentation da suíte BrOffice cria e edita apresentações em slides para reuniões.
c) Arquivos com extensão .ppt não podem ser abertos diretamente do BrOffice. Para ler esse tipo de arquivo, deve-se usar um aplicativo específico de conversão de .ppt para .odp.
d) O BrOffice Impress pode, a partir de um documento, gerar arquivos no formato PDF.
e) Uma das diferenças entre o BrOffice Impress e outros aplicativos comerciais é que o Impress ainda não possui a funcionalidade de criar e executar macros.

06. (Cespe) O eslaide mestre é um elemento do modelo de design que armazena informações sobre o modelo, inclusive estilos de fontes, tamanhos e posições de espaços reservados, design do plano de fundo e esquemas de cores.

Certo ( )   Errado ( )

07. (Cespe) Após elaborar uma apresentação de eslaides no Impress, o usuário poderá exportá-la para o formato pdf, opção que permite a anexação da apresentação a um documento em formato pdf e sua leitura por qualquer editor de textos.

Certo ( )   Errado ( )

08. (Cespe) No BrOffice Impress, caso se selecione o modo de exibição de eslaides em estrutura de tópicos, apenas os textos dos eslaides serão exibidos.

Certo ( )   Errado ( )

09. (Ceperj) Uma apresentação de slides foi criada no software Impress do pacote LibreOffice 4.1. Pressionar a tecla de função F7 tem a seguinte finalidade:

a) Configurar transição de slides.
b) Verificar ortografia e gramática.
c) Salvar o slide atual em formato JPG.
d) Inserir número de página em todos os slides.
e) Aplicar novo design padrão a toda a apresentação.

10. (Consulplan) Considere as afirmativas sobre a ferramenta BrOffice.org 2.0 Impress (configuração padrão).

I. A inserção de um novo slide pode ser realizada pelo comando de menu Inserir / Slide.

II. Clicando com o botão direito do mouse dentro da área de slides não é possível acessar o comando para incluir um novo slide.

III. Apagar para cima, Descobrir para a esquerda e Apagar para baixo são alguns dos efeitos disponíveis na transição de slides.

Está(ão) correta(s) apenas a(s) afirmativa(s)

a) I.
b) III.
c) I e II.
d) I e III.
e) II e III.

GABARITO

01	C	06	CERTO
02	D	07	ERRADO
03	ERRADO	08	CERTO
04	B	09	B
05	D	10	D

ANOTAÇÕES

10. Glossário

A - D

Adware
Adwares são programas feitos para mostrar anúncios e propagandas de vários produtos. Geralmente são instalados no computador de uma forma injusta.

Android
É o sistema operacional do google para celulares, smartphones e tablets.

Backdoor (Porta dos Fundos)
Qualquer malware que possua um backdoor permite que o computador infectado seja controlado totalmente ou parcialmente via conexão com uma porta.

Bluetooth
Bluetooth é uma forma de conexão que constitui uma rede do tipo PAN (rede pessoal), utilizado para conexões de dispositivos como mouses, teclados, celulares, smartphones, entre outros dispositivos.

Bug
O termo bug ("inseto") é usado para definir defeitos inexplicáveis em engenharia e também em informática. Softwares bugados costumam travar mais. Outros bugs podem fazer com que worms se propaguem pela Internet.

Existe uma história verídica que conta que, em 1947, o computador Mark II estava com problemas no funcionamento e era por causa de um inseto que estava dentro das placas do computador. É considerado um caso "real" de um "computador que não funcionava por um bug", mas não é o primeiro registro histórico do uso do termo.

BIOS
Sigla para "Basic Input/Output System", que pode ser traduzido para "Sistema Básico de Entrada/Saída". A BIOS é um pequeno software armazenado em um componente da placa-mãe que é responsável pelo boot do computador.

Boot
Chama-se boot o processo que seu computador executa quando é ligado.

Cache
É uma memória de armazenamento temporário, com finalidade de fornecer um acesso mais rápido às informações.

Atualmente encontramos a cache em navegadores de internet, nos processadores, bem como nos HDs.

Cracker
Pessoas que usam seus conhecimentos de informática para destruir computadores ou ganhar dinheiro, roubando e burlando sistemas bancários e de cartão de crédito.

A maioria das pessoas chama, erroneamente, os crackers de hackers.

Cookie
Um cookie é uma informação que pode ser armazenada pelo navegador se um website requisitar. A informação não pode ter um tamanho muito grande. Cookies possuem uma validade e, ao expirarem, são automaticamente deletados pelo navegador.

Domínio
Um domínio é um endereço na internet. Por exemplo, example.com, assim como superdownloads.com.br ou globo.com; todos são domínios. No Brasil, o Registro.br gerencia os domínios, qualquer fora dos definidos por essa organização é considerado inválido. Os nomes dos domínios são transformados para endereços IP através do DNS.

DNS
Domain Name System, ou Sistema de Nomes de Domínio. O DNS é o processo que resolve o domínio de um site, de forma que, quando você acessar www.site.com, o seu computador possa transformar isso no endereço IP do servidor de destino.

Driver
São informações sobre o funcionamento das peças de Hardware. Um driver é usado para que o sistema operacional se comunique com o hardware. Existem também drivers de software para software, por exemplo, sua placa de vídeo precisa de um driver, assim como a placa de som e alguns monitores.

F – P

Firewall

O Firewall monitora as conexões feitas pelo seu computador para garantir que nenhum recurso dele esteja sendo usado indevidamente. São úteis na prevenção de worms, trojans e outros malwares que tentem explorar comunicações de rede.

Gateway

É um ponto de junção, composto de hardware e software, que funciona como um "portão de entrada" ou acesso intermediário entre duas redes de formatos diferentes.

Hash

Um hash é uma sequência de letras/números gerada por um algoritmo de hashing, que busca identificar um arquivo ou informação unicamente. Hashs podem ser usados para saber se os arquivos que você baixa através da Internet são idênticos aos distribuídos pelo desenvolvedor.

A sequência do hash é limitada (dificilmente passa dos 512 bytes).

Hijack

Chama-se hijack (sequestro) quando o navegador web do computador tem sua página inicial alterada ou pop-ups aparecem enquanto navega um site que, normalmente, estaria limpo.

HTTP

O HyperText Transfer Protocol foi criado para que os navegadores e servidores web pudessem se comunicar de uma forma padronizada. É um dos protocolos mais comuns da web.

IRC

O Internet Relay Chat é um sistema para bate-papo muito conhecido na internet.

Kernel

O kernel é o coração do Sistema Operacional, pois faz a comunicação mais básica entre o software e o hardware.

Um erro no kernel pode causar uma falha grave no sistema operacional. Muitas vezes, erros diretos no boot do sistema são causados por falhas no kernel.

Keylogger

[Key = chave; log = registro de ações] Software que captura as teclas digitas no computador. Atualmente, o termo foi expandido para incluir vários softwares de monitoração completa do sistema, tais como o Perfect Keylogger (BPK).

Log

Um Log (to log - registrar) é um arquivo que guarda informações passadas (registros). Existem registros/logs de erros, páginas visitadas ("Histórico"), entre outros, que podem ajudar na identificação e solução de problemas.

Malware

Malware é software que tem objetivos maliciosos, nele, se incluem todos os trojans, vírus e spywares.

Na maioria das vezes, "malware" será apenas tratado como um grupo que engloba spywares e adware.

MS-DOS

Sistema operacional base do Windows. Atualmente ele não é mais usado como sistema operacional, mas é possível encontrá-lo no Windows; é o prompt de comando.

Phishing

É uma página ou mesmo um e-mail falso que tentam induzir o usuário a informar seus dados pessoais e confidenciais como senhas.

POP3

O Post Office Protocol é um protocolo que trabalha no ciclo das mensagens eletrônicas. Serve para que os usuários possam facilmente baixar as suas mensagens de e-mail do servidor.

Porta de Conexão

O protocolo TCP/IP define 65535 "portas" lógicas para a conexão. As portas são apenas um recurso criado pelo protocolo para facilitar a conexão entre dois computadores que ainda não possuem uma conexão ativa.

Várias portas possuem tarefas padrão. A porta 80, por exemplo, é responsável por conexões do HTTP, que é o protocolo utilizado pela maioria dos sites na web.

Protocolo

Protocolos são regras que definem o modo pelo qual diferentes sistemas se comunicam. Seu navegador e servidor web precisam entender um ao outro, por isso os dois se utilizam do HTTP para interpretar as informações que recebem e formular as mensagens que irão mandar.

S - V

Scam

Fraudes que buscam estritamente ganhos financeiros. Nas fraudes do tipo scam, diferente do phishing, o usuário contrata um serviço, mas nunca o recebe. Existem outros scams em que o usuário é induzido a realizar um pagamento para a transferência de valores, mas a transação nunca é efetuada, fazendo com que o usuário perca o dinheiro. Podemos assimilar esse tipo de ataque ao golpe do bilhete premiado.

Script

Scripts são "roteiros" utilizados principalmente para automatizar tarefas administrativas. São também conhecidos como arquivos de lotes.

Servidor

A Internet funciona com uma base de Servidor-Cliente.

Os servidores geralmente esperam para atender um cliente, como um caixa no banco (servidor) que atende as pessoas (clientes) que usam os serviços do banco. Invasões só ocorrem quando o computador da vítima tiver um servidor para que o cliente (o atacante) possa se conectar.

SMTP

O Simple Mail Transfer Protocol é um protocolo de envio de mensagens de correio eletrônico associado aos clientes de e-mail, é também para a troca de mensagens entre os servidores de e-mail.

Smartphone

São os telefones Inteligentes.

Software

Software é a parte lógica do computador, aquela que você não pode ver nem tocar, mas opera constantemente.

Spam

E-mail não solicitado. Geralmente contém propagandas absurdas com fórmulas mágicas para ganhar dinheiro e produtos farmacêuticos.

Spoofing

Referente ao que é forjado/falsificado. Um ataque de "IP Spoof" é aquele no qual o endereço IP do remetente é forjado. Um e-mail "spoofed" é um e-mail em que o cabeçalho da mensagem ("De:" ou "From:") foi falsificado.

Spyware

Spywares são programas que capturam os dados do usuário ao fazer uso de algum serviço específico, como acessar determinado site ou programa; eles podem vir acompanhados de hijackers. Cuidado, spywares são diferentes de Phishings.

Sistema Operacional

Um Sistema Operacional é um Software especial que faz um trabalho muito importante: gerencia o hardware. Ele também tem uma interface para que os programadores possam desenvolver programas que serão úteis, como editores de texto, calculadoras ou navegadores web. O sistema operacional não é útil por si só, mas os programas que rodam nele são.

TCP/IP

Sigla para Transmission Control Protocol/Internet Protocol, ou simplesmente Protocolo de Controle de Transmissão/Protocolo de Internet. O TCP/IP é uma suíte que inclui vários protocolos como o IP, TCP e UDP. Ele é apenas chamado de TCP/IP, pois o TCP e o IP são os dois protocolos mais importantes incluídos nessa suíte.

TI

TI é uma abreviação para Tecnologia da Informação. Refere-se a ela tudo que tenha um processador e consiga processar informação.

Trojan Horse (Cavalo de Troia)

É um meio utilizado para infiltrar outros malwares ao computador do usuário.

UDP

UDP (User Datagram Protocol) é um protocolo mais simples que o TCP e não possui muitos recursos. Ele também não tem a garantia de que os pacotes chegam ao destino. É utilizado por alguns serviços muito importantes como o DNS.

Por ser mais simples, ele pode algumas vezes ser mais rápido.

Vírus

Vírus (na definição clássica) é todo programa de computador que funciona como parasita, infectando os arquivos que existem em um computador.

Por esse motivo, Trojans não são vírus, mas apenas "malware". Worms também não são vírus, pois só usam a rede para se espalhar e não infectam arquivos no disco rígido.

W

Worms

Worm é um tipo de malware que usa a rede para se espalhar. São muito famosos por infectar um grande número de computadores em pouco tempo, usando anexos de e-mail e forjando e-mails aparentemente legítimos.

Outros worms usam a rede local para serem instalados em diferentes computadores.

ANOTAÇÕES

Noções de Direito Constitucional

ÍNDICE

1. **Princípios Fundamentais da República Federativa do Brasil** 383
   - Fundamentos da República Federativa do Brasil 383
     - Outras Características da República Brasileira 384
   - Divisão de Poderes 384
   - Objetivos Fundamentais da República Federativa Brasileira 385
   - Princípios de Relações Internacionais 385
2. **Teoria Geral da Constituição** 390
   - Conceito de Constituição e Princípio da Supremacia da Constituição 390
     - Conceito Ideal de Constituição 390
     - Classificação das Constituições 390
   - Poder Constituinte 392
     - Conceito 392
     - Titularidade 392
     - Espécies de Poder Constituinte 392
   - Classificação das Normas Constitucionais Quanto à sua Eficácia 392
   - Emendas Constitucionais 393
     - Restrições às Emendas Constitucionais 393
3. **Direitos e Garantias Fundamentais** 397
   - Diferenciação entre Direitos e Garantias Fundamentais 397
   - Gerações dos Direitos Fundamentais 397
   - Relatividade dos Direitos Fundamentais 397
   - Destinatários dos Direitos Fundamentais 397
   - Classificação dos Direitos Fundamentais Segundo a nossa Constituição 397
3.1. **Direitos e Garantias Individuais e Coletivos** 398
   - Princípio da Igualdade 398
   - Princípio da Legalidade 398
     - Diferenciação entre o Princípio da Legalidade e o Princípio da Reserva Legal 398
   - Proibição da Tortura 398
   - Liberdade de Pensamento e Direito de Resposta 399
   - Liberdade de Consciência e Crença Religiosa, Convicção Filosófica ou Política 399
   - Direito à Privacidade e à Preservação da Honra 400
   - Inviolabilidade do Domicílio 400
   - Inviolabilidade das Comunicações 400
   - Liberdade do Exercício de Profissão 400
   - Direito à Informação 401
   - Direito à Locomoção Dentro do Território Nacional 401
   - Direito de Reunião 401
   - Direito de Associação 401
   - Direito de Propriedade 402
     - Função Social da Propriedade 402
   - Desapropriação 402

Noções de Direito Constitucional

Requisição Administrativa 402
Impenhorabilidade do Pequeno Imóvel Rural..403
Direitos dos Autores 403
Direitos de Participação...403
Direitos do Inventor e Proteção da Marca 403
Direitos Relativos à Sucessão *Causa Mortis*...*403*
Direitos do Consumidor..404
Direito à Obtenção de Informações de Órgãos Públicos..404
Direito de Petição e Obtenção de Certidões 404
Apreciação de Lesão ou Ameaça de Lesão pelo Poder Judiciário 404
Direito Adquirido, Ato Jurídico Perfeito e Coisa Julgada...404
Proibição de Juízo de Exceção 405
Júri Popular 405
Princípio da Reserva Legal Penal ou Princípio da Legalidade do Direito Penal.............405
Princípio da Irretroatividade da Lei Penal 405
Atentado aos Direitos e Liberdades Fundamentais 405
Combate ao Racismo 406
Combate à Tortura, Tráfico de Drogas, Terrorismo, Crimes Hediondos e Cometidos por Entidades Paramilitares...406
Intransferibilidade da Pena...406
Individualização e Tipos de Penas 406
Penas Proibidas 406
Direitos dos Sentenciados...407
Extradição..407
Disposições Processuais..407
Presunção de Inocência 407
Vedação de Identificação Criminal ao Civilmente Identificado..407
Ação Penal Privada Subsidiária 408
Publicidade dos Atos Processuais 408
Hipóteses de Prisão..408
    Direitos dos Presos Provisórios 408
Proibição de Prisão por Dívidas...409
Remédios Constitucionais...409
    Habeas Corpus.. 409
    Mandado de Segurança... 411
    Mandado de Segurança Coletivo 412
    Mandado de Injunção 412
    Habeas Data.. 413
    Ação Popular.. 413
Assistência Jurídica Gratuita...414
Indenização por Erro Judiciário...414
Gratuidades 414

Noções de Direito Constitucional

Razoável Duração do Processo 414
Disposições Gerais 414
    Aplicação imediata das Normas Definidoras de Direitos e Garantias Fundamentais 414
    Não Taxatividade dos Direitos e Garantias Fundamentais 415
    Aprovação de Tratados internacionais sobre Direitos Humanos com *Status* de Norma Constitucional 415
    Tribunal Penal Internacional 415

3.2. Direitos Sociais 419

Proteção contra Despedida sem Justa Causa 419
Seguro-Desemprego 419
FGTS 420
Salário-Mínimo 420
Piso Salarial 420
Irredutibilidade do Salário 420
Salário-Mínimo para os que Recebem Remuneração Variável 420
13º Salário 421
Adicional Noturno 421
Proteção ao Salário 421
Participação nos Lucros e na Gestão das Empresas 421
Salário-Família 421
Jornada de Trabalho 421
Descanso Semanal Remunerado 422
Horas Extras 422
Férias 422
Licença-Maternidade 422
Licença-Paternidade 422
Proteção ao Mercado de Trabalho Feminino 422
Aviso-Prévio 422
Redução dos Riscos do Trabalho 423
Adicionais de Penosidade, Insalubridade e Periculosidade 423
Aposentadoria 423
Assistência em Creches e Pré-Escolas 423
Convenções e Acordos Coletivos 423
Proteção Face à Automação 423
Seguro contra Acidentes de Trabalho 423
Ações Trabalhistas 424
Proibição de Discriminação Profissional 424
Idade Mínima para o Trabalho 424
Trabalhador Avulso 424
Trabalhador Doméstico 425
Servidor Público 425
Organização Sindical 426

Noções de Direito Constitucional

Direito de Greve 427
Participação em Colegiados de Órgãos Públicos 427
Eleição de Representante pelos Trabalhadores 427
3.3. Direitos de Nacionalidade 430
Brasileiros Natos 430
Brasileiros Naturalizados 431
Equiparação entre o Brasileiro e o Português Residente no Brasil 431
Proibição de Diferenciação entre Brasileiros Natos e Naturalizados 432
Cargos Exclusivos de Brasileiros Natos 432
Perda da Nacionalidade Brasileira 432
Idioma Oficial e Símbolos da República Federativa do Brasil 432
3.4. Direitos Políticos e Partidos Políticos 437
Direitos Políticos 437
    Plebiscito 437
    Referendo 437
    Iniciativa Popular de Projeto de Lei 437
    Alistamento Eleitoral e Dever de Votar 437
    Requisitos para Ser Candidato 438
Partidos Políticos 440
4. Organização Político-Administrativa do Estado 444
Regras Gerais 444
    Componentes da Federação 444
    Criação, Incorporação, Fusão e Subdivisão de Estados e Municípios 444
    Vedações 444
Bens da União 445
Competências Administrativas da União 445
Competências Legislativas da União 446
Competências Administrativas Comuns à União, Estados, DF e Municípios 447
Competências Legislativas Comuns à União, Estados e Distrito Federal 447
Dos Estados 447
    Regras Gerais 447
    Bens dos Estados 448
    Número de Deputados Estaduais 448
    Eleições para Governador 448
Dos Municípios 448
    Regras Gerais 448
    Competências dos Municípios 450
    Fiscalização dos Municípios 450
Do Distrito Federal e dos Territórios 451
    Distrito Federal 451
    Territórios 451

Noções de Direito Constitucional

Da Intervenção 451
5. **Administração Pública** 455
   Administração Direta e Indireta 455
      Administração Direta 455
      Administração Indireta 455
   Disposições Gerais 455
      Princípios da Administração Pública 455
      Acesso aos Cargos e Empregos Públicos 457
      Provimento de Cargos 457
      Prazo de Validade dos Concursos 457
      Cargos de Confiança 458
      Direito de Greve e Associação Sindical do Servidor 458
      Reserva de Vagas para Deficientes 458
      Contratações Temporárias no Serviço Público 459
      Remuneração do Servidor 459
      Teto Salarial no Serviço Público 459
      Proibição de Vencimentos Superiores aos Pagos pelo Poder Executivo 460
      Vedação à Equiparação de Vencimentos 460
      Vedação de Capitalização de Acréscimos Pecuniários 460
      Irredutibilidade dos Vencimentos do Servidor 461
      Acumulação de Cargos Públicos 461
      Precedência da Administração Fazendária 462
      Criação de Entidades da Administração Indireta e suas Subsidiárias 462
      Licitação 462
      Essencialidade da Administração Tributária 463
      Proibição de Uso da Publicidade Oficial para Promoção Pessoal 463
      Nulidade de Concursos Públicos que não Obedecerem ao Disposto no Art. 37 463
      Participação do Usuário na Administração Pública 464
      Atos de Improbidade Administrativa 464
      Prescrição e Imprescritibilidade 464
      Responsabilidade Civil Objetiva do Poder Público 464
      Acesso a Informações Privilegiadas 465
      Contratos de Gestão 465
      Extensão do Limite de Remuneração 465
      Vedação de Acumulação de Proventos de Aposentadoria com Vencimentos de Cargo Público 465
      Parcelas Indenizatórias da Remuneração 466
      Possibilidade de Adoção de Subteto Único para os Servidores Estaduais e Distritais 466
      Servidor Eleito para Cargo Público 466
   Servidores Públicos 466
      Política de Remuneração do Serviço Público 467
      Critérios para Definição da Remuneração do Servidor Público 467

Escolas de Governo	467
Direitos Trabalhistas Aplicáveis ao Servidor Público	467
Remuneração por Subsídio	468
Relação entre Maior e Menor Remuneração	468
Publicidade da Remuneração dos Servidores e Empregados Públicos	468
Investimentos em Capacitação e Modernização	468
Aposentadoria do Servidor Público	468
Pensão por Morte do Servidor	470
Reajustamento dos Benefícios	470
Contagem Recíproca de Tempo	470
Proibição de Contagem de Tempo Fictício	470
Aplicação Subsidiária das Regras do Regime Geral de Previdência	470
Aplicação do Regime Geral de Previdência ao Ocupante de Cargo em Comissão	470
Possibilidade de Aplicação do Teto de INSS às Aposentadorias do Serviço Público	470
Correção dos Salários de Contribuição	471
Contribuição Previdenciária do Servidor Aposentado	471
Abono de Permanência	471
Proibição de Acumulação de Aposentadorias pelo Regime Próprio de Previdência do Serviço Público	471
Isenção para Portadores de Doenças Incapacitantes	472
Estabilidade	472
6. Poder Legislativo, Executivo e Judiciário	**476**
O Poder Legislativo	**476**
Câmara dos Deputados	476
Senado Federal	476
Atribuições do Congresso Nacional	476
Convocação e Prestação de Informações por Ministros de Estado e Titulares de Órgãos Diretamente Subordinados à Presidência da República	477
Competências Privativas da Câmara dos Deputados	477
Competências Privativas do Senado Federal	478
Dos Deputados e Senadores	478
Das Reuniões do Congresso Nacional	479
Convocações Extraordinárias do Congresso Nacional	480
Das Comissões	480
Do Processo Legislativo	480
Fiscalização Contábil, Financeira e Orçamentária	**482**
Controle Interno	483
Tribunal de Contas da União	**484**
O Poder Executivo	**484**
Do Presidente e do Vice-Presidente da República	484
Dos Ministros de Estado	486
Do Conselho da República	486
Conselho de Defesa Nacional	487

Noções de Direito Constitucional

O Poder Judiciário 487
    Órgãos do Poder Judiciário 487
    Lei Orgânica da Magistratura 487
    Quinto Constitucional 488
    Garantias dos Juízes 489
    Vedações aos Juízes 489
    Competências Privativas dos Tribunais 489
    Juizados Especiais 489
    Autonomia do Poder Judiciário 490
    Precatórios 490
    Do Supremo Tribunal Federal 492
    Conselho Nacional de Justiça 493
    Superior Tribunal de Justiça 494
    Tribunais Regionais Federais e Juízes Federais 495
    Justiça do Trabalho 496
    Justiça Eleitoral 497
    Justiça Militar 498
    Justiça Estadual 498
7. Funções Essenciais à Justiça 503
    Ministério Público 503
        Estrutura Orgânica 504
        Atribuições 504
        Conselho Nacional do Ministério Público 506
        Princípios Institucionais 507
        Garantias 508
    Advocacia Pública 511
        Advocacia-Geral da União (AGU) 511
        Procuradoria-Geral da Fazenda Nacional (PGFN) 512
        Procuradoria-Geral Federal 512
        Procuradoria-Geral dos Estados e do Distrito Federal 512
        Procuradoria dos Municípios 512
    Defensoria Pública 512
    Advocacia 514

1. Princípios Fundamentais da República Federativa do Brasil

Os princípios fundamentais da República são tratados no Título I de nossa Constituição Federal e abrangem:

> Os fundamentos da República;
> Os poderes da União;
> Os objetivos fundamentais da República; e
> Os princípios que devem reger as relações internacionais do Brasil.

Eles são o primeiro Título de nossa Constituição, e vem logo após o preâmbulo, que assim dispõe:

Nós, representantes do povo brasileiro, reunidos em Assembleia Nacional Constituinte para instituir um Estado Democrático, destinado a assegurar o exercício dos direitos sociais e individuais, a liberdade, a segurança, o bem-estar, o desenvolvimento, a igualdade e a justiça como valores supremos de uma sociedade fraterna, pluralista e sem preconceitos, fundada na harmonia social e comprometida, na ordem interna e internacional, com a solução pacífica das controvérsias, promulgamos, sob a proteção de Deus, a seguinte CONSTITUIÇÃO DA REPÚBLICA FEDERATIVA DO BRASIL.

Comecemos, então, pelos fundamentos da República Federativa do Brasil:

Fundamentos da República Federativa do Brasil

Os fundamentos da República Federativa do Brasil devem ser entendidos como os pilares de sua organização, a sua base ideológica, sem os quais ela não pode existir tal como foi concebida pelo Poder Constituinte Originário.

Funcionam como uma espécie de introdução do texto constitucional, trazendo regras gerais que serão depois desenvolvidas ao longo da Constituição.

Todo o arcabouço constitucional e legal deve obedecer a esses fundamentos.

Sobre tais fundamentos, dispõe o Art. 1º de nossa constituição:

> *Art. 1º. A República Federativa do Brasil, formada pela união indissolúvel dos Estados e Municípios e do Distrito Federal, constitui-se em Estado Democrático de Direito e tem como fundamentos:*
>
> *I. A soberania;*
>
> *II. A cidadania;*
>
> *III. A dignidade da pessoa humana;*
>
> *IV. Os valores sociais do trabalho e da livre iniciativa;*
>
> *V. O pluralismo político.*
>
> *Parágrafo único. Todo o poder emana do povo, que o exerce por meio de representantes eleitos ou diretamente, nos termos desta Constituição.*

Tratemos de cada um desses fundamentos:

Soberania

Por esse princípio, o Brasil deve preservar e afirmar a exclusividade de seu poder dentro do território nacional, devendo ser tratado de forma igual para igual em seu relacionamento com outros países.

Ser soberano significa não aceitar a autoridade de nenhum outro Estado sobre a sua própria, embora isso também implique em respeitar a soberania alheia.

Importante observar que a submissão de nosso país a regras constantes de acordos internacionais não fere sua soberania, uma vez que essa submissão é voluntária e o acordo pode ser denunciado (rescindido) pelo Brasil.

Cidadania

Não existe um conceito unânime de cidadania, cuja definição variou ao longo do tempo. Modernamente esse termo vem sendo interpretado como o direito do brasileiro a uma vida digna, com a possibilidade de definir o seu futuro e de intervir na vida política de seu país, tendo para isso, acesso a serviços de saúde e educação de qualidade, bem como à informação transparente por parte do Estado.

Ser cidadão inclui votar, mas é mais do que simplesmente poder votar e ser votado, que é a definição restrita de cidadão.

Dignidade da Pessoa Humana

Todos são merecedores de tratamento digno, não só pelo Estado, mas também pelos particulares, até mesmo os condenados pela lei.

Todos os atos que atentem contra a dignidade humana devem ser rechaçados pelo ordenamento jurídico nacional. Nesse sentido, a Constituição Federal, por exemplo, expressamente condena a tortura e o racismo e outras formas de discriminação.

Valores Sociais do Trabalho e da Livre Iniciativa

O Brasil reconhece a importância do trabalho individual e coletivo para o desenvolvimento econômico e social da nação, o qual deve ser exercido com dignidade e mediante condições mínimas.

Com esse princípio, fica implicitamente definido o capitalismo como sistema econômico adotado pelo Brasil, uma vez que, ao contrário do comunismo, este permite a livre iniciativa econômica. Nada impede, porém, que o Estado venha a regulamentar a atividade econômica e até mesmo proibir determinadas ocupações, em proveito da coletividade.

O Pluralismo Político

Pluralismo político significa multiplicidade de manifestação de ideias, de pensamentos, permitindo que as diferentes vozes dissonantes da sociedade possam se manifestar.

Além disso, como corolário do pluralismo político, a Constituição Federal, em seu Art. 17, garante a multiplicidade de partidos políticos, chamada de pluripartidarismo, visando uma representação mais legítima de todas os grupos sociais. Assim, o Estado não pode dificultar injustificadamente a formação dos partidos políticos, nem embaraçar-lhes o funcionamento, devendo, pelo contrário, estimular a sua formação e atividade.

Outras Características da República Brasileira

Da análise do *caput* do Art. 1º, podemos extrair ainda que:

A forma de Estado adotada pelo Brasil foi a de federação e a forma de Governo a República: E em relação à Federação, que garante a autonomia administrativa e financeira dos Estados e Municípios, o Art. 60, §4º, da Constituição, a coloca como uma cláusula pétrea, que não pode ser abolida por emenda constitucional.

Além disso, a Federação brasileira é indissolúvel, o que quer dizer que não existe aqui o direito de secessão, que é o direito que um Estado teria de dizer que não deseja mais pertencer à República Brasileira. Aliás, o Art. 34, I, da Constituição permite que a União intervenha nos Estados para garantir a integridade nacional.

Já a República não é colocada como cláusula pétrea, podendo ser alterada tal forma de Governo através de emenda constitucional, se a sociedade assim o decidir.

Assim, em tese, o Brasil até poderia voltar a ser uma monarquia, bastando que a Constituição fosse alterada para tanto.

Os municípios também são componentes da Federação: a constituição brasileira, de forma singular no mundo, consagra aos municípios a posição de ente federativo, embora suas competências sejam reduzidas. Assim, não são eles simplesmente subdivisões administrativas dos Estados-membros, como ocorre nas demais federações, mas verdadeiras unidades políticas com autonomia garantida pela Constituição, não obstante se submetam à legislação estadual no que couber e aos comandos emanados do Judiciário estadual.

Tal disposição é reforçada pelo Art. 18 da Constituição, que assim dispõe:

Art. 18. A organização político-administrativa da República Federativa do Brasil compreende a União, os Estados, o Distrito Federal e os Municípios, todos autônomos, nos termos desta Constituição.

O Brasil é um estado democrático de direito: Estado de direito significa que nosso país é regido por leis impessoais (império da lei), e não uma teocracia ou um estado absolutista, por exemplo.

Já a expressão *estado democrático* indica que o poder, em nosso país, emana do povo, o qual têm a prerrogativa inalienável de eleger seus representantes, conforme aliás, deflui do parágrafo único.

Além disso, a expressão *Estado democrático de direito* indica que deve haver, por parte do Estado Brasileiro, total respeito aos direitos humanos.

O Brasil é uma democracia representativa: Como ocorre com as democracias em geral, nossa Constituição reconhece que a titularidade do Poder Político pertence ao povo, mas determina que seu exercício será feito por pessoas eleitas pelo povo (representantes). Tal sistema é chamado de democracia representativa ou democracia indireta.

Aliás, isso não poderia ser diferente, uma vez que seria absolutamente inviável que o Poder fosse exercido de forma plena diretamente por todos os cidadãos brasileiros, o que exigiria, por exemplo, que todo e qualquer projeto de lei fosse votado por todos os cidadãos, que qualquer um deles pudesse apresentar um projeto de lei, etc.

No entanto, embora o Brasil seja uma democracia representativa, existem três situações em que o povo exercerá o poder diretamente: apresentação de projeto de lei de iniciativa popular, plebiscito e referendo.

Além disso, o parágrafo único também afirma que as eleições no Brasil serão diretas, sendo que somente existe uma exceção a essa regra, prevista no Art. 81, §1º, da Constituição Federal: se vagarem os cargos de Presidente e Vice-Presidente da República (isso vale também para Governadores e Prefeitos) na segunda metade do mandato presidencial, o Congresso Nacional fará a escolha do novo Presidente e do novo Vice, que assumirão até o final do mandato de seus antecessores.

Divisão de Poderes

Dispõe o Art. 2º da Constituição:

Art. 2º. São Poderes da União, independentes e harmônicos entre si, o Legislativo, o Executivo e o Judiciário.

Não obstante a consagração da expressão separação dos poderes, na verdade, o Poder do Estado, que emana do povo, é uno e indivisível.

O que existem são funções distintas exercidas por determinados órgãos, cuja independência é necessária para se evitar a concentração de poder nas mãos de uma ou poucas pessoas e os perigos que disso adviria. Assim, em vez de dizer poderes da União seria mais apropriado falar-se em **funções do Estado** e em funções legislativa, judiciária e executiva do Estado.

Ao prever a separação de poderes, a Constituição brasileira preenche um dos requisitos do conceito ideal de constituição.

Essa separação de funções, porém, não é absoluta, mas as entidades de cada poder poderão exercer mais de uma função, embora tenha uma como primordial.

Assim, por exemplo, embora o Congresso Nacional, seja detentor precipuamente da atividade legislativa, também exerce ele as atividades administrativas (contratação de empresas para atividades-meio, pagamento de pessoal, etc.) e de julgamento (casos de *impeachment* do Presidente da República e de ministros do STF, por exemplo).

Além de independentes, os três poderes precisam ser harmônicos, cada um exercendo seu papel e respeitando a competência dos outros. Diferentemente do sistema parlamentarista, que reconhece a preponderância do Poder Legislativo sobre o Executivo, o sistema presidencialista adotado pelo Brasil – de inspiração norte-americana – parte do princípio de igualdade plena entre os poderes.

A independência dos poderes também deve ser respeitada nos Estados e nos Municípios, embora, no caso dos Municípios, não se tenha o Poder Judiciário, mas apenas o Executivo (exercido pelo Prefeito Municipal) e o Legislativo (exercido pela Câmara de Vereadores), sendo que o desrespeito a tal independência pode dar ensejo a intervenção estadual ou municipal.

Objetivos Fundamentais da República Federativa Brasileira

Tais objetivos estão expostos no Art. 3º da Constituição:

Art. 3º. Constituem objetivos fundamentais da República Federativa do Brasil:

I. Construir uma sociedade livre, justa e solidária;

II. Garantir o desenvolvimento nacional;

III. Erradicar a pobreza e a marginalização e reduzir as desigualdades sociais e regionais;

IV. Promover o bem de todos, sem preconceitos de origem, raça, sexo, cor, idade e quaisquer outras formas de discriminação.

Esse dispositivo constitucional elege os objetivos principais de nossa república, as principais metas a serem alcançadas, cuja persecução não deve ser interrompida enquanto não alcançadas.

Embora possam parecer objetivos utópicos, descrevem eles um conceito ideal que deve servir de paradigma à nossa nação, sendo principalmente um norte a ser respeitado pelos legisladores e administradores públicos.

Princípios de Relações Internacionais

O Art. 4º cita os princípios que deverão nortear o Brasil em suas relações com os outros países:

Art. 4º. A República Federativa do Brasil rege-se nas suas relações internacionais pelos seguintes princípios:

I. Independência nacional;

II. Prevalência dos direitos humanos;

III. Autodeterminação dos povos;

IV. Não intervenção;

V. Igualdade entre os Estados;

VI. Defesa da paz;

VII. Solução pacífica dos conflitos;

VIII. Repúdio ao terrorismo e ao racismo;

IX. Cooperação entre os povos para o progresso da humanidade;

X. Concessão de asilo político.

Parágrafo único. A República Federativa do Brasil buscará a integração econômica, política, social e cultural dos povos da América Latina, visando à formação de uma comunidade latino-americana de nações.

Vejamos cada um deles:

Independência Nacional

Decorre da própria soberania o princípio de que o Brasil deve manter uma posição independente frente a outros países, nunca subordinando os interesses nacionais aos estrangeiros.

Ser independente não significa ser arrogante ou inflexível, mas sim pautar seu comportamento de forma autônoma em relação aos demais países, não submetendo automaticamente sua vontade aos desejos e interesses de outras nações.

Prevalência dos Direitos Humanos

Corolário do fundamento da dignidade da pessoa humana, tal princípio determina que, em suas relações internacionais, nosso país deve sempre respeitar e fazer respeitar os direitos humanos contra qualquer violação por parte de Estados ou particulares, não sobrepondo a esse respeito qualquer interesse econômico ou político.

Autodeterminação dos Povos e Não Intervenção

Assim como o Brasil deseja ser respeitado como um país soberano, também deve respeitar a soberania (autodeterminação) das demais nações, que têm o direito de traçar seu próprio destino, desde que não invadam a esfera de influência da soberania brasileira e de outros países. Assim, a intervenção não autorizada do Brasil em assuntos internos de outros países é rechaçada pelo nosso ordenamento jurídico.

O princípio da não intervenção, porém, é relativo, não impedindo que o Brasil venha a participar de missões organizadas pela ONU, por exemplo, ou que venha a intervir em outros países para resguardar os interesses dos cidadãos brasileiros, ou quando houver justificativa humanitária para tal.

Igualdade entre os Estados

Diante do Estado brasileiro, todos as outras nações são iguais, merecendo, em princípio, o mesmo tratamento e respeito, não havendo quaisquer Estados "naturalmente" merecedores de tratamento especial em relação a outros.

Porém, assim como o princípio da igualdade aplicado aos nacionais, esse conceito admite relativização, seja pela reciprocidade, seja pela observância dos direitos humanos nos mais diversos países, seja por razões econômicas, que podem fazer com que o Brasil dê tratamento econômico mais benéfico a alguns países, por exemplo.

Além disso, quando trata dos direitos de nacionalidade, por exemplo, a Constituição concede alguns "benefícios" a cidadãos portugueses ou que sejam originários de países lusófonos.

Defesa da Paz e Solução Pacífica dos Conflitos

O Brasil deve sempre pautar-se pela manutenção e imposição da paz e busca de soluções pacíficas para os conflitos, embora se reconheça que, em algumas situações excepcionais, a força possa ser utilizada, desde que de forma proporcional e somente durante o tempo estritamente necessário.

Repúdio ao Terrorismo e ao Racismo

Nosso país deve deixar claro, em suas relações internacionais, que repudia qualquer forma de terrorismo e racismo, rejeitando qualquer acordo internacional que os estimule de qualquer forma, devendo deixar sua discordância das políticas de países que tolerem tais práticas.

Cooperação dos Povos para o Progresso da Humanidade

O Brasil entende que deve haver cooperação entre as nações, não só a nível militar, mas também nos demais diversos aspectos (econômico, tecnológico, ambiental, etc.), buscando o bem-estar e progresso da raça humana.

Esse é um princípio de larga abrangência e mostra a disposição do Brasil em colaborar com a busca de um mundo melhor.

Concessão de Asilo Político

Asilo político é o acolhimento de estrangeiro em virtude de perseguição sofrida por ele por parte de seu país ou de terceiros. É um instituto adotado por toda grande democracia.

Entre as causas da perseguição que podem dar azo ao pedido de asilo político, podemos citar: dissidência política, manifestação de pensamento ou crimes relacionados à segurança do Estado e que não configurem delitos no direito penal comum.

A concessão do asilo é ato de soberania estatal, discricionário e de competência do Presidente da República.

Integração da América Latina

Nossa Constituição, no parágrafo único do Art. 4º, coloca expressamente como uma das metas de nossa República a busca da integração latino-americana, culminando com a criação de uma comunidade de nações.

Essa é uma realidade bastante distante, se não utópica, diante das grandes assimetrias, rivalidades históricas e interesses distintos dentro do grande continente ibero-americano.

Não obstante isso, o Brasil tem sido um dos países da região que mais têm engendrado esforços nesse sentido, como podemos observar na iniciativa de criação e desenvolvimento do Mercosul, UNASUL e outros.

Essa integração deve ser promovida por meio de tratados internacionais, os quais serão incorporados ao ordenamento jurídico nacional da mesma forma que os demais tratados, ou seja, somente após a ratificação pelo Congresso Nacional.

EXERCÍCIO COMENTADO

01. (Esaf) Em 16 de março de 2014, a Criméia realizou consulta popular que resultou em ampla maioria favorável à separação da Ucrânia, abrindo caminho para sua anexação à Rússia, que restou implementada nos dias seguintes. A Criméia pertenceu à Rússia até 1953, quando o líder Nikita Kruschev resolveu que a Península deveria integrar a Ucrânia. Considerando esses acontecimentos, assinale a opção correta, tomando por fundamento a Constituição Federal de 1988.
   a) A Constituição Federal de 1988 não se ocupa do tema em epígrafe, vale dizer, não trata de questões internacionais e não menciona os respectivos princípios que devem guiar as relações internacionais da República Federativa do Brasil.

b) A Constituição Federal de 1988 se ocupa do tema em epígrafe, porém, não menciona qualquer princípio de relações internacionais, deixando para o Congresso Nacional a tarefa de criá-los, via legislação ordinária.

c) A Constituição Federal de 1988 se ocupa do tema em epígrafe, estabelecendo, como princípio, que a República Federativa do Brasil somente intervirá em outro Estado soberano na hipótese de requisição, em defesa da Democracia e dos Direitos Humanos, com ou sem mandato da Organização das Nações Unidas.

d) A Constituição Federal de 1988 se ocupa do tema em epígrafe, estabelecendo, como princípios da República Federativa do Brasil, no plano internacional, a dignidade da pessoa humana e os valores sociais do trabalho e da livre iniciativa.

e) A Constituição Federal de 1988 se ocupa do tema em epígrafe, estabelecendo, como princípios da República Federativa do Brasil, no plano internacional, os princípios da autodeterminação dos povos e a não intervenção.

RESPOSTA: E.

Alternativas A e B. A Constituição estabelece os princípios que devem reger o País em suas relações internacionais.

Alternativa C. A Constituição não estabelece expressamente que o Brasil somente intervirá em outro Estado no caso de defesa da Democracia e dos Direitos Humanos, embora, na prática, tal possa vir a ocorrer.

Alternativa D. A dignidade da pessoa humana e os valores sociais do trabalho e da livre iniciativa são, na verdade, fundamentos da República Federativa do Brasil, trazidos pelo Art. 1º da Constituição, e não princípios que devem reger o País em suas relações internacionais.

Alternativa E. A Constituição Federal estabelece, em seu Art. 4º, dois princípios que se aplicam ao caso citado: autodeterminação dos povos e não intervenção.

VAMOS PRATICAR

Os Exercícios a seguir são referentes ao conteúdo: Princípios Fundamentais da República Federativa do Brasil.

01. (FCC) Nas suas relações internacionais, conforme dispõe a Constituição Federal, a República Federativa do Brasil rege-se, dentre outros, pelos princípios da:

    a) concessão de asilo político, não intervenção e pluralismo político.

    b) garantia do desenvolvimento nacional, autodeterminação dos povos e igualdade entre os gêneros.

    c) defesa da paz, prevalência dos direitos humanos e pluralismo político.

    d) solução pacífica dos conflitos, igualdade entre os gêneros e erradicação da pobreza.

    e) autodeterminação dos povos, defesa da paz e não intervenção.

02. (FCC) Nos termos da Constituição de 1988, são fundamentos da República Federativa do Brasil, dentre outros,

    a) soberania, cidadania e pluralismo político.

    b) cidadania, valores sociais do trabalho e da livre iniciativa e inafastabilidade da jurisdição.

    c) dignidade da pessoa humana, valores sociais do trabalho e função social da propriedade.

    d) soberania, igualdade e liberdade.

    e) dignidade da pessoa humana, direito à vida e à saúde e fraternidade.

03. (FCC) Sobre os princípios fundamentais da Constituição Brasileira, pode-se afirmar que:

    a) a República Federativa do Brasil constituída dos seguintes poderes, independentes e harmônicos entre si: Legislativo, Administrativo, Executivo e Judiciário.

    b) a República Federativa do Brasil tem como fundamentos a soberania, a cidadania, a dignidade da pessoa humana, os valores sociais do trabalho e da livre iniciativa, e o pluralismo político.

    c) a República Federativa do Brasil buscará a integração econômica, política, social e cultural dos povos da América Latina e da África, visando à formação de uma comunidade internacional de nações latinas e africanas.

    d) todo o poder emana do povo, que o exerce por meio de representantes eleitos nos poderes Legislativo, Executivo e Judiciário.

    e) erradicar a pobreza e a marginalização e reduzir as desigualdades sociais e regionais não constitui um dos objetivos fundamentais da República Federativa do Brasil.

04. (Vunesp) Conforme o Art. 4º, parágrafo único, da Constituição Federal, a República Federativa do Brasil buscará a integração econômica:

a) com todos os países com os quais mantém relações diplomáticas, visando ao desenvolvimento do comércio internacional.

b) e o intercâmbio comercial entre os países da Europa.

c) e também política, social e cultural dos povos da América Latina, visando à formação de uma comunidade latino-americana de nações.

d) e também cultural dos povos de todo o mundo, visando à formação de uma comunidade mais justa e solidária.

e) e também política dos povos das Américas, visando ao pluralismo político e à cidadania.

05. (FCC) A República Federativa do Brasil tem como um de seus fundamentos ...I... ; constitui um dos seus objetivos funda- mentais ...II... ; e rege-se nas suas relações internacionais, entre outros, pelo princípio ...III...

Preenche, correta e respectivamente, as lacunas I, II e III:

a) I - a dignidade da pessoa humana / II- conceder asilo político / III - da prevalência dos direitos humanos.

b) I- a cidadania / II - conceder asilo político / III - do repúdio ao terrorismo e ao racismo.

c) I - a soberania/ II- construir uma sociedade livre, justa e solidária / III - do repúdio ao terrorismo e ao racismo.

d) I - os valores sociais do trabalho e da livre iniciativa /II - defender a paz / III - da prevalência dos direitos humanos.

e) I - o pluralismo político /II- defender a paz/ III - da prevalência dos direitos humanos.

06. (FGV) As opções a seguir apresentam Princípios que regem as relações internacionais da República Federativa do Brasil, à exceção de uma. Assinale-a.

a) Prevalência dos Direitos Humanos

b) Autodeterminação dos povos.

c) Solução impositiva de conflitos.

d) Igualdade entre os Estados.

e) Repúdio ao terrorismo e ao racismo.

07. (FGV) Analise as afirmativas a seguir.

I. A soberania, a cidadania e a proteção à propriedade privada constituem fundamentos da República Federativa do Brasil.

II. A República Federativa do Brasil rege-se, em suas relações internacionais, pela autodeterminação dos povos e pela não intervenção.

III. A Constituição da República Federativa do Brasil erige a livre iniciativa como um princípio fundamental.

Assinale:

a) se somente a afirmativa I estiver correta.

b) se somente a afirmativa II estiver correta.

c) se somente a afirmativa III estiver correta.

d) se somente as afirmativas I e II estiverem corretas.

e) se somente as afirmativas II e III estiverem corretas.

08. (Fepese) Assinale a alternativa correta:

a) A República Federativa do Brasil, formada pela união indissolúvel dos Estados e Municípios e do Distrito Federal, constitui-se em Estado Democrático de Direito e tem como fundamentos: a soberania; a cidadania; a dignidade da pessoa humana; os valores sociais do trabalho e da livre iniciativa; o pluralismo político

b) Constituem objetivos fundamentais da República Federativa do Brasil: construir uma sociedade soberana, justa e solidária; garantir o desenvolvimento internacional; erradicar a pobreza e a marginalização e reduzir as desigualdades sociais e regionais; promover o bem de todos, sem preconceitos de origem, raça, sexo, cor, idade e quaisquer outras formas de discriminação.

c) A República Federativa do Brasil rege-se nas suas relações internacionais pelos seguintes princípios: independência nacional; prevalência legalista de direitos; autodeterminação dos povos; intervenção mínima; igualdade entre os Estados; defesa da paz; solução pacífica dos conflitos; repúdio ao terrorismo e ao racismo; cooperação entre os povos para o progresso da humanidade; concessão de asilo político.

d) Todo o poder emana do povo, que o exerce por meio de representantes eleitos ou indiretamente, nos termos desta Constituição.

e) São Poderes da União, dos Estados e dos Municípios, independentes e harmônicos entre si, o Legislativo, o Executivo e o Judiciário.

09. (FGV) Assinale a opção que indica um dos fundamentos da República Federativa do Brasil, segundo a Constituição Federal de 1988.

a) O repúdio ao terrorismo e ao racismo.
b) A dignidade da pessoa humana.
c) A defesa da paz.
d) A prevalência dos direitos humanos.
e) A independência nacional.

10. (Vunesp) Estado Democrático de Direito é um sistema institucional:

a) em que o poder político não possui limites previstos em lei.
b) em que há previsão e proteção aos direitos fundamentais.
c) em que é necessário que as leis sejam em forma de código.
d) que independe do respeito à dignidade da pessoa humana.
e) em que votam somente as pessoas que possuem nível superior.

GABARITO

01	E	06	C
02	A	07	E
03	B	08	A
04	C	09	B
05	C	10	B

ANOTAÇÕES

2. Teoria Geral da Constituição

Neste capítulo, trataremos da teoria geral da Constituição, especificamente suas origens, seu conceito e sua classificação. Além disso, veremos a classificação das normas constitucionais quanto à sua eficácia; discutiremos o poder constituinte, e também as emendas constitucionais.

Conceito de Constituição e Princípio da Supremacia da Constituição

Costuma-se dizer que a origem das Constituições seria a chamada "*Magna Charta Libertatum*", ou simplesmente "Magna Carta", que foi assinada em 1215, pelo Rei João Sem Terra da Inglaterra, na qual o mesmo aceitava limitações impostas à sua autoridade por parte dos nobres locais.

Esse documento é considerado como um embrião das constituições atuais porque, pela primeira vez, entendia-se que até o mesmo próprio rei teria que se submeter a um documento jurídico.

No entanto, embora se considere que essa seria a origem remota das constituições, o constitucionalismo, como ramo do Direito, surgiu juntamente com as constituições escritas e rígidas, sendo que as primeiras foram a dos Estados Unidos da América, em 1787, após a independência das 13 colônias inglesas, e a da França, em 1791, após a Revolução Francesa de 1789.

Essas duas constituições apresentavam dois traços marcantes: organização do Estado e limitação do poder estatal, por meio da previsão de direitos e garantias fundamentais.

Mas, o que vem a ser uma constituição?

A palavra constituição tem o significado de estrutura, formação, organização.

Pode ser definida como a lei fundamental e suprema de um Estado, que contém normas referentes à estruturação do Estado, forma de governo e aquisição do poder, direitos e garantias dos cidadãos.

Ou seja, a Constituição vai definir, em normas gerais, o funcionamento do Estado, bem como os direitos fundamentais de seus cidadãos.

É o principal documento jurídico de uma nação e todas as leis lhe devem obediência, sendo que aquelas que contradisserem a Constituição serão consideradas como aberrações jurídicas, e não devem produzir efeitos.

Essa ideia de superioridade da Constituição em relação às leis é o que se chama de "Princípio da Supremacia da Constituição".

Para garantir tal supremacia, o Poder Judiciário utiliza-se do chamado mecanismo de controle de constitucionalidade, afastando do ordenamento jurídico aquelas normas consideradas inconstitucionais.

Conceito Ideal de Constituição

Durante o século XIX, tendo em vista o surgimento de movimentos liberais em praticamente toda a Europa, exigindo que os respectivos monarcas de cada país aceitassem submeter-se a uma Constituição, surgiram muitos textos com esse nome, mas que, na prática, serviam para legitimar o poder real.

Ou seja, funcionavam como "falsas constituições" para reforçar a autoridade dos reis.

Para combater isso, os constitucionalistas criaram o que ficou conhecido como "conceito ideal de Constituição".

Segundo ele, uma constituição, para que possa ser de fato considerada como tal, deve:

> Consagrar um sistema de garantias da liberdade (mecanismos de defesa do cidadão contra arbítrios estatais);
> Conter o princípio da divisão de poderes, permitindo o controle sistêmico do Estado por si mesmo;
> Ser escrita.

Classificação das Constituições

As constituições podem ser classificadas por diversos critérios. Vejamos os principais deles:

Quanto ao Conteúdo

Na verdade, não se trata de um critério de classificação de constituições, mas sim de normas constitucionais.

Por ele, as normas constitucionais podem ser agrupadas em dois grupos: constituição material e constituição formal.

Constituição material: conjunto de regras substancialmente constitucionais, ou seja, são aquelas normas que tratam de assuntos propriamente constitucionais, como organização do Estado, direitos fundamentais, etc.

Constituição formal: o conjunto de todas as regras constantes da constituição escrita, consubstanciada em um documento solene, mesmo que algumas dessas regras tratem de matéria não propriamente constitucional. Ou seja, é tudo o que consta em uma constituição.

Existem normas que são formalmente constitucionais, porém materialmente não o são, porque tratam de assunto que poderia muito bem não estar da Constituição. Exemplo disso é a disposição constante no Art. 242, § 2º:

§ 2º. O Colégio Pedro II, localizado na cidade do Rio de Janeiro, será mantido na órbita federal.

Quanto à Forma

Quanto à sua forma, as constituições dividem-se em escritas e costumeiras.

As escritas, conforme o próprio nome indica, caracterizam-se por se encontrarem consubstanciadas em textos legais formais. A grande maioria dos países ocidentais adota essa forma.

Ex.: *Constituições brasileira, americana, francesa, alemã, portuguesa, etc.).*

Já as constituições costumeiras são aquelas que não estão codificadas somente em textos legais formais, mas são formadas pelos costumes e decisões dos tribunais (a chamada jurisprudência) e em textos constitucionais esparsos. Seu maior exemplo é o da Constituição Inglesa, pois aquele país não possui um documento intitulado "Constituição", sendo as normas organizadoras do Estado Inglês formadas ao longo de um extenso período de tempo.

Quanto ao Modo de Elaboração

Quanto a esse critério, podem as constituições ser dogmáticas ou históricas.

Na verdade, essa classificação está muito ligada à classificação quanto à forma da constituição. As dogmáticas são sempre escritas e são elaboradas por um órgão constituinte em um momento preciso e determinado, produzindo um documento que pode ser datado e que refletirá as ideias predominantes na sociedade em um determinado momento.

Toda constituição escrita é dogmática e vice-versa.

Já as históricas, que estão associadas às constituições costumeiras, têm sua formação dispersa no tempo, sendo consolidadas através de um lento processo histórico, não havendo um momento em que se possa dizer: "eis a nossa Constituição pronta!", estando em um processo de contínua formação e alteração, uma vez que não estão consubstanciadas em um único documento.

Uma vez mais, quem nos fornece o exemplo é a Constituição Inglesa.

Quanto à Origem

Sob esse ponto de vista, as constituições podem ser populares, outorgadas ou cesaristas.

As constituições populares são elaboradas por um órgão eleito pela vontade popular, chamado normalmente de Assembleia Constituinte, que assim delibera e aprova o documento como representante da vontade dos nacionais. Exemplo desse tipo é a nossa Constituição atual.

As constituições outorgadas se caracterizam por serem elaboradas sem a participação do povo, mas são impostas (outorgadas) por alguém ou um grupo que não recebeu do povo o poder constituinte originário.

Exemplo dessas constituições são as constituições brasileiras de 1824, 1937 e 1967.

Por fim, as chamadas constituições cesaristas ou plebiscitárias representam um meio-termo entre os dois primeiros tipos, pois são elaboradas por alguém que não recebeu do povo a incumbência de elaborar a constituição, porém são submetidas posteriormente a um processo de aprovação popular (plebiscito).

Quanto à Possibilidade de Alteração

Nesse aspecto, as constituições podem ser: imutáveis, rígidas, flexíveis ou semirrígidas.

As constituições imutáveis não admitem qualquer modificação por qualquer meio, tendo sempre o mesmo texto perpetuamente. Como se pode logo concluir, estão fadadas a uma existência de curta duração, uma vez que não podem ser alteradas para adaptarem-se às mudanças da sociedade.

As rígidas são aquelas que somente podem ser alteradas mediante um processo especial, mais solene e mais difícil do que o utilizado na elaboração das leis.

As flexíveis caracterizam-se por poderem ser modificadas sem a exigência de um processo qualificado diferente do adotado para a legislação ordinária. Ou seja, são aquelas que são alteradas da mesma forma que as leis.

Por sua vez, as semirrígidas ou semiflexíveis são aquelas que contêm uma parte rígida, que somente pode ser alterada por um processo diferenciado, e uma parte flexível, que pode ser alterada por leis comuns.

A Constituição Brasileira de 1988 é rígida.

Quanto à Extensão

De acordo com esse critério, as constituições podem ser analíticas ou sintéticas.

As constituições analíticas, também chamadas de dirigentes, têm esse nome por serem mais detalhadas, regendo todos os assuntos que entendam relevantes à formação, destinação e funcionamento do Estado. Por tal razão são chamadas também de dirigentes.

Já as constituições sintéticas, também chamadas de negativas, preocupam-se somente com os princípios e as normas gerais de regência do Estado, organizando-o e limitando seu poder através dos direitos e garantias individuais. Ou seja, praticamente só possuem normas materialmente constitucionais.

São chamadas de sintéticas por serem resumidas e tratarem somente dos assuntos materialmente constitucionais.

As constituições mais recentes tendem a ser analíticas.

Exemplo de constituição analítica é a nossa atual e exemplo de constituição sintética é a norte-americana.

Poder Constituinte

Conceito

O Poder Constituinte pode ser definido como a manifestação soberana da suprema vontade política de um povo, social e juridicamente organizado, que se manifesta na elaboração e alteração da Constituição.

Ou seja, é o poder constituinte que elabora e altera a Constituição.

Titularidade

Em uma democracia, o poder constituinte pertence ao povo. Assim, a vontade constituinte é a vontade do próprio povo.

Porém, embora o povo seja o titular do direito, quem o exerce são seus representantes, uma vez que o exercício direto do poder constituinte pelo povo é inviável. Essa titularidade (mas não exercício direto) fica claro no preâmbulo de nossa Constituição: *Nós, representantes do povo brasileiro, reunidos...* e no parágrafo único do Art. 1º. *Todo o poder emana do povo, que o exerce por meio de representantes eleitos ou diretamente, nos termos desta Constituição.*

Espécies de Poder Constituinte

O Poder Constituinte classifica-se em:

> Poder Constituinte originário ou de 1º grau;
> Poder Constituinte derivado ou de 2º grau.

Poder Constituinte Originário

O Poder Constituinte originário elabora a Constituição do Estado, organizando-o e criando seus poderes.

O exercício desse poder se manifesta na elaboração de uma nova constituição.

Pode-se identificar duas formas de expressão desse poder: através de uma Assembleia Constituinte eleita pelo povo, ato chamado de convenção (constituições populares, tendo como um dos exemplos a Constituição Federal de 1988) ou de um Movimento Revolucionário, através de um ato de outorga, como ocorreu com a Constituição de 1824.

O Poder Constituinte originário caracteriza-se por ser inicial (dá início ao ordenamento jurídico), ilimitado (não é limitado por qualquer norma jurídica anterior) e incondicionado (forma livre de exercício).

Poder Constituinte Derivado

Tem esse nome porque deriva das normas estabelecidas pelo Poder Constituinte originário.

Além de derivado do Poder Constituinte originário, apresenta as características de subordinado ou limitado (encontra-se limitado pelas normas do texto constitucional, às quais deve obedecer, sob pena de inconstitucionalidade) e condicionado, uma vez que seu exercício deve seguir as regras estabelecidas pelo Poder Constituinte originário.

Por sua vez, o Poder Constituinte derivado subdivide-se em:

Poder Constituinte Derivado Reformador: Consiste na possibilidade de alterar-se o texto constitucional, respeitando-se os limites e a forma estabelecidos na Constituição.

Poder Constituinte Derivado Decorrente: Consiste na capacidade, em um Estado Federal, de os Estados-membros auto-organizarem-se por meio de constituições estaduais, respeitando as regras contidas na Constituição Federal.

Assim, no Brasil, por exemplo, cada Estado possui a sua própria Constituição, e os Municípios podem elaborar suas Leis Orgânicas.

Classificação das Normas Constitucionais Quanto à sua Eficácia

As normas constitucionais podem ser classificadas de acordo com sua aplicabilidade, ou seja, de acordo com sua capacidade de produzirem efeitos.

A classificação tradicional é do jurista José Afonso da Silva, que divide as normas constitucionais em três categorias: normas de eficácia plena, de eficácia contida e de eficácia limitada.

> **Normas de eficácia plena:** são aquelas que, desde a entrada em vigor da Constituição, produzem ou podem produzir todos os seus efeitos essenciais, nos termos propostos pelo constituinte (Ex.: os remédios constitucionais).

> **Normas de eficácia contida:** são aquelas que, embora produzam seus efeitos desde logo, foi deixada margem, pelo constituinte, de restrição, pelo legislador ordinário, de seus efeitos. Ex.: Art. 5º, XIII.

> **Normas de eficácia limitada:** somente produzem seus efeitos plenamente após a

edição de lei ordinária ou complementar que lhes desenvolva a aplicabilidade. Ou seja, precisam ser regulamentadas. Ex.: Art. 7º, XI.

Além desses três tipos, podemos citar também as normas programáticas:

> **Normas programáticas:** caracterizam-se por expressarem valores que devem ser respeitados e perseguidos pelo legislador. Não têm a pretensão de serem de aplicação imediata, mas sim de aplicação diferida, paulatina, constituindo um norte ao legislador. Por isso, normalmente, trazem conceitos vagos e abertos. Um exemplo de norma programática seria o Art. 7º, inciso IV, de nossa Constituição Federal, que trata do salário mínimo:

Art. 7º. São direitos dos trabalhadores urbanos e rurais, além de outros que visem à melhoria de sua condição social:

IV. Salário-mínimo, fixado em lei, nacionalmente unificado, capaz de atender a suas necessidades vitais básicas e às de sua família com moradia, alimentação, educação, saúde, lazer, vestuário, higiene, transporte e previdência social, com reajustes periódicos que lhe preservem o poder aquisitivo, sendo vedada sua vinculação para qualquer fim;

Emendas Constitucionais

No exercício do Poder Constituinte Derivado, o Estado pode alterar o texto constitucional, respeitados os limites impostos pelo Poder Constituinte Originário.

Estas alterações se dão por meio das chamadas emendas constitucionais, as quais, uma vez aprovadas, passam a compor o texto original da Magna Carta, em pé de igualdade com as demais normas.

A emenda constitucional é expressamente prevista como espécie normativa no Art. 59 da Constituição Federal.

No entanto, para sua aprovação, uma proposta de emenda constitucional não pode incidir em alguma das restrições previstas pelo constituinte.

Restrições às Emendas Constitucionais

As restrições às emendas constitucionais podem ser de dois tipos: materiais (também chamadas de cláusulas pétreas), temporais e formais.

Restrições Materiais

Têm esse nome porque são restrições de conteúdo (matéria). Ou seja, a Constituição proíbe a aprovação de emendas que tratem de determinadas matérias.

Essas matérias que não podem ser objeto de emendas estão previstas no Art. 60, parágrafo 4º, e são chamadas pela doutrina de cláusulas pétreas.

Vejamos o texto deste dispositivo:

Art. 60 (...)

§ 4º. Não será objeto de deliberação a proposta de emenda tendente a abolir:

I. A forma federativa de Estado;

II. O voto direto, secreto, universal e periódico;

III. A separação dos Poderes;

IV. Os direitos e garantias individuais.

Teoria da dupla revisão:

O constitucionalista português José Gomes Canotilho defendia ser possível a alteração das cláusulas pétreas, desde que antes fosse alterado o texto constitucional que as defina (teoria da dupla revisão). Ou seja, primeiro altera-se o rol das cláusulas pétreas e depois altera-se a constituição no particular.

No entanto, a maioria dos doutrinadores brasileiros rejeita esta tese por ser uma forma de burlar a vontade soberana do Constituinte Originário.

Restrições Temporais

O Art. 60, § 1º, estabelece que a Constituição não poderá ser emendada:

> Na vigência de intervenção federal;
> Na vigência de estado de defesa;
> Na vigência de estado de sítio.

Restrições Formais

As restrições formais nada mais são do que os procedimentos necessários para que a emenda constitucional possa ser votada e aprovada.

Pelo fato de a nossa constituição ser rígida, a elaboração de emendas à Constituição exige um processo legislativo mais rígido e dificultoso do que o ordinário.

Ou seja, as restrições formais são os requisitos que deverão ser observados para a aprovação da emenda. Estão ligados à iniciativa para a propositura da emenda, ao rito e ao quórum necessários para sua aprovação.

Iniciativa:

De acordo com o Art. 60 da CF, a Constituição poderá ser emendada mediante proposta:

I. De um terço, no mínimo, dos membros da Câmara dos Deputados ou do Senado Federal;

II. Do Presidente da República;

III. De mais da metade das Assembleias Legislativas das unidades da Federação, manifestando-se, cada uma delas, pela maioria relativa de seus membros.

Ou seja, uma PEC (Proposta de Emenda Constitucional) somente pode ser apresentada por uma dessas pessoas ou entidades.

Rito e quórum de aprovação:

A Proposta de Emenda Constitucional (PEC) terá sua constitucionalidade examinada pela Comissão de Constituição e Justiça da Casa onde foi proposta. Após isso, será colocada em plenário e será votada em dois turnos, sendo que, em cada um deles, deverá ser aprovada por três quintos dos votos dos membros daquela Casa (maioria qualificada de 60% dos membros).

Se a PEC for aprovada nestes dois turnos, será enviada para votação na outra Casa legislativa, onde também deverá ser aprovada em dois turnos com três quintos de aprovação.

Após isso, se aprovada, será então promulgada pelas Mesas da Câmara dos Deputados e do Senado Federal.

FIQUE LIGADO

Não existe necessidade de sanção presidencial para uma proposta de emenda constitucional.

EXERCÍCIO COMENTADO

01. (Esaf) O Estudo da Teoria Geral da Constituição revela que a Constituição dos Estados Unidos se ocupa da definição da estrutura do Estado, funcionamento e relação entre os Poderes, entre outros dispositivos. Por sua vez, a Constituição da República Federativa do Brasil de 1988 é detalhista e minuciosa. Ambas, entretanto, se submetem a processo mais dificultoso de emenda constitucional.

Considerando a classificação das constituições e tomando-se como verdadeiras essas observações, sobre uma e outra Constituição, é possível afirmar que:

a) a Constituição da República Federativa do Brasil de 1988 é escrita, analítica e rígida, a dos Estados Unidos, rígida, sintética e negativa.

b) a Constituição da República Federativa do Brasil de 1988 é do tipo histórica, rígida, outorgada e a dos Estados Unidos rígida, sintética.

c) a Constituição dos Estados Unidos é do tipo consuetudinária, flexível e a da República Federativa do Brasil de 1988 é escrita, rígida e detalhista.

d) a Constituição dos Estados Unidos é analítica, rígida e a da República Federativa do Brasil de 1988 é histórica e consuetudinária.

e) a Constituição da República Federativa do Brasil de 1988 é democrática, promulgada e flexível, a dos Estados Unidos, rígida, sintética e democrática.

RESPOSTA: A.

A Constituição Brasileira é escrita, porque está consubstanciado em um documento formal. É analítica, porque trata de detalhes da organização do Estado brasileiro. É rígida, porque somente pode ser alterada por um procedimento especial e diferenciado em relação à aprovação das leis ordinárias.

A Constituição Norte-Americana também é rígida, mas é sintética, porque trata da organização do Estado de forma superficial e negativa, porque preocupa-se basicamente em impor proibições ao Estado, tratando quase que tão somente das liberdades individuais.

VAMOS PRATICAR

Os exercícios a seguir são referentes ao conteúdo: Teoria Geral da Constituição.

01. (Esaf) Marque a opção incorreta:

a) A constituição escrita, também denominada de constituição instrumental, aponta efeito racionalizador, estabilizante, de segurança jurídica e de calculabilidade e publicidade.

b) A constituição dogmática se apresenta como produto escrito e sistematizado por um órgão constituinte, a partir de princípios e ideias fundamentais da teoria política e do direito dominante.

c) O conceito ideal de constituição, o qual surgiu no movimento constitucional do século XIX, considera como um de seus elementos materiais caracterizadores que a constituição não deve ser escrita.

d) A técnica denominada interpretação conforme não é utilizável quando a norma impugnada admite sentido unívoco.

e) A constituição sintética, que é constituição negativa, caracteriza-se por ser construtora apenas de liberdade-negativa ou liberdade-impedimento, oposta à autoridade.

02. (Esaf – Adaptada) Marque a opção correta:

a) O Poder Constituinte Originário é limitado e autônomo, pois é a base da ordem jurídica.

- b) O Poder Constituinte Derivado decorrente consiste na possibilidade de alterar-se o texto constitucional, respeitando-se a regulamentação especial prevista na própria Constituição Federal e será exercitado por determinados órgãos com caráter representativo.
- c) A outorga, forma de expressão do Poder Constituinte Originário, nasce da deliberação da representação popular, devidamente convocada pelo agente revolucionário.
- d) O Poder Constituinte Derivado decorre de uma regra jurídica de autenticidade constitucional.
- e) A doutrina aponta a contemporaneidade da ideia de Poder Constituinte com a do surgimento de Constituições históricas, visando, também, à limitação do poder estatal.

03. (Esaf) Sobre o poder constituinte, é incorreto afirmar que:
- a) o poder constituinte originário é inicial, ilimitado e incondicionado.
- b) o poder constituinte derivado é limitado e condicionado.
- c) o poder constituinte decorrente, típico aos Estados Nacionais unitários, é limitado, porém incondicionado.
- d) os limites do poder constituinte derivado são temporais, circunstanciais ou materiais.
- e) a soberania é atributo inerente ao poder constituinte originário.

04. (Esaf) O Poder Constituinte é a manifestação soberana da suprema vontade política de um povo, social e juridicamente organizado. A respeito do Poder Constituinte, é correto afirmar que:
- a) no Poder Constituinte Derivado Reformador, não há observação a regulamentações especiais estabelecidas na própria Constituição, vez que com essas limitações não seria possível atingir o objetivo de reformar.
- b) o Poder Constituinte Originário é condicionado à forma prefixada para manifestar sua vontade, tendo que seguir procedimento determinado para realizar sua constitucionalização.
- c) no Poder Constituinte Derivado Decorrente, há a possibilidade de alteração do texto constitucional, respeitando-se a regulamentação especial prevista na própria Constituição. No Brasil é exercitado pelo Congresso Nacional.
- d) as formas básicas de expressão do Poder Constituinte são outorga e convenção.
- e) o Poder Constituinte Originário não é totalmente autônomo, tendo em vista ser necessária a observância do procedimento imposto pelo ordenamento então vigente para sua implantação.

05. (FCC) Constituição rígida:
- a) dispensa forma escrita.
- b) dispensa cláusulas pétreas.
- c) pode ser modificada por lei complementar.
- d) exclui quaisquer mecanismos de controle preventivo de constitucionalidade.
- e) pressupõe mecanismo difuso de controle de constitucionalidade.

06. (FCC) O Art. 178 da Constituição Política do Império do Brasil tinha o seguinte teor: "é só Constitucional o que diz respeito aos limites, e atribuições respectivas dos Poderes Políticos, e aos Direitos Políticos, e individuais dos cidadãos. Tudo, o que não é Constitucional, pode ser alterado sem as formalidades referidas, pelas Legislaturas ordinárias".

Levando em consideração apenas o disposto nesse artigo, é correto afirmar que a primeira Constituição brasileira era uma constituição:
- a) semirrígida.
- b) nominal.
- c) semântica.
- d) histórica.
- e) analítica.

07. (FCC) A proposta de emenda constitucional, depois de aprovada por três quintos dos votos, na Câmara dos Deputados e no Senado Federal deve ser:
- a) sancionada e promulgada pelo Presidente da República.
- b) promulgada pelo presidente do Supremo Tribunal Federal.
- c) promulgada pelas Mesas da Câmara e do Senado.
- d) promulgada pelo presidente do Senado.
- e) promulgada pelo Presidente do STJ.

08. (Fundatec) De acordo com a doutrina de Pedro Lenza, na obra Direito Constitucional Esquematizado, a Constituição Federal atual pode ser classificada como:

a) promulgada, escrita, analítica e formal.
b) promulgada, consuetudinária, analítica e formal.
c) promulgada, escrita, analítica e material.
d) outorgada, escrita, analítica e material.
e) outorgada, escrita, analítica e formal.

09. (Cespe) Julgue o item a seguir como certo (C) ou Errado (E): Segundo a concepção jurídica de constituição defendida por Hans Kelsen, a constituição é a norma que fundamenta todo o resto do ordenamento jurídico positivo, atribuindo-lhe validade.

Certo ( )   Errado ( )

10. (Cespe) Julgue o item a seguir como certo (C) ou Errado (E): Em sentido material, apenas as normas que possuam conteúdo materialmente constitucional são consideradas normas constitucionais.

Certo ( )   Errado ( )

GABARITO

01	C	06	A
02	D	07	C
03	C	08	A
04	D	09	CERTO
05	B	10	CERTO

ANOTAÇÕES

3. Direitos e Garantias Fundamentais

Já vimos que, na concepção ideal de constituição, esta deve prever os direitos de defesa do indivíduo contra o Poder do Estado, que são os chamados direitos fundamentais. Porém, modernamente se admite que estes vão muito além dessa limitação, abarcando também o direito a uma vida digna e com plena participação na vida política da nação.

Nossa Constituição estabelece que as normas que consubstanciam direitos fundamentais são de eficácia imediata.

Diferenciação entre Direitos e Garantias Fundamentais

Alguns autores fazem diferenciação entre direitos e garantias fundamentais, afirmando que aqueles preveem a proteção do indivíduo contra o arbítrio estatal e estas proveem meios ao exercício destes direitos, mormente quando violados, tendo assim, um caráter instrumental e assecuratório.

Assim, por exemplo, o direito à liberdade seria um direito fundamental, ao passo que o *Habeas Corpus* seria uma garantia fundamental.

Gerações dos Direitos Fundamentais

Embora hoje se fale de direitos fundamentais de até sétima geração, a doutrina tradicionalmente identifica três gerações – ou dimensões – de direitos fundamentais, de acordo com sua evolução histórica, baseando-se na "Teoria das Gerações dos Direitos Fundamentais", aventada pelo professor e jurista alemão Karel Vasak.

A partir da quarta geração, começa a haver divergência entre os constitucionalistas, seja sobre sua existência, seja sobre seu conteúdo, sendo por isso, quase nunca cobrados em provas, que costumam normalmente cobrar até a terceira geração (teoria de Vasak). Ainda assim, apresentam-se as quatro primeiras gerações ou dimensões:

> **Direitos de primeira geração:** direitos civis e políticos. Constituem as liberdades negativas, clássicas ou formais. Constituem limites à ingerência do Estado na vida privada. Estão ligados fundamentalmente à liberdade do indivíduo.

> **Direitos de segunda geração:** direitos econômicos, sociais e culturais. Não só impõem limites ao Estado, mas também buscam garantir uma existência digna aos cidadãos. São chamadas de liberdades positivas, e podem ser associadas à igualdade.

> **Direitos de terceira geração:** materializam poderes de titularidade coletiva, cujo exercício e benefício não se atém ao bem do indivíduo somente, mas de toda a coletividade (interesses difusos).

Ex.: *Direito a um meio ambiente equilibrado, progresso, a paz. Por não tutelarem direitos individuais nem de uma coletividade específica, estão ligados ao ideal de solidariedade ou fraternidade.*

> **Direitos de quarta geração:** compreendem os direitos à democracia, informação e pluralismo, para uns, e os direitos relativos à biotecnologia, manipulação genética, para outros.

Relatividade dos Direitos Fundamentais

Embora seja reconhecida a essencialidade dos direitos fundamentais, estes não são absolutos, sofrendo limitações em função de outros direitos fundamentais, tudo para o bem da própria sociedade.

Assim, por exemplo, não se admite que práticas ilícitas sejam acobertadas pelo pretenso exercício de um direito fundamental e, no caso, de conflitos entre direitos fundamentais e outros direitos, esses poderão sofrer restrições.

Destinatários dos Direitos Fundamentais

Não obstante nossa constituição afirmar que os direitos e garantias fundamentais são assegurados ao brasileiro e ao estrangeiro residente no Brasil, essa titularidade dos direitos deve ser ampliada para abarcar todos aqueles que se encontram no território brasileiro, sejam nacionais ou não.

Da mesma forma, essa extensão alcança também as pessoas jurídicas, no que couber, evidentemente.

Classificação dos Direitos Fundamentais Segundo a nossa Constituição

A classificação prevista em nossa Constituição permite identificar cinco classes de direitos e garantias fundamentais:

> Direitos e garantias individuais e coletivos;
> Direitos sociais;
> Direitos de nacionalidade;
> Direitos políticos;
> Direitos relacionados à existência e organização dos partidos políticos.

3.1. Direitos e Garantias Individuais e Coletivos

Os direitos e garantias individuais e coletivos estão elencados no Art. 5º de nossa Constituição Federal, o maior de todos os seus artigos, que, em seus 78 incisos, trata do tema organizando-o por assuntos.

Princípio da Igualdade

> *Art. 5º. Todos são iguais perante a lei, sem distinção de qualquer natureza, garantindo-se aos brasileiros e aos estrangeiros residentes no País a inviolabilidade do direito à vida, à liberdade, à igualdade, à segurança e à propriedade, nos termos seguintes:*
>
> *I. Homens e mulheres são iguais em direitos e obrigações, nos termos desta Constituição;*

O *caput* do Art. 5º destaca a importância deste princípio, ao afirmar que *todos são iguais perante a lei*. Não bastasse isso, complementa dizendo *sem distinção de qualquer natureza*. A igualdade é a base de um sistema jurídico justo.

Evidentemente, essa igualdade prevista na Constituição deve ser vista em termos relativos, no sentido de que os iguais devem ser tratados igualmente e as situações distintas devem ser tratadas distintamente, na medida de sua desigualdade, de acordo com a máxima aristotélica de que *os iguais devem ser tratados de forma igual, e os desiguais, de forma desigual, na medida de sua desigualdade.*

O que se veda é a discriminação arbitrária e injustificada. Assim, por exemplo, não seria inconstitucional a norma que preveja a contratação somente de homens para concurso de agente penitenciário de uma prisão masculina, ou o pagamento de determinados benefícios em dinheiro somente para os reconhecidamente pobres, por exemplo.

Embora o *caput* do Art. 5º consagre a igualdade genérica entre todos os brasileiros *sem distinção de qualquer natureza*, o primeiro inciso do Art. 5º de nossa Constituição achou por bem reforçar, em virtude das históricas injustiças contra o sexo feminino, a igualdade entre homens e mulheres.

Note-se que a expressão *nos termos dessa Constituição* indica que a Magna Carta pode estabelecer distinções que, a princípio, não serão julgados à luz desse princípio (como é o caso da isenção do serviço militar às mulheres, em tempos de paz), ao passo que a legislação inferior somente pode estabelecer as distinções que visem o estabelecimento da igualdade (tratar desigualmente os desiguais).

Princípio da Legalidade

Dispõe o inciso II do Art. 5º de nossa CF:

> *II. Ninguém será obrigado a fazer ou deixar de fazer alguma coisa senão em virtude de lei;*

Sendo o Brasil um Estado democrático de direito, a lei encontra-se acima dos particulares e do próprio Estado (império da lei), sendo que a exigência de comando legal para a imposição de obrigações se caracteriza como a principal garantia do cidadão contra o arbítrio estatal e também contra a opressão por parte de outros particulares.

A palavra **lei** aqui deve ser entendida no sentido de uma das espécies normativas previstas no Art. 59 de nossa Constituição Federal:

> - Emendas constitucionais (aprovadas, passam a integrar a Constituição Federal sem qualquer distinção em relação às normas originárias);
> - Leis complementares;
> - Leis ordinárias;
> - Leis delegadas;
> - Medidas provisórias;
> - Decretos legislativos;
> - Resoluções.

Evidentemente, para que a lei possa impor obrigações ou restringir direitos, deve ser elaborada de acordo com as regras do processo legislativo e ser materialmente compatível com as normas constitucionais. Se tal não ocorrer, será inconstitucional, não gerando quaisquer efeitos, como se nunca tivesse existido (efeitos *ex tunc* da declaração de inconstitucionalidade).

Diferenciação entre o Princípio da Legalidade e o Princípio da Reserva Legal

Embora a maioria utilize os conceitos como sinônimos, outros, como Alexandre de Moraes e José Afonso da Silva, os distinguem.

De acordo com eles, o princípio da legalidade seria mais amplo, e envolveria todas as espécies normativas previstas na Constituição Federal (conforme vimos).

Já o princípio da reserva legal ocorreria quando a Constituição reservasse o tratamento de determinada matéria à disciplina de lei formal, que é aquela aprovada pelo Poder Legislativo de forma solene, e excluiria, por exemplo, as Medidas Provisórias e as Leis Delegadas. Como exemplo, temos o inciso XXXIX do Art. 5º:

> *XXXIX. Não há crime sem lei anterior que o defina, nem pena sem prévia cominação legal;*

Proibição da Tortura

Além de colocar a dignidade da pessoa humana como um dos fundamentos de nossa República, a Constituição Federal, claramente influenciada pelos excessos do regime ditatorial que lhe antecedeu, expressamente declara no inciso III do Art. 5º a inadmissibilidade da tortura (tanto física como psicológica) e do tratamento desumano ou degradante:

> *III. Ninguém será submetido a tortura nem a tratamento desumano ou degradante;*

Essa proibição não comporta exceção de qualquer natureza quanto à justificativa e alcança a todos indistintamente, nacionais ou não, até mesmo os criminosos e os que representem sérios riscos à sociedade: esses devem ser neutralizados, todavia sem a utilização da tortura e do tratamento indigno ou cruel.

A norma do inciso III é complementada pelo comando do inciso XLIII:

> *XLIII. A lei considerará crimes inafiançáveis e insuscetíveis de graça ou anistia a prática da tortura, o tráfico ilícito de entorpecentes e drogas afins, o terrorismo e os definidos como crimes hediondos, por eles respondendo os mandantes, os executores e os que, podendo evitá-los, se omitirem;*

Tal dispositivo, por tratar de norma de direito penal, é de eficácia limitada, e é regulamentada, no que se refere à tortura, pela Lei nº 9.455/97, definindo a tortura como sendo o ato de constranger alguém com emprego de violência ou grave ameaça, causando-lhe sofrimento físico ou mental.

Liberdade de Pensamento e Direito de Resposta

Nossa constituição prevê a plena liberdade de expressão nos incisos IV e IX de seu Art. 5º:

> *IV. É livre a manifestação do pensamento, sendo vedado o anonimato;*
>
> *IX. É livre a expressão da atividade intelectual, artística, científica e de comunicação, independentemente de censura ou licença;*

A manifestação do pensamento tem o significado de exteriorização de ideias, e abrange todas as formas de comunicação, não podendo o Estado impor censura ou exigir licença prévia. O Estado não pode proibir ninguém de expressar seu pensamento, porém, uma vez expresso, será possível sempre o controle de sua legalidade, através do Poder Judiciário.

A liberdade de expressão, porém, está condicionada à identificação do autor, para que se evitem manifestações levianas que ofendam terceiros e para que se possa responsabilizar aqueles que as fizerem.

Tal exigência, porém, não impede que o jornalista guarde o sigilo de suas fontes, respondendo ele, porém, no caso de optar por esse sigilo, por declarações injuriosas, difamatórias ou caluniosas sem base fática.

O inciso V assegura o direito de resposta, sem prejuízo da indenização por dano material ou moral:

> *V. É assegurado o direito de resposta, proporcional ao agravo, além da indenização por dano material, moral ou à imagem;*

Proporcional ao agravo significa que deve ser dado à vítima o direito de resposta no mesmo veículo de comunicação e com o mesmo espaço dado à notícia injuriosa.

Liberdade de Consciência e Crença Religiosa, Convicção Filosófica ou Política

Dispõe o inciso VI, do Art. 5º:

> *VI. É inviolável a liberdade de consciência e de crença, sendo assegurado o livre exercício dos cultos religiosos e garantida, na forma da lei, a proteção aos locais de culto e a suas liturgias;*

O Brasil é um Estado laico (ou leigo), mas não ateu. O Estado brasileiro não pode subvencionar ou privilegiar qualquer segmento religioso, mas respeita todas as convicções religiosas.

Nossa constituição garante tanto a liberdade de consciência e de crença como a liberdade de culto.

Enquanto a liberdade de crença refere-se à convicção íntima do indivíduo, a liberdade de culto refere-se à exteriorização dessa crença.

E não se contenta a Carta Magna em somente permitir a liberdade de culto, mas também garante a proteção dos locais de culto e às suas liturgias contra a ação de terceiros. Além disso, os templos são isentos do pagamento de impostos.

Nessa mesma linha, temos o inciso VII:

> *VII. É assegurada, nos termos da lei, a prestação de assistência religiosa nas entidades civis e militares de internação coletiva;*

Sendo o direito à religiosidade um direito fundamental do cidadão, o Estado deve garantir o exercício deste direito àqueles que estiverem custodiados sob sua responsabilidade ou de terceiros, em presídios, hospitais, casernas, manicômios, etc.

A expressão *nos termos da lei* indica tratar-se de norma de eficácia limitada.

> *VIII. Ninguém será privado de direitos por motivo de crença religiosa ou de convicção filosófica ou política, salvo se as invocar para eximir-se de obrigação legal a todos imposta e recusar-se a cumprir prestação alternativa, fixada em lei;*

O inciso VIII diz que ninguém pode ser penalizado em virtude de sua crença religiosa, convicção filosófica ou política.

Existe somente uma hipótese em que isto pode ocorrer: recusa ao cumprimento de obrigação a todos imposta. Mesmo nesse caso, porém, deve-se dar ao indivíduo a oportunidade de cumprir prestação alternativa prevista em lei, e somente se este se recusar a cumprir tal prestação, é que poderá sofrer a restrição de direitos.

Exemplo de aplicação desse dispositivo é a recusa de determinadas pessoas em cumprir o tempo de serviço militar obrigatório por convicção filosófica, devendo cumprir a prestação alternativa prevista na Lei nº 8.239/91.

Direito à Privacidade e à Preservação da Honra

X. São invioláveis a intimidade, a vida privada, a honra e a imagem das pessoas, assegurado o direito a indenização pelo dano material ou moral decorrente de sua violação;

O inciso X do Art. 5º de nossa CF, assegura a inviolabilidade da intimidade, vida privada, honra e imagem dos cidadãos, prevendo indenização em caso de violação indevida.

Intimidade: relações subjetivas e de trato íntimo da pessoa, suas relações familiares e de amizade.

Vida privada: os demais relacionamentos humanos, inclusive os que envolvem relações não íntimas, como relações comerciais, de trabalho, mas que dizem respeito somente ao cidadão e aos demais diretamente envolvidos.

Tal princípio, porém, no que se refere à intimidade e à vida privada, deve ser relativizado quando se tratar das chamadas pessoas públicas, ou seja, pessoas que, devido ao seu ofício ou condição, estão sujeitas a uma maior exposição (artistas, políticos, etc.).

Nesses casos, embora o Judiciário entenda que tais pessoas também tenham direito à proteção à intimidade, seus limites são menos definidos do que os aplicáveis aos cidadãos comuns.

Inviolabilidade do Domicílio

XI. A casa é asilo inviolável do indivíduo, ninguém nela podendo penetrar sem consentimento do morador, salvo em caso de flagrante delito ou desastre, ou para prestar socorro, ou, durante o dia, por determinação judicial;

Como regra geral, ninguém – nem mesmo a polícia ou representantes da Justiça ou mesmo o Presidente da República – pode entrar no domicílio alheio sem permissão do proprietário.

No entanto, existem quatro exceções:

> Caso de flagrante delito (crime que está sendo praticado);

> Caso de desastre (inundação, desabamento, explosão, etc.);

> Para prestar socorro (por exemplo, alguém que sofre um infarto);

> Por determinação judicial, durante o dia (nesse caso, nunca à noite).

Importante observar que, de acordo com o Supremo Tribunal Federal, a expressão **domicílio** abarca não somente a residência, mas qualquer local que constitua um recinto fechado ou de acesso controlado, como um escritório de advocacia, um consultório médico ou um ateliê, uma vez que o que se busca proteger é a privacidade do indivíduo.

Inviolabilidade das Comunicações

XII. É inviolável o sigilo da correspondência e das comunicações telegráficas, de dados e das comunicações telefônicas, salvo, no último caso, por ordem judicial, nas hipóteses e na forma que a lei estabelecer para fins de investigação criminal ou instrução processual penal;

Tal garantia abrange também as comunicações por meios eletrônicos.

A exceção somente se aplica às comunicações telefônicas e nos casos de investigação ou instrução penal, ou seja, em que houver suspeita de prática de crime.

Por último, cabe observar que somente um juiz pode decretar a quebra de sigilo telefônico, respeitadas as condições impostas pela lei.

FIQUE LIGADO

A jurisprudência tem admitido a possibilidade de quebra de sigilos de comunicações eletrônicas (como e-mails e SMS).

Devido à relatividade dos direitos fundamentais, a jurisprudência admite a interceptação das comunicações epistolares (por meio de cartas) emitidas por detentos, pelo responsável pela unidade prisional.

Liberdade do Exercício de Profissão

XIII. É livre o exercício de qualquer trabalho, ofício ou profissão, atendidas as qualificações profissionais que a lei estabelecer;

A priori, o exercício de qualquer trabalho, ofício ou profissão é livre, não havendo a necessidade do preenchimento de qualquer requisito especial.

No entanto, trata-se de norma de eficácia contida, ou seja, a lei pode exigir o preenchimento de determinados requisitos de qualificação profissional para o desempenho de determinadas atividades (por exemplo, exigir diploma para o exercício da medicina, exigir diploma em Direito e aprovação no exame da OAB para o desempenho da advocacia, etc.).

Assim, se a lei não exigir expressamente a comprovação de qualificação profissional, qualquer pessoa poderá exercer qualquer atividade econômica.

No entanto, não basta a existência de lei exigindo a qualificação, mas é necessário que tal exigência seja razoável. Assim, por exemplo, o STF decidiu, no julgamento do Recurso Extraordinário 511.961, que a exigência de diploma universitário para o exercício da profissão de jornalista, imposta pelo Decreto-Lei nº 972/69, era inconstitucional.

Direito à Informação

> *XIV. É assegurado a todos o acesso à informação e resguardado o sigilo da fonte, quando necessário ao exercício profissional;*

Este inciso trata do direito de todas as pessoas de obter informações sobre os assuntos mais diversos e provenientes das mais diversas fontes. Assim, seria inconstitucional uma lei que vedasse o acesso das pessoas a determinada fonte de informações (sites da internet, periódicos, etc.).

O Estado não pode dizer a quais informações e provenientes de quais fontes o cidadão terá acesso.

Visando justamente preservar o direito à informação, a Constituição permite aos profissionais (especialmente jornalistas) não revelar a fonte de informações que divulgam.

Obviamente, o direito à informação não impede que informações de interesse íntimo e privado de alguém sejam protegidas do conhecimento público.

Direito à Locomoção Dentro do Território Nacional

> *XV. É livre a locomoção no território nacional em tempo de paz, podendo qualquer pessoa, nos termos da lei, nele entrar, permanecer ou dele sair com seus bens;*

Não pode haver qualquer limitação à movimentação de pessoas dentro do território nacional. Assim, por exemplo, um Estado-membro da Federação não pode impor uma "tarifa de entrada" para um viajante que venha de outro Estado, nem pode exigir um "visto" para isso.

Essa garantia somente pode ser relativizada em tempos de guerra ou no caso de estado de sítio.

No que se refere ao ingresso de alguém de fora no território nacional, porém, a norma acima é de eficácia contida, podendo a lei estabelecer condições para aqui ingressar, aqui permanecer ou daqui sair com seus bens.

Direito de Reunião

> *XVI. Todos podem reunir-se pacificamente, sem armas, em locais abertos ao público, independentemente de autorização, desde que não frustrem outra reunião anteriormente convocada para o mesmo local, sendo apenas exigido prévio aviso à autoridade competente;*

Nossa constituição garante que todos podem reunir-se em locais públicos sem necessidade de solicitar autorização ao ente público.

Porém, impõe algumas condições:

> A reunião deve ser pacífica;
> Os manifestantes não podem portar armas;
> Não devem frustrar outra manifestação anteriormente convocada para o mesmo local; e
> Deve haver aviso prévio à autoridade competente para que esta possa, por exemplo, verificar se já não há uma reunião marcada para o mesmo local e horário, organizar o trânsito local, garantir a proteção dos que participarão da reunião, etc.

Esse direito de reunião pode ser restringido nos casos de guerra, estado de defesa e estado de sítio.

Direito de Associação

> *XVII. É plena a liberdade de associação para fins lícitos, vedada a de caráter paramilitar;*

Quando a Constituição Federal diz que é plena a liberdade de associação, está a dizer que as pessoas podem se associar para os fins que desejarem, desde que não seja para fins paramilitares.

> *XVIII. A criação de associações e, na forma da lei, a de cooperativas independem de autorização, sendo vedada a interferência estatal em seu funcionamento;*

O Estado não pode interferir nas associações e cooperativas, que tem o direito de se organizarem conforme quiserem, desde que respeitem as normas legais (por exemplo, Código Civil).

Além disso, o Estado não pode exigir qualquer autorização para a criação de associações. No que se refere às cooperativas, tal norma é de eficácia contida.

> *XIX. As associações só poderão ser compulsoriamente dissolvidas ou ter suas atividades suspensas por decisão judicial, exigindo-se, no primeiro caso, o trânsito em julgado;*

Para a suspensão (interrupção temporária das atividades) ou para a dissolução (extinção definitiva) de associações exige-se sempre uma decisão judicial.

No caso da dissolução exige-se ainda que de tal decisão não caiba mais nenhum recurso, ou seja, exige-se o trânsito em julgado da decisão judicial.

> *XX. Ninguém poderá ser compelido a associar-se ou a permanecer associado;*

Assim como é garantido o direito de associação, também se garante o de direito de não se associar ou de desassociar-se a qualquer momento.

O desrespeito a tal preceito pode inclusive configurar crime (Art. 199 do Código Penal).

> *XXI. As entidades associativas, quando expressamente autorizadas, têm legitimidade para representar seus filiados judicial ou extrajudicialmente;*

Permite-se às associações representar seus filiados perante terceiros e perante o próprio Judiciário (propondo ações judiciais, por exemplo), desde que elas sejam expressamente autorizadas para isso, no estatuto ou em decisão da assembleia geral.

Direito de Propriedade

> *XXII. É garantido o direito de propriedade;*
> *XXIII. A propriedade atenderá a sua função social;*

Nossa Constituição Federal reconhece o direito de propriedade, entendido como o direito de usar, fruir e dispor da coisa. No entanto, tal direito não é absoluto.

A propriedade, no entanto, deve atender sua função social, entendendo-se que o direito de propriedade não pode ser exercido em prejuízo da sociedade (manutenção de uma grande propriedade rural improdutiva, enquanto muitos não possuem terra para plantar, por exemplo).

A Constituição estabelece as condições para que as propriedades urbanas e rurais atendam sua função social.

Função Social da Propriedade

A Constituição define os requisitos para que as propriedades urbanas e rurais sejam consideradas como cumprindo sua função social:

Propriedade Urbana

> *Art. 182 (...)*
> *§ 2º. A propriedade urbana cumpre sua função social quando atende às exigências fundamentais de ordenação da cidade expressas no plano diretor.*

Propriedade Rural

> *Art. 186. A função social é cumprida quando a propriedade rural atende, simultaneamente, segundo critérios e graus de exigência estabelecidos em lei, aos seguintes requisitos:*
>
> *I. Aproveitamento racional e adequado;*
> *II. Utilização adequada dos recursos naturais disponíveis e preservação do meio ambiente;*
> *III. Observância das disposições que regulam as relações de trabalho;*
> *IV. Exploração que favoreça o bem-estar dos proprietários e dos trabalhadores.*

Desapropriação

> *XXIV. A lei estabelecerá o procedimento para desapropriação por necessidade ou utilidade pública, ou por interesse social, mediante justa e prévia indenização em dinheiro, ressalvados os casos previstos nesta Constituição;*

Desapropriação é o ato administrativo pelo qual o Estado retira a propriedade de alguém.

Nossa Constituição traz as razões pelas quais isso pode ser feito: necessidade ou utilidade pública (a coletividade precisa).

Necessidade pública: a administração está diante de uma situação de risco iminente.

Utilidade pública: a desapropriação é conveniente ao atendimento do interesse público.

Interesse social: finalidade de reduzir as desigualdades sociais.

Nessas três hipóteses, o proprietário deverá ser desapropriado pelo desfalque sofrido em seu patrimônio.

O inciso XXIV atribui à lei o procedimento da desapropriação, trazendo, porém, três requisitos em relação à indenização (salvo nos casos excepcionados pela própria Constituição Federal):

> Deverá ser em dinheiro (não se pode pagar com títulos públicos, como ocorre com a desapropriação para reforma agrária, por exemplo);

> Deverá ser prévia (ou seja, o valor deve ser disponibilizado ao proprietário antes da desapropriação efetiva);

> Deverá ser justa, correspondendo realmente ao valor do imóvel desapropriado.

Requisição Administrativa

> *XXV. No caso de iminente perigo público, a autoridade competente poderá usar de propriedade particular, assegurada ao proprietário indenização ulterior, se houver dano;*

Aqui não se trata de desapropriação, uma vez que o dono do imóvel não perde a propriedade. Trata-se da possibilidade de a Administração Pública utilizar-se temporária e compulsoriamente de um imóvel particular, cabível somente no caso de iminente perigo público (desabamento, inundação, etc.).

O dispositivo deixa claro que somente haverá indenização se houver dano (deterioração do imóvel, lucros cessantes, etc.).

Impenhorabilidade do Pequeno Imóvel Rural

> *XXVI. A pequena propriedade rural, assim definida em lei, desde que trabalhada pela família, não será objeto de penhora para pagamento de débitos decorrentes de sua atividade produtiva, dispondo a lei sobre os meios de financiar o seu desenvolvimento;*

Penhora é o ato judicial através do qual é tomada a propriedade de um bem para pagamento de alguma dívida.

O inciso XXVI proíbe que a pequena propriedade rural (cuja definição cabe à lei), que seja trabalhada pela família (sem utilização de mão de obra de terceiros), sofra penhora para quitar débitos decorrentes de sua própria atividade produtiva.

Direitos dos Autores

> *XXVII. Aos autores pertence o direito exclusivo de utilização, publicação ou reprodução de suas obras, transmissível aos herdeiros pelo tempo que a lei fixar;*

Os autores de obras literárias e artísticas possuem direitos perpétuos sobre as suas obras (mas que podem ser transmitidos a terceiros, se aqueles assim concordarem).

Além disso, seus herdeiros também terão esses mesmos direitos, porém, nesse caso, por tempo limitado, estabelecido em lei ordinária.

Direitos de Participação

> *XXVIII. São assegurados, nos termos da lei:*
>
> *a) a proteção às participações individuais em obras coletivas e à reprodução da imagem e voz humanas, inclusive nas atividades desportivas;*
>
> *b) o direito de fiscalização do aproveitamento econômico das obras que criarem ou de que participarem aos criadores, aos intérpretes e às respectivas representações sindicais e associativas.*

Esse dispositivo garante a participação econômica nas obras coletivas, bem como o direito de fiscalização desse aproveitamento econômico.

Deve-se observar que o direito de fiscalização é diferente de direito de disposição, que é o direito de negociar a obra. Assim, embora os participantes tenham o direito de fiscalização, a propriedade não necessariamente pertencerá a eles.

Direitos do Inventor e Proteção da Marca

> *XXIX. A lei assegurará aos autores de inventos industriais privilégio temporário para sua utilização, bem como proteção às criações industriais, à propriedade das marcas, aos nomes de empresas e a outros signos distintivos, tendo em vista o interesse social e o desenvolvimento tecnológico e econômico do País;*

Diferentemente dos autores de obras literárias e artísticas, os autores de inventos industriais têm titularidade temporária sobre os direitos da criação. Essa limitação visa permitir que a indústria nacional possa se beneficiar mais rapidamente das inovações tecnológicas aqui desenvolvidas.

Ademais, o inciso XXIX também prevê proteção às marcas, aos nomes de empresas e outros signos distintivos (slogans, logotipos, etc.), proteção essa que deve levar em conta não somente o interesse dos titulares, mas também o do País.

Direitos Relativos à Sucessão *Causa Mortis*

> *XXX. É garantido o direito de herança;*
>
> *XXXI. A sucessão de bens de estrangeiros situados no País será regulada pela lei brasileira em benefício do cônjuge ou dos filhos brasileiros, sempre que não lhes seja mais favorável a lei pessoal do de cujus;*

Além de garantir o direito de herança (transmissão da propriedade do *de cujus* a seus herdeiros, legais ou testamentários), nossa CF também estabelece que, no caso de um estrangeiro que tiver bens no Brasil vier a falecer, para regular a sucessão desses bens situados no Brasil serão aplicadas as leis brasileiras, no que se refere aos direitos dos filhos ou cônjuge brasileiros, a não ser que lhes seja mais favorável a lei patrícia do falecido.

O seguinte exemplo deve esclarecer o exposto acima:

Imagine que um viúvo saudita (chamado Hassan) que tenha como primogênito um brasileiro (chamado Ubirajara) venha a falecer, deixando entre seus bens uma fazenda no interior do Mato Grosso. Considere ainda que, a lei saudita estabeleça que o primogênito tenha direito à metade da herança do pai e que o *de cujus* tenha mais três filhos (Mohammed, Ibrahim e Hosni), nascidos na Arábia Saudita.

Nesse caso, qual lei é mais favorável a Ubirajara: a lei brasileira ou a hipotética lei saudita?

A saudita, pois de acordo com a lei brasileira, Ubirajara teria direito a apenas um quarto dos bens, e de acordo com a lei saudita, teria direito à metade.

Assim, aplicar-se-ia a lei saudita em relação à fazenda em Mato Grosso.

Agora, se no lugar de um filho brasileiro, Hassan tivesse uma filha brasileira (chamada Iracema), e a lei saudita, por hipótese dissesse que somente os filhos homens pudessem herdar, seria aplicada a lei brasileira na divisão da fazenda, uma vez que esta seria mais favorável a Iracema.

Direitos do Consumidor

XXXII. O Estado promoverá, na forma da lei, a defesa do consumidor;

Nossa Constituição prevê que o Estado deve tutelar os direitos do consumidor, visto como hipossuficiente em relação às empresas, especialmente os grandes conglomerados.

Hoje, o principal diploma que promove essa proteção é o Código de Defesa do Consumidor (Lei nº 8.078/90).

Direito à Obtenção de Informações de Órgãos Públicos

XXXIII. Todos têm direito a receber dos órgãos públicos informações de seu interesse particular, ou de interesse coletivo ou geral, que serão prestadas no prazo da lei, sob pena de responsabilidade, ressalvadas aquelas cujo sigilo seja imprescindível à segurança da sociedade e do Estado;

A ideia é que o Estado forneça aos cidadãos todas as informações solicitadas por ele, desde que não tenham caráter sigiloso e que não se refiram a informações pessoais de terceiros.

Atualmente, esse dispositivo da Constituição é regulamentado pela Lei nº 12.527/11 (Lei de Acesso à Informação).

No entanto, nem todas as informações podem ser exigidas, uma vez que a CF excetua aquelas que sejam indispensáveis à segurança do Estado, além de também proteger a intimidade de terceiros. Essa restrição, porém, não se aplica aos dados relativos à própria pessoa do solicitante, de acordo com a maioria dos doutrinadores.

Direito de Petição e Obtenção de Certidões

XXXIV. São a todos assegurados, independentemente do pagamento de taxas:

a) o direito de petição aos Poderes Públicos em defesa de direitos ou contra ilegalidade ou abuso de poder;

b) a obtenção de certidões em repartições públicas, para defesa de direitos e esclarecimento de situações de interesse pessoal;

Todos têm o direito de peticionar, ou seja, de requerer providências do Poder Público, visando a defesa de seus direitos ou para denunciar qualquer ilegalidade ou abuso de poder, não sendo permitida a exigência de pagamento de taxas para o exercício deste direito.

Direito de petição pode ser definido como o direito de invocar a atenção do Poder Público sobre uma questão ou situação.

O direito de petição traz como corolário a exigência de obtenção de resposta em um prazo razoável.

Também é garantido o direito de obtenção de certidões. Certidão é uma declaração de um órgão público sobre um fato determinado. A esse direito corresponde uma obrigação de o Estado, salvo nas hipóteses constitucionais de sigilo, fornecer as informações solicitadas e num prazo razoável, se o mesmo não for fixado em lei.

Apreciação de Lesão ou Ameaça de Lesão pelo Poder Judiciário

XXXV. A lei não excluirá da apreciação do Poder Judiciário lesão ou ameaça a direito;

Nenhuma lei pode impedir o Judiciário de apreciar uma alegada lesão ou ameaça de lesão a direito, e, por outro lado, os juízes não podem se furtar de cumprir sua função jurisdicional.

Assim, seria inconstitucional, por exemplo, uma lei que proibisse os contribuintes de recorrerem ao Poder Judiciário para questionar a cobrança de um tributo.

Inexiste, por outro lado, a obrigatoriedade de esgotamento da via administrativa para que a parte possa acessar o Judiciário.

O texto constitucional não proíbe que os particulares, por sua livre e espontânea vontade, ao invés de submeterem a questão ao Judiciário, acordem por delegar a resolução da questão a terceiro, através da chamada arbitragem.

Direito Adquirido, Ato Jurídico Perfeito e Coisa Julgada

XXXVI. A lei não prejudicará o direito adquirido, o ato jurídico perfeito e a coisa julgada;

O respeito ao direito adquirido, ao ato jurídico perfeito e à coisa julgada é a base da chamada "segurança jurídica". Se eles não fossem respeitados, ficaríamos à mercê de alterações legislativas que poderiam atingir situações jurídicas já consolidadas.

Direito adquirido pode ser definido como o direito que já se incorporou ao patrimônio de seu detentor, mesmo que ainda não tenha sido exercido (por exemplo, direito à aposentadoria).

Ato jurídico perfeito é aquele que se aperfeiçoou, que reuniu todos os elementos necessários à sua formação (por exemplo, contrato assinado).

Por fim, coisa julgada é o objeto da decisão judicial transitada em julgado, ou seja, da qual não caiba mais qualquer recurso, estando a questão definitivamente resolvida pelo Poder Judiciário.

Proibição de Juízo de Exceção

XXXVII. Não haverá juízo ou tribunal de exceção;

Juízo é um termo que indica a primeira instância do Poder Judiciário, em que o julgamento é feito de forma monocrática.

Tribunais são as instâncias superiores do Judiciário, em que os julgamentos são feitos de forma colegiada (por um grupo de juízes).

Juízo ou tribunal de exceção é aquele criado especialmente para julgamento de determinados crimes, após a prática desses crimes. Tal tipo de juízo ou tribunal contraria o princípio do juiz natural, que estabelece que as pessoas devem ser julgadas por juízes previamente determinados pela lei.

Isso porque o réu, além de saber de antemão que determinado ato é crime e qual é a pena imputada, também deve saber em qual juízo será julgado, se praticar aquele crime. Tudo para evitar perseguições e julgamentos injustos.

Exemplo de tribunal de exceção foi o Tribunal de Nuremberg, criado para julgar os nazistas por crimes cometidos durante a Segunda Guerra Mundial.

Júri Popular

XXXVIII. É reconhecida a instituição do júri, com a organização que lhe der a lei, assegurados:
a) a plenitude de defesa;
b) o sigilo das votações;
c) a soberania dos veredictos;
d) a competência para o julgamento dos crimes dolosos contra a vida;

O júri é um tribunal formado por sete juízes leigos, escolhidos dentre o povo, que decidirão sobre um processo judicial.

Nossa Constituição garante-lhe uma competência mínima: julgamento dos crimes dolosos contra a vida (não há júri para julgamento cíveis, no Brasil), porém a lei pode ampliar essa competência.

As decisões dos jurados são sigilosas, ou seja, não se sabe o que cada jurado decidiu, sendo que os mesmos não devem sequer conversar entre si durante o julgamento, sobre o assunto do crime que está sendo julgado.

A soberania de seus veredictos implica que os mesmos não podem ser reformados por outro juiz ou tribunal. O máximo que pode ocorrer é a anulação do julgamento, pelo Tribunal de Justiça, para que seja novo julgamento pelo júri – e isso somente pode ser feito uma única vez.

Princípio da Reserva Legal Penal ou Princípio da Legalidade do Direito Penal

XXXIX. Não há crime sem lei anterior que o defina, nem pena sem prévia cominação legal;

Para que alguém seja condenado por um crime, é necessário que a conduta ilícita praticada por ele tenha sido descrita na norma penal antes de sua prática.

Ou seja, quando o agente comete a ação, ele já saberá que aquilo é crime, uma vez que ninguém pode alegar desconhecimento da lei.

Da mesma forma, a pena imputada àquele crime também deve ter previsão legal anterior à sua prática.

Princípio da Irretroatividade da Lei Penal

XL. A lei penal não retroagirá, salvo para beneficiar o réu;

Via de regra, a lei penal (e as leis em geral) não retroagem, o que quer dizer que, uma vez em vigor, a lei penal somente produzirá efeitos para as situações que ocorrerem dali em diante.

Existe, porém, uma exceção: a lei retroagirá se a alteração trazida pela lei ocorrer em benefício do réu (*novatio legis in melius*).

Ex.: *O adultério deixou de ser crime pela Lei nº 11.106, que entrou em vigor dia 29/03/2005. Assim, a partir desse dia, até mesmo aqueles que já haviam sido condenados e cumpriam pena pelo delito tiveram sua pena extinta, sendo que, a "abolitio criminis" trazida pela lei fez com que tudo ocorresse como se o crime nunca tivesse existido.*

Também existe retroação da lei, quando esta diminui a pena aplicável ao crime, por exemplo.

Atentado aos Direitos e Liberdades Fundamentais

XLI. A lei punirá qualquer discriminação atentatória dos direitos e liberdades fundamentais;

Não basta que o Estado Brasileiro respeite os direitos e liberdades fundamentais, ele deve, além disso, punir àqueles que não os respeitam e fazem discriminações que os ofendam.

Veja-se que, pelo princípio da reserva legal, cabe à lei (em sentido estrito) definir quando ocorrerá essa discriminação atentatória, que pode ser, por exemplo, por motivo de raça, sexo, origem, condição social, etc.

Combate ao Racismo

XLII. A prática do racismo constitui crime inafiançável e imprescritível, sujeito à pena de reclusão, nos termos da lei;

A sociedade brasileira é multirracial e assim, o racismo, além de ser odioso do ponto de vista individual, acaba sendo prejudicial à própria nação, por isso deve ser combatido pela lei.

Inafiançável: não admite o pagamento de fiança para que o réu responda em liberdade ao processo.

Imprescritível: prescrição é o instituto de direito penal pelo qual o Estado tem um tempo determinado para punir alguém por um delito. No caso do racismo, isso não ocorre, podendo, por exemplo, alguém responder por uma ofensa racista 50 anos depois de tê-la praticado.

Reclusão: tipo mais severo de prisão, que, entre outras coisas, não admite o início de cumprimento da pena no regime aberto.

Combate à Tortura, Tráfico de Drogas, Terrorismo, Crimes Hediondos e Cometidos por Entidades Paramilitares

XLIII. A lei considerará crimes inafiançáveis e insuscetíveis de graça ou anistia a prática da tortura, o tráfico ilícito de entorpecentes e drogas afins, o terrorismo e os definidos como crimes hediondos, por eles respondendo os mandantes, os executores e os que, podendo evitá-los, se omitirem;

XLIV. Constitui crime inafiançável e imprescritível a ação de grupos armados, civis ou militares, contra a ordem constitucional e o Estado Democrático;

O inciso XLIII trata de crimes que o Constituinte entendeu como sendo de gravidade exacerbada e que, por isso, merecem um tratamento mais rigoroso.

O inciso XLIV trata da ação de grupos paramilitares e visa proteger o Estado Democrático de Direito contra a ação de grupos militares extraoficiais. Nesse caso, a lei deve definir tal crime, determinando a Constituição Federal que será inafiançável e imprescritível, assim como ocorre com o crime de racismo.

Intransferibilidade da Pena

XLV. Nenhuma pena passará da pessoa do condenado, podendo a obrigação de reparar o dano e a decretação do perdimento de bens ser, nos termos da lei, estendidas aos sucessores e contra eles executadas, até o limite do valor do patrimônio transferido;

Esse inciso traz o princípio de que a pena não pode ultrapassar a pessoa do apenado. Ou seja, ninguém (nem mesmo os sucessores do condenado) deve responder pelos crimes executados por outrem.

As únicas exceções que ocorrem são referentes à obrigação de reparar o dano e a decretação da perda de bens, que podem ser estendidas aos sucessores, mas somente até o valor da herança (não é justo que os herdeiros tenham um acréscimo patrimonial enquanto outros sofrem prejuízo causado pelo autor da herança).

Individualização e Tipos de Penas

XLVI. A lei regulará a individualização da pena e adotará, entre outras, as seguintes:

a) privação ou restrição da liberdade;

b) perda de bens;

c) multa;

d) prestação social alternativa;

e) suspensão ou interdição de direitos;

Nossa Constituição Federal exige que a gradação (cálculo) e a execução da pena sejam individualizadas, isto é, que sejam adaptadas de acordo com a personalidade e idade do apenado, circunstâncias do crime etc.

A seguir, o inciso traz exemplos de penas que deverão ser adotadas pela lei, e que serão impostas de acordo com o caso concreto.

Penas Proibidas

XLVII. Não haverá penas:

a) de morte, salvo em caso de guerra declarada, nos termos do Art. 84, XIX;

b) de caráter perpétuo;

c) de trabalhos forçados;

d) de banimento;

e) cruéis;

Pela interpretação *a contrariu sensu* da alínea "a", extrai-se que a pena de morte é admitida no Brasil em tempos de guerra externa declarada, vedada em qualquer outra época.

Pena de caráter perpétuo não necessariamente significa prisão perpétua, mas qualquer pena que oprima o condenado pelo resto da vida.

Pena de banimento é a pena de exílio.

Pena cruel é a infringe sofrimento físico ou mental, sendo comparável à tortura.

Direitos dos Sentenciados

XLVIII. A pena será cumprida em estabelecimentos distintos, de acordo com a natureza do delito, a idade e o sexo do apenado;

XLIX. É assegurado aos presos o respeito à integridade física e moral;

L. Às presidiárias serão asseguradas condições para que possam permanecer com seus filhos durante o período de amamentação;

Embora os condenados devam pagar por seus delitos, é função do Estado fazer com que sejam apenados nos termos da lei, responsabilizando-se por sua integridade física e moral.

Presos de diferentes características e personalidades devem ser segregados, de forma a proteger os mais vulneráveis e, além disso, evitar que os menos perigosos sejam "contaminados" pelos mais perigosos.

Extradição

LI. Nenhum brasileiro será extraditado, salvo o naturalizado, em caso de crime comum, praticado antes da naturalização, ou de comprovado envolvimento em tráfico ilícito de entorpecentes e drogas afins, na forma da lei;

LII. Não será concedida extradição de estrangeiro por crime político ou de opinião;

Extradição é o envio ao estrangeiro de pessoa que lá tenha cometido crime para que seja julgado e punido.

O brasileiro nato nunca será extraditado. Já o brasileiro naturalizado somente o pode ser em dois casos:

> Se comprovada participação em tráfico de drogas praticado no exterior (nesse caso, não importando se tal crime ocorreu antes ou depois da naturalização); ou

> No caso de crime comum praticado antes da naturalização (crime comum é aquele que não é crime político nem de opinião).

Ninguém será extraditado (seja estrangeiro, seja brasileiro naturalizado) por crime político ou de opinião.

Disposições Processuais

LIII. Ninguém será processado nem sentenciado senão pela autoridade competente;

LIV. Ninguém será privado da liberdade ou de seus bens sem o devido processo legal;

Uma das maiores garantias que um cidadão pode ter é o respeito ao princípio do chamado "juiz natural", que determina que, tal pessoa somente pode ser julgada e sentenciada pela autoridade estabelecida previamente pela lei.

O devido processo legal é um conceito aberto, mas que pode ser resumido como um processo justo, em que as partes tenham direito ao contraditório, ampla defesa, que seja conduzido por um juiz competente e que respeite as prescrições legais.

LV. Aos litigantes, em processo judicial ou administrativo, e aos acusados em geral são assegurados o contraditório e ampla defesa, com os meios e recursos a ela inerentes;

LVI. São inadmissíveis, no processo, as provas obtidas por meios ilícitos;

Litigantes são as partes de um processo judicial.

A Constituição prevê que não somente em um processo judicial, mas também nos administrativos e nos processos em geral (por exemplo, exclusão de sócio de clube), as partes têm direito ao contraditório (direito de conhecer e rebater os argumentos e provas trazidos pela parte contrária) e à ampla defesa (produzir todas as provas que julgarem necessárias).

Nosso sistema processual não admite as provas produzidas por meios ilícitos (no cível esse princípio é absoluto, na esfera criminal admite raras exceções em benefício do réu). Os fins não justificam os meios.

Presunção de Inocência

LVII. Ninguém será considerado culpado até o trânsito em julgado de sentença penal condenatória.

O princípio da presunção de inocência, trazido pelo inciso LVII, estabelece que, até prova cabal e definitiva em contrário (consubstanciada na decisão judicial da qual não caiba mais recurso), todos são considerados inocentes.

O estigma de culpado por um crime somente pode ser atribuído a alguém após o término de um processo no qual tenha sido dada oportunidade de ampla defesa ao acusado.

Importante observar que o princípio da presunção de inocência não impede que seja decretada a prisão preventiva do réu, nos casos excepcionais previstos em lei.

Vedação de Identificação Criminal ao Civilmente Identificado

LVIII. O civilmente identificado não será submetido a identificação criminal, salvo nas hipóteses previstas em lei;

Civilmente identificado é aquele que possui um documento de identidade reconhecido por lei emitido pelo órgão competente (*Exs.: carteira de identificação – RG – expedida pelo órgão estadual ou forças armas; carteira nacional de habilitação; carteira de trabalho e previdência social, carteira da OAB, etc.*).

Se alguém suspeito de algum crime apresentar um desses documentos, em regra não será submetido à identificação criminal na delegacia (não precisará tirar foto, imprimir as digitais – "tocar piano", etc.).

Porém, trata-se de norma de eficácia contida, conforme se extrai da expressão *salvo nas hipóteses previstas em lei*, o que quer dizer que a lei pode estabelecer hipóteses em que o civilmente identificado deverá submeter-se à identificação criminal (*por exemplo, no caso de suspeita de falsidade do documento apresentado*).

Ação Penal Privada Subsidiária

> *LIX. Será admitida ação privada nos crimes de ação pública, se esta não for intentada no prazo legal;*

Crimes de ação penal pública são aqueles em que o réu somente pode ser acusado e processado por iniciativa do Ministério Público, que apresenta a denúncia e acusa o réu durante o processo. Quase todos os crimes são de ação penal pública.

Crimes de ação pena privada são aqueles em que o processo somente pode ser iniciado por iniciativa do particular, que apresenta a queixa-crime, como ocorre, por exemplo, com os crimes de calúnia, injúria e difamação.

O que o inciso LIX diz é que, no caso de ação penal pública, se o Ministério Público não apresentar a denúncia, não pedir o arquivamento e não solicitar diligências no prazo estabelecido na lei, ou seja, se o MP ficar inerte, o particular poderá apresentar queixa-crime no lugar da denúncia do Ministério Público, para que o acusado não seja beneficiado pela inação do órgão ministerial.

O prazo para o Ministério Público apresentar a denúncia, de acordo com o Código de Processo Penal, é de 5 (cinco) dias se o réu estiver preso, e de 15 (quinze) dias, se estiver solto.

Publicidade dos Atos Processuais

> *LX. A lei só poderá restringir a publicidade dos atos processuais quando a defesa da intimidade ou o interesse social o exigirem;*

Via de regra, todos os atos processuais serão públicos, devem ser do conhecimento de todos, o que quer dizer que qualquer pessoa poderá, por exemplo, assistir a audiências, mesmo que o assunto não lhes diga respeito, e poderá pedir para ver um processo, desde que não o retire do cartório e não atrapalhe o trabalho do juiz e das partes. Além disso, todas as decisões tomadas pelo juiz serão publicadas no Diário Oficial.

No entanto, a Constituição Federal estabelece a possibilidade de restrição excepcional dessa publicidade no caso de defesa da intimidade ou do interesse social (como ocorre, por exemplo, em ações de separação litigiosa; estupro com violência; casos em que estejam envolvidos segredos militares, etc.).

Hipóteses de Prisão

> *LXI. Ninguém será preso senão em flagrante delito ou por ordem escrita e fundamentada de autoridade judiciária competente, salvo nos casos de transgressão militar ou crime propriamente militar, definidos em lei;*

No caso dos civis, a Constituição Federal somente admite que alguém seja levado à prisão em duas hipóteses: se a pessoa for pega em flagrante (próprio ou impróprio) ou se houver uma ordem judicial para isso (mandado de prisão).

Desta forma, não existe mais a possibilidade da chamada "prisão para averiguação", muito praticada na época ditatorial.

Para os militares, porém, que possuem na hierarquia e disciplina os dois pilares de sua organização, admite-se, além das duas hipóteses anteriores, a prisão administrativa (por ordem de um superior).

Direitos dos Presos Provisórios

> *LXII. A prisão de qualquer pessoa e o local onde se encontre serão comunicados imediatamente ao juiz competente e à família do preso ou à pessoa por ele indicada;*

Não podem existir "prisões secretas" no Brasil. Sempre que alguém for preso, tanto o ato da prisão como o local onde a pessoa está detida serão comunicados:

> - À família do acusado (ou àquele que ele indicar), para que ele possa ter a assistência necessária (contratação de advogado, recebimento de visitas, etc.).
> - Ao juiz competente, para que este possa apreciar a legalidade da prisão. Se a prisão for ilegal, o juiz deverá soltar imediatamente o acusado, conforme dispõe o inciso LXV:

> *LXV. A prisão ilegal será imediatamente relaxada pela autoridade judiciária;*
>
> *LXIII. O preso será informado de seus direitos, entre os quais o de permanecer calado, sendo-lhe assegurada a assistência da família e de advogado;*

Imediatamente à prisão do acusado, a autoridade policial deverá informá-lo a respeito de seus direitos, os quais incluem (mas não se resumem a esses):

> - Direito a permanecer calado: ninguém pode ser obrigado a produzir prova contra si mesmo. O preso tem o direito de ficar calado perante o delegado e perante o juiz, se preferir não se manifestar.
> - Assistência da família.
> - Assistência de um advogado.

> *LXIV. O preso tem direito à identificação dos responsáveis por sua prisão ou por seu interrogatório policial;*

A garantia de que o preso tenha conhecimento de quem o prendeu ou interrogou tem o objetivo de permitir que ele possa representar contra eventuais abusos cometidos, o que ajuda a coibir a prática desses atos.

No entanto, esse direito não é absoluto, podendo ser preservada a identidade dos policiais envolvidos no caso em que sua revelação possa envolver graves e comprovados riscos a esses (*por exemplo, no caso de prisão de chefes de grandes organizações criminosas*).

> *LXVI. Ninguém será levado à prisão ou nela mantido, quando a lei admitir a liberdade provisória, com ou sem fiança;*

A regra geral é a de que a pessoa responda ao processo criminal em liberdade, somente sendo preso após o trânsito em julgado da decisão judicial.

A liberdade provisória é a concessão, ao preso em flagrante, de liberdade, o que sempre deve ser feito se não estiverem presentes os requisitos da prisão preventiva. Isso ocorre porque existem muitos casos que, embora a pessoa tenha sido presa em flagrante, não se justifica a manutenção dessa prisão provisória, por não estarem presentes os requisitos da prisão preventiva (*por exemplo, alguém que é preso em flagrante por furtar uma galinha de um vizinho, sendo primário e de bons antecedentes*).

Assim, sempre que não estiverem presentes os requisitos da prisão preventiva, ninguém deverá ser ou permanecer preso.

Proibição de Prisão por Dívidas

> *LXVII. Não haverá prisão civil por dívida, salvo a do responsável pelo inadimplemento voluntário e inescusável de obrigação alimentícia e a do depositário infiel;*

Via de regra, uma pessoa somente pode ser presa pelo fato de ter cometido um crime. Ou seja, ninguém será preso por dívidas.

Porém, de acordo com a Constituição, haveria dois casos em que pode haver prisão do devedor:

> - Inadimplemento voluntário e inescusável de obrigação alimentícia (pensão alimentícia).
> - Depositário infiel – alguém que tem a responsabilidade pela guarda de um objeto de outrem e dolosamente não o devolve ou o destrói.

FIQUE LIGADO

O STF decidiu que a prisão por depositário infiel é inconstitucional, uma vez que o Brasil é signatário do Pacto de San José da Costa Rica sobre direitos humanos (HC 96.772, 09/06/2009; HC 94.013, 10/02/2009).

Ou seja, atualmente somente existe a possibilidade de prisão civil por dívida no caso de não pagamento injustificado de pensão alimentícia.

Remédios Constitucionais

Os incisos LXVIII a LXXIII do Art. 5º tratam dos chamados "remédios constitucionais", que são garantias fundamentais que visam oferecer meios processuais rápidos e eficientes para defesa de direitos fundamentais, os quais veremos a seguir:

Habeas Corpus

> *LXVIII. Conceder-se-á "habeas corpus" sempre que alguém sofrer ou se achar ameaçado de sofrer violência ou coação em sua liberdade de locomoção, por ilegalidade ou abuso de poder;*

Assim, o que esse remédio constitucional tutela é a liberdade de locomoção do indivíduo, ou seja, seu direito de ir, vir e permanecer.

Somente se pode utilizar do *Habeas Corpus* para corrigir alguma inidoneidade que implique em coação direta ou indireta à liberdade de ir, vir e permanecer. Desta forma, não se conhecerá do mesmo se seu objetivo for, por exemplo, questionar pena pecuniária imposta ou que possa vir a ser imposta ao acusado.

Intervenientes

No *Habeas Corpus*, temos três sujeitos envolvidos:

> - Impetrante: quem apresenta, protocoliza o *Habeas Corpus*.
> - Impetrado: quem está sendo acusado de praticar a coação ilegal.
> - Paciente: aquele em favor de quem está sendo pedido a ordem de *Habeas Corpus* (pode ser a mesma pessoa que o impetrante, ou seja, pode-se impetrar *Habeas Corpus* em defesa própria).

Impossibilidade de Produção de Provas em *Habeas Corpus*

O *Habeas Corpus*, devido a seu caráter sumaríssimo, não se presta a reexame da análise probatória apreciada em ação anterior.

Também não se admite, via de regra, pedido de produção de provas em *Habeas Corpus*, ou seja, o impetrante já deverá apresentar, junto com a petição inicial, todas as provas que julgar pertinentes.

Na análise do caso, o juiz ou tribunal não está vinculado à causa de pedir ou pedido formulados, podendo conceder a ordem se vislumbrar razão diversa das alegadas pelo impetrante.

Legitimação Ativa

Legitimação ativa é a capacidade jurídica de alguém de impetrar um *Habeas Corpus*. Ou seja, é a capacidade de ser autor numa ação de *Habeas Corpus*.

A legitimação para ajuizamento do *Habeas Corpus* é a mais ampla possível, não se exigindo nem que seja assinado por advogado.

Qualquer um, nacional ou estrangeiro, independentemente de sua condição civil, ainda que não esteja no gozo dos direitos políticos ou que seja menor de idade, pode recorrer ao chamado "remédio heroico", em seu favor ou de outro, podendo ele mesmo assinar a petição.

Também a pessoa jurídica pode impetrar *Habeas Corpus* em favor de terceiro pessoa física, não podendo, porém, ser paciente.

O próprio juiz não está obrigado a esperar provocação para conceder a ordem de *Habeas Corpus*. Neste caso, a ordem será concedida de ofício, não se falando em impetração.

Apesar da ampla legitimidade ativa, é vedada a petição apócrifa (identificação falsa do impetrante ou anônima), podendo o juiz, porém, mesmo não conhecendo do pedido, concedê-lo de ofício.

Legitimação Passiva

Quando se fala de legitimação passiva está se referindo à possibilidade de alguém ter impetrado contra si o *Habeas Corpus*.

O *Habeas Corpus* deverá ser impetrado contra o ato do coator, que poderá ser autoridade pública ou simplesmente um particular.

Quando se tratar de ato coator praticado por particular, normalmente a conduta constituirá crime (cárcere privado, constrangimento ilegal), bastando a intervenção da autoridade policial para fazê-la cessar. Isso, porém, não impede a impetração do *Habeas Corpus*, até porque existem casos em que será difícil ou impossível a intervenção da polícia para fazer cessar a coação ilegal (internações em hospitais ou clínicas psiquiátricas).

Excepcionalmente o *Habeas Corpus* pode ser utilizado em processos cíveis, não existindo crime (*Ex.: menor de idade que alegue cerceamento ilegal de seu direito de locomoção por seu responsável ou prisão decretada por não pagamento de pensão*).

Pacientes

Qualquer um pode ser paciente em um *Habeas Corpus*, desde que, como visto, seu direito de locomoção esteja sendo lesado ou ameaçado.

As pessoas jurídicas, embora possam ser impetrantes, não podem se beneficiar de uma ordem de *Habeas Corpus*, uma vez que não estão sujeitas ao deslocamento físico.

Nada impede que um mesmo *Habeas Corpus* tenha mais de um paciente, desde que a causa de pedir (o ato coator ilegal) seja o mesmo.

Habeas Corpus Preventivo e Repressivo

O *Habeas Corpus* pode ser preventivo (salvo-conduto) ou repressivo (também chamado de liberatório)

O *Habeas Corpus* preventivo é cabível quando houver ameaça à liberdade de locomoção. Concede um salvo-conduto, que busca prevenir que a ameaça se efetive (**Ex.:** *HC impetrado por prostitutas visando garantir o seu direito de "trabalhar"*). Evidentemente, o salvo-conduto limitar-se-á aos motivos que ensejaram a ordem e terá a abrangência por ela definidos. Assim, se alguém, processado por furto, consegue um HC para que não seja preso provisoriamente por aquele crime, por ser primário e o crime não ser grave, nada impede que ele seja preso se for flagrado traficando drogas.

Já o *Habeas Corpus* repressivo (ou liberatório) aplica-se aos casos em que a violência ou coação à liberdade de locomoção esteja ocorrendo. Tem o objetivo de fazer cessar o desrespeito à liberdade de locomoção.

Liminar em *Habeas Corpus*

Não obstante seja o rito do *Habeas Corpus* sumaríssimo e tenha ele prioridade absoluta de julgamento nos Tribunais e juízos singulares, há a possibilidade de concessão de medida liminar, para se evitar possível constrangimento irreparável à liberdade de locomoção.

A possibilidade de concessão de liminar vale tanto para os *Habeas Corpus* preventivos como liberatórios.

A admissão de decisão liminar não é prevista na lei, mas é resultado da construção jurisprudencial.

A concessão da liminar exige a convergência de dois requisitos: o *periculum in mora* (possibilidade de dano irreparável) e o *fumus boni iuris* (elementos da impetração que indiquem a existência de ilegalidade no constrangimento). Esses dois requisitos serão analisados de forma sumária.

Habeas Corpus e Punições Disciplinares Militares

O Art. 142, §2º, da CF, estabelece que não caberá *Habeas Corpus* em relação a punições disciplinares militares.

O que o dispositivo quer dizer, no entanto, é que não caberá HC em relação ao mérito das punições disciplinares administrativas, uma vez que o juiz sempre pode analisar os pressupostos de legalidade de qualquer ato administrativo (competência, forma legal, pena passível de ser aplicada disciplinarmente, etc.).

Mandado de Segurança

> *LXIX. Conceder-se-á mandado de segurança para proteger direito líquido e certo, não amparado por "habeas corpus" ou "habeas data", quando o responsável pela ilegalidade ou abuso de poder for autoridade pública ou agente de pessoa jurídica no exercício de atribuições do Poder Público;*

Direito líquido e certo: direito certo é aquele que está determinado, que não necessita de mais provas, que é induvidoso. Por exigir direito certo é que não se admite a produção de provas no bojo processual do MS (o MS não admite dilação probatória). Importante observar que o direito é sempre certo, sendo que os fatos é que podem ser duvidosos.

Liquidar é atribuir um valor. Direito líquido é aquele que já tem seu valor definido, que não precisa de averiguações para se verificar sua extensão econômica. Assim, o direito pode ser certo, mas não líquido.

Ex.: *Alguém ganha uma ação de indenização, mas o valor desta indenização será definido somente na liquidação da sentença, até lá o direito é certo, mas não líquido.*

Para que o mandado de segurança possa ser conhecido, ambos os requisitos: certeza e liquidez do direito devem estar preenchidos.

Não amparado por *Habeas Corpus* ou *Habeas Data*: se o direito for amparado por um desses remédios, o interessado deverá socorrer-se deles, e não do mandado de segurança.

Ilegalidade ou abuso de poder: o ato, para poder ser atacado pelo mandado de segurança deve ser ilegal (no sentido amplo).

Autoridade pública ou agente de pessoa jurídica no exercício de atribuições do Poder Público: o Mandado de Segurança é instrumento de defesa dos direitos individuais do cidadão perante o Estado e, assim, somente terá cabimento contra atos de seus representantes. Assim, vê-se que não caberá mandado de segurança contra particular (a não ser que este aja por delegação do poder público).

Se for particular que estiver ferindo direito líquido e próprio de terceiro, este deverá recorrer a outra ação judicial para fazer cessar o ato ilegal.

Espécies de Mandado de Segurança

A exemplo do *Habeas Corpus*, o Mandado de Segurança pode ser:

> Repressivo, quando visa combater uma ilegalidade já cometida seja, quando o direito líquido e certo do impetrante já foi atingido; ou

> Preventivo, quando o impetrante demonstrar justo receio de sofrer uma violação de direito líquido e certo por parte da autoridade impetrada. Evidentemente, este receio deve ser lastreado em evidências concretas de um ato ou omissão que esteja pondo em risco o direito do impetrante.

Legitimidade Ativa

Possui legitimação ativa para impetrar Mandado de Segurança todo o titular de direito líquido e certo, não amparado por *Habeas Corpus* ou *Habeas Data*. Tanto pode ser pessoa física como jurídica, nacional ou estrangeiro, domiciliada ou não em nosso país.

É reconhecida legitimação ativa às universalidades reconhecidas por lei, mesmo não possuindo personalidade jurídica.

Ex.: *Espólio e massa falida) e também aos órgãos despersonalizados (Mesas do Congresso, Senado e Câmara, Assembleias, etc.*

Legitimidade Passiva

Já vimos que somente podem figurar no polo passivo de um MS autoridade pública ou agente de pessoa jurídica no exercício de atribuições do Poder Público.

Liminar

O rito do Mandado de Segurança prevê que, ao apresentar a petição inicial, o impetrante poderá requerer a concessão de medida liminar, se presentes o *fumus bonus iuris* e o *periculum in mora*.

Da decisão que conceder ou negar a liminar cabe agravo de instrumento.

Mandado de Segurança Coletivo

LXX. O mandado de segurança coletivo pode ser impetrado por:

a) partido político com representação no Congresso Nacional;

b) organização sindical, entidade de classe ou associação legalmente constituída e em funcionamento há pelo menos um ano, em defesa dos interesses de seus membros ou associados;

A finalidade do mandado de segurança coletivo é permitir que certas pessoas jurídicas defendam o interesse de seus membros ou associados, ou ainda da sociedade em geral (partidos políticos) evitando-se a multiplicidade de demandas.

Objeto

Tem por objeto a defesa dos mesmos direitos que podem ser objeto do Mandado de Segurança individual (líquidos e certos), porém direcionado à defesa dos interesses coletivos, tanto da sociedade como um todo, como de uma classe especial, representada por um sindicato ou associação.

Legitimação Ativa

A legitimação para a impetração de mandado de segurança coletivo é extraordinária, e somente é concedida às entidades previstas no Art. 5º, LXX, da CF, quais sejam:

> Partido político com representação no Congresso Nacional;

> Organização sindical ou entidade de classe;

> Associação legalmente constituída e em funcionamento há pelo menos um ano.

No que se refere aos sindicatos, entidades de classe e associações, o objeto do MS deve guardar pertinência temática com seus objetivos institucionais. Em relação aos partidos políticos, a maioria dos doutrinadores os exime da comprovação deste vínculo, mas esta ainda é uma questão controversa.

No caso de sindicatos e associações, não se exige que os mesmos apresentem autorização expressa de cada um de seus associados representados em juízo, bastando uma autorização genérica em seus estatutos sociais.

Não há necessidade de constar na petição inicial o nome de todos os associados, sendo que a situação individual de cada um será levada em conta quando da execução da sentença, devendo a autoridade impetrada, ao cumprir a decisão judicial, exigir que cada beneficiário comprove sua filiação à entidade beneficiária.

Mandado de Injunção

LXXI. Conceder-se-á mandado de injunção sempre que a falta de norma regulamentadora torne inviável o exercício dos direitos e liberdades constitucionais e das prerrogativas inerentes à nacionalidade, à soberania e à cidadania;

O mandado de injunção é o instrumento previsto para combater a inércia do Poder Legislativo ou Executivo na regulamentação de direitos e liberdades constitucionais e aqueles relacionados à nacionalidade, à soberania e à cidadania.

Ele visa combater a falta de efetividade das normas constitucionais de eficácia limitada, relacionada àqueles assuntos.

O Supremo Tribunal Federal decidiu pela autoaplicabilidade do inciso LXXI do Art. 5º da Constituição, independentemente de edição de lei regulamentando o mandado de injunção, tendo em vista o Art. 5º, §1º, que determina que as normas definidoras dos direitos e garantias fundamentais têm aplicação imediata.

Competência

Compete ao STF processar e julgar, originalmente, o mandado de injunção, quando a elaboração da norma regulamentadora for atribuição do Presidente da República, do Congresso Nacional, da Câmara Federal, do Senado Federal, da Mesa de uma dessas Casas, do TCU, de um dos Tribunais Superiores, ou do próprio STF.

Ao STJ compete julgar originariamente o mandado de injunção quando a norma omissa for atribuição de órgão, entidade ou autoridade federal, excetuados os casos de competência do STF, da Justiça Eleitoral, da Justiça do Trabalho e da Justiça Federal.

As Justiças Estaduais também têm competência para julgar o mandado de injunção na forma prevista nas Constituições Estaduais.

Efeitos da Decisão

Uma vez reconhecida, pelo julgamento do Mandado de Injunção, a mora do Poder Legislativo na elaboração da norma regulamentadora, qual deve ser o papel do Judiciário? De acordo com a resposta a essa pergunta, temos duas correntes:

> Corrente não concretista: o Judiciário deve somente reconhecer a inércia do Legislativo, não podendo expedir norma que permita ao impetrante exercer imediatamente seu direito, uma vez que não cabe ao Judiciário legislar, suprindo a omissão do Parlamento.

> Corrente concretista: O Judiciário deve não só reconhecer a inércia do Legislativo como deve permitir o exercício imediato do direito obstado pela falta da norma,

dizendo qual solução deve ser aplicada ao caso em questão. A corrente concretista subdivide-se em duas:

» Concretista Individual: o Judiciário estabelece como o impetrante poderá exerceu o direito prejudicado pela falta da norma, mas os efeitos da decisão só valem para o impetrante.

» Concretista Geral: o Judiciário estabelece como a ausência da norma será suprida, e essa decisão terá efeitos *erga omnes*, podendo ser aproveitada por todos que se encontrarem na mesma situação, até que seja editada a norma faltante.

Atualmente o STF tem adotado a corrente concretista geral.

Habeas Data

LXXII. Conceder-se-á Habeas Data:

a) para assegurar o conhecimento de informações relativas à pessoa do impetrante, constantes de registros ou bancos de dados de entidades governamentais ou de caráter público;

b) para a retificação de dados, quando não se prefira fazê-lo por processo sigiloso, judicial ou administrativo;

Diante do texto constitucional, pode-se definir o *Habeas Data* como o remédio constitucional de que podem se valer todas as pessoas para solicitar judicialmente a exibição dos registros públicos ou privados de caráter público, nos quais estejam incluídos seus dados pessoais, para que deles tome conhecimento e, se necessário for, requerer sua retificação.

Porém, de acordo com a Lei nº 9.507/97, o impetrante deve provar que seu pedido foi negado administrativamente, para que possa recorrer ao *Habeas Data*.

Legitimação Ativa

O *Habeas Data* poderá ser impetrado tanto por pessoa física como por pessoa jurídica, brasileira ou estrangeira.

Somente poderão ser requeridas informações relativas ao próprio impetrante, nunca de terceiros (caráter personalíssimo da ação), embora a jurisprudência tenha admitido que os sucessores do *de cujus* possa impetrar *Habeas Data* em nome do mesmo.

Diferentemente do que ocorre com o *Habeas Corpus*, a petição inicial do *Habeas Data* deve sempre ser subscrita por advogado.

Legitimação Passiva

Podem ser sujeitos passivos do *Habeas Data* os responsáveis por entidades governamentais, da administração pública direta e indireta.

Além disso, o *Habeas Data* também pode ser impetrado contra representantes de pessoas jurídicas privadas que prestem serviços para o público ou de interesse público, e desde que detenham dados referentes às pessoas físicas ou jurídicas (**Ex.:** *Serasa*).

Liminar em *Habeas Data*

A exemplo do *Habeas Corpus*, a lei silencia-se sobre a possibilidade de concessão de liminar em *Habeas Data*. No entanto, os tribunais têm admitido essa possibilidade, desde que presentes o *fumus boni iuris* e o *periculum in mora*.

De observar-se que, nos Tribunais, via de regra, os processos de *Habeas Data* terão prioridade sobre todos os atos judiciais, exceto *Habeas Corpus* e mandado de segurança.

Ação Popular

LXXIII. *Qualquer cidadão é parte legítima para propor ação popular que vise a anular ato lesivo ao patrimônio público ou de entidade de que o Estado participe, à moralidade administrativa, ao meio ambiente e ao patrimônio histórico e cultural, ficando o autor, salvo comprovada má-fé, isento de custas judiciais e do ônus da sucumbência;*

A ação popular é um importante instrumento processual que a sociedade tem para controlar os atos dos agentes públicos e anular atos lesivos ao patrimônio público.

É um instrumento bastante democrático e que pode ser exercido por qualquer cidadão brasileiro.

É regulada pela Lei nº 4.717/65, sendo, assim, anterior à própria Constituição Federal de 1988. Na verdade, consta a previsão de ação popular (embora com outro escopo) desde a Constituição de 1824.

Assim, a ação popular tem por finalidade pleitear a anulação ou declaração de nulidade de atos lesivos:

> Ao patrimônio da União, Estados, DF e Municípios, bem como de qualquer entidade em que o tesouro público participe;
> À moralidade administrativa;
> Ao meio-ambiente;
> Patrimônio histórico, cultural, econômico, artístico, estético ou turístico.

Legitimação Ativa

Pode propor a ação popular qualquer cidadão.

Para esse efeito, considera-se cidadão aquele que esteja apto a votar e a ser votado (conceito restrito de cidadania). A prova da cidadania se faz com a apresentação do título de eleitor.

Legitimação Passiva

Deverão figurar no polo passivo de uma ação popular:

> União, Estado, DF ou Municípios do qual emanou o ato lesivo;

> Autoridades, funcionários ou administradores que autorizaram, aprovaram, ratificaram, praticaram ou se omitiram em relação ao ato;

> Beneficiários diretos do ato.

Assistência Jurídica Gratuita

LXXIV. O Estado prestará assistência jurídica integral e gratuita aos que comprovarem insuficiência de recursos;

Todos têm direito a um advogado, seja para defendê-los em processos criminais, seja para mover ações em defesa de seus direitos (cíveis, trabalhistas, etc.).

A Constituição Federal determina que aqueles que não puderem pagar por um advogado deverão ter um indicado e pago pelo Estado, desde que a pessoa comprove não ter condições de arcar com os honorários.

Atualmente, todos os Estados brasileiros possuem Defensorias Públicas, que visam justamente prestar assistência jurídica gratuita aos reconhecidamente pobres. Além disso, existem também as Defensorias Públicas Federais (que oficiam junto à Justiça Federal).

O STF tem entendido que também as pessoas jurídicas têm direito à justiça gratuita, quando não possuírem condições de pagar por um advogado, sem comprometer seu funcionamento.

Indenização por Erro Judiciário

LXXV. O Estado indenizará o condenado por erro judiciário, assim como o que ficar preso além do tempo fixado na sentença;

É sabido que até o Judiciário está sujeito a cometer erros, podendo tanto vir a absolver um culpado como, eventualmente, vir a condenar alguém que, na verdade, era inocente.

No caso de condenação de alguém que não deveria sê-lo, prevê nossa Constituição a possibilidade de indenização dessa pessoa.

Também que, aqueles que ficarem presos mais tempo do que o devido (circunstância relativamente comum, resultado da falta de assistência jurídica de muitos condenados) poderão exigir do Estado essa compensação.

Gratuidades

LXXVI. São gratuitos para os reconhecidamente pobres, na forma da lei:
a) o registro civil de nascimento;
b) a certidão de óbito;

LXXVII. São gratuitas as ações de "Habeas Corpus" e "Habeas Data", e, na forma da lei, os atos necessários ao exercício da cidadania.

Para aqueles que comprovarem não terem condições financeiras, o Estado deverá proceder gratuitamente ao registro dos nascimentos e dos óbitos (até porque o correto registro desses eventos interessa também ao próprio Estado).

Também são gratuitas a ações de *Habeas Corpus* e *Habeas Data*, bem como os atos necessários ao exercício da cidadania (emissão de documentos, por exemplo). Nesse último caso, na forma que a lei estabelecer (norma de eficácia limitada).

Razoável Duração do Processo

LXXVIII. A todos, no âmbito judicial e administrativo, são assegurados a razoável duração do processo e os meios que garantam a celeridade de sua tramitação.

Existe um binômio que precisa ser levado em consideração na prestação jurisdicional: justiça-celeridade.

Essas duas características, a princípio antagônicas (quanto mais rápido um processo, com menos recursos, menos justo ele tendo a ser, e vice-versa), precisam ser combinadas de forma que se busquem decisões justas, que respeitem o direito ao contraditório, ampla defesa e possibilidade de recursos e que, ao mesmo tempo não sejam por demais tardias.

A Constituição não define o que seja razoável duração do processo, porém essa definição está ligada ao binômio acima, ou seja, deve-se procurar que o processo seja o mais rápido possível, porém não tão rápido de forma a prejudicar a busca da justiça.

O mesmo vale para os processos administrativos.

Disposições Gerais

Os parágrafos do Art. 5º da CF trazem uma série de disposições gerais aplicáveis aos direitos e garantias individuais e coletivos:

Aplicação imediata das Normas Definidoras de Direitos e Garantias Fundamentais

§ 1º. As normas definidoras dos direitos e garantias fundamentais têm aplicação imediata.

Isso significa que a intenção do constituinte era que as normas constitucionais que tratam de direitos e garantias fossem imediatamente aplicadas. Em se tratando de normas de eficácia limitada, cabe a impetração de mandado de injunção para que a omissão seja suprida.

Não Taxatividade dos Direitos e Garantias Fundamentais

§ 2º. Os direitos e garantias expressos nesta Constituição não excluem outros decorrentes do regime e dos princípios por ela adotados, ou dos tratados internacionais em que a República Federativa do Brasil seja parte.

Além dos direitos e garantias expressos no Art. 5º e em outros artigos da Constituição, o rol pode ser constantemente ampliado por meio de tratados internacionais assinados pelo Brasil.

Aprovação de Tratados internacionais sobre Direitos Humanos com *Status* de Norma Constitucional

§ 3º. Os tratados e convenções internacionais sobre direitos humanos que forem aprovados, em cada Casa do Congresso Nacional, em dois turnos, por três quintos dos votos dos respectivos membros, serão equivalentes às emendas constitucionais.

De acordo com o parágrafo 3º do Art. 5º, os tratados internacionais que passarem pelo mesmo rito de aprovação das emendas constitucionais (aprovação na Câmara e no Senado, em dois turnos, por três quintos dos votos dos deputados federais e senadores) terão *status* de norma constitucional.

Diferente situação ocorre com os tratados internacionais sobre direitos humanos que forem aprovados pela forma ordinária de ratificação de tratados: nesse caso, tais tratados terão o *status* de norma supralegal, mas hierarquicamente inferior às normas constitucionais.

Tribunal Penal Internacional

§ 4º. O Brasil se submete à jurisdição de Tribunal Penal Internacional a cuja criação tenha manifestado adesão.

Para evitar discussões a respeito da legitimidade de julgamento de brasileiros por tribunais internacionais, o parágrafo 4º do Art. 5º deixa claro que, se o Brasil manifestar adesão à criação de um Tribunal Penal Internacional, cidadãos brasileiros poderão ser julgados por esse Tribunal, nos termos estabelecidos no tratado de constituição.

EXERCÍCIO COMENTADO

01. (Esaf) Assinale a opção correta.
a) Conforme entendimento do Supremo Tribunal Federal, a Constituição em vigência não assegura inviolabilidade do direito à vida, à liberdade, à igualdade, à segurança e à propriedade ao estrangeiro em trânsito pelo território nacional.
b) Conforme entendimento do Supremo Tribunal Federal, a Constituição em vigência não assegura inviolabilidade do direito à vida, à liberdade, à igualdade, à segurança e à propriedade ao estrangeiro que não possua domicílio no país.
c) Conforme entendimento do Supremo Tribunal Federal, a Constituição garante o pleno acesso à justiça gratuita às pessoas jurídicas.
d) Pessoas jurídicas são beneficiárias de direitos e garantias fundamentais, exceto direitos e deveres individuais.
e) Direitos enunciados e garantidos pela Constituição são de brasileiros, pessoas físicas e jurídicas e de estrangeiros, exceto aqueles em trânsito pelo território nacional.

RESPOSTA: C.

Alternativas A, B e E. De acordo com o entendimento do STF, apesar da redação do caput do Art. 5º da Constituição, os direitos e garantias individuais aplicam-se não só aos brasileiros e estrangeiros residentes no Brasil, mas também aos estrangeiros não residentes, desde que tais direitos sejam compatíveis com o status de estrangeiro não residente.

Alternatica C. De acordo com o entendimento do STF, a pessoa jurídica possui direito à assistência jurídica gratuita, desde que comprove insuficiência de recursos (Ex.: AI 517.468/RJ).

Alternativa D. De acordo com o STF, as pessoas jurídicas também são destinatárias dos direitos individuais, desde que estes sejam compatíveis com a execução de suas atividades institucionais.

VAMOS PRATICAR

Os Exercícios a seguir são referentes ao conteúdo: Direitos Fundamentais - Direitos e Garantias Individuais e Coletivos.

01. (Esaf) Nos termos da Constituição Federal, sobre os direitos e garantias fundamentais, é correto afirmar que:

a) é plena a liberdade de associação para fins lícitos, mesmo a de caráter paramilitar se realmente for para fins lícitos

b) a pequena propriedade rural, assim definida em lei, desde que trabalhada pela família, não será objeto de penhora para pagamento de débitos decorrentes de sua atividade produtiva, dispondo a lei sobre os meios de financiar o seu desenvolvimento.

c) a lei complementar estabelecerá o procedimento para desapropriação por necessidade ou utilidade pública, ou por interesse social, mediante justa e prévia indenização em dinheiro, ressalvados os casos previstos em lei.

d) ninguém poderá ser compelido a associar-se ou a permanecer associado, salvo nos casos previstos em lei.

e) a lei complementar assegurará aos autores de inventos industriais privilégio perpétuo para sua utilização, bem como proteção às criações industriais, à propriedade das marcas, aos nomes de empresas e a outros signos distintivos, tendo em vista o interesse particular e o desenvolvimento tecnológico e econômico do País.

02. (Esaf) É correto afirmar, quanto à liberdade de associação prevista na Constituição Federal:

a) é livre a criação de associações para fins lícitos, mas, uma vez criadas, elas não poderão ser dissolvidas senão com autorização do Poder Público local.

b) os Municípios poderão intervir na organização das associações e cooperativas, desde que o façam de modo genérico, com o objetivo de regulamentar as agendas das suas reuniões e a realização de eventos públicos.

c) as atividades das associações poderão ser suspensas por ato do Poder Público, desde que precedido de processo administrativo, no qual deverão ser garantidos a ampla defesa e o contraditório.

d) as associações serão dissolvidas compulsoriamente somente por meio de decisão judicial transitada em julgado.

e) a obrigatoriedade de associação para profissionais liberais deve estar prevista e regulamentada em lei complementar.

03. (Esaf) Podem impetrar mandado de segurança coletivo:

a) Partido político com representação no Congresso Nacional e organização sindical, entidade de classe ou associação legalmente constituída e em funcionamento há pelo menos um ano, em defesa dos interesses de seus membros ou associados.

b) Partido político com representação no Senado Federal e organização sindical, entidade de classe ou associação legalmente constituída, em defesa dos interesses de seus membros ou associados.

c) Partido político e organização sindical, entidade de classe ou associação legalmente constituída e em funcionamento há pelo menos seis meses, em defesa dos interesses de seus membros e associados.

d) Partido político com representação no Congresso Nacional e organização sindical, entidade de classe ou associação legalmente constituída e em funcionamento há pelo menos um ano, para anular ato lesivo ao patrimônio público ou de entidade de que o Estado participe.

e) Partido político com representação no Congresso Nacional e organização sindical, entidade de classe ou associação legalmente constituída, em defesa dos interesses de seus membros ou associados.

04. (Esaf) Sobre os direitos e deveres individuais e coletivos, assinale a única opção correta.

a) A jurisprudência do Supremo Tribunal Federal firmou entendimento no sentido de que afronta o princípio da isonomia a adoção de critérios distintos para a promoção de integrantes do corpo feminino e masculino da Aeronáutica.

b) Enquanto os direitos de primeira geração realçam o princípio da igualdade, os direitos de segunda geração acentuam o princípio da liberdade.

c) O súdito estrangeiro, mesmo aquele sem domicílio no Brasil, tem direito a todas as prerrogativas básicas que lhe assegurem a preservação da liberdade e a observância, pelo Poder Público, da cláusula constitucional do devido processo legal.

d) O Supremo Tribunal Federal reconheceu a necessidade do diploma de curso superior para o exercício da profissão de jornalista.

e) As Comissões Parlamentares de Inquérito podem decretar a quebra do sigilo bancário ou fiscal, independentemente de qualquer motivação, uma vez que tal exigência está restrita às decisões judiciais.

05. (FCC) Em relação aos direitos e garantias individuais, revela-se de extrema importância a problemática atinente aos regimes de tratamento das liberdades. Entre eles, destaca-se o regime preventivo mediante autorização prévia. Nessa modalidade, o exercício do direito de liberdade fica submetido, em virtude de previsão legal, à condição de haver prévio consentimento por parte da autoridade administrativa competente. A instituição de tal regime é vedada, segundo a Constituição brasileira, em relação aos seguintes direitos:

a) liberdade de reunião em locais públicos e liberdade de trabalho, ofício ou profissão.
b) liberdade de associação e liberdade de trabalho, ofício ou profissão.
c) liberdade de iniciativa econômica e liberdade de expressão da atividade intelectual, artística, científica e de comunicação.
d) liberdade de iniciativa econômica e liberdade de associação.
e) liberdade de reunião em locais públicos e liberdade de expressão da atividade intelectual, artística, científica e de comunicação.

06. (FCC) É assegurada na Constituição Federal a seguinte garantia fundamental:

a) Homens e mulheres são absolutamente iguais em direitos e obrigações.
b) É plenamente livre o exercício de qualquer trabalho, ofício ou profissão.
c) Ninguém poderá ser compelido a associar-se ou a permanecer associado.
d) Em nenhuma circunstância haverá penas cruéis ou de morte, de caráter perpétuo, de trabalhos forçados e de banimento.
e) É livre a manifestação do pensamento, inclusive pelo anonimato.

07. (FCC) Em conformidade com a disciplina constitucional dos direitos e deveres individuais e coletivos,

a) o direito de acesso à informação é assegurado a todos, sendo vedado o anonimato da fonte.
b) a lei estabelecerá o procedimento para desapropriação por necessidade ou utilidade pública, ou por interesse social, mediante prévia indenização, em títulos da dívida pública, ressalvados os casos previstos na Constituição Federal.
c) a livre expressão da atividade intelectual, artística, científica e de comunicação, independentemente de censura ou licença, não dispensa posterior responsabilização em caso de exercício abusivo.
d) ninguém será levado à prisão ou nela mantido quando a lei admitir a liberdade provisória, desde que mediante pagamento de fiança.
e) todos podem reunir-se pacificamente, sem armas, em locais abertos ao público, independentemente de autorização e de prévio aviso, desde que não frustrem outra reunião anteriormente convocada para o mesmo local.

08. (Cesgranrio) A Constituição afirma que *a casa é asilo inviolável do indivíduo, ninguém nela podendo penetrar sem o consentimento do morador* (Art. 5, XI). A esse respeito, considere as afirmativas a seguir.

I. É permitido penetrar na casa, a qualquer hora do dia, mesmo sem o consentimento do morador, desde que haja autorização judicial para tanto.
II. É permitido penetrar na casa, a qualquer hora do dia, em caso de desastre ou para prestar socorro.
III. É permitido penetrar na casa quando houver flagrante delito, mas somente durante o dia.
IV. O conceito de casa deve ser interpretado de forma restritiva, não incluindo, por exemplo, quarto de hotel.

Tendo em vista o direito fundamental citado, de acordo com a própria Constituição, e com a jurisprudência do STF, é (são) correta(s) APENAS a(s) afirmativa(s)

a) II
b) III
c) I e IV
d) I, II e IV
e) I, III e IV

09. (Cesgranrio) A possibilidade da quebra do sigilo das comunicações pessoais é possível, segundo a Constituição, por força de autorização judicial.

No campo desse tema, a regra geral de proibição de acesso às comunicações, está-se protegendo o direito à:

a) liberdade.
b) culpabilidade.
c) competência.
d) igualdade.
e) intimidade.

10. (Cesgranrio) Conforme preceitua o Art. 5º da Constituição Federal, todos são iguais perante a lei, sendo todos iguais em direitos e obrigações.

Esse princípio constitucional é o da:

a) isonomia.
b) segurança Jurídica.
c) legalidade.
d) moralidade.
e) autonomia.

GABARITO

01	B	06	C
02	D	07	C
03	A	08	A
04	C	09	E
05	E	10	A

ANOTAÇÕES

3.2. Direitos Sociais

Os direitos sociais são direitos fundamentais típicos da chamada segunda geração, e visam garantir uma existência digna aos cidadãos.

São consideradas verdadeiras obrigações que o Estado possui para com seus nacionais e, precipuamente, buscam garantir melhores condições de vida aos menos favorecidos, funcionando assim como instrumentos de equalização de condições sociais desiguais.

Sua extensão varia de país para país, de acordo com a concepção do papel atribuído ao Estado em cada um deles.

Assim, existem alguns países que reconhecem um número maior de direitos sociais, como é o caso do Brasil e de vários países da Europa continental, sendo chamados de Estados-Provedores ou Estados-Sociais. Por outro lado, existem outros que consideram que o Estado deve possuir menos obrigações em relação ao particular, recebendo normalmente o nome de Estados liberais.

O Art. 6º de nossa Constituição define quais são eles:

> *Art. 6º São direitos sociais a educação, a saúde, a alimentação, o trabalho, a moradia, o transporte, o lazer, a segurança, a previdência social, a proteção à maternidade e à infância, a assistência aos desamparados, na forma desta Constituição. (Redação dada pela Emenda Constitucional nº 90, de 2015)*

Embora os direitos sociais sejam bastante amplos, conforme se verifica acima, em seu Capítulo II - Direitos Sociais, nossa CF trata basicamente dos direitos trabalhistas, que regem as relações entre patrões e empregados. Outros direitos sociais são abordados em dispositivos diferentes da Constituição Federal.

O Art. 7º da Constituição Federal traz os principais direitos trabalhistas. Importante observar que nem todos se aplicam aos servidores públicos e, mesmo os que se aplicam, podem ser regulamentados de forma diferente por leis específicas, uma vez que os servidores são regidos por estatutos próprios.

Os empregados domésticos também não possuem todos os direitos citados nos incisos do Art. 7º, por conta do disposto em seu parágrafo único, embora a EC nº 72/2013 tenha ampliado significativamente os seus direitos, quase que os equiparando aos demais trabalhadores.

Vejamos o que diz o Art. 7º da Constituição Federal:

> *Art. 7º São direitos dos trabalhadores urbanos e rurais, além de outros que visem à melhoria de sua condição social:*

O *caput* do Art. 7º deixa claro que os direitos sociais apresentados em seus incisos se aplicam indistintamente aos trabalhadores urbanos e rurais, e que não excluem outros, previstos na própria Constituição ou em leis específicas. Ou seja, tal artigo traz somente o mínimo considerado necessário pelo constituinte para que o trabalhador possa ter condições de trabalho e de vida dignas.

E os incisos do Art. 7º trazem quais são esses direitos:

Proteção contra Despedida sem Justa Causa

> *I. Relação de emprego protegida contra despedida arbitrária ou sem justa causa, nos termos de lei complementar, que preverá indenização compensatória, dentre outros direitos;*

A demissão arbitrária ou sem justa causa pode trazer graves consequências para o trabalhador, inclusive no que se refere ao seu sustento e de sua família.

Diante disso, a Constituição exige que lei complementar o proteja dessa situação, buscando amenizar os impactos decorrentes de tal despedida com o pagamento de uma indenização, entre outras providências que podem ser adicionadas.

Essa lei complementar referida no dispositivo ainda não existe. Diante disso, permanece em vigor disposto no Art. 10 do ADCT (Ato das Disposições Constitucionais Transitórias), que afirma o seguinte:

> *Art. 10. Até que seja promulgada a lei complementar a que se refere o Art. 7º, I, da Constituição:*
>
> *I. fica limitada a proteção nele referida ao aumento, para quatro vezes, da porcentagem prevista no Art. 6º, "caput" e § 1º, da Lei nº 5.107/66;*
>
> *II. fica vedada a dispensa arbitrária ou sem justa causa:*
>
> *a) do empregado eleito para cargo de direção de comissões internas de prevenção de acidentes, desde o registro de sua candidatura até um ano após o final de seu mandato;*
>
> *b) da empregada gestante, desde a confirmação da gravidez até cinco meses após o parto.*

A multa citada no inciso I do Art. 10 do ADCT é justamente a multa de 40% do valor depositado pelo empregador na conta do FGTS do empregado, no caso de demissão sem justa causa.

Seguro-Desemprego

> *II. Seguro-desemprego, em caso de desemprego involuntário;*

O seguro-desemprego é atualmente regulamentado pela Lei nº 7.998/90, e busca amparar temporariamente o trabalhador, em virtude de despedida sem justa causa.

A lei do seguro-desemprego, além de trazer o pagamento do chamado auxílio-desemprego, também dispõe que o Governo deve oferecer meios para ajudar o trabalhador a encontrar um outro emprego.

FGTS

III. Fundo de garantia do tempo de serviço;

Trata-se do FGTS, equivalente a aproximadamente um salário por ano (8% do salário por mês), depositado pelo empregador em conta vinculada e exclusiva do empregado, administrada pela Caixa Econômica Federal e sujeito a saques em hipóteses específicas, como despedida sem justa causa e aposentadoria.

A ideia do FGTS é que o empregador faça uma poupança forçada para o empregado, o qual, por sua vez, somente poderá sacá-la nas hipóteses previstas em lei. Por sua vez, a lei prevê que os recursos "parados" nas contas do FGTS dos empregados brasileiros podem ser usados pelo Governo para financiamento do Sistema Financeiro da Habitação - SFH.

O servidor público estatutário ocupante de cargo efetivo não tem direito ao FGTS.

Salário-Mínimo

IV. Salário-mínimo, fixado em lei, nacionalmente unificado, capaz de atender a suas necessidades vitais básicas e às de sua família com moradia, alimentação, educação, saúde, lazer, vestuário, higiene, transporte e previdência social, com reajustes periódicos que lhe preservem o poder aquisitivo, sendo vedada sua vinculação para qualquer fim;

O salário-mínimo deveria garantir uma existência digna para uma família com dois filhos. Sabe-se que está muito longe disso. No entanto, um aumento repentino e substancial no salário-mínimo poderia trazer consequências desastrosas para a economia, como por exemplo, demissões em massa, falta de recursos para pagamento de benefícios da Previdência Social, etc. Por conta disso, entende-se que se deve aumentar paulatinamente o valor do salário mínimo, até que ele atenda a todas as necessidades previstas no texto constitucional.

De acordo com o inciso IV do Art. 7º, o salário-mínimo também deve ser:

> Fixado em lei: é o Poder Legislativo quem deve estabelecer o valor do salário-mínimo ou aprovar os critérios para a definição de seu valor.

> Nacionalmente unificado: embora os Estados possam ter salários-mínimos regionais, esses devem ser sempre iguais ou superiores ao salário-mínimo nacional.

> Reajustado periodicamente: esse reajuste é previsto para garantir a preservação do valor do salário-mínimo, diante da inflação. É realizado anualmente.

> Proibido de vinculação para qualquer fim: tem por objetivo não criar "amarras" ao aumento do salário-mínimo.

Piso Salarial

V. Piso salarial proporcional à extensão e à complexidade do trabalho;

Além do salário-mínimo, que se aplica a todos os trabalhadores brasileiros, a Constituição prevê que haja também pisos salariais, que são salários-mínimos aplicáveis a determinadas categorias profissionais, e cujo valor deve levar em conta a extensão e a complexidade do trabalho em cada uma delas.

Esses pisos salariais são negociados pelos sindicatos de cada categoria profissional junto aos sindicatos dos empregadores, ou podem ser obtidos pelos sindicatos profissionais mediante dissídios coletivos na Justiça do Trabalho.

Obviamente, os valores dos diversos pisos salariais devem ser sempre iguais ou superiores ao valor do salário-mínimo.

Irredutibilidade do Salário

VI. Irredutibilidade do salário, salvo o disposto em convenção ou acordo coletivo;

Uma vez estabelecido o valor de salário no contrato de trabalho, ele não pode ser reduzido, mesmo que o empregado concorde, exceto se tal redução for aceita por negociação feita junto à respectiva entidade sindical respectiva.

A diferença entre convenção coletiva e acordo coletivo é que a primeira é um pacto firmado entre os sindicatos dos trabalhadores, de um lado, e o sindicato dos empregadores, de outro, ao passo que o acordo coletivo é firmado pelo sindicato dos trabalhadores, de um lado, e um ou mais empregadores, de outro (no acordo coletivo não há participação do sindicato dos empregadores).

Assim, a convenção coletiva vale para os trabalhadores de toda a categoria profissional e o acordo vale somente para os trabalhadores das empresas envolvidas.

De qualquer forma, a redução salarial do empregado pode ser negociada tanto por convenção como por acordo coletivo.

Salário-Mínimo para os que Recebem Remuneração Variável

VII. Garantia de salário, nunca inferior ao mínimo, para os que percebem remuneração variável;

Esse inciso visa garantir que aqueles que percebem remuneração variável, como os garçons, que recebem, além do salário, gorjetas, ou aqueles que tenham seus salários atrelados a metas de desempenho, que esses também tenham direito a receber todo mês, no mínimo, o valor de um salário-mínimo.

13º Salário

> VIII. Décimo terceiro salário com base na remuneração integral ou no valor da aposentadoria;

O décimo terceiro salário, ou gratificação natalina, deve ser pago até o final do ano, podendo ser dividido em duas parcelas, sendo a primeira paga até dia 30 de novembro e a segunda até dia 20 de dezembro.

É calculado com base na remuneração devida no pagamento de dezembro.

Adicional Noturno

> IX. Remuneração do trabalho noturno superior à do diurno;

O homem tem hábitos diurnos. Por isso, nossa Constituição entendeu que quem trabalha durante o período noturno trabalha fora de seu horário natural e que, portanto, deve receber uma compensação.

De acordo com a Consolidação das Leis do Trabalho - CLT, o trabalho noturno urbano estende-se das 22 horas de um dia às 5 horas do outro. Já nas atividades rurais, é considerado noturno o trabalho executado na lavoura entre 21 horas horas de um dia às 5 horas do dia seguinte, e na pecuária, entre 2 horas às 4 horas do dia seguinte.

Quem trabalhar nesses horários terá direito a um adicional, calculado com base nas horas de trabalho que coincidirem com esses períodos.

Proteção ao Salário

> X. Proteção do salário na forma da lei, constituindo crime sua retenção dolosa;

O salário do trabalhador é o seu sustento, sendo que o empregado conta com ele para o atendimento de suas necessidades básicas e de sua família.

Por isso, a lei deverá protegê-lo, inclusive considerando crime sua retenção intencional por parte do empregador.

Participação nos Lucros e na Gestão das Empresas

> XI. Participação nos lucros, ou resultados, desvinculada da remuneração, e, excepcionalmente, participação na gestão da empresa, conforme definido em lei;

A Constituição estabelece a possibilidade de que os trabalhadores venham a ter participação nos lucros da empresa (a chamada PLR), conforme definido em lei, além de haver a possibilidade – excepcional – de participação na gestão da própria empresa, também nas hipóteses previstas em lei.

A lei que trata sobre a PLR estabelece que a mesma deverá ser negociada entre os sindicatos dos trabalhadores e a empresa.

Para que seja considerado de fato participação nos lucros, o valor recebido pelo empregado não deve estar atrelado à sua remuneração, mas sim à contribuição dada por ele para o atingimento do resultado. Se o valor da PLR estiver vinculado ao salário do empregado, o montante recebido será considerado remuneração e como tal tributado.

Salário-Família

> XII. Salário-família pago em razão do dependente do trabalhador de baixa renda, nos termos da lei;

O salário-família tem a função de auxiliar o trabalhador de baixa renda a sustentar sua família, cabendo à lei definir qual seria o valor de salário considerado como baixo.

Deve ser pago em função do número de dependentes do trabalhador, de forma que aquele que tenha mais filhos receba mais.

Jornada de Trabalho

> XIII. Duração do trabalho normal não superior a oito horas diárias e quarenta e quatro semanais, facultada a compensação de horários e a redução da jornada, mediante acordo ou convenção coletiva de trabalho;

No Brasil a duração da jornada semanal de trabalho é de, no máximo, 44 horas semanais e 8 diárias. O que for trabalhado além disso, seja no limite diário, seja no limite semanal, deve ser pago como hora extra, com os acréscimos legais.

A Constituição, porém, permite a compensação de horários (banco de horas) e a redução da jornada, mediante negociação que envolva o sindicato da categoria profissional.

> XIV. Jornada de seis horas para o trabalho realizado em turnos ininterruptos de revezamento, salvo negociação coletiva;

Turno interrupto de revezamento é aquele no qual o trabalhador é obrigado a trabalhar hora num horário, ora em outro, como ocorre com algumas pessoas que trabalham em regime de escala.

Como essa troca de horários traz dificuldades de adaptação e pode até ser prejudicial à saúde do trabalhador, a Constituição Federal estabelece que, nesse caso, a jornada normal máxima será de seis horas diárias, salvo negociação coletiva.

Descanso Semanal Remunerado

XV. Repouso semanal remunerado, preferencialmente aos domingos;

Todo trabalhador tem direito a pelo menos um dia de descanso remunerado na semana, em que não trabalhará e não terá o dia descontado. Esse dia de descanso deve ser preferencialmente, o domingo, podendo, no entanto, ser estabelecido outro dia, havendo necessidade do empregador. Trabalhando no domingo, o empregado terá direito a um acréscimo em sua remuneração.

Para todos os trabalhadores, o descanso semanal tem a duração de 24 horas consecutivas.

Horas Extras

XVI. Remuneração do serviço extraordinário superior, no mínimo, em cinquenta por cento à do normal;

O serviço extraordinário condiz com as chamadas horas extras.

Deve-se observar que o valor de 50% é o mínimo de acréscimo. É muito comum que determinadas categorias profissionais consigam acréscimo maior em função de negociação coletiva.

Férias

XVII. Gozo de férias anuais remuneradas com, pelo menos, um terço a mais do que o salário normal;

As férias são um período de até 30 dias de descanso concedidos a cada trabalhador após 12 meses de trabalho, que serão gozados de uma só vez, salvo em casos excepcionais, em que o período de férias poderá ser dividido em dois períodos, um dos quais não deverá ser inferior a 10 dias consecutivos.

A CLT permite que o empregado venda até 10 dias de suas férias, cabendo ao patrão decidir sobre o momento de concedê-las, não podendo, no entanto, deixar acumular mais de dois períodos de aquisição, sob pena de pagamento de multa.

Durante as férias, o trabalhador receberá, além de seu salário normal, um adicional correspondente a 1/3 desse salário. É o conhecido adicional de férias, concedido ao empregado para que o mesmo tenha meios para, de fato, poder aproveitar o período de descanso.

No caso do servidor público civil, o estatuto federal, estadual ou municipal é que disciplinará a aquisição e o gozo das férias.

Licença-Maternidade

XVIII. Licença à gestante, sem prejuízo do emprego e do salário, com a duração de cento e vinte dias;

É a licença-maternidade. Embora a Constituição preveja uma licença de 120 dias, atualmente a lei incentiva as empresas a estenderem sua duração até os seis meses, que é o período de amamentação considerado como o mínimo adequado, de acordo com a OMS - Organização Mundial da Saúde.

O objetivo da licença-maternidade é principalmente proteger o recém-nascido, permitindo o contato com a mãe durante um período mínimo, o que é importante tanto pelo aspecto emocional da criança, como também para que ela possa ser devidamente amamentada com leite materno.

Licença-Paternidade

XIX. Licença-paternidade, nos termos fixados em lei;

Em relação à licença-paternidade, a Constituição não prevê um período mínimo de duração, sendo que, atualmente, a legislação prevê no mínimo 5 dias de afastamento, contados do dia do nascimento da criança.

Proteção ao Mercado de Trabalho Feminino

XX. Proteção do mercado de trabalho da mulher, mediante incentivos específicos, nos termos da lei;

Essa disposição visa combater a desigualdade entre gêneros em termos de oportunidades no mercado de trabalho.

Norma de eficácia limitada, deve ser regulamentada por lei.

Aviso-Prévio

XXI. Aviso-prévio proporcional ao tempo de serviço, sendo no mínimo de trinta dias, nos termos da lei;

Aviso prévio é o intervalo de tempo entre a comunicação da intenção da ruptura do contrato de trabalho por uma das partes e sua efetiva rescisão, a fim de que a outra parte se prepare para essa ruptura.

No caso de a iniciativa da rescisão partir do empregador, ele deve avisar o empregado com um prazo que varia de 30 dias a 90 dias de antecedência, dependendo do número de anos que o empregado trabalhou na empresa. Se preferir não o fazer, deverá pagar o salário correspondente a esses dias, no momento da rescisão.

Se a iniciativa da rescisão partir do empregado, ele também tem a obrigação de avisar o empregador com 30 dias de antecedência. Se não o fizer, terá descontado de suas verbas rescisórias o valor correspondente.

Redução dos Riscos do Trabalho

XXII. Redução dos riscos inerentes ao trabalho, por meio de normas de saúde, higiene e segurança;

A legislação deve cuidar de proteger o trabalhador contra os acidentes e demais riscos no trabalho, como prejuízo à sua saúde, por exemplo. Toda atividade profissional envolve riscos, umas mais outras menos, mas a obrigação do Estado é procurar reduzir esses riscos, principalmente através de normas dirigidas ao empregador, cabendo ao Estado fiscalizar se essas normas estão ou não sendo cumpridas.

Exemplo de aplicação dessa norma é a exigência de que o empregador disponibilize a seus empregados equipamentos de proteção individual – EPI, quando o trabalho envolver riscos físicos, químicos ou biológicos.

Adicionais de Penosidade, Insalubridade e Periculosidade

XXIII. Adicional de remuneração para as atividades penosas, insalubres ou perigosas, na forma da lei;

Atividades penosas são as tarefas árduas, difíceis, cansativas, que ocasionam um grande desgaste físico ou mental para o trabalhador, como aquelas exercidas sem possibilidade de descanso ou o sujeite a intempéries, ou mesmo que obrigue a levantar muito cedo ou dormir muito tarde.

Atividades insalubres são aquelas que causam prejuízo ou risco à saúde do trabalhador, como ocorre, por exemplo, com trabalhadores em minas subterrâneas, que podem ter seu sistema respiratório comprometido com a aspiração de pequenas partículas de pó, podendo, com o passar do tempo, inclusive desenvolver a silicose, grave doença que causa o endurecimento dos pulmões e que pode levar à morte.

Por fim, atividades perigosas são aquelas que causam risco imediato à vida ou integridade física, como ocorre, por exemplo, com os eletricistas que trabalham na manutenção de redes de alta tensão.

Tratando-se de atividade penosa, insalubre ou perigosa, terá o trabalhador direito a um adicional em sua remuneração, como uma forma de compensação.

Aposentadoria

XXIV. Aposentadoria;

Aposentadoria é o direito que o trabalhador que preencheu os requisitos legais de tempo de contribuição e/ou idade tem de receber do estado um auxílio para o seu sustento.

É oferecida pela Previdência Social, com exceção da aposentadoria por idade (sem o tempo mínimo de contribuição), que é um benefício da Assistência Social.

Os requisitos para aposentadoria do servidor público são diferenciados daqueles exigidos do trabalhador da iniciativa privada.

Assistência em Creches e Pré-Escolas

XXV. Assistência gratuita aos filhos e dependentes desde o nascimento até 5 (cinco) anos de idade em creches e pré-escolas;

A partir dos seis anos, a criança deve ser matriculada no ensino regular, que começa com o fundamental.

Antes dessa idade, porém, o Poder Público deve garantir assistência às crianças em creches e pré-escolas públicas.

Convenções e Acordos Coletivos

XXVI. Reconhecimento das convenções e acordos coletivos de trabalho;

As negociações efetuadas entre os empregadores e os sindicatos representantes das categorias profissionais têm força de lei entre as partes, desde que não desrespeitem os limites impostos pela legislação.

As convenções coletivas são celebradas entre um sindicato patronal e outro profissional e que os acordos coletivos são firmados entre um sindicato profissional e um ou mais empregadores específicos.

Proteção Face à Automação

XXVII. Proteção em face da automação, na forma da lei;

Automação é a substituição da mão de obra humana pela mecanizada. Essa automação, embora necessária para aprimorar a competitividade da indústria nacional, pode causar sérios prejuízos ao emprego, se seus efeitos não forem bem administrados.

Por isso a Constituição determina que a lei deverá proteger os empregados dos efeitos nocivos dessa automação, por exemplo, providenciando cursos de atualização e mecanismos de realocação desses empregados em outras atividades.

Seguro contra Acidentes de Trabalho

XXVIII. Seguro contra acidentes de trabalho, a cargo do empregador, sem excluir a indenização a que este está obrigado, quando incorrer em dolo ou culpa;

A lei deve instituir seguro que indenize o trabalhador em caso de acidente laboral, sendo que esse seguro deve ser pago pelo empregador.

O valor do prêmio do seguro pago pelo empregador depende do grau de risco da atividade desenvolvida pelo empregado.

Se o acidente ocorrer por dolo ou culpa do empregador (que não forneceu os equipamentos de segurança obrigatórios, por exemplo), o trabalhador, além de receber o valor correspondente ao seguro, também poderá cobrar, na Justiça, indenização do empregador.

Ações Trabalhistas

XXIX. Ação, quanto aos créditos resultantes das relações de trabalho, com prazo prescricional de cinco anos para os trabalhadores urbanos e rurais, até o limite de dois anos após a extinção do contrato de trabalho;

Esse inciso trata da chamada ação trabalhista, instrumento utilizado pelo empregado ou ex-empregado para cobrar na Justiça direitos não respeitados pelo empregador.

A norma estabelece dois prazos prescritivos, os quais, se não obedecidos, levarão à perda do direito do empregado ou ex-empregado de cobrar tais direitos:

a) prazo para entrar com a ação: máximo de dois anos após a extinção do contrato de trabalho, se o autor entrar com a ação após o fim do vínculo empregatício, que é o que normalmente ocorre, pois é muito raro que alguém entre com uma ação trabalhista enquanto ainda trabalha da empresa acionada.

b) prazo para cobrança dos créditos trabalhistas: somente podem ser cobrados os créditos trabalhistas referentes aos cinco anos anteriores ao ingresso da ação judicial.

Proibição de Discriminação Profissional

XXX. Proibição de diferença de salários, de exercício de funções e de critério de admissão por motivo de sexo, idade, cor ou estado civil;

Esse inciso proíbe a discriminação profissional arbitrária, buscando combater o preconceito e a desigualdade no ambiente de trabalho.

XXXI. Proibição de qualquer discriminação no tocante a salário e critérios de admissão do trabalhador portador de deficiência;

A norma tem o objetivo de facilitar o acesso do deficiente ao mercado de trabalho e impedir que venha a receber menos que outro trabalhador pelo simples fato de ser deficiente.

No entanto, no que se refere a critérios de admissão essa disposição não é absoluta, uma vez que existem determinadas funções que dificilmente podem ser exercidas por deficientes, seja pelas atribuições do emprego (cargo de segurança, por exemplo), seja pela falta de acessibilidade no local de trabalho.

Porém, não havendo tais restrições, o empregador não deve recusar-se a contratar alguém alegando tratar-se de um deficiente.

XXXII. Proibição de distinção entre trabalho manual, técnico e intelectual ou entre os profissionais respectivos;

Esse inciso evidentemente não proíbe que se paguem diferentes salários em função da complexidade do trabalho (um engenheiro pode e deve ganhar mais do que um porteiro), mas simplesmente veda a diferenciação discriminatória em razão do tipo de trabalho.

Assim, por exemplo, o empregador não pode conceder determinados benefícios somente a determinados empregados e negá-los a outros.

É uma disposição dirigida não só aos empregadores, mas também aos próprios legisladores, para que estes não criem leis que privilegiam determinadas categorias de trabalhadores, em detrimento de outras.

Idade Mínima para o Trabalho

XXXIII. Proibição de trabalho noturno, perigoso ou insalubre a menores de dezoito e de qualquer trabalho a menores de dezesseis anos, salvo na condição de aprendiz, a partir de quatorze anos;

O menor de quatorze anos não pode trabalhar em nenhuma hipótese. A partir dessa idade e até dezesseis, somente pode trabalhar como aprendiz (regulamentado pela Lei nº 10.097/2000 e pelo Decreto nº 5.598/2005). A partir de dezesseis anos, pode trabalhar normalmente, sendo vedados somente os trabalhos noturnos, perigosos e insalubres. A partir de dezoito anos, não há restrições.

A Constituição Federal buscou retardar a entrada no mercado de trabalho do jovem como uma forma de que este possa se dedicar melhor aos estudos, na fase inicial de sua vida.

Trabalhador Avulso

XXXIV. Igualdade de direitos entre o trabalhador com vínculo empregatício permanente e o trabalhador avulso.

Trabalhador avulso é aquele que, apesar de não ser autônomo, não tem vínculo empregatício com o tomador de seu serviço, sendo vinculado ao chamado Órgão Gestor de Mão de Obra, por força de lei.

É o caso dos estivadores, que são carregadores que trabalham em portos, e de alguns trabalhadores rurais.

A Constituição Federal garante a eles os mesmos direitos do trabalhador com vínculo permanente. Assim, atualmente eles terão direito a benefícios como 13º salário, licença-maternidade e licença-paternidade, férias remuneradas, etc.

Trabalhador Doméstico

Parágrafo único. São assegurados à categoria dos trabalhadores domésticos os direitos previstos nos incisos IV, VI, VII, VIII, X, XIII, XV, XVI, XVII, XVIII, XIX, XXI, XXII, XXIV, XXVI, XXX, XXXI e XXXIII e, atendidas as condições estabelecidas em lei e observada a simplificação do cumprimento das obrigações tributárias, principais e acessórias, decorrentes da relação de trabalho e suas peculiaridades, os previstos nos incisos I, II, III, IX, XII, XXV e XXVIII, bem como a sua integração à previdência social.

A Lei nº 5.859/72 traz o conceito de empregado doméstico: é aquele que presta serviços de natureza contínua e de finalidade não lucrativa a pessoa ou família, no âmbito residencial destas.

Enquadram-se nesse conceito: a empregada doméstica, propriamente dita; as babás, os caseiros e motoristas particulares, entre outros, desde que tenham vínculo empregatício com uma pessoa física e prestem serviços na residência dessa pessoa e que seu trabalho não propicie ganhos econômicos a ela.

O trabalhador doméstico não tem exatamente os mesmos direitos dos demais empregados, mas a EC nº 72/2013 ampliou bastante os seus direitos, praticamente equiparando-os com os direitos do trabalhador empregado e do trabalhador avulso.

Atualmente, os únicos direitos trabalhistas garantidos aos demais trabalhadores e que os empregados domésticos não possuem são os seguintes (até porque vários deles são incompatíveis com as características do trabalho do empregado doméstico):

> Piso salarial;
> Participação nos lucros, ou resultados, desvinculada da remuneração, e, excepcionalmente, participação na gestão da empresa, conforme definido em lei;
> Jornada de seis horas para o trabalho realizado em turnos ininterruptos de revezamento, salvo negociação coletiva;
> Proteção do mercado de trabalho da mulher, mediante incentivos específicos, nos termos da lei;
> Adicional de remuneração para as atividades penosas, insalubres ou perigosas, na forma da lei;
> Proteção em face da automação, na forma da lei;
> Proibição de distinção entre trabalho manual, técnico e intelectual ou entre os profissionais respectivos.

Servidor Público

De acordo com o Art. 39, § 3º, da Constituição, aplicam-se aos servidores públicos os direitos previstos nos incisos IV, VII, VIII, IX, XII, XIII, XV, XVI, XVII, XVIII, XIX, XX, XXII e XXX do Art. 7º, quais sejam:

> Salário-mínimo, fixado em lei, nacionalmente unificado, capaz de atender às suas necessidades vitais básicas e às de sua família com moradia, alimentação, educação, saúde, lazer, vestuário, higiene, transporte e previdência social, com reajustes periódicos que lhe preservem o poder aquisitivo, sendo vedada sua vinculação para qualquer fim;
> Garantia de salário, nunca inferior ao mínimo, para os que percebem remuneração variável;
> Décimo terceiro salário com base na remuneração integral ou no valor da aposentadoria;
> Remuneração do trabalho noturno superior à do diurno;
> Salário-família pago em razão do dependente do trabalhador de baixa renda nos termos da lei;
> Duração do trabalho normal não superior a oito horas diárias e quarenta e quatro semanais, facultada a compensação de horários e a redução da jornada, mediante acordo ou convenção coletiva de trabalho;
> Repouso semanal remunerado, preferencialmente aos domingos;
> Remuneração do serviço extraordinário superior, no mínimo, em cinquenta por cento à do normal;
> Gozo de férias anuais remuneradas com, pelo menos, um terço a mais do que o salário normal;
> Licença à gestante, sem prejuízo do emprego e do salário, com a duração de cento e vinte dias;
> Licença-paternidade, nos termos fixados em lei;
> Proteção do mercado de trabalho da mulher, mediante incentivos específicos, nos termos da lei;
> Redução dos riscos inerentes ao trabalho, por meio de normas de saúde, higiene e segurança;
> Aposentadoria;
> Proibição de diferença de salários, de exercício de funções e de critério de admissão por motivo de sexo, idade, cor ou estado civil;
> Proibição de qualquer discriminação no tocante a salário e critérios de admissão do trabalhador portador de deficiência;
> Proibição de distinção entre trabalho manual, técnico e intelectual ou entre os profissionais respectivos.

No entanto, é importante observar esses direitos mínimos garantidos pela Constituição Federal aos servidores públicos, sendo que os estatutos dos servidores da União, Estados e Municípios costumam conceder muitos outros direitos além desses, como, por exemplo, adicionais de periculosidade e insalubridade e assistências em creches e pré-escolas (através do pagamento de auxílio-creche).

Organização Sindical

Art. 8º É livre a associação profissional ou sindical, observado o seguinte:

I. A lei não poderá exigir autorização do Estado para a fundação de sindicato, ressalvado o registro no órgão competente, vedadas ao Poder Público a interferência e a intervenção na organização sindical;

Qualquer categoria profissional (empregados) ou econômica (empregadores) pode criar um sindicato próprio, sendo que não haverá necessidade, para isso, de qualquer autorização do Poder Público, o qual também não poderá intervir na organização dos sindicatos (prática muito comum em regimes ditatoriais, em que se busca controlar a ação política dos sindicatos).

No entanto, todos os sindicatos, para serem reconhecidos como tais, deverão ser registrados junto ao órgão competente.

II. É vedada a criação de mais de uma organização sindical, em qualquer grau, representativa de categoria profissional ou econômica, na mesma base territorial, que será definida pelos trabalhadores ou empregadores interessados, não podendo ser inferior à área de um Município;

O inciso II traz o chamado princípio da "unicidade sindical" ou do "monismo sindical", o qual determina que, no Brasil, somente poderá haver um sindicato, em cada local, responsável pela representação de cada categoria profissional ou econômica. Desta forma, se já existir, por exemplo, um sindicato dos motoristas de ônibus do Município de Capim Alto, não poderá ser criado outro sindicato dos motoristas de ônibus na mesma região.

Vê-se assim, que não existe a possibilidade de concorrência entre os sindicatos, o que obriga os trabalhadores, se desejarem se sindicalizar, a aderir a um determinado sindicato, o que facilita as negociações com os trabalhadores, que terão somente um interlocutor, e, na visão do constituinte, evita o enfraquecimento do movimento sindical, o que poderia ocorrer se houvesse a possibilidade de sindicatos múltiplos.

Quem define a área de atuação do sindicato são os próprios trabalhadores ou empregadores, sendo que esta não poderá ser inferior à área de um Município.

III. Ao sindicato cabe a defesa dos direitos e interesses coletivos ou individuais da categoria, inclusive em questões judiciais ou administrativas;

O inciso III deixa claro que os sindicatos existem para representar as diversas categorias profissionais e econômicas, tanto na esfera administrativa (junto à Administração Pública) como na judicial (perante os processos que correm perante o Poder Judiciário).

IV. A assembleia geral fixará a contribuição que, em se tratando de categoria profissional, será descontada em folha, para custeio do sistema confederativo da representação sindical respectiva, independentemente da contribuição prevista em lei;

O inciso IV criou uma nova categoria de contribuição sindical: a contribuição confederativa, que deve ser descontada na folha de pagamento do trabalhador, independentemente do mesmo ser filiado ao sindicato ou não.

O valor dessa contribuição deve ser necessariamente definido pela Assembleia Geral, vedado a sua estipulação, por exemplo, pela Diretoria do sindicato.

V. Ninguém será obrigado a filiar-se ou a manter-se filiado a sindicato;

Assim como ninguém pode ser obrigado a filiar-se ou manter-se filiado a qualquer associação, conforme dispõe o Art. 5º, XX, da Constituição Federal, também ninguém pode ser obrigado a sindicalizar-se ou a manter-se sindicalizado.

No entanto, deve-se observar que mesmo o trabalhador ou empregador não sindicalizado está sujeito ao pagamento de contribuições impostas pela lei.

VI. É obrigatória a participação dos sindicatos nas negociações coletivas de trabalho;

Sendo as negociações coletivas de trabalho acordos firmados entre os trabalhadores e os empregadores, e sendo os sindicatos os representantes naturais de ambos, é necessário que as negociações coletivas sejam travadas com a participação desses sindicatos.

Já vimos a diferença entre convenção e acordo coletivo quando comentamos o inciso VI do Art. 7º da Constituição. No caso de acordo coletivo, somente há a necessidade de participação do sindicato dos trabalhadores, uma vez que ele é firmado entre esse e um ou mais empregadores. Já no caso das convenções, deverão sentar-se à mesa de negociações tanto o sindicato dos trabalhadores como o sindicato dos empregadores.

Os acordos e convenções coletivas são assinados pela diretoria do sindicato, mas precisam ser ratificados, ou seja, confirmados, por uma decisão da Assembleia Geral, que reúne todos os trabalhadores associados ao sindicato.

VII. O aposentado filiado tem direito a votar e ser votado nas organizações sindicais;

Como o sindicato muitas vezes decide questões que são de interesse direito e indireto dos aposentados, a Constituição obriga os sindicatos a permitirem a participação dos aposentados na escolha e na formação das chapas eleitorais. Antes da promulgação da Constituição, a CLT vedava a participação dos inativos na administração dos sindicatos.

VIII. É vedada a dispensa do empregado sindicalizado a partir do registro da candidatura a cargo de direção ou representação sindical e, se eleito, ainda que suplente, até um ano após o final do mandato, salvo se cometer falta grave nos termos da lei.

O inciso VIII busca proteger o sindicalista de pressões ilegítimas por parte do empregador. Assim, garante ao trabalhador que for candidato a algum cargo no sindicato uma estabilidade temporária, que vai da data em que apresenta o registro de sua candidatura junto ao sindicato até, se eleito, um ano após o final do mandato.

Não houvesse essa proteção, poderia haver fundados receios de represálias do empregador contra aqueles trabalhadores que decidissem assumir algum cargo no sindicato.

Obviamente, se o trabalhador praticar alguma falta grave durante o pedido de estabilidade, poderá ser demitido por justa causa.

Parágrafo único. As disposições deste artigo aplicam-se à organização de sindicatos rurais e de colônias de pescadores, atendidas as condições que a lei estabelecer.

O objetivo do constituinte foi deixar claro que as regras constantes do Art. 8º aplicam-se também aos sindicatos rurais e de colônias de pescadores.

Direito de Greve

Art. 9º É assegurado o direito de greve, competindo aos trabalhadores decidir sobre a oportunidade de exercê-lo e sobre os interesses que devam por meio dele defender.

§ 1º. A lei definirá os serviços ou atividades essenciais e disporá sobre o atendimento das necessidades inadiáveis da comunidade.

§ 2º. Os abusos cometidos sujeitam os responsáveis às penas da lei.

A Constituição Federal garante amplamente o direito de greve dos trabalhadores, diferentemente do tratamento que era dado pela Constituição anterior.

Cabe aos trabalhadores decidir sobre a realização ou não de uma greve e sobre o que irão pleitear por meio dela.

No entanto, o Art. 9º traz duas ressalvas importantes em seus parágrafos:

a) para os chamados serviços ou atividades essenciais, definidos pela lei, poderá haver restrição na forma do exercício da greve, de forma a evitar prejuízos demasiados à coletividade. Nesses casos, o direito de greve subsiste, mas estará sujeito à regulamentação, para que se atendam às necessidades inadiáveis da coletividade.

Importante observar que aqui não se trata dos serviços públicos, uma vez que a greve nestes serviços deverá ser regulamentada por outra lei, prevista no Art. 37, VII, da Constituição Federal.

A lei que atualmente trata do direito de greve prevê que, entre outras, são consideradas serviços ou atividades essenciais:

> Tratamento e abastecimento de água;
> Produção e distribuição de energia elétrica, gás e combustíveis;
> Assistência médica e hospitalar;
> Distribuição e comercialização de medicamentos e alimentos;
> Funerários;
> Transporte coletivo;
> Captação e tratamento de esgoto e lixo;
> Telecomunicações;
> Guarda, uso e controle de substâncias radioativas, equipamentos e materiais nucleares;
> Processamento de dados ligados a serviços essenciais;
> Controle de tráfego aéreo;
> Compensação bancária.

b) eventuais abusos cometidos no exercício do direito de greve deverão ser punidos, na forma estabelecida em lei. Isso porque não existe direito absoluto, e mesmo um direito legítimo pode ser exercido de forma abusiva, o mesmo aplicando-se em relação ao direito de greve.

Participação em Colegiados de Órgãos Públicos

Art. 10. É assegurada a participação dos trabalhadores e empregadores nos colegiados dos órgãos públicos em que seus interesses profissionais ou previdenciários sejam objeto de discussão e deliberação.

A participação dos trabalhadores e empregadores nos órgãos mencionados no Art. 10 busca torná-los mais democráticos e representativos e conferir maior legitimidade às suas decisões.

Eleição de Representante pelos Trabalhadores

Art. 11. Nas empresas de mais de duzentos empregados, é assegurada a eleição de um representante destes com a finalidade exclusiva de promover-lhes o entendimento direto com os empregadores.

A ideia do Art. 11 da Constituição é que, nas empresas maiores (com mais de 200 empregados), os trabalhadores possam eleger um dentre eles, chamado de delegado, que fará a intermediação entre os seus colegas e a Administração da empresa.

Esse delegado será o representante dos empregados dentro da empresa, mas por não ser um representante sindical, não terá direito à estabilidade temporária prevista no Art. 8º, VIII.

Importante observar que o objetivo desse delegado é de facilitar a comunicação entre empregador e empregados e intermediar acordos dentro da empresa, não podendo, por exemplo, celebrar convenções ou acordos coletivos com força de lei, pelo fato de não ser o representante do sindicato.

EXERCÍCIO COMENTADO

01. (Esaf) Considere as seguintes assertivas a respeito dos direitos sociais e dos trabalhadores garantidos pela Constituição:

I. são direitos sociais a educação, a saúde, o trabalho, a moradia, o lazer, a segurança, a previdência social, a proteção à infância, a assistência aos desamparados, na forma da Constituição.

II. o direito à moradia significa o direito à casa própria.

III. os diversos direitos garantidos pela constituição aos trabalhadores são elencados de forma exemplificativa.

IV. os diversos direitos garantidos pela Constituição aos trabalhadores são elencados de forma taxativa.

V. a Constituição não conferiu uma garantia absoluta do emprego.

Assinale a opção verdadeira:

a) I, III e V estão corretas.
b) I, II e III estão incorretas.
c) II, III e IV estão incorretas.
d) III, IV e V estão corretas.
e) I, II e IV estão incorretas.

RESPOSTA: E. Questão "maldosa" da Esaf, além de discutível, em função da afirmação I estar incompleta, mas não errada. De qualquer forma, a resposta poderia ser encontrada por eliminação.

Vejamos cada uma das afirmações:

I. Está incompleta, pois não citou o direito à alimentação, previsto no Art. 6º como um direito social. No entanto, deveria ser considerada correta, uma vez que não disse "são direitos sociais somente...". No entanto, a banca considerou-a como correta.

II. O direito à moradia como um direito social significa que o Estado deve dar condições para que todos possam conseguir morar dignamente, mesmo que seja de aluguel ou em abrigos temporários fornecidos pelo Poder Público. Se o direito à moradia significasse direito à casa própria, o Estado Brasileiro teria que fornecer uma casa para cada brasileiro, o que seria obviamente inviável.

III. Os direitos previstos no Art. 7º são somente exemplificativos.

IV. Os direitos previstos no Art. 7º são somente exemplificativos

V. A Constituição obviamente não teria como dar uma garantia absoluta de emprego, uma vez que, além do chamado "desemprego natural" da economia, o nível de emprego é constantemente alterado pela conjuntura econômica.

VAMOS PRATICAR

Os Exercícios a seguir são referentes ao conteúdo: Direitos Sociais.

01. (Esaf) Sobre os direitos sociais aplicáveis aos servidores ocupantes de cargo público, analise os itens abaixo e assinale a opção correta.

I. Aplica-se a duração do trabalho normal não superior a oito horas diárias e 44 semanais, vedada a compensação de horários e a redução da jornada.

II. Não se aplica remuneração do trabalho noturno superior à do diurno.

III. Aplica-se a proteção do mercado de trabalho da mulher, mediante incentivos específicos, nos termos da lei.

IV. É assegurado ao servidor público o direito à remuneração do serviço extraordinário superior, no mínimo em 50% à do normal.

a) Somente III e IV estão corretos.
b) Somente II, III e IV estão corretos.
c) Somente I, II e III estão incorretos.
d) Somente I, II e IV estão incorretos.
e) Somente II e III estão corretos.

02. (Esaf) São direitos e garantias dos trabalhadores em geral também aplicáveis aos servidores públicos, exceto:

a) piso salarial proporcional à extensão e à complexidade do trabalho.
b) salário-família.
c) remuneração do trabalho noturno superior à do diurno.
d) repouso semanal remunerado.
e) salário mínimo.

03. (Esaf) Assinale a opção correta acerca dos direitos e garantias fundamentais previstos na Constituição Federal.

a) O exercício dos direitos sociais como educação, saúde, trabalho, moradia, lazer, segurança, previdência social, proteção à maternidade e à infância, assistência aos desamparados, depende da existência de lei disciplinando cada um desses direitos.

b) É assegurada licença à gestante, sem prejuízo do emprego e do salário, com a duração de 180 dias.

c) É assegurada assistência gratuita aos filhos e dependentes desde o nascimento até 24 anos de idade, em creches e, de acordo com a idade e a evolução pessoal, em estabelecimentos de ensino fundamental, de ensino médio e de ensino superior.

- d) Proíbe-se trabalho noturno, perigoso ou insalubre a menores de 18 anos e de qualquer trabalho a menores de 16 anos, salvo na condição de aprendiz, a partir de 14 anos.
- e) Aos partidos políticos é assegurada autonomia para definir sua estrutura interna, organização e funcionamento e para adotar os critérios de escolha e o regime de suas coligações eleitorais, com obrigatoriedade de vinculação entre as candidaturas em âmbito nacional, estadual, distrital ou municipal, devendo seus estatutos estabelecer normas de disciplina e fidelidade partidária.

04. (FCC) De acordo com a Constituição Federal, NÃO constitui direito fundamental social:
- a) a educação.
- b) o trabalho.
- c) a moradia.
- d) a crítica.
- e) a saúde.

05. (FCC) É direito social dos trabalhadores urbanos e rurais:
- a) a duração do trabalho normal não superior a seis horas diárias e quarenta semanais.
- b) a licença à gestante, sem prejuízo do emprego e do salário, com a duração de noventa dias.
- c) o aviso-prévio proporcional ao tempo de serviço, sendo, no mínimo, de noventa dias, nos termos da lei.
- d) a proteção em face da automação, na forma da lei complementar.
- e) o seguro contra acidentes de trabalho, a cargo do empregador, sem excluir a indenização a que este está obrigado, quando incorrer em dolo ou culpa.

06. (FCC) Os direitos sociais dos trabalhadores compreendem seu direito de filiação a entidades sindicais, que:
- a) não representam os membros aposentados da categoria profissional ou econômica, os quais são excluídos das eleições para a diretoria dos sindicatos.
- b) podem estabelecer por meio de suas assembleias gerais, além das contribuições de natureza tributária previstas em lei, contribuição para custeio do sistema confederativo.
- c) devem observar o princípio da unicidade, que veda a constituição de mais de uma organização sindical, na mesma base territorial, que poderá ser inferior à área de um município.
- d) são livremente constituídas e organizadas, sem possibilidade de interferência do Estado, salvo para a aprovação de seus estatutos.
- e) podem participar, desde que convocadas pela Justiça do Trabalho, das negociações coletivas de trabalho.

07. (FCC) Mateus, trabalhador operário aposentado, é filiado à determinada organização sindical. Em meados de 2014, realizar-se-á eleição na citada organização sindical. Nos termos da Constituição Federal, é correto afirmar que Mateus:
- a) tem direito a voto e a ser votado.
- b) não pode votar nem ser votado, embora possa estar presente e acompanhar a eleição.
- c) tem direito apenas de voto.
- d) tem direito apenas a ser votado.
- e) não pode votar nem ser votado, nem mesmo acompanhar a eleição.

08. (Cespe) Julgue o item a seguir como certo (C) ou errado (E):

As ações afirmativas do Estado na área da educação visam garantir o direito social do cidadão, direito fundamental de segunda geração, e assegurar a isonomia material.

Certo ( )   Errado ( )

09. (Cespe) Julgue o item a seguir como certo (C) ou errado (E):

Cabe ao sindicato a defesa dos direitos e interesses coletivos ou individuais da categoria a que representa, inclusive no que diz respeito a questões administrativas.

Certo ( )   Errado ( )

10. (Cespe) Julgue o item a seguir como certo (C) ou errado (E):

A realização de trabalho noturno, perigoso ou insalubre por menor de dezoito anos de idade é permitida desde que o empregador pague a esse trabalhador adicional pecuniário.

GABARITO

01	A	06	B
02	A	07	A
03	D	08	CERTO
04	D	09	CERTO
05	E	10	ERRADO

3.3. Direitos de Nacionalidade

Os Arts. 12 e 13 da Constituição Federal estão localizados na Seção que faz referência aos chamados direitos de nacionalidade.

Esses direitos dizem respeito à condição, ao *status*, do indivíduo em relação ao Estado.

E em relação ao Estado, a pessoa pode assumir duas condições ou *status*:

> **Nacional**: quem possui a nacionalidade daquele Estado, possuindo um vínculo permanente com ele, sendo formalmente seu súdito. É o caso dos brasileiros, em relação ao Brasil; dos argentinos, em relação à Argentina, etc.

> **Estrangeiro**: quem possui outra nacionalidade que não a daquele país ou não possui nenhuma nacionalidade (nesse último caso, são os chamados apátridas), mas que deve submeter-se à lei do país em que estiver. O estrangeiro pode ser residente, quando morar no país, ou não residente, quando sua estadia for temporária, como é o caso dos turistas e viajantes a negócios.

A definição de quem é nacional e quem é estrangeiro, em relação a um determinado Estado, é importantíssima para definir o status legal da pessoa e a extensão de seus direitos e deveres em relação ao país, de acordo com o que estabelecer o ordenamento jurídico local.

A aquisição da nacionalidade pode ser dar por dois modos: modo originário e modo derivado.

Os que possuem a nacionalidade originária são chamados de cidadãos natos, que quer dizer "nascidos", já os que possuem a nacionalidade derivada são chamados de cidadãos naturalizados.

Assim, o nacional pode ser:

> **Nato**: quem já nasce com aquela nacionalidade ou é equiparado para todos os efeitos àqueles que nascem. Tem o que se chama de nacionalidade originária.

> **Naturalizado**: quem possuía outra nacionalidade originária, mas optou, em determinado momento e na forma da lei, por tornarem-se nacionais daquele país. Sua nacionalidade diz-se derivada.

Embora a maior parte das pessoas possua somente uma nacionalidade originária, nada impede que possua dupla nacionalidade. Nesse caso são chamados de polipátridas. Também existem casos de pessoas que não possuem nenhuma nacionalidade, são os chamados apátridas.

No Direito Constitucional Comparado existem dois critérios utilizados para se definir a nacionalidade originária de alguém, ou seja, para definir quem serão os cidadãos natos, critérios esses que podem ser utilizados de forma simples ou conjugada:

> **Critério territorial, também chamado de critério do *ius solis* (direito da terra)**: os países que adotam esse critério estabelecem que será cidadão daquele Estado quem nascer em seu território, independentemente do fato de seus progenitores serem ou não nacionais daquele país.

É um dos critérios adotados pela Constituição Brasileira, a qual afirma que, via de regra, os nascidos no Brasil são brasileiros, mesmo que de pais estrangeiros, exceto se eles estiverem a serviço de seu país de origem.

> **Critério sanguíneo, também chamado de critério do *ius sanguinis* (direito do sangue)**: os Estados que adotam esse critério consideram que será cidadão nato somente quem for descendente de nacionais, mesmo que nasçam em território daquele país.

O Brasil, como regra geral, adotou-se o critério do *ius solis*, havendo, porém, também aplicação do *ius sanguinis*, de forma relativa e em alguns casos, no que se refere aos filhos de brasileiros nascidos no exterior.

Vejamos o que o Art. 12 da Constituição Federal diz sobre o assunto:

Brasileiros Natos

Art. 12. São brasileiros:

I. Natos:

a) os nascidos na República Federativa do Brasil, ainda que de pais estrangeiros, desde que não estejam a serviço de seu país;

Exemplo de aplicação do *ius solis*, a alínea "a" do inciso II afirma que, como a regra geral, nascendo alguém no Brasil, será brasileiro, mesmo que seus pais sejam estrangeiros.

Existe somente uma exceção: se um de seus pais estiver aqui a serviço de seu país, como ocorre, por exemplo, com os filhos de embaixadores de outros países lotados aqui no Brasil e de militares estrangeiros que estejam em missão oficial aqui no Brasil (normalmente como adidos em embaixadas). No caso de um dos pais estar a serviço de seu país, seus filhos, mesmo nascidos aqui no Brasil não terão a nacionalidade brasileira.

A grande maioria dos brasileiros tem sua nacionalidade originária definida por esse dispositivo da constituição, ou seja, são brasileiros porque nascem no território brasileiro.

> *b) os nascidos no estrangeiro, de pai brasileiro ou mãe brasileira, desde que qualquer deles esteja a serviço da República Federativa do Brasil;*

Aqui, é o outro lado da moeda da exceção vista acima. Via de regra, se alguém nascer no exterior, será estrangeiro. Porém, tratando-se de filho de brasileiro que esteja no exterior a serviço do Brasil, a criança será considerada brasileira, como se aqui tivesse nascido.

Entende-se que, estando algum brasileiro servindo o Brasil no exterior, é justo que nossa nação acolha seus filhos e faça deles também brasileiros, mesmo que nascidos fora do território nacional.

Assim, por exemplo, o filho de um embaixador brasileiro em qualquer país do mundo será considerado brasileiro.

Aliás, isso vale para os filhos de todos os brasileiros que estejam no exterior a serviço de entidades da administração direta ou indireta, de qualquer das entidades da Federação, incluindo as empresas públicas e sociedades de economia mista.

Deve ser observado que nada impede que a criança também tenha a nacionalidade do país onde nasceu, se tal o permitiu a legislação local.

> *c) os nascidos no estrangeiro de pai brasileiro ou de mãe brasileira, desde que sejam registrados em repartição brasileira competente ou venham a residir na República Federativa do Brasil e optem, em qualquer tempo, depois de atingida a maioridade, pela nacionalidade brasileira;*

Esta é a única hipótese de brasileiro nato que não nasce já brasileiro.

Trata-se de filho de brasileiro, que, mesmo nascido no exterior, será considerado brasileiro nato em suas hipóteses:

> *a) se for registrado por seus pais em repartição brasileira competente (consulado ou embaixada); ou*
>
> *b) se vier a residir aqui no Brasil e optar, após os 18 anos, pela nacionalidade brasileira.*

Ocorrendo uma dessas duas situações, será ele considerado brasileiro nato, sem nenhuma distinção em relação aos demais, exatamente como se tivesse nascido em território nacional.

Brasileiros Naturalizados

> *Art. 12. São brasileiros:*
> *II. Naturalizados:*
>
> *a) os que, na forma da lei, adquirem a nacionalidade brasileira, exigidas aos originários de países de língua portuguesa apenas residência por um ano ininterrupto e idoneidade moral;*

Essa é uma norma de eficácia limitada, ou seja, precisa ser regulamentada por lei. Ela é que estabelecerá os critérios exigidos para a naturalização do estrangeiro, podendo exigir, por exemplo, que ele fale português, que tenha emprego, endereço fixo, que more no Brasil há algum tempo, que não tenha condenações criminais, etc.

No entanto, a Constituição Federal determina que, no caso dos estrangeiros oriundos de países lusófonos, que são aqueles onde se fala português, tais como Portugal, Angola, Guiné-Bissau e Moçambique, somente serão exigidas residência no Brasil por um ano ininterrupto e idoneidade moral.

> *b) os estrangeiros de qualquer nacionalidade, residentes na República Federativa do Brasil há mais de quinze anos ininterruptos e sem condenação penal, desde que requeiram a nacionalidade brasileira.*

De acordo com esse dispositivo, os estrangeiros que aqui vivam há mais de 15 anos ininterruptos e que não tenham condenação criminal poderão solicitar sua nacionalização, independentemente de preencher quaisquer outros requisitos.

Vê-se assim, que há duas formas de naturalização:

> *a) se o estrangeiro tiver menos de quinze anos de residência no Brasil, terá que se submeter às todas as exigências da lei para naturalizar-se;*
>
> *b) se tiver mais de quinze anos de residência aqui, bastará não ter condenação criminal e solicitar a naturalização;*

A Constituição atual, diferentemente das que a precederam, deixou claro que a naturalização depende de solicitação do interessado, não havendo mais a chamada naturalização automática. Assim, se o estrangeiro estiver no Brasil há mais de 15 anos e não tiver condenação criminal, mas não solicitar sua naturalização, continuará sendo estrangeiro.

Equiparação entre o Brasileiro e o Português Residente no Brasil

> *§ 1º. Aos portugueses com residência permanente no País, se houver reciprocidade em favor de brasileiros, serão atribuídos os direitos inerentes ao brasileiro, salvo os casos previstos nesta Constituição.*

Esse dispositivo equipara um estrangeiro específico – o português – ao brasileiro, desde que presentes os seguintes requisitos:

> *a) o português seja residente no País;*
>
> *b) haja reciprocidade nesse tratamento diferenciado em relação aos brasileiros residentes em Portugal, ou seja, para que seja válido, os brasileiros que moram em Portugal devem ter os mesmos direitos do português;*

c) haja respeito às diferenciações trazidas pela Constituição.

Embora o texto constitucional não diga, entende-se que o português estaria equiparado ao brasileiro naturalizado.

Proibição de Diferenciação entre Brasileiros Natos e Naturalizados

§ 2º. A lei não poderá estabelecer distinção entre brasileiros natos e naturalizados, salvo nos casos previstos nesta Constituição.

O único diploma que pode fazer diferenciações entre os brasileiros natos e naturalizados é a Constituição Federal.

E quando o faz, sempre as estipula em benefício do brasileiro nato. Ocorre, assim, por exemplo, quando determina que os brasileiros natos nunca serão extraditados e que os naturalizados em certos casos poderão sê-lo, ou ainda quando reserva determinados públicos somente aos brasileiros natos.

Já a Lei e o Poder Público, através de seus atos administrativos, não podem criar quaisquer distinções entre os brasileiros, independentemente da forma de aquisição de sua nacionalidade, se originária ou derivada.

Assim, seria inconstitucional uma lei que dissesse que determinado cargo (exceto aqueles ressalvados na Constituição) não pudesse ser ocupado por brasileiro naturalizado.

Cargos Exclusivos de Brasileiros Natos

§ 3º. São privativos de brasileiro nato os cargos:
I. De Presidente e Vice-Presidente da República;
II. De Presidente da Câmara dos Deputados;
III. De Presidente do Senado Federal;
IV. De Ministro do Supremo Tribunal Federal;
V. Da carreira diplomática;
VI. De oficial das Forças Armadas.
VII. De Ministro de Estado da Defesa.

Determinados cargos públicos são considerados vitais para a segurança e desenvolvimento do País.

Por outro lado, deve-se sempre ter em mente que, o brasileiro naturalizado, apesar de possuir a nacionalidade pátria, ainda continua ligado por laços familiares, emocionais e outros, ao seu país de origem.

Assim, o constituinte entendeu que aqueles cargos mais importantes para a condução dos destinos da nação ou para a conservação de sua segurança deveriam ser ocupados somente por brasileiros natos, até para evitar também que outros países eventualmente "plantem" cidadãos seus como brasileiros naturalizados e possam vir a prejudicar os interesses nacionais.

Perda da Nacionalidade Brasileira

§ 4º. Será declarada a perda da nacionalidade do brasileiro que:

I. Tiver cancelada sua naturalização, por sentença judicial, em virtude de atividade nociva ao interesse nacional;

II. Adquirir outra nacionalidade, salvo no casos:

a) de reconhecimento de nacionalidade originária pela lei estrangeira;

b) de imposição de naturalização, pela norma estrangeira, ao brasileiro residente em estado estrangeiro, como condição para permanência em seu território ou para o exercício de direitos civis;

Existem duas hipóteses de perda da nacionalidade brasileira.

A primeira hipótese trata especificamente do brasileiro naturalizado, que poderá ter sua naturalização cancelada por praticar atividade nociva ao interesse nacional. Nesse caso, porém, a perda somente poderá ocorrer por decisão judicial que tenha transitado em julgado, ou seja, da qual não caiba mais recurso.

A segunda hipótese aplica-se tanto aos brasileiros natos como naturalizados: adquirindo o brasileiro outra nacionalidade, deixará ele de ser brasileiro, exceto em duas situações:

→ De reconhecimento de nacionalidade originária pela lei estrangeira: quer dizer que o país em relação ao qual o brasileiro está se nacionalizando o considerará como um cidadão nato e não naturalizado.

Ex.: *Descendentes de italianos que adquirem a cidadania daquele país não deixam de ser brasileiros porque a legislação italiana os considera italiano natos.*

→ De imposição de naturalização, pela norma estrangeira, ao brasileiro residente em estado estrangeiro, como condição para permanência em seu território ou para o exercício de direitos civis: nesse caso, o brasileiro não tem opção, ou seja, a naturalização não foi totalmente voluntária. Assim, para não o prejudicar, a Constituição Federal admite que ele acumule as duas nacionalidades.

Idioma Oficial e Símbolos da República Federativa do Brasil

Art. 13. A língua portuguesa é o idioma oficial da República Federativa do Brasil.

§ 1º. *São símbolos da República Federativa do Brasil a bandeira, o hino, as armas e o selo nacionais.*

§ 2º. *Os Estados, o Distrito Federal e os Municípios poderão ter símbolos próprios.*

Dizer que a língua portuguesa é o idioma oficial não proíbe, obviamente, de que se falem outras línguas em nosso país.

O que se está a dizer é que esta língua deverá ser ensinada em todas as escolas e que todas as leis e documentos oficiais devem estar em português.

Embora o idioma nem sempre seja fundamental para a formação de uma identidade nacional, haja vista a existência de vários países que possuem várias línguas oficiais, no caso brasileiro a língua portuguesa teve papel importante na construção de nossa nação, sendo, durante todo o período colonial e até o início de nossa República um dos poucos elementos em comum compartilhados entre os diversos habitantes de nossa extensa pátria e que com certeza ajudou a contribuir para evitar o esfacelamento da antiga colônia de Portugal em diversos países distintos.

Provavelmente por isso a Constituição resolveu formalizar o português como nosso idioma nacional.

Seguem abaixo a representação das armas e do selo nacionais:

Armas Nacionais

Selo Nacional

Por fim, o § 2º do Art. 13 da Constituição permite que os Estados e Municípios tenham suas próprias bandeiras, hinos, armas e selos.

EXERCÍCIO COMENTADO

01. (Esaf) Marque a opção correta, nos termos da Constituição Federal de 1988.
   a) São brasileiros natos os nascidos no estrangeiro de pai brasileiro ou de mãe brasileira, desde que sejam registrados em repartição brasileira competente ou venham a residir no Brasil e optem, em qualquer tempo, depois de adquirirem a maioridade, pela nacionalidade brasileira.
   b) Os direitos políticos serão cassados no caso de recusa a cumprir obrigação a todos imposta.
   c) É assegurado assistência gratuita aos filhos e dependentes desde o nascimento até 7 (sete) anos de idade em creches e pré-escolas.
   d) O Brasil se submete à jurisdição de Tribunal Constitucional Internacional a cuja criação tenha manifestado adesão.
   e) Nenhum brasileiro será extraditado, salvo o naturalizado, em caso de crime hediondo, praticado antes da naturalização.

RESPOSTA: A

Alternativa A. Está de acordo com o Art. 12, I, "c", da Constituição Federal.

Alternativa B. De acordo com o Art. 15 da Constituição Federal, os direitos políticos nunca serão cassados.

Alternativa C. A assistência gratuita aos filhos e dependentes é garantida até os 5 (cinco) anos.

Alternativa D. De acordo com o Art. 5º, § 4º, da Constituição, o Brasil se submete à jurisdição de Tribunal Penal – e não Constitucional – Internacional a cuja criação tenha manifestado adesão.

Alternativa E. O brasileiro naturalizado somente será extraditado pela prática de crime hediondo se o cometer antes da naturalização.

VAMOS PRATICAR

Os Exercícios a seguir são referentes ao conteúdo: Direitos de Nacionalidade.

01. (Esaf) Quanto à atribuição de nacionalidade, marque a opção incorreta.
   a) São brasileiros naturalizados os estrangeiros de qualquer nacionalidade, residente na República Federativa do Brasil há mais de quinze anos ininterruptos e sem condenação penal, desde que requeiram a nacionalidade brasileira.

b) São brasileiros natos os nascidos na República Federativa do Brasil, ainda que de pais estrangeiros, desde que estes não estejam a serviço de seu país.

c) São brasileiros natos os nascidos no estrangeiro de pai brasileiro ou mãe brasileira, desde que sejam registrados em repartição brasileira competente.

d) São brasileiros natos os nascidos no estrangeiro, de pai brasileiro e mãe brasileira, desde que qualquer deles esteja a serviço da República Federativa do Brasil.

e) São brasileiros naturalizados os que, na forma da lei, adquiram a nacionalidade brasileira, exigidas aos originários de países de língua portuguesa apenas residência por um ano ininterrupto e idoneidade moral.

02. (Esaf) Assinale a única opção correta:

a) O cargo de Ministro da Fazenda é privativo de brasileiro nato.

b) O cargo de Ministro do Tribunal Superior do Trabalho é privativo de brasileiro nato.

c) O brasileiro nato poderá ser extraditado no caso de comprovado envolvimento em tráfico ilícito de entorpecentes e drogas afins.

d) São brasileiros natos os nascidos no estrangeiro, de pai brasileiro ou mãe brasileira, desde que qualquer deles esteja a serviço da República Federativa do Brasil.

e) No sistema jurídico-constitucional pátrio, é cabível a aquisição da nacionalidade brasileira como efeito direto e imediato resultante do casamento civil.

03. (Esaf) Acerca da configuração fundamental da cidadania brasileira na Constituição da República Federativa do Brasil de 1988, é incorreto afirmar que:

a) são brasileiros natos os nascidos no estrangeiro de pai ou mãe brasileiro (nato ou naturalizado) que ali se encontrasse a serviço oficial da República Federativa do Brasil.

b) podem ser brasileiros naturalizados os estrangeiros que, provenientes de países que tenham o português como língua nativa, residam no país há mais de um ano e não tenham pendente contra si qualquer desabono grave jurídico ou moral.

c) é privativo de brasileiro nato o posto de Ministro do Supremo Tribunal Federal.

d) o brasileiro nato não pode perder a cidadania brasileira.

e) aos portugueses com residência permanente no país são assegurados os mesmos direitos constitucionalmente assegurados aos brasileiros naturalizados, desde que haja, em Portugal, reciprocidade em favor dos brasileiros ali residentes permanentemente.

04. (FCC) Estado estrangeiro requer, à República brasileira, a extradição de indivíduo ao qual aquele reconhece a condição de nacionalidade originária por lei, pelo comprovado envolvimento em tráfico ilícito de entorpecentes. Ocorre que o indivíduo em questão nasceu em território brasileiro, em ocasião em que seus pais, nacionais do Estado requerente, aqui estavam em viagem de turismo, tendo residido desde a adolescência no Brasil. Nesta hipótese, considerada a disciplina da matéria na Constituição da República, a extradição:

a) poderá ser concedida, desde que o indivíduo tenha cancelada sua naturalização brasileira, por sentença judicial.

b) não será concedida em hipótese alguma, por ser o indivíduo brasileiro nato.

c) somente seria vedada na hipótese de ser requerida pelo cometimento de crime político ou de opinião, por ser o indivíduo estrangeiro.

d) poderá ser concedida, desde que o crime haja sido praticado antes da naturalização.

e) somente seria concedida se atendidas as condições impostas pelo ordenamento brasileiro, relativamente ao regular desenvolvimento do processo e à execução de eventual pena no Estado estrangeiro.

05. (FCC) Um francês, nascido em 1987 e residente no Brasil desde os seus 12 anos de idade, quando a mãe foi enviada para o país, a serviço da República francesa, requer a nacionalidade brasileira, pois pretende concorrer a mandato eletivo para uma vaga em órgão legislativo, nas eleições gerais de 2018. Nessa hipótese, consideradas as normas constitucionais atualmente vigentes na matéria, o interessado:

a) não poderá jamais obter a naturalização pretendida, na hipótese de sua nacionalidade francesa ser reconhecida como originária pela lei daquele país, caso em que não poderá concorrer a mandato eletivo algum no pleito de 2018.

b) não obterá a naturalização, neste momento, por não preencher o requisito de tempo mínimo de residência ininterrupta no país para esse fim, embora possa reapresentar o pedido em 2017, de modo a habilitar-se a concorrer aos mandatos de Deputado Estadual ou Deputado Federal em 2018.

c) será considerado brasileiro naturalizado e estará habilitado, em tese, a concorrer aos mandatos de Deputado Estadual, Deputado Federal ou Senador, embora jamais possa vir a ser Presidente da Câmara dos Deputados ou do Senado Federal.

d) será considerado brasileiro nato, se houver nascido no Brasil, caso em que estará habilitado, em tese, a concorrer aos mandatos de Deputado Estadual ou Deputado Federal, podendo, inclusive, vir a ser Presidente da Câmara dos Deputados.

e) será considerado brasileiro naturalizado, desde que não tenha sofrido nenhuma condenação penal, e estará habilitado, em tese, a concorrer aos mandatos de Deputado Estadual ou Deputado Federal, embora jamais possa vir a ser Presidente da Câmara dos Deputados.

06. (FCC) Em relação à aquisição secundária da nacionalidade brasileira, é correto afirmar:

a) a) A naturalização é garantida aos portugueses com residência permanente no país, desde que haja reciprocidade de tratamento em favor dos brasileiros em Portugal.

b) b) A naturalização dos estrangeiros oriundos de países de língua portuguesa tem como requisito apenas a residência no Brasil por um ano ininterrupto e a idoneidade moral.

c) c) Segundo a Constituição, a naturalização ordinária de nacionais de países não lusófonos deve ter seus requisitos definidos em lei, cujo preenchimento pelo solicitante gera direito subjetivo público à nacionalidade brasileira.

d) d) A naturalização extraordinária, que beneficia qualquer estrangeiro que resida no Brasil há mais de quinze anos ininterruptos e sem condenação penal, depende de requerimento, cuja resposta, em caso positivo, tem efeitos constitutivos.

e) O brasileiro naturalizado poderá ter cancelada sua naturalização em processo administrativo em que lhe seja garantida a ampla defesa ou por sentença judicial, no caso de estar envolvido em atividade nociva ao interesse nacional.

07. (Cesgranrio) Maria é brasileira, funcionária da Petróleo Brasileiro S.A. - Petrobras, e casada com João, também brasileiro. Foi enviada grávida à Itália, juntamente com sua equipe de trabalho, para tratar de assuntos profissionais do interesse da Petrobras. Ao chegar a Roma, Maria teve complicações na gravidez e deu à luz prematuramente a seu filho Mário, que sobreviveu. De acordo com as disposições constitucionais relativas a direitos da nacionalidade, esse filho de João e Maria será:

a) apátrida.

b) estrangeiro.

c) brasileiro nato.

d) brasileiro naturalizado.

e) italiano, podendo optar pela nacionalidade brasileira após a maioridade.

08. (Cesgranrio) A Constituição Federal reconhece a condição de brasileiro naturalizado aos originários de países de língua portuguesa que, na forma da lei, adquiram a nacionalidade brasileira, exigindo, nesse caso, apenas:

a) residência por um ano ininterrupto e idoneidade moral.

b) residência há mais de quinze anos ininterruptos e ausência de condenação penal.

c) residência permanente no País e reciprocidade de tratamento em favor de brasileiros no país de origem.

d) residência na República Federativa do Brasil e opção expressa, depois de atingida a maioridade, pela nacionalidade brasileira.

e) prestação de serviço à República Federativa do Brasil e maioridade legal.

09. (Cespe) Quanto ao conceito de Constituição e aos direitos individuais e de nacionalidade, julgue o seguinte item:

São brasileiros natos os nascidos no estrangeiro, de pai brasileiro ou mãe brasileira que esteja no exterior a serviço do Brasil ou de organização internacional.

Certo (   )   Errado (   )

10. (Cespe) À luz das normas constitucionais e da jurisprudência do STF, julgue o seguintes item.

Cidadão português que legalmente adquira a nacionalidade brasileira não poderá exercer cargo da carreira diplomática, mas não estará impedido de exercer o cargo de ministro de Estado das Relações Exteriores.

Certo ( )   Errado ( )

GABARITO

01	D	06	B
02	D	07	C
03	D	08	A
04	B	09	ERRADO
05	C	10	CERTO

VAMOS PRATICAR

3.4. Direitos Políticos e Partidos Políticos

Direitos Políticos

A Constituição Federal trata dos direitos políticos em seus Arts. 14 a 16.

Art. 14. A soberania popular será exercida pelo sufrágio universal e pelo voto direto e secreto, com valor igual para todos, e, nos termos da lei, mediante:

I. plebiscito;

II. referendo;

III. iniciativa popular.

O Art. 1º, parágrafo único, da Constituição Federal, estabelece que todo o poder emana do povo, que o exerce por meio de representantes eleitos ou diretamente, nos termos desta Constituição.

Assim, a regra geral é que o poder será exercido por pessoas escolhidas pelo povo.

A forma de eleição desses representantes será a do voto direto e secreto, de caráter universal (todos os capazes poderão votar).

Além disso, em situações específicas, a Constituição Federal estabelece que a lei deverá permitir a participação direta da população nas decisões políticas, através de três institutos: plebiscito, referendo e iniciativa popular.

Plebiscito

O plebiscito consiste numa consulta feita à população sobre determinado assunto ainda foi votado pelo Legislativo.

É sempre prévio, ou seja, é realizada antes da aprovação da lei pelo Legislativo.

O plebiscito pode:

> apresentar várias opções de respostas, como ocorreu, por exemplo, no plebiscito de 1993, sobre o regime de governo no Brasil, em que o povo tinha três opções de escolha: república presidencialista, república parlamentarista ou monarquia parlamentarista; ou

> ser apresentado na forma de quesito (resposta sim ou não).

Referendo

O referendo consiste numa consulta à população para ratificação ou não de lei já aprovada pelo Poder Legislativo. É feito posteriormente à aprovação da lei, mas antes de sua vigência, e podem ter objeto todo o diploma legal ou apenas parte dele.

No referendo, a consulta será feita na forma de quesito (somente admitem-se as respostas "sim" ou "não").

Exemplo de referendo foi aquele que decidiu sobre a não proibição de venda de armas no Brasil (Estatuto do Desarmamento).

Competência para Convocação do Plebiscito e do Referendo

De acordo com o Art. 48, XV, da Constituição Federal, compete exclusivamente ao Congresso Nacional autorizar o referendo e convocar plebiscito.

Iniciativa Popular de Projeto de Lei

A iniciativa popular é uma forma de apresentação de proposta de lei (ordinária ou complementar) feita diretamente pela população. Para que o projeto de lei de iniciativa popular seja aceito, deve:

> ser subscrito por, no mínimo, 1% (um por cento) do eleitorado nacional;

> tais subscritores devem estar distribuídos por no mínimo 5 (cinco) Estados;

> em cada um desses Estados, devem ser colhidas as assinaturas de pelo menos 0,3% (três décimos por cento) dos eleitores locais.

Alistamento Eleitoral e Dever de Votar

§ 1º. O alistamento eleitoral e o voto são:

I. obrigatórios para os maiores de dezoito anos;

II. facultativos para:

a) os analfabetos;

b) os maiores de setenta anos;

c) os maiores de dezesseis e menores de dezoito anos.

(...)

§ 2º. Não podem alistar-se como eleitores os estrangeiros e, durante o período do serviço militar obrigatório, os conscritos.

No Brasil, os estrangeiros não podem votar.

Os brasileiros naturalizados podem votar e ser votados, somente não podendo ser candidatos a Presidente da República e Vice-Presidente da República.

Aqueles que estão prestando o serviço militar obrigatório (conscritos) também não poderão votar.

A Constituição Federal estabeleceu dois tipos de eleitores:

a) Eleitores obrigatórios: devem alistar-se eleitoralmente (tirar o título) e votar em todas as eleições. Em regra, são todos os brasileiros com mais de 18 anos.

Deve-se observar que o Código Eleitoral permite que, em vez de votar, o eleitor justifique ou pague multa, podendo fazê-lo sem número de limite de vezes.

b) Eleitores facultativos: não precisam alistar-se eleitoralmente (tirar o título) e, mesmo que o façam, não são obrigados a votar em todas as eleições. São: os analfabetos, quem tem mais de 70 anos e quem tem entre 16 e 18 anos.

No caso do analfabeto, para que seja considerado como tal seu analfabetismo deve ser completo, não sendo considerado eleitor facultativo o chamado "analfabeto funcional", que é aquela pessoa que sabe ler, embora tenha dificuldades para interpretar um texto lido.

FIQUE LIGADO

O voto direto, secreto, universal e periódico é uma das cláusulas pétreas da Constituição, previstas em seu Art. 60, § 4º, sendo proibida a tramitação de proposta de emenda constitucional tendente a aboli-lo.

Requisitos para Ser Candidato

O § 3º do Art. 14 traz os requisitos para que alguém seja candidato a algum cargo público:

§ 3º São condições de elegibilidade, na forma da lei:

I. a nacionalidade brasileira;

II. o pleno exercício dos direitos políticos;

III. o alistamento eleitoral;

IV. o domicílio eleitoral na circunscrição;

V. a filiação partidária;

VI. a idade mínima de:

a) trinta e cinco anos para Presidente e Vice-Presidente da República e Senador;

b) trinta anos para Governador e Vice-Governador de Estado e do Distrito Federal;

c) vinte e um anos para Deputado Federal, Deputado Estadual ou Distrital, Prefeito, Vice-Prefeito e juiz de paz;

d) dezoito anos para Vereador.

Vejamos cada um desses requisitos:

I - a nacionalidade brasileira:

Estrangeiro não pode votar nem ser votado. Brasileiro naturalizado pode votar e ser votado, somente não podendo concorrer aos cargos de Presidente e Vice-Presidente da República e, se eleito senador ou deputado federal, não pode concorrer aos cargos de Presidente da Câmara dos Deputados ou do Senado Federal.

II - o pleno exercício dos direitos políticos:

Aquele que perder seus direitos políticos (ex.: alguém que sofra de incapacidade civil absoluta) ou estiver com eles suspensos (condenado por crime, por exemplo), não poderá ser candidato.

Além disso, o candidato deverá ter votado, ou justificado, ou pago a multa, em todas as eleições anteriores.

III - o alistamento eleitoral:

Para ser candidato, é necessário estar alistado na Justiça Eleitoral, ou seja, deve-se possuir título de eleitor.

IV - o domicílio eleitoral na circunscrição:

Domicílio eleitoral é o município onde o eleitor vota.

O candidato deve estar domiciliado eleitoralmente no local cujo cargo pleiteia. Assim, candidato a vereador de Manaus deve estar alistado em Manaus, candidato a governador de São Paulo deve estar alistado em Município deste Estado, e assim por diante.

V - a filiação partidária:

No Brasil, todo candidato deve estar vinculado a um partido político. Não existe, assim, aqui, a possibilidade dos chamados "candidatos independentes", ou seja, sem filiação partidária.

A legislação eleitoral exige que os candidatos devem estar filiados ao partido pelo qual vão concorrer à eleição um ano antes do pleito.

VI - a idade mínima de:

a) trinta e cinco anos para Presidente e Vice-Presidente da República e Senador;

b) trinta anos para Governador e Vice-Governador de Estado e do Distrito Federal;

c) vinte e um anos para Deputado Federal, Deputado Estadual ou Distrital, Prefeito, Vice-Prefeito e juiz de paz;

d) dezoito anos para Vereador.

De acordo com a Lei das Eleições, o requisito da idade precisa estar preenchido no momento da posse, e não necessariamente no momento do registro da candidatura ou da eleição.

Condições de Elegibilidade

Os § 4º e 9º do Art. 14 da Constituição trazem algumas condições adicionais para que alguém seja candidato, trazendo hipóteses de inelegibilidade (casos em que a pessoa não poderá ser candidato):

A inelegibilidade pode ser absoluta (impedindo a pessoa de candidatar-se a qualquer cargo público) ou relativa (impedindo a candidatura para um ou alguns cargos).

§ 4º. São inelegíveis os inalistáveis e os analfabetos.

O § 4º traz hipóteses de inexigibilidade absoluta.

Inalistável é aquele que não pode ser eleitor. Assim, quem não pode votar não pode também ser votado.

Os analfabetos podem votar, mas não podem ser candidatos. Aqui também, para que seja inelegível, deve o cidadão ser analfabeto completo.

> § 5º. O Presidente da República, os Governadores de Estado e do Distrito Federal, os Prefeitos e quem os houver sucedido, ou substituído no curso dos mandatos poderão ser reeleitos para um único período subsequente.

A Constituição Federal permite que o ocupante de um cargo eletivo do Executivo concorra apenas uma vez à reeleição.

Se reeleito, somente poderá ser candidato a outro cargo eletivo, não ao mesmo. Mas poderá concorrer de novo ao cargo desde que aguarde o período de um mandato.

Tal restrição se aplica não somente ao ocupante efetivo do cargo, mas também àqueles que o houverem sucedido, em qualquer momento do mandato.

Suceder é assumir o lugar do titular definitivamente. Substituir é assumir o lugar do titular apenas temporariamente.

Assim, por exemplo, se vagar o cargo de Presidente e o Vice-Presidente assumir o seu lugar (em 2015, por exemplo), este poderá disputar a próxima eleição para Presidente (em 2018), mas não poderá concorrer à reeleição para Presidente na eleição seguinte (em 2022), uma vez que exerceu o cargo de Presidente como titular no mandato anterior.

> § 6º. Para concorrerem a outros cargos, o Presidente da República, os Governadores de Estado e do Distrito Federal e os Prefeitos devem renunciar aos respectivos mandatos até seis meses antes do pleito.

Além de não poderem se reeleger para o mesmo cargo mais de uma vez, os ocupantes de cargos eletivos do Executivo, se quiserem concorrer a outros cargos (como senadores, deputados, vereadores), precisam se desincompatibilizar do cargo que ocupam em até seis meses antes da data da eleição.

Essa restrição não se aplica ao Vice-Presidente, aos Vice-Governadores nem aos Vice-Prefeitos, desde que não tenham sucedido ou substituído o titular nos seis meses anteriores à eleição (Lei Complementar nº 64/90).

> § 7º. São inelegíveis, no território de jurisdição do titular, o cônjuge e os parentes consanguíneos ou afins, até o segundo grau ou por adoção, do Presidente da República, de Governador de Estado ou Território, do Distrito Federal, de Prefeito ou de quem os haja substituído dentro dos seis meses anteriores ao pleito, salvo se já titular de mandato eletivo e candidato à reeleição.

Essa disposição visa impedir que os ocupantes de cargos se utilizem de sua influência para eleger seus cônjuges ou parentes até o segundo grau, consanguíneos ou afins (pais, filhos, avós, netos, irmãos, sogros, genros e cunhados).

Veja-se que a restrição se aplica somente ao território de jurisdição do titular. Assim, por exemplo, o filho do Governador do Estado de Minas Gerais não pode concorrer à prefeitura de Belo Horizonte, mas pode ser candidato a Presidente da República.

O texto abre somente uma exceção: se o parente ou cônjuge já for titular de mandato eletivo, ele pode concorrer à reeleição.

De acordo com o STF, a inelegibilidade não é afastada pela dissolução da sociedade ou do vínculo conjugal, no curso do mandato. Ou seja, mesmo que o cônjuge se separe do titular do cargo durante o mandato, continuará inelegível.

> § 8º. O militar alistável é elegível, atendidas as seguintes condições:
> I. se contar menos de dez anos de serviço, deverá afastar-se da atividade;
> II. se contar mais de dez anos de serviço, será agregado pela autoridade superior e, se eleito, passará automaticamente, no ato da diplomação, para a inatividade.

Se o militar puder votar também poderá ser candidato, exigindo, porém, a CF, que os que tiverem menos de 10 anos de atividade, deverão afastar-se da atividade (deverão pedir baixa). Já os que tiverem mais de 10 anos somente passarão para a inatividade se forem eleitos.

De qualquer forma, em qualquer hipótese a Constituição Federal veda que um militar da ativa venha a assumir um cargo eletivo.

> § 9º. Lei complementar estabelecerá outros casos de inelegibilidade e os prazos de sua cessação, a fim de proteger a probidade administrativa, a moralidade para exercício de mandato considerada vida pregressa do candidato, e a normalidade e legitimidade das eleições contra a influência do poder econômico ou o abuso do exercício de função, cargo ou emprego na administração direta ou indireta.

Atualmente, a Lei Complementar que cumpre tal papel é a LC, 64/90, conhecida como "Lei das Inelegibilidades".

> § 10. O mandato eletivo poderá ser impugnado ante a Justiça Eleitoral no prazo de quinze dias contados da diplomação, instruída a ação com provas de abuso do poder econômico, corrupção ou fraude.

Diplomação é o ato formal pelo qual a Justiça Eleitoral reconhece os candidatos eleitos e seus suplentes, entregando-lhes um certificado (diploma).

> § 11. A ação de impugnação de mandato tramitará em segredo de justiça, respondendo o autor, na forma da lei, se temerária ou de manifesta má-fé.

Partidos Políticos

Dispõe o Art. 17 da Constituição Federal:

Art. 17. É livre a criação, fusão, incorporação e extinção de partidos políticos, resguardados a soberania nacional, o regime democrático, o pluripartidarismo, os direitos fundamentais da pessoa humana e observados os seguintes preceitos:

I. caráter nacional;

II. proibição de recebimento de recursos financeiros de entidade ou governo estrangeiros ou de subordinação a estes;

III. prestação de contas à Justiça Eleitoral;

IV. funcionamento parlamentar de acordo com a lei.

Todo partido político possui dois documentos básicos:

a) programa, que expõe as ideias defendidas pelo partido político, a sua visão de mundo, os ideais pelos quais ele milita.

b) estatuto, que é o documento que define as regras para funcionamento interno do partido (requisitos para ser filiado, obrigações e direitos dos filiados, forma de escolha dos candidatos, etc.).

Em princípio, qualquer grupo pode criar um partido político, obedecendo os passos previstos em lei. No entanto, a Constituição estabelece alguns requisitos para que o partido possa ser registrado no Tribunal Superior Eleitoral – TSE.

Assim, o programa de todo partido deve respeitar:

> A soberania nacional;
> O regime democrático;
> O pluripartidarismo;
> Os direitos fundamentais da pessoa humana.

Além disso, em sua organização, o partido político deve respeitar os seguintes preceitos:

Caráter nacional: no Brasil, não existe a possibilidade de criação de partidos estaduais ou municipais, embora os partidos possam ter diretórios regionais (estaduais ou municipais).

Proibição de recebimento de recursos financeiros de entidade ou governo estrangeiros ou de subordinação a estes: essa disposição visa evitar prejuízos à soberania nacional.

Prestação de contas à Justiça Eleitoral: essa prestação de contas é importante para que se verifiquem a origem e aplicação dos recursos recebidos por cada partido;

Funcionamento parlamentar de acordo com a lei: em sua atuação no Poder Legislativo, o partido deve respeitar a Constituição Federal e as leis.

Atualmente, a lei que rege o funcionamento dos partidos políticos no Brasil é a Lei nº 9.096/95 (Lei dos Partidos Políticos).

Autonomia Partidária

Dispõe o § 1º do Art. 14 da Constituição:

§ 1º É assegurada aos partidos políticos autonomia para definir sua estrutura interna, organização e funcionamento e para adotar os critérios de escolha e o regime de suas coligações eleitorais, sem obrigatoriedade de vinculação entre as candidaturas em âmbito nacional, estadual, distrital ou municipal, devendo seus estatutos estabelecer normas de disciplina e fidelidade partidária.

Os partidos são livres para se auto organizar e definir a forma de escolha de seus candidatos e coligações, em cada eleição. No entanto, seus estatutos devem prever normas que garantam a disciplina e fidelidade partidária.

Registro no Tribunal Superior Eleitoral - TSE

§ 2º. Os partidos políticos, após adquirirem personalidade jurídica, na forma da lei civil, registrarão seus estatutos no Tribunal Superior Eleitoral.

Após o partido ser registrado no cartório competente e coletar o número de assinaturas exigido pela Lei dos Partidos Políticos, ele deve ser registrado junto ao TSE. Somente a partir do registro no TSE é que o partido adquire o direito de lançar candidatos, de obter horários gratuitos no rádio e TV e de receber recursos do fundo partidário.

Acesso aos Recursos do Fundo Partidário e ao Horário Gratuito no Rádio e Televisão

§ 3º. Os partidos políticos têm direito a recursos do fundo partidário e acesso gratuito ao rádio e à televisão, na forma da lei.

Como dito, somente adquire esses direitos após o registro no TSE.

O Fundo Partidário é a única fonte de recursos públicos das quais os partidos podem receber dinheiro. No entanto, permite-se também doações privadas ao mesmo.

Proibição de Associação com Organizações Paramilitares

§ 4º. É vedada a utilização pelos partidos políticos de organização paramilitar.

O desrespeito a tal proibição pode levar à cassação do registro do partido no TSE.

EXERCÍCIO COMENTADO

01. (Esaf) Assinale a opção incorreta.
   a) Estão previstas entre as condições de elegibilidade a nacionalidade brasileira, o alistamento eleitoral e pleno exercício dos direitos políticos.
   b) Para o exercício do direito de propor ação popular, é necessário o alistamento eleitoral.
   c) Apesar de terem o direito de votar, os maiores de dezesseis anos e menores de dezoito anos e os analfabetos não são elegíveis.
   d) Em algumas situações, para ratificar ou rejeitar ato legislativo, a população é convocada para votar em plebiscito.
   e) A incapacidade civil absoluta gera suspensão dos direitos políticos.

   RESPOSTA: D. *O plebiscito não é utilizado para ratificar ou rejeitar ato legislativo, pois isso é feito por meio de referendo.*
   As demais alternativas estão todas corretas, pois estão de acordo com o texto constitucional.

VAMOS PRATICAR

Os Exercícios a seguir são referentes ao conteúdo: Direitos Políticos e Partidos Políticos.

01. (Esaf) Sobre os direitos políticos previstos na Constituição, é correto afirmar:
   a) que a soberania popular será exercida, independentemente de qualquer disposição legislativa infraconstitucional, mediante plebiscito ou referendo.
   b) que o alistamento eleitoral e o voto são facultativos para os analfabetos funcionais.
   c) que, nos termos da lei, é condição de elegibilidade, dentre outras, a nacionalidade brasileira nata.
   d) que o militar alistável é elegível, atendida, dentre outras, a condição de que, se contar com menos de dez anos de serviço, deverá afastar-se da atividade.
   e) é vedada a cassação de direitos políticos, cuja perda ou suspensão só se dará havendo condenação criminal transitada em julgado, enquanto durarem os seus efeitos.

02. (Esaf) A partir da promulgação da Constituição de 1988, o cidadão brasileiro conta com uma multiplicidade de formas de participação política sem precedentes na história do País. A seguir são relacionadas algumas formas de participação popular na esfera pública.

Aponte o único enunciado falso.
   a) Possibilidade de qualquer cidadão propor individualmente Ação Direta de Inconstitucionalidade junto ao Supremo Tribunal Federal.
   b) Participação em plebiscitos e referendos.
   c) Iniciativa popular na propositura de projetos de lei.
   d) Participação nas deliberações sobre políticas públicas por meio de organizações representativas em colegiados.
   e) Eleição direta para os integrantes de todas as casas legislativas e para o chefe do executivo em todos os níveis de governo.

03. (Esaf) Sobre os direitos políticos e da nacionalidade, na Constituição de 1988, marque a única opção correta.
   a) Cumpridas as demais condições de elegibilidade, previstas na Constituição Federal, todos os que tiverem feito alistamento eleitoral são elegíveis.
   b) O alistamento eleitoral facultativo não implica obrigatoriedade do voto.
   c) Os nascidos no Brasil, ainda que de pais estrangeiros, serão sempre brasileiros natos, porque o Brasil adota, para fins de reconhecimento de nacionalidade nata, o critério do *jus solis*.
   d) Nos termos da Constituição Federal, o cargo de Ministro de Estado da Justiça é privativo de brasileiro nato.
   e) A condenação criminal, transitada em julgado, de brasileiro naturalizado implica a perda definitiva dos seus direitos políticos.

04. (FCC) Considere as seguintes situações:

I. Prefeito em exercício de segundo mandato consecutivo pretende candidatar-se a Deputado Estadual, renunciando ao respectivo mandato apenas 6 meses antes do pleito.

II. Deputado Estadual em exercício pretende candidatar-se a Prefeito do Município em que possui domicílio eleitoral, sem renunciar ao respectivo mandato.

III. Ex-marido de Prefeita, desta divorciado durante o mandato que ela ainda exerce, pretende candidatar-se, pela primeira vez, a Vereador do Município, no pleito imediatamente subsequente ao término do mandato.

IV. Membro de Polícia Militar que conta com 5 anos de serviço pretende filiar-se a partido político e candidatar-se a mandato eletivo na esfera estadual, sem se afastar da atividade.

São compatíveis com as normas constitucionais referentes às condições de elegibilidade e inelegibilidades APENAS as situações descritas em

a) III e IV.
b) I e II.
c) I e III.
d) II e III.
e) II e IV.

05. (FCC) A inelegibilidade em razão do parentesco, nos termos da Constituição Federal e em conformidade com o entendimento do Supremo Tribunal Federal sobre a matéria,

a) não é afastada pela dissolução da sociedade ou do vínculo conjugal, no curso do mandato.
b) impede, em qualquer hipótese, que o cônjuge do Presidente da República seja candidato a cargos eletivos no território de jurisdição do titular.
c) alcança, no território de jurisdição do titular, o cônjuge e os parentes consanguíneos, até o segundo grau ou por adoção, excetuados os afins, do Presidente da República.
d) é absoluta, somente podendo ser fixada taxativamente pela Constituição Federal.
e) alcança, no território de jurisdição do titular, o cônjuge e os parentes consanguíneos ou afins, até o terceiro grau ou por adoção, do Presidente da República.

06. (FCC) Governador de Estado em exercício de segundo mandato não consecutivo pretende candidatar-se à reeleição e o filho que sua atual esposa adotara antes de se casarem, no início do mandato em curso, pretende candidatar-se a Deputado Estadual, pela primeira vez, no mesmo pleito, no mesmo Estado da federação. Nessa situação, consideradas as causas de inelegibilidade previstas na Constituição da República e supondo que as demais condições de elegibilidade estariam preenchidas por ambos,

a) nem o Governador do Estado, nem o filho adotado por sua esposa poderão candidatar-se, por serem ambos atingidos por causas de inelegibilidade.
b) o Governador do Estado não poderia candidatar-se em hipótese alguma e o filho adotado por sua esposa somente poderia candidatar-se se já estivesse no exercício de mandato de Deputado Estadual.
c) o Governador poderá candidatar-se, mas não o filho adotado por sua esposa, que é atingido por causa de inelegibilidade reflexa prevista na Constituição.
d) o filho adotado pela esposa poderá candidatar-se, mas não o Governador, que é atingido por causa de inelegibilidade direta.
e) tanto o Governador quanto o filho adotado por sua esposa poderão candidatar-se, por não serem atingidos por causas de inelegibilidade.

07. (FCC) As idades mínimas de I - vinte e um, II - trinta, e III - trinta e cinco anos são condições de elegibilidade, respectivamente, para

a) I - Prefeito/ II - Governador de Estado / III - Presidente da República
b) I - Prefeito / II - Deputado Federal / III - Presidente da República
c) I - Vereador / II- Deputado Federal/ III - Governador de Estado
d) I - Deputado Estadual/ II - Prefeito/ III - Govenador de Estado
e) I - Deputado Estadual II - Prefeito / III - Senador

08. (FCC) Jardan é Prefeito do Município XZA e pretende se candidatar para o cargo de Governador do Estado de Goiás na próxima eleição. Neste caso, de acordo com a Constituição Federal, Jardan:

a) deverá renunciar ao respectivo mandato de Prefeito até seis meses antes do pleito.
b) deverá renunciar ao respectivo mandato de Prefeito até nove meses antes do pleito.
c) deverá renunciar ao respectivo mandato de Prefeito até doze meses antes do pleito.
d) não poderá candidatar-se ao cargo de Governador por expressa vedação constitucional, independentemente da renúncia ao mandato de Prefeito.
e) só poderá candidatar-se, se houver concordância expressa do Tribunal Superior Eleitoral, bem como renúncia ao respectivo mandato de Prefeito a qualquer tempo.

09. (Cesgranrio) O voto, direito constitucionalmente assegurado,

   a) poderá ser suprimido somente por emenda constitucional, aprovada por quórum qualificado previsto na Constituição.
   b) poderá deixar de ser secreto, na forma da lei.
   c) é facultativo aos idosos, maiores de sessenta anos.
   d) é obrigatório aos analfabetos maiores de dezoito anos.
   e) constitui cláusula pétrea expressamente prevista na Constituição.

10. (Vunesp) É livre a criação, fusão, incorporação e extinção de partidos políticos, resguardados a soberania nacional, o regime democrático, o pluripartidarismo, os direitos fundamentais da pessoa humana, observado o seguinte preceito:

   a) o recebimento de recursos financeiros de entidades estrangeiras.
   b) a prestação de contas à justiça estadual.
   c) a obrigatoriedade de vinculação entre as candidaturas de âmbito nacional.
   d) a subordinação a governos nacionais e internacionais.
   e) o funcionamento parlamentar de acordo com a lei.

GABARITO

01	D	06	C
02	A	07	A
03	B	08	A
04	B	09	E
05	A	10	E

ANOTAÇÕES

4. Organização Político-Administrativa do Estado

A organização político-administrativa do Brasil diz respeito à divisão de competências administrativas e legislativas entre os entes da Federação, bem como às regras gerais de organização desses entes.

Competências administrativas relacionam-se aos atos administrativos, normalmente expedidos pelo Poder Executivo.

Já a competência legislativa diz respeito aos assuntos que sobre os quais o ente pode elaborar leis, relacionam-se assim, às competências do Poder Legislativo.

Tais competências estão previstas nos §§ 18 a 31, de nossa Constituição Federal, e são definidas expressamente como uma forma de evitarem-se conflitos entre os entes da Federação Brasileira.

Regras Gerais

Os Arts. 18 e 19 de nossa Constituição traz regras gerais relativas à organização da União, Estados, DF e Municípios:

Componentes da Federação

> *Art. 18. A organização político-administrativa da República Federativa do Brasil compreende a União, os Estados, o Distrito Federal e os Municípios, todos autônomos, nos termos desta Constituição.*
>
> *§ 1º. Brasília é a Capital Federal.*
>
> *§ 2º. Os Territórios Federais integram a União, e sua criação, transformação em Estado ou reintegração ao Estado de origem serão reguladas em lei complementar.*

Os territórios federais são os que se chamam de "autarquias territoriais", sendo consideradas parte da União, sendo por ela administradas.

Atualmente não existem territórios federais no Brasil, mas nada impede que venham a ser criados. A ideia do conceito de território federal é permitir que a União tutele determinada região do território nacional, preparando-a gradualmente para transformá-la em Estado.

Criação, Incorporação, Fusão e Subdivisão de Estados e Municípios

> *§ 3º. Os Estados podem incorporar-se entre si, subdividir-se ou desmembrar-se para se anexarem a outros, ou formarem novos Estados ou Territórios Federais, mediante aprovação da população diretamente interessada, através de plebiscito, e do Congresso Nacional, por lei complementar.*
>
> *§ 4º. A criação, a incorporação, a fusão e o desmembramento de Municípios, far-se-ão por lei estadual, dentro do período determinado por Lei Complementar Federal, e dependerão de consulta prévia, mediante plebiscito, às populações dos Municípios envolvidos, após divulgação dos Estudos de Viabilidade Municipal, apresentados e publicados na forma da lei.*

Embora os Estados e Municípios não possam declarar sua separação da União, a Constituição permite que eles sejam criados, que venham a se fundir, desmembrar-se ou serem incorporados uns pelos outros, obedecidas as exigências constitucionais, sendo exigido atualmente sempre consulta às populações envolvidas, sendo que, no caso dos Municípios, também se exige a divulgação de Estudos de Viabilidade Municipal, que demonstrem que o novo Município tem condições de manter-se com os tributos que por ele serão arrecadados.

Vedações

> *Art. 19. É vedado à União, aos Estados, ao Distrito Federal e aos Municípios:*
>
> *I. Estabelecer cultos religiosos ou igrejas, subvencioná-los, embaraçar-lhes o funcionamento ou manter com eles ou seus representantes relações de dependência ou aliança, ressalvada, na forma da lei, a colaboração de interesse público;*
>
> *II. Recusar fé aos documentos públicos;*
>
> *III. Criar distinções entre brasileiros ou preferências entre si.*

O Art. 19 da Constituição traz proibições impostas aos três níveis da Federação:

> *a) a União, os Estados, o DF e os Municípios não podem manter violar o princípio da separação entre Estado e Igreja, adotando uma ou certas religiões como oficiais, subvencionando-as, assim como não pode "perseguir" outras.*

No entanto, como as entidades religiosas costumam prestar relevantes serviços na área social, a Constituição permite que o Poder Público estabeleça relações de colaboração com tais entidades, podendo inclusive fornecer-lhes recursos, desde que utilizados para atividades de interesse social.

> *b) recusar fé aos documentos públicos: isso significa que União, Estados, DF e Municípios não podem deixar de considerar como verdadeiros os documentos e declarações feitas pelos entes estatais, como certidões e escrituras públicas.*
>
> *c) criar distinções entre brasileiros ou preferências entre si: os entes da Federação não podem estabelecer quaisquer diferenciações no tratamento que dão aos outros entes ou àqueles que deles procedem.*

Assim, por exemplo, seria inconstitucional uma Lei do Estado de Mato Grosso que concedesse incentivos para que cidadãos de determinados Estados se estabelecessem em seu território, sem estender tal benefício a provenientes de outros Estados.

Bens da União

O Art. 20 da Constituição Federal estabelece quais bens são considerados de propriedade da União:

Art. 20. São bens da União:

I. Os que atualmente lhe pertencem e os que lhe vierem a ser atribuídos;

II. As terras devolutas indispensáveis à defesa das fronteiras, das fortificações e construções militares, das vias federais de comunicação e à preservação ambiental, definidas em lei;

III. Os lagos, rios e quaisquer correntes de água em terrenos de seu domínio, ou que banhem mais de um Estado, sirvam de limites com outros países, ou se estendam a território estrangeiro ou dele provenham, bem como os terrenos marginais e as praias fluviais;

IV. As ilhas fluviais e lacustres nas zonas limítrofes com outros países; as praias marítimas; as ilhas oceânicas e as costeiras, excluídas, destas, as que contenham a sede de Municípios, exceto aquelas áreas afetadas ao serviço público e a unidade ambiental federal, e as referidas no Art. 26, II;

V. Os recursos naturais da plataforma continental e da zona econômica exclusiva;

VI. O mar territorial;

VII. Os terrenos de marinha e seus acrescidos;

VIII. Os potenciais de energia hidráulica;

IX. Os recursos minerais, inclusive os do subsolo;

X. As cavidades naturais subterrâneas e os sítios arqueológicos e pré-históricos;

XI. As terras tradicionalmente ocupadas pelos índios.

§ 1º. É assegurada, nos termos da lei, aos Estados, ao Distrito Federal e aos Municípios, bem como a órgãos da administração direta da União, participação no resultado da exploração de petróleo ou gás natural, de recursos hídricos para fins de geração de energia elétrica e de outros recursos minerais no respectivo território, plataforma continental, mar territorial ou zona econômica exclusiva, ou compensação financeira por essa exploração.

§ 2º. A faixa de até cento e cinquenta quilômetros de largura, ao longo das fronteiras terrestres, designada como faixa de fronteira, é considerada fundamental para defesa do território nacional, e sua ocupação e utilização serão reguladas em lei.

Competências Administrativas da União

O Art. 21 da Constituição Federal determina quais são as competências administrativas da União:

Art. 21. Compete à União:

I. Manter relações com Estados estrangeiros e participar de organizações internacionais;

II. Declarar a guerra e celebrar a paz;

III. Assegurar a defesa nacional;

IV. Permitir, nos casos previstos em lei complementar, que forças estrangeiras transitem pelo território nacional ou nele permaneçam temporariamente;

V. Decretar o estado de sítio, o estado de defesa e a intervenção federal;

VI. Autorizar e fiscalizar a produção e o comércio de material bélico;

VII. Emitir moeda;

VIII. Administrar as reservas cambiais do País e fiscalizar as operações de natureza financeira, especialmente as de crédito, câmbio e capitalização, bem como as de seguros e de previdência privada;

IX. Elaborar e executar planos nacionais e regionais de ordenação do território e de desenvolvimento econômico e social;

X. Manter o serviço postal e o correio aéreo nacional;

XI. Explorar, diretamente ou mediante autorização, concessão ou permissão, os serviços de telecomunicações, nos termos da lei, que disporá sobre a organização dos serviços, a criação de um órgão regulador e outros aspectos institucionais;

XII. Explorar, diretamente ou mediante autorização, concessão ou permissão:

a) os serviços de radiodifusão sonora, e de sons e imagens;

b) os serviços e instalações de energia elétrica e o aproveitamento energético dos cursos de água, em articulação com os Estados onde se situam os potenciais hidroenergéticos;

c) a navegação aérea, aeroespacial e a infra-estrutura aeroportuária;

d) os serviços de transporte ferroviário e aquaviário entre portos brasileiros e fronteiras nacionais, ou que transponham os limites de Estado ou Território;

e) os serviços de transporte rodoviário interestadual e internacional de passageiros;

f) os portos marítimos, fluviais e lacustres;

XIII. Organizar e manter o Poder Judiciário, o Ministério Público do Distrito Federal e dos Territórios e a Defensoria Pública dos Territórios;

XIV. Organizar e manter a polícia civil, a polícia militar e o corpo de bombeiros militar do Distrito Federal, bem como prestar assistência financeira ao Distrito Federal para a execução de serviços públicos, por meio de fundo próprio;

XV. Organizar e manter os serviços oficiais de estatística, geografia, geologia e cartografia de âmbito nacional;

XVI. Exercer a classificação, para efeito indicativo, de diversões públicas e de programas de rádio e televisão;

XVII. Conceder anistia;

XVIII. Planejar e promover a defesa permanente contra as calamidades públicas, especialmente as secas e as inundações;

XIX. Instituir sistema nacional de gerenciamento de recursos hídricos e definir critérios de outorga de direitos de seu uso;

XX. Instituir diretrizes para o desenvolvimento urbano, inclusive habitação, saneamento básico e transportes urbanos;

XXI. Estabelecer princípios e diretrizes para o sistema nacional de viação;

XXII. Executar os serviços de polícia marítima, aeroportuária e de fronteiras;

XXIII. Explorar os serviços e instalações nucleares de qualquer natureza e exercer monopólio estatal sobre a pesquisa, a lavra, o enriquecimento e reprocessamento, a industrialização e o comércio de minérios nucleares e seus derivados, atendidos os seguintes princípios e condições:

    a) toda atividade nuclear em território nacional somente será admitida para fins pacíficos e mediante aprovação do Congresso Nacional;

    b) sob regime de permissão, são autorizadas a comercialização e a utilização de radioisótopos para a pesquisa e usos médicos, agrícolas e industriais;

    c) sob regime de permissão, são autorizadas a produção, comercialização e utilização de radioisótopos de meia-vida igual ou inferior a duas horas;

    d) a responsabilidade civil por danos nucleares independe da existência de culpa;

XXIV. Organizar, manter e executar a inspeção do trabalho;

XXV. Estabelecer as áreas e as condições para o exercício da atividade de garimpagem, em forma associativa.

Competências Legislativas da União

O Art. 22 da Constituição Federal determina quais são os assuntos que devem ser regulados por leis ordinárias federais.

Art. 22. Compete privativamente à União legislar sobre:

I. Direito civil, comercial, penal, processual, eleitoral, agrário, marítimo, aeronáutico, espacial e do trabalho;

II. Desapropriação;

III. Requisições civis e militares, em caso de iminente perigo e em tempo de guerra;

IV. águas, energia, informática, telecomunicações e radiodifusão;

V. Serviço postal;

VI. Sistema monetário e de medidas, títulos e garantias dos metais;

VII. Política de crédito, câmbio, seguros e transferência de valores;

VIII. Comércio exterior e interestadual;

IX. Diretrizes da política nacional de transportes;

X. Regime dos portos, navegação lacustre, fluvial, marítima, aérea e aeroespacial;

XI. Trânsito e transporte;

XII. Jazidas, minas, outros recursos minerais e metalurgia;

XIII. Nacionalidade, cidadania e naturalização;

XIV. Populações indígenas;

XV. Emigração e imigração, entrada, extradição e expulsão de estrangeiros;

XVI. Organização do sistema nacional de emprego e condições para o exercício de profissões;

XVII. Organização judiciária, do Ministério Público do Distrito Federal e dos Territórios e da Defensoria Pública dos Territórios, bem como organização administrativa destes;

XVIII. Sistema estatístico, sistema cartográfico e de geologia nacionais;

XIX. Sistemas de poupança, captação e garantia da poupança popular;

XX. Sistemas de consórcios e sorteios;

XXI. Normas gerais de organização, efetivos, material bélico, garantias, convocação e mobilização das polícias militares e corpos de bombeiros militares;

XXII. Competência da polícia federal e das polícias rodoviária e ferroviária federais;

XXIII. Seguridade social;

XXIV. Diretrizes e bases da educação nacional;

XXV. Registros públicos;

XXVI. Atividades nucleares de qualquer natureza;

XXVII. Normas gerais de licitação e contratação, em todas as modalidades, para as administrações públicas diretas, autárquicas e fundacionais da União, Estados, Distrito Federal e Municípios, obedecido o disposto no Art. 37, XXI, e para as empresas públicas e sociedades de economia mista, nos termos do Art. 173, § 1º, III;

XXVIII. Defesa territorial, defesa aeroespacial, defesa marítima, defesa civil e mobilização nacional;

XXIX. Propaganda comercial.

Parágrafo único. Lei complementar poderá autorizar os Estados a legislar sobre questões específicas das matérias relacionadas neste cântigo.

Competências Administrativas Comuns à União, Estados, DF e Municípios

O Art. 23 da Constituição define competências administrativas que devem ser exercidas conjuntamente pela União, Estados, Distrito Federal e Municípios:

O exercício de tais competências deve ser feito de forma coordenada entre os entes da Federação, e por isso, o parágrafo único do Art. 23 estabelece que leis complementares fixarão normas para a cooperação entre a União e os Estados, o Distrito Federal e os Municípios, tendo em vista o equilíbrio do desenvolvimento e do bem-estar em âmbito nacional.

> *Art. 23. É competência comum da União, dos Estados, do Distrito Federal e dos Municípios:*
>
> *I. Zelar pela guarda da Constituição, das leis e das instituições democráticas e conservar o patrimônio público;*
>
> *II. Cuidar da saúde e assistência pública, da proteção e garantia das pessoas portadoras de deficiência;*
>
> *III. Proteger os documentos, as obras e outros bens de valor histórico, artístico e cultural, os monumentos, as paisagens naturais notáveis e os sítios arqueológicos;*
>
> *IV. Impedir a evasão, a destruição e a descaracterização de obras de arte e de outros bens de valor histórico, artístico ou cultural;*
>
> *V. Proporcionar os meios de acesso à cultura, à educação, à ciência, à tecnologia, à pesquisa e à inovação;*
>
> *VI. Proteger o meio ambiente e combater a poluição em qualquer de suas formas;*
>
> *VII. Preservar as florestas, a fauna e a flora;*
>
> *VIII. Fomentar a produção agropecuária e organizar o abastecimento alimentar;*
>
> *IX. Promover programas de construção de moradias e a melhoria das condições habitacionais e de saneamento básico;*
>
> *X. Combater as causas da pobreza e os fatores de marginalização, promovendo a integração social dos setores desfavorecidos;*
>
> *XI. Registrar, acompanhar e fiscalizar as concessões de direitos de pesquisa e exploração de recursos hídricos e minerais em seus territórios;*
>
> *XII. Estabelecer e implantar política de educação para a segurança do trânsito.*

Competências Legislativas Comuns à União, Estados e Distrito Federal

O Art. 24 da Constituição traz assuntos que devem ser regulados de forma concomitante por leis federais e estaduais.

Os parágrafos do referido artigo estabelecem que, nesses casos, a competência da União limitar-se-á a estabelecer normas gerais, sendo que a competência da União para legislar sobre normas gerais não exclui a competência suplementar dos Estados.

Inexistindo lei federal sobre normas gerais, os Estados exercerão a competência legislativa plena, para atender as suas peculiaridades, e posteriormente, ocorrendo a superveniência de lei federal sobre normas gerais, tal lei suspenderá a eficácia da lei estadual, no que lhe for contrário.

Vejamos quais são os assuntos que são objeto da competência legislativa comum da União, Estados e Distrito Federal:

> *Art. 24. Compete à União, aos Estados e ao Distrito Federal legislar concorrentemente sobre:*
>
> *I. Direito tributário, financeiro, penitenciário, econômico e urbanístico;*
>
> *II. Orçamento;*
>
> *III. Juntas comerciais;*
>
> *IV. Custas dos serviços forenses;*
>
> *V. Produção e consumo;*
>
> *VI. Florestas, caça, pesca, fauna, conservação da natureza, defesa do solo e dos recursos naturais, proteção do meio ambiente e controle da poluição;*
>
> *VII. Proteção ao patrimônio histórico, cultural, artístico, turístico e paisagístico;*
>
> *VIII. Responsabilidade por dano ao meio ambiente, ao consumidor, a bens e direitos de valor artístico, estético, histórico, turístico e paisagístico;*
>
> *IX. Educação, cultura, ensino, desporto, ciência, tecnologia, pesquisa, desenvolvimento e inovação;*
>
> *X. Criação, funcionamento e processo do juizado de pequenas causas;*
>
> *XI. Procedimentos em matéria processual;*
>
> *XII. Previdência social, proteção e defesa da saúde;*
>
> *XIII. Assistência jurídica e Defensoria pública;*
>
> *XIV. Proteção e integração social das pessoas portadoras de deficiência;*
>
> *XV. Proteção à infância e à juventude;*
>
> *XVI. Organização, garantias, direitos e deveres das polícias civis.*

Dos Estados

Regras Gerais

O Art. 25 da Constituição traz regras gerais em relação à organização dos Estados:

> *Art. 25. Os Estados organizam-se e regem-se pelas Constituições e leis que adotarem, observados os princípios desta Constituição.*
>
> *§1º. São reservadas aos Estados as competências que não lhes sejam vedadas por esta Constituição.*

§2º. Cabe aos Estados explorar diretamente, ou mediante concessão, os serviços locais de gás canalizado, na forma da lei, vedada a edição de medida provisória para a sua regulamentação.

§3º. Os Estados poderão, mediante lei complementar, instituir regiões metropolitanas, aglomerações urbanas e microrregiões, constituídas por agrupamentos de municípios limítrofes, para integrar a organização, o planejamento e a execução de funções públicas de interesse comum.

Os Estados possuem competência legislativa residual, ou seja, aqueles assuntos que não estiverem inseridos nas competências legislativa e administrativa da União e dos Municípios são de competência dos Estados.

Bens dos Estados

O Art. 26 da Constituição traz os bens que são considerados de propriedade dos Estados:

Art. 26. Incluem-se entre os bens dos Estados:

I. As águas superficiais ou subterrâneas, fluentes, emergentes e em depósito, ressalvadas, neste caso, na forma da lei, as decorrentes de obras da União;

II. As áreas, nas ilhas oceânicas e costeiras, que estiverem no seu domínio, excluídas aquelas sob domínio da União, Municípios ou terceiros;

III. As ilhas fluviais e lacustres não pertencentes à União;

IV. As terras devolutas não compreendidas entre as da União.

Número de Deputados Estaduais

O Art. 27 da Constituição determina o número de deputados estaduais que comporão as respectivas Assembleias Legislativas:

Art. 27. O número de Deputados à Assembleia Legislativa corresponderá ao triplo da representação do Estado na Câmara dos Deputados e, atingido o número de trinta e seis, será acrescido de tantos quantos forem os Deputados Federais acima de doze.

§ 1º. Será de quatro anos o mandato dos Deputados Estaduais, aplicando-se-lhes as regras desta Constituição sobre sistema eleitoral, inviolabilidade, imunidades, remuneração, perda de mandato, licença, impedimentos e incorporação às Forças Armadas.

§ 2º O subsídio dos Deputados Estaduais será fixado por lei de iniciativa da Assembleia Legislativa, na razão de, no máximo, setenta e cinco por cento daquele estabelecido, em espécie, para os Deputados Federais, observado o que dispõe os Arts. 39, § 4º; 57, § 7º; 150, II; 153, III; e 153, § 2º, I.

Eleições para Governador

O Art. 28 da Constituição trata sobre as eleições para Governador de Estado:

Art. 28. A eleição do Governador e do Vice-Governador de Estado, para mandato de quatro anos, realizar-se-á no primeiro domingo de outubro, em primeiro turno, e no último domingo de outubro, em segundo turno, se houver, do ano anterior ao do término do mandato de seus antecessores, e a posse ocorrerá em primeiro de janeiro do ano subsequente(...).

§ 1º. Perderá o mandato o Governador que assumir outro cargo ou função na administração pública direta ou indireta, ressalvada a posse em virtude de concurso público.

§ 2º. Os subsídios do Governador, do Vice-Governador e dos Secretários de Estado serão fixados por lei de iniciativa da Assembleia Legislativa(...).

Dos Municípios

Regras Gerais

O Art. 29 estabelecerá os princípios que deverão ser obedecidos pelos Municípios na edição de suas respectivas Leis Orgânicas, inclusive quanto ao número de vereadores permitidos:

Art. 29. O Município reger-se-á por lei orgânica, votada em dois turnos, com o interstício mínimo de dez dias, e aprovada por dois terços dos membros da Câmara Municipal, que a promulgará, atendidos os princípios estabelecidos nesta Constituição, na Constituição do respectivo Estado e os seguintes preceitos:

I. Eleição do Prefeito, do Vice-Prefeito e dos Vereadores, para mandato de quatro anos, mediante pleito direto e simultâneo realizado em todo o País;

II. Eleição do Prefeito e do Vice-Prefeito realizada no primeiro domingo de outubro do ano anterior ao término do mandato dos que devam suceder, aplicadas as regras do Art. 77, no caso de Municípios com mais de duzentos mil eleitores;

III. Posse do Prefeito e do Vice-Prefeito no dia 1º de janeiro do ano subsequente ao da eleição;

IV. Para a composição das Câmaras Municipais, será observado o limite máximo de:

a) 9 (nove) Vereadores, nos Municípios de até 15.000 (quinze mil) habitantes;

b) 11 (onze) Vereadores, nos Municípios de mais de 15.000 (quinze mil) habitantes e de até 30.000 (trinta mil) habitantes;

c) 13 (treze) Vereadores, nos Municípios com mais de 30.000 (trinta mil) habitantes e de até 50.000 (cinquenta mil) habitantes;

d) 15 (quinze) Vereadores, nos Municípios de mais de 50.000 (cinquenta mil) habitantes e de até 80.000 (oitenta mil) habitantes;

e) 17 (dezessete) Vereadores, nos Municípios de mais de 80.000 (oitenta mil) habitantes e de até 120.000 (cento e vinte mil) habitantes;

f) 19 (dezenove) Vereadores, nos Municípios de mais de 120.000 (cento e vinte mil) habitantes e de até 160.000 (cento sessenta mil) habitantes;

g) 21 (vinte e um) Vereadores, nos Municípios de mais de 160.000 (cento e sessenta mil) habitantes e de até 300.000 (trezentos mil) habitantes;

h) 23 (vinte e três) Vereadores, nos Municípios de mais de 300.000 (trezentos mil) habitantes e de até 450.000 (quatrocentos e cinquenta mil) habitantes;

i) 25 (vinte e cinco) Vereadores, nos Municípios de mais de 450.000 (quatrocentos e cinquenta mil) habitantes e de até 600.000 (seiscentos mil) habitantes;

j) 27 (vinte e sete) Vereadores, nos Municípios de mais de 600.000 (seiscentos mil) habitantes e de até 750.000 (setecentos cinquenta mil) habitantes;

k) 29 (vinte e nove) Vereadores, nos Municípios de mais de 750.000 (setecentos e cinquenta mil) habitantes e de até 900.000 (novecentos mil) habitantes;

l) 31 (trinta e um) Vereadores, nos Municípios de mais de 900.000 (novecentos mil) habitantes e de até 1.050.000 (um milhão e cinquenta mil) habitantes;

m) 33 (trinta e três) Vereadores, nos Municípios de mais de 1.050.000 (um milhão e cinquenta mil) habitantes e de até 1.200.000 (um milhão e duzentos mil) habitantes;

n) 35 (trinta e cinco) Vereadores, nos Municípios de mais de 1.200.000 (um milhão e duzentos mil) habitantes e de até 1.350.000 (um milhão e trezentos e cinquenta mil) habitantes;

o) 37 (trinta e sete) Vereadores, nos Municípios de 1.350.000 (um milhão e trezentos e cinquenta mil) habitantes e de até 1.500.000 (um milhão e quinhentos mil) habitantes;

p) 39 (trinta e nove) Vereadores, nos Municípios de mais de 1.500.000 (um milhão e quinhentos mil) habitantes e de até 1.800.000 (um milhão e oitocentos mil) habitantes;

q) 41 (quarenta e um) Vereadores, nos Municípios de mais de 1.800.000 (um milhão e oitocentos mil) habitantes e de até 2.400.000 (dois milhões e quatrocentos mil) habitantes;

r) 43 (quarenta e três) Vereadores, nos Municípios de mais de 2.400.000 (dois milhões e quatrocentos mil) habitantes e de até 3.000.000 (três milhões) de habitantes;

s) 45 (quarenta e cinco) Vereadores, nos Municípios de mais de 3.000.000 (três milhões) de habitantes e de até 4.000.000 (quatro milhões) de habitantes;

t) 47 (quarenta e sete) Vereadores, nos Municípios de mais de 4.000.000 (quatro milhões) de habitantes e de até 5.000.000 (cinco milhões) de habitantes;

u) 49 (quarenta e nove) Vereadores, nos Municípios de mais de 5.000.000 (cinco milhões) de habitantes e de até 6.000.000 (seis milhões) de habitantes;

v) 51 (cinquenta e um) Vereadores, nos Municípios de mais de 6.000.000 (seis milhões) de habitantes e de até 7.000.000 (sete milhões) de habitantes;

w) 53 (cinquenta e três) Vereadores, nos Municípios de mais de 7.000.000 (sete milhões) de habitantes e de até 8.000.000 (oito milhões) de habitantes; e

x) 55 (cinquenta e cinco) Vereadores, nos Municípios de mais de 8.000.000 (oito milhões) de habitantes.

V. Subsídios do Prefeito, do Vice-Prefeito e dos Secretários Municipais fixados por lei de iniciativa da Câmara Municipal, observado o que dispõem os Arts. 37, XI; 39, § 4º; 150, II; 153, III; e 153, § 2º, I;

VI. O subsídio dos Vereadores será fixado pelas respectivas Câmaras Municipais em cada legislatura para a subsequente, observado o que dispõe esta Constituição, observados os critérios estabelecidos na respectiva Lei Orgânica e os seguintes limites máximos:

a) em Municípios de até dez mil habitantes, o subsídio máximo dos Vereadores corresponderá a vinte por cento do subsídio dos Deputados Estaduais;

b) em Municípios de dez mil e um a cinquenta mil habitantes, o subsídio máximo dos Vereadores corresponderá a trinta por cento do subsídio dos Deputados Estaduais;

c) em Municípios de cinquenta mil e um a cem mil habitantes, o subsídio máximo dos Vereadores corresponderá a quarenta por cento do subsídio dos Deputados Estaduais;

d) em Municípios de cem mil e um a trezentos mil habitantes, o subsídio máximo dos Vereadores corresponderá a cinquenta por cento do subsídio dos Deputados Estaduais;

e) em Municípios de trezentos mil e um a quinhentos mil habitantes, o subsídio máximo dos Vereadores corresponderá a sessenta por cento do subsídio dos Deputados Estaduais;

f) em Municípios de mais de quinhentos mil habitantes, o subsídio máximo dos Vereadores corresponderá a setenta e cinco por cento do subsídio dos Deputados Estaduais;

VII. O total da despesa com a remuneração dos Vereadores não poderá ultrapassar o montante de cinco por cento da receita do Município;

VIII. Inviolabilidade dos Vereadores por suas opiniões, palavras e votos no exercício do mandato e na circunscrição do Município;

IX. Proibições e incompatibilidades, no exercício da vereança, similares, no que couber, ao disposto nesta Constituição para os membros do Congresso Nacional e na Constituição do respectivo Estado para os membros da Assembleia Legislativa;

X. Julgamento do Prefeito perante o Tribunal de Justiça;

XI. Organização das funções legislativas e fiscalizadoras da Câmara Municipal;

XII. Cooperação das associações representativas no planejamento municipal;

XIII. Iniciativa popular de projetos de lei de interesse específico do Município, da cidade ou de bairros, através de manifestação de, pelo menos, cinco por cento do eleitorado;

XIV. Perda do mandato do Prefeito, nos termos do Art. 28, parágrafo único.

Art. 29-A. O total da despesa do Poder Legislativo Municipal, incluídos os subsídios dos Vereadores e excluídos os gastos com inativos, não poderá ultrapassar os seguintes percentuais, relativos ao somatório da receita tributária e das transferências previstas no § 5º do Art. 153 e nos Arts. 158 e 159, efetivamente realizado no exercício anterior:

I. 7% (sete por cento) para Municípios com população de até 100.000 (cem mil) habitantes;

II. 6% (seis por cento) para Municípios com população entre 100.000 (cem mil) e 300.000 (trezentos mil) habitantes;

III. 5% (cinco por cento) para Municípios com população entre 300.001 (trezentos mil e um) e 500.000 (quinhentos mil) habitantes;

IV. 4,5% (quatro inteiros e cinco décimos por cento) para Municípios com população entre 500.001 (quinhentos mil e um) e 3.000.000 (três milhões) de habitantes;

V. 4% (quatro por cento) para Municípios com população entre 3.000.001 (três milhões e um) e 8.000.000 (oito milhões) de habitantes

VI. 3,5% (três inteiros e cinco décimos por cento) para Municípios com população acima de 8.000.001 (oito milhões e um) habitantes.

§ 1º. A Câmara Municipal não gastará mais de setenta por cento de sua receita com folha de pagamento, incluído o gasto com o subsídio de seus Vereadores.

§ 2º. Constitui crime de responsabilidade do Prefeito Municipal:

I. Efetuar repasse que supere os limites definidos neste artigo;

II. Não enviar o repasse até o dia vinte de cada mês; ou

III. Enviá-lo a menor em relação à proporção fixada na Lei Orçamentária.

§ 3º. Constitui crime de responsabilidade do Presidente da Câmara Municipal o desrespeito ao § 1º deste artigo.

Competências dos Municípios

O Art. 30 da Constituição Federal traz as competências reservadas pela Constituição aos Municípios:

Art. 30. Compete aos Municípios:

I. Legislar sobre assuntos de interesse local;

II. Suplementar a legislação federal e a estadual no que couber;

III. Instituir e arrecadar os tributos de sua competência, bem como aplicar suas rendas, sem prejuízo da obrigatoriedade de prestar contas e publicar balancetes nos prazos fixados em lei;

IV. Criar, organizar e suprimir distritos, observada a legislação estadual;

V. Organizar e prestar, diretamente ou sob regime de concessão ou permissão, os serviços públicos de interesse local, incluído o de transporte coletivo, que tem caráter essencial;

VI. Manter, com a cooperação técnica e financeira da União e do Estado, programas de educação infantil e de ensino fundamental;

VII. Prestar, com a cooperação técnica e financeira da União e do Estado, serviços de atendimento à saúde da população;

VIII. Promover, no que couber, adequado ordenamento territorial, mediante planejamento e controle do uso, do parcelamento e da ocupação do solo urbano;

IX. Promover a proteção do patrimônio histórico-cultural local, observada a legislação e a ação fiscalizadora federal e estadual.

Fiscalização dos Municípios

Art. 31. A fiscalização do Município será exercida pelo Poder Legislativo Municipal, mediante controle externo, e pelos sistemas de controle interno do Poder Executivo Municipal, na forma da lei.

§ 1º. O controle externo da Câmara Municipal será exercido com o auxílio dos Tribunais de Contas dos Estados ou do Município ou dos Conselhos ou Tribunais de Contas dos Municípios, onde houver.

§ 2º. O parecer prévio, emitido pelo órgão competente sobre as contas que o Prefeito deve anualmente prestar, só deixará de prevalecer por decisão de dois terços dos membros da Câmara Municipal.

§ 3º. As contas dos Municípios ficarão, durante sessenta dias, anualmente, à disposição de qualquer contribuinte, para exame e apreciação, o qual poderá questionar-lhes a legitimidade, nos termos da lei.

§ 4º. É vedada a criação de Tribunais, Conselhos ou órgãos de Contas Municipais;

Do Distrito Federal e dos Territórios

Distrito Federal

O Art. 32 da Constituição Federal trata de um ente *sui generis* da Federação: o Distrito Federal – DF.

Embora Brasília, localizada no Distrito Federal, sirva como sede dos poderes e principais órgãos federais, nem Brasília nem o Distrito Federal pertencem à União, sendo este último um ente autônomo.

Embora muitas vezes se usem os termos "Brasília" e "Distrito Federal" como sinônimos, eles são distintos.

Brasília é formada pelo "Plano Piloto" e pelo Parque Nacional de Brasília, ao passo que o Distrito Federal ocupa uma área de 5.802 km², abrangendo também as chamadas "cidades satélites", que são distritos administrativos.

De acordo com o Art. 32 da Constituição, o Distrito Federal não pode se dividir em Municípios, sendo que, por isso, acumulará as competências de um Estado e de um Município.

Segue abaixo o Art. 32:

> *Art. 32. O Distrito Federal, vedada sua divisão em Municípios, reger-se-á por lei orgânica, votada em dois turnos com interstício mínimo de dez dias, e aprovada por dois terços da Câmara Legislativa, que a promulgará, atendidos os princípios estabelecidos nesta Constituição.*
>
> *§ 1º. Ao Distrito Federal são atribuídas as competências legislativas reservadas aos Estados e Municípios.*
>
> *§ 2º. A eleição do Governador e do Vice-Governador, observadas as regras do Art. 77, e dos Deputados Distritais coincidirá com a dos Governadores e Deputados Estaduais, para mandato de igual duração.*
>
> *§ 3º. Aos Deputados Distritais e à Câmara Legislativa aplica-se o disposto no Art. 27.*
>
> *§ 4º. Lei federal disporá sobre a utilização, pelo Governo do Distrito Federal, das polícias civil e militar e do corpo de bombeiros militar.*

Territórios

O Art. 33 da Constituição Federal trata dos territórios federais, autarquias territoriais da União, os quais podem ser criados por Lei Complementar.

> *Art. 33. A lei disporá sobre a organização administrativa e judiciária dos Territórios.*
>
> *§ 1º. Os Territórios poderão ser divididos em Municípios, aos quais se aplicará, no que couber, o disposto no Capítulo IV deste Título.*
>
> *§ 2º. As contas do Governo do Território serão submetidas ao Congresso Nacional, com parecer prévio do Tribunal de Contas da União.*
>
> *§ 3º. Nos Territórios Federais com mais de cem mil habitantes, além do Governador nomeado na forma desta Constituição, haverá órgãos judiciários de primeira e segunda instância, membros do Ministério Público e defensores públicos federais; a lei disporá sobre as eleições para a Câmara Territorial e sua competência deliberativa.*

Da Intervenção

Os Arts. 34 a 36 da Constituição Federal tratam sobre intervenção federal, que é quando a União intervém em Estado ou no Distrito Federal, e sobre intervenção estadual, que é quando um Estado intervém em um de seus municípios.

Embora a regra seja a autonomia dos entes da federação, tais artigos trazem hipóteses em que um ente poderá intervir na administração de outro:

> *Art. 34. A União não intervirá nos Estados nem no Distrito Federal, exceto para:*
>
> *I. Manter a integridade nacional;*
>
> *II. Repelir invasão estrangeira ou de uma unidade da Federação em outra;*
>
> *III. Pôr termo a grave comprometimento da ordem pública;*
>
> *IV. Garantir o livre exercício de qualquer dos Poderes nas unidades da Federação;*
>
> *V. Reorganizar as finanças da unidade da Federação que:*
>
> > *a) suspender o pagamento da dívida fundada por mais de dois anos consecutivos, salvo motivo de força maior;*
> >
> > *b) deixar de entregar aos Municípios receitas tributárias fixadas nesta Constituição, dentro dos prazos estabelecidos em lei;*
>
> *VI. Prover a execução de lei federal, ordem ou decisão judicial;*
>
> *VII. Assegurar a observância dos seguintes princípios constitucionais:*
>
> > *a) forma republicana, sistema representativo e regime democrático;*
> >
> > *b) direitos da pessoa humana;*
> >
> > *c) autonomia municipal;*
> >
> > *d) prestação de contas da administração pública, direta e indireta.*
> >
> > *e) aplicação do mínimo exigido da receita resultante de impostos estaduais, compreendida a proveniente de transferências, na manutenção e desenvolvimento do ensino e nas ações e serviços públicos de saúde.*

Art. 35. O Estado não intervirá em seus Municípios, nem a União nos Municípios localizados em Território Federal, exceto quando:

I. Deixar de ser paga, sem motivo de força maior, por dois anos consecutivos, a dívida fundada;

II. Não forem prestadas contas devidas, na forma da lei;

III. Não tiver sido aplicado o mínimo exigido da receita municipal na manutenção e desenvolvimento do ensino e nas ações e serviços públicos de saúde;

IV. o Tribunal de Justiça der provimento a representação para assegurar a observância de princípios indicados na Constituição Estadual, ou para prover a execução de lei, de ordem ou de decisão judicial.

Art. 36. A decretação da intervenção dependerá:

I. No caso do Art. 34, IV, de solicitação do Poder Legislativo ou do Poder Executivo coacto ou impedido, ou de requisição do Supremo Tribunal Federal, se a coação for exercida contra o Poder Judiciário;

II. No caso de desobediência a ordem ou decisão judiciária, de requisição do Supremo Tribunal Federal, do Superior Tribunal de Justiça ou do Tribunal Superior Eleitoral;

III. De provimento, pelo Supremo Tribunal Federal, de representação do Procurador-Geral da República, na hipótese do Art. 34, VII, e no caso de recusa à execução de lei federal.

§ 1º. O decreto de intervenção, que especificará a amplitude, o prazo e as condições de execução e que, se couber, nomeará o interventor, será submetido à apreciação do Congresso Nacional ou da Assembleia Legislativa do Estado, no prazo de vinte e quatro horas.

§ 2º. Se não estiver funcionando o Congresso Nacional ou a Assembleia Legislativa, far-se-á convocação extraordinária, no mesmo prazo de vinte e quatro horas.

§ 3º. Nos casos do Art. 34, VI e VII, ou do Art. 35, IV, dispensada a apreciação pelo Congresso Nacional ou pela Assembleia Legislativa, o decreto limitar-se-á a suspender a execução do ato impugnado, se essa medida bastar ao restabelecimento da normalidade.

§ 4º. Cessados os motivos da intervenção, as autoridades afastadas de seus cargos a estes voltarão, salvo impedimento legal.

EXERCÍCIO COMENTADO

01. (Esaf) Quanto à organização político-administrativa do Estado brasileiro, é correto afirmar que:

a) os Estados e o Distrito Federal podem criar normas que garantam tratamento diferenciado aos seus residentes em detrimento dos demais brasileiros.

b) a criação, a incorporação, a fusão e o desmembramento de Municípios devem ser feitos por lei estadual, obedecendo ao período determinado em lei federal ordinária.

c) a incorporação, subdivisão ou desmembramento – para anexação a outro ou para formação de novo Estado ou de Território Federal –, de Estado ou Território Federal depende da aprovação da população diretamente interessada, por meio de plebiscito, e do Senado Federal, através de resolução.

d) o Brasil é laico, na medida em que a Constituição Federal veda às entidades federativas estabelecer cultos religiosos ou igrejas, subvencioná-los, embaraçar-lhes o funcionamento ou manter com eles ou suas representantes relações de dependência ou aliança, ressalvada, na forma da lei, a colaboração de interesse público.

e) o Brasil é uma federação formada pela União, Estados, Municípios, Territórios e Distrito Federal, todos autônomos, nos termos do que dispõe a Constituição Federal.

RESPOSTA: D.

Alternativa A. Contraria o Art. 19, III, da Constituição.

Alternativa B. A criação, a incorporação, a fusão e o desmembramento de Municípios devem ser feitos por lei estadual, obedecendo ao disposto em lei complementar – e não ordinária – federal.

Alternativa C. A aprovação da incorporação, subdivisão ou desmembramento de Estado para formação de novo Estado ou Território Federal deve ser aprovada pelo Congresso Nacional, através de lei complementar, e não pelo Senado Federal.

Alternativa D. Está de acordo com o Art. 19, I, da Constituição Federal.

Alternativa E. Os Territórios não compõem a Federação e não são autônomos, sendo administrados pela União.

VAMOS PRATICAR

Os Exercícios a seguir são referentes ao conteúdo: Organização Político-Administrativa do Estado.

01. (Esaf) Com relação aos bens da União e dos Estados, é correto afirmar que:

a) a faixa de até cento e cinquenta quilômetros de largura, ao longo das fronteiras terrestres, designada como faixa de fronteira, é considerada fundamental para defesa do território nacional, e sua ocupação e utilização serão reguladas por Resolução do Senado Federal.

b) os recursos naturais da plataforma continental e da zona econômica exclusiva pertencem à União, sendo assegurada, nos termos da lei, a outras unidades federativas, a participação no resultado da exploração de petróleo, gás natural e outros recursos minerais e de recursos hídricos para fins de geração de energia elétrica.

c) em razão de sua localização, as ilhas oceânicas e costeiras são de propriedade da União, sem exceção.

d) pertencem aos Estados as cavidades naturais subterrâneas e os sítios arqueológicos e pré-históricos localizados dentro de sua respectiva área territorial.

e) a exploração de recursos minerais de qualquer espécie será objeto de autorização conjunta da União e do Estado quando os recursos estiverem localizados em área territorial do Estado.

02. (Esaf) Sobre competência para legislar, é correto afirmar que:

a) compete privativamente à União legislar sobre sistemas de consórcios e sorteios.

b) é competência comum da União, dos Estados, do Distrito Federal e dos Municípios legislar sobre propaganda comercial.

c) Lei Ordinária poderá autorizar os Estados a legislar sobre questões específicas das matérias que são de competência privativa da União.

d) a competência da União para legislar sobre normas gerais exclui a competência suplementar dos Estados.

e) compete à União, aos Estados e ao Distrito Federal legislar concorrentemente sobre Direito do Trabalho.

03. (Esaf) A respeito da organização político-administrativa do Estado, é correto afirmar que:

a) a União pode recusar fé aos documentos públicos emitidos pelos outros entes federados, porque só tem obrigação de aceitar aqueles que sejam emitidos pela própria União.

b) os Territórios Federais integram o Estado dentro do qual está inserido, e sua criação, transformação em Estado ou reintegração ao Estado de origem serão reguladas em lei ordinária.

c) desmembramento de Estado equivale à subdivisão, ou seja, um Estado pode dividir-se em dois ou mais Estados fazendo desaparecer o Estado de origem.

d) nos casos de incorporação, subdivisão e desmembramento de Estado, o Congresso está vinculado ao pronunciamento publicitário e das Assembleias.

e) os Estados podem incorporar-se entre si, subdividir-se ou desmembrar-se para se anexarem a outros, ou formarem novos Estados ou Territórios Federais, mediante aprovação da população diretamente interessada, através de plebiscito, e do Congresso Nacional, por lei complementar.

04. (Esaf) Assinale a afirmativa incorreta quanto à organização político-administrativa da República Federativa do Brasil.

a) O princípio da indissolubilidade no Estado Federal Brasileiro tem duas básicas finalidades: a unidade nacional e a necessidade descentralizadora.

b) A União, os Estados, o Distrito Federal e os Municípios são autônomos e possuem capacidade de auto-organização e normatização própria, autogoverno e autoadministração.

c) Compete aos municípios organizar e prestar, diretamente ou mediante concessão ou permissão, serviços públicos de interesse local, incluído o transporte coletivo, que tem caráter essencial.

d) Compete à União intervir e revogar decisões municipais quanto ao transporte público municipal em face de clamor público, para manter a integridade nacional.

e) A fiscalização do Município será exercida pelo Poder Legislativo Municipal, mediante controle externo, e pelos sistemas de controle interno do Poder Executivo Municipal, na forma da lei.

05. (FCC) Dentre outras hipóteses, NÃO é possível à União intervir nos Estados para:

a) manter a integridade nacional.

b) repelir invasão estrangeira.

c) garantir o livre exercício da função jurisdicional do Estado-membro.

d) assegurar o cumprimento de decisão judicial advinda do Superior Tribunal de Justiça.

e) exercer o policiamento ostensivo, na hipótese da existência de organização criminosa de âmbito estadual.

06. (FCC) Será ofensiva ao sistema constitucional de repartição de competências entre os entes da federação a lei:

a) estadual que disponha sobre a organização e criação de distritos nos Municípios localizados no território do Estado.

b) municipal que verse sobre a exploração, direta ou mediante concessão, de serviços locais de gás canalizado.

c) estadual que verse em caráter suplementar sobre caça e pesca, diante da existência de lei federal que estabeleça normas gerais sobre a matéria.

d) federal que disponha sobre organização judiciária e do Ministério Público do Distrito Federal.

e) municipal que estabeleça obrigatoriedade de manutenção de vigilantes uniformizados em agências e postos bancários.

07. (FCC) De acordo com a Constituição Federal, o Distrito Federal:

a) é atualmente a capital do Brasil, sendo vedada a transferência da sede do governo federal.

b) não tem competência para organizar e manter o Poder Judiciário, o Ministério Público, a Defensoria Pública, o corpo de bombeiros e as polícias civil e militar.

c) elege quatro Deputados Distritais para representar o povo, mas não elege Senadores, representantes dos Estados.

d) rege-se por lei orgânica, votada em dois turnos com interstício mínimo de dez dias, e aprovada por dois terços da Câmara Legislativa.

e) não pode ter seu território dividido em Municípios, não lhe sendo atribuídas competências legislativas a estes reservadas.

Acerca da administração pública, da organização dos poderes e da organização do Estado, julgue o item que se segue:

08. (Cespe) Considere que, prevista competência concorrente para legislar sobre determinada matéria de interesse público e inexistindo lei federal que o fizesse, o estado de Goiás tenha editado lei contendo normas gerais sobre tal matéria. Nessa situação, lei federal superveniente sobre a matéria não revogará a lei estadual, cuja eficácia será suspensa apenas no que contrariar a lei federal.

Certo ( )   Errado ( )

Acerca da organização político-administrativa e da administração pública, julgue o próximo item.

09. (Cespe) São considerados bens da União os lagos, os rios e quaisquer correntes de água em terrenos que sirvam de limites com outros países ou se estendam a território estrangeiro ou dele provenham.

Certo ( )   Errado ( )

Acerca da organização político-administrativa do Estado e da administração pública, julgue o item a seguir.

10. (Cespe) A forma federativa de Estado adotada pela CF consiste na descentralização política e na soberania dos estados-membros, os quais são capazes de se auto organizar mediante a elaboração de constituições estaduais.

Certo ( )   Errado ( )

GABARITO

01	B	06	B
02	A	07	D
03	E	08	CERTO
04	D	09	CERTO
05	E	10	ERRADO

ANOTAÇÕES

5. Administração Pública

Administração Direta e Indireta

No Brasil, os órgãos que compõem a Administração Pública dividem-se em dois grandes ramos: Administração Direta, também chamada de centralizada, e Administração Indireta, a qual também recebe o nome de descentralizada.

Administração Direta

A Administração Direta integra os próprios poderes que compõem as pessoas jurídicas de direito público com capacidade política. É o que costumamos chamar de entidades e órgãos do Governo, e compreende a União, Estados, Distrito Federal e Municípios, bem como seus respectivos órgãos, como os Ministérios, Secretarias, Gabinetes, Departamentos, etc.

As divisões internas da Administração Direta, chamadas de órgãos, não possuem personalidade jurídica, o que quer dizer que não possuem existência desvinculada da União, Estados, DF e Municípios.

Administração Indireta

A Administração Indireta corresponde ao conjunto de entidades criadas pela Administração Direta para o exercício de determinadas atividades, e que possuem autonomia em relação à União, Estados, DF e Municípios, possuindo personalidade jurídica própria, o que significa, por exemplo, que podem ter patrimônio e corpo de funcionários próprios, podem ser autoras ou rés em ações judiciais, etc.

Tanto a União, como os Estados e o DF e o Municípios podem criar entidades da Administração Indireta.

Essas entidades dividem-se, de acordo com o Decreto-Lei nº 200/67, em quatro categorias: autarquias, fundações públicas, sociedades de economia mista e empresas públicas.

As autarquias são criadas para exercer uma atividade que seja própria de Governo, normalmente um serviço público.

Como todas as entidades da Administração Indireta possuem existência distinta das entidades que as criaram, mas submetem-se ao mesmo regime jurídico de direito público, o que significa que possuem as mesmas prerrogativas e sujeitam-se às mesmas restrições da Administração Direta. Assim, por exemplo, as autarquias possuem imunidade de impostos e não podem ter os seus bens penhorados para pagamentos de dívidas.

Como exemplos de autarquias, temos o Banco Central, o Instituto Nacional da Seguridade Social – INSS e o IBAMA, todas federais, mas também existem muitas estaduais e municipais.

As fundações públicas são o que se chamam de universalidades de bens personalizadas ou patrimônio personalizados, instituídas para uma finalidade específica, estabelecida em lei complementar. Na criação de fundações públicas, a União, Estado ou Município destaca uma parte de seu patrimônio, destina-o a um fim determinado, concede-lhe personalidade jurídica e define como ele será administrado.

Seu regime jurídico, via de regra, será o mesmo das autarquias, exceto no que se refere às chamadas fundações públicas de direito privado, que, no entanto, são exceções.

Entre os exemplos de fundações públicas temos o CNPq. Conselho Nacional de Desenvolvimento Científico e Tecnológico e as Universidades Federais.

Já as sociedades de economia mista e as fundações públicas são entidades criadas pela Administração Pública para exercerem atividades de mercado, voltadas normalmente para a venda de bens e serviços e que concorrem com as empresas privadas.

Por serem voltadas ao mercado, e até pelo fato de concorrerem com o particular, sujeitam-se às mesmas regras das empresas privadas, com algumas pequenas diferenças, estando, assim, submetidas ao que se chama de regime jurídico de direito privado.

A diferença entre as sociedades de economia mista e as empresas públicas está nas composições de seus capitais, que no caso das sociedades de economia mista reúnem recursos públicos e privados, e nas empresas públicas conjugam somente recursos públicos, não havendo participação do particular em seu capital.

Como exemplos de sociedades de economia mista, temos o Banco do Brasil e a Petrobras, e de empresas públicas temos a Caixa Econômica Federal e os Correios.

O estudo mais aprofundado da Administração Direta, bem como das diversas entidades que integram a Administração Indireta é feito na disciplina Direito Administrativo.

Disposições Gerais

Princípios da Administração Pública

O Art. 37 da Constituição Federal traz várias disposições acerca da Administração Pública no Brasil, aplicando-se às três esferas de governo: federal, estadual e municipal, bem como à Administração Direta e Indireta de cada uma delas.

Vejamos o que diz o seu *caput*:

> **Art. 37.** *A administração pública direta e indireta de qualquer dos Poderes da União, dos Estados, do Distrito Federal e dos Municípios obedecerá aos princípios de legalidade, impessoalidade, moralidade, publicidade e eficiência e, também, ao seguinte:*

A partir do texto constitucional, podemos extrair os cinco princípios que, segunda a Constituição Federal, deverão nortear as ações da Administração Direta e Indireta.

Observa-se que, além desses princípios que estudaremos a seguir, existem outros, tanto previstos pela lei como aqueles que estão implícitos na ação de administrar os bens públicos.

Os cinco princípios previstos na Constituição Federal são:

Princípio da Legalidade

O princípio da legalidade aqui referido é o chamado princípio da legalidade estrita, o qual se aplica à Administração Pública e determina que os seus agentes somente podem fazer o que a lei permite, diferentemente do particular, que pode fazer tudo o que a lei não proíba.

Assim, por exemplo, um Agente Penitenciário não pode multar alguém por uma infração de trânsito, pela simples razão de que a lei que regulamenta seu cargo não lhe dá essa atribuição.

Também pela mesma razão um guarda de trânsito não pode lavrar uma certidão em um processo judicial.

A lei tanto pode exigir ou proibir que o agente público aja de uma ou de outra forma, como pode conceder a ele uma faculdade (permissão) para agir.

Princípio da Impessoalidade

Esse princípio determina que a Administração Pública deve ser impessoal, ou seja, deve haver completa separação entre a pessoa que ocupa o cargo público e o agente público que essa pessoa representa. Assim, a Administração Pública deve ser exercida com imparcialidade, nunca buscando atender os interesses pessoais do agente público, mas sempre o bem comum da coletividade.

Por esse princípio, por exemplo, o administrador não deve utilizar-se de sua posição para lograr proveito pessoal, para si ou para outrem, bem como não deve também usar de seus poderes para perseguir quem quer que seja.

Também como decorrência da separação desse princípio, tem-se que os atos praticados por um agente público, enquanto no exercício regular de suas atribuições, continuam válidos mesmo após sua saída do cargo e substituição por outro, pois o que importa para a validade desses atos não é a pessoa que exerce a função, mas sim se o agente possuía ou não competência para produzi-los.

Princípio da Moralidade

Mais adequado seria a Constituição chamá-lo de Princípio da Ética, uma vez que moralidade é diferente de ética, que é do que se trata aqui. No entanto a expressão moralidade, embora não seja a mais apropriada, já foi consagrada pelo uso.

De acordo com o princípio da moralidade, o administrador público deve não só obedecer à lei, seguindo o princípio da legalidade, mas também agir com ética, de forma a não ferir a moral pública. Assim, além de se preocupar em obedecer ao texto da lei, o agente público deve também preocupar-se em agir de forma ética.

Isso porque nem tudo que é legal, ou seja, permitido pela lei, é ético, é um comportamento aceitável.

O seguinte exemplo pode servir para ilustrar essa diferença:

Imagine-se que determinada autoridade pública tenha permissão da lei para nomear, como seu assessor imediato, qualquer pessoa de sua confiança, e que ela resolva nomear como seu auxiliar um antigo amigo seu de infância, o qual, apesar da proximidade com o nomeante, não possui as características necessárias para bem exercer o cargo, tendo inclusive um conceito pouco recomendável perante a comunidade, havendo fundadas suspeitas de que ele já tenha participado de desvios de recursos públicos em outras gestões.

Nesse caso, se a autoridade nomear esse amigo, em princípio não estaria cometendo nenhuma legalidade, pois a lei permite que ele nomeie qualquer pessoa. No entanto, essa nomeação não estaria obedecendo à ética e, assim, feriria o princípio da moralidade.

O Art. 5º, LXIIII, da Constituição, inclusive afirma que qualquer cidadão pode impetrar ação popular com vistas a anular ato que seja lesivo à moralidade administrativa.

Princípio da Publicidade

Esse princípio determina que, via de regra, os atos administrativos devem ser de conhecimento de toda a coletividade, ou seja, devem ser públicos.

Isso é importante para que a sociedade em geral possa conhecer dos atos praticados pelos agentes públicos e apreciar sua legalidade, oportunidade e conveniência.

Essa publicidade deve dar-se pelos meios oficiais, como o Diário Oficial, mas também podem ser usados outros mecanismos de comunicação que sejam mais efetivos, como, por exemplo, sites na internet.

Alguns poucos atos administrativos não estão sujeitos à publicidade, quando, por exemplo, ferirem a intimidade de alguém ou quando sua revelação colocar em risco a coletividade, mas, nesse caso, deve haver previsão legal para a sua não publicação.

Quando a publicidade do ato for exigida, que é o mais comum, a comunicação do mesmo pelos meios oficiais é requisito para sua eficácia, não gerando efeitos enquanto não for dado conhecimento à sociedade de sua existência.

Princípio da Eficiência

Acrescentado ao Art. 37 pela Emenda Constitucional nº 18/98, o princípio da eficiência busca trazer ao serviço público parte da cultura da iniciativa privada de busca de resultados.

Por ele, não basta que a Administração Pública faça o que deve ser feito: ela deve fazê-lo de forma bem-feita e com economia de recursos, inclusive de tempo.

Se a busca da eficiência é importante no setor privado, muito mais o deve ser na área pública, a qual lida com recursos que pertencem, não a uma pessoa específica, mas à coletividade em geral.

Acesso aos Cargos e Empregos Públicos

I. Os cargos, empregos e funções públicas são acessíveis aos brasileiros que preencham os requisitos estabelecidos em lei, assim como aos estrangeiros, na forma da lei;

A regra é que os cargos e empregos públicos sejam acessíveis somente aos brasileiros, e que estes atendam aos requisitos previstos em lei. Ou seja, de forma geral, a ocupação de cargos e empregos públicos por estrangeiros é vedada pela Constituição.

No entanto, a parte final do inciso estabelece que a lei pode permitir excepcionalmente o acesso de estrangeiros a esses cargos e empregos, na forma que ela previr. **Ex.:** *A Lei nº 8.112/90 permite a contratação de professores e cientistas estrangeiros por universidades e instituições de pesquisa federais.*

Provimento de Cargos

II. A investidura em cargo ou emprego público depende de aprovação prévia em concurso público de provas ou de provas e títulos, de acordo com a natureza e a complexidade do cargo ou emprego, na forma prevista em lei, ressalvadas as nomeações para cargo em comissão declarado em lei de livre nomeação e exoneração;

Investidura em um cargo público significa ocupar um cargo vago, tomar posse nele.

Como regra geral, para que alguém ocupe um cargo público deverá prestar um concurso público, que exigirá do candidato conhecimentos e habilidades condizentes com a natureza e complexidade do cargo.

A exigência de concurso público, um dos grandes avanços de nossa Constituição atual, tem por objetivo garantir a igualdade de condições de acesso ao cargo, permitindo que qualquer pessoa nele aprovada (desde que dentro do número de vagas existentes) possa ocupar o posto vago, independentemente, por exemplo, de ter ligações com governantes ou de pertencer a famílias ditas tradicionais.

O servidor concursado ocupa o que se chama de cargo efetivo, e terá direito à estabilidade no mesmo após completar três anos de efetivo exercício.

No entanto, em contraposição à regra geral, existem alguns cargos que podem ser providos sem concurso: são os cargos de confiança, que são destinados às funções de direção, assessoramento e chefia.

A não realização de concurso nesses casos justifica-se porque, para essas funções, é importante haver uma relação de proximidade, de conhecimento mútuo, entre a autoridade nomeante e o servidor nomeado.

Quem é titular de cargo em comissão, diferentemente do que ocorre com o servidor efetivo, não adquire estabilidade no cargo e pode ser desligado do mesmo a qualquer momento, por uma simples decisão da autoridade competente.

Resumindo, então, existem dois tipos de cargos públicos:

> **Cargos de confiança**: seus ocupantes não possuem estabilidade, sendo nomeados sem concurso público por determinação de determinada autoridade e podendo ser exonerados a qualquer hora, a critério da mesma autoridade. São reservados para cargos de chefia, assessoramento e direção, casos em que é necessário haver a possibilidade rápida de substituição do servidor por perda de confiança ou de fraco desempenho.

> **Cargos efetivos**: seus ocupantes possuem estabilidade. Somente podem ser preenchidos por aprovados em concurso público. É a regra geral.

Prazo de Validade dos Concursos

III. O prazo de validade do concurso público será de até dois anos, prorrogável uma vez, por igual período;

IV. Durante o prazo improrrogável previsto no edital de convocação, aquele aprovado em concurso público de provas ou de provas e títulos será convocado com prioridade sobre novos concursados para assumir cargo ou emprego, na carreira;

O concurso público terá o prazo de validade previsto no edital. Durante esse prazo, os candidatos aprovados no concurso poderão ser chamados e terão preferência sobre aqueles que foram aprovados em concursos posteriores.

Esse período de validade será de no máximo dois anos, sendo que a Administração, se quiser, poderá prorrogá-lo, mas somente uma vez e pelo mesmo período inicial.

Assim, por exemplo, se um concurso para determinado cargo tiver o prazo de validade de 12 meses, poderá ser prorrogado uma única vez por mais 12 meses. Durante esse período (no caso 24 meses) os candidatos aprovados poderão ser nomeados pela Administração. Passado esse prazo, esses candidatos não poderão mais ser chamados, devendo prestar um outro concurso, se ainda tiverem interesse de ocupar o cargo.

Além disso, durante o prazo de validade, prorrogado ou não, os aprovados no concurso deverão ser chamados antes daqueles que forem aprovados em outro concurso que foi realizado posteriormente.

Assim, imagine-se que seja realizado concurso para determinado cargo em janeiro de 2014, com prazo de validade de 2 (dois) anos. Imagine-se ainda que ele seja prorrogado (por mais 2 anos). Nessa situação, se for realizado outro concurso para o mesmo cargo até janeiro de 2018 (2 anos de validade + 2 anos de prorrogação), os aprovados no concurso de 2014 deverão ser chamados antes dos aprovados no novo concurso.

Cargos de Confiança

> *V. As funções de confiança, exercidas exclusivamente por servidores ocupantes de cargo efetivo, e os cargos em comissão, a serem preenchidos por servidores de carreira nos casos, condições e percentuais mínimos previstos em lei, destinam-se apenas às atribuições de direção, chefia e assessoramento;*

A Constituição Federal divide os cargos de confiança em duas categorias:

> **Funções de confiança**: são cargos que, apesar de não exigirem concurso e não darem direito à estabilidade nos mesmos, deverão ser ocupados exclusivamente por servidores efetivos do próprio órgão. Exemplo de função de confiança é o de chefe de cartório no Poder Judiciário, também chamado de escrivão, o qual somente pode ser ocupado por um escrevente.

> **Cargos em comissão**: são cargos de confiança que podem ser ocupados por qualquer pessoa, mesmo que não seja servidor, embora a lei possa estabelecer percentual mínimo de servidores efetivos que os ocupem. Exemplo de cargo em comissão é o de Ministro de Estado.

O inciso V determina que tanto as funções de confiança como os cargos em comissão destinam-se somente às atividades de direção, chefia e assessoramento.

Assim, a lei não se pode um criar um cargo de atribuições de execução e estabelecer que se trata de um cargo em comissão, pois não é nem de direção, nem de chefia, nem de assessoramento.

Tal restrição se justifica pelo fato de que os cargos em comissão não são preenchidos por concurso, e assim, devem ser criados de forma excepcional.

Direito de Greve e Associação Sindical do Servidor

> *VI. É garantido ao servidor público civil o direito à livre associação sindical;*
>
> *VII. O direito de greve será exercido nos termos e nos limites definidos em lei específica;*

Nossa Constituição, diferentemente do que estabelecia a anterior, permite que o servidor público civil possa se filiar a sindicato e que possa fazer greve.

No entanto, devido à importância do trabalho do servidor público para a coletividade, a CF determina que seja feita lei específica para definir como a greve no serviço público poderá ser feita.

Enquanto não for aprovada tal lei, o STF decidiu que se aplica à greve no serviço público a mesma lei que rege a paralisação do serviço privado.

Deve-se observar que o servidor público militar continua impedido de sindicalizar-se e fazer greve, uma vez que a permissão se aplica somente ao servidor civil.

Reserva de Vagas para Deficientes

> *VIII. A lei reservará percentual dos cargos e empregos públicos para as pessoas portadoras de deficiência e definirá os critérios de sua admissão;*

Conhecedora das grandes dificuldades enfrentadas pelos deficientes para inserirem-se no mercado de trabalho, tanto por falta de acessibilidade no trabalho como por preconceito por parte dos empregadores, a Constituição determina que a lei reserve a eles, tanto deficientes físicos como mentais, um percentual de vagas no serviço público.

Atualmente, a lei prevê que, em um concurso público, deverão ser reservadas aos deficientes no mínimo 5% (cinco por cento) e no máximo 20% (vinte por cento) das vagas disponibilizadas em um concurso público.

Os deficientes podem optar por concorrer às vagas destinadas a eles ou podem escolher disputar as vagas de ampla concorrência, caso em que disputarão em igualdade de condições com os não deficientes.

A comprovação da deficiência é feita por laudo expedido por junta médica oficial.

Evidentemente, as atribuições do cargo deverão ser compatíveis com as limitações impostas pela deficiência. Desta forma, alguns deficientes mentais ou físicos que forem portadores de limitações muito grandes não poderão ocupar nenhum cargo público. Além disso, para cada candidato deficiente, a junta médica oficial deve verificar se suas limitações não o impedem de exercer as funções do cargo.

Contratações Temporárias no Serviço Público

IX. A lei estabelecerá os casos de contratação por tempo determinado para atender a necessidade temporária de excepcional interesse público;

A Constituição permite que, em situações de excepcional interesse público possam ser contratados servidores públicos temporários.

Cabe à lei definir quais seriam essas hipóteses e a forma como tais servidores seriam contratados.

No que se refere à União, tal regulamentação atualmente é feita pela Lei nº 8.745/93, que prevê quando tais contratações serão possíveis na esfera federal. Entre os exemplos citados pela lei, temos: assistência a situações de calamidade pública ou a emergências em saúde pública, realização de recenseamentos e outras pesquisas efetuadas pelo IBGE e admissão de professor substituto e professor visitante.

Os servidores contratados de forma temporária não terão estabilidade e trabalharão somente pelo prazo determinado em lei, que poderá, inclusive, prever a dispensa de concurso para o preenchimento desses cargos (a Lei nº 8.745/93, por exemplo, prevê que, via de regra, será feito um processo seletivo simplificado).

Remuneração do Servidor

X. A remuneração dos servidores públicos e o subsídio de que trata o § 4º do Art. 39 somente poderão ser fixados ou alterados por lei específica, observada a iniciativa privativa em cada caso, assegurada revisão geral anual, sempre na mesma data e sem distinção de índices;

A Constituição Federal exige que a remuneração dos servidores públicos e dos membros de Poder (juízes, parlamentares, Presidente da República e Membros do Ministério Público) seja fixada por lei específica, que será de iniciativa privativa do Poder pertinente.

Assim, somente o Poder Executivo pode propor um projeto de lei alterando a remuneração de seus servidores, o mesmo ocorrendo em relação aos demais poderes.

A expressão lei específica significa que a lei que tratar de remuneração no serviço público não poderá tratar de nenhum outro assunto.

O inciso X também assegura a revisão anual dos valores da remuneração.

O objetivo da revisão anual é corrigir todos os anos a remuneração dos servidores, evitando que ela seja corroída pela inflação. Essa revisão deveria ser feita sempre na mesma data e utilizando-se o mesmo índice de correção para todos os servidores.

No entanto, tal dispositivo precisa de regulamentação para definir, por exemplo, qual a data da revisão e qual será o índice de inflação utilizado (IPCA, IGPM, etc.). Enquanto a regulamentação não ocorre, esse comando constitucional continua não sendo aplicado.

Teto Salarial no Serviço Público

XI. A remuneração e o subsídio dos ocupantes de cargos, funções e empregos públicos da administração direta, autárquica e fundacional, dos membros de qualquer dos Poderes da União, Estados, Distrito Federal e Municípios, dos detentores de mandato eletivo e dos demais agentes políticos e os proventos, pensões ou outra espécie remuneratória, percebidos cumulativamente ou não, incluídas as vantagens pessoais ou de qualquer outra natureza, não poderão exceder o subsídio mensal, dos Ministros do Supremo Tribunal Federal, aplicando-se como limite, nos Municípios, o subsídio do Prefeito, e nos Estados e Distrito Federal, o subsídio do Governador no âmbito do Poder Executivo, o subsídio dos Deputados Estaduais e Distritais no âmbito do Legislativo e o subsídio dos Desembargadores do Tribunal de Justiça, limitado a 90,25% do subsídio mensal, em espécie, dos Ministros do Supremo Tribunal Federal, no âmbito do Judiciário, aplicável este limite aos membros do Ministério Público, Procuradores e Defensores Públicos.

O inciso XI que, por sinal, é o maior da Constituição, limita a remuneração dos servidores e ocupantes de cargos eletivos, estabelecendo um teto e, nos Estados e Municípios, ainda um subteto.

Primeiro ele diz que, na Administração Direta, nas autarquias e nas fundações públicas, ninguém, ativo ou inativo, poderá receber mais do que recebe mensalmente o Ministro do Supremo Tribunal Federal: este é o chamado teto, que vale para todo e qualquer servidor ou membro de Poder.

No entanto, o dispositivo estabelece também subtetos nos Estados e Municípios, afirmando o seguinte:

Nos Municípios, ninguém poderá mais do que o Prefeito, o qual, por sua vez, não poderá receber mais que um Ministro do STF. Assim, por exemplo, o máximo que um Secretário Municipal ou um médico da rede municipal receberá será o salário do Prefeito.

Nos Estados, haverá um subteto diferenciado para cada Poder:

> Tratando-se de servidor do Poder Executivo Estadual, não poderá ele receber uma remuneração maior do que a do Governador, o qual não pode receber mais do que aufere mensalmente um Ministro do STF;
> Se for um servidor da Assembleia Legislativa Estadual, não poderá ganhar mais do que recebem os Deputados Estaduais (os quais, por sua vez, não podem receber mais do que 75% do que ganham os Deputados Federais, conforme prevê o Art. 26, § 2º, da Constituição);
> Se for um servidor do Poder Judiciário, Ministério Público Procuradoria ou Defensoria Estaduais, não poderá receber mais do que a remuneração de um Desembargador do Tribunal de Justiça, a qual, por seu turno, corresponderá a no máximo 90,25% do salário de um Ministro do STF.

Deve observar-se que o § 12 do mesmo Art. 37 permite que os Estados e Distrito Federal, se quiserem, unifiquem os subtetos dos três poderes, adotando como limite único a remuneração dos Desembargadores do Tribunal de Justiça.

A parcela da remuneração do servidor que exceder ao teto (servidores federais) ou o subteto respectivo (servidores estaduais e municipais) será deduzida diretamente em seu contracheque, dedução essa conhecida como "abate-teto".

Deve-se observar que, via de regra, esses limites todos não se aplicam aos funcionários de sociedades de economia mista ou empresas públicas, as quais, por atuarem no mercado, precisam pagar um salário condizente com o pago pela iniciativa privada, ainda que superiores ao teto e subtetos.

Assim, um diretor do Banco do Brasil pode ganhar mais do que recebe um Ministro do STF, o mesmo ocorrendo com um diretor da Petrobras, por exemplo.

No entanto, o § 9º do Art. 37 afirma que se determinada empresa pública, sociedade de economia mista ou subsidiária de uma delas, receber recursos da União, dos Estados, do Distrito Federal ou dos Municípios para pagamento de despesas de pessoal ou de custeio em geral, deverão, sim, submeter-se ao teto e subtetos previstos neste inciso.

Proibição de Vencimentos Superiores aos Pagos pelo Poder Executivo

> *XII. Os vencimentos dos cargos do Poder Legislativo e do Poder Judiciário não poderão ser superiores aos pagos pelo Poder Executivo;*

Provavelmente a intenção do Constituinte foi a de estabelecer uma isonomia de remuneração para aqueles cargos que são encontrados nos diversos poderes, como motoristas, seguranças, etc. Isso porque, ao dizer que no Legislativo e no Judiciário não se poderia ganhar mais do que no Executivo, a Constituição acabaria por igualar esses salários, uma vez que justamente é o Poder Executivo que costuma ter menos margem orçamentária para aumentar a remuneração de seus servidores.

O problema está na palavra utilizada. Isso porque a palavra vencimentos de acordo com a Lei nº 8.112/90, é sinônimo de salário-base, e não de remuneração total.

Isso quer dizer que, havendo cargos equivalentes nos diferentes Poderes, o salário-base pago pelo Judiciário e Legislativo não poderá ser maior que o pago pelo Executivo, mas isso não se aplica à remuneração como um todo.

Na prática, a grande diferenciação que se observa entre cargos equivalentes nos diferentes poderes deve-se a diversos adicionais acrescidos ao salário-base, uma vez que a definição legal de vencimentos permite essa brecha, reforçada pelo Art. 39, §1º, da Constituição.

Vedação à Equiparação de Vencimentos

> *XIII. É vedada a vinculação ou equiparação de quaisquer espécies remuneratórias para o efeito de remuneração de pessoal do serviço público;*

Os salários não devem ser vinculados entre si, salvo as exceções previstas na Constituição Federal, para evitar-se o chamado efeito cascata, em que o aumento da remuneração de um cargo leva ao aumento automático do salário de outros cargos cuja remuneração esteja vinculada ao primeiro.

O inciso XIII não proíbe que dois ou mais cargos tenham os salários numericamente iguais, principalmente se tiverem natureza e complexidade semelhantes. O que ele veda é uma vinculação ou equiparação permanente e automática entre eles.

Vedação de Capitalização de Acréscimos Pecuniários

> *XIV. Os acréscimos pecuniários percebidos por servidor público não serão computados nem acumulados para fins de concessão de acréscimos ulteriores;*

O inciso XIV do Art. 37 visa evitar o efeito chamado de juros sobre juros em relação aos acréscimos que o servidor público receber em seu salário, estabelecendo que, havendo um acréscimo na remuneração do servidor por alguma razão, os eventuais aumentos posteriores concedidos pela mesma razão não deverão incidir sobre os acréscimos que foram dados antes.

Assim, por exemplo, imaginemos que um servidor tenha direito todo ano a um anuênio no valor de 1% sobre seus vencimentos, ou seja, a cada ano haverá um acréscimo de 1% em seu salário-base.

Para facilitar, vamos imaginar que o salário-base do servidor permanece fixo a cada ano e que é de R$ 2.000,00.

Ao final do primeiro ano o seu salário será majorado em 1%, tendo, portanto, R$ 20,00 de aumento, passando seus vencimentos a R$ 2.020,00. Ao final do segundo ano, ele terá direito a outro anuênio, que será calculado também sobre R$ 2.000,00, e não sobre R$ 2.020,00, uma vez que o acréscimo anterior (R$ 20,00) não deve ser computado para acréscimos posteriores pela mesma razão, para não se calcularem anuênios sobre anuênios.

Irredutibilidade dos Vencimentos do Servidor

> *XV. Os vencimentos dos servidores públicos são irredutíveis, ressalvado o disposto nos incisos XI e XIV deste artigo e nos Arts. 39, § 4º, 150, II, 153, III, e 153, § 2º, I.*

Assim como acontece com o trabalhador da iniciativa privada, o salário do servidor público não poderá ser reduzido.

O salário do cargo, no entanto, pode ser reduzido, mas isso somente valerá para aqueles que forem admitidos posteriormente, sendo que os que já estiverem admitidos não poderão ser afetados pela redução.

As ressalvas previstas referem-se à hipóteses de redução para obedecer a algumas determinações constitucionais (como a observância ao teto e subtetos de remuneração, por exemplo) e à possibilidade de cobrança de imposto de renda sobre a remuneração do servidor.

Acumulação de Cargos Públicos

> *XVI. É vedada a acumulação remunerada de cargos públicos, exceto, quando houver compatibilidade de horários, observado em qualquer caso o disposto no inciso XI.*
> *a) a de dois cargos de professor;*
> *b) a de um cargo de professor com outro técnico ou científico;*
> *c) a de dois cargos ou empregos privativos de profissionais de saúde, com profissões regulamentadas;*

A regra geral é a de que o servidor somente pode ter um cargo público, com o objetivo de evitar-se a prática, relativamente comum antes da Constituição de 1988, de servidores que possuíam diversos cargos públicos e não exerciam de fato nenhum deles, apesar de receber remuneração de todos.

No entanto, o próprio inciso XVI cita três exceções em que o servidor poderá ter, ao mesmo tempo, dois cargos públicos (mais de dois, jamais), desde que, obviamente, haja compatibilidade nos horários de expediente.

As hipóteses de acumulação permitida são:

> **Dois cargos de professor**

Assim, alguém pode ser professor em universidade estadual e professor em uma universidade federal, por exemplo, ou professor da rede estadual e municipal de ensino ao mesmo tempo.

> **Um cargo de professor com outro cargo técnico ou científico**

Para que um cargo seja considerado técnico ou científico, não basta que tenha essa denominação, como Técnico Judiciário, por exemplo, mas de acordo com a doutrina e jurisprudência, cargo técnico ou científico, para fins de acumulação remunerada, é tanto o cargo de nível superior que exige uma habilitação específica quanto o cargo de nível médio que exige curso técnico específico.

Assim, será considerado técnico o cargo que exija um curso superior em determinada área, assim como aquele que exija o diploma de nível médio de técnico, como técnico em enfermagem, por exemplo.

> **Dois cargos ou empregos privativos de profissionais de saúde, com profissões regulamentadas**

Em sua redação original, a Constituição falava em *dois cargos privativos de médico*, mas atualmente permite a acumulação de quaisquer dois cargos públicos privativos de profissionais de saúde, desde que tenham suas profissões regulamentadas.

Profissões regulamentadas são aquelas definidas por lei e que possuem uma regulação própria. São exemplos de profissões regulamentadas na área de saúde: médico, enfermeiro, fonoaudiólogo e técnico em radiologia.

Mesmo no caso das acumulações permitidas pela Constituição, a soma das remunerações recebidas pelo servidor não poderá ultrapassar o limite previsto no inciso XI, que no caso dos servidores federais é o subsídio do Ministro do Supremo Tribunal Federal.

Por fim, observe-se que, a proibição de acumulação somente envolve cargos e empregos públicos, nada impedindo que o servidor acumule um cargo público com outro ou outros na área privada, desde que não haja expressa vedação legal ou qualquer conflito de interesses, exigindo, também, evidentemente que haja compatibilidade de horários.

> *XVII. A proibição de acumular estende-se a empregos e funções e abrange autarquias, fundações, empresas públicas, sociedades de economia mista, suas subsidiárias, e sociedades controladas, direta ou indiretamente, pelo poder público;*

Esse dispositivo estende a vedação de acumulação de cargos públicos (com suas exceções) a todas as entidades da Administração Direta e Indireta, bem como todas as sociedades controladas, direta ou indiretamente, pelo poder público.

Assim, um empregado do Banco do Brasil, por exemplo, não poderá também ocupar um cargo de Escrevente de Tribunal de Justiça, por não se enquadrar em nenhuma das três hipóteses de acumulação.

Precedência da Administração Fazendária

> *XVIII. A administração fazendária e seus servidores fiscais terão, dentro de suas áreas de competência e jurisdição, precedência sobre os demais setores administrativos, na forma da lei;*

A Administração Fazendária compreende o conjunto dos órgãos responsáveis pela arrecadação e cobrança de tributos, tanto na esfera federal como na estadual e municipal, e que normalmente recebem o nome de Ministério da Fazenda e Secretarias da Fazenda ou Finanças, e dentro delas, as chamadas Receitas ou Fiscos.

Precedência significa preferência, prioridade. Assim, as requisições feitas pela Receita Federal, por exemplo, deverão ser atendidas com prioridade pelos demais órgãos administrativos. Além disso, esse dispositivo permite, por exemplo, que a Receita Federal requisite o auxílio da Polícia Federal e Militar na realização de operações.

A citada precedência será exercida nos termos da lei.

Criação de Entidades da Administração Indireta e suas Subsidiárias

> *XIX. Somente por lei específica poderá ser criada autarquia e autorizada a instituição de empresa pública, de sociedade de economia mista e de fundação, cabendo à lei complementar, neste último caso, definir as áreas de sua atuação;*

Esse inciso trata da criação de entidades da Administração Indireta, estabelecendo o seguinte:

As autarquias são criadas por lei específica.

Já as demais entidades da Administração Indireta (empresas públicas, sociedades de economia mista e fundações públicas) têm a sua criação autorizada por lei específica, mas são criadas por ato do Executivo, sendo que, no caso das fundações, suas áreas de atuação devem ser definidas através de lei complementar.

Lei específica é a lei que somente trata de um determinado assunto, no caso, criação de autarquia ou autorização para criação de outra entidade da Administração Indireta.

O inciso XX estende essa obrigatoriedade de previsão legal à criação de subsidiárias das entidades citadas no inciso XIX, bem como à participação das mesmas em qualquer empresa privada:

> *XX. Depende de autorização legislativa, em cada caso, a criação de subsidiárias das entidades mencionadas no inciso anterior, assim como a participação de qualquer delas em empresa privada;*

Subsidiária nada mais é do que uma empresa que é controlada por outra, chamada de controladora.

Assim, se uma entidade da Administração Indireta resolver criar uma empresa controlada ou se for participar do capital de uma empresa privada, comprando parte de seu capital, deverá antes obter a aprovação dessa operação, por lei.

Licitação

> *XXI. Ressalvados os casos especificados na legislação, as obras, serviços, compras e alienações serão contratados mediante processo de licitação pública que assegure igualdade de condições a todos os concorrentes, com cláusulas que estabeleçam obrigações de pagamento, mantidas as condições efetivas da proposta, nos termos da lei, o qual somente permitirá as exigências de qualificação técnica e econômica indispensáveis à garantia do cumprimento das obrigações.*

Licitação é um procedimento administrativo que busca obter a proposta mais vantajosa para a Administração quando da celebração de um contrato, em que os interessados são chamados para apresentar suas propostas e a Comissão de Licitação escolhe aquela que melhor atender ao interesse público.

Toda licitação é regida por um edital ou carta-convite, que regulamenta o procedimento e em que se definem, entre outras coisas, o objeto da licitação, as regras para participação dos interessados e os critérios que serão levados em consideração para a definição do vencedor (menor preço, por exemplo).

Atualmente, as licitações são regulamentadas por dois diplomas legais: a Lei nº 8.666/93, que se aplica às modalidades: concorrência, tomada de preços, convite, concurso e leilão, e a Lei nº 10.520/02, que trata do pregão.

O inciso XXI do Art. 37 deixa claro que a regra é que toda contratação pela Administração Pública seja precedida de licitação. No entanto, o mesmo dispositivo, ao afirmar "ressalvados os casos especificados na legislação", deixa claro que a lei pode estabelecer hipóteses em que não haverá necessidade de licitação, sendo que a Lei nº 8.666/93 divide essas situações excepcionais em dois grupos: casos de dispensa de licitação (a licitação seria possível, mas não há necessidade de realizá-la) e casos de inexigibilidade (situações em que não haveria possibilidade de realizar-se licitação por impossibilidade de competição).

A Constituição também exige que seja dado tratamento isonômico a todos os participantes da licitação, sem qualquer favorecimento ou detrimento de qualquer dos licitantes, sendo que o vencedor estará obrigado a cumprir o que prometeu na proposta, sob pena de sofrer penalidades.

Por fim, visando permitir que a licitação tenha a participação do maior número possível de interessados, o inciso XXI afirma que a lei somente deve permitir que o edital faça as exigências de qualificação técnica e econômica indispensáveis à garantia do cumprimento das obrigações. Isso porque, se o edital apresentar condições muito restritivas de qualificação, pode inviabilizar indevidamente a participação de muitos dos interessados.

Essencialidade da Administração Tributária

> *XXII. As administrações tributárias da União, dos Estados, do Distrito Federal e dos Municípios, atividades essenciais ao funcionamento do Estado, exercidas por servidores de carreiras específicas, terão recursos prioritários para a realização de suas atividades e atuarão de forma integrada, inclusive com o compartilhamento de cadastros e de informações fiscais, na forma da lei ou convênio.*

Administração tributária é o mesmo que administração fazendária. Vê-se assim, que o dispositivo acima complementa o estabelecido no inciso XVIII, que se aplica aos mesmos órgãos.

A arrecadação de tributos é essencial para que o Governo possa atender às necessidades coletivas. A Constituição Federal busca garantir que as administrações tributárias tenham sempre recursos para suas atividades, pois, sem eles, os serviços públicos não podem ser prestados à população.

Prevê também a colaboração e troca de informações entre as administrações tributárias federal, estaduais e municipais, visando melhor eficiência arrecadatória e fiscalizatória, o que, no entanto, deve ser sempre feito na forma de lei ou convênio, para garantir uma maior transparência das ações desses órgãos.

Proibição de Uso da Publicidade Oficial para Promoção Pessoal

> *§ 1º. A publicidade dos atos, programas, obras, serviços e campanhas dos órgãos públicos deverá ter caráter educativo, informativo ou de orientação social, dela não podendo constar nomes, símbolos ou imagens que caracterizem promoção pessoal de autoridades ou servidores públicos.*

É importante que o Governo informe constantemente a população sobre ações, programas e obras, e isso é feito através da chamada publicidade oficial.

No entanto, proíbe-se que a publicidade oficial, que é bancada com recursos públicos, seja utilizada para promoção pessoal do governante, através do emprego de nome, símbolos ou imagens que visem ligar essas ações, programas e obras com o nome do administrador.

A promoção pessoal do governante deve ser feita obedecendo-se à legislação eleitoral e sempre com a utilização de recursos do próprio político ou de seu partido político.

Assim, numa obra pública, por exemplo, pode-se e deve-se colocar uma placa com as informações mais importantes sobre a construção, como finalidade, valor total, fontes de financiamento e prazo de conclusão, e essa placa pode ser paga com recursos públicos, por se tratar de publicidade oficial. No entanto, não se pode mandar escrever na placa: mais obra do Prefeito Fulano de Tal, pois isso caracteriza promoção pessoal.

Nulidade de Concursos Públicos que não Obedecerem ao Disposto no Art. 37

> *§ 2º. A não observância do disposto nos incisos II e III implicará a nulidade do ato e a punição da autoridade responsável, nos termos da lei.*

O inciso II estipula que, salvo nos casos dos cargos em comissão, as vagas no serviço público deverão ser preenchidas por concurso.

Por sua vez, o inciso III afirma que o prazo de validade do concurso será de até dois anos, podendo ser prorrogado uma única vez, pelo mesmo período original.

Se alguém for nomeado para um cargo efetivo sem concurso público ou for nomeado fora do prazo de validade do mesmo, o ato de nomeação será anulado e a lei deverá haver a punição da autoridade responsável pela desobediência aos comandos constitucionais.

Participação do Usuário na Administração Pública

§ 3º. A lei disciplinará as formas de participação do usuário na administração pública direta e indireta, regulando especialmente:

I. As reclamações relativas à prestação dos serviços públicos em geral, asseguradas a manutenção de serviços de atendimento ao usuário e a avaliação periódica, externa e interna, da qualidade dos serviços;

II. O acesso dos usuários a registros administrativos e a informações sobre atos de governo, observado o disposto no Art. 5º, X e XXXIII;

III. A disciplina da representação contra o exercício negligente ou abusivo de cargo, emprego ou função na administração pública.

A preocupação do § 3º do Art. 37 é permitir uma maior participação da sociedade em geral na administração pública e um maior controle dessa mesma sociedade sobre os atos públicos.

Tais ações são essenciais para que tenhamos uma democracia efetiva e estável, uma vez que, democracia não é somente um regime em que o povo elege seus representantes, mas, muito mais do que isso, é o regime em que há uma efetiva participação popular nas ações de governo.

A lei deve prever a facilitação da apresentação de reclamações dos cidadãos em relação à prestação de serviços, criando serviços de atendimento ao usuário, regulando também como serão apuradas as denúncias contra os atos ilegais praticados por agentes públicos.

Além disso, deve também regular o acesso das pessoas em geral aos registros da Administração Pública. Atualmente a lei que trata sobre isso é a Lei nº 12.527/11, conhecido como Lei de Acesso à Informação.

Atos de Improbidade Administrativa

§ 4º. Os atos de improbidade administrativa importarão a suspensão dos direitos políticos, a perda da função pública, a indisponibilidade dos bens e o ressarcimento ao erário, na forma e gradação previstas em lei, sem prejuízo da ação penal cabível.

Atos de improbidade administrativa são atos que causam prejuízos ao erário público, que causam enriquecimento ilícito ou que ofendam os princípios constitucionais administrativos, de acordo com a Lei de Improbidade Administrativa (Lei nº 8.429/92).

A Lei de Improbidade, além de definir o que são os atos de improbidade, também traz as penas que deverão ser aplicadas pelo juiz contra quem os praticar, e entre elas, estão aquelas previstas no § 4º:

> **Perda da função**: se o agente que praticar o ato for servidor público, poderá ser demitido do cargo. Nesse caso, a Lei nº 8.112/90 estabelece que o servidor não mais poderá ocupar outro cargo público (demissão a bem do serviço público).

> **Suspensão dos direitos políticos**: que é a perda temporária dos direitos de votar e de ser candidato (a Lei nº 8.429/92 estabelece o prazo de até oito anos de suspensão).

> **Indisponibilidade dos bens**: ordem do juiz que proíbe o praticante do ato de improbidade de vender ou doar seus bens até o fim do processo de ressarcimento dos cofres públicos. Também é chamada de congelamento de bens.

> **Ressarcimento aos cofres públicos**: nem todo ato de improbidade causa prejuízo ao erário. No entanto, se isso ocorrer, o condenado deverá devolver aos cofres públicos os valores desfalcados, devidamente corrigidos.

Além de todas essas penalidades, aquele que praticou o ato de improbidade ainda poderá responder criminalmente, ou seja, ainda poderá perder sua liberdade. Importante observar, porém, que a questão criminal será julgada em ação à parte, em outro processo, uma vez que o processo de improbidade não tem natureza penal.

Prescrição e Imprescritibilidade

§ 5º. A lei estabelecerá os prazos de prescrição para ilícitos praticados por qualquer agente, servidor ou não, que causem prejuízos ao erário, ressalvadas as respectivas ações de ressarcimento.

Embora a responsabilização penal e administrativa do servidor ou terceiro que praticar um ato ilícito tenha um prazo para prescrever estabelecido pela lei, a Constituição Federal estipula que a ação civil para ressarcimento ao erário não prescreverá, ou seja, quem causar prejuízo aos cofres públicos poderá ser cobrado a qualquer tempo na Justiça, mesmo que eventualmente o crime correspondente tenha já prescrevido.

Responsabilidade Civil Objetiva do Poder Público

§ 6º. As pessoas jurídicas de direito público e as de direito privado prestadoras de serviços públicos responderão pelos danos que seus agentes, nessa qualidade, causarem a terceiros, assegurado o direito de regresso contra o responsável nos casos de dolo ou culpa.

Esse dispositivo prevê a responsabilidade civil objetiva da Administração Pública, afirmando que, sempre que um servidor, empregado público ou agente de concessionário causar prejuízos a alguém, o Estado será obrigado a pagar a indenização respectiva à vítima, mesmo que o agente do Estado, causador do dano, não tenha agido com dolo (intenção) ou culpa (imperícia, imprudência ou negligência).

Agora, se o causador do dano agiu como dolo ou culpa, o Estado também terá que indenizar a vítima, mas aí terá o direito de regresso contra o responsável, ou seja, poderá cobrar do agente o valor que teve que pagar à vítima.

Assim, por exemplo, se um servidor público estiver dirigindo um veículo oficial e o freio do carro falhar, sem nenhuma culpa do motorista, e vier atingir outro automóvel, a Administração Pública deverá pagar os prejuízos sofridos pelo particular e, nesse caso, nada cobrará do servidor.

Se, porém, a colisão ocorrer porque o servidor atravessou um cruzamento no semáforo vermelho, sem nenhuma justificativa, o Estado ainda assim terá que indenizar o particular, mas poderá cobrar do servidor o valor da indenização, uma vez que nesse caso ele agiu com imprudência, ou seja, culpa.

Essa responsabilidade civil objetiva estende-se também aos concessionários de serviços públicos.

Acesso a Informações Privilegiadas

§ 7º A lei disporá sobre os requisitos e as restrições ao ocupante de cargo ou emprego da administração direta e indireta que possibilite o acesso a informações privilegiadas.

Informações privilegiadas são aquelas às quais alguém tem acesso de forma exclusiva ou antes do público em geral e que possam interferir, de alguma forma no ganho ou perda de valores no mercado.

Ex.: *um servidor da Comissão de Valores Mobiliários tem acesso, antes do mercado, ao balanço de um banco. Esse servidor poderia utilizar-se dessa informação antecipada para comprar ou vender ações da instituição financeira antes que o mercado altere o seu preço.*

Contratos de Gestão

§ 8º A autonomia gerencial, orçamentária e financeira dos órgãos e entidades da administração direta e indireta poderá ser ampliada mediante contrato, a ser firmado entre seus administradores e o poder público, que tenha por objeto a fixação de metas de desempenho para o órgão ou entidade, cabendo à lei dispor sobre:

I. O prazo de duração do contrato;

II. Os controles e critérios de avaliação de desempenho, direitos, obrigações e responsabilidade dos dirigentes

III. A remuneração do pessoal.

O § 8º trata dos chamados contratos de gestão, que são acordos assinados entre o Chefe do Poder Executivo ou seus auxiliares diretos, de um lado, e representantes de entidades ou órgãos da Administração Direta ou Indireta, de outro, e que visam aumentar a autonomia dessas entidades ou órgãos em troca do atingimento de metas de desempenho.

O objetivo é obter uma maior eficiência administrativa, através da cobrança de resultados, característica do chamado modelo gerencial de gestão pública.

Extensão do Limite de Remuneração

§ 9º O disposto no inciso XI aplica-se às empresas públicas e às sociedades de economia mista, e suas subsidiárias, que receberem recursos da União, dos Estados, do Distrito Federal ou dos Municípios para pagamento de despesas de pessoal ou de custeio em geral.

Via de regra, os empregados de sociedades de economia mista, empresas públicas e suas subsidiárias não se submetem aos limites de remuneração estipulados pelo inciso XI. No entanto, o § 9º deixa claro que, se essas entidades receberem recursos públicos para pagamento de pessoal ou para suas despesas correntes, deverão, sim, submeter-se ao teto e subtetos previstos na Constituição.

Vedação de Acumulação de Proventos de Aposentadoria com Vencimentos de Cargo Público

§ 10. É vedada a percepção simultânea de proventos de aposentadoria decorrentes do Art. 40 ou dos Arts. 42 e 142 com a remuneração de cargo, emprego ou função pública, ressalvados os cargos acumuláveis na forma desta Constituição, os cargos eletivos e os cargos em comissão declarados em lei de livre nomeação e exoneração.

Via de regra, o servidor público aposentado pelo regime público de previdência não poderá continuar a trabalhar de forma remunerada no serviço público, acumulando os proventos da aposentadoria com os vencimentos de outro cargo.

Essa possibilidade de acumulação de proventos da aposentadoria com o salário de um outro cargo somente pode se dar em três situações:

> Se o cargo em que se deu a aposentadoria for acumulável com o cargo da ativa.

> Se o servidor aposentado for eleito para algum cargo político (vereador, Prefeito ou Vice, deputado estadual, Governador e Vice-Governador, deputado federal, senador ou Presidente da República ou Vice).

> Se o cargo atualmente exercido pelo servidor aposentado for um cargo em comissão de livre nomeação e exoneração.

Parcelas Indenizatórias da Remuneração

§ 11. Não serão computadas, para efeito dos limites remuneratórios de que trata o inciso XI do caput deste artigo, as parcelas de caráter indenizatório previstas em lei.

O que o § 11 está a dizer é que, em se tratando de parcelas indenizatórias da remuneração, ou seja, aqueles valores destinados a compensar o servidor por uma perda sofrida, não serão elas consideradas para verificação do limite do teto e subtetos da remuneração.

Em outras palavras, a remuneração do servidor poderá ultrapassar os limites do inciso XI se:

> Houver pagamento de parcelas indenizatórias em sua remuneração (ressarcimento de danos sofridos pelo servidor); e
> O limite que exceder os tetos ou subtetos não ultrapassar o valor das parcelas indenizatórias.

Possibilidade de Adoção de Subteto Único para os Servidores Estaduais e Distritais

§ 12. Para os fins do disposto no inciso XI do caput deste artigo, fica facultado aos Estados e ao Distrito Federal fixar, em seu âmbito, mediante emenda às respectivas Constituições e Lei Orgânica, como limite único, o subsídio mensal dos Desembargadores do respectivo Tribunal de Justiça, limitado a noventa inteiros e vinte e cinco centésimos por cento do subsídio mensal dos Ministros do Supremo Tribunal Federal, não se aplicando o disposto neste parágrafo aos subsídios dos Deputados Estaduais e Distritais e dos Vereadores.

A remuneração do servidor público estadual está sujeita a subtetos diferenciados, de acordo com o Poder em que o servidor trabalha. No entanto, o dispositivo acima permite que, se o Estado ou Distrito Federal desejar, poderá fixar um limite único para os três poderes estaduais que, neste caso, será o subsídio recebido pelos Desembargadores do Tribunal de Justiça.

Servidor Eleito para Cargo Público

Art. 38. Ao servidor público da administração direta, autárquica e fundacional, no exercício de mandato eletivo, aplicam-se as seguintes disposições:

I. Tratando-se de mandato eletivo federal, estadual ou distrital, ficará afastado de seu cargo ou emprego;

II. Investido no mandato de Prefeito, será afastado do cargo, emprego ou função, sendo-lhe facultado optar pela sua remuneração;

III. Investido no mandato de Vereador, havendo compatibilidade de horários, perceberá as vantagens de seu cargo, emprego ou função, sem prejuízo da remuneração do cargo eletivo, e, não havendo compatibilidade, será aplicada a norma do inciso anterior;

O Art. 38 trata da questão do afastamento e do recebimento de remuneração pelo servidor público eleito para um cargo político, estabelecendo as seguintes regras.

No caso do servidor ter sido eleito para os cargos de Presidente da República, Deputado Federal, Senador, Deputado Estadual/Distrital ou Governador, ou seja, para qualquer cargo federal e estadual, será ele afastado sem remuneração do cargo que ocupa, ou seja, receberá a remuneração do cargo eletivo para o qual foi escolhido.

No caso de ter sido Prefeito Municipal, será afastado do cargo, mas poderá escolher entre a remuneração do cargo efetivo e a de Prefeito. Isso porque, em muitos municípios, o salário de prefeito é menor do que o de muitos cargos públicos efetivos federais e estaduais.

Por fim, no caso do servidor ter sido eleito Vereador, existem duas possibilidades:

> Havendo compatibilidade de horário entre o período de trabalho como vereador e como servidor, ele não será afastado e trabalhará em ambos os cargos e, portanto, perceberá as tanto o salário de vereador como o do cargo efetivo;
> Não havendo compatibilidade de horário, será afastado do cargo, podendo escolher qual salário receberá, ou seja, nessa situação, aplicar-se-á a mesma regra do servidor eleito para Prefeito.

Em qualquer hipótese de afastamento, assim que terminar o mandato do servidor eleito, se não houver reeleição, deverá ele retornar ao exercício do cargo efetivo.

Servidores Públicos

Embora a Constituição Federal já estabeleça várias regras sobre os servidores públicos no Art. 37, em seus Arts. 39 e 40 traz outras disposições sobre o tratamento que deve ser dispensado a eles.

Primeiramente, deve-se entender que os servidores públicos são pessoas que trabalham na Administração Direta (União, Estados, Distrito Federal e Municípios) ou em autarquias ou em fundações públicas de direito público e cuja relação com esse ente é regida por uma lei específica, chamada normalmente de estatuto.

No caso dos servidores públicos civis federais, o estatuto é a Lei nº 8.112/90.

Ou seja, os servidores públicos não se sujeitam às regras da CLT – Consolidação das Leis do Trabalho, mas são regidos por lei própria.

Os funcionários públicos que são regidos pela CLT são chamados de empregados públicos, e normalmente trabalham em sociedades de economia mista e empresas públicas (embora haja a possibilidade de funcionários de autarquias serem regidos pela CLT, caso em que também serão empregados públicos).

Vejamos o que a CF diz a respeito:

Política de Remuneração do Serviço Público

Art. 39. A União, os Estados, o Distrito Federal e os Municípios instituirão conselho de política de administração e remuneração de pessoal, integrado por servidores designados pelos respectivos Poderes.

A ideia é que a União, Estados, DF e Municípios tratem seus servidores de maneira semelhante, com remunerações próximas para atividades assemelhadas.

Para isso, deveria ser criado um Conselho de Política de Administração e Remuneração de Pessoal, integrado por servidores dos diversos poderes das três esferas de governo.

Critérios para Definição da Remuneração do Servidor Público

§ 1º. A fixação dos padrões de vencimento e dos demais componentes do sistema remuneratório observará:

I. A natureza, o grau de responsabilidade e a complexidade dos cargos componentes de cada carreira

II. Os requisitos para a investidura;

III. As peculiaridades dos cargos.

Esse dispositivo traz os critérios que devem ser observados para a definição da remuneração dos diversos cargos públicos, tanto do Poder Executivo, como do Legislativo e do Judiciário.

Cabe à lei estabelecer o valor da remuneração de cada cargo.

Escolas de Governo

§ 2º. A União, os Estados e o Distrito Federal manterão escolas de governo para a formação e o aperfeiçoamento dos servidores públicos, constituindo-se a participação nos cursos um dos requisitos para a promoção na carreira, facultada, para isso, a celebração de convênios ou contratos entre os entes federados.

A Constituição pretende que o servidor público esteja sempre atualizado e em constante aperfeiçoamento.

Por isso determina que a União e os Estados criem e mantenham escolas destinadas a oferecer cursos de aperfeiçoamento aos servidores, inclusive determinando que a participação nesses cursos seja obrigatória para a promoção na carreira.

Como exemplo de escola desse tipo na Administração Federa temos a Esaf – Escola Superior de Administração Fazendária, vinculada ao Ministério da Fazenda.

Direitos Trabalhistas Aplicáveis ao Servidor Público

§ 3º. Aplica-se aos servidores ocupantes de cargo público o disposto no Art. 7º, IV, VII, VIII, IX, XII, XIII, XV, XVI, XVII, XVIII, XIX, XX, XXII e XXX, podendo a lei estabelecer requisitos diferenciados de admissão quando a natureza do cargo o exigir.

O servidor público está sujeito a direitos e deveres diferentes do trabalhador da iniciativa privada.

No entanto, o § 3º diz quais os direitos do trabalhador comum que os servidores também terão assegurados. São os seguintes:

a) salário-mínimo;

b) garantia de salário, nunca inferior ao mínimo, para os que percebem remuneração variável;

c) décimo terceiro salário;

d) remuneração do trabalho noturno superior à do diurno;

e) salário-família pago em razão do dependente do trabalhador de baixa renda;

f) duração do trabalho normal não superior a oito horas diárias e quarenta e quatro semanais;

g) repouso semanal remunerado;

h) remuneração do serviço extraordinário superior, no mínimo, em cinquenta por cento à do normal;

i) gozo de férias anuais remuneradas com, pelo menos, um terço a mais do que o salário normal;

j) licença à gestante;

k) licença-paternidade;

l) proteção do mercado de trabalho da mulher;

m) redução dos riscos inerentes ao trabalho, por meio de normas de saúde, higiene e segurança;

n) adicional de remuneração para as atividades penosas, insalubres ou perigosas, na forma da lei;

o) proibição de diferença de salários, de exercício de funções e de critério de admissão por motivo de sexo, idade, cor ou estado civil.

Embora a Constituição garanta aos servidores públicos tais direitos, eles poderão ser regulamentados de forma diferente do que quando aplicados ao trabalhador da iniciativa privada.

Ex.: *A CLT determina que o trabalhador da iniciativa privada somente pode ter parceladas as suas férias em dois períodos. Já o servidor público federal pode gozá-las divididas em três períodos.*

Além dos direitos previstos no § 3º, o estatuto do servidor também pode estabelecer outros.

Remuneração por Subsídio

> *§ 4º. O membro de Poder, o detentor de mandato eletivo, os Ministros de Estado e os Secretários Estaduais e Municipais serão remunerados exclusivamente por subsídio fixado em parcela única, vedado o acréscimo de qualquer gratificação, adicional, abono, prêmio, verba de representação ou outra espécie remuneratória, obedecido, em qualquer caso, o disposto no Art. 37, X e XI.*

Os cargos citados acima devem receber por subsídio de parcela única. Ou seja, sua remuneração não deve possuir os chamados "penduricalhos", que são diversos valores, normalmente variáveis, que integram a remuneração de diversos cargos públicos, e que normalmente tornam muito difícil saber o valor exato de seu salário.

A intenção da Constituição é garantir uma maior transparência a respeito dos valores recebidos pelos Membros de Poder, políticos, Ministros e Secretários.

Relação entre Maior e Menor Remuneração

> *§ 5º. Lei da União, dos Estados, do Distrito Federal e dos Municípios poderá estabelecer a relação entre a maior e a menor remuneração dos servidores públicos, obedecido, em qualquer caso, o disposto no Art. 37, XI.*

A lei pode definir, para cada cargo, qual a relação entre a maior remuneração, paga normalmente para servidores mais antigos no cargo, e a menor, que é normalmente reservada àqueles que ingressaram mais recentemente.

Publicidade da Remuneração dos Servidores e Empregados Públicos

> *§ 6º. Os Poderes Executivo, Legislativo e Judiciário publicarão anualmente os valores do subsídio e da remuneração dos cargos e empregos públicos.*

A ideia da Constituição é de que a remuneração no serviço público seja transparente, com a publicação anual dos valores pagos aos servidores e empregados públicos.

Investimentos em Capacitação e Modernização

> *§ 7º. Lei da União, dos Estados, do Distrito Federal e dos Municípios disciplinará a aplicação de recursos orçamentários provenientes da economia com despesas correntes em cada órgão, autarquia e fundação, para aplicação no desenvolvimento de programas de qualidade e produtividade, treinamento e desenvolvimento, modernização, reaparelhamento e racionalização do serviço público, inclusive sob a forma de adicional ou prêmio de produtividade.*

Norma de finança pública, o § 7º estabelece que a lei deva prever a aplicação de "sobras orçamentárias" (recursos provenientes da economia com despesas correntes) em programas de aperfeiçoamento dos servidores e do serviço público como um todo.

A intenção é estimular a boa gestão de recursos, inclusive permitindo que parte dessa economia de despesas retorne ao bolso dos servidores, sob a forma de adicional ou prêmio de produtividade.

Aposentadoria do Servidor Público

> *Art. 40. Aos servidores titulares de cargos efetivos da União, dos Estados, do Distrito Federal e dos Municípios, incluídas suas autarquias e fundações, é assegurado regime de previdência de caráter contributivo e solidário, mediante contribuição do respectivo ente público, dos servidores ativos e inativos e dos pensionistas, observados critérios que preservem o equilíbrio financeiro e atuarial.*

A Constituição estabelece duas categorias de regimes de previdência social:

> Regime Geral de Previdência Social (RGPS), destinado aos trabalhadores da iniciativa privada, empregados públicos (que trabalhem em sociedades de economia mista ou empresas públicas) e ocupantes de cargos em comissão, o qual é normatizado pela Constituição em seu Art. 201; e

> Regime Próprio de Previdência do Serviço Público, aplicável aos servidores públicos estatutários;

O Art. 40 trata justamente do Regime Próprio de Previdência do Serviço Público, estabelecendo, logo em seu *caput*, diversas características desse regime:

Será aplicável aos servidores da Administração Direta, autarquias e fundações públicas (servidores estatutários), tanto na esfera Federal, como na Estadual e Municipal.

Será de caráter contributivo e solidário: para ter direito aos benefícios do seu regime de previdência, o servidor deverá contribuir. Além disso, o regime é chamado de solidário porque nenhum servidor contribuirá para formar um fundo pessoal para sua aposentadoria, mas todos deverão contribuir para quem estiver inativo, ou seja, o fundo é único para todos os servidores.

O fundo de previdência deve receber contribuições do respectivo ente público ao qual o servidor esteja vinculado (União, Estado, DF, Município, autarquia ou fundação), do próprio servidor e ainda dos aposentados e pensionistas (diferentemente do regime geral de Previdência que não admite contribuição dos aposentados e pensionistas).

Devem ser observados critérios que preservem o equilíbrio financeiro e atuarial, o que quer dizer que o sistema deve ser sustentável ao longo do tempo, sendo que futuros desequilíbrios devem ser detectados e corrigidos, com medidas como aumento da contribuição ou mudanças nas regras de aposentadoria, por exemplo.

> § 1º. Os servidores abrangidos pelo regime de previdência de que trata este artigo serão aposentados, calculados os seus proventos a partir dos valores fixados na forma dos §§ 3º e 17:
>
> I. Por invalidez permanente, sendo os proventos proporcionais ao tempo de contribuição, exceto se decorrente de acidente em serviço, moléstia profissional ou doença grave, contagiosa ou incurável, na forma da lei;
>
> II - Compulsoriamente, com proventos proporcionais ao tempo de contribuição, aos 70 (setenta) anos de idade, ou aos 75 (setenta e cinco) anos de idade, na forma de lei complementar; (Redação dada pela Emenda Constitucional nº 88, de 2015)
>
> III. Voluntariamente, desde que cumprido tempo mínimo de dez anos de efetivo exercício no serviço público e cinco anos no cargo efetivo em que se dará a aposentadoria, observadas as seguintes condições:
>
> a) sessenta anos de idade e trinta e cinco de contribuição, se homem, e cinquenta e cinco anos de idade e trinta de contribuição, se mulher;
>
> b) sessenta e cinco anos de idade, se homem, e sessenta anos de idade, se mulher, com proventos proporcionais ao tempo de contribuição.

O § 1º prevê três formas de aposentadoria do servidor público:

Aposentadoria por Invalidez Permanente

Nesse caso, a regra geral é que o servidor aposente-se recebendo proporcionalmente ao tempo de contribuição.

O servidor somente receberá sua aposentadoria integral se a invalidez decorrer de acidente em serviço, moléstia profissional ou doença grave, contagiosa ou incurável, na forma da lei.

Assim, por exemplo, se um servidor do sexo masculino que tenha 10 anos de contribuição e, durante uma viagem de carro nas férias, sofra um acidente e venha a ficar inválido, receberá o valor equivalente a 10/35 avos do valor que receberia se a invalidez fosse decorrente de um acidente em serviço.

Aposentadoria Compulsória

Atingindo a idade de 70 (setenta) anos, prevê a Constituição que o servidor seja aposentado compulsoriamente, isso é, obrigatoriamente, sendo que receberá proporcionalmente ao tempo de contribuição.

No entanto, se já tiver contribuído o tempo mínimo exigido, receberá os proventos integralmente.

Aposentadoria Voluntária

Por fim, a Constituição prevê que o servidor possa aposentar-se de forma voluntária, ou seja, a pedido, desde que preenchidos os seguintes requisitos:

> Tenha pelo menos 10 (dez) anos de serviço público;
> Tenha pelo menos 5 (cinco) anos de exercício do cargo em que se dará a aposentadoria;
> Tenha 60 (sessenta) anos de idade e 35 (trinta e cinco) anos de contribuição, se for homem, e 55 (cinquenta e cinco) anos de idade e 30 (trinta) anos de contribuição, se for mulher.

Mesmo que não tenha preenchido o requisito de tempo de contribuição, o servidor poderá aposentar-se, a partir dos 65 (sessenta e cinco) anos, se homem, e 60 (sessenta) anos, se mulher, mas, neste caso, receberá proporcionalmente ao tempo que contribuiu.

> § 4º. É vedada a adoção de requisitos e critérios diferenciados para a concessão de aposentadoria aos abrangidos pelo regime de que trata este artigo, ressalvados, nos termos definidos em leis complementares, os casos de servidores:
>
> I) portadores de deficiência;
>
> II) que exerçam atividades de risco;
>
> III) cujas atividades sejam exercidas sob condições especiais que prejudiquem a saúde ou a integridade física.

O § 4º estabelece, como regra geral, que não poderão ser estabelecidos critérios diferentes para a concessão de aposentadoria no serviço público, fazendo somente exceção às chamadas aposentadorias especiais, que são aposentadorias em que permitem regras diferenciadas, exigindo-se, por exemplo, um menor tempo de contribuição. Somente são admitidas nos três casos previstos acima.

> § 5º. Os requisitos de idade e de tempo de contribuição serão reduzidos em cinco anos, em relação ao disposto no § 1º, III, "a", para o professor que comprove exclusivamente tempo de efetivo exercício das funções de magistério na educação infantil e no ensino fundamental e médio.

Tal dispositivo cria uma aposentadoria especial para os professores que tenham atuado exclusivamente na educação infantil e nos ensinos fundamental e médio, permitindo que tais profissionais se aposentem cinco anos antes dos demais servidores.

> § 6º. Ressalvadas as aposentadorias decorrentes dos cargos acumuláveis na forma desta Constituição, é vedada a percepção de mais de uma aposentadoria à conta do regime de previdência previsto neste artigo.

As aposentadorias somente podem ser acumuladas se os cargos a que elas se referem também o forem, na forma do inciso XVI do Art. 37.

Pensão por Morte do Servidor

> *§ 7º. Lei disporá sobre a concessão do benefício de pensão por morte, que será igual:*
>
> *I. Ao valor da totalidade dos proventos do servidor falecido, até o limite máximo estabelecido para os benefícios do regime geral de previdência social de que trata o Art. 201, acrescido de setenta por cento da parcela excedente a este limite, caso aposentado à data do óbito; ou*
>
> *II. Ao valor da totalidade da remuneração do servidor no cargo efetivo em que se deu o falecimento, até o limite máximo estabelecido para os benefícios do regime geral de previdência social de que trata o Art. 201, acrescido de setenta por cento da parcela excedente a este limite, caso em atividade na data do óbito.*

A pensão por morte recebida pelos familiares do servidor ou inativo falecido sofrerá uma redução em relação à remuneração ou proventos do falecido, se estes forem superiores ao teto do INSS.

Essa redução será de 30% sobre os valores que excederem tal teto.

Reajustamento dos Benefícios

> *§ 8º. É assegurado o reajustamento dos benefícios para preservar-lhes, em caráter permanente, o valor real, conforme critérios estabelecidos em lei.*

Assim como ocorre com os benefícios do regime geral de previdência, o objetivo é evitar que os valores dos benefícios recebidos pelo servidor, inativo ou pensionista, sejam prejudicados pela inflação, pelo que devem ser corrigidos periodicamente.

Contagem Recíproca de Tempo

> *§ 9º. O tempo de contribuição federal, estadual ou municipal será contado para efeito de aposentadoria e o tempo de serviço correspondente para efeito de disponibilidade.*

Tal parágrafo prevê que a contagem de tempo de contribuição do servidor será única, tenha ele contribuído para a caixa de previdência da União, de Estado ou de Município. É chamada de contagem recíproca do tempo de contribuição entre os entes públicos.

Proibição de Contagem de Tempo Fictício

> *§ 10. A lei não poderá estabelecer qualquer forma de contagem de tempo de contribuição fictício.*

Antes da Emenda Constitucional nº 19/98, a legislação, em algumas situações específicas, permitia que determinados períodos fossem considerados como de contribuição sem que de fato ela tivesse ocorrido. Era o caso de algumas hipóteses de contagem em dobro do tempo de contribuição.

Com a citada emenda, proibiu-se terminantemente qualquer contagem fictícia de tempo de contribuição fictício.

Aplicação do limite de remuneração aos proventos de aposentadoria.

> *§ 11. Aplica-se o limite fixado no Art. 37, XI, à soma total dos proventos de inatividade, inclusive quando decorrentes da acumulação de cargos ou empregos públicos.*

Recebendo o servidor mais de uma aposentadoria do serviço público, a soma delas deverá obedecer aos tetos e subtetos previstos no inciso XI do art. 37.

Aplicação Subsidiária das Regras do Regime Geral de Previdência

> *§ 12. Além do disposto neste artigo, o regime de previdência dos servidores públicos titulares de cargo efetivo observará, no que couber, os requisitos e critérios fixados para o regime geral de previdência social.*

O que o dispositivo quer dizer é que, fora as especificidades do regime próprio de previdência do serviço público apontadas pelo Art. 40, ele se submeterá às mesmas regras do regime geral de previdência social.

Em outras palavras, aplicam-se subsidiariamente ao regime próprio de previdência do servidor as regras do regime geral, naquilo que não diferenciado pela Constituição.

Aplicação do Regime Geral de Previdência ao Ocupante de Cargo em Comissão

> *§ 13. Ao servidor ocupante, exclusivamente, de cargo em comissão declarado em lei de livre nomeação e exoneração bem como de outro cargo temporário ou de emprego público, aplica-se o regime geral de previdência social.*

Já vimos que o regime próprio de previdência somente aplica-se ao servidor público estatutário. O ocupante de cargo em comissão, o servidor temporário e o empregado público serão vinculados ao mesmo regime de previdência dos trabalhadores da iniciativa privada, ou seja, o regime geral de previdência social – RGPS.

Possibilidade de Aplicação do Teto de INSS às Aposentadorias do Serviço Público

> *§ 14. A União, os Estados, o Distrito Federal e os Municípios, desde que instituam regime de previdência complementar para os seus respectivos servidores titulares de cargo efetivo, poderão fixar, para o valor das aposentadorias e pensões a serem concedidas pelo regime de que trata este artigo, o limite máximo estabelecido para os benefícios do regime geral de previdência social de que trata o Art. 201.*

O § 14 permite que os entes públicos limitem o valor máximo das aposentadorias e pensões concedidas, adotando o mesmo teto aplicado às aposentadorias e pensões do Regime Geral de Previdência Social.

Para isso, porém, precisam antes regulamentar e criar um fundo de previdência complementar para seus servidores.

Na esfera federal e em diversos Estados, essa situação já é realidade, sendo que aqueles que atualmente ingressam no serviço público da União, quando aposentarem-se, somente receberão até o teto do INSS, podendo, se desejarem, optar por ingressar em um fundo de previdência público, no qual, além da contribuição mensal do próprio servidor, deverão ser feitos aportes de recursos federais.

> *§ 15. O regime de previdência complementar de que trata o § 14 será instituído por lei de iniciativa do respectivo Poder Executivo, observado o disposto no art. 202 e seus parágrafos, no que couber, por intermédio de entidades fechadas de previdência complementar, de natureza pública, que oferecerão aos respectivos participantes planos de benefícios somente na modalidade de contribuição definida.*

Os fundos públicos de previdência complementar citados no parágrafo anterior deverão ser criados por lei proposta pelo Poder Executivo de cada esfera de poder e não poderão ser administrados por entidades privadas.

Além disso, esse fundo público somente poderá oferecer planos de contribuição definida, que são aqueles em que as contribuições mensais são definidas, mas os valores dos benefícios da aposentadoria ou pensão somente serão calculados exatamente no momento do início de seu pagamento.

> *§ 16. Somente mediante sua prévia e expressa opção, o disposto nos §§ 14 e 15 poderá ser aplicado ao servidor que tiver ingressado no serviço público até a data da publicação do ato de instituição do correspondente regime de previdência complementar.*

Aqueles que já estiverem no serviço público na data de publicação do ato de instituição do fundo de previdência complementar, como regra geral, continuarão seguindo as regras do regime antigo ao qual já estavam vinculados. No entanto, se esses servidores desejarem, poderão migrar para o regime novo, devendo, para tanto, apresentar uma opção expressa e irretratável.

Correção dos Salários de Contribuição

> *§ 17. Todos os valores de remuneração considerados para o cálculo do benefício previsto no § 3º serão devidamente atualizados, na forma da lei.*

Trata-se aqui da correção do chamado salário-de-contribuição, que é o valor descontado todo mês do servidor, e não da correção do valor do benefício, a qual é prevista no § 8º.

A correção dos salários de contribuição é importante para garantir a sustentabilidade do sistema.

Contribuição Previdenciária do Servidor Aposentado

> *§ 18. Incidirá contribuição sobre os proventos de aposentadorias e pensões concedidas pelo regime de que trata este artigo que superem o limite máximo estabelecido para os benefícios do regime geral de previdência social de que trata o art. 201, com percentual igual ao estabelecido para os servidores titulares de cargos efetivos.*

Diferentemente do que ocorre no Regime Geral de Previdência Social, os aposentados e pensionistas do Regime Próprio dos Servidores Públicos contribuirão para o caixa da previdência.

Essa contribuição, no entanto, somente ocorrerá se o aposentado ou pensionista receber mais do que o teto do INSS, sendo que o valor da contribuição será calculado justamente sobre esse excedente, aplicando-se o mesmo percentual cobrado dos servidores da ativa, e que atualmente é de 11% (onze por cento) na esfera federal.

Abono de Permanência

> *§ 19. O servidor de que trata este artigo que tenha completado as exigências para aposentadoria voluntária estabelecidas no § 1º, III, a, e que opte por permanecer em atividade fará jus a um abono de permanência equivalente ao valor da sua contribuição previdenciária até completar as exigências para aposentadoria compulsória contidas no § 1º, II.*

Trata-se aqui do chamado "abono de permanência", que é um valor pago ao servidor que já preencheu os requisitos de idade e tempo de contribuição para aposentar-se, mas opta por continuar trabalhando.

O valor desse abono será equivalente ao da contribuição previdenciária do servidor, e ele o receberá até que venha a se aposentar.

Proibição de Acumulação de Aposentadorias pelo Regime Próprio de Previdência do Serviço Público

> *§ 20. Fica vedada a existência de mais de um regime próprio de previdência social para os servidores titulares de cargos efetivos, e de mais de uma unidade gestora do respectivo regime em cada ente estatal, ressalvado o disposto no Art. 142, § 3º, X.*

Em cada esfera de poder deve haver regras únicas para a aposentadoria do servidor público e deve existir somente uma entidade gestora dos recursos.

A exceção citada refere-se aos servidores militares, os quais poderão submeter-se a algumas regras diferenciadas.

Isenção para Portadores de Doenças Incapacitantes

§ 21. A contribuição prevista no § 18 deste artigo incidirá apenas sobre as parcelas de proventos de aposentadoria e de pensão que superem o dobro do limite máximo estabelecido para os benefícios do regime geral de previdência social de que trata o Art. 201 desta Constituição, quando o beneficiário, na forma da lei, for portador de doença incapacitante.

Já vimos que, via de regra, o servidor inativo contribuirá com 11% para a previdência social sobre o valor que ultrapassar o teto do INSS.

O que o dispositivo em questão está dizendo é que, se o aposentado ou pensionista for portador de alguma doença incapacitante reconhecida em lei, ele somente contribuirá sobre o valor que superar o dobro do teto do INSS, aplicando-se, assim, o limite de isenção de contribuição para essas pessoas.

Estabilidade

Art. 41. São estáveis após três anos de efetivo exercício os servidores nomeados para cargo de provimento efetivo em virtude de concurso público.

§ 1º. O servidor público estável só perderá o cargo:

I. Em virtude de sentença judicial transitada em julgado;

II. Mediante processo administrativo em que lhe seja assegurada ampla defesa;

III. Mediante procedimento de avaliação periódica de desempenho, na forma de lei complementar, assegurada ampla defesa.

§ 2º. Invalidada por sentença judicial a demissão do servidor estável, será ele reintegrado, e o eventual ocupante da vaga, se estável, reconduzido ao cargo de origem, sem direito a indenização, aproveitado em outro cargo ou posto em disponibilidade com remuneração proporcional ao tempo de serviço.

§ 3º. Extinto o cargo ou declarada a sua desnecessidade, o servidor estável ficará em disponibilidade, com remuneração proporcional ao tempo de serviço, até seu adequado aproveitamento em outro cargo.

§ 4º. Como condição para a aquisição da estabilidade, é obrigatória a avaliação especial de desempenho por comissão instituída para essa finalidade.

Os servidores efetivos, ou seja, concursados, terão direito à estabilidade no cargo após o decurso de determinado período de efetivo exercício. Esse prazo, que era de dois anos na redação original da Constituição, passou para 3 (três) com a EC nº 19/98.

Uma vez adquirida a estabilidade, de acordo com o Art. 41, o servidor somente poderá perder o cargo nos casos de:

> Sentença judicial transitada em julgado que reconheça a prática de algum ilícito por parte do servidor que justifique a sua demissão; ou

> Processo administrativo disciplinar que também confirme a prática de alguma ilegalidade que leve à demissão, observado que, assim como ocorre com o processo judicial, o servidor deverá ter assegurada ampla defesa.

> Desempenho insuficiente em procedimento periódico de avaliação, o qual, no entanto, necessita de regulamentação por lei complementar, não podendo ainda ser aplicado.

De observar-se que, além das três hipóteses acima, o Art. 169, § 4º, da Constituição prevê a possibilidade de servidores perderem o cargo no caso de a União, Estado, DF ou Município onde trabalha o servidor estourar o limite de gastos com pessoal estabelecido em lei complementar, desde que já tenham sido tomadas as seguintes providências: redução em pelo menos 20% das despesas com cargos em comissão e funções de confiança e todos os servidores não estáveis tenham sido exonerados.

O § 2º estipula que se a demissão do servidor estável for anulada por decisão judicial, será ele reintegrado ao cargo e o eventual ocupante da vaga, se estável, será reconduzido ao cargo de origem, sem direito a indenização, ou então aproveitado em outro cargo ou então posto em disponibilidade com remuneração proporcional ao tempo de serviço.

No caso de um cargo ser extinto ou considerado desnecessário por lei, seu ocupante ficará em disponibilidade, com remuneração proporcional ao tempo de serviço, até seu adequado aproveitamento em outro cargo. Ou seja, nesse caso, enquanto o servidor não for aproveitado em outro cargo, ficará ele licenciado e recebendo proporcionalmente ao tempo de serviço.

Por fim, o § 4º do Art. 41 coloca como condição para a aquisição da estabilidade pelo servidor, sua avaliação por comissão especial de desempenho, que deve ser criada para tal finalidade.

EXERCÍCIO COMENTADO

01. (Esaf) A Constituição Federal reserva um capítulo para tratar da Administração Pública. Sobre a Administração Pública, é correto afirmar que:

a) os atos de improbidade administrativa importarão a perda dos direitos políticos, a suspensão do exercício da função pública, a indisponibilidade dos bens e o ressarcimento ao erário, na forma e gradação previstas em lei, sem prejuízo da ação penal cabível.

b) a Constituição Federal dispõe sobre os requisitos e as restrições ao ocupante de cargo ou emprego da administração direta e indireta que possibilite o acesso a informações privilegiadas.

c) a autonomia gerencial, orçamentária e financeira dos órgãos e entidades da administração direta e indireta poderá ser ampliada mediante contrato.

d) a Constituição Federal estabelece prazos de prescrição para ilícitos praticados por qualquer agente, servidor ou não, que causem prejuízos ao erário, ressalvadas as respectivas ações de ressarcimento.

e) os vencimentos dos cargos do Poder Legislativo e do Poder Judiciário poderão ser superiores aos pagos pelo Poder Executivo.

RESPOSTA: C.

Alternativa A. Os atos de improbidade administrativo importarão a suspensão dos direitos políticos (e não perda) e a perda da função pública (e não suspensão).

Alternativa B. De acordo com o Art. 37, § 7º, da CF, cabe à lei dispor sobre tal assunto.

Alternativa C. Aborda os chamados contratos de gestão, que são celebrados com entidades da Administração Pública visando aumentar sua autonomia, em troca do atingimento de metas.

Alternativa D. De acordo com o Art. 37, § 5º, da CF, as ações de ressarcimento ao erário são imprescritíveis.

Alternativa E. De acordo com o Art. 37, XII, da CF, os vencimentos pagos pelo Poder Legislativo e Judiciário não poderão ser superiores aos pagos pelo Executivo.

VAMOS PRATICAR

Os Exercícios a seguir são referentes ao conteúdo: Administração Pública.

01. (Esaf) Na Administração Pública Federal, entre outros princípios estabelecidos na Constituição (Título III, Capítulo VII, Art. 37), vigora o de que:

a) só por lei específica poderá ser criada autarquia, empresa pública, sociedade de economia mista, o serviço social autônomo e subsidiárias daquelas entidades.

b) é vedada a acumulação de todo e quaisquer cargos, empregos e funções públicas, bem como de subsídios e vencimentos com proventos de inatividade.

c) a administração fazendária e seus servidores fiscais terão, dentro de sua área de competência e jurisdição, precedência sobre os demais setores administrativos, na forma da lei.

d) são nulas as contratações de compras, obras e serviços feitas sem licitação pública.

e) a investidura em cargos públicos, efetivos ou comissionados, depende de prévia aprovação em concurso.

02. (Esaf) Marque a opção incorreta.

a) Os atos de improbidade administrativa importarão a indisponibilidade dos bens sem prejuízo da ação penal cabível.

b) A administração fazendária e seus servidores fiscais terão precedência sobre os demais setores administrativos dentro de suas áreas de competência.

c) A proibição de acumular cargos estende-se a empregos e funções e abrange as sociedades de economia mista, como é o caso do Banco do Brasil S/A.

d) As funções de confiança serão preenchidas por servidores de carreira nos casos, condições e percentuais mínimos previstos em lei.

e) É vedada a vinculação ou equiparação de quaisquer espécies remuneratórias para o efeito de remuneração de pessoal do serviço público.

03. (Esaf) Sobre os princípios constitucionais da Administração Pública, na Constituição de 1988, marque a única opção correta.

a) Segundo a doutrina, o conteúdo do princípio da eficiência relaciona-se com o modo de atuação do agente público e o modo de organização, estruturação e disciplina da Administração Pública.

b) O princípio da impessoalidade não guarda relação com a proibição, prevista no texto constitucional, de que conste da publicidade oficial nomes, símbolos ou imagens que caracterizem promoção pessoal de autoridade ou servidores públicos.

c) O princípio da moralidade administrativa incide apenas em relação às ações do administrador público, não sendo aplicável ao particular que se relaciona com a Administração Pública.

d) O conteúdo do princípio da publicidade não abrange a questão do acesso do particular aos atos administrativos, concluídos ou em andamento, em relação aos quais tenha comprovado interesse.

e) Segundo a doutrina, há perfeita identidade do conteúdo do princípio da legalidade aplicado à Administração Pública e o princípio da legalidade aplicado ao particular.

04. (FCC) Acerca das disposições gerais constitucionais da Administração pública é correto afirmar que:

a) o servidor público da Administração direta, autárquica e fundacional, quando investido no mandato de Prefeito, será afastado do cargo ou função e não poderá optar pela sua remuneração.

b) os atos de improbidade administrativa importarão a suspensão dos direitos políticos, a perda da função pública, a indisponibilidade dos bens e ressarcimento ao erário, na forma e gradação previstas em lei, sem prejuízo da ação penal cabível.

c) os concursos públicos terão prazo de validade de 3 anos, improrrogável, durante o qual o candidato aprovado naquele concurso será convocado com prioridade sobre novos concursados.

d) é vedado ao servidor público militar o direito à livre associação sindical, cabendo o controle da observância dos direitos trabalhistas ao Ministério Público do Trabalho.

e) o servidor público da Administração direta, autárquica e fundacional, quando no exercício de mandato eletivo federal, estadual, distrital ou municipal, ficará afastado de seu cargo ou função.

05. (FCC) Servidor público aposentado no ano de 1996, no cargo de analista administrativo, reingressou, no ano seguinte, por meio de concurso público de provas e títulos, aos quadros da Administração federal, como professor universitário, tendo, desde então, percebido cumulativamente os proventos de aposentadoria com os vencimentos do cargo. Nesta situação, em conformidade com as normas constitucionais pertinentes, a acumulação de proventos e vencimentos é:

a) ilícita, por se tratar de hipótese em que a Constituição da República não admitiria a acumulação de cargos, o que se estende à acumulação de proventos e vencimentos pretendida.

b) lícita, desde que a soma resultante da acumulação respeite o teto remuneratório equivalente ao subsídio mensal, em espécie, dos Ministros do Supremo Tribunal Federal.

c) lícita, não estando sujeita a teto remuneratório, sendo vedado ao servidor, contudo, pretender perceber, futuramente, mais de uma aposentadoria pelo regime de previdência dos servidores públicos federais.

d) lícita, assim como será lícito, futuramente, o percebimento de duas aposentadorias pelo regime de previdência dos servidores públicos federais, por se tratar de hipótese excepcionada expressamente em sede constitucional.

e) ilícita, por ser expressamente vedada a percepção simultânea de proventos de aposentadoria pelo regime aplicável aos servidores públicos com a remuneração de cargo, emprego ou função pública, ressalvados os cargos em comissão declarados em lei de livre nomeação e exoneração.

06. (FCC) Relativamente à disciplina constitucional da situação do servidor público que exerça mandato eletivo, é INCORRETO afirmar:

a) Investido no cargo de Vereador, poderá acumular as funções e as respectivas remunerações, desde que haja compatibilidade de horários.

b) As regras não se aplicam aos servidores de empresas públicas.

c) Investido no cargo de Prefeito, o servidor será afastado do cargo, emprego ou função, ainda que haja compatibilidade de horários, sendo-lhe facultado optar pela sua remuneração.

d) As regras aplicam-se, inclusive, aos servidores de fundações públicas.

e) O tempo de exercício do mandato eletivo será contado inclusive para fins de promoção por merecimento.

07. (FCC) O *caput* do Art. 37 da Constituição Federal: A administração pública direta e indireta de qualquer dos Poderes da União, dos Estados, do Distrito Federal e dos Municípios obedecerá aos princípios de legalidade, impessoalidade, moralidade, publicidade e eficiência e, também, ao seguinte [...] revela que o dispositivo, em sua completude, tem abrangência:

a) municipal.

b) federal.

c) estadual.

d) nacional.

e) regional.

08. (FCC) Lei estadual criou vários cargos em comissão de médico, de livre provimento pelo Secretário de Saúde, para atender à necessidade imediata da população. Segundo a lei, os titulares dos cargos devem exercer suas atividades no âmbito do Sistema Único de Saúde – SUS, prestando seus serviços diretamente aos pacientes necessitados, por prazo indeterminado. A referida lei estadual é:

a) incompatível com a Constituição Federal, uma vez que os cargos em comissão somente podem ser criados para as atribuições de direção, chefia e assessoramento, a serem preenchidos por servidores de carreira nos casos, condições e percentuais mínimos previstos em lei.

b) compatível com a Constituição Federal, uma vez que a urgência na prestação do serviço público autoriza a criação de cargos em comissão de livre provimento e exoneração.

c) compatível com a Constituição Federal, uma vez que cabe ao Estado, por lei complementar, definir os cargos públicos estaduais a serem preenchidos por livre nomeação, observados os princípios constitucionais da Administração pública.

d) incompatível com a Constituição Federal, uma vez que os cargos privativos de médicos somente podem ser preenchidos através de concurso de provas ou de provas e títulos.

e) incompatível com a Constituição Federal, uma vez que, para o exercício das atribuições previstas na Lei, deveriam ter sido criadas pelo legislador estadual funções de confiança.

09. (Cespe) Julgue o próximo item, acerca da responsabilidade do Estado perante a CF.

A responsabilidade objetiva do Estado dispensa a demonstração de nexo de causalidade entre a conduta do agente administrativo e o dano sofrido pela vítima.

Certo ( )   Errado ( )

10. (Cespe) Acerca das disposições referentes à administração pública, às competências constitucionais dos entes federados e ao Poder Judiciário, julgue o item a seguir.

Os cargos, empregos e funções públicas são acessíveis apenas a brasileiros natos e naturalizados que preencham os requisitos estabelecidos em lei.

Certo ( )   Errado ( )

GABARITO

01	C	06	E
02	D	07	D
03	A	08	A
04	B	09	ERRADO
05	B	10	ERRADO

ANOTAÇÕES

6. Poder Legislativo, Executivo e Judiciário

Neste capítulo, trataremos dos três poderes. Seguiremos falando sobre o Poder Legislativo; a fiscalização contábil, financeira e orçamentária; o Tribunal de Contas da União; o Poder Executivo; o Poder Judiciário; e o Ministério Público.

O Poder Legislativo

A principal atribuição do Poder Legislativo é elaborar leis. No entanto, ele também exerce outras funções importantes, como fiscalizar os demais poderes e autorizar ou ratificar diversos atos praticados pelo Presidente da República.

Na esfera federal, o Poder Legislativo é exercido pelo Congresso Nacional, que é composto pela Câmara dos Deputados e Senado Federal.

Na esfera estadual, é exercido pelas Assembleias Legislativas e, nos municípios, pelas Câmaras de Vereadores ou Câmaras Municipais.

Câmara dos Deputados

De acordo com o Art. 45 da Constituição Federal, a Câmara dos Deputados compõe-se de representantes do povo, eleitos, pelo sistema proporcional, em cada Estado, em cada Território e no Distrito Federal.

O número total de Deputados, bem como a representação por Estado e pelo Distrito Federal, será estabelecido por lei complementar, proporcionalmente à população, procedendo-se aos ajustes necessários, no ano anterior às eleições, para que nenhuma daquelas unidades da Federação tenha menos de oito ou mais de setenta Deputados.

Assim, o Estado da Federação mais populoso elege 70 (setenta) deputados federais, o menos populoso elege 8 (oito) e o número de deputados dos demais Estados será calculado, dentro desses limites, de forma proporcional à sua população.

Na hipótese de existência de Territórios Federais, cada um deles elegerá quatro Deputados.

O mandato dos deputados federais é de 4 (quatro) anos.

Senado Federal

O Senado Federal é a Casa que representa os interesses dos Estados e do Distrito Federal.

Cada Estado e o Distrito Federal elegerão três Senadores, com mandato de oito anos.

O § 2º do Art. 46 da CF estabelece que a representação de cada Estado e do Distrito Federal será renovada de quatro em quatro anos, alternadamente, por um e dois terços.

O presidente do Senado será também o presidente do Congresso Nacional.

Atribuições do Congresso Nacional

Quando se fala de atribuições do Congresso Nacional, está a se falar de decisões que serão tomadas de forma conjunta, pelos deputados e senadores.

Enquanto o Art. 48 da Constituição Federal estabelece atribuições do Congresso Nacional que serão exercidas com a posterior sanção do Presidente da República, o Art. 49 traz as competências exclusivas do Congresso Nacional, em que não há participação do Poder Executivo:

> **Art. 48.** *Cabe ao Congresso Nacional, com a sanção do Presidente da República, não exigida esta para o especificado nos Arts. 49, 51 e 52, dispor sobre todas as matérias de competência da União, especialmente sobre:*
>
> *I. Sistema tributário, arrecadação e distribuição de rendas;*
>
> *II. Plano plurianual, diretrizes orçamentárias, orçamento anual, operações de crédito, dívida pública e emissões de curso forçado;*
>
> *III. Fixação e modificação do efetivo das Forças Armadas;*
>
> *IV. Planos e programas nacionais, regionais e setoriais de desenvolvimento;*
>
> *V. Limites do território nacional, espaço aéreo e marítimo e bens do domínio da União;*
>
> *VI. Incorporação, subdivisão ou desmembramento de áreas de Territórios ou Estados, ouvidas as respectivas Assembleias Legislativas;*
>
> *VII. Transferência temporária da sede do Governo Federal;*
>
> *VIII. Concessão de anistia;*
>
> *IX. Organização administrativa, judiciária, do Ministério Público e da Defensoria Pública da União e dos Territórios e organização judiciária e do Ministério Público do Distrito Federal;*
>
> *X. Criação, transformação e extinção de cargos, empregos e funções públicas, observado o que estabelece o Art. 84, VI, b;*
>
> *XI. Criação e extinção de Ministérios e órgãos da administração pública;*
>
> *XII. Telecomunicações e radiodifusão;*
>
> *XIII. Matéria financeira, cambial e monetária, instituições financeiras e suas operações;*
>
> *XIV. Moeda, seus limites de emissão, e montante da dívida mobiliária federal.*
>
> *XV. Fixação do subsídio dos Ministros do Supremo Tribunal Federal, observado o que dispõem os Arts. 39, § 4º; 150, II; 153, III; e 153, § 2º, I.*

Art. 49. É da competência exclusiva do Congresso Nacional:

I. Resolver definitivamente sobre tratados, acordos ou atos internacionais que acarretem encargos ou compromissos gravosos ao patrimônio nacional;

II. Autorizar o Presidente da República a declarar guerra, a celebrar a paz, a permitir que forças estrangeiras transitem pelo território nacional ou nele permaneçam temporariamente, ressalvados os casos previstos em lei complementar;

III. Autorizar o Presidente e o Vice-Presidente da República a se ausentarem do País, quando a ausência exceder a quinze dias;

IV. Aprovar o estado de defesa e a intervenção federal, autorizar o estado de sítio, ou suspender qualquer uma dessas medidas;

V. Sustar os atos normativos do Poder Executivo que exorbitem do poder regulamentar ou dos limites de delegação legislativa;

VI. Mudar temporariamente sua sede;

VII. Fixar idêntico subsídio para os Deputados Federais e os Senadores, observado o que dispõem os Arts. 37, XI, 39, § 4º, 150, II, 153, III, e 153, § 2º, I;

VIII. Fixar os subsídios do Presidente e do Vice-Presidente da República e dos Ministros de Estado, observado o que dispõem os Arts. 37, XI, 39, § 4º, 150, II, 153, III, e 153, § 2º, I;

IX. Julgar anualmente as contas prestadas pelo Presidente da República e apreciar os relatórios sobre a execução dos planos de governo;

X. Fiscalizar e controlar, diretamente, ou por qualquer de suas Casas, os atos do Poder Executivo, incluídos os da administração indireta;

XI. Zelar pela preservação de sua competência legislativa em face da atribuição normativa dos outros Poderes;

XII. Apreciar os atos de concessão e renovação de concessão de emissoras de rádio e televisão;

XIII. Escolher dois terços dos membros do Tribunal de Contas da União;

XIV. Aprovar iniciativas do Poder Executivo referentes a atividades nucleares;

XV. Autorizar referendo e convocar plebiscito;

XVI. Autorizar, em terras indígenas, a exploração e o aproveitamento de recursos hídricos e a pesquisa e lavra de riquezas minerais;

XVII. Aprovar, previamente, a alienação ou concessão de terras públicas com área superior a dois mil e quinhentos hectares.

Convocação e Prestação de Informações por Ministros de Estado e Titulares de Órgãos Diretamente Subordinados à Presidência da República

O Art. 50 da Constituição permite que o Congresso convoque Ministros de Estado e titulares de órgãos diretamente subordinados à Presidência da República ou solicite a eles informações, sendo que o não comparecimento sem justificativa e o não fornecimento das informações é considerado um crime de responsabilidade:

Art. 50. A Câmara dos Deputados e o Senado Federal, ou qualquer de suas Comissões, poderão convocar Ministro de Estado ou quaisquer titulares de órgãos diretamente subordinados à Presidência da República para prestarem, pessoalmente, informações sobre assunto previamente determinado, importando crime de responsabilidade a ausência sem justificação adequada.

§ 1º Os Ministros de Estado poderão comparecer ao Senado Federal, à Câmara dos Deputados, ou a qualquer de suas Comissões, por sua iniciativa e mediante entendimentos com a Mesa respectiva, para expor assunto de relevância de seu Ministério.

§ 2º As Mesas da Câmara dos Deputados e do Senado Federal poderão encaminhar pedidos escritos de informações a Ministros de Estado ou a qualquer das pessoas referidas no caput deste artigo, importando em crime de responsabilidade a recusa, ou o não. atendimento, no prazo de trinta dias, bem como a prestação de informações falsas."

Competências Privativas da Câmara dos Deputados

O Art. 51 da Constituição Federal estabelece as competências privativas da Câmara dos Deputados:

Art. 51. Compete privativamente à Câmara dos Deputados:

I. Autorizar, por dois terços de seus membros, a instauração de processo contra o Presidente e o Vice-Presidente da República e os Ministros de Estado;

II. Proceder à tomada de contas do Presidente da República, quando não apresentadas ao Congresso Nacional dentro de sessenta dias após a abertura da sessão legislativa;

III. Elaborar seu regimento interno;

IV. Dispor sobre sua organização, funcionamento, polícia, criação, transformação ou extinção dos cargos, empregos e funções de seus serviços, e a iniciativa de lei para fixação da respectiva remuneração, observados os parâmetros estabelecidos na lei de diretrizes orçamentárias;

V. Eleger membros do Conselho da República, nos termos do Art. 89, VII."

Competências Privativas do Senado Federal

O Art. 52 da Constituição traz as atribuições privativas do Senado Federal:

Art. 52. Compete privativamente ao Senado Federal:

I. Processar e julgar o Presidente e o Vice-Presidente da República nos crimes de responsabilidade, bem como os Ministros de Estado e os Comandantes da Marinha, do Exército e da Aeronáutica nos crimes da mesma natureza conexos com aqueles;

II. Processar e julgar os Ministros do Supremo Tribunal Federal, os membros do Conselho Nacional de Justiça e do Conselho Nacional do Ministério Público, o Procurador-Geral da República e o Advogado-Geral da União nos crimes de responsabilidade;

III. Aprovar previamente, por voto secreto, após arguição pública, a escolha de:

a) Magistrados, nos casos estabelecidos nesta Constituição;

b) Ministros do Tribunal de Contas da União indicados pelo Presidente da República;

c) Governador de Território;

d) Presidente e diretores do banco central;

e) Procurador-Geral da República;

f) titulares de outros cargos que a lei determinar;

IV. Aprovar previamente, por voto secreto, após arguição em sessão secreta, a escolha dos chefes de missão diplomática de caráter permanente;

V. Autorizar operações externas de natureza financeira, de interesse da União, dos Estados, do Distrito Federal, dos Territórios e dos Municípios;

VI. Fixar, por proposta do Presidente da República, limites globais para o montante da dívida consolidada da União, dos Estados, do Distrito Federal e dos Municípios;

VII. Dispor sobre limites globais e condições para as operações de crédito externo e interno da União, dos Estados, do Distrito Federal e dos Municípios, de suas autarquias e demais entidades controladas pelo Poder Público federal;

VIII. Dispor sobre limites e condições para a concessão de garantia da União em operações de crédito externo e interno;

IX. Estabelecer limites globais e condições para o montante da dívida mobiliária dos Estados, do Distrito Federal e dos Municípios;

X. Suspender a execução, no todo ou em parte, de lei declarada inconstitucional por decisão definitiva do Supremo Tribunal Federal;

XI. Aprovar, por maioria absoluta e por voto secreto, a exoneração, de ofício, do Procurador-Geral da República antes do término de seu mandato;

XII. Elaborar seu regimento interno;

XIII. Dispor sobre sua organização, funcionamento, polícia, criação, transformação ou extinção dos cargos, empregos e funções de seus serviços, e a iniciativa de lei para fixação da respectiva remuneração, observados os parâmetros estabelecidos na lei de diretrizes orçamentárias;

XIV. Eleger membros do Conselho da República, nos termos do Art. 89, VII.

XV. Avaliar periodicamente a funcionalidade do Sistema Tributário Nacional, em sua estrutura e seus componentes, e o desempenho das administrações tributárias da União, dos Estados e do Distrito Federal e dos Municípios.

Parágrafo único. Nos casos previstos nos incisos I e II, funcionará como Presidente o do Supremo Tribunal Federal, limitando-se a condenação, que somente será proferida por dois terços dos votos do Senado Federal, à perda do cargo, com inabilitação, por oito anos, para o exercício de função pública, sem prejuízo das demais sanções judiciais cabíveis.

Dos Deputados e Senadores

Os Arts. 53 a 56 da Constituição Federal trazem uma série de disposições aplicáveis aos deputados federais e senadores:

Art. 53. Os Deputados e Senadores são invioláveis, civil e penalmente, por quaisquer de suas opiniões, palavras e votos.

§ 1º. Os Deputados e Senadores, desde a expedição do diploma, serão submetidos a julgamento perante o Supremo Tribunal Federal.

§ 2º. Desde a expedição do diploma, os membros do Congresso Nacional não poderão ser presos, salvo em flagrante de crime inafiançável. Nesse caso, os autos serão remetidos dentro de vinte e quatro horas à Casa respectiva, para que, pelo voto da maioria de seus membros, resolva sobre a prisão.

§ 3º. Recebida a denúncia contra o Senador ou Deputado, por crime ocorrido após a diplomação, o Supremo Tribunal Federal dará ciência à Casa respectiva, que, por iniciativa de partido político nela representado e pelo voto da maioria de seus membros, poderá, até a decisão final, sustar o andamento da ação.

§ 4º. O pedido de sustação será apreciado pela Casa respectiva no prazo improrrogável de quarenta e cinco dias do seu recebimento pela Mesa Diretora.

§ 5º. A sustação do processo suspende a prescrição, enquanto durar o mandato.

§ 6º. Os Deputados e Senadores não serão obrigados a testemunhar sobre informações recebidas ou prestadas em razão do exercício do mandato, nem sobre as pessoas que lhes confiaram ou deles receberam informações.

§ 7º. A incorporação às Forças Armadas de Deputados e Senadores, embora militares e ainda que em tempo de guerra, dependerá de prévia licença da Casa respectiva.

§ 8º. As imunidades de Deputados ou Senadores subsistirão durante o estado de sítio, só podendo ser suspensas mediante o voto de dois terços dos membros da Casa respectiva, nos casos de atos praticados fora do recinto do Congresso Nacional, que sejam incompatíveis com a execução da medida.

Art. 54. Os Deputados e Senadores não poderão:

I. Desde a expedição do diploma:

a) firmar ou manter contrato com pessoa jurídica de direito público, autarquia, empresa pública, sociedade de economia mista ou empresa concessionária de serviço público, salvo quando o contrato obedecer a cláusulas uniformes;

b) aceitar ou exercer cargo, função ou emprego remunerado, inclusive os de que sejam demissíveis 'ad nutum', nas entidades constantes da alínea anterior;

II. Desde a posse:

a) ser proprietários, controladores ou diretores de empresa que goze de favor decorrente de contrato com pessoa jurídica de direito público, ou nela exercer função remunerada;

b) ocupar cargo ou função de que sejam demissíveis "ad nutum", nas entidades referidas no inciso I, "a";

c) patrocinar causa em que seja interessada qualquer das entidades a que se refere o inciso I, "a";

d) ser titulares de mais de um cargo ou mandato público eletivo.

Art. 55. Perderá o mandato o Deputado ou Senador:

I. Que infringir qualquer das proibições estabelecidas no artigo anterior;

II. Cujo procedimento for declarado incompatível com o decoro parlamentar;

III. Que deixar de comparecer, em cada sessão legislativa, à terça parte das sessões ordinárias da Casa a que pertencer, salvo licença ou missão por esta autorizada;

IV. Que perder ou tiver suspensos os direitos políticos;

V. Quando o decretar a Justiça Eleitoral, nos casos previstos nesta Constituição;

VI. Que sofrer condenação criminal em sentença transitada em julgado.

§ 1º. É incompatível com o decoro parlamentar, além dos casos definidos no regimento interno, o abuso das prerrogativas asseguradas a membro do Congresso Nacional ou a percepção de vantagens indevidas.

§ 2º. Nos casos dos incisos I, II e VI, a perda do mandato será decidida pela Câmara dos Deputados ou pelo Senado Federal, por maioria absoluta, mediante provocação da respectiva Mesa ou de partido político representado no Congresso Nacional, assegurada ampla defesa.

§ 3º. Nos casos previstos nos incisos III a V, a perda será declarada pela Mesa da Casa respectiva, de ofício ou mediante provocação de qualquer de seus membros, ou de partido político representado no Congresso Nacional, assegurada ampla defesa.

§ 4º. A renúncia de parlamentar submetido a processo que vise ou possa levar à perda do mandato, nos termos deste artigo, terá seus efeitos suspensos até as deliberações finais de que tratam os §§ 2º e 3º.

Art. 56. Não perderá o mandato o Deputado ou Senador:

I. Investido no cargo de Ministro de Estado, Governador de Território, Secretário de Estado, do Distrito Federal, de Território, de Prefeitura de Capital ou chefe de missão diplomática temporária;

II. Licenciado pela respectiva Casa por motivo de doença, ou para tratar, sem remuneração, de interesse particular, desde que, neste caso, o afastamento não ultrapasse cento e vinte dias por sessão legislativa.

§ 1º. O suplente será convocado nos casos de vaga, de investidura em funções previstas neste artigo ou de licença superior a cento e vinte dias.

§ 2º. Ocorrendo vaga e não havendo suplente, far-se-á eleição para preenchê-la se faltarem mais de quinze meses para o término do mandato.

§ 3º. Na hipótese do inciso I, o Deputado ou Senador poderá optar pela remuneração do mandato.

Das Reuniões do Congresso Nacional

O Art. 57 da Constituição estabelece que o Congresso Nacional se reunirá, anualmente, na Capital Federal, de 2 de fevereiro a 17 de julho e de 1º de agosto a 22 de dezembro, sendo que as reuniões marcadas para essas datas serão transferidas para o primeiro dia útil subsequente, quando recaírem em sábados, domingos ou feriados.

Por sua vez, o § 2º do mesmo artigo afirma que a sessão legislativa não será interrompida sem a aprovação do projeto de lei de diretrizes orçamentárias. Ou seja, mesmo que chegue o dia 17 de julho, se o Congresso Nacional ainda não tiver aprovado a Lei de Diretrizes Orçamentária (LDO), os deputados e senadores não poderão sair de recesso, até que a mesma seja aprovada. Tal disposição é importante para evitar atrasos na aprovação da Lei Orçamentária Anual (LOA), a qual, para ser proposta, depende da prévia aprovação da LDO.

Hipóteses de Reunião Conjunta

O § 3º do Art. 57 estabelece que, além de outros casos previstos na Constituição, a Câmara dos Deputados e o Senado Federal reunir-se-ão em sessão conjunta para:

I. Inaugurar a sessão legislativa;

II. Elaborar o regimento comum e regular a criação de serviços comuns às duas Casas;

III. Receber o compromisso do Presidente e do Vice-Presidente da República;

IV. Conhecer do veto e sobre ele deliberar.

Convocações Extraordinárias do Congresso Nacional

O Art. 57, §6º, da Constituição determina que será feita convocação extraordinária do Congresso Nacional:

I. Pelo Presidente do Senado Federal, em caso de decretação de estado de defesa ou de intervenção federal, de pedido de autorização para a decretação de estado de sítio e para o compromisso e a posse do Presidente e do Vice-Presidente- Presidente da República;

II. Pelo Presidente da República, pelos Presidentes da Câmara dos Deputados e do Senado Federal ou a requerimento da maioria dos membros de ambas as Casas, em caso de urgência ou interesse público relevante (...).

Na sessão legislativa extraordinária, o Congresso Nacional somente poderá deliberar sobre a matéria para a qual foi convocado, ressalvada a hipótese de haver medidas provisórias em vigor na data de convocação, quando a ocasião será aproveitada para votação das mesmas.

É vedado o pagamento de parcela indenizatória, em razão da convocação.

Das Comissões

O Art. 58 da Constituição Federal estipula que o Congresso Nacional e suas Casas terão comissões permanentes e temporárias, constituídas na forma e com as atribuições previstas no respectivo regimento ou no ato de que resultar sua criação.

Na constituição das Mesas e de cada Comissão, deve ser assegurada, tanto quanto possível, a representação proporcional dos partidos ou dos blocos parlamentares que participam da respectiva Casa.

A essas comissões, em razão da matéria de sua competência, cabe:

I. Discutir e votar projeto de lei que dispensar, na forma do regimento, a competência do Plenário, salvo se houver recurso de um décimo dos membros da Casa;

II. Realizar audiências públicas com entidades da sociedade civil;

III. Convocar Ministros de Estado para prestar informações sobre assuntos inerentes a suas atribuições;

IV. Receber petições, reclamações, representações ou queixas de qualquer pessoa contra atos ou omissões das autoridades ou entidades públicas;

V. Solicitar depoimento de qualquer autoridade ou cidadão;

VI. Apreciar programas de obras, planos nacionais, regionais e setoriais de desenvolvimento e sobre eles emitir parecer.

Comissões Parlamentares de Inquérito (CPI)

O § 3º do Art. 58 da Constituição Federal estabelece que as comissões parlamentares de inquérito (CPI), terão poderes de investigação próprios das autoridades judiciais, além de outros previstos nos regimentos das respectivas Casas.

As CPI serão criadas pela Câmara dos Deputados e pelo Senado Federal, em conjunto ou separadamente, mediante requerimento de um terço de seus membros, para a apuração de fato determinado e por prazo certo, sendo suas conclusões, se for o caso, encaminhadas ao Ministério Público, para que promova a responsabilidade civil ou criminal dos infratores.

Embora as CPIs tenham poderes de investigação próprios das autoridades judiciais, existem algumas limitações à sua atuação, quando comparado com os poderes dos juízes. Assim, por exemplo, as CPIs não podem:

> Decretar prisões;
> Determinar instauração de "grampos telefônicos" (mas podem determinar a quebra do sigilo telefônico sobre ligações já feitas);
> Decretar a busca e apreensão domiciliar (mas podem determinar a apreensão de documentos em órgãos públicos).

Comissão Representativa de Recesso

O Art. 58, § 4º, da Constituição determina que, durante o recesso do Congresso Nacional, deverá haver uma Comissão representativa, eleita por suas Casas na última sessão ordinária do período legislativo, com atribuições definidas no regimento comum, cuja composição reproduzirá, quanto possível, a proporcionalidade da representação partidária.

Do Processo Legislativo

O Art. 59 da Constituição estabelece que o processo legislativo compreende a elaboração de:

I. Emendas à Constituição;

II. Leis complementares;

III. Leis ordinárias;

IV. Leis delegadas;

V. Medidas provisórias;

VI. Decretos legislativos;

VII. Resoluções.

Emendas Constitucionais

A Constituição poderá ser emendada mediante proposta:

I. De um terço, no mínimo, dos membros da Câmara dos Deputados ou do Senado Federal;

II. Do Presidente da República;

III. De mais da metade das Assembleias Legislativas das unidades da Federação, manifestando-se, cada uma delas, pela maioria relativa de seus membros.

A Constituição não poderá ser emendada na vigência de intervenção federal, de estado de defesa ou de estado de sítio.

A proposta de emenda constitucional deverá ser discutida e votada em cada Casa do Congresso Nacional, em dois turnos, considerando-se aprovada se obtiver, em ambos, três quintos dos votos dos respectivos membros.

Após a aprovação na forma do parágrafo acima, a emenda à Constituição será promulgada pelas Mesas da Câmara dos Deputados e do Senado Federal.

O § 4º do Art. 60 da Constituição Federal estabelece as chamadas "cláusulas pétreas", determinando que não será objeto de deliberação a proposta de emenda tendente a abolir:

I. A forma federativa de Estado;

II. O voto direto, secreto, universal e periódico;

III. A separação dos Poderes;

IV. Os direitos e garantias individuais.

A matéria constante de proposta de emenda rejeitada ou havida por prejudicada não pode ser objeto de nova proposta na mesma sessão legislativa.

Leis Complementares e Ordinárias

A diferença entre as leis complementares e ordinárias reside no quórum para sua aprovação: enquanto as leis ordinárias são aprovadas por maioria simples (maioria dos presentes à sessão de votação), as complementares exigem maioria absoluta (maioria do total de membros da Câmara ou do Senado).

De acordo com o Art. 61 da Constituição, a iniciativa das leis complementares e ordinárias cabe a qualquer membro ou Comissão da Câmara dos Deputados, do Senado Federal ou do Congresso Nacional, ao Presidente da República, ao Supremo Tribunal Federal, aos Tribunais Superiores, ao Procurador-Geral da República e aos cidadãos, na forma e nos casos previstos na própria Constituição.

Por exemplo, são de iniciativa privativa do Presidente da República as leis que:

I. Fixem ou modifiquem os efetivos das Forças Armadas;

II. Disponham sobre:

a) criação de cargos, funções ou empregos públicos na administração direta e autárquica ou aumento de sua remuneração;

b) organização administrativa e judiciária, matéria tributária e orçamentária, serviços públicos e pessoal da administração dos Territórios;

c) servidores públicos da União e Territórios, seu regime jurídico, provimento de cargos, estabilidade e aposentadoria;

d) organização do Ministério Público e da Defensoria Pública da União, bem como normas gerais para a organização do Ministério Público e da Defensoria Pública dos Estados, do Distrito Federal e dos Territórios;

e) criação e extinção de Ministérios e órgãos da administração pública, observado o disposto no Art. 84, VI;

f) militares das Forças Armadas, seu regime jurídico, provimento de cargos, promoções, estabilidade, remuneração, reforma e transferência para a reserva.

O projeto de lei aprovado por uma Casa do Congresso Nacional (chamada iniciadora) será revisto pela outra (chamada revisora), em um só turno de discussão e votação, e enviado à sanção ou promulgação, se a Casa revisora o aprovar, ou arquivado, se o rejeitar.

Se o projeto for alterado pela Casa revisora, voltará à Casa iniciadora.

A Casa na qual tenha sido concluída a votação enviará o projeto de lei ao Presidente da República, que, se concordar com ele, o sancionará.

No entanto, se o Presidente da República considerar o projeto, no todo ou em parte, inconstitucional ou contrário ao interesse público, vetá-lo-á total ou parcialmente, no prazo de quinze dias úteis, contados da data do recebimento, e comunicará, dentro de quarenta e oito horas, ao Presidente do Senado Federal os motivos do veto.

O veto parcial somente poderá abranger texto integral de artigo, de parágrafo, de inciso ou de alínea, não podendo, assim, ser vetadas palavras ou frases isoladas.

Decorrido o prazo de quinze dias, o silêncio do Presidente da República significará sanção.

O veto será apreciado pelo Congresso Nacional em sessão conjunta, dentro de trinta dias a contar de seu recebimento, só podendo ser rejeitado pelo voto da maioria absoluta dos Deputados e Senadores.

Se o veto não for mantido, será o projeto enviado, para promulgação, ao Presidente da República.

Em qualquer caso, se a lei não for promulgada dentro de quarenta e oito horas pelo Presidente da República, o Presidente do Senado a promulgará, e, se este não o fizer em igual prazo, caberá ao Vice-Presidente do Senado fazê-lo.

De acordo com o Art. 67 da Constituição, a matéria constante de projeto de lei rejeitado somente poderá constituir objeto de novo projeto, na mesma sessão legislativa, mediante proposta da maioria absoluta dos membros de qualquer das Casas do Congresso Nacional.

Medidas Provisórias

O Art. 62 da CF estabelece que, em caso de relevância e urgência, o Presidente da República poderá adotar medidas provisórias. MP, com força de lei, devendo submetê-las de imediato ao Congresso Nacional.

No entanto, é vedada a edição de medidas provisórias sobre matéria:

> *I. Relativa a:*
>
> *a) nacionalidade, cidadania, direitos políticos, partidos políticos e direito eleitoral;*
>
> *b) direito penal, processual penal e processual civil;*
>
> *c) organização do Poder Judiciário e do Ministério Público, a carreira e a garantia de seus membros;*
>
> *d) planos plurianuais, diretrizes orçamentárias, orçamento e créditos adicionais e suplementares, ressalvado o previsto no Art. 167, § 3º;*
>
> *II. Que vise a detenção ou sequestro de bens, de poupança popular ou qualquer outro ativo financeiro;*
>
> *III. Reservada a lei complementar;*
>
> *IV. Já disciplinada em projeto de lei aprovado pelo Congresso Nacional e pendente de sanção ou veto do Presidente da República.*

A medida provisória que implique instituição ou majoração de impostos só produzirá efeitos no exercício financeiro seguinte se houver sido convertida em lei até o último dia daquele em que foi editada, exceto em relação aos tributos aos quais não se aplica o princípio da anterioridade.

Após a edição pelo Presidente da República, as medidas provisórias são submetidas à apreciação do Congresso Nacional, o qual, se aprová-las, as converterá em lei. Durante esse prazo, a medida provisória produzirá efeitos normalmente.

Se as medidas provisórias não forem convertidas em lei no prazo de sessenta dias, prorrogável uma única vez por igual período, perderão eficácia (situação chamada de caducidade da medida provisória), devendo o Congresso Nacional disciplinar, por decreto legislativo, as relações jurídicas decorrentes (o prazo suspende-se durante os períodos de recesso do Congresso Nacional).

Porém, se a medida provisória não for apreciada em até quarenta e cinco dias contados de sua publicação, entrará em regime de urgência, subsequentemente, em cada uma das Casas do Congresso Nacional, ficando sobrestadas, até que se ultime a votação, todas as demais deliberações legislativas da Casa em que estiver tramitando (Art. 60, § 6º, da CF).

O § 10 do Art. 60 da CF estipula que é vedada a reedição, na mesma sessão legislativa, de medida provisória que tenha sido rejeitada ou que tenha perdido sua eficácia por decurso de prazo.

Se a medida provisória caducar pela expiração do prazo para aprovação, e não for editado, em até 60 dias, decreto legislativo regulando as relações jurídicas surgidas durante a vigência da medida, tais relações serão consideradas como por ela regidas, ou seja, serão consideradas como válidas, mesmo que a medida provisória não tenha sido aprovada.

Leis Delegadas

De acordo com o Art. 68 da Constituição Federal, as leis delegadas serão elaboradas pelo Presidente da República, que deverá solicitar a delegação ao Congresso Nacional.

Não podem ser objeto de delegação os atos de competência exclusiva do Congresso Nacional, os de competência privativa da Câmara dos Deputados ou do Senado Federal, a matéria reservada à lei complementar, nem a legislação sobre:

> *I. Organização do Poder Judiciário e do Ministério Público, a carreira e a garantia de seus membros;*
>
> *II. Nacionalidade, cidadania, direitos individuais, políticos e eleitorais;*
>
> *III. Planos plurianuais, diretrizes orçamentárias e orçamentos.*

A delegação ao Presidente da República será feita por meio de resolução do Congresso Nacional, que especificará seu conteúdo e os termos de seu exercício.

A resolução delegatória poderá determinar que a lei seja posteriormente apreciada pelo Congresso. Se isso ocorrer, este a fará em votação única, vedada qualquer emenda.

Fiscalização Contábil, Financeira e Orçamentária

Nossa Constituição prevê mecanismos de controle entre os poderes da União (controle externo). Além disso, determina que cada um desses poderes deve possuir mecanismos internos de controle (controle interno).

Quando se fala de controle externo, que é o controle de um poder sobre o outro, o principal é aquele que é exercido pelo Poder Legislativo sobre os Poderes Executivo, principalmente, e Judiciário.

E os Arts. 70 e 71 da Constituição determinam que tal controle será exercido pelo Congresso Nacional, com o auxílio do Tribunal de Contas da União:

> **Art. 70.** A fiscalização contábil, financeira, orçamentária, operacional e patrimonial da União e das entidades da administração direta e indireta, quanto à legalidade, legitimidade, economicidade, aplicação das subvenções e renúncia de receitas, será exercida pelo Congresso Nacional, mediante controle externo, e pelo sistema de controle interno de cada Poder.
>
> **Parágrafo único.** Prestará contas qualquer pessoa física ou jurídica, pública ou privada, que utilize, arrecade, guarde, gerencie ou administre dinheiros, bens e valores públicos ou pelos quais a União responda, ou que, em nome desta, assuma obrigações de natureza pecuniária.
>
> **Art. 71.** O controle externo, a cargo do Congresso Nacional, será exercido com o auxílio do Tribunal de Contas da União, ao qual compete:
>
> I. Apreciar as contas prestadas anualmente pelo Presidente da República, mediante parecer prévio que deverá ser elaborado em sessenta dias a contar de seu recebimento;
>
> II. Julgar as contas dos administradores e demais responsáveis por dinheiros, bens e valores públicos da administração direta e indireta, incluídas as fundações e sociedades instituídas e mantidas pelo Poder Público federal, e as contas daqueles que derem causa a perda, extravio ou outra irregularidade de que resulte prejuízo ao erário público;
>
> III. Apreciar, para fins de registro, a legalidade dos atos de admissão de pessoal, a qualquer título, na administração direta e indireta, incluídas as fundações instituídas e mantidas pelo Poder Público, excetuadas as nomeações para cargo de provimento em comissão, bem como a das concessões de aposentadorias, reformas e pensões, ressalvadas as melhorias posteriores que não alterem o fundamento legal do ato concessório;
>
> IV. Realizar, por iniciativa própria, da Câmara dos Deputados, do Senado Federal, de Comissão técnica ou de inquérito, inspeções e auditorias de natureza contábil, financeira, orçamentária, operacional e patrimonial, nas unidades administrativas dos Poderes Legislativo, Executivo e Judiciário, e demais entidades referidas no inciso II;
>
> V. Fiscalizar as contas nacionais das empresas supranacionais de cujo capital social a União participe, de forma direta ou indireta, nos termos do tratado constitutivo;
>
> VI. Fiscalizar a aplicação de quaisquer recursos repassados pela União mediante convênio, acordo, ajuste ou outros instrumentos congêneres, a Estado, ao Distrito Federal ou a Município;
>
> VII. Prestar as informações solicitadas pelo Congresso Nacional, por qualquer de suas Casas, ou por qualquer das respectivas Comissões, sobre a fiscalização contábil, financeira, orçamentária, operacional e patrimonial e sobre resultados de auditorias e inspeções realizadas;
>
> VIII. Aplicar aos responsáveis, em caso de ilegalidade de despesa ou irregularidade de contas, as sanções previstas em lei, que estabelecerá, entre outras cominações, multa proporcional ao dano causado ao erário;
>
> IX. Assinar prazo para que o órgão ou entidade adote as providências necessárias ao exato cumprimento da lei, se verificada ilegalidade;
>
> X. Sustar, se não atendido, a execução do ato impugnado, comunicando a decisão à Câmara dos Deputados e ao Senado Federal;
>
> XI. Representar ao Poder competente sobre irregularidades ou abusos apurados.
>
> **§ 1º.** No caso de contrato, o ato de sustação será adotado diretamente pelo Congresso Nacional, que solicitará, de imediato, ao Poder Executivo as medidas cabíveis.
>
> **§ 2º.** Se o Congresso Nacional ou o Poder Executivo, no prazo de noventa dias, não efetivar as medidas previstas no parágrafo anterior, o Tribunal decidirá a respeito.
>
> **§ 3º.** As decisões do Tribunal de que resulte imputação de débito ou multa terão eficácia de título executivo.
>
> **§ 4º.** O Tribunal encaminhará ao Congresso Nacional, trimestral e anualmente, relatório de suas atividades.

Controle Interno

O Art. 74 da Constituição Federal dispõe o sistema de controle interno que cada poder deve instituir:

> **Art. 74.** Os Poderes Legislativo, Executivo e Judiciário manterão, de forma integrada, sistema de controle interno com a finalidade de:
>
> I. Avaliar o cumprimento das metas previstas no plano plurianual, a execução dos programas de governo e dos orçamentos da União;
>
> II. Comprovar a legalidade e avaliar os resultados, quanto à eficácia e eficiência, da gestão orçamentária, financeira e patrimonial nos órgãos e entidades da administração federal, bem como da aplicação de recursos públicos por entidades de direito privado;
>
> III. Exercer o controle das operações de crédito, avais e garantias, bem como dos direitos e haveres da União;
>
> IV. Apoiar o controle externo no exercício de sua missão institucional.
>
> **§ 1º** Os responsáveis pelo controle interno, ao tomarem conhecimento de qualquer irregularidade ou ilegalidade, dela darão ciência ao Tribunal de Contas da União, sob pena de responsabilidade solidária.

§ 2º Qualquer cidadão, partido político, associação ou sindicato é parte legítima para, na forma da lei, denunciar irregularidades ou ilegalidades perante o Tribunal de Contas da União.

Tribunal de Contas da União

O Tribunal de Contas da União (TCU) é uma entidade com autonomia administrativa, orçamentária e financeira, cuja principal função é a de auxiliar o Congresso Nacional exercer o controle externo sobre os demais poderes, sendo por isso considerado como integrante do Poder Legislativo, sendo que, apesar do nome, ele não é um Tribunal Judiciário.

Embora possa ser considerado integrante do Poder Legislativo, o TCU não se submete institucionalmente ao Congresso Nacional, em virtude de sua autonomia.

O Art. 73 da Constituição Federal trata a respeito da composição do TCU, bem como da forma de nomeação e prerrogativas aplicáveis aos seus integrantes:

Art. 73. O Tribunal de Contas da União, integrado por nove Ministros, tem sede no Distrito Federal, quadro próprio de pessoal e jurisdição em todo o território nacional, exercendo, no que couber, as atribuições previstas no Art. 96.

§ 1º. Os Ministros do Tribunal de Contas da União serão nomeados dentre brasileiros que satisfaçam os seguintes requisitos:

I. Mais de trinta e cinco e menos de sessenta e cinco anos de idade;

II. Idoneidade moral e reputação ilibada;

III. Notórios conhecimentos jurídicos, contábeis, econômicos e financeiros ou de administração pública;

IV. Mais de dez anos de exercício de função ou de efetiva atividade profissional que exija os conhecimentos mencionados no inciso anterior.

§ 2º Os Ministros do Tribunal de Contas da União serão escolhidos:

I. Um terço pelo Presidente da República, com aprovação do Senado Federal, sendo dois alternadamente dentre auditores e membros do Ministério Público junto ao Tribunal, indicados em lista tríplice pelo Tribunal, segundo os critérios de antiguidade e merecimento;

II. Dois terços pelo Congresso Nacional.

§ 3º Os Ministros do Tribunal de Contas da União terão as mesmas garantias, prerrogativas, impedimentos, vencimentos e vantagens dos Ministros do Superior Tribunal de Justiça, aplicando-se lhes, quanto à aposentadoria e pensão, as normas constantes do Art. 40.

§ 4º O auditor, quando em substituição a Ministro, terá as mesmas garantias e impedimentos do titular e, quando no exercício das demais atribuições da judicatura, as de juiz de Tribunal Regional Federal.

O Poder Executivo

Do Presidente e do Vice-Presidente da República

O Art. 76 da Constituição Federal estabelece que o Poder Executivo será exercido pelo Presidente da República, auxiliado pelos Ministros de Estado.

Eleição do Presidente e do Vice-Presidente da República

Sobre isso dispõe o Art. 77 da Constituição:

Art. 77. A eleição do Presidente e do Vice-Presidente da República realizar-se-á, simultaneamente, no primeiro domingo de outubro, em primeiro turno, e no último domingo de outubro, em segundo turno, se houver, do ano anterior ao do término do mandato presidencial vigente.

§ 1º. A eleição do Presidente da República importará a do Vice-Presidente com ele registrado.

§ 2º. Será considerado eleito Presidente o candidato que, registrado por partido político, obtiver a maioria absoluta de votos, não computados os em branco e os nulos.

§ 3º. Se nenhum candidato alcançar maioria absoluta na primeira votação, far-se-á nova eleição em até vinte dias após a proclamação do resultado, concorrendo os dois candidatos mais votados e considerando-se eleito aquele que obtiver a maioria dos votos válidos.

§ 4º. Se, antes de realizado o segundo turno, ocorrer morte, desistência ou impedimento legal de candidato, convocar-se-á, dentre os remanescentes, o de maior votação.

§ 5º. Se, na hipótese dos parágrafos anteriores, remanescer, em segundo lugar, mais de um candidato com a mesma votação, qualificar-se-á o mais idoso.

Posse do Presidente e do Vice-Presidente da República

O Art. 78 da Constituição Federal estabelece que o Presidente e o Vice-Presidente da República tomarão posse em sessão do Congresso Nacional, prestando o compromisso de manter, defender e cumprir a Constituição, observar as leis, promover o bem geral do povo brasileiro, sustentar a união, a integridade e a independência do Brasil.

Se, decorridos dez dias da data fixada para a posse, o Presidente ou o Vice-Presidente, salvo motivo de força maior, não tiver assumido o cargo, este será declarado vago.

Funções do Vice-Presidente

Art. 79. Substituirá o Presidente, no caso de impedimento, e suceder-lhe-á, no de vaga, o Vice-Presidente.

Parágrafo único. O Vice-Presidente da República, além de outras atribuições que lhe forem conferidas por lei complementar, auxiliará o Presidente, sempre que por ele convocado para missões especiais.

Linha de Substituição do Presidente da República

O Art. 80 da Constituição afirma que, em caso de impedimento do Presidente e do Vice-Presidente, ou vacância dos respectivos cargos, serão sucessivamente chamados ao exercício da Presidência:

> o Presidente da Câmara dos Deputados;
> o Presidente do Senado Federal; e
> o Presidente do Supremo Tribunal Federal.

No entanto, tais pessoas apenas assumirão o cargo temporariamente, devendo convocar novas eleições se a ausência do Presidente e do Vice for definitiva.

Vacância dos Cargos de Presidente e Vice-Presidente

A vacância dos cargos de Presidente e Vice-Presidente ocorre quando o País ficar definitivamente sem ambos.

Nesse caso, estabelece o Art. 81 da Constituição que:

Art. 81. Vagando os cargos de Presidente e Vice-Presidente da República, far-se-á eleição noventa dias depois de aberta a última vaga.

§ 1º. Ocorrendo a vacância nos últimos dois anos do período presidencial, a eleição para ambos os cargos será feita trinta dias depois da última vaga, pelo Congresso Nacional, na forma da lei.

§ 2º. Em qualquer dos casos, os eleitos deverão completar o período de seus antecessores.

Mandato e Ausência do Presidente da República

O Art. 82 da Constituição Federal estabelece que o mandato do Presidente da República é de quatro anos e terá início em primeiro de janeiro do ano seguinte ao da sua eleição.

Por sua vez, o Art. 83 estipula que o Presidente e o Vice-Presidente da República não poderão, sem licença do Congresso Nacional, ausentar-se do País por período superior a quinze dias, sob pena de perda do cargo.

Atribuições do Presidente da República

O Art. 84 traz as competências privativas do Presidente da República:

Art. 84. Compete privativamente ao Presidente da República:

I. Nomear e exonerar os Ministros de Estado;

II. Exercer, com o auxílio dos Ministros de Estado, a direção superior da administração federal;

III. Iniciar o processo legislativo, na forma e nos casos previstos nesta Constituição;

IV. Sancionar, promulgar e fazer publicar as leis, bem como expedir decretos e regulamentos para sua fiel execução;

V. Vetar projetos de lei, total ou parcialmente;

VI. Dispor, mediante decreto, sobre

a) organização e funcionamento da administração federal, quando não implicar aumento de despesa nem criação ou extinção de órgãos públicos;

b) extinção de funções ou cargos públicos, quando vagos;

VII. Manter relações com Estados estrangeiros e acreditar seus representantes diplomáticos;

VIII. Celebrar tratados, convenções e atos internacionais, sujeitos a referendo do Congresso Nacional;

IX. Decretar o estado de defesa e o estado de sítio;

X. Decretar e executar a intervenção federal;

XI. Remeter mensagem e plano de governo ao Congresso Nacional por ocasião da abertura da sessão legislativa, expondo a situação do País e solicitando as providências que julgar necessárias;

XII. Conceder indulto e comutar penas, com audiência, se necessário, dos órgãos instituídos em lei;

XIII. Exercer o comando supremo das Forças Armadas, nomear os Comandantes da Marinha, do Exército e da Aeronáutica, promover seus oficiais-generais e nomeá-los para os cargos que lhes são privativos;

XIV. Nomear, após aprovação pelo Senado Federal, os Ministros do Supremo Tribunal Federal e dos Tribunais Superiores, os Governadores de Territórios, o Procurador-Geral da República, o presidente e os diretores do banco central e outros servidores, quando determinado em lei;

XV. Nomear, observado o disposto no Art. 73, os Ministros do Tribunal de Contas da União;

XVI. Nomear os magistrados, nos casos previstos nesta Constituição, e o Advogado-Geral da União;

XVII. Nomear membros do Conselho da República, nos termos do Art. 89, VII;

XVIII. Convocar e presidir o Conselho da República e o Conselho de Defesa Nacional;

XIX. Declarar guerra, no caso de agressão estrangeira, autorizado pelo Congresso Nacional ou referendado por ele, quando ocorrida no intervalo das sessões legislativas, e, nas mesmas condições, decretar, total ou parcialmente, a mobilização nacional;

XX. Celebrar a paz, autorizado ou com o referendo do Congresso Nacional;

XXI. Conferir condecorações e distinções honoríficas;

XXII. Permitir, nos casos previstos em lei complementar, que forças estrangeiras transitem pelo território nacional ou nele permaneçam temporariamente;

XXIII. Enviar ao Congresso Nacional o plano plurianual, o projeto de lei de diretrizes orçamentárias e as propostas de orçamento previstos nesta Constituição;

XXIV. Prestar, anualmente, ao Congresso Nacional, dentro de sessenta dias após a abertura da sessão legislativa, as contas referentes ao exercício anterior;

XXV. Prover e extinguir os cargos públicos federais, na forma da lei;

XXVI. Editar medidas provisórias com força de lei, nos termos do Art. 62;

XXVII. Exercer outras atribuições previstas nesta Constituição.

Parágrafo único. O Presidente da República poderá delegar as atribuições mencionadas nos incisos VI, XII e XXV, primeira parte, aos Ministros de Estado, ao Procurador-Geral da República ou ao Advogado-Geral da União, que observarão os limites traçados nas respectivas delegações.

Responsabilidade do Presidente da República

O Art. 85 estabelece que são crimes de responsabilidade os atos do Presidente da República que atentem contra a Constituição Federal e, especialmente, contra:

> A existência da união;
> O livre exercício do poder legislativo, do poder judiciário, do ministério público e dos poderes constitucionais das unidades da federação;
> O exercício dos direitos políticos, individuais e sociais;
> A segurança interna do país;
> A probidade na administração;
> A lei orçamentária;
> O cumprimento das leis e das decisões judiciais.

O parágrafo único do mesmo artigo estabelece que esses crimes serão definidos em lei especial, que estabelecerá as normas de processo e julgamento.

E o Art. 86 afirma que, admitida a acusação contra o Presidente da República, por dois terços da Câmara dos Deputados, será ele submetido a julgamento perante o Supremo Tribunal Federal, nas infrações penais comuns, ou perante o Senado Federal, nos crimes de responsabilidade.

A Constituição Federal determina ainda que o Presidente ficará suspenso de suas funções:

> Nas infrações penais comuns, se recebida a denúncia ou queixa-crime pelo supremo tribunal federal;
> Nos crimes de responsabilidade, após a instauração do processo pelo Senado Federal.

No entanto, se decorrido o prazo de cento e oitenta dias, o julgamento não estiver concluído, cessará o afastamento do Presidente, sem prejuízo do regular prosseguimento do processo.

Enquanto não sobrevier sentença condenatória, nas infrações comuns, o Presidente da República não poderá ser preso.

Dos Ministros de Estado

Os Ministros de Estado são os auxiliares diretos do Presidente da República.

De acordo com o Art. 87 da Constituição, os Ministros de Estado serão escolhidos dentre brasileiros maiores de vinte e um anos e no exercício dos direitos políticos.

Competências dos Ministros

De acordo com a Constituição, compete ao Ministro de Estado, além de outras atribuições estabelecidas na Constituição e na lei:

I. Exercer a orientação, coordenação e supervisão dos órgãos e entidades da administração federal na área de sua competência e referendar os atos e decretos assinados pelo Presidente da República;

II. Expedir instruções para a execução das leis, decretos e regulamentos;

III. Apresentar ao Presidente da República relatório anual de sua gestão no Ministério;

IV. Praticar os atos pertinentes às atribuições que lhe forem outorgadas ou delegadas pelo Presidente da República.

Do Conselho da República

O Conselho da República é, de acordo com a Constituição, órgão superior de consulta do Presidente da República.

Composição

De acordo com o Art. 89 da Constituição, participam do Conselho da República:

I. O Vice-Presidente da República;

II. O Presidente da Câmara dos Deputados;

III. O Presidente do Senado Federal;

IV. Os líderes da maioria e da minoria na Câmara dos Deputados;

V. Os líderes da maioria e da minoria no Senado Federal;

VI. O Ministro da Justiça;

VII. Seis cidadãos brasileiros natos, com mais de trinta e cinco anos de idade, sendo dois nomeados pelo Presidente da República, dois eleitos pelo Senado Federal e dois eleitos pela Câmara dos Deputados, todos com mandato de três anos, vedada a recondução.

O Presidente da República poderá convocar o Ministro de Estado para participar da reunião do Conselho, quando constar da pauta questão relacionada com o respectivo Ministério.

Competência

De acordo com o Art. 90 da CF, cabe ao Conselho da República pronunciar-se sobre:

I. Intervenção federal, estado de defesa e estado de sítio; e

II. As questões relevantes para a estabilidade das instituições democráticas.

Conselho de Defesa Nacional

O Art. 91 da Constituição estipula que o Conselho de Defesa Nacional é órgão de consulta do Presidente da República nos assuntos relacionados com a soberania nacional e a defesa do Estado democrático.

Composição

Participam do Conselho de Defesa Nacional:

I. O Vice-Presidente da República;

II. O Presidente da Câmara dos Deputados;

III. O Presidente do Senado Federal;

IV. O Ministro da Justiça;

V. O Ministro de Estado da Defesa;

VI. O Ministro das Relações Exteriores;

VII. O Ministro do Planejamento.

VIII. Os Comandantes da Marinha, do Exército e da Aeronáutica.

Competência

Compete ao Conselho de Defesa Nacional:

> - Opinar nas hipóteses de declaração de guerra e de celebração da paz, nos termos desta Constituição;
> - Opinar sobre a decretação do estado de defesa, do estado de sítio e da intervenção federal;
> - Propor os critérios e condições de utilização de áreas indispensáveis à segurança do território nacional e opinar sobre seu efetivo uso, especialmente na faixa de fronteira e nas relacionadas com a preservação e a exploração dos recursos naturais de qualquer tipo;
> - Estudar, propor e acompanhar o desenvolvimento de iniciativas necessárias a garantir a independência nacional e a defesa do Estado democrático.

O Poder Judiciário

A Constituição Federal, em seu Título III, Capítulo III, traz a organização do Poder Judiciário, definindo sua estrutura, composição e competência de seus órgãos.

Veremos aqui os pontos mais importantes para concursos públicos.

Órgãos do Poder Judiciário

O Art. 92 da CF traz os órgãos que compõem o Poder Judiciário:

Art. 92. São órgãos do Poder Judiciário:

I. O Supremo Tribunal Federal;

I-A. O Conselho Nacional de Justiça;

II. O Superior Tribunal de Justiça;

II-A. O Tribunal Superior do Trabalho; (Incluído pela Emenda Constitucional nº 92, de 2016)

III. Os Tribunais Regionais Federais e Juízes Federais;

IV. Os Tribunais e Juízes do Trabalho;

V. Os Tribunais e Juízes Eleitorais;

VI. Os Tribunais e Juízes Militares;

VII. Os Tribunais e Juízes dos Estados e do Distrito Federal e Territórios."

O § 1º do Art. 92 estipula que o Supremo Tribunal Federal (STF), o Conselho Nacional de Justiça (CNJ) e os Tribunais Superiores têm sede na Capital Federal.

Por sua vez, o § 2º do mesmo artigo afirma que o Supremo Tribunal Federal e os Tribunais Superiores têm jurisdição em todo o território nacional.

Lei Orgânica da Magistratura

O Art. 93 da CF fala a respeito da chamada Lei Orgânica da Magistratura (LOM), lei complementar de iniciativa do STF que deve definir com detalhes a organização do Poder Judiciário, trazendo este artigo algumas disposições que tal lei deve conter:

Art. 93. Lei complementar, de iniciativa do Supremo Tribunal Federal, disporá sobre o Estatuto da Magistratura, observados os seguintes princípios:

I. Ingresso na carreira, cujo cargo inicial será o de juiz substituto, mediante concurso público de provas e títulos, com a participação da Ordem dos Advogados do Brasil em todas as fases, exigindo-se do bacharel em direito, no mínimo, três anos de atividade jurídica e obedecendo-se, nas nomeações, à ordem de classificação;

II. Promoção de entrância para entrância, alternadamente, por antiguidade e merecimento, atendidas as seguintes normas:

a) é obrigatória a promoção do juiz que figure por três vezes consecutivas ou cinco alternadas em lista de merecimento;

b) a promoção por merecimento pressupõe dois anos de exercício na respectiva entrância e integrar o juiz a primeira quinta parte da lista de antiguidade desta, salvo se não houver com tais requisitos quem aceite o lugar vago;

c) aferição do merecimento conforme o desempenho e pelos critérios objetivos de produtividade e presteza no exercício da jurisdição e pela frequência e aproveitamento em cursos oficiais ou reconhecidos de aperfeiçoamento;

d) na apuração de antiguidade, o tribunal somente poderá recusar o juiz mais antigo pelo voto fundamentado de dois terços de seus membros, conforme procedimento próprio, e assegurada ampla defesa, repetindo-se a votação até fixar-se a indicação;

e) não será promovido o juiz que, injustificadamente, retiver autos em seu poder além do prazo legal, não podendo devolvê-los ao cartório sem o devido despacho ou decisão;

Entrância é uma das divisões da 1ª instância do Poder Judiciário. As comarcas são divididas em entrâncias de acordo com a população local, o número de processos e o tamanho da economia dos municípios abrangidos.

Via de regra, na Justiça Estadual há três entrâncias na 1ª instância. O juiz começa sua carreira de titular em comarcas de entrância inicial, podendo buscar depois a promoção para comarcas de entrância intermediária e por fim para comarcas de entrância final, para só depois poder pleitear sua promoção para a 2ª instância.

Já na Justiça Federal há somente uma entrância.

No Poder Judiciário, a promoção (tanto de entrância para entrância, no primeiro grau, como da primeira para a segunda instância) se dá alternadamente por antiguidade e merecimento. Quer dizer que se a última vaga foi preenchida por antiguidade, a próxima será por merecimento, e assim por diante.

III. O acesso aos tribunais de segundo grau far-se-á por antiguidade e merecimento, alternadamente, apurados na última ou única entrância;

IV. Previsão de cursos oficiais de preparação, aperfeiçoamento e promoção de magistrados, constituindo etapa obrigatória do processo de vitaliciamento a participação em curso oficial ou reconhecido por escola nacional de formação e aperfeiçoamento de magistrados;

V. O subsídio dos Ministros dos Tribunais Superiores corresponderá a noventa e cinco por cento do subsídio mensal fixado para os Ministros do Supremo Tribunal Federal e os subsídios dos demais magistrados serão fixados em lei e escalonados, em nível federal e estadual, conforme as respectivas categorias da estrutura judiciária nacional, não podendo a diferença entre uma e outra ser superior a dez por cento ou inferior a cinco por cento, nem exceder a noventa e cinco por cento do subsídio mensal dos Ministros dos Tribunais Superiores, obedecido, em qualquer caso, o disposto nos Arts. 37, XI, e 39, § 4º;

VI. A aposentadoria dos magistrados e a pensão de seus dependentes observarão o disposto no art. 40;

VII. O juiz titular residirá na respectiva comarca, salvo autorização do tribunal;

VIII. O ato de remoção, disponibilidade e aposentadoria do magistrado, por interesse público, fundar-se-á em decisão por voto da maioria absoluta do respectivo tribunal ou do Conselho Nacional de Justiça, assegurada ampla defesa;

VIII-A. A remoção a pedido ou a permuta de magistrados de comarca de igual entrância atenderá, no que couber, ao disposto nas alíneas a , b , c e e do inciso II;

IX. Todos os julgamentos dos órgãos do Poder Judiciário serão públicos, e fundamentadas todas as decisões, sob pena de nulidade, podendo a lei limitar a presença, em determinados atos, às próprias partes e a seus advogados, ou somente a estes, em casos nos quais a preservação do direito à intimidade do interessado no sigilo não prejudique o interesse público à informação;

X. As decisões administrativas dos tribunais serão motivadas e em sessão pública, sendo as disciplinares tomadas pelo voto da maioria absoluta de seus membros;

XI. Nos tribunais com número superior a vinte e cinco julgadores, poderá ser constituído órgão especial, com o mínimo de onze e o máximo de vinte e cinco membros, para o exercício das atribuições administrativas e jurisdicionais delegadas da competência do tribunal pleno, provendo-se metade das vagas por antiguidade e a outra metade por eleição pelo tribunal pleno;

XII. A atividade jurisdicional será ininterrupta, sendo vedado férias coletivas nos juízos e tribunais de segundo grau, funcionando, nos dias em que não houver expediente forense normal, juízes em plantão permanente;

XIII. O número de juízes na unidade jurisdicional será proporcional à efetiva demanda judicial e à respectiva população;

XIV. Os servidores receberão delegação para a prática de atos de administração e atos de mero expediente sem caráter decisório;

XV. A distribuição de processos será imediata, em todos os graus de jurisdição.

Quinto Constitucional

O Art. 94 da CF estabelece que um quinto dos lugares dos Tribunais Regionais Federais, dos

Tribunais dos Estados, e do Distrito Federal e Territórios será composto de:

> membros do Ministério Público, com mais de dez anos de carreira; e
> de advogados de notório saber jurídico e de reputação ilibada, com mais de dez anos de efetiva atividade profissional.

Esses membros do MP e advogados são indicados em lista sêxtupla pelos órgãos de representação de suas classes.

Recebidas essas indicações, o tribunal forma uma lista tríplice, enviando-a ao Poder Executivo, que, nos vinte dias subsequentes, escolhe um de seus integrantes para nomeação.

Garantias dos Juízes

A fim de garantir a independência e imparcialidade do Poder Judiciário, a CF concede a seus membros diversas garantias:

Art. 95. Os juízes gozam das seguintes garantias:

I. Vitaliciedade, que, no primeiro grau, só será adquirida após dois anos de exercício, dependendo a perda do cargo, nesse período, de deliberação do tribunal a que o juiz estiver vinculado, e, nos demais casos, de sentença judicial transitada em julgado;

II. Inamovibilidade, salvo por motivo de interesse público, na forma do art. 93, VIII;

III. Irredutibilidade de subsídio, ressalvado o disposto nos Arts. 37, X e XI, 39, § 4º, 150, II, 153, III, e 153, § 2º, I.

Vedações aos Juízes

Enquanto o *caput* do Art. 95 traz as garantias da magistratura, seu parágrafo único traz vedações aos juízes:

(...) Aos juízes é vedado:

I. Exercer, ainda que em disponibilidade, outro cargo ou função, salvo uma de magistério;

II. Receber, a qualquer título ou pretexto, custas ou participação em processo;

III. Dedicar-se à atividade político-partidária.

IV. Receber, a qualquer título ou pretexto, auxílios ou contribuições de pessoas físicas, entidades públicas ou privadas, ressalvadas as exceções previstas em lei;

V. Exercer a advocacia no juízo ou tribunal do qual se afastou, antes de decorridos três anos do afastamento do cargo por aposentadoria ou exoneração.

Competências Privativas dos Tribunais

O Art. 96 da CF traz algumas competências privativas dos Tribunais. Por serem privativas, tais competências não podem ser delegadas:

Art. 96. Compete privativamente:
I. Aos tribunais:

a) eleger seus órgãos diretivos e elaborar seus regimentos internos, com observância das normas de processo e das garantias processuais das partes, dispondo sobre a competência e o funcionamento dos respectivos órgãos jurisdicionais e administrativos;

b) organizar suas secretarias e serviços auxiliares e os dos juízos que lhes forem vinculados, velando pelo exercício da atividade correicional respectiva;

c) prover, na forma prevista nesta Constituição, os cargos de juiz de carreira da respectiva jurisdição;

d) propor a criação de novas varas judiciárias;

e) prover, por concurso público de provas, ou de provas e títulos, (...) os cargos necessários à administração da Justiça, exceto os de confiança assim definidos em lei;

f) conceder licença, férias e outros afastamentos a seus membros e aos juízes e servidores que lhes forem imediatamente vinculados;

II. Ao Supremo Tribunal Federal, aos Tribunais Superiores e aos Tribunais de Justiça propor ao Poder Legislativo respectivo (...):

a) a alteração do número de membros dos tribunais inferiores;

b) a criação e a extinção de cargos e a remuneração dos seus serviços auxiliares e dos juízos que lhes forem vinculados, bem como a fixação do subsídio de seus membros e dos juízes, inclusive dos tribunais inferiores, onde houver;

c) a criação ou extinção dos tribunais inferiores;

d) a alteração da organização e da divisão judiciárias;

III. Aos Tribunais de Justiça julgar os juízes estaduais e do Distrito Federal e Territórios, bem como os membros do Ministério Público, nos crimes comuns e de responsabilidade, ressalvada a competência da Justiça Eleitoral.

Juizados Especiais

Visando uma prestação jurisdicional mais célere e eficiente para casos de menor complexidade (processos cíveis) ou de menor gravidade (processos penais), a Constituição Federal prevê a criação de juizados especiais, tanto na Justiça Federal como nas Justiças Estaduais.

Entre as vantagens da criação desses juizados especiais estão: maior rapidez no julgamento, uma vez que o rito de julgamento é sumaríssimo e menor burocracia para acesso à Justiça pelo cidadão, sendo que, em determinados casos cíveis, o autor da ação nem sequer precisa constituir advogado.

Art. 98. *A União, no DF e nos Territórios, e os Estados criarão:*

I. Juizados especiais, providos por juízes togados, ou togados e leigos, competentes para conciliação, julgamento e execução de causas cíveis de menor complexidade e infrações penais de menor potencial ofensivo, mediante procedimentos oral e sumaríssimo, permitidos, nas hipóteses da lei, a transação e o julgamento de recursos por turmas de juízes de primeiro grau;

II. Justiça de paz, remunerada, composta de cidadãos eleitos pelo voto direto, universal e secreto, com mandato de quatro anos e competência para, na forma da lei, celebrar casamentos, verificar, de ofício ou em face de impugnação, o processo de habilitação e exercer atribuições conciliatórias, sem caráter jurisdicional, além de outras previstas na legislação.

§ 1º Lei federal disporá sobre a criação de juizados especiais no âmbito da Justiça Federal.

Autonomia do Poder Judiciário

Os três poderes, de acordo com o Art. 2º de nossa Constituição Federal, são independentes e harmônicos entre si.

O Art. 99 fala da autonomia administrativa (relativa à capacidade de autogerir-se) e financeira (relativa aos recursos monetários), essenciais para que haja, de fato, independência do Poder Judiciário.

Art. 99. Ao Poder Judiciário é assegurada autonomia administrativa e financeira.

§ 1º. Os tribunais elaborarão suas propostas orçamentárias dentro dos limites estipulados conjuntamente com os demais Poderes na lei de diretrizes orçamentárias.

§ 2º. O encaminhamento da proposta, ouvidos os outros tribunais interessados, compete:

I. No âmbito da União, aos Presidentes do Supremo Tribunal Federal e dos Tribunais Superiores, com a aprovação dos respectivos tribunais;

II. No âmbito dos Estados e no do Distrito Federal e Territórios, aos Presidentes dos Tribunais de Justiça, com a aprovação dos respectivos tribunais.

§ 3º. Se os órgãos referidos no § 2º não encaminharem as respectivas propostas orçamentárias dentro do prazo estabelecido na lei de diretrizes orçamentárias, o Poder Executivo considerará, para fins de consolidação da proposta orçamentária anual, os valores aprovados na lei orçamentária vigente, ajustados de acordo com os limites estipulados na forma do § 1º deste artigo.

§ 4º. Se as propostas orçamentárias de que trata este artigo forem encaminhadas em desacordo com os limites estipulados na forma do § 1º, o Poder Executivo procederá aos ajustes necessários para fins de consolidação da proposta orçamentária anual.

Precatórios

Os precatórios são autorizações orçamentárias para pagamento de decisões judiciais desfavoráveis à União, Estados e Municípios. Isso porque, diferentemente do que ocorre com o particular, o Poder Público tem a prerrogativa da impenhorabilidade de seus bens, o que faz com que não seja possível penhorar-se bens públicos para pagamento de débitos judiciais.

O Art. 100 da Constituição Federal traz as regras referentes aos precatórios. Abaixo apresentamos os dispositivos mais importantes desse artigo:

Art. 100. Os pagamentos devidos pelas Fazendas Públicas Federal, Estaduais, Distrital e Municipais, em virtude de sentença judiciária, far-se-ão exclusivamente na ordem cronológica de apresentação dos precatórios e à conta dos créditos respectivos, proibida a designação de casos ou de pessoas nas dotações orçamentárias e nos créditos adicionais abertos para este fim.

§ 1º. Os débitos de natureza alimentícia compreendem aqueles decorrentes de salários, vencimentos, proventos, pensões e suas complementações, benefícios previdenciários e indenizações por morte ou por invalidez, fundadas em responsabilidade civil, em virtude de sentença judicial transitada em julgado, e serão pagos com preferência sobre todos os demais débitos, exceto sobre aqueles referidos no § 2º deste artigo.

§ 2º. Os débitos de natureza alimentícia cujos titulares tenham 60 (sessenta) anos de idade ou mais na data de expedição do precatório, ou sejam portadores de doença grave, definidos na forma da lei, serão pagos com preferência sobre todos os demais débitos, até o valor equivalente ao triplo do fixado em lei para os fins do disposto no § 3º deste artigo, admitido o fracionamento para essa finalidade, sendo que o restante será pago na ordem cronológica de apresentação do precatório.

§ 3º. O disposto no caput deste artigo relativamente à expedição de precatórios não se aplica aos pagamentos de obrigações definidas em leis como de pequeno valor que as Fazendas referidas devam fazer em virtude de sentença judicial transitada em julgado.

§ 4º. Para os fins do disposto no § 3º, poderão ser fixados, por leis próprias, valores distintos às entidades de direito público, segundo as diferentes capacidades econômicas, sendo o mínimo igual ao valor do maior benefício do regime geral de previdência social.

§ 5º. É obrigatória a inclusão, no orçamento das entidades de direito público, de verba necessária ao pagamento de seus débitos, oriundos de sentenças transitadas em julgado, constantes de precatórios judiciários apresentados até 1º de julho, fazendo-se o pagamento até o final do exercício seguinte, quando terão seus valores atualizados monetariamente.

§ 6º. As dotações orçamentárias e os créditos abertos serão consignados diretamente ao Poder

Judiciário, cabendo ao Presidente do Tribunal que proferir a decisão exequenda determinar o pagamento integral e autorizar, a requerimento do credor e exclusivamente para os casos de preterimento de seu direito de precedência ou de não alocação orçamentária do valor necessário à satisfação do seu débito, o sequestro da quantia respectiva.

§ 7º. O Presidente do Tribunal competente que, por ato comissivo ou omissivo, retardar ou tentar frustrar a liquidação regular de precatórios incorrerá em crime de responsabilidade e responderá, também, perante o Conselho Nacional de Justiça.

§ 8º. É vedada a expedição de precatórios complementares ou suplementares de valor pago, bem como o fracionamento, repartição ou quebra do valor da execução para fins de enquadramento de parcela do total ao que dispõe o § 3º deste artigo.

§ 9º. No momento da expedição dos precatórios, independentemente de regulamentação, deles deverá ser abatido, a título de compensação, valor correspondente aos débitos líquidos e certos, inscritos ou não em dívida ativa e constituídos contra o credor original pela Fazenda Pública devedora, incluídas parcelas vincendas de parcelamentos, ressalvados aqueles cuja execução esteja suspensa em virtude de contestação administrativa ou judicial.

§ 10. Antes da expedição dos precatórios, o Tribunal solicitará à Fazenda Pública devedora, para resposta em até 30 (trinta) dias, sob pena de perda do direito de abatimento, informação sobre os débitos que preencham as condições estabelecidas no § 9º, para os fins nele previstos.

§ 11. É facultada ao credor, conforme estabelecido em lei da entidade federativa devedora, a entrega de créditos em precatórios para compra de imóveis públicos do respectivo ente federado.

§ 12. A partir da promulgação desta Emenda Constitucional [EC 62/2009], a atualização de valores de requisitórios, após sua expedição, até o efetivo pagamento, independentemente de sua natureza, será feita pelo índice oficial de remuneração básica da caderneta de poupança, e, para fins de compensação da mora, incidirão juros simples no mesmo percentual de juros incidentes sobre a caderneta de poupança, ficando excluída a incidência de juros compensatórios.

§ 13. O credor poderá ceder, total ou parcialmente, seus créditos em precatórios a terceiros, independentemente da concordância do devedor, não se aplicando ao cessionário o disposto nos §§ 2º e 3º.

§ 14. A cessão de precatórios somente produzirá efeitos após comunicação, por meio de petição protocolizada, ao tribunal de origem e à entidade devedora.

§ 15. Sem prejuízo do disposto neste artigo, lei complementar a esta Constituição Federal poderá estabelecer regime especial para pagamento de crédito de precatórios de Estados, Distrito Federal e Municípios, dispondo sobre vinculações à receita corrente líquida e forma e prazo de liquidação.

§ 16. A seu critério exclusivo e na forma de lei, a União poderá assumir débitos, oriundos de precatórios, de Estados, Distrito Federal e Municípios, refinanciando-os diretamente.

Resumo sobre precatórios

Segue a seguir um resumo sobre as principais disposições do Art. 100 sobre precatórios:

Ordem de pagamento: ordem cronológica de apresentação dos precatórios, proibida a designação de casos ou de pessoas nas dotações orçamentárias e nos créditos adicionais abertos para este fim.

Exceções à ordem de pagamento cronológica:

> Créditos de pequeno valor (não se sujeitam ao regime de precatórios). É vedado o fracionamento do valor da execução para fins de enquadramento de parcela do total ao pequeno valor.

> Maiores de 60 anos na data de expedição do precatório e portadores de doença grave (créditos de natureza alimentícia) terão preferência sobre todos os demais débitos, até o valor equivalente ao triplo daquele considerado como de pequeno valor, admitido o fracionamento para essa finalidade, sendo que o restante será pago na ordem cronológica de apresentação do precatório.

> Débitos de natureza alimentícia (decorrentes de salários, vencimentos, proventos, pensões e suas complementações, benefícios previdenciários e indenizações por morte ou por invalidez, fundadas em responsabilidade civil, em virtude de sentença judicial transitada em julgado) serão pagos com preferência sobre todos os demais débitos, exceto sobre aqueles referidos no item b).

Inclusão no orçamento: é obrigatória a inclusão no orçamento de verba necessária ao pagamento de precatórios apresentados até 1º de julho, fazendo-se o pagamento até o final do exercício seguinte, quando terão seus valores atualizados monetariamente. No entanto, Lei complementar poderá estabelecer regime especial para pagamento de crédito de precatórios de Estados, Distrito Federal e Municípios, dispondo sobre vinculações à receita corrente líquida e forma e prazo de liquidação.

Compensação com créditos da Fazenda Pública: no momento da expedição dos precatórios deverão ser compensados valores correspondente aos débitos líquidos e certos da Fazenda Pública devedora contra o beneficiário (incluindo parcelas vincendas de parcelamentos).

Antes da expedição dos precatórios, o Tribunal solicitará à Fazenda Pública devedora, para resposta em até 30 (trinta) dias, sob pena de perda do direito de abatimento, informação sobre os eventuais créditos para compensação.

Cessão de créditos de precatórios: o credor poderá ceder, total ou parcialmente, seus créditos em precatórios a terceiros, independentemente da concordância do devedor, comunicado o Tribunal de origem e a Fazenda Pública.

Do Supremo Tribunal Federal

Composição e nomeação dos Ministros do STF

O Art. 101 estabelece que o Supremo Tribunal Federal (STF) compõe-se de onze Ministros, escolhidos dentre cidadãos com mais de trinta e cinco e menos de sessenta e cinco anos de idade, de notável saber jurídico e reputação ilibada.

Tais Ministros serão nomeados pelo Presidente da República, depois de aprovada a escolha pela maioria absoluta do Senado Federal.

Competências do STF

O Art. 102 traz as competências originárias e recursais do STF.

As competências originárias referem-se aos casos que serão julgados diretamente no STF, ou seja, as ações relativas a eles serão propostas no próprio STF.

Já as competências recursais referem-se aos assuntos que serão apreciados pelo STF em grau de recurso, reanalisando, a pedido da parte interessada, decisões tomadas em instâncias inferiores:

Art. 102. Compete ao Supremo Tribunal Federal, precipuamente, a guarda da Constituição, cabendo-lhe:

I. Processar e julgar, originariamente:

a) a ação direta de inconstitucionalidade de lei ou ato normativo federal ou estadual e a ação declaratória de constitucionalidade de lei ou ato normativo federal;

b) nas infrações penais comuns, o Presidente da República, o Vice-Presidente, os membros do Congresso Nacional, seus próprios Ministros e o Procurador-Geral da República;

c) nas infrações penais comuns e nos crimes de responsabilidade, os Ministros de Estado e os Comandantes da Marinha, do Exército e da Aeronáutica, ressalvado o disposto no Art. 52, I, os membros dos Tribunais Superiores, os do Tribunal de Contas da União e os chefes de missão diplomática de caráter permanente;

d) o "habeas corpus", sendo paciente qualquer das pessoas referidas nas alíneas anteriores; o mandado de segurança e o "habeas data" contra atos do Presidente da República, das Mesas da Câmara dos Deputados e do Senado Federal, do Tribunal de Contas da União, do Procurador-Geral da República e do próprio Supremo Tribunal Federal;

e) o litígio entre Estado estrangeiro ou organismo internacional e a União, o Estado, o Distrito Federal ou o Território;

f) as causas e os conflitos entre a União e os Estados, a União e o Distrito Federal, ou entre uns e outros, inclusive as respectivas entidades da administração indireta;

g) a extradição solicitada por Estado estrangeiro;

h) REVOGADO PELA EC 45/2004

i) o "habeas corpus", quando o coator for Tribunal Superior ou quando o coator ou o paciente for autoridade ou funcionário cujos atos estejam sujeitos diretamente à jurisdição do Supremo Tribunal Federal, ou se trate de crime sujeito à mesma jurisdição em uma única instância;

j) a revisão criminal e a ação rescisória de seus julgados;

l) a reclamação para a preservação de sua competência e garantia da autoridade de suas decisões;

m) a execução de sentença nas causas de sua competência originária, facultada a delegação de atribuições para a prática de atos processuais;

n) a ação em que todos os membros da magistratura sejam direta ou indiretamente interessados, e aquela em que mais da metade dos membros do tribunal de origem estejam impedidos ou sejam direta ou indiretamente interessados;

o) os conflitos de competência entre o Superior Tribunal de Justiça e quaisquer tribunais, entre Tribunais Superiores, ou entre estes e qualquer outro tribunal;

p) o pedido de medida cautelar das ações diretas de inconstitucionalidade;

q) o mandado de injunção, quando a elaboração da norma regulamentadora for atribuição do Presidente da República, do Congresso Nacional, da Câmara dos Deputados, do Senado Federal, das Mesas de uma dessas Casas Legislativas, do Tribunal de Contas da União, de um dos Tribunais Superiores, ou do próprio Supremo Tribunal Federal;

r) as ações contra o Conselho Nacional de Justiça e contra o Conselho Nacional do Ministério Público;

II. Julgar, em recurso ordinário:

a) o "habeas corpus", o mandado de segurança, o "habeas data" e o mandado de injunção decididos em única instância pelos Tribunais Superiores, se denegatória a decisão;

b) o crime político;

III. Julgar, mediante recurso extraordinário, as causas decididas em única ou última instância, quando a decisão recorrida:

a) contrariar dispositivo desta Constituição;

b) declarar a inconstitucionalidade de tratado ou lei federal;

c) julgar válida lei ou ato de governo local contestado em face desta Constituição.

d) *julgar válida lei local contestada em face de lei federal.*

§ 2º. *As decisões definitivas de mérito, proferidas pelo Supremo Tribunal Federal, nas ações diretas de inconstitucionalidade e nas ações declaratórias de constitucionalidade produzirão eficácia contra todos e efeito vinculante, relativamente aos demais órgãos do Poder Judiciário e à administração pública direta e indireta, nas esferas federal, estadual e municipal.*

§ 3º. *No recurso extraordinário o recorrente deverá demonstrar a repercussão geral das questões constitucionais discutidas no caso, nos termos da lei, a fim de que o Tribunal examine a admissão do recurso, somente podendo recusá-lo pela manifestação de dois terços de seus membros.*

Conselho Nacional de Justiça

O Conselho Nacional de Justiça – CNJ, foi criado pela Emenda Constitucional 45/2004, como um órgão de controle de Poder Judiciário.

Sobre ele, dispõe o Art. 103-B:

Art. 103-B. *O Conselho Nacional de Justiça compõe-se de 15 (quinze) membros com mandato de 2 (dois) anos, admitida 1 (uma) recondução, sendo:*

I. O Presidente do Supremo Tribunal Federal;

II. Um Ministro do Superior Tribunal de Justiça, indicado pelo respectivo tribunal;

III. Um Ministro do Tribunal Superior do Trabalho, indicado pelo respectivo tribunal;

IV. Um desembargador de Tribunal de Justiça, indicado pelo Supremo Tribunal Federal;

V. Um juiz estadual, indicado pelo Supremo Tribunal Federal;

VI. Um juiz de Tribunal Regional Federal, indicado pelo Superior Tribunal de Justiça;

VII. Um juiz federal, indicado pelo Superior Tribunal de Justiça;

VIII. Um juiz de Tribunal Regional do Trabalho, indicado pelo Tribunal Superior do Trabalho;

IX. Um juiz do trabalho, indicado pelo Tribunal Superior do Trabalho;

X. Um membro do Ministério Público da União, indicado pelo Procurador-Geral da República;

XI. Um membro do Ministério Público estadual, escolhido pelo Procurador-Geral da República dentre os nomes indicados pelo órgão competente de cada instituição estadual;

XII. Dois advogados, indicados pelo Conselho Federal da Ordem dos Advogados do Brasil;

XIII. Dois cidadãos, de notável saber jurídico e reputação ilibada, indicados um pela Câmara dos Deputados e outro pelo Senado Federal.

§ 1º. *O Conselho será presidido pelo Presidente do Supremo Tribunal Federal e, nas suas ausências e impedimentos, pelo Vice-Presidente do Supremo Tribunal Federal.*

§ 2º. *Os demais membros do Conselho serão nomeados pelo Presidente da República, depois de aprovada a escolha pela maioria absoluta do Senado Federal.*

§ 3º. *Não efetuadas, no prazo legal, as indicações previstas neste artigo, caberá a escolha ao Supremo Tribunal Federal.*

§ 4º. *Compete ao Conselho o controle da atuação administrativa e financeira do Poder Judiciário e do cumprimento dos deveres funcionais dos juízes, cabendo-lhe, além de outras atribuições que lhe forem conferidas pelo Estatuto da Magistratura:*

I. Zelar pela autonomia do Poder Judiciário e pelo cumprimento do Estatuto da Magistratura, podendo expedir atos regulamentares, no âmbito de sua competência, ou recomendar providências;

II. Zelar pela observância do Art. 37 e apreciar, de ofício ou mediante provocação, a legalidade dos atos administrativos praticados por membros ou órgãos do Poder Judiciário, podendo desconstituí-los, revê-los ou fixar prazo para que se adotem as providências necessárias ao exato cumprimento da lei, sem prejuízo da competência do Tribunal de Contas da União;

III. Receber e conhecer das reclamações contra membros ou órgãos do Poder Judiciário, inclusive contra seus serviços auxiliares, serventias e órgãos prestadores de serviços notariais e de registro que atuem por delegação do poder público ou oficializados, sem prejuízo da competência disciplinar e correicional dos tribunais, podendo avocar processos disciplinares em curso e determinar a remoção, a disponibilidade ou a aposentadoria com subsídios ou proventos proporcionais ao tempo de serviço e aplicar outras sanções administrativas, assegurada ampla defesa;

IV. Representar ao Ministério Público, no caso de crime contra a administração pública ou de abuso de autoridade;

V. Rever, de ofício ou mediante provocação, os processos disciplinares de juízes e membros de tribunais julgados há menos de um ano;

VI. Elaborar semestralmente relatório estatístico sobre processos e sentenças prolatadas, por unidade da Federação, nos diferentes órgãos do Poder Judiciário;

VII. Elaborar relatório anual, propondo as providências que julgar necessárias, sobre a situação do Poder Judiciário no País e as atividades do Conselho, o qual deve integrar mensagem do Presidente do Supremo Tribunal Federal a ser remetida ao Congresso Nacional, por ocasião da abertura da sessão legislativa.

Superior Tribunal de Justiça

Composição e Nomeação

Sobre isso, dispõe o Art. 104 da Constituição:

> **Art. 104.** *O Superior Tribunal de Justiça compõe-se de, no mínimo, trinta e três Ministros.*
>
> **Parágrafo único.** *Os Ministros do Superior Tribunal de Justiça serão nomeados pelo Presidente da República, dentre brasileiros com mais de trinta e cinco e menos de sessenta e cinco anos, de notável saber jurídico e reputação ilibada, depois de aprovada a escolha pela maioria absoluta do Senado Federal, sendo:*
>
> *I. Um terço dentre juízes dos Tribunais Regionais Federais e um terço dentre desembargadores dos Tribunais de Justiça, indicados em lista tríplice elaborada pelo próprio Tribunal;*
>
> *II. Um terço, em partes iguais, dentre advogados e membros do Ministério Público Federal, Estadual, do Distrito Federal e Territórios, alternadamente, indicados na forma do Art. 94."*

Competências

O art. 105 traz as competências originárias e recursais do STJ:

> **Art. 105.** *Compete ao Superior Tribunal de Justiça:*
>
> *I. Processar e julgar, originariamente:*
>
> *a) nos crimes comuns, os Governadores dos Estados e do Distrito Federal, e, nestes e nos de responsabilidade, os desembargadores dos Tribunais de Justiça dos Estados e do Distrito Federal, os membros dos Tribunais de Contas dos Estados e do Distrito Federal, os dos Tribunais Regionais Federais, dos Tribunais Regionais Eleitorais e do Trabalho, os membros dos Conselhos ou Tribunais de Contas dos Municípios e os do Ministério Público da União que oficiem perante tribunais;*
>
> *b) os mandados de segurança e os habeas data contra ato de Ministro de Estado, dos Comandantes da Marinha, do Exército e da Aeronáutica ou do próprio Tribunal;*
>
> *c) os "habeas corpus", quando o coator ou paciente for qualquer das pessoas mencionadas na alínea "a", ou quando o coator for tribunal sujeito à sua jurisdição, Ministro de Estado ou Comandante da Marinha, do Exército ou da Aeronáutica, ressalvada a competência da Justiça Eleitoral;*
>
> *d) os conflitos de competência entre quaisquer tribunais, ressalvado o disposto no art. 102, I, "o", bem como entre tribunal e juízes a ele não vinculados e entre juízes vinculados a tribunais diversos;*
>
> *e) as revisões criminais e as ações rescisórias de seus julgados;*
>
> *f) a reclamação para a preservação de sua competência e garantia da autoridade de suas decisões;*
>
> *g) os conflitos de atribuições entre autoridades administrativas e judiciárias da União, ou entre autoridades judiciárias de um Estado e administrativas de outro ou do Distrito Federal, ou entre as deste e da União;*
>
> *h) o mandado de injunção, quando a elaboração da norma regulamentadora for atribuição de órgão, entidade ou autoridade federal, da administração direta ou indireta, excetuados os casos de competência do Supremo Tribunal Federal e dos órgãos da Justiça Militar, da Justiça Eleitoral, da Justiça do Trabalho e da Justiça Federal;*
>
> *i) a homologação de sentenças estrangeiras e a concessão de exequatur às cartas rogatórias;*
>
> *II. Julgar, em recurso ordinário:*
>
> *a) os "habeas corpus" decididos em única ou última instância pelos Tribunais Regionais Federais ou pelos tribunais dos Estados, do Distrito Federal e Territórios, quando a decisão for denegatória;*
>
> *b) os mandados de segurança decididos em única instância pelos Tribunais Regionais Federais ou pelos tribunais dos Estados, do Distrito Federal e Territórios, quando denegatória a decisão;*
>
> *c) as causas em que forem partes Estado estrangeiro ou organismo internacional, de um lado, e, do outro, Município ou pessoa residente ou domiciliada no País;*
>
> *III. Julgar, em recurso especial, as causas decididas, em única ou última instância, pelos Tribunais Regionais Federais ou pelos tribunais dos Estados, do Distrito Federal e Territórios, quando a decisão recorrida:*
>
> *a) contrariar tratado ou lei federal, ou negar-lhes vigência;*
>
> *b) julgar válido ato de governo local contestado em face de lei federal;*
>
> *c) der a lei federal interpretação divergente da que lhe haja atribuído outro tribunal.*
>
> **Parágrafo único.** *Funcionarão junto ao Superior Tribunal de Justiça:*
>
> *I. A Escola Nacional de Formação e Aperfeiçoamento de Magistrados, cabendo-lhe, dentre outras funções, regulamentar os cursos oficiais para o ingresso e promoção na carreira;*
>
> *II. O Conselho da Justiça Federal, cabendo-lhe exercer, na forma da lei, a supervisão administrativa e orçamentária da Justiça Federal de primeiro e segundo graus, como órgão central do sistema e com poderes correicionais, cujas decisões terão caráter vinculante.*

Tribunais Regionais Federais e Juízes Federais

Conceito de Justiça Federal

Quando a Constituição usa o termo "Justiça Federal", o faz em seu sentido estrito, abarcando somente os Juízes Federais, na primeira instância, e os Tribunais Regionais Federais (TRFs), na segunda.

É como dispõe o Art. 106:

> **Art. 106.** São órgãos da Justiça Federal:
> *I.* Os Tribunais Regionais Federais;
> *II.* Os Juízes Federais.

Composição dos TRFs

O Art. 107, por sua vez, fala sobre a composição dos TRFs e nomeação de seus juízes, chamados normalmente de "desembargadores federais":

> **Art. 107.** Os Tribunais Regionais Federais compõem-se de, no mínimo, sete juízes, recrutados, quando possível, na respectiva região e nomeados pelo Presidente da República dentre brasileiros com mais de trinta e menos de sessenta e cinco anos, sendo:
> *I.* Um quinto dentre advogados com mais de dez anos de efetiva atividade profissional e membros do Ministério Público Federal com mais de dez anos de carreira;
> *II.* Os demais, mediante promoção de juízes federais com mais de cinco anos de exercício, por antiguidade e merecimento, alternadamente.
> § 1º A lei disciplinará a remoção ou a permuta de juízes dos Tribunais Regionais Federais e determinará sua jurisdição e sede.
> § 2º Os Tribunais Regionais Federais instalarão a justiça itinerante, com a realização de audiências e demais funções da atividade jurisdicional, nos limites territoriais da respectiva jurisdição, servindo-se de equipamentos públicos e comunitários.
> § 3º Os Tribunais Regionais Federais poderão funcionar descentralizadamente, constituindo Câmaras regionais, a fim de assegurar o pleno acesso do jurisdicionado à justiça em todas as fases do processo.

Competências dos TRFs

> **Art. 108.** Compete aos Tribunais Regionais Federais:
> *I.* Processar e julgar, originariamente:
> *a)* os juízes federais da área de sua jurisdição, incluídos os da Justiça Militar e da Justiça do Trabalho, nos crimes comuns e de responsabilidade, e os membros do Ministério Público da União, ressalvada a competência da Justiça Eleitoral;
> *b)* as revisões criminais e as ações rescisórias de julgados seus ou dos juízes federais da região;
> *c)* os mandados de segurança e os "habeas-data" contra ato do próprio Tribunal ou de juiz federal;
> *d)* os "habeas corpus", quando a autoridade coatora for juiz federal;
> *e)* os conflitos de competência entre juízes federais vinculados ao Tribunal;
> *II.* Julgar, em grau de recurso, as causas decididas pelos juízes federais e pelos juízes estaduais no exercício da competência federal da área de sua jurisdição.

Competência dos Juízes Federais

> **Art. 109.** Aos juízes federais compete processar e julgar:
> *I.* As causas em que a União, entidade autárquica ou empresa pública federal forem interessadas na condição de autoras, rés, assistentes ou oponentes, exceto as de falência, as de acidentes de trabalho e as sujeitas à Justiça Eleitoral e à Justiça do Trabalho;
> *II.* As causas entre Estado estrangeiro ou organismo internacional e Município ou pessoa domiciliada ou residente no País;
> *III.* As causas fundadas em tratado ou contrato da União com Estado estrangeiro ou organismo internacional;
> *IV.* Os crimes políticos e as infrações penais praticadas em detrimento de bens, serviços ou interesse da União ou de suas entidades autárquicas ou empresas públicas, excluídas as contravenções e ressalvada a competência da Justiça Militar e da Justiça Eleitoral;
> *V.* Os crimes previstos em tratado ou convenção internacional, quando, iniciada a execução no País, o resultado tenha ou devesse ter ocorrido no estrangeiro, ou reciprocamente;
> *V-A.* As causas relativas a direitos humanos a que se refere o § 5º deste artigo;
> *VI.* Os crimes contra a organização do trabalho e, nos casos determinados por lei, contra o sistema financeiro e a ordem econômico-financeira;
> *VII.* Os "habeas corpus", em matéria criminal de sua competência ou quando o constrangimento provier de autoridade cujos atos não estejam diretamente sujeitos a outra jurisdição;
> *VIII.* Os mandados de segurança e os "habeas data" contra ato de autoridade federal, excetuados os casos de competência dos tribunais federais;
> *IX.* Os crimes cometidos a bordo de navios ou aeronaves, ressalvada a competência da Justiça Militar;
> *X.* Os crimes de ingresso ou permanência irregular de estrangeiro, a execução de carta rogatória, após o "exequatur", e de sentença estrangeira, após a homologação, as causas referentes à nacionalidade, inclusive a respectiva opção, e à naturalização;
> *XI.* A disputa sobre direitos indígenas.

§ 1º. As causas em que a União for autora serão aforadas na seção judiciária onde tiver domicílio a outra parte.

§ 2º. As causas intentadas contra a União poderão ser aforadas na seção judiciária em que for domiciliado o autor, naquela onde houver ocorrido o ato ou fato que deu origem à demanda ou onde esteja situada a coisa, ou, ainda, no Distrito Federal.

§ 3º. Serão processadas e julgadas na justiça estadual, no foro do domicílio dos segurados ou beneficiários, as causas em que forem parte instituição de previdência social e segurado, sempre que a comarca não seja sede de vara do juízo federal, e, se verificada essa condição, a lei poderá permitir que outras causas sejam também processadas e julgadas pela justiça estadual.

§ 4º. Na hipótese do parágrafo anterior, o recurso cabível será sempre para o Tribunal Regional Federal na área de jurisdição do juiz de primeiro grau.

§ 5º. Nas hipóteses de grave violação de direitos humanos, o Procurador-Geral da República, com a finalidade de assegurar o cumprimento de obrigações decorrentes de tratados internacionais de direitos humanos dos quais o Brasil seja parte, poderá suscitar, perante o Superior Tribunal de Justiça, em qualquer fase do inquérito ou processo, incidente de deslocamento de competência para a Justiça Federal.

Justiça do Trabalho

Órgãos da Justiça do Trabalho

O Art. 111 traz os órgãos que compõem a Justiça do Trabalho:

Art. 111. São órgãos da Justiça do Trabalho:
I. O Tribunal Superior do Trabalho;
II. Os Tribunais Regionais do Trabalho;
III. Juízes do Trabalho.

Desde 2009, não existem mais as antigas Juntas de Conciliação e Julgamento.

Tribunal Superior do Trabalho – TST

O TST é o órgão máximo da Justiça do Trabalho. O Art. 111-A trata sobre ele:

Art. 111-A. O Tribunal Superior do Trabalho compor-se-á de vinte e sete Ministros, escolhidos dentre brasileiros com mais de trinta e cinco anos e menos de sessenta e cinco anos, de notável saber jurídico e reputação ilibada, nomeados pelo Presidente da República após aprovação pela maioria absoluta do Senado Federal, sendo: (Redação dada pela Emenda Constitucional nº 92, de 2016)
I. Um quinto dentre advogados com mais de dez anos de efetiva atividade profissional e membros do Ministério Público do Trabalho com mais de dez anos de efetivo exercício, observado o disposto no Art. 94;
II. Os demais dentre juízes dos Tribunais Regionais do Trabalho, oriundos da magistratura da carreira, indicados pelo próprio Tribunal Superior.

§ 1º. A lei disporá sobre a competência do Tribunal Superior do Trabalho.

§ 2º. Funcionarão junto ao Tribunal Superior do Trabalho:
I. A Escola Nacional de Formação e Aperfeiçoamento de Magistrados do Trabalho, cabendo-lhe, dentre outras funções, regulamentar os cursos oficiais para o ingresso e promoção na carreira;
II. O Conselho Superior da Justiça do Trabalho, cabendo-lhe exercer, na forma da lei, a supervisão administrativa, orçamentária, financeira e patrimonial da Justiça do Trabalho de primeiro e segundo graus, como órgão central do sistema, cujas decisões terão efeito vinculante.

§ 3º Compete ao Tribunal Superior do Trabalho processar e julgar, originariamente, a reclamação para a preservação de sua competência e garantia da autoridade de suas decisões. (Incluído pela Emenda Constitucional nº 92, de 2016)

Varas da Justiça do Trabalho

As varas da Justiça do Trabalho são os locais onde atuam os Juízes do Trabalho. Sobre isso, dispõe o Art. 112 da Constituição:

Art. 112. A lei criará varas da Justiça do Trabalho, podendo, nas comarcas não abrangidas por sua jurisdição, atribuí-la aos juízes de direito, com recurso para o respectivo Tribunal Regional do Trabalho.

Art. 113. A lei disporá sobre a constituição, investidura, jurisdição, competência, garantias e condições de exercício dos órgãos da Justiça do Trabalho.

Art. 116. Nas Varas do Trabalho, a jurisdição será exercida por um juiz singular.

Competência da Justiça do Trabalho

O Art. 114 da Constituição trata da competência da Justiça do Trabalho:

Art. 114. Compete à Justiça do Trabalho processar e julgar:
I. As ações oriundas da relação de trabalho, abrangidos os entes de direito público externo e da administração pública direta e indireta da União, dos Estados, do Distrito Federal e dos Municípios;
II. As ações que envolvam exercício do direito de greve;
III. As ações sobre representação sindical, entre sindicatos, entre sindicatos e trabalhadores, e entre sindicatos e empregadores;
IV. Os mandados de segurança, habeas corpus e habeas data, quando o ato questionado envolver matéria sujeita à sua jurisdição;
V. Os conflitos de competência entre órgãos com jurisdição trabalhista, ressalvado o disposto no Art. 102, I, o;

VI. As ações de indenização por dano moral ou patrimonial, decorrentes da relação de trabalho;

VII. As ações relativas às penalidades administrativas impostas aos empregadores pelos órgãos de fiscalização das relações de trabalho;

VIII. A execução, de ofício, das contribuições sociais previstas no Art. 195, I, a, e II, e seus acréscimos legais, decorrentes das sentenças que proferir;

IX. Outras controvérsias decorrentes da relação de trabalho, na forma da lei.

§ 1º. Frustrada a negociação coletiva, as partes poderão eleger árbitros.

§ 2º. Recusando-se qualquer das partes à negociação coletiva ou à arbitragem, é facultado às mesmas, de comum acordo, ajuizar dissídio coletivo de natureza econômica, podendo a Justiça do Trabalho decidir o conflito, respeitadas as disposições mínimas legais de proteção ao trabalho, bem como as convencionadas anteriormente.

§ 3º. Em caso de greve em atividade essencial, com possibilidade de lesão do interesse público, o Ministério Público do Trabalho poderá ajuizar dissídio coletivo, competindo à Justiça do Trabalho decidir o conflito.

Tribunais Regionais do Trabalho (TRTs)

Os Tribunais Regionais do Trabalho compõem a segunda instância da Justiça do Trabalho. Sobre eles dispõe o Art. 115 da Constituição:

Art. 115. Os Tribunais Regionais do Trabalho compõem-se de, no mínimo, sete juízes, recrutados, quando possível, na respectiva região, e nomeados pelo Presidente da República dentre brasileiros com mais de trinta e menos de sessenta e cinco anos, sendo:

I. Um quinto dentre advogados com mais de dez anos de efetiva atividade profissional e membros do Ministério Público do Trabalho com mais de dez anos de efetivo exercício, observado o disposto no Art. 94;

II. Os demais, mediante promoção de juízes do trabalho por antiguidade e merecimento, alternadamente.

§ 1º. Os Tribunais Regionais do Trabalho instalarão a justiça itinerante, com a realização de audiências e demais funções de atividade jurisdicional, nos limites territoriais da respectiva jurisdição, servindo-se de equipamentos públicos e comunitários.

§ 2º. Os Tribunais Regionais do Trabalho poderão funcionar descentralizadamente, constituindo Câmaras regionais, a fim de assegurar o pleno acesso do jurisdicionado à justiça em todas as fases do processo.

Justiça Eleitoral

Os órgãos que compõem a Justiça Eleitoral estão no Art. 118 da Constituição:

Art. 118. São órgãos da Justiça Eleitoral:

I. O Tribunal Superior Eleitoral;

II. Os Tribunais Regionais Eleitorais;

III. Os Juízes Eleitorais;

IV. As Juntas Eleitorais.

Tribunal Superior Eleitoral (TSE)

O TSE é o órgão máximo da Justiça Eleitoral. Sobre ele trata o Art. 119 da CF:

Art. 119. O Tribunal Superior Eleitoral compor-se-á, no mínimo, de sete membros, escolhidos:

I. Mediante eleição, pelo voto secreto:

a) três juízes dentre os Ministros do Supremo Tribunal Federal;

b) dois juízes dentre os Ministros do Superior Tribunal de Justiça;

II. Por nomeação do Presidente da República, dois juízes dentre seis advogados de notável saber jurídico e idoneidade moral, indicados pelo Supremo Tribunal Federal.

Parágrafo único. O Tribunal Superior Eleitoral elegerá seu Presidente e o Vice-Presidente dentre os Ministros do Supremo Tribunal Federal, e o Corregedor Eleitoral dentre os Ministros do Superior Tribunal de Justiça.

Tribunais Regionais Eleitorais (TREs)

Os TREs compõem a segunda instância da Justiça Eleitoral.

O Art. 120 da CF dispõe sobre eles:

Art. 120. Haverá um Tribunal Regional Eleitoral na Capital de cada Estado e no Distrito Federal.

§ 1º. Os Tribunais Regionais Eleitorais compor-se-ão:

I. Mediante eleição, pelo voto secreto:

a) de dois juízes dentre desembargadores do Tribunal de Justiça;

b) de dois juízes, dentre juízes de direito, escolhidos pelo Tribunal de Justiça;

II. De um juiz do Tribunal Regional Federal com sede na Capital ou no Distrito Federal, ou, não havendo, de juiz federal, escolhido, em qualquer caso, pelo Tribunal Regional Federal respectivo;

III. Por nomeação, pelo Presidente da República, de dois juízes dentre seis advogados de notável saber jurídico e idoneidade moral, indicados pelo Tribunal de Justiça.

§ 2º. O Tribunal Regional Eleitoral elegerá seu Presidente e o Vice-Presidente- dentre os desembargadores.

Disposições Gerais sobre a Justiça Eleitoral

O Art. 121 traz diversas disposições gerais aplicáveis à Justiça Eleitoral:

Art. 121. Lei complementar disporá sobre a organização e competência dos tribunais, juízes de direito e juntas eleitorais.

§ 1º. Os membros dos tribunais, os juízes de direito e os integrantes das juntas eleitorais, no exercício de suas funções, e no que lhes for aplicável, gozarão de plenas garantias e serão inamovíveis.

§ 2º. Os juízes dos tribunais eleitorais, salvo motivo justificado, servirão por dois anos, no mínimo, e nunca por mais de dois biênios consecutivos, sendo os substitutos escolhidos na mesma ocasião e pelo mesmo processo, em número igual para cada categoria.

§ 3º. São irrecorríveis as decisões do Tribunal Superior Eleitoral, salvo as que contrariarem esta Constituição e as denegatórias de "habeas corpus" ou mandado de segurança.

§ 4º. Das decisões dos Tribunais Regionais Eleitorais somente caberá recurso quando:

I. Forem proferidas contra disposição expressa desta Constituição ou de lei;

II. Ocorrer divergência na interpretação de lei entre dois ou mais tribunais eleitorais;

III. Versarem sobre inelegibilidade ou expedição de diplomas nas eleições federais ou estaduais;

IV. Anularem diplomas ou decretarem a perda de mandatos eletivos federais ou estaduais;

V. Denegarem "habeas corpus", mandado de segurança, "habeas data" ou mandado de injunção.

Justiça Militar

O Art. 122 da Constituição estipula quais são os órgãos da Justiça Militar no Brasil:

Art. 122. São órgãos da Justiça Militar:

I. O Superior Tribunal Militar;

II. Os Tribunais e Juízes Militares instituídos por lei.

Superior Tribunal Militar (STM)

O STM é o órgão máximo da Justiça Militar, e o Art. 123 trata da forma de nomeação de seus Ministros:

Art. 123. O Superior Tribunal Militar compor-se-á de quinze Ministros vitalícios, nomeados pelo Presidente da República, depois de aprovada a indicação pelo Senado Federal, sendo três dentre oficiais-generais da Marinha, quatro dentre oficiais-generais do Exército, três dentre oficiais-generais da Aeronáutica, todos da ativa e do posto mais elevado da carreira, e cinco dentre civis.

Parágrafo único. Os Ministros civis serão escolhidos pelo Presidente da República dentre brasileiros maiores de trinta e cinco anos, sendo:

I. Três dentre advogados de notório saber jurídico e conduta ilibada, com mais de dez anos de efetiva atividade profissional;

II. Dois, por escolha paritária, dentre juízes auditores e membros do Ministério Público da Justiça Militar.

Competência da Justiça Militar

O Art. 124 trata genericamente da competência da Justiça Militar, deixando, porém, a organização, o funcionamento e o detalhamento da competência desse ramo da Justiça a cargo da lei:

Art. 124. À Justiça Militar compete processar e julgar os crimes militares definidos em lei.

Parágrafo único. A lei disporá sobre a organização, o funcionamento e a competência da Justiça Militar.

Justiça Estadual

Os Arts. 125 e 126 da Constituição tratam sobre a Justiça Estadual:

Art. 125. Os Estados organizarão sua Justiça, observados os princípios estabelecidos nesta Constituição.

§ 1º. A competência dos tribunais será definida na Constituição do Estado, sendo a lei de organização judiciária de iniciativa do Tribunal de Justiça.

§ 2º. Cabe aos Estados a instituição de representação de inconstitucionalidade de leis ou atos normativos estaduais ou municipais em face da Constituição Estadual, vedada a atribuição da legitimação para agir a um único órgão.

§ 3º. A lei estadual poderá criar, mediante proposta do Tribunal de Justiça, a Justiça Militar estadual, constituída, em primeiro grau, pelos juízes de direito e pelos Conselhos de Justiça e, em segundo grau, pelo próprio Tribunal de Justiça, ou por Tribunal de Justiça Militar nos Estados em que o efetivo militar seja superior a vinte mil integrantes.

§ 4º. Compete à Justiça Militar estadual processar e julgar os militares dos Estados, nos crimes militares definidos em lei e as ações judiciais contra atos disciplinares militares, ressalvada a competência do júri quando a vítima for civil, cabendo ao tribunal competente decidir sobre a perda do posto e da patente dos oficiais e da graduação das praças.

§ 5º. Compete aos juízes de direito do juízo militar processar e julgar, singularmente, os crimes militares cometidos contra civis e as ações judiciais contra atos disciplinares militares, cabendo ao Conselho de Justiça, sob a presidência de juiz de direito, processar e julgar os demais crimes militares.

§ 6º. O Tribunal de Justiça poderá funcionar descentralizadamente, constituindo Câmaras regionais, a fim de assegurar o pleno acesso do jurisdicionado à justiça em todas as fases do processo.

§ 7º. O Tribunal de Justiça instalará a justiça itinerante, com a realização de audiências e demais funções da atividade jurisdicional, nos limites territoriais da respectiva jurisdição, servindo-se de equipamentos públicos e comunitários.

Art. 126. Para dirimir conflitos fundiários, o Tribunal de Justiça proporá a criação de varas especializadas, com competência exclusiva para questões agrárias.

Parágrafo único. Sempre que necessário à eficiente prestação jurisdicional, o juiz far-se-á presente no local do litígio.

EXERCÍCIO COMENTADO

01. (Esaf) Acerca da Fiscalização Contábil, Financeira e Orçamentária da Administração Pública, assinale a opção correta.

a) O Poder Legislativo Federal não tem sistema de controle interno.

b) As decisões oriundas do Tribunal de Contas da União possuem o caráter de definitividade, haja vista a natureza jurisdicional daquele tribunal.

c) Compete ao Tribunal de Contas da União julgar as contas prestadas pelo Presidente da República.

d) As empresas públicas e sociedade de economia mista estão sujeitas à fiscalização do Tribunal de Contas.

e) As decisões do Tribunal de Contas da União de que resulte imputação de débito não terão eficácia de título executivo.

RESPOSTA: D.

Alternativa A. está incorreta porque a CF determina que todos os poderes devem ter sistema de controle interno.

Alternativa B. está errada porque o TCU não natureza jurisdicional (não é um Tribunal Judiciário), podendo, sim, ter suas decisões revistas pelo Poder Judiciário.

Alternativa C. está errada porque o TCU não julga as contas do Presidente da República, mas somente elabora parecer prévio para que o julgamento seja feito pelo Congresso Nacional. O TCU julga as contas dos demais administradores de recursos federais.

Alternativa D. está correta porque, de acordo com o Art. 71, II, da CF, cabe ao TCU "julgar as contas dos administradores e demais responsáveis por dinheiros, bens e valores públicos da administração direta e indireta, incluídas as fundações e sociedades instituídas e mantidas pelo Poder Público federal, e as contas daqueles que derem causa a perda, extravio ou outra irregularidade de que resulte prejuízo ao erário público;". Na verdade, todo aquele que, de alguma forma, lide com recursos públicos federais está sujeito à fiscalização do TCU.

Alternativa E. está errada porque, de acordo com o Art. 71, §3º, da CF, as decisões do TCU de que resulte imputação de débito ou multa terão eficácia de título executivo.

VAMOS PRATICAR

01. (Esaf) Em relação às competências do Congresso Nacional, da Câmara dos Deputados e do Senado Federal, assinale a opção correta.

a) Compete privativamente ao Senado Federal autorizar, por dois terços de seus membros, a instauração de processo contra o Presidente e o Vice-Presidente da República e os Ministros de Estado.

b) Compete privativamente à Câmara dos Deputados processar e julgar o Presidente e o Vice-Presidente da República nos crimes de responsabilidade.

c) Compete ao Congresso Nacional, por meio de iniciativa do Presidente do Senado Federal, proceder à tomada de contas do Presidente da República, quando não apresentadas dentro de sessenta dias após a abertura da sessão legislativa.

d) Compete privativamente ao Senado Federal autorizar o Presidente da República e o Vice- Presidente da República a se ausentarem do País, quando a ausência exceder a quinze dias.

e) Compete privativamente ao Senado Federal processar e julgar os Ministros do Supremo Tribunal Federal, os membros do Conselho Nacional de Justiça e do Conselho Nacional do Ministério Público, o Procurador-Geral da República e o Advogado-Geral da União nos crimes de responsabilidade.

02. (Esaf) Em relação aos Poderes do Estado, é correto afirmar que:

a) O Congresso Nacional se compõe da Câmara dos Deputados, integrada por representantes dos Estados e do Distrito Federal, e do Senado Federal, que é formado pelos representantes do povo.

b) É competência exclusiva do Congresso Nacional resolver definitivamente sobre tratados, acordos ou atos internacionais que acarretem encargos ou compromissos gravosos ao patrimônio nacional.

c) Compete privativamente ao Presidente da República nomear, após aprovação pelo Congresso Nacional, os Ministros do Supremo Tribunal Federal e dos Tribunais Superiores, os Governadores de Territórios, o Procurador-Geral da República, o presidente e os diretores do Banco Central e outros servidores, quando determinado em lei.

d) Compete ao Supremo Tribunal Federal processar e julgar, originariamente, as causas e os conflitos entre a União e os Estados, a União e o Distrito Federal, a União e os Municípios, ou entre uns e outros, inclusive as respectivas entidades da administração indireta.

e) Em caso de impedimento do Presidente e do Vice- Presidente, ou vacância dos respectivos cargos, serão sucessivamente chamados ao exercício da Presidência, o Presidente do Senado Federal, o da Câmara dos Deputados e o do Supremo Tribunal Federal.

03. (Esaf) A respeito da capacidade de fiscalizar do Poder Legislativo, é correto afirmar que:

a) o poder investigativo da Comissão Parlamentar de Inquérito é amplo e irrestrito, daí não dever observância nem mesmo à separação dos poderes e à autonomia dos Estados membros, Distrito Federal e Municípios, pois se assim não fosse a amplitude do poder investigativo ficaria comprometida.

b) o Tribunal de Contas da União. TCU emite parecer prévio sobre as contas anuais do Presidente da República no prazo de 60 dias a contar do seu recebimento. O julgamento a despeito de ser político, feito pelo Congresso Nacional, vincula-se ao parecer emitido pelo TCU em razão dos fundamentos técnicos, os quais, via de regra, são bem consistentes.

c) conforme entendimento do Supremo Tribunal Federal, as Cortes de Contas são dotadas de autonomia e de autogoverno, todavia isso não lhe dá o direito de iniciativa reservada para instaurar processo legislativo que pretenda alterar sua organização e seu funcionamento, pois para isso a iniciativa deve ser do Congresso Nacional.

d) as multas aplicadas pelo TCU têm força de título executivo e cabe ao Tribunal providenciar a cobrança, por intermédio da Advocacia-Geral da União, a quem caberá o ajuizamento da execução.

e) as funções de Ministério Público junto ao Tribunal de Contas da União serão exercidas por instituição que integra os quadros do Ministério Público da União especializado, assim como ocorre com o Ministério Público Militar e do Trabalho.

04. (Esaf) Marque a opção correta, nos termos do disposto na Constituição Federal de 1988.

a) Constitui objetivo fundamental da República Federativa do Brasil, segundo preceitua o artigo 3 o da Constituição Federal da República/88, o respeito aos valores sociais do trabalho e da livre iniciativa.

b) Compete privativamente ao Senado Federal resolver definitivamente sobre tratados, acordos ou atos internacionais que acarretem encargos ou compromissos gravosos ao patrimônio nacional.

c) A matéria constante de projeto de lei rejeitado não poderá constituir objeto de novo projeto, na mesma sessão legislativa, mediante proposta da maioria absoluta dos membros de qualquer das Casas do Congresso Nacional.

d) Vagando os cargos de Presidente e Vice-Presidente da República na primeira metade do mandato far-se-á eleição noventa dias depois de aberta a última vaga.

e) São órgãos do Poder Judiciário os Tribunais e Juízes Militares, os Tribunais Arbitrais e o Conselho Nacional de Justiça.

05. (Esaf) O Conselho da República e o Conselho de Defesa Nacional são órgãos de consulta do Presidente da República. Ambos têm composição e atribuições previstas na Constituição Federal. Sobre eles, assinale a opção correta.

a) Entre outros membros o Conselho de Defesa Nacional é composto pelo Vice-Presidente da República, pelo Presidente da Câmara dos Deputados, pelo Presidente do Senado e por seis brasileiros natos, indicados, dois pela Câmara dos Deputados, dois pelo Senado e dois pelo Presidente da República, que opinam nas hipóteses de declaração de guerra e celebração da paz.

b) O Conselho da República opina sobre intervenção federal, estado de sítio, estado de defesa, e sobre questões relevantes para a estabilidade das instituições democráticas bem como sobre o uso efetivo das áreas de faixa de fronteira.

c) O Conselho da República é composto pelo Vice-Presidente da República, pelo Presidente da Câmara dos Deputados, pelo Presidente do Senado e pelo Ministro da Justiça e se incumbe de opinar nos casos de pedido de asilo formulado ao Brasil.

d) O Conselho de Defesa Nacional é composto pelo Vice-Presidente da

República, pelo Presidente da Câmara dos Deputados, pelo Presidente do Senado, pelo Ministro da Justiça, pelo Ministro de Estado da Defesa, entre outros, e compete-lhe opinar sobre declaração de guerra e celebração da paz.

e) Os membros do Conselho da República e do Conselho de Defesa Nacional são julgados, em casos da prática de crime comum, pelo Supremo Tribunal Federal.

06. (FCC) Na estrutura do Poder Judiciário brasileiro há um Tribunal:

a) Regional do Trabalho em cada Estado.

b) Regional Federal em cada uma das cinco Regiões brasileiras.

c) Regional Eleitoral em cada uma das cinco Regiões brasileiras.

d) de Justiça organizado e mantido pela União para o Distrito Federal e Territórios.

e) de Justiça Militar em cada Estado da Federação com mais de duzentos mil habitantes.

07. (Esaf) Processar e julgar originariamente nos crimes comuns e nos crimes de responsabilidade os membros dos Tribunais de Contas dos Estados é competência do

a) Tribunal de Justiça do Estado e Superior Tribunal de Justiça, respectivamente.

b) Supremo Tribunal Federal.

c) Superior Tribunal de Justiça e Supremo Tribunal Federal, respectivamente.

d) Supremo Tribunal Federal e Superior Tribunal de Justiça, respectivamente.

e) Superior Tribunal de Justiça.

08. (FCC) Nos termos da Constituição Federal, o Ministério Público é considerado instituição permanente e:

a) essencial à função jurisdicional do Estado, integrando a estrutura do Poder Judiciário.

b) incumbida da defesa do regime democrático e da ordem jurídica, integrando a estrutura do Poder Executivo.

c) responsável, privativamente, pela defesa dos direitos sociais e individuais indisponíveis em Juízo.

d) responsável pela defesa do regime democrático e da ordem jurídica, integrando a estrutura do Poder Legislativo.

e) incumbida de promover a defesa da ordem jurídica, gozando de autonomia e independência funcional.

09. (FCC) Considere a seguinte situação hipotética: O Presidente da República praticou ato que atentou contra o livre exercício do Poder Legislativo. Neste caso, segundo a Constituição Federal, o Presidente da República:

a) praticou crime de responsabilidade, sendo que admitida a acusação, por dois terços da Câmara dos Deputados, será ele submetido a julgamento perante o Senado Federal.

b) praticou crime comum, sendo que admitida a acusação, por dois terços da Câmara dos Deputados, será ele submetido a julgamento perante o Supremo Tribunal Federal.

c) praticou crime de responsabilidade, sendo que admitida a acusação, por dois terços da Câmara dos Deputados, será ele submetido a julgamento perante o Supremo Tribunal Federal.

d) praticou crime comum, sendo que admitida a acusação, por dois terços da Câmara dos Deputados, será ele submetido a julgamento perante o Senado Federal.

e) não praticou conduta que tipifique crime, devendo sofrer sanções administrativas, dependendo de deliberação de, no mínimo, dois terços do Congresso Nacional.

10. (FCC) A teor do art. 47 da Constituição: Salvo disposição constitucional em contrário, as deliberações de cada Casa e de suas Comissões serão tomadas por maioria dos votos, presente a maioria absoluta de seus membros.

Essa regra aplica-se, entre outras hipóteses, às deliberações parlamentar de:

a) lei ordinária e medida provisória.

b) lei ordinária e emenda à Constituição.

c) lei ordinária e lei complementar.

d) decreto legislativo e emenda à Constituição.

e) decreto legislativo e lei complementar.

GABARITO

01	E	06	D
02	B	07	E
03	D	08	E
04	D	09	A
05	D	10	A

ANOTAÇÕES

7. Funções Essenciais à Justiça

As funções essenciais à justiça estão previstas expressamente do Art. 127 ao 135 da Constituição Federal, elas são representadas pelas seguintes instituições:

> Ministério Público;
> Advocacia Pública;
> Defensoria Pública;
> Advocacia.

Ao contrário do que muitos pensam, essas instituições não fazem parte do Poder Judiciário, mas desempenham suas funções junto a esse poder. Sua atuação é essencial ao exercício jurisdicional, razão pela qual foram classificadas como funções essenciais. Essa necessidade se justifica em razão da impossibilidade de o Judiciário agir de ofício, ou seja, toda a atuação jurisdicional demanda provocação, a qual será titularizada por uma dessas instituições.

Esses organismos são representados por agentes públicos ou privados cuja função principal é provocar a atuação do Poder Judiciário, o qual se mantém inerte e imparcial, aguardando o momento certo para agir. São em sua essência "advogados".

O Ministério Público é o advogado da Sociedade, pois, conforme prevê o *caput* do Art. 127, incumbe-lhe a tarefa de defender a ordem jurídica, o regime democrático e os interesses sociais e individuais indisponíveis:

> **Art. 127.** *O Ministério Público é instituição permanente, essencial à função jurisdicional do Estado, incumbindo-lhe a defesa da ordem jurídica, do regime democrático e dos interesses sociais e individuais indisponíveis.*

A Advocacia Pública advoga para o Estado representando os entes públicos judicial e extrajudicialmente ou mesmo desempenhando atividades de assessoria e consultoria jurídica.

A Defensoria Pública tem como atribuição principal advogar para os necessitados. São os defensores públicos responsáveis pela defesa dos hipossuficientes, aqueles que não possuem recursos financeiros para contratarem advogados privados.

E, por último, há a Advocacia, que, pela lógica, é privada, formada por advogados particulares, os quais são inscritos na Ordem dos Advogados do Brasil e atuam de forma autônoma e independente dentro dos limites estabelecidos em lei.

O objetivo desta breve introdução é apresentar a diferença funcional básica entre as instituições de forma a facilitar o estudo que, a partir de agora, será mais aprofundado, visando a possíveis questões em provas de concursos públicos. Então, analisaremos, a partir de agora, as Funções Essenciais à Justiça.

Ministério Público

A compreensão dessa instituição inicia-se pela leitura do próprio texto constitucional, que prevê:

O Ministério Público é uma instituição permanente, de natureza política, cujas atribuições possuem natureza administrativa, sem que com isso esteja subordinada ao Poder Executivo.

Fala-se em uma instituição independente e autônoma aos demais Poderes, motivo pelo qual está posicionada constitucionalmente em capítulo à parte na organização dos poderes como uma função essencial à justiça. Como função essencial à justiça, o Ministério Público é responsável pela provocação do Poder Judiciário em defesa da sociedade, quando se tratar de direitos sociais e individuais indisponíveis.

EXERCÍCIO COMENTADO

01. (Cespe) Ao Ministério Público (MP), órgão integrante do Poder Executivo, compete a defesa dos direitos individuais e coletivos.

ERRADO. *A questão está errada, haja vista não ser o Ministério Público órgão integrante do Poder Executivo. O Ministério Público não possui subordinação a nenhum dos três poderes, constituindo uma instituição autônoma.*

O Ministério Público no Brasil, além de obedecer às regras constitucionais, também é regido por duas normas: Lei Complementar nº 75/93 e a Lei nº 8.625/93. Essa regula o Ministério Público Nacional e é aplicável aos Ministérios Públicos dos Estados. Aquela é específica para o Ministério Público da União. Cada Estado da Federação poderá organizar o seu órgão ministerial editando sua própria Lei Orgânica Estadual.

A seguir, será feita uma leitura da instituição sob a ótica constitucional sem aprofundar nas estruturas lançadas nas referidas leis orgânicas, o que será feito em momento oportuno.

FIQUE LIGADO

O Ministério Público não é um Poder nem está subordinado a nenhum dos três poderes. É uma instituição autônoma e essencial à função jurisdicional.

Estrutura Orgânica

Para viabilizar o exercício de suas funções, a Constituição Federal organizou o Ministério Público no Art. 128:

> **Art. 128.** O Ministério Público abrange:
> **I.** o Ministério Público da União, que compreende:
> **a)** o Ministério Público Federal;
> **b)** o Ministério Público do Trabalho;
> **c)** o Ministério Público Militar;
> **d)** o Ministério Público do Distrito Federal e Territórios;
> **II.** os Ministérios Públicos dos Estados.

FIQUE LIGADO

Fique atento a essa classificação, pois o rol é taxativo e, em prova, os examinadores costumam mencionar a existência de um "Ministério Público Eleitoral" ao se fazer comparativo com a estrutura do Poder Judiciário. Na organização do MPU, não foi prevista a existência de Ministério Público com atribuição Eleitoral, função essa de competência do Ministério Público Federal e do Ministério Público Estadual, conforme prevê a Lei Complementar nº 75/93 (Arts. 72 a 80 da LC nº 75/93).

Como se pode perceber, o Ministério Público está dividido em Ministério Público da União e Ministério Público dos Estados, cada um com sua própria autonomia organizacional e chefia própria. O Ministério Público da União, por sua vez, abrange:

> Ministério Público Federal;
> Ministério Público do Trabalho;
> Ministério Público Militar;
> Ministério Público do Distrito Federal e Territórios.

Existe ainda o Ministério Público junto ao Tribunal de Contas, o qual possui natureza diversa do Ministério Público aqui estudado. Sua organização está atrelada ao Tribunal de Contas do qual faz parte, mas aos seus membros são estendidas as disposições aplicáveis aos Membros do Ministério Público:

> **Art. 130.** Aos membros do Ministério Público junto aos Tribunais de Contas aplicam-se as disposições desta seção pertinentes a direitos, vedações e forma de investidura.

FIQUE LIGADO

Não existe Ministério Público Eleitoral.

Atribuições

Suas atribuições se apoiam na defesa da ordem jurídica, do regime democrático e dos interesses sociais e individuais indisponíveis. É um verdadeiro defensor da sociedade e fiscal dos poderes públicos. Em rol meramente exemplificativo, a Constituição previu como funções institucionais o Art. 129:

> **Art. 129.** São funções institucionais do Ministério Público:
> **I.** promover, privativamente, a ação penal pública, na forma da lei;
> **II.** zelar pelo efetivo respeito dos Poderes Públicos e dos serviços de relevância pública aos direitos assegurados nesta Constituição, promovendo as medidas necessárias a sua garantia;
> **III.** promover o inquérito civil e a ação civil pública, para a proteção do patrimônio público e social, do meio ambiente e de outros interesses difusos e coletivos;
> **IV.** promover a ação de inconstitucionalidade ou representação para fins de intervenção da União e dos Estados, nos casos previstos nesta Constituição;
> **V.** defender judicialmente os direitos e interesses das populações indígenas;
> **VI.** expedir notificações nos procedimentos administrativos de sua competência, requisitando informações e documentos para instrui-los, na forma da lei complementar respectiva;
> **VII.** exercer o controle externo da atividade policial, na forma da lei complementar mencionada no artigo anterior;
> **VIII.** requisitar diligências investigatórias e a instauração de inquérito policial, indicados os fundamentos jurídicos de suas manifestações processuais;
> **IX.** exercer outras funções que lhe forem conferidas, desde que compatíveis com sua finalidade, sendo-lhe vedada a representação judicial e a consultoria jurídica de entidades públicas.
>
> **§ 1º.** A legitimação do Ministério Público para as ações civis previstas neste artigo não impede a de terceiros, nas mesmas hipóteses, segundo o disposto nesta Constituição e na lei.
> **§ 2º.** As funções do Ministério Público só podem ser exercidas por integrantes da carreira, que deverão residir na comarca da respectiva lotação, salvo autorização do chefe da instituição (Redação dada pela Emenda Constitucional nº 45, de 2004).
> **§ 3º.** O ingresso na carreira do Ministério Público far-se-á mediante concurso público de provas e títulos, assegurada a participação da Ordem dos Advogados do Brasil em sua realização, exigindo-se do bacharel em direito, no mínimo, três anos de atividade jurídica e observando-se, nas nomeações, a ordem de classificação (Redação dada pela Emenda Constitucional nº 45, de 2004).

§ 4º. Aplica-se ao Ministério Público, no que couber, o disposto no Art. 93 (Redação dada pela Emenda Constitucional nº 45, de 2004).

§ 5º. A distribuição de processos no Ministério Público será imediata (Incluído pela Emenda Constitucional nº 45, de 2004).

No desempenho das suas funções institucionais, algumas características foram previstas pela Constituição, as quais são muito importantes para a prova.

Os §§ 2º e § 3º afirmam que as funções do Ministério Púbico só podem ser exercidas por integrantes da carreira, ou seja, por Membros aprovados em concurso público de provas e títulos, assegurada a participação da OAB durante a sua realização, entre os quais são exigidos os seguintes requisitos:

> Ser bacharel em direito;
> Possuir, no mínimo, três anos de atividade jurídica.

Em relação à atividade jurídica, deve-se salientar a regulamentação feita pela Resolução nº 40 do Conselho Nacional do Ministério Público, a qual prevê, entre outras atividades, o exercício da advocacia ou de cargo, função e emprego que exija a utilização preponderante de conhecimentos jurídicos, ou até mesmo a realização de cursos de pós-graduação dentro dos parâmetros estabelecidos pela referida resolução. É importante lembrar que esse requisito deverá ser comprovado no momento da investidura no cargo, ou seja, na posse[1], depois de finalizadas todas as fases do concurso.

A Constituição exige ainda que o Membro do Ministério Público resida na comarca de lotação, salvo quando houver autorização do chefe da Instituição. Em razão da semelhança e importância com a carreira da magistratura, a Constituição previu expressamente a aplicação do Art. 93 aos membros do Ministério Público, no que for compatível com a carreira. E, por fim, determina que a distribuição dos processos aos órgãos ministeriais seja feita de forma imediata.

No âmbito de suas atribuições, algumas funções merecem destaque:

Titular da Ação Penal Pública

Segundo o inciso I do Art. 129, compete ao Ministério Público promover, privativamente, a ação penal pública, na forma da lei. A doutrina classifica esse dispositivo como espécie de norma de eficácia contida possuindo aplicabilidade direta e imediata, permitida a regulamentação por lei.

Essa competência é corroborada pela possibilidade de requisição de diligências investigatórias e da instauração de inquérito policial, para que o órgão ministerial formule sua convicção sobre o ilícito penal, o que está previsto no inciso VIII do Art. 129.

Essa exclusividade conferida pela Constituição Federal encontra limitação no próprio texto constitucional, ao permitir o cabimento de ação penal privada subsidiária da pública nos casos em que o Ministério Público fique inerte e não cumpra com sua obrigação[2].

Dessa competência decorre o poder de investigação do Ministério Público, o qual tem sido alvo de muita discussão nos tribunais. Quem não concorda com esse poder sustenta ser a atividade de investigação criminal uma atividade exclusiva da autoridade policial nos termos do Art. 144 da CF.

O posicionamento que tem prevalecido na doutrina e na jurisprudência é no sentido de que o Ministério Público tem legitimidade para promover a investigação criminal, haja vista ser ele o destinatário das informações sobre o fato delituoso produzido no inquérito policial. Ademais, por ter caráter administrativo, o inquérito policial é dispensável, não dependendo o MP da sua existência para promover a persecução penal.

Para a solução desse caso, tem-se aplicado a Teoria dos Poderes Implícitos. Segundo a teoria, as competências expressamente previstas no texto constitucional carregam consigo os meios necessários para sua execução, ou seja, a existência de uma competência explícita implica existência de competências implicitamente previstas e necessárias para execução da atribuição principal. Em suma, se ao Ministério Público compete o oferecimento exclusivo da Ação Penal Pública, por consequência da aplicação dessa teoria, compete também a execução das atividades necessárias à formação da sua opinião sobre o delito. Significa dizer que o poder de investigação criminal está implicitamente previsto no poder de oferecimento da ação penal pública.

Legitimidade para Promover o Inquérito Civil e a Ação Civil Pública

O Ministério Público também é competente para promover o inquérito civil e a ação civil pública nos termos do inciso III do Art. 129. Essas ferramentas são utilizadas para a proteção do patrimônio público e social, do meio ambiente e de outros interesses difusos e coletivos.

Entendem-se como interesses difusos aqueles de natureza indivisível, cujos titulares não se podem determinar apesar de estarem ligados uns aos outros pelas circunstâncias fáticas. Interesses coletivos se diferenciam dos difusos na medida em que é possível determinar quem são os titulares do direito.

Segundo a Constituição Federal, a ação civil pública não é medida exclusiva a ser adotada pelo Ministério Público:

---

1 Resolução do CNMP nº 87, de 27 de junho de 2012.

2 Ações Diretas de Inconstitucionalidade, Ações Declaratórias de Constitucionalidade, Arguição de Descumprimento de Preceito Fundamental.

Art. 129, § 1º. A legitimação do Ministério Público para as ações civis previstas neste artigo não impede a de terceiros, nas mesmas hipóteses, segundo o disposto nesta Constituição e na lei.

A lei de Ação Civil Pública (Lei nº 7.347/85) prevê que são legitimados para propor tal ação, além do MP:

> A Defensoria Pública;

> A União, os Estados, o Distrito Federal e os Municípios;

> A autarquia, empresa pública, fundação ou sociedade de economia mista;

> A associação que concomitantemente esteja constituída há pelo menos 1 (um) ano nos termos da lei civil e inclua entre suas finalidades institucionais a proteção ao meio ambiente, ao consumidor, à ordem econômica, à livre concorrência ou ao patrimônio artístico, estético, histórico, turístico e paisagístico.

Já o inquérito civil é procedimento investigatório de caráter administrativo, que poderá ser instaurado pelo Ministério Público com o fim de colher os elementos de prova necessários para a sua convicção sobre o ilícito e, posteriormente, instrução da Ação Civil Pública.

Controle de Constitucionalidade

Função das mais relevantes desempenhada pelos órgãos ministeriais ocorre no Controle da Constitucionalidade das leis e atos normativos. Essa atribuição é inerente à sua função de guardião da ordem jurídica. Como protetor da ordem jurídica, compete ao Ministério Público oferecer as ações de controle abstrato de constitucionalidade[3], bem como a Representação Interventiva para fins de intervenção da União e dos Estados nas hipóteses previstas na Constituição Federal.

Controle Externo da Atividade Policial

A Constituição Federal determina que o Ministério Público realize o controle externo da atividade policial. Fala-se em controle externo haja vista o Ministério Público não pertencer à mesma estrutura das forças policiais. É uma instituição totalmente autônoma a qualquer órgão policial, razão pela qual não se pode falar em subordinação dos organismos policiais ao *Parquet*. A justificativa para essa atribuição decorre do fato de ser ele o destinatário final da atividade policial.

Se, por um lado, o controle externo objetiva a fiscalização das atividades policiais para que elas não sejam desenvolvidas além dos limites legais, preservando os direitos e garantias fundamentais dos investigados, por outro, garante o seu perfeito desenvolvimento, prevenindo e corrigindo a produção probatória, visando ao adequado oferecimento da ação penal.

O controle externo da atividade policial desenvolvido pelo Ministério Público, além de regulamentado nas respectivas leis orgânicas, está normatizado na Resolução nº 20 do CNMP. Ressalte-se que o controle externo não exime a instituição policial de realizar o seu próprio controle interno por meio das corregedorias e órgãos de fiscalização.

Sujeitam-se ao citado controle externo todas as instituições previstas no Art. 144 da Constituição Federal[4], bem como as demais instituições que possuam parcela do poder de polícia desde que estejam relacionadas com a segurança pública e a persecução criminal.

Conselho Nacional do Ministério Público

O Conselho Nacional do Ministério Público, a exemplo do Conselho Nacional de Justiça, foi criado pela Emenda Constitucional nº 45/2004 com o objetivo de efetuar a fiscalização administrativa e financeira do Ministério Público, bem como o cumprimento dos deveres funcionais de seus membros.

Composição

Segundo o texto constitucional, o CNMP é composto de 14 membros, nomeados pelo Presidente da República, depois de aprovada a escolha pela maioria absoluta do Senado Federal, para um mandato de dois anos, sendo permitida apenas uma recondução. Veja-se a composição prevista pela Constituição Federal no Art. 130-A:

> *Art. 130-A. O Conselho Nacional do Ministério Público compõe-se de quatorze membros nomeados pelo Presidente da República, depois de aprovada a escolha pela maioria absoluta do Senado Federal, para um mandato de dois anos, admitida uma recondução, sendo:*
>
> *I. o Procurador-Geral da República, que o preside;*
>
> *II. quatro membros do Ministério Público da União, assegurada a representação de cada uma de suas carreiras;*
>
> *III. três membros do Ministério Público dos Estados;*
>
> *IV. dois juízes, indicados um pelo Supremo Tribunal Federal e outro pelo Superior Tribunal de Justiça;*
>
> *V. dois advogados, indicados pelo Conselho Federal da Ordem dos Advogados do Brasil;*

---

3 Art. 5º, LIX, da CF. *Será admitida ação privada nos crimes de ação pública, se esta não for intentada no prazo legal.*

4 Art. 144. *A segurança pública, dever do Estado, direito e responsabilidade de todos, é exercida para a preservação da ordem pública e da incolumidade das pessoas e do patrimônio, através dos seguintes órgãos: I - polícia federal; II - polícia rodoviária federal; III - polícia ferroviária federal; IV - polícias civis; V - polícias militares e corpos de bombeiros militares.*

VI. dois cidadãos de notável saber jurídico e reputação ilibada, indicados um pela Câmara dos Deputados e outro pelo Senado Federal.

§ 1º. Os membros do Conselho oriundos do Ministério Público serão indicados pelos respectivos Ministérios Públicos, na forma da lei.

Atribuições

Vejamos as atribuições previstas constitucionalmente para o CNMP:

§ 2º. Compete ao Conselho Nacional do Ministério Público o controle da atuação administrativa e financeira do Ministério Público e do cumprimento dos deveres funcionais de seus membros, cabendo-lhe:

I. zelar pela autonomia funcional e administrativa do Ministério Público, podendo expedir atos regulamentares, no âmbito de sua competência, ou recomendar providências;

II. zelar pela observância do Art. 37 e apreciar, de ofício ou mediante provocação, a legalidade dos atos administrativos praticados por membros ou órgãos do Ministério Público da União e dos Estados, podendo desconstituí-los, revê-los ou fixar prazo para que se adotem as providências necessárias ao exato cumprimento da lei, sem prejuízo da competência dos Tribunais de Contas;

III. receber e conhecer das reclamações contra membros ou órgãos do Ministério Público da União ou dos Estados, inclusive contra seus serviços auxiliares, sem prejuízo da competência disciplinar e correicional da instituição, podendo avocar processos disciplinares em curso, determinar a remoção, a disponibilidade ou a aposentadoria com subsídios ou proventos proporcionais ao tempo de serviço e aplicar outras sanções administrativas, assegurada ampla defesa;

IV. rever, de ofício ou mediante provocação, os processos disciplinares de membros do Ministério Público da União ou dos Estados julgados há menos de um ano;

V. elaborar relatório anual, propondo as providências que julgar necessárias sobre a situação do Ministério Público no País e as atividades do Conselho, o qual deve integrar a mensagem prevista no Art. 84, XI.

§ 3º. O Conselho escolherá, em votação secreta, um Corregedor nacional, dentre os membros do Ministério Público que o integram, vedada a recondução, competindo-lhe, além das atribuições que lhe forem conferidas pela lei, as seguintes:

I. receber reclamações e denúncias, de qualquer interessado, relativas aos membros do Ministério Público e dos seus serviços auxiliares;

II. exercer funções executivas do Conselho, de inspeção e correição geral;

III. requisitar e designar membros do Ministério Público, delegando-lhes atribuições, e requisitar servidores de órgãos do Ministério Público.

§ 4º. O Presidente do Conselho Federal da Ordem dos Advogados do Brasil oficiará junto ao Conselho.

§ 5º. Leis da União e dos Estados criarão ouvidorias do Ministério Público, competentes para receber reclamações e denúncias de qualquer interessado contra membros ou órgãos do Ministério Público, inclusive contra seus serviços auxiliares, representando diretamente ao Conselho Nacional do Ministério Público.

EXERCÍCIO COMENTADO

01. (Cespe) O Conselho Nacional do Ministério Público, presidido pelo procurador-geral da República, é o órgão máximo do Ministério Público da União e atua junto ao Supremo Tribunal Federal.

ERRADO. *A questão está errada, pois o CNMP não é o órgão máximo do Ministério Público da União nem atua junto ao STF. A função do CNMP é fiscalizar a atuação do Ministério Público e de seus membros.*

Princípios Institucionais

A Constituição Federal prevê expressamente no § 1º do Art. 127 os chamados Princípios Institucionais, os quais norteiam o desenvolvimento das atividades dos Órgãos Ministeriais:

§ 1º. São princípios institucionais do Ministério Público a unidade, a indivisibilidade e a independência funcional.

O **Princípio da Unidade** revela que os membros do Ministério Público integram um órgão único chefiado por um Procurador-Geral. Essa unidade é percebida dentro de cada ramo do Ministério Público, não existindo unidade entre o Ministério Público estadual e da União, ou entre os diversos Ministérios Públicos estaduais, ou ainda entre os ramos do Ministério Público da União. Qualquer divisão que exista dentro de um dos Órgãos Ministeriais possui caráter meramente funcional.

Já o **Princípio da Indivisibilidade**, que decorre do Princípio da Unidade, revela a possibilidade de os membros se substituírem sem qualquer prejuízo ao processo, pois o Ministério Público é uno e indivisível. Os membros agem em nome da instituição e nunca em nome próprio, pois pertencem a um só corpo. Esse princípio veda a vinculação de um membro a um processo permitindo, inclusive, a delegação da denúncia a outro membro. Ressalte-se que, como no Princípio da Unidade, a Indivisibilidade só ocorre dentro de um mesmo ramo do Ministério Público.

E, por fim, há o **Princípio da Independência Funcional,** com uma dupla acepção: em relação aos membros e em relação à instituição. No que tange aos membros, o referido Princípio garante uma atuação independente no exercício das suas atribuições sujeitando-se apenas às determinações constitucionais, legais e de sua consciência jurídica, não havendo qualquer hierarquia ou subordinação intelectual entre os membros. Sob a perspectiva da instituição, o Princípio da Independência Funcional elimina qualquer subordinação do Ministério Público a outro Poder. Apesar da Independência Funcional, verifica-se a existência de uma mera hierarquia administrativa.

Além desses princípios expressos na Constituição Federal, a doutrina e a Jurisprudência reconhecem a existência de um princípio implícito no texto constitucional: **Princípio do Promotor Natural**. Esse princípio decorre da interpretação do Art. 129, § 2º, da Constituição, que afirma:

> *§ 2º. As funções do Ministério Público só podem ser exercidas por integrantes da carreira, que deverão residir na comarca da respectiva lotação, salvo autorização do chefe da instituição.*

O Princípio do Promotor Natural veda a designação de membros do Ministério Público fora das hipóteses constitucionais e legais, exigindo que sua atuação seja predeterminada por critérios objetivos aplicáveis a todos os membros da carreira, evitando, assim, que haja designações arbitrárias. O princípio também impede a nomeação de promotor *ad hoc* ou de exceção considerando que as funções do Ministério Público só podem ser desempenhadas por membros da carreira.

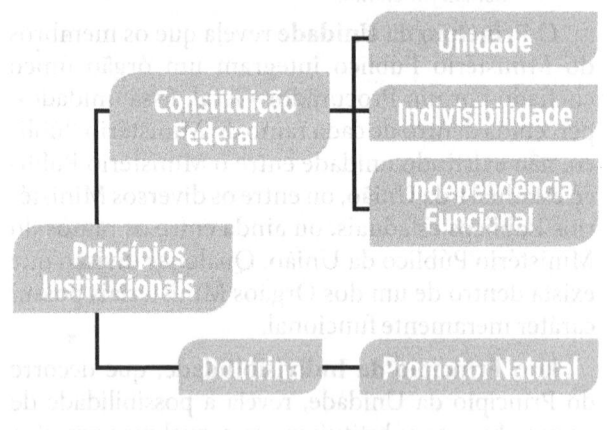

Garantias

O Ministério Público, em razão da importância de sua função, recebeu da Constituição Federal algumas garantias que lhe asseguram a independência necessária para bem desempenhar suas atribuições. E não é só a instituição que possui garantias, mas os membros também. Vejamos o que diz a Constituição sobre as garantias institucionais e dos membros:

> *Art. 127, § 2º. Ao Ministério Público é assegurada autonomia funcional e administrativa, podendo, observado o disposto no Art. 169, propor ao Poder Legislativo a criação e extinção de seus cargos e serviços auxiliares, provendo-os por concurso público de provas ou de provas e títulos, a política remuneratória e os planos de carreira; a lei disporá sobre sua organização e funcionamento.*
>
> *§ 3º. O Ministério Público elaborará sua proposta orçamentária dentro dos limites estabelecidos na lei de diretrizes orçamentárias.*
>
> *§ 4º Se o Ministério Público não encaminhar a respectiva proposta orçamentária dentro do prazo estabelecido na lei de diretrizes orçamentárias, o Poder Executivo considerará, para fins de consolidação da proposta orçamentária anual, os valores aprovados na lei orçamentária vigente, ajustados de acordo com os limites estipulados na forma do § 3º.*
>
> *§ 5º. Se a proposta orçamentária de que trata este artigo for encaminhada em desacordo com os limites estipulados na forma do § 3º, o Poder Executivo procederá aos ajustes necessários para fins de consolidação da proposta orçamentária anual.*
>
> *§ 6º. Durante a execução orçamentária do exercício, não poderá haver a realização de despesas ou a assunção de obrigações que extrapolem os limites estabelecidos na lei de diretrizes orçamentárias, exceto se previamente autorizadas, mediante a abertura de créditos suplementares ou especiais.*

O Art. 127, §§ 2º a 6º, trata das chamadas **Garantias Institucionais**. Essas garantias visam a conceder maior autonomia à instituição, além de proteger sua independência no exercício de suas atribuições constitucionais. As Garantias Institucionais são de três espécies:

Autonomia funcional: ao desempenhar sua função, o Ministério Público não se subordina a qualquer outra autoridade ou poder, sujeitando-se apenas às determinações constitucionais, legais e de sua consciência jurídica.

Autonomia administrativa: é a capacidade de autogestão, autoadministração e autogoverno. O Ministério Público tem competência para propor ao Legislativo a criação, extinção e organização de seus cargos e carreiras bem como demais atos de gestão.

Autonomia financeira: o Ministério Público pode elaborar sua proposta orçamentária dentro dos limites estabelecidos na Lei de Diretrizes Orçamentárias, tendo liberdade para administrar esses recursos.

Um dos temas mais importantes e que revelam a autonomia administrativa do Ministério Público é a possibilidade que a instituição tem de escolher os seus próprios chefes. Vejamos a literalidade do texto constitucional:

> *Art. 128, § 1º. O Ministério Público da União tem por chefe o Procurador-Geral da República, nomeado pelo Presidente da República dentre integrantes da carreira, maiores de trinta e cinco anos, após a aprovação de seu nome pela maioria*

absoluta dos membros do Senado Federal, para mandato de dois anos, permitida a recondução.

§ 2º. A destituição do Procurador-Geral da República, por iniciativa do Presidente da República, deverá ser precedida de autorização da maioria absoluta do Senado Federal.

No âmbito dessa autonomia, a Constituição previu expressamente que o Procurador-Geral será escolhido pela própria instituição dentre os membros da carreira. No caso do Ministério Público da União, a chefia ficará a cargo do Procurador-Geral da República, o qual será nomeado pelo Presidente da República dentre os membros da carreira com mais de 35 anos de idade, desde que sua escolha seja aprovada pelo voto da maioria absoluta do Senado Federal. O Procurador-Geral da República exercerá seu mandato por dois anos, permitida a recondução. Ao permitir a recondução, a Constituição não estabeleceu limites, de forma que o Procurador-Geral da República poderá ser reconduzido por quantas vezes o Presidente considerar conveniente. Se o Presidente pode nomear o Chefe do MPU, ele também poderá destituí-lo do cargo, desde que autorizado pelo Senado pela mesma quantidade de votos, qual seja, maioria absoluta.

Já em relação à Chefia dos Ministérios Públicos dos Estados e do Distrito Federal e Territórios a regra é um pouco diferente:

Art. 128, § 3º. Os Ministérios Públicos dos Estados e o do Distrito Federal e Territórios formarão lista tríplice dentre integrantes da carreira, na forma da lei respectiva, para escolha de seu Procurador-Geral, que será nomeado pelo Chefe do Poder Executivo, para mandato de dois anos, permitida uma recondução.

§ 4º. Os Procuradores-Gerais nos Estados e no Distrito Federal e Territórios poderão ser destituídos por deliberação da maioria absoluta do Poder Legislativo, na forma da lei complementar respectiva.

A escolha dos Procuradores-Gerais de Justiça dependerá de nomeação pelo Chefe do Poder Executivo[5], com base em lista tríplice formada dentre os integrantes da carreira, sendo permitida uma recondução. Diferentemente do Procurador-Geral da República, que poderá ser reconduzido várias vezes, o Procurador-Geral de Justiça só poderá ser reconduzido uma única vez. A destituição desses Procuradores-Gerais dependerá da deliberação da maioria absoluta do Poder Legislativo.

Já o Art. 128, §5º, apresenta as **Garantias dos Membros.**

Art. 128, § 5º. Leis complementares da União e dos Estados, cuja iniciativa é facultada aos respectivos Procuradores-Gerais, estabelecerão a organização, as atribuições e o estatuto de cada

---

[5] No caso do Ministério Público do Distrito Federal e Territórios, a nomeação do seu chefe será feita pelo Presidente da República e sua destituição dependerá do voto da maioria absoluta do Senado Federal mediante provocação do Presidente da República.

Ministério Público, observadas, relativamente a seus membros:

I. as seguintes garantias:

a) vitaliciedade, após dois anos de exercício, não podendo perder o cargo senão por sentença judicial transitada em julgado;

b) inamovibilidade, salvo por motivo de interesse público, mediante decisão do órgão colegiado competente do Ministério Público, pelo voto da maioria absoluta de seus membros, assegurada ampla defesa;

c) irredutibilidade de subsídio, fixado na forma do Art. 39, § 4º, e ressalvado o disposto nos Arts. 37, X e XI, 150, II, 153, III, 153, § 2º, I;

São duas espécies de garantias dos membros: **Garantias de Independência e Garantias de Imparcialidade.**

As **Garantias de Independência** são prerrogativas inerentes ao cargo e estão previstas no inciso I do referido artigo, as quais visam a garantir aos membros maior liberdade, independência e autonomia no exercício de sua função ministerial. Tais garantias são indisponíveis, proibindo o titular do cargo de dispensar qualquer das prerrogativas. São as garantias da vitaliciedade, inamovibilidade e irredutibilidade dos subsídios.

A **Vitaliciedade** é como se fosse uma estabilidade só que muito mais vantajosa. O membro, ao ingressar na carreira mediante concurso público, torna-se vitalício após o efetivo exercício no cargo pelo prazo de dois anos. Uma vez vitalício só perderá o cargo por sentença judicial transitada em julgado. Após passar pelo estágio probatório de dois anos, um Membro do Ministério Público só perderá o cargo por sentença judicial transitada em julgado.

A **Inamovibilidade** impede a movimentação do membro ex-ofício contra a sua vontade. Em regra, o Membro do Ministério Público só poderá ser removido ou promovido por sua própria iniciativa, ressalvados os casos em que houver interesse público. E mesmo quando o interesse público exigir, a remoção dependerá de decisão do órgão colegiado competente pelo voto da maioria absoluta de seus membros, assegurando-se o direito à ampla defesa.

A **Irredutibilidade dos Subsídios** diz respeito à proteção da remuneração do membro ministerial. Subsídio é a forma de retribuição pecuniária paga ao membro do Ministério Público a qual se caracteriza por ser uma parcela única. Com essa garantia, o Membro do Ministério Público poderá trabalhar sem medo de perder sua remuneração.

Ressalta-se que o Supremo Tribunal Federal já entendeu tratar-se esta irredutibilidade como meramente nominal, não protegendo o subsídio da desvalorização provocada por perdas inflacionárias. Lembre-se também de que essa garantia não é absoluta, pois comporta exceções previstas nos Arts. 37, X e XI, 150, II, 153, III, e 153, § 2º, I, da Constituição Federal. Em suma, a irredutibilidade não impedirá a redução do subsídio quando ultrapassar o teto constitucional ou em razão da cobrança do imposto de renda.

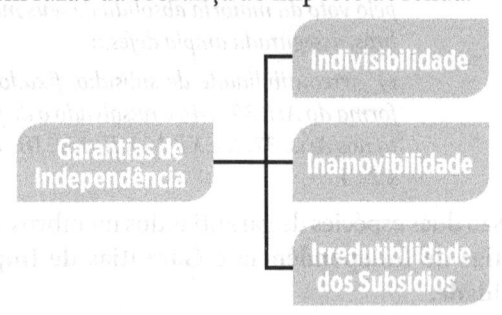

Garantias de Independência:
- Indivisibilidade
- Inamovibilidade
- Irredutibilidade dos Subsídios

As **Garantias de Imparcialidade** são verdadeiras vedações e visam a garantir uma atuação isenta de qualquer interferência política ou pessoal.

Art. 128, § 5º, II. as seguintes vedações:

a) receber, a qualquer título e sob qualquer pretexto, honorários, percentagens ou custas processuais;

b) exercer a advocacia;

c) participar de sociedade comercial, na forma da lei;

d) exercer, ainda que em disponibilidade, qualquer outra função pública, salvo uma de magistério;

e) exercer atividade político-partidária (Redação dada pela Emenda Constitucional nº 45, de 2004);

f) receber, a qualquer título ou pretexto, auxílios ou contribuições de pessoas físicas, entidades públicas ou privadas, ressalvadas as exceções previstas em lei (Incluída pela Emenda Constitucional nº 45, de 2004).

§ 6º. Aplica-se aos membros do Ministério Público o disposto no Art. 95, parágrafo único, V (Incluído pela Emenda Constitucional nº 45, de 2004).

Antes de explorar essas regras, faz-se necessária a menção ao Art. 29, § 3º, da ADCT:

§ 3º. Poderá optar pelo regime anterior, no que respeita às garantias e vantagens, o membro do Ministério Público admitido antes da promulgação da Constituição, observando-se, quanto às vedações, a situação jurídica na data desta.

Esse dispositivo retrata uma peculiaridade interessante a respeito dos Membros do Ministério Público. Antes da promulgação da Constituição Federal de 1988, o regime jurídico a que estavam sujeitos era diferente. A ADCT permitiu aos membros que ingressaram antes de 1988 a escolha do regime jurídico a que estariam sujeitos a partir de então. Os membros que ingressaram na carreira antes de 1988 e que possuíam inscrição na OAB podem advogar desde que tenham optado pelo regime jurídico anterior a 1988. Para os membros que ingressaram na carreira depois da promulgação da Constituição Federal, essa escolha não é permitida, pois estão sujeitos apenas ao regime constitucional atual. Feita essa consideração, passa-se à análise das garantias vigentes.

Deve-se compreender a abrangência das vedações do inciso II do § 5º do Art. 128 da Constituição Federal.

É vedado aos membros do Ministério Público receber, a qualquer título e sob qualquer pretexto, honorários, percentagens ou custas processuais, bem como receber auxílios ou contribuições de pessoas físicas, entidades públicas ou privadas, ressalvadas as exceções previstas em lei. Tais vedações visam a impedir que membros sejam motivados indevidamente a exercer suas funções sob a expectativa de receberem maiores valores pela sua atuação. Percebe-se que a vedação encontra exceção quando a contribuição está prevista em lei. Dessa forma, não ofende a Constituição Federal o recebimento de valores em razão da venda de livros, do exercício do magistério ou mesmo da ministração de palestra.

Outra vedação aplicável aos membros do *Parquet* é em relação ao exercício da advocacia. Acerca desse impedimento, deve-se ressaltar a situação dos membros do Ministério Público da União que ingressaram na carreira antes de 1988 e que tenham optado pelo regime jurídico anterior, nos termos do § 3º do Art. 29 da ADCT, os quais poderão exercer a advocacia nos termos da Resolução nº 8 do CNMP, com a nova redação dada pela Resolução nº 16.

Ademais, o texto constitucional estendeu aos Membros do Ministério Público a mesma vedação aplicável aos Magistrados no Art. 95, parágrafo único, V, qual seja, a de exercer a advocacia no juízo ou tribunal do qual se afastou, antes de decorridos três anos do afastamento do cargo por aposentadoria ou exoneração. A doutrina tem chamado essa vedação de quarentena.

Os membros do Ministério Público não podem participar de sociedade comercial, na forma da lei. Essa vedação encontra regulamentação na Lei nº 8.625/93, a qual prevê a possibilidade de participação como cotista ou acionista[6].

Também não podem exercer, ainda que em disponibilidade, qualquer outra função pública, salvo uma de magistério. Ressalta-se que o CNMP regulamentou o exercício do magistério, que poderá ser público ou privado, por no máximo 20 horas aula por semana, desde que o horário seja compatível com as atribuições ministeriais e o seu exercício se dê inteiramente em sala de aula[7].

---

6 Lei Orgânica Nacional do Ministério Público, Lei nº 8.625/93, Art. 44, III.
7 Resolução nº 3/2005 – CNMP.

Para evitar que sua atuação seja influenciada por pressões políticas, a Constituição vedou o exercício de atividade político-partidária aos Membros do Ministério Público. Isso significa que, se um membro quiser se filiar ou mesmo exercer um cargo político, deverá se afastar do cargo no Ministério Público. Essa vedação tem caráter absoluto desde a Emenda Constitucional nº 45/2004, a qual foi regulamentada pelo Conselho Nacional do Ministério Público, que determinou a aplicação da vedação apenas aos membros que tenham ingressado na carreira após a promulgação da emenda[8].

Advocacia Pública

A Advocacia Pública é a função essencial à justiça responsável pela defesa dos interesses dos entes estatais, tanto judicialmente quanto extrajudicialmente, bem como as atividades de consultoria e assessoramento jurídico do Poder Executivo.

No âmbito da União, essa atividade é exercida pela Advocacia-Geral da União, enquanto nos Estados, Distrito Federal e nos Municípios, a Advocacia Pública será exercida pelas Procuradorias.

Apesar de não haver previsão constitucional para as Procuradorias Municipais, elas são perfeitamente possíveis desde que previstas na Lei Orgânica do Município ou permitidas sua criação pela Constituição Estadual.

São vistas, a seguir, quais instituições compõem a Advocacia Pública no Brasil.

Advocacia-Geral da União (AGU)

A AGU é responsável pela assistência jurídica da União, conforme prevê o texto constitucional:

> *Art. 131. A Advocacia-Geral da União é a instituição que, diretamente ou através de órgão vinculado, representa a União, judicial e extrajudicialmente, cabendo-lhe, nos termos da lei complementar que dispuser sobre sua organização e funcionamento, as atividades de consultoria e assessoramento jurídico do Poder Executivo.*
>
> *§ 1º. A Advocacia-Geral da União tem por chefe o Advogado-Geral da União, de livre nomeação pelo Presidente da República dentre cidadãos maiores de trinta e cinco anos, de notável saber jurídico e reputação ilibada.*

A chefia desse órgão fica a cargo do Advogado-Geral da União, o qual é nomeado livremente pelo Presidente da República, entre os cidadãos maiores de trinta e cinco anos, com notável saber jurídico e reputação ilibada. Segundo a Lei nº 10.683/03, em seu Art. 25, o Advogado-Geral da União é considerado Ministro de Estado, sendo-lhe aplicadas todas as prerrogativas inerentes ao *status*. Atente-se para isso em prova, visto que, para ser o Chefe

dessa Instituição, não é necessário ser membro da carreira nem depende de aprovação do Senado Federal. É um cargo de livre nomeação e exoneração cuja confiança do Presidente da República se torna o principal critério para a escolha do seu titular.

Um detalhe muito importante e que pode ser cobrado em prova é que a Constituição Federal, ao apontar as competências dessa instituição, afirmou que a AGU representa judicial e extrajudicialmente a União e em relação a consultoria e assessoramento jurídico apenas ao Poder Executivo. Essas competências foram confirmadas na Lei Orgânica da Advocacia-Geral da União (Lei Complementar nº 73/93):

> *Art. 1º. A Advocacia-Geral da União é a instituição que representa a União judicial e extrajudicialmente.*
>
> *Parágrafo único. À Advocacia-Geral da União cabem as atividades de consultoria e assessoramento jurídicos ao Poder Executivo, nos termos desta Lei Complementar.*

Enquanto a atividade de consultoria e assessoramento jurídico restringe-se apenas ao Poder Executivo, a representação judicial e extrajudicial abrangerá todos os Poderes da União (Executivo, Legislativo e Judiciário), bem como suas autarquias e fundações públicas, conforme esclarece a Lei nº 9.028/95:

> *Art. 22. A Advocacia-Geral da União e os seus órgãos vinculados, nas respectivas áreas de atuação, ficam autorizados a representar judicialmente os titulares e os membros dos Poderes da República, das Instituições Federais referidas no Título IV, Capítulo IV, da Constituição, bem como os titulares dos Ministérios e demais órgãos da Presidência da República, de autarquias e fundações públicas federais, e de cargos de natureza especial, de direção e assessoramento superiores e daqueles efetivos, inclusive promovendo ação penal privada ou representando perante o Ministério Público, quando vítimas de crime, quanto a atos praticados no exercício de suas atribuições constitucionais, legais ou regulamentares, no interesse público, especialmente da União, suas respectivas autarquias e fundações, ou das Instituições mencionadas, podendo, ainda, quanto aos mesmos atos, impetrar "Habeas Corpus" e mandado de segurança em defesa dos agentes públicos de que trata este artigo.*

⏻ FIQUE LIGADO

A AGU representa judicialmente e extrajudicialmente a União, mas presta consultoria e assessora juridicamente apenas ao Poder Executivo.

É importante lembrar também que o ingresso na carreira da AGU depende de aprovação em concurso público de provas e títulos nos termos do Art. 131, § 2º:

---

8 Resolução nº 5/2006 – CNMP.

> **§ 2º.** O ingresso nas classes iniciais das carreiras da instituição de que trata este artigo far-se-á mediante concurso público de provas e títulos.

Destaca-se ainda a atuação da AGU na defesa da República Federativa do Brasil em demandas instauradas perante Cortes Internacionais.

Além das diversas carreiras que serão vistas, não se pode esquecer dos Advogados da União, os quais são responsáveis pela defesa da União quando esta se encontra em juízo.

Procuradoria-Geral da Fazenda Nacional (PGFN)

A PGFN é órgão vinculado a AGU responsável pelas ações de natureza tributária, cujo objetivo principal é garantir o recebimento de recursos de origem fiscal. A Constituição assim define sua competência no Art. 131:

> **Art. 131, § 3º.** Na execução da dívida ativa de natureza tributária, a representação da União cabe à Procuradoria-Geral da Fazenda Nacional, observado o disposto em lei.

Procuradoria-Geral Federal

A Procuradoria-Geral Federal, órgão vinculado à AGU, é responsável pela representação judicial e extrajudicial das autarquias e fundações públicas da União por meio dos Procuradores Federais. Sua previsão não é constitucional, mas está descrita na Lei nº 10.480/2002:

> **Art. 10.** À Procuradoria-Geral Federal compete a representação judicial e extrajudicial das autarquias e fundações públicas federais, as respectivas atividades de consultoria e assessoramento jurídicos, a apuração da liquidez e certeza dos créditos, de qualquer natureza, inerentes às suas atividades, inscrevendo-os em dívida ativa, para fins de cobrança amigável ou judicial.

Em relação ao Banco Central, autarquia vinculada a União, foi prevista carreira própria regulamentada na Lei nº 9.650/98, a qual localizou o Procurador do Banco Central como membro de carreira da própria instituição. Apesar disso, o Procurador do Banco Central está vinculado à AGU.

Procuradoria-Geral dos Estados e do Distrito Federal

No âmbito dos Estados e do Distrito Federal, a consultoria jurídica e a representação judicial serão realizadas pelos Procuradores dos Estados e do Distrito Federal, conforme preleciona o Art. 132 da Constituição Federal:

> **Art. 132.** Os Procuradores dos Estados e do Distrito Federal, organizados em carreira, na qual o ingresso dependerá de concurso público de provas e títulos, com a participação da Ordem dos Advogados do Brasil em todas as suas fases, exercerão a representação judicial e a consultoria jurídica das respectivas unidades federadas.
>
> **Parágrafo único.** Aos procuradores referidos neste artigo é assegurada estabilidade após três anos de efetivo exercício, mediante avaliação de desempenho perante os órgãos próprios, após relatório circunstanciado das corregedorias.

Segundo a Constituição, o ingresso na carreira depende de concurso público de provas e títulos, cuja participação da OAB é obrigatória em todas as suas fases, não sendo admitido, portanto, que as atividades de representação judicial e de consultoria jurídica sejam realizadas por ocupantes de cargos em comissão.

Apesar de não haver previsão constitucional, o STF já decidiu que devem ser aplicadas simetricamente as mesmas regras da União para a nomeação do Procurador-Geral das Unidades Federadas. Dessa forma, o Governador detém a competência de nomear e exonerar livremente o chefe da Instituição, não se exigindo que o titular do referido cargo seja membro da carreira.

Por fim, a Constituição Federal garantiu aos procuradores estaduais e do Distrito Federal, estabilidade após três anos de efetivo exercício mediante avaliação de desempenho perante os órgãos próprios, após relatório circunstanciado das corregedorias.

Procuradoria dos Municípios

Conforme já estudado, não existe previsão constitucional para a criação das procuradorias municipais, não havendo da mesma forma qualquer impedimento para sua criação. Logo, cada município poderá criar sua própria procuradoria, desde que prevista essa possibilidade na Constituição Estadual ou na Lei Orgânica do Município.

Defensoria Pública

Como instituição essencial ao funcionamento da Justiça, a Defensoria Pública é responsável, em primeiro plano, pela assistência jurídica e gratuita dos hipossuficientes, os quais não possuem recursos financeiros para contratar um advogado. Essa função tipicamente realizada pela Defensoria concretiza o direito fundamental expresso no Art. 5º, LXXIV, da Constituição:

Art. 5º, LXXIV. O Estado prestará assistência jurídica integral e gratuita aos que comprovarem insuficiência de recursos.

Complementando esse dispositivo, a Constituição previu no Art. 134 algumas regras sobre a Defensoria:

Art. 134. A Defensoria Pública é instituição permanente, essencial à função jurisdicional do Estado, incumbindo-lhe, como expressão e instrumento do regime democrático, fundamentalmente, a orientação jurídica, a promoção dos direitos humanos e a defesa, em todos os graus, judicial e extrajudicial, dos direitos individuais e coletivos, de forma integral e gratuita, aos necessitados, na forma do inciso LXXIV do Art. 5º desta Constituição Federal. (Redação dada pela Emenda Constitucional nº 80, de 2014)

§ 1º. Lei complementar organizará a Defensoria Pública da União e do Distrito Federal e dos Territórios e prescreverá normas gerais para sua organização nos Estados, em cargos de carreira, providos, na classe inicial, mediante concurso público de provas e títulos, assegurada a seus integrantes a garantia da inamovibilidade e vedado o exercício da advocacia fora das atribuições institucionais.

§ 2º. Às Defensorias Públicas Estaduais são asseguradas autonomia funcional e administrativa e a iniciativa de sua proposta orçamentária dentro dos limites estabelecidos na lei de diretrizes orçamentárias e subordinação ao disposto no Art. 99, § 2º.

§ 3º Aplica-se o disposto no § 2º às Defensorias Públicas da União e do Distrito Federal. (Incluído pela Emenda Constitucional nº 74, de 2013)

§ 4º São princípios institucionais da Defensoria Pública a unidade, a indivisibilidade e a independência funcional, aplicando-se também, no que couber, o disposto no Art. 93 e no inciso II do Art. 96 desta Constituição Federal. (Incluído pela Emenda Constitucional nº 80, de 2014)

Atualmente, cada Unidade Federativa é responsável pela organização da sua Defensoria Pública, havendo ainda uma Defensoria no âmbito da União e no Distrito Federal.

As Defensorias Estaduais possuem autonomia funcional e administrativa não se admitindo sua subordinação a nenhum dos poderes. Sua autonomia avança ainda nas questões orçamentárias permitindo que tenha iniciativa própria para apresentação de proposta orçamentária dentro dos limites estabelecidos na lei de diretrizes orçamentárias.

A Emenda Constitucional nº 74, de 06 de agosto de 2013, introduziu o § 3º ao Art. 134, da CF para conferir autonomia funcional e administrativa e a iniciativa de proposta orçamentária também às Defensorias Públicas da União e do Distrito Federal.

Segundo a Lei Complementar nº 80/94 que organiza a Defensoria Pública:

Art. 2º. A Defensoria Pública abrange:
I. a Defensoria Pública da União;
II. a Defensoria Pública do Distrito Federal e dos Territórios;
III. as Defensorias Públicas dos Estados.

Cabe aos Defensores Públicos a assistência jurídica integral dos hipossuficientes, não se limitando apenas à defesa judicial. A Lei Complementar nº 80/94 traz extenso rol de atribuições:

Art. 4º. São funções institucionais da Defensoria Pública, dentre outras:

I. prestar orientação jurídica e exercer a defesa dos necessitados, em todos os graus (Redação dada pela Lei Complementar nº 132, de 2009);

II. promover, prioritariamente, a solução extrajudicial dos litígios, visando à composição entre as pessoas em conflito de interesses, por meio de mediação, conciliação, arbitragem e demais técnicas de composição e administração de conflitos;

III. promover a difusão e a conscientização dos direitos humanos, da cidadania e do ordenamento jurídico;

IV. prestar atendimento interdisciplinar, por meio de órgãos ou de servidores de suas Carreiras de apoio para o exercício de suas atribuições;

V. exercer, mediante o recebimento dos autos com vista, a ampla defesa e o contraditório em favor de pessoas naturais e jurídicas, em processos administrativos e judiciais, perante todos os órgãos e em todas as instâncias, ordinárias ou extraordinárias, utilizando todas as medidas capazes de propiciar a adequada e efetiva defesa de seus interesses;

VI. representar aos sistemas internacionais de proteção dos direitos humanos, postulando perante seus órgãos;

VII. promover ação civil pública e todas as espécies de ações capazes de propiciar a adequada tutela dos direitos difusos, coletivos ou individuais homogêneos quando o resultado da demanda puder beneficiar grupo de pessoas hipossuficientes;

VIII. exercer a defesa dos direitos e interesses individuais, difusos, coletivos e individuais homogêneos e dos direitos do consumidor, na forma do inciso LXXIV do Art. 5º da Constituição Federal;

IX. impetrar Habeas Corpus, mandado de injunção, Habeas Data e mandado de segurança ou qualquer outra ação em defesa das funções institucionais e prerrogativas de seus órgãos de execução;

X. promover a mais ampla defesa dos direitos fundamentais dos necessitados, abrangendo seus direitos individuais, coletivos, sociais, econômicos, culturais e ambientais, sendo admissíveis todas as espécies de ações capazes de propiciar sua adequada e efetiva tutela;

XI. exercer a defesa dos interesses individuais e coletivos da criança e do adolescente, do idoso, da pessoa portadora de necessidades especiais, da mulher vítima de violência doméstica e familiar e de outros grupos sociais vulneráveis que mereçam proteção especial do Estado;

XIV. acompanhar inquérito policial, inclusive com a comunicação imediata da prisão em flagrante pela autoridade policial, quando o preso não constituir advogado (Incluído pela Lei Complementar nº 132, de 2009);

XV. patrocinar ação penal privada e a subsidiária da pública (Incluído pela Lei Complementar nº 132, de 2009);

XVI. exercer a curadoria especial nos casos previstos em lei (Incluído pela Lei Complementar nº 132, de 2009);

XVII. atuar nos estabelecimentos policiais, penitenciários e de internação de adolescentes, visando a assegurar às pessoas, sob quaisquer circunstâncias, o exercício pleno de seus direitos e garantias fundamentais (Incluído pela Lei Complementar nº 132, de 2009);

XVIII. atuar na preservação e reparação dos direitos de pessoas vítimas de tortura, abusos sexuais, discriminação ou qualquer outra forma de opressão ou violência, propiciando o acompanhamento e o atendimento interdisciplinar das vítimas (Incluído pela Lei Complementar nº 132, de 2009);

XIX. atuar nos Juizados Especiais (Incluído pela Lei Complementar nº 132, de 2009);

XX. participar, quando tiver assento, dos conselhos federais, estaduais e municipais afetos às funções institucionais da Defensoria Pública, respeitadas as atribuições de seus ramos (Incluído pela Lei Complementar nº 132, de 2009);

XXI. executar e receber as verbas sucumbenciais decorrentes de sua atuação, inclusive quando devidas por quaisquer entes públicos, destinando-as a fundos geridos pela Defensoria Pública e destinados, exclusivamente, ao aparelhamento da Defensoria Pública e à capacitação profissional de seus membros e servidores(Incluído pela Lei Complementar nº 132, de 2009);

XXII. convocar audiências públicas para discutir matérias relacionadas às suas funções institucionais(Incluído pela Lei Complementar nº 132, de 2009).

Em relação às suas atribuições, vejamos esta questão de prova:

EXERCÍCIO COMENTADO

01. (Cespe) A missão da defensoria pública restringe-se à defesa dos hipossuficientes em todos os graus de jurisdição.

ERRADO. *A missão da defensoria pública não se restringe à defesa dos hipossuficientes em todos os graus de jurisdição, competindo-lhe prestar uma assistência jurídica integral em todas as áreas.*

Por fim, cabe destacar que, assim como os Advogados Públicos, os Defensores Públicos são remunerados por meio de subsídio:

Art. 135. Os servidores integrantes das carreiras disciplinadas nas Seções II e III deste Capítulo serão remunerados na forma do Art. 39, § 4º.

Advocacia

Quando a Constituição Federal se refere à Advocacia, fala-se do advogado privado, profissional autônomo, indispensável à função jurisdicional. Os advogados estão vinculados à Ordem dos Advogados do Brasil, entidade de classe de natureza especial, não vinculada aos Poderes do Estado e que tem como atribuições controlar, fiscalizar e selecionar novos profissionais para o exercício da Carreira.

Segundo a Constituição Federal:

Art. 133. O advogado é indispensável à administração da justiça, sendo inviolável por seus atos e manifestações no exercício da profissão, nos limites da lei.

Esse dispositivo revela dois princípios que regem a advocacia no Brasil: o princípio da indispensabilidade e o da inviolabilidade.

Segundo o princípio da indispensabilidade, o advogado é indispensável à administração da Justiça, pois só ele possui a chamada capacidade postulatória. Logicamente, esse princípio não goza de caráter absoluto, sendo permitida a capacidade de postular ao próprio interessado em situações expressamente previstas na Constituição Federal como no **Habeas Corpus** e nos juizados especiais.

Destaca-se ainda que nos processos administrativos disciplinares a ausência de defesa técnica por meio de advogado não gera nulidade ao procedimento[9].

Já o princípio da inviolabilidade constitui norma que visa a garantir ao advogado o exercício das

---
9 Súmula Vinculante nº 5: *A falta de defesa técnica por advogado no processo administrativo disciplinar não ofende a Constituição.*

suas atribuições de forma independente e autônoma às demais instituições do Estado. Da mesma forma, esse princípio não goza de caráter absoluto, sendo possível a limitação quando seus atos e atribuições não estiverem ligados ao exercício da profissão nos termos do Estatuto da Advocacia[10].

Como condição para o exercício dessa profissão, o STF já declarou que é constitucional a necessidade de aprovação do Exame de Ordem aplicado pela OAB aos bacharéis em direito.

A amplitude desse tema requer análise aprofundada, a qual é feita em disciplina própria. Aqui foi feita uma breve análise constitucional do instituto.

- Ministério Público → Defende a sociedade
- Advocacia Pública → Defende o Estado
- Advocacia Privada → Defende os particulares
- Defensoria Pública → Defende os pobres

VAMOS PRATICAR

Os exercícios a seguir são referentes são referentes ao conteúdo: Funções Essenciais à Justiça.

01. (Fumarc) É incorreto afirmar que se inclui entre as funções essenciais à Justiça previstas na Constituição da República:

   a) Servidor Público;
   b) Ministério Público;
   c) Advocacia Pública;
   d) Defensoria Pública.

02. (FCC - Adaptada) Uma das funções institucionais atribuídas pela Constituição da República ao Ministério Público consiste em exercer funções que forem compatíveis com sua finalidade de defesa da ordem jurídica e do regime democrático, tais como a representação judicial e a consultoria jurídica de entidades públicas, quando necessárias.

   Certo ( )   Errado ( )

03. (FCC - Adaptada) Sobre a organização institucional do Ministério Público, é correto afirmar que não abrange o Ministério Público junto ao Tribunal de Contas,

---
10 Lei nº 8.906/94.

que não dispõe de fisionomia institucional própria e - não obstante as expressivas garantias de ordem subjetiva concedidas aos seus membros - se encontra consolidado na "intimidade estrutural" da Corte de Contas.

   Certo ( )   Errado ( )

04. (Cesgranrio) O Ministério Público da União NÃO abrange o Ministério Público:

   a) Federal.
   b) Eleitoral.
   c) Militar.
   d) Do Trabalho.
   e) Do Distrito Federal.

05. (Cespe - Adaptada) Ao MP cabe a defesa da ordem jurídica, do regime democrático e dos interesses sociais e coletivos; para isso, ele possui, por exemplo, legitimidade para ajuizar ACP em defesa do patrimônio público e do meio ambiente.

   Certo ( )   Errado ( )

06. (FCC - Adaptada) O Ministério Público é essencial à função jurisdicional do Estado, sendo que o ingresso em sua carreira far-se-á mediante concurso público de provas e títulos, exigindo-se do bacharel em direito, no mínimo, cinco anos de atividade jurídica.

   Certo ( )   Errado ( )

07. (FCC) De acordo com a Constituição da República Federativa do Brasil, NÃO se inclui dentre as funções institucionais do Ministério Público:

   a) Defender judicialmente os direitos e interesses da população indígena.
   b) Promover, privativamente, ação penal pública, na forma da lei.
   c) Requisitar diligências investigatórias e instauração de inquérito policial, indicados os fundamentos jurídicos de suas manifestações processuais.
   d) Promover ação de inconstitucionalidade ou representação para fins de intervenção da União e dos Estados, nos casos previstos na Constituição.
   e) Promover ação popular para a proteção do meio ambiente e de outros interesses difusos e coletivos.

08. (Cespe) Compete privativamente ao MP promover o inquérito civil e a ação civil pública para a proteção do patrimônio público e social, do meio ambiente e de outros interesses difusos e coletivos.

   Certo ( )   Errado ( )

09. (FCC) Considere:

  I. Três membros do Ministério Público dos Estados, indicados pelos respectivos Ministérios Públicos.

  II. Três juízes, indicados dois pelo Supremo Tribunal Federal e um pelo Superior Tribunal de Justiça.

  III. Dois advogados, indicados pelo Conselho Federal da Ordem dos Advogados do Brasil.

  IV. Dois cidadãos de notável saber jurídico e reputação ilibada, indicados um pela Câmara dos Deputados e outro pelo Senado Federal.

O Conselho Nacional do Ministério Público será composto, dentre outros, pelos membros indicados apenas em:

  a) I, III e IV.
  b) I, II e III.
  c) II, III e IV.
  d) II e III.
  e) I e IV.

10. (FCC) Ao discorrer sobre os princípios constitucionais que devem informar a atuação do Ministério Público, Pedro Lenza afirma que o acusado "tem o direito e a garantia constitucional de somente ser processado por um órgão independente do Estado, vedando-se, por consequência, a designação arbitrária, inclusive, de promotores *ad hoc* ou por encomenda". Trata-se do princípio:

  a) Da inamovibilidade do membro do Ministério Público.
  b) Da independência funcional do membro do Ministério Público.
  c) Da indivisibilidade do Ministério Público.
  d) Da unidade do Ministério Público.
  e) Do promotor natural.

11. (FCC - Adaptada) O Ministério Público possui, dentre seus princípios institucionais, a unidade, a indivisibilidade e a dependência funcional.

  Certo ( )   Errado ( )

12. (Cespe) Os membros do MP gozam de vitaliciedade, após dois anos de exercício, e só perderão o cargo por sentença judicial transitada em julgado.

  Certo ( )   Errado ( )

13. (FCC) Mário, Márcio, Marcos, Marcelo e Mateus, respectivamente, exercem os cargos de Senador da República, Deputado Federal, Presidente da República, Presidente do Supremo Tribunal Federal e Presidente do Superior Tribunal de Justiça. Segundo o artigo 128, § 1º da Constituição Federal, o Ministério Público da União tem por chefe o Procurador-Geral da República, que deve ser nomeado por:

  a) Mateus.
  b) Márcio.
  c) Mário.
  d) Marcos.
  e) Marcelo.

14. (FCC) A respeito do Ministério Público, considere:

  I. A proposta orçamentária do Ministério Público será elaborada pela Secretaria de Estado dos Negócios da Justiça, com base nas sugestões por este apresentadas.

  II. As funções do Ministério Público deverão, em regra, ser exercidas por integrantes da carreira, podendo, porém, o juiz, nos casos urgentes, nomear advogado para exercê-las.

  III. Aos membros do Ministério Público é vedado exercer, ainda que em disponibilidade, qualquer outra função pública, salvo uma de magistério.

De acordo com a Constituição da República Federativa do Brasil, está correto o que consta somente em:

  a) I e III.
  b) I e II.
  c) III.
  d) II e III.
  e) II.

15. (FCC - Adaptada) Ministério Público da União tem por chefe o Procurador-Geral da República, nomeado pelo Presidente da República dentre integrantes da carreira, maiores de trinta e cinco anos, após a aprovação de seu nome pela maioria do Congresso Nacional, para mandato de dois anos, permitida a recondução.

  Certo ( )   Errado ( )

16. (FGV) A respeito dos Procuradores-Gerais de Justiça nos Estados e no Distrito Federal, é incorreto afirmar que:

  a) Podem ser destituídos pela Assembleia Legislativa (nos Estados) e pela Câmara Legislativa (no Distrito Federal).

b) Podem ser reconduzidos somente uma vez.

c) Devem ser integrantes da carreira e exercem o cargo por mandato de dois anos.

d) São nomeados pelo Governador (nos Estados) e pelo Presidente da República (no Distrito Federal).

17. (Cespe) Incumbe à AGU, diretamente ou mediante órgão vinculado, exercer a representação judicial e extrajudicial da União, assim como as atividades de consultoria e assessoramento jurídico dos Poderes Executivo, Legislativo e Judiciário, no âmbito federal.

   Certo ( )   Errado ( )

18. (Cespe) A CF estabelece expressamente que a representação da União, na execução da dívida ativa de natureza tributária, cabe à Procuradoria-Geral da Fazenda Nacional, observado o disposto em lei.

   Certo ( )   Errado ( )

19. (Cespe) Na defesa dos hipossuficientes, a defensoria pública tem legitimidade para ajuizar ação coletiva.

   Certo ( )   Errado ( )

20. (FCC) O Supremo Tribunal Federal reconheceu, em sede de ação direta de inconstitucionalidade, a impossibilidade de lei complementar estadual estabelecer a vinculação da Defensoria Pública a uma Secretaria de Estado.

(ADI nº 3569, Rel. Min. Sepúlveda Pertence, Plenário, publ. DJ de 11-5-2007).

A impossibilidade em questão decorre de norma da Constituição da República segundo a qual as Defensorias Públicas Estaduais

a) Vinculam-se institucionalmente ao Poder Judiciário, em virtude de serem essenciais à função jurisdicional do Estado.

b) Atrelam-se ao Ministério Público do Estado respectivo, na medida em que lhe incumbe a orientação jurídica e a defesa, em todos os graus, dos necessitados.

c) Não integram a estrutura do Estado, vinculando-se os membros da carreira à Ordem dos Advogados do Brasil.

d) Possuem autonomia funcional e administrativa.

e) Vinculam-se administrativamente ao Poder Judiciário, cabendo aos Presidentes dos Tribunais de Justiça, com a aprovação dos respectivos tribunais, a iniciativa de sua proposta orçamentária.

GABARITO

01	A	11	ERRADO
02	ERRADO	12	CERTO
03	CERTO	13	D
04	B	14	C
05	CERTO	15	ERRADO
06	ERRADO	16	A
07	E	17	ERRADO
08	ERRADO	18	CERTO
09	A	19	CERTO
10	E	20	D

ANOTAÇÕES

Noções de Direito Administrativo

ÍNDICE

1. Introdução ao Direito Administrativo 524
   - Ramos do Direito 524
   - Conceito de Direito Administrativo 524
   - Objeto do Direito Administrativo 524
   - Fontes do Direito Administrativo 525
   - Sistemas Administrativos 525
     - Via Administrativa de Curso Forçado 526
   - Regime Jurídico Administrativo 526
   - Noções de Estado 526
     - Conceito de Estado 526
     - Elementos do Estado 526
     - Formas de Estado 526
     - Poderes do Estado 526
   - Noções de Governo 527
     - Sistemas de Governo 527
     - Formas de Governo 527
2. Administração Pública 528
   - Classificação de Administração Pública 528
     - Sentido Material/Objetivo 528
     - Sentido Formal/Subjetivo 528
   - Organização da Administração 528
   - Administração Direta 529
   - Noção de Centralização, Descentralização e Desconcentração 529
   - Administração Indireta 530
     - Relação da Administração Pública Direta com a Indireta 531
     - Autarquias 531
     - Fundação Pública 532
     - Empresas Públicas e Sociedades de Economia Mista 533
3. Órgão Público 537
   - Teorias 537
     - Teoria do Mandato 537
     - Teoria da Representação 537
     - Teoria Geral do Órgão 537
   - Características 537
   - Classificação 538
     - Posição Estatal 538
   - Estrutura 538
   - Atuação Funcional/Composição 538
4. Agentes Públicos 540
   - Conceito 540
   - Classificação 540
     - Agentes Políticos 540
     - Agentes Administrativos 540
     - Particulares em Colaboração com o Poder Público 540

Noções de Direito Administrativo

5. Princípios Fundamentais da Administração Pública 543
   - Classificação 543
     - Princípio da Legalidade 543
     - Princípio da Impessoalidade 543
     - Princípio da Moralidade 544
     - Princípio da Publicidade 544
     - Princípio da Eficiência 545
     - Princípio da Supremacia do Interesse Público sobre o Privado 545
     - Princípio da Indisponibilidade do Interesse Público 546
     - Princípios da Razoabilidade e Proporcionalidade 546
     - Princípio da Autotutela 546
     - Princípio da Ampla Defesa 547
     - Princípio da Continuidade do Serviço Público 547
     - Princípio da Segurança Jurídica 548
6. Poderes e Deveres Administrativos 549
   - Deveres 549
     - Poder-Dever de Agir 549
     - Dever de Eficiência 549
     - Dever de Probidade 549
     - Dever de Prestar Contas 549
   - Poderes Administrativos 550
     - Poder Vinculado 550
     - Poder Discricionário 550
     - Poder Hierárquico 550
     - Poder Disciplinar 551
     - Poder Regulamentar 552
     - Poder de Polícia 553
   - Abuso de Poder 555
7. Ato Administrativo 557
   - Conceito de Ato Administrativo 557
   - Elementos de Validade do Ato 557
     - Competência 557
     - Finalidade 557
     - Forma 557
     - Motivo 557
     - Objeto 557
   - Motivação 557
   - Atributos do Ato 558
     - Presunção de Legitimidade e Veracidade 558
     - Imperatividade 558
     - Autoexecutoriedade 558
     - Tipicidade 558
   - Classificação dos Atos Administrativos 558
   - Espécies de Atos Administrativos 559
     - Atos Normativos 559
     - Atos Ordinatórios 559

Noções de Direito Administrativo

- Atos Negociais 559
- Atos Enunciativos 560
- Atos Punitivos 561
- **Extinção dos Atos Administrativos** 561
  - Anulação ou Controle de Legalidade 561
  - Revogação ou Controle de Mérito 561
  - Cassação 562
- **Convalidação** 562

8. **Improbidade Administrativa** 564
   - **Sujeitos** 564
     - Sujeito Passivo (Vítima) 564
     - Sujeito Ativo (Pessoa que Pratica o Ato de Improbidade Administrativa) 564
   - **Regras Gerais** 564
   - **Modalidades** 564
     - Enriquecimento Ilícito 564
     - Prejuízo ao Erário 565
     - Atos que Atentem aos Princípios da Administração Pública 566
   - **Efeitos da Lei** 566
   - **Das Sanções** 566
     - Natureza das Sanções 566
     - Penalidades 567
     - Aplicação das Sanções 567
   - **Declaração de Bens** 567
   - **Prescrição** 568

9. **Serviços Públicos** 569
   - **Base Constitucional** 569
   - **Elementos Definidores de uma Atividade Sendo Serviço Público** 569
     - Material 569
     - Subjetivo/Orgânico 570
     - Formal 570
     - Conceito 570
   - **Classificação dos Serviços Públicos** 570
     - Essenciais e Úteis 570
     - Serviços Públicos Gerais e Individuais 570
     - Serviços Públicos Delegáveis e Indelegáveis 570
     - Serviços Administrativos, Sociais e Econômicos 570
     - Serviço Público Adequado 570
   - **Princípios dos Serviços Públicos** 571
   - **Formas de Prestação dos Serviços Públicos** 571
     - Modalidades 571
   - **Concessão e Permissão de Serviço Público** 571
   - **Competência para a Edição de Normas** 572
     - Normas Gerais 572
     - Normas Específicas 572
     - Conceito de Concessão e Permissão de Serviço Público 572
     - Características Comuns das Concessões e Permissões 572

Diferenças entre a Concessão e Permissão de Serviços Públicos 572
Autorização de Serviço Público 573
Diferenças entre Concessão, Permissão e Autorização de Serviços Públicos 573
Parcerias Público-Privadas 573
    Disposições Preliminares 573
Contratos de Parceria Público-Privada 574
    Garantias 576
    Sociedade de Propósito Específico 576
    Licitação 576
    Disposições Aplicáveis à União 577
    Disposições Finais 580

10. Controle da Administração Pública 582
Classificação 582
    Quanto à Origem 582
    Quanto ao Momento de Exercício 582
    Quanto ao Aspecto Controlado 583
    Quanto à Amplitude 584
Controle Administrativo 584
Controle Legislativo 584
    Hipóteses de Controle 584
    Modalidades 585
Controle Judiciário 588

11. Responsabilidade Civil do Estado 590
Teoria do Risco Administrativo 590
    Requisitos 590
Teoria da Culpa Administrativa 590
Teoria do Risco Integral 591
Danos Decorrentes de Obras Públicas 591
Responsabilidade Civil Decorrente de Atos Legislativos 591
Responsabilidade Civil Decorrente de Atos Jurisdicionais 591
Ação de Reparação de Danos 591
Ação Regressiva 591

12. Processo Administrativo Federal 593
Abrangência da Lei 593
Princípios 593
Direitos e Deveres dos Administrados 594
Início do Processo e Legitimação Ativa 594
    Dos Interessados e da Competência 595
Impedimento e Suspeição 595
Da Forma, Tempo e Lugar dos Atos do Processo 595
Do Recurso Administrativo e da Revisão 596
    Legitimidade para Interpor Recurso 596
    Do Não Reconhecimento do Recurso 596
Prazos da Lei nº 9.784/99 596

13. Lei nº 8.112, de 11 de Dezembro de 1990 600
Disposições Gerais 600

Noções de Direito Administrativo

      Conceitos Importantes... 600
    Do Provimento.. **600**
      Concurso Público 600
      Estabilidade e Estágio Probatório.. 602
13.1. Provimento e Vacância **605**
    Provimento.. **605**
      Nomeação 605
      Promoção.. 605
      Readaptação... 605
      Reversão... 605
      Reintegração 606
      Aproveitamento.. 606
      Recondução 606
    Vacância... **606**
      Exoneração 607
      Falecimento 607
      Demissão.. 607
      Promoção.. 607
      Aposentadoria... 607
      Readaptação... 607
      Posse em Outro Cargo Inacumulável (POC) 607
13.2. Formas de Deslocamento **607**
    Remoção.. **607**
      Modalidades 608
    Redistribuição **608**
13.3. Direitos e Vantagens... **612**
    Vencimento e Remuneração **612**
      Conceitos 612
      Características.. 612
      Perda da Remuneração 612
    Vantagens **613**
      Indenizações.. 613
      Retribuições, Gratificações e Adicionais 614
13.4. Licenças, Afastamentos e Concessões **619**
    Licenças... **619**
      Licença para Tratamento de Saúde de Pessoa da Família...................................... 619
      Motivo de Afastamento do Cônjuge.. 619
      Licença para o Serviço Militar 619
      Licença para Atividade Política 619
      Licença para Capacitação 620
      Licença para Tratar de Interesses Particulares 620
      Licença para o Desempenho de Mandato Classista 620
      Licença para Tratamento da Própria Saúde... 621
      Da Licença à Gestante, à Adotante e da Licença-Paternidade 621
    Afastamentos... **622**

Noções de Direito Administrativo

Afastamento para Servir a Outro Órgão ou Entidade 622
Afastamento para Exercício de Mandato Eletivo 623
Afastamento para Estudo ou Missão no Exterior 623
Afastamento para Participação em Programa de Pós-Graduação *Stricto Sensu* no País 623
Concessões 623
    Direito de Ausentar-se do Serviço 623
    Direito a Horário Especial 623
    Direito à Matrícula em Instituição de Ensino 624
Suspensão do Estágio Probatório 624
13.5. Do Tempo de Serviço 624
    Apuração do Tempo de Serviço 624
13.6. Direito de Petição 627
13.7. Lei nº 8.112/90 - Regime Disciplinar 630
    Deveres 630
    Proibições 630
    Da Acumulação 631
    Responsabilidade do Servidor 631
    Penalidades Disciplinares 632
        Advertência 632
        Suspensão 633
        Demissão 633
        Cassação da Aposentadoria ou Disponibilidade 634
        Destituição da Função de Confiança e do Cargo em Comissão 634
    Competência para Aplicação das Penalidades 635
    Prescrição da Ação Disciplinar 635
13.8. Processo Administrativo Disciplinar 638
    Regras Gerais 638
        Afastamento Preventivo 638
    Sindicância 638
    Processo Administrativo Disciplinar (PAD) 639
        Comissão do PAD 639
        Fases do Processo Disciplinar 639
    Processo Administrativo Disciplinar de Rito Sumário 641
        Revisão do Processo Administrativo 642
13.9. Seguridade Social 646
    Disposições Gerais 646
    Dos Benefícios 646
        Da Aposentadoria 646
        Do Auxílio-Natalidade 648
        Do Salário-Família 648
        Da Licença à Gestante, à Adotante e da Licença-Paternidade 648
        Da Licença por Acidente em Serviço 649
        Da Pensão 649
        Do Auxílio-Reclusão 651
    Da Assistência à Saúde 651

1. Introdução ao Direito Administrativo

Neste capítulo, vamos conhecer algumas características do Direito Administrativo, seu conceito, sua finalidade, seu regime jurídico peculiar que orienta toda a sua atividade administrativa, seja ela exercida pelo próprio Estado-administrador, ou por particular. Para entendermos melhor tudo isso, é preciso dar início ao nosso estudo pela compreensão adequada do papel do Direito na vida social.

O Direito é um conjunto de normas (regras e princípios) impostas coativamente pelo Estado que regularão a vida em sociedade, possibilitando a coexistência pacífica das pessoas.

Ramos do Direito

O Direito é historicamente dividido em dois grandes ramos: o Direito Público e o Direito Privado. Em relação ao Direito Privado, vale o princípio da igualdade (isonomia) entre as partes; aqui não há que se falar em superioridade de uma parte sobre a outra. Por esse motivo, dizemos que estamos em uma relação jurídica horizontal ou uma horizontalidade nas relações jurídicas.

O Direito Privado é regulado pelo princípio da autonomia da vontade, o que traduz a regra a qual diz que o particular pode fazer tudo que não é proibido (Art. 5º, II, da Constituição Federal).

No Direito Público, temos o Estado em um dos polos, representando os interesses da coletividade, e um particular desempenhando seus próprios interesses. Sendo assim, o Estado é tratado com superioridade ante ao particular, pois o Estado é o procurador da vontade da coletividade e, representada pelo próprio Estado, deve ser tratada de forma prevalente ante a vontade do particular.

O fundamento dessa relação jurídica vertical é encontrado no Princípio da Supremacia do Interesse Público, que estudaremos com mais detalhes no tópico referente aos princípios. Mas já podemos adiantar que, como o próprio nome o interesse público é supremo. Desse modo, são disponibilizadas ao Estado prerrogativas especiais para que possa atingir os seus objetivos. Essas prerrogativas são os poderes da administração pública.

Esquema da Divisão do Direito

- Supremacia do Interesse Público / Prerrogativas de Direito Público;
- Indisponibilidade do Interesse Público / Deveres da Administração;
- Verticalidade nas relações Jurídicas.

FIQUE LIGADO

Os dois princípios norteadores do Direito Administrativo são: Supremacia do Interesse Público (gera os poderes) e Indisponibilidade do Interesse Público (gera os deveres da administração).

Conceito de Direito Administrativo

Vários são os conceitos que podem ser encontrados na doutrina para o Direito Administrativo. Descreveremos dois deles trazidos pela doutrina contemporânea e citados a seguir:

O Direito Administrativo é o ramo do direito público que tem por objeto órgãos, agentes e pessoas jurídicas administrativas que integram a Administração Pública. A atividade jurídica não contenciosa que exerce e os bens que se utiliza para a consecução de seus fins de natureza pública[1].

O Direito Administrativo é o conjunto harmônico de princípios jurídicos que regem órgãos, agentes e atividades públicas que tendem a realizar concreta, direta e imediatamente os fins desejados pelo Estado[2].

Objeto do Direito Administrativo

Os conceitos de Direito Administrativo foram desenvolvidos de forma que se desdobram em uma sequência natural de tópicos que devem ser estudados ponto a ponto para que a matéria seja corretamente entendida.

---

1 Direito Administrativo, Maria Sylvia Zanella di Pietro, 23ª edição.
2 Conceito de Direito Administrativo do professor Hely Lopes Meirelles.

Por meio desses conceitos, podemos constatar que o objeto do Direito Administrativo são as relações da administração pública, sejam elas de natureza interna entre as entidades que a compõe, seus órgãos e agentes, ou de natureza externa entre a administração e os administrados.

Além de ter por objeto a atuação da administração pública, também é foco do Direito Administrativo o desempenho das atividades públicas quando exercidas por algum particular, como no caso das concessões, permissões e autorizações de serviços públicos.

Resumidamente, podemos dizer que o Direito Administrativo tem por objeto a administração pública e também as atividades administrativas, independentemente de quem as exerçam.

Fontes do Direito Administrativo

É o lugar de onde provém algo, no nosso caso, no qual emanam as regras do Direito Administrativo. Esse não está codificado em um único livro. Dessa forma, para o estudarmos de maneira completa, temos que recorrer às fontes, ou seja, a institutos esparsos. Por esse motivo, dizemos que o Direito Administrativo está tipificado (escrito), mas não está codificado em um único instituto.

Lei: fonte principal do Direito Administrativo. A lei deve ser compreendida em seu sentido amplo, o que inclui a Constituição Federal, as normas supra legais, as leis e também os atos normativos da própria administração pública. Temos como exemplo os Arts. 37 ao 41 da Constituição Federal, a Lei nº 8.666/93, a Lei nº 8.112/90, a Lei de Improbidade Administrativa (Lei nº 8.429/92), Processo Administrativo Federal (Lei nº 9.784/99), etc.

Jurisprudência: gênero que se divide entre jurisprudência e doutrina. Jurisprudência são decisões quais são editadas pelos tribunais e não possuem efeito vinculante; são resumos numerados que servem de fonte de pesquisa do direito materializados em livros, artigos e pareceres.

Doutrina tem a finalidade de tentar sistematizar e melhor explicar o conteúdo das normas de Direito Administrativo; doutrina pode ser utilizada como critério de interpretação de normas, bem como auxiliar a produção normativa.

Costumes: conjunto de regras não escritas, porém, observadas de maneira uniforme, as quais suprem a omissão legislativa acerca de regras internas da Administração Pública.

Segundo o doutrinador do Direito Administrativo, Hely Lopes Meirelles, em razão da deficiência da legislação, a prática administrativa vem suprindo o texto escrito e, sedimentada na consciência dos administradores e administrados, a praxe burocrática passa a saciar a lei e atuar como elemento informativo da doutrina.

FIQUE LIGADO

Lei e Súmulas Vinculantes são consideradas fontes principais do Direito Administrativo. Jurisprudência, súmulas, doutrina e costumes são considerados fontes secundárias.

Fontes do Direito

PRINCIPAIS FONTES:
- LEI → ART. 37 AO 41 CF/88; LEI Nº 8.666/93; LEI Nº 8.112/90; LEI Nº 8.429/92; LEI Nº 9.784/99
- JURISPRUDÊNCIA → JURISPRUDÊNCIA
- DOUTRINA → SÚMULAS
- COSTUMES → SÚMULAS VINCULANTES (STF)

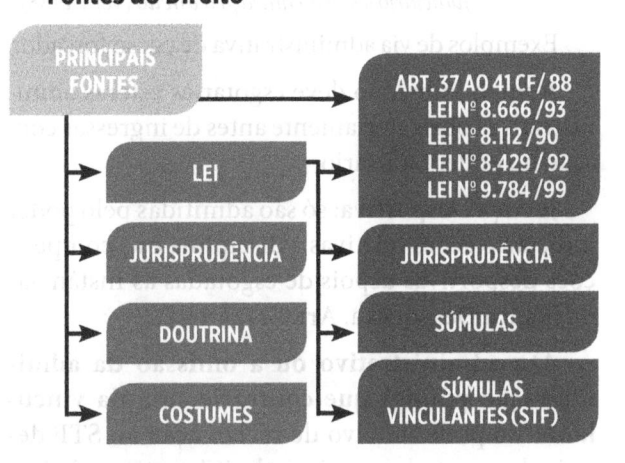

Sistemas Administrativos

É o regime que o Estado adota para o controle dos atos administrativos ilegais praticados pelo poder público nas diversas esferas e em todos os poderes. Existem dois sistemas que são globalmente utilizados.

O Sistema Francês (do contencioso administrativo), não utilizado no Brasil, determina que as lides administrativas podem transitar em julgado, ou seja, as decisões administrativas têm força de definibilidade. Nesse sentido, falamos em dualidade de jurisdição, já que existem tribunais administrativos e judiciais, cada qual com suas competências.

O Sistema Inglês, também chamado de jurisdicional único ou unicidade da jurisdição, é o sistema que atribui somente ao poder judiciário a capacidade de tomar decisões sobre a legalidade administrativa com caráter de coisa julgada ou definitividade.

O Direito Administrativo, no nosso sistema, não pode fazer coisa julgada e todas as decisões administrativas podem ser revistas pelo poder judiciário, pois somente ele pode dar resolução em caráter definitivo. Ou seja, não cabem mais recursos, por isso, falamos em trânsito em julgado das decisões judiciais e nunca das decisões administrativas.

FIQUE LIGADO

A Constituição Federal de 1988 adotou o sistema Inglês ou, o do não contencioso administrativo.

Via Administrativa de Curso Forçado

São situações em que o particular é obrigado a seguir todas as vias administrativas até o fim, antes de socorrer ao poder judiciário. Isso é exceção, pois a regra é que, ao particular, é facultado socorrer ao poder judiciário, por força do Art. 5º, XXXV, da Constituição Federal.

> *XXXV. A lei não excluirá da apreciação do Poder Judiciário lesão ou ameaça a direito (ver CF/88).*

Exemplos de via administrativa de curso forçado:

Aqui, o indivíduo deve esgotar as esferas administrativas obrigatoriamente antes de ingressar com ação no poder judiciário.

Justiça Desportiva: só são admitidas pelo poder judiciário ações relativas à disciplina e as competições desportivas depois de esgotadas as instâncias da Justiça Desportiva. Art. 217, § 1º, CF.

Ato administrativo ou a omissão da administração pública que contrarie súmula vinculante: só pode ser alvo de reclamação ao STF depois de esgotadas as vias administrativas. Lei nº 11.417/2006, Art. 7º, §1º.

Habeas Data: é indispensável para caracterizar o interesse de agir no *Habeas Data* a prova anterior do indeferimento do pedido de informação de dados pessoais ou da omissão em atendê-lo sem que se confirme situação prévia de pretensão. STF, HD, 22-DF Min. Celso de Mello.

Regime Jurídico Administrativo

É o conjunto de normas e princípios de direito público que regulam a atuação da administração pública. Tais regras se fundamentam nos princípios da Supremacia e da Indisponibilidade do Interesse Público, conforme estudaremos adiante.

O Princípio da Supremacia do Interesse Público é o fundamento dos poderes da Administração Pública, afinal de contas, qualquer pessoa que tenha como fim máximo da sua atuação o interesse da coletividade, somente conseguirá atingir esses objetivos se dotadas de poderes especiais.

O Princípio da Indisponibilidade do Interesse Público é o fundamento dos deveres da Administração Pública, pois essa tem o dever de nunca abandonar o interesse público e de usar os seus poderes com a finalidade de satisfazê-lo.

Desses dois princípios decorrem todos os outros princípios e regras que se desdobram no regime jurídico administrativo.

Noções de Estado

Conceito de Estado

Estado é a pessoa jurídica territorial soberana.

Pessoa: capacidade para contrair direitos e obrigações.

Jurídica: é constituída por meio de uma formalidade documental e não por uma mulher, tal como a pessoa física.

Territorial Soberana: quer dizer que, dentro do território do Estado, esse detém a soberania, ou seja, sua vontade prevalece ante a das demais pessoas (sejam elas físicas ou jurídicas). Podemos definir soberania da seguinte forma: soberania é a independência na ordem internacional (lá fora ninguém manda no Estado) e supremacia na ordem interna (aqui dentro quem manda é o Estado).

Elementos do Estado

Território: é a base fixa do Estado (solo, subsolo, mar, espaço aéreo).

Povo: é o componente humano do Estado.

Governo Soberano: é o responsável pela condução do Estado. Por ser tal governo soberano, ele não se submete a nenhuma vontade externa, pois, relembrando, lá fora o Estado é independente e aqui dentro sua vontade é suprema, afinal, a vontade do Estado é a vontade do povo.

Formas de Estado

Temos duas formas de Estado:

Estado Unitário: é caracterizado pela centralização política; não existe divisão em estados membros ou municípios, há somente uma esfera política central que emana sua vontade para todo o país. É o caso do Uruguai.

Estado Federado: caracteriza-se pela descentralização política; existem diferentes entidades políticas autônomas que são distribuídas regionalmente e cada uma exerce o poder político dentro de sua área de competência. É o caso do Brasil.

Poderes do Estado

Os poderes do Estado estão previstos no texto Constitucional.

> *Art. 2º. São Poderes da União, independentes e harmônicos entre si, o Legislativo, o Executivo e o Judiciário.*

Os poderes podem exercer as funções para que foram investidos pela Constituição Federal (funções típicas) ou executar cargos diversas das suas competências constitucionais (funções atípicas). Por esse motivo, não há uma divisão absoluta entre os poderes, e sim relativa, pois o poder Executivo pode executar suas funções típicas (administrar) e pode também iniciar o processo legislativo em alguns casos (pedido de vagas para novos cargos). Além disso, é possível até mesmo legislar no caso de medidas provisórias com força de lei.

Poderes	Funções Típicas	Funções Atípicas
Legislativo	Criar Leis Fiscalizar (Tribunal de Contas)	Administrar Julgar Conflitos
Executivo	Administrar	Criar Leis Julgar Conflitos
Judiciário	Julgar Conflitos	Administrar Criar Leis

É importante notar que a atividade administrativa está presente nos três poderes, por isso, o Direito Administrativo, por ser um dos ramos do Direito Público, disciplina não somente a atividade administrativa do Poder Executivo, mas também a do Poder Legislativo e do Judiciário.

Noções de Governo

O governo é atividade política e discricionária, tendo conduta independente. Governar está relacionado com a função política do Estado, a de comandar, de coordenar, de direcionar e de fixar planos e diretrizes de atuação do Estado. O governo é o conjunto de Poderes e órgãos constitucionais responsáveis pela função política do Estado.

O governo está diretamente ligado com as decisões tomadas pelo Estado. Exerce a direção suprema e geral, ao fazer uma analogia, podemos dizer que o governo é o cérebro do Estado.

Função de Governo e Função Administrativa

É comum aparecer em provas de concursos públicos questões que confundem as ideias de governo e de administração pública. Para evitar esse erro, analisaremos as diferenças entre as expressões:

Segundo o jurista brasileiro, Hely Lopes Meirelles, o governo é uma atividade política e discricionária e tem conduta independente.

De acordo com ele, a administração é uma atividade neutra, normalmente vinculada à lei ou à norma técnica, e exercida mediante conduta hierarquizada.

Não podemos confundir Governo com Administração Pública, pois governo se encarrega de definir os objetivos do Estado e definir as políticas para o alcance desses objetivos; a Administração Pública se encarrega simplesmente em atingir os objetivos traçados pelo governo.

O governo atua mediante atos de soberania ou, pelo menos, de autonomia política na condução dos negócios públicos. A Administração é atividade neutra, normalmente vinculada à lei ou à norma técnica. Governo é conduta independente, enquanto a Administração é hierarquizada.

O Governo deve comandar com responsabilidade constitucional e política, mas sem responsabilidade técnica e legal pela execução. A administração age sem responsabilidade política, mas com responsabilidade técnica e legal pela execução dos serviços públicos.

Sistemas de Governo

Sistema de governo se refere ao grau de dependência entre o poder legislativo e executivo.

Parlamentarismo

É caracterizado por uma grande relação de dependência entre o poder legislativo e o executivo.

A chefia do Estado e a do Governo são desempenhadas por pessoas distintas.

Chefe de Estado: responsável pelas relações internacionais.

Chefe de Governo: responsável pelas relações internas, o chefe de governo é o da Administração pública.

Presidencialismo

É caracterizado por não existir dependência, ou quase nenhuma, entre o Poder Legislativo e o Executivo.

A chefia do Estado e a do Governo são representadas pela mesma pessoa.

O Brasil adota o presidencialismo.

Formas de Governo

Conforme Hely Meirelles, a forma de governo se refere à relação entre governantes e governados.

Monarquia

Hereditariedade: o poder é passado de pai para filho.

Vitaliciedade: o detentor do poder fica no cargo até a morte.

Ausência de prestação de contas.

República

Eletividade: o governante precisa ser eleito para chegar ao poder.

Temporalidade: ao chegar ao poder, o governante ficará no cargo por tempo determinado.

Dever de prestar contas.

O Brasil adota a república como forma de governo.

2. Administração Pública

Antes de fazermos qualquer conceituação doutrinária sobre Administração Pública, podemos entendê-la como a ferramenta utilizada pelo Estado para atingir os seus objetivos. O Estado possui objetivos, e quem escolhe quais são eles é o seu governo, pois a esse é que cabe a função política (atividade eminentemente discricionária) do Estado e que determina as suas vontades, ou seja, o Governo é o cérebro do Estado. Para poder atingir esses objetivos, o Estado precisa fazer algo, e o faz por meio de sua Administração Pública. Sendo assim, essa é a responsável pelo exercício das atividades públicas do Estado.

ESTADO → ADMINISTRAÇÃO PÚBLICA → OBJETIVO
MEIO

Classificação de Administração Pública

Sentido Material/Objetivo

Em sentido material ou objetivo, a Administração Pública compreende o exercício de atividades pelas quais se manifesta a função administrativa do Estado.

Compõe a Administração Pública material qualquer pessoa jurídica, seus órgãos e agentes que exercem as **atividades** administrativas do Estado. Como exemplo de tais atividades, há a prestação de serviços públicos, o exercício do poder de polícia, o fomento, a intervenção e as atividades da Administração Pública.

Essas são as chamadas atividades típicas do Estado e, pelo critério formal, qualquer pessoa que exerce alguma dessas é Administração Pública, não importa quem seja. Por esse critério, teríamos, por exemplo, as seguintes pessoas na Administração Pública:

> União, Estados, Municípios, DF, Autarquias, Fundações Públicas prestadoras de serviços públicos, Empresa Pública prestadora de serviço público, Sociedade de Economia Mista prestadora de serviços públicos e, ainda, as concessionárias, autorizatárias e permissionárias de serviço público.

Esse critério não é o adotado pelo Brasil. Assim sendo, a classificação feita acima não descreve a Administração Pública Brasileira, que, conforme veremos a seguir, adota o modelo formal de classificação.

Sentido Formal/Subjetivo

Em sentido formal ou subjetivo, a Administração Pública compreende o conjunto de órgãos e pessoas jurídicas encarregadas, por determinação legal, do exercício da função administrativa do Estado.

Pelo modelo formal, segundo Meirelles, a Administração Pública é o conjunto de entidades (pessoas jurídicas, seus órgãos e agentes) que o nosso ordenamento jurídico identifica como Administração Pública, pouco interessa a sua área de atuação, ou seja, pouco importa a atividade mas, sim, quem a desempenha. A Administração Pública Brasileira que adota o modelo formal é classificada em Administração Direta e Indireta.

Organização da Administração

A Administração Pública foi definida pela Constituição Federal no Art. 37.

> **Art. 37.** A Administração Pública direta e indireta de qualquer dos Poderes da União, dos Estados, do Distrito Federal e dos Municípios obedecerá aos princípios de legalidade, impessoalidade, moralidade, publicidade e eficiência e, também, ao seguinte:

O Decreto-Lei nº 200/67 determina quem é Administração Pública Direta e Indireta.

> **Art. 4º.** A Administração Federal compreende:
>
> *I.* A Administração Direta, que se constitui dos serviços integrados na estrutura administrativa da Presidência da República e dos Ministérios.
>
> *II.* A Administração Indireta, que compreende as seguintes categorias de entidades, dotadas de personalidade jurídica própria:
>
> a) Autarquias;
> b) Empresas Públicas;
> c) Sociedades de Economia Mista.
> d) Fundações públicas.

Dessa forma, temos somente quatro pessoas que representam a Administração Direta e nenhuma outra. São consideradas pessoas jurídicas de direito público e possuem várias características. As pessoas da Administração Direta recebem o nome de pessoas políticas do estado.

A Administração Indireta também representa um rol taxativo e não cabe ampliação. Existem quatro pessoas da Administração Indireta e nenhuma outra; elas possuem características marcantes. Contudo, não possuem a mais importante e que diferencia das pessoas políticas do Estado, ou seja, a capacidade de legislar (capacidade política).

Administração Direta

A Administração Direta é representada pelas entidades políticas. São elas: União, Estados, DF e os Municípios.

A definição no Brasil foi feita pelo Decreto-Lei nº 200/67, que dispõe sobre a organização da Administração Federal e estabelece diretrizes para a Reforma Administrativa.

É importante observar que esse decreto dispõe somente sobre a Administração Pública Federal, todavia, pela aplicação do princípio da simetria, tal regra é aplicada uniformemente por todo o território nacional. Assim sendo, tal classificação utilizada nesse decreto define expressamente a Administração Pública Federal e também, implicitamente, a Administração Pública dos demais entes da federação.

Os Entes Políticos possuem autonomia política (capacidade de legislar), administrativa (capacidade de auto-organizar-se) e capacidade financeira (capacidade de julgar as próprias contas). Não podemos falar aqui em hierarquia entre os entes, mas sim em cooperação, pois um não dá ordens aos outros, visto que eles são autônomos.

Características

São pessoas jurídicas de direito público interno – tem autonomia.

> Unidas formam a República Federativa do Brasil: pessoa jurídica de direito público externo – tem soberania (independência na ordem externa e supremacia na interna).
> Regime jurídico de direito público.
> Autonomia Política: Administrativa e Financeira.
> Sem subordinação: atuam por cooperação.
> Competências: hauridas da CF.
> Responsabilidade civil - regra - objetiva.
> Bens: públicos, não pode ser objeto de sequestro, arresto, penhora etc.
> Débitos judiciais: são pagos por precatórios.
> Regime de pessoal: regime jurídico único.
> Competência para julgamento de ações judiciais.
>> União = Justiça Federal.
>> Demais Entes Políticos = Justiça Estadual.

Noção de Centralização, Descentralização e Desconcentração

Centralização Administrativa: órgãos e agentes trabalhando para a Administração Direta.

Descentralização Administrativa: técnica administrativa em que a Administração direta passa a atividade administrativa, serviço ou obra pública para outras pessoas jurídicas ou físicas (para pessoa física somente por delegação por colaboração). A descentralização pode ser feita por outorga legal (titularidade + execução) ou diante delegação por colaboração (somente execução). A outorga legal cria as pessoas da Administração Indireta (FASE). A Delegação por colaboração gera os concessionários, permissionários e Autorizatários de serviços públicos:

> **Descentralização por Outorga Legal** (também chamada de descentralização técnica, por serviços, ou funcional): é feita por lei e transfere a titularidade e a execução da atividade administrativa por prazo indeterminado para uma pessoa jurídica integrante da administração indireta.

> **Descentralização por Delegação** (também chamada de descentralização por colaboração): é feita em regra por um contrato administrativo e, nesses casos, depende de licitação; também pode acontecer descentralização por delegação por meio de um ato administrativo. Transfere somente a execução da atividade administrativa, e não a sua titularidade, por prazo determinado para um particular, pessoa física ou jurídica.

```
                ADMINISTRAÇÃO
                   DIRETA
                ↙          ↘
        OUTORGA LEGAL      DELEGAÇÃO
              ↓                ↓
        ENTES DA ADMINIS-   PARTICULARES QUE
        TRAÇÃO INDIRETA     VÃO EXECUTAR O
              ↓             SERVIÇO PÚBLICO POR
                            SUA CONTA E RISCO
        • Autarquias        • Concessões
        • Fundações Públicas • Permissões
        • Empresas Públicas  • Autorizações
        • Sociedades de
          Economia Mista
```

Outorga Legal
> Feita por lei;
> Transfere a titularidade e a execução do serviço público;
> Não tem prazo.

Delegação
> Feita por contrato, exceto as autorizações;
> Os contratos dependem de licitação;
> Transfere somente a execução do serviço público e não a titularidade;

> Há fiscalização do Poder Público. Tal fiscalização decorre do exercício do poder disciplinar;
> Tem prazo.

Desconcentração Administrativa: técnica de subdivisão de órgãos públicos para que melhor desempenhem o serviço público ou atividade administrativa. Em outras palavras, na desconcentração, a Pessoa Jurídica distribui competências no âmbito de sua própria estrutura. É a distribuição de competências entre os diversos órgãos integrantes da estrutura de uma pessoa jurídica da Administração Pública. Somente ocorre na Administração Direta ou Indireta, jamais para particulares, uma vez que não existem órgãos públicos entre particulares.

Administração Indireta

Pessoas / Entes / Entidades Administrativas
> Fundações Públicas;
> Autarquias;
> Sociedades de Economia Mista;
> Empresas Públicas.

Características
> Tem personalidade jurídica própria;
> Tem patrimônio e receita próprios;
> Tem autonomia:
>> Administrativa;
>> Técnica;
>> Financeira.

Obs.:
Não tem autonomia política;.
Finalidade definida em lei;
Controle do Estado.

Não há subordinação nem hierarquia entre os entes da administração direta e indireta, mas sim, vinculação que se manifesta por meio da **supervisão ministerial** realizada pelo ministério ou secretaria da pessoa política responsável pela área de atuação da entidade administrativa. Tal supervisão tem por finalidade o exercício do denominado **controle finalístico** ou **poder de tutela**.

Em alguns casos, a entidade administrativa pode estar diretamente vinculada à chefia do poder executivo e, nesse contexto, caberá a essa chefia o exercício do controle finalístico de tal entidade.

> São frutos da descentralização por outorga legal.
> Nomeação de Dirigentes.

Os dirigentes das entidades administrativas são nomeados pelo chefe do poder a que está vinculada a respectiva entidade, ou seja, as entidades administrativas ligadas ao poder executivo federal têm seus dirigentes nomeados pelo chefe de tal poder, que, nesse caso, é o(a) Presidente(a) da República.

É válido lembrar que, em todos os poderes, existe a função administrativa no executivo, de forma típica, e nos demais poderes, de forma atípica. Além disso, a função administrativa de todos os poderes é exercida pela sua Administração Pública (Administração Direta e Indireta), assim sendo, existe Administração Pública Direta e Indireta nos três poderes e, caso uma entidade administrativa seja vinculada ao Poder Legislativo ou Judiciário, caberá ao chefe do respectivo poder a nomeação de tal dirigente.

Excepcionalmente, a nomeação de um dirigente pode depender ainda de aprovação do Poder Legislativo. Na esfera federal, temos como exemplo a nomeação dos dirigentes das agências reguladoras. Tais nomeações são feitas pelo Presidente da República e, para terem efeito, dependem de aprovação do Senado Federal.

Via de regra, lembraremos que a nomeação do dirigente de uma entidade administrativa é feita pelo chefe do Poder Executivo, sendo que, em alguns casos, é necessária a prévia aprovação de outro poder. Excepcionalmente, o Judiciário e o Legislativo poderão nomear dirigentes para essas entidades, desde que vinculadas ao respectivo poder.

Criação dos Entes da Administração Indireta

A instituição das entidades administrativas depende sempre de uma lei ordinária específica. Essa lei pode criar a entidade administrativa. Nesse caso, nasce uma pessoa jurídica de direito público, as autarquias. A lei também pode autorizar a criação das entidades administrativas. Nessa circunstância, nascem as demais entidades da administração indireta: fundações públicas, empresas públicas e sociedades de economia mista. Pelo fato dessas entidades serem autorizadas por lei, elas são pessoas jurídicas de Direito Privado.

A lei que cria ou que autoriza a criação de uma entidade administrativa é uma **lei ordinária específica**.

Quando a lei autoriza a criação de uma entidade da Administração Indireta, a sua construção será consumada após o registro na serventia registral pertinente (cartório ou junta comercial, conforme o caso).

```
DESCENTRALIZAÇÃO
POR OUTORGA LEGAL
(LEI)
```

```
LEI CRIA → PESSOA JURÍDICA DE DIREITO PÚBLICO → AUTARQUIA
LEI AUTORIZA A CRIAÇÃO → PESSOA JURÍDICA DE DIREITO PRIVADO → FUNDAÇÃO PÚBLICA / EMPRESA PÚBLICA / SOC. DE ECON. MISTA
```

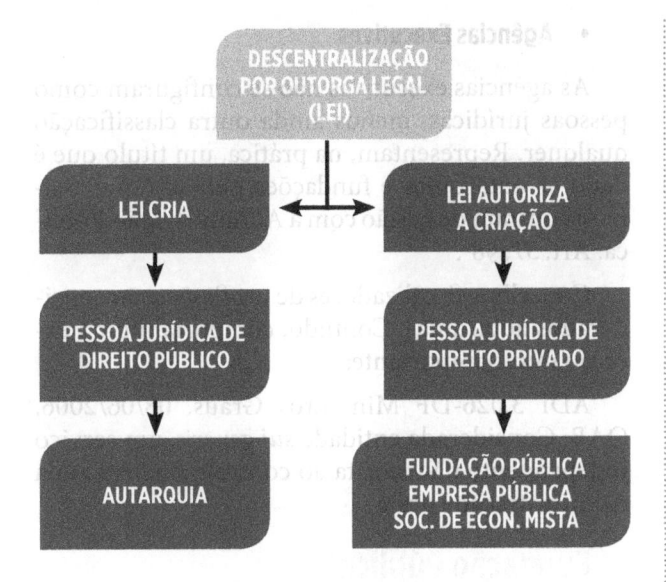

Extinção dos entes da administração indireta:

> Só lei revoga lei.
> Se a lei cria, a lei extingue.
> Se a lei autoriza a criação, autoriza também a extinção.

Relação da Administração Pública Direta com a Indireta

As entidades compreendidas na Administração Indireta vinculam-se ao Ministério em cuja área de competência estiver enquadrada sua principal atividade. Dessa forma, não há que se falar em hierarquia ou subordinação, mas, sim vinculação.

A vinculação entre a Administração Direta e a Administração Indireta gera o chamado controle finalístico ou supervisão ministerial. Assim, a Administração Direta não pode intervir nas decisões da Indireta, salvo se ocorrer a chamada fuga de finalidade.

```
SUBORDINAÇÃO E HIERARQUIA (riscado)
VÍNCULO
ADMINISTRAÇÃO DIRETA ---- ADMINISTRAÇÃO INDIRETA
CONTROLE FINALÍSTICO / SUPERVISÃO MINISTERIAL
```

EXERCÍCIO COMENTADO

01. (Cespe) A hierarquia é o escalonamento em plano vertical dos órgãos e agentes da Administração. Desse modo, se, de um lado, os agentes de grau superior têm poderes de fiscalização e de revisão sobre os agentes de grau menor, os órgãos superiores, como os ministérios, exercem o controle sobre os demais órgãos de sua estrutura administrativa e sobre os entes a eles vinculados.

ERRADO. *O Exercício trata da relação da Administração Direta (Ministério é um órgão autônomo da Administração Direta) com a Indireta. O controle realmente existe, mas não na modalidade hierarquia como afirma a questão. O nome é controle finalístico ou supervisão ministerial.*

Autarquias

Autarquia é a pessoa jurídica de direito público, criada por lei, com capacidade de autoadministração, para o desempenho de serviço público descentralizado (atividade típica do Estado). É o próprio serviço público personificado.

Vejamos a seguir as suas características:

Personalidade Jurídica: Direito Público.
> Recebem todas as prerrogativas do Direito Público.

Finalidade: atividade típica do Estado.
Regime Jurídico: público.
Responsabilidade Civil: objetiva.
Bens: públicos (não podem ser objeto de penhora, arresto, sequestro).
> Ao serem constituídas, recebem patrimônio do Ente Instituidor e, a partir desse momento, seguem com sua autonomia.

Débitos Judiciais: pagamento por precatórios.
Regime de Pessoal: regime jurídico único.
Competência para o julgamento de suas ações judiciais:
> Autarquia Federal = Justiça Federal.
> Outras Esferas = Justiça Estadual.

Ex.: *INSS, Banco Central do Brasil.*

Espécies de Autarquias
• **Comum ou Ordinária (de Acordo com Decreto-Lei nº 200/67)**

São as autarquias que recebem as características principais, ou seja, criadas diretamente por lei, pessoas jurídicas de direito público e que desempenham um serviço público especializado; seu ato constitutivo é a própria lei.

Sob Regime Especial

As autarquias em regime especial são submetidas a um regime jurídico peculiar, diferente do jurídico relativo às autarquias comuns.

Por autarquia comum deve-se entender as ordinárias, aquelas que se submetem a regime jurídico comum das autarquias. Na esfera federal, o regime jurídico comum das autarquias é o Decreto-Lei nº 200/67.

Se a autarquia além das regras do regime jurídico comum ainda é alcançada por alguma regra especial, peculiar às suas atividades, será considerada uma autarquia em regime especial.

- **Agências Reguladoras**

São responsáveis por regular, normatizar e fiscalizar determinados serviços públicos que foram delegados ao particular. Em razão dessa característica, elas têm mais liberdade e maior autonomia, se comparadas com as Autarquias comuns.

Ex.: *ANCINE, ANA, ANAC, ANTAQ, ANATEL, ANEEL, ANP, ANTT.*

- **Autarquia Territorial**

É classificado como Autarquia Territorial, o espaço que faça parte do território da União, mas que não se enquadre na definição de Estado membro, DF ou município. No Brasil atual, não existem exemplos de Autarquias Territoriais, mas elas podem vir a ser criadas. Nesse caso, esses Territórios fazem parte da Administração Direta e são Autarquias Territoriais, pois são criados por lei e assumem personalidade jurídica de direito público.

- **Associações Públicas (Autarquias Interfederativas ou Multifederativas)**

Também chamada de consórcio público de Direito Público.

O consórcio público é a pessoa jurídica formada exclusivamente por entes da Federação, na forma da Lei nº 11.107, de 2005, para estabelecer relações de cooperação federativa, inclusive a realização de objetivos de interesse comum, constituída como associação pública, com personalidade jurídica de direito público e natureza autárquica, ou como pessoa jurídica de direito privado, sem fins econômicos.

Sendo assim, não é todo consórcio público que representa uma Autarquia Interfederativa, mas somente os públicos de Direito Público.

- **Autarquia Fundacional ou Fundação Autárquica**

As Fundações Públicas de Direito Público (exceção) são consideradas, na verdade, uma espécie de autarquia.

- **Agências Executivas**

As agências executivas não se configuram como pessoas jurídicas, menos ainda outra classificação qualquer. Representam, na prática, um título que é dado às autarquias e fundações públicas que assinam contrato de gestão com a Administração Pública. Art. 37, §8º.

Conselhos fiscalizadores de profissões são considerados autarquias. Contudo, comportam uma exceção muito importante:

ADI 3.026-DF Min. Eros Graus. 08/06/2006. OAB: Considerada entidade *sui generis*, um serviço independente não sujeita ao controle finalístico da Administração Direta.

Fundação Pública

A Fundação Pública é a entidade dotada de personalidade jurídica de Direito Privado, sem fins lucrativos, criada em virtude de autorização legislativa, para o desenvolvimento de atividades que não exijam execução por órgãos ou entidades de direito público, com autonomia administrativa, patrimônio próprio gerido pelos respectivos órgãos de direção e funcionamento custeado por recursos da União e de outras fontes.

Regra

> Autorizada por lei;
> Pessoa jurídica de Direito Privado;
> Depende de registro dos atos constitutivos na junta comercial;
> Depende de lei complementar que especifique o campo de atuação.

Exceção

> Criada diretamente por lei;
> Pessoa jurídica de direito público;
> Possui um capital personalizado (diferença meramente conceitual);
> Considerada pela doutrina como autarquia fundacional.

> **FIQUE LIGADO**
>
> *As fundações públicas de Direito Público, são espécie de autarquia, sendo chamadas pela doutrina como autarquias fundacionais.*

Características

Personalidade Jurídica: Direito Privado.

Finalidade: Lei complementar definirá – Sem fins lucrativos.

Regime Jurídico: Híbrido (regras de

Direito Público + Direito Privado) incontroverso.

Responsabilidade Civil: se for prestadora de serviço público é objetiva, caso contrário é subjetiva.

Bens Privados, com exceção: bens diretamente ligados à prestação de serviço público são bens públicos.

Débitos Judiciais: são pagos por meio do seu patrimônio, com exceção dos bens diretamente ligados à prestação de serviços públicos, que são bens públicos e não se submetem a pagamento de débitos judiciais.

Regime de Pessoal: Regime Jurídico Único.

Competência para o julgamento de suas ações judiciais:

Justiça Federal.

Outras esferas = Justiça Estadual.

Ex.: *IBGE, Biblioteca Nacional, FUNAI.*

Empresas Públicas e Sociedades de Economia Mista

São pessoas jurídicas de Direito Privado, criadas pela Administração Direta por meio de autorização da lei, com o respectivo registro, para a prestação de serviços públicos ou a exploração da atividade econômica.

Empresas Públicas e Sociedades de Economia Mista Exploradoras da Atividade Econômica

Segundo o Art. 173 da Constituição Federal:

Art. 173. Ressalvados os casos previstos nesta Constituição, a exploração direta de atividade econômica pelo Estado só será permitida quando necessária aos imperativos da segurança nacional ou a relevante interesse coletivo, conforme definidos em lei.

§ 1º - A lei estabelecerá o estatuto jurídico da Empresa Pública, da sociedade de economia mista e de suas subsidiárias que explorem atividade econômica de produção ou comercialização de bens ou de prestação de serviços, dispondo sobre:

I. Sua função social e formas de fiscalização pelo Estado e pela sociedade;

II. A sujeição ao regime jurídico próprio das empresas privadas, inclusive quanto aos direitos e obrigações civis, comerciais, trabalhistas e tributários;

III. Licitação e contratação de obras, serviços, compras e alienações, observados os princípios da Administração Pública;

IV. A constituição e o funcionamento dos conselhos de administração e fiscal, com a participação de acionistas minoritários;

V. Os mandatos, a avaliação de desempenho e a responsabilidade dos administradores.

§ 2º - As empresas públicas e as sociedades de economia mista não poderão gozar de privilégios fiscais não extensivos às do setor privado.

§ 3º - A lei regulamentará as relações da Empresa Pública com o Estado e a sociedade.

§ 4º - A lei reprimirá o abuso do poder econômico que vise à dominação dos mercados, à eliminação da concorrência e ao aumento arbitrário dos lucros.

§ 5º - A lei, sem prejuízo da responsabilidade individual dos dirigentes da pessoa jurídica, estabelecerá a responsabilidade desta, sujeitando-a as punições compatíveis com sua natureza, nos atos praticados contra a ordem econômica e financeira e contra a economia popular.

Empresas Públicas e Sociedades de Economia Mista Prestadoras de Serviço Público

Essas entidades são criadas para a exploração da atividade econômica em sentido amplo, o que inclui o exercício delas em sentido estrito e também a prestação de serviços públicos que podem ser explorados com o intuito de lucro.

Segundo o Art. 175 da Constituição Federal:

Art. 175. Incumbe ao Poder Público, na forma da lei, diretamente ou sob regime de concessão ou permissão, sempre através de licitação, a prestação de serviços públicos.

Parágrafo único. A lei disporá sobre:

I. O regime das empresas concessionárias e permissionárias de serviços públicos, o caráter especial de seu contrato e de sua prorrogação, bem como as condições de caducidade, fiscalização e rescisão da concessão ou permissão;

II. Os direitos dos usuários;

III. Política tarifária;

IV. A obrigação de manter serviço adequado.

Não se inclui nessa categoria os serviços públicos relativos aos direitos sociais, pois esses não podem ser prestados com o intuito de lucro pelo Estado e, também, não são de titularidade exclusiva do Estado, podendo ser livremente explorados por particulares.

Características Comuns das Empresas Públicas e Sociedades de Economia Mista

Personalidade Jurídica: Direito Privado.

Finalidade: prestação de serviço público ou a exploração da atividade econômica.

Regime Jurídico Híbrido: se for prestadora de serviço público, o regime jurídico é mais público; se for exploradora da atividade econômica, o regime jurídico é mais privado.

Responsabilidade Civil: se for prestadora de serviço público, a responsabilidade civil é objetiva, se for exploradora da atividade econômica, a civil é subjetiva.

Bens Privados, com exceção: bens diretamente ligados à prestação de serviço público são bens públicos.

Débitos Judiciais: são pagos por meio do seu patrimônio, com exceção dos bens diretamente ligados à prestação de serviços públicos, que são bens públicos e não se submetem a pagamento de débitos judiciais.

Regime de Pessoal: CLT – Emprego Público.

Exemplo de Empresa Pública: *Caixa Econômica Federal, Correios.*

Exemplo de Sociedade de Economia Mista: *Banco do Brasil e Petrobras.*

Sociedade de Economia Mista

A Sociedade de Economia Mista é uma entidade dotada de personalidade jurídica de Direito Privado, autorizada por lei para a exploração de atividade econômica, sob a forma de sociedade anônima, cujas ações com direito a voto pertençam em sua maioria à União ou a entidade da Administração Indireta:

> Autorizada por lei;
> Pessoa jurídica de Direito Privado;
> Capital 50% + 1 ação no controle da Administração Pública;
> Constituição obrigatória por sociedade anônima (S.A.);
> Competência da Justiça Estadual.

Empresa Pública

Entidade dotada de personalidade jurídica de Direito Privado, com patrimônio próprio e capital exclusivo da União, autorizado por lei para a exploração de atividade econômica que o Governo seja levado a exercer por força de contingência ou de conveniência administrativa, podendo revestir-se de qualquer das formas admitidas em direito.

> Autorizado por lei;
> Pessoa jurídica de Direito Privado;
> 100% na constituição de capital público;
> Constituído de qualquer forma admitido em direito;
> Competência da Justiça Federal.

Esse quadro foi desenvolvido para memorização das características mais importantes das pessoas da Administração Pública indireta.

Tabela Comparativa das Características dos Entes da Administração Pública

EAE: Exploração da atividade econômica.

PSP: Prestação de serviço público.

CARACTERÍSTICA	ENTIDADES POLÍTICAS	AUTARQUIA	FUNDAÇÃO PÚBLICA	EMPRESA PÚBLICA	SOCIEDADE DE ECONOMIA MISTA
PERSONALIDADE JURÍDICA	Direito Público	Direito Público	Direito Privado	Direito Privado	Direito Privado
FINALIDADE	Competências constitucionais	Atividade típica do Estado	Lei Complementar definirá	Exploração da atividade econômica OU prestação de serviço público	Exploração da atividade econômica OU prestação de serviço público
REGIME JURÍDICO	Direito Público	Direito Público	Híbrido: se PSP + público. Caso desenvolva outra atividade, mais privado.	Híbrido: se EAE + privado; se PSP + público	Híbrido: se EAE + privado; se PSP + público
RESPONSABILIDADE CIVIL	Objetiva: ação Subjetiva: omissão	Objetiva: ação Subjetiva: omissão	PSP = Objetiva, nos demais casos, subjetiva	PSP = Objetiva, EAE = Subjetiva	PSP = Objetiva, EAE = Subjetiva
BENS	Públicos	Públicos	Privados, exceção: bens diretamente ligados à prestação de serviços públicos são bens públicos.	Privados, exceção: bens diretamente ligados à prestação de serviços públicos são bens públicos.	Privados, exceção: bens diretamente ligados à prestação de serviços públicos são bens públicos.
DÉBITOS JUDICIAIS	Precatórios	Precatórios	Patrimônio	Patrimônio	Patrimônio
REGIME DE PESSOAL	Regime Jurídico Único	Regime Jurídico Único	Regime Jurídico Único	CLT	CLT
COMPETÊNCIA PARA JULGAMENTO	União: Justiça Federal; Demais: Justiça Estadual.	Federal: Justiça Federal; Demais: Justiça Estadual.	Federal: Justiça Federal; Demais: Justiça Estadual.	Federal: Justiça Federal; Demais: Justiça Estadual.	Todas: Justiça Estadual.

EXERCÍCIOS COMENTADOS

01. (Cespe) Julgue o seguinte item, referente à organização da Administração Pública: na esfera federal, a empresa pública pode ser constituída sob a forma de sociedade unipessoal, que tem por órgão necessário a Assembleia Geral, por meio da qual se manifesta a vontade do Estado.

CERTO. *A empresa pública pode ser constituída sob qualquer forma admitida em direito. A banca disse "sociedade unipessoal", como poderia dizer algum outro nome de sociedade e, ainda assim, estaria correto. O restante foi somente para completar o exercício.*

02. (Cespe) O Estado, como ente tanto no âmbito internacional, como internamente, manifesta sua vontade por meio de seus agentes, ou seja, as pessoas jurídicas que pertencem a seus quadros.

ERRADO. *O Estado é ente personalizado, ou seja, as pessoas do Estado (Administração Pública Direta e Indireta) possuem personalidade Jurídica Própria. Os agentes são pessoas físicas e não jurídicas.*

03. (Cespe) Como pessoas jurídicas de direito público, as autarquias têm personalidade jurídica, patrimônio e receita próprios e são criadas com a finalidade de desempenhar atividades próprias e típicas da Administração Pública.

CERTO. *Todas as características marcantes das Autarquias estão presentes o exercício.*

VAMOS PRATICAR

Os exercícios a seguir são referentes aos conteúdos: Introdução ao Direito Administrativo e Administração Pública.

01. (Cespe) Em sentido subjetivo, a administração pública compreende o conjunto de órgãos e de pessoas jurídicas ao qual a lei confere o exercício da função administrativa do Estado.

Certo ( )   Errado ( )

02. (Cespe) A administração direta compreende os órgãos e as pessoas jurídicas de direito público que prestam serviços típicos do Estado; no âmbito federal, integram a administração direta os ministérios e as autarquias.

Certo ( )   Errado ( )

03. (Cespe) A desconcentração administrativa consiste na distribuição interna de competências, no âmbito de uma mesma pessoa jurídica; a descentralização administrativa pressupõe a distribuição de competência para outra pessoa, física ou jurídica.

Certo ( )   Errado ( )

04. (Cespe) A delegação ocorre quando a entidade da administração, encarregada de executar um ou mais serviços, distribui competências no âmbito da própria estrutura, a fim de tornar mais ágil e eficiente a prestação dos serviços.

Certo ( )   Errado ( )

05. (Cespe) A administração direta é o conjunto de órgãos que integram a União e exercem seus poderes e competências de modo centralizado, ao passo que a administração indireta é formada pelo conjunto de pessoas administrativas, como autarquias e empresas públicas, que exercem suas atividades de forma descentralizada.

Certo ( )   Errado ( )

06. (Cespe) As entidades compreendidas na administração indireta subordinam-se ao ministério em cuja área de competência estiver enquadrada sua principal atividade, mantendo com esse uma relação hierárquica de índole político-administrativa, mas não funcional.

Certo ( )   Errado ( )

07. (Cespe) As pessoas integrantes da administração indireta podem ser autorizadas e instituídas somente por lei, cujo teor deverá abordar a atividade descentralizada a ser exercida, e serão submetidas ao controle da administração direta da pessoa política a que são vinculadas.

Certo ( )   Errado ( )

08. (Cespe) A autarquia é uma pessoa jurídica criada somente por lei específica para executar funções descentralizadas típicas do Estado.

Certo ( )   Errado ( )

09. (Cespe) Como pessoas jurídicas de direito público, as autarquias têm personalidade jurídica, patrimônio e receita próprios e são criadas com a finalidade de desempenhar atividades próprias e típicas da administração pública.

Certo ( )   Errado ( )

10. (Cespe) A autarquia age por delegação.

Certo ( )   Errado ( )

11. (Cespe) As agências reguladoras são entidades que compõem a administração indireta e, por isso, são classificadas como entidades do terceiro setor.

Certo ( )   Errado ( )

12. (Cespe) As fundações públicas são entidades integrantes da administração direta, e suas respectivas áreas de atuação devem enquadrar-se nas áreas previstas em lei ordinária.

Certo ( )   Errado ( )

13. (Cespe) Não se admite a criação de fundações públicas para a exploração de atividade econômica.

Certo ( )   Errado ( )

14. (Cespe) Empresas públicas são pessoas jurídicas de Direito Privado integrantes da administração indireta criadas por lei, sob a forma de sociedades anônimas, com o objetivo de explorar atividade econômica ou prestar determinado serviço público.

Certo ( )   Errado ( )

15. (Cespe) As autarquias e as empresas públicas são pessoas jurídicas de direito público e integram a administração indireta.

Certo ( )   Errado ( )

16. (Cespe) O regime jurídico a que se sujeitam as empresas públicas e as sociedades de economia mista é de natureza híbrida.

Certo ( )   Errado ( )

GABARITO

01	CERTO	09	CERTO
02	ERRADO	10	ERRADO
03	CERTO	11	ERRADO
04	ERRADO	12	ERRADO
05	CERTO	13	CERTO
06	ERRADO	14	ERRADO
07	CERTO	15	ERRADO
08	CERTO	16	CERTO

ANOTAÇÕES

3. Órgão Público

Neste capítulo, aprenderemos a respeito dos órgãos públicos, sua finalidade, seu papel na estrutura da Administração Pública, bem como as diversas teorias e classificações relativas ao tema. Começaremos a partir das teorias que buscam explicar o que é o órgão público.

Teorias

São três as teorias criadas para caracterizar e conceituar a ideia de órgão público: a Teoria do Mandato, Teoria da Representação e Teoria Geral do Órgão.

Teoria do Mandato

Essa teoria preceitua que o agente, pessoa física, funcionaria como o mandatário da pessoa jurídica, agindo sob seu nome e com a responsabilidade dela, em razão de outorga específica de poderes (não adotado).

Teoria da Representação

O agente funcionaria como um tutor ou curador do Estado, que representaria nos atos que necessita participar (não adotado).

Teoria Geral do Órgão

Tem-se presunção de que a pessoa jurídica exterioriza sua vontade por meio dos órgãos, os quais são parte integrante da própria estrutura da pessoa jurídica, de tal modo que, quando os agentes que atuam nesses órgãos manifestam sua vontade, considera-se que essa foi manifestada pelo próprio Estado. Falamos em imputação da atuação do agente, pessoa natural, à pessoa jurídica (adotado pela CF/88).

Alguns órgãos possuem uma pequena capacidade, que é impetrar mandado de segurança para garantir prerrogativas próprias. Contudo, somente os órgãos independentes e autônomos têm essa capacidade.

Segundo o doutrinador Hely Lopes Meirelles, os órgãos não possuem personalidade jurídica, tampouco vontade própria, agem em nome da entidade a que pertencem, mantendo relações entre si e com terceiros, e não possuem patrimônio próprio. Os órgãos manifestam a vontade da Pessoa Jurídica à qual pertencem; os agentes, quando atuam para o Estado, dizemos que estão em imputação à pessoa jurídica a qual estão efetivamente ligados. Assim, falamos em imputação à pessoa jurídica.

Constatamos que órgãos são meros centros de competência, e os agentes que trabalham nesses órgãos estão em imputação à pessoa jurídica a que estão ligados; suas ações são imputadas ao ente federativo. Assim, quando um servidor público federal atua, suas ações são imputadas (como se o próprio Estado estivesse agindo) à União, pois o agente é ligado a um órgão que pertence a esse ente.

Ex.: *Quando um Policial Federal está trabalhando, ele é um agente público que atua dentro de um órgão (Departamento de Polícia Federal) e suas ações, quando feitas, são consideradas como se a União estivesse agindo. Por esse motivo, os atos que gerem prejuízo a terceiros são imputados a União, ou seja, é a União que paga o prejuízo e, depois, entra com ação regressiva contra o agente público.*

Características

Não possui personalidade jurídica

Muitas pessoas se assustam com essa regra devido ao fato de o órgão público ter CNPJ, realizar licitações e também por celebrar contratos públicos. Todavia, essas situações não devem ser levadas em consideração nesse momento.

O CNPJ não é suficiente para conferir personalidade jurídica para o órgão público, a sua instituição está ligada ao direito tributário, e realmente o órgão faz licitação, celebra contratos, mas ele não possui direitos, não é responsável pela conduta dos seus agentes e tudo isso por que ele não possui personalidade jurídica, órgão público não é pessoa.

Integram a estrutura da pessoa jurídica que pertencem

O órgão público é simplesmente o integrante da estrutura corporal (orgânica) da pessoa jurídica a que está ligado. O órgão público é para a pessoa jurídica a que está ligado, o que o coração, os rins, o fígado, o estômago e o pulmão, dentre tantos outros órgãos do corpo humano são para nós, essenciais.

> Não possui capacidade processual, salvo os órgãos independentes e autônomos que podem impetrar Mandado de Segurança em defesa de suas prerrogativas constitucionais, quando violadas por outro órgão.
> Não possui patrimônio próprio.
> São hierarquizados.
> São frutos da desconcentração.
> Estão presentes na Administração Direta e Indireta.
> Criação e extinção: por meio de Lei.
> Estruturação: pode ser feita por meio de decreto autônomo, desde que não impliquem em aumento de despesas.
> Os agentes que trabalham nos órgãos estão em imputação à pessoa jurídica que estão ligados.

Classificação

Dentre as diversas classificações pertinentes ao tema, a partir de agora, abordaremos as classificações quanto à posição estatal que leva em consideração a relação de subordinação e hierarquia, a estrutura que se relaciona com a desconcentração e a composição ou atuação funcional que se relaciona com a quantidade de agentes que agem e manifestam vontade em nome do órgão.

Posição Estatal

Quanto à posição estatal, os órgãos são classificados em independentes, autônomos, superiores e subalternos:

Órgãos Independentes

> São considerados o mais alto escalão do Governo.
> Não exercem subordinação.
> Seus agentes são inseridos por eleição.
> Têm suas competências determinadas pelo texto constitucional.
> Possuem alguma capacidade processual.

Órgãos Autônomos

> São classificados como órgãos diretivos.
> Possuem capacidade administrativa, financeira e técnica.
> São exemplos os Ministérios e as Secretarias.
> Possuem alguma capacidade processual.

Órgãos Superiores

> São órgãos de direção, controle e decisão.
> Não possuem autonomia administrativa ou financeira.
> Exemplos são as coordenadorias, gabinetes, etc.

Subalternos

> Exercem atribuições de mera execução.
> Exercem reduzido poder decisório.
> São exemplos as seções de expediente ou de materiais.

Estrutura

A classificação quanto à estrutura leva em consideração, a partir do órgão analisado, se existe ou não um processo de desconcentração, se há ramificações que levam a órgãos subordinados ao órgão analisado.

Simples: são aqueles que representam um só centro de competências, sem ramificações, independentemente do número de cargos.

Composto: são aqueles que reúnem em sua estrutura diversos órgãos, ou seja, existem ramificações.

A Presidência da República é um órgão composto, pois dela se origina outros órgãos de menor hierarquia, dentre esses o Ministério da Justiça, por exemplo, que também é órgão composto, pois, a partir dele, tem-se novas ramificações, tais como o Departamento Penitenciário Nacional, o Departamento de Polícia Federal, entre outros.

A partir da Presidência da República, tem-se também um órgão chamado de gabinete, e esse é considerado simples, pois a partir dele não há novos órgãos, ou seja, não nasce nenhuma ramificação a partir do gabinete da Presidência da República.

Atuação Funcional/Composição

Os órgãos públicos podem ser classificados em singulares ou colegiados:

Órgãos Singulares ou Unipessoais: a sua atuação ou decisões são atribuições de um único agente.

Ex.: *Presidência da República.*

Órgão Colegiado ou Pluripessoal: a atuação e as decisões dos órgãos colegiados acontecem mediante obrigatória manifestação conjunta de seus membros.

Ex.: *Congresso Nacional, Tribunais de Justiça.*

VAMOS PRATICAR

Os exercícios a seguir são referentes ao conteúdo: Órgão Público.

01. (CESPE) Os órgãos são centros de competência com personalidade jurídica própria, cuja atuação é imputada aos agentes públicos que os representam.

Certo ( )   Errado ( )

02. (CESPE) Em regra, os órgãos, por não terem personalidade jurídica, não têm capacidade processual, salvo nas hipóteses em que eles são titulares de direitos subjetivos, o que lhes confere capacidade processual para a defesa de suas prerrogativas e competências.

Certo ( )   Errado ( )

03. (CESPE) Tanto a criação quanto a extinção de órgãos públicos depende da edição de lei específica; contudo, a estruturação e o estabelecimento das atribuições desses órgãos, desde que não impliquem aumento de despesa, podem ser processados por decreto do chefe do Poder Executivo.

Certo ( )   Errado ( )

04. (CESPE) Na Teoria da Representação, o agente funcionaria como um tutor ou curador do Estado, porém não representaria nos atos que necessita participar.

Certo ( )   Errado ( )

05. (CESPE) Segundo classificação doutrinária, quanto ao critério relacionado à posição estatal, os órgãos autônomos são aqueles originários da Constituição e que representam os três poderes do Estado, cujas funções são exercidas por agentes políticos.

Certo ( )   Errado ( )

06. (CESPE) Quanto à posição estatal, as secretarias estaduais e as municipais são consideradas órgãos públicos subalternos.

Certo ( )   Errado ( )

07. (CESPE) Embora, em regra, os órgãos públicos não tenham personalidade jurídica, a alguns órgãos é conferida a denominada capacidade processual, estando eles autorizados por lei a defender em juízo, em nome próprio, determinados interesses ou prerrogativas.

Certo ( )   Errado ( )

08. (CESPE) De acordo com a teoria do órgão da pessoa jurídica aplicada ao direito administrativo, as pessoas jurídicas estatais expressam suas vontades por meio dos seus órgãos, os quais, por sua vez, são representados por seus agentes, que atuam como mandatários da pessoa jurídica estatal.

Certo ( )   Errado ( )

09. (CESPE) As ações dos entes políticos - como União, estados, municípios e DF - concretizam-se por intermédio de pessoas físicas, e, segundo a teoria do órgão, os atos praticados por meio desses agentes públicos devem ser imputados à pessoa jurídica de direito público a que pertencem.

Certo ( )   Errado ( )

10. (CESPE) Órgão público pode ser definido como pessoa jurídica de natureza pública, dotada de personalidade jurídica própria e com atribuições para atuar em prol do interesse público.

Certo ( )   Errado ( )

GABARITO

01	ERRADO	06	ERRADO
02	CERTO	07	CERTO
03	CERTO	08	ERRADO
04	ERRADO	09	CERTO
05	ERRADO	10	ERRADO

ANOTAÇÕES

4. Agentes Públicos

Neste capítulo estudaremos a respeito dos agentes públicos, sua finalidade, seu papel na estrutura da administração pública, bem como as diversas classificações relativas ao tema.

Conceito

Considera-se agente público toda pessoa física que exerça, ainda que transitoriamente ou sem remuneração, por eleição, nomeação, designação, contratação ou qualquer outra forma de investidura ou vínculo, mandato, cargo, emprego ou função pública.

Classificação

> Agentes políticos.
> Agentes administrativos.
> Particulares em colaboração com o poder público.

Agentes Políticos

Estão nos mais altos escalões do Poder Público. São responsáveis pela elaboração das diretrizes governamentais e pelas funções de direção, orientação e supervisão geral da Administração Pública.

Características

> Sua competência é haurida da Constituição Federal.
> Não se sujeitam às regras comuns aplicáveis aos servidores públicos em geral.
> Normalmente são investidos em seus cargos por meio de eleição, nomeação ou designação.
> Não são hierarquizados, subordinando-se tão somente à Constituição Federal.

Exceção: auxiliares imediatos dos chefes do Executivo são, hierarquizados, pois se subordinam ao líder desse poder.

Ex.: *Ministros de Estado; Secretários estaduais e municipais.*

Poder	Federal	Estadual	Municipal
Executivo	Presidente da República; Ministros de Estados.	Governadores; Secretários Estaduais.	Prefeitos; Secretários Municipais.
Legislativo	Deputados Federais; Senadores.	Deputados Estaduais.	Vereadores
Judiciário	Membros do Poder Judiciário Federal.	Membros do Poder Judiciário Estadual.	Não há
Ministério Público	Membros do Ministério Público Federal.	Membros do Ministério Público Estadual.	Não há

Agentes Administrativos

São as pessoas que exercem atividade pública de natureza profissional, permanente e remunerada, estão sujeitos à hierarquia funcional e ao regime jurídico estabelecido pelo ente ao qual pertencem. O vínculo entre esses agentes e o ente ao qual estão ligados é um vínculo de natureza permanente.

Servidores Públicos (estrito): são os titulares de cargos públicos[1] (efetivos e comissionados), são vinculados ao seu cargo por meio de um estatuto estabelecido pelo ente contratante.

Empregados Públicos: são os ocupantes de Emprego Público[2]; são vinculados ao seu emprego por meio da CLT (Consolidação das Leis do Trabalho).

Temporários: são contratados por tempo determinado para atender necessidade temporária de excepcional interesse público. Exercem função pública temporária e remunerada, estão vinculados à administração pública por meio de um contrato de direito público e não de natureza trabalhista. O meio utilizado pelo Estado para selecionar os temporários é o processo seletivo simplificado e não o concurso público.

FIQUE LIGADO

Algumas doutrinas dividem a classificação dos servidores públicos em sentido amplo e em estrito. Nesse último caso, servidor público é o que consta acima, ou seja, somente os titulares de cargos públicos; já em sentido amplo, adota-se a seguinte regra: servidor público é um gênero que comporta três espécies: os servidores estatutários, os empregados públicos e os servidores temporários. Então, caso se adote o conceito de servidor público em sentido amplo, este será sinônimo de agente administrativo.

Servidor Público (Amplo):

> *Servidor Estatutário = servidor público (estrito)*
> *Empregado Público = empregado público*
> *Servidor Temporário = temporário*

Particulares em Colaboração com o Poder Público

Agentes Honoríficos: são cidadãos que transitoriamente são requisitados ou designados para prestar certos serviços públicos específicos em razão da

---
[1] Os cargos públicos estão presentes na Administração Direta da União, dos Estados, do DF e dos Municípios, e também nas suas autarquias e fundações públicas.
[2] Os empregos públicos estão presentes nas empresas públicas e sociedades de economia mista.

sua honra, da sua conduta cívica ou de sua notória capacidade profissional. Geralmente atuam sem remuneração. São os mesários, jurados, entre outros.

Agentes Delegados: são particulares que recebem a incumbência de exercer determinada atividade, obra ou serviço, por sua conta e risco e em nome próprio, sob permanente fiscalização do poder contratante, ou seja, são aquelas pessoas que recebem a incumbência de prestar certas atividades do Estado por meio da descentralização por delegação. São elas:

> - Autorizatárias de serviços públicos;
> - Concessionárias de serviços públicos;
> - Permissionárias de serviços públicos.

Agentes Credenciados: são os particulares que recebem a incumbência de representar a administração em determinado ato ou praticar certa atividade específica, mediante remuneração do Poder Público credenciante.

VAMOS PRATICAR

Os exercícios a seguir são referentes ao conteúdo: Agentes Públicos.

01. (Cespe) Todos aqueles que exercem função pública, independentemente de sua natureza, ainda que por período determinado, são considerados agentes públicos.

Certo ( )   Errado ( )

02. (Cespe) Os agentes políticos constituem categoria especial, pois gozam de prerrogativas diferenciadas e têm grandes responsabilidades com a sociedade, como é o caso dos prefeitos.

Certo ( )   Errado ( )

03. (Cespe) Os ocupantes de cargo público ou de emprego público têm vínculo estatutário e institucional regido por estatuto funcional próprio, que, no caso da União, é a Lei nº 8.112/1990.

Certo ( )   Errado ( )

04. (Cespe) O Direito Administrativo é o conjunto harmônico de princípios jurídicos que regem órgãos, agentes e atividades públicas que tendem a realizar concreta, direta e imediatamente os fins desejados pelo Estado.

Certo ( )   Errado ( )

05. (Cespe) A categoria denominada servidores públicos celetistas está prevista na CF e caracteriza-se por abranger todos aqueles servidores contratados por prazo determinado para atender necessidade temporária de excepcional interesse público.

Certo ( )   Errado ( )

06. (Cespe) Os agentes de polícia federal ocupam cargos públicos e exercem funções definidas em lei. Contudo, ao contrário dos ministros de Estado, juízes e promotores de justiça, eles são agentes públicos, e não agentes políticos.

Certo ( )   Errado ( )

07. (Cespe - Adaptada) Os particulares em colaboração com o poder público são considerados agentes públicos, mesmo que prestem serviços ao Estado sem vínculo empregatício e sem remuneração.

Certo ( )   Errado ( )

08. (FCC) No âmbito da estrutura administrativa brasileira:

a) os agentes políticos exercem funções governamentais, judiciais e quase judiciais, com elaboração de normas legais, condução dos negócios públicos, decisão e atuação com independência nos assuntos de sua competência.

b) os Poderes de Estado compreendem o Legislativo, o Executivo, o Judiciário e o Ministério Público, e a cada um deles correspondendo funções reciprocamente delegáveis, sendo vinculados e harmônicos entre si.

c) as entidades estatais são unicamente a União, os Estados-membros, os Municípios, os Territórios e o Distrito Federal.

d) os cargos são os encargos administrativos atribuídos e delimitados por lei às funções lotadas nos órgãos públicos. As funções são providas por agentes públicos ou políticos, de forma efetiva e apenas mediante concurso de provas e títulos.

e) a investidura do agente público comissionado para cargos ou funções de confiança, dada a precariedade de sua nomeação, goza da presunção de definitividade, tornando o agente estável após o estágio probatório.

09. (FCC - Adaptada) De acordo com a doutrina, agente público é toda a pessoa física que presta serviços ao Estado e às pessoas jurídicas da Administração Indireta,

a) não se incluindo na categoria os agentes políticos, detentores de mandato eletivo.

b) inclusive os particulares que atuam em colaboração com o poder público, mediante delegação, requisição, nomeação ou designação.

c) não se incluindo na categoria os militares.

d) somente se incluindo na categoria aqueles que possuem vínculo estatutário ou celetista com a Administração.

e) incluindo-se os servidores públicos, estatutários e celetistas, bem como os agentes políticos, estes últimos desde que investidos mediante nomeação e não detentores de mandato eletivo.

10. (FCC) O cidadão que é convocado ou designado para prestar, transitoriamente, determinado serviço ao Poder Público em razão da sua condição cívica ou de sua notória capacidade profissional, mas sem vínculo empregatício, é denominado agente

a) administrativo.
b) político.
c) delegado.
d) credenciado.
e) honorífico.

GABARITO

01	CERTO	06	ERRADO
02	CERTO	07	CERTO
03	ERRADO	08	A
04	CERTO	09	B
05	ERRADO	10	E

ANOTAÇÕES

5. Princípios Fundamentais da Administração Pública

Neste capítulo, o objetivo é conhecer o rol de princípios fundamentais que norteiam e orientam toda a atividade administrativa do Estado, bem como toda a atuação da Administração Pública direta e indireta.

Tais princípios são de observância obrigatória para toda a Administração Pública, quer da União, dos Estados, do Distrito Federal, quer dos Municípios. São considerados expressos, pois estão descritos expressamente no *caput* do Art. 37 da Constituição Federal de 1988.

> **Art. 37.** *A Administração Pública direta e indireta de qualquer dos Poderes da União, dos Estados, do Distrito Federal e dos Municípios obedecerá aos princípios de legalidade, impessoalidade, moralidade, publicidade e eficiência e, também, ao seguinte (Ver CF/88).*

Classificação

Os princípios da Administração Pública são classificados como princípios explícitos (expressos) e implícitos.

É importante apontar que não existe relação de subordinação e de hierarquia entre os princípios expressos e os implícitos; na verdade, essa relação não existe entre nenhum princípio.

Isso quer dizer que, em um aparente conflito entre os princípios, um não exclui o outro, pois deve o administrador público observar ambos ao mesmo tempo, devendo nortear sua decisão na obediência de todos os princípios fundamentais pertinentes ao caso em concreto.

Como exemplo, não pode o administrador público deixar de observar o princípio da legalidade para buscar uma atuação mais eficiente (de acordo com o Princípio da Eficiência), devendo ele, na colisão entre os dois princípios, observar a lei e ainda buscar a eficiência conforme os meios que lhes seja possível.

Os princípios explícitos ou expressos são aqueles que estão descritos no *caput* do Art. 37 da CF. São eles:

> **LEGALIDADE**
> **IMPESSOALIDADE**
> **MORALIDADE**
> **PUBLICIDADE**
> **EFICIÊNCIA**

Os princípios implícitos são aqueles que não estão descritos no *caput* do Art. 37 da CF. São eles:

> - Supremacia do Interesse Público;
> - Indisponibilidade do Interesse Público;
> - Motivação;
> - Razoabilidade;
> - Proporcionalidade;
> - Autotutela;
> - Continuidade dos Serviços Públicos;
> - Segurança Jurídica, entre outros.

A seguir, analisaremos as características dos princípios fundamentais da administração pública que mais aparecem nas provas de concurso público.

Princípio da Legalidade

O Princípio da Legalidade está previsto em dois lugares distintos na Constituição Federal. Em primeiro plano, no Art. 5º, II: *ninguém será obrigado a fazer ou deixar de fazer alguma coisa senão em virtude de lei*. O Princípio da Legalidade regula a vida dos particulares e, ao particular, é facultado fazer tudo que a lei não proíbe; é o chamado princípio da Autonomia da Vontade. Essa regra não deve ser aplicada à administração pública.

Em segundo plano, o Art. 37, *caput* do texto Constitucional, determina que a Administração Pública somente pode fazer aquilo que a lei determina ou autoriza. Assim, em caso de omissão legislativa (falta de lei), a Administração Pública está proibida de agir.

Nesse segundo caso, a lei deve ser entendida em sentido amplo, o que significa que a administração pública deve obedecer aos mandamentos constitucionais, às leis formais e materiais (leis complementares, leis delegadas, leis ordinárias, Medidas Provisórias) e também às normas infra legais (decretos, resoluções, portarias, entre outros), e não somente a lei em sentido estrito.

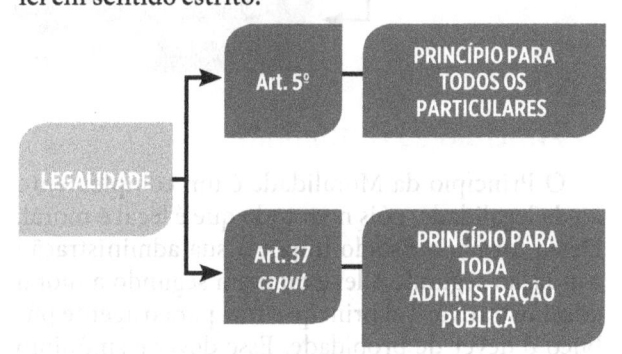

```
                    ┌─ Art. 5º ──→ PRINCÍPIO PARA
                    │              TODOS OS
                    │              PARTICULARES
        LEGALIDADE ─┤
                    │
                    └─ Art. 37 ──→ PRINCÍPIO PARA
                       caput       TODA
                                   ADMINISTRAÇÃO
                                   PÚBLICA
```

Princípio da Impessoalidade

O Princípio da Impessoalidade determina que todas as ações da administração pública devem ser revestidas de finalidade pública. Além disso, como segunda vertente, proíbe a promoção pessoal do agente público, como determina o Art. 37, § 1º da CF/88:

> *Art. 37, § 1º - A publicidade dos atos, programas, obras, serviços e campanhas dos órgãos públicos deverá ter caráter educativo, informativo ou de orientação social, dela não podendo constar nomes, símbolos ou imagens que caracterizem promoção pessoal de autoridades ou servidores públicos (Ver CF/88).*

O Princípio da Impessoalidade é tratado sob dois prismas, a saber:

> Como determinante da finalidade de toda atuação administrativa (também chamado de princípio da **finalidade**, considerado constitucional implícito, inserido no princípio expresso da impessoalidade).

> Como vedação a que o agente público se promova à custa das realizações da administração pública (vedação à promoção pessoal do administrador público pelos serviços, obras e outras realizações efetuadas pela administração pública).

FIQUE LIGADO

É pelo Princípio da Impessoalidade que dizemos que o agente público age em imputação à pessoa jurídica a que está ligado, ou seja, pelo princípio da impessoalidade as ações do agente público são determinadas como se o próprio Estado estivesse agindo.

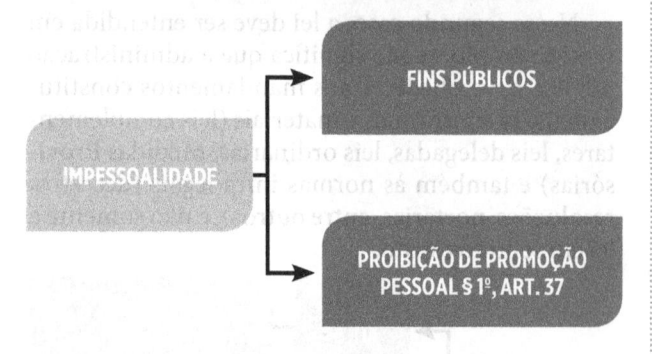

IMPESSOALIDADE → FINS PÚBLICOS
IMPESSOALIDADE → PROIBIÇÃO DE PROMOÇÃO PESSOAL § 1º, ART. 37

Princípio da Moralidade

O Princípio da Moralidade é um complemento ao da legalidade, pois nem tudo que é legal é moral. Dessa forma, o Estado impõe a sua administração a atuação segundo a lei e também segundo a moral administrativa. Tal princípio traz para o agente público o dever de probidade. Esse dever é sinônimo de atuação com ética, decoro, honestidade e boa-fé.

O Princípio da Moralidade determina que o agente deva sempre trabalhar com ética e em respeito aos princípios morais da administração pública. O princípio está intimamente ligado ao dever de probidade (honestidade) e sua não observação acarreta a aplicação do Art. 37, §4º da CF/88 e a Lei nº 8.429/92 (Lei de Improbidade Administrativa); (Ver CF/88).

> *§ 4º - Os atos de improbidade administrativa importarão a suspensão dos direitos políticos, a perda da função pública, a indisponibilidade dos bens e o ressarcimento ao erário, na forma e gradação previstas em lei, sem prejuízo da ação penal cabível. (Ver CF/88)*

O desrespeito ao Princípio da Moralidade afeta a própria legalidade do ato administrativo, ou seja, leva a anulação do ato, e ainda pode acarretar a responsabilização dos agentes por improbidade administrativa.

O Princípio da Moralidade não se refere ao senso comum de moral, que é formado por meio das instituições que passam pela vida da pessoa, tais como família, escola, igreja, entre outras. Para a administração pública, esse princípio refere-se à moralidade administrativa, que está inserida no corpo das normas de Direito Administrativo.

Princípio da Publicidade

Esse princípio deve ser entendido como aquele que determina que os atos da Administração sejam claros quanto à sua procedência. Por esse motivo, em regra, os atos devem ser publicados em diário oficial e, além disso, a Administração deve tornar o fato acessível (público). Tornar público é, além de publicar em diário oficial, apresentar os atos na Internet, pois esse meio hoje é o que deixa todas as informações acessíveis.

O Princípio da Publicidade apresenta dupla acepção em face do sistema constitucional vigente:

> Exigência de publicação em órgão oficial como requisito de eficácia dos atos administrativos que devam produzir efeitos externos e dos atos que impliquem ônus para o patrimônio público.

Essa regra não é absoluta, pois, em defesa da intimidade e também do Estado, alguns atos públicos não precisam ser publicados:

> *Art. 5º, X, CF. São invioláveis a intimidade, a vida privada, a honra e a imagem das pessoas, assegurado o direito a indenização pelo dano material ou moral decorrente de sua violação.*

> *Art. 5º, XXXIII, CF. Todos têm direito a receber dos órgãos públicos informações de seu interesse particular, ou de interesse coletivo ou geral, que serão prestadas no prazo da lei, sob pena de responsabilidade, ressalvadas aquelas cujo sigilo seja imprescindível à segurança da sociedade e do Estado.*

Sendo assim, o ato que tiver em seu conteúdo uma informação sigilosa ou relativa à intimidade da pessoa tem que resguardar o devido sigilo.

> Exigência de transparência da atuação administrativa:

Art. 5º, XXXIII, CF. Todos têm direito a receber dos órgãos públicos informações de seu interesse particular, ou de interesse coletivo ou geral, que serão prestadas no prazo da lei, sob pena de responsabilidade, ressalvadas aquelas cujo sigilo seja imprescindível à segurança da sociedade e do Estado; (Ver CF/88).

O Princípio da Publicidade orientou o poder legislativo nacional a editar a Lei nº 12.527/2011, que regulamenta o dispositivo do Art. 5º, XXXIII, da CF. Dispõe sobre o acesso à informação pública, sobre a informação sigilosa, sua classificação, bem como a informação pessoal, entre outras providências. Tal dispositivo merece ser lido, pois essa lei transpassa toda a essência do Princípio da Publicidade.

Podemos inclusive afirmar que esse princípio foi materializado em lei após a edição da Lei nº 12.527/2011. Veja a seguir a redação do Art. 3º dessa Lei:

Art. 3º. Os procedimentos previstos nesta Lei destinam-se a assegurar o direito fundamental de acesso à informação e devem ser executados em conformidade com os princípios básicos da administração pública e com as seguintes diretrizes:

I. Observância da publicidade como preceito geral e do sigilo como exceção;

II. Divulgação de informações de interesse público, independentemente de solicitações;

III. Utilização de meios de comunicação viabilizados pela tecnologia da informação;

IV. Fomento ao desenvolvimento da cultura de transparência na administração pública;

V. Desenvolvimento do controle social da administração pública.

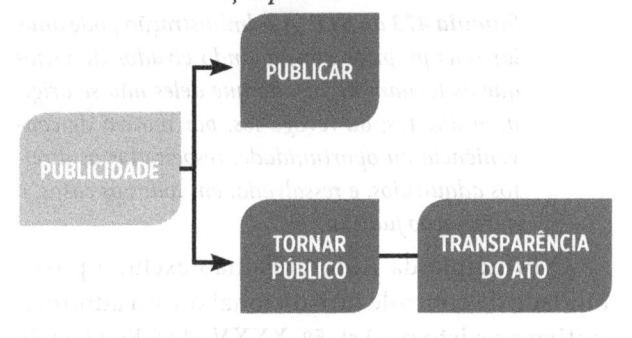

Princípio da Eficiência

O Princípio da Eficiência foi o último a ser inserido no bojo do texto constitucional (o Princípio da Eficiência foi incluído com a Emenda Constitucional nº 19/98), e apresenta dois aspectos principais:

> Relativamente à forma de atuação do agente público, espera-se o melhor desempenho possível de suas atribuições, a fim de obter os melhores resultados.

> Quanto ao modo de organizar, estruturar e disciplinar a Administração Pública, exigiu-se que esse seja o mais racional possível, no intuito de alcançar melhores resultados na prestação dos serviços públicos.

Art. 37, § 8º - A autonomia gerencial, orçamentária e financeira dos órgãos e entidades da administração direta e indireta poderá ser ampliada mediante contrato, a ser firmado entre seus administradores e o poder público, que tenha por objeto a fixação de metas de desempenho para o órgão ou entidade, cabendo à lei dispor sobre (Ver CF/88).

O Princípio da Eficiência orienta a atuação da administração pública de forma que essa busque o melhor custo benefício no exercício de suas atividades, ou seja, os serviços públicos devem ser prestados com adequação às necessidades da sociedade que o custeia.

A atuação da Administração Pública tem que ser eficiente, o que acarreta ao agente público o dever de agir com presteza, esforço, rapidez e rendimento funcional. O seu descumprimento poderá acarretar a perda do seu cargo por baixa produtividade apurada em procedimento da avaliação periódica de desempenho, tanto antes da aquisição da estabilidade, como também após.

Princípio da Supremacia do Interesse Público sobre o Privado

Esse princípio é também considerado o norteador do Direito Administrativo. Ele determina que o Estado, quando trabalhando com o interesse público, se sobrepõe ao particular. Devemos lembrar que esse princípio deve ser utilizado pelo administrador público de forma razoável e proporcional para que o ato não se transforme em arbitrário e, consequentemente, ilegal.

É o fundamento das prerrogativas do Estado, ou seja, da relação jurídica desigual ou vertical entre o Estado e o particular. A exemplo, temos o poder de império do Estado (também chamado de poder extroverso), que se manifesta por meio da imposição da lei ao administrado, admitindo até o uso da força coercitiva para o cumprimento da norma. Assim sendo, a administração pública pode criar obrigações, restringir ou condicionar os direitos dos administrados.

Limitações:

> Respeito aos demais princípios;

> Não está presente diretamente nos atos de gestão[1].

---

[1] Atos de gestão são praticados pela administração na qualidade de gestora de seus bens e serviços, sem exercício de supremacia sobre os particulares, assemelhando-se aos atos praticados pelas pessoas privadas. São exemplos de atos de gestão a alienação ou a aquisição de bens pela administração pública, o aluguel a um particular de um imóvel de propriedade de uma autarquia, entre outros.

Exemplos de Incidência:

Intervenção na propriedade privada;

Exercício do poder de polícia, limitando ou condicionando o exercício de direito em prol do interesse público;

Presunção de legitimidade dos atos administrativos.

Princípio da Indisponibilidade do Interesse Público

Conforme dito anteriormente, o princípio da indisponibilidade do interesse público juntamente com o da supremacia do interesse público, formam os pilares do regime jurídico administrativo.

Esse princípio é o fundamento das **restrições** do Estado. Assim sendo, apesar de o Princípio da Supremacia do Interesse Público prever prerrogativas especiais para a Administração Pública em determinadas relações jurídicas com o administrado, tais poderes são ferramentas que a ordem jurídica confere ao agentes públicos para alcançar os objetivos do Estado. E o uso desses poderes, então, deve ser balizado pelo interesse público, o que impõe restrições legais a sua atuação, garantindo que a utilização do poder tenha por finalidade o interesse público e não o do administrador.

Sendo assim, é vedada a renúncia do exercício de competência pelo agente público, pois a atuação desse não é balizada por sua vontade pessoal, mas, sim, pelo interesse público, também chamado de interesse da lei. Os poderes conferidos aos agentes públicos têm a finalidade de auxiliá-los a atingir tal interesse. Com base nessa regra, concluímos que esses agentes não podem dispor do interesse público, por não ser o seu proprietário, e sim o povo. Ao agente público cabe a gestão da Administração Pública em prol da coletividade.

Princípios da Razoabilidade e Proporcionalidade

Os Princípios da Razoabilidade e da Proporcionalidade não se encontram expressos no texto constitucional. Esses são classificados como princípios gerais do Direito e são aplicáveis a vários ramos da ciência jurídica. São chamados de princípios da proibição de excesso do agente público.

A razoabilidade diz que toda atuação da Administração tem que seguir a teoria do homem médio, ou seja, as decisões devem ser tomadas segundo o critério da maioria das pessoas "racionais", sem exageros ou deturpações.

Razoabilidade: adequação entre meios e fins. O Princípio da Proporcionalidade diz que o agente público deve ser proporcional no uso da força para o cumprimento do bem público, ou seja, nas aplicações de penalidades pela Administração deve ser levada em conta sempre a gravidade da falta cometida.

Proporcionalidade: vedação de imposição de obrigações, restrições e sanções em medida superior àquela estritamente necessária ao interesse público.

Podemos dar como exemplo a atuação de um fiscal sanitário, que esteja vistoriando dois estabelecimentos e, em um deles, encontre um quilo de carne estragada e, no outro, encontre uma tonelada.

Na aplicação da penalidade, deve ser respeitada tanto a razoabilidade quanto a proporcionalidade, ou seja, aplica-se, no primeiro, uma penalidade pequena, uma multa, por exemplo, e, no segundo, uma penalidade grande, suspensão de 90 dias.

Veja que o administrador não pode fazer menos ou mais do que a lei determina, isso em obediência ao Princípio da Legalidade, senão cometerá abuso de poder.

Princípio da Autotutela

O Princípio da Autotutela propicia o controle da Administração Pública sob seus próprios atos em dois pontos específicos:

De legalidade: em que a Administração pode controlar seus próprios atos quando eivados de vício de ilegalidade, sendo provocado ou de ofício.

De mérito: a Administração Pública pode revogar seus atos por conveniência e oportunidade.

> *Súmula 473 do STF. A Administração pode anular seus próprios atos, quando eivados de vícios que os tornam ilegais, porque deles não se originam direitos; ou revogá-los, por motivo de conveniência ou oportunidade, respeitados os direitos adquiridos, e ressalvada, em todos os casos, a apreciação judicial.*

O Princípio da Autotutela não exclui a possibilidade de controle jurisdicional do ato administrativo previsto no Art. 5º, XXXV, da CF: *a lei não excluirá da apreciação do Poder Judiciário lesão ou ameaça a direito.*

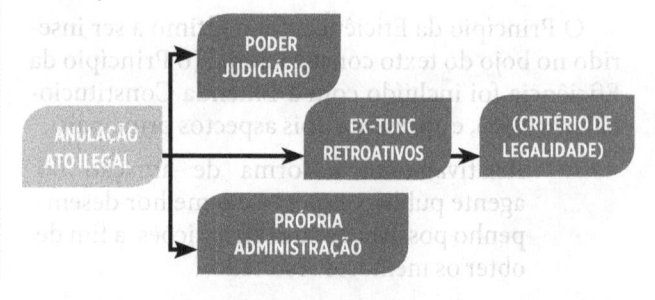

Poder Judiciário não revoga ato de outro poder

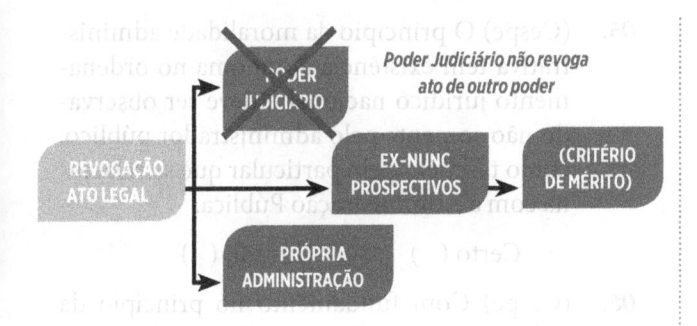

REVOGAÇÃO ATO LEGAL → EX-NUNC PROSPECTIVOS → (CRITÉRIO DE MÉRITO)
↓
PRÓPRIA ADMINISTRAÇÃO

Princípio da Ampla Defesa

A ampla defesa determina que todos que sofrerem medidas de caráter de pena terão direito a se defender de todos os meios disponíveis legais em direito. Está previsto nos processos administrativos disciplinares:

> *Art. 5ª, LV, CF. Aos litigantes, em processo judicial ou administrativo, e aos acusados em geral são assegurados o contraditório e ampla defesa, com os meios e recursos a ela inerentes;*

Princípio da Continuidade do Serviço Público

O Princípio da Continuidade do Serviço Público tem como escopo (objetivo) não prejudicar o atendimento dos serviços essenciais à população. Assim, evitam que esses sejam interrompidos.

O professor Celso Ribeiro Bastos[2] é um dos doutrinadores que defende a não interrupção do serviço público essencial: *O serviço público deve ser prestado de maneira contínua, o que significa dizer que não é passível de interrupção. Isso ocorre pela própria importância de que tal serviço se reveste, o que implica ser colocado à disposição do usuário com qualidade e regularidade, assim como com eficiência e oportunidade... Essa continuidade afigura-se em alguns casos de maneira absoluta, quer dizer, sem qualquer abrandamento, como ocorre com serviços que atendem necessidades permanentes, como é o caso de fornecimento de água, gás, eletricidade. Diante, pois, da recusa de um serviço público, ou do seu fornecimento, ou mesmo da cessação indevida desse, pode o usuário utilizar-se das ações judiciais cabíveis, até as de rito mais célere, como o mandado de segurança e a própria ação cominatória.*

Regra:
> Os serviços públicos devem ser adequados e ininterruptos.

Exceção:
> Aviso prévio;
> Situações de emergência.

Alcance:
> Todos os prestadores de serviços públicos;
> Administração Direta;
> Administração Indireta;
> Concessionárias, Autorizatárias e Permissionárias de serviços públicos.

Efeitos:
> Restrição de direitos das prestadoras de serviços públicos, bem como dos agentes envolvidos na prestação desses serviços, a exemplo do direito de greve.

Dessa forma, quem realiza o serviço público se submete a algumas restrições:

> Restrição ao direito de greve, Art. 37, VII CF/88;
> Suplência, delegação e substituição – casos de funções vagas temporariamente;
> Impossibilidade de alegar a exceção do contrato não cumprido, somente em casos em que se configure uma impossibilidade de realização das atividades;
> Possibilidade da encampação da concessão do serviço, retomada da administração do serviço público concedido no prazo na concessão, quando o serviço não é prestado de forma adequada.

O Código de Defesa do Consumidor, em seu Art. 22, assegura ao consumidor que os serviços essenciais devem ser contínuos, caso contrário, aos responsáveis, caberá indenização. O referido código não diz quais seriam esses serviços essenciais. Podemos usar, como analogia, o Art. 10 da Lei nº 7.783/89, que enumera os que seriam considerados fundamentais:

> *Art. 10. São considerados serviços ou atividades essenciais:*
>
> *I. Tratamento e abastecimento de água; produção e distribuição de energia elétrica, gás e combustíveis;*
>
> *II. Assistência médica e hospitalar;*
>
> *III. Distribuição e comercialização de medicamentos e alimentos;*
>
> *IV. Funerários;*
>
> *V. Transporte coletivo;*
>
> *VI. Captação e tratamento de esgoto e lixo;*
>
> *VII. Telecomunicações;*
>
> *VIII. Guarda, uso e controle de substâncias radioativas, equipamentos e materiais nucleares;*
>
> *IX. Processamento de dados ligados a serviços essenciais;*
>
> *X. Controle de tráfego aéreo;*
>
> *XI. Compensação bancária.*

---

[2] Curso de direito administrativo, 2. ed. – São Paulo: Saraiva, 1996, p. 165.

Princípio da Segurança Jurídica

Esse princípio veda a aplicação retroativa da nova interpretação da norma.

Caso uma regra seja revogada ou alterada a sua redação ou interpretação, os atos praticados durante a vigência da norma antiga continuam valendo, pois tal princípio visa resguardar o direito adquirido, o ato jurídico perfeito e a coisa julgada.

Assim, temos que a nova interpretação da norma, via de regra, somente terá efeitos prospectivos, ou seja, da data em que for revogada para frente, não atingindo os atos praticados na vigência da norma antiga.

VAMOS PRATICAR

Os exercícios a seguir são referentes ao conteúdo: Princípios Fundamentais da Administração Pública.

A Administração Pública, regulamentada no texto constitucional, possui princípios e características que lhe conferem organização e funcionamento peculiares. A respeito desse assunto, julgue os próximos itens.

01. (Cespe - Adaptada) Como consequência do princípio da legalidade ao particular, é autorizado fazer tudo que a lei não proíbe e, ao administrador público, só é permitido fazer aquilo que a lei determina ou autoriza.

Certo (   )   Errado (   )

02. (Cespe - Adaptada) Como decorrência do princípio da moralidade os atos devem ser publicados.

Certo (   )   Errado (   )

Com relação ao vencimento e à remuneração dos servidores públicos, julgue o próximo item.

03. (Cespe) Assegura-se a isonomia de vencimentos para cargos de atribuições iguais ou assemelhadas do mesmo Poder, ou entre servidores dos três Poderes, ressalvadas as vantagens de caráter individual e as relativas à natureza ou ao local de trabalho.

Certo (   )   Errado (   )

04. (Cespe) Podemos afirmar que o princípio da eficiência foi um dos princípios originais da Constituição, ou seja, foi inserido em 1988, com a promulgação da Constituição.

Certo (   )   Errado (   )

No que se refere aos poderes administrativos e aos princípios que regem a Administração Pública, julgue os itens subsequentes.

05. (Cespe) O princípio da moralidade administrativa tem existência autônoma no ordenamento jurídico nacional e deve ser observado não somente pelo administrador público, como também pelo particular que se relaciona com a Administração Pública.

Certo (   )   Errado (   )

06. (Cespe) Com fundamento no princípio da publicidade ao administrador publico só é permitido fazer o que a lei determina.

Certo (   )   Errado (   )

A respeito dos princípios constitucionais aplicados ao direito administrativo, julgue os itens que se seguem. Nas situações em que for empregada, considere que a sigla CF se refere à Constituição Federal de 1988.

07. (Cespe) Os princípios da razoabilidade e da proporcionalidade estão expressos no texto da CF.

Certo (   )   Errado (   )

08. (Cespe) O princípio da autotutela possibilita à Administração Pública anular os próprios atos, quando possuírem vícios que os tornem ilegais, ou revogá-los por conveniência ou oportunidade, desde que sejam respeitados os direitos adquiridos e seja garantida a apreciação judicial.

Certo (   )   Errado (   )

Acerca da Administração Pública, julgue o item seguinte.

09. (Cespe) As organizações privadas podem deixar de fornecer, por exemplo, determinados dados financeiros, para resguardar as suas estratégias. Em contrapartida, na gestão pública, a transparência das ações e decisões deve existir, salvo quando houver questões que envolvam segurança nacional ou demais exceções respaldadas na CF.

Certo (   )   Errado (   )

GABARITO

01	CERTO	06	ERRADO
02	ERRADO	07	ERRADO
03	CERTO	08	CERTO
04	ERRADO	09	CERTO
05	CERTO		

6. Poderes e Deveres Administrativos

Para um desempenho adequado do papel que compete à administração pública, o ordenamento jurídico confere a ela poderes e deveres especiais. Nesse capítulo, conheceremos seus deveres e poderes de modo a diferenciar a aplicabilidade de um ou de outro poder ou dever na análise de casos concretos, bem como apresentado nas questões de concurso público.

Deveres

Os deveres da administração pública são um conjunto de obrigações de direito público que a ordem jurídica confere aos agentes públicos com o objetivo de permitir que o Estado alcance seus fins.

O fundamento desses deveres é o Princípio da Indisponibilidade do Interesse Público, pois, como a administração pública é uma ferramenta do Estado para alcançar seus objetivos, não é permitido ao agente público usar dos seus poderes para satisfazer interesses pessoais ou de terceiros. Com base nessa regra, concluímos que esses agentes não podem dispor do interesse público, por não ser o seu proprietário, e sim o povo. A ele cabe a gestão da administração pública em prol da coletividade.

A doutrina, de um modo geral, enumera, como alguns dos principais deveres impostos aos agentes administrativos pelo ordenamento jurídico, quatro obrigações administrativas, a saber:

> Poder-Dever de Agir;
> Dever de Eficiência;
> Dever de Probidade;
> Dever de Prestar Contas.

Poder-Dever de Agir

O poder-dever de agir determina que toda a Administração Pública tem que agir em caso de determinação legal. Contudo, essa é temperada, uma vez que o administrador precisa ter possibilidade real de atuar.

> *Art. 37, § 6º, CF. Policiais em serviço que presenciam um cidadão ser assaltado e morto e nada fazem. Nessa situação, além do dever imposto por lei, havia a possibilidade de agir. Nesse caso concreto, gera-se a possibilidade de indenização por parte do Estado, com base na responsabilidade civil do Estado.*

Enquanto no direito privado agir é uma faculdade do administrador, no direito público, agir é um dever legal do agente público.

Em decorrência dessa regra temos que os **poderes** administrativos são **irrenunciáveis**, devendo ser **obrigatoriamente exercidos** por seus titulares nas situações cabíveis.

A inércia do agente público acarreta responsabilização a ela por abuso de poder na modalidade omissão. A Administração Pública também responderá pelos danos patrimoniais ou morais decorrentes da omissão na esfera cível.

Dever de Eficiência

A Constituição implementou o dever de eficiência com a introdução da Emenda Constitucional nº 19 de 1998, a chamada reforma administrativa. Esse novo modelo instituiu a denominada "administração gerencial", tendo vários exemplos dispostos no corpo do texto constitucional, como:

> Possibilidade de perda do cargo de servidor estável em razão de insuficiência de desempenho (Art. 41, § 1º, III);
> O estabelecimento como condição para o ganho da estabilidade de avaliação de desempenho (Art. 41, § 4º);
> A possibilidade da celebração de contratos de gestão (Art. 37, § 8º);
> A exigência de participação do servidor público em cursos de aperfeiçoamento profissional como um dos requisitos para a promoção na carreira (Art. 39, § 2º).

Dever de Probidade

O dever de probidade determina que todo administrador público, no desempenho de suas atividades, atue sempre com ética, honestidade e boa-fé, em consonância com o Princípio da Moralidade Administrativa.

> *Art. 37, § 4º, CF. Os atos de improbidade administrativa importarão a suspensão dos direitos políticos, a perda da função pública, a indisponibilidade dos bens e o ressarcimento ao erário, na forma e gradação previstas em lei, sem prejuízo da ação penal cabível.*

Efeitos:

> A suspensão dos direitos políticos;
> Perda da função pública;
> Ressarcimento ao erário;
> Indisponibilidade dos bens.

Dever de Prestar Contas

O dever de prestar contas decorre diretamente do Princípio da Indisponibilidade do Interesse Público, sendo pertinente à função do agente público, que é simples gestão da coisa pública.

Art.70, Parágrafo único, CF. *Prestará contas qualquer pessoa física ou jurídica, pública ou privada, que utilize, arrecade, guarde, gerencie ou administre dinheiros, bens e valores públicos ou pelos quais a União responda, ou que, em nome dessa, assuma obrigações de natureza pecuniária.*

Poderes Administrativos

São mecanismos que, utilizados isoladamente ou em conjunto, permitem que a administração pública possa cumprir suas finalidades. Dessa forma, os poderes administrativos *representam um conjunto de prerrogativas de direito Público que a ordem jurídica confere aos agentes administrativos para o fim de permitir que o Estado alcance os seus fins*, assim leciona o professor José dos Santos Carvalho Filho.

O fundamento desses poderes é o princípio da supremacia do interesse público, pois, como a administração pública é uma ferramenta do Estado para alcançar seus objetivos, e tais objetivos são de interesse de toda coletividade, é necessário que o Estado possa ter prerrogativas especiais na busca de seus objetivos. Como exemplo, podemos citar a aplicação de uma multa de trânsito. Imagine que a lei fale que ultrapassar o sinal vermelho é errado, mas que o Estado não tenha o poder de aplicar a multa. De nada vale a previsão da infração na lei.

São Poderes Administrativos descritos pela doutrina pátria:

> Poder Vinculado;
> Poder Discricionário;
> Poder Hierárquico;
> Poder Disciplinar;
> Poder Regulamentar;
> Poder de Polícia.

Poder Vinculado

O poder vinculado determina que o administrador somente pode fazer o que a lei determina; aqui não se gera poder de escolha, ou seja, está o administrador preso (vinculado) aos ditames da lei.

O agente público não pode fazer considerações de conveniência e oportunidade. Caso descumpra a única hipótese prevista na lei para orientar a sua conduta, praticará um ato ilegal, sendo assim, deve o ato ser anulado.

Poder Discricionário

O poder discricionário gera a margem de escolha, que é a conveniência e a oportunidade, o mérito administrativo. Diz-se que o agente público pode agir com liberdade de escolha, mas sempre respeitando os parâmetros da lei.

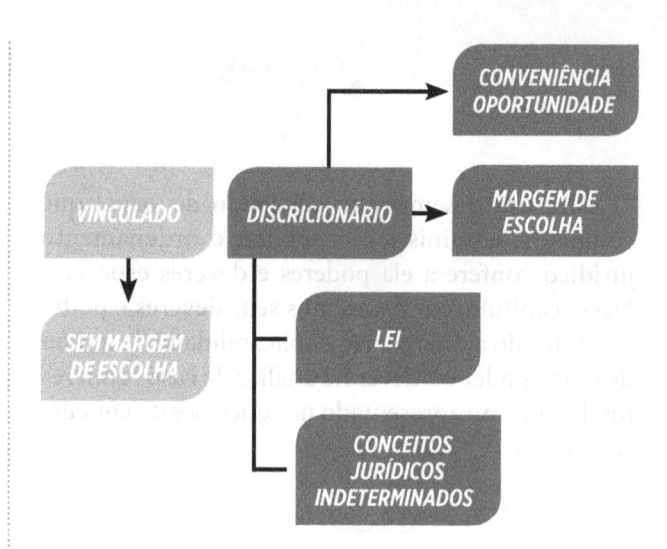

Duas são as vertentes que autorizam o poder discricionário: a lei e os conceitos jurídicos indeterminados. Esses últimos são determinações da própria lei, por exemplo: quando a Lei prevê a boa-fé, quem decide se o administrado está de boa ou má-fé é o agente público, sempre sendo razoável e proporcional.

Poder Hierárquico

Manifesta a noção de um escalonamento vertical da Administração Pública, já que temos a subordinação entre órgãos e agentes, sempre no âmbito de uma mesma pessoa jurídica.

Observação

Não há subordinação nem hierarquia:
> Entre pessoas distintas;
> Entre os poderes da república;
> Entre a administração e o administrado.

Prerrogativas

Dar ordens: cabe ao subordinado o dever de obediência, salvo nos casos de ordens manifestamente ilegais.

Fiscalizar a atuação dos subordinados.

Revisar os atos dos subordinados e, nessa atribuição:

> Manter os atos vinculados legais e os atos discricionários legais convenientes e oportunos.
> Convalidar os atos com defeitos sanáveis.
> Anular os atos ilegais.
> Revogar os atos discricionários legais inconvenientes e inoportunos.

A caraterística marcante é o grau de subordinação entre órgãos e agentes, sempre dentro da estrutura da mesma pessoa jurídica. O controle hierárquico permite que o superior aprecie todos os aspectos dos atos de seus subordinados (quanto à legalidade e quanto ao mérito administrativo) e pode ocorrer de ofício ou a pedido, quando for interesse de terceiros, por meio de recurso hierárquico.

Aplicar sanções aos servidores que praticarem infrações funcionais.

Delegar Competência

Delegação é o ato discricionário, revogável a qualquer tempo, mediante o qual o superior hierárquico confere o exercício temporário de algumas de suas atribuições, originariamente pertencentes ao seu cargo, a um subordinado.

É importante alertar que, excepcionalmente, a lei admite a delegação para outro órgão que não seja hierarquicamente subordinado ao delegante, conforme podemos constatar da redação do Art. 12 da Lei nº 9.784/99:

> **Art. 12.** *Um órgão administrativo e seu titular poderão, se não houver impedimento legal, delegar parte da sua competência a outros órgãos ou titulares, ainda que estes não lhe sejam hierarquicamente subordinados, quando for conveniente, em razão de circunstâncias de índole técnica, social, econômica, jurídica ou territorial.*

- **Características da Delegação**

Não podem ser delegados

Edição de atos de caráter normativo;

A decisão de recursos administrativos;

As matérias de competência exclusiva do órgão ou autoridade.

Consequências

Não acarreta renúncia de competências;

Transfere o exercício da atribuição e não a titularidade, pois pode ser revogada a delegação a qualquer tempo pela autoridade delegante;

O ato de delegação e sua revogação deverão ser publicados em meio oficial.

Avocação Competência

Avocar é o ato discricionário mediante o qual o superior hierárquico traz para si o exercício temporário de determinada competência, atribuída por lei a um subordinado.

Cabimento: é uma medida excepcional e deve ser fundamentada.

Restrições: não podem ser avocadas competências exclusivas do subordinado.

Consequências: desonera o agente de qualquer responsabilidade relativa ao ato praticado pelo superior hierárquico.

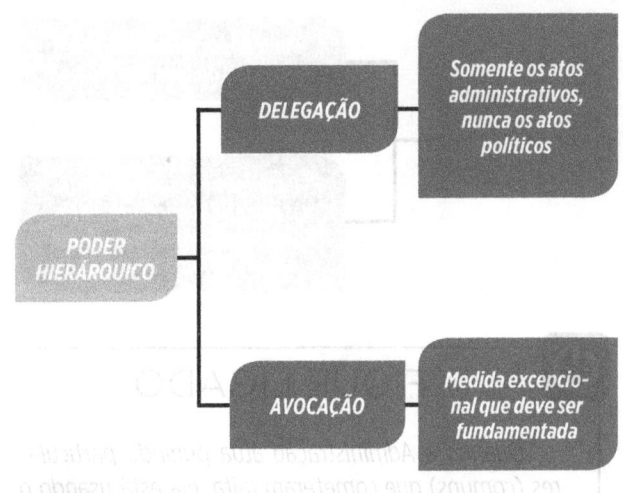

PODER HIERÁRQUICO
- **DELEGAÇÃO** — Somente os atos administrativos, nunca os atos políticos
- **AVOCAÇÃO** — Medida excepcional que deve ser fundamentada

FIQUE LIGADO

Segundo a Lei nº 9.784/99, que trata do processo administrativo federal:

> **Art. 13.** *Não podem ser objeto de delegação:*
> *I. a edição de atos de caráter normativo;*
> *II. a decisão de recursos administrativos;*
> *III. as matérias de competência exclusiva do órgão ou autoridade.*

Poder Disciplinar

O poder disciplinar é uma espécie de poder-dever de agir da Administração Pública. Dessa forma, o administrador público atua de forma a punir internamente as infrações cometidas por seus agentes e, em exceção, atua de forma a, punir particulares que mantenham um vínculo jurídico específico com a Administração.

O poder disciplinar não pode ser confundido com o *jus puniendi* do Estado, ou seja, com o poder do Estado de aplicar a lei penal a quem comete uma infração penal.

Em regra, o poder disciplinar é discricionário, algumas vezes, é vinculado. Essa discricionariedade se encontra na escolha da quantidade de sanção a ser aplicada dentro das hipóteses previstas na lei, e não na faculdade de punir ou não o infrator, pois puni-lo é um dever, sendo assim, a punição não é discricionária, quantidade de punição que em regra é. Porém, é importante lembrar que, quando a lei apontar precisamente a penalidade ou a quantidade dela que deve ser aplicada para determinada infração, o poder disciplinar será vinculado.

PODER DISCIPLINAR
- Punir internamente infrações funcionais de seus servidores
- Punir infrações administrativas cometidas por particulares ligados a administração por um vínculo jurídico específico

FIQUE LIGADO

Quando a Administração atua punindo particulares (comuns) que cometeram falta, ela está usando o poder de polícia. Contudo, quando atua penalizando particulares que mantenham um vínculo jurídico específico (plus), estará utilizando o poder disciplinar.

Poder Regulamentar

Existem duas formas de manifestação do poder regulamentar: o decreto regulamentar e o autônomo, sendo que o primeiro é a regra e o segundo é a exceção.

Decreto Regulamentar

Também denominado decreto executivo ou regulamento executivo.

O decreto regulamentar é uma prerrogativa dos chefes do poder executivo de regulamentar a lei para garantir a sua fiel aplicação.

Restrições
> Não inova o ordenamento jurídico;
> Não pode alterar a lei;
> Não pode criar direitos e obrigações;
> Caso o decreto regulamentar extrapole os limites da lei, haverá quebra do princípio da legalidade. Nessa situação, se do decreto regulamentar for federal, caberá ao Congresso Nacional sustar os seus dispositivos violadores da lei.

Exercício

Somente por decretos dos chefes do poder Executivo (Presidente da República, Governadores e Prefeitos), sendo uma competência exclusiva, indelegável a qualquer outra autoridade.

Natureza

Decreto: Natureza secundária ou derivada;

Lei: Natureza primária ou originária.

Prazo para regulamentação
> A lei a ser regulamentada deve apontar;
> A ausência do prazo é inconstitucional;
> Enquanto não regulamentada, a lei é inexequível (não pode ser executada);
> Se o chefe do executivo descumprir o prazo, a lei se torna exequível (pode ser executada);
> A competência para editar decreto regulamentar não pode ser objeto de delegação.

Decreto Autônomo

A Emenda Constitucional nº 32, alterou o Art. 84 da Constituição Federal e deu ao seu inciso VI a seguinte redação:

Art. 84. Compete privativamente ao Presidente da República:

VI. dispor, mediante decreto, sobre:

a) organização e funcionamento da administração federal, quando não implicar aumento de despesa nem criação ou extinção de órgãos públicos;

b) extinção de funções ou cargos públicos, quando vagos;

Essa previsão se refere ao que a doutrina chama de decreto autônomo, pois se refere à predição para o presidente da república tratar mediante decreto de determinados assuntos, sem lei anterior, balizando a sua atuação, pois a baliza foi a própria Constituição Federal. O decreto é autônomo porque não depende de lei.

Características
> Inova o ordenamento jurídico;
> O decreto autônomo tem natureza primária ou originária;
> Somente pode tratar das matérias descritas no Art. 84, VI, da Constituição Federal;
> O Presidente da República poderá delegar as atribuições mencionadas para edição de decretos autônomos aos Ministros de Estado, ao Procurador-Geral da República ou ao Advogado-Geral da União, que observarão os limites traçados nas respectivas delegações, conforme prevê o inciso único do Art. 84.

As regras relativas às competências do Presidente da República no uso do decreto regulamentar e do autônomo são estendidas aos demais chefes do executivo nacional dentro das suas respectivas administrações públicas. Sendo assim, governadores e prefeitos podem tratar, mediante decreto autônomo, dos temas estaduais e municipais de suas respectivas administrações que o Presidente da República pode resolver, mediante decreto autônomo, na esfera da administração pública federal.

DECRETO DE EXECUÇÃO
É a regra;
Pode ser editado pelos chefes do Executivo;
Não inova o ordenamento jurídico e necessita de amparo de uma lei;
É de competência exclusiva, não pode ser delegável.

DECRETO AUTÔNOMO
É a exceção;
Somente pode ser editado pelo Presidente da República;
Inova lei nos casos do Art. 84, IV, a e b do texto constitucional;
É de competência privativa e pode ser delegável de acordo com o Art. 84, parágrafo único.

Poder de Polícia

O Código Tributário Nacional, em seu Art. 78, ao tratar dos fatos geradores das taxas, assim conceitua poder de polícia:

> *Art. 78. Considera-se poder de polícia atividade da Administração Pública que, limitando ou disciplinando direito, interesse ou liberdade, regula a prática de ato ou abstenção de fato, em razão de interesse público concernente à segurança, à higiene, à ordem, aos costumes, à disciplina da produção e do mercado, ao exercício de atividades econômicas dependentes de concessão ou autorização do Poder Público, à tranquilidade pública ou ao respeito à propriedade e aos direitos individuais ou coletivos (vide Código Tributário nacional).*

Hely Lopes Meirelles conceitua poder de polícia como *a faculdade que dispõe a Administração Pública para condicionar, restringir o uso, o gozo de bens, atividades e direitos individuais, em benefício da coletividade ou do próprio Estado.*

É competente para exercer o poder de polícia administrativa sobre uma dada atividade o ente federado, ao qual a Constituição da República atribui competência para legislar sobre essa mesma atividade, para regular a prática dessa.

Assim, podemos dizer que o poder de polícia é discricionário em regra, podendo ser vinculado nos casos em que a lei determinar. Ele dispõe que toda a Administração Pública pode condicionar ou restringir os direitos dos administrados em caso de não cumprimento das determinações legais.

O poder de polícia **fundamenta-se** no de **império** do Estado (Poder **Extroverso**), que decorre do Princípio da Supremacia do Interesse Público, pois, por meio de imposições limitando ou restringindo a esfera jurídica dos administrados, visa à Administração Pública à defesa de um bem maior, que é proteção dos direitos da coletividade, pois o interesse público prevalece sobre os particulares.

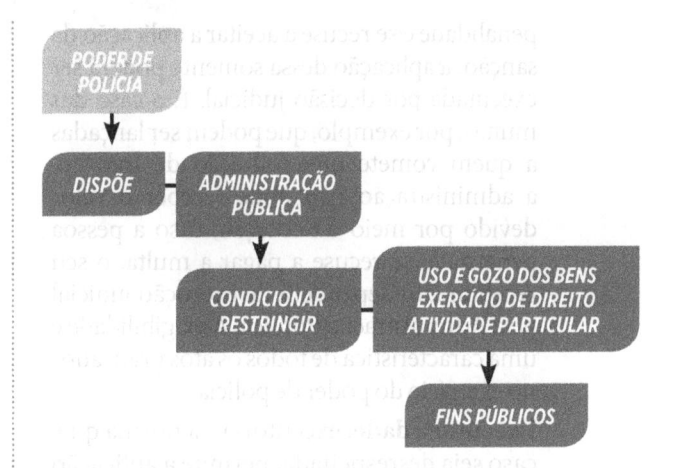

PODER DE POLÍCIA → DISPÕE → ADMINISTRAÇÃO PÚBLICA → CONDICIONAR RESTRINGIR → USO E GOZO DOS BENS EXERCÍCIO DE DIREITO ATIVIDADE PARTICULAR → FINS PÚBLICOS

Atributos do Poder de Polícia

Discricionariedade: o poder de polícia, em regra, é discricionário, pois dá margem de liberdade dentro dos parâmetros legais ao administrador público para agir; contudo, se a lei exigir, tal poder pode ser vinculado.

O Estado escolhe as atividades que sofrerão as fiscalizações da polícia administrativa. Essa escolha é manifestação da discricionariedade do poder de polícia do Estado. Também é manifestação da discricionariedade do poder de polícia a majoração da quantidade de pena aplicada a quem cometer uma infração sujeita à disciplina do poder de polícia.

Nos casos em que a lei prever uma pena que tenha duração no tempo e não fixar exatamente a quantidade, dando uma margem de escolha de quantidade ao julgador, temos o exercício do poder discricionário na atuação de polícia e, como limite desse poder de punir, temos a própria lei que traz a ordem de polícia e ainda os princípios da razoabilidade e da proporcionalidade que vedam a aplicação da pena em proporção superior à gravidade do fato ilícito praticado.

Autoexecutoriedade: é a prerrogativa da Administração Pública de executar diretamente as decisões decorrentes do poder de polícia, por seus próprios meios, sem precisar recorrer ao judiciário.

Cabimento

Autorização da Lei;

Medida Urgente.

A **autoexecutoriedade** no uso do poder de polícia não é absoluta, tendo natureza relativa, ou seja, não são todos os atos decorrentes do poder de polícia que são autoexecutórios. Para que um ato assim ocorra, é necessário que ele seja exigível e executório ao mesmo tempo:

Exigibilidade: exigível é aquela conduta prevista na norma que, caso seja infringida, pode ser aplicada uma **coerção indireta**, ou seja, caso a pessoa venha a sofrer uma penalidade e se recuse a aceitar a aplicação da sanção, a aplicação dessa somente poderá ser executada por decisão judicial. É o caso das multas, por exemplo, que podem ser lançadas a quem comete uma infração de trânsito, a administração não pode receber o valor devido por meio da coerção, caso a pessoa penalizada se recuse a pagar a multa, o seu recebimento dependerá de execução judicial pela Administração Pública. A exigibilidade é uma característica de todos os atos praticados no exercício do poder de polícia.

Executoriedade: executória é a norma que, caso seja desrespeitada, permite a aplicação de uma **coerção direta**, ou seja, a administração pode utilizar da força coercitiva para garantir a aplicação da penalidade, sem precisar recorrer ao judiciário.

É o caso das sanções de interdição de estabelecimentos comerciais, suspensão de direitos, entre outras. Não são todas as medidas decorrentes do poder de polícia executórias.

O ato de polícia para ser autoexecutório precisa ser ao mesmo tempo exigível e executório, ou seja, nem todos os atos decorrentes do poder de polícia são autoexecutórios.

Coercibilidade: esse atributo informa que as determinações da Administração podem ser impostas coercitivamente ao administrado, ou seja, o particular é obrigado a observar os ditames da administração. Caso ocorra resistência por parte desse, a administração pública estará autorizada a usar força, independentemente de autorização judicial, para fazer com que seja cumprida a regra de polícia. Todavia, os meios utilizados pela administração devem ser legítimos, humanos e compatíveis com a urgência e a necessidade da medida adotada.

Classificação

O poder de polícia pode ser originário, no caso da Administração Pública direta e derivada. Quando diz respeito as autarquias, a doutrina orienta que fundações públicas, sociedade de economia mista e empresas públicas não possuem o poder de polícia em suas ações. Classificação:

Poder de Polícia Originário:

Dado à Administração Pública Direta.

Poder de Polícia Delegado:

Dado às pessoas da Administração Pública Indireta que possuem personalidade jurídica de direito público. Esse poder somente é proporcionado para as autarquias ligadas à Administração Indireta.

O poder de polícia não pode ser exercido por particulares ou por pessoas jurídicas de direito privado da administração indireta, entretanto, o STJ em uma recente decisão entendeu que os atos de consentimento de polícia e de fiscalização dessa, que por si só não têm natureza coercitiva, podem ser delegados às pessoas jurídicas de direito privado da Administração Indireta.

Meios de Atuação

O poder de polícia pode ser exercido tanto preventivamente quanto repressivamente.

Prevenção: manifesta-se por meio da edição de atos normativos de alcance geral, tais como leis, decretos, resoluções, entre outros, e também por meio de várias medidas administrativas, tais como a fiscalização, a vistoria, a notificação, a licença, a autorização, entre outros.

Repressão: manifesta-se por meio da aplicação de punições, tais como multas, interdição de direitos, destruição de mercadorias etc.

Ciclo de Polícia

O ciclo de polícia se refere às fases de atuação desse poder, ordem de polícia, consentimento, fiscalização e sanção de polícia, sendo assim, esse ciclo, para se completar, pode passar por quatro fases distintas:

Ordem de Polícia: é a Lei inovadora que tem trazido limites ou condições ao exercício de atividades privadas ou uso de bens.

Consentimento: é a autorização prévia fornecida pela Administração para a prática de determinada atividade privada ou para usar um bem.

Fiscalização: é a verificação, por parte da administração pública, para certificar-se de que o administrado está cumprindo as exigências contidas na ordem de polícia para a prática de determinada atividade privada ou uso de bem.

Sanção de Polícia: é a coerção imposta pela administração ao particular que pratica alguma atividade regulada por ordem de polícia em descumprimento com as exigências contidas.

É importante destacar que o ciclo de polícia não precisa necessariamente comportar essas quatro fases, pois as de ordem e fiscalização devem sempre estar presentes em qualquer atuação de polícia administrativa, todavia, as fases de consentimento e de sanção não estarão presentes em todos os ciclos de polícia.

Prescrição

O prazo de prescrição das ações punitivas decorrentes do exercício do poder de polícia é de **5 anos** para a esfera federal, conforme constata-se na redação do Art. 1º da Lei nº 9.873/99:

Art. 1º. Prescreve em cinco anos a ação punitiva da Administração Pública Federal, direta e indireta, no exercício do poder de polícia, objetivando apurar infração a legislação em vigor, contados da data da prática do ato ou, no caso de infração permanente ou continuada, do dia em que tiver cessado.

Polícia Administrativa X Polícia Judiciária

Polícia Administrativa: atua visando evitar a prática de infrações administrativas, tem natureza preventiva, entretanto, em alguns casos ela pode ser repressiva. A polícia administrativa atua sobre atividades privadas, bens ou direitos.

Polícia Judiciária: atua com o objetivo de reprimir a infração criminal, tem natureza repressiva, mas, em alguns casos, pode ser preventiva. Ao contrário da polícia administrativa que atua sobre atividades privadas, bens ou direitos, a atuação da judiciária recai sobre as pessoas.

Poder de Polícia X Prestação de Serviços Públicos

Não podemos confundir toda atuação estatal com a prestação de serviços públicos, pois, dentre as diversas atividades desempenhadas pela Administração Pública, temos, além da prestação de serviços públicos, o exercício do poder de polícia, o fomento, a intervenção na propriedade privada, entre outras.

Distingue-se o poder de polícia da prestação de serviços públicos, pois essa é uma atividade positiva, que se manifesta numa obrigação de fazer.

Poder de Polícia: atividade negativa, que traz a noção de não fazer, proibição, excepcionalmente pode trazer uma obrigação de fazer. Seu exercício sofre tributação mediante taxa e é indelegável a particulares.

Serviço Público: atividade positiva, que traz a noção de fazer algo. A sua remuneração se dá por meio da tarifa, que não é um tributo, mas sim, uma espécie de preço público, e o serviço público, mesmo sendo de titularidade exclusiva do Estado, é delegável a particulares.

Abuso de Poder

O administrador público tem que agir obrigatoriamente em obediência aos princípios constitucionais, do contrário, sua ação pode ser arbitrária e, consequentemente, ilegal, o que gerará o chamado abuso de poder.

Excesso de Poder: quando o agente público atua fora dos limites de sua esfera de competência.

Desvio de Poder: quando a atuação do agente, embora dentro de sua órbita de competência, contraria a finalidade explícita ou implícita na lei que determinou ou autorizou a sua atuação, tanto é desvio de poder a conduta contrária à finalidade geral (ou mediata) do ato – o interesse público –, quanto a que discrepe de sua finalidade específica (ou imediata).

Omissão de Poder: ocorre quando o agente público fica inerte diante de uma situação em que a lei impõe o uso do poder.

FIQUE LIGADO

Todos os atos que forem praticados com abuso de poder são ilegais e devem ser anulados; essa anulação pode acontecer tanto pela via administrativa quanto pela via judicial.

O remédio constitucional para combater o abuso de poder é o Mandado de Segurança.

EXERCÍCIO COMENTADO

Julgue o item abaixo, relativo aos poderes da administração.

01. (Cespe) A relação hierárquica constitui elemento essencial na organização administrativa, razão pela qual deve estar presente em toda a atividade desenvolvida no âmbito da Administração Pública.

ERRADO. *Nem em toda atividade desenvolvida no âmbito da Administração Pública está prevista a relação de hierarquia; um bom exemplo é a relação da Administração Pública Direta com a Indireta; aqui a relação é de vinculação.*

VAMOS PRATICAR

Os exercícios a seguir são referentes ao conteúdo: Poderes Administrativos.

01. (Cespe) A invalidação da conduta abusiva de um agente público pode ocorrer tanto na esfera administrativa quanto por meio de ação judicial, e, em certas circunstâncias, o abuso de poder constitui ilícito penal.

Certo ( )   Errado ( )

02. (Cespe) O poder de polícia, vinculado à prática de ato ilícito de um particular, tem natureza sancionatória, devendo ser exercido apenas de maneira repressiva.

Certo ( )   Errado ( )

03. (Cespe) O ordenamento jurídico pode determinar que a competência de certo órgão ou de agente inferior na escala hierárquica seja exclusiva e, portanto, não possa ser avocada.

Certo ( )   Errado ( )

04. (Cespe) O poder regulamentar, regra geral, tem natureza primária e decorre diretamente da CF, sendo possível que os atos expedidos inovem o próprio ordenamento jurídico.

Certo ( )   Errado ( )

05. (Cespe) Com fundamento no poder disciplinar, a Administração Pública, ao ter conhecimento de prática de falta por servidor público, pode escolher entre a instauração ou não de procedimento destinado a promover a correspondente apuração da infração.

Certo ( )   Errado ( )

06. (Cespe) As prerrogativas do regime jurídico administrativo conferem poderes à Administração, colocada em posição de supremacia sobre o particular; já as sujeições servem de limites à atuação administrativa, como garantia do respeito às finalidades públicas e também dos direitos do cidadão.

Certo ( )   Errado ( )

07. (Cespe) De acordo com a lei, denomina-se ocupação temporária a situação em que um agente policial obriga o proprietário de um veículo particular em movimento a parar, a fim de utilizar esse na perseguição à terrorista internacional que porta bomba, para iminente detonação.

Certo ( )   Errado ( )

08. (Cespe) A sanção administrativa é consectário do poder de polícia regulado por normas administrativas.

Certo ( )   Errado ( )

09. (Cespe) A Administração Pública, no exercício do *ius imperii*, subsume-se ao regime de direito privado.

Certo ( )   Errado ( )

10. (Cespe) O prazo prescricional para que a Administração Pública federal, direta e indireta, no exercício do poder de polícia, inicie ação punitiva, cujo objetivo seja apurar infração à legislação em vigor, é de cinco anos, contados da data em que o ato se tornou conhecido pela Administração, salvo se tratar de infração dita permanente ou continuada, pois, nesse caso, o termo inicial ocorre no dia em que cessa a infração.

Certo ( )   Errado ( )

11. (Cespe) Atos administrativos decorrentes do poder de polícia gozam, em regra, do atributo da autoexecutoriedade, haja vista a administração não depender da intervenção do Poder Judiciário para torná-los efetivos. Entretanto, alguns desses atos importam exceção à regra, como exemplo, no caso de se impor ao administrado que este construa uma calçada. A exceção ocorre porque tal atributo se desdobra em dois, exigibilidade e executoriedade, e, nesse caso, falta a executoriedade.

Certo ( )   Errado ( )

12. (Cespe) Quando um fiscal apreende remédios com prazo de validade vencido, expostos em prateleiras de uma farmácia, tem-se exemplo do poder disciplinar da Administração Pública.

Certo ( )   Errado ( )

13. (Cespe) O poder de polícia, considerado como a atividade do Estado limitadora do exercício dos direitos individuais em benefício do interesse público, é atribuído com exclusividade ao Poder Executivo.

Certo ( )   Errado ( )

14. (Cespe) O poder de polícia manifesta-se apenas por meio de medidas repressivas.

Certo ( )   Errado ( )

GABARITO

01	CERTO	08	CERTO
02	ERRADO	09	ERRADO
03	CERTO	10	ERRADO
04	ERRADO	11	CERTO
05	ERRADO	12	ERRADO
06	CERTO	13	ERRADO
07	ERRADO	14	ERRADO

ANOTAÇÕES

7. Ato Administrativo

Conceito de Ato Administrativo

Ato administrativo é toda manifestação unilateral de vontade da Administração Pública que, agindo nessa qualidade, tenha por fim imediato adquirir, resguardar, transferir, modificar, extinguir e declarar direitos, ou impor obrigações aos administrados ou a si própria.

Da prática dos atos administrativos gera-se:
> Superioridade
> Efeitos jurídicos

Elementos de Validade do Ato

Competência

Poderes que a lei confere aos agentes públicos para exercer funções com o mínimo de eficácia. A competência tem caráter instrumental, ou seja, é um instrumento outorgado para satisfazer interesses públicos – finalidade pública.

Características da competência:

Obrigatoriedade: ela é obrigatória para todos os agentes e órgãos públicos.

Irrenunciabilidade: a competência é um poder-dever de agir e não pode ser renunciada pelo detentor do poder-dever. Contudo, tem caráter relativo uma vez que a competência pode ser delegada ou pode ocorrer a avocação.

Intransferível: mesmo após a delegação, a competência pode ser retomada a qualquer tempo pelo titular do poder-dever, por meio da figura da revogação.

Imodificável: pela vontade do agente, pois somente a lei determina competências.

Imprescritível: a competência pode ser executada a qualquer tempo. Somente a lei pode exercer a função de determinar prazos prescricionais. **Ex.:** *o Art. 54 da Lei nº 9.784/99 determina o prazo decadência de cinco anos para anular atos benéficos para o administrado de boa-fé.*

Finalidade

Visa sempre ao interesse público e à finalidade específica prevista em lei. **Ex.:** *remoção de ofício.*

Forma

O ato administrativo é, em regra, formal e escrito.

> **FIQUE LIGADO**
>
> *A Lei nº 9.784/99, que trata dos processos administrativos no âmbito da União, reza pelo Princípio do Informalismo, admitindo que existam atos verbais ou por meio de sinais (de acordo com o contexto).*

Motivo

O motivo é a causa imediata do ato administrativo. É a situação de fato e de direito que determina ou autoriza a prática do ato, ou, em outras palavras, o pressuposto fático e jurídico (ou normativo) que enseja a prática do ato.

Ex.: *Art. 40, § 1º, II, "a", CF. Trata da aposentadoria por tempo de contribuição.*

Objeto

É o ato em si, ou seja, no caso da remoção o ato administrativo é o próprio instituto da remoção.

Exemplo dos elementos em um ato administrativo:

Demissão: quanto ao ato de demissão deve ter o agente competente para determiná-lo (competência), depois disso, deve ser revertido de forma escrita (forma), a finalidade deve ser o interesse público (finalidade), o motivo deve ser embasado em lei, ou seja, os casos do Art. 132 da Lei nº 8.112/90, o objeto é o próprio instituto da demissão que está prescrito em lei.

Motivação

É a exteriorização por escrito dos motivos que levaram a produção do ato.

> Faz parte do elemento forma e não do motivo.
> Teoria dos Motivos Determinantes.

A motivação é elemento de controle de validade dos atos administrativos. Se ela for falsa, o ato é ilegal, independentemente da sua qualidade (discricionário ou vinculado).

Devem ser motivados:
> Todos os atos administrativos vinculados;
> Alguns atos administrativos discricionários (atos punitivos, que geram despesas, dentre outros).

A Lei nº 9.784/99, em seu Art. 50, traz um rol dos atos que devem ser motivados. Veja a seguir:

> *Art. 50. Os atos administrativos deverão ser motivados, com indicação dos fatos e dos fundamentos jurídicos, quando:*
>
> *I. Neguem, limitem ou afetem direitos ou interesses;*

II. Imponham ou agravem deveres, encargos ou sanções;

III. Decidam processos administrativos de concurso ou seleção pública;

IV. Dispensem ou declarem a inexigibilidade de processo licitatório;

V. Decidam recursos administrativos;

VI. Decorram de reexame de ofício;

VII. Deixem de aplicar jurisprudência firmada sobre a questão ou discrepem de pareceres, laudos, propostas e relatórios oficiais;

VIII. Importem anulação, revogação, suspensão ou convalidação de ato administrativo.

§ 1º - A motivação deve ser explícita, clara e congruente, podendo consistir em declaração de concordância com fundamentos de anteriores pareceres, informações, decisões ou propostas, que, nesse caso, serão parte integrante do ato.

§ 2º - Na solução de vários assuntos da mesma natureza, pode ser utilizado meio mecânico que reproduza os fundamentos das decisões, desde que não prejudique direito ou garantia dos interessados.

§ 3º - A motivação das decisões de órgãos colegiados e comissões ou de decisões orais constará da respectiva ata ou de termo escrito.

Atributos do Ato

Qualidades especiais dos atos administrativos que lhes asseguram uma qualidade jurídica superior a dos atos de direito privado.

Presunção de Legitimidade e Veracidade

Presume-se, em caráter relativo, que os atos da administração foram produzidos em conformidade com a lei e os fatos deles. Para os administrados são obrigatórios. Ocorre aqui, a inversão do ônus da prova (cabe ao administrado provar que o ato é vicioso).

Consequências

Imediata executoriedade do ato administrativo, mesmo impugnado pelo administrado. Até decisão que reconhece o vício ou susta os efeitos do ato.

Impossibilidade de o Poder Judiciário analisar, de ofício, elementos de validade do ato não expressamente impugnados pelo administrado.

Imperatividade

Imperativo, ou seja, é impositivo e independe da anuência do administrado.

Exceção

Atos Negociais: a Administração concorda com uma pretensão do Administrado ou reconhece que ela satisfaz os requisitos para o exercício de certo direito (autorização e permissão – discricionário; licença - vinculado).

Atos Enunciativos: declaram um fato ou emitem uma opinião sem que tal manifestação produza por si só efeitos jurídicos.

> **FIQUE LIGADO**
>
> Relacionado ao poder extroverso do Estado (expressão italiana do autor Renato Aless), esse poder é usado como sinônimo para imperatividade nas provas de concurso.

Autoexecutoriedade

O ato administrativo, uma vez produzido pela Administração, é passível de execução imediata, independentemente de manifestação do Poder Judiciário.

Para Hely Lopes Meirelles, deve haver previsão legal, a exceção existe em casos de emergência. Esse atributo incide em todos os atos, com exceção dos enunciativos e negociais. A administração não goza de autoexecutoriedade na cobrança de débito, quando o administrado resiste ao pagamento.

Tipicidade

O ato deve observar a forma e o tipo previsto em lei para sua produção.

Classificação dos Atos Administrativos

Atos Vinculados: são os que a Administração pratica sem margem alguma de liberdade de decisão, pois a lei previamente determinou o único comportamento possível a ser obrigatoriamente adotado sempre que se configure a situação objetiva descrita na lei. Não cabe ao agente público apreciar a situação objetiva descrita nela.

Atos Discricionários: a Administração pode praticar, com certa liberdade de escolha, nos termos e limites da lei, quanto ao seu conteúdo, seu modo de realização, sua oportunidade e sua conveniência administrativa.

Atos Gerais: caracterizam-se por não possuir destinatários determinados. Os Atos Gerais são sempre determinados e prevalecem sobre os individuais. Podem ser revogados a qualquer tempo. **Ex.:** *são os decretos regulamentares. Esses atos necessitam ser publicados em meio oficial.*

Atos Individuais: são aqueles que possuem destinatários certos (determinados), produzindo diretamente efeitos concretos, constituindo ou declarando situação jurídicas subjetivas. **Ex.:** *nomeação em concurso público e exoneração. Os atos podem ser discricionários ou vinculados e sua revogação somente é passível caso não tenha gerado direito adquirido.*

Atos Simples: decorrem de uma única manifestação de vontade, de um único órgão.

Atos Complexos: necessitam, para formação de seu conteúdo, da manifestação de vontade de dois ou mais órgãos.

Atos Compostos: o seu conteúdo depende de manifestação de vontade de um único órgão, contudo, para funcionar, necessita de outro ato que o aprove.

Diferenças entre ato complexo e ato composto:

Ato Complexo	Ato Composto
1 ato	2 atos
2 vontades	2 vontades
2 ou + órgãos	1 órgão com a aprovação de outro

Espécies de Atos Administrativos

> Normativo;
> Ordinatórios;
> Negociais;
> Enunciativos;
> Punitivos.

Atos Normativos

São atos caracterizados pela generalidade e pela abstração, isto é, um ato normativo não é prescrito para uma situação determinada, mas para todos os eventos assemelhados; a abstração deriva do fato desse ato não representar um caso concreto, determinado, mas, sim, um caso abstrato, descrito na norma e possível de acontecer no mundo real. A regra abstrata deve ser aplicada no caso concreto.

Finalidade: regulamentar as leis e uniformizar procedimentos administrativos.

Características:

> Não possuem destinatários determinados;
> Correspondem aos atos gerais;
> Não pode inovar o ordenamento jurídico;
> Controle.

Regra: os atos administrativos normativos não podem ser atacados mediante recursos administrativos ou judiciais.

Exceção: atos normativos que gerarem efeitos concretos para determinado destinatário podem ser impugnados pelo administrado na via judicial ou administrativa.

Ex.: *Decretos regulamentares, instruções normativas, atos declaratórios normativos.*

Atos Ordinatórios

São atos administrativos endereçados aos servidores públicos em geral.

Finalidade: divulgar determinações aplicáveis ao adequado desempenho de suas funções.

Características:

> Atos internos;
> Decorrem do exercício do poder hierárquico;
> Vinculam os servidores subordinados ao órgão que o expediu;
> Não atingem os administrados;
> Estão hierarquicamente abaixo dos atos normativos;
> Devem obediência aos atos normativos que tratem da mesma matéria relacionada ao ato ordinatório.

Ex.: *Instruções, circulares internas, portarias, ordens de serviço.*

Atos Negociais

São atos administrativos editados quando o ordenamento jurídico exige que o particular obtenha anuência prévia da Administração para realizar determinada atividade de interesse dele ou exercer determinado direito.

Finalidade: satisfação do interesse público, ainda que essa possa coincidir com o interesse do particular que requereu o ato.

Características:

> Os atos negociais não são imperativos, coercitivos e autoexecutórios;
> Os atos negociais não podem ser confundidos com contratos, pois, nesses existe manifestação de vontade bilateral e, nos atos negociais, nós temos uma manifestação de vontade unilateral da Administração Pública, que é provocada mediante requerimento do particular;
> Podem ser vinculados, discricionários, definitivos e precários.

Atos Negociais Vinculados: reconhecem um direito subjetivo do particular, mediante um requerimento, desse particular, comprovando preencher os requisitos que a lei exige para a anuência do direito, a Administração obrigatoriamente deve praticar o ato.

Atos Negociais Discricionários: não reconhecem um direito subjetivo do particular, pois, mesmo que esse atenda às exigências necessárias para a obtenção do ato, a Administração poderá não praticá-lo, decidindo se executa ou não o ato por juízo de conveniência e oportunidade.

Atos negociais definitivos: não comportam revogação, são atos vinculados, mas podem ser anulados ou cassados. Sendo assim, esses atos geram, ao particular, apenas uma expectativa de definitividade.

Atos negociais precários: podem ser revogados a qualquer tempo, são atos discricionários; via de regra, a revogação do ato negocial não gera direito de indenização ao particular.

Espécies de Atos Negociais

Licença: fundamenta-se no poder de polícia da Administração. É ato vinculado e definitivo, pois reconhece um direito subjetivo do particular, mediante um requerimento desse, comprovando preencher os requisitos que a lei exige. Para a anuência do direito, a Administração, obrigatoriamente, deve praticar o ato. A licença não comporta revogação, mas ela pode ser anulada ou cassada, sendo assim, esses atos geram, ao particular, apenas uma expectativa de definitividade.

> **Ex.:** *Alvará para a realização de uma obra, alvará para o funcionamento de um estabelecimento comercial, licença para dirigir, licença para exercer uma profissão.*

Admissão: é o ato unilateral e vinculado pelo qual a Administração faculta a alguém a inclusão em estabelecimento governamental para o gozo de um serviço público. O ato de admissão não pode ser negado aos que preencham as condições normativas requeridas.

> **Ex.:** *Ingresso em estabelecimento oficial de ensino na qualidade de aluno; o desfrute dos serviços de uma biblioteca pública como inscrito entre seus usuários.*

Aprovação: é o ato unilateral e discricionário pelo qual a Administração faculta a prática de ato jurídico (aprovação prévia) ou manifesta sua concordância com ato jurídico já praticado (aprovação a *posteriori*).

Homologação: é o ato unilateral e vinculado de controle pelo qual a Administração concorda com um ato jurídico ou série de atos (procedimento) já praticados, verificando a consonância deles com os requisitos legais condicionadores de sua válida emissão.

Autorização: na maior parte das vezes em que é praticado, fundamenta-se no poder de polícia do Estado quando a lei exige a autorização como condicionante para prática de uma determinada atividade privada ou para o uso de bem público. Todavia, a autorização também pode representar uma forma de descentralizar, por delegação, serviços públicos para o particular.

A autorização é caracterizada por uma predominância do interesse do particular que solicita o ato, todavia, também existe interesse público na prática desse ato.

É um ato discricionário, pois não reconhece um direito subjetivo do particular; mesmo que esse atenda às exigências necessárias para a obtenção do ato, a Administração poderá não praticá-lo, decidindo se desempenha ou não o ato por juízo de conveniência e oportunidade.

É um ato precário, pois pode ser revogado a qualquer tempo. Via de regra, a revogação da autorização não gera direito de indenização ao particular, mas, caso a autorização tenha sido concedida por prazo certo, pode haver o direito de indenização para o particular.

Prazo: a autorização é concedida sem prazo determinado, todavia, pode havê-la outorgada por prazo certo.

> **Exs.:**
>
> *Atividades potencialmente perigosas e que podem colocar em risco a coletividade, por isso, a necessidade de regulação do Estado;*
>
> *Autorização para porte de arma de fogo;*
>
> *Autorização para a prestação de serviços privados de educação e saúde;*
>
> *Autorização de uso de bem público;*
>
> *Autorização de serviço público: prestação de serviço de táxi.*

Permissão: é o ato administrativo discricionário e precário, pelo qual a Administração Pública consente ao particular o exercício de uma atividade de interesse predominantemente da coletividade.

Características:

> Pode ser concedida por prazo certo;
> Pode ser imposta condições ao particular.

A Permissão é um ato precário, pois pode ser revogada a qualquer tempo. Via de regra, a revogação da permissão não gera direito de indenização ao particular, mas, caso a autorização tenha sido concedida por prazo certo ou sob condições, pode haver o direito de indenização para o particular.

A permissão concedida ao particular, por meio de um ato administrativo, não se confunde com a permissão para a prestação de serviços públicos. Nesse último caso, representa uma espécie de descentralização por delegação realizada por meio de contrato.

> **Ex.:** *Permissão de uso de bem público.*

Atos Enunciativos

São atos administrativos enunciativos aqueles que têm por finalidade declarar um juízo de valor, uma opinião ou um fato.

Características:

> Não produzem efeitos jurídicos por si só;
> Não contêm uma manifestação de vontade da administração.

Ex.: *Certidão, atestado, parecer e apostila.*

Certidão: é uma cópia de informações registradas em banco de dados da Administração. Geralmente, é concedida ao particular mediante requerimento da informação registrada pela Administração.

Atestado: declara uma situação de que a Administração tomou conhecimento em virtude da atuação de seus agentes. O atestado não se assemelha à certidão, pois essa declara uma informação constante em banco de dados e aquele declara um fato que não corresponde a um registro de um arquivo da Administração.

Parecer: é um documento técnico, confeccionado por órgão especializado na respectiva matéria tema do parecer, em que o órgão emite sua opinião relativa ao assunto.

Apostila: apostilar significa corrigir, emendar, complementar um documento. É o aditamento de um contrato administrativo ou de um ato administrativo. É um ato de natureza aditiva, pois sua finalidade é adicionar informações a um registro já existente.

Ex.: *Anotar alterações na situação funcional de um servidor.*

Atos Punitivos

São os atos administrativos por meio dos quais a Administração Pública impõe sanções a seus servidores ou aos administrados.

Fundamento

Poder Disciplinar: quando o ato punitivo atinge servidores públicos e particulares ligados à Administração por algum vínculo jurídico específico.

Poder de Polícia: quando o ato punitivo atinge a particulares não ligados à Administração Pública por um vínculo jurídico específico.

Os atos punitivos podem ser internos e externos:

Atos Punitivos Internos: têm como destinatários os servidores públicos e aplicam penalidades disciplinares, ou seja, os atos punitivos internos decorrem sempre do poder disciplinar.

Atos Punitivos Externos: têm como destinatários os particulares. Podem ter fundamento decorrente do poder disciplinar, quando punem particulares sujeitos à disciplina administrativa, ou podem ter fundamento no poder de polícia, quando punem particulares não ligados à Administração Pública.

Todo ato punitivo interno decorre do poder disciplinar, mas nem todo ato que decorre do poder punitivo que surge do poder disciplinar é um ato punitivo interno, pois, quando a Administração aplica punição aos particulares ligados a administração, essa punição decorre do poder disciplinar, mas também representa um ato punitivo externo.

Todo ato punitivo decorrente do poder de polícia é um ato punitivo externo, pois, nesse caso, temos a Administração punindo sempre o particular.

Extinção dos Atos Administrativos

Anulação ou Controle de Legalidade

É o desfazimento do ato administrativo que decorre de vício de legalidade ou de legitimidade na prática do ato.

Cabimento

> Ato discricionário;
> Ato vinculado.

Competência para Anular

> Entidade da Administração Pública que praticou o ato: pode anular o ato a pedido do interessado ou de ofício em razão do princípio da autotutela.
> Poder Judiciário: pode anular somente por provocação do interessado.

Efeitos da Anulação: *Ex tunc*, retroagem desde a data da prática do ato, impugnando a validade do ato.

Prazo: 5 (cinco) anos

> Contagem;
> Prática do ato.

No caso de efeitos patrimoniais contínuos, a partir do primeiro pagamento.

Revogação ou Controle de Mérito

É o desfazimento do ato administrativo por motivos de conveniência e oportunidade.

Cabimento

> Ato discricionário legal, inconveniente e inoportuno;
> Não é cabível a revogação de ato vinculado.

Competência para Revogar

Apenas a entidade da Administração Pública que praticou o ato.

Não pode o controle de mérito ser feito pelo Poder Judiciário na sua função típica de julgar. Todavia, a Administração Pública está presente nos três poderes da União e, caso uma entidade dos Poderes Judiciário, Legislativo ou Executivo pratique um ato discricionário legal, que com o passar do tempo, se mostre inconveniente e inoportuno, somente a entidade que criou o ato tem competência para revogá-lo.

Assim, o poder judiciário não tem competência para exercer o controle de mérito dos atos da Administração Pública, mas a essa do Poder Judiciário pratica atos administrativos e cabe somente a ela a revogação dos atos praticados por ela mesma.

Efeitos da Revogação: *Ex nunc*, não retroagem, ou seja, a revogação gera efeitos prospectivos, para frente.

Cassação

É o desfazimento do ato administrativo decorrente do descumprimento dos requisitos que permitem a manutenção do ato. Na maioria das vezes, a cassação representa uma sanção aplicada ao particular que deixou de atender às condições exigidas para a manutenção do ato.

Como exemplo, temos a cassação da carteira de motorista, que nada mais é do que a cassação de um ato administrativo classificado como licença. A cassação da licença para dirigir decorre da prática de infrações de trânsito praticadas pelo particular, sendo assim, nesse caso, essa cassação é uma punição.

Convalidação

Convalidação é a correção com efeitos retroativos do ato administrativo com defeito sanável, o qual pode ser considerado:

Vício de Competência Relativo à Pessoa

Exceção: competência exclusiva (não cabe convalidação).

O vício de competência relativo à matéria não é considerado um defeito sanável e também não cabe convalidação.

Vício de Forma

Exceção: a lei determina que a forma seja elemento essencial de validade de determinado ato (também não cabe convalidação).

Convalidação Tácita

O Art. 54 da Lei nº 9.784/99 prevê que a Administração tem o direito de anular os atos administrativos de que decorram efeitos favoráveis para os destinatários. O prazo é de cinco anos, contados da data em que forem praticados, salvo comprovada má-fé. Transcorrido esse prazo, o ato foi convalidado, pois não pode ser mais anulado pela Administração.

Convalidação Expressa

Art. 55, Lei nº 9.784/99. Em decisão na qual se evidencie não acarretarem lesão ao interesse público nem prejuízo a terceiros, os atos que apresentarem defeitos sanáveis poderão ser convalidados pela própria Administração.

VAMOS PRATICAR

Os exercícios a seguir são referentes ao conteúdo: Ato Administrativo.

01. (Cespe) Como exemplo da incidência do princípio da inafastabilidade do controle jurisdicional relativos aos atos administrativos no ordenamento jurídico brasileiro, é correto citar a vigência, entre nós, do sistema do contencioso administrativo ou sistema francês.

Certo ( )   Errado ( )

02. (Cespe) Ato administrativo complexo é aquele que resulta do somatório de manifestações de vontade de mais de um órgão, podendo-se citar, como exemplo, a aposentadoria.

Certo ( )   Errado ( )

03. (Cespe) De acordo com a teoria dos motivos determinantes, ainda que se trate de ato discricionário sem a exigência de expressa motivação, uma vez sendo manifestada a motivação, essa vincula o agente para sua realização, devendo, obrigatoriamente, haver compatibilidade entre o ato e a motivação, sob pena de vício suscetível de invalidá-lo.

Certo ( )   Errado ( )

04. (Cespe) A competência constitui elemento ou requisito do ato administrativo vinculado, cabendo, entretanto, ao próprio órgão público estabelecer as suas atribuições.

Certo ( )   Errado ( )

05. (Cespe) A legalidade dos atos administrativos vinculados e discricionários está sujeita à apreciação judicial.

Certo ( )   Errado ( )

06. (Cespe) Sempre que a lei expressamente exigir determinada forma para que um ato administrativo seja considerado válido, a inobservância dessa exigência acarretará a nulidade do ato.

Certo ( )   Errado ( )

07. (Cespe) O Poder Judiciário pode, de ofício, apreciar a validade de um ato administrativo e decretar a sua nulidade, caso seja considerado ilegal.

Certo (   )   Errado (   )

08. (Cespe) Atenderá aos atos normativos do MPOG a contratação, por órgão público, de suporte técnico para os seus processos de planejamento e avaliação da qualidade dos serviços de tecnologia da informação, desde que sob a supervisão exclusiva de servidores do órgão.

Certo (   )   Errado (   )

09. (Cespe) O Tribunal de Contas é o órgão que auxilia o Poder Legislativo no exercício do controle financeiro externo da Administração Pública. Por ter função de caráter administrativo, suas decisões poderão ser submetidas ao controle judicial.

Certo (   )   Errado (   )

10. (Cespe) No caso de um administrado alegar a existência de vício de legalidade que invalide determinado ato administrativo, esse indivíduo deverá fundamentar sua alegação com provas dos fatos relevantes, por força da obrigatoriedade de inversão do ônus da prova, originada no princípio da presunção de legitimidade do ato administrativo.

Certo (   )   Errado (   )

11. (Cespe) Nem todos os atos administrativos possuem o atributo da autoexecutoriedade, já que alguns deles necessitam de autorização do Poder Judiciário para criar obrigações para o administrado.

Certo (   )   Errado (   )

12. (Cespe) O ato administrativo, uma vez publicado, terá vigência e deverá ser cumprido, ainda que esteja eivado de vícios.

Certo (   )   Errado (   )

13. (Cespe) É facultado ao Poder Judiciário, ao exercer o controle de mérito de um ato administrativo, revogar ato praticado pelo Poder Executivo.

Certo (   )   Errado (   )

14. (Cespe) O ato discricionário permite liberdade de atuação administrativa, a qual deve restringir-se, porém, aos limites previstos em lei.

Certo (   )   Errado (   )

GABARITO

01	ERRADO	08	CERTO
02	CERTO	09	CERTO
03	CERTO	10	CERTO
04	ERRADO	11	CERTO
05	CERTO	12	CERTO
06	CERTO	13	ERRADO
07	ERRADO	14	CERTO

ANOTAÇÕES

8. Improbidade Administrativa

A improbidade administrativa está prevista no texto constitucional em seu Art. 37, § 4º, que prevê:

Art. 37, § 4º - Os atos de improbidade administrativa importarão a suspensão dos direitos políticos, a perda da função pública, a indisponibilidade dos bens e o ressarcimento ao erário, na forma e gradação previstas em lei, sem prejuízo da ação penal cabível.

A norma constitucional determinou que os atos de improbidade administrativa deveriam ser regulamentados para a sua execução, o que ocorreu com a edição da Lei nº 8.429/92, que dispõe sobre as sanções aplicáveis aos agentes públicos nos casos de enriquecimento ilícito no exercício de mandato, cargo, emprego ou função na administração pública direta, indireta ou fundacional e dá outras providências.

Sujeitos

Sujeito Passivo (Vítima)

A administração direta, indireta ou fundacional de qualquer dos Poderes da União, dos Estados, do Distrito Federal, dos Municípios, de Território, de empresa incorporada ao patrimônio público ou de entidade para cuja criação ou custeio o erário haja concorrido ou concorra com mais de 50% do patrimônio ou da receita anual.

Entidade que receba subvenção, benefício ou incentivo, fiscal ou creditício, de órgão público, bem como daquelas para cuja criação ou custeio o erário haja concorrido ou concorra com menos de cinquenta por cento do patrimônio ou da receita anual, limitando-se, nesses casos, a sanção patrimonial à repercussão do ilícito sobre a contribuição dos cofres públicos.

Sujeito Ativo (Pessoa que Pratica o Ato de Improbidade Administrativa)

Agente público (exceção agente político sujeito a crime de responsabilidade STF), servidores ou não, com algum tipo de vínculo nas entidades que podem ser vítimas de improbidade administrativa.

Conceito de Agente Público para Aplicação da Lei

Reputa-se agente público, para os efeitos dessa lei, todo aquele que exerce, ainda que transitoriamente ou sem remuneração, por eleição, nomeação, designação, contratação ou qualquer outra forma de investidura ou vínculo, mandato, cargo, emprego ou função nas entidades mencionadas no artigo anterior.

Qualquer pessoa que induza ou concorra com o agente público ou que se beneficie do ato.

As disposições dessa lei são aplicáveis, no que couber, àquele que, mesmo não sendo agente público, induza ou concorra para a prática do ato de improbidade ou dele se beneficie sob qualquer forma direta ou indireta.

Regras Gerais

Os agentes públicos de qualquer nível ou hierarquia são obrigados a velar pela estrita observância dos princípios de legalidade, impessoalidade, moralidade e publicidade no trato dos assuntos que lhe são afetos.

Ocorrendo lesão ao patrimônio público por ação ou omissão, dolosa ou culposa, do agente ou de terceiro, dar-se-á o integral ressarcimento do dano.

No caso de enriquecimento ilícito, perderá o agente público ou terceiro beneficiário os bens ou valores acrescidos ao seu patrimônio.

Quando o ato de improbidade causar lesão ao patrimônio público ou ensejar enriquecimento ilícito, caberá à autoridade administrativa responsável pelo inquérito representar ao Ministério Público, para a indisponibilidade dos bens do indiciado.

A indisponibilidade, a que se refere o *caput* desse artigo, recairá sobre bens que assegurem o integral ressarcimento do dano ou sobre o acréscimo patrimonial resultante do enriquecimento ilícito.

O sucessor daquele que causar lesão ao patrimônio público ou se enriquecer ilicitamente está sujeito às cominações dessa lei até o limite do valor da herança.

Modalidades

As modalidades estão previstas do Art. 9º ao 11, da Lei nº 8.429/92, e constituem um rol exemplificativo, ou seja, no caso concreto, podem existir outras situações capituladas como improbidade que não estão expressamente previstas no texto da lei.

Enriquecimento Ilícito

Art. 9º. Constitui ato de improbidade administrativa, importando enriquecimento ilícito auferir qualquer tipo de vantagem patrimonial indevida em razão do exercício de cargo, mandato, função, emprego ou atividade nas entidades mencionadas no Art. 1º desta lei, e notadamente:

I. Receber, para si ou para outrem, dinheiro, bem móvel ou imóvel, ou qualquer outra vantagem econômica, direta ou indireta, a título de comissão, percentagem, gratificação ou presente de quem tenha interesse, direto ou indireto, que possa ser atingido ou amparado por ação ou omissão decorrente das atribuições do agente público;

II. Perceber vantagem econômica, direta ou indireta, para facilitar a aquisição, permuta ou locação de bem móvel ou imóvel, ou a contratação de serviços pelas entidades referidas no Art. 1º por preço superior ao valor de mercado;

III. Perceber vantagem econômica, direta ou indireta, para facilitar a alienação, permuta ou locação de bem público ou o fornecimento de serviço por ente estatal por preço inferior ao valor de mercado;

IV. Utilizar, em obra ou serviço particular, veículos, máquinas, equipamentos ou material de qualquer natureza, de propriedade ou à disposição de qualquer das entidades mencionadas no Art. 1º desta lei, bem como o trabalho de servidores públicos, empregados ou terceiros contratados por essas entidades;

V. Receber vantagem econômica de qualquer natureza, direta ou indireta, para tolerar a exploração ou a prática de jogos de azar, de lenocínio, de narcotráfico, de contrabando, de usura ou de qualquer outra atividade ilícita, ou aceitar promessa de tal vantagem;

VI. Receber vantagem econômica de qualquer natureza, direta ou indireta, para fazer declaração falsa sobre medição ou avaliação em obras públicas ou qualquer outro serviço, ou sobre quantidade, peso, medida, qualidade ou característica de mercadorias ou bens fornecidos a qualquer das entidades mencionadas no Art. 1º desta lei;

VII. Adquirir, para si ou para outrem, no exercício de mandato, cargo, emprego ou função pública, bens de qualquer natureza cujo valor seja desproporcional à evolução do patrimônio ou à renda do agente público;

VIII. Aceitar emprego, comissão ou exercer atividade de consultoria ou assessoramento para pessoa física ou jurídica que tenha interesse suscetível de ser atingido ou amparado por ação ou omissão decorrente das atribuições do agente público, durante a atividade;

IX. Perceber vantagem econômica para intermediar a liberação ou aplicação de verba pública de qualquer natureza;

X. Receber vantagem econômica de qualquer natureza, direta ou indiretamente, para omitir ato de ofício, providência ou declaração a que esteja obrigado;

XI. Incorporar, por qualquer forma, ao seu patrimônio, bens, rendas, verbas ou valores integrantes do acervo patrimonial das entidades mencionadas no Art. 1º dessa lei;

XII. Usar, em proveito próprio, bens, rendas, verbas ou valores integrantes do acervo patrimonial das entidades mencionadas no Art. 1º dessa lei.

Prejuízo ao Erário

Dos atos de improbidade administrativa que causam prejuízo ao erário:

Art. 10. Constitui ato de improbidade administrativa que causa lesão ao erário qualquer ação ou omissão, dolosa ou culposa, que enseje perda patrimonial, desvio, apropriação, malbaratamento ou dilapidação dos bens ou haveres das entidades referidas no Art. 1º desta lei, e notadamente:

I. Facilitar ou concorrer por qualquer forma para a incorporação ao patrimônio particular, de pessoa física ou jurídica, de bens, rendas, verbas ou valores integrantes do acervo patrimonial das entidades mencionadas no Art. 1º desta lei;

II. Permitir ou concorrer para que pessoa física ou jurídica privada utilize bens, rendas, verbas ou valores integrantes do acervo patrimonial das entidades mencionadas no Art. 1º desta lei, sem a observância das formalidades legais ou regulamentares aplicáveis à espécie;

III. Doar à pessoa física ou jurídica bem como ao ente despersonalizado, ainda que de fins educativos ou assistências, bens, rendas, verbas ou valores do patrimônio de qualquer das entidades mencionadas no Art. 1º desta lei, sem observância das formalidades legais e regulamentares aplicáveis à espécie;

IV. Permitir ou facilitar a alienação, permuta ou locação de bem integrante do patrimônio de qualquer das entidades referidas no Art. 1º desta lei, ou ainda a prestação de serviço por parte delas, por preço inferior ao de mercado;

V. Permitir ou facilitar a aquisição, permuta ou locação de bem ou serviço por preço superior ao de mercado;

VI. Realizar operação financeira sem observância das normas legais e regulamentares ou aceitar garantia insuficiente ou inidônea;

VII. Conceder benefício administrativo ou fiscal sem a observância das formalidades legais ou regulamentares aplicáveis à espécie;

VIII. Frustrar a licitude de processo licitatório ou de processo seletivo para celebração de parcerias com entidades sem fins lucrativos, ou dispensá-los indevidamente; (Redação dada pela Lei nº 13.019, de 2014)

IX. Ordenar ou permitir a realização de despesas não autorizadas em lei ou regulamento;

X. Agir negligentemente na arrecadação de tributo ou renda, bem como no que diz respeito à conservação do patrimônio público;

XI. Liberar verba pública sem a estrita observância das normas pertinentes ou influir de qualquer forma para a sua aplicação irregular;

XII. Permitir, facilitar ou concorrer para que terceiro se enriqueça ilicitamente;

XIII. Permitir que se utilize, em obra ou serviço particular, veículos, máquinas, equipamentos ou material de qualquer natureza, de propriedade ou à disposição de qualquer das entidades mencionadas no Art. 1º desta lei, bem como o trabalho de servidor público, empregados ou terceiros contratados por essas entidades.

XIV. Celebrar contrato ou outro instrumento que tenha por objeto a prestação de serviços públicos por meio da gestão associada sem observar as formalidades previstas na lei;

XV. Celebrar contrato de rateio de consórcio público sem suficiente e prévia dotação orçamentária, ou sem observar as formalidades previstas na lei.

XVI. Facilitar ou concorrer, por qualquer forma, para a incorporação, ao patrimônio particular de pessoa física ou jurídica, de bens, rendas, verbas ou valores públicos transferidos pela administração pública a entidades privadas mediante celebração de parcerias, sem a observância das formalidades legais ou regulamentares aplicáveis à espécie; (Incluído pela Lei nº 13.019, de 2014)

XVII. Permitir ou concorrer para que pessoa física ou jurídica privada utilize bens, rendas, verbas ou valores públicos transferidos pela administração pública a entidade privada mediante celebração de parcerias, sem a observância das formalidades legais ou regulamentares aplicáveis à espécie; (Incluído pela Lei nº 13.019, de 2014)

XVIII. Celebrar parcerias da administração pública com entidades privadas sem a observância das formalidades legais ou regulamentares aplicáveis à espécie; (Incluído pela Lei nº 13.019, de 2014)

XIX. Agir negligentemente na celebração, fiscalização e análise das prestações de contas de parcerias firmadas pela administração pública com entidades privadas; (Incluído pela Lei nº 13.019, de 2014)

XX. Liberar recursos de parcerias firmadas pela administração pública com entidades privadas sem a estrita observância das normas pertinentes ou influir de qualquer forma para a sua aplicação irregular. (Incluído pela Lei nº 13.019, de 2014)

XXI. Liberar recursos de parcerias firmadas pela administração pública com entidades privadas sem a estrita observância das normas pertinentes ou influir de qualquer forma para a sua aplicação irregular. (Incluído pela Lei nº 13.019, de 2014)

Atos que Atentem aos Princípios da Administração Pública

Art. 11. Constitui ato de improbidade administrativa que atenta contra os princípios da Administração Pública qualquer ação ou omissão que viole os deveres de honestidade, imparcialidade, legalidade, e lealdade às instituições, e notadamente:

I. Praticar ato visando ao fim proibido em lei ou regulamento ou diverso daquele previsto, na regra de competência;

II. Retardar ou deixar de praticar, indevidamente, ato de ofício;

III. Revelar fato ou circunstância de que tem ciência em razão das atribuições e que deva permanecer em segredo;

IV. Negar publicidade aos atos oficiais;

V. Frustrar a licitude de concurso público;

VI. Deixar de prestar contas quando esteja obrigado a fazê-lo;

VII. Revelar ou permitir que chegue ao conhecimento de terceiro, antes da respectiva divulgação oficial, teor de medida política ou econômica capaz de afetar o preço de mercadoria, bem ou serviço.

VIII. Descumprir as normas relativas à celebração, fiscalização e aprovação de contas de parcerias firmadas pela administração pública com entidades privadas. (Redação dada pela Lei nº 13.019, de 2014)

IX. Deixar de cumprir a exigência de requisitos de acessibilidade previstos na legislação. (Incluído pela Lei nº 13.146, de 2015)

Efeitos da Lei

A lei de improbidade administrativa gera quatro efeitos. A suspensão dos direitos políticos e a perda da função pública somente se dão depois do trânsito em julgado da sentença condenatória. A indisponibilidade dos bens não constitui penalidade, mas, sim medida cautelar e pode se dar mesmo antes do início da ação.

O ressarcimento ao erário, por sua vez, constitui a responsabilidade civil do agente, ou seja, a obrigação de reparar o dano.

> Suspensão dos Direitos Políticos;
> Perda da Função Pública;
> Indisponibilidade dos Bens;
> Ressarcimento ao Erário.

Das Sanções

Natureza das Sanções

Administrativa

> Perda da função pública;
> Proibição de contratar com o poder público;
> Proibição de receber benefícios ou incentivos fiscais do poder público.

Civil

> Ressarcimento ao erário;
> Perda dos bens;
> Multa.

Política: suspensão dos direitos políticos.

Medida Cautelar: a indisponibilidade dos bens visa à garantia da aplicação das penalidades civis.

Não estabelece sanções penais, mas, se o fato também for tipificado como crime, haverá tal responsabilidade.

Penalidades

Enriquecimento Ilícito: perda dos bens ou valores acrescidos ilicitamente ao patrimônio; ressarcimento integral do dano, quando houver; perda da função pública; suspensão dos direitos políticos de oito a dez anos; pagamento de multa civil de até três vezes o valor do acréscimo patrimonial; e proibição de contratar com o Poder Público ou receber benefícios ou incentivos fiscais ou creditícios, direta ou indiretamente, ainda que por intermédio de pessoa jurídica da qual seja sócio majoritário, pelo prazo de dez anos.

Prejuízo ao Erário: ressarcimento integral do dano; perda dos bens ou valores acrescidos ilicitamente ao patrimônio, se concorrer essa circunstância; perda da função pública; suspensão dos direitos políticos de cinco a oito anos; pagamento de multa civil de até duas vezes o valor do dano; e proibição de contratar com o Poder Público ou receber benefícios ou incentivos fiscais ou creditícios, direta ou indiretamente, ainda que por intermédio de pessoa jurídica da qual seja sócio majoritário, pelo prazo de cinco anos.

Atos que Atentem contra os Princípios da Administração Pública: ressarcimento integral do dano, se houver; perda da função pública; suspensão dos direitos políticos de três a cinco anos; pagamento de multa civil de até cem vezes o valor da remuneração percebida pelo agente; e proibição de contratar com o Poder Público ou receber benefícios ou incentivos fiscais ou creditícios, direta ou indiretamente, ainda que por intermédio de pessoa jurídica da qual seja sócio majoritário, pelo prazo de três anos.

Punições

	Suspensão dos Direitos Políticos	Multa	Proibição de Contratar
Enriquecimento Ilícito	08 a 10 anos	03 vezes o valor do enriquecimento	10 anos
Prejuízo ao Erário	05 a 08 anos	02 vezes o valor do prejuízo causado	05 anos
Atos que Atentem contra os Princípios da Administração Pública	03 a 05 anos	100 vezes o valor da remuneração	03 anos

Aplicação das Sanções

Na fixação das penas previstas, o juiz levará em conta a extensão do dano causado, assim como o proveito patrimonial obtido pelo agente.

Independe da efetiva ocorrência de dano ao patrimônio público, salvo quanto ao ressarcimento.

Independe de aprovação ou rejeição de contas pelos órgãos de controle.

Características

> Ocorrendo lesão ao patrimônio público por ação ou omissão, dolosa ou culposa, do agente ou de terceiro, dar-se-á o integral ressarcimento do dano.
> No caso de enriquecimento ilícito, perderá o agente público ou terceiro beneficiário os bens ou valores acrescidos ao seu patrimônio.
> Quando o ato de improbidade causar lesão ao patrimônio público ou ensejar enriquecimento ilícito, caberá à autoridade administrativa responsável pelo inquérito representar ao Ministério Público, para a indisponibilidade dos bens do indiciado.
> O sucessor daquele que causar lesão ao patrimônio público ou se enriquecer ilicitamente está sujeito às cominações dessa lei até o limite do valor da herança.
> Nos processos de improbidade administrativa, é vedada transação, acordo ou conciliação.
> A aplicação das seguintes penalidades: perda da função pública e suspensão dos direitos políticos depende do trânsito em julgado da sentença condenatória.
> A autoridade judicial ou administrativa competente poderá determinar o afastamento do agente público do exercício do cargo, emprego ou função, sem prejuízo da remuneração, quando a medida se fizer necessária à instrução processual.
> Não existe foro por prerrogativa de função para processos que apuram atos de improbidade administrativa.

Declaração de Bens

A posse e o exercício de agente público ficam condicionados à apresentação de declaração dos bens e valores que compõem o seu patrimônio privado, a fim de que essa seja arquivada no serviço de pessoal competente.

A declaração compreenderá imóveis, móveis, semoventes, dinheiro, títulos, ações e qualquer outra espécie de bens e valores patrimoniais, localizados no país ou no exterior, e, quando for o caso, abrangerá os bens e valores patrimoniais do cônjuge ou companheiro, dos filhos e de outras pessoas que vivam sob a dependência econômica do declarante, excluídos apenas os objetos e utensílios de uso doméstico.

A declaração de bens será anualmente atualizada e na data em que o agente público deixar o exercício do mandato, cargo, emprego ou função.

Será punido com a pena de demissão, a bem do serviço público, sem prejuízo de outras sanções cabíveis, o agente público que se recusar a prestar declaração dos bens, dentro do prazo determinado, ou que a prestar falsa.

O declarante, a seu critério, poderá entregar cópia da declaração anual de bens apresentada à Delegacia da Receita Federal na conformidade da legislação do Imposto sobre a Renda e proventos de qualquer natureza, com as necessárias atualizações, para suprir a exigência contida na lei.

Prescrição

Os atos de improbidade administrativa prescrevem, segundo o Art. 23 da Lei nº 8.429/92:

> I. Até cinco anos após o término do exercício de mandato, de cargo em comissão ou de função de confiança;
>
> II. Dentro do prazo prescricional previsto em lei específica para faltas disciplinares puníveis com demissão a bem do serviço público, nos casos de exercício de cargo efetivo ou emprego.
>
> III. Até cinco anos da data da apresentação à administração pública da prestação de contas final pelas entidades referidas no parágrafo único do Art. 1º desta Lei. (Incluído pela Lei nº 13.019, de 2014)

As ações de ressarcimento ao erário são imprescritíveis.

VAMOS PRATICAR

Os exercícios a seguir são referentes ao conteúdo: Improbabilidade Administrativa.

01. (Cespe) As punições constantes da Lei de Improbidade Administrativa (Lei nº 8.429/1992) são aplicáveis a qualquer agente público, servidor ou não.

Certo ( )   Errado ( )

02. (Cespe) De acordo com a jurisprudência do STJ, estando presente o fumus boni iuris, no que concerne à configuração do ato de improbidade e à sua autoria, dispensa-se, para que seja decretada a indisponibilidade de bens, a demonstração do risco de dano.

Certo ( )   Errado ( )

03. (Cespe) Retardar ou deixar de praticar, indevidamente, ato de ofício configura ato de improbidade administrativa cuja configuração prescinde da presença de elemento doloso.

Certo ( )   Errado ( )

04. (Cespe) É necessária a comprovação de enriquecimento ilícito ou da efetiva ocorrência de dano ao patrimônio público para a tipificação de ato de improbidade administrativa que atente contra os princípios da administração pública.

Certo ( )   Errado ( )

05. (Cespe) Em caso de ato de improbidade, o ressarcimento do poder público só será cabível se causar prejuízo ao erário ou ao patrimônio público.

Certo ( )   Errado ( )

06. (Cespe) Se um agente público tiver percebido vantagem econômica para intermediar liberação de verba pública de qualquer natureza, ele terá praticado ato de improbidade administrativa que importará enriquecimento ilícito e, por essa razão, estará sujeito exclusivamente às sanções impostas na Lei de Improbidade Administrativa.

Certo ( )   Errado ( )

07. (Cespe) Se o suposto autor do ato alegar que não tinha conhecimento prévio da ilicitude, o ato de improbidade restará afastado, por ser o desconhecimento da norma motivo para afastá-lo.

Certo ( )   Errado ( )

08. (Cespe) Os atos de improbidade que importam enriquecimento ilícito sujeitam seus autores, entre outras sanções, à perda da função pública, à suspensão dos direitos políticos de oito a dez anos e à perda dos bens ou valores acrescidos ilicitamente ao patrimônio.

Certo ( )   Errado ( )

09. (Cespe) No sistema adotado pela referida lei, são sujeitos ativos do ato de improbidade os agentes públicos, assim como aqueles que, não se qualificando como tais, induzem ou concorrem para a prática do ato de improbidade ou dele se beneficiam direta ou indiretamente.

Certo ( )   Errado ( )

10. (Cespe) Durante a instrução processual, o agente público poderá ser afastado do seu cargo mediante determinação de autoridade administrativa competente.

Certo ( )   Errado ( )

GABARITO

01	CERTO	06	ERRADO
02	CERTO	07	ERRADO
03	ERRADO	08	CERTO
04	ERRADO	09	CERTO
05	CERTO	10	CERTO

9. Serviços Públicos

Base Constitucional

> *Art. 175. Incumbe ao Poder Público, na forma da lei, diretamente ou sob regime de concessão ou permissão, sempre através de licitação, a prestação de serviços públicos.*
>
> *Parágrafo único. A lei disporá sobre:*
>
> *I. O regime das empresas concessionárias e permissionárias de serviços públicos, o caráter especial de seu contrato e de sua prorrogação, bem como as condições de caducidade, fiscalização e rescisão da concessão ou permissão;*
>
> *II. Os direitos dos usuários;*
>
> *III. Política tarifária;*
>
> *IV. A obrigação de manter serviço adequado.*

Conforme a redação desse artigo, vemos que incumbe ao Poder Público a prestação direta dos serviços públicos ou, sob delegação (concessão ou permissão), a prestação indireta.

Poder Público a que o artigo se refere são as entidades da Administração Direta e Indireta. Assim, a prestação direta dos serviços públicos é a realizada pelas entidades direta e da Administração Indireta, e a prestação indireta é a prestação executada por delegação por um particular, seja por meio de concessão ou permissão.

Os serviços públicos são, conceituados em sentido estrito, se referem aos serviços que têm a possibilidade de serem explorados com o intuito de lucro, relaciona-se com a atividade econômica em sentido amplo. É importante ressaltar que o Art. 175 da Constituição Federal se enquadra no título VI (Da Ordem Econômica e Financeira).

Características dos serviços públicos (estrito):

Referem-se às atividades econômicas em sentido amplo.

Têm a possibilidade de serem explorados com o intuito de lucro.

Não perde a natureza de serviço público:

Titularidade exclusiva do Poder Público.

Pode ser prestado por particular mediante delegação:

> Quando prestado por delegação pelo particular, tal atividade é fiscalizada pelo poder público por meio do exercício do poder disciplinar.

> Atividades prestadas pelo Estado como serviço público e que, ao mesmo tempo, são abertas à livre iniciativa.

Atividades relacionadas aos direitos fundamentais sociais (Art. 6º CF):

São atividades de natureza essencial à sobrevivência e ao desenvolvimento da sociedade.

A prestação dessas atividades é um dever do Estado, por isso, não podem ser exploradas pelo Poder Público com o intuito de lucro.

Não existe delegação dessas atividades a particulares.

Os particulares têm o direito de explorar tais atividades, sem delegação do poder público, sob fiscalização decorrente do exercício do poder de Polícia.

Ex.: *Serviços de educação, saúde, assistência social.*

Se prestado pelo Estado, é um serviço público, caso seja oferecido por particular, não se enquadra como serviço público e sim como privado. Todavia, o foco desse capítulo são os serviços públicos de titularidade exclusiva do Estado, possíveis de serem explorados economicamente com o intuito de lucro e que podem ser prestados por particular mediante delegação. Assim sendo, quando nos referirmos aos serviços públicos, em regra, não estaremos nos reportando às atividades prestadas pelo Estado como serviço público e que ao mesmo tempo podem ser oferecidas livremente pelo particular sob fiscalização do poder de polícia.

Elementos Definidores de uma Atividade Sendo Serviço Público

Material

O elemento material se refere a uma atividade administrativa que visa à prestação de utilidade ou comodidade material, que possa ser fruível, individual ou coletivamente, pelos administrados, sejam elas vitais ou secundárias às necessidades da sociedade.

Esse elemento exclui da noção de serviço público várias atividades estatais, como:

> Atividade legislativa.

> Atividade jurisdicional.

> Poder de polícia.

> Fomento.

> Intervenção.

> Atividades internas (atividade-meio da Administração Pública).

> Obras públicas.

Subjetivo/Orgânico

A titularidade do serviço é exclusiva do estado.

Formal

A prestação do serviço público é submetida a Regime Jurídico de Direito Público.

Conceito

Serviço público é atividade administrativa concreta traduzida em prestações que diretamente representem, em si mesmas, utilidades ou comodidades materiais para a população em geral, executada sob regime jurídico de direito público pela Administração Pública, ou, se for o caso, por particulares delegatários (concessionários e permissionários ou, ainda, em restritas hipóteses, detentores de autorização de serviço público[1]).

Observem que tal conceito tenta satisfazer a necessidade da presença dos elementos caracterizadores dos serviços públicos.

Classificação dos Serviços Públicos

Essenciais e Úteis

Serviços Públicos Essenciais

São serviços essenciais à própria sobrevivência da sociedade; Devem ser garantidos pelo Estado.

> **Ex.:** *Serviços públicos que estejam relacionados aos direitos fundamentais sociais, como o saneamento básico.*

Serviços Públicos de Utilidade Pública

Não são essenciais à sobrevivência da sociedade, mas sua prestação é útil ou conveniente a ela, pois proporciona maior bem estar.

> **Ex.:** *Telefonia.*

Serviços Públicos Gerais e Individuais

Serviços Públicos Gerais (*Uti Universi*)

> STF: Serviço Público indivisível.
> Prestado à coletividade.
> Usuários indeterminados e indetermináveis.

Serviços Públicos Individuais/Específicos/Singulares (*Uti Singuli*)

> STF: Serviço Público divisível.
> Prestados a beneficiários determinados.
> Podem ser remunerados mediante a cobrança de tarifas.

---

[1] ALEXANDRINO, Marcelo & PAULO Vicente – Direito Administrativo Descomplicado, pg. 685 – 20ª Edição – Editora Método.

Serviços Públicos Delegáveis e Indelegáveis

Serviços Públicos Delegáveis

> São prestados pelo Estado centralizadamente.
> São oferecidos também por meio de descentralização.
>> Serviços ou outorga legal: Administração Indireta.
>> Colaboração ou delegação: particulares.

Serviços Públicos Indelegáveis

> Somente podem ser prestados pelo Estado centralizadamente ou por entidade da administração indireta de direito público.
> Exige para a sua prestação o exercício do poder de império do Estado.

Serviços Administrativos, Sociais e Econômicos

Serviços Administrativos

> São atividades internas da Administração (atividade-meio).
> Não são diretamente fruível pela população.
> O benefício gerado à coletividade é indireto.

Serviços Públicos Sociais

> Todos os serviços públicos que correspondem às atividades do Art. 6º (Direitos fundamentais sociais).
> Prestação obrigatória pelo Estado sob regime jurídico de direito público.
> Podem ser livremente prestados por particular sob regime jurídico de direito privado (nesse caso não é serviço público, mas, sim, serviço privado).

Serviços Públicos Econômicos

> Descritos no Art. 175 da CF.
> Atividade econômica em sentido amplo.
> Podem ser explorados com o intuito de lucro.
> Titularidade exclusiva do Estado.
> Pode ser delegado a particulares.

Serviço Público Adequado

A definição de serviço público adequado é feita pelo Art. 6º, §1º, da Lei nº 8.987/95:

> **Art. 6º, §1º.** *Serviço adequado é o que satisfaz as condições de regularidade, continuidade, eficiência, segurança, atualidade, generalidade, cortesia na sua prestação e modicidade das tarifas.*

Princípios dos Serviços Públicos

Com base no conceito acima exposto de serviço público adequado, constatamos que são princípios da boa prestação dos serviços públicos, além dos princípios fundamentais da Administração Pública, o exposto na redação de tal conceito, sendo assim, vamos analisar os princípios descritos no Art. 6º, §1º.

Regularidade: o padrão de qualidade da prestação do serviço deve ser sempre o mesmo e suficiente para atender com adequação as necessidades dos usuários.

Continuidade dos serviços públicos: os serviços públicos não podem ser interrompidos, salvo em situações de emergência ou mediante aviso prévio do prestador, tais como ocorre em casos de inadimplência ou quando o prestador pretende realizar manutenção nos equipamentos necessários à boa prestação do serviço.

Eficiência: na prestação dos serviços públicos, devem ser observados o custo e o benefício.

Segurança: os serviços devem ser prestados sem riscos aos usuários e esses não podem expor sua saúde em perigos na utilização do serviço.

Atualidade: busca constante de atualizações de tecnologia e técnicas empregadas, bem como da qualificação de pessoal. A adequação na prestação às novas tecnologias tem como finalidade melhorar o alcance e a eficiência da prestação.

Generalidade: a prestação de serviços públicos não distingue usuários, ou seja, é igual para todos.

Cortesia na prestação: os prestadores dos serviços públicos devem tratar bem os usuários.

Modicidade das tarifas: as tarifas oriundas da prestação dos serviços públicos devem ter valores razoáveis para os usuários. A finalidade dessa regra é garantir o acesso aos serviços públicos ao maior número de usufruidores possíveis. Quanto mais essencial for o serviço, mais barata será a tarifa e, em alguns casos, pode até mesmo chegar à zero.

Formas de Prestação dos Serviços Públicos

Prestação Centralizada: a pessoa política titular do serviço público faz a prestação por meio dos seus próprios órgãos.

Prestação Descentralizada: a pessoa política transfere a execução do serviço público para outra pessoa.

Modalidades

Prestação descentralizada por serviços/outorga legal: a pessoa política titular do serviço público transfere a sua titularidade e a sua execução para uma entidade integrante da administração indireta.

Prestação descentralizada por colaboração/delegação: a pessoa política transfere somente a execução do serviço público, por delegação a um particular, que vai executá-lo por sua conta e risco. Ex.: *Concessões, Permissões e Autorizações de Serviços Públicos.*

Prestação desconcentrada: o serviço é executado por um órgão, com competência específica para prestá-lo, integrante da estrutura da pessoa jurídica que detém a titularidade do serviço[2].

Prestação desconcentrada centralizada: o órgão competente para prestar o serviço integra a estrutura de uma entidade da Administração Direta.

Prestação desconcentrada descentralizada: o órgão competente para prestar o serviço integra a estrutura de uma entidade da Administração Indireta.

A prestação feita por delegação não caracteriza prestação desconcentrada descentralizada, pois, para isso, seria necessário que o particular delegado tivesse a titularidade do serviço público, o que não acontece na delegação, que transfere somente a execução do serviço e mantém a titularidade com o poder concedente.

Prestação direta: é a prestação feita pelo Poder Público, que é sinônimo de Administração Direta e Indireta, sendo assim, prestação direta é a do serviço público feita pelas entidades da Administração Direta e também pelas Indireta.

Prestação indireta: é a prestação do serviço público feita por particulares mediante delegação da execução.

Concessão e Permissão de Serviço Público

Base Constitucional

Art. 22, XXVII, CF. Compete privativamente à União legislar sobre: normas gerais de licitação e contratação, em todas as modalidades, para as administrações públicas diretas, autárquicas e fundacionais da União, Estados, Distrito Federal e Municípios, obedecido o disposto no Art. 37, XXI, e para as empresas públicas e sociedades de economia mista, nos termos do Art. 173, § 1º, III;

Art. 175, Parágrafo único: A lei disporá sobre:

I. O regime das empresas concessionárias e permissionárias de serviços públicos, o caráter especial de seu contrato e de sua prorrogação, bem como as condições de caducidade, fiscalização e rescisão da concessão ou permissão;

---
2 ALEXANDRINO, Marcelo & PAULO Vicente – Direito Administrativo Descomplicado, pg. 696 – 20ª Edição – Editora Método.

II. Os direitos dos usuários;

III. Política tarifária;

IV. A obrigação de manter serviço adequado.

Competência para a Edição de Normas

Normas Gerais

Competência privativa da União (Art. 22, XXVII, CF).

Lei nº 8.987/95: institui normas gerais sobre o regime de concessão ou permissão de serviço público.

Lei nº 11.079/04: institui normas gerais para licitação e contratação de parceria público-privada no âmbito da Administração Pública.

As duas leis acima descritas são nacionais, ou seja, são leis criadas pela União e que devem obrigatoriamente ser observadas pela União, Estados, DF e Municípios. Todavia, a Lei nº 11.079/04 tem um núcleo que é aplicável somente à Administração Pública Federal, em outras palavras, ela traça normas gerais para todos os entes federados e ainda traz algumas específicas que são aplicadas somente à Administração Pública Federal.

Normas Específicas

Cada ente federal cria as suas próprias normas específicas.

Lei nº 8.987/95: institui normas gerais sobre o regime de concessão e permissão da prestação de serviços públicos.

É importante observar que, com base no Art. 1º da Lei nº 8.987/95, é aplicável aos contratos de concessão e permissão de serviços públicos, naquilo que lhes couber, as disposições contidas na Lei nº 8.666/93 (licitação e contratos administrativos). Tal lei visa regulamentar as regras contidas no parágrafo único do Art. 175 da CF.

Conceito de Concessão e Permissão de Serviço Público

Poder Concedente: a União, o Estado, o Distrito Federal ou o Município, em cuja competência se encontre o serviço público, precedido ou não da execução de obra pública, objeto de concessão ou permissão (Art. 2º, I).

Concessão de Serviço Público: a delegação de sua prestação, feita pelo poder concedente, mediante licitação, na modalidade de concorrência, à pessoa jurídica ou consórcio de empresas que demonstre capacidade para seu desempenho, por sua conta e risco e por prazo determinado (Art. 2º, II).

Concessão de Serviço Público Precedida da Execução de Obra Pública: a construção, total ou parcial, conservação, reforma, ampliação ou melhoramento de quaisquer obras de interesse público, delegada pelo poder concedente, mediante licitação, na modalidade de concorrência, à pessoa jurídica ou a consórcio de empresas que demonstre capacidade para a sua realização, por sua conta e risco, de forma que o investimento da concessionária seja remunerado e amortizado mediante a exploração do serviço ou da obra por prazo determinado (Art. 2º, III).

Permissão de Serviço Público: a delegação, a título precário, mediante licitação, da prestação de serviços públicos, feita pelo poder concedente à pessoa física ou jurídica que demonstre capacidade para seu desempenho, por sua conta e risco (Art. 2º, IV).

Características Comuns das Concessões e Permissões

> São delegações de prestação de serviço público;
> Transferem somente a execução do serviço público, ficando a titularidade com o poder público concedente;
> A prestação do serviço é por conta e risco do particular;
> O poder concedente fiscaliza a prestação feita pelo particular em decorrência do exercício do poder disciplinar;
> O particular tem o dever de prestar um serviço público adequado:
>> Descumprimento.
>> Intervenção.
>> Aplicação de penalidade administrativa.
>> Extinção por caducidade.
> Duração por prazo determinado, podendo o contrato prever sua prorrogação, estipulando as condições;
> A execução indireta por delegação (concessão ou permissão) depende de lei autorizativa;
> São sempre precedidos de licitação.

Diferenças entre a Concessão e Permissão de Serviços Públicos

Art. 2º da Lei nº 9.074/95: É vedado à União, aos Estados, ao Distrito Federal e aos Municípios executarem obras e serviços públicos por meio de concessão e permissão de serviço público, sem lei que lhes autorize e fixe os termos, dispensada a lei autorizativa nos casos de saneamento básico e limpeza urbana e nos já referidos na Constituição Federal, nas Constituições Estaduais e nas Leis Orgânicas do Distrito Federal e Municípios, observado, em qualquer caso, os termos da Lei nº 8.987, de 1995.

Concessão	Permissão
Sempre licitação na modalidade concorrência.	Sempre licitação, todavia, admite outras modalidades e não somente concorrência.
Natureza contratual.	Natureza contratual: contrato de adesão (Art. 40).
Celebração do contrato: pessoa jurídica ou Consórcio de empresas.	Celebração do contrato: pessoa jurídica ou pessoa física.
Não há precariedade.	Delegação a título precário.
Não é cabível revogação do contrato.	Revogabilidade unilateral do contrato pelo poder concedente.

Autorização de Serviço Público

Autorização de serviço público é o ato discricionário, mediante o qual o Poder Público delega ao particular, a título precário, a prestação de serviço público que não exija alto investimento de capital ou alto grau de especialização técnica.

Características do termo de autorização

> Tem natureza precária/discricionária:
   » É discricionária a autorização.
   » Pode ser revogada unilateralmente pela Administração Pública por razões de conveniência e oportunidade.
> Em regra, não tem prazo determinado.
> A revogação não acarreta direito à indenização.

Exceção: nos casos de autorização por prazo certo, ou seja, com tempo determinado no ato de autorização, a revogação antes do término do prazo pode ensejar ao particular o direito à indenização.

Cabimento da autorização de serviços públicos

> Casos em que o serviço seja prestado a um grupo restrito de usuários, sendo o seu beneficiário exclusivo ou principal o próprio particular autorizado.

Ex.: *Exploração de serviços de telecomunicação em regime privado, que é autorizada a prestação por usuário restrito que é o seu único beneficiário: operador privado de rádioamador.*

> Situações de emergência, transitórias e eventuais.

Diferença entre autorização de serviços públicos e a autorização do poder de polícia

Autorização de Serviço Público	Autorização do poder de Polícia
Concede ao particular o exercício de atividade cuja titularidade é exclusiva do poder público.	Concede ao particular o exercício de atividades regidas pelo direito privado, livre à iniciativa privada.

Características comuns entre Concessão, Autorização e Permissão de Serviços Públicos

São formas de delegação da prestação de serviços públicos.

> Transferem somente a execução da atividade e não a sua titularidade.

As delegações de serviço público são fiscalizadas em decorrência do Poder Disciplinar da Administração Pública.

Diferenças entre Concessão, Permissão e Autorização de Serviços Públicos

Concessão	Permissão	Autorização
Sempre licitação na modalidade concorrência.	Sempre licitação, todavia, admite outras modalidades e não somente concorrência.	Não há licitação.
Natureza contratual.	Natureza contratual: contrato de adesão (Art. 40).	Ato administrativo.
Celebração do contrato: pessoa jurídica ou consórcio de empresas.	Celebração do contrato: pessoa jurídica ou pessoa física.	Concessão da Autorização pode ser feita para pessoa física, jurídica ou consórcio de empresas.
Não há precariedade.	Delegação a título precário.	Ato administrativo precário.
Não é cabível revogação do contrato.	Revogabilidade unilateral do contrato pelo poder concedente.	Revogável unilateralmente pelo Poder Concedente.

Parcerias Público-Privadas

A Parceria Público-Privada (PPP), cujas normas gerais encontram-se traçadas na Lei nº 11.079/2004, é um contrato de prestação de obras ou serviços com valor não inferior a R$ 20 milhões firmado entre empresa privada e o governo federal, estadual ou municipal, com duração mínima de cinco e no máximo 35 anos.

Disposições Preliminares

A Lei nº 11.079/2004 institui normas gerais para licitação e contratação de parceria público-privada no âmbito dos Poderes:

> Da União.
> Dos Estados.
> Do Distrito Federal.
> Dos Municípios.

Da mesma forma, essa lei também é aplicada para:

> Órgãos da Administração Pública **Direita**;
> Administração Pública **Indireta** (autarquias, fundações públicas, empresas públicas, sociedades de economia mista);
> **Fundos Especiais**;
> **Entidades Controladas** (direta ou indiretamente pela União, Estados, Distrito Federal e Municípios).

A parceria público-privada é um **Contrato administrativo de concessão**, podendo adotar duas modalidades:

Concessão Patrocinada

É a concessão de serviços públicos ou de obras públicas de que trata a Lei nº 8.987, de 13 de fevereiro de 1995, quando envolver, adicionalmente à tarifa cobrada dos usuários **contraprestação pecuniária do parceiro público ao parceiro privado**.

As concessões patrocinadas regem-se Lei nº 11.079/2004, aplicando subsidiariamente o disposto na Lei nº 8.987, de 13 de fevereiro de 1995, e nas leis que lhe são correlatas.

Concessão Administrativa

É o contrato de prestação de serviços de que a Administração Pública seja a usuária direta ou indireta, ainda que envolva execução de obra ou fornecimento e instalação de bens.

As concessões administrativas regem-se pela Lei nº 11.079/2004, aplicado adicionalmente o disposto nos Arts. 21, 23, 25 e 27 a 39 da Lei nº 8.987, de 13 de fevereiro de 1995, e Art. 31 da Lei nº 9.074, de 7 de julho de 1995.

FIQUE LIGADO

Concessão Patrocinada → *contraprestação paga pela Administração + tarifa paga pelo usuário.*

Concessão Administrativa → *contraprestação paga pela Administração.*

A concessão comum não constitui parceria público-privada – assim entendida a concessão de serviços públicos ou de obras públicas de que trata a Lei nº 8.987/1995, quando não envolver contraprestação pecuniária do parceiro público ao parceiro privado. Os contratos administrativos de concessão comum continuam sendo regidos exclusivamente pela Lei nº 8.987/1995 demais legislação correlata.

Os contratos administrativos **que não caracterizem concessão** comum, patrocinada ou administrativa continuam regidos exclusivamente pela Lei nº 8.666/1993 e pelas leis que lhe são correlatas.

É **vedada a celebração** de contrato de parceria público-privada:

> Cujo valor do contrato seja **inferior a R$ 20.000.000,00** (vinte milhões de reais).
> Cujo período de prestação do serviço seja **inferior a cinco anos.**
> Que tenha como **objeto único** o fornecimento de mão de obra, o fornecimento e instalação de equipamentos ou a execução de obra pública.

Diretrizes que devem ser observadas na contratação de parceria público-privada:

> Eficiência no cumprimento das missões de Estado e no emprego dos recursos da sociedade.
> Respeito aos interesses e direitos dos destinatários dos serviços e dos entes privados incumbidos da sua execução.
> Indelegabilidade das funções de regulação, jurisdicional, do exercício do poder de polícia e de outras atividades exclusivas do Estado.
> Responsabilidade fiscal na celebração e execução das parcerias.
> Transparência dos procedimentos e das decisões.
> Repartição objetiva de riscos entre as partes.
> Sustentabilidade financeira e vantagens socioeconômicas dos projetos de parceria.

Contratos de Parceria Público-Privada

As cláusulas dos contratos de parceria público-privada atenderão ao disposto no Art. 23 da Lei nº 8.987/1995, no que couber, devendo também prever:

> O **prazo de vigência** do contrato, compatível com a amortização dos investimentos realizados, não inferior a cinco, nem superior a 35 anos, incluindo eventual prorrogação.
> As **penalidades aplicáveis** à Administração Pública e ao parceiro privado em caso de inadimplemento contratual, fixadas sempre de forma proporcional à gravidade da falta cometida, e às obrigações assumidas.
> A **repartição de riscos** entre as partes, inclusive os referentes a caso fortuito, força maior, fato do príncipe e álea econômica extraordinária.
> As formas de remuneração e de atualização dos valores contratuais.

> Os mecanismos para a preservação da atualidade da prestação dos serviços.
> Os fatos que caracterizem a inadimplência pecuniária do parceiro público, os modos e o prazo de regularização e, quando houver, a forma de acionamento da garantia.
> Os critérios objetivos de avaliação do desempenho do parceiro privado.
> A prestação, pelo parceiro privado, de garantias de execução suficientes e compatíveis com os ônus e riscos envolvidos, observados os limites dos §§ 3º e 5º do Art. 56 da Lei nº 8.666, de 21 de junho de 1993, e, no que se refere às concessões patrocinadas, o disposto no inciso XV do Art. 18 da Lei nº 8.987, de 13 de fevereiro de 1995.
> O compartilhamento com a Administração Pública de ganhos econômicos efetivos do parceiro privado decorrentes da redução do risco de crédito dos financiamentos utilizados pelo parceiro privado.
> A realização de vistoria dos bens reversíveis, podendo o parceiro público reter os pagamentos ao privado, no valor necessário para reparar as irregularidades eventualmente detectadas.
> O cronograma e os marcos para o repasse ao parceiro privado das parcelas do aporte de recursos, na fase de investimentos do projeto e/ou após a disponibilização dos serviços, sempre que verificada a hipótese do § 2º do Art. 6º da Lei 11.079/2004.

As cláusulas contratuais de atualização automática de valores baseadas em índices e fórmulas matemáticas, quando houver, serão aplicadas sem necessidade de homologação pela Administração Pública, exceto se essa publicar na imprensa oficial, onde houver, até o prazo de 15 dias após apresentação da fatura, razões fundamentadas nesta Lei ou no contrato para a rejeição da atualização.

Os contratos poderão prever adicionalmente:

> Os requisitos e condições em que o parceiro público autorizará a transferência do controle da sociedade de propósito específico para os seus financiadores, com o objetivo de promover a sua reestruturação financeira e assegurar a continuidade da prestação dos serviços, não se aplicando para esse efeito o previsto no inciso I do parágrafo único do Art. 27 da Lei nº 8.987, de 13 de fevereiro de 1995.
> A possibilidade de emissão de empenho em nome dos financiadores do projeto em relação às obrigações pecuniárias da Administração Pública.
> A legitimidade dos financiadores do projeto para receber indenizações por extinção antecipada do contrato, bem como pagamentos efetuados pelos fundos e empresas estatais garantidores de parcerias público-privadas.

A **contraprestação da administração pública** nos contratos de parceria público-privada poderá ser feita por:

> Ordem bancária.
> Cessão de créditos não tributários.
> Outorga de direitos em face da Administração Pública.
> Outorga de direitos sobre bens públicos dominicais.
> Outros meios admitidos em lei.

O contrato poderá prever o pagamento ao parceiro privado de **remuneração variável** vinculada ao seu desempenho, conforme metas e padrões de qualidade e disponibilidade definidos no contrato.

O contrato poderá prever o aporte de recursos em favor do parceiro privado para a realização de obras e aquisição de bens reversíveis, nos termos dos incisos X e XI do *caput* do Art. 18 da Lei nº 8.987, de 13 de fevereiro de 1995, desde que autorizado no edital de licitação, se contratos novos, ou em lei específica, se contratos celebrados até 8 de agosto de 2012.

O valor desse aporte de poderá ser excluído da determinação:

> Do lucro líquido para fins de apuração do lucro real e da base de cálculo da Contribuição Social sobre o Lucro Líquido (CSLL).
> Da base de cálculo da Contribuição para o PIS/Pasep e da Contribuição para o Financiamento da Seguridade Social (Cofins).

Essa parcela excluída deverá ser computada na determinação do lucro líquido para fins de apuração do lucro real, da base de cálculo da CSLL e da base de cálculo da Contribuição para o PIS/Pasep e da Cofins, na proporção em que o custo para a realização de obras e aquisição de bens a que se refere o § 2º deste artigo for realizado, inclusive mediante depreciação ou extinção da concessão, nos termos do Art. 35 da Lei nº 8.987, de 13 de fevereiro de 1995.

Por ocasião da extinção do contrato, o parceiro privado não receberá indenização pelas parcelas de investimentos vinculados a bens reversíveis ainda não amortizadas ou depreciadas, quando tais investimentos houverem sido realizados com valores provenientes do aporte de recursos acima tratado.

A contraprestação da Administração Pública será obrigatoriamente precedida da disponibilização do serviço objeto do contrato de parceria público-privada.

É facultado à Administração Pública, nos termos do contrato, efetuar o pagamento da contraprestação relativa a parcela fruível do serviço objeto do contrato de parceria público-privada.

O aporte de recursos acima tratado, quando realizado durante a fase dos investimentos a cargo do parceiro privado, deverá guardar proporcionalidade com as etapas efetivamente executadas.

Garantias

As obrigações pecuniárias contraídas pela Administração Pública em contrato de parceria público-privada poderão ser garantidas mediante:

> Vinculação de receitas, observado o disposto no inciso IV do Art. 167 da Constituição Federal.
> Instituição ou utilização de fundos especiais previstos em lei.
> Contratação de seguro-garantia com as companhias seguradoras que não sejam controladas pelo Poder Público.
> Garantia prestada por organismos internacionais ou instituições financeiras que não sejam controladas pelo Poder Público.
> Garantias prestadas por fundo garantidor ou empresa estatal criada para essa finalidade.
> Outros mecanismos admitidos em lei.

Sociedade de Propósito Específico

Antes da celebração do contrato, deverá ser constituída sociedade de propósito específico, incumbida de implantar e gerir o objeto da parceria.

A transferência do controle da sociedade de propósito específico estará condicionada à autorização expressa da Administração Pública, nos termos do edital e do contrato, observado o disposto no parágrafo único do Art. 27 da Lei nº 8.987/1995.

A sociedade de propósito específico poderá assumir a forma de companhia aberta, com valores mobiliários admitidos a negociação no mercado. Tal sociedade também deverá obedecer a padrões de governança corporativa e adotar contabilidade e demonstrações financeiras padronizadas, conforme regulamento.

Fica vedado à Administração Pública ser titular da maioria do capital votante dessas sociedades. Entretanto, essa vedação não se aplica à eventual aquisição da maioria do capital votante da sociedade de propósito específico por instituição financeira controlada pelo Poder Público em caso de inadimplemento de contratos de financiamento.

Licitação

De acordo com o Art. 10 da Lei 11.079/04, contratação de parceria público-privada será precedida de licitação na modalidade de concorrência, estando a abertura do processo licitatório condicionada a:

I. Autorização da autoridade competente, fundamentada em estudo técnico que demonstre:

a) A conveniência e a oportunidade da contratação, mediante identificação das razões que justifiquem a opção pela forma de parceria público-privada.

b) Que as despesas criadas ou aumentadas não afetarão as metas de resultados fiscais previstas no Anexo referido no § 1º do Art. 4º da Lei Complementar nº 101, de 4 de maio de 2000, devendo seus efeitos financeiros, nos períodos seguintes, ser compensados pelo aumento permanente de receita ou pela redução permanente de despesa.

c) Quando for o caso, conforme as normas editadas na forma do Art. 25 desta Lei, a observância dos limites e condições decorrentes da aplicação dos Arts. 29, 30 e 32 da Lei Complementar nº 101, de 4 de maio de 2000, pelas obrigações contraídas pela Administração Pública relativas ao objeto do contrato.

A comprovação referida nas alíneas b e c acima citadas conterá as premissas e metodologia de cálculo utilizadas, observadas as normas gerais para consolidação das contas públicas, sem prejuízo do exame de compatibilidade das despesas com as demais normas do plano plurianual e da lei de diretrizes orçamentárias.

II. Elaboração de estimativa do impacto orçamentário-financeiro nos exercícios em que deva vigorar o contrato de parceria público-privada;

III. Declaração do ordenador da despesa de que as obrigações contraídas pela Administração Pública no decorrer do contrato são compatíveis com a lei de diretrizes orçamentárias e estão previstas na lei orçamentária anual;

IV. Estimativa do fluxo de recursos públicos suficientes para o cumprimento, durante a vigência do contrato e por exercício financeiro, das obrigações contraídas pela Administração Pública;

V. Seu objeto estar previsto no plano plurianual em vigor no âmbito onde o contrato será celebrado;

VI. Submissão da minuta de edital e de contrato à consulta pública, mediante publicação na imprensa oficial, em jornais de grande circulação e por meio eletrônico, que deverá informar a justificativa para a contratação, a identificação do objeto, o prazo de duração do contrato, seu valor estimado, fixando-se tempo mínimo de 30 (trinta) dias para recebimento de sugestões, cujo termo dar-se-á pelo menos 7 (sete) dias antes da data prevista para a publicação do edital; e

VIII. Licença ambiental prévia ou expedição das diretrizes para o licenciamento ambiental do empreendimento, na forma do regulamento, sempre que o objeto do contrato exigir.

Sempre que a assinatura do contrato ocorrer em exercício diverso daquele em que for publicado o edital, deverá ser precedida da atualização dos estudos e demonstrações a que se referem os itens I a IV acima citados.

As concessões patrocinadas em que mais de 70% da remuneração do parceiro privado for paga pela Administração Pública dependerão de autorização legislativa específica.

Os estudos de engenharia para a definição do valor do investimento da PPP deverão ter nível de detalhamento de anteprojeto, e o valor dos investimentos para definição do preço de referência para a licitação será calculado com base em preços de mercado considerando o custo global de obras semelhantes no Brasil ou no exterior ou com base em sistemas de custos que utilizem como insumo valores de mercado do setor específico do projeto, aferidos, em qualquer caso, mediante orçamento sintético, elaborado por meio de metodologia expedita ou paramétrica.

O **instrumento convocatório** conterá minuta do contrato, indicará expressamente a submissão da licitação às normas da Lei 11.079/2004 e observará, no que couber, os §§ 3º e 4º do Art. 15, os Arts. 18, 19 e 21 da Lei nº 8.987, de 13 de fevereiro de 1995, **podendo ainda prever:**

> Exigência de garantia de proposta do licitante, observado o limite do inciso III do Art. 31 da Lei nº 8.666, de 21 de junho de 1993.

> O emprego dos mecanismos privados de resolução de disputas, inclusive a arbitragem, a ser realizada no Brasil e em língua portuguesa, nos termos da Lei nº 9.307, de 23 de setembro de 1996, para dirimir conflitos decorrentes ou relacionados ao contrato.

O edital deverá especificar, quando houver, as garantias da contraprestação do parceiro público a serem concedidas ao privado.

Art. 12. O certame para a contratação de parcerias público-privadas obedecerá ao procedimento previsto na legislação vigente sobre licitações e contratos administrativos e também ao seguinte:

I. O julgamento poderá ser precedido de etapa de qualificação de propostas técnicas, desclassificando-se os licitantes que não alcançarem a pontuação mínima, os quais não participarão das etapas seguintes;

II. O julgamento poderá adotar como critérios, além dos previstos nos incisos I e V do Art. 15 da Lei nº 8.987, de 13 de fevereiro de 1995, os seguintes:

a) menor valor da contraprestação a ser paga pela Administração Pública;

b) melhor proposta em razão da combinação do critério da alínea a com o de melhor técnica, de acordo com os pesos estabelecidos no edital;

III. O edital definirá a forma de apresentação das propostas econômicas, admitindo-se:

a) propostas escritas em envelopes lacrados; ou

b) propostas escritas, seguidas de lances em viva voz;

IV. O edital poderá prever a possibilidade de saneamento de falhas, de complementação de insuficiências ou ainda de correções de caráter formal no curso do procedimento, desde que o licitante possa satisfazer as exigências dentro do prazo fixado no instrumento convocatório.

No caso de **propostas escritas, seguidas de lances em viva voz** (verbais):

> Os lances em viva-voz serão sempre oferecidos na ordem inversa da classificação das propostas escritas, sendo vedado ao edital limitar a quantidade de propostas.

> O edital poderá restringir a apresentação de lances em viva-voz aos licitantes cuja proposta escrita for no máximo **20% maior que o valor da melhor proposta.**

O exame de propostas técnicas, para fins de qualificação ou julgamento, será feito por ato motivado, com base em exigências, parâmetros e indicadores de resultado pertinentes ao objeto, definidos com clareza e objetividade no edital. Este poderá prever a inversão da ordem das fases de habilitação e julgamento, hipótese em que:

I. Encerrada a fase de classificação das propostas ou o oferecimento de lances, será aberto o invólucro com os documentos de habilitação do licitante mais bem classificado, para verificação do atendimento das condições fixadas no edital;

II. Verificado o atendimento das exigências do edital, o licitante será declarado vencedor;

III. Inabilitado o licitante melhor classificado, serão analisados os documentos habilitatórios do licitante com a proposta classificada em 2o (segundo) lugar, e assim, sucessivamente, até que um licitante classificado atenda às condições fixadas no edital;

IV. Proclamado o resultado final do certame, o objeto será adjudicado ao vencedor nas condições técnicas e econômicas por ele ofertadas.

Disposições Aplicáveis à União

Apesar de traçar normas gerais aplicáveis no âmbito Federal, Estadual, Distrital e Municipal, a Lei 11.079/2004 traz algumas regras específicas para a União.

Órgão Gestor de Parcerias Público-privadas Federais

Será instituído por **decreto** e com **competência** para:

> Definir os serviços prioritários para execução no regime de parceria público-privada.

> Disciplinar os procedimentos para celebração desses contratos.
> Autorizar a abertura da licitação e aprovar seu edital.
> Apreciar os relatórios de execução dos contratos.

Esse órgão será composto por indicação nominal de um representante titular e respectivo suplente de cada um dos seguintes órgãos:

> Ministério do Planejamento, Orçamento e Gestão, ao qual cumprirá a tarefa de coordenação das respectivas atividades.
> Ministério da Fazenda.
> Casa Civil da Presidência da República.

Das reuniões desse órgão para examinar projetos de parceria público-privada participará um representante do órgão da Administração Pública direta cuja área de competência seja pertinente ao objeto do contrato em análise.

Para deliberação do órgão gestor sobre a contratação de parceria público-privada, o expediente deverá estar instruído com pronunciamento prévio e fundamentado:

> Do Ministério do Planejamento, Orçamento e Gestão, sobre o mérito do projeto.
> Do Ministério da Fazenda, quanto à viabilidade da concessão da garantia e à sua forma, relativamente aos riscos para o Tesouro Nacional e ao cumprimento do limite de que trata o Art. 22 da Lei nº 11.079/2004.

Para o desempenho de suas funções, o órgão gestor de parcerias público-privadas federais poderá criar estrutura de apoio técnico com a presença de representantes de instituições públicas.

O órgão gestor de parcerias público-privadas federais remeterá ao Congresso Nacional e ao Tribunal de Contas da União, com periodicidade anual, relatórios de desempenho dos contratos de parceria público-privada (esse relatórios, salvo informações classificadas como sigilosas, serão disponibilizados ao público, por meio de rede pública de transmissão de dados).

Compete aos **Ministérios e às Agências Reguladoras**, nas suas respectivas áreas de competência, submeter o edital de licitação ao órgão gestor, proceder à licitação, acompanhar e fiscalizar os contratos de parceria público-privada.

Os Ministérios e Agências Reguladoras encaminharão ao órgão gestor de parcerias público-privadas federais, com **periodicidade semestral**, relatórios circunstanciados acerca da execução dos contratos de parceria público-privada, na forma definida em regulamento.

Ficam a União, seus fundos especiais, suas autarquias, suas fundações públicas e suas empresas estatais dependentes autorizadas a participar, no **limite global de R$ 6.000.000.000,00 (seis bilhões de reais)**, em Fundo Garantidor de Parcerias Público-Privadas (FGP) que terá por finalidade prestar garantia de pagamento de obrigações pecuniárias assumidas pelos parceiros públicos federais, distritais, estaduais ou municipais em virtude das parcerias de que trata a Lei nº 11.079/2004.

O FGP terá natureza privada e patrimônio próprio separado do patrimônio dos cotistas, e será sujeito a direitos e obrigações próprios.

O patrimônio do Fundo será formado pelo aporte de bens e direitos realizado pelos cotistas, por meio da integralização de cotas e pelos rendimentos obtidos com sua administração.

Os bens e direitos transferidos ao Fundo serão avaliados por empresa especializada, que deverá apresentar laudo fundamentado, com indicação dos critérios de avaliação adotados e instruído com os documentos relativos aos bens julgados.

A integralização das cotas poderá ser realizada em dinheiro, títulos da dívida pública, bens imóveis dominicais, bens móveis, inclusive ações de sociedade de economia mista federal excedentes ao necessário para manutenção de seu controle pela União, ou outros direitos com valor patrimonial.

O FGP responderá por suas obrigações com os bens e direitos integrantes de seu patrimônio, não respondendo os cotistas por qualquer obrigação do Fundo, salvo pela integralização das cotas que subscreverem.

A integralização com bens acima referido será feita independentemente de licitação, mediante prévia avaliação e autorização específica do Presidente da República, por proposta do Ministro da Fazenda.

O aporte de bens de uso especial ou de uso comum no FGP será condicionado a sua desafetação de forma individualizada.

A capitalização do FGP, quando realizada por meio de recursos orçamentários, dar-se-á por ação orçamentária específica para essa finalidade, no âmbito de Encargos Financeiros da União.

O FGP será criado, administrado, gerido e representado judicial e extrajudicialmente por instituição financeira controlada, direta ou indiretamente, pela União, com observância das normas a que se refere o inciso XXII do Art. 4º da Lei nº 4.595, de 31 de dezembro de 1964.

O estatuto e o regulamento do FGP serão aprovados em assembleia dos cotistas. A representação da União na referida assembleia dar-se-á na forma do inciso V do Art. 10 do Decreto-Lei nº 147, de 3 de fevereiro de 1967.

Caberá à instituição financeira deliberar sobre a gestão e alienação dos bens e direitos do FGP, zelando pela manutenção de sua rentabilidade e liquidez.

O estatuto e o regulamento do FGP devem deliberar sobre a política de concessão de garantias, inclusive no que se refere à relação entre ativos e passivos do Fundo.

A garantia será prestada na forma aprovada pela assembleia dos cotistas, nas seguintes modalidades:

> Fiança, sem benefício de ordem para o fiador.
> Penhor de bens móveis ou de direitos integrantes do patrimônio do FGP, sem transferência da posse da coisa empenhada antes da execução da garantia.
> Hipoteca de bens imóveis do patrimônio do FGP.
> Alienação fiduciária, permanecendo a posse direta dos bens com o FGP ou com agente fiduciário por ele contratado antes da execução da garantia.
> Outros contratos que produzam efeito de garantia, desde que não transfiram a titularidade ou posse direta dos bens ao parceiro privado antes da execução da garantia.
> Garantia, real ou pessoal, vinculada a um patrimônio de afetação Constituído em decorrência da separação de bens e direitos pertencentes ao FGP.

O FGP poderá prestar contra-garantias a seguradoras, instituições financeiras e organismos internacionais que assegurarem o cumprimento das obrigações pecuniárias dos cotistas em contratos de parceria público-privadas.

A quitação pelo parceiro público de cada parcela de débito garantido pelo FGP importará exoneração proporcional da garantia.

O FGP poderá prestar garantia mediante contratação de instrumentos disponíveis em mercado, inclusive para complementação das modalidades acima previstas.

O parceiro privado poderá acionar o FGP nos casos de:

> Crédito líquido e certo, constante de título exigível aceito e não pago pelo parceiro público após 15 dias contados da data de vencimento; e
> Débitos constantes de faturas emitidas e não aceitas pelo parceiro público após 45 (quarenta e cinco) dias contados da data de vencimento, desde que não tenha havido rejeição expressa por ato motivado.

A quitação de débito pelo FGP importará sua sub-rogação nos direitos do parceiro privado. Em caso de inadimplemento, os bens e direitos do Fundo poderão ser objeto de constrição judicial e alienação para satisfazer as obrigações garantidas.

O FGP poderá usar parcela da cota da União para prestar garantia aos seus fundos especiais, às suas autarquias, às suas fundações públicas e às suas empresas estatais dependentes.

O FGP é obrigado a honrar faturas aceitas e não pagas pelo parceiro público. O FGP é proibido de pagar faturas rejeitadas expressamente por ato motivado.

O parceiro público deverá informar o FGP sobre qualquer fatura rejeitada e sobre os motivos da rejeição no prazo de 40 (quarenta) dias contado da data de vencimento.

A ausência de aceite ou rejeição expressa de fatura por parte do parceiro público no prazo de 40 (quarenta) dias contado da data de vencimento implicará aceitação tácita. O agente público que contribuir por ação ou omissão para essa aceitação tácita ou que rejeitar fatura sem motivação será responsabilizado pelos danos que causar, em conformidade com a legislação civil, administrativa e penal em vigor.

O FGP não pagará rendimentos a seus cotistas, assegurando-se a qualquer deles o direito de requerer o resgate total ou parcial de suas cotas, correspondente ao patrimônio ainda não utilizado para a concessão de garantias, fazendo-se a liquidação com base na situação patrimonial do Fundo.

A dissolução do FGP, deliberada pela assembleia dos cotistas, ficará condicionada à prévia quitação da totalidade dos débitos garantidos ou liberação das garantias pelos credores.

Dissolvido o FGP, o seu patrimônio será rateado entre os cotistas, com base na situação patrimonial à data da dissolução.

É facultada a constituição de patrimônio de afetação que não se comunicará com o restante da herança do FGP, ficando vinculado exclusivamente à garantia em virtude da qual tiver sido constituído, não podendo ser objeto de penhora, arresto, sequestro, busca e apreensão ou qualquer ato de constrição judicial decorrente de outras obrigações do FGP.

A constituição do patrimônio de afetação será feita por registro em Cartório de Registro de Títulos e Documentos ou, no caso de bem imóvel, no Cartório de Registro Imobiliário correspondente.

A União somente poderá contratar parceria público-privada quando a soma das despesas de caráter continuado derivadas do conjunto das parcerias já contratadas **não tiver excedido, no ano anterior, a 1% da receita corrente líquida** do exercício, e as despesas anuais dos contratos vigentes, **nos 10 anos subsequentes, não excedam a 1% da receita corrente líquida projetada para os respectivos exercícios.**

Disposições Finais

Fica a União autorizada a conceder incentivo, nos termos do Programa de Incentivo à Implementação de Projetos de Interesse Social (PIPS), instituído pela Lei nº 10.735, de 11 de setembro de 2003, às aplicações em fundos de investimento, criados por instituições financeiras, em direitos creditórios provenientes dos contratos de parcerias público-privadas.

O Conselho Monetário Nacional estabelecerá, na forma da legislação pertinente, as diretrizes para a concessão de crédito destinado ao financiamento de contratos de parcerias público-privadas, bem como para participação de entidades fechadas de previdência complementar.

A Secretaria do Tesouro Nacional editará, na forma da legislação pertinente, normas gerais relativas à consolidação das contas públicas aplicáveis aos contratos de parceria público-privada.

O inciso I do § 1º do Art. 56 da Lei nº 8.666/1993, foi alterado pela Lei 11.079/2004, passando a vigorar com a seguinte redação:

> *Caução em dinheiro ou em títulos da dívida pública, devendo estes ter sido emitidos sob a forma escritural, mediante registro em sistema centralizado de liquidação e de custódia autorizado pelo Banco Central do Brasil e avaliados pelos seus valores econômicos, conforme definido pelo Ministério da Fazenda.*

As operações de crédito efetuadas por empresas públicas ou sociedades de economia mista controladas pela União não poderão exceder a 70% do total das fontes de recursos financeiros da sociedade de propósito específico, sendo que para as áreas das regiões Norte, Nordeste e Centro-Oeste, onde o Índice de Desenvolvimento Humano (IDH) seja inferior à média nacional, essa participação não poderá exceder a 80%.

Não poderão exceder a 80% do total das fontes de recursos financeiros da sociedade de propósito específico ou 90% nas áreas das regiões Norte, Nordeste e Centro-Oeste, onde o IDH seja inferior à média nacional, as operações de crédito ou contribuições de capital realizadas cumulativamente por:

> Entidades fechadas de previdência complementar.

> Empresas públicas ou sociedades de economia mista controladas pela União.

Para esses fins, financeiros as operações de crédito e contribuições de capital à sociedade entende-se por fonte de recursos de propósito específico.

A União não poderá conceder garantia ou realizar transferência voluntária aos Estados, Distrito Federal e Municípios se a soma das despesas de caráter continuado, derivadas do conjunto das parcerias já contratadas por esses entes, tiver excedido, no ano anterior, a 5% da receita corrente líquida do exercício ou se as despesas anuais dos contratos vigentes nos 10 anos subsequentes excederem a 5% da receita corrente líquida projetada para os respectivos exercícios.

Os Estados, o Distrito Federal e os Municípios que contratarem empreendimentos por intermédio de parcerias público-privadas deverão encaminhar ao Senado Federal e à Secretaria do Tesouro Nacional, previamente à contratação, as informações necessárias para cumprimento dessa determinação.

Na aplicação do limite previsto no caput deste artigo, serão computadas as despesas derivadas de contratos de parceria celebrados pela administração pública direta, autarquias, fundações públicas, empresas públicas, sociedades de economia mista e demais entidades controladas, direta ou indiretamente, pelo respectivo ente, excluídas as instituições estatais não dependentes.

Serão aplicáveis, no que couber, as penalidades previstas no Decreto-Lei nº 2.848, de 7 de dezembro de 1940 - Código Penal; na Lei nº 8.429, de 2 de junho de 1992 – Lei de Improbidade Administrativa; na Lei nº 10.028, de 19 de outubro de 2000 - Lei dos Crimes Fiscais; no Decreto-Lei nº 201, de 27 de fevereiro de 1967; e na Lei nº 1.079, de 10 de abril de 1950, sem prejuízo das penalidades financeiras previstas contratualmente.

EXERCÍCIO COMENTADO

01. Com relação ao contrato de Parceria Público-Privada, de acordo com as regras da Lei nº 11.079/2004, podemos afirmar que:

a) Se autoriza, em situações excepcionais, a celebração cujo valor do contrato seja inferior a R$ 20.000.000,00 (vinte milhões de reais).

b) A contraprestação da Administração Pública não poderá ser feita por ordem bancária.

c) Os contratos poderão prever adicionalmente a possibilidade de emissão de empenho em nome dos financiadores do projeto em relação às obrigações pecuniárias da Administração Pública.

d) Não será vedada, em razão de interesse público, a celebração que tenha por objeto único o fornecimento de mão de obra.

e) A contraprestação da Administração Pública não poderá ser feita por cessão de créditos não tributários.

RESPOSTA: C.

A: Incorreta. O Art. 2º, § 4º, inciso I da Lei 11.079/2004 diz expressamente que é vedada a celebração de contrato de parceria público-privada cujo valor do contrato seja inferior a R$ 20.000.000,00.

B: Incorreta. O Art. 6º, inciso II, da Lei 11.079/2004 autoriza que a contraprestação da Administração Pública nos contratos de parceria público-privada possa ser feita por ordem bancária.

C: Correta. Nos termos do Art. 5º, § 2º, inciso II, da Lei 11.079/2004, os contratos poderão prever adicionalmente a possibilidade de emissão de empenho em nome dos financiadores do projeto em relação às obrigações pecuniárias da Administração Pública.

D: Incorreta. O Art. 2º, § 4º, inciso III, da Lei 11.079/2004 diz expressamente que é vedada a celebração de contrato de parceria público-privada que tenha como objeto único o fornecimento de mão de obra, o fornecimento e instalação de equipamentos ou a execução de obra pública.

E: Incorreta. O Art. 6º, inciso II, da Lei 11.079/2004 autoriza que a contraprestação da Administração Pública nos contratos de parceria público-privada possa ser feita por cessão de créditos não tributários.

VAMOS PRATICAR

Os exercícios a seguir são referentes ao conteúdo: Serviços Públicos.

01. (Cespe) Os serviços de energia elétrica, gás, transportes, saúde, ensino e assistência e previdência social são exemplos de serviços *uti universi*, que, na classificação dada pela doutrina, são aqueles que visam à satisfação individual e direta das necessidades dos cidadãos.

Certo ( )   Errado ( )

02. (Cespe) A permissão de serviço público depende sempre de licitação e contra ela cabe revogação pela Administração Pública a qualquer momento, por motivo de interesse público.

Certo ( )   Errado ( )

03. (Cespe) Na permissão de serviço público, o poder público transfere a outrem, pessoa física ou jurídica, a execução de serviço público, para que o exerça em seu próprio nome e por sua conta e risco, mediante tarifa paga pelo usuário.

Certo ( )   Errado ( )

04. (Cespe) Configurada a hipótese de caducidade na concessão de serviço público, o concessionário tem direito à indenização e não se sujeita a penalidades de natureza administrativa.

Certo ( )   Errado ( )

05. (Cespe) O serviço público concedido não pode ser remunerado por tarifa, visto que não é um serviço do poder público.

Certo ( )   Errado ( )

06. (Cespe) À concessionária cabe a execução do serviço concedido, incumbindo-lhe a responsabilidade por todos os prejuízos causados ao poder concedente, aos usuários ou a terceiros, não admitindo a lei que a fiscalização exercida pelo órgão competente exclua ou atenue tal responsabilidade.

Certo ( )   Errado ( )

07. (Cespe) Reversão consiste na transferência, em virtude de extinção contratual, dos bens do concessionário para o patrimônio do concedente.

Certo ( )   Errado ( )

08. (Cespe) Consideram-se serviços públicos coletivos (*uti universi*) aqueles que têm por finalidade a satisfação individual e direta das necessidades dos cidadãos, como são os de energia elétrica domiciliar e os de uso de linha telefônica.

Certo ( )   Errado ( )

09. (Cespe) A titularidade dos serviços públicos é conferida expressamente ao poder público.

Certo ( )   Errado ( )

GABARITO

01	ERRADO	06	CERTO
02	CERTO	07	CERTO
03	CERTO	08	ERRADO
04	ERRADO	09	CERTO
05	ERRADO		

10. Controle da Administração Pública

É um conjunto de instrumentos que o ordenamento jurídico estabelece a fim de que a própria administração Pública, os três poderes, e, ainda, o povo, diretamente ou por meio de órgãos especializados, possam exercer o poder de fiscalização, orientação e revisão da atuação de todos os órgãos, entidades e agentes públicos, em todas as esferas do poder.

Classificação

Quanto à Origem

Controle Interno

Acontece dentro do próprio poder, decorrente do princípio da autotutela.

Finalidade:

> *Art. 74, CF. Os Poderes Legislativo, Executivo e Judiciário manterão, de forma integrada, sistema de controle interno com a finalidade de:*
>
> *I. Avaliar o cumprimento das metas previstas no plano plurianual, a execução dos programas de governo e dos orçamentos da União;*
>
> *II. Comprovar a legalidade e avaliar os resultados, quanto à eficácia e eficiência, da gestão orçamentária, financeira e patrimonial nos órgãos e entidades da administração federal, bem como da aplicação de recursos públicos por entidades de direito privado;*
>
> *III. Exercer o controle das operações de crédito, avais e garantias, bem como dos direitos e haveres da União;*
>
> *IV. Apoiar o controle externo no exercício de sua missão institucional.*
>
> *§ 1º - Os responsáveis pelo controle interno, ao tomarem conhecimento de qualquer irregularidade ou ilegalidade, dela darão ciência ao Tribunal de Contas da União, sob pena de responsabilidade solidária.*

Exs.:

Pode ser exercido no âmbito hierárquico ou por órgãos especializados (sem hierarquia);

O controle finalístico (controvérsia doutrinária, alguns autores falam que é modalidade de controle externo);

A fiscalização realizada por um órgão da Administração Pública do Legislativo sobre a atuação dela própria;

O controle realizado pela Administração Pública do poder judiciário nos atos administrativos praticados pela própria Administração Pública desse poder.

Controle Externo

É exercido por um poder sobre os atos administrativos de outro poder.

A exemplo, temos o controle judicial dos atos administrativos, que analisa aspectos de legalidade dos atos da Administração Pública dos demais poderes; ou o controle legislativo realizado pelo poder legislativo, nos atos da Administração Pública dos outros poderes.

Controle Popular

É o controle exercido pelos administrados na atuação da Administração Pública dos três poderes, seja por meio da ação popular, do direito de petição ou de outros.

É importante lembrar que os atos administrativos devem ser publicados, salvo os sigilosos. Todavia, uma outra finalidade da publicidade dos atos administrativos é o desenvolvimento do controle social da Administração Pública[1].

Quanto ao Momento de Exercício

Controle Prévio

É exercido antes da prática ou antes da conclusão do ato administrativo.

Finalidade:

É um requisito de validade do ato administrativo.

> **Ex.:** *A aprovação do Senado Federal da escolha de ministros do STF ou de dirigente de uma agência reguladora federal. Em tais situações, a referida aprovação antecede a nomeação de tais agentes.*

Controle Concomitante

É exercido durante a prática do ato.

Finalidade:

Possibilitar a aferição do cumprimento das formalidades exigidas para a formação do ato administrativo.

> **Ex.:** *Fiscalização da execução de um contrato administrativo; acompanhamento de uma licitação pelos órgãos de controle.*

Controle Subsequente/Corretivo/Posterior

É exercido após a conclusão do ato.

Finalidade:

> Correção dos defeitos sanáveis do ato;

---

[1] Lei de Acesso à Informação Pública - Lei nº 12.527/Art. 3º. Os procedimentos previstos nesta Lei destinam-se a assegurar o direito fundamental de acesso à informação e devem ser executados em conformidade com os princípios básicos da Administração Pública e com as seguintes diretrizes:
I. observância da publicidade como preceito geral e do sigilo como exceção;
II. divulgação de informações de interesse público, independentemente de solicitações;
III. utilização de meios de comunicação viabilizados pela tecnologia da informação;
IV. fomento ao desenvolvimento da cultura de transparência na Administração Pública;
V. desenvolvimento do controle social da Administração Pública.

> Declaração de nulidade do ato;

Revogação do ato discricionário legal inconveniente e inoportuno.

Cassação do ato pelo descumprimento dos requisitos que são exigidos para a sua manutenção.

Conferir eficácia ao ato.

Ex.: *Homologação de um concurso público.*

Quanto ao Aspecto Controlado

Controle de Legalidade

Sua finalidade é verificar se o ato foi praticado em conformidade com o ordenamento jurídico, e, por esse, entendemos que o ato tem que ser praticado de acordo com as leis e também com os princípios fundamentais da administração pública.

Lei deve ser entendida, nessa situação, em sentido amplo, ou seja, a Constituição Federal, as leis ordinárias, complementares, delegadas, medidas provisórias e as normas infralegais.

Exercício:

Própria Administração Pública: pode realizar o controle de legalidade a pedido ou de ofício. Em decorrência do princípio da autotutela, é espécie de controle interno.

Poder Judiciário: no exercício da função jurisdicional, pode exercer o controle de legalidade somente por provocação. Nesse caso, é uma espécie de inspeção externo.

Poder Legislativo: somente pode exercer controle de legalidade nos casos previstos na Constituição Federal. É forma de controle externo.

Consequências:

Confirmação da validade do ato.

Anulação do ato com vício de validade (ilegal).

Um ato administrativo pode ser anulado pela própria Administração[2] que o praticou, por provocação ou de ofício (controle interno) ou pelo poder judiciário. Nesse caso, somente por provocação (controle externo). A anulação gera efeitos retroativos (*ex tunc*), desfazendo todas as relações do ato resultadas, salvo, entretanto, os efeitos produzidos para os terceiros de boa-fé.

Prazo para anulação na via administrativa: cinco anos, contados a partir da prática do ato, salvo comprovada má-fé.

Segundo o STF, quando o controle interno acarretar o desfazimento de um ato administrativo que implique em prejuízo à situação jurídica do administrado, a administração deve antes instaurar um procedimento que garanta a ele o contraditório e a ampla-defesa, para que, dessa forma, possa defender os seus interesses.

Convalidação do ato é a correção com efeitos retroativos do ato administrativo com defeito sanável. Considera-se problema reparável:

I. Vício de competência relativo à pessoa.

Exceção: Competência exclusiva (também não cabe convalidação).

O vício de competência relativo à matéria não é caracterizado como um defeito sanável.

II. Vício de Forma

Exceção: Lei determina que a forma seja elemento essencial de validade de determinado ato (também não cabe convalidação).

Sendo assim, somente os vícios nos elementos forma e competência podem ser convalidados. Em todos os demais casos, a administração somente pode anular o ato.

Mesmo quando o defeito admite convalidação, a administração pública tem a possibilidade de anular, pois a regra é a anulação e a convalidação uma faculdade disponível ao agente público em hipóteses excepcionais.

Convalidação Tácita:

O Art. 54 da Lei nº 9.784 prevê que a administração tem o direito de anular os atos administrativos de que decorram efeitos favoráveis; para os destinatários, decai em cinco anos, contados da data em que forem praticados, salvo comprovada má-fé. Transcorrido esse prazo, o ato foi convalidado, pois não pode ser mais anulado pela administração.

Convalidação Expressa:

Art. 55, Lei nº 9.784/99. *Em decisão na qual se evidencie não acarretar lesão ao interesse público nem prejuízo a terceiros, os atos que apresentarem defeitos sanáveis poderão ser convalidados pela própria Administração.*

O prazo que a Administração Pública tem para convalidar um ato é o mesmo que ela tem para anular, ou seja, cinco anos contados a partir da data da prática do feito. Como analisamos, a convalidação, se trata de um controle de legalidade que verificou que o ato foi praticado com vício, todavia, na hipótese descrita no Art. 55 da Lei nº 9.784/99, a autoridade com competência para anular tal ato, pode optar pela sua convalidação.

Controle de Mérito

Sua finalidade é verificar a conveniência e a oportunidade dos atos administrativos discricionários.

---

2 Súmula 473, STF. A Administração pode anular seus próprios atos, quando eivados de vícios que os tornem ilegais, porque deles não se originam direitos; ou revogá-los, por motivo de conveniência ou oportunidade, respeitados os direitos adquiridos, e ressalvada, em todos os casos, a apreciação judicial.

Exercício:

Em regra, é exercido discricionariamente pelo próprio poder que praticou o feito.

Excepcionalmente, o poder legislativo tem competência para verificar o mérito de atos administrativos dos outros poderes, esse é um controle de mérito de natureza política.

Não pode ser exercido pelo poder judiciário na sua função típica, mas pode ser executado pela Administração Pública do poder judiciário nos atos dela própria.

Consequências:

Manutenção do ato discricionário legal, conveniente e oportuno;

Revogação do ato discricionário legal, inconveniente e inoportuno.

> **FIQUE LIGADO**
>
> Nas hipóteses em que o Poder Legislativo exerce controle de mérito da atuação administrativa dos outros poderes, não lhe é permitida a revogação de tais atos.

Quanto à Amplitude

Controle Hierárquico

Decorre da hierarquia presente na Administração Pública, que se manifesta na subordinação entre órgãos e agentes, sempre no âmbito de uma mesma pessoa jurídica. Acontece na Administração Pública dos três poderes.

Consequências:

É um controle interno permanente (antes/durante/após a prática do ato) e irrestrito, pois verifica aspectos de legalidade e de mérito de um ato administrativo praticado pelos agentes e órgãos subordinados.

Esse controle está relacionado às atividades de supervisão, coordenação, orientação, fiscalização, aprovação, revisão, avocação e aplicação de meios corretivos dos desvios e irregularidades verificados.

Controle Finalístico/Tutela Administrativa/Supervisão Ministerial

É exercido pela administração direta sobre as pessoas jurídicas da administração indireta.

Efeitos:

Depende de norma legal que o estabeleça, não se enquadrando como um controle específico, e sua finalidade é verificar se a entidade está atingindo as suas intenções estatutárias.

Controle Administrativo

É um controle interno, fundado no poder de autotutela, exercido pelo poder executivo e pelos órgãos administrativos dos poderes legislativo e judiciário sobre suas próprias condutas, tendo em vista aspectos de legalidade e de mérito administrativo[3].

> *Súmula 473, STF: A Administração pode anular seus próprios atos, quando eivados de vícios que os tornam ilegais, porque deles não se originam direitos; ou revogá-los, por motivo de conveniência ou oportunidade, respeitados os direitos adquiridos, e ressalvada, em todos os casos, a apreciação judicial.*

O controle administrativo é sempre interno. Pode ser hierárquico, quando é feito entre órgãos verticalmente escalonados integrantes de uma mesma pessoa jurídica, seja da Administração Direta ou Indireta; ou não hierárquico, quando exercido entre órgãos que, embora integrem uma só pessoa jurídica, não estão na mesma linha de escalonamento vertical e também no controle finalístico exercido entre a Administração Direta e a Indireta.

O controle administrativo é um controle permanente, pois acontece antes, durante e depois da prática do ato; também é irrestrito, pois como já foi dito, analisa aspectos de legalidade e de mérito.

Ainda é importante apontar que o controle administrativo pode acontecer de ofício ou a pedido do administrado.

Quando interessado em provocar a atuação da Administração Pública, o administrado pode se valer da reclamação administrativa, que é uma expressão genérica para englobar um conjunto de instrumentos, tais como o direito de petição, a representação, a denúncia, o recurso, o pedido de reconsideração, a revisão, dentre outros meios.

O meio utilizado pela Administração Pública para processar o pedido do interessado é o processo administrativo, que, na esfera federal, é regulado pela Lei nº 9.784/99.

Controle Legislativo

É a fiscalização realizada pelo Poder Legislativo, na sua função típica de fiscalizar, na atuação da Administração Pública dos três poderes.

Quando exercido na atuação administrativa dos outros poderes, é espécie de controle externo; quando realizado na Administração Pública do próprio poder legislativo, é espécie de controle interno.

Hipóteses de Controle

O controle legislativo na atuação da Administração Pública somente pode ocorrer nas hipóteses

---
3 ALEXANDRINO, Marcelo & PAULO Vicente. Direito Administrativo Descomplicado. 19ª edição. São Paulo - 2011.

previstas na Constituição Federal, não sendo permitidas às Constituições Estaduais ou às leis orgânicas criarem novas modalidades de controle legislativo no respectivo território de sua competência. Caso se crie nova forma de controle legislativo por instrumento legal diverso da Constituição Federal, tal norma será inconstitucional.

Como as normas estaduais e municipais não podem criar novas modalidades de controle legislativo, nessas esferas, pelo princípio da simetria, são aplicadas as hipóteses de controle legislativo previstas na Constituição Federal para os estados e municípios. Todavia, vale ressaltar que como o sistema legislativo federal adota o bicameralismo, as hipóteses de controle do Congresso Nacional, do Senado, das comissões e do Tribunal de Contas da União são aplicadas às assembleias legislativas na esfera estadual e às câmaras de vereadores nas esferas municipais.

Modalidades

Controle de Legalidade

Quando se analisa aspectos de legalidade da atuação da Administração Pública dos três poderes, tais como dos atos e contratos administrativos.

Controle de Mérito (Político)

É um controle de natureza política, que possibilita ao Poder Legislativo, nas hipóteses previstas na Constituição Federal, a intervir na atuação da Administração Pública do Poder Executivo, controlando aspectos de eficiência da atuação e também de conveniência da tomada de determinadas decisões do poder executivo.

Ex.: *Quando o Senado tem que aprovar o ato do Presidente da República, que nomeia um dirigente de uma agência reguladora.*

Efeitos:

Não acarreta revogação do ato, pois esse ainda não conclui o seu processo de formação enquanto não for aprovado pelo poder legislativo, ou seja, tal ato não gera efeitos até a aprovação, por isso, não há o que se falar em revogação.

Controle Exercido pelo Congresso Nacional

A competência exclusiva do Congresso Nacional vem descrita no Art. 40 da Constituição Federal:

V. Sustar os atos normativos do Poder Executivo que exorbitem do poder regulamentar ou dos limites de delegação legislativa;

Tal situação acontece quando, no exercício do poder regulamentar, o presidente da república edite um decreto para complementar determinada lei e, nesse decreto, ele venha a inovar o ordenamento jurídico, ultrapassando os limites da lei. Todavia, a sustação do ato normativo pelo Congresso Nacional não invalida todo o decreto mas somente o trecho dele que esteja exorbitando do exercício do poder regulamentar.

IX. Julgar anualmente as contas prestadas pelo Presidente da República e apreciar os relatórios sobre a execução dos planos de governo;

X. Fiscalizar e controlar, diretamente, ou por qualquer de suas Casas, os atos do Poder Executivo, incluídos os da administração indireta;

Controle Exercido Privativamente pelo Senado Federal

As competências privativas do Senado Federal vêm descritas no Art. 52 da Constituição Federal, dentre essas, algumas se referem ao exercício de atividades de controle:

I. Processar e julgar o Presidente e o Vice-Presidente da República nos crimes de responsabilidade, bem como os Ministros de Estado e os Comandantes da Marinha, do Exército e da Aeronáutica nos crimes da mesma natureza conexos com aqueles;

II. Processar e julgar os Ministros do Supremo Tribunal Federal, os membros do Conselho Nacional de Justiça e do Conselho Nacional do Ministério Público, o Procurador-Geral da República e o Advogado-Geral da União nos crimes de responsabilidade;

> **FIQUE LIGADO**
>
> *Nesses dois primeiros casos, o julgamento será presidido pelo presidente do STF, limitando-se este à condenação, que somente será proferida por dois terços dos votos do Senado Federal.*

III. Aprovar previamente, por voto secreto, após arguição pública, a escolha de:

a) Magistrados, nos casos estabelecidos nesta Constituição;

b) Ministros do Tribunal de Contas da União indicados pelo Presidente da República;

c) Governador de Território;

d) Presidente e diretores do Banco Central;

e) Procurador-Geral da República;

f) titulares de outros cargos que a lei determinar.

IV. Aprovar previamente, por voto secreto, após arguição em sessão secreta, a escolha dos chefes de missão diplomática de caráter permanente;

V. Autorizar operações externas de natureza financeira, de interesse da União, dos Estados, do Distrito Federal, dos Territórios e dos Municípios;

VI. Fixar, por proposta do Presidente da República, limites globais para o montante da dívida consolidada da União, dos Estados, do Distrito Federal e dos Municípios;

VII. Dispor sobre limites globais e condições para as operações de crédito externo e interno da União, dos Estados, do Distrito Federal e dos Municípios, de suas autarquias e demais entidades controladas pelo Poder Público Federal;

VIII. dispor sobre limites e condições para a concessão de garantia da União em operações de crédito externo e interno;

IX. Estabelecer limites globais e condições para o montante da dívida mobiliária dos Estados, do Distrito Federal e dos Municípios;

X. Aprovar, por maioria absoluta e por voto secreto, a exoneração, de ofício, do Procurador-Geral da República antes do término de seu mandato;

XI. Avaliar periodicamente a funcionalidade do Sistema Tributário Nacional, em sua estrutura e seus componentes, e o desempenho das administrações tributárias da União, dos Estados e do Distrito Federal e dos Municípios.

Controle Exercido pela Câmara dos Deputados

A competência da Câmara dos Deputados vem descrita no Art. 51 da Constituição Federal, e nesse momento analisaremos as competências relativas à área de controle da administração:

Compete privativamente à Câmara dos Deputados:

I. Autorizar, por dois terços de seus membros, a instauração de processo contra o Presidente e o Vice-Presidente da República e os Ministros de Estado;

II. Proceder à tomada de contas do Presidente da República, quando não apresentadas ao Congresso Nacional dentro de sessenta dias após a abertura da sessão legislativa;

Fiscalização Contábil, Financeira e Orçamentária na Constituição Federal

Também chamado de controle financeiro, em sentido amplo, vem descrito no Art. 70 da CF, que traz as seguintes regras:

Art. 70, CF. A fiscalização contábil, financeira, orçamentária, operacional e patrimonial da União e das entidades da administração direta e indireta, quanto à legalidade, legitimidade, economicidade, aplicação das subvenções e renúncia de receitas, será exercida pelo Congresso Nacional, mediante controle externo, e pelo sistema de controle interno de cada Poder.

Como podemos observar, segundo os ditames do Art. 70 da Constituição Federal, a fiscalização contábil, financeira e orçamentária é realizada tanto por meio de controle interno como de externo.

Áreas alcançadas pelo controle financeiro (amplo):

Contábil: controla o cumprimento das formalidades no registro de receitas e despesas.

Financeira: controla a entrada e a saída de capital, sua destinação.

Orçamentária: fiscaliza e acompanha a execução do orçamento anual, plurianual.

Operacional: controla a atuação administrativa, observando se estão sendo respeitadas as diretrizes legais que orientam a atuação da Administração Pública, bem como avaliando aspectos de eficiência e economicidade.

Patrimonial: controle do patrimônio público, seja ele móvel ou imóvel.

Aspectos Controlados:

As áreas alcançadas pelo controle financeiro (sentido amplo) abrangem os seguintes aspectos:

Legalidade: atuação conforme a lei.

Legitimidade: atuação conforme os princípios orientadores da atuação da Administração Pública.

O controle financeiro realizado pelo Congresso Nacional não analisa aspectos de mérito.

Para que o controle financeiro seja eficiente, é necessária a prestação de contas por parte das pessoas físicas ou jurídicas que, de qualquer forma, administrem dinheiro ou direito patrimonial público; tal regra vem descrita no parágrafo único do Art. 70:

Art. 70, Parágrafo único. Prestará contas qualquer pessoa física ou jurídica, pública ou privada, que utilize, arrecade, guarde, gerencie ou administre dinheiros, bens e valores públicos ou pelos quais a União responda, ou que, em nome desta, assuma obrigações de natureza pecuniária.

Controle Exercido pelos Tribunais de Contas

Os Tribunais de Contas são órgãos de controle vinculados ao Poder Legislativo. A finalidade que possuem é auxiliar na função de exercer o controle externo da Administração Pública.

Apesar da expressão órgãos auxiliares, os tribunais de contas não se submetem ao poder legislativo, ou seja, não existe hierarquia nem subordinação entre os tribunais de contas e o poder legislativo.

A Constituição Federal, no Art. 71, estabelece as competências do Tribunal de Contas da União (TCU), e, pelo princípio da simetria, os tribunais de contas estaduais e municipais detêm as mesmas competências nas suas esferas de fiscalização, não sendo permitidas às Constituições Estaduais e às leis orgânicas municipais criar novas hipóteses de controle. Veja as competências dos Tribunais de Contas a seguir.

- **Hipóteses de Controle:**

Art. 71. O controle externo, a cargo do Congresso Nacional, será exercido com o auxílio do Tribunal de Contas da União, ao qual compete:

I. Apreciar as contas prestadas anualmente pelo Presidente da República, mediante parecer prévio que deverá ser elaborado em sessenta dias a contar de seu recebimento;

II. Julgar as contas dos administradores e demais responsáveis por dinheiros, bens e valores públicos da administração direta e indireta, incluídas as fundações e sociedades instituídas e mantidas pelo Poder Público federal, e as contas daqueles que derem causa a perda, extravio ou outra irregularidade de que resulte prejuízo ao erário público;

III. Apreciar, para fins de registro, a legalidade dos atos de admissão de pessoal, a qualquer título, na administração direta e indireta, incluídas as fundações instituídas e mantidas pelo Poder Público, excetuadas as nomeações para cargo de provimento em comissão, bem como a das concessões de aposentadorias, reformas e pensões, ressalvadas as melhorias posteriores que não alterem o fundamento legal do ato concessório;

IV. Realizar, por iniciativa própria, da Câmara dos Deputados, do Senado Federal, de Comissão técnica ou de inquérito, inspeções e auditorias de natureza contábil, financeira, orçamentária, operacional e patrimonial, nas unidades administrativas dos Poderes Legislativo, Executivo e Judiciário, e demais entidades referidas no inciso II;

V. Fiscalizar as contas nacionais das empresas supranacionais de cujo capital social a União participe, de forma direta ou indireta, nos termos do tratado constitutivo;

VI. Fiscalizar a aplicação de quaisquer recursos repassados pela União mediante convênio, acordo, ajuste ou outros instrumentos congêneres, a Estado, ao Distrito Federal ou a Município;

VII. Prestar as informações solicitadas pelo Congresso Nacional, por qualquer de suas Casas, ou por qualquer das respectivas Comissões, sobre a fiscalização contábil, financeira, orçamentária, operacional e patrimonial e sobre resultados de auditorias e inspeções realizadas;

VIII. Aplicar aos responsáveis, em caso de ilegalidade de despesa ou irregularidade de contas, as sanções previstas em lei, que estabelecerá, entre outras cominações, multa proporcional ao dano causado ao erário;

IX. Assinar prazo para que o órgão ou entidade adote as providências necessárias ao exato cumprimento da lei, se verificada ilegalidade;

X. Sustar, se não atendido, a execução do ato impugnado, comunicando a decisão à Câmara dos Deputados e ao Senado Federal;

XI. Representar ao Poder competente sobre irregularidades ou abusos apurados.

§ 1º - No caso de contrato, o ato de sustação será adotado diretamente pelo Congresso Nacional, que solicitará, de imediato, ao Poder Executivo as medidas cabíveis.

§ 2º - Se o Congresso Nacional ou o Poder Executivo, no prazo de noventa dias, não efetivar as medidas previstas no parágrafo anterior, o Tribunal decidirá a respeito.

§ 3º - As decisões do Tribunal de que resulte imputação de débito ou multa terão eficácia de título executivo.

§ 4º - O Tribunal encaminhará ao Congresso Nacional, trimestral e anualmente, relatório de suas atividades.

- **Pontos relevantes:**

A partir dessas regras, analisaremos alguns aspectos relevantes referentes ao controle da Administração Pública quando feito pelos tribunais de contas, nas suas respectivas áreas de competências:

Apreciação e julgamento das contas públicas

O TCU tem a competência de apreciar e julgar as contas dos administradores públicos.

> **FIQUE LIGADO**
>
> Contas do Presidente da República são somente apreciadas mediante parecer prévio do tribunal de contas, a competência para julgá-las é do Congresso Nacional.

O julgamento das contas feito pelo TCU não depende de homologação ou parecer do Poder Legislativo, pois, lembrando, os Tribunais de Contas não são subordinados ao Poder Legislativo.

Julgamento das Contas do Próprio Tribunal de Contas

Como a Constituição Federal não se preocupou em estabelecer quem é que detém a competência para julgar as contas dos Tribunais de Contas, o STF entendeu que podem as Constituições Estaduais e Leis Orgânicas Municipais submeterem as contas dos Tribunais de Contas a julgamentos das suas respectivas casas legislativas.

Controle dos Atos Administrativos

O TCU tem o poder de sustar a execução do ato e, nesse caso, deve dar ciência dessa decisão à Câmara dos Deputados e ao Senado Federal.

> *Súmula Vinculante nº 3. Nos processos perante ao Tribunal de Contas da União, asseguram-se o contraditório e a ampla defesa quando da decisão puder resultar anulação ou revogação de ato administrativo que beneficie o interessado, excetuada a apreciação da legalidade do ato de concessão inicial de aposentadoria, reforma e pensão.*

Controle dos Contratos Administrativos

Regra: o TCU não pode sustar os contratos administrativos, pois tal competência é do Congresso Nacional, que deve solicitar de imediato ao Poder Executivo a adoção das medidas cabíveis.

Exceção: caso o Congresso Nacional ou o Poder Executivo não tomem as medidas necessárias para a sustação do contrato em 90 dias, o TCU terá competência para efetuar a sua sustação.

Declaração de inconstitucionalidade das Leis

Segundo o STF, os tribunais de contas, no exercício de suas competências, podem declarar uma norma inconstitucional e afastar a sua aplicação nos processos de sua apreciação. Todavia, tal declaração de inconstitucionalidade deve ser feita pela maioria absoluta dos membros dos tribunais de contas.

Súmula 347, STF. O Tribunal de Contas, no exercício de suas atribuições, pode apreciar a constitucionalidade das leis e dos atos do poder público.

Controle Judiciário

É um controle de legalidade (nunca de mérito) realizado pelo poder judiciário, na sua função típica de julgar, nos atos praticados pelas Administração Pública de qualquer poder.

Esse controle por abranger somente aspectos de legalidade, fica restrito à possibilidade de anulação dos atos administrativos ilegais, não podendo o poder judiciário realizar o controle de mérito dos atos administrativos e, em consequência, não podendo revogar os atos administrativos praticados pela Administração Pública.

O controle judiciário somente será exercido por meio da provocação do interessado, não podendo o poder judiciário apreciar um ato administrativo de ofício, em decorrência do atributo da presunção de legitimidade dos atos administrativos.

FIQUE LIGADO

É importante lembrar que a própria Administração Pública faz o controle de legalidade da sua própria atuação, todavia as decisões administrativas não fazem coisa julgada. Assim sendo, a decisão administrativa pode ser reformada pelo poder judiciário, pois somente as decisões desse poder é que tem o efeito de coisa julgada.

Os meios para provocar a atuação do poder judiciário são vários, dentre eles, encontramos:

> Mandado de Segurança.
> Ação Popular.
> Ação Civil Pública.
> Dentre outros.

VAMOS PRATICAR

Os exercícios a seguir são referentes ao conteúdo: Controle da Administração Pública.

01. (Cespe) O Poder Judiciário pode revogar ato administrativo violador do princípio da legalidade administrativa.

Certo ( )   Errado ( )

02. (Cespe) Considera-se controle administrativo aquele exercido pela Administração Pública sobre sua própria atuação, sob os aspectos de legalidade e mérito. Normalmente denominado de autotutela, esse é um poder que se exerce apenas por iniciativa própria.

Certo ( )   Errado ( )

03. (Cespe) O Poder Judiciário pode examinar os atos da Administração Pública de qualquer natureza, mas sempre a posteriori, ou seja, depois que tais atos forem produzidos e ingressarem no mundo jurídico.

Certo ( )   Errado ( )

04. (Cespe) O controle interno da Administração Pública é realizado pelo Poder Judiciário, com o apoio do Poder Legislativo; o controle externo está a cargo da Controladoria Geral da República.

Certo ( )   Errado ( )

05. (Cespe) O controle sobre as atividades das fundações públicas é realizado pelo Ministério Público.

Certo ( )   Errado ( )

06. (Cespe) No Brasil, o controle judicial é exercido, com exclusividade, pelo Poder Judiciário.

Certo ( )   Errado ( )

07. (Cespe) O termo controle interno exterior pode ser utilizado para designar o controle efetuado pela Administração sobre as entidades da administração indireta.

Certo ( )   Errado ( )

08. (Cespe) O controle que o Poder Legislativo exerce sobre a Administração Pública limita-se às hipóteses previstas na Constituição Federal de 1988 (CF) e abrange aspectos de legalidade e de mérito do ato administrativo.

Certo ( )   Errado ( )

09. (Cespe) No exercício do controle externo, cabe ao Congresso Nacional julgar as contas dos administradores e demais responsáveis por dinheiros, bens e valores públicos da administração direta e indireta, incluídas as fundações e sociedades instituídas e mantidas pelo poder público federal.

Certo ( )   Errado ( )

10. (Cespe) No controle dos atos discricionários, os quais legitimam espaço de liberdade para o administrador, o Poder Judiciário deve, em regra, limitar-se ao exame da legalidade do ato, sendo vedada a análise dos critérios de conveniência e oportunidade adotados pela Administração.

Certo ( )   Errado ( )

GABARITO

01	ERRADO	06	CERTO
02	ERRADO	07	CERTO
03	ERRADO	08	CERTO
04	ERRADO	09	ERRADO
05	ERRADO	10	CERTO

ANOTAÇÕES

11. Responsabilidade Civil do Estado

A responsabilidade civil consubstancia-se na obrigação de indenizar um dano patrimonial decorrente de um fato lesivo voluntário. É modalidade de obrigação extracontratual e, para que ocorra, são necessários alguns elementos previstos no Art. 37, § 6º, da Constituição Federal:

> §6º - As pessoas jurídicas de direito público e as pessoas jurídicas de direito privado prestadoras de serviço público responderão pelos danos seus agentes, nessa qualidade, causarem a terceiros, assegurado o direito de regresso contra o responsável nos casos de dolo ou culpa.

Teoria do Risco Administrativo

É a responsabilidade objetiva do Estado, que paga o terceiro lesado, desde que ocorra o dano por ação praticada pelo agente público, mesmo o agente não agindo com dolo ou culpa.

Enquanto para a Administração a responsabilidade independe da culpa, para o servidor, ela depende: aquela é objetiva, esta é subjetiva e se apura pelos critérios gerais do Código Civil.

Requisitos

O fato lesivo causado pelo agente em decorrência de culpa em sentido amplo, a qual abrange o dolo (intenção), e a culpa em sentido estrito, que engloba a negligência, a imprudência e a imperícia.

A ocorrência de um dano patrimonial ou moral.

O nexo de causalidade entre o dano havido e o comportamento do agente, o que significa ser necessário que o dano efetivamente haja decorrido diretamente, da ação ou omissão indevida do agente.

> **FIQUE LIGADO**
>
> As Pessoas Jurídicas de Direito Privado prestadoras de serviço público estão também sob a responsabilidade na modalidade risco administrativo.

Situações de quebra do nexo causal da Administração Pública (Rompimento do Nexo Causal).

Caso I

Culpa exclusiva de terceiros ou da vítima.

Ex.: *Marco, Agente Federal, dirigindo regularmente viatura oficial em escolta, atropela Sérgio, um suicida. Nessa situação, a Administração Pública não está obrigada a indenizar, pois o prejuízo foi causado exclusivamente pela vítima.*

Caso II

Caso fortuito, evento da natureza imprevisível e inevitável.

Ex.: *A PRF apreende um veículo em depósito. No local, cai um raio e destrói por completo o veículo apreendido. Nessa situação, a Administração não estará obrigada a indenizar o prejuízo sofrido, uma vez que não ocorreu culpa.*

Caso III

Motivo de força maior, evento humano imprevisível e inevitável.

Ex.: *A PRF apreende um veículo em depósito. Uma manifestação popular intensa invade-o e depreda todo o veículo, inutilizando-o. Nessa situação, a Administração não estará obrigada a indenizar o prejuízo sofrido, uma vez que não ocorreu culpa.*

> **FIQUE LIGADO**
>
> Estão incluídas todas as pessoas jurídicas de Direito Público, ou seja, a Administração Direta, as autarquias e as fundações públicas de direito público, independentemente de suas atividades.

Teoria da Culpa Administrativa

Segundo a Teoria da Culpa Administrativa, também conhecida como Teoria da Culpa Anônima ou Falta de Serviço, o dever do Estado de indenizar o dano sofrido pelo particular somente existe caso seja comprovada a existência de falta de serviço. É possível ainda ocorrer a responsabilização do Estado aos danos causados por fenômenos da natureza quando ficar comprovado que o Estado concorreu de alguma maneira para que se produzisse o evento danoso, seja por dolo ou culpa. Nessa situação, vigora a responsabilidade subjetiva, pois temos a condição de ter ocorrido com dolo ou culpa. A culpa administrativa pode decorrer de uma das três formas possíveis de falta do serviço:

> Inexistência do serviço.
> Mau funcionamento do serviço.
> Retardamento do serviço.

Cabe sempre ao particular prejudicado pela falta comprovar sua ocorrência para fazer justa indenização.

Para os casos de omissão, a regra geral é a responsabilidade subjetiva. No entanto, há casos em que mesmo na omissão a responsabilidade do Estado será objetiva como, por exemplo, no caso de atendimento hospitalar deficiente e de pessoas sob a custódia do Estado, ou seja, o preso, pois, nesse caso, o Estado tem o dever de assegurar integridade física e mental do custodiado.

Teoria do Risco Integral

A Teoria do Risco Integral representa uma exacerbação da responsabilidade civil da Administração. Segundo essa teoria, basta a existência de evento danoso e do nexo causal para que surja a obrigação de indenizar para a administração, mesmo que o dano decorra de culpa exclusiva do particular.

Alguns autores consideram essa teoria para o caso de acidente nuclear.

Danos Decorrentes de Obras Públicas

Só Fato da Obra: sem qualquer irregularidade na sua execução.

Responsabilidade Civil **Objetiva** da Administração Pública ou particular (tanto faz quem execute a obra).

Má Execução da Obra

> **Administração Pública:** Responsabilidade Civil Objetiva, com direito de ação regressiva.
> **Particular:** Responsabilidade Civil Subjetiva.

Responsabilidade Civil Decorrente de Atos Legislativos

Regra: irresponsabilidade do Estado.

Exceção:

Leis Inconstitucionais

> Depende de declaração de inconstitucionalidade do STF;
> Depende de ajuizamento de ação de reparação de danos.

Leis de Efeitos Concretos

Responsabilidade Civil Decorrente de Atos Jurisdicionais

Regra: irresponsabilidade do Estado.

Exceção:

Erro judiciário – Esfera Penal, ou seja, erro do judiciário que acarretou na prisão de um inocente ou na manutenção do preso no cárcere por tempo superior ao prolatado na sentença, Art. 5º, LXXV, da CF. Segundo o STF, essa responsabilidade não alcança outras esferas.

Caso seja aplicada uma prisão cautelar a um acusado criminal e ele venha a ser absolvido, o Estado não responderá pelo erro judiciário, pois se entende que a aplicação da medida não constitui erro do judiciário, mas sim, uma medida cautelar pertinente ao processo.

Ação de Reparação de Danos

Administração Pública X Particular:

Pode ser amigável ou judicial.

> Não pode ser intentada contra o agente público cuja ação acarretou o dano.

Ônus da Prova:

Particular: nexo de causalidade direto e imediato entre o fato lesivo e o dano.

Administração Pública:

> Culpa exclusiva da vítima.
> Força Maior.
> Culpa concorrente da vítima.

Valor da Indenização destina-se à cobertura das seguintes despesas:

> O que a vítima perdeu;
> O que a vítima gastou (advogados);
> O que a vítima deixou de ganhar.

Em caso de morte:

> Sepultamento;
> Pensão alimentícia para os dependentes com base na expectativa de vida da vítima.

Prescrição:

Art. 1º da Lei nº 9.494/97: 5 anos.

Tal prazo aplica-se inclusive às delegatárias de serviço público.

Ação Regressiva

Administração Pública X Agente Público:

O Art. 37, § 6º, da CF permite à Administração Pública ou delegatária (Concessionárias, Autorizatárias e Permissionárias) de serviço público a ingressar com uma ação regressiva contra o agente cuja atuação acarretou o dano, desde que comprovado dolo ou culpa.

Requisitos:

> Trânsito em julgado da sentença que condenou a Administração ou Delegatária a indenizar.
> Culpa ou dolo do agente público (responsábilidade civil subjetiva).

Regras Especiais:

> O dever de reparação se estende aos sucessores até o limite da herança recebida.
> Pode acontecer após a quebra do vínculo entre o agente público e a Administração Pública.

> A ação de ressarcimento ao erário é imprescritível.

O agente ainda pode ser responsabilizado nas esferas administrativa e criminal se a conduta que gerou o prejuízo ainda incorrer em crime ou em falta administrativa, conforme o caso, podendo as penalidades serem aplicadas de forma cumulativa.

VAMOS PRATICAR

Os exercícios a seguir são referentes ao conteúdo: Responsabilidade Civil do Estado.

01. (Cespe) De acordo com a CF, as pessoas jurídicas de direito privado, prestadoras de serviços públicos, não respondem objetivamente pelos danos que seus agentes, nessa qualidade, causarem a terceiros.

Certo ( )   Errado ( )

02. (Cespe) No caso de conduta omissiva, a responsabilidade extracontratual do Estado é subjetiva.

Certo ( )   Errado ( )

03. (Cespe) O fato de um detento morrer em estabelecimento prisional devido à negligência de agentes penitenciários configurará hipótese de responsabilização objetiva do Estado.

Certo ( )   Errado ( )

04. (Cespe) As entidades de direito privado prestadoras de serviço público respondem objetivamente pelos prejuízos que seus agentes, nessa qualidade, causarem a terceiros.

Certo ( )   Errado ( )

05. (Cespe) A regra da responsabilidade civil objetiva do Estado se aplica tanto às entidades de direito privado que prestam serviço público como às entidades da administração indireta que executem atividade econômica de natureza privada.

Certo ( )   Errado ( )

06. (Cespe) A responsabilidade do Estado por danos causados por fenômenos da natureza é do tipo subjetiva.

Certo ( )   Errado ( )

07. (Cespe) Incidirá a responsabilidade civil objetiva do Estado quando, em processo judicial, o juiz, dolosamente, retardar providência requerida pela parte.

Certo ( )   Errado ( )

08. (Cespe) A responsabilidade civil do Estado exige três requisitos para a sua configuração: ação atribuível ao Estado, dano causado a terceiros e nexo de causalidade.

Certo ( )   Errado ( )

09. (Cespe) Suponha-se que Maria estivesse conduzindo o seu veículo quando sofreu um acidente de trânsito causado por um ônibus da concessionária do serviço público municipal de transporte público, o qual lhe causou danos materiais. Nessa situação hipotética, eventual direito à indenização pelos danos suportados por Maria somente ocorrerá se ficar provado que o condutor do referido coletivo atuou com culpa ou dolo, já que não haverá responsabilidade objetiva na espécie, pois, na oportunidade, Maria não era usuária do serviço público de transporte público coletivo.

Certo ( )   Errado ( )

10. (Cespe) Para se caracterizar a responsabilidade civil do Estado no caso de conduta omissiva, não basta a simples relação entre a omissão estatal e o dano sofrido, pois a responsabilidade só estará configurada quando estiverem presentes os elementos que caracterizem a culpa.

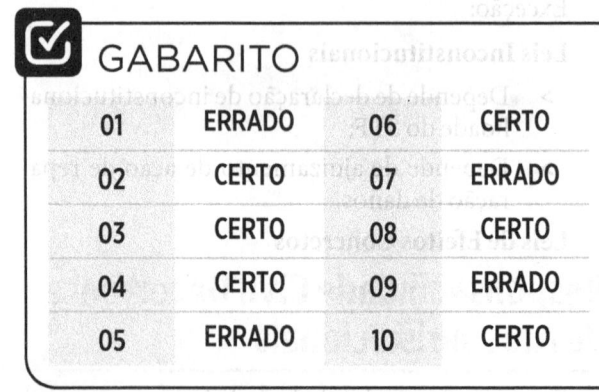

Certo ( )   Errado ( )

GABARITO

01	ERRADO	06	CERTO
02	CERTO	07	ERRADO
03	CERTO	08	CERTO
04	CERTO	09	ERRADO
05	ERRADO	10	CERTO

ANOTAÇÕES

12. Processo Administrativo Federal

Passaremos a analisar o Processo Administrativo Federal, ou seja, a Lei nº 9.784/99 que estabelece as regras gerais de tal processo no âmbito federal. Essa lei tem, em primeiro plano, a função de regulamentar o processo administrativo federal. Contudo, ela contém as normas aplicáveis a todos os atos administrativos.

Aqui, complementaremos o conteúdo da lei voltado, especificamente, para a resolução de questões.

Abrangência da Lei

O Art. 1º da Lei nº 9.784/99 determina a abrangência e a aplicação da referida lei. Devemos lembrar que esta é uma lei administrativa Federal e não nacional, ou seja, vale para toda Administração Pública Direta e Indireta da União. Dessa forma, passaremos a analisá-la:

Art. 1º. Essa Lei estabelece normas básicas sobre o processo administrativo no âmbito da Administração Federal direta e indireta, visando, em especial, à proteção dos direitos dos administrados e ao melhor cumprimento dos fins da Administração.

§ 1º - Os preceitos dessa Lei também se aplicam aos órgãos dos Poderes Legislativo e Judiciário da União, quando no desempenho de função administrativa.

§ 2º - Para os fins dessa Lei, consideram-se:

I. Órgão - a unidade de atuação integrante da estrutura da Administração direta e da estrutura da Administração indireta;

II. Entidade - a unidade de atuação dotada de personalidade jurídica;

III. Autoridade - o servidor ou agente público dotado de poder de decisão.

Como mencionado acima, a lei tem natureza Federal, dessa forma, é aplicável à União, autarquias federais, fundações públicas federais, sociedade de economia mista federais e empresas públicas federais. Vale ressaltar que os poderes Executivo, Legislativo e Judiciário exercem funções típicas e atípicas.

Nas funções empregada dos poderes Legislativo e Judiciário, aplicam-se, no que couber, as normas determinadas na referida lei.

A Lei nº 9.784/99 será aplicada sempre de forma subsidiária, acessória, ou seja, a regra geral é que as leis específicas que já tratam dos processos administrativos continuarão em vigor. Dessa forma, a Lei nº 9.784/99 não revogou nenhuma outra que trate sobre o mesmo assunto:

Art. 69. Os processos administrativos específicos continuarão a reger-se por lei própria, aplicando-lhes apenas subsidiariamente os preceitos dessa Lei.

Assim, por exemplo, se o servidor está respondendo a processo administrativo disciplinar, usam-se as normas da Lei nº 8.112/90, em falta de regulamentação dessa, em algum aspecto, usa-se a Lei nº 9.784/99.

Princípios

O Art. 2º da lei traz vários princípios expressos, alguns norteadores de forma geral dos atos administrativos, inclusive expressamente previstos no texto constitucional; outros, que na Constituição Federal são tidos como implícitos, aqui são tratados como expressos.

A maioria das questões de concursos pede somente se o candidato sabe que tais princípios são expressos na Lei nº 9.784/99, pois, por exemplo, as questões perguntam se a razoabilidade é princípio expresso da Lei nº 9.784/99. Essa questão está correta sob a perspectiva do texto do Art. 2º segundo da lei, pois a razoabilidade realmente está expressamente prevista como princípio. Já no texto constitucional, o mesmo princípio é tido como implícito.

Dessa forma, passamos a analisar o texto do Art. 2º:

Art. 2º. A Administração Pública obedecerá, dentre outros, aos princípios da legalidade, finalidade, motivação, razoabilidade, proporcionalidade, moralidade, ampla defesa, contraditório, segurança jurídica, interesse público e eficiência.

Ao lado dos princípios transcritos acima, que são tidos como expressos, temos os chamados princípios implícitos, ou seja, não estão expressamente descritos no bojo do texto da Lei nº 9.784/99, mas são de observância obrigatória por parte de quem está sob a tutela da lei.

São considerados princípios implícitos:

Informalismo: somente existe forma determinada quando expressamente prescrita em lei.

Oficialidade: o chamado de impulso oficial, significa que depois de iniciado o processo, a Administração tem a obrigação de conduzi-lo até a decisão final.

Verdade material: deve-se permitir que sejam trazidos aos autos as provas determinantes para o processo, mesmo depois de transcorridos os prazos legais.

Gratuidade: em regra, não existe ônus no processo administrativo, o que é característico nos judiciais.

Outra forma de ser cobrado nas questões está relacionada a transcrever o conteúdo dos incisos do Art. 2º e perguntar a qual princípio está diretamente ligado. Para tanto, passaremos a determinar em cada inciso os princípios relacionados entre parênteses.

Parágrafo único. *Nos processos administrativos serão observados, entre outros, os critérios de:*

I. Atuação conforme a lei e o Direito (legalidade);

II. Atendimento a fins de interesse geral, vedada a renúncia total ou parcial de poderes ou competências, salvo autorização em lei (impessoalidade/indisponibilidade do interesse público);

III. Objetividade no atendimento do interesse público, vedada a promoção pessoal de agentes ou autoridades (impessoalidade);

IV. Atuação segundo padrões éticos de probidade, decoro e boa-fé (moralidade);

V. Divulgação oficial dos atos administrativos, ressalvadas as hipóteses de sigilo previstas na Constituição (publicidade);

VI. Adequação entre meios e fins, vedada a imposição de obrigações, restrições e sanções em medida superior àquelas estritamente necessárias ao atendimento do interesse público (razoabilidade/proporcionalidade);

VII. Indicação dos pressupostos de fato e de direito que determinarem a decisão (motivação);

VIII. Observância das formalidades essenciais à garantia dos direitos dos administrados (segurança Jurídica);

IX. Adoção de formas simples, suficientes para propiciar adequado grau de certeza, segurança e respeito aos direitos dos administrados (segurança jurídica e informalismo);

X. Garantia dos direitos à comunicação, à apresentação de alegações finais, à produção de provas e à interposição de recursos, nos processos de que possam resultar sanções e nas situações de litígio (ampla defesa e contraditório);

XI. Proibição de cobrança de despesas processuais, ressalvadas as previstas em lei (gratuidade nos processos administrativos);

XII. Impulsão, de ofício, do processo administrativo, sem prejuízo da atuação dos interessados (oficialidade);

XIII. Interpretação da norma administrativa da forma que melhor garanta o atendimento do fim público a que se dirige, vedada aplicação retroativa de nova interpretação (Segurança Jurídica).

Direitos e Deveres dos Administrados

O Art. 3º da Lei nº 9.784/99 trata de uma lista exemplificativa de direitos dos administrados para com a Administração Pública. É muito importante frisar o inciso IV que discorre sobre a presença do advogado no processo administrativo.

Art. 3º. *O administrado tem os seguintes direitos perante à Administração, sem prejuízo de outros que lhe sejam assegurados:*

I. Ser tratado com respeito pelas autoridades e servidores, que deverão facilitar o exercício de seus direitos e o cumprimento de suas obrigações;

II. Ser ciência da tramitação dos processos administrativos em que tenha a condição de interessado, ter vista dos autos, obter cópias de documentos neles contidos e conhecer as decisões proferidas;

III. Formular alegações e apresentar documentos antes da decisão, os quais serão objeto de consideração pelo órgão competente;

IV. Fazer-se assistir, facultativamente, por advogado, salvo quando obrigatória a representação, por força de lei.

A faculdade de atuar com advogado no processo administrativo é decorrência direta do princípio do informalismo. Contudo, pode a lei expressamente exigir a presença do advogado no procedimento. Nesse caso, a inobservância acarretaria nulidade do processo.

É de extrema importância notar o teor da Súmula Vinculante 5, em que sua redação determina o seguinte:

Súm. Vinculante 5: *A falta de defesa técnica por advogado no processo administrativo disciplinar não ofende a Constituição.*

O Art. 4º determina alguns deveres que devem ser observados no âmbito do processo administrativo.

Art. 4º. *São deveres do administrado perante a Administração, sem prejuízo de outros previstos em ato normativo:*

I. Expor os fatos conforme a verdade;

II. Proceder com lealdade, urbanidade e boa-fé;

III. Não agir de modo temerário;

IV. Prestar as informações que lhe forem solicitadas e colaborar para o esclarecimento dos fatos.

Início do Processo e Legitimação Ativa

O Art. 5º da Lei nº 9.784/99 traz que o processo pode ser iniciado pela própria Administração Pública (de ofício) – decorrência do princípio da oficialidade, ou ainda mediante provocação do interessado por meio de representação aos órgãos públicos responsáveis (a pedido).

O Art. 6º determina que caso faltem elementos essenciais ao pedido, a Administração deverá orientar o interessado a supri-los, sendo vedada a simples recusa imotivada de receber o requerimento ou outros documentos. Segue o teor dos artigos:

Art. 5º. O processo administrativo pode iniciar-se de ofício ou a pedido de interessado.

Art. 6º. O requerimento inicial do interessado, salvo casos em que for admitida solicitação oral, deve ser formulado por escrito e conter os seguintes dados:

I. Órgão ou autoridade administrativa a que se dirige;

II. Identificação do interessado ou de quem o represente;

III. Domicílio do requerente ou local para recebimento de comunicações;

IV. Formulação do pedido, com exposição dos fatos e de seus fundamentos;

V. Data e assinatura do requerente ou de seu representante.

Parágrafo único. É vedada à Administração a recusa imotivada de recebimento de documentos, devendo o servidor orientar o interessado quanto ao suprimento de eventuais falhas.

Art. 7º. Os órgãos e entidades administrativas deverão elaborar modelos ou formulários padronizados para assuntos que importem pretensões equivalentes.

Art. 8º. Quando os pedidos de uma pluralidade de interessados tiverem conteúdo e fundamentos idênticos, poderão ser formulados em um único requerimento, salvo preceito legal em contrário.

Dos Interessados e da Competência

O Art. 9º trata dos interessados no processo administrativo. Na maioria das vezes, as questões cobradas em concursos são meramente texto de lei, em que uma simples leitura resolve o problema.

Dessa forma, passamos a transcrever o texto legal:

Art. 9º. São legitimados como interessados no processo administrativo:

I. Pessoas físicas ou jurídicas que o iniciem como titulares de direitos ou interesses individuais ou no exercício do direito de representação;

II. Aqueles que, sem terem iniciado o processo, têm direitos ou interesses que possam ser afetados pela decisão a ser adotada;

III. As organizações e associações representativas, no tocante a direitos e interesses coletivos;

IV. As pessoas ou as associações legalmente constituídas quanto a direitos ou interesses difusos.

Art. 10. São capazes, para fins de processo administrativo, os maiores de dezoito anos, ressalvada previsão especial em ato normativo próprio.

O Art. 11 trata da irrenunciabilidade da competência, ou seja, os órgãos da administração, por meio de seus agentes, não podem renunciar as competências determinadas por lei. Merece especial atenção, e por ser matéria certa em provas de concursos, o Art. 13 trata da impossibilidade legal de delegação, sendo um rol taxativo descrito na lei, que passamos a transcrever abaixo:

Art. 13. Não podem ser objeto de delegação:

I. A edição de atos de caráter normativo;

II. A decisão de recursos administrativos;

III. As matérias de competência exclusiva do órgão ou autoridade.

Impedimento e Suspeição

Os Arts. 18 e 20 cuidam do impedimento e suspeição no processo administrativo. Nessa situação, a lei visa a preservar a atuação imparcial do agente público, com vistas à moralidade administrativa.

Dessa forma, o Art. 18 prevê que é impedido de atuar no processo administrativo o servidor ou autoridade que:

I. Tenha interesse direto ou indireto na matéria;

II. Tenha participado ou venha a participar como perito, testemunha ou representante, ou se tais situações ocorrem quanto ao cônjuge, companheiro ou parente e afins até o terceiro grau;

III. Esteja litigando judicial ou administrativamente com o interessado ou respectivo cônjuge ou companheiro.

O Art. 20 determina que pode ser arguida suspeição de autoridade ou servidor que tenha amizade ou inimizade notória com algum interessado ou com os respectivos cônjuges, companheiros, parentes e afins até o terceiro grau.

Da Forma, Tempo e Lugar dos Atos do Processo

O Art. 22 tem como fundamento o princípio do informalismo e prevê o seguinte:

Art. 22. Os atos do processo administrativo não dependem de forma determinada, senão, quando a lei expressamente a exigir.

§ 1º - Os atos do processo devem ser produzidos por escrito, em vernáculo, com a data e o local de sua realização e a assinatura da autoridade responsável.

§ 2º - Salvo imposição legal, o reconhecimento de firma somente será exigido quando houver dúvida de autenticidade.

§ 3º - A autenticação de documentos exigidos em cópia poderá ser feita pelo órgão administrativo.

§ 4º - O processo deverá ter suas páginas numeradas sequencialmente e rubricadas.

O Art. 23 estabelece, como regra geral, a realização dos atos do processo em dias úteis, no horário normal de funcionamento da repartição na qual tramitar o processo. No entanto, poderão ser concluídos depois do horário normal os atos já iniciados, cujo adiamento prejudique o curso regular do procedimento ou cause dano ao interessado ou à administração (Art. 23, parágrafo único).

Estabelece o Art. 25 que os atos do processo devem realizar-se preferencialmente na sede do órgão, certificando-se o interessado se outro for o local de realização, ou seja, devem ser executados, de preferência, na sede do órgão, mas poderão ser realizados em outro local, após regular cientificação.

Do Recurso Administrativo e da Revisão

Um dos temas mais cobrados nas provas de concursos é o que tange ao recurso administrativo e à revisão do processo. O Art. 56 estabelece direito do administrado ao recurso das decisões administrativas, isso em razões de legalidade e mérito administrativo.

O § 3º prevê que o administrado, se entender que houve violação a enunciado de súmula vinculante, poderá ajuizar reclamação perante o Supremo Tribunal Federal, desde que, antes, tenha esgotado as vias administrativas.

O § 2º estabelece, como regra geral, a inexigibilidade de garantia de instância (caução) para a interposição de recurso administrativo. Nesse sentido, passamos a transcrever a Súmula Vinculante 21, que proíbe a exigência de depósito para admissibilidade de recurso.

> *Súm. Vinculante 21. É inconstitucional a exigência de depósito ou arrolamento prévios de dinheiro ou bens para admissibilidade de recurso administrativo.*
>
> *Art. 56. Das decisões administrativas cabe recurso, em face de razões de legalidade e de mérito.*
>
> *§ 1º - O recurso será dirigido à autoridade que proferiu a decisão, a qual, se não a reconsiderar no prazo de cinco dias, o encaminhará à autoridade superior.*
>
> *§ 2º - Salvo exigência legal, a interposição de recurso administrativo independe de caução.*
>
> *§ 3º - Se o recorrente alegar que a decisão administrativa contraria enunciado da súmula vinculante, caberá à autoridade prolatora da decisão impugnada, se não a reconsiderar, explicitar, antes de encaminhar o recurso à autoridade superior, as razões da aplicabilidade ou inaplicabilidade da súmula, conforme o caso.*

Legitimidade para Interpor Recurso

> *Art. 58. Têm legitimidade para interpor recurso administrativo:*
>
> *I. Os titulares de direitos e interesses que forem parte no processo;*
>
> *II. Aqueles cujos direitos ou interesses forem indiretamente afetados pela decisão recorrida;*
>
> *III. As organizações e associações representativas, no tocante a direitos e interesses coletivos;*
>
> *IV. Os cidadãos ou associações, quanto a direitos ou interesses difusos.*

Do Não Reconhecimento do Recurso

> *Art. 63. O recurso não será conhecido quando interposto:*
>
> *I. Fora do prazo;*
>
> *II. Perante órgão incompetente;*
>
> *III. Por quem não seja legitimado;*
>
> *IV. Após exaurida a esfera administrativa.*

O Art. 64 confere amplos poderes aos órgãos incumbidos da decisão administrativa, em que o setor competente para decidir o recurso, poderá confirmar, modificar, anular ou revogar, total ou parcialmente, a decisão recorrida, se a matéria for de sua competência. Aqui é possível, inclusive, a reforma em prejuízo do recorrente, chamada *reformatio in pejus*.

O Art. 65 focaliza os processos administrativos de que resultem sanções, que poderão ser revistos, a qualquer tempo, a pedido ou de ofício, quando surgirem fatos novos ou circunstâncias relevantes suscetíveis de justificar a inadequação da sanção aplicada. Devemos nos atentar, pois o Parágrafo Único prevê que da revisão do processo não poderá resultar agravamento da sanção.

Assim, é fácil notar que o legislador determinou regra distinta para o recurso administrativo e a revisão do processo. Esse recurso, é possível o agravamento da penalidade pela autoridade julgadora (chamada *reformatio in pejus*), contudo, isso não acontece na revisão do processo.

Prazos da Lei nº 9.784/99

A lei possui muitos prazos, dessa forma, sintetizaremos, em um único tópico, todos eles para melhor entendimento e, consequentemente, para acertar as questões nas provas de concursos públicos:

Prática dos Atos

Quantidade de dias: cinco dias.

Observações:

> Se não existir uma disposição específica, prazo será de cinco dias.

> O prazo total pode ser até de 10 dias (dilatado até o dobro).

Artigo na lei que consta o prazo:

> *Art. 24. Inexistindo disposição específica, os atos do órgão ou autoridade responsável pelo processo e dos administrados que dele participem devem ser praticados no prazo de cinco dias, salvo motivo de força maior.*
>
> *Parágrafo único. O prazo previsto neste artigo pode ser dilatado até o dobro, mediante comprovada justificação.*

Intimação - Da Comunicação dos Atos

Quantidade de dias: três dias úteis;

> Art. 26, § 2º - A intimação observará a antecedência mínima de três dias úteis quanto à data de comparecimento.

Intimação – da instrução

Quantidade de dias: três dias úteis;

> Art. 41. Os interessados serão intimados de prova ou diligência ordenada, com antecedência mínima de três dias úteis, mencionando-se data, hora e local de realização.

Parecer

Quantidade de dias: 15 dias.

Observação:

> Salvo norma especial ou comprovada necessidade de maior prazo.

> Art. 42. Quando deva ser obrigatoriamente ouvido um órgão consultivo, o parecer deverá ser emitido no prazo máximo de quinze dias, salvo norma especial ou comprovada necessidade de maior prazo.

Direito de Manifestação – Da Instrução

Quantidade de dias: 10 dias.

Observação:

> Salvo se outro prazo for legalmente fixado.

> Art. 44. Encerrada a instrução, o interessado terá o direito de manifestar-se no prazo máximo de dez dias, salvo se outro prazo for legalmente fixado.

Prazo de decidir

Quantidade de dias: 30 dias.

Observações:

> Pode ser prorrogado por igual período se expressamente motivada.

> O prazo total pode ser até de 60 dias.

> Art. 49. Concluída a instrução de processo administrativo, a Administração tem o prazo de até trinta dias para decidir, salvo prorrogação por igual período expressamente motivada.

Prazo para Reconsiderar

Quantidade de dias: cinco dias.

> Art. 56, § 1º - O recurso será dirigido à autoridade que proferiu a decisão, a qual, se não a reconsiderar no prazo de cinco dias, o encaminhará à autoridade superior.

Recurso Administrativo

Quantidade de dias: 10 dias.

Observação:

> Se não existir disposição legal específica, o prazo será de 10 dias.

> Art. 59. Salvo disposição legal específica, é de dez dias o prazo para interposição de recurso administrativo, contado a partir da ciência ou divulgação oficial da decisão recorrida.

Prazo de Decidir Recurso Administrativo

Quantidade de dias: 30 dias.

Observações:

> Se a lei não fixar prazo diferente, o prazo será de 30 dias.

> O prazo total pode ser até de 60 dias, se houver justificativa explícita.

> Art. 59, § 1º - Quando a lei não fixar prazo diferente, o recurso administrativo deverá ser decidido no prazo máximo de trinta dias, a partir do recebimento dos autos pelo órgão competente.

> § 2º - O prazo mencionado no parágrafo anterior poderá ser prorrogado por igual período, ante justificativa explícita.

Alegações Finais

Quantidade de dias: 5 dias úteis.

> Art. 62. Interposto o recurso, o órgão competente para dele conhecer deverá intimar os demais interessados para que, no prazo de cinco dias úteis, apresentem alegações.

Prazos da Lei nº 9.784/99

Tipo	Quantidade de Dias	Observações
Prática dos atos	5 dias	Se não existir disposição específica, o prazo será de 5 dias; O prazo total pode ser até de 10 dias (dilatado até o dobro).
Intimação de comunicação dos atos	3 dias úteis	
Intimação da Instrução	3 dias úteis	
Parecer	15 dias	Salvo norma especial ou comprovada necessidade de maior prazo.
Direito de manifestação da instrução	10 dias	Salvo se outro prazo for legalmente fixado.
Prazo de decidir	30 dias	Pode ser prorrogado por igual período se expressamente motivada; O prazo total pode ser até de 60 dias.
Prazo de reconsiderar	5 dias	
Recurso Administrativo	10 dias	Se não existir disposição legal específica, o prazo será de 10 dias.
Prazo de decidir RA	30 dias	Se a lei não fixar prazo diferente, o prazo será de 30 dias; O prazo total pode ser de até 60 dias, ante justificativa explícita.
Alegações Finais	5 dias úteis	

Art. 24. *Inexistindo disposição específica, os atos do órgão ou autoridade responsável pelo processo e dos administrados que dele participem devem ser praticados no prazo de cinco dias, salvo motivo de força maior.*

Parágrafo único. *O prazo previsto neste artigo poderá ser dilatado até o dobro, mediante comprovada justificação.*

Art. 26, *§ 2º - A intimação observará a antecedência mínima de três dias úteis quanto à data de comparecimento.*

Art. 41. *Os interessados serão intimados de prova ou diligência ordenada, com antecedência mínima de três dias úteis, mencionando-se data, hora e local de realização.*

Art. 42. *Quando deva ser obrigatoriamente ouvido um órgão consultivo, o parecer deverá ser emitido no prazo máximo de quinze dias, salvo norma especial ou comprovada necessidade de maior prazo.*

Art. 44. *Encerrada a instrução, o interessado terá o direito de manifestar-se no prazo máximo de dez dias, salvo se outro prazo for legalmente fixado.*

Art. 49. *Concluída a instrução de processo administrativo, a Administração tem o prazo de até trinta dias para decidir, salvo prorrogação por igual período expressamente motivada.*

Art. 56, *§ 1º - O recurso será dirigido à autoridade que proferiu a decisão, a qual, se não a reconsiderar no prazo de cinco dias, o encaminhará à autoridade superior.*

Art. 59, *§ 1º - Quando a lei não fixar prazo diferente, o recurso administrativo deverá ser decidido no prazo máximo de trinta dias, a partir do recebimento dos autos pelo órgão competente.*

§ 2º - O prazo mencionado no parágrafo anterior poderá ser prorrogado por igual período, ante justificativa explícita.

Art. 62. *Interposto o recurso, o órgão competente para dele conhecer deverá intimar os demais interessados para que, no prazo de cinco dias úteis, apresentem alegações.*

VAMOS PRATICAR

Os exercícios a seguir são referentes aos conteúdos: Processo Administrativo Federal.

01. (Cespe) O recurso contra o indeferimento da alegação de suspeição terá efeito suspensivo e devolutivo.

Certo ( )   Errado ( )

02. (Cespe) A decisão de recursos administrativos não poderá ser objeto de delegação.

Certo ( )   Errado ( )

03. (Cespe) O desatendimento de intimação para apresentação de defesa em processo administrativo não importa no reconhecimento da verdade dos fatos.

Certo ( )   Errado ( )

04. (FCC) Segundo a Lei nº 9.784/1999, que regula o processo administrativo no âmbito da Administração Pública Federal, é direito dos administrados:

a) Não agir de modo temerário.

b) Prestar as informações que lhe forem solicitadas e colaborar para o esclarecimento dos fatos.

c) Expor os fatos conforme a verdade.

d) Proceder com lealdade, urbanidade e boa-fé.

e) Fazer-se assistir, facultativamente, por advogado, salvo quando obrigatória a representação, por força de lei.

05. (Copeve - Ufal) Quanto ao processo administrativo, assinale a opção incorreta.

a) No processo administrativo disciplinar, apresentado o relatório final e conclusivo indicando a demissão do servidor, a autoridade julgadora, quando mencionado relatório contrariar às provas dos autos, poderá, motivadamente, agravar a penalidade proposta. Nesse caso, então, não se aplica a teoria da vedação à reformatio in pejus.

b) A falta de defesa técnica por advogado no processo administrativo disciplinar não ofende à Constituição.

c) Terão prioridade na tramitação, em qualquer órgão ou instância, os procedimentos administrativos em que figure como parte ou interessado pessoa com idade igual ou superior a 65 (sessenta e cinco) anos.

d) É inconstitucional a exigência de depósito ou arrolamento prévios de dinheiro ou bens para admissibilidade de recurso administrativo.

e) Não podem ser objeto de delegação a edição de atos de caráter normativo.

06. (Pontua - Adaptada) A Administração Pública obedecerá, dentre outros, aos princípios da legalidade, finalidade, motivação, razoabilidade, proporcionalidade, moralidade, ampla defesa, contraditório, segurança jurídica, interesse público e eficiência. Nos processos administrativos serão observados, entre outros, os critérios de:

I. Atuação conforme a lei e o Direito.

II. Objetividade no atendimento do interesse público, vedada a promoção pessoal de agentes ou autoridades.

III. Atuação segundo padrões éticos de probidade, decoro e boa-fé.

IV. Divulgação oficial dos atos administrativos, ressalvadas as hipóteses de sigilo previstas na Constituição.

V. Indicação dos pressupostos de fato e de direito que determinarem a decisão.

VI. Adequação entre meios e fins, vedada a imposição de obrigações, restrições e sanções em medida superior àquelas estritamente necessárias ao atendimento do interesse público.

Nesses casos, estão corretos:

a) I, II, III, V e VI;

b) I, III, IV e V;

c) II, IV, V e VI;

d) II, III, IV, V e VI;

e) Todos os critérios.

07. (Pontua - Adaptada) O administrado tem os seguintes direitos perante a Administração, sem prejuízo de outros que lhe sejam assegurados:

I. Ser tratado com respeito pelas autoridades e servidores, que deverão facilitar o exercício de seus direitos e o cumprimento de suas obrigações;

II. Ter ciência da tramitação dos processos administrativos em que tenha a condição de interessado, ter vista dos autos, obter cópias de documentos neles contidos e conhecer as decisões proferidas;

III. Fazer-se assistir, por advogado sempre, uma vez que obrigatória a representação;

IV. Formular alegações e apresentar documentos antes da decisão, os quais serão objeto de consideração pelo órgão competente.

Conforme a Lei, é incorreto o que consta em:

a) I, II e IV;

b) III;

c) II e III;

d) I e IV;

e) III e IV.

08. (FCC - Adaptada) Considere:

I. A cobrança de despesas processuais;

II. Divulgação oficial dos atos administrativos;

III. Fazer-se assistir obrigatoriamente por advogado.

No processo administrativo no âmbito da administração pública federal, a Lei nº 9784/99 vigora como regra o que consta apenas em:

a) I, II e III;

b) II;

c) I;

d) I e II;

e) III.

09. (Cespe) O prazo para a prática dos atos segundo a Lei 9.784/99 é de 3 dias úteis.

Certo ( )   Errado ( )

10. (Cespe) Concluída a instrução de processo administrativo, a administração tem o prazo de até trinta dias para decidir, salvo prorrogação por igual período expressamente motivada.

Certo ( )   Errado ( )

GABARITO

01	ERRADO	06	E
02	CERTO	07	B
03	CERTO	08	B
04	E	09	ERRADO
05	C	10	CERTO

ANOTAÇÕES

13. Lei nº 8.112, de 11 de Dezembro de 1990

Disposições Gerais

A Lei nº 8.112/90 instituiu o Regime Jurídico dos Servidores Públicos Civis da União, das autarquias, inclusive as em regime especial, e das fundações públicas federais.

A Lei nº 8.112/90 alcança:

> União;
> Autarquias federais;
> Fundações públicas federais.

FIQUE LIGADO

As empresas públicas e as sociedades de economia mista não são regidas por essa lei. Além disso, não é qualquer autarquia ou fundação pública que a adota, são apenas as federais.

Conceitos Importantes

> **Servidor:** pessoa legalmente investida em cargo público (o que torna alguém um servidor público é a INVESTIDURA, sendo que ela é dada com a POSSE).
> **Cargo público:** conjunto de atribuições e responsabilidades previstas na estrutura organizacional que devem ser cometidas a um servidor.

Cargo Público

> Acessíveis a todos os brasileiros (estrangeiros excepcionalmente: universidades e instituições de pesquisa científica e tecnológica federais poderão prover seus cargos com professores, técnicos e cientistas estrangeiros, de acordo com as normas e os procedimentos da Lei nº 8.112/90).
> Criados por lei.
> Com denominação própria e vencimentos pagos pelos cofres públicos
> Provimento pode ser em:
>> **caráter efetivo;**
>> **em comissão.**

A Lei nº 8.112/90 veda a prestação de serviços gratuitos, salvo os casos previstos nela.

Diferenças entre cargo efetivo, cargo em comissão e função de confiança:

Cargo efetivo: nesse os servidores ingressam por meio de concurso público. Deverão passar pelo estágio probatório e podem adquirir estabilidade no serviço público.

Cargo em comissão e função de confiança: não estão sujeitos ao estágio probatório, mas jamais adquirem estabilidade. Tratam-se de atribuições de chefia, direção ou assessoramento.

Cargo em comissão: é de livre nomeação e exoneração (*ad nutum*), isto é, a autoridade escolhe livremente e pode exonerar independente de motivo. Podem ser preenchidos tanto por particulares como por servidores (mas um percentual mínimo de servidores de carreira deve ser observado, de acordo com a CF).

Função de confiança: é de livre designação e dispensa. Apenas servidores efetivos podem ser designados.

Do Provimento

Concurso Público

Regras Gerais

O concurso será de provas ou de provas e títulos, podendo ser realizado em duas etapas, conforme dispuserem a lei e o regulamento do respectivo plano de carreira, condicionada a inscrição do candidato ao pagamento do valor fixado no edital, quando indispensável ao seu custeio, e ressalvadas as hipóteses de isenção nele expressamente previstas.

Os cargos públicos de provimento efetivo serão necessariamente preenchidos mediante prévia aprovação em concurso público.

Prazo de Validade

O prazo de validade do concurso público é de até dois anos e prorrogável uma única vez, por igual período (a administração prorroga apenas se quiser).

A Lei nº 8.112/90 estabelece que não se abrirá novo concurso enquanto houver candidato aprovado em seleção anterior com prazo de validade não expirado.

> *Art. 37, IV, CF. Durante o prazo improrrogável previsto no edital de convocação, aquele aprovado em concurso público de provas ou de provas e títulos será convocado com prioridade sobre novos concursados para assumir cargo ou emprego, na carreira.*

Segundo a Lei nº 8.112/90, não poderia ser aberto novo concurso enquanto há algum vigente. Mas atenção, pois, conforme a regra constitucional, pode sim ser aberto novo concurso nesse caso, porém deve ser observada a prioridade na nomeação.

FIQUE LIGADO

Para responder se é possível ou não abrir um novo concurso enquanto houver um não expirado com candidatos aprovados, fique de olho no comando da questão:

De acordo com a Lei nº 8.112/90: não pode.

De acordo com a Constituição Federal: pode, mas deve ser observada a prioridade na ordem de nomeação.

De acordo com o STF, os candidatos aprovados dentro das vagas têm direito subjetivo à nomeação durante o prazo de validade do concurso.

Entretanto, o próprio STF reconhece que, em virtude do princípio da supremacia do interesse público sobre o privado, ocorrendo situações excepcionais, relevantes, supervenientes, imprevisíveis e extraordinárias, nem mesmo os aprovados dentro das vagas teriam direito a nomeação. Seria o caso, por exemplo, de um concurso feito para um órgão novo, que na prática, por falta de verbas, jamais foi efetivamente instalado. Nessa situação a nomeação de candidatos que iriam receber, mas não iriam sequer trabalhar pela inexistência física do órgão, violaria o princípio supracitado.

FIQUE LIGADO

Assim, no que se refere aos aprovados dentro das vagas:
Regra: Direito subjetivo à nomeação;
Exceção: Não tem direito à nomeação (ocorrendo situações expecionais).

Reserva de Vagas para Deficiente

Nos termos da Lei nº 8.112/90, é assegurado o direito de se inscrever em concurso público para provimento de cargo cujas atribuições sejam compatíveis com a deficiência de que são portadoras; para tais pessoas serão reservadas até 20% das vagas oferecidas no concurso.

A Lei nº 8.112/90 não estabeleceu um patamar mínimo, mas a legislação específica diz que é de 5%. Neste caso, se o edital prever quatro vagas, não haverá nenhuma para portadores de deficiência, pois a reserva dessa caracterizaria 25% do total, o que extrapola o limite estabelecido.

Reserva de Vagas para Negros

A Lei nº 12.990/2014 reserva aos negros 20% das vagas oferecidas nos concursos públicos para provimento de cargos efetivos e empregos públicos no âmbito da administração pública federal, das autarquias, das fundações públicas, das empresas públicas e das sociedades de economia mista controladas pela União.

Requisitos para Investidura

Requisitos básicos para investidura em cargo público:

> Nacionalidade brasileira (nato ou naturalizado).
> Gozo dos direitos políticos.
> Quitação com as obrigações militares e eleitorais.
> Nível de escolaridade exigido para o exercício do cargo.
> Idade mínima de dezoito anos.
> Aptidão física e mental.

Esses são os requisitos básicos. As atribuições do cargo podem justificar a exigência de outros, mas eles devem estar estabelecidos em lei.

A Súmula 683 do STF diz que:

O limite de idade para inscrição em concurso público só se legitima em face do Art. 7º, XXX, da Constituição Federal quando possa ser justificado pela natureza das atribuições do cargo a ser preenchido.

Da Posse e do Exercício

Posse: dada com a assinatura do respectivo termo (na posse é que ocorre a investidura).

Nesse termo constarão as atribuições, os deveres, as responsabilidades e os direitos inerentes ao cargo ocupado, que não poderão ser alterados unilateralmente, por qualquer das partes, ressalvados os atos de ofício previstos em lei.

Exercício: efetivo desempenho das atribuições do cargo público ou da função de confiança.

A posse ocorrerá no prazo de trinta dias contados da publicação do ato de provimento. É de quinze dias o tempo para o servidor empossado em cargo público entrar em exercício, contados da data da posse.

FIQUE LIGADO

Publicação do ato de provimento (nomeação) → 30 dias → POSSE → 15 dias → Exercício.

> *Não tomar posse: o ato de provimento é tornado sem efeito.*
> *Não entrar em exercício: O servidor será EXONERADO (cargo) ou o ato de designação tornado sem efeito (função de confiança).*

No caso de posse, em se tratando de **servidor**, que esteja na data de publicação do ato de provimento, em licença prevista nos incisos I, III e V do Art. 81, ou afastado nas hipóteses dos incisos I, IV, VI, VIII, alíneas "a", "b", "d", "e" e "f", IX e X do Art. 102, o prazo será contado do **término do impedimento**.

Nessa situação, se a pessoa **já for servidor** e estiver gozando de determinadas **licenças** ou **afastamentos**, o tempo para tomar posse será iniciado após o término desse impedimento.

O servidor que deva ter exercício em outro município em razão de ter sido removido, redistribuído, requisitado, cedido ou posto em exercício provisório terá, no mínimo, dez e, no máximo, trinta dias de prazo, contados da publicação do ato, para a retomada do efetivo desempenho das atribuições do cargo, incluído nesse prazo o tempo necessário para o deslocamento para a nova sede.

O servidor pode (facultado) declinar desses prazos se estiver em licença ou afastado legalmente, esse período conta do término do impedimento.

Esses prazos (para tomar posse e entrar em exercício) são declináveis, isto é, não é necessário aguardar o último dia, pode tomar posse em um dia após a nomeação e já entrar em exercício no dia seguinte.

Regras referentes à posse:

> Pode ser dada mediante procuração específica.
> Existe posse apenas nos casos de provimento de cargo por nomeação (única forma de provimento originária).
> Apresenta declaração de bens e valores, bem como de estar ou não em exercício de outro cargo, emprego ou função pública.
> Depende de prévia inspeção médica oficial (só pode ser empossado se for julgado apto física e mentalmente para o exercício do cargo).

À autoridade responsável do órgão ou entidade para onde for nomeado ou designado o servidor compete dar-lhe exercício.

O início da atividade de função de confiança coincidirá com a data de publicação do ato de designação, salvo quando o servidor estiver em licença ou afastado por qualquer outro motivo legal, hipótese em que recairá no primeiro dia útil após o término do impedimento, que não poderá exceder a trinta dias da divulgação.

O início, a suspensão, a interrupção e o reinício do exercício serão registrados no assentamento individual do servidor.

Ao entrar em exercício, o mais novo concursado apresentará ao órgão competente os elementos necessários ao seu assentamento individual.

A promoção não interrompe o tempo de exercício, que é contado no novo posicionamento na carreira a partir da data de publicação do ato que promover o servidor.

Os servidores cumprirão jornada de trabalho fixada em razão das atribuições pertinentes aos respectivos cargos, respeitada a duração máxima do trabalho semanal de quarenta horas e observados os limites mínimo e máximo de seis horas e oito diárias, respectivamente (pode haver disposição de jornada diversa em leis especiais).

Jornada do servidor (limites)
> Semanal - 40 horas
> Diária - mínimo seis horas e máximo oito.

O ocupante de cargo em comissão ou função de confiança submete-se a regime de integral dedicação ao serviço, observado o disposto no Art. 120 (regras de afastamento ou não do cargo efetivo para exercício do cargo em comissão), podendo ser convocado sempre que houver interesse da Administração.

Estabilidade e Estágio Probatório

O Art. 20 da Lei nº 8.112/90 diz que *ao entrar em exercício, o servidor nomeado para cargo de provimento efetivo ficará sujeito a estágio probatório por período de 24 meses, durante o qual a sua aptidão e capacidade serão objeto de avaliação para o desempenho do cargo [...].*

Entretanto, de acordo com o Art. 41 da CF o prazo para aquisição da estabilidade é de três anos, sendo esse também o entendimento aplicado nas provas para o prazo do estágio probatório (isso está pacificado inclusive pela jurisprudência do STJ).

FIQUE LIGADO

Tanto o prazo para o estágio probatório, como o período para adquirir estabilidade, é de três anos de efetivo exercício.

A estabilidade é dada no serviço público, após esse prazo e preenchido os requisitos, o servidor torna-se estável no serviço público naquela esfera (feita apenas uma vez nessa esfera). Para que seja adquirida, é necessária a aprovação em estágio probatório. Este diz respeito ao cargo. A cada nova função ele deve ser cumprido, independente de o servidor já ser estável ou não.

Na Lei nº 8.112/90 a avaliação de desempenho (estágio probatório) observará os seguinte fatores:

> Assiduidade.
> Disciplina.
> Capacidade de iniciativa.
> Produtividade.
> Responsabilidade.

Quatro meses antes de findo o período do estágio probatório, será submetida à homologação da autoridade competente a avaliação do desempenho do servidor, realizada por comissão constituída para essa finalidade, de acordo com o que dispuser a lei ou o regulamento da respectiva carreira ou cargo, sem prejuízo da continuidade de apuração dos fatores acima citados.

FIQUE LIGADO

O servidor não habilitado em estágio probatório será exonerado desse cargo (e não demitido).

O servidor em estágio probatório poderá exercer quaisquer cargos de provimento em comissão ou funções de direção, chefia ou assessoramento no órgão ou entidade de lotação, e somente poderá ser cedido a outro órgão ou entidade para ocupar cargos de Natureza Especial, cargos de provimento em comissão do Grupo-Direção e Assessoramento Superiores (DAS), de níveis 6, 5 e 4, ou equivalentes.

Licenças e afastamentos permitidos:

Licenças

> Por motivo de doença em pessoa da família.
> Por motivo de afastamento do cônjuge ou companheiro.
> Para o serviço militar.
> Para atividade política.

Afastamentos

> Exercício de Mandato Eletivo (atenção para não confundir, o afastamento para mandado CLASSISTA não pode no estágio probatório).
> Estudo ou Missão no Exterior.
> Servir em organismo internacional.
> Curso de formação (outro cargo federal).

Servidor Estável e a Perda do Cargo

A Lei nº 8.112/90 diz que o servidor estável somente perderá o cargo em virtude de:

> Sentença judicial transitada em julgado.
> Processo administrativo disciplinar no qual lhe seja assegurada ampla defesa.

Já a Constituição Federal estabelece as seguintes hipóteses de perda do cargo pelo servidor estável:

> Sentença judicial transitada em julgado.
> Processo administrativo em que lhe seja assegurada ampla defesa.
> Procedimento de avaliação periódica de desempenho, na forma de lei complementar, assegurada ampla defesa.
> Excesso de despesas com pessoal (Art. 169, §4º).

EXERCÍCIO COMENTADO

01. (Cespe) A nomeação para cargo de provimento efetivo será realizada mediante prévia habilitação em concurso público de provas ou de provas e títulos ou, em algumas situações excepcionais, por livre escolha da autoridade competente.

ERRADO. *Os cargos de provimento efetivo serão SEMPRE preenchidos mediante prévia aprovação em concurso público. Os cargos em comissão é que são de livre nomeação e livre exoneração.*

VAMOS PRATICAR

Os exercícios a seguir são referentes ao conteúdo: Lei nº 8.112, de 11 de Dezembro de 1990.

01. (Fafipa) À luz da Lei nº 8.112/90 que dispõe sobre o regime jurídico dos servidores públicos civis da União, das autarquias e das fundações públicas federais, assinale a alternativa que NÃO apresenta um requisito básico para investidura em cargo público:
a) O gozo dos direitos políticos.
b) A quitação com as obrigações militares e eleitorais.
c) O nível de escolaridade exigido para o exercício do cargo.
d) A comprovação de filiação em partido político.
e) A aptidão física e mental.

02. (FCC) O Sr. João, portador de deficiência, sempre alimentou o sonho de trabalhar em prol da sociedade. Para a satisfação desse desejo, optou por prestar concurso público para um cargo cujas atribuições são compatíveis com a deficiência da qual é portador. Nos termos da lei, para o Sr. João, e para todos aqueles nessa condição, em relação às vagas oferecidas no concurso, os editais deverão reservar:
a) 10%.
b) até 10%.
c) 15%.
d) até 20%.
e) 20%.

03. (FCC) O Sr. Jorge não foi aprovado em estágio probatório para o primeiro cargo público que ocupou. Nesse caso, ele será:
a) Demitido.
b) Transferido.
c) Reaproveitado.
d) Readaptado.
e) Exonerado de ofício.

04. (FCC) Ao entrar em exercício, todo servidor nomeado para cargo de provimento efetivo ficará sujeito a estágio probatório, período em que será avaliado para o desempenho do cargo sob os fatores da assiduidade, disciplina, capacidade de iniciativa, produtividade e responsabilidade. Durante o estágio probatório poderá ser concedida ao servidor a licença:
a) Para capacitação.
b) Por prêmio de assiduidade.
c) Para atividade política.
d) Para tratar de interesses particulares.
e) Para desempenho de mandato classista.

05. (FCC) O Sr. José foi nomeado para um cargo em comissão do TRT da 15ª Região, no mesmo município em que reside. Passados 15 dias contados da data da posse, ele não entrou em exercício. Nesse caso, será tornado sem efeito o ato de sua designação ou:
a) Renomeado.
b) Exonerado.
c) Reintegrado.
d) Reconduzido.
e) Demitido.

06. (FCC) A investidura em cargo público ocorre com a posse e dependerá de prévia inspeção médica oficial. Todavia, nos termos do Regime Jurídico dos Servidores Públicos Civis da União, somente haverá posse nos casos de provimento de cargo por:
a) Nomeação.
b) Promoção.
c) Readaptação.
d) Reintegração.
e) Recondução.

07. (Cespe) A posse poderá ocorrer mediante instrumento de procuração específica para tal ato.
Certo ( )   Errado ( )

08. (Cespe) A investidura em cargo público ocorrerá com a entrada em exercício nas funções inerentes ao cargo.
Certo ( )   Errado ( )

09. (Cespe) Professor estrangeiro que resida no Brasil e pretenda ocupar cargo público em universidade federal somente poderá atuar como professor visitante, visto que a investidura em cargo público é restrita a brasileiros natos ou naturalizados.
Certo ( )   Errado ( )

10. (Cespe) A aprovação em concurso público é condição necessária para que o servidor público seja investido em cargo ou função pública.
Certo ( )   Errado ( )

GABARITO

01	D	06	A
02	D	07	CERTO
03	E	08	ERRADO
04	C	09	ERRADO
05	B	10	ERRADO

ANOTAÇÕES

13.1. Provimento e Vacância

Provimento

Provimento é o modo pelo qual um cargo público é preenchido. Essas formas, assim como as de vacância, configuram um rol taxativo, isto é, existem apenas essas hipóteses expressamente previstas em lei.

São Formas de provimento de cargo público (sete hipóteses - rol taxativo):

> Nomeação (única originária, as outras modalidades são formas derivadas de provimento – ou secundárias).
> Promoção (forma híbrida - é também forma de vacância).
> Readaptação (forma híbrida – é também forma de vacância).
> Reversão.
> Aproveitamento.
> Reintegração.
> Recondução.

Nomeação

Trata-se da única forma originária de provimento de cargo público, sendo feita:

Em caráter efetivo → quando se tratar de cargo isolado de provimento efetivo ou de carreira.

Em comissão (inclusive na condição de interino) → para cargos de confiança vagos.

O servidor ocupante de cargo em comissão ou de natureza especial poderá ser nomeado para ter exercício, interinamente, em outra função de confiança, sem prejuízo das atribuições do que atualmente ocupa, hipótese em que deverá optar pela remuneração de um deles durante o período da interinidade.

A nomeação para cargo de carreira ou cargo isolado de **provimento efetivo** depende de prévia habilitação em concurso público de provas ou de provas e títulos, obedecidos a ordem de classificação e o prazo de sua validade.

Os demais requisitos para o ingresso e o desenvolvimento do servidor na carreira, mediante promoção, serão estabelecidos pela lei que fixar as diretrizes do sistema de carreira na Administração Pública Federal e seus regulamentos.

Promoção

É uma forma híbrida, pois ela é tanto modalidade de provimento como de vacância de cargo público.

Ela é aplicada apenas nos cargos escalonados em carreira. Trata-se de progresso dentro da carreira e não da troca de cargo (lembre-se que a Constituição Federal não permite o ingresso em cargo púbico de provimento efetivo sem concurso).

Vale ressaltar que a promoção não interrompe o tempo de exercício, que é contado no novo posicionamento na carreira a partir da data de publicação do ato que promover o servidor.

Readaptação

Aplicada no caso de o servidor (estável ou não) sofrer uma limitação (física ou mental) que seja incompatível com as atribuições do cargo que ocupa, mas que ainda pode exercer outro cujas atribuições não estejam impossibilitadas pela sua limitação sofrida.

Caso o readaptando seja julgado incapaz para o serviço público, ele será aposentado por invalidez (e não exonerado).

Seria o caso de um servidor que exerce atividades eminentemente externas (como um oficial de justiça) sofrer um acidente que o deixe paraplégico. Como cadeirante, ele não terá aptidão física para as atribuições do cargo, mas ele poderá exercer normalmente funções internas, sendo readaptado em um cargo dessa natureza.

Requisitos:

> Cargos de atribuições afins.
> Respeitada habilitação exigida.
> Mesmo nível de escolaridade.
> Equivalência de vencimentos (não pode reduzir o subsídio ou remuneração).

Se não existir cargo vago, o servidor exercerá suas atribuições como excedente, até a ocorrência de vaga.

Reversão

Trata-se do retorno à atividade de servidor aposentado, podendo ocorrer de duas modalidades:

De Ofício: quando tiver sido aposentado por invalidez e junta médica oficial declarar insubsistentes os motivos da aposentadoria (no caso de o cargo estiver provido, ele exercerá suas atribuições como excedente até a ocorrência de vaga). Nessa situação a própria administração, verificando tal contexto, o reverterá ao cargo.

Mediante solicitação (no interesse da administração), desde que:

> Seja feita a pedido do servidor.
> A aposentadoria tenha sido voluntária.
> Ele seja estável enquanto na atividade.
> A aposentadoria tenha ocorrido nos cinco anos anteriores à solicitação.
> Haja cargo vago.

A reversão far-se-á no mesmo cargo ou no cargo resultante de sua transformação. Mas caso não haja cargo vago, a consequência depende da modalidade de reversão:

De ofício: exercerá suas funções como excedente.

A pedido: somente pode ser feita se houver cargo vago.

No caso de ser revertido, o servidor perceberá, em substituição aos proventos da aposentadoria, a remuneração do cargo que voltar a exercer, inclusive com as vantagens de natureza pessoal que percebia anteriormente à aposentadoria.

> **FIQUE LIGADO**
>
> Em nenhuma hipótese poderá ser revertido o aposentado que já tiver completado 70 anos de idade (embora atualmente a idade para a aposentadoria compulsória seja de 75 anos, a idade máxima para a reversão permanece como 70 anos, de acordo com texto expresso da Lei nº 8.112/90).

Reintegração

A reintegração é a reinvestidura do servidor **estável** no cargo anteriormente ocupado, ou na função resultante de sua transformação, quando invalidada a sua demissão por decisão administrativa ou judicial, com ressarcimento de todas as vantagens.

Dessa forma, quando o servidor tiver sido demitido de maneira indevida e essa demissão for invalidada, ele voltará ao seu cargo, recebendo esse instituto o nome de reintegração.

Na hipótese de o cargo ter sido extinto, o servidor ficará em disponibilidade (poderá posteriormente ser aproveitado em outro cargo, obedecidas as regras do aproveitamento).

Encontrando-se provido o cargo, o seu eventual ocupante será reconduzido à função de origem, sem direito à indenização ou aproveitado em outro cargo, ou, ainda, posto em disponibilidade.

Se o cargo do servidor, que estiver sendo reintegrado, estiver ocupado, o atual ocupante é quem deverá deixar o cargo, ocorrendo para ele uma das seguintes hipóteses:

> Recondução ao cargo anterior (sem direito à indenização).
> Aproveitado em outro cargo.
> Colocado em disponibilidade.

Aproveitamento

Trata-se do retorno do servidor em disponibilidade.

Ex.: *Servidor estável cujo órgão para o qual estava lotado foi extinto, fica em disponibilidade e recebe proporcionalmente ao tempo trabalhado.*

O aproveitamento é feito em cargo de atribuições e vencimentos compatíveis com a função anteriormente ocupada.

A disponibilidade ocorre nas hipóteses de reorganização ou extinção de órgão ou entidade, eliminação do cargo ou declaração de sua desnecessidade no órgão ou entidade, o servidor estável que não for redistribuído será colocado em disponibilidade, até seu aproveitamento.

Será tornado sem efeito o aproveitamento e cassada a disponibilidade se o servidor não entrar em exercício no prazo legal, salvo doença comprovada por junta médica oficial.

Recondução

A recondução ocorre quando o servidor passa de um cargo para outro e acontece alguma das hipóteses previstas na lei, fazendo com que ele deixe a atividade atual, mas possa retornar ao seu cargo anterior. Entretanto, ele somente poderá utilizar a reversão caso seja estável na função para a qual deseja retornar e que antes de assumir a nova, tenha solicitado o POC (posse em outro cargo inacumulável).

A recondução é o retorno do servidor **estável** ao cargo anteriormente ocupado e decorrerá de:

> Inabilitação em estágio probatório relativo a outro cargo

Ex.: *Era técnico e estável, passou no concurso de analista, mas foi reprovado no estágio probatório. Ele será reconduzido ao cargo de técnico.*

> Reintegração do anterior ocupante.

Ao ser reconduzido, caso seu cargo de origem encontre-se ocupado, ele poderá ser aproveitado em outro (observadas as regras do aproveitamento).

A jurisprudência admite que a recondução também seja feita por opção do servidor, caso o mesmo não se adapte ao novo cargo.

Vacância

São as hipóteses em que o cargo do servidor é desocupado, ficando livre para ser preenchido por outro servidor. O rol taxativo (sete modalidades) previsto na Lei nº 8.112/90 diz que a vacância do cargo público decorrerá de:

> Exoneração.
> Falecimento.
> Demissão.
> Promoção.
> Aposentadoria.
> Readaptação.
> Posse em outro cargo inacumulável.

Exoneração

A exoneração não é forma de punição, trata-se apenas do desligamento do servidor por algum dos motivos previstos em lei. Ela pode ser feita:

> A pedido do servidor.
> De ofício (pela própria administração).

A exoneração de ofício será feita:

> Quando não satisfeitas as condições do estágio probatório.
> Quando, tendo tomado posse, o servidor não entrar em exercício no prazo estabelecido (15 dias).
> Cargos em comissão.

Essas hipóteses de exoneração de ofício, previstas na Lei nº 8.112/90, são direcionadas para o servidor não estável. Entretanto, a Constituição Federal prevê algumas situações de exoneração que alcançam o servidor estável:

> Mediante procedimento de avaliação periódica de desempenho, na forma de lei complementar e garantida a ampla defesa (Art. 41, § 1º, III).
> Corte de despesas com excesso de pessoal (Art. 169, § 3º).

Falecimento

Essa forma de vacância não enseja maiores explicações, pois com a morte do servidor, seu cargo será declarado vago e apto para ser provido por outra pessoa.

Demissão

A demissão é a penalidade aplicada para o servidor que cometer uma infração funcional grave. Os detalhes e regras da demissão são estudadas em tópico próprio (Regime Jurídico Disciplinar).

Promoção

A promoção já foi estudada no tópico de provimento. Vale lembrar que trata-se de uma maneira híbrida, pois ela caracteriza tanto forma de provimento, como de vacância de cargo público.

Aposentadoria

A aposentadoria pode ocorrer de três formas:

> Por invalidez permanente.
> Compulsória.
> Voluntária.

Entretanto, as regras atinentes à aposentadoria é estudada no tópico de Seguridade Social do Servidor.

Readaptação

A readaptação já foi estudada no tópico de provimento. Vale lembrar que trata-se de uma forma híbrida, pois ela caracteriza tanto forma de provimento, como de vacância de cargo público.

Posse em Outro Cargo Inacumulável (POC)

Essa forma de vacância é utilizada quando o servidor quer se afastar do cargo para assumir um outro, mas sem desligar-se definitivamente da Administração. Caso ele seja estável e seja inabilitado no estágio probatório do novo cargo, por exemplo, ele poderá ser reconduzido (se pedir exoneração corta o vínculo e não poderá ser eventualmente reconduzido).

A Constituição Federal dispõe ser vedada (proibida) a acumulação remunerada de cargos públicos. Entretanto, caso haja compatibilidade de horários, as seguintes hipóteses de acumulação são permitidas (mas deve ser observado o teto remuneratório):

> Dois cargos de professor.
> Um cargo de professor com outro técnico ou científico.
> Dois cargos ou empregos privativos de profissionais de saúde, com profissões regulamentadas.

Essa proibição de acumular estende-se a empregos e funções e abrange autarquias, fundações, empresas públicas, sociedades de economia mista, suas subsidiárias, e sociedades controladas, direta ou indiretamente, pelo poder público.

13.2. Formas de Deslocamento

Tanto a remoção, quanto a redistribuição, não são formas de provimento e também não geram vacância.

Remoção

A remoção é o deslocamento do servidor, no âmbito do mesmo quadro, para ter exercício em outra unidade (não existe nenhuma alteração no seu vínculo funcional, ele apenas exercerá suas funções em outra unidade). A remoção pode ser dada com ou sem mudança de sede.

> **FIQUE LIGADO**
>
> *Remoção:*
> Dentro do mesmo quadro.
> Com ou sem mudança de sede.

Modalidades

A remoção pode ocorrer de ofício ou a pedido do servidor. No caso de **a pedido**, temos aquela que é feita no interesse da administração (ele apenas será removido se a administração achar conveniente e oportuno) e também hipóteses em que a administração será obrigada a remover o servidor (independente de interesse dela).

Remoção de Ofício

A remoção de ofício é realizada no interesse da Administração e, a princípio, independe de aceitação do servidor (ele será obrigado a deslocar-se para o local determinado).

Essa é a única modalidade de remoção em que o servidor faz jus à ajuda de custo (espécie de indenização, estudada no tópico de direitos e vantagens).

A Pedido, a Critério da Administração (discricionariedade)

Nesse caso o servidor solicita a remoção para a Administração Pública, porém, ele apenas será deslocado se a Adminstração achar conveniente.

A Pedido, para Outra Localidade, Independentemente do Interesse da Administração

Nessa modalidade de remoção, configurada alguma das hipóteses previstas na lei, o servidor tem direito a ser removido (não existe interesse da administração aqui, ela é obrigada a deslocar o servidor).

Hipóteses:

> Para acompanhar cônjuge ou companheiro, também servidor público civil ou militar, de qualquer dos Poderes da União, dos Estados, do Distrito Federal e dos Municípios, que foi deslocado no interesse da Administração.

Nesse caso, o cônjuge ou companheiro (união estável) do servidor foi removido de ofício para outra localidade. Esse regido pela Lei nº 8.112/90 tem direito a acompanhar o cônjuge/companheiro removido.

FIQUE LIGADO

O cônjuge ou companheiro que foi removido de ofício não precisa ser regido pela Lei 8.112/90, ele pode ser um servidor civil ou militar, de qualquer das esferas e de qualquer dos Poderes.

> Por motivo de saúde do servidor, cônjuge, companheiro ou dependente que viva às suas expensas e conste do seu assentamento funcional, condicionada à comprovação por junta médica oficial.

> Em virtude de processo seletivo promovido, na hipótese em que o número de interessados for superior ao número de vagas, de acordo com normas pré-estabelecidas pelo órgão ou entidade em que aqueles estejam lotados.

Redistribuição

A redistribuição é o deslocamento de cargo de provimento efetivo, ocupado ou vago no âmbito do quadro geral de pessoal, para outro órgão ou entidade do mesmo Poder.

Ela será feita com prévia apreciação do órgão central do SIPEC (Sistema de Pessoal Civil), com observância de alguns preceitos:

> Interesse da administração.

> Equivalência de vencimentos.

> Manutenção da essência das atribuições do cargo.

> Vinculação entre os graus de responsabilidade e complexidade das atividades.

> Mesmo nível de escolaridade, especialidade ou habilitação profissional.

> Compatibilidade entre as atribuições do cargo e as finalidades institucionais do órgão ou entidade.

A redistribuição ocorrerá *ex officio* para ajustamento de lotação e da força de trabalho às necessidades dos serviços, inclusive nos casos de reorganização, extinção ou criação de órgão ou entidade.

A redistribuição de cargos efetivos vagos se dará mediante ato conjunto entre o órgão central do SIPEC e os órgãos e entidades da Administração Pública Federal envolvidos.

Nos casos de reorganização ou extinção de órgão ou entidade, extinto o cargo ou declarada sua desnecessidade, o servidor estável que não for redistribuído será colocado em disponibilidade, até seu aproveitamento na forma definida na Lei nº 8.112/90.

Caso não ocorra nenhuma dessas situações poderá ser mantido sob responsabilidade do órgão central do SIPEC, e ter exercício provisório, em outro órgão ou entidade, até seu adequado aproveitamento.

> Redistribuição:
> Deslocamento do cargo de provimento efetivo.
> Ocupado ou vago.
> Para outro órgão ou entidade, do MESMO Poder.

EXERCÍCIO COMENTADO

01. (FCC) Jéssica, servidora pública federal, aposentou-se por invalidez em 2011. Decorridos dois anos, a junta médica oficial declarou insubsistentes os motivos de sua aposentadoria.

Cumpre salientar que Jéssica, no início de 2013, completou 70 (setenta) anos de idade. A propósito do tema e nos termos da Lei nº 8.112/90:

a) Aplica-se, no caso, o instituto da recondução;
b) Aplica-se, no caso, o instituto da readaptação;
c) É possível a reversão, independentemente da idade, devendo Jéssica, posteriormente, requerer sua aposentadoria por idade;
d) Não é possível a reversão, uma vez que Jéssica completou setenta anos de idade;
e) É possível a recondução de Jéssica, independentemente da idade, devendo, posteriormente, requerer sua aposentadoria por idade.

RESPOSTA: D. Quando a aposentadoria por invalidez tiver sido declarada insubsistente, ocorrerá a reversão de ofício do servidor (Art. 25, I, da Lei nº 8.112/90). Entretanto, o Art. 27 dessa mesma lei define que não poderá ocorrer a reversão do servidor que tiver completado 70 anos de idade.

VAMOS PRATICAR

Os exercícios a seguir são referentes aos conteúdos: Provimento e Vacância e Formas de Deslocamento.

01. (FGV) Pedro, servidor público estadual do Poder Executivo, foi injustamente demitido por falta grave, após processo administrativo disciplinar, sendo acusado de receber propina. Pedro buscou assistência jurídica na Defensoria Pública e, após longo processo judicial, que durou quatro anos, o Poder Judiciário reconheceu que Pedro não praticara o ato que lhe fora imputado, determinando seu retorno ao serviço, com ressarcimento dos vencimentos e vantagens, bem como reconhecimento dos direitos ligados ao cargo. O nome dado à forma de provimento de cargo determinada na decisão judicial é:

a) Nomeação.
b) Retorno.
c) Aproveitamento.
d) Reintegração.
e) Readaptação.

02. (Instituto AOCP) Analise as assertivas e assinale a alternativa que aponta as corretas. É vedada a acumulação remunerada de cargos públicos, exceto, quando houver compatibilidade de horários.

I. A de dois cargos de professor.

II. A de um cargo de professor com outro técnico ou científico.

III. A de dois cargos ou empregos privativos de profissionais de saúde, com profissões regulamentadas cumulado com outros dois cargos de professor.

IV. A de dois cargos ou empregos privativos de profissionais de saúde, com profissões regulamentadas

a) Apenas I, II e IV.
b) Apenas I e III.
c) Apenas II e III.
d) Apenas II, III e IV
e) I, II, III e IV.

03. (FCC) Servidor Público Federal, ocupante de cargo junto ao Ministério da Fazenda, foi deslocado, no âmbito do mesmo quadro, com mudança de sede, no interesse da Administração. O ato administrativo descrito, nos termos da Lei nº 8.112/1990, denomina-se:

a) Remoção, que compreende as modalidades de ofício, hipótese em que o deslocamento do servidor se dá no interesse da Administração, e a pedido, hipótese em que o deslocamento do servidor se dá, exclusivamente, a critério da Administração.

b) Recondução, que se constitui na modalidade de deslocamento do servidor que se dá de ofício, no interesse da administração, com ou sem mudança de sede, hipótese em que a motivação do ato é dispensada; denominando-se redistribuição, o deslocamento a pedido do servidor.

c) Redistribuição, que se constitui na modalidade de deslocamento do servidor que se dá de ofício, no interesse da Administração, com ou sem mudança de sede, independentemente de motivação.

d) Remoção, que compreende as modalidades de ofício, hipótese em que o deslocamento do servidor se dá no interesse da administração, e a pedido, hipótese em que o deslocamento do servidor se dá a critério da Administração, podendo, no entanto, ocorrer independentemente do interesse da Administração, nas situações expressamente autorizadas pela Lei.

e) Transferência, que é a modalidade de deslocamento do servidor que se dá de ofício, com ou sem mudança de sede, sempre no interesse da Administração.

04. (Cespe) A proibição de acumular cargos públicos alcança todos os órgãos da administração direta, autárquica e fundacional, não se estendendo apenas aos empregos situados nas empresas públicas, sociedades de economia mista e suas subsidiárias, cujo pessoal está submetido a regime jurídico de direito privado.

Certo ( )   Errado ( )

05. (FCC) Cláudio, servidor público federal ocupante de cargo efetivo, foi colocado em disponibilidade em face da extinção do órgão no qual estava lotado. Posteriormente, o Órgão Central do Sistema de Pessoal Civil determinou o imediato provimento, por Cláudio, de vaga aberta junto a outro órgão da Administração pública federal. De acordo com as disposições da Lei nº 8.112/90, referida situação caracteriza:

a) Reversão, facultativa para o servidor, que poderá optar por permanecer em disponibilidade, recebendo 50% (cinquenta por cento) de seus vencimentos.
b) Redistribuição, obrigatória para o servidor, independentemente dos vencimentos do novo cargo.
c) Aproveitamento, cabível desde que se trate de cargo com vencimentos e atribuições compatíveis com o anteriormente ocupado pelo servidor.
d) Recondução, obrigatória apenas se o servidor estiver em disponibilidade há menos de 5 (cinco) anos.
e) Reintegração, somente obrigatória em se tratando de órgão sucessor do extinto nas respectivas atribuições.

06. (FCC) Caterina, servidora pública federal, deverá ter exercício em outro Município em razão de ter sido removida. Nos termos da Lei nº 8.112/90, a servidora terá um prazo mínimo, contado da publicação do ato, para a retomada do efetivo desempenho das atribuições do cargo, incluído nesse prazo o tempo necessário para o deslocamento para a nova sede. O prazo mínimo a que se refere o enunciado é de:

a) Dez dias.
b) Um mês.
c) Cinco dias.
d) Setenta e duas horas.
e) Quinze dias.

07. (Cespe) Um servidor público federal foi demitido após o devido processo administrativo. Contra o ato de demissão ele ajuizou ação judicial, na qual obteve decisão favorável à sua reintegração no cargo, em decorrência da nulidade do ato de demissão. Nessa situação, o servidor reintegrado não terá direito ao tempo de serviço, aos vencimentos e às vantagens que lhe seriam pagos no período de afastamento.

Certo ( )   Errado ( )

08. (Cespe) Acerca da nomeação para cargo público, assinale a opção correta.

a) Aquele que, após a nomeação, não tomar posse no prazo previsto em lei será exonerado do cargo.
b) A nomeação do servidor ocorrerá com a assinatura do respectivo termo, no qual deverão constar as atribuições, os deveres, as responsabilidades e os direitos inerentes ao cargo ocupado.
c) A nomeação, assim como a readaptação, a reintegração e a recondução são formas de provimento em cargo público.
d) De acordo com a Lei nº 8.112/1990, durante o prazo de validade do concurso público, a administração poderá abrir novo concurso para provimento das mesmas vagas, desde que seja priorizada a ordem de nomeação do primeiro concurso.
e) A nomeação para provimento de cargo efetivo ou em comissão deverá ser precedida de concurso público de provas ou de provas e títulos.

09. (Cespe) A promoção, a readaptação e a posse em outro cargo inacumulável incluem-se entre os fatos que geram a situação de vacância do cargo público.

Certo ( )   Errado ( )

10. (Cespe) Anulado o ato de demissão, o servidor estável será reintegrado ao cargo por ele ocupado anteriormente, exceto se o cargo estiver ocupado, hipótese em que ficará em disponibilidade até aproveitamento posterior em cargo de atribuições e vencimentos compatíveis.

Certo ( )   Errado ( )

GABARITO

01	D	06	A
02	A	07	ERRADO
03	D	08	C
04	ERRADO	09	CERTO
05	C	10	ERRADO

ANOTAÇÕES

13.3. Direitos e Vantagens

Vencimento e Remuneração

Conceitos

Vencimento é a retribuição pecuniária pelo exercício de cargo público, com valor fixado em lei (vencimento é o básico).

Remuneração é o vencimento do cargo efetivo, acrescido das vantagens pecuniárias permanentes estabelecidas em lei (não pode ser inferior ao salário-mínimo).

Remuneração = Vencimentos + Vantagens

Para fins de diferenciação, é importante saber que o **subsídio** difere da remuneração pois ele é pago em parcela única, sendo obrigatório para determinadas carreiras (hipóteses do Art. 144 da CF). O pagamento por subsídio pode ser aplicado facultativamente para outras carreiras de servidores (cargos escalonados em carreiras).

Proventos: retribuição pecuniária do inativo (aposentado ou servidor em disponibilidade remunerada).

Características

Irredutibilidade: o vencimento do cargo efetivo, acrescido das vantagens de caráter permanente, é irredutível.

Isonomia: é assegurada a isonomia de vencimentos para cargos de atribuições iguais ou assemelhadas do mesmo Poder, ou entre servidores dos três Poderes, ressalvadas as vantagens de caráter individual e as relativas à natureza ou ao local de trabalho.

Teto: nenhum servidor poderá perceber, mensalmente, a título de remuneração, importância superior à soma dos valores percebidos como remuneração, em espécie, a qualquer título, no âmbito dos respectivos Poderes (o teto varia de acordo com o Poder em que está o servidor):

Poder Executivo – Ministros de Estado.

Poder Legislativo – Membros do Congresso Nacional.

Poder Judiciário – Ministros do Supremo Tribunal Federal.

Algumas vantagens **estão excluídas do teto** (não são levadas em conta nesse limite):

> Gratificação natalina.
> Adicional pelo exercício de atividades insalubres, perigosas ou penosas.
> Adicional pela prestação de serviço extraordinário.
> Adicional noturno.
> Adicional de férias.

O teto remuneratório é encontrado também no Art. 37, XI, da Constituição Federal, sendo o teto geral o subsídio de Ministro do STF, mas ele também trouxe outros limites específicos:

> *Art. 37, XI, CF. A remuneração e o subsídio dos ocupantes de cargos, funções e empregos públicos da administração direta, autárquica e fundacional, dos membros de qualquer dos Poderes da União, dos Estados, do Distrito Federal e dos Municípios, dos detentores de mandato eletivo e dos demais agentes políticos e os proventos, pensões ou outra espécie remuneratória, percebidos cumulativamente ou não, incluídas as vantagens pessoais ou de qualquer outra natureza, não poderão exceder o subsídio mensal, em espécie, dos Ministros do Supremo Tribunal Federal, aplicando-se como limite, nos Municípios, o subsídio do Prefeito, e nos Estados e no Distrito Federal, o subsídio mensal do Governador no âmbito do Poder Executivo, o subsídio dos Deputados Estaduais e Distritais no âmbito do Poder Legislativo e o subsídio dos Desembargadores do Tribunal de Justiça, limitado a noventa inteiros e vinte e cinco centésimos por cento do subsídio mensal, em espécie, dos Ministros do Supremo Tribunal Federal, no âmbito do Poder Judiciário, aplicável este limite aos membros do Ministério Público, aos Procuradores e aos Defensores Públicos.*

Perda da Remuneração

O servidor perderá:

> A remuneração do **dia** em que **faltar** ao serviço, sem motivo justificado.
> A **parcela de remuneração** diária, proporcional aos **atrasos, ausências justificadas** e **saídas antecipadas** (mas admite-se a compensação de horário, até o mês subsequente ao da ocorrência, a ser estabelecida pela chefia imediata, não perdendo, nesse caso a parcela).

As faltas justificadas decorrentes **de caso fortuito ou de força maior** poderão ser compensadas a **critério da chefia imediata**, sendo assim consideradas como efetivo exercício.

> O desconto somente poderá incidir na remuneração ou nos proventos nos seguintes casos:
> Imposição legal.
> Mandado judicial.

> Consignação em folha de pagamento (com autorização do servidor e à critério da administração, na forma definida em regulamento).

A Lei nº 8.112/90, em seu Art. 45, § 1º, define que mediante autorização do servidor, poderá haver consignação em folha de pagamento em favor de terceiros, a critério da administração e com reposição de custos, na forma definida em regulamento.

O total de consignações facultativas de que trata esse § 1º não excederá a 35% da remuneração mensal, sendo 5% (cinco por cento) reservados exclusivamente para:

I. a amortização de despesas contraídas por meio de cartão de crédito; ou

II. a utilização com a finalidade de saque por meio do cartão de crédito.

Reposições e Indenizações ao erário serão realizadas com o pagamento, no **prazo máximo de trinta dias, podendo ser parceladas, a pedido do interessado** (cada parcela não poderá ser inferior ao correspondente a dez por cento da remuneração, provento ou pensão).

Quando o pagamento indevido houver ocorrido no **mês anterior** ao do processamento da folha, a reposição será feita imediatamente, em uma **única parcela**.

O servidor que estiver em **débito com o erário** e for demitido, exonerado ou ter aposentadoria ou disponibilidade cassada, terá o prazo de **60 dias** para quitar (caso não pague nesse prazo, implicará sua inscrição em dívida ativa).

O vencimento, a remuneração e o provento não serão objeto de arresto, sequestro ou penhora, exceto nos casos de prestação de alimentos resultantes de decisão judicial.

Vantagens

Além do vencimento, poderão ser pagas ao servidor as seguintes vantagens:

Indenizações (não incorporam nunca).
Gratificações (pode incorporar - depende de lei).
Adicionais (pode incorporar - depende de lei).

As vantagens pecuniárias não serão computadas, nem acumuladas, para efeito de concessão de quaisquer outros acréscimos pecuniários ulteriores, sob o mesmo título ou idêntico fundamento.

Indenizações

São indenizações:
> Ajuda de custo.
> Diárias.
> Transporte.
> Auxílio-moradia.

Os valores das indenizações, bem como as condições a serem preenchidas para sua concessão serão estabelecidas em regulamento. A Lei 8.112/90 traz apenas as regras gerais.

Ajuda de Custo

A ajuda de custo destina-se a **compensar as despesas de instalação** do servidor que, no interesse do serviço (remoção de ofício), passar a ter exercício em nova sede, **com mudança de domicílio** em caráter **permanente, vedado o duplo pagamento** de indenização, a qualquer tempo, no caso de o cônjuge ou companheiro que detenha também a condição de servidor, vier a ter exercício na mesma sede.

Além desse valor, também correm por conta da administração as despesas de transporte do servidor e de sua família, compreendendo passagem, bagagem e bens pessoais.

FIQUE LIGADO

Ajuda de Custo:
> *Deslocamento permanente no interesse do serviço.*
> *Com mudança de domicílio.*
> *Vedado o duplo pagamento da indenização.*

Se o servidor falecer na nova sede, será assegurada à família dele ajuda de custo e transporte para a localidade de origem, dentro do **prazo de um ano**, contado do óbito.

Disposições sobre a ajuda de custo:
> Calculada sobre a **remuneração** do servidor (**não pode exceder** a importância correspondente a **três meses**).
> Não será concedida ajuda de custo ao servidor que se afastar do cargo, ou reassumi-lo, em virtude de mandato eletivo.
> Será concedida ajuda de custo àquele que, não sendo servidor da União, for nomeado para cargo em comissão, **com mudança de domicílio**.
> Não é devida nos casos de remoção a pedido (o servidor tem direito apenas no caso de ter sido removido de ofício, compulsoriamente).
> O servidor ficará obrigado a **restituir** a ajuda de custo quando, injustificadamente, não se apresentar na nova sede no prazo de **30 dias**.

Diárias

Enquanto a ajuda de custo é feita para o deslocamento permanente, as diárias são para as hipóteses de **deslocamento temporário**.

Essa indenização é devida em caso de afastamento da sede, em caráter eventual ou transitório, para outro ponto do território nacional ou para o exterior (por exemplo, uma missão para transporte de detento para outra cidade).

Nesse caso, o servidor fará jus a **passagens e diárias** destinadas a indenizar as parcelas de despesas extraordinária **com pousada, alimentação e locomoção urbana**, conforme dispuser em regulamento. A diária será concedida por dia de afastamento, sendo devida pela **metade** quando o deslocamento não exigir pernoite fora da sede, ou quando a União custear, por meio diverso, as despesas extraordinárias cobertas por diárias.

> **FIQUE LIGADO**
>
> *Ela é concedida por dia de afastamento (caso não haja pernoite, ela é devida pela metade).*

Se o deslocamento constituir **exigência permanente** do cargo, o servidor não fará jus a diárias. Também não terá direito a diárias o que se deslocar **dentro da mesma região metropolitana, aglomeração urbana ou microrregião**, constituídas por municípios limítrofes e regularmente instituídas, ou em áreas de controle integrado mantidas com países limítrofes, cuja jurisdição e competência dos órgãos, entidades e servidores brasileiros considera-se estendida, **salvo se houver pernoite fora da sede**, hipóteses em que as diárias pagas serão sempre as fixadas para os afastamentos dentro do território nacional.

O servidor que receber diárias e não se afastar da sede (por qualquer motivo) fica obrigado a restituí-las integralmente, no prazo de **cinco dias**.

Também caso ele retorne à sede em prazo inferior ao previsto para o seu afastamento, deverá restituir as diárias recebidas em excesso (também no prazo de cinco dias).

Indenização de Transporte

Conceder-se-á indenização de transporte ao servidor que realizar despesas com a utilização de **meio próprio de locomoção** para a execução de **serviços externos**, por força das **atribuições próprias do cargo**, conforme se dispuser em regulamento

Ex.: *Oficiais de justiça que trabalham com o próprio carro.*

Auxílio-Moradia

O auxílio-moradia é a indenização consistente no ressarcimento das despesas comprovadamente realizadas pelo servidor com **aluguel de moradia** ou com **meio de hospedagem** administrado por empresa hoteleira, no prazo de **um mês após a comprovação da despesa** pelo servidor.

Ele é devido ao que tenha se mudado do **local de residência** para ocupar cargo em comissão ou função de confiança do Grupo-Direção e Assessoramento Superiores (DAS), níveis 4, 5 e 6, de Natureza Especial, de Ministro de Estado ou equivalentes (apenas para deslocamentos ocorridos após 30 de junho de 2006).

Para concessão do auxílio-moradia, os seguintes **requisitos** devem ser observados:

> **Não exista imóvel funcional** disponível para uso pelo servidor (nem o cônjuge ou companheiro ocupe imóvel funcional).
> **O servidor ou seu cônjuge ou companheiro não seja ou tenha sido proprietário, promitente comprador, cessionário ou promitente cessionário** de imóvel no Município aonde for exercer o cargo, incluída a hipótese de lote edificado sem averbação de construção, nos **doze meses que antecederem a sua nomeação**.
> Nenhuma outra pessoa que resida com o servidor **receba auxílio-moradia**.
> O Município no qual assuma o cargo em comissão ou função de confiança não se enquadre nas hipóteses do Art. 58, § 3º, em relação ao local de residência ou domicílio do servidor (**mesma região ou limítrofes**).
> O servidor **não tenha sido domiciliado ou tenha residido no Município, nos últimos doze meses**, onde for exercer o cargo em comissão ou função de confiança, desconsiderando-se prazo inferior a sessenta dias dentro desse período.
> O deslocamento **não tenha sido** por força de alteração de lotação ou nomeação para cargo efetivo.

O valor mensal do auxílio-moradia é **limitado a 25%** do valor da função em comissão, atividade comissionada ou cargo de Ministro de Estado ocupado. Ele também não pode exceder a 25% da remuneração do Ministro de Estado.

Independentemente do valor do cargo em comissão ou função comissionada, fica garantido a todos os que preencherem os requisitos o ressarcimento até o valor de R$ 1.800,00.

No caso de falecimento, exoneração, colocação de imóvel funcional à disposição do servidor ou aquisição de imóvel, o auxílio-moradia **continuará sendo pago por um mês**.

Retribuições, Gratificações e Adicionais

A Lei nº 8.112/90 traz algumas espécies dessas vantagens a que fazem jus os servidores. Entretanto, esse rol não é taxativo, existem outras modalidades de gratificações e adicionais previstas em leis específicas.

Retribuição pelo Exercício de Função de Direção, Chefia e Assessoramento

Recebido pelo exercício de uma função de direção, chefia ou assessoramento (cargo em comissão ou função de confiança). Essa remuneração será estabelecida em lei específica.

Gratificação Natalina

A gratificação natalina é o equivalente ao "13º salário" para os servidores públicos (o décimo terceiro salário é para os celetistas, na Lei nº 8.112/90 utilizamos o termo gratificação natalina).

Essa gratificação corresponde a **1/12** (um doze avos) da **remuneração** a que o servidor fizer jus no mês de dezembro, por mês de exercício no respectivo ano. A fração igual ou superior a 15 dias é considerada como mês integral, para cálculo dessa gratificação. Ela é paga **até o dia 20 do mês de dezembro**.

No caso de exoneração o servidor receberá a gratificação **proporcionalmente** aos meses de exercício (calculada sobre a remuneração do mês da exoneração).

A gratificação natalina **não será considerada** para cálculo de qualquer vantagem pecuniária.

Gratificação por Encargo de Curso ou Concurso

Essa gratificação é devida ao servidor que, em caráter eventual:

I. Atuar como instrutor em curso de formação, de desenvolvimento ou de treinamento regularmente instituído no âmbito da administração pública federal.

II. Participar de banca examinadora ou de comissão para exames orais, para análise curricular, para correção de provas discursivas, para elaboração de questões de provas ou para julgamento de recursos intentados por candidatos.

III. Participar da logística de preparação e de realização de concurso público envolvendo atividades de planejamento, coordenação, supervisão, execução e avaliação de resultado, quando tais não estiverem incluídas entre as suas atribuições permanentes.

IV. Participar da aplicação, fiscalizar ou avaliar provas de exame vestibular ou de concurso público ou supervisionar essas atividades.

FIQUE LIGADO

2,2% (hipóteses I e II).

1,2% (III e IV).

§ 2. Os critérios de concessão e os limites da gratificação de que trata este artigo serão fixados em regulamento, observados os seguintes parâmetros:

I. O valor da gratificação será calculado em horas, observadas a natureza e a complexidade da atividade exercida.

II. A retribuição não poderá ser superior ao equivalente a 120 horas de trabalho anuais, salvo situação de excepcionalidade, devidamente justificada e previamente aprovada pela autoridade máxima do órgão ou entidade, que poderá autorizar o acréscimo de até 120 horas de trabalho anuais.

III. O valor máximo da hora trabalhada corresponderá aos seguintes percentuais, incidentes sobre o maior vencimento básico da administração pública federal:

A Gratificação por Encargo de Curso ou Concurso somente será paga se essas atividades forem exercidas **sem prejuízo das atribuições do cargo** de que o servidor for titular, devendo ser objeto de compensação de carga horária quando desempenhadas durante a jornada de trabalho (compensadas até no prazo de um ano).

A Gratificação por Encargo de Curso ou Concurso **não se incorpora** ao vencimento ou salário do servidor para qualquer efeito e não poderá ser utilizada como base de cálculo para quaisquer outras vantagens, inclusive para fins de cálculo dos proventos da aposentadoria e das pensões.

Adicional de Insalubridade, Periculosidade ou Atividades Penosas

Os servidores que trabalhem com habitualidade em locais insalubres ou em contato permanente com substâncias tóxicas, radioativas ou com risco de vida, fazem jus a um adicional sobre o **vencimento** do cargo efetivo.

Insalubridade: contato permanente com substâncias tóxicas ou radioativas.

Periculosidade: atividade com risco de vida.

Penosidade: atividades em zona de fronteira ou em locais cujas condições de vida o justifiquem.

FIQUE LIGADO

São adicionais de mesma natureza, dessa forma, não pode receber mais de um ao mesmo tempo (o servidor deve optar por um deles caso faça jus a mais de um).

O direito ao adicional de insalubridade ou periculosidade **cessa com a eliminação** das condições ou dos riscos que deram causa a sua concessão.

Haverá um **controle permanente** da atividade de servidores em operações ou locais considerados penosos, insalubres ou perigosos. A **servidora gestante ou lactante será afastada**, enquanto durar a gestação e a lactação, das operações e locais previstos nestas hipóteses, exercendo suas atividades em local salubre e em serviço não penoso e não perigoso.

Na concessão dos adicionais de atividades penosas, de insalubridade e de periculosidade, serão observadas as situações estabelecidas em legislação específica.

O adicional de **atividade penosa** será devido aos servidores em exercício em **zonas de fronteira ou em localidades cujas condições de vida o justifiquem**, nos termos, condições e limites fixados em regulamento.

Os locais de trabalho e os servidores que operam com Raios X ou substâncias radioativas serão mantidos sob controle permanente, de modo que as doses de radiação ionizante não ultrapassem o nível máximo previsto na legislação própria. Nesse caso serão submetidos **a exames médicos a cada seis meses**.

Adicional por Serviço Extraordinário

Esse adicional é devido quando o servidor trabalha **além da sua jornada regular**. Ele será remunerado com **acréscimo de 50%** em relação à hora normal do trabalho.

Somente será permitido serviço extraordinário para atender **a situações excepcionais e temporárias**, respeitado o limite **máximo de duas horas por jornada**.

Na Lei nº 8.112/90 a jornada é de 40h semanais (8h por dia), caso trabalhe 9h todos os dias, fará jus a cinco extras nessa semana.

Adicional Noturno

O adicional noturno é devido quando o servidor trabalhar no período compreendido **entre 22 horas de um dia e cinco do dia seguinte**.

Durante o serviço noturno, a cada 52 minutos e 30 segundos, computa-se uma hora (a hora noturna é reduzida). O valor desse adicional é de 25% da hora trabalhada.

Caso o servidor trabalhe em jornada extraordinária no período noturno, esse adicional será calculado sobre a hora normal já acrescida de 50%.

> **Ex.:** *Servidor que receba R$20 reais a hora normal. Se trabalhar em jornada extraordinária, terá direito a R$30 cada extra. Se isso for feito no período noturno, calcularemos os 25% sobre esses R$30 (ficaria então R$ 37.50 cada hora extra noturna).*

Adicional de Férias

O adicional de férias é pago, independentemente de solicitação, ao servidor, por ocasião das férias, um adicional correspondente a **1/3 da remuneração** do período das férias.

No caso de o servidor exercer função de direção, chefia ou assessoramento, ou ocupar cargo em comissão, **a respectiva vantagem será considerada** no cálculo desse adicional.

Regras sobre as férias

O período de férias é de 30 dias, podendo ser acumuladas no **máximo até dois períodos**, no interesse do serviço, salvo legislação específica.

Para o primeiro período aquisitivo, exige-se do servidor **12 meses de exercício**. Ele deve ter pelo menos 12 meses de efetivo exercício, somente após esse período poderá tirar férias.

Caso o servidor tenha faltado ao serviço (injustificadamente), é **vedado** levar à conta de férias essas faltas. Assim, caso ele tenha dez faltas no período aquisitivo, esses dez dias não poderão ser retirados de suas férias (no caso de faltas injustificadas existem medidas apropriadas).

Parcelamento: pode ser feito o parcelamento das férias em até **três etapas**, desde que servidor **requeira** e no **interesse da administração** (nesse caso recebe o adicional de 1/3 logo na primeira parcela).

Pagamento das férias

> Até dois dias antes do início delas (inclusive do respectivo adicional de 1/3).

> No caso de **exoneração**, o servidor tem direito às férias, inclusive **proporcionais** (1/12 avos para cada mês de efetivo exercício ou fração superior a 14 dias).

Raio X ou substâncias radioativas: 20 dias consecutivos por semestre (a acumulação nesse caso é vedada).

Interrupção das férias: apenas por motivo de calamidade pública, comoção interna, convocação para júri, serviço militar ou eleitoral, ou por necessidade do serviço declarada pela **autoridade máxima** do órgão ou entidade. Nesse caso, o restante do período interrompido será gozado de uma só vez.

EXERCÍCIO COMENTADO

01. (FCC) De acordo com a Lei nº 8.112/1990, quanto às vantagens possíveis de serem pagas aos servidores federais, considere:

I. Quando são pagas indenizações, gratificações e adicionais, essas duas últimas incorporam-se ao vencimento ou provento, nos casos previstos em lei.

II. As vantagens pecuniárias serão computadas e acumuladas para efeito de concessão de quaisquer outros acréscimos pecuniários ulteriores, sob o mesmo título e idêntico fundamento.

III. Quando são pagas indenizações e adicionais, somente as primeiras são incorporadas ao vencimento ou provento, nos casos previstos em lei.

Está correto o que consta APENAS em:

a) I e II.
b) II e III.

c) I e III.
d) I.
e) II.

RESPOSTA: D.

Alternativa I. O Art. 49, §1º e §2º, da Lei nº 8.112/90 define que as gratificações e adicionais podem incorporar aos vencimentos ou proventos, mas apenas nos casos previstos em lei. Já a indenização, jamais poderá ser incorporada.

Alternativa II. O Art. 50 da Lei nº 8.112/90 dispõe que as vantagens pecuniárias não serão computadas, nem acumuladas, para efeito de concessão de quaisquer outros acréscimos pecuniários ulteriores, sob o mesmo título ou idêntico fundamento.

Alternativa III. Conforme visto no item I, apenas as gratificações e adicionais podem incorporar (depende de lei), as indenizações jamais serão incorporadas.

VAMOS PRATICAR

Os exercícios a seguir são referentes ao conteúdo: Direitos e Vantagens.

01. (Instituto AOCP) Analise as assertivas e assinale a alternativa que aponta as corretas.

I. Os vencimentos dos cargos do Poder Legislativo e do Poder Judiciário não poderão ser superiores aos pagos pelo Poder Executivo.

II. É permitida a vinculação ou equiparação de quaisquer espécies remuneratórias para o efeito de remuneração de pessoal do serviço público.

III. Os acréscimos pecuniários percebidos por servidor público não serão computados nem acumulados para fins de concessão de acréscimos ulteriores.

IV. A proibição de acumular estende-se a empregos e funções e abrange autarquias, fundações, empresas públicas, sociedades de economia mista, suas subsidiárias, e sociedades controladas, direta ou indiretamente, pelo poder público.

a) Apenas I, II e III.
b) Apenas I, III e IV.
c) Apenas II e III.
d) Apenas II, III e IV
e) I, II, III e IV.

02. (FCC) Lara, servidora pública federal do Tribunal Regional do Trabalho da 19ª Região, está ansiosa para receber sua gratificação natalina, a fim de comprar presentes para seus familiares e quitar alguns débitos que ainda possui. A propósito da gratificação narrada e nos termos da Lei nº 8.112/90, é INCORRETO afirmar que:

a) A gratificação será paga até o dia 20 (vinte) do mês de dezembro de cada ano.

b) A gratificação natalina corresponde a 1/12 (um doze avos) da remuneração a que o servidor fizer jus no mês de dezembro, por mês de exercício no respectivo ano.

c) A fração igual ou superior a 15 (quinze) dias será considerada como mês integral.

d) A gratificação natalina será considerada para o cálculo de toda e qualquer vantagem pecuniária.

e) O servidor exonerado perceberá sua gratificação natalina, proporcionalmente aos meses de exercício, calculada sobre a remuneração do mês da exoneração.

03. (FCC) O vencimento é a retribuição pecuniária pelo exercício de cargo público, com valor fixado em lei. Além do vencimento, poderão ser pagas ao servidor vantagens. Os servidores do Tribunal Regional do Trabalho da 5ª Região – TRT/BA receberam as seguintes vantagens: gratificações, ajuda de custo, diárias e adicionais. Dessas vantagens, incorporam-se aos vencimentos, nos casos e condições indicados em lei:

a) Gratificações e diárias.
b) Ajuda de custo e diárias.
c) Gratificações e adicionais.
d) Adicionais e ajuda de custo.
e) Gratificações, diárias e adicionais.

04. (Cespe) A propósito das vantagens previstas na Lei nº 8.112/1990 que podem ser pagas ao servidor, assinale a opção correta.

a) Ao servidor ocupante de cargo efetivo investido em função de chefia é devido o pagamento de adicional pelo seu exercício.

b) A gratificação por encargo de curso ou concurso será devida ao servidor que, em caráter eventual, participar de banca examinadora para exames orais e somente será paga se a referida atividade for exercida sem prejuízo das atribuições de seu cargo ou mediante compensação de carga horária, quando desempenhada durante a jornada de trabalho.

c) As gratificações, os adicionais e as indenizações incorporam-se ao vencimento, nos casos e condições indicados em lei.

d) É possível a concessão de auxílio-moradia para o servidor cujo deslocamento tenha ocorrido por força de alteração de lotação resultante de concurso de remoção a pedido.

e) A ajuda de custo consiste em vantagem indenizatória que se destina a compensar as despesas de instalação do servidor que, no interesse do serviço, passar a ter exercício em nova sede, com mudança de domicílio em caráter transitório ou permanente.

05. (Cespe) Se um servidor público federal tiver realizado despesas com a utilização de meio próprio de locomoção para a execução de serviços externos por força das atribuições próprias do cargo, ele terá direito ao recebimento de indenização de transporte, que se incorporará ao seu vencimento:

Certo ( )   Errado ( )

06. (FUNDEP) Sobre a sistemática de remuneração do servidor público federal, analise as seguintes afirmativas.

I. As diárias não se incorporam ao vencimento.

II. Vencimento é a retribuição pecuniária pelo exercício de cargo público conforme valor fixado em lei.

III. O vencimento do cargo efetivo, acrescido das vantagens e indenizações mensalmente recebidas pelo servidor, é irredutível.

A partir da análise, conclui-se que estão CORRETAS.

a) I e II apenas.
b) I e III apenas.
c) II e III apenas.
d) I, II e III.

07. (Cespe) O servidor público civil que fizer jus aos adicionais de insalubridade e periculosidade acumulará ambos os acréscimos sobre seu vencimento.

Certo ( )   Errado ( )

08. (FCC) Considere as seguintes assertivas, no tocante ao regime da Lei nº 8.112/90:

I. Além do vencimento, poderão ser pagas ao servidor as seguintes vantagens: indenizações, gratificações e adicionais.

II. As indenizações não se incorporam ao vencimento ou provento para qualquer efeito.

III. As gratificações e os adicionais incorporam-se ao vencimento ou provento, nos casos e condições indicados em lei.

Está correto o que se afirma em:

a) I, apenas.
b) I e II, apenas.
c) II e III, apenas.
d) I e III, apenas.
e) I, II e III.

09. (FCC) Nos termos da Lei nº 8.112/90, constituem indenizações pagas ao servidor, além dos regulares vencimentos:

a) Adicional de periculosidade e auxílio-moradia.
b) Adicional de insalubridade e diárias.
c) Gratificação por resultado e ajuda de custo.
d) Adicional de insalubridade e gratificação por resultado.
e) Ajuda de custo e diárias.

GABARITO

01	B	06	A
02	D	07	ERRADO
03	C	08	E
04	B	09	E
05	ERRADO		

ANOTAÇÕES

13.4. Licenças, Afastamentos e Concessões

Licenças

O Art. 81 da Lei nº 8.112/90 diz que será concedida licença ao servidor nos seguintes casos:

> Por motivo de doença em pessoa da família.
> Por motivo de afastamento do cônjuge ou companheiro.
> Para o serviço militar.
> Para atividade política.
> Para capacitação.
> Para tratar de interesses particulares.
> Para desempenho de mandato classista.

Além desses casos do Art. 81, a Lei nº 8.112/90 prevê outras hipóteses de licenças, estudadas, em seus aspectos mais relevantes, na sequência.

FIQUE LIGADO

A licença concedida dentro de 60 dias do término de outra da mesma espécie será considerada como prorrogação.

Dessa forma, caso após o término de determinada licença, o servidor entre novamente nesse estado (na mesma modalidade) dentro de 60 dias, essa segunda licença será considerada prorrogação da primeira e não uma nova.

Licença para Tratamento de Saúde de Pessoa da Família

Poderá ser concedida licença ao servidor por motivo de **doença em pessoa da sua família** (do cônjuge ou companheiro, dos pais, dos filhos, do padrasto ou madrasta e enteado, ou dependente que viva a suas expensas e conste do seu assentamento funcional), mediante comprovação por **perícia médica oficial**.

Para que ela seja concedida, a **assistência** do servidor deve ser **indispensável e não possa ser prestada simultaneamente** com o exercício do cargo (ou mediante compensação de horários).

Dentro de cada período de 12 meses, essa licença pode ser concedida nas seguintes condições:

Com remuneração: até 60 dias (consecutivos ou não).

Sem remuneração: até 90 dias (consecutivos ou não). Esses 90 dias contam-se após o término dos 60 dias remunerados.

Dessa forma, essa licença pode ser concedida por até um prazo máximo de 150 dias, dentro de um período de 12 meses, sendo que, os primeiros sessentas dias são remunerados e o prazo restante da licença de 90 não são.

Ao servidor que estiver sob essa licença, é **vedado** o exercício de **atividade remunerada** durante a duração da mesma.

O período remunerado dessa licença que exceder a 30 dias será computado apenas para efeito de aposentadoria e disponibilidade. Já o tempo de licença não remunerado não é contado para quaisquer efeitos.

Motivo de Afastamento do Cônjuge

Poderá ser concedida licença ao servidor para acompanhar cônjuge ou companheiro que foi **deslocado** para outro ponto do território nacional, para o exterior ou para o exercício de **mandato eletivo** dos Poderes Executivo e Legislativo, possuindo as seguintes características:

> Ela é concedida **sem remuneração.**
> Por prazo **indeterminado.**

O período em que o servidor usufruir dessa licença não será computado como tempo de serviço para qualquer efeito.

No deslocamento de servidor cujo cônjuge ou companheiro também seja servidor público, civil ou militar, de qualquer dos Poderes da União, dos Estados, do Distrito Federal e dos Municípios, a Lei nº 8.112/90 prevê a possibilidade de **exercício provisório** em órgão ou entidade da Administração Federal direta, autárquica ou fundacional, desde que para o exercício de **atividade compatível** com o seu cargo.

Licença para o Serviço Militar

Ao servidor convocado para o serviço militar será concedida licença, na forma e condições previstas na legislação específica.

A Lei nº 8.112/90, ao tratar dessa licença prevê que após a conclusão do serviço militar, o servidor terá um prazo de **30 dias** para reassumir seu cargo.

Esse período em que estiver em licença prestando o serviço militar obrigatório será considerado como de efetivo exercício.

Licença para Atividade Política

O servidor terá direito à licença para atividade política nas seguintes disposições:

Sem remuneração: durante o período que mediar entre a sua **escolha em convenção partidária**, como candidato a cargo eletivo, e a **véspera do registro** de sua candidatura perante a Justiça Eleitoral. Esse período não será computado como tempo de efetivo exercício.

Com remuneração: a partir do **registro da candidatura** até o **décimo dia seguinte ao da eleição**. Entretanto, esse período **não poderá ultrapassar três meses** (após esse prazo a licença não será mais remunerada). Esse segundo momento da licença será considerado como tempo de serviço apenas para efeitos de aposentadoria e disponibilidade.

O servidor candidato a cargo eletivo na localidade onde desempenha suas funções e que exerça cargo de **direção, chefia, assessoramento, arrecadação ou fiscalização**, dele será afastado, a partir do **dia imediato ao do registro** de sua candidatura perante a Justiça Eleitoral, **até o décimo dia seguinte ao do pleito**.

Licença para Capacitação

Ela entrou no lugar da antiga "licença-prêmio", que foi extinta para os servidores regidos pela Lei nº 8.112/90.

É devida a cada quinquênio de efetivo exercício, sendo que, o servidor poderá, no **interesse da Administração** (trata-se de um ato discricionário, a Administração opta pela sua concessão ou não), afastar-se do exercício do cargo efetivo, com a respectiva remuneração, por até três meses, para participar de curso de capacitação profissional.

Esse período não é acumulável, assim, caso tenha, por exemplo, 15 anos de efetivo exercício, terá direito aos mesmos três meses.

Essa licença é computada como tempo de efetivo exercício e não pode ser utilizada por servidores em estágio probatório por expressa vedação legal contida na Lei nº 8.112/90.

> **Regras para essa licença**
> Devida a cada cinco anos (quinquênio) de efetivo exercício.
> No interesse da Administração.
> Com remuneração.
> Até três meses (para participar de curso de capacitação).
> Não acumulável.

Não confundir com o **afastamento para o curso de formação**. Nesse caso deixa o cargo para participar do curso de formação exigido na nova função.

Ex.: *Um servidor que é técnico de algum órgão federal e passou para o cargo de agente da polícia federal. Nesse caso, ele ficará afastado para fazer o curso, mesmo estando em estágio probatório, desde que seja também cargo na esfera federal.*

Licença para Tratar de Interesses Particulares

Essa licença é concedida a critério da administração (ato discricionário) para os servidores ocupantes de cargo efetivo, que não estejam em estágio probatório, por um prazo de até três anos consecutivos.

Além da discricionariedade de sua concessão, essa licença pode ser **interrompida a qualquer tempo** (no interesse do serviço ou a pedido do servidor).

O período que o servidor gozar da licença para tratar de interesses particulares não será considerado como tempo de serviço para qualquer efeito.

Licença para tratar de interesses particulares:
> Não pode estar no estágio probatório.
> Prazo: até três anos consecutivos.
> Sem remuneração.
> Concedida no interesse da Administração.
> Interrompida a qualquer momento.
> Não computada como tempo de exercício.

Licença para o Desempenho de Mandato Classista

Essa licença é assegurada ao servidor, que **não esteja em estágio probatório**, sem direito à remuneração, para que possa desempenhar mandato em confederação, federação, associação de classe de âmbito nacional, sindicato representativo da categoria ou entidade fiscalizadora da profissão.

Essa licença também pode ser concedida para participar de gerência ou administração em sociedade cooperativa constituída por servidores públicos para prestar serviços a seus membros.

A duração dessa licença é a mesma do mandado, admitindo prorrogação em caso de reeleição.

O tempo de fruição dela é considerada como período de efetivo exercício para todos os efeitos (exceto para promoção por merecimento).

Além do disposto em regulamento específico, devem ser observados os seguintes limites, de acordo o número de associados da entidade.

> Até 5.000 associados: dois servidores.
> De 5001 a 30.000 associados: quatro servidores.
> Mais de 30.000 associados: oito servidores.

Somente poderão ser licenciados os servidores eleitos para cargos de **direção ou de representação** nas referidas entidades, desde que cadastradas no órgão competente.

> **FIQUE LIGADO**
>
> *Principais características:*
> *Sem remuneração.*
> - Não pode ser concedido ao servidor em estágio probatório.
> - Prazo: duração do mandato (prorrogada em caso de reeleição).

Licença para Tratamento da Própria Saúde

Será concedida ao servidor licença para tratamento de sua própria saúde, a pedido ou de ofício, com base em perícia médica oficial, sem prejuízo da remuneração a que fizer jus.

Sempre que necessário, a inspeção médica será realizada na residência do servidor ou no estabelecimento hospitalar onde se encontrar internado.

Inexistindo médico no órgão ou entidade no local onde se encontra ou tenha exercício em caráter permanente o servidor, e não se configurando as hipóteses previstas nos parágrafos do Art. 230 (perícia médica e ausência de órgão oficial – utilização de convênios para tanto), será aceito atestado passado por médico particular.

Nesse caso, o referido atestado somente produzirá efeitos depois de recepcionado pela unidade de recursos humanos do órgão ou entidade.

A licença que **exceder o prazo de 120 dias no período de 12 meses** a contar do primeiro dia de afastamento será concedida mediante avaliação por **junta médica oficial**.

A perícia oficial para concessão da licença para tratamento de saúde, bem como nos demais casos previstos na Lei nº 8.112/90, será efetuada por cirurgiões-dentistas, nas hipóteses em que abranger o campo de atuação da odontologia.

Essa licença tem o prazo **máximo de** duração contínua **de 24 meses**. Após esse período, se ainda não estiver em condições de voltar ao seu cargo, o servidor deverá ser readaptado (se possível) ou aposentado por invalidez.

Essa licença é também computada de **modo cumulativo**, no decorrer de toda a vida funcional do servidor. Quando ela ultrapassar 24 meses (e não forem 24 meses consecutivos, conforme visto acima), o período que ultrapassar esse limite será considerado como tempo de serviço apenas para fins de aposentadoria e disponibilidade.

Antes de cumular os 24 meses, o período de licença será considerado como de efetivo exercício.

> **FIQUE LIGADO**
>
> *A licença para tratamento de saúde inferior a 15 dias, dentro de 1 ano, poderá ser dispensada de perícia oficial, na forma definida em regulamento.*

O atestado e o laudo da junta médica não se referirão ao nome ou natureza da doença, salvo quando se tratar de lesões produzidas por acidente em serviço, doença profissional ou qualquer das enfermidades especificadas como graves, contagiosas ou incuráveis.

O servidor que apresentar indícios de lesões orgânicas ou funcionais será submetido a inspeção médica. Ele será submetido a exames médicos periódicos, nos termos e condições definidos em regulamento. Para esses fins, a União e suas entidades autárquicas e fundacionais poderão:

- Prestar os exames médicos periódicos diretamente pelo órgão ou entidade a qual se encontra vinculado o servidor.
- Celebrar convênio ou instrumento de cooperação ou parceria com os órgãos e entidades da administração direta, suas autarquias e fundações.
- Celebrar convênios com operadoras de plano de assistência à saúde, organizadas na modalidade de autogestão, que possuam autorização de funcionamento do órgão regulador, na forma do Art. 230.
- Ou prestar os exames médicos periódicos mediante contrato administrativo, observado o disposto na Lei nº 8.666, de 21 de junho de 1993, e demais normas pertinentes.

Principais Características:
- Com remuneração.
- Prazo máximo contínuo de 24 meses.
- Até 24 meses é considerada como tempo de efetivo exercício.
- Precisa de perícia médica oficial (se exceder 120 dias precisa de junta médica oficial).
- Se inferior a 15 dias (no período de 1 ano), pode dispensar perícia oficial (na forma de regulamento).

Da Licença à Gestante, à Adotante e da Licença-Paternidade

Licença à Gestante

Essa licença será concedida à servidora gestante por **120 dias consecutivos, sem prejuízo da remuneração.**

O início da licença poderá se dar a partir do **primeiro dia do nono mês de gestação**, salvo antecipação por prescrição médica. Se ocorrer nascimento prematuro, a licença terá início a partir do parto.

Natimorto: decorridos 30 dias do evento, a servidora será submetida a exame médico, e se julgada apta, reassumirá o exercício.

Aborto: deve ser atestado por médico oficial, tendo a servidora direito a 30 dias de repouso remunerado.

> **FIQUE LIGADO**
>
> Licença Gestante:
> - 120 dias.
> - Remunerada.
> - Início 1º dia do 9º mês (ou antes, no caso de parto antecipado).

A Lei nº 8.112/90 também prevê que para amamentar o próprio filho, **até a idade de seis meses**, a servidora lactante terá direito, durante a jornada de trabalho, a **uma hora de descanso**, que poderá ser **dividida em dois** períodos de meia hora.

Vale ressaltar que a Lei nº 11.770/2008 criou o Programa Empresa Cidadã, destinado à prorrogação da licença-maternidade. Essa lei autorizou que a Administração Direta e Indireta possam aderir ao programa.

Dessa forma, o Decreto nº 6.690/2008 instituiu no âmbito da Administração Pública Federal Direta, autárquica e fundacional, o Programa de Prorrogação da Licença à Gestante e à Adotante.

Agora as servidoras públicas federais, que venham a requerer o benefício até o final do primeiro mês após o parto, terão direito à **prorrogação** da licença gestante por mais **sessenta dias** (durante essa prorrogação é vedado o exercício de qualquer atividade remunerada e a criança não pode ser mantida em creche ou entidade similar).

Licença-Paternidade

Pelo **nascimento ou adoção** de filhos, o servidor terá direito à licença-paternidade de **cinco dias consecutivos**.

Licença à Adotante

À servidora que adotar ou obtiver guarda judicial de criança terá direito a essa licença remunerada, cujo prazo de duração variará de acordo com a idade da criança:

- Até um ano: 90 dias.
- Mais de um ano: 30 dias.

O benefício da prorrogação prevista no Decreto nº 6.690/2008 também foi garantido à adotante, na seguinte proporção:

Até um ano: prorrogação de 45 dias.

Acima de um ano: prorrogação de 15 dias.

Esse decreto definiu que considera-se criança a pessoa de até doze anos de idade incompletos. Também dispondo que durante essa prorrogação é vedado o exercício de qualquer atividade remunerada e a criança não pode ser mantida em creche ou entidade similar.

Todas as licenças acima vistas (gestante, adotante e paternidade) são consideradas como tempo de efetivo exercício.

Afastamentos

A Lei nº 8.112/90 previu as seguintes modalidades de afastamentos:

- Para servir a outro órgão ou entidade.
- Para exercício de mandato eletivo.
- Para estudo ou missão no exterior.
- Para participação em programa de pós-graduação *stricto sensu* no país.

Afastamento para Servir a Outro Órgão ou Entidade

O servidor poderá ser cedido para ter exercício em outro órgão ou entidade dos Poderes da União, dos Estados, ou do Distrito Federal e dos Municípios, nas seguintes hipóteses:

- Para exercício de cargo em comissão ou função de confiança (se for cedido para entidades dos Estados, do DF ou Municípios - o cessionário que pagará a remuneração).
- Em casos previstos em leis específicas.

No caso de o servidor cedido, a empresa pública ou sociedade de economia mista, para exercício de cargo em comissão ou função de confiança, nos termos das respectivas normas, optar pela remuneração do cargo efetivo ou pela remuneração do cargo efetivo acrescida de percentual da retribuição do cargo em comissão, a entidade cessionária efetuará o reembolso das despesas realizadas pelo órgão ou entidade de origem.

A cessão será feita mediante Portaria publicada no Diário Oficial da União.

Mediante autorização expressa do Presidente da República, o servidor do Poder Executivo poderá ter exercício em outro órgão da Administração Federal direta que não tenha quadro próprio de pessoal, para fim determinado e a prazo certo.

Afastamento para Exercício de Mandato Eletivo

Essa modalidade de afastamento praticamente reproduz o disposto no Art. 38 da Constituição Federal e é bastante cobrada em provas.

Ela trata do afastamento do servidor para exercício de mandato eletivo.

Ao servidor investido em mandato eletivo aplicam-se as seguintes disposições:

Mandato eletivo federal, estadual ou distrital: afastado do cargo.

Mandato de prefeito: afastado do cargo (ele pode optar pela sua remuneração).

Mandato de vereador:

Com compatibilidade de horários: nesse caso ele exercerá os dois cargos, perceberá as vantagens de seu cargo, **sem prejuízo** da remuneração do cargo eletivo.

Sem compatibilidade de horários: afastado do cargo (ele pode optar pela sua remuneração).

> **FIQUE LIGADO**
> A única hipótese em que o servidor não será afastado do seu cargo é para exercer o mandato de vereador, mas desde que exista compatibilidade de horários.

Na hipótese de afastamento, o servidor contribui para a seguridade social como se estivesse em exercício.

Ele investido em mandato eletivo ou classista não poderá ser removido ou redistribuído de ofício para localidade diversa daquela onde exerce o mandato.

Afastamento para Estudo ou Missão no Exterior

A concessão desse afastamento, para estudo ou missão oficial, somente será feita com **autorização do Presidente da República, Presidente dos Órgãos do Poder Legislativo e Presidente do Supremo Tribunal Federal.**

Essas disposições não se aplicam para os servidores da carreira diplomática.

Esse afastamento tem um **período máximo de quatro anos.** Após o término da missão ou estudo no exterior, somente poderá obter nova ausência após o decurso de igual tempo (quatro anos após ter retornado).

Ao servidor beneficiado por esse afastamento não será concedida exoneração ou licença para tratar de interesse particular antes de decorrido período igual ao do afastamento, ressalvada a hipótese de ressarcimento da despesa havida com tal afastamento.

As hipóteses, condições e formas para a autorização de que trata essa modalidade de afastamento, inclusive no que se refere à remuneração do servidor, serão disciplinadas em regulamento.

> **FIQUE LIGADO**
> O afastamento de servidor para servir em organismo internacional de que o Brasil participe ou com o qual coopere dar-se-á com perda total da remuneração.

Afastamento para Participação em Programa de Pós-Graduação *Stricto Sensu* no País

Nessa modalidade o servidor poderá afastar-se do exercício do cargo efetivo, **com a respectiva remuneração**, para participar em programa de pós-graduação *stricto sensu* em instituição de ensino superior no País.

A concessão será feita **no interesse da Administração** (ato discricionário) e desde que a participação **não possa ocorrer simultaneamente com o exercício do cargo ou mediante compensação** de horário.

Por meio de ato do dirigente máximo do órgão ou entidade, definirá, em conformidade com a legislação vigente, os programas de capacitação e os critérios para participação em pós-graduação no País, com ou sem afastamento do servidor, que serão avaliados por um comitê constituído para esse fim.

Concessões

A Lei nº 8.112/90 trouxe três modalidades de concessões:

Direito de Ausentar-se do Serviço

São hipóteses em que o servidor pode ausentar-se do serviço, sem qualquer prejuízo:

> **Doar sangue:** um dia.

Pelo período comprovadamente necessário para **alistamento ou recadastramento eleitoral:** limitado, em qualquer caso, a dois dias.

Oito dias consecutivos:

> Casamento.
> Falecimento (cônjuge, companheiro, pais, madrasta ou padrasto, filhos, enteados, menor sob guarda ou tutela e irmãos).

Direito a Horário Especial

Estudante: no caso de incompatibilidade entre o horário escolar e o da repartição (sem prejuízo do exercício do cargo, mas deve haver compensação).

Portador de deficiência: necessidade comprovada por junta médica oficial (independente de compensação de horário).

Servidor que possua cônjuge, filho ou dependente portador de deficiência física (nesse caso deve haver compensação).

Servidor que atue como instrutor ou esteja participando de banca examinadora (nas modalidades previstas que fazem jus à gratificação por encargo de curso ou concursos).

Direito à Matrícula em Instituição de Ensino

Ao servidor estudante que **mudar de sede no interesse da administração** é assegurada, na localidade da nova residência ou na mais próxima, matrícula em instituição de ensino congênere, em qualquer época, independentemente de vaga. Esse direito estende-se ao cônjuge ou companheiro, aos filhos, ou enteados do servidor que vivam na sua companhia, bem como aos menores sob sua guarda, com autorização judicial.

A respeito dessa concessão, o STF já se manifestou dizendo que se o servidor estudando vem de uma universidade privada, terá direito apenas a matricular-se em uma universidade (ou faculdade) também privada.

Suspensão do Estágio Probatório

A Lei nº 8.112/90 define que, durante a fruição as seguintes licenças e afastamentos, o estágio probatório ficará suspenso:

> Licença por Motivo de Doença em Pessoa da Família.
> Licença por Motivo de Afastamento do Cônjuge.
> Licença para Atividade Política.
> Afastamento para Participação em Programa de Pós-Graduação Stricto Sensu no País.
> Curso de formação.

13.5. Do Tempo de Serviço

A Lei nº 8.112/90 dispõe que é contado para todos os efeitos o tempo de serviço público federal (inclusive o prestado às Forças Armadas).

Apuração do Tempo de Serviço

A apuração do tempo de serviço será feita em dias, que depois serão convertidos em anos, considerando como ano cada 365 dias.

Além dos casos de concessões (doar sangue, alistamento eleitoral, casamento e falecimento) são considerados como de **efetivo exercício** os **afastamentos** em virtude de:

Férias.

> **Exercício de cargo em comissão ou equivalente**, em órgão ou entidade dos Poderes da União, dos Estados, Municípios e Distrito Federal.
> Exercício de **cargo ou função de governo ou administração**, em qualquer parte do território nacional, por **nomeação do Presidente da República**.
> Participação em **programa de treinamento regularmente** instituído ou em programa de pós-graduação *stricto sensu* no País, conforme dispuser o regulamento.
> Desempenho de **mandato eletivo** federal, estadual, municipal ou do Distrito Federal, (**exceto para promoção por merecimento**).
> Júri e outros serviços obrigatórios por lei.
> **Missão ou estudo no exterior**, quando autorizado o afastamento, conforme dispuser o regulamento.
> **Deslocamento para a nova sede** de que trata o Art. 18 (prazo de 10 a 30 dias para retomar os serviços em outro município quando removido, redistribuído etc.).
> **Participação em competição desportiva** nacional ou convocação para integrar representação desportiva nacional, no País ou no exterior, conforme disposto em lei específica.
> Afastamento para **servir em organismo internacional** de que o Brasil participe ou com o qual coopere.

As seguintes licenças também são consideradas como tempo de efetivo exercício:

> A **gestante**, à **adotante** e à **paternidade**.
> Para **tratamento da própria saúde**, até o limite de vinte e quatro meses, cumulativo ao longo do tempo de serviço público prestado à União, em cargo de provimento efetivo.
> Para o desempenho de **mandato classista** ou **participação de gerência ou administração em sociedade cooperativa** constituída por servidores para prestar serviços a seus membros (**exceto para efeito de promoção por merecimento**).
> Por motivo de **acidente em serviço** ou **doença profissional**.
> Para **capacitação**, conforme dispuser o regulamento.
> Por convocação para o **serviço militar**.

São contados apenas para efeito de **aposentadoria e disponibilidade**:

> O tempo de serviço público prestado aos Estados, Municípios e Distrito Federal.
>
> A licença para tratamento de saúde de pessoal da família do servidor, com remuneração, que exceder a 30 dias em período de 12 meses.
>
> A licença para atividade política, no caso do Art. 86, § 2º (a partir do registro da candidatura e até o décimo dia seguinte ao da eleição).
>
> O tempo correspondente ao desempenho de mandato eletivo federal, estadual, municipal ou distrital, anterior ao ingresso no serviço público federal.
>
> O tempo de serviço em atividade privada, vinculada à Previdência Social.
>
> O tempo de serviço relativo a tiro de guerra.
>
> O tempo de licença para tratamento da própria saúde que exceder o prazo a que se refere a alínea "b" do inciso VIII do Art. 102 (24 meses).

O tempo em que o servidor esteve aposentado será contado apenas para nova aposentadoria.

O tempo de serviço prestado às Forças Armadas em operações de guerra será contado em dobro.

É **vedada a contagem cumulativa** de tempo de serviço prestado concomitantemente em mais de um cargo ou função de órgão ou entidades dos Poderes da União, Estado, Distrito Federal e Município, autarquia, fundação pública, sociedade de economia mista e empresa pública. Caso o servidor tenha mais de um cargo, não serão computados cumulativamente.

Ex.: *Trabalhando um ano em dois cargos ao mesmo tempo, o servidor terá apenas um ano de tempo de serviço prestado.*

EXERCÍCIO COMENTADO

01. (Cespe) Suponha que um servidor esteve licenciado por quinze dias e, decorrido esse prazo, solicitou outro afastamento da mesma espécie após quarenta dias de seu retorno. Nesse caso, para fins de cômputo, a segunda licença será considerada prorrogação da primeira.

CERTO. *A Lei nº 8.112/90, em seu Art. 82, define que a licença concedida dentro de 60 dias do término de outra da mesma espécie será considerada como prorrogação.*

VAMOS PRATICAR

Os exercícios a seguir são referentes ao conteúdo: Licenças, Afastamentos e Concessões.

01. (Cespe) O servidor público federal investido em mandato eletivo municipal somente será afastado do cargo se não houver compatibilidade de horário, sendo-lhe facultado, em caso de afastamento, optar pela sua remuneração.

Certo ( )   Errado ( )

02. (IBFC) Caio, servidor público, foi eleito para exercer o mandato eletivo de Vereador. Nessa hipótese, é correto afirmar que Caio:

a) Deverá ficar afastado de seu cargo, percebendo cumulativamente as vantagens de seu cargo de servidor com a remuneração do cargo eletivo.

b) Deverá perceber somente a remuneração do cargo de Vereador, pois não lhe é permitido optar a remuneração que pretende receber, se houver incompatibilidade de horários.

c) Perceberá as vantagens de seu cargo, sem prejuízo da remuneração do cargo eletivo, desde que haja compatibilidade de horários.

d) Será imediatamente afastado de seu cargo, sendo-lhe facultado optar pela sua remuneração, independentemente da possibilidade de cumular o exercício das duas funções.

03. (FGV) Ricardo é servidor público titular de cargo efetivo do Estado do Rio de Janeiro e percebe atualmente vencimentos próximos ao limite constitucional. Ele foi convidado por um partido político para ser candidato nas próximas eleições, mas tem receio de reduzir drasticamente seu poder aquisitivo. Levando em conta a disciplina constitucional sobre exercício de mandato eletivo por Ricardo, é correto afirmar que, caso ele exerça:

a) Mandato eletivo federal, ficará afastado de seu cargo, e nas hipóteses de exercício de mandato eletivo estadual ou municipal poderá acumular as funções e remunerações, se houver compatibilidade de horários.

b) Mandato de Prefeito, poderá acumular as funções e remunerações, se houver compatibilidade de horários.

c) Mandato de Vereador e não haja compatibilidade de horários, deverá afastar-se de seu cargo efetivo, recebendo necessariamente a remuneração do cargo de Vereador.

d) Qualquer mandato eletivo que exija o afastamento de seu cargo efetivo, seu tempo de serviço será contado para todos os efeitos legais, exceto para promoção por merecimento.

e) Qualquer mandato eletivo que exija o afastamento de seu cargo efetivo, será considerado, para todos os fins, como se estivesse em disponibilidade.

04. (FCC) Acerca do afastamento para participação em programa de pós-graduação *stricto sensu* no país, considere:

I. Tal afastamento dar-se-á ainda que a participação no curso possa ocorrer simultaneamente com o exercício do cargo.

II. O servidor afastar-se-á do exercício do cargo efetivo com a respectiva remuneração.

III. Ocorre no interesse da Administração.

De acordo com a Lei nº 8.112/90, está correto o que consta APENAS em:

a) II e III.
b) I.
c) I e II.
d) II.
e) III.

05. (FCC) Maria, servidora pública civil da União, afastar-se-á de seu cargo para servir em organismo internacional de que o Brasil participe. Nos termos da Lei nº 8.112/1990, referido afastamento dar-se-á:

a) Com perda de metade da remuneração.
b) Com perda total da remuneração.
c) Sem perda da remuneração, porém sem direito a qualquer vencimento adicional.
d) Com perda de um terço da remuneração.
e) Sem perda da remuneração e ainda terá direito a vencimento adicional em razão de sua missão no organismo internacional.

06. (FCC) Bento, servidor público federal, foi convocado para o serviço militar. Em razão de tal fato, foi concedida licença de seu cargo público. Concluído o serviço militar, Bento terá alguns dias sem remuneração para reassumir o exercício do cargo. Nos termos da Lei nº 8.112/90, o prazo a que se refere o enunciado é, em dias, de até:

a) 5.
b) 15.
c) 90.
d) 30.
e) 60.

07. (Cespe) O afastamento de servidor em razão de licença para exercício de atividade política não é contabilizado para fins de aposentadoria.

Certo ( )   Errado ( )

08. (Cespe) O servidor poderá ausentar-se do serviço por um dia, para doação de sangue, sem qualquer prejuízo.

Certo ( )   Errado ( )

09. (PONTUA) O servidor público:

I. Poderá ausentar-se do serviço, sem qualquer prejuízo, por um dia, para doação de sangue, por dois dias, para se alistar como eleitor e por oito dias consecutivos em razão de casamento, falecimento de cônjuge, companheiro, pais, madrasta ou padrasto, filhos, enteados, menor sob guarda ou tutela e irmãos.

II. Será concedido horário especial ao servidor estudante, quando comprovada a incompatibilidade entre o horário escolar e o da repartição, sem prejuízo do exercício do cargo, independente de compensação de horário.

III. Será concedido horário especial ao servidor portador de deficiência, quando comprovada a necessidade por junta médica oficial, independente de compensação de horário.

IV. Estudante que mudar de sede no interesse da administração é assegurada, na localidade da nova residência ou na mais próxima, matrícula em instituição de ensino congênere, em qualquer época, independente de vaga.

Está INCORRETO:

a) Apenas o item II.
b) Apenas o item III.
c) Apenas o item IV.
d) Apenas o item I.

10. (Cespe) A licença para capacitação tem natureza discricionária, é remunerada e pode ser solicitada mesmo durante o período de estágio probatório.

Certo ( )   Errado ( )

GABARITO

01	ERRADO	06	D
02	C	07	ERRADO
03	D	08	CERTO
04	A	09	A
05	B	10	ERRADO

13.6. Direito de Petição

A Lei nº 8.112/90 assegura ao servidor o direito de requerer aos Poderes Públicos, em defesa de direito ou interesse legítimo.

O requerimento será dirigido à autoridade que tem competência para decidi-lo e encaminhado por intermédio daquela a que estiver imediatamente subordinado o requerente.

FIQUE LIGADO

Requerimento:

> Dirigido à autoridade competente para decidir.
> Encaminhado por intermédio daquela a que estiver imediatamente subordinado o requerente ("chefe" do requerente).

Pedido de Reconsideração: cabível à autoridade que houver expedido o ato ou proferido a primeira decisão (não pode ser renovado).

Requerimento e Pedido de Revisão:

Despachados: cinco dias

Decididos: 30 dias

Hipóteses em que cabe recurso:

Indeferimento do pedido de reconsideração.

Decisões sobre os recursos sucessivamente interpostos.

O recurso é dirigido à autoridade imediatamente superior à que tiver expedido o ato ou proferido a decisão (e sucessivamente, em escala ascendente, às demais autoridades). Ele é encaminhado por intermédio da autoridade a que estiver imediatamente subordinado o requerente.

Prazos para interpor Pedido de Revisão e Recurso: 30 dias (da publicação ou da ciência da decisão recorrida).

Efeito suspensivo ao recurso: é concedido esse efeito a critério da autoridade competente.

Em caso de provimento do pedido de reconsideração ou do recurso, os efeitos da decisão retroagirão à data do ato impugnado.

Prescrição do direito de requerer:

Cinco anos: demissão, cassação (aposentadoria ou disponibilidade) e que afetem interesse patrimonial e créditos decorrentes das relações de trabalho.

120 dias: demais casos (salvo outro prazo fixado na lei).

Esses prazos são contados da publicação do ato ou da ciência do interessado (ato não publicado).

O pedido de reconsideração e o recurso, **quando cabíveis**, interrompem a prescrição. Essa é de ordem pública, não podendo ser relevada pela administração.

Para o exercício do direito de petição, é **assegurada** vista do processo ou documento, na repartição, ao servidor ou a procurador por ele constituído (não pode retirar da repartição).

A administração deverá **rever** seus atos, a qualquer tempo, quando eivados de **ilegalidade**.

São **fatais e improrrogáveis** os prazos estabelecidos nesse tópico da Lei nº 8.112/90 (sobre o direito de petição), salvo motivo de força maior.

EXERCÍCIO COMENTADO

01. (FCC) Segundo o Art. 104 da Lei nº 8.112/1990 "é assegurado ao servidor o direito de requerer aos Poderes Públicos, em defesa de direito ou interesse legítimo". A respeito do Direito de Petição, considere:

I. Cabe pedido de reconsideração à autoridade que houver expedido o ato ou proferido a primeira decisão, não podendo ser renovado.

II. Caberá recurso das decisões sobre os recursos sucessivamente interpostos.

III. O direito de requerer prescreve em três anos quanto aos atos de demissão e de cassação de aposentadoria ou disponibilidade.

IV. Para o exercício do direito de petição, é assegurada vista do processo ou documento, na repartição, ao servidor ou a procurador por ele constituído.

Está correto o que se afirma APENAS em:
a) II e IV.
b) I e II.
c) III e IV.
d) I, II e III.
e) I, II e IV.

RESPOSTA: E.

I. O Art. 106 da Lei nº 8.112/90 prevê o direito ao pedido de reconsideração, que é dirigido à autoridade que expediu o ato ou proferiu a primeira decisão, podendo ser utilizado apenas uma vez (não pode ser renovado).

II. O Art. 107, II, da Lei nº 8.112/90 diz que "Caberá recurso: (...) II - das decisões sobre os recursos sucessivamente interpostos".

III. O Art. 110, I, da Lei nº 8.112/90, o direito de requerer prescreve em 5 anos, quanto aos atos de demissão e de cassação de aposentadoria ou disponibilidade, ou que afetem interesse patrimonial e créditos resultantes das relações de trabalho.

IV. O Art. 113 da Lei nº 8.112/90 define que para o exercício do direito de petição, é assegurada vista do processo ou documento, na repartição, ao servidor ou a procurador por ele constituído.

VAMOS PRATICAR

Os exercícios a seguir são referentes ao conteúdo: Direito de Petição.

01. (FCC) No que concerne ao direito de petição, previsto constitucionalmente, e sua aplicação aos servidores públicos, é correto afirmar que:

a) É garantido aos servidores, do qual decorre o direito de recorrer, uma única vez, às autoridades superiores, vedada interposição de recursos sucessivos daquela e de subsequentes decisões.

b) Embora haja regramento constitucional, inexistindo previsão na Lei nº 8.112/1990, não se pode considerar aplicável o direito nas relações travadas na esfera administrativa.

c) É assegurado ao servidor público na Lei nº 8.112/1990, inclusive com previsão de cabimento de pedido de reconsideração e recurso administrativo.

d) Não se aplica diretamente aos servidores, que podem, no entanto, fazê-lo por intermédio de sua chefia imediata.

e) É aplicável ao servidor público na esfera administrativa, com possibilidade de apresentação de pedido de reconsideração, vedada, no entanto, a interposição de recurso em razão daquela decisão.

02. (FCC) A Walter, como servidor público federal, é assegurado o direito de requerer do Poder Público, em defesa de direito ou interesse legítimo. Diante disso, Walter deverá observar peculiaridades do direito de petição, dentre outras, o fato de que:

a) Esse pedido e os recursos, quando cabíveis, não interrompem a prescrição.

b) Não caberá recurso das decisões sobre os recursos sucessivamente interpostos.

c) O prazo para a interposição do pedido é de 10 (dez) dias, improrrogáveis, a partir da decisão recorrida.

d) Esse pedido deve ser dirigido à autoridade superior do órgão, podendo ser renovado por até duas vezes.

e) No caso do provimento do pedido de reconsideração, os efeitos da decisão retroagirão à data do ato impugnado.

03. (FCC) Sobre o direito de petição, previsto na Lei nº 8.112/1990, é correto afirmar:

a) O prazo prescricional de cinco anos, para o exercício do direito de requerer, só se aplica para atos de demissão e de cassação de aposentadoria ou disponibilidade.

b) Cabe pedido de reconsideração à autoridade que houver expedido o ato ou proferido a primeira decisão, podendo ser renovado por uma única vez.

c) O requerimento será dirigido à autoridade competente para decidi-lo e encaminhado por intermédio daquela a que estiver imediatamente subordinado o requerente.

d) O pedido de reconsideração e o recurso, quando cabíveis, suspendem o prazo prescricional.

e) É assegurado ao servidor o direito de requerer aos Poderes Públicos, em defesa de direito ou interesse legítimo, o qual deverá ser despachado no prazo de cinco dias e decidido dentro de vinte dias.

04. (FCC) Em tema de Direito de Petição assegurado ao servidor público nos termos da Lei nº 8.112/90, considere:

I. O direito de requerer aos Poderes Públicos, em defesa de direito ou interesse legítimo é imprescritível.

II. A administração deverá rever seus atos, a qualquer tempo, quando eivados de ilegalidade.

III. Cabe pedido de reconsideração à autoridade que houver expedido o ato ou proferido a primeira decisão, não podendo ser renovado.

IV. Caberá recurso, dentre outras hipóteses, do deferimento de pedido de reconsideração sucessivamente interposto.

V. O prazo para a interposição de recurso é de quinze dias, a contar do ato que deferiu ou indeferiu o pedido de reconsideração.

É correto o que se afirma APENAS em:

a) I, II e IV.
b) I e IV.
c) IV e V.
d) II e III.
e) II, III e V.

05. (FCC) Nos termos da Lei nº 8.112/90, é assegurado ao servidor o direito de requerer aos Poderes Públicos, em defesa de direito ou interesse legítimo. Diante disso:

a) Não caberá recurso das decisões sobre os recursos sucessivamente interpostos.

b) O prazo para interposição de pedido de reconsideração é de quinze dias, a contar da intimação do interessado ou do seu representante legal.

c) Não cabe pedido de reconsideração à autoridade que houver expedido o ato ou proferido a primeira decisão.

d) O pedido de reconsideração e o recurso, quando cabíveis, não suspendem ou interrompem a prescrição.

e) O prazo de prescrição do direito de requerer será contado da data da publicação do ato impugnado ou da data da ciência pelo interessado, quando o ato não for publicado.

06. (FCC) É assegurado ao servidor o direito de requerer aos Poderes Públicos, em defesa de direito ou interesse legítimo. No que concerne ao direito de petição, previsto na Lei nº 8.112/1990, é correto afirmar:

a) Não é cabível recurso das decisões sobre os recursos sucessivamente interpostos.

b) O recurso contra o indeferimento do pedido de reconsideração não poderá ser recebido no efeito suspensivo.

c) O requerimento e o pedido de reconsideração deverão ser despachados no prazo de cinco dias e decididos dentro de trinta dias.

d) O prazo para interposição de pedido de reconsideração ou de recurso é de quinze dias, a contar da publicação ou da ciência, pelo interessado, da decisão recorrida.

e) Se provido o pedido de reconsideração ou o recurso, os efeitos da decisão não retroagirão à data do ato impugnado, produzindo efeitos da data da decisão em diante.

07. (FCC) Analise as seguintes assertivas sobre o direito de petição:

I. Cabe pedido de reconsideração à autoridade que houver expedido o ato ou proferido a primeira decisão, podendo ser renovado.

II. O direito de requerer prescreve em cinco anos quanto aos atos de demissão e de cassação de aposentadoria ou disponibilidade.

III. Para o exercício do direito de petição, é assegurada vista do processo ou documento, dentro ou fora da repartição, ao servidor ou a procurador por ele constituído.

Está correto o que se afirma SOMENTE em:

a) I.
b) II.
c) I e II.
d) I e III.
e) II e III.

De acordo com as regras que tratam do Direito de Petição, previstas na Lei 8.112/90, julgue os seguintes itens:

08. (AlfaCon) É assegurado ao servidor o direito de requerer aos Poderes Públicos, em defesa de direito ou interesse legítimo. Esse requerimento será dirigido à autoridade competente para decidi-lo e encaminha-lo por intermédio daquela a que estiver imediatamente subordinado o requerente.

Certo ( )   Errado ( )

09. (AlfaCon) Cabe pedido de reconsideração à autoridade que houver expedido o ato ou proferido a primeira decisão, admitindo uma renovação desse pedido.

Certo ( )   Errado ( )

10. (FCC - Adaptada) O pedido de reconsideração e o recurso, mesmo quando incabíveis, interrompem a prescrição.

Certo ( )   Errado ( )

GABARITO

01	C	06	C
02	E	07	B
03	C	08	CERTO
04	D	09	ERRADO
05	E	10	ERRADO

ANOTAÇÕES

13.7. Lei nº 8.112/90 - Regime Disciplinar

Deveres

O Art. 116 da Lei nº 8.112/90 elenca um rol de deveres a que o servidor está obrigado a observar, sem prejuízos de outros previstos em outras leis e também em atos ou regulamentos.

Quando o servidor não observar algum dos deveres, será penalizado, em regra, com penalidade de advertência. No entanto, veremos em tópico oportuno que caso ele seja reincidente em relação a essa questão, será punido com suspensão.

São **DEVERES** do servidor:

> Exercer com **zelo** e **dedicação** as atribuições do cargo.
> Ser **leal** às instituições a que servir.
> Observar as **normas legais** e **regulamentares**.
> Cumprir as ordens superiores, **exceto quando manifestamente ilegais**.
> Atender com **presteza**:
>> Ao **público em geral**, prestando as informações requeridas, ressalvadas as protegidas por sigilo.
>> À **expedição de certidões** requeridas para defesa de direito ou esclarecimento de situações de interesse pessoal.
>> Às requisições para a **defesa da Fazenda Pública**.
> Levar ao **conhecimento da autoridade** superior as **irregularidades** de que tiver ciência **em razão do cargo**.
> Levar as irregularidades de que tiver ciência em razão do cargo ao conhecimento da **autoridade superior** ou, quando houver suspeita de envolvimento dessa, ao conhecimento de outra autoridade competente para apuração.
> Zelar pela **economia do material e a conservação do patrimônio público**.
> Guardar **sigilo** sobre assunto da repartição.
> Manter **conduta compatível** com a moralidade administrativa.
> Ser **assíduo** e **pontual** ao serviço.
> Tratar com urbanidade as pessoas.
> **Representar contra ilegalidade, omissão** ou **abuso de poder** (encaminhada pela via hierárquica e apreciada pela autoridade superior àquela contra a qual é formulada, assegurando-se ao representando ampla defesa).

Proibições

Já no Art. 117 dessa Lei encontramos algumas das interdições impostas ao servidor. Dependendo da proibição violada, ele poderá ser responsabilizado administrativamente com advertência, suspensão ou demissão.

Ao servidor é **proibido**:

> Ausentar-se do serviço durante o expediente, **sem prévia autorização** do chefe imediato.
> Retirar, **sem prévia anuência** da autoridade competente, qualquer documento ou objeto da repartição.
> **Recusar fé** a documentos públicos.
> Opor **resistência injustificada ao andamento** de documento e processo ou execução de serviço.
> Promover manifestação de **apreço ou desapreço** no recinto da repartição.
> Cometer a **pessoa estranha à repartição**, fora dos casos previstos em lei, o desempenho de **atribuição** que seja de sua responsabilidade ou de seu subordinado.
> **Coagir ou aliciar subordinados** no sentido de filiarem-se a **associação profissional** ou **sindical**, ou a **partido político**.
> Manter sob sua **chefia imediata**, em cargo ou função de confiança, cônjuge, companheiro ou parente até o **segundo grau civil**.
> Valer-se do cargo para lograr **proveito pessoal** ou de outrem, em **detrimento da dignidade da função pública**.
> Participar de **gerência** ou **administração** de sociedade privada, personificada ou não personificada, exercer o comércio, **exceto na qualidade de acionista, cotista ou comanditário** (existem alguns casos em que essa proibição não se aplica, serão vistos logo abaixo).
> Atuar, como **procurador ou intermediário**, junto a repartições públicas, **salvo** quando se tratar de **benefícios previdenciários** ou **assistenciais** de **parentes até o segundo grau**, e de **cônjuge** ou **companheiro**.
> Receber propina, comissão, presente ou vantagem de qualquer espécie, **em razão de suas atribuições**.
> Aceitar **comissão, emprego** ou **pensão** de **estado estrangeiro**.
> Praticar **usura** sob qualquer de suas formas.
> Proceder de forma **desidiosa**.
> Utilizar **pessoal** ou **recursos materiais** da repartição em serviços ou **atividades particulares**.

- Cometer a **outro servidor** atribuições estranhas ao cargo que ocupa, **exceto em situações de emergência e transitórias.**
- Exercer quaisquer **atividades** que sejam **incompatíveis** com o exercício do **cargo** ou **função** e com o **horário de trabalho.**
- **Recusar-se a atualizar seus dados cadastrais** quando solicitado.

A vedação de que trata o inciso X (participar de gerência ou administração de sociedade privada, personificada ou não personificada, exercer o comércio) **não se aplica** nos seguintes casos:

- Participação nos **conselhos de administração** e **fiscal** de empresas ou entidades em que a **União detenha**, direta ou indiretamente, **colaboração no capital social** ou em **sociedade cooperativa** constituída para prestar serviços a seus membros.
- Quando estiver em gozo de licença para o trato de interesses particulares, observada a legislação sobre conflito de interesses.

Da Acumulação

A Constituição Federal, em seu Art. 37, XVI, trata da acumulação remunerada de cargos, dispondo o seguinte:

> XVI. É vedada a acumulação remunerada de cargos públicos, exceto, quando houver compatibilidade de horários, observado em qualquer caso o disposto no inciso XI:
>
> a) a de dois cargos de professor;
>
> b) a de um cargo de professor com outro técnico ou científico;
>
> c) a de dois cargos ou empregos privativos de profissionais de saúde, com profissões regulamentadas;
>
> XVII. A proibição de acumular estende-se a empregos e funções e abrange autarquias, fundações, empresas públicas, sociedades de economia mista, suas subsidiárias, e sociedades controladas, direta ou indiretamente, pelo poder público;

Ressalvados os casos previstos na Constituição, é **vedada** a acumulação remunerada de cargos públicos. Essa proibição estende-se a:

- Cargos
- Empregos
- Funções

E a proibição acima prevista também abrange:

- Autarquias.
- Fundações públicas.
- Empresas públicas.
- Sociedades de economia mista.
- Da União, do Distrito Federal, dos Estados, dos Territórios e dos Municípios.

A acumulação de cargos, ainda que lícita, fica condicionada à **comprovação da compatibilidade de horários.**

Considera-se acumulação proibida a percepção de vencimento de cargo ou emprego público efetivo com proventos da inatividade, salvo quando os cargos de que decorram essas remunerações forem acumuláveis na atividade.

FIQUE LIGADO

Na aposentadoria, só pode cumular nas mesmas hipóteses em que poderia na atividade.

O servidor não poderá exercer mais de um cargo em comissão, exceto no caso previsto no parágrafo único do Art. 9º (caso em que tem exercício nos dois, mas deve optar pela remuneração de um deles), nem ser remunerado pela participação em órgão de deliberação coletiva.

Essa disposição não se aplica à remuneração devida pela participação em conselhos de administração e fiscal das empresas públicas e sociedades de economia mista, suas subsidiárias e controladas, bem como quaisquer empresas ou entidades em que a União, direta ou indiretamente, detenha participação no capital social, observado o que, a respeito, dispuser legislação específica.

O servidor vinculado ao regime dessa Lei, que acumular licitamente dois cargos efetivos, quando investido em função de provimento em comissão, ficará afastado de ambos os cargos efetivos, salvo na hipótese em que houver compatibilidade de horário e local com o exercício de um deles, declarada pelas autoridades máximas dos órgãos ou entidades envolvidos.

Nessa hipótese, o servidor acumulou licitamente dois cargos efetivos, mas caso ele seja investido em algum em comissão, ele fica afastado dos dois. Por outro lado, havendo **compatibilidade (horário e local)**, ele poderá exercer um desses cargos efetivos e o de comissão ao mesmo tempo (mas essa compatibilidade deve ser declarada pelas autoridades máximas dos órgãos ou entidades envolvidas).

Responsabilidade do Servidor

Pelo exercício irregular de suas atribuições, o servidor responderá nas esferas:

- **Administrativa**.
- **Civil** (obrigação de reparar o dano).
- **Penal** (abrange crime e contravenções imputadas ao servidor, nessa qualidade).

Essas esferas são independentes, podendo cumular-se. Dessa forma, a absolvição ou condenação em uma delas, como regra geral, em nada influencia nas demais.

Pela mesma infração ele poderá responder nas três esferas, não havendo *bis in idem* (não será considerada dupla ou tripla condenação pelo mesmo fato, pois são diferentes, com consequências diferentes).

Apesar da independência das esferas, caso o servidor seja **absolvido criminalmente** (negada a existência do fato ou sua autoria), a **responsabilidade administrativa será afastada**.

Se for absolvido por outro motivo, como falta de provas, por exemplo, a responsabilidade administrativa não será afetada.

FIQUE LIGADO

Responsabilidade administrativa afastada apenas em caso de absolvição criminal que negue:

> - *A existência do fato (o fato nem mesmo ocorreu);*
> - *A sua autoria (não foi o servidor que praticou aquele ato).*

A responsabilidade civil do servidor é **subjetiva** (somente será configurada se ele agiu com dolo ou culpa). Ela decorre de ato **omissivo ou comissivo** (ação ou omissão), doloso ou culposo, que **resulte em prejuízo ao erário ou a terceiros**. Quem pode responder **objetivamente** (regra geral, que não exige a comprovação de dolo ou culpa, assunto aprofundado em tópico específico) é o Estado, nunca o servidor.

Tratando-se de dano causado a terceiros, responderá o servidor perante a Fazenda Pública, em **ação regressiva**.

A obrigação de reparar o dano estende-se aos **sucessores** e contra eles será executada, até o limite do valor da **herança** recebida.

Assim, quando o servidor causar um dano a terceiros, esse terceiro somente poderá acionar judicialmente, visando a uma indenização, a Administração, ele não pode ingressar com a ação diretamente contra o servidor.

Caso a Administração Pública seja condenada, ela poderá ajuizar ação regressiva contra esse servidor, para reaver os valores que houver pago ao particular em indenização. Entretanto, o servidor apenas será responsabilizado se tiver agido com dolo ou culpa (responsabilidade subjetiva).

A responsabilidade civil-administrativa resulta de ato **omissivo ou comissivo** praticado no desempenho do cargo ou função.

A **responsabilidade penal** abrange os **crimes e contravenções** imputadas ao servidor, nessa qualidade.

Nenhum servidor poderá ser responsabilizado civil, penal ou administrativamente por dar ciência à autoridade superior ou, quando houver suspeita de envolvimento dessa, a outra autoridade competente para apuração de informação concernente à prática de **crimes ou improbidade de que tenha conhecimento, ainda que em decorrência do exercício de cargo, emprego ou função pública.**

Penalidades Disciplinares

Assim como as formas de provimento e de vacância, as penalidades administrativas possuem um rol taxativo (7 modalidades):

> - Advertência.
> - Suspensão.
> - Demissão.
> - Cassação de aposentadoria.
> - Cassação da disponibilidade.
> - Destituição de cargo em comissão.
> - Destituição de função comissionada.

Na aplicação das penalidades serão consideradas a **natureza** e a **gravidade** da infração cometida, os **danos** que dela provierem para o serviço público, as **circunstâncias agravantes** ou **atenuantes** e os **antecedentes funcionais**.

O ato de imposição da penalidade mencionará sempre o **fundamento legal** e a **causa da sanção disciplinar**.

Advertência

Trata-se da penalidade utilizada em caso de infrações funcionais leves. Aplicada nas situações de violação de proibição constante do Art. 117, incisos I a VIII e XIX, e de inobservância de **dever funcional** (Art. 116) previsto em lei, regulamentação ou norma interna, que **não justifique imposição de penalidade mais grave.**

FIQUE LIGADO

Principais características da advertência:

> - *Feita sempre por escrito (não existe advertência verbal).*
> - *Em caso de reincidência, será convertida em suspensão (se cometer nova falta punível com advertência na sequência de outra, antes do prazo do cancelamento, essa advertência se converte em suspensão).*
> - *Cancelamento do registro: após três anos (caso não pratique outra falta, não possui efeitos retroativos).*

Hipóteses:

> Não observar os **deveres do servidor** (Art. 116 da Lei nº 8.112/90).
> Ausentar-se do serviço durante o expediente, **sem prévia autorização** do chefe imediato.
> Retirar, **sem prévia anuência** da autoridade competente, qualquer documento ou objeto da repartição.
> Recusar fé a documentos públicos.
> Opor **resistência injustificada ao andamento** de documento e processo ou execução de serviço.
> Promover manifestação de **apreço ou desapreço** no recinto da repartição.
> Cometer a **pessoa estranha à repartição**, fora dos casos previstos em lei, o desempenho de **atribuição que seja de sua responsabilidade ou de seu subordinado**.
> **Coagir ou aliciar subordinados** no sentido de filiarem-se a associação profissional ou sindical, ou a partido político.
> Manter sob **sua chefia** imediata, em **cargo ou função de confiança**, cônjuge, companheiro ou parente até o **segundo grau civil**.
> **Recusar-se** a atualizar seus **dados cadastrais** quando solicitado.

Suspensão

Durante o prazo em que estiver suspenso, o servidor não receberá sua remuneração e esse período também não será computado como tempo de serviço para qualquer efeito. A Lei nº 8.112/90 define que o prazo máximo de suspensão é de **90 dias**.

Essa penalidade será aplicada em caso de reincidência das faltas punidas com advertência e de violação das demais proibições que não tipifiquem infração sujeita a penalidade de demissão.

O servidor que injustificadamente, **recusar-se a ser submetido à inspeção médica** determinada pela autoridade competente, será suspenso pelo prazo de **até 15 dias, cessando os efeitos da penalidade uma vez cumprida a determinação**.

Essa hipótese de suspensão é diferenciada das demais, pois além de prever um prazo menor, caso o servidor cumpra a determinação, a penalidade será encerrada.

Hipóteses de Suspensão:

> **Reincidência** das faltas punidas com **advertência**.
> Violação das demais proibições que não tipifiquem infração sujeita a penalidade de demissão.

> Cometer a outro servidor atribuições estranhas ao cargo que ocupa (**exceto** em situações de emergência e transitórias).
> Exercer quaisquer **atividades** que sejam **incompatíveis** com o exercício do cargo ou função e com o horário de trabalho.
> **Recusa injustificada** a realizar inspeção médica.

Durante o período de suspensão, o servidor perde a remuneração, entretanto, quando houver **conveniência para o serviço** (ato discricionário), a penalidade de suspensão poderá ser convertida em multa, na base de 50% por dia de vencimento ou remuneração, ficando o servidor obrigado a permanecer em atividade.

FIQUE LIGADO

Conversão da suspensão em multa → 50% da remuneração ou vencimento básico e continua trabalhando normalmente.

A suspensão será cancelada dos registros no prazo de cinco anos, caso não pratique nova infração nesse período (mas esse cancelamento não opera efeitos retroativos, ele não receberá o período em que ficou afastado).

FIQUE LIGADO

Cancelamento dos registros (caso não pratique nova falta nesse prazo - não se produza efeitos retroativos):

Advertência: três anos.

Suspensão: cinco anos.

Demissão

É o desligamento do servidor ativo, em caráter de penalidade (é diferente de exoneração, pois exoneração não é penalidade).

Hipóteses:

> **Crime contra a administração pública.**
> **Abandono de cargo** (ausência intencional por +30 dias consecutivos).
> **Inassiduidade habitual** (falta injustificada ao serviço por 60 dias, interpoladamente, no período de 12 meses).
> **Improbidade administrativa.**
> **Incontinência pública e conduta escandalosa**, na repartição.
> **Insubordinação** grave em serviço.

- > **Ofensa física**, em serviço, a servidor ou a particular, salvo em legítima defesa própria ou de outrem.
- > **Aplicação irregular de dinheiros públicos.**
- > Revelação de **segredo** do qual se apropriou em razão do cargo.
- > **Lesão** aos cofres públicos e **dilapidação** do patrimônio nacional.
- > **Corrupção.**
- > **Acumulação ilegal** de cargos, empregos ou funções públicas.
- > Transgressão dos incisos IX a XVI do Art. 117:
  - » Valer-se do cargo para lograr **proveito pessoal** ou de **outrem**, em **detrimento da dignidade da função pública**.
  - » Participar de **gerência** ou **administração** de sociedade privada, personificada ou não personificada, exercer o comércio, **exceto na qualidade** de acionista, cotista ou comanditário.
  - » Atuar, como procurador ou intermediário, junto a repartições públicas, **salvo** quando se tratar de **benefícios previdenciários** ou **assistenciais** de parentes até o **segundo grau**, e de **cônjuge** ou **companheiro**.
  - » Receber propina, comissão, presente ou vantagem de qualquer espécie, **em razão de suas atribuições.**
  - » Aceitar comissão, emprego ou pensão de **estado estrangeiro**.
  - » Praticar **usura** sob qualquer de suas formas.
  - » Proceder de forma **desidiosa**.
  - » Utilizar pessoal ou recursos materiais da repartição em **serviços ou atividades particulares**.

Detectada a qualquer tempo a acumulação ilegal de cargos, empregos ou funções públicas o servidor será notificado para **apresentar opção no prazo improrrogável de dez dias**, contados da data da ciência e, na hipótese de omissão, adotará procedimento sumário para a sua apuração e regularização imediata (será utilizado o processo administrativo disciplinar no **rito sumário**).

A opção pelo servidor até o **último dia de prazo para defesa** configurará sua **boa-fé**, hipótese em que se converterá **automaticamente em pedido de exoneração do outro cargo.**

Cassação da Aposentadoria ou Disponibilidade

Será cassada a aposentadoria ou a disponibilidade do inativo que houver praticado, **na atividade**, falta **punível com a demissão**.

Ex.: *Na atividade, servidor que já possuía tempo de serviço para aposentar-se voluntariamente pratica uma falta funcional (dia 10), em seguida, temendo a punição ele se aposenta (dia 15). No dia 20, um PAD é instaurado em virtude dessa infração. Se a consequência desse PAD for a penalidade de demissão, ele terá sua aposentadoria cassada.*

Destituição da Função de Confiança e do Cargo em Comissão

A destituição de cargo em comissão exercido por não ocupante de função efetiva será aplicada nos casos de infração sujeita às penalidades de **suspensão e de demissão**.

Caso o servidor tenha sido exonerado e seja constatada penalidade punível com suspensão ou demissão, essa **exoneração será convertida em destituição**.

Disposições Gerais

A demissão ou a destituição do cargo em comissão, dependendo da infração praticada, também geram **outras consequências**:

Indisponibilidade dos bens e ressarcimento ao erário (sem prejuízo da ação penal cabível):
- > Improbidade administrativa.
- > Aplicação irregular de dinheiros públicos.
- > Lesão aos cofres públicos e dilapidação do patrimônio nacional.
- > Corrupção.

Incompatibilidade do servidor para nova investidura em cargo público federal (por cinco anos):
- > Valer-se do cargo para lograr proveito pessoal ou de outrem, em detrimento da dignidade da função pública.
- > Atuar, como **procurador ou intermediário**, junto a repartições públicas, salvo quando se tratar de benefícios previdenciários ou assistenciais de parentes até o **segundo grau**, e de cônjuge ou companheiro.

Não poderá retornar ao serviço público federal:
- > Crime contra a administração pública.
- > Improbidade administrativa.
- > Aplicação irregular de dinheiros públicos.
- > Lesão aos cofres públicos e dilapidação do patrimônio nacional.
- > Corrupção.

Competência para Aplicação das Penalidades

As penalidades disciplinares serão aplicadas:

> Pelo Presidente da República, pelos Presidentes das Casas do Poder Legislativo e dos Tribunais Federais e pelo Procurador-Geral da República, quando se tratar de demissão e cassação de aposentadoria ou disponibilidade de servidor vinculado ao respectivo Poder, órgão, ou entidade.

> Pelas autoridades administrativas de hierarquia imediatamente inferior àquelas mencionadas no inciso anterior quando se tratar de suspensão superior a 30 dias.

> Pelo chefe da repartição e outras autoridades na forma dos respectivos regimentos ou regulamentos, nos casos de advertência ou de suspensão de até 30 dias.

> Pela autoridade que houver feito a nomeação, quando se tratar de destituição de cargo em comissão.

	Competência			
	Executivo	Legislativo	Judiciário	MPU
Demissão e Cassação	Presidente da República	Presidente das Casas	Presidente do Tribunal	Procurador Geral da República
Suspensão por +30 dias	Autoridade imediatamente inferior das acima citadas			
Suspensão até 30 dias e advertência	Chefe imediato do servidor			
Destituição	Autoridade que nomeou ou designou			

Prescrição da Ação Disciplinar

Trata-se da perda do direito que o Estado possui de punir o servidor pela prática de alguma infração funcional. O prazo prescricional não começa na data da prática do ato, mas sim na que a administração teve ciência do mesmo.

Prazos	
Advertência	180 dias
Suspensão	2 anos
Demissão/Cassação/Destituição	5 anos

O prazo de prescrição começa a correr da data em que o fato se **tornou conhecido**.

Os prazos de prescrição previstos na lei penal aplicam-se às infrações disciplinares capituladas também como crime (segue o tempo prescricional do crime caso aquele ato também seja um crime).

A interrupção da prescrição: ocorre com a **abertura da sindicância** ou **instauração de processo administrativo disciplinar** (interrompe até a decisão final proferida por autoridade competente).

Uma vez interrompida a prescrição, o prazo volta a correr (do zero) a partir do dia em que cessar a interrupção.

EXERCÍCIO COMENTADO

01. (FCC) A Lei nº 8.112/90, que dispõe sobre o regime jurídico dos servidores públicos civis da União, das autarquias e das fundações públicas federais, estabelece que as penalidades disciplinares são: advertência, suspensão, demissão, cassação de aposentadoria ou disponibilidade, destituição de cargo em comissão e destituição de função comissionada. Nos termos desse regramento legal, é regra atinente às penalidades:
a) A suspensão será aplicada no caso de violação das proibições que não tipifiquem infração sujeita à penalidade de destituição de cargo em comissão.
b) A pena de suspensão não pode ser convertida em multa.
c) O cancelamento das penalidades de advertência e de suspensão surte efeitos retroativos.
d) Ao caso de conduta escandalosa na repartição é aplicada a suspensão de 30 dias.
e) Os antecedentes funcionais são considerados na aplicação das penalidades.

RESPOSTA: E.

Alternativa A. O Art. 130 da Lei nº 8.112/90 define que a suspensão será aplicada em caso de reincidência das faltas punidas com advertência e de violação das demais proibições que não tipifiquem infração sujeita à penalidade de demissão.

Alternativa B. De acordo com o Art. 130, § 2º, da Lei nº 8.112/90, havendo conveniência para o serviço, a penalidade de suspensão poderá ser convertida em multa, na base de 50% por dia de vencimento ou remuneração, ficando o servidor obrigado a permanecer em serviço.

Alternativa C. O Art. 131, parágrafo único, dispõe que o cancelamento dessas penalidades não surtirá efeitos retroativos.

Alternativa D. Essa infração é punida com demissão (Art. 132, V).

Alternativa E. Os antecedentes funcionais do servidor são um dos fatores levados em conta na hora da aplicação das penalidades, conforme regra do Art. 128: "Na aplicação das penalidades serão consideradas a natureza e a gravidade da infração cometida, os danos que dela provierem para o serviço público, as circunstâncias agravantes ou atenuantes e os antecedentes funcionais".

VAMOS PRATICAR

Os exercícios a seguir são referentes ao conteúdo: Lei nº 8.112/90 - Regime Disciplinar.

01. (ESAF) Assinale a opção que contenha a infração não apenada com demissão, nos termos da Lei nº 8.112/90.
   a) Abandono de cargo.
   b) Insubordinação grave em serviço.
   c) Revelação de segredo do qual se apropriou em razão do cargo.
   d) Inassiduidade habitual.
   e) Oposição de resistência injustificada ao andamento de documento e processo ou execução de serviço.

02. (FUNRIO) Jorge Jerônimo, temeroso de responder a processo administrativo disciplinar, por atos ilícitos praticados, requer sua aposentadoria, sendo que esta vem a ser concedida, uma vez que foram preenchidos os requisitos legais. Posteriormente, vem a ser instaurado processo disciplinar, que conclui pela prática de improbidade administrativa e corrupção. Nesse caso, qual a pena a ser aplicada:
   a) Demissão, com perda do objeto por aposentadoria concedida.
   b) Arquivamento, em face da concessão de aposentadoria.
   c) Cassação de aposentadoria.
   d) O processo administrativo disciplinar não pode ser concluído, em face da aposentadoria.
   e) Torna-se impossível a instauração do processo administrativo disciplinar, em face da aposentadoria anterior.

03. (Cespe) Considere que um servidor vinculado à administração unicamente por cargo em comissão cometa uma infração para a qual a Lei nº 8.112/1990 preveja a sanção de suspensão. Nesse caso, se comprovadas a autoria e a materialidade da irregularidade, o servidor sofrerá a penalidade de destituição do cargo em comissão.

Certo ( )   Errado ( )

04. (FCC) Maria, servidora pública do Tribunal Regional Federal da 3º Região, desesperada para pagar uma conta pessoal já vencida, ausentou-se do serviço, durante o expediente, sem prévia autorização de seu chefe imediato. Vale salientar que Maria jamais sofreu qualquer sanção administrativa, tendo um histórico impecável na vida pública.

Nos termos da Lei nº 8.112/90, Maria:
   a) Está sujeita à pena de suspensão.
   b) Não está sujeita a qualquer sanção administrativa, sendo mantido intacto seu prontuário.
   c) Está sujeita à pena de advertência.
   d) Está sujeita à pena de censura.
   e) Não está sujeita a qualquer sanção administrativa, no entanto, o fato será anotado em seu prontuário.

05. (Cespe) Aplica-se a penalidade disciplinar de demissão a servidor público por abandono de cargo, caracterizado pela ausência intencional do servidor ao serviço por mais de trinta dias consecutivos ou por sessenta dias não consecutivos, em um período de um ano.

Certo ( )   Errado ( )

06. (FCC) A Lei nº 8.112/90, que dispõe sobre o regime jurídico dos servidores públicos civis da União, das autarquias e das fundações públicas federais, estabelece a responsabilidade civil, penal e criminal pelo exercício irregular de suas atribuições. Nos termos desse ordenamento legal, a responsabilidade civil decorre de ato que resulte em prejuízo ao erário ou a terceiros na forma:
   a) Culposa ou dolosa, omissiva ou comissiva.
   b) Omissiva ou comissiva, dolosa, mas não culposa.
   c) Dolosa ou culposa, omissiva, mas não comissiva.
   d) Comissiva, dolosa, mas não omissiva nem culposa.
   e) Dolosa ou culposa, comissiva, mas não omissiva.

07. (Cespe) Não é possível a aplicação de penalidade a servidor inativo, ainda que a infração funcional tenha sido praticada anteriormente à sua aposentadoria.

Certo ( )   Errado ( )

08. (Esaf) Pedro Paulo já poderia requerer a sua aposentadoria, porém abdica de fazê-lo por ser o trabalho a única atividade saudável que o retira da solidão.

Ao longo da sua vida funcional, Pedro Paulo perdeu toda a sua família, vítima de um acidente automobilístico que vitimou fatalmente sua esposa e filhos. Desde então, Pedro Paulo entregou-se aos vícios do álcool e do fumo sem, todavia, reconhecer-se vítima do alcoolismo e do tabagismo.

No dia em que completaria vinte anos que sua família tinha morrido, Pedro Paulo ingeriu álcool no ambiente de trabalho após o encerramento do expediente e, já não respondendo por si, terminou por deixar que uma guimba de cigarro acesa entrasse em contato com os papéis de trabalho e terminou provocando um incêndio de grandes proporções que destruiu boa parte do arquivo sob sua responsabilidade.

Em processo criminal específico, Pedro Paulo foi absolvido por não ter a intenção de provocar o dano, tendo agido sob a influência da doença que o acometia.

A respeito do caso concreto acima narrado e tendo em mente a Lei nº 8.112/90 acerca da responsabilidade do servidor público, analise as afirmativas abaixo, classificando-as como verdadeiras ou falsas.

( ) A responsabilidade penal abrange apenas os crimes imputados ao servidor, nesta qualidade.

( ) Fez-se necessário aguardar o final da ação penal para que tivesse início o processo administrativo disciplinar contra Pedro Paulo.

( ) A absolvição de Pedro Paulo na esfera criminal não afasta sua responsabilidade administrativa.

a) F, F, F
b) V, F, V
c) V, F, F
d) F, F, V
e) F, V, F

09. (Esaf) Assinale a opção que contenha a infração não apenada com demissão, nos termos da Lei nº 8.112/90.

a) Abandono de cargo.
b) Insubordinação grave em serviço.
c) Revelação de segredo do qual se apropriou em razão do cargo.
d) Inassiduidade habitual.
e) Oposição de resistência injustificada ao andamento de documento e processo ou execução de serviço.

10. (Cespe) É um dever do servidor guardar sigilo acerca de um assunto referente à sua repartição.

Certo ( )   Errado ( )

GABARITO

01	E	06	A
02	C	07	ERRADO
03	CERTO	08	C
04	C	09	E
05	ERRADO	10	CERTO

ANOTAÇÕES

13.8. Processo Administrativo Disciplinar

Processo Administrativo Disciplinar pode ser usado como um termo genérico, isto é, são as modalidades de instrumentos que a administração pública federal possui para apurar a prática de infrações disciplinares dos servidores. São elas:

> Sindicância.
> Processo Administrativo Disciplinar (PAD em sentido restrito).
> PAD de Rito Sumário.

Regras Gerais

A autoridade que tiver ciência de irregularidade no serviço público é **obrigada a promover a sua apuração imediata**, mediante sindicância ou processo administrativo disciplinar, **assegurada ao acusado ampla defesa** (ela é garantida em qualquer caso em que uma penalidade deva ser aplicada).

As denúncias sobre irregularidades serão objeto de apuração, desde que contenham a **identificação e o endereço do denunciante** e sejam formuladas **por escrito**, confirmada a autenticidade.

Quando o fato narrado não configurar evidente infração disciplinar ou ilícito penal, a denúncia será **arquivada** por falta de objeto.

Essa apuração, por solicitação da autoridade a que se refere, poderá ser promovida por autoridade de órgão ou entidade diverso daquele em que tenha ocorrido a irregularidade, mediante competência específica para tal finalidade, **delegada em caráter permanente ou temporário** pelo Presidente da República, pelos presidentes das Casas do Poder Legislativo e dos Tribunais Federais e pelo Procurador-Geral da República, no âmbito do respectivo Poder, órgão ou entidade, preservadas as competências para o julgamento que se seguir à apuração.

Uma penalidade só pode ser aplicada após passar por uma dessas três modalidades, não existe aplicação de pena sem uma delas de PAD (nem mesmo a advertência).

FIQUE LIGADO

Súmula Vinculante 5 do STF: A falta de defesa técnica por advogado no processo administrativo disciplinar não ofende a constituição.

Dessa forma, a defesa técnica (advogado) não é requisito indispensável para o PAD (contrata advogado se quiser). Mas caso a lei específica do cargo preveja a obrigatoriedade de advogado, esse deve ser observado.

Todas as modalidades de PAD têm como pré-requisito indispensável a formação de uma comissão (a composição depende do aspecto de PAD, mas ela é sempre formada por **servidores estáveis**).

Afastamento Preventivo

Trata-se de uma medida cautelar cujo fim é evitar que o servidor venha a influir na apuração da irregularidade. Nesse caso, a autoridade instauradora do processo disciplinar poderá determinar o seu afastamento do exercício do cargo, pelo prazo de **até 60 dias, sem prejuízo da remuneração** (ele continua recebendo).

O afastamento poderá ser **prorrogado por igual período**, findo o qual **cessarão os seus efeitos**, ainda que não concluído o processo.

Essa medida é uma faculdade conferida à administração com objetivo de evitar que o servidor atrapalhe ou interfira no andamento do processo administrativo.

FIQUE LIGADO

Afastamento temporário:
> *Até 60 dias (prorrogável uma vez por igual período).*
> *Sem prejuízo da remuneração.*

Sindicância

Trata-se da modalidade mais simples para apuração de irregularidades funcionais e, da sindicância, poderá resultar:

Arquivamento do processo.
Aplicação de penalidade de advertência ou suspensão de até **30 dias**.
Instauração de processo disciplinar.

Dessa forma, a sindicância é a medida utilizada para apuração de infrações passíveis de penalidades de **advertência e suspensão por até 30 dias**.

O prazo para **conclusão** da sindicância **não excederá 30 dias**, podendo ser **prorrogado por igual período**, a critério da autoridade superior.

Se na sindicância for verificada a necessidade de aplicação de uma penalidade de suspensão superior a 30 dias, demissão, cassação da aposentadoria ou disponibilidade e de destituição de cargo em comissão, deverá ser **instaurado um PAD**.

Se a sindicância concluir pela necessidade de instauração de um PAD, os autos dela integrarão o processo disciplinar (como peça informativa da instrução). Mas ela não é uma etapa do PAD, o mesmo **pode ser instaurado diretamente**.

A comissão da sindicância pode ser composta de dois a três servidores estáveis e tem natureza transitória (após encerrada a sindicância, os servidores retornam para suas funções).

Processo Administrativo Disciplinar (PAD)

O processo disciplinar é o instrumento destinado a apurar responsabilidade de servidor por infração praticada no exercício de suas atribuições, ou que tenha relação com as atribuições do cargo em que se encontre investido.

É a modalidade mais complexa para apuração de infração funcional. Ele é obrigatório para aplicação das seguintes penalidades:

Suspensão por mais de 30 dias.
Demissão.
Cassação e Destituição.

Eventualmente o PAD também pode ser utilizado para punir com advertência ou suspensão igual ou inferior a 30 dias.

Ex.: *PAD instaurado para aplicar pena de suspensão de mais de 30 dias ou demissão, mas depois da apuração ficou configurada uma infração punível apenas com advertência ou suspensão de 15 dias. Nesse caso, essas penalidades podem ser aplicadas sem a necessidade de instaurar uma sindicância.*

Por outro lado, a **sindicância não pode** aplicar penalidade **superior a de suspensão de 30 dias**, caso seja verificada no curso dela que a pena a ser aplicada é de demissão, por exemplo, deve ser instaurado um PAD.

Comissão do PAD

O processo disciplinar será conduzido por uma comissão, que é a responsável pela apuração da infração dos fatos supostamente praticados pelo denunciado.

A comissão realizará a função de **investigar** os fatos e apresentar um **relatório final** conclusivo (que disporá sobre a procedência ou não das acusações, que será acatado pela autoridade julgadora, a não ser que nos autos constem provas que disponham em contrário).

Composição da comissão: o processo disciplinar será conduzido por comissão composta de **três servidores estáveis** designados pela autoridade competente, que indicará, entre eles, o seu **presidente**.

> **FIQUE LIGADO**
>
> *O presidente da comissão deverá ser ocupante de cargo efetivo superior ou de mesmo nível, ou ter nível de escolaridade igual ou superior ao do indiciado.*

A Comissão terá como **secretário** servidor designado pelo seu presidente, podendo a indicação recair em um de seus membros.

Não podem participar da comissão (nem de sindicância, nem de inquérito de PAD): cônjuge, companheiro ou parente do **acusado**, consanguíneo ou afim, em linha reta ou colateral, **até o terceiro grau**.

A Comissão exercerá suas atividades com independência e imparcialidade, assegurado o sigilo necessário à elucidação do fato ou exigido pelo interesse da administração (as reuniões têm caráter reservado).

Fases do Processo Disciplinar

Instauração: com a publicação do ato que constituir a comissão.

Inquérito administrativo: que compreende instrução, defesa e relatório.

Julgamento

> **FIQUE LIGADO**
>
> *Prazo: a conclusão do PAD não excederá 60 dias (contados da publicação do ato que constituir a comissão), admitindo prorrogação por igual prazo, quando as circunstâncias o exigirem.*

Sempre que for necessário, a comissão dedicará tempo integral aos seus trabalhos, ficando seus membros dispensados do ponto, até a entrega do relatório final. As reuniões serão registradas em atas que deverão detalhar as deliberações adotadas.

Instauração

A instauração do processo administrativo é dada com a publicação da portaria que designar a comissão (cuja composição já foi vista no tópico anterior) encarregada de realizar a investigação.

Inquérito Administrativo

O inquérito administrativo obedecerá ao princípio do contraditório, assegurada ao acusado ampla defesa, com a utilização dos meios e recursos admitidos em direito.

> É dividido em três subfases:
> Instrução.
> Defesa.
> Relatório.

Instrução

Realizada pela comissão, a instrução tem por objetivo colher o maior número de elementos possíveis (fatos, evidências, depoimentos, etc.) para confirmar ou refutar as acusações elencadas contra o servidor.

Os **autos da sindicância** integrarão o processo disciplinar, como peça informativa da instrução, caso tenha havido uma sindicância que deu origem ao PAD, mas como vimos, ele também pode ser instaurado diretamente, sem a necessidade de uma sindicância.

Se o relatório da sindicância concluir que a infração configura também ilícito penal, a autoridade competente encaminhará cópia dos autos ao Ministério Público, independentemente da imediata instauração do processo disciplinar.

Durante a instrução, a comissão promoverá a tomada de depoimentos, acareações, investigações e diligências cabíveis, objetivando a coleta de prova, recorrendo, quando necessário, a técnicos e peritos, de modo a permitir a completa elucidação dos fatos.

É **assegurado ao servidor** o direito de acompanhar o processo pessoalmente ou por intermédio de procurador, arrolar e reinquirir testemunhas, produzir provas e contraprovas e formular quesitos, quando se tratar de prova pericial.

Vale lembrar que a assistência por advogado é **facultativa**. Ele apenas traz advogado se quiser, não podendo ser obrigado ou proibido de constituir procurador.

O presidente da comissão poderá denegar pedidos considerados **impertinentes, meramente protelatórios**, ou de **nenhum interesse** para o esclarecimento dos fatos.

Será indeferido o pedido de prova pericial, quando a comprovação do fato não precisar de conhecimento especial de perito.

As testemunhas serão intimadas a depor mediante mandado expedido pelo presidente da comissão, devendo a segunda via, com o ciente do interessado, ser anexado aos autos.

Caso a testemunha seja servidor público, a expedição do mandado será imediatamente comunicada ao chefe da repartição onde serve, com a indicação do dia e hora marcados para inquirição.

O depoimento será prestado **oralmente** e **reduzido a termo**, não sendo lícito à testemunha trazê-lo por escrito, sendo que elas serão inquiridas separadamente.

Na hipótese de depoimentos contraditórios ou que se infirmem, proceder-se-á à acareação entre os depoentes.

Concluída a inquirição das testemunhas, a comissão promoverá o interrogatório do acusado. Ele será intimado para depor e não poderá trazer seu depoimento escrito, assim como as testemunhas.

Havendo mais de um acusado, cada um deles será ouvido separadamente, e sempre que divergirem em suas declarações sobre fatos ou circunstâncias, será promovida a acareação entre eles.

O procurador do acusado poderá assistir ao interrogatório, bem como à inquirição das testemunhas, sendo-lhe vedado interferir nas perguntas e respostas, mas é facultado a ele reinquirir as testemunhas, por intermédio do presidente da comissão.

A **indiciação** do servidor será formulada após a infração disciplinar ser tipificada, devendo especificar os fatos imputados ao servidor e as respectivas provas.

O indiciado será citado por mandado expedido pelo presidente da comissão para apresentar **defesa escrita, no prazo de dez dias**, sendo assegurado o direito de do processo na repartição. No caso de dois ou mais indiciados, o prazo será **comum e de 20 dias**.

O período de defesa poderá ser prorrogado pelo dobro, para diligências reputadas indispensáveis.

O indiciado que mudar de residência fica obrigado a comunicar à comissão o lugar onde poderá ser encontrado.

Achando-se o indiciado em lugar incerto e não sabido, será citado por edital, publicado no Diário Oficial da União e em jornal de grande circulação na localidade do último domicílio conhecido, para apresentar defesa.

Nesse caso de citação por edital, o prazo para defesa será de 15 dias a partir da última publicação do edital.

Defesa

O indicado que regularmente citado não apresentar defesa no prazo será considerado revel. A revelia será declarada, por termo, nos autos do processo e devolverá o prazo para a defesa.

Nesse caso, para defender o indiciado revel, a autoridade instauradora do processo designará um **servidor como defensor dativo**, que deverá ser ocupante de cargo efetivo superior ou de mesmo nível, ou ter nível de escolaridade igual ou superior ao do indiciado.

Observe que diferentemente de um processo judicial civil, a revelia no PAD não possui efeitos tão graves (como a presunção dos fatos narrados pela outra parte), pois no PAD prevalece o princípio da verdade material. Dessa forma, mesmo diante da revelia, continua sendo da Administração o ônus de provar o alegado contra o servidor.

Relatório

Após a apreciação da defesa, a comissão elaborará **relatório minucioso**, o qual resumirá as peças principais dos autos e mencionará as provas em que se baseou para formar a sua convicção.

O relatório será **sempre conclusivo** quanto à **inocência** ou à **responsabilidade** do servidor.

Reconhecida a responsabilidade do servidor, a comissão indicará o dispositivo legal ou regulamentar transgredido, bem como as circunstâncias agravantes ou atenuantes.

O processo disciplinar, com o relatório da comissão, será remetido à autoridade que determinou a sua instauração, para julgamento.

Julgamento

Após o recebimento do processo, a autoridade julgadora deverá proferir sua decisão no prazo de **20 dias**. Caso ela não o faça no prazo, não haverá a nulidade do processo (apenas podendo ocorrer a prescrição pela demora e a responsabilização da autoridade julgadora).

Como regra geral, a competência para julgamento é da mesma autoridade que instaurou o processo. Entretanto, se a penalidade a ser aplicada exceder a alçada da administração instauradora do processo, esse será encaminhado à autoridade competente, que decidirá em igual prazo (também terá 20 dias para decidir).

No caso de haver **mais de um indiciado e diversidade de sanções**, o julgamento caberá à autoridade **competente para a imposição da pena mais grave**.

Se a penalidade prevista for a **demissão** ou cassação de aposentadoria ou disponibilidade, o julgamento caberá às autoridades de que trata o inciso I do Art. 141 (Presidente da República; Presidentes das Casas do Poder Legislativo; Presidentes dos Tribunais Federais e pelo Procurador-Geral da República).

Se a comissão tiver reconhecido a inocência do servidor, a autoridade instauradora do processo determinará o seu arquivamento, **salvo se flagrantemente contrária à prova dos autos**.

O julgamento acatará o relatório da comissão, salvo quando contrário às provas dos autos.

Quando o referido relatório contrariar as provas dos autos, a autoridade julgadora poderá, **motivadamente, agravar** a penalidade proposta, **abrandá-la ou isentar** o servidor de responsabilidade.

Dessa forma, tal autoridade fica vinculada ao relatório da comissão, salvo se a conclusão for contrária às provas dos autos.

Verificada a ocorrência de vício insanável, a autoridade que determinou a instauração do processo ou outra de hierarquia superior declarará a sua nulidade, total ou parcial, e ordenará, no **mesmo ato**, a constituição de outra comissão para instauração de novo processo.

Como vimos, o julgamento fora do prazo legal não implica nulidade do processo.

Extinta a punibilidade pela prescrição, a autoridade julgadora determinará o **registro do fato** nos assentamentos individuais do servidor.

Quando a infração estiver **capitulada como crime**, o processo disciplinar será **remetido ao Ministério Público** para instauração da ação penal, ficando trasladado na repartição.

O servidor que estiver respondendo a processo disciplinar só poderá ser exonerado a pedido, ou aposentado voluntariamente, **após a conclusão do processo e o cumprimento da penalidade**, acaso aplicada.

> **FIQUE LIGADO**
>
> O servidor que estiver respondendo a processo disciplinar não poderá ser exonerado a pedido, ou aposentado voluntariamente antes da conclusão do PAD e o cumprimento da penalidade (se aplicada).

Processo Administrativo Disciplinar de Rito Sumário

O procedimento disciplinar de rito sumário tem como principal característica a tramitação mais rápida do que o processo administrativo comum.

Ele possui algumas regras próprias, diferentes do processo administrativo, mas no restante, ele segue as disposições aplicáveis ao rito comum (subsidiariamente).

Esse procedimento de rito sumário será utilizado no caso de acumulação ilegal de cargos, empregos ou funções públicas, abandono de cargo e inassiduidade habitual.

O prazo para a conclusão do processo administrativo disciplinar submetido ao rito sumário **não excederá trinta dias**, contados da data de publicação do ato que constituir a comissão, podendo ser **prorrogado por até quinze**, quando as circunstâncias o exigirem.

> **FIQUE LIGADO**
>
> PAD Sumário - hipóteses:
> > Acumulação ilegal.
> > Abandono de cargo.
> > Inassiduidade habitual.

Quando for constatada a acumulação ilegal, a autoridade responsável por instaurar a sindicância ou processo administrativo notificará o servidor, por intermédio de sua chefia imediata, para **apresentar opção no prazo improrrogável de dez dias**, contados da data da ciência.

Se o servidor não apresentar essa opção, será instaurado o procedimento sumário para a sua apuração e regularização imediata.

A Lei nº 8.112/90 define que caso o servidor faça a **opção até o último dia de prazo para defesa configurará sua boa-fé**, hipótese em que se converterá automaticamente em pedido de exoneração do outro cargo.

> **Fases do PAD de Rito Sumário:**
> **Instauração** ocorre com a publicação do ato que **constituir a comissão**, a ser composta por **dois servidores estáveis**, e simultaneamente indicar a autoria e a materialidade da transgressão objeto da apuração.
> **Instrução sumária** compreende indiciação, defesa e relatório.
> **Julgamento**.

A comissão lavrará, até três dias após a publicação do ato que a constituiu, **termo de indiciação** e promoverá a citação pessoal do servidor indiciado, ou por intermédio de sua chefia imediata **para apresentar defesa escrita, no prazo de cinco dias**, sendo assegurado ao servidor vista do processo na repartição.

Após a apresentação da defesa, a comissão elaborará **relatório conclusivo quanto à inocência ou à responsabilidade do servidor**, em que resumirá as peças principais dos autos, opinará sobre a licitude da acumulação em exame, indicará o respectivo dispositivo legal e remeterá o processo à autoridade instauradora, para julgamento.

No prazo de cinco dias, contados do recebimento do processo, a autoridade julgadora proferirá a sua decisão.

Caracterizada a acumulação ilegal e provada a má-fé, será aplicada a pena de demissão, destituição ou cassação de aposentadoria ou disponibilidade em relação aos cargos, empregos ou funções públicas em regime de acumulação ilegal, hipótese em que os órgãos ou entidades de vinculação serão comunicados.

Conforme vimos, o processo administrativo disciplinar de rito sumário também é aplicado no caso de abandono de cargo ou inassiduidade habitual, com algumas peculiaridades.

A indicação da materialidade na hipótese de **abandono de cargo** é feita pela indicação precisa do período de ausência intencional do servidor ao serviço superior a trinta dias. Já no caso de **inassiduidade habitual**, pela indicação dos dias de falta ao serviço sem causa justificada, por período igual ou superior a sessenta dias interpoladamente, durante o período de doze meses.

Após a apresentação da defesa, a comissão elaborará **relatório conclusivo** quanto à inocência ou à responsabilidade do servidor, em que resumirá as peças principais dos autos, indicará o respectivo dispositivo legal, opinará, na hipótese de abandono de cargo, sobre a intencionalidade da ausência ao serviço superior a trinta dias e remeterá o processo à autoridade instauradora para julgamento.

Modalidades de PAD e Principais Diferenças

	Sindicância	PAD	PAD Sumário
Competência	Advertência. Suspensão até 30 dias.	Suspensão + 30 dias. Demissão. Cassação. Destituição.	Acúmulo ilegal de cargos. Abandono de cargo. Inassiduidade Habitual.
Prazo	30 + 30	60 + 60	30 + 15
Comissão	2 ou 3 servidores estáveis. Transitória.	3 servidores estáveis. Permanente.	2 servidores estáveis.

Revisão do Processo Administrativo

O processo disciplinar poderá ser revisto, a qualquer momento, a pedido ou de ofício, quando se aduzirem fatos novos ou circunstâncias suscetíveis de justificar a inocência do punido ou a inadequação da penalidade aplicada.

Na revisão serão aduzidos **fatos novos** ou **circunstâncias** suscetíveis de justificar:

> A inocência do punido; ou
> A inadequação da penalidade aplicada.

Em caso de falecimento, ausência ou desaparecimento do servidor, qualquer pessoa da família poderá requerer a revisão do processo (incapacidade mental - o curador pode requerer).

Ônus da prova no processo revisional: requerente (deve provar esses fatos novos ou circunstâncias alegadas).

A simples alegação de injustiça da penalidade não constitui fundamento para a revisão, que requer elementos novos, ainda não apreciados no processo originário.

O requerimento de revisão do processo será dirigido ao **Ministro de Estado** ou autoridade equivalente, que, se **autorizar a revisão**, encaminhará o pedido ao dirigente do órgão ou entidade onde se originou o processo disciplinar. Caso deferida, a autoridade competente providenciará a constituição de comissão (três servidores estáveis).

A revisão correrá em apenso ao processo originário. Na petição inicial, o requerente pedirá dia e hora para a produção de provas e inquirição das testemunhas que arrolar.

Prazo para a comissão **concluir os trabalhos**: 60 dias.

Prazo para **julgamento**: 20 dias (contados do recebimento do processo).

Aplicam-se aos trabalhos da comissão revisora, no que couber, as normas e procedimentos próprios da comissão do processo disciplinar.

O julgamento caberá à autoridade que aplicou a penalidade, nos termos do Art. 141 da Lei nº 8.112/90.

Revisão julgada procedente: penalidade aplicada declarada **sem efeito** (todos os direitos do servidor serão restabelecidos).

Entretanto, tratando-se de destituição de cargo em comissão, ela será convertida em **exoneração**.

FIQUE LIGADO

*Da revisão do processo não poderá resultar agravamento de penalidade (proibição da **reformatio in pejus**).*

EXERCÍCIO COMENTADO

01. (FCC) No que se refere ao Processo Administrativo Disciplinar, analise as proposições a seguir:

I. Da sindicância poderá resultar penalidade de advertência ou suspensão, mas para aplicação de demissão, cassação de aposentadoria ou disponibilidade e destituição é imprescindível a instauração de um processo administrativo.

II. A sindicância pode resultar na instauração de Processo Administrativo Disciplinar.

III. O processo disciplinar poderá ser revisto, até 2 (dois) anos após a decisão, a pedido ou de ofício, quando se aduzirem fatos novos ou circunstâncias suscetíveis de justificar a inocência do punido ou a inadequação da penalidade aplicada.

IV. A revisão do processo não pode resultar em agravamento da penalidade aplicada.

Marque a alternativa que contém somente as proposições corretas.
a) I, II e III.
b) III e IV.
c) II e IV.
d) II, III e IV.
e) I e IV.

RESPOSTA: C.
I. A sindicância pode resultar advertência ou suspensão até 30 dias; nas demais penalidades, é necessária a instauração de um processo administrativo (Art. 146).

II. O Art. 145 diz que da sindicância poderá resultar arquivamento do processo; aplicação de penalidade de advertência ou suspensão de até 30 (trinta) dias ou instauração de processo disciplinar.

III. O Art. 174 diz que o processo disciplinar poderá ser revisto, a qualquer tempo, a pedido ou de ofício, quando se aduzirem fatos novos ou circunstâncias suscetíveis de justificar a inocência do punido ou a inadequação da penalidade aplicada.

IV. A revisão apenas pode melhorar a situação do servidor e nunca piorar, conforme regra do Art. 182.

VAMOS PRATICAR

Os exercícios a seguir são referentes ao conteúdo: Processo Administrativo Disciplinar.

01. (FCC) Considere os seguintes atos:

I. Inquirição de testemunhas.

II. Interrogatório do servidor acusado.

III. Apresentação de defesa escrita.

IV. Indiciação do servidor.

Nos termos da Lei nº 8.112/1990, as fases do processo administrativo disciplinar ocorrem na ordem descrita em:
a) II, I, III e IV.
b) I, II, IV e III.
c) II, I, IV e III.
d) I, II, III e IV.
e) IV, II, III e I.

02. (FCC) Cristiano, servidor público federal, responde a processo disciplinar em razão de grave conduta cometida. Após a tipificação da infração disciplinar, foi formulada a indiciação de Cristiano, com a especificação dos fatos a ele imputados e das respectivas provas. O próximo passo será sua citação para apresentar defesa escrita. Ocorre que Cristiano encontra-se em lugar incerto e não sabido, razão pela qual sua citação dar-se-á por edital. Nos termos da Lei nº 8.112/90, o prazo para defesa na hipótese narrada será de:

a) 10 dias, contados a partir da primeira publicação do edital.

b) 15 dias, contados a partir da última publicação do edital.

c) 30 dias, contados a partir da última publicação do edital.

d) 25 dias, contados a partir da primeira publicação do edital.

e) 20 dias, contados a partir da última publicação do edital.

03. (FCC) Segundo a disciplina da Lei nº 8.112/90, uma das fases do processo disciplinar denomina-se inquérito administrativo. A propósito do tema, considere a seguinte situação hipotética: a Administração pública, durante o inquérito administrativo, não concedeu oportunidade de contraditório e ampla defesa ao servidor público interessado, justificando que durante tal fase tais garantias encontram-se mitigadas em prol do interesse público. Neste caso, a Administração pública:

a) Não agiu corretamente, pois na fase do inquérito tais garantias existem e devem ser respeitadas.

b) Agiu corretamente, pois tais garantias não se aplicam na fase do inquérito.

c) Agiu corretamente, pois tais garantias, embora existam no inquérito, podem ser negadas em prol do interesse público.

d) Não agiu corretamente, pois embora a regra seja a inexistência de tais garantias no inquérito, elas não podem ser obstaculizadas sob a justificativa do interesse público envolvido.

e) Agiu corretamente, pois pode, mediante sua atuação discricionária, negar tais garantias em qualquer fase do processo disciplinar.

04. (Cespe) Determinado servidor público federal, que responde a processo administrativo disciplinar, requereu sua aposentadoria voluntária, e a administração pública indeferiu-lhe o pedido. Nessa situação, o indeferimento do pleito está de acordo com a legislação de regência, pois o servidor que responde a processo disciplinar somente poderá ser aposentado voluntariamente após a conclusão do processo e o cumprimento da penalidade eventualmente aplicada.

Certo ( )   Errado ( )

05. (FUNCAB) No que se refere ao Processo Administrativo Disciplinar, analise as proposições a seguir:

I. A sentença penal absolutória vincula a decisão no Processo Administrativo Disciplinar, qualquer que seja o seu fundamento.

II. A sindicância pode resultar na instauração de Processo Administrativo Disciplinar.

III. O processo disciplinar poderá ser revisto, até 2 (dois) anos após a decisão, a pedido ou de ofício, quando se aduzirem fatos novos ou circunstâncias suscetíveis de justificar a inocência do punido ou a inadequação da penalidade aplicada.

IV. A revisão do processo não pode resultar em agravamento da penalidade aplicada.

Marque a alternativa que contém somente as proposições corretas.

a) I, II e III.
b) III e IV
c) II e IV
d) II, III e IV
e) I e IV

06. (Cespe) A instauração de processo administrativo disciplinar é obrigatória para a aplicação das penas de suspensão por mais de trinta dias, demissão, cassação de aposentadoria ou disponibilidade e destituição de cargo em comissão.

Certo ( )   Errado ( )

07. (Cespe) Acerca das disposições da Lei nº 8.112/1990 relacionadas ao processo administrativo disciplinar, assinale a opção correta.

a) O processo disciplinar poderá ser revisto quando se aduzirem fatos novos suscetíveis de justificar a inadequação da penalidade aplicada, devendo o requerimento de revisão do processo ser dirigido ao ministro de Estado competente ou a autoridade equivalente.

b) O processo disciplinar deve ser conduzido por comissão composta de três servidores estáveis e ocupantes de cargo efetivo de mesmo nível ou de nível superior ao do indiciado.

c) Concluído o interrogatório do acusado, a comissão deverá promover a inquirição das testemunhas.

d) Na hipótese de sugestão, pela comissão processante, em um mesmo processo administrativo disciplinar, de aplicação da penalidade de cassação de aposentadoria a um indiciado e da aplicação da penalidade de suspensão de vinte dias a outro indiciado, o julgamento, em cada caso, caberá ao chefe da repartição em que estiver lotado o indiciado.

e) Da sindicância poderá resultar a aplicação de penalidade de suspensão de até sessenta dias.

08. (Cespe) Um dos fundamentos aptos a ensejar a revisão do processo disciplinar é a alegação e a demonstração da injustiça na aplicação da pena.

Certo ( )   Errado ( )

09. (CONSULPLAN) Acerca do processo administrativo e sindicância, com base na Lei nº 8.112/90, analise.

I. O resultado de uma sindicância pode ser arquivamento do processo, aplicação de penalidade de advertência ou suspensão de até 30 dias ou instauração de processo disciplinar.

II. O prazo para conclusão da sindicância não excederá 30 dias, podendo ser prorrogado por igual período, a critério da autoridade superior.

III. Sempre que o ilícito praticado pelo servidor ensejar a imposição de penalidade de suspensão por mais de 30 dias, de demissão, cassação de aposentadoria ou disponibilidade, ou destituição de cargo em comissão, a Comissão de Sindicância, se julgar conveniente, poderá sugerir a instauração de processo disciplinar.

IV. O processo disciplinar é o instrumento destinado a apurar responsabilidade de servidor por infração praticada no exercício de suas atribuições, ou que tenha relação com as atribuições do cargo em que se encontre investido.

Estão corretas as afirmativas:

a) I, II, III e IV.
b) II e III, apenas.
c) III e IV, apenas.
d) I, II e IV, apenas.

10. (Cespe) Suponha que um servidor público fiscal de obras do DF, no intuito de prejudicar o governo, tenha determinado o embargo de uma obra de canalização de águas pluviais, sem que houvesse nenhuma irregularidade. Em razão da paralisação, houve atraso na conclusão da obra, o que causou muitos prejuízos à população. Com base nessa situação hipotética, julgue o item que se segue.

Uma vez instaurado o processo administrativo disciplinar para apuração da infração, o servidor poderá ser afastado de suas funções, por até sessenta dias, sem direito à remuneração do cargo.

Certo ( )   Errado ( )

GABARITO

01	B	06	CERTO
02	B	07	A
03	A	08	ERRADO
04	CERTO	09	D
05	C	10	ERRADO

ANOTAÇÕES

13.9. Seguridade Social

Disposições Gerais

A União manterá plano de Seguridade Social para o servidor e sua família.

O servidor que for ocupante de **cargo em comissão que não seja, simultaneamente, ocupante de cargo ou emprego efetivo** na administração pública direta, autárquica e fundacional não terá direito aos benefícios do Plano de Seguridade Social, com exceção da assistência à saúde.

> **FIQUE LIGADO**
>
> Os benefícios da seguridade social são direitos dos servidores titulares de cargos efetivos. Os titulares exclusivamente de cargo em comissão têm direito aos benefícios da assistência à saúde.

O servidor afastado ou licenciado do cargo efetivo, sem direito à remuneração, inclusive para servir em organismo oficial internacional do qual o Brasil seja membro efetivo ou com o qual coopere, ainda que contribua para regime de previdência social no exterior, terá suspenso o seu vínculo com o regime do plano de Seguridade Social do Servidor Público enquanto durar o afastamento ou a licença, **não lhes assistindo, nesse período, os benefícios do mencionado regime de previdência**.

Será **assegurada** ao servidor licenciado ou afastado sem remuneração a **manutenção da vinculação ao regime** do plano de Seguridade Social do Servidor Público, mediante o **recolhimento mensal** da respectiva contribuição, no mesmo percentual devido pelos servidores em atividade, incidente sobre a remuneração total do cargo a que faz jus no exercício de suas atribuições, computando-se, para esse efeito, inclusive, as vantagens pessoais.

Esse recolhimento deve ser efetuado até o segundo dia útil após a data do pagamento das remunerações dos servidores públicos, aplicando-se os procedimentos de cobrança e execução dos tributos federais quando não recolhidas na data de vencimento.

O plano de Seguridade Social visa a dar cobertura aos riscos a que estão sujeitos o servidor e sua família, e compreende um conjunto de benefícios e ações que atendam às seguintes **finalidades**:

> Garantir meios de subsistência nos eventos de doença, invalidez, velhice, acidente em serviço, inatividade, falecimento e reclusão.
> Proteção à maternidade, à adoção e à paternidade.
> Assistência à saúde.

Esses benefícios serão concedidos nos termos e condições definidos em regulamento, observadas as disposições da Lei nº 8.112/90.

Os benefícios do Plano de Seguridade Social do servidor compreendem:

Quanto ao Servidor:

> Aposentadoria.
> Auxílio-natalidade.
> Salário-família.
> Licença para tratamento de saúde.
> Licença à gestante, à adotante e licença-paternidade.
> Licença por acidente em serviço.
> Assistência à saúde.
> Garantia de condições individuais e ambientais de trabalho satisfatórias.

Quanto ao Dependente:

> Pensão vitalícia e temporária.
> Auxílio-funeral.
> Auxílio-reclusão.
> Assistência à saúde.

As aposentadorias e pensões serão concedidas e mantidas pelos órgãos ou entidades aos quais se encontram vinculados os servidores, observado o disposto nos Arts. 189 e 224 da Lei nº 8.112/90 (cálculo e revisão da aposentadoria; atualização das pensões).

O recebimento indevido de benefícios havidos por fraude, dolo ou má-fé, **implicará devolução ao erário do total auferido**, sem prejuízo da ação penal cabível.

Dos Benefícios

Da Aposentadoria

A Constituição Federal sofreu alterações no que se refere ao tema aposentadoria do servidor, sendo que muitas disposições da Lei nº 8.112/90 ficaram sem aplicabilidade.

Os aposentados, assim como os servidores em disponibilidade, são inativos. Dessa forma não recebem remuneração e sim proventos.

Aos servidores titulares de cargos efetivos da União, dos Estados, do Distrito Federal e dos Municípios, incluídas suas autarquias e fundações, é assegurado regime de previdência de caráter **contributivo e solidário**, mediante contribuição do respectivo ente público, dos servidores ativos e inativos e dos pensionistas, observados critérios que preservem o equilíbrio financeiro e atuarial.

Modalidades de Aposentadoria

Por invalidez permanente

Nessa modalidade de aposentadoria os proventos serão **proporcionais** ao tempo de contribuição, **exceto** se decorrente de acidente em serviço, moléstia profissional ou doença grave, contagiosa ou incurável, na forma da lei.

Compulsória

Nesse caso o servidor titular de um cargo de provimento efetivo será compulsoriamente aposentado, aos **setenta anos** de idade, com **proventos proporcionais** ao tempo de contribuição.

Voluntária

Nessa modalidade o servidor que requer a sua aposentadoria, desde que cumprido o tempo mínimo de **dez anos** de efetivo exercício no serviço público e **cinco anos** no cargo efetivo em que se dará a aposentadoria, observadas as seguintes condições:

> **Sessenta anos de idade e trinta e cinco de contribuição, se homem, e cinquenta e cinco anos de idade e trinta de contribuição, se mulher** (os requisitos de idade e de tempo de contribuição serão reduzidos em cinco anos para o professor que comprove exclusivamente tempo de efetivo exercício das funções de magistério na educação infantil e no ensino fundamental e médio).

> **Sessenta e cinco anos de idade, se homem, e sessenta anos de idade, se mulher, com proventos proporcionais ao tempo de contribuição.**

Os proventos de aposentadoria e as pensões, por ocasião de sua concessão, não poderão exceder a remuneração do respectivo servidor, no cargo efetivo em que se deu a aposentadoria ou que serviu de referência para a concessão da pensão.

Para o cálculo dos proventos de aposentadoria, por ocasião da sua concessão, serão consideradas as remunerações utilizadas como base para as contribuições do servidor aos regimes de previdência de que tratam o Art. 40 e o Art. 201 da Constituição Federal, na forma da lei.

É **vedada** a adoção de **requisitos e critérios diferenciados** para a concessão de aposentadoria aos abrangidos pelo regime de que trata este artigo, **ressalvados**, nos termos definidos em leis complementares, os casos de servidores:

> Portadores de deficiência.
> Que exerçam atividades de risco.
> Cujas atividades sejam exercidas sob condições especiais que prejudiquem a saúde ou a integridade física.

Ressalvadas as aposentadorias decorrentes dos cargos acumuláveis na forma dessa Constituição, é vedada a percepção de mais de uma aposentadoria à conta do regime de previdência acima estudado. Dessa forma, se a cumulação fosse lícita na atividade, o servidor também poderá cumular os proventos.

É assegurado o reajustamento dos benefícios para preservar-lhes, em caráter permanente, o valor real, conforme critérios estabelecidos em lei.

O tempo de contribuição federal, estadual ou municipal **será contado** para efeito de aposentadoria e o tempo de serviço correspondente para efeito de disponibilidade.

FIQUE LIGADO

A lei não poderá estabelecer qualquer forma de contagem de tempo de contribuição fictício.

Ao servidor ocupante, exclusivamente, de cargo em comissão declarado em lei de livre nomeação e exoneração bem como de outro temporário ou de emprego público, aplica-se o regime geral de previdência social.

Consideram-se doenças graves, contagiosas ou incuráveis (para efeitos dessas regras):

> Tuberculose ativa.
> Alienação mental.
> Esclerose Múltipla.
> Neoplasia Maligna.
> Cegueira posterior ao ingresso no serviço público.
> Hanseníase.
> Cardiopatia grave.
> Doença De Parkinson.
> Paralisia Irreversível E Incapacitante.
> Espondiloartrose Anquilosante.
> Nefropatia Grave.
> Estados avançados do mal de Paget (osteíte deformante).
> Síndrome de Imunodeficiência Adquirida (AIDS).
> Outras que a lei indicar, com base na medicina especializada.

Na hipótese de aposentadoria por invalidez, o servidor será submetido à **junta médica oficial**, que atestará tal questão quando caracterizada a incapacidade para o desempenho das atribuições do cargo ou a impossibilidade de se aplicar o disposto no Art. 24 da Lei nº 8.112/90 (readaptação).

A aposentadoria compulsória será automática, e declarada por ato, com vigência a partir do dia imediato àquele em que o servidor atingir a idade limite de permanência no serviço ativo.

A aposentadoria voluntária ou por invalidez vigorará a partir da data da publicação do respectivo ato.

A aposentadoria por invalidez será **precedida** de licença para tratamento de saúde, por período não excedente a 24 (vinte e quatro) meses. Nesse caso, serão consideradas apenas as licenças motivadas pela enfermidade ensejadora da invalidez ou doenças correlacionadas.

Expirado o período de licença e não estando em condições de reassumir o cargo ou de ser readaptado, o servidor será aposentado.

O lapso de tempo compreendido entre o término da licença e a publicação do ato da aposentadoria será considerado como de prorrogação da licença.

A critério da Administração, o servidor em licença para tratamento de saúde ou aposentado por invalidez poderá ser convocado a qualquer momento, para avaliação das condições que ensejaram o afastamento ou a aposentadoria.

O provento da aposentadoria será calculado com observância do disposto no § 3º do Art. 41 (o vencimento do cargo efetivo, acrescido das vantagens de caráter permanente, é irredutível) e revisto na mesma data e proporção, sempre que se modificar a remuneração dos servidores em atividade.

São **estendidos** aos inativos quaisquer benefícios ou vantagens posteriormente concedidas aos servidores em atividade, inclusive quando decorrentes de transformação ou reclassificação do cargo ou função em que se deu a aposentadoria.

O servidor aposentado com provento proporcional ao tempo de serviço, se acometido de qualquer das moléstias especificadas acima especificadas e, por esse motivo, for considerado inválido por junta médica oficial passará a perceber provento integral, calculado com base no fundamento legal de concessão da aposentadoria.

Quando **proporcional ao tempo de serviço**, o provento não será inferior a 1/3 (um terço) da remuneração da atividade.

Ao servidor aposentado será paga a gratificação natalina, até o dia vinte do mês de dezembro, em valor equivalente ao respectivo provento, deduzido o adiantamento recebido.

Ao ex-combatente que tenha efetivamente participado de operações bélicas, durante a Segunda Guerra Mundial, nos termos da Lei nº 5.315, de 12 de setembro de 1967, será concedida aposentadoria com provento integral, aos 25 (vinte e cinco) anos de serviço efetivo.

Do Auxílio-Natalidade

O auxílio-natalidade é devido à servidora por motivo de nascimento de filho, em quantia equivalente ao menor vencimento do serviço público, inclusive no caso de natimorto.

Na hipótese de parto múltiplo, o valor será acrescido de 50% (cinquenta por cento), por nascituro.

O auxílio será pago ao cônjuge ou companheiro servidor público, quando a parturiente não for servidora.

Do Salário-Família

O salário-família é devido ao servidor ativo ou ao inativo, por dependente econômico. Consideram-se dependentes econômicos para efeito de percepção do salário-família:

O cônjuge ou companheiro e os filhos, inclusive os enteados até 21 anos de idade ou, se estudante, até 24 anos ou, se inválido, de qualquer idade.

O menor de 21 anos que, mediante autorização judicial, viver na companhia e às expensas do servidor, ou do inativo.

A mãe e o pai sem economia própria.

Não se configura a dependência econômica quando o beneficiário do salário-família perceber rendimento do trabalho ou de qualquer outra fonte, inclusive pensão ou provento da aposentadoria, em valor igual ou superior ao salário-mínimo.

Quando o pai e a mãe forem servidores públicos e viverem em comum, o salário-família será pago a um deles; quando separados, será pago a um e outro, de acordo com a distribuição dos dependentes.

Ao pai e à mãe equiparam-se o padrasto, a madrasta e, na falta desses, os representantes legais dos incapazes.

O salário-família não está sujeito a qualquer tributo, nem servirá de base para qualquer contribuição, inclusive para a Previdência Social.

O afastamento do cargo efetivo, sem remuneração, não acarreta a suspensão do pagamento do salário-família.

Da Licença à Gestante, à Adotante e da Licença-Paternidade

Será concedida licença à servidora gestante por **120 dias consecutivos**, sem prejuízo da remuneração.

A licença poderá ter início no primeiro dia do nono mês de gestação, salvo antecipação por prescrição médica.

No caso de **nascimento prematuro**, a licença terá início a partir do parto.

Na situação de **natimorto**, decorridos 30 dias do evento, a servidora será submetida a exame médico, e se julgada apta, reassumirá o exercício.

No caso de **aborto** atestado por médico oficial, a servidora terá direito a 30 dias de repouso remunerado.

Pelo nascimento ou adoção de filhos, o servidor terá direito à **licença-paternidade** de 5 dias consecutivos.

Para amamentar o próprio filho, até a idade de seis meses, a servidora lactante terá direito, durante a jornada de trabalho, a uma hora de descanso, que poderá ser parcelada em dois períodos de meia hora.

À servidora que adotar ou obtiver guarda judicial de criança até 1 ano de idade, serão concedidos 90 dias de licença remunerada. No caso de adoção ou guarda judicial de criança com mais de 1 ano de idade, a licença será de 30 dias.

Da Licença por Acidente em Serviço

Será licenciado, com **remuneração integral**, o servidor acidentado em serviço.

Configura acidente em serviço o dano físico ou mental sofrido pelo servidor, que se relacione, mediata ou imediatamente, com as atribuições do cargo exercido.

Equipara-se ao acidente em serviço o dano:

> Decorrente de agressão sofrida e não provocada pelo servidor no exercício do cargo.
> Sofrido no percurso da residência para o trabalho e vice-versa.

O servidor acidentado em serviço que necessite de tratamento especializado poderá ser tratado em instituição privada, à conta de recursos públicos. O tratamento recomendado por junta médica oficial constitui medida de exceção e somente será admissível quando inexistirem meios e recursos adequados em instituição pública.

A prova do acidente será feita no prazo de 10 dias, prorrogável quando as circunstâncias o exigirem.

Da Pensão

A Lei nº 8.112/90 estabelece que em caso de morte do servidor, os dependentes, nas hipóteses legais, fazem jus à pensão a partir da data de óbito, observado o limite estabelecido no inciso XI do *caput* do Art. 37 da Constituição Federal (teto remuneratório) e no Art. 2º da Lei nº 10.887, de 18 de junho de 2004.

> *Lei nº 10.887/2004, Art. 2º.* Aos dependentes dos servidores titulares de cargo efetivo e dos aposentados de qualquer dos Poderes da União, dos Estados, do Distrito Federal e dos Municípios, incluídas suas autarquias e fundações, falecidos a partir da data de publicação desta Lei, será concedido o benefício de pensão por morte, que será igual:
>
> *I. à totalidade dos proventos percebidos pelo aposentado na data anterior à do óbito, até o limite máximo estabelecido para os benefícios do regime geral de previdência social, acrescida de 70% (setenta por cento) da parcela excedente a este limite; ou*
>
> *II. à totalidade da remuneração do servidor no cargo efetivo na data anterior à do óbito, até o limite máximo estabelecido para os benefícios do regime geral de previdência social, acrescida de 70% (setenta por cento) da parcela excedente a este limite, se o falecimento ocorrer quando o servidor ainda estiver em atividade.*
>
> **Parágrafo único.** Aplica-se ao valor das pensões o limite previsto no Art. 40, § 2º, da Constituição Federal".

São **BENEFICIÁRIOS** das pensões:

I. o cônjuge;

II. o cônjuge divorciado ou separado judicialmente ou de fato, com percepção de pensão alimentícia estabelecida judicialmente;

III. o companheiro ou companheira que comprove união estável como entidade familiar;

IV. o filho de qualquer condição que atenda a um dos seguintes requisitos:

   a) seja menor de 21 anos;

   b) seja inválido;

   d) tenha deficiência intelectual ou mental, nos termos do regulamento;

V. a mãe e o pai que comprovem dependência econômica do servidor;

VI. o irmão de qualquer condição que comprove dependência econômica do servidor e atenda a um dos requisitos previstos no inciso IV.

A concessão de pensão aos beneficiários de que tratam os incisos I a IV acima tratados exclui os beneficiários referidos nos incisos V e VI. Assim, o cônjuge ou companheiros e os filhos excluem os pais e irmão, possuindo preferência.

A concessão de pensão aos beneficiários de que trata o inciso V acima tratado exclui o beneficiário referido no inciso VI. Desse modo, caso o servidor possua pais e irmãos, somente os pais irão receber a pensão, possuindo preferência.

FIQUE LIGADO

*O enteado e o menor **tutelado equiparam-se a filho** mediante **declaração** do servidor e desde que comprovada **dependência econômica**, na forma estabelecida em regulamento.*

Caso ocorra habilitação de vários titulares à pensão, o seu valor será distribuído em **partes iguais** entre os beneficiários habilitados.

O direito de requerer a pensão não prescreve, podendo ser requerida a qualquer tempo. Somente as prestações exigíveis há mais de 5 anos é que irão prescrever.

Concedida a pensão, qualquer prova posterior ou habilitação tardia que implique exclusão de beneficiário ou redução de pensão só produzirá efeitos a partir da data em que for oferecida.

Casos de perda do direito à pensão por morte:
- após o trânsito em julgado, o beneficiário condenado pela prática de crime de que tenha dolosamente resultado a morte do servidor;
- o cônjuge, o companheiro ou a companheira se comprovada, a qualquer tempo, simulação ou fraude no casamento ou na união estável, ou a formalização desses com o fim exclusivo de constituir benefício previdenciário, apuradas em processo judicial no qual será assegurado o direito ao contraditório e à ampla defesa.

Será concedida **pensão provisória por morte presumida** do servidor, nos seguintes casos:
- declaração de ausência, pela autoridade judiciária competente;
- desaparecimento em desabamento, inundação, incêndio ou acidente não caracterizado como em serviço;
- desaparecimento no desempenho das atribuições do cargo ou em missão de segurança.

A pensão provisória será transformada em vitalícia ou temporária, conforme o caso, decorridos 5 anos de sua vigência, ressalvado o eventual reaparecimento do servidor, hipótese em que o benefício será automaticamente cancelado.

Acarreta Perda da Qualidade de Beneficiário
- o seu falecimento;
- a anulação do casamento, quando a decisão ocorrer após a concessão da pensão ao cônjuge;
- a cessação da invalidez, em se tratando de beneficiário inválido, o afastamento da deficiência, em se tratando de beneficiário com deficiência, ou o levantamento da interdição, em se tratando de beneficiário com deficiência intelectual ou mental que o torne absoluta ou relativamente incapaz, (respeitados os períodos mínimos decorrentes da aplicação das alíneas "a" e "b" do inciso VII do Art. 222);
- o implemento da idade de 21 (vinte e um) anos, pelo filho ou irmão;
- a acumulação de pensão na forma do Art. 225 (exercer a opção em caso de ter direito a duas ou mais pensões);
- a renúncia expressa.

O cônjuge e companheiro (ainda que divorciados, mas que recebam pensão alimentícia) também perdem a condição de beneficiário nas seguintes hipóteses:
- o decurso de 4 meses, se o óbito ocorrer sem que o servidor tenha vertido 18 contribuições mensais ou se o casamento ou a união estável tiverem sido iniciados em menos de 2 anos antes do óbito do servidor;
- o decurso dos seguintes períodos, estabelecidos de acordo com a idade do pensionista na data de óbito do servidor, depois de vertidas 18 contribuições mensais e pelo menos 2 anos após o início do casamento ou da união estável:

01. 3 (três) anos, com menos de 21 (vinte e um) anos de idade;
02. 6 (seis) anos, entre 21 (vinte e um) e 26 (vinte e seis) anos de idade;
03. 10 (dez) anos, entre 27 (vinte e sete) e 29 (vinte e nove) anos de idade;
04. 15 (quinze) anos, entre 30 (trinta) e 40 (quarenta) anos de idade;
05. 20 (vinte) anos, entre 41 (quarenta e um) e 43 (quarenta e três) anos de idade;
06. vitalícia, com 44 (quarenta e quatro) ou mais anos de idade.

Caso o óbito do servidor decorra de acidente de qualquer natureza ou de doença profissional ou do trabalho, é aplicado essa regra, independentemente do recolhimento de 18 contribuições mensais ou da comprovação de 2 anos de casamento ou de união estável.

A critério da administração, o beneficiário de pensão cuja preservação seja motivada por invalidez, por incapacidade ou por deficiência poderá ser convocado a qualquer momento para avaliação das referidas condições.

O tempo de contribuição a Regime Próprio de Previdência Social (RPPS) ou ao Regime Geral de Previdência Social (RGPS) será considerado na contagem das 18 (dezoito) contribuições mensais referidas nas alíneas "a" e "b" do inciso VII do *caput* do Art. 222.

No caso de morte ou perda da qualidade de beneficiário, a respectiva cota reverterá para os cobeneficiários.

FIQUE LIGADO
As pensões serão automaticamente atualizadas na mesma data e na mesma proporção dos reajustes dos vencimentos dos servidores.

As pensões serão automaticamente atualizadas na mesma data e na mesma proporção dos reajustes dos vencimentos dos servidores.

Excepcionado o direito de opção, é vedada a percepção cumulativa de pensão deixada por mais de um cônjuge ou companheiro ou companheira e de mais de 2 pensões.

Do Auxílio-Funeral

O auxílio-funeral é devido à família do servidor falecido na atividade ou aposentado, em valor equivalente a um mês da remuneração ou provento.

No caso de acumulação legal de cargos, o auxílio será pago somente em razão do cargo de maior remuneração.

O auxílio será pago no prazo de 48 horas, por meio de procedimento sumaríssimo, à pessoa da família que houver custeado o funeral. Se esse for custeado por terceiro, ele será indenizado, observado acima disposto.

Em caso de falecimento de servidor em serviço fora do local de trabalho, inclusive no exterior, as despesas de transporte do corpo correrão à conta de recursos da União, autarquia ou fundação pública.

Do Auxílio-Reclusão

À família do servidor ativo é devido o auxílio-reclusão, nos seguintes valores:

Dois terços da remuneração, quando afastado por motivo de prisão, em flagrante ou preventiva, determinada pela autoridade competente, enquanto perdurar a prisão (caso seja absolvido, o servidor terá direito à integralização da remuneração).

Metade da remuneração, durante o afastamento, em virtude de condenação, por sentença definitiva, a pena que não determine a perda de cargo.

O pagamento do auxílio-reclusão cessará a partir do dia imediato àquele em que o servidor for posto em liberdade, ainda que condicional.

Ressalvado o disposto neste artigo, o auxílio-reclusão será devido, nas mesmas condições da pensão por morte, aos dependentes do segurado recolhido à prisão.

> ### FIQUE LIGADO
>
> *Emenda Constitucional nº 20*
>
> *Art. 13. Até que a lei discipline o acesso ao salário-família e auxílio-reclusão para os servidores, segurados e seus dependentes, esses benefícios serão concedidos apenas àqueles que tenham renda bruta mensal igual ou inferior a R$ 360,00 (trezentos e sessenta reais), que, até a publicação da lei, serão corrigidos pelos mesmos índices aplicados aos benefícios do regime geral de previdência social.*

Da Assistência à Saúde

A assistência à saúde do servidor, ativo ou inativo, e de sua família compreende **auxílio médico, hospitalar, odontológico, psicológico e farmacêutico**. Terá como diretriz básica o implemento de ações preventivas voltadas para a promoção da saúde e será prestada pelo Sistema Único de Saúde – SUS, diretamente pelo órgão ou entidade ao qual estiver vinculado o servidor, ou mediante convênio ou contrato, ou ainda na forma de auxílio, mediante ressarcimento parcial do valor despendido pelo servidor, ativo ou inativo, e seus dependentes ou pensionistas com planos ou seguros privados de assistência à saúde, na forma estabelecida em regulamento.

Nas hipóteses previstas na Lei 8.112/90 em que seja exigida perícia, avaliação ou inspeção médica, na ausência de médico ou junta médica oficial, para a sua realização o órgão ou entidade celebrará, preferencialmente, **convênio com unidades de atendimento do sistema público de saúde, entidades sem fins lucrativos** declaradas de utilidade pública, ou com o Instituto Nacional do Seguro Social - INSS.

Na **impossibilidade**, devidamente justificada, da realização do convênio acima citado, o órgão ou entidade promoverá a **contratação da prestação de serviços por pessoa jurídica**, que constituirá junta médica especificamente para esses fins, indicando os nomes e especialidades dos seus integrantes, com a comprovação de suas habilitações e de que não estejam respondendo a processo disciplinar junto à entidade fiscalizadora da profissão.

Para os fins do disposto acima, ficam a União e suas entidades autárquicas e fundacionais autorizadas a:

Celebrar convênios exclusivamente para a prestação de serviços de assistência à saúde para os seus servidores ou empregados ativos, aposentados, pensionistas, bem como para seus respectivos grupos familiares definidos, com entidades de autogestão por elas patrocinadas por meio de instrumentos jurídicos efetivamente celebrados e publicados até 12 de fevereiro de 2006 e que possuam autorização de funcionamento do órgão regulador, sendo certo que os convênios celebrados depois dessa data somente poderão sê-lo na forma da regulamentação específica sobre patrocínio de autogestões, a ser publicada pelo mesmo órgão regulador, no prazo de 180 (cento e oitenta) dias da vigência desta Lei, normas essas também aplicáveis aos convênios existentes até 12 de fevereiro de 2006.

Contratar, mediante licitação, na forma da Lei nº 8.666, de 21 de junho de 1993, operadoras de planos e seguros privados de assistência à saúde que possuam autorização de funcionamento do órgão regulador.

O valor do ressarcimento fica limitado ao total despendido pelo servidor ou pensionista civil com plano ou seguro privado de assistência à saúde.

EXERCÍCIO COMENTADO

01. (Cespe) O servidor público será aposentado compulsoriamente, aos setenta anos de idade, com proventos integrais.

ERRADO. *A aposentadoria compulsória, que ocorre quando o servidor titular de um cargo de provimento efetivo alcançar 70 anos de idade, é feita com proventos proporcionais ao tempo de contribuição (Art. 186, II, da Lei nº 8.112/90 e Art. 40, § 1º, II, da Constituição Federal).*

VAMOS PRATICAR

Os exercícios a seguir são referentes ao conteúdo: Seguridade Social.

01. (FEC) Ken, servidor de cargo efetivo da União, descobriu quais são as regras de aposentadoria do servidor, previstas na legislação vigente. Analise as afirmativas a seguir:

I. O servidor será aposentado por invalidez permanente, sendo os proventos proporcionais ao tempo de contribuição, exceto se decorrente de acidente em serviço, moléstia profissional ou doença grave, contagiosa ou incurável, na forma da lei.

II. O servidor será aposentado voluntariamente, aos setenta anos de idade, com proventos proporcionais ao tempo de serviço.

III. O servidor será aposentado voluntariamente, desde que cumprido tempo mínimo de quinze anos de efetivo exercício no serviço público e de dez anos no cargo efetivo em que se dará a aposentadoria.

IV. Os proventos de aposentadoria e as pensões, por ocasião de sua concessão, não poderão exceder a remuneração do respectivo servidor, no cargo efetivo em que se deu a aposentadoria ou que serviu de referência para a concessão da pensão.

As afirmativas corretas são, apenas:

a) I e II.
b) II e IV.
c) I e IV.
d) II e III.
e) I e III.

02. (FCC) A licença para tratamento consiste em período de até:

a) 24 meses, estabelecido ao segurado que obteve laudo de junta médica oficial do Estado de incapacidade, para se cuidar.
b) 24 meses, que precede a aposentadoria por invalidez para tratamento da própria saúde.
c) 12 meses, estabelecido ao segurado para tratamento de doença infectocontagiosa.
d) 6 meses, para tratamento de doença grave com laudo de incapacidade temporária para o trabalho.
e) 12 meses, estabelecido ao dependente com incapacidade permanente, que obteve atestado médico comprovando a incapacidade.

03. (FCC) De acordo com a Lei nº 8.112/90, poderá ser dispensada de perícia oficial, na forma definida em regulamento, a licença para tratamento de saúde inferior a:

a) Quinze dias, dentro de um ano.
b) Trinta dias, dentro de um ano.
c) Sessenta dias, dentro de dois anos.
d) Trinta dias, dentro de dois anos.
e) Noventa dias, dentro de um ano.

04. (AlfaCon) De acordo com a Lei nº 8.112/90, considere os seguintes itens:

I. Será concedida licença à servidora gestante por 120 dias consecutivos, sem prejuízo da remuneração, sendo que essa licença poderá ter início no primeiro dia do nono mês de gestação, podendo ser antecipada por prescrição médica.

II. A servidora que adotar uma criança de 10 meses de idade terá direito a 120 dias de licença remunerada.

III. Para amamentar o próprio filho, até a idade de seis meses, a servidora lactante terá direito, durante a jornada de trabalho, a uma hora de descanso, que poderá ser parcelada em dois períodos de meia hora.

IV. O servidor terá direito à licença-paternidade de 5 dias consecutivos no caso de nascimento ou adoção de filhos.

Está correto apenas o que se afirma em:

a) II, III e IV.
b) I e IV.
c) I, III e IV.
d) I e II.
e) II e III.

05. (AlfaCon) Nos termos da Lei 8.112/90, são considerados beneficiários da pensão por morte do servidor, dentre outros:

I. o cônjuge, mesmo que divorciado ou separado judicialmente ou de fato, com percepção de pensão alimentícia estabelecida judicialmente.

II. o companheiro ou companheira que comprove união estável como entidade familiar.

III. o filho menor de 24 anos.

IV. a mãe e o pai, ainda que não comprovem dependência econômica do servidor.

Está correto apenas o disposto em:

a) I, II e III.
b) II e IV.
c) I e II.
d) I e IV.
e) II e III.

06. (Esaf) No âmbito das normas de seguridade social do servidor público, previstas na Lei nº 8.112/90, assinale a hipótese não prevista para concessão de pensão provisória por morte presumida de servidor.

a) Desaparecimento em desabamento, inundação, incêndio ou acidente não caracterizado como em serviço.
b) Declaração de ausência, prestada pela autoridade judiciária ou policial competente.
c) Desaparecimento no desempenho das atribuições do cargo.
d) Declaração de ausência, prestada pela autoridade judiciária competente.
e) Desaparecimento no desempenho de missão de segurança.

07. (FCC) O corpo permanente da Constituição Federal, no tocante aos proventos do servidor aposentado pelo regime próprio de previdência:

a) Estabelece que os requisitos de idade e de tempo de contribuição serão reduzidos em cinco anos, para o professor que comprove exclusivamente tempo de efetivo exercício das funções de magistério na educação infantil e no ensino fundamental e médio, com a consequente redução proporcional dos proventos, caso opte por essa aposentadoria especial.
b) Garante aos servidores inativos a extensão de todos e quaisquer benefícios e vantagens concedidos aos servidores em atividade.
c) Determina que, nas hipóteses de aposentadoria com proventos proporcionais, deve-se utilizar como base de cálculo o valor da última remuneração percebida pelo servidor, quando em atividade.
d) Estabelece que os servidores ocupantes, exclusivamente, de cargo em comissão farão jus à aposentadoria complementar, mediante sua expressa adesão a tal regime, sem prejuízo da vinculação ao regime geral de previdência social.
e) Prevê a incidência de contribuição previdenciária nos proventos do inativo portador de doença incapacitante, a qual incidirá apenas sobre as parcelas que superem o dobro do limite máximo estabelecido para os benefícios do regime geral de previdência social.

08. (Cespe) Após completar sessenta e cinco anos de idade e ter cumprido suas funções com excelência e perfeição, um técnico administrativo vinculado ao tribunal de justiça deverá ser aposentado compulsoriamente.

Certo ( )   Errado ( )

09. (Cespe) Em que pese o tratamento diferenciado a que fazem jus em determinadas situações os servidores públicos portadores de deficiência abrangidos pelo regime próprio de previdência, a CF veda a adoção de requisitos e critérios diferenciados para a concessão de aposentadoria a tais servidores sob o fundamento da manutenção do equilíbrio atuarial do sistema previdenciário público.

Certo ( )   Errado ( )

10. (Cespe) Aplica-se à aposentadoria compulsória o requisito de tempo mínimo de dez anos de efetivo exercício no serviço público.

Certo ( )   Errado ( )

GABARITO

01	C	06	B
02	B	07	E
03	A	08	ERRADO
04	C	09	ERRADO
05	C	10	ERRADO

ANOTAÇÕES

Física Aplicada à Perícia de Acidentes Rodoviários

ÍNDICE

1. Cinemática 656
   - Cinemática Escalar 656
   - Cinemática Vetorial 659
   - Movimento Circular 662
2. Dinâmica 666
   - Leis de Newton e suas Aplicações 666
     - Força de Tração 666
     - Força de Atrito 667
     - Força Elástica 667
     - Força Centrípeta 667
     - Plano Inclinado 667
     - Sistemas de Forças 667
   - Trabalho 669
     - Força Paralela ao Deslocamento 669
     - Força Não Paralela ao Deslocamento 669
     - Trabalho da Força Peso 669
   - Potência 669
   - Energia 670
     - Energia Cinética 670
     - Energia Potencial 670
   - Conservação de Energia e suas Transformações 671
   - Impulso, Quantidade de Movimento e Conservação da Quantidade de Movimento ... 671
     - Impulso 671
     - Quantidade de Movimento 671
     - Relação entre Impulso e Quantidade de Movimento 671
     - Conservação da Quantidade de Movimento 672
   - Colisões 672
     - Coeficiente de Restituição 672
     - Tipos de Choque 672
3. Estática 675
   - Estática dos Corpos Rígidos 675
     - Centro de Massa 675
     - Momento de uma Força 675
     - Condições de Equilíbrio de um Corpo Rígido 675
   - Estática dos Fluidos - Hidrostática 675
     - Fluido 675
     - Pressão 676
     - Densidade 676
     - Pressão Hidrostática 676
     - Pressão Atmosférica 676
     - Empuxo 678
     - Peso Aparente 678
4. Ondulatórias 682
   - Movimento Harmônico Simples (MHS) 682

Física Aplicada à Perícia de Acidentes Rodoviários

  Período 682
  Frequência 682
  Posição do Móvel em MHS 682
  Energia do Oscilador 683
  Pêndulo Simples 684
 Ondas 684
  Velocidade de Propagação das Ondas 685
 Ondas Sonoras 685
  Intensidade Sonora 685
 Efeito Doppler 686
 Ondas Eletromagnéticas 687
 Frequências Naturais e Ressonância 688
5. Óptica 691
 Reflexão da Luz 691
  Leis da Reflexão 691
  Espelho Plano 691
  Espelhos Esféricos 692
 Refração da Luz 694
  Índice de Refração Absoluto 694
  Índice de Refração Relativo entre Dois Meios 694
  Refringência 695
  Leis de Refração 695
  Dioptro 695
  Prisma 696
  Lentes Esféricas Convergentes 696
  Lentes Esféricas Divergentes 696
  Focos de uma Lente e Vergência 697
  Associação de Lentes 697
 Instrumentos Óticos 698
  Câmera Fotográfica 698
  Projetor 698
  Lupa 698
  Microscópio Composto 699
  Luneta 699
  Olho Humano 699

1. Cinemática

É o campo da física que estuda os movimentos realizados pelos corpos.

Cinemática Escalar

Ponto Material

É um corpo cujas dimensões podem ser desprezadas, levando-se em conta um referencial.

> **Ex.:** *Uma pessoa no deserto.*

Corpo Extenso

É um corpo cujas dimensões são levadas em conta de acordo com o referencial.

> **Ex.:** *Uma pessoa numa sala.*

Referencial, Repouso e Movimento

Referencial é o que se toma por base para avaliar se um corpo está em repouso ou em movimento. Quando a distância entre o referencial e o corpo aumenta (ou diminui), diz-se que há movimento, mas quando a distância entre eles fica inalterada, então há repouso.

> **Ex.:** *Uma pessoa caminhando (referencial = árvore) = movimento.*

> **Ex.:** *Duas pessoas dentro de um mesmo carro (referencial = próprias pessoas) = repouso.*

FIQUE LIGADO

Não existem repouso e movimento absoluto, pois tudo depende do referencial adotado.

Trajetória

É uma linha que une todas as posições ocupadas por um corpo durante o seu movimento. A trajetória também depende do referencial adotado. Resumindo, trajetória é o caminho feito pelo corpo em relação ao referencial adotado.

> **Ex.:** *Objeto lançado de um avião. Para uma pessoa que observa a queda de dentro do avião, o objeto cairá em linha, mas para uma pessoa que observa do solo, o objeto terá uma trajetória oblíqua.*

Espaço

É a medida algébrica, ao longo de uma trajetória, da distância do ponto onde se encontra o corpo ao ponto de referência adotado como origem.

Deslocamento Escalar

É a variação do espaço, ou seja, diferença entre o espaço final e o espaço inicial. Em outras palavras, é a distância entre as posições inicial e final.

Distância Percorrida

É a soma dos valores dos deslocamentos parciais.

Velocidade Escalar

É a relação entre o deslocamento de um corpo em determinado tempo. Em outras palavras, é a rapidez com que o corpo se desloca. Divide-se em velocidade escalar média e velocidade escalar instantânea. Matematicamente, a velocidade média é representada pela equação:

$$V_m = \frac{\Delta s}{\Delta t}$$

Em que:

V_m = velocidade média;

ΔS = variação do espaço = espaço final (S) – espaço inicial (So);

Δt = variação do tempo = tempo final (t) – tempo inicial (to).

A velocidade instantânea é dada em um momento específico, no qual não há variações para o tempo.

A medida da velocidade pode ser expressa tanto em Km/h (quilômetro por hora) como em m/s (metro por segundo). Para transformar de uma unidade para outra, basta multiplicar ou dividir por 3,6.

> **Ex.:** *90Km/h → 25m/s (de Km/h para m/s divide-se por 3,6)*

> **Ex.:** *30m/s → 108Km/h (de m/s para Km/h multiplica-se por 3,6)*

Velocidade Relativa

Existem duas regras práticas para se chegar ao módulo de uma velocidade escalar relativa entre dois corpos:

> Quando dois ou mais corpos vão para o mesmo sentido, a velocidade escalar relativa (Vrel) é dada pelas diferenças entre as velocidades desses corpos.

> Quando dois ou mais corpos estão em sentidos contrários, a velocidade escalar relativa (Vrel) é dada pelas somas entre as velocidades desses corpos.

Movimento Uniforme (MU)

É quando um corpo se desloca com velocidade constante durante todo o percurso.

> **FIQUE LIGADO**
>
> *No movimento uniforme, a velocidade instantânea do corpo será igual à velocidade média, pois não haverá variação na velocidade em nenhum momento do percurso.*

Para calcular a posição do corpo no decorrer do tempo, usa-se a seguinte equação:

$$S = S_0 + v \cdot t$$

Em que:

S = espaço final;

So = espaço inicial;

v = velocidade;

t = tempo.

Acompanhe-me: quando o corpo se desloca no mesmo sentido da orientação da trajetória indicada (v > 0 e ΔS > 0), diz-se que ele está em movimento progressivo. Já quando o corpo se desloca no sentido contrário da orientação da trajetória indicada (v < 0 e ΔS < 0), diz-se que ele está em movimento retrógrado.

Gráficos do Movimento Uniforme

São dois os gráficos do movimento uniforme, um do Espaço X tempo e outro da Velocidade X tempo.

Gráfico: espaço X tempo:

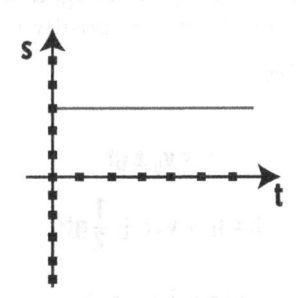

> **FIQUE LIGADO**
>
> *A tangente do ângulo formado é igual à medida da velocidade.*

Gráfico: Velocidade X tempo:

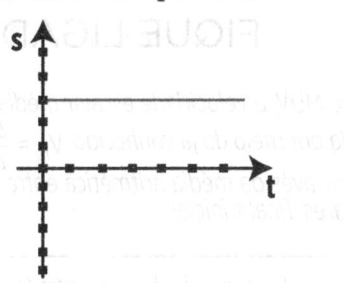

> **FIQUE LIGADO**
>
> *A área formada entre dois tempos é igual ao deslocamento (variação do espaço).*

Movimento Uniformemente Variado (MUV)

É quando um corpo se desloca com velocidade variada durante o percurso, existindo, nesse deslocamento, uma aceleração que produz essa variação de velocidade. É também conhecido como movimento acelerado (ou retardado).

Para calcular a aceleração média do corpo no movimento, usa-se a seguinte fórmula:

$$\alpha_m = \frac{\Delta v}{\Delta t}$$

Em que:

α_m = velocidade média;

ΔV = variação da velocidade = velocidade final (V) – velocidade inicial (Vo);

Δt = variação do tempo = tempo final (t) – tempo inicial (to).

A aceleração instantânea é dada em um momento específico, no qual não há variações para o tempo.

A medida da aceleração deve ser expressa em m/s2 (metro por segundo ao quadrado).

Para calcular a velocidade do corpo no decorrer do tempo, usa-se a seguinte equação:

$$v = v_0 + at$$

Em que:

V = velocidade final;

Vo = velocidade inicial;

a = aceleração;

t = tempo.

> **FIQUE LIGADO**
>
> *No MUV, a velocidade escalar média pode ser calculada por meio do já conhecido $V_m = \frac{\Delta s}{\Delta t}$, como também através da média aritmética entre as velocidades escalares, final e inicial.*

Já, para calcular o deslocamento (variação do espaço), usa-se outra equação:

$$s = s_0 + v_0 t + \frac{1}{2} \cdot a t^2$$

Em que:

S = espaço final;

So = espaço inicial;

Vo = velocidade inicial;

a = aceleração;

t = tempo.

Existe outra equação, usada tanto para encontrar a velocidade, como para o deslocamento, que não necessita do tempo (observe que todas as equações anteriores usam o tempo), é a chamada equação de TORRICELLI:

$$v^2 = v_0^2 + 2a\Delta s$$

Em que:

V = velocidade final;

Vo = velocidade inicial;

a = aceleração;

ΔS = variação do espaço = espaço final (V) – espaço inicial (Vo).

Gráficos do Movimento Uniformemente Variado

São três os gráficos do movimento uniformemente variado, um do Espaço X tempo, outro da Velocidade X tempo e um da Aceleração X tempo.

Gráfico: espaço X tempo:

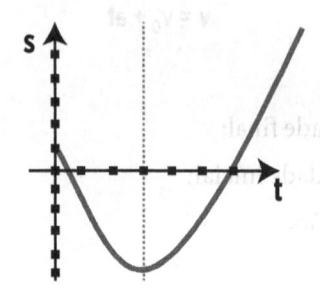

Gráfico: Velocidade X tempo:

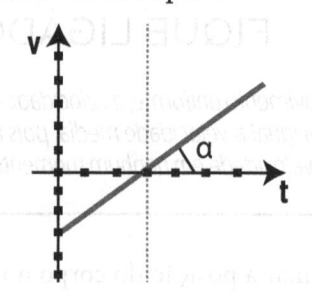

A tangente do ângulo formado é igual à medida da aceleração, e a área formada entre dois tempos é igual ao deslocamento (variação do espaço).

Gráfico: Aceleração X tempo:

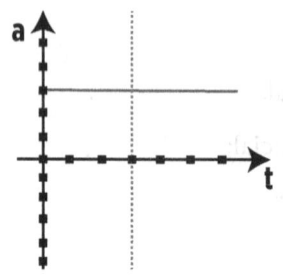

Obs.: *A área formada entre dois tempos é igual à variação da velocidade.*

Movimento Vertical

É uma variação do MUV quando os corpos são lançados para cima ou para baixo.

Obs.: no movimento vertical, deve-se desprezar a resistência do ar.

As equações são as mesmas do MUV, devendo apenas trocar a aceleração "a" pela aceleração da gravidade "g", que tem valor de g = 9,80m/s2 (na maioria dos cálculos, usa-se o valor de 10m/s2 – por aproximação), e o espaço "S" pela altura "h".

Obs.: Deve-se também atentar para quando um corpo é lançado para cima ou para baixo. Quando for para cima, o valor de "g" será negativo; quando for para baixo, o valor de "g" será positivo.

As equações são:

$$v = v_0 \pm gt$$

$$h = h_0 + v_0 t \pm \frac{1}{2} g t^2$$

$$v^2 = v_0^2 \pm 2g\Delta h$$

Em que:

V = velocidade final;

Vo = velocidade inicial;

g = aceleração da gravidade;

t = tempo;
h = altura final;
ho = altura inicial;
Δh = variação da altura = altura final (V) - altura inicial (Vo).

Cinemática Vetorial

Grandezas físicas que não ficam totalmente determinadas com um valor e uma unidade são chamadas de grandezas vetoriais. Os vetores têm, além do valor numérico, a direção e o sentido determinados.

Um vetor pode ser representado da seguinte forma: $\vec{s}$ com uma seta acima da letra que o representa para indicar que se trata de uma grandeza vetorial.

Graficamente, um vetor é representado por um segmento orientado de reta.

> Cálculos com vetores.

Alguns cálculos com vetores necessitarão do conhecimento sobre trigonometria.

> Adição de vetores.

Quando é feita uma operação com vetores, chama-se o seu resultado de resultante $\vec{R}$. Dado dois vetores $\vec{a}$ e $\vec{b}$, a resultante é obtida graficamente traçando-se pelas extremidades de cada um deles uma paralela ao outro.

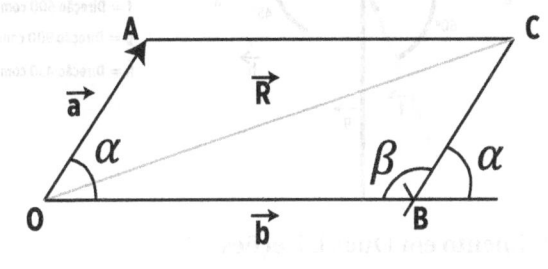

Em que $\vec{R}$ é o vetor soma.

Como a figura formada é um paralelogramo, este método é denominado método do paralelogramo.

A intensidade do vetor é dada por:

$$R = \sqrt{a^2 + b^2 + 2ab \cdot \cos\alpha}$$

Quando temos um caso particular, no qual os vetores estão em posições ortogonais entre si, basta aplicar o teorema de Pitágoras.

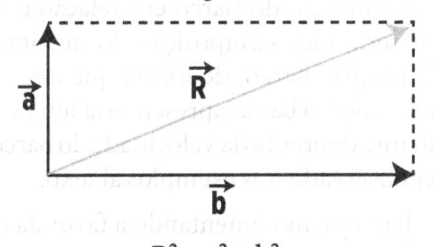

$$R^2 = a^2 + b^2$$

> Subtração entre dois vetores

Dados dois vetores $\vec{a}$ e $\vec{b}$, o vetor resultante é dado por $\vec{R} = \vec{a} - \vec{b} = AB$, em que A é a extremidade e B é a origem.

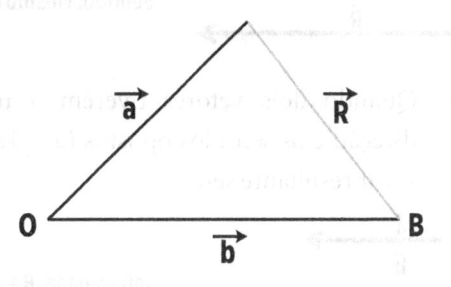

Analiticamente, o vetor $\vec{R}$ é dado por:

» Módulo: $R = \sqrt{a^2 + b^2 - 2ab \cdot \cos\alpha}$
» Direção: da reta AB
» Sentido: de B para A

> Produto de um número por um vetor:

O produto de um número a por um vetor $\vec{v}$ resultará em outro vetor $\vec{v_2}$ dado por:

Módulo: $|\vec{v_2}| = a \cdot \vec{v}$

Direção: a mesma de $\vec{v}$;

Sentido:

> se a > 0 - o mesmo sentido de $\vec{v}$
> se a < 0 - contrário de $\vec{v}$.
> Vetor Oposto

Denomina-se vetor oposto de um vetor $\vec{a}$ o vetor $-\vec{a}$ com as seguintes características:

$$-\vec{a} \begin{cases} |\vec{a}| = |-\vec{a}| \\ \text{Direção de } -\vec{a} \text{ é a mesma de } \vec{a} \\ \text{Sentido de } -\vec{a} \text{ é contrário ao de } \vec{a} \end{cases}$$

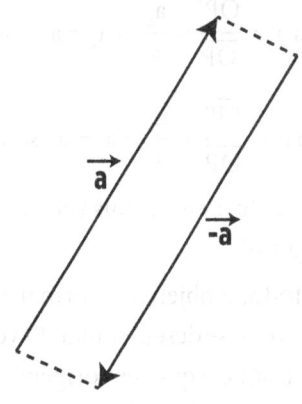

A figura representa o vetor $\vec{a}$ e o seu oposto $-\vec{a}$.

Preste atenção para dois detalhes:

> Quando dois vetores tiverem a mesma direção e o mesmo sentido (a = 0º), o vetor resultante será:

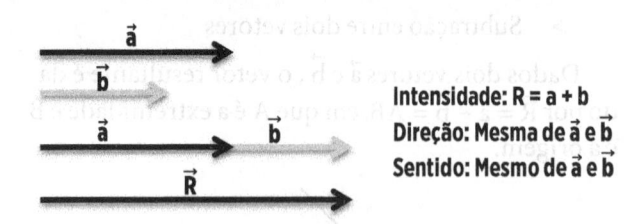

Intensidade: R = a + b
Direção: Mesma de $\vec{a}$ e $\vec{b}$
Sentido: Mesmo de $\vec{a}$ e $\vec{b}$

> Quando dois vetores tiverem a mesma direção e os sentidos opostos (a = 180°), o vetor resultante será:

Intensidade: R = a − b
Direção: Mesma de $\vec{a}$ e $\vec{b}$
Sentido: Mesmo do vetor de maior módulo

> Decomposição de um vetor

São dados um vetor e um sistema de dois eixos ortogonais x e y:

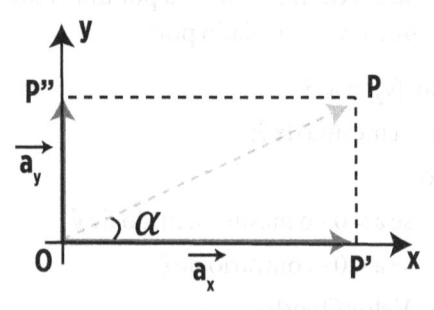

Projeta-se ortogonalmente as extremidades do vetor $\vec{a}$ nos eixos x e y, obtendo-se suas componentes retangulares ax e ay.

Analiticamente, temos: o triângulo OP'P é retângulo, portanto:

$$\cos \alpha = \frac{\overline{OP'}}{\overline{OP}} = \frac{a_x}{a} = a_x = a \cdot \cos \alpha$$

$$\sen \alpha = \frac{\overline{PP'}}{\overline{OP}} = \frac{a_y}{a} = a_y = a \cdot \sen \alpha$$

> Adição de mais de dois vetores (método do polígono):

Neste método, o objetivo é formar um polígono com os vetores que se deseja somar. O vetor soma ou resultante será aquele que tem origem na origem do primeiro e extremidade do último.

Note que:

Quando a extremidade do último vetor coincidir com a origem do primeiro, isto é, quando o polígono for fechado, o vetor resultante será nulo. (R = 0)

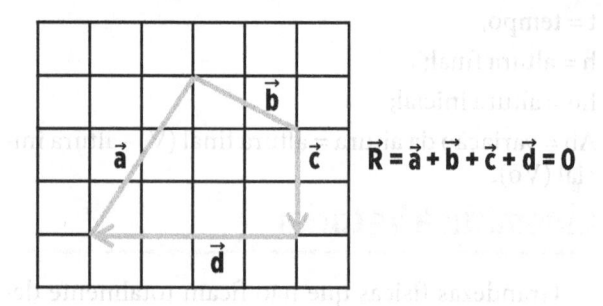

$$\vec{R} = \vec{a} + \vec{b} + \vec{c} + \vec{d} = 0$$

> Vetor soma de mais de dois vetores:

Quando um sistema é formado por mais de dois vetores concorrentes e coplanares, a solução analítica é possível. Para tanto, deve-se empregar o método das projeções de cada vetor em dois eixos perpendiculares. Neste item, vamos considerar o ângulo que o vetor forma com o eixo de referência como sendo um ângulo menor ou igual a 90°. O eixo de referência será sempre o eixo x. De acordo com essa convenção, observa-se o ângulo que cada vetor da figura forma com o eixo x.

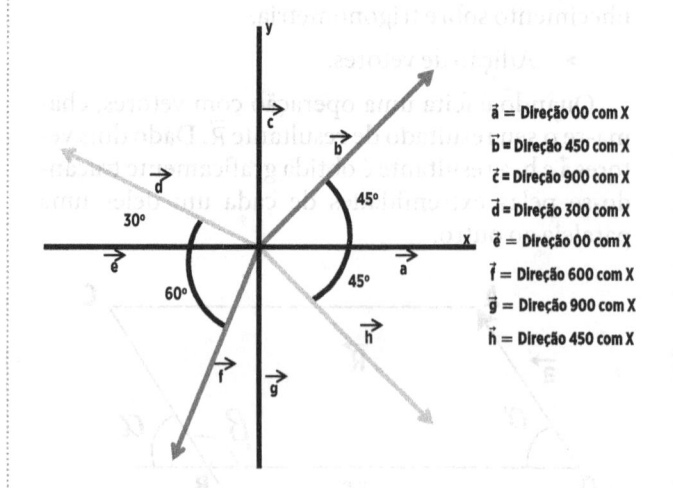

$\vec{a}$ = Direção 00 com X
$\vec{b}$ = Direção 450 com X
$\vec{c}$ = Direção 900 com X
$\vec{d}$ = Direção 300 com X
$\vec{e}$ = Direção 00 com X
$\vec{f}$ = Direção 600 com X
$\vec{g}$ = Direção 900 com X
$\vec{h}$ = Direção 450 com X

Movimento em Duas Direções

Também conhecido como Princípio de Galileu, diz que se um corpo realiza um movimento em várias direções ao mesmo tempo, pode-se estudar o movimento de cada direção em separado.

Ex.: *um barquinho se movimentando em um rio.*

Observe que se não houvesse correnteza, a velocidade do barquinho em relação a um observador parado na margem seria VB, porém, com a correnteza, o movimento do barco em relação a este observador seria uma composição do movimento do rio e do próprio barco, de forma que em relação a este observador, o barco apresentaria uma velocidade resultante diferente da velocidade do barco, o que pode ser observado nos exemplos abaixo.

> Barco se movimentando a favor da correnteza:

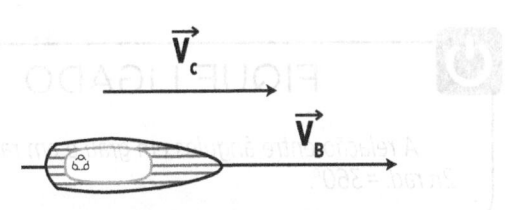

Sendo a velocidade do barco em relação ao observador parado na margem, B a velocidade do barco e C a velocidade da correnteza, podemos observar que a velocidade é resultante de B e C, e conforme a teoria, quando vetores atuam na mesma direção e mesmo sentido, o módulo do vetor resultante é dado pela soma dos módulos dos vetores, então: V = VB + VC (o barco desce o rio mais rapidamente do que desceria se não existisse a correnteza).

> Barco se movimenta contra a correnteza:

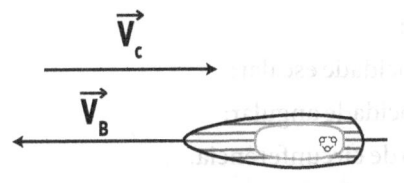

Agora, B e C possuem sentidos opostos, sendo assim, o módulo da velocidade resultante será: V = VB − VC (o barco gastará mais tempo para subir o rio do que para descer).

> Barco se movimentando perpendicularmente às margens.

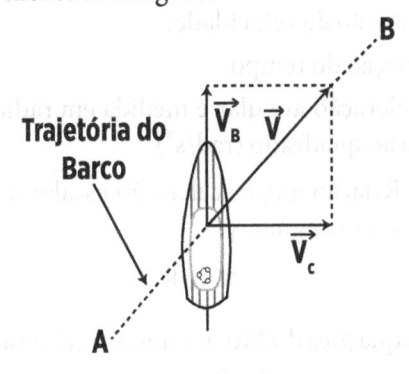

Neste caso, B e C são perpendiculares entre si. O barco deslocar-se-á na trajetória AB, como mostra a figura. O módulo da velocidade resultante será determinado pelo Teorema de Pitágoras.

$$V = \sqrt{V_B^2 + V_C^2}$$

Pode-se, então, observar que a velocidade do barco e a velocidade da correnteza são perpendiculares entre si, e que a velocidade do barco B não tem componente na direção de C, ou seja, a correnteza não terá nenhuma influência no tempo em que o barco gasta para atravessar o rio; haja ou não correnteza, o tempo de travessia será o mesmo, pois o efeito da correnteza é unicamente o de deslocar o barco rio abaixo. Do mesmo modo, sendo nula a componente de B na direção da correnteza, a velocidade do barco não terá influência no seu movimento rio abaixo. É essa independência de dois movimentos simultâneos que constitui o princípio da independência dos movimentos de Galileu.

Movimento Oblíquo

É um movimento que une uma parte vertical e uma parte horizontal.

Ex.: *O lançamento de uma bola.*

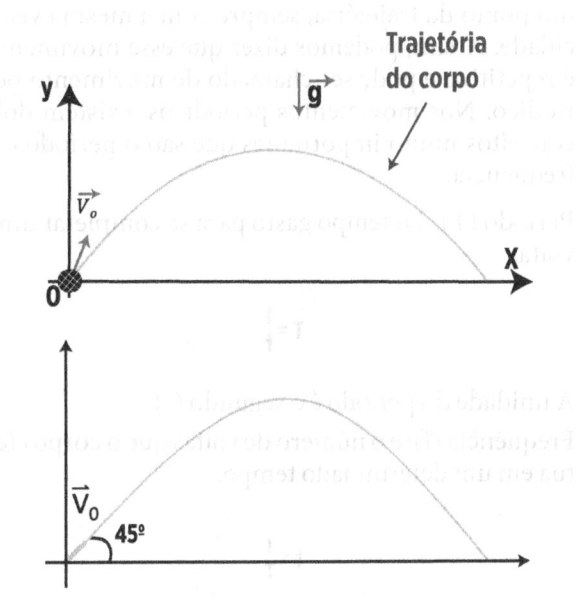

O que interessa aqui são as medidas da altura máxima atingida e do alcance máximo.

Para calcular a altura máxima, usa-se a seguinte fórmula:

$$H = \frac{V_0^2 \cdot \operatorname{sen}\theta}{2g}$$

Em que:

Vo = velocidade inicial;

g = aceleração da gravidade;

θ = ângulo formado com o eixo "x".

Para calcular o alcance máximo, usa-se a seguinte fórmula:

$$A = \frac{V_0^2 \cdot \operatorname{sen}2\theta}{g}$$

Em que:

Vo = velocidade inicial;

g = aceleração da gravidade;

θ = ângulo formado com o eixo "x".

Movimento Circular

Define-se o movimento circular e uniforme (MCU) como sendo um movimento em círculos (podendo ser uma circunferência ou um arco de circunferência) e com velocidade constante.

Parece que não, mas é um movimento bastante usual, presente nos ventiladores, liquidificadores, rodas gigantes, etc.

Um corpo descreve um movimento circular uniforme quando passa, de tempo em tempo, no mesmo ponto da trajetória, sempre com a mesma velocidade. Assim, podemos dizer que esse movimento é repetitivo e pode ser chamado de movimento periódico. Nos movimentos periódicos, existem dois conceitos muito importantes que são o período e a frequência.

Período (T): é o tempo gasto para se completar uma volta.

$$T = \frac{1}{f}$$

A unidade do período é o segundo (s).

Frequência (f): é o número de voltas que o corpo efetua em um determinado tempo.

$$f = \frac{1}{T}$$

A unidade da frequência é o Hertz (Hz).

Já quando um corpo descreve uma trajetória circular, mas sua velocidade não é constante, ele está realizando um movimento circular uniformemente variado (MCUV).

Equações do Movimento Circular

As equações que determinam o movimento circular são as seguintes:

> Posição (deslocamento) angular: $S = \theta \cdot R$

Em que:

S = espaço percorrido;

θ = ângulo;

R = raio de circunferência.

> Velocidade angular média: $\omega_m = \dfrac{\Delta\theta}{\Delta t}$

Em que:

ω = velocidade angular;

$\Delta\theta$ = variação de ângulo;

Δt = variação de tempo.

A velocidade angular é medida em radianos por segundo (rad/s).

FIQUE LIGADO

A relação entre ângulos em grau e em radianos é: 2π rad. = 360°.

> Relação entre velocidade escalar "v" e velocidade angular "ω":

$$V = \omega R$$

> Aceleração centrípeta (ac):

$$a_c = \frac{v^2}{R} \text{ ou } a_c = \omega^2 \cdot R$$

Em que:

V = velocidade escalar;

ω = velocidade angular;

R = raio de circunferência.

> Aceleração angular:

$$Y_m = \frac{\Delta\omega}{\Delta t}$$

Em que:

γ = aceleração angular;

$\Delta\omega$ = variação de velocidade;

Δt = variação do tempo.

A aceleração angular é medida em radianos por segundo ao quadrado (rad/s²).

> Relação entre aceleração escalar α e aceleração angular γ:

$$\alpha = \gamma R$$

Outras equações do Movimento Circular são:

$$\theta = \theta_0 + \omega \cdot t$$

$$\omega = \omega_0 + \gamma \cdot t$$

$$\theta = \theta_0 + \omega_0 \cdot t + \frac{1}{2} \gamma \cdot t^2$$

$$\omega^2 = \omega_0^2 + 2\gamma \cdot \Delta\theta$$

Em que:

θ = ângulo final;

θ_0 = ângulo inicial;

ω = velocidade angular final;

ω_0 = velocidade angular inicial;

γ = aceleração angular;

t = tempo;

$\Delta\theta$ = variação de ângulo.

Para o MCUV, ainda há a seguinte fórmula:

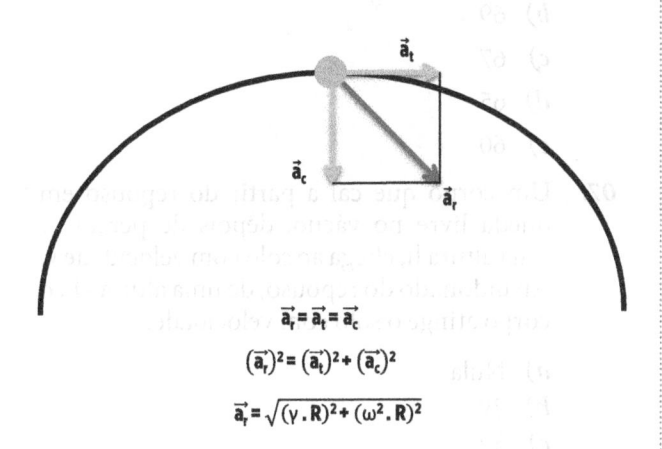

$$\vec{a}_r = \vec{a}_t = \vec{a}_c$$

$$(\vec{a}_r)^2 = (\vec{a}_t)^2 + (\vec{a}_c)^2$$

$$\vec{a}_r = \sqrt{(\gamma \cdot R)^2 + (\omega^2 \cdot R)^2}$$

Em que:

ar = aceleração resultante;

at = aceleração tangencial;

ac = aceleração centrípeta.

Transmissão de movimento circular

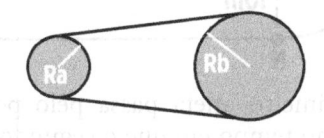

Na transmissão de movimento circular, a velocidade linear é a mesma em todos os pontos e, por isso, vale a seguinte relação entre raios e frequência de rotação.

$$R_a \cdot f_a = R_b \cdot f_b$$

Em que:

R = raio da circunferência;

f = frequência da circunferência.

EXERCÍCIO COMENTADO

01. Durante uma viagem, um passageiro observou que o ônibus passou por cinco marcos de quilometragem, consecutivos, no intervalo de 16 minutos. Sabendo-se que os marcos de quilometragem estão separados regularmente de uma distância igual a 5,0 km, a velocidade escalar média do ônibus, medida pelo passageiro, em km/h, foi de:
a) 75
b) 80
c) 90
d) 95
e) 100

RESPOSTA: A. *Se ele passou por 5 marcos, então ele percorreu 20 km (entre cada marco há 5 km e entre os 5 marcos há 4 espaços). Agora, para calcular a velocidade média do ônibus, basta fazer:*
> Vm = Δs/Δt
> Vm = 20/0,2666 (16 min. correspondem a 0,2666 da hora)
> Vm = 75Km/h

VAMOS PRATICAR

01. Se um veículo, trafegando em uma rodovia, percorrer 225 km em 2 horas e 15 minutos, então, nesse percurso, a sua velocidade média será de 100 km/h.

Certo ( )   Errado ( )

02. Um corpo em movimento circular uniforme é submetido a uma aceleração centrípeta tangencial à sua trajetória.

Certo ( )   Errado ( )

As grandezas físicas escalares são perfeitamente definidas uma vez dado o seu valor numérico ou módulo (juntamente com a respectiva unidade). Entretanto, muitas são as grandezas físicas que, para serem definidas, necessitam, alem de módulo, de direção e sentido. Essas grandezas são chamadas grandezas vetoriais. Com relação à teoria matemática dos vetores e escalares, julgue os itens.

03. É possível que a soma de três vetores não nulos de mesmo módulo seja também nula, bastando, para isso, que, pelo menos, dois dos vetores tenham direção idêntica e sentidos opostos.

Certo ( )   Errado ( )

04. No movimento circular uniforme, o vetor que representa a força centrípeta é sempre perpendicular ao vetor velocidade instantânea e paralelo ao vetor aceleração centrípeta.

Certo ( )   Errado ( )

Um helicóptero H se movimenta na descendente com velocidade inicial $\vec{v}$, de módulo 10 m/s, formando um ângulo de 3° com a horizontal, conforme mostra a figura abaixo. A aceleração $\vec{a}$ do helicóptero é constante, horizontal e contrária ao movimento. Quando o helicóptero atinge o ponto P, 50 m abaixo da posição inicial, o seu movimento passa a ser vertical com aceleração zero.

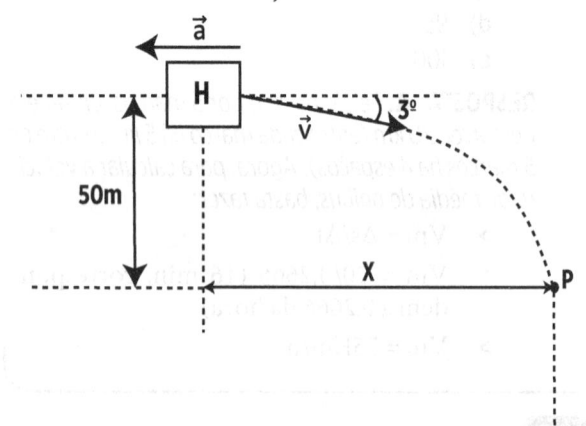

05. Qual é, aproximadamente, em m, o deslocamento horizontal X do helicóptero?

Dados:
> cos 3° = 1
> sen 3° = 0,05

a) 32
b) 50
c) 167
d) 500
e) 1.000

06. Um caminhão passou no quilômetro 100 de uma rodovia com velocidade de 50,0 km/h, manteve essa velocidade até o quilômetro 110, quando freou uniformemente e parou em uma placa que indicava 120,0 km. No instante em que o caminhão passou no quilômetro 100, uma motocicleta que se encontrava parada nesse local partiu com movimento uniformemente acelerado durante parte do percurso e uniformemente retardado em seguida, até parar no quilômetro 120, chegando junto com o caminhão. Nessas condições, a velocidade máxima da motocicleta, em km/h, foi, aproximadamente, igual a:

a) 70
b) 69
c) 67
d) 65
e) 60

07. Um corpo que cai a partir do repouso em queda livre no vácuo, depois de percorrer uma altura h, chega ao solo com velocidade v. Abandonado do repouso, de uma altura 4h, o corpo atinge o solo com velocidade:

a) Nula
b) 2v
c) 3v
d) 4v
e) 5v

Em uma pista de atletismo, dois atletas correm em raias diferentes, com velocidades iguais em módulo, como mostra a figura abaixo.

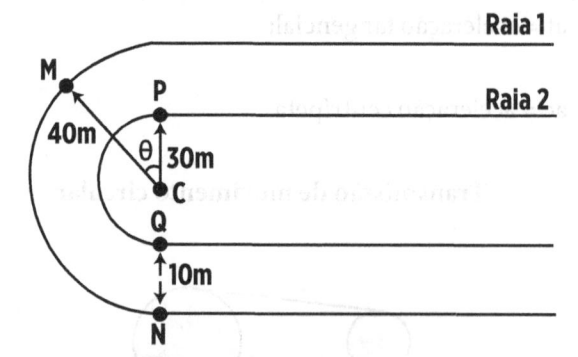

08. O primeiro atleta passa pelo ponto M ao mesmo tempo em que o segundo passa pelo ponto P e, em seguida, chegam simultaneamente aos pontos N e Q. Os arcos PQ e MN são trajetórias em semicírculos concêntricos de centro em C e de raios 30 m e 40 m, respectivamente. Se os pontos P, C, Q e N são colineares, o ângulo Θ mede, aproximadamente:

a) 13°
b) 35°
c) 45°
d) 60°
e) 75°

09. Um objeto, na superfície da Terra, é lançado verticalmente para cima com velocidade inicial de 40 m/s. O tempo necessário para que o objeto atinja a altura máxima é de:

a) 10s.
b) 8s.
c) 6s.
d) 4s.
e) 2s.

10. Ao longo de uma estrada retilínea, um carro passa pelo posto policial da cidade A, no km 223, às 9h 30min e 20s, conforme registra o relógio da cabine de vigilância. Ao chegar à cidade B, no km 379, o relógio do posto policial daquela cidade registra 10h 20min e 40s. O chefe do policiamento da cidade A verifica junto ao chefe do posto da cidade B que o seu relógio está adiantado em relação àquele em 3min e 10s. Admitindo-se que o veículo, ao passar no ponto exato de cada posto policial, apresenta velocidade dentro dos limites permitidos pela rodovia, o que se pode afirmar com relação à transposição do percurso pelo veículo, entre os postos, sabendo-se que, neste trecho, o limite de velocidade permitida é de 110 km/h?

a) Trafegou com velocidade média ACIMA do limite de velocidade.

b) Trafegou com velocidade sempre ABAIXO do limite de velocidade.

c) Trafegou com velocidade média ABAIXO do limite de velocidade.

d) Trafegou com velocidade sempre ACIMA do limite de velocidade

e) Trafegou com aceleração média DENTRO do limite permitido para o trecho.

GABARITO

01	CERTO	06	C
02	ERRADO	07	B
03	ERRADO	08	C
04	CERTO	09	D
05	D	10	A

ANOTAÇÕES

2. Dinâmica

É o estudo do movimento com a força, e **força** é a interação entre dois corpos.

Associado ao conceito de força, tem-se outros três conceitos:

Aceleração: faz com que o corpo altere a sua velocidade quando uma força é aplicada.

Deformação: faz com que o corpo mude seu formato quando sofre a ação de uma força.

Força Resultante: É a força que produz o mesmo efeito que todas as outras aplicadas a um corpo.

Leis de Newton e suas Aplicações

A **1ª lei de Newton**, também conhecida como Princípio da Inércia, diz:

"Um corpo em repouso tende a permanecer em repouso, e um corpo em movimento tende a permanecer em movimento."

Ex.: *Você dentro de um veículo.*

A **2ª lei de Newton**, também conhecida como Princípio Fundamental da Dinâmica, diz:

"A força é sempre diretamente proporcional ao produto da aceleração de um corpo pela sua massa."

Em outras palavras, pode ser também: a aceleração que um corpo adquire é diretamente proporcional à força que atua sobre ele.

Ou seja:

$$F = m \cdot a$$

Em que:

F = resultante de todas as forças que agem sobre o corpo (em N);

m = massa do corpo no qual as forças atuam (em kg);

a = aceleração adquirida (em m/s²).

A unidade de força é o N (Newton).

Ex.: *Empurrar um carro.*

A **3ª lei de Newton**, também conhecida como Princípio da Ação e Reação, diz:

"As forças atuam sempre em pares; para toda força de ação, existe uma força de reação, de igual intensidade, mesma direção e sentido contrário."

Ex.: *Para se deslocar, o nadador empurra a água para trás, e esta, por sua vez, empurra-o para frente.*

Força de Tração

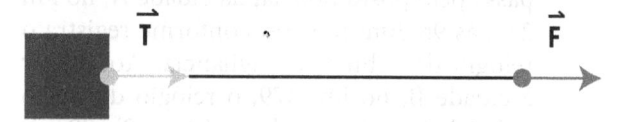

Dado um sistema no qual um corpo é puxado por um fio ideal, ou seja, que seja inextensível, flexível e tem massa desprezível, podemos considerar que a força é aplicada no fio, que, por sua vez, aplica uma força no corpo, a qual se chama Força de Tração ($\vec{T}$), que faz com que o corpo se mova.

Força Peso

Ocorre quando a aceleração que um corpo assume é a aceleração da gravidade. É uma força vertical.

$$P = m \cdot g$$

Em que:

P = força Peso (em N);

m = massa do corpo no qual as forças atuam (em kg);

g = aceleração da gravidade (em m/s²).

O Peso de um corpo é a força com que a Terra o atrai, podendo ser variável, quando a gravidade variar, mas a massa do corpo, por sua vez, é constante, ou seja, não varia.

Uma das unidades da Força Peso é o kilograma-força, que por definição é:

1 kgf é o peso de um corpo de massa 1kg submetido à aceleração da gravidade de 9,8 m/s².

A sua relação com o Newton é:

P = mg

1 Kgf = 1 kg . 9,8 m/s²

1 Kgf = 9,8 Kg . m/s2 = 9,8 N

Existe outra força que também é vertical, a **Força Normal**, porém, essa é vertical na perpendicular ao plano em que o corpo está. Trata-se de uma força de reação do plano ao corpo.

Quando as forças que atuam na vertical se anulam e o corpo se encontra em equilíbrio, diz-se que o Peso é igual a Normal.

Força de Atrito

É uma força que se opõe ao movimento.

$$F_{at} = \mu \cdot N$$

Em que:

Fat = força de atrito;

μ = coeficiente de atrito;

N = força Normal.

A força de atrito pode ser estática ou dinâmica, depende se há movimento ou não. Sempre que não tiver movimento, o atrito será estático; agora, quando houver movimento, então o atrito será dinâmico.

Força Elástica

É a força que atua nas molas, calculando a sua deformidade.

$$F = k \cdot x$$

Em que:

F = intensidade da força;

k = constante elástica da mola;

x = deformidade da mola.

Força Centrípeta

É a força que atua no corpo para garantir que o ele mantenha sua trajetória circular. É uma força voltada para o centro da circunferência.

$$F_c = m \cdot a_c = m \cdot \frac{v^2}{R} = m \cdot \omega^2 \cdot R$$

Em que:

Fc = força centrípeta;

m = massa do corpo no qual as forças atuam (em kg);

ac = aceleração centrípeta;

v = velocidade escalar;

ω = velocidade angular;

R = raio da circunferência.

Plano Inclinado

No plano inclinado, ocorre uma decomposição de força.

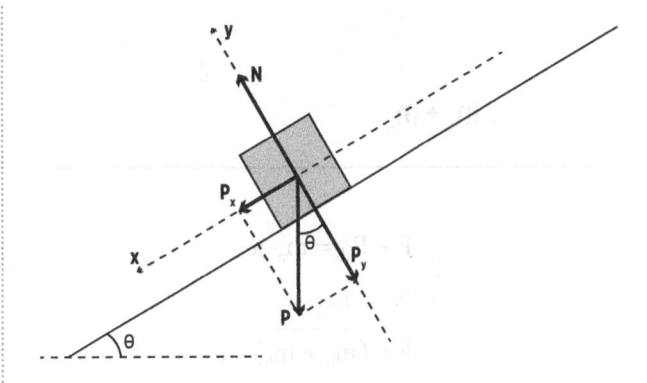

A força Peso se divide em duas outras: Px e Py.

Logo, a força resultante no eixo "y" é:

$$F_r^y = N - P_y = 0 \text{ (na vertical há equilíbrio)}$$
$$N = P_y$$
$$N = P \cdot \cos\theta$$

E a força resultante no eixo "x" é:

$$F_r = P_x$$
$$F = P \cdot \sen\theta$$

ou

$$F_r = P_x - F_{at} \text{ (se houver força de atrito)}$$
$$F = P \cdot \sen\theta - F_{at}$$

Sistemas de Forças

A resultante das forças que atuam em vários corpos ao mesmo tempo depende da forma como esses corpos estão relacionados, veja algumas situações e como ficam:

> Corpos em contato:

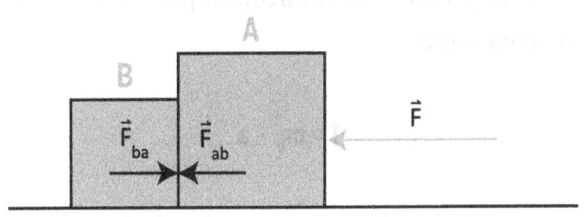

Quando uma força é aplicada a corpos em contato existem "pares ação-reação" de forças que atuam entre eles e que se anulam. Podemos fazer os cálculos, neste caso, imaginando:

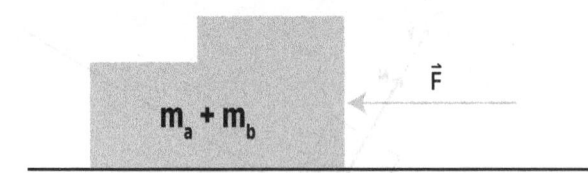

$$\begin{cases} F - F_{ab} = m_a \cdot a \\ F_{ba} = m_b \cdot a \end{cases}$$
$$F = (m_a + m_b) \cdot a$$

Depois de sabermos a aceleração, que é igual para ambos os blocos, podemos calcular as forças que atuam entre eles, utilizando a relação que fizemos acima:

$$F_{ba} = m_b \cdot a$$

> Corpos ligados por um fio ideal:

Um fio ideal é caracterizado por ter massa desprezível, ser inextensível e flexível, ou seja, é capaz de transmitir totalmente a força aplicada nele de uma extremidade à outra.

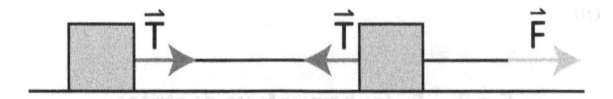

Como o fio ideal tem capacidade de transmitir integralmente a força aplicada em sua extremidade, podemos tratar o sistema como se os corpos estivessem encostados:

$$\begin{cases} F - T = m_a \cdot a \\ T = m_b \cdot a \end{cases}$$
$$F = (m_a + m_b) \cdot a$$

A tração no fio será calculada por meio da relação feita acima:

$$T = m_b \cdot a$$

> Corpos ligados por um fio ideal através de polia ideal:

Uma polia ideal tem a capacidade de mudar a direção do fio e transmitir a força integralmente.

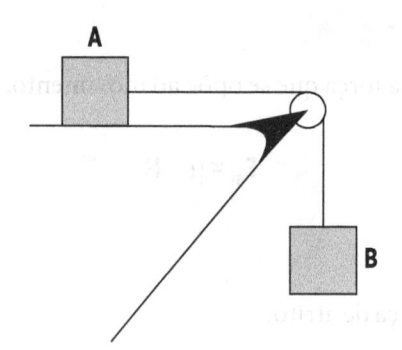

Das forças em cada bloco:

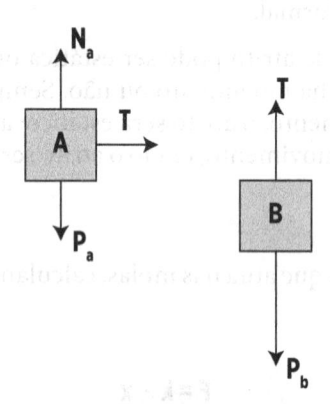

Como as forças Peso e Normal no bloco se anulam, é fácil verificar que as forças que causam o movimento são a Tração e o Peso do Bloco B.

$$\begin{cases} T = m_a \cdot a \\ P_b - T = m_b \cdot a \end{cases}$$
$$P_b = (m_a + m_b) \cdot a$$

Conhecendo a aceleração do sistema, podemos calcular a Tensão no fio:

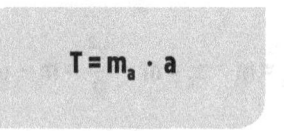

$$T = m_a \cdot a$$

> Corpo preso a uma mola:

Dado um bloco, preso a uma mola:

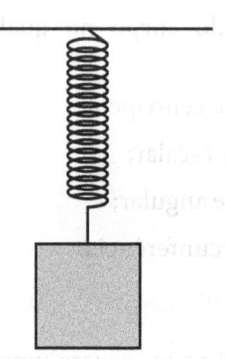

Dadas as forças no bloco:

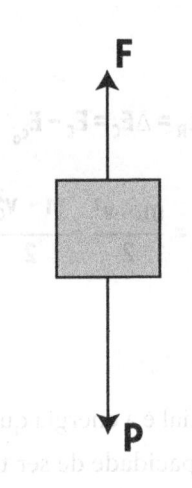

Então, conforme a 2ª Lei de Newton:

$$F - P = m \cdot a$$

Mas $F = k \cdot x$ e $P = m \cdot g$, então:

$$K \cdot x - m \cdot g = m \cdot a$$

Trabalho

Quando se fala de trabalho, está se falando do trabalho de uma força, que produz deslocamento de um corpo.

Utilizamos a letra grega "tau" minúscula (t) para expressar trabalho.

A unidade de Trabalho é o Joule (J)

Quando uma força tem a mesma direção do movimento, o trabalho realizado é positivo: t > 0;

Quando uma força tem direção oposta ao movimento, o trabalho realizado é negativo: t < 0.

Força Paralela ao Deslocamento

Quando a força é paralela ao deslocamento, ou seja, o vetor deslocamento e a força não formam ângulo entre si, calculamos o trabalho:

$$\tau = F \cdot \Delta s$$

Força Não Paralela ao Deslocamento

Sempre que a força não é paralela ao deslocamento, devemos decompor o vetor em suas componentes paralelas e perpendiculares:

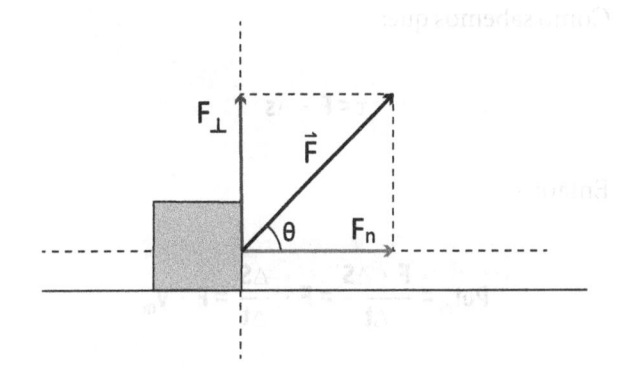

Considerando FII a componente paralela da força. Ou seja:

$$F_{II} = F \cdot \cos\theta$$

Quando o móvel se desloca na horizontal, apenas as forças paralelas ao deslocamento produzem trabalho. Logo:

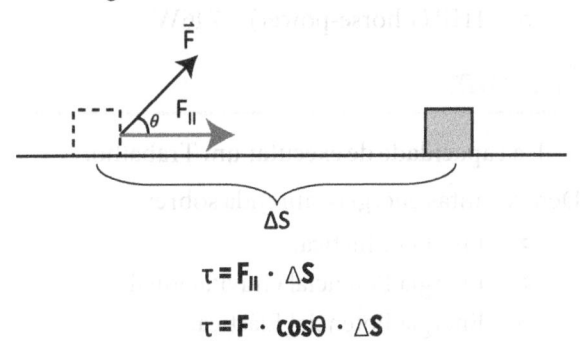

$$\tau = F_{II} \cdot \Delta S$$
$$\tau = F \cdot \cos\theta \cdot \Delta S$$

Trabalho da Força Peso

Para realizar o cálculo do trabalho da força peso, devemos considerar a trajetória, como a altura entre o corpo e o ponto de origem, e a força a ser empregada, a força Peso. Então:

$$\tau_p = \vec{P} \cdot \Delta h$$
$$\tau_p = m \cdot g \cdot \Delta h$$

Potência

Está diretamente relacionado ao Trabalho, pois nada mais é que o Trabalho em função do tempo.

Definimos, então, potência relacionando o Trabalho com o tempo gasto para realizá-lo:

$$Pot_M = \frac{\tau}{\Delta t}$$

Como sabemos que:

$$\tau = F \cdot \Delta s$$

Então:

$$Pot_m = \frac{F \cdot \Delta S}{\Delta t} = F \cdot \frac{\Delta S}{\Delta t} = F \cdot v_m$$

A unidade de potência é o watt (W).

$$1W = \frac{1J}{1s}$$

Além do watt, usa-se com frequência as unidades:

> 1kW (1 quilowatt) = 1.000W
> 1MW (1 megawatt) = 1.000.000W = 1.000kW
> 1cv (1 cavalo-vapor) = 735W
> 1HP (1 horse-power) = 746W

Energia

É a capacidade de executar um Trabalho.

Dentre tantas energias, aprenda sobre:

> Energia Cinética;
> Energia Potencial Gravitacional;
> Energia Potencial Elástica.

Energia Cinética

É a energia ligada ao movimento dos corpos, que põe os corpos em movimento.

Sua equação é dada por:

$$E_c = \frac{mv^2}{2}$$

A unidade de energia é a mesma do trabalho: o Joule (J)

Teorema da Energia Cinética

Considere um corpo movendo-se em MUV.

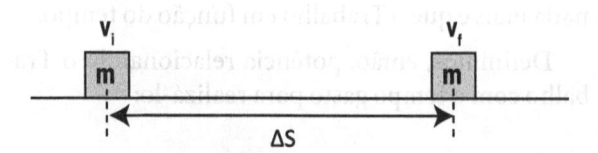

O Teorema da Energia Cinética (TEC) diz que:

"O trabalho da força resultante é medido pela variação da energia cinética."

Ou seja:

$$\tau_R = \Delta E_C = E_C - E_{C_0}$$

$$\tau_R = \frac{m \cdot v^2}{2} - \frac{m \cdot v_0^2}{2}$$

Energia Potencial

Energia Potencial é a energia que pode ser armazenada e tem a capacidade de ser transformada em energia cinética.

Conforme o corpo perde energia potencial, ganha energia cinética ou vice-e-verso.

Energia Potencial Gravitacional

É a energia que corresponde ao trabalho que a força Peso realiza.

É obtido quando consideramos o deslocamento de um corpo na vertical, tendo como origem o nível de referência (solo, chão de uma sala...).

$$E_{PG} = P \cdot h = m \cdot g \cdot h$$

Enquanto o corpo cai, vai ficando mais rápido, ou seja, ganha Energia Cinética, e como a altura diminui, perde Energia Potencial Gravitacional.

Energia Potencial Elástica

Corresponde ao trabalho que a força Elástica realiza.

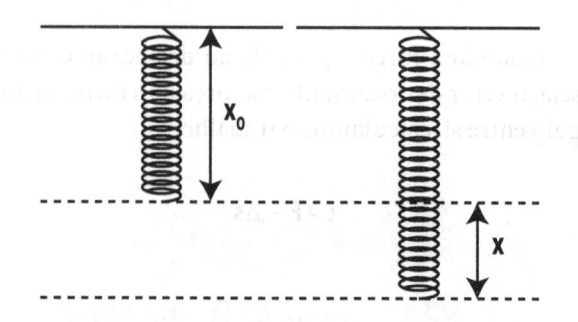

Como a força elástica é uma força variável, seu trabalho é calculado através do cálculo da área do seu gráfico, cuja Lei de Hooke diz ser:

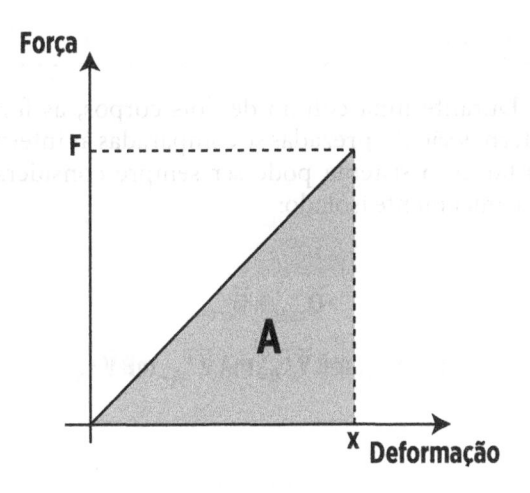

Como a área de um triângulo é dada por:

$$A = \frac{\text{base} \times \text{altura}}{2}$$

Então:

$$\tau_{Fel} = E_{el} = \frac{\text{deformação} \times \text{força}}{2}$$

$$E_{el} = \frac{K \cdot x \cdot x}{2} = \frac{K \cdot x^2}{2}$$

Conservação de Energia e suas Transformações

A energia mecânica de um corpo é igual à soma das energias potenciais e cinética dele. Então:

$$E_M = E_c + E_p$$

Quando não são consideradas as forças dissipativas (atrito, por exemplo), a energia mecânica é conservada, então:

$$E_{M.\,inicial} = E_{M.\,final}$$

$$E_{C.\,inicial} + E_{P.\,inicial} = E_{C.\,final} + E_{P.\,final}$$

Já quando são levadas em conta as forças dissipativas, fica:

$$\tau_{at} = \Delta E_{mec}$$

Impulso, Quantidade de Movimento e Conservação da Quantidade de Movimento

Impulso

É a atuação de uma força em um corpo durante um período de tempo.

Calcula-se o impulso por:

$$\vec{I} = \vec{F} \cdot \Delta t$$

No gráfico de uma força constante, o valor do impulso é numericamente igual à área entre o intervalo de tempo de interação:

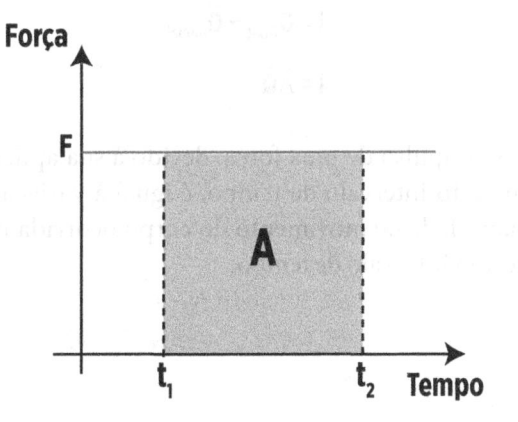

Quantidade de Movimento

É a transferência de movimento de um corpo para outro.

A quantidade de movimento relaciona a massa de um corpo com sua velocidade:

$$\vec{Q} = m\vec{v}$$

Relação entre Impulso e Quantidade de Movimento

> Teorema do Impulso:

Considerando a 2ª Lei de Newton:

$$\vec{F} = m \cdot a = m \cdot \frac{\Delta \vec{v}}{\Delta t}$$

E utilizando-a no intervalo do tempo de interação:

$$\vec{F} \cdot \Delta t = m \cdot \Delta \vec{v}$$

Mas sabemos que: $\vec{I} = \vec{F} \cdot \Delta t$, logo:

$$\vec{I} = m \cdot \Delta \vec{v}$$
$$\vec{I} = m\vec{v}_{final} - m\vec{v}_{inicial}$$

Como vimos:

$$\vec{Q} = m\vec{v}$$

Então:

$$\vec{I} = \vec{Q}_{final} - \vec{Q}_{inicial}$$
$$\vec{I} = \Delta \vec{Q}$$

O impulso de uma força, devido à sua aplicação em certo intervalo de tempo, é igual à variação da quantidade de movimento do corpo ocorrida neste mesmo intervalo de tempo.

Conservação da Quantidade de Movimento

Assim como a energia mecânica, a quantidade de movimento também é mantida quando não há forças dissipativas, ou seja, o sistema é conservativo, fechado ou mecanicamente isolado.

Um sistema é conservativo se:

$$\vec{F}_R = 0$$
$$\vec{I}_R = 0$$
$$\vec{Q}_{final} - \vec{Q}_{inicial} = 0$$

Então, se o sistema é conservativo, temos:

$$\vec{Q}_{final} = \vec{Q}_{inicial}$$

Como a massa de um corpo, ou mesmo de um sistema, dificilmente varia, o que sofre alteração é a velocidade deles.

Colisões

Durante uma colisão de dois corpos, as forças externas são desprezadas se comparadas às internas, portanto, o sistema pode ser sempre considerado mecanicamente isolado:

$$\vec{Q}_{após} = \vec{Q}_{antes}$$
$$m_A \vec{V'}_A + m_B \vec{V'}_B = m_A \vec{V'}_A + m_B \vec{V'}_B$$

Coeficiente de Restituição

Antes do choque (colisão), os corpos A e B se aproximam com velocidade Vap (velocidade de aproximação). Após o choque, os corpos A e B se afastam com velocidade Vaf (velocidade de afastamento). O coeficiente de restituição (e) de um choque é definido pela razão entre as velocidades de afastamento e velocidade de aproximação.

$$e = \frac{V_{af}}{V_{ap}}$$

Tipos de Choque

No choque entre dois corpos, podem ocorrer perdas de energia em virtude do aquecimento, da deformação e do som provocados pelo impacto, porém, jamais haverá ganho de energia. Portanto, o módulo da velocidade de afastamento deve ser menor ou, no máximo, igual ao módulo da velocidade de aproximação.

$$|V_{af}| \leq |V_{ap}|$$

Como a velocidade de afastamento (Vaf) apresenta módulo menor ou igual ao módulo da velocidade de aproximação (Vap), a razão entre elas determina um coeficiente de restituição compreendido entre zero e um.

> Choque inelástico:

É o tipo de choque que ocorre quando, após a colisão, os corpos seguem juntos (com a mesma velocidade).

> Choque parcialmente elástico:

É o tipo de choque que ocorre quando, após a colisão, os corpos seguem separados (velocidade diferentes), tendo o sistema uma perda de energia cinética.

> Choque perfeitamente elástico:

É o tipo de choque que ocorre quando, após a colisão, os corpos seguem separados (velocidade diferentes) e o sistema não perde energia cinética.

EXERCÍCIO COMENTADO

01. De acordo com a terceira lei de Newton, a força de ação e a força de reação correspondente não atuam em um mesmo corpo, mas em corpos distintos.

CERTO. *De acordo com a lei: "As forças atuam sempre em pares; para toda força de ação, existe uma força de reação, de igual intensidade, mesma direção e sentido contrário." Portanto, a ação que um corpo exerce sobre o outro faz com que esse outro reaja sobre o corpo que exerceu a ação.*

VAMOS PRATICAR

Com relação aos princípios da física e suas aplicações, julgue os itens a seguir.

01. Considere que um objeto de massa 10M, em estado de repouso, sofra uma explosão interna ao sistema e fragmente-se em dois corpos de massas 3M e 7M. Nesse caso, sabendo-se que o corpo de massa 7M encontra-se a 6km da posição original do objeto, então, a distância entre os fragmentos é de 20km.

Certo ( )   Errado ( )

02. Considere que um pêndulo balístico, composto por um bloco de massa M, em repouso, suspenso por um fio, ao ser atingido por um projétil de massa m, com velocidade igual a v, alcança uma altura h acima do solo. Supondo que a colisão seja perfeitamente inelástica e sem perda de energia, a velocidade de v do projétil, em função da altura e das massas, é expressa por $v = \sqrt{(m+M)2gh}$.

Certo ( )   Errado ( )

As leis de conservação são úteis para a resolução de problemas de mecânica, sobretudo quando as forças atuantes não são conhecidas. Os dois princípios mais utilizados são o da conservação da energia mecânica e o da conservação da quantidade de movimento. Obedece-se ao princípio de conservação da energia mecânica sempre que não houver forças dissipativas envolvidas e ao da conservação da quantidade de movimento sempre que um sistema puder ser considerado isolado de forças externas. Com base nesses princípios, julgue os itens a seguir.

03. Suponha que uma bola de basquete, anteriormente em repouso, seja solta verticalmente sob ação da gravidade de uma altura h. Suponha, ainda, que, após rebater no solo, a bola alcance a altura h/2. Nessa situação, para que essa bola, solta da mesma altura h, alcance em nova largada, a altura 3h/4, deve-se aumentar seu coeficiente de restituição em 50%.

Certo ( )   Errado ( )

04. Considere um corpo em movimento retilíneo sobre uma superfície horizontal com atrito. Uma prova de que sua energia é conservada é o aquecimento da superfície.

Certo ( )   Errado ( )

05. Se uma pedra de 0,5kg for lançada do solo para o alto com velocidade de 10,0m/s e retornar à mesma posição em que foi lançada com velocidade de 8,0m/s, então, o trabalho total efetuado pela força de atrito do ar terá sido igual a 10,0J.

Certo ( )   Errado ( )

06. "As situações apontadas nesta questão são todas referentes à energia mecânica, que pode se apresentar de duas formas: potencial e cinética. A primeira forma refere-se à energia armazenada por um corpo devido à sua posição e a segunda é a energia devido ao movimento." Analise as afirmativas e marque "C" para as corretas e "I" para as incorretas:

( ) A energia potencial gravitacional de uma carga de massa 20.000N, que está suspensa a uma altura de 10m do solo, é de 200.000J.

( ) A energia cinética de um automóvel que pesa 1000kg, quando ele atinge a velocidade de 72km/h, é de 200.000J.

( ) Um corpo de massa 10kg, em queda livre, passa por um determinado ponto, a uma altura de 10m do solo, com velocidade de 8m/s. Considerando g = 10m/s2, podemos afirmar que a energia mecânica desse corpo em relação ao solo é de 320J.

( ) De acordo com a lei de Hooke, podemos afirmar que uma mola de constante elástica k = 400N/m, que sofre uma compressão de 5cm, tem sua energia potencial elástica de 0,5J.

( ) Quando um corpo se movimenta em queda livre, a energia mecânica é constante.

( ) Em queda livre, uma pedra, apesar de não ter energia cinética, tem energia potencial gravitacional em relação ao solo.

A sequência está correta em:

a) I, C, C, I, C, I
b) C, C, I, C, I, C
c) C, C, I, C, C, I
d) I, I, C, C, C, I
e) C, I, C, I, C, C

07. Os blocos 1, 2 e 3 têm massas $m_1 = m_2 = m_3 = 5$ kg e encontram-se juntos um do outro sobre uma superfície sem atrito. Uma força de 60 N é aplicada horizontalmente no bloco 1, conforme o esquema abaixo:

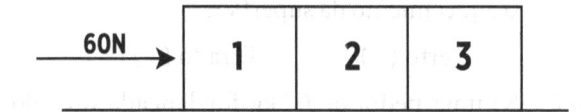

O módulo da força resultante que o bloco 1 exerce sobre o bloco 2 vale:

a) 50 N.
b) 40 N.
c) 30 N.
d) 20 N.
e) 10 N.

08. O esquema abaixo representa dois corpos de massa m e M ligados por um fio ideal que passa por uma polia de massa desprezível. Essa configuração de massas e polias é denominada máquina de Atwood. Considere que M = 2m, que o fio está submetido a uma tensão T e que a aceleração da gravidade, g, é igual a 10,0 m/s².

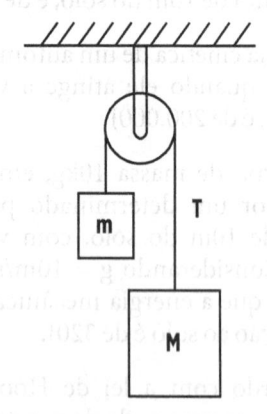

Nessas condições, o módulo da aceleração dos corpos, em m/s², será aproximadamente igual a:

a) 6,5.
b) 10,0.
c) 0,0.
d) 3,3.
e) 6,2

09. Um automóvel de massa 1.000 kg, inicialmente a 15 m/s, colide contra uma parede e para, conforme mostram as figuras abaixo.

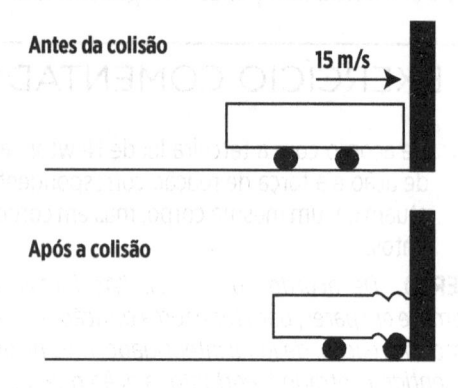

Sabendo-se que a colisão durou 0,20s, qual é, aproximadamente, em N, o módulo da força média da parede sobre o carro durante a colisão?

a) 1.330
b) 3.000
c) 6.660
d) 15.000
e) 75.000

10. Um corpo de massa igual a 10 kg na superfície da Terra é lançado verticalmente para cima com velocidade inicial de 10 m/s. Considerando nula a resistência do ar, no ponto mais alto, as energias cinética e potencial do corpo, em joule, valem, respectivamente,

a) Zero e 100.
b) 500 e 500.
c) Zero e 500.
d) 100 e 500.
e) 500 e 200.

GABARITO

01	CERTO	06	C
02	ERRADO	07	B
03	ERRADO	08	D
04	ERRADO	09	E
05	ERRADO	10	C

3. Estática

Estática é a parte da física que estuda e explica o equilíbrio das forças que atuam em um corpo, fazendo com que esse corpo não se mova ou fique em MU.

Quando o corpo está parado (v = 0), diz-se que ele está em equilíbrio estático, já quando o corpo está em Movimento Uniforme (v = constante), ele está em equilíbrio dinâmico.

Estática dos Corpos Rígidos

Para que um ponto esteja em equilíbrio, ele precisa satisfazer a seguinte condição:

A resultante de todas as forças aplicadas a este ponto deve ser nula.

Chamamos de corpo rígido ou corpo extenso todo o objeto que não pode ser descrito por um ponto. Para conhecermos o equilíbrio nestes casos, é necessário estabelecer dois conceitos:

Centro de Massa

Seja CM o ponto em que podemos considerar concentrada toda a massa do corpo, este ponto será chamado Centro de Massa do corpo.

Para corpos simétricos, que apresentam distribuição uniforme de massa, o centro de massa é o próprio centro geométrico do sistema, como no caso de uma esfera homogênea ou de um cubo perfeito.

Para os demais casos, o cálculo do centro de massa é feito através da média aritmética ponderada das distâncias de cada ponto do sistema.

Momento de uma Força

Imagine uma pessoa tentando abrir uma porta: ela precisará fazer mais força se for empurrada na extremidade contrária à dobradiça, onde a maçaneta se encontra, ou no meio da porta?

Claramente, percebemos que é mais fácil abrir ou fechar a porta se aplicarmos força em sua extremidade, onde está a maçaneta. Isso acontece, pois existe uma grandeza chamada Momento de Força ($\vec{M}$), que também pode ser chamado **Torque**.

Esta grandeza é proporcional à Força e à distância da aplicação em relação ao ponto de giro, ou seja:

$$\vec{M} = \vec{F} \cdot \vec{d}$$

Como este é um produto vetorial, podemos dizer que o módulo do Momento da Força é:

$$M = F \cdot d \cdot \text{sen}\,\theta$$

Em que:

M = Módulo do Momento da Força;

F = Módulo da Força;

d = distância entre a aplicação da força ao ponto de giro; braço de alavanca;

sen θ = menor ângulo formado entre os dois vetores.

FIQUE LIGADO

Como sen 90° = 1, se a aplicação da força for perpendicular à "d", o momento será máximo;

Como sen 0° = 0, quando a aplicação da força é paralela à "d", o momento é nulo.

O Momento da Força de um corpo é:
> Positivo quando girar no sentido anti-horário;
> Negativo quando girar no sentido horário.

Condições de Equilíbrio de um Corpo Rígido

Para que um corpo rígido esteja em equilíbrio, além de não se mover, esse corpo não pode girar. Por isso, precisa satisfazer duas condições:

> A resultante das forças aplicadas sobre seu centro de massa deve ser nula (**não se move ou se move com velocidade constante**).

> A resultante dos Momentos da Força aplicados ao corpo deve ser nula (**não gira ou gira com velocidade angular constante**).

Estática dos Fluidos - Hidrostática

Chamamos hidrostática a ciência que estuda os líquidos em equilíbrio estático.

Fluido

Fluido é uma substância que tem a capacidade de escoar.

Quando um fluido é submetido a uma força tangencial, deforma-se de modo contínuo, ou seja, quando colocado em um recipiente qualquer, o fluido adquire o seu formato.

Podem-se considerar como fluidos líquidos e gases.

Particularmente, ao falar em fluidos líquidos, deve-se falar em sua viscosidade, que é o atrito existente entre suas moléculas durante um movimento.

Quanto menor a viscosidade, mais fácil o escoamento do fluido.

Pressão

É a força exercida sobre a superfície de determinada área.

Matematicamente, a pressão é igual ao quociente entre a força aplicada e a área desta superfície.

$$p = \frac{F}{A}$$

Em que:

> p = Pressão (Pa);
> F = Força (N);
> A = Área (m²).

A unidade de pressão é o Pascal (Pa), que é o nome adotado para N/m².

Densidade

A densidade é a grandeza que relaciona a massa de um corpo ao seu volume.

$$d = \frac{m}{v}$$

Em que:

> d = Densidade (kg/m³);
> m = Massa (kg);
> V = Volume (m³).

Pressão Hidrostática

Da mesma forma como os corpos sólidos, os fluidos também exercem pressão sobre outros, devido ao seu peso. Para obtermos essa pressão, consideremos um recipiente contendo um líquido de densidade "d" que ocupa o recipiente até uma altura "h", em um local do planeta onde a aceleração da gravidade é "g". A Força exercida sobre a área de contato é o peso do líquido.

$$P = \frac{F_\perp}{A}$$

$$P = \frac{m \cdot g}{A}$$

Como:

$$d = \frac{m}{V}$$

$$m = d \cdot V$$

$$p = \frac{d \cdot V \cdot g}{A}$$

Mas:

$$V = A_{base} \cdot h$$

Logo:

$$p = \frac{d \cdot \cancel{A} \cdot h \cdot g}{\cancel{A}} = d \cdot h \cdot g$$

Ou seja, a pressão hidrostática não depende do formato do recipiente, apenas da densidade do fluido, da altura do ponto onde a pressão é exercida e da aceleração da gravidade.

Pressão Atmosférica

Atmosfera é uma camada de gases que envolvem toda a superfície da Terra.

Aproximadamente, todo o ar presente na Terra está abaixo de 18000 metros de altitude. Como o ar é formado por moléculas que têm massa, o ar também tem massa e, por consequência, peso. A pressão que o peso do ar exerce sobre a superfície da Terra é chamada Pressão Atmosférica, e seu valor depende da altitude do local onde é medida. Quanto maior a altitude menor a pressão atmosférica e vice-versa.

Teorema de Stevin

"A diferença entre as pressões de dois pontos de um fluido em equilíbrio é igual ao produto entre a densidade do fluido, a aceleração da gravidade e a diferença entre as profundidades dos pontos."

$$\Delta p = d \cdot g \cdot \Delta h$$

Seja um líquido qualquer de densidade d em um recipiente qualquer.

Escolhemos dois pontos arbitrários **R** e **T**.

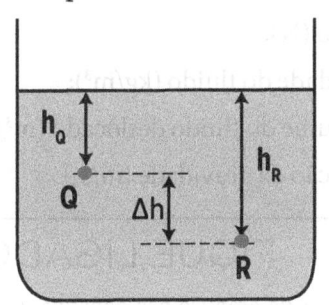

As pressões em **Q** e **R** são:

$$P_Q = d \cdot h_Q \cdot g$$
$$P_R = d \cdot h_R \cdot g$$

A diferença entre as pressões dos dois pontos é:

$$P_R - P_Q = (d \cdot h_R \cdot g) - (d \cdot h_Q \cdot g)$$
$$P_R - P_Q = d \cdot g(h_R - h_Q)$$
$$P_R - P_Q = d \cdot g \cdot \Delta h$$

Por meio desse teorema, podemos concluir que todos os pontos a uma mesma profundidade, em um fluido homogêneo (que tem sempre a mesma densidade), estão submetidos à mesma pressão.

Teorema de Pascal

"O acréscimo de pressão exercida num ponto em um líquido ideal em equilíbrio se transmite integralmente a todos os pontos desse líquido e às paredes do recipiente que o contêm."

Quando aplicamos uma força a um líquido, a pressão causada se distribui integralmente e igualmente em todas as direções e sentidos.

Pelo teorema de Stevin sabemos que:

$$\Delta p = d \cdot g \cdot \Delta h$$

Então, considerando dois pontos, **A** e **B**:

$$P_A - P_B = d \cdot g \cdot h$$

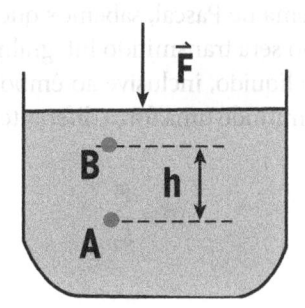

Ao aplicarmos uma força qualquer, as pressões no ponto **A** e **B** sofrerão um acréscimo:

$$P_A^t = P_A + \Delta p_A$$
$$P_B^t = P_B + \Delta p_B$$

Se o líquido em questão for ideal, ele não sofrerá compressão, então, a distância h será a mesma após a aplicação da força.

Assim:

$$p_A - p_B = dgh = p_A^t - p_B^t = (p_A + \Delta p_A) - (p_B + \Delta p_B)$$

$$p_A - p_B = (p_A + \Delta p_A) - (p_B + \Delta p_B)$$

$$\cancel{p_A} - p_A - p_B + \cancel{p_B} = \Delta p_A - \Delta p_B$$

$$\Delta p_A - \Delta p_B = 0$$

$$\Delta p_A = \Delta p_B$$

> Prensa hidráulica:

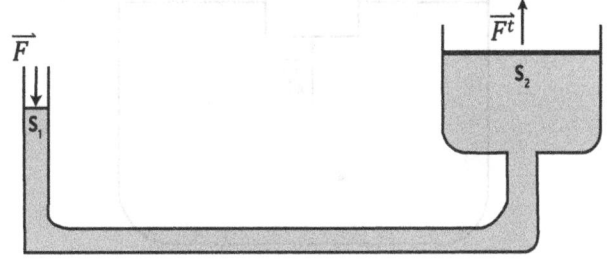

Uma das principais aplicações do teorema de Pascal é a prensa hidráulica.

Essa máquina consiste em dois cilindros de raios diferentes **A** e **B**, interligados por um tubo. No seu interior, existe um líquido que sustenta dois êmbolos de áreas diferentes S_1 e S_2.

Se aplicarmos uma força de intensidade F no êmbolo de área S_1, exerceremos um acréscimo de pressão sobre o líquido dado por:

$$\Delta p = \frac{F}{S_1}$$

Pelo teorema de Pascal, sabemos que esse acréscimo de pressão será transmitido integralmente a todos os pontos do líquido, inclusive ao êmbolo de área S_2, porém, transmitindo uma força diferente da aplicada:

$$\Delta p = \frac{F^t}{S_2}$$

Como o acréscimo de pressão é igual para ambas as expressões, pode-se igualá-las:

$$\frac{F}{S_1} = \frac{F^t}{S_2}$$

Empuxo

Ao entrarmos em uma piscina, nos sentimos mais leves do que quando estamos fora dela.

Isso acontece devido a uma força vertical para cima exercida pela água a qual chamamos Empuxo, e a representamos por $\vec{E}$.

O Empuxo representa a força resultante exercida pelo fluido sobre um corpo. Como tem sentido oposto à força Peso, causa o efeito de leveza, no caso da piscina.

A unidade de medida do Empuxo é o Newton (N).

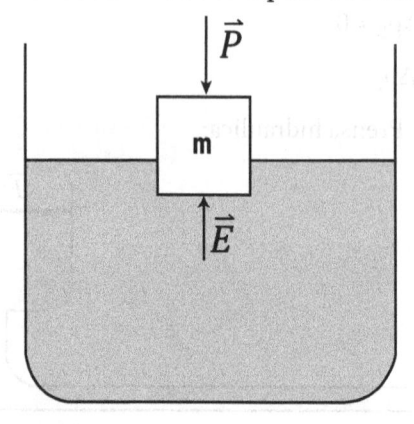

Princípio de Arquimedes

Arquimedes descobriu que todo o corpo imerso em um fluido em equilíbrio, dentro de um campo gravitacional, fica sob a ação de uma força vertical, com sentido oposto a este campo, aplicada pelo fluido, cuja intensidade é igual à intensidade do Peso do fluido que é ocupado pelo corpo.

Assim:

$$\vec{E} = P_{FD} = m_{FD} \cdot g$$
$$\vec{E} = d_F \cdot V_{FD} \cdot g$$

Em que:

$\vec{E}$ = Empuxo (N);

dF = Densidade do fluido (kg/m³);

VFD = Volume do fluido deslocado (m³);

g = Aceleração da gravidade (m/s₂).

FIQUE LIGADO

O valor do empuxo não depende da densidade do corpo que é imerso no fluido, mas podemos usá-la para saber se o corpo flutua, afunda ou permanece em equilíbrio com o fluido.

Então, se:

> Densidade do corpo > densidade do fluido: o corpo afunda;
> Densidade do corpo = densidade do fluido: o corpo fica em equilíbrio com o fluido;
> Densidade do corpo < densidade do fluido: o corpo flutua na superfície do fluido.

Peso Aparente

Conhecendo o princípio de Arquimedes, podemos estabelecer o conceito de peso aparente, que é o responsável, no exemplo dado da piscina, por nos sentirmos mais leves ao submergirmos.

Peso aparente é o peso efetivo, ou seja, aquele que realmente sentimos. No caso de um fluido:

$$\vec{P}_A = \vec{P} - \vec{E}$$
$$\vec{P}_A = m \cdot g - d_A \cdot V_{FD} \cdot g$$
$$\vec{P}_A = g \cdot (m - d_F \cdot V_{FD})$$

EXERCÍCIO COMENTADO

Com relação aos princípios da física e suas aplicações, julgue o item a seguir.

01. Para que uma estrutura composta por treliças esteja em equilíbrio estático, o somatório das forças e o dos momentos devem ser ambos, nulos.

CERTO. De acordo com a teoria para que um corpo rígido esteja em equilíbrio, além de não se mover, esse corpo não pode girar. Por isso, precisa satisfazer duas condições:

> A resultante das forças aplicadas sobre seu centro de massa deve ser nula (não se move ou se move com velocidade constante).
> A resultante dos Momentos da Força aplicados ao corpo deve ser nula (não gira ou gira com velocidade angular constante).

VAMOS PRATICAR

01. A figura abaixo representa um mecanismo hidráulico ideal e isolado. Uma força constante F_1 foi aplicada sobre o êmbolo esquerdo até que o mesmo descesse h_1 metros. Como consequência, o êmbolo direito subiu h_2 metros, exercendo uma força F_2 para cima. O trabalho realizado por F_1 foi W_1 e por F_2, W_2. As seções retas dos êmbolos esquerdo e direito têm área A_1 e A_2, respectivamente, com $A_1 < A_2$.

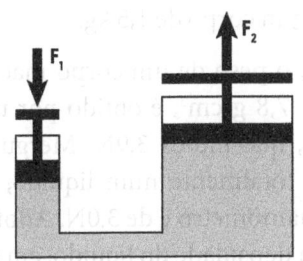

Considerando essas informações e com base no princípio de Pascal, assinale a opção correta.

a) $W_1 > W_2; h_1 < h_2; F_1 < F_2$
b) $W_1 < W_2; h_1 > h_2; F1 > F_2$
c) $W_1 = W_2; h_1 < h_2; F_1 > F_2$
d) $W_1 = W_2; h_1 > h_2; F_1 < F_2$
e) $W_1 < W_2; h_1 < h_2; F_1 < F_2$

02. Um cubo de aresta igual a 10,0 cm se encontra suspenso em um dinamômetro que registra o peso de 40,0 N. Logo em seguida, metade do cubo é imerso em um líquido e o dinamômetro registra 32,0 N. Nessas condições e considerando-se o módulo da aceleração da gravidade local igual a 10,0m/s², é correto afirmar que a densidade do líquido, em g/cm³, é igual a:

a) 3,6
b) 2,0
c) 1,6
d) 1,0
e) 0,8

03. Um elevador hidráulico é constituído pelos tubos cilíndricos 1 e 2 cujos diâmetros são, respectivamente, iguais a 30 mm e 18 cm, com todos os espaços preenchidos por óleo hidráulico, conforme o esquema abaixo:

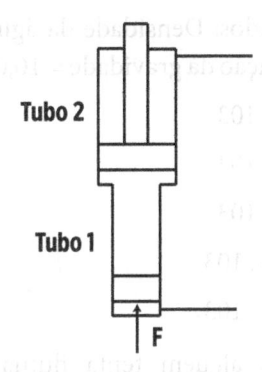

Para elevar uma massa de 800 kg, a força F, gerada pela pressão do óleo, deve ser superior a:

a) 222 N.
b) 282 N.
c) 484 N.
d) 666 N.
e) 828 N.

04. Uma barra homogênea horizontal com massa de 20 kg encontra-se apoiada sobre dois suportes P e Q. Uma esfera homogênea de massa 50 kg repousa sobre a barra, como mostra a Figura abaixo.

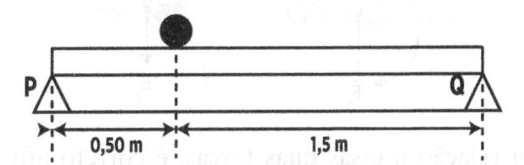

Qual é, aproximadamente, em N, o módulo da força de interação entre o suporte P e a barra? Dado: Aceleração da gravidade = 10 m/s₂

a) 125
b) 225
c) 350
d) 375
e) 475

05. O peso de um recipiente contendo água é medido através de uma balança que registra 8,0N. Em seguida, é colocado na água um bloco de 15kg, pendurado por um fio, de modo que esse bloco fique com 30% do seu volume submerso, conforme mostram as Figuras abaixo.

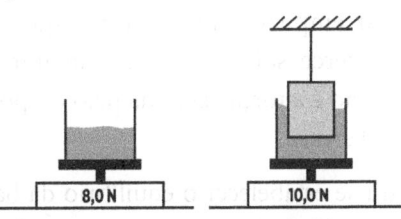

Sabendo-se que, com a presença do bloco, a balança passa a registrar 10,0N, qual é a densidade do bloco, em kg/m³? Dados: Densidade da água = 1,00 . 10³ kg/m³; Aceleração da gravidade = 10,0 m/s².

a) 0,3 . 10³
b) 0,7 . 10³
c) 1,2 . 10³
d) 22,5 . 10³
e) 52,5 . 10³

06. Quando alguém tenta flutuar horizontalmente, na água, assume uma posição na qual seu centro de flutuabilidade, ponto de aplicação da força de empuxo e $\vec{F}_e$, está localizado em seu corpo, acima do seu centro de gravidade, onde atua a força peso, $\vec{F}_g$, conforme mostrado na Figura 1, abaixo. Essas duas forças formam um binário que tende a girar o corpo até que elas se alinhem na direção vertical, conforme mostrado na Figura 2.

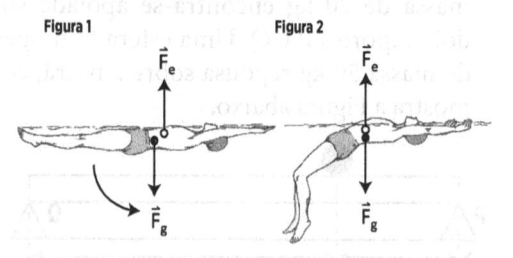

Em relação a essas duas forças, é correto afirmar que:

a) o empuxo é a força que a água exerce sobre o corpo, enquanto o peso é a força exercida pelo corpo sobre a Terra.

b) o empuxo é a força que o corpo exerce sobre a água, enquanto o peso é a força exercida pelo corpo sobre a Terra.

c) o empuxo é a força que a água exerce sobre o corpo, enquanto o peso é a força exercida pela Terra sobre o corpo.

d) o empuxo é a força que o corpo exerce sobre a água, enquanto o peso é a força exercida pela Terra sobre o corpo.

e) o empuxo não é a força que o corpo exerce sobre a água, enquanto o peso não é a força exercida pelo corpo sobre a Terra.

07. Para se estabelecer o equilíbrio da barra homogênea de 0,5 kg, apoiada em C, deve-se suspender em:

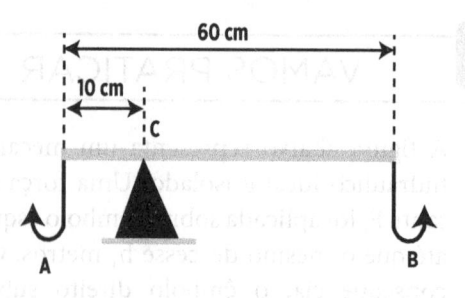

a) A, um corpo de 1,5 kg.
b) A, um corpo de 1,0 kg.
c) A, um corpo de 0,5 kg.
d) B, um corpo de 1,0 kg.
e) B, um corpo de 1,5 kg.

08. No ar, o peso de um corpo maciço, de densidade 7,8 g/cm³, é obtido por um dinamômetro, que indica 3,9N. Mergulhando-se o corpo totalmente num liquido, a indicação do dinamômetro é de 3,0N. Adotando g = 10 m/s², a densidade do líquido, em g/cm³, é de:

a) 2,4
b) 1,8
c) 1,2
d) 0,9
e) 0,5

Três corpos, de mesmas dimensões, estão em equilíbrio mecânico na água cuja densidade é 1,0 g/cm³, como está representado na figura.

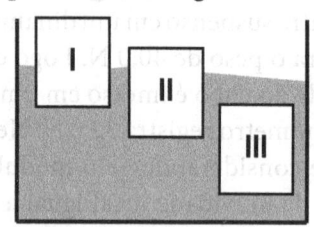

Corpo I: metade do volume imerso;
Corpo II: dois terços do volume imerso;
Corpo III: totalmente imerso.

Se o peso do corpo III vale 60N e a aceleração da gravidade vale 10 m/s², julgue os itens abaixo:

09. O módulo do empuxo sobre o corpo III vale 60N.

Certo ( )   Errado ( )

10. O módulo do empuxo sobre o corpo I é menor que seu peso.

Certo ( )   Errado ( )

GABARITO

01	D	06	C
02	C	07	B
03	A	08	B
04	E	09	CERTO
05	D	10	ERRADO

ANOTAÇÕES

4. Ondulatórias

Chamamos de ondulatória a parte da física que é responsável por estudar as características e propriedades em comum dos movimentos das ondas.

Movimento Harmônico Simples (MHS)

Os movimentos harmônicos simples estão presentes em vários aspectos de nossas vidas, como nos movimentos do pêndulo de um relógio, de uma corda de violão ou de uma mola. Esses movimentos realizam um mecanismo de "vai e vem" em torno de uma posição de equilíbrio, sendo caracterizados por um período e por uma frequência.

O período "T" é o menor intervalo de tempo para uma repetição desse fenômeno. A frequência "f" é o número de vezes que um movimento é repetido em um determinado intervalo de tempo.

Assim, pode-se verificar que:

$$f = \frac{1}{T}$$

ou

$$T = \frac{1}{f}$$

A unidade de "T" é o segundo e a de f é hertz (Hz).

No estudo feito do MHS, utilizaremos como referência um sistema massa-mola, que pode ser visualizado na figura a seguir.

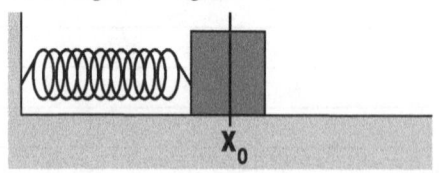

O bloco em vermelho ligado a uma mola tendo como posição de equilíbrio do sistema a posição X_0.

Nesse sistema, desprezaremos as forças dissipativas (atrito e resistência do ar). O bloco, quando colocado em oscilação, movimentar-se-á sob a ação da força restauradora elástica, que pode ser calculada pela seguinte expressão:

$$F_{el} = -k \cdot x$$

Período

O período de um corpo em MHS é o intervalo de tempo referente a uma oscilação completa e pode ser calculado através da seguinte expressão:

$$T = 2\pi \cdot \sqrt{\frac{m}{k}}$$

O período [T(s)] depende da massa do corpo colocado em oscilação [m(kg)] e da constante elástica da mola [k(N/m)].

Frequência

A frequência de um corpo em MHS corresponde ao número de oscilações que esse corpo executa por unidade de tempo e essa grandeza pode ser determinada pela seguinte expressão:

$$F = \frac{n^\circ \text{ de oscilações}}{t}$$

Frequência é inversamente proporcional ao período e pode ser expressa matematicamente pela seguinte relação:

$$F = \frac{1}{T}$$

$$f = \frac{1}{2\pi} \cdot \sqrt{\frac{m}{k}}$$

Posição do Móvel em MHS

A equação que representa a posição de um móvel em MHS será dada a seguir em função do tempo.

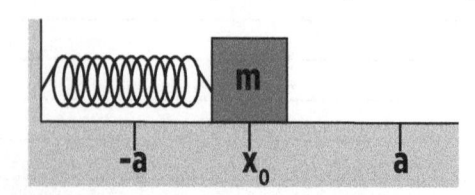

As posições a e -a são deformações máximas que a mola terá quando o bloco de massa m for colocado em oscilação.

A posição X é dada em função do tempo.

$$x = A \cdot \cos(\omega \cdot t + \phi_0)$$

Em que:

> A = elongação máxima (m);
> ω = frequência angular (rad/s);
> φ_0 = espaço angular que um ponto projetado pelo bloco sobre uma circunferência realiza (rad);
> t = intervalo de tempo.

Velocidade do Móvel em MHS

$$v = -v_t \cdot \text{sen}\varphi$$

Sendo:

$$v_t = \omega \cdot A \text{ e } \varphi = \varphi_0 + \omega \cdot t$$

Logo:

$$v = -\omega \cdot A \cdot \text{sen}(\omega \cdot t + \varphi_0)$$

Em que:

> a = elongação máxima (m);
> ω = frequência angular (rad/s);
> φ_0 = espaço angular que um ponto projetado pelo bloco sobre uma circunferência realiza (rad);
> t = intervalo de tempo.

Aceleração do Móvel em MHS

$$a = -a_{cp} \cdot \cos\varphi$$

Sendo:

$$a_{cp} = \omega^2 \cdot A \text{ e } \varphi = \varphi_0 + \omega \cdot t$$

Então:

$$a = -\omega^2 \cdot A \cdot \cos(\omega \cdot t + \varphi_0) \text{ ou } a = -\omega^2 \cdot x$$

> A fase $(\omega \cdot t + \varphi_0)$ é sempre medida em radianos.

> A pulsação (ω) pode ser definida por: $\dfrac{2\pi}{T}$
> A fase inicial (φ_0) é o igual ao ângulo inicial do movimento em um ciclo trigonométrico, ou seja, é o ângulo de defasagem da onda senoidal.

Energia do Oscilador

Analisando a energia mecânica do sistema, tem-se que:

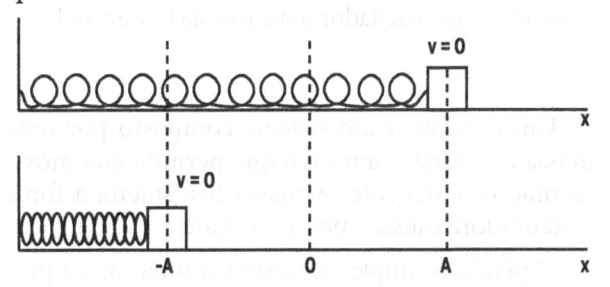

Quando o objeto é abandonado na posição x = A, a energia mecânica do sistema é igual à energia potencial elástica armazenada, pois não há movimento e, consequentemente, energia cinética. Assim:

$$E_M = E_C + E_{PEL}$$
$$E_M = \frac{1}{2}mv^2 + \frac{1}{2}KA^2$$
$$v = 0$$
$$E_M = \frac{1}{2}KA^2 = E_{PEL}$$

Ao chegar na posição x = -A, novamente o objeto ficará momentaneamente parado (v = 0), tendo sua energia mecânica igual à energia potencial elástica do sistema.

No ponto em que x = 0, ocorrerá o fenômeno inverso ao da máxima elongação, sendo que:

$$E_M = E_C + E_{PEL}$$
$$E_M = \frac{1}{2}mv^2 + \frac{1}{2}Kx^2$$
$$x = 0$$
$$E_M = \frac{1}{2}mv^2 = E_C$$

Assim, podemos concluir que, na posição x = 0, ocorre a velocidade máxima do sistema massa-mola, já que toda a energia mecânica é resultado dessa velocidade.

Para todos os outros pontos do sistema:

$$E_M = E_C + E_{PEL}$$

$$E_M = \frac{1}{2}mv^2 + \frac{1}{2}Kx^2$$

Como não há dissipação de energia nesse modelo, toda a energia mecânica é conservada durante o movimento de um oscilador massa-mola horizontal.

Pêndulo Simples

Um pêndulo é um sistema composto por uma massa acoplada a um pivô que permite sua movimentação livremente. A massa fica sujeita à força restauradora causada pela gravidade.

O pêndulo simples consiste em uma massa presa a um fio flexível e inextensível por uma de suas extremidades e livre por outra, representado da seguinte forma:

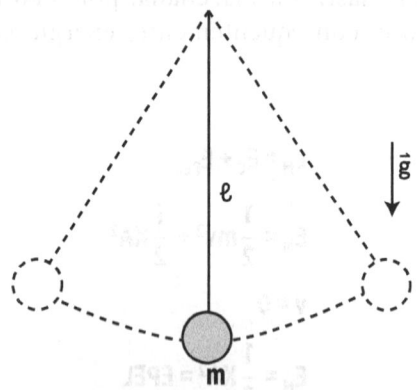

O período de um pêndulo simples pode ser expresso por:

$$T = 2\pi \cdot \sqrt{\frac{\ell}{g}}$$

Ondas

No estudo da física, onda é uma perturbação que se propaga no espaço ou em qualquer outro meio, como, por exemplo, na água. Uma onda transfere energia de um ponto para outro, mas nunca transfere matéria entre dois pontos. As ondas podem se classificar de acordo com a direção de propagação de energia, quanto à natureza das ondas e quanto à direção de propagação.

→ Quanto à direção de propagação de energia, as ondas se classificam da seguinte forma:
  > **Unidimensionais:** propagam-se em uma única dimensão;
  > **Bidimensionais:** propagam-se num plano;
  > **Tridimensionais:** propagam-se em todas as direções.
→ Quanto à natureza, as ondas se classificam em:
  > **Ondas mecânicas:** são aquelas que necessitam de um meio material para se propagar como, por exemplo, onda em uma corda ou mesmo as ondas sonoras;
  > **Ondas eletromagnéticas:** são aquelas que não necessitam de meio material para se propagarem, elas podem se propagar tanto no vácuo (ausência de matéria) como também em certos tipos de materiais. São exemplos de ondas eletromagnéticas: a luz solar, as ondas de rádio, as micro-ondas, raios X, entre muitas outras.
→ Quanto à direção de propagação, as ondas se classificam em:
  > **Ondas transversais:** são aquelas que têm a direção de propagação perpendicular à direção de vibração, como, por exemplo, as ondas eletromagnéticas.
  > **Ondas longitudinais:** nessas ondas, a direção de propagação se coincide com a direção de vibração. Nos líquidos e gases, a onda se propaga dessa forma.

Para descrever uma onda, é necessária uma série de grandezas, entre elas, temos: velocidade, amplitude, frequência, período e o comprimento de onda.

Componentes de uma onda

Uma onda é formada por alguns componentes básicos, quais sejam:

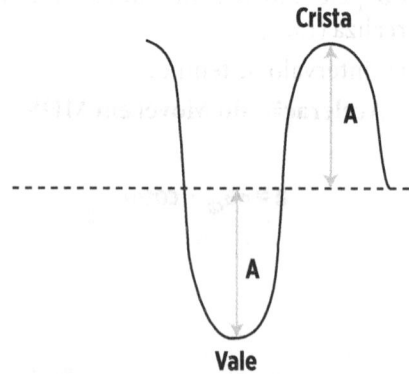

Em que:
  > A = amplitude da onda.

É denominada comprimento da onda, e expressa pela letra grega lambda (λ), a distância entre duas cristas ou dois vales consecutivos.

Chamamos período da onda (T) o tempo decorrido até que duas cristas ou dois vales consecutivos passem por um ponto, e frequência da onda (f) o número de cristas ou vales consecutivos que passam por um mesmo ponto, em uma determinada unidade de tempo.

Portanto, o período e a frequência são relacionados por:

$$f = \frac{1}{T}$$

A unidade internacionalmente utilizada para a frequência é Hertz (Hz), sendo que 1Hz equivale à passagem de uma crista ou de um vale em 1 segundo.

Velocidade de Propagação das Ondas

Como não transportam matéria em seu movimento, é previsível que as ondas se desloquem com velocidade contínua, logo, estas devem ter um deslocamento que valide a expressão:

$$\Delta S = v \cdot \Delta t$$

É comum aos movimentos uniformes, mas, conhecendo a estrutura de uma onda:

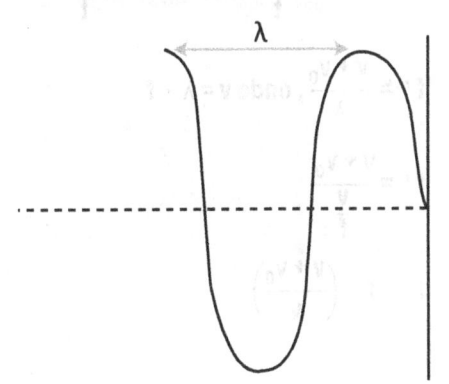

Temos que $\Delta S = \lambda$ e que $\Delta t = T$, assim:

$$\lambda = v \cdot T$$
$$T = \frac{1}{f}$$
$$\lambda = v \cdot \frac{1}{f}$$
$$v = \lambda \cdot f$$

Esta é a **equação fundamental da Ondulatória**, já que é válida para todos os tipos de onda.

Desse modo, é comum utilizar-se frequências na ordem de kHz (1quilohertz = 1.000Hz) e de MHz (1megahertz = 1.000.000Hz)

Ondas Sonoras

São ondas mecânicas, pois somente se propagam através de um meio material. Diferentemente das ondas eletromagnéticas (como, por exemplo, a luz), as ondas sonoras não podem se propagar no vácuo.

As ondas sonoras são consideradas ondas de pressão. Por exemplo, quando um músico bate em um tambor musical, a vibração da membrana produz alternadamente compressões e rarefações do ar, ou seja, produz variações de pressão que se propagam através do meio, no caso, o ar.

Dependendo da fonte emitente, as ondas sonoras podem apresentar qualquer frequência, desde poucos hertz (como as ondas produzidas por abalos sísmicos), até valores extremamente elevados (comparáveis às frequências da luz visível). Porém, nós, seres humanos, só conseguimos ouvir ondas sonoras cujas frequências estejam compreendidas entre 20 Hz e 20.000 Hz, sendo chamadas, genericamente, de **sons**.

Ondas sonoras que possuem frequência abaixo de 20 Hz são denominadas **infrassons** e as ondas que possuem frequência superior a 20.000 Hz são denominadas **ultrassons**.

A propagação do som em meios gasosos depende fortemente da temperatura do gás. É possível, inclusive demonstrar experimentalmente que a velocidade do som em gases é dada por:

$$v = \sqrt{K \cdot T}$$

Em que:
> k = constante que depende da natureza do gás;
> T = temperatura absoluta do gás (em kelvin).

Intensidade Sonora

A intensidade do som é a qualidade que nos permite caracterizar se um som é forte ou fraco, e depende da energia que a onda sonora transfere.

A intensidade sonora (I) é definida fisicamente como a potência sonora recebida por unidade de área de uma superfície, ou seja:

$$I = \frac{P}{A}$$

Mas como a potência pode ser definida pela relação de energia por unidade de tempo:

$$P = \frac{E}{\Delta t}$$

Então, também podemos expressar a intensidade por:

$$I = \frac{E}{A \cdot \Delta t}$$

As unidades mais usadas para a intensidade são J/m² e W/m².

É chamada mínima intensidade física, ou **limiar de audibilidade**, o menor valor da intensidade sonora ainda audível:

$$I_0 = 10^{-12} W/m^2$$

É chamada máxima intensidade física, ou **limiar de dor**, o maior valor da intensidade sonora suportável pelo ouvido:

$$I_{máx} = 1 W/m^2$$

Conforme um observador se afasta de uma fonte sonora, a **intensidade sonora** ou **nível sonoro (β)** diminui logaritmicamente, sendo representado pela equação:

$$\beta = \log \frac{I}{I_0}$$

A unidade utilizada para o nível sonoro é o Bel (B), mas como essa unidade é grande, se comparada com a maioria dos valores de nível sonoro utilizados no cotidiano, seu múltiplo usual é o **decibel (dB)**, de maneira que 1B = 10dB.

Efeito Doppler

O **Efeito Doppler** é a alteração da frequência sonora percebida pelo observador em virtude do movimento relativo de aproximação ou afastamento entre a fonte e o observador.

Veja, inicialmente, o caso de uma fonte sonora fixa e um observador movendo-se ao longo de uma mesma reta, adotando um referencial que esteja em repouso em relação ao meio através do qual as ondas se propagam. Se ambos, fonte e observador, estivessem em repouso, o número de ondas recebidas na unidade de tempo seria dada por:

→ Número de ondas = $\frac{v \cdot t}{\lambda}$

Em que:
> v é a velocidade do som;
> λ é o comprimento de onda emitido pela fonte.

No entanto, em virtude do movimento do observador, em direção à fonte de ondas, ela receberá um número adicional de ondas (simultaneamente) que será dado por:

→ Numero adicional de ondas = $\frac{v_0 \cdot t}{\lambda}$

Em que:
> vo é a velocidade do observador.

Como a frequência de uma onda pode ser definida como o número de comprimentos de onda que serão produzidos (recebidos) na unidade de tempo, então, a frequência percebida pelo observador será a seguinte:

$$f' = \frac{\text{número de ondas}}{t} = \frac{\frac{v \cdot t}{\lambda} + \frac{v_0 \cdot t}{\lambda}}{t}$$

$$f' = \frac{v + v_0}{\lambda}, \text{ onde } v = \lambda \cdot f$$

$$f' = \frac{v + v_0}{\frac{v}{f}}$$

$$f' = f \cdot \left(\frac{v + v_0}{v}\right)$$

Tornando a relação mais geral, para o caso em que o observador se aproxime (sinal positivo) ou se afaste (sinal negativo), a frequência percebida pelo observador poderá ser dada pela seguinte expressão:

$$f' = f \cdot \left(\frac{v \pm v_0}{v}\right)$$

Em que: o termo f' representa a frequência percebida pelo observador (chamada frequência aparente), e f é a frequência emitida pela fonte (chamada frequência real).

Agora, no caso em que a fonte se move enquanto o observador permanece em repouso, os comprimentos de ondas tornar-se-ão cada vez menores (som mais agudo). Então, sabendo que a frequência da fonte é f e vs é a velocidade das ondas emitidas (lembremo-nos que estamos tratando do som), o comprimento de onda que chegará ao observador será dado por:

$$\lambda' = \frac{v}{f} - \frac{v_s}{f}$$

Dessa forma, como o som torna-se mais agudo (maior frequência), essa fonte poderá ser calculada da seguinte forma:

$$f' = \frac{v}{\lambda'} = \frac{v}{\frac{v}{f} - \frac{v_s}{f}} = f \cdot \left(\frac{v}{v - v_s}\right)$$

Generalizando, mais uma vez, os resultados para os casos em que a fonte aproxima-se (sinal negativo) ou afasta-se (sinal positivo) do observador:

$$f' = f \cdot \left(\frac{v}{v \pm v_s}\right)$$

Portanto, se ambos movem-se relativamente entre si, a expressão resultante será:

$$f' = f \cdot \left(\frac{v \pm v_0}{v \mp v_s}\right)$$

Fenomenologicamente, podemos compreender o Efeito Doppler da seguinte forma: no caso de aproximação, a frequência aparente da onda recebida pelo observador fica maior que a frequência emitida. Ao contrário, no caso de afastamento, a frequência aparente diminui. Um exemplo típico é o caso de uma ambulância com sirene ligada que passe por um observador. Ao se aproximar, o som é mais agudo (maior frequência e menor comprimento de onda), enquanto que, ao se afastar, o som é mais grave (menor frequência e maior comprimento de onda).

Por um viés mais prático, o efeito Doppler permite a medição da velocidade de objetos através da reflexão de ondas emitidas pelo próprio equipamento de medição, que podem ser radares, baseados em radiofrequência, ou lasers, que utilizam frequências luminosas. Muito utilizado para medir a velocidade de automóveis, aviões, na Mecânica dos fluidos e na Hidráulica, em partículas sólidas dentro de um fluido em escoamento.

Ondas Eletromagnéticas

O resultado da interação de campos variáveis é a produção de ondas de campos elétricos e magnéticos que podem se propagar até mesmo pelo vácuo e apresentam propriedades típicas de uma onda mecânica, como reflexão, retração, difração, interferência e transporte de energia. A essas ondas, dá-se o nome de **ondas eletromagnéticas**.

As ondas eletromagnéticas têm como característica principal a sua velocidade. Da ordem de 300.000Km/s no vácuo, no ar, sua velocidade é um pouco menor. Considerada a maior velocidade do universo, elas podem vencer vários obstáculos físicos, tais como gases, atmosfera, água, paredes, dependendo da sua frequência.

Tanto a luz como o infravermelho ou ondas de rádios são iguais, e o que diferencia uma onda eletromagnética da outra é a sua frequência. Quanto mais alta for essa frequência, mais energética é a onda.

Em uma onda eletromagnética, o campo elétrico variável $\vec{E}$ e o campo magnético variável $\vec{B}$ estão intimamente ligados: ambos variam em fase, ou seja, quando um deles atinge a intensidade máxima, o mesmo ocorre com o outro e, quando um deles se anula, o outro também se anula.

Além disso, os campos $\vec{E}$ e $\vec{B}$ são perpendiculares um ao outro e também à direção de propagação da onda que se desloca com velocidade v. Isso nos permite classificar a onda eletromagnética como onda **transversal**. A figura abaixo mostra-nos a disposição dos campos elétricos e magnéticos de uma onda eletromagnética, e a direção e o sentido de sua propagação.

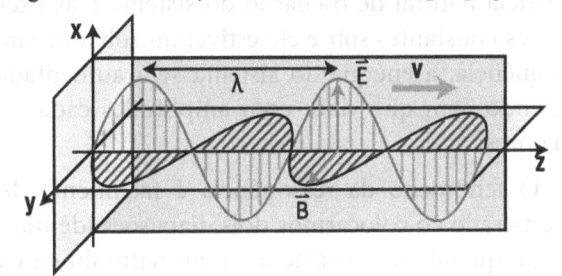

Representação esquemática da oscilação dos campos elétrico e magnético de uma onda eletromagnética.

Observe que a distância entre dois pontos vizinhos de máximo do campo elétrico, ou do campo magnético, corresponde ao comprimento de onda λ da onda eletromagnética. Para as ondas eletromagnéticas, vale, também, a equação fundamental das ondas: $v = \lambda \cdot f$, em que f é a frequência com que os campos variam.

Assim, é possível estabelecer uma relação entre a intensidade E do campo elétrico e a intensidade B do campo magnético:

$$\frac{E}{B} = v$$

Em que v é a velocidade de propagação da onda eletromagnética.

Frequências Naturais e Ressonância

Sempre que um corpo capaz de oscilar sofrer uma série periódica de impulsos, com uma frequência igual a uma das frequências naturais de vibração do corpo, este, em geral, é posto em vibração com uma amplitude relativamente grande. Esse fenômeno é chamado de ressonância e diz-se que o corpo entra em **ressonância** com os impulsos aplicados.

Cada sistema físico capaz de vibrar possui uma ou mais frequências naturais, isto é, que são características do sistema, mais precisamente da maneira como este é construído. Como, por exemplo, um pêndulo ao ser afastado do ponto de equilíbrio, cordas de um violão ou uma ponte para a passagem de pedestres sobre uma rodovia movimentada.

Todos esses sistemas possuem sua frequência natural, que lhes é característica. Quando ocorrem excitações periódicas sobre o sistema, como quando o vento sopra com frequência constante sobre uma ponte durante uma tempestade, acontece um fenômeno de superposição de ondas que alteram a energia do sistema, modificando sua amplitude.

Conforme estudamos anteriormente, se a frequência natural de oscilação do sistema e as excitações constantes sobre ele estiverem sob a mesma frequência, a energia do sistema será aumentada, fazendo com que vibre com amplitudes cada vez maiores.

O fenômeno da ressonância é facilmente demonstrado ao colocarmos dois diapasões idênticos no ar, quando um é posto a vibrar, naturalmente o outro poderá ser ouvido, pois iniciará uma vibração.

EXERCÍCIO COMENTADO

01. Em um pêndulo simples, a força restauradora é a força elástica da corda à qual o objeto está preso.

ERRADO. *De acordo com a teoria o pêndulo, é um sistema composto por uma massa acoplada a um pivô que permite sua movimentação livremente. A massa fica sujeita à força restauradora causada pela gravidade. Logo, a força restauradora está associada à massa e ao Peso e não à corda e à força elástica.*

VAMOS PRATICAR

Ondas mecânicas são perturbações que se propagam em um meio elástico, carregando energia, como as ondas concêntricas formadas na superfície de um lago logo após se atirar nele uma pedra. Alguns conceitos matemáticos que tipicamente associamos a ondas são os mesmos que possibilitam descrever movimentos oscilatórios, como os observados em um pêndulo simples ou em um sistema massa-mola. Uma característica comum a todos esses sistemas é a existência de uma força restauradora, como a força elástica exercida por uma mola.

Com relação aos fenômenos ondulatórios em geral, julgue os itens subsequentes.

01. Considere que uma das cordas de um instrumento de cordas tenha massa de 20,0g e comprimento de 1,0m. Nessa situação, para produzir um tom com o dobro da frequência dessa corda, é necessário trocá-la por outra com massa de 10,0g e comprimento de 2,0m.

Certo ( )   Errado ( )

02. Conhecida a constante elástica da mola, é possível calcular a energia mecânica total de um sistema massa-mola medindo-se a amplitude máxima de seu movimento.

Certo ( )   Errado ( )

03. A Figura abaixo mostra uma onda periódica que se propaga numa corda vibrante com velocidade v = 10m/s. Podemos afirmar que a frequência dessa onda é igual a:

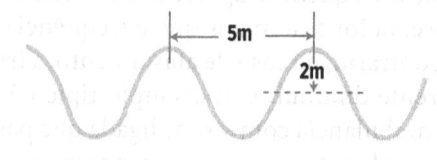

a) 1 Hz

b) 2 Hz

c) 3 Hz

d) 4 Hz

e) 5 Hz

04. O período de oscilação de um corpo de massa m = 0,04 kg que oscila em torno da posição O de equilíbrio, com M.H.S. (Fig. abaixo), vale:

Dado: a constante elástica da mola k = 0,16N/m; despreze as ações dissipativas.

a) πs

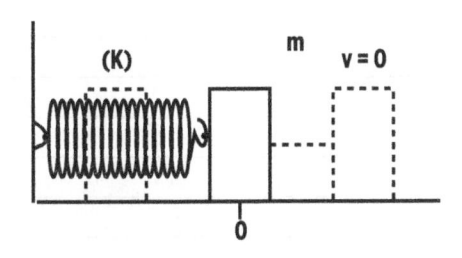

b) 2πs

c) 3πs

d) 4πs

e) 2πs

05. Uma partícula, em movimento harmônico simples de amplitude igual a 0,25m e período de 2s, apresenta módulo da aceleração máxima, em m/s2, igual a:

a) π2/2

b) π2/4

c) π2

d) π/2

e) π/4

06. Um turista, observando o mar de um navio ancorado, avaliou em 12 metros a distância entre as cristas das ondas que se sucediam. Além disso, constatou que se escoaram 50 segundos até que passassem por ele 19 cristas, incluindo, nessa contagem, tanto a que passava no instante em que começou a marcar o tempo como a que passava por ele quando terminou. Efetuando os cálculos adequadamente, ele concluiu, corretamente, que a velocidade de propagação dessas ondas valia:

a) 2,16 m/s

b) 2,82 m/s

c) 3,10 m/s

d) 3,80 m/s

e) 4,32 m/s

07. Quando uma ambulância se aproxima ou se afasta de um observador, este percebe uma variação na altura do som emitido pela sirene (o som percebido fica mais grave ou mais agudo). Esse fenômeno é denominado Efeito Doppler. Considerando o observador parado:

a) o som **percebido** fica mais agudo à medida que a ambulância se afasta.

b) o som **percebido** fica mais agudo à medida que a ambulância se aproxima.

c) a frequência do som **emitido** aumenta à medida que a ambulância se aproxima.

d) o comprimento de onda do som **percebido** aumenta à medida que a ambulância se aproxima.

e) o comprimento de onda do som **percebido** é constante, quer a ambulância se aproxime ou se afaste do observador, mas a frequência do som **emitido** varia.

08. Duas ondas propagam-se no mesmo meio, com a mesma velocidade. O comprimento de onda da primeira é igual ao dobro do comprimento de onda da segunda. Então, podemos dizer que a primeira terá, em relação à segunda:

a) mesmo período e mesma frequência;

b) menor período e maior frequência;

c) maior período e menor frequência;

d) menor período e menor frequência;

e) maior período e maior frequência.

09. Um homem balança um barco no qual se encontra e produz ondas na superfície de um lago cuja profundidade é constante até a margem, observando o seguinte:

1° - o barco executa 60 oscilações por minuto;

2° - a cada oscilação, aparece a crista de uma onda;

3° - cada crista gasta 10s para alcançar a margem.

Sabendo-se que o barco se encontra a 9,0m da margem e considerando as observações anteriores, pode-se afirmar que as ondas do lago têm um comprimento de onda de:

a) 6,6 m

b) 5,4 m

c) 3,0 m

d) 1,5 m

e) 0,90 m

10. O ouvido humano consegue ouvir sons desde aproximadamente 20Hz até 20.000Hz. Considerando que o som se propaga no ar com velocidade de módulo 330m/s, qual é o intervalo de comprimento de onda detectado pelo ouvido humano?

a) 16,5 m até 16,5 mm

b) 165 m até 165 mm

c) 82,5 m até 82,5 mm

d) 8,25 m até 8,25 mm

e) 20 m até 20 mm

GABARITO

01	ERRADO	06	E
02	CERTO	07	B
03	B	08	C
04	A	09	E
05	B	10	A

ANOTAÇÕES

5. Óptica

Óptica é o ramo da física que estuda os fenômenos relacionados à luz. A óptica explica os fenômenos da reflexão, refração e difração.

Reflexão da Luz

Reflexão é um fenômeno físico no qual ocorre a mudança da direção de propagação da luz (desde que o ângulo de incidência não seja de 90°). Ou seja, consiste no retorno dos feixes de luz incidentes em direção à região de onde ela veio, após eles entrarem em contato com uma determinada superfície refletora.

Quando a luz incide sobre uma superfície e retorna para o meio em que estava se propagando, dizemos que ela sofreu reflexão. A reflexão difere da refração, pois a refração consiste no desvio de luz para um meio diferente do qual a luz estava se propagando. A reflexão pode ser de dois tipos: **reflexão regular**, quando os raios de luz incidem sobre superfícies totalmente polidas, e **reflexão difusa**, quando os raios incidem sobre superfícies irregulares. Essa última é a responsável pela percepção do ambiente que nos cerca.

É possível esquematizar a reflexão de um raio de luz, ao atingir uma superfície polida, da seguinte forma:

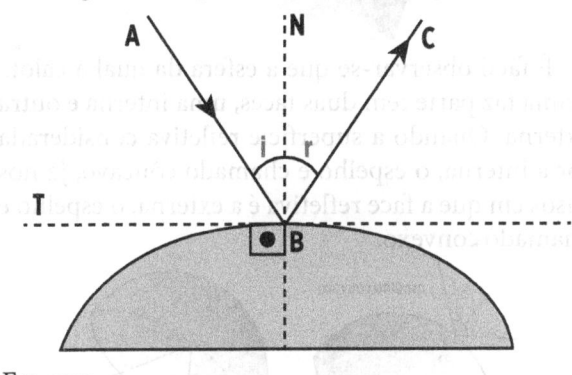

Em que:

AB = raio de luz incidente;

BC = raio de luz refletido;

N = reta normal à superfície no ponto B;

T = reta tangente à superfície no ponto B;

i = ângulo de incidência, formado entre o raio incidente e a reta normal;

r = ângulo refletido, formado entre o raio refletido e a reta normal.

Leis da Reflexão

Os fenômenos em que acontece reflexão, tanto regular quanto difusa e seletiva, obedecem a duas leis fundamentais que são:

→ **1ª lei da reflexão:** O raio de luz refletido e o raio de luz incidente, assim como a reta normal à superfície, pertencem ao mesmo plano, ou seja, são coplanares.

→ **2ª Lei da reflexão:** O ângulo de reflexão (r) é sempre igual ao ângulo de incidência (i).

$$i = r$$

Espelho Plano

Um espelho plano é aquele em que a superfície de reflexão é totalmente plana.

Os espelhos planos têm utilidades bastante diversificadas, desde as domésticas até como componentes de sofisticados instrumentos ópticos.

Representa-se um espelho plano por:

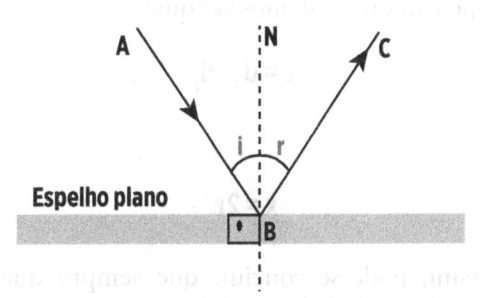

As principais propriedades de um espelho plano são a simetria entre os pontos objeto e imagem e que a maior parte da reflexão que acontece é regular.

→ Construção das imagens em um espelho plano:

Para se determinar a imagem em um espelho plano, basta imaginarmos que o observador vê um objeto que parece estar atrás do espelho. Isso ocorre porque o prolongamento do raio refletido passa por um ponto imagem virtual (PIV), "atrás" do espelho.

Nos espelhos planos, o objeto e a respectiva imagem têm sempre naturezas opostas, ou seja, quando um é real o outro deve ser virtual, portanto, para se obter geometricamente a imagem de um objeto pontual, basta traçar por ele, através do espelho, uma reta e marcar simetricamente o ponto imagem.

→ Translação de um espelho plano:

Considerando a figura:

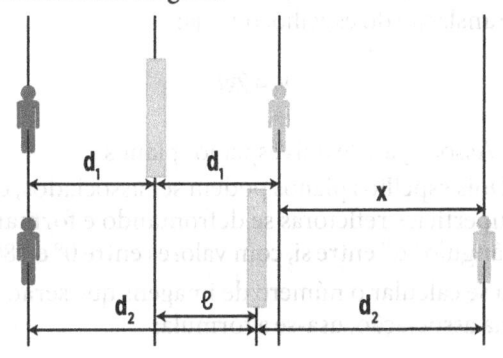

A parte superior do desenho mostra uma pessoa a uma distância "d1" do espelho, logo, a imagem aparece a uma distância "d1" em relação ao espelho.

Na parte inferior da figura, o espelho é transladado "ℓ" para a direita, fazendo com que o observador esteja a uma distância "d2" do espelho, fazendo com que a imagem seja deslocada x para a direita.

Pelo desenho, podemos ver que:

$$x = 2d_2 - 2d_1$$

Que pode ser reescrito como:

$$x = 2(d_2 - d_1)$$

Mas, pela figura, podemos ver que:

$$\ell = d_2 - d_1$$

Logo:

$$x = 2\ell$$

Assim, pode-se concluir que sempre que um espelho é transladado paralelamente a si mesmo, a imagem de um objeto fixo sofre translação no mesmo sentido do espelho, mas com comprimento equivalente ao dobro do comprimento da translação do espelho.

Se utilizarmos essa equação, e medirmos a sua taxa de variação em um intervalo de tempo, podemos escrever a velocidade de translação do espelho e da imagem da seguinte forma:

$$\frac{x}{\Delta t} = 2 \frac{\ell}{\Delta t}$$

$$v_I = 2v_\ell$$

Ou seja, a velocidade de deslocamento da imagem é igual ao dobro da velocidade de deslocamento do espelho.

Quando o observador também se desloca, a velocidade ao ser considerada é a velocidade relativa entre o observador e o espelho, ao invés da velocidade de translação do espelho, ou seja:

$$v_I = 2vl$$

→ Associação de dois espelhos planos

Dois espelhos planos podem ser associados, com as superfícies refletoras se defrontando e formando um ângulo "α" entre si, com valores entre 0° e 180°.

Para se calcular o número de imagens que serão vistas na associação, usa-se a fórmula:

$$n = \frac{360°}{\alpha} - 1$$

Sendo "α" o ângulo formado entre os espelhos.

FIQUE LIGADO

Quando a expressão $\frac{360°}{\alpha}$ for um número par, o ponto objeto P poderá assumir qualquer posição entre os dois espelhos.

Se a expressão $\frac{360°}{\alpha}$ for um número ímpar, o ponto objeto P, deverá ser posicionado no plano bissetor de "α".

Espelhos Esféricos

Chamamos espelho esférico qualquer calota esférica que seja polida e possua alto poder de reflexão.

É fácil observar-se que a esfera da qual a calota acima faz parte tem duas faces, uma interna e outra externa. Quando a superfície refletiva considerada for a interna, o espelho é chamado côncavo, já nos casos em que a face refletiva é a externa, o espelho é chamado convexo.

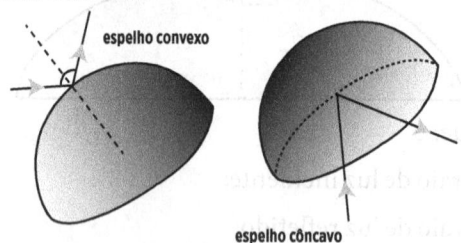

→ Reflexão da luz em espelhos esféricos:

Assim como para espelhos planos, as duas leis da reflexão também são obedecidas nos espelhos esféricos, ou seja, os ângulos de incidência e reflexão são iguais, e os raios incididos, refletidos e a reta normal ao ponto incidido.

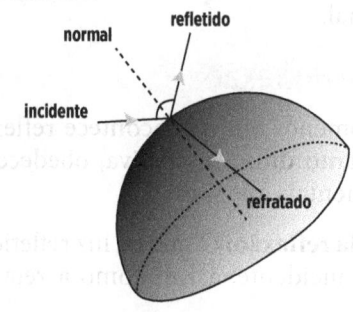

→ Aspectos geométricos dos espelhos esféricos:

Para o estudo dos espelhos esféricos, é útil o conhecimento dos elementos que os compõe, esquematizados na figura abaixo:

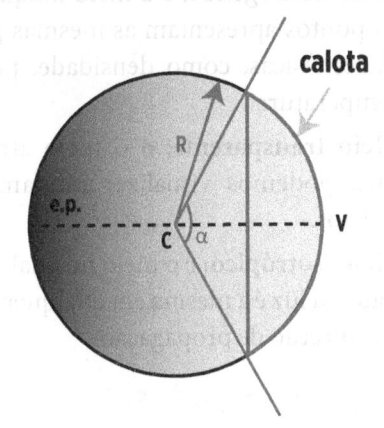

> C é o **centro** da esfera;
> V é o **vértice** da calota;

O eixo que passa pelo centro e pelo vértice da calota é chamado **eixo principal**.

As demais retas que cruzam o centro da esfera são chamadas **eixos secundários**.

O ângulo "α", que mede a distância angular entre os dois eixos secundários que cruzam os dois pontos mais externos da calota, é a **abertura** do espelho.

O raio da esfera **R** que origina a calota é chamado **raios de curvatura** do espelho.

Um sistema óptico que consegue conjugar, a um ponto objeto, um único ponto como imagem é dito estigmático. Os espelhos esféricos normalmente não são estigmáticos, nem aplanéticos ou ortoscópicos, como os espelhos planos.

No entanto, espelhos esféricos só são estigmáticos para os raios que incidem próximos do seu vértice V e com uma pequena inclinação em relação ao eixo principal. Um espelho com essas propriedades é conhecido como espelho de Gauss.

Um espelho que não satisfaz as condições de Gauss (incidência próxima do vértice e pequena inclinação em relação ao eixo principal) é dito astigmático. Um espelho astigmático conjuga a um ponto uma imagem parecendo uma mancha.

→ Focos dos espelhos esféricos:

Para os espelhos **côncavos** de Gauss, pode-se verificar que todos os raios luminosos que incidirem ao longo de uma direção paralela ao eixo secundário passam por (ou convergem para) um mesmo ponto F - o foco principal do espelho.

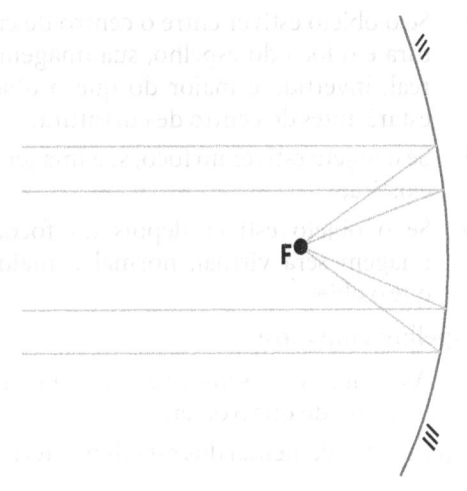

espelho côncavo

No caso dos espelhos convexos, a continuação do raio refletido é que passa pelo foco. Tudo se passa como se os raios refletidos se originassem do foco.

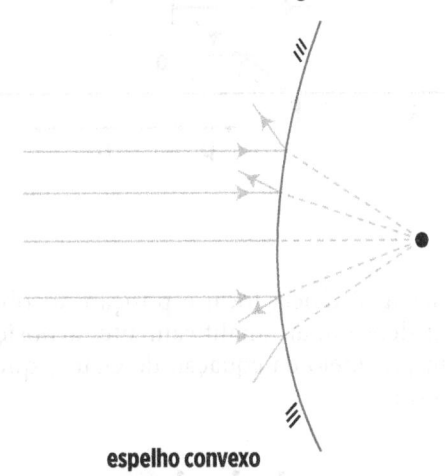

espelho convexo

→ Determinação de imagens:

Analisando objetos diante de um espelho esférico, em posição perpendicular ao eixo principal do espelho, podemos chegar a algumas conclusões importantes.

Um objeto pode ser **real** ou **virtual**. No caso dos espelhos, dizemos que o objeto é virtual se ele se encontra "atrás" do espelho. No caso de espelhos esféricos, a imagem de um objeto pode ser **maior**, **menor** ou **igual** ao tamanho do objeto. A imagem pode, ainda, aparecer **invertida** em relação ao objeto. Se não houver sua inversão, dizemos que ela é **direita**.

Nos espelhos côncavos:

> Se o objeto estiver antes do centro de curvatura, sua imagem será real, invertida e menor do que o objeto e estará entre o centro de curvatura e o foco do espelho;

> Se o objeto estiver no centro de curvatura, sua imagem será real, invertida e do mesmo tamanho do objeto e estará no centro de curvatura do espelho;

> Se o objeto estiver entre o centro de curvatura e o foco do espelho, sua imagem será real, invertida e maior do que o objeto e estará antes do centro de curvatura;
> Se o objeto estiver no foco, sua imagem não existirá;
> Se o objeto estiver depois do foco, sua imagem será virtual, normal e maior do que o objeto.

Nos espelhos convexos:
> As imagens são sempre virtuais, normais e menores do que o objeto.

→ Equação fundamental dos espelhos esféricos:

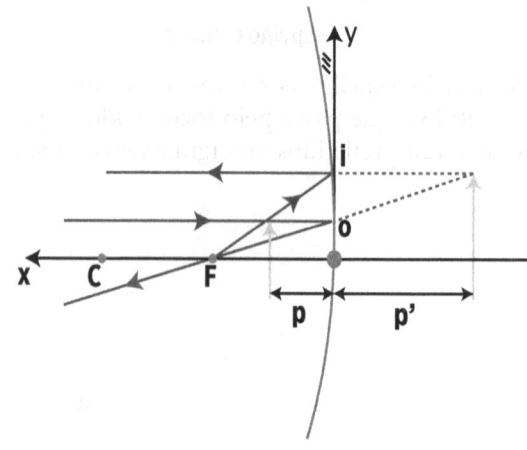

Dadas a distância focal e posição do objeto, é possível determinar, analiticamente, a posição da imagem por meio da equação de Gauss, que é expressa por:

$$\frac{1}{f} = \frac{1}{p} + \frac{1}{p'}$$

→ Aumento linear transversal:
A ampliação ou aumento da imagem é dada por:

$$A = \frac{i}{o} = \frac{-p'}{p}$$

Sendo o foco do espelho aproximadamente igual ao ponto médio do centro de curvatura ao vértice do espelho, tem-se:

$$f = \frac{R}{2}$$

Refração da Luz

A **refração** é o fenômeno que ocorre com a luz quando ela passa de um meio homogêneo e transparente para outro meio também homogêneo e transparente, porém, diferente do primeiro. Nessa mudança de meio, podem ocorrer mudanças na velocidade de propagação e na direção de propagação.

> **Meio homogêneo:** é o meio no qual todos os pontos apresentam as mesmas propriedades físicas, como densidade, pressão e temperatura.
> **Meio transparente:** é o meio através do qual podemos visualizar nitidamente os objetos.
> **Meio isotrópico:** é o meio no qual a velocidade da luz é a mesma em qualquer que seja sua direção de propagação.

Índice de Refração Absoluto

Para o entendimento completo da refração, convém a introdução de uma nova grandeza que relacione a velocidade da radiação monocromática no vácuo e em meios materiais. Essa grandeza é o índice de refração da luz monocromática no meio apresentado, e é expressa por:

$$n = \frac{c}{v}$$

Em que **n** é o índice de refração absoluto no meio, e **c** é a velocidade da luz no vácuo (300.000.000m/s ou 3.10^8m/s).

FIQUE LIGADO

É importante observar que o índice de refração absoluto nunca pode ser menor do que 1, já que a maior velocidade possível em um meio é c, se o meio considerado for o próprio vácuo.

Para todos os outros meios materiais, n é sempre maior que 1.

Índice de Refração Relativo entre Dois Meios

Chama-se índice de refração relativo entre dois meios a relação entre os índices de refração absolutos de cada um dos meios, de modo que:

$$n_{1,2} = \frac{n_1}{n_2}$$

Mas, como visto:

$$n = \frac{c}{v}$$

Então, podemos escrever:

$$n_{1,2} = \frac{\frac{c}{v_1}}{\frac{c}{v_2}} = \frac{v_2}{v_1}$$

Ou seja:

$$n_{1,2} = \frac{n_1}{n_2} = \frac{v_2}{v_1}$$

Refringência

Dizemos que um meio é mais refringente que outro quando seu índice de refração é maior que do outro. Ou seja, o etanol é mais refringente que a água.

De outra maneira, podemos dizer que um meio é mais refringente que outro quando a luz se propaga por ele com velocidade menor que no outro.

Leis de Refração

Observe o desenho:

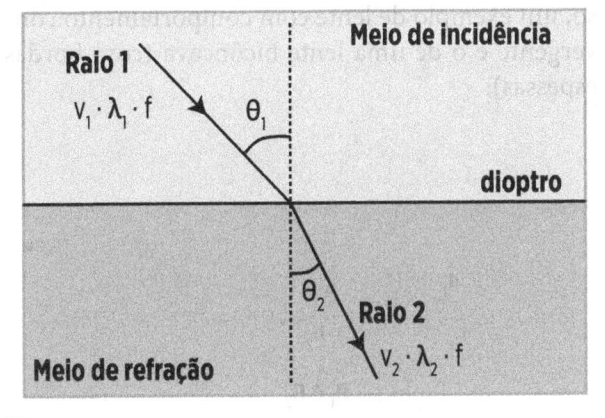

Em que:

> Raio 1 é o raio incidente, com velocidade e comprimento de onda característico;
> Raio 2 é o raio refratado, com velocidade e comprimento de onda característico;
> A reta tracejada é a linha normal à superfície;
> O ângulo formado entre o raio 1 e a reta normal é o ângulo de incidência;
> O ângulo formado entre o raio 2 e a reta normal é o ângulo de refração;
> A fronteira entre os dois meios é um dioptro plano.

Conhecendo os elementos de uma refração, podemos entender o fenômeno através das duas leis que o regem.

→ **1ª Lei da Refração:** diz que o raio incidente (raio 1), o raio refratado (raio 2) e a reta normal ao ponto de incidência (reta tracejada) estão contidos no mesmo plano, que, no caso do desenho acima, é o plano da tela.

→ **2ª Lei da Refração - Lei de Snell:** é utilizada para calcular o desvio dos raios de luz ao mudarem de meio, e é expressa por:

$$\frac{\sen\theta_1}{\sen\theta_2} = \frac{v_1}{v_2}$$

No entanto, sabemos que:

$$\frac{v_1}{v_2} = \frac{\lambda_1 f}{\lambda_2 f} = \frac{\lambda_1}{\lambda_2}$$

Além de que:

$$\frac{v_1}{v_2} = \frac{n_2}{n_1}$$

Ao agruparmos essas informações, chegamos a uma forma completa da Lei de Snell:

$$\frac{\sen\theta_1}{\sen\theta_2} = \frac{v_1}{v_2} = \frac{\lambda_1}{\lambda_2} = \frac{n_2}{n_1}$$

Dioptro

É todo o sistema formado por dois meios homogêneos e transparentes.

Quando essa separação acontece em um meio plano, chamamos, então, dioptro plano.

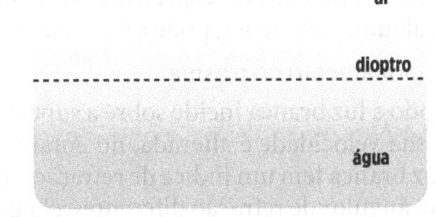

A figura acima representa um dioptro plano, na separação entre a água e o ar, que são dois meios homogêneos e transparentes.

→ Formação de imagens através de um dioptro:

Considere um pescador que vê um peixe em um lago. O peixe encontra-se a uma profundidade H da superfície da água. O pescador o vê a uma profundidade h. Conforme mostra a figura a seguir:

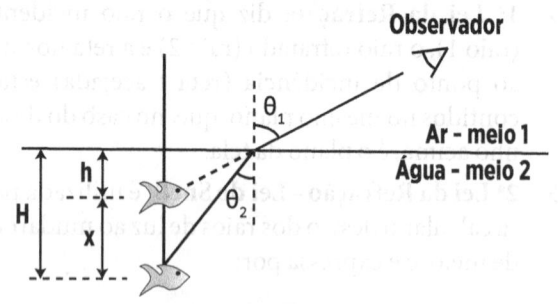

A fórmula que determina essa distância é:

$$\frac{H}{h} = \frac{n_2}{n_1}$$

Prisma

Um prisma é um sólido geométrico formado por uma face superior e uma face inferior paralelas e congruentes (também chamadas de bases) ligadas por arestas. As laterais de um prisma são paralelogramos.

No entanto, para o contexto da óptica, é chamado **prisma** o elemento óptico transparente com superfícies retas e polidas que é capaz de refratar a luz nele incidida. O formato mais usual de um prisma óptico é o de pirâmide com base quadrangular e lados triangulares.

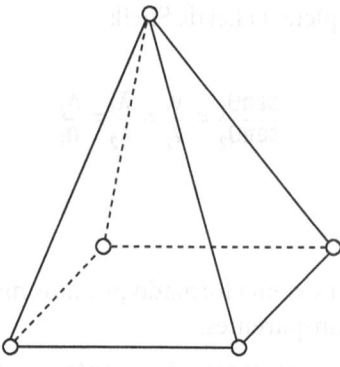

A aplicação usual dos prismas ópticos é seu uso para separar a luz branca policromática nas sete cores monocromáticas do espectro visível, além de que, em algumas situações, pode refletir tais luzes.

→ Funcionamento do prisma:

Quando a luz branca incide sobre a superfície do prisma, sua velocidade é alterada, no entanto, cada cor da luz branca tem um índice de refração diferente, e logo, ângulos de refração diferentes, chegando à outra extremidade do prisma separadas.

→ Tipos de prismas:
> Prismas dispersivos são usados para separar a luz em suas cores de espectro.
> Prismas reflexivos são usados para refletir a luz.
> Prismas polarizados podem dividir o feixe de luz em componentes de variadas polaridades.

Lentes Esféricas Convergentes

Em uma lente esférica com comportamento convergente, a luz que incide paralelamente entre si é refratada, tomando direções que convergem a um único ponto.

Tanto lentes de bordas finas como de bordas espessas podem ser convergentes, dependendo do seu índice de refração em relação ao do meio externo.

O caso mais comum é aquele em que a lente tem índice de refração maior que o índice de refração do meio externo. Nesse caso, um exemplo de lente com comportamento convergente é o de uma lente biconvexa (com bordas finas):

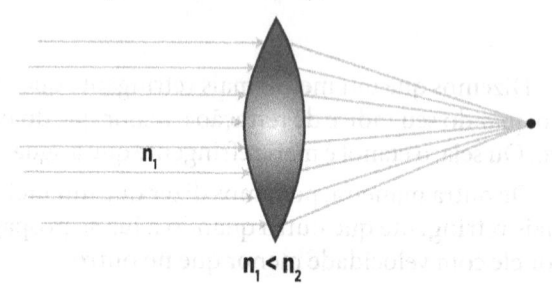

Já o caso menos comum ocorre quando a lente tem menor índice de refração que o meio. Nesse caso, um exemplo de lente com comportamento convergente é o de uma lente bicôncava (com bordas espessas):

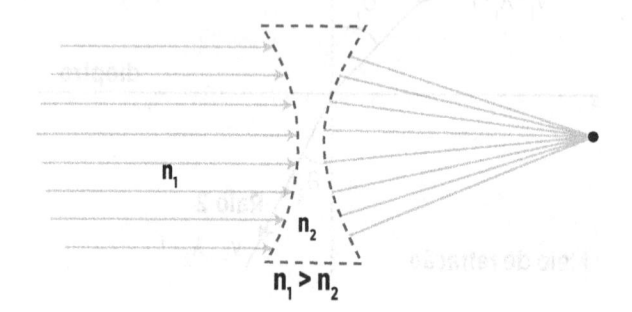

Lentes Esféricas Divergentes

Em uma lente esférica com comportamento divergente, a luz que incide paralelamente entre si é refratada, tomando direções que divergem a partir de um único ponto.

Tanto lentes de bordas espessas como de bordas finas podem ser divergentes, dependendo do seu índice de refração em relação ao do meio externo.

O caso mais comum é aquele em que a lente tem índice de refração maior que o índice de refração do meio externo. Nesse caso, um exemplo de lente com comportamento divergente é o de uma lente bicôncava (com bordas espessas):

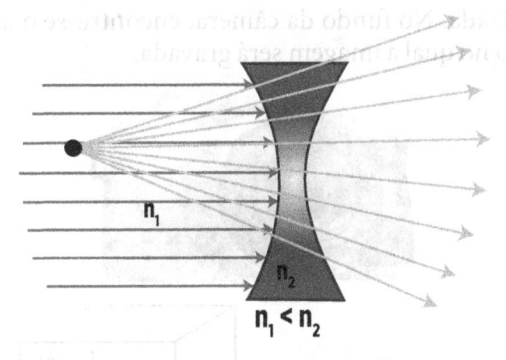

Já o caso menos comum ocorre quando a lente tem menor índice de refração que o meio. Nesse caso, um exemplo de lente com comportamento divergente é o de uma lente biconvexa (com bordas finas):

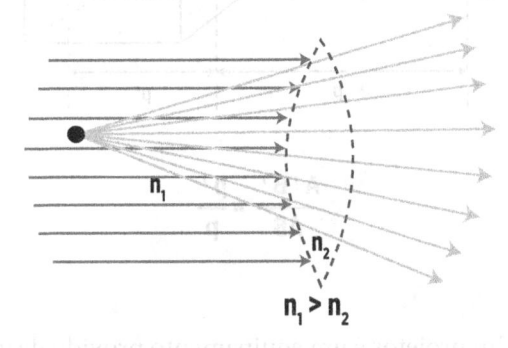

Focos de uma Lente e Vergência

→ Focos principais:

Uma lente possui um par de focos principais: foco principal objeto (F) e foco principal imagem (F'), ambos localizam-se a sobre o eixo principal e são simétricos em relação à lente, ou seja, a distância OF é igual a distância OF'.

> **Foco imagem (F')**: É o ponto ocupado pelo foco imagem, podendo ser real ou virtual.
> **Foco objeto (F)**: É o ponto ocupado pelo foco objeto, podendo ser real ou virtual.
> **Distância focal**: É a medida da distância entre um dos focos principais e o centro óptico, esta medida é caracterizada pela letra **f**.
> **Vergência**: Dada uma lente esférica em determinado meio, chamamos vergência da lente (**V**) a unidade caracterizada como o inverso da distância focal, ou seja:

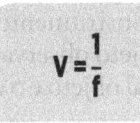

$$V = \frac{1}{f}$$

A unidade utilizada para caracterizar a vergência no Sistema Internacional de Medidas é a dioptria, simbolizado por **di**.

Um **dioptria** equivale ao inverso de um metro, ou seja:

$$1 di = 1 m^{-1}$$

Uma unidade equivalente à dioptria, muito conhecida por quem usa óculos, é o "Grau".

$$1 di = 1 grau$$

Quando a lente é **convergente**, usa-se distância focal positiva (**f > 0**), e para uma lente **divergente**, usa-se distância focal negativa (**f < 0**).

Associação de Lentes

Duas lentes podem ser colocadas de forma que funcionem como uma só, desde que sejam postas coaxialmente, isto é, com eixos principais coincidentes. Nesse caso, elas serão chamadas de **justapostas**, se estiverem encostadas, ou **separadas**, caso haja uma distância **d** separando-as.

Essas associações são importantes para o entendimento dos instrumentos ópticos.

Quando duas lentes são associadas, é possível obter uma **lente equivalente**. Esta terá a mesma característica da associação das duas primeiras.

FIQUE LIGADO

Se a lente equivalente tiver vergência positiva, será convergente, e se tiver vergência negativa, será divergente.

→ Associação de lentes justapostas:

Quando duas lentes são associadas de forma justaposta, utiliza-se o **teorema das vergências** para definir uma lente equivalente.

Como exemplo de associação justaposta temos:

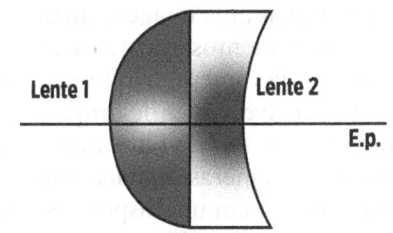

Esse teorema diz que a vergência da lente equivalente à associação é igual à soma algébrica das vergências das lentes componentes. Ou seja:

$$V_{eq} = V_1 + V_2$$

Que também pode ser escrita como:

$$\frac{1}{f_{eq}} = \frac{1}{f_1} + \frac{1}{f_2}$$

→ Associação de lentes separadas:

Quando duas lentes são associadas de forma separada, utiliza-se uma generalização do **teorema das vergências** para definir uma lente equivalente.

Um exemplo de associação separada é:

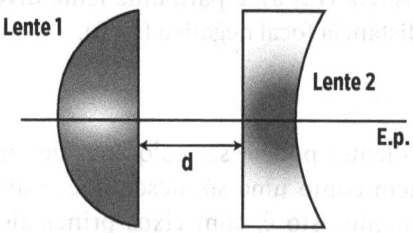

A generalização do teorema diz que a vergência da lente equivalente à tal associação é igual à soma algébrica das vergências dos componentes menos o produto dessas vergências pela distância que separa as lentes. Desta forma:

$$V_{eq} = V_1 + V_2 - V_1 V_2 d$$

Que também pode ser escrito como:

$$\frac{1}{f_{eq}} = \frac{1}{f_1} + \frac{1}{f_2} - \frac{d}{f_1 f_2}$$

Instrumentos Óticos

Câmera Fotográfica

A câmera fotográfica é um equipamento capaz de projetar e armazenar uma imagem em um anteparo. Nos antigos equipamentos, nos quais um filme deve ser posto dentro da câmera, o anteparo utilizado é um filme fotossensível capaz de propiciar uma reação química entre os sais do filme e a luz que incide nele. No caso das câmeras digitais, uma das partes do anteparo consiste em um dispositivo eletrônico, conhecido como CCD (Charge-CoupledDevice), que converte as intensidades de luz que incidem sobre ele em valores digitais armazenáveis na forma de Bits (pontos) e Bytes (dados). O funcionamento óptico da câmera fotográfica é basicamente equivalente ao de uma câmera escura, com a particularidade que, no lugar do orifício, uma lente convergente é utilizada. No fundo da câmera, encontra-se o anteparo no qual a imagem será gravada.

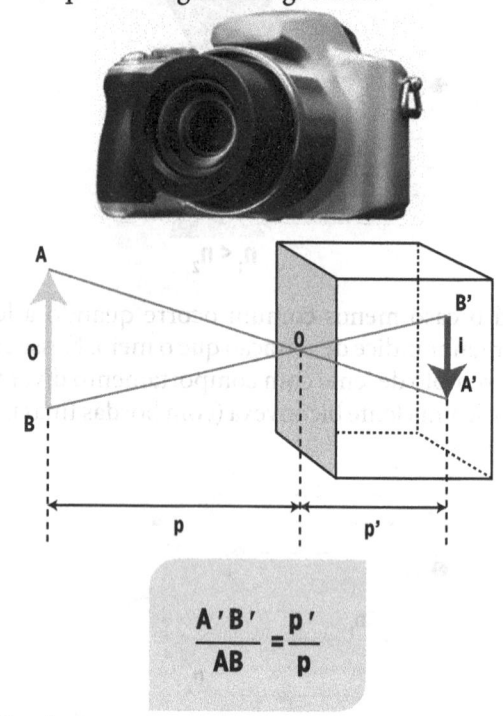

$$\frac{A'B'}{AB} = \frac{p'}{p}$$

Projetor

Um projetor é um equipamento provido de uma lente convergente (objetiva) que é capaz de fornecer imagens reais, invertidas e maiores que o objeto, que pode ser um slide ou filme.

Normalmente, os slides ou filmes são colocados invertidos, assim, a imagem projetada será vista de forma direta.

Lupa

A Lupa é o mais simples instrumento óptico de observação. Também é chamada de lente de aumento. Uma lupa é constituída por uma lente convergente com distância focal na ordem de centímetros, capaz de conjugar uma imagem virtual, direta e maior que o objeto.

No entanto, esse instrumento se mostra eficiente apenas quando o objeto observado estiver colocado entre o foco principal objeto e o centro óptico.

Quando uma lupa é presa a um suporte, recebe a denominação de **microscópio simples**.

Microscópio Composto

Um microscópio composto é um instrumento óptico composto fundamentalmente por um tubo delimitado nas suas extremidades por lentes esféricas convergentes, formando uma associação de lentes separadas.

A lente mais próxima do objeto observado é chamada **objetiva**, e é uma lente com distância focal na ordem de milímetros. A lente próxima ao observador é chamada **ocular**, e é uma lente com distância focal na ordem de centímetros.

O funcionamento de um microscópio composto é bastante simples. A objetiva fornece uma imagem real, invertida e maior que o objeto. Essa imagem funciona como objeto para o ocular, que funciona como uma lupa, fornecendo uma imagem final virtual, direta e maior.

Ou seja, o objeto é aumentado duplamente, fazendo com que objetos muito pequenos sejam melhores observados.

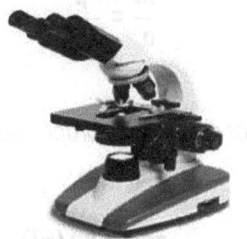

Esse microscópio composto também é chamado Microscópio Óptico, sendo capaz de aumentar até 2.000 vezes o objeto observado. Existem também Microscópio Eletrônicos capazes de proporcionar aumentos de até 100.000 vezes e Microscópios de Varredura que produzem aumentos superiores a 1 milhão de vezes.

Luneta

Lunetas são instrumentos de observação a grandes distâncias, sendo úteis para observação de astros (**luneta astronômica**) ou para observação da superfície terrestre (**luneta terrestre**).

Uma luneta é basicamente montada da mesma forma que um microscópio composto, com objetiva e ocular, no entanto, a objetiva da luneta tem distância focal na ordem de metros, sendo capaz de observar objetos afastados.

Olho Humano

O olho humano é um sistema óptico complexo, formado por vários meios transparentes, além de um sistema fisiológico com inúmeros componentes.

Todo o conjunto que compõe a visão humana é chamado globo ocular.

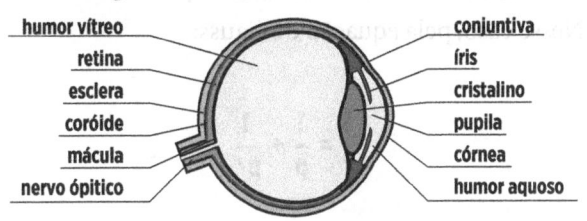

A luz incide na córnea e converge até a retina, formando as imagens.

Para essa formação de imagem, acontecem vários fenômenos fisiológicos, no entanto, para o estudo da óptica, podemos considerar o olho como uma lente convergente, com distância focal variável. Sendo representado:

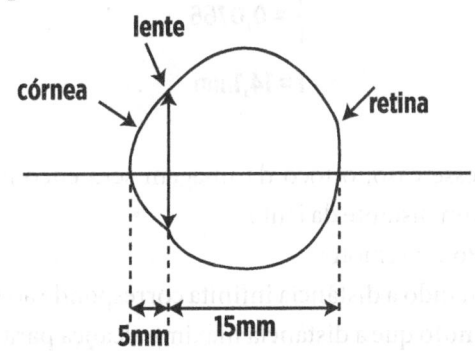

Tal representação é chamada **olho reduzido**, e traz a representação das distâncias entre a córnea e a lente e entre a lente e a retina, sendo a última a distância da imagem produzida em relação a lente (**p'**).

→ Adaptação visual:

Chama-se adaptação visual a capacidade apresentada pela pupila de se adequar à luminosidade de cada ambiente, comprimindo-se ou dilatando-se.

Em ambientes com grande luminosidade, a pupila pode atingir um diâmetro de até 1,5mm, fazendo com que entre menos luz no globo ocular, protegendo a retina de um possível ofuscamento.

Já em ambientes mais escuros, a pupila se dilata, atingindo diâmetro de até 10mm. Assim, a incidência de luminosidade aumenta no globo ocular, possibilitando a visão em tais ambientes.

→ Acomodação visual:

As pessoas que têm visão considerada normal, **emétropes**, têm a capacidade de acomodar objetos de distâncias de 25cm em média, até distâncias no infinito visual.

→ Ponto próximo:

A primeira distância (25cm) corresponde ao **ponto próximo**, que é a mínima distância que uma pessoa pode enxergar corretamente. O que caracteriza essa situação é que os músculos ciliares encontram-se totalmente contraídos.

Nesse caso, pela equação de Gauss:

$$\frac{1}{f} = \frac{1}{p} + \frac{1}{p'}$$

Considerando o olho com distância entre a lente e a retina de 15mm, ou seja, p'=15mm:

$$\frac{1}{f} = \frac{1}{250} + \frac{1}{15}$$

$$\frac{1}{f} = 0{,}0766$$

$$f = 14{,}1mm$$

Nesse caso, o foco da imagem será encontrado 14,1mm distante da lente.

→ Ponto remoto:

Quando a distância infinita corresponde ao **ponto remoto** que a distância máxima alcança para uma imagem focada. Nessa situação, os músculos ciliares encontram-se totalmente relaxados.

Da mesma forma que para o ponto próximo, podemos utilizar a equação de Gauss para determinar o foco da imagem.

$$\frac{1}{f} = \frac{1}{\infty} + \frac{1}{15}$$

No entanto, $\frac{1}{\infty}$ é um valor indeterminado, mas se pensarmos que infinito corresponde a um valor muito alto, veremos que essa divisão resultará em um valor muito pequeno, podendo ser desprezado. Assim, teremos que:

$$\frac{1}{f} = \frac{1}{15}$$

$$f = 15mm$$

EXERCÍCIO COMENTADO

01. Durante uma experiência, um estudante coloca uma vela acesa sobre o eixo principal de um espelho côncavo, com distância focal de 1,0m. Para que a imagem conjugada pelo espelho seja direita e quatro vezes maior, ele deve posicionar a vela a uma distância do vértice do espelho, medida em cm, igual a:
a) 80
b) 75
c) 65
d) 50
e) 45

RESPOSTA: B. Aplicamos a fórmula da ampliação ou aumento da imagem:

$$A = \frac{i}{o} = \frac{-p'}{p}$$

$$\frac{4o}{o} = \frac{-p'}{p}$$

Simplificamos e fazemos a proporção:

$$-p' = 4p\,(-1)$$
$$p' = -4p$$

Agora, aplicamos a equação fundamental dos espelhos esféricos:

$$\frac{1}{f} = \frac{1}{p} + \frac{1}{p'}$$

$$\frac{1}{1} = \frac{1}{p} - \frac{1}{4p}$$

$$1 = \frac{4-1}{4p}$$

$$4p = 3$$

$$p = \frac{3}{4}$$

$$p = 0{,}75m \text{ ou } 75cm$$

VAMOS PRATICAR

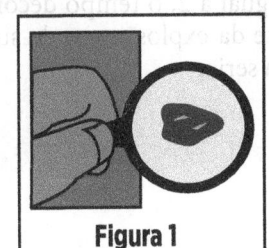

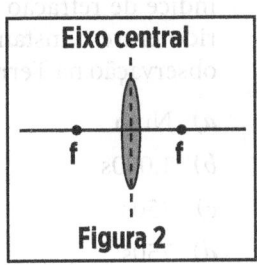

Figura 1

Figura 2 — Eixo central, f, f

Instrumentos ópticos, como o ilustrado na figura I acima, são comumente utilizados em técnicas de identificação forense. As lupas, compostas por lentes delgadas e convergentes, são frequentemente usadas. Considere uma lupa composta por uma lente biconvexa de raios iguais em módulo e que sejam d0, d1 e f. respectivamente, as distâncias do objeto, da imagem e do foco em relação ao eixo central na lente - figura II.

Com base nessas informações e nas figuras acima, julgue os itens que se seguem:

01. Para um objeto posicionado no ponto focal, sua imagem estará localizada no infinito.

Certo ( )   Errado ( )

02. Se d0 < f, então, a imagem será invertida.

Certo ( )   Errado ( )

03. A figura mostra o esquema da associação de duas lentes convergentes L1 e L2, coaxiais, afastadas de uma distância igual a 0,5m. Observa-se que, incidindo na lente L1 um pincel cilíndrico de luz monocromática com 2,5cm de diâmetro e coincidente com o eixo óptico, emerge da lente L2 um pincel luminoso cilíndrico com 10,0cm de diâmetro, coincidente com o eixo óptico do sistema.

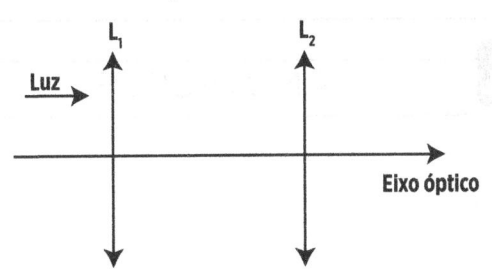

Com base nas observações, a distância focal da lente L2, medida em cm, é igual a:

a) 15
b) 20
c) 25
d) 30
e) 40

04. Considere as situações seguintes.

I. Você vê a imagem ampliada do seu rosto, conjugada por um espelho esférico.

II. Um motorista vê a imagem reduzida de um carro atrás do seu, conjugada pelo espelho retrovisor direito.

III. Uma aluna projeta, por meio de uma lente, a imagem do lustre do teto da sala de aula sobre o tampo da sua carteira.

A respeito dessas imagens, em relação aos dispositivos ópticos referidos, pode-se afirmar que:

a) as três são virtuais.
b) I e II são virtuais; III é real.
c) I é virtual; II e III são reais.
d) I é real; II e III são virtuais.
e) as três são reais.

05. Na figura, P representa um peixinho no interior de um aquário a 13 cm de profundidade em relação à superfície da água. Um garoto vê esse peixinho através da superfície livre do aquário, olhando de duas posições: O1 e O2.

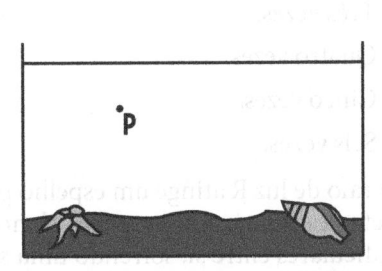

Sendo nágua = 1,3 o índice de refração da água, pode-se afirmar que o garoto vê o peixinho a uma profundidade de:

a) 10 cm, de ambas as posições.
b) 17 cm, de ambas as posições.
c) 10 cm em O1 e 17 cm em O2.
d) 10 cm em O1 e a uma profundidade maior que 10 cm em O2.
e) 10 cm em O1 e a uma profundidade menor que 10 cm em O2.

06. Um raio de luz parte do ponto A, no meio n1, e atravessa a interface entre os meios até chegar ao ponto B, no meio n2. Considere que a razão entre as velocidades nos meios n2 e n1 é V2/V1 = 2; que a distância do ponto A até a normal N é de x = 4 m e que a distância da normal N até o ponto B é de y = 10 m, como mostrado na figura:

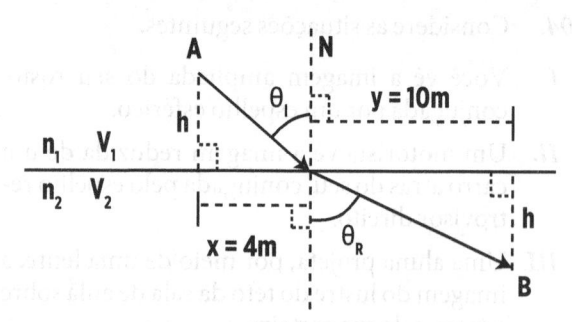

Considere, também, que a distância h, entre o ponto A e a interface, é igual à distância entre o ponto B e a interface. O valor da distância h, em metros, é:

a) $\dfrac{20}{3}\sqrt{3}$

b) $\dfrac{20}{3}\sqrt{2}$

c) $\dfrac{19}{3}\sqrt{3}$

d) $10\sqrt{2}$

e) 16

07. Um anteparo está a 30,0cm de uma lente convergente, de distância focal 5,0cm, e a imagem de um objeto é formada no anteparo, que, em relação ao objeto, fica ampliada:

a) Duas vezes.
b) Três vezes.
c) Quatro vezes.
d) Cinco vezes.
e) Seis vezes.

08. Um raio de luz R atinge um espelho plano A, reflete-se e atinge outro espelho plano B, perpendiculares entre si, sofrendo uma segunda reflexão. Nessas condições, é correto afirmar que o raio refletido em B:

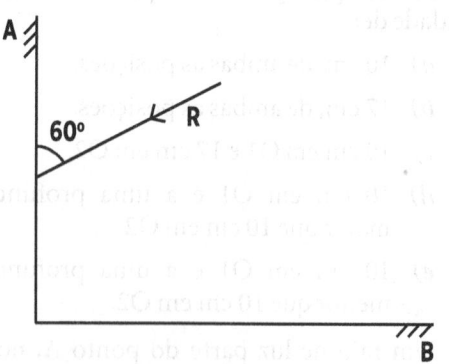

a) é paralelo a R.
b) é perpendicular a R.
c) é inclinado em relação a R.
d) faz um ângulo de 30° com R.
e) faz um ângulo de 60° com R.

09. Uma explosão solar é observada na Terra 500s depois de produzida. Se o espaço entre a Terra e o Sol fosse constituído de um meio de índice de refração igual a 2, o tempo decorrido entre o instante da explosão e o de sua observação na Terra seria:

a) Nulo
b) 1.000s
c) 250s
d) 750s
e) O mesmo, pois o que se observa na Terra é o barulho produzido pela explosão, cuja velocidade de propagação não tem nenhuma relação com o índice de refração do meio.

10. Um objeto de altura 40 cm é colocado a 20 cm de uma câmara escura de orifício, de profundidade 15 cm. Determine, em cm, a altura da imagem projetada.

a) 10
b) 15
c) 20
d) 25
e) 30

GABARITO

01	CERTO	06	A
02	ERRADO	07	D
03	E	08	A
04	B	09	B
05	E	10	E

ANOTAÇÕES

Por Que Escolher o AlfaCon?

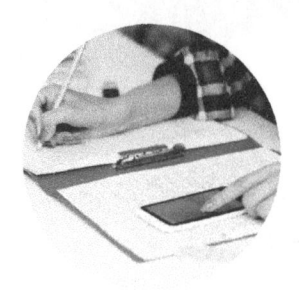

Videoaulas + PDF
Videoaulas sincronizadas com o material em PDF. O AlfaCon utiliza uma metodologia de ensino inovadora que proporciona ao aluno o aprendizado por diversas mídias.

Comodidade e flexibilidade no seu ritmo
O aluno que escolhe o AlfaCon tem flexibilidade na composição do seu cronograma de videoaulas e conta com uma variedade de cursos e professores para a mesma matéria. Além disso, são oferecidos cursos de matérias isoladas, e também há pacotes com disciplinas específicas e básicas.

Plano de Estudos
O plano de estudos é uma estratégia idealizada pela equipe AlfaCon para fazer com que você consiga direcionar sua preparação. É uma ferramenta essencial para você maximizar seu desempenho em provas de concursos.

Cursos Regulares, Exercícios, Eventos e Muito mais
O curso regular direciona você para a parte teórica das disciplinas dos editais. Com as turmas de exercícios, você aprende a técnica correta para resolver as questões de provas. Com os eventos, você relembra os tópicos mais importantes.

VENHA FAZER PARTE DESSE TIME VENCEDOR!

AlfaCon Concursos Públicos

+50 MIL APROVADOS

- **PRF**: 1/3 DAS VAGAS — 1º LUGAR NACIONAL
- **PF**: 1/3 DAS VAGAS
- **CAIXA E BB**: + 10 000 CLASSIFICADOS
- **INSS**: 42 1º COLOCADOS
- **TJ SP**: 454 CLASSIFICADOS
- 1/3 CLASSIFICADOS

AlfaCon Concursos Públicos
CÓDIGO DE ACESSO

ESTÁ DISPONÍVEL PARA VOCÊ O CÓDIGO ABAIXO.

Este é o código do seu material

DPRF **BIABCABG** — CÓDIGO

Entre agora no site
www.alfaconcursos.com.br/codigo
e utilize o código.

Para utilizá-lo, é preciso estar cadastrado no site.

Com esse código será possível acessar:
- Videoaulas ON-LINE GRATUITAS*, de caráter exclusivo.
- Atualizações por meio digital, se forem necessárias.

ON-LINE
GRÁTIS VIDEOAULAS
Acesso a aulas exclusivas para ampliar seus estudos

* O código de acesso terá validade de 6 (seis) meses para uso, considerando a data da compra.
* Cada videoaula pode ser visualizada 5 (cinco) vezes.
** As atualizações serão a critério exclusivo do AlfaCon, mediante análise pedagógica.

Impresso por